国家社科基金
GUOJIA SHEKE JIJIN HOUQI ZIZHU XIANGMU
后期资助项目

# 中华人民共和国外文图书出版发行编年史（1949—1979）

Foreign Language Books' Publishing
Chronicle of P.R.China (1949—1979)

（下）

何明星 著

学习出版社

# 1966 年图书（期刊）对外翻译出版发行活动

　　本年，"文化大革命"爆发。《人民中国》、《北京周报》、《中国建设》、《人民画报》、《人民中国报道》等外宣报刊开始分别刊登《人民日报》有关"文化大革命"的重要文章和社论，并停止出版、发行和出售"5·16 通知"和相关报刊提到的有问题的作者的作品；一些选题出版也受到影响。原计划用 12 种文版出版《中华人民共和国地图》，被迫搁置，直到 1989 年才与地图出版社合作，第一次出版《中华人民共和国地图》英文版；

　　本年，国际书店参加民主德国莱比锡博览会受到展览方的刁难，临时缩小展场，不准展出《人民日报》、《北京周报》等，并擅自去掉中国布置好的展品；

　　本年，新世界出版社挂牌，以新世界出版社名义出版外国友人撰写的书稿；

　　本年，国际书店参照发行"反修"文件的规模，对外大量发行有关"文化大革命"单行本；

　　本年，由于"文化大革命"的影响，许多中文刊物纷纷停刊，1967 年可出口的中文报刊仅有《人民日报》、《光明日报》、《工人日报》等十几份。

　　1966 年 1 月 12 日，经国务院外办同意，《中国建设》阿拉伯文版从 1966 年 4 月起，由双月刊改为单月刊。

　　1966 年 1 月 27 日，外文出版社成立世界语语文组，此后世界语外文图书均用外文出版社名义出版。

　　1966 年 1 月 28 日，乌拉圭新生书店经理比森特·罗维塔应国际书店邀请来中国访问，并进行业务会谈。

　　1966 年 1 月，《中国建设》增出俄文版，主要发行范围为苏联以及东欧社会主义国家。

1966 年 2 月 1 日，国务院同意外文局参加芬兰国际博览会，并指出"今后此类展出，可作为贸促会展览计划的一部分上报"。

1966 年 2 月 8 日，国务院外办同意外文局出版《毛泽东诗词》西班牙文、葡萄牙文、日文、阿拉伯文、泰国文版的请示。

1966 年 2 月 10 日，新世界出版社挂牌，由外文出版社副社长兼任该社社领导职位。以新世界出版社名义出版外国友人撰写的书稿始于 1951 年国际新闻局。1965 年 11 月 26 日在《人民日报》刊登了"新世界出版社"名义出版的安娜·路易斯·斯特朗的著作广告，引起广泛关注。

1966 年 2 月 15 日，外文局计划用 12 种文版出版《中华人民共和国地图》，国务院外办、外交部均有批示，但因爆发"文化大革命"等其他原因，直到 1989 年才与地图出版社合作，首次出版《中华人民共和国地图》英文版。

1966 年 2 月，外文局于 1965 年年底至 1966 年 2 月，先后成立了英文、法文、西班牙文、俄文、德文、日文、印尼文、阿拉伯文等 8 个语种的翻译委员会。

1966 年 3 月，国际书店加纳代表调回，中国驻加纳办事处撤销。

1966 年 3 月 11 日，国际书店提出扩大发行《毛泽东选集》1 至 4 卷英文版，拟组织一次规模较大的推广活动的建议。建议包括：（1）准备在 19 个国家 40 多家报纸上刊登有关广告；（2）对同业主动发货数量不宜太大太多，也不要集中发行；（3）不印刷毛主席语录书签；（4）关于印刷招贴画问题。国务院外办基本同意，并在第一条批示："在没有同业的国家、地区，可委托第三国的同业出面去刊登"。在第四条批示："为保持严肃性，还是不要搞"。

1966 年 3 月，国际书店恢复参加民主德国莱比锡博览会。但在 1966 年 9 月份的秋季博览会上，受到展览方的刁难，临时缩小展场，不准展出《人民日报》、《北京周报》等，并擅自去掉中国布置好的展品。国际书店散发一份书面抗议声明后，退出莱比锡秋季博览会。

1966 年 3 至 4 月，《人民画报》由编辑、记者、设计、制片、翻译等人组成的大庆采访组，采取现场采、编、译、定稿的办法宣传大庆。

1966 年 4 月 2 日，外文局就毛泽东照片外赠问题请示国务院外办、中宣部，经外办 8 月 6 日和中宣部 9 月通知批准，对外赠送毛泽东照片以新华社公开发表的照片为准，原则为国外读者应索赠送。国旗一般不赠送，但国外左派同业、进步读者，可代购或赠送。国外读者来信征求笔友问题，因国际书店为商业机构，此类信件不属其业务范围，予以婉拒。

1966 年 4 月 2 日，国务院外办重申 1966 年 3 月 5 日《关于不向外国人赠送毛主席语录的补充通知》，强调："过去已经向外国人赠送的毛主席语录，原则上都要收回，但必须注意方式。个别朋友如实在不愿意退回时，可不必勉强，但要向他们说明，此书是内部读物，必须注意保存"。至 1966 年 4 月，《毛主席语录》仅有中文版出版。

1966 年 4 月 16 日，国务院外办将《美国人来信如何处理问题的规定》发给外文局所属各单位。主要内容是：中央各单位如果收到美国人来信要求来访或者提出交换科技资料等信件，应立即抄告外事归口单位，以及外交部和国务院外办处理此类问题时，一般本着对美国人民多作工作的精神酌情答复。对于要求来访或邀请我方人员访问的信件，一般应当婉拒。对于交换科技资料的信件，在确保国家机密和对我方有利的情况下，可以酌情交换。不论何种情况，复信均应报送外事归口单位和转国务院批准。

1966 年 4 月 20 日，意大利东方出版社负责人一行四人应邀访问中国，与外文局以及国际书店就有关宣传及其他工作问题进行座谈。

1966 年 4 月 24 日，《人民中国》日文版邀请以长谷川敏三位团长的推广《人民中国》积极分子代表团一行 10 人访华，行程为 50 天。

1966 年 5 月 23 日，外文局报国务院外办，建议加强各港口的对外宣传工作，扩大对向来到我国各港口的海员赠送我书刊的范围。

1966 年 5 月 27 日，外文局报国务院外办《关于对外发行有关"文化大革命"单行本的建议》，其中提出：原则上可按照发行"反修"文件的规模，但其范围有所扩大。5 月 30 日外办批准，"文化大革命"小册子对一般邮购读者普发一册，做免费样本；对苏联、蒙古、古巴、东欧国家，从保护左派考虑，有选择地以私人名义寄发；国内各涉外场所，陈列赠送。

1966 年 5 月，中央发表《5·16 通知》以后，北京大学开始出现第一张大字报，外文局的《人民中国》、《北京周报》、《中国建设》、《人民画报》、《人民中国报道》等开始分别刊登《人民日报》有关"文化大革命"的重要文章和社论。

1966 年 5 月，《人民画报》派员参加中国摄影家代表团访问日本。

1966 年 6 月 7 日，外文局请示国务院外办、中宣部，并经两部门在 7 月 21 日、23 日的批准，根据中央《5·16 通知》和附件的精神，凡属该通知和报纸提到的有问题的作者的作品，已经列入选题的立即撤销，已经出版的立即停售。

1966 年 6 月 9 日，国务院外办再次发出《关于外国人索要毛主席语录的通知》，其中规定：（1）外国专家、留学生、实习生和常住外宾，凡主动向所在单位要求赠阅、借阅或购买《毛主席语录》的，均可满足；（2）对方没有索要，不主动散发。

1966 年 6 月 15 日，根据外办廖承志副主任的意见，印制大幅毛泽东手稿《六盘山》送日本展出。

1966 年 6 月 16 日，中国人民保卫和平委员会按照美国黑人领袖罗伯特·威廉要求，拟帮助他出版《十字军》书简，该建议得中联部 8 月 17 日批准。

1966 年 7 月 4 日，日中友协常务理事、日本极东书店主持人、《人民中国》日文版顾问安井正幸访华。访华期间，就经销中国书刊等业务问题与国际书店进行座谈。安井正幸曾于 1956 年、1960 年、1964 年先后三次访华。

1966 年 9 月，国际书店派员参加德国莱比锡秋季国际博览会。

1966 年 9 月 8 日，国家科委、对外文委联合发出《关于影印外国书刊的试行办法和补充规定》，其中有："影印外国书刊的出版、发行情况对外保密，未经批准，一律不准邮寄出国"等规定。

1966 年 9 月 8 日，由于"文化大革命"开始，许多中文刊物纷纷停刊，外文局批准国际书店暂定收订 1967 年度海外中文报刊订户，少数中央级报刊除外。外交部通知各驻外使馆，1967 年可出口的中文报刊有：《人民日报》、《光明日报》、《工人日报》、《体育报》、《广播节目报》、《红旗》、《民族画报》、《新体育》、《科学大众》、《化学通报》、《建筑学报》、《哲学研究》、《中国妇女》、《儿童时代》、《科学通报》等。

1966 年 9 月 21 日，外文局上报国务院外办，并经廖承志副主任批准，出版《把无产阶级文化大革命进行到底》一书，并作为国庆期间向外宾宣传"文化大革命"意义和成就，用英文、法文、日文等文字出版一本"文化大革命"文件集。

1966 年 9 月 21 日，外文局根据中央关于《加速大量出版毛泽东著作的决定》精神以及外办的指示，贯彻办法如下：（1）1966 年国庆节前出版《毛主席语录》英、日文本。（2）《毛主席语录》法文、西班牙文本将在国庆节后陆续出版，并再版毛泽东著作外文本 200 万册。（3）成立毛泽东著作出版发行领导小组，统一安排毛泽东著作的编译、出版、发行等任务。

1966 年 9 月 24 日，外文局就《毛主席语录》日、英、法、西班牙四种文版的发行问题请示国务院外办，并经外办 1966 年 12 月 22 日批准同意，《毛主席语录》外文版除原有供访华外宾取用外，由国际书店对外发行，并供应驻外使馆做对外赠送用，《毛主席语录》中文版开始在国外公开发行。

1966 年 10 月 1 日，《人民画报》记者拍摄的毛泽东等党和国家领导人在天安门城楼上检阅庆祝游行队伍的照片在当年《人民画报》、《人民中国》、《中国建设》封面刊登。

1966 年 10 月 20 日，外文局报请中宣部，请示审批《毛泽东诗词》英文版 37 首的译文、中文注释、出版说明以及装帧设计样本等问题。

1966 年 10 月 29 日，毛泽东著作外文翻译出版规划五人小组（中宣部副部长熊复、外文局局长罗俊、外办副主任张彦、外交部副部长韩念龙、中央编译局副局长张仲实）召开第一次会议，讨论并通过了《关于加强毛泽东著作外文版翻译出版工作的规划》，其中具体计划为：集中力量争取在 1967、1968 年两年内，在国内出齐《毛泽东选集》1—4 卷的 12 种外文版，《毛泽东军事文选》的 7 种外文译本，《毛泽东语录》的 13 种外文版。

1966 年 10 月，外文局《工作简报》1966 年第 19 期登载：自 1949 年至 1966 年 17 年来，外文出版社先后用 18 种文字出版毛泽东著作 447 种共 1108 万册，并通过国际书店向全世界 159 个国家和地区发行 394 万册，对外赠送和国内发行 330 万册。

1966 年 10 月，希腊历史出版社负责人达尼迪斯应国际书店邀请来访。

1966 年 10 月，摩洛哥豪生斯书店负责人应国际书店邀请来访。

1966 年 11 月 3 日，北京周报社负责人应哥伦比亚"工学农运动"代表团的要求，同他们进行了座谈。代表团长奥尔兰说：《北京周报》宣传毛泽东思想时，在语言方面用了一些简单的肯定，并未给予具体的阐释和解释，这样的宣传使读者反感。该组织是由哥伦比亚共产党分裂出来而成立的左派组织，曾多次访华，学习中国的经验。

1966 年 11 月 15 日，外文局报请国务院外办，外文出版社拟把纪念孙中山诞辰 100 周年的文稿汇编成书，用英、法、西班牙、日 4 种文字出版，书名为《纪念伟大的革命先行者孙中山》。

1966 年 11 月 15 日，外文局决定出版 17 种外文版的《毛主席语录》。除原有的英文、日文版外，再增出法文、西班牙文、俄文、越南文、缅甸文、印尼文、泰国文、阿拉伯文、德文、世界语、朝鲜文、乌尔都文、斯瓦希里文、波斯文、葡萄牙文版。

1966 年 11 月 17 日，意大利东方出版社负责人玛丽亚·雷吉斯与其丈夫雷吉斯先生应国际书店邀请来访。国际书店经理邵公文就有关业务问题与雷吉斯先生进行会谈。

1966 年 11 月 19 日，外文局报请外办并中宣部、外交部并送中央编译局，请示《关于增出毛泽东著作的新蒙古文、豪萨文、意大利文版的问题》。

1966 年 11 月 21 日，中联部召开会议，初步落实《毛泽东选集》5 种外文版（日、越、缅、泰、印尼）的翻译、校订工作。会上决定："按语种分别成立五个语文组。参加翻译工作的中国同志 76 人，外国专家 11 人。预计 1967 年年底完成翻译、定稿工作"。

1966 年 12 月，宋庆龄撰文"纪念孙中山诞辰 100 周年"，刊载于 1966 年第 12 期《中国建设》上。

1966 年下半年，外文局负责规划的下列外文刊物停刊：《中国对外贸易》（中英文版）、《中国妇女》（英文版）、《中国体育》（英文版）、《中国银幕》（中、英、法、西班牙文版）、《万年青》（英、法文版）、《中国工会》（英文版）。

本年，中国科学院主办的《科学通报》（英文、法文版）创刊，由国际书店对外发行。

本年，挪威奥斯陆图书纸张公司经理爱丝特拜格伦来访，坦桑尼亚革命书店经理哈拉卡提来访，越南书刊进出口公司阮氏竹来访，加拿大中艺公司爱德华来访，意大利东方出版社代表团来访，黎巴嫩外宾来访，阿根廷外宾来访。

本年，外文出版社用英文、法文、西班牙文、俄文、印尼文、日文、朝鲜文、越南文、泰国文、缅甸文、印地文、乌尔都文、波斯文、德文、意大利文、葡萄牙文、瑞典文、阿拉伯文、斯瓦希里文、世界语、中文等 21 种文字出版 394 种图书。其中有《毛泽东四篇哲学论文》、《全世界人民团结起来打败美帝国主义侵略者及其一切走狗!》、《苏联修正主义文学的几个问题》等。

本年，国际书店对外发行外文书籍 358 万册，外文期刊 999 万份。对国内外发行反修文件 65.7 万册。从 1963 年至 1966 年，4 年累计对国内外发行反修文件 1159 万册。

# 1966 年对外发行图书目录

## 1966 年英文版书目（97 种）

| 书名 | 作者 | 出版社 | 出版/再版时间 | 印刷/发行册数 | 开本/装帧 | 定价（元） |
|---|---|---|---|---|---|---|
| 法兰西内战 | 马克思 | 外文 | 1966（再版 4 次） | 145659 | 32 开/精 | 1.40 |
| 列宁论战争、和平的三篇文章 | 列宁 | 外文 | 1966 | 120278 | 32 开/精 | 0.62 |
| 毛泽东的四篇哲学论文 | 毛泽东 | 外文 | 1966 | 273190 | 46 开/精 | 1.40 |
| | | | | | 46 开/平 | 0.81 |
| 毛主席语录 | 毛泽东 | 外文 | 1966（再版 7 次重印） | 2197188 | 64 开/精 | 0.77 |
| 毛泽东同志论帝国主义和一切反动派都是纸老虎 | 毛泽东 | 外文 | 1966（1958 年出版，总印数 43840 册，本次第 3 版） | | 32 开/精 | 0.54 |
| | | | | | 32 开/平 | 0.21 |
| 反对本本主义 | 毛泽东 | 外文 | 1966 | 282873 | 56 开 | 0.15 |
| 为动员一切力量争取抗战胜利而斗争 | 毛泽东 | 外文 | 1966（1960 年出版，总印数 15490 册，本次第 2 版修订本） | | 32 开/精 | 0.49 |
| | | | | | 32 开/平 | 0.14 |
| 上海太原失陷以后抗日战争的形势与任务 | 毛泽东 | 外文 | 1966（1956 年出版，本次第 3 版修订） | | 32 开/精 | 0.57 |
| | | | | | 32 开/平 | 0.22 |
| 论持久战 | 毛泽东 | 外文 | 1966（1954 年出版，本次第 3 版修订） | | 32 开/精 | 1.10 |
| | | | | | 32 开/平 | 0.70 |

续表

| 书名 | 作者 | 出版社 | 出版/再版时间 | 印刷/发行册数 | 开本/装帧 | 定价（元） |
|---|---|---|---|---|---|---|
| 中国共产党在民族战争中的地位 | 毛泽东 | 外文 | 1966（1956年出版，再版5次，总印数183690册，本次第3版修订） | | 32开/精 | 0.53 |
| | | | | | 32开/平 | 0.18 |
| 统一战线中的独立自主问题 | 毛泽东 | 外文 | 1966（1954年出版，再版8次，总印数311170册，本次第3版修订） | | 32开/精 | 0.49 |
| | | | | | 32开/平 | 0.14 |
| | | | | | 56开 | 0.11 |
| 被敌人反对是好事而不是坏事 | 毛泽东 | 外文 | 1966 | 158379 | 56开 | 0.08 |
| 《共产党人》发刊词 | 毛泽东 | 外文 | 1966（1953年出版，再版5次，总印数309826册，本次第2版修订） | | 32开/精 | 0.53 |
| | | | | | 32开/平 | 0.18 |
| 新民主主义论 | 毛泽东 | 外文 | 1966（1954年出版，本次第4版修订） | | 32开/精 | 0.71 |
| | | | | | 32开/平 | 0.36 |
| 新民主主义的宪政 | 毛泽东 | 外文 | 1966（1960年出版，再版5次，总印数261030册，本次第2版修订） | | 32开/精 | 0.50 |
| | | | | | 32开/平 | 0.15 |
| 目前抗日统一战线中的策略问题 | 毛泽东 | 外文 | 1966（1954年出版时包含《论政策》，本次第3版修订） | | 32开/精 | 0.50 |
| | | | | | 32开/平 | 0.19 |

续表

| 书名 | 作者 | 出版社 | 出版/再版时间 | 印刷/发行册数 | 开本/装帧 | 定价（元） |
|---|---|---|---|---|---|---|
| 论政策 | 毛泽东 | 外文 | 1966(1960 年出版,再版 4 次,总印数 74710 册,本次第 3 版修订) | | 32 开/精 | 0.52 |
| | | | | | 32 开/平 | 0.17 |
| 学习和时局 | 毛泽东 | 外文 | 1966(1955 年出版,本次第 4 版修订) | | 32 开/精 | 0.93 |
| | | | | | 32 开/平 | 0.55 |
| 为人民服务 | 毛泽东 | 外文 | 1966 | 68430 | 56 开 | 0.11 |
| 论联合政府 | 毛泽东 | 外文 | 1966(1955 年出版,本次第 3 版修订) | | 56 开 | 0.49 |
| 关于农业合作化问题 | 毛泽东 | 外文 | 1966(1956 年出版,本次第 3 版修订) | | 32 开/精 | 0.66 |
| | | | | | 32 开/平 | 0.31 |
| 关于正确处理人民内部矛盾的问题 | 毛泽东 | 外文 | 1966(1957 年出版,再版 7 次重印,总印数 38054 册,本次第 7 版修订) | | 32 开 | 0.31 |
| 关于正确处理人民内部矛盾的问题 | 毛泽东 | 外文 | 1966(再版 10 次重印) | 326704 | 56 开 | 0.24 |
| 在中国共产党宣传工作会议上的讲话 | 毛泽东 | 外文 | 1966(再版 3 次重印) | 300687 | 56 开 | 0.16 |
| 人的正确思想是从哪里来的? | 毛泽东 | 外文 | 1966 | 300687 | 56 开 | 0.08 |
| 读《湖南农民运动考察报告》 | 陈伯达 | 外文 | 1966(1954 年出版,总印数 16450 册,本次第 2 版修订,1972 停售) | | 32 开 | 0.35 |

续表

| 书名 | 作者 | 出版社 | 出版/再版时间 | 印刷/发行册数 | 开本/装帧 | 定价（元） |
|---|---|---|---|---|---|---|
| 中国共产党中央委员会关于无产阶级文化大革命的决定 | | 外文 | 1966（1973年停售） | 172480 | 大 32 开 | 0.15 |
| | | | | | 56 开 | 0.10 |
| 苏共新领导奉行苏美合作的自供状 | 《红旗》评论员 | 外文 | 1966 | 53371 | 大 32 开 | 0.15 |
| | | | | | 56 开 | 0.11 |
| 中国共产党中央委员会1966 年 3 月 22 日给苏联共产党中央委员会的复信 | | 外文 | 1966 | 3498 | 大 32 开 | 0.12 |
| | | | | | 56 开 | 0.08 |
| 中国共产党第八届中央委员会第十一次全体会议公报 | | 外文 | 1966（1973年停售） | 115480 | 大 32 开 | 0.13 |
| | | | | | 56 开 | 0.08 |
| 中国的社会主义文化大革命（第一集） | | 外文 | 1966（再版2 次,1973年停售） | 155545 | 大 32 开 | 0.44 |
| | | | | | 56 开 | 0.45 |
| 中国的社会主义文化大革命（第二集） | | 外文 | 1966（再版2 次,1969年停售） | 145542 | 大 32 开 | 0.44 |
| | | | | | 56 开 | 0.40 |
| 中国的社会主义文化大革命（第三集） | | 外文 | 1966（1973年停售） | 32065 | 大 32 开 | 0.22 |
| | | | | | 64 开 | 0.17 |
| 中国的社会主义文化大革命（第四集） | | 外文 | 1966（1973年停售） | 114030 | 大 32 开 | 0.34 |
| | | | | | 56 开 | 0.30 |
| 中国的社会主义文化大革命（第五集） | | 外文 | 1966（1973年停售） | 150880 | 大 32 开 | 0.23 |
| | | | | | 56 开 | 0.18 |
| 中国的社会主义文化大革命（第六集） | | 外文 | 1966（1973年停售） | 151548 | 大 32 开 | 0.22 |
| | | | | | 64 开 | 0.17 |
| 中国的社会主义文化大革命（第七集） | | 外文 | 1966（1973年停售） | 146478 | 大 32 开 | 0.20 |
| | | | | | 64 开 | 0.13 |

续表

| 书名 | 作者 | 出版社 | 出版/再版时间 | 印刷/发行册数 | 开本/装帧 | 定价（元） |
|---|---|---|---|---|---|---|
| 民族问题和阶级斗争 | 刘春 | 外文 | 1966（1967年停售） | 13215 | 32 开 | 0.21 |
| 政治工作是一切工作的生命线 | | 外文 | 1966（停售） | 18615 | 32 开 | 0.42 |
| 全国都应该成为毛泽东思想的大学校 | | 外文 | 1966（1973年停售） | 50264 | 32 开 | 0.19 |
| 把无产阶级文化大革命进行到底 | | 外文 | 1966（1967年停售） | 140516 | 32 开 | 0.41 |
| 陈毅副总理答记者问 | | 外文 | 1966 | 44215 | 32 开 | 0.26 |
| 一个大阴谋的破产 | | 外文 | 1966（1967年停售） | 11315 | 32 开 | 0.37 |
| 毛泽东思想的光辉照耀全世界 | | 外文 | 1966（1968年停售） | 38915 | 32 开 | 0.52 |
| 把反帝反修斗争进行到底——阿尔巴尼亚党政代表团访问中国文件集 | | 外文 | 1966（1967年停售） | 14315 | 32 开 | 1.20 |
| 关于苏共领导及其领导下的机关团体对我国民主运动和我们党的干涉和破坏活动 | （日共《赤旗报》文章） | 外文 | 1966（1965年出版，总印数6716册，本次再版， | | 32 开 | 0.30 |
| 现代修正主义者的战争与和平理论和历史对它的审判——1965 年 8 月 14 日 | （日共《赤旗报》文章） | 外文 | 1966（当年底停售） | 6215 | 32 开 | 0.46 |
| 美国侵略没有界限,我们反侵略也没有界限 | | 外文 | 1966（停售） | 96262 | 32 开 | 0.21 |
| 战略上以一当十,战术上以十当一 | 李作鹏 | 外文 | 1966（1973年停售） | 20212 | 32 开 | 0.28 |

续表

| 书名 | 作者 | 出版社 | 出版/再版时间 | 印刷/发行册数 | 开本/装帧 | 定价（元） |
|---|---|---|---|---|---|---|
| 近代中国地租概说 | 陈伯达 | 外文 | 1966（1958年出版，再版2次，总印数7823册，本次第2版修订。1972年停售） |  | 64开 | 0.58 |
| 苏联现代修正主义文学的几个问题 |  | 外文 | 1966 |  | 32开 | 0.37 |
| 赤道战鼓（话剧） | 李恍等编剧 | 外文 | 1966 | 10215 | 32开 | 0.73 |
| 霓虹灯下的哨兵（话剧） | 沈西蒙等 | 外文 | 1966 | 10200 | 32开 | 0.96 |
| 红灯记 | 中国京剧院文学组 | 外文 | 1966 | 43405 | 32开 | 0.64 |
| 李有才板话及其他故事 | 赵树理著，沙博理译 | 外文 | 1966（1950年出版，本次第4版修订） |  | 32开 | 1.20 |
| 李家庄的变迁（长篇小说） | 赵树理著，戴乃迭译 | 外文 | 1966（1953年出版，再版2次，总印数20028册，本次第2版） |  | 32开 | 1.30 |
| 欧阳海之歌（长篇小说） | 金敬迈 | 外文 | 1966 | 25515 | 32开/精 | 4.30 |
| 铁道游击队（长篇小说） | 知侠 | 外文 | 1966 | 9215 | 大32开/精 | 4.90 |
| 刘胡兰的故事（儿童画册） | 群力文、华三川绘，少年儿童出版社 | 外文 | 1966 | 40100 | 20开 | 0.57 |
| 花儿朵朵（儿童画册） | 黄庆云文，林琬崔绘 | 外文 | 1966 | 60100 | 24开 | 0.24 |

续表

| 书名 | 作者 | 出版社 | 出版/再版时间 | 印刷/发行册数 | 开本/装帧 | 定价（元） |
|---|---|---|---|---|---|---|
| 今日我做值班生（儿童画册） | 杨苡、梁柯文,谷音绘,少年儿童出版社 | 外文 | 1966 | 60900 | 24 开 | 0.24 |
| 黄继光（儿童画册） | 少年儿童出版社 | 外文 | 1966 | 54100 | 20 开 | 0.34 |
| 红色娘子军（连环画） | 梁信原著,宋玉洁改编,李子纯绘 | 外文 | 1966 | 50100 | 32 开 | 0.84 |
| 黎明的河边（连环画） | 峻青原著,顾炳鑫编绘 | 外文 | 1966 | 35600 | 32 开 | 0.57 |
| 越南人民必胜！美国侵略者必败！（中国美术家支援越南人民抗美斗争美术作品选编） |  | 外文 | 1966（1978年停售） | 22300 | 12 开 | 2.60 |
| 越南人民必胜,美国侵略者必败（摄影集）（第三集） |  | 外文 | 1966（1978年停售） | 71212 | 12 开 | 0.80 |
| 越南人民必胜,美国侵略者必败（摄影集）（第四集） |  | 外文 | 1966（1978年停售） | 100950 | 12 开 | 0.80 |
| 今日湖北 | （新西兰）路易·艾黎 | 新世界 | 1966（年底停售） | 10215 | 大 32 开 | 3.40 |
| 中华人民共和国地图 | 外文出版社译 | 外文 | 1966（年底停售） | 105500 | 4 开 | 0.50 |
| 中文月课 | 中国建设杂志社 | 中国建设 | 1966 | 94500 |  |  |

| 书名 | 作者 | 出版社 | 出版/再版时间 | 印刷/发行册数 | 开本/装帧 | 定价（元） |
|---|---|---|---|---|---|---|
| 关于十年内战 | 陈伯达 | 外文 | 1966（1954 年出版，再版 2 次，总印数 24980 册，本次第 2 版。1972 年停售） | | 32 开 | 0.53 |

## 1966 年法文版书目（76 种）

| 书名 | 作者 | 出版社 | 出版/再版时间 | 印刷/发行册数 | 开本/装帧 | 定价（元） |
|---|---|---|---|---|---|---|
| 工资、价格和利润 | 马克思 | 外文 | 1966（再版 4 次重印） | 100591 | 32 开/精/平 | 0.61 |
| 共产党宣言 | 马克思、恩格斯 | 外文 | 1966（再版 4 次重印） | 166512 | 32 开/精/平 | 0.64 |
| 雇佣资本和劳动 | 马克思 | 外文 | 1966（再版 5 次重印） | 110770 | 32 开/精/平 | 0.66 |
| 无产阶级革命和叛徒考茨基 | 列宁 | 外文 | 1966（再版 2 次重印） | 21367 | 32 开/精/平 | 1.00 |
| 卡尔·马克思 | 列宁 | 外文 | 1966（再版 3 次重印） | 81241 | 32 开/精/平 | 0.41 |
| 共产主义运动中的"左派"幼稚病 | 列宁 | 外文 | 1966（再版 4 次重印） | 92411 | 32 开 | 0.92 |
| 论国家 | 列宁 | 外文 | 1966（再版 4 次重印） | 101441 | 32 开/精/平 | 0.32 |
| 社会民主党在民主革命中的两种策略 | 列宁 | 外文 | 1966（再版 4 次重印） | 111429 | 32 开/精/平 | 1.10 |
| 国家与革命 | 列宁 | 外文 | 1966（再版 5 次重印） | 153465 | 32 开/精/平 | 1.00 |
| 帝国主义是资本主义的最高阶段 | 列宁 | 外文 | 1966（再版 4 次重印） | 136443 | 32 开/精/平 | 1.10 |

续表

| 书名 | 作者 | 出版社 | 出版/再版时间 | 印刷/发行册数 | 开本/装帧 | 定价（元） |
|---|---|---|---|---|---|---|
| 论列宁主义基础 | 斯大林 | 外文 | 1966（再版 3 次重印） | 73405 | 32 开 | 0.57 |
| 毛泽东选集（第一卷） | 毛泽东 | 外文 | 1966（再版重印 3 次） | 34633 | 23 开/羊皮、漆布精/平 | |
| 毛泽东的四篇哲学论文 | 毛泽东 | 外文 | 1966（再版 2 次） | 74312 | 32 开精 | 1.10 |
| | | | | | 32 开平 | 0.94 |
| 毛主席语录 | 毛泽东 | 外文 | 1966（再版 4 次,1970 年停售） | 12530943 | 64 开/精 | 0.77 |
| 毛泽东同志论帝国主义和一切反动派都是纸老虎 | 毛泽东 | 外文 | 1966（1958 年出版,再版 5 次,总印数 27230 册,本次第 5 版） | | 32 开 | 0.21 |
| 反对本本主义 | 毛泽东 | 外文 | 1966（再版 2 次） | 209007 | 56 开 | 0.15 |
| 实践论 | 毛泽东 | 外文 | 1966（1957 年出版,再版 9 次,总印数 166059 册,本次第 5 版） | | 32 开/精/平 | 0.56 |
| | | | | | 32 开/平 | 0.21 |
| | | | | | 56 开 | 0.18 |
| 矛盾论 | 毛泽东 | 外文 | 1966（1957 年出版,再版 9 次,总印数 166059 册,本次第 5 版） | | 32 开/精/平 | 0.78 |
| | | | | | 32 开/平 | 0.43 |
| | | | | | 56 开 | 0.35 |
| 中国共产党在民族战争中的地位问题 | 毛泽东 | 外文 | 1966（本书 1960 年出版。本次第 4 版） | | 32 开 | 0.21 |
| 被敌人反对是好事而不是坏事 | 毛泽东 | 外文 | 1966（再版 4 次重印） | 169394 | 56 开 | 0.08 |

续表

| 书名 | 作者 | 出版社 | 出版/再版时间 | 印刷/发行册数 | 开本/装帧 | 定价（元） |
|---|---|---|---|---|---|---|
| 新民主主义的宪政 | 毛泽东 | 外文 | 1966（1960年出版，再版5次，总印数138602册，本次第4版修订） | | 32开/平 | 0.15 |
| 在晋绥干部会议上的讲话 | 毛泽东 | 外文 | 1966（1961年出版，再版4次，总印数217995册，本次第2版） | | 32开/平 | 0.18 |
| 在中国共产党第七届中央委员会第二次全体会议上的报告 | 毛泽东 | 外文 | 1966（1961年出版，再版5次重印，总印数117645册，本次第2版修订） | | 32开 | 0.22 |
| 关于农业合作化问题 | 毛泽东 | 外文 | 1966（1956年出版，总印数17210册，本次第4版修订） | | 32开/精 | 0.74 |
| | | | | | 32开/平 | 0.31 |
| 在中国共产党宣传工作会议上的讲话 | 毛泽东 | 外文 | 1966（再版3次重印） | 125182 | 64开 | 0.22 |
| 人的正确思想是从哪里来的？ | 毛泽东 | 外文 | 1966（再版2次） | 111277 | 56开 | 0.05 |
| 中国共产党中央委员会1966年3月22日给苏联共产党中央委员会的复信 | | 外文 | 1966 | 17344 | 大32开 | 0.12 |
| | | | | | 56开 | 0.08 |
| 中国共产党中央委员会关于无产阶级文化大革命的决定 | | 外文 | 1966（停售） | 49324 | 大32开 | 0.15 |
| | | | | | 56开 | 0.10 |

续表

| 书名 | 作者 | 出版社 | 出版/再版时间 | 印刷/发行册数 | 开本/装帧 | 定价（元） |
|---|---|---|---|---|---|---|
| 通知（中国共产党中央委员会 1966 年 5 月 16 日）、伟大的历史文件 | | 外文 | 1966（1973 年停售） | 75366 | | |
| 中国共产党第八届中央委员会第十一次全体会议公报 | | 外文 | 1966（1973 年停售） | 36424 | 大 32 开 | 0.13 |
| | | | | | 56 开 | 0.09 |
| 中国的社会主义文化大革命（第一集） | | 外文 | 1966（再版 2 次,1973 年停售） | 68462 | 大 32 开 | 0.44 |
| | | | | | 56 开 | 0.45 |
| 中国的社会主义文化大革命（第二集） | | 外文 | 1966（再版 1 次,1973 年停售） | 48386 | 大 32 开 | 0.44 |
| | | | | | 56 开 | 0.40 |
| 中国的社会主义文化大革命（第三集） | | 外文 | 1966（再版 2 次,1973 年停售） | 79048 | 大 32 开 | 0.22 |
| | | | | | 56 开 | 0.17 |
| 中国的社会主义文化大革命（第四集） | | 外文 | 1966（1973 年停售） | 38874 | 大 32 开 | 0.34 |
| | | | | | 56 开 | 0.30 |
| 中国的社会主义文化大革命（第五集） | | 外文 | 1966（1973 年停售） | 62772 | 大 32 开 | 0.23 |
| | | | | | 56 开 | 0.18 |
| 中国的社会主义文化大革命（第六集） | | 外文 | 1966（1973 年停售） | 77694 | 大 32 开 | 0.22 |
| | | | | | 64 开 | 0.17 |
| 全国都应该成为毛泽东思想的大学校 | | 外文 | 1966（1973 年停售） | 25311 | 32 开 | 0.19 |
| 把无产阶级文化大革命进行到底 | | 外文 | 1966（1967 年停售） | 55512 | 32 开 | 0.41 |
| 陈毅副总理答记者问 | | 外文 | 1966 | 20212 | 32 开 | 0.26 |

续表

| 书名 | 作者 | 出版社 | 出版/再版时间 | 印刷/发行册数 | 开本/装帧 | 定价（元） |
|---|---|---|---|---|---|---|
| 毛泽东思想的光辉照耀全世界 | | 外文 | 1966（1968年停售） | 14512 | 32 开 | 0.52 |
| 把反帝反修斗争进行到底——阿尔巴尼亚党政代表团访问中国文件集 | | 外文 | 1966（1967年停售） | 6762 | 32 开 | 1.20 |
| 苏共新领导奉行苏美合作的自供状 | 《红旗》评论员 | 外文 | 1966 | 23943 | 大 32 开 | 0.15 |
| | | | | | 56 开 | 0.11 |
| 美国侵略没有界限,我们反侵略也没有界限 | | 外文 | 1966（停售） | 25312 | 32 开 | 0.21 |
| 战略上以一当十,战术上以十当一 | 李作鹏 | 外文 | 1966（1973年停售） | 14200 | 32 开 | 0.28 |
| 中国经济的社会主义改造 | 薛暮桥 | 外文 | 1966 | | 32 开 | 1.40 |
| 一个大阴谋的破产 | | 外文 | 1966（当年停售） | 7262 | 32 开 | 0.37 |
| 苏联现代修正主义文学的几个问题 | | 外文 | 1966 | | 32 开 | 0.37 |
| 花儿朵朵（儿童画册） | 黄庆云文,林琬崔绘 | 外文 | 1966 | 40100 | 24 开 | 0.24 |
| 今日我做值班生（儿童画册） | 杨苡、梁柯文,谷音绘,少年儿童出版社 | 外文 | 1966 | 40100 | 24 开 | 0.24 |
| 黄继光（儿童画册） | 少年儿童出版社 | 外文 | 1966 | | 20 开 | 0.34 |

| 书名 | 作者 | 出版社 | 出版/再版时间 | 印刷/发行册数 | 开本/装帧 | 定价（元） |
|------|------|--------|--------------|--------------|----------|----------|
| 熊家婆（儿童画册） | 四川人民出版社 | 外文 | 1966 | | 20 开 | 0.64 |
| 红色娘子军（连环画） | 梁信原著，宋玉洁改编，李子纯绘 | 外文 | 1966 | 30200 | 32 开 | 0.79 |
| 黎明的河边（连环画） | 峻青原著，顾炳鑫编绘 | 外文 | 1966 | 20200 | 32 开 | 0.57 |
| 越南人民必胜，美国侵略者必败（摄影集）（第三集） | | 外文 | 1966（1978年停售） | 25522 | 12 开 | 0.80 |
| 越南人民必胜，美国侵略者必败（摄影集）（第四集） | | 外文 | 1966（1978年停售） | 40500 | 12 开 | 0.80 |
| 越南人民必胜，美国侵略者必败（摄影集）（第五集） | | 外文 | 1966（1978年停售） | 67410 | 12 开 | 0.80 |
| 越南人民必胜！美国侵略者必败！（中国美术家支援越南人民抗美斗争美术作品选编） | | 外文 | 1966（1978年停售） | 11100 | 12 开 | 2.60 |
| 中华人民共和国地图 | 外文出版社译 | 外文 | 1966（年底停售） | 68300 | 4 开 | 0.50 |

### 1966 年西班牙文版书目(56 种)

| 书名 | 作者 | 出版社 | 出版/再版时间 | 印刷/发行册数 | 开本/装帧 | 定价（元） |
|---|---|---|---|---|---|---|
| 共产主义运动中的"左派"幼稚病 | 列宁 | 外文 | 1966（再版 3 次重印） | 102207 | 32 开/精/平 | 0.92 |
| 国家与革命 | 列宁 | 外文 | 1966（再版 5 次重印） | 261201 | 32 开/精/平 | 1.00 |
| 帝国主义是资本主义的最高阶段 | 列宁 | 外文 | 1966（再版 4 次重印） | 227151 | 32 开/精/平 | 1.10 |
| 论列宁主义基础 | 斯大林 | 外文 | 1966（再版 4 次重印） | 220151 | 32 开/精/平 | 0.88 |
| 毛泽东的四篇哲学论文 | 毛泽东 | 外文 | 1966 | 25238 | 32 开/精 | 1.60 |
| | | | | | 32 开/平 | 0.94 |
| 毛主席语录 | 毛泽东 | 外文 | 1966（再版 4 次重印，1970 年停售） | 960067 | 64 开/精 | 0.77 |
| 中国社会各阶级的分析 | 毛泽东 | 外文 | 1966（1959 年出版，再版 6 次，总印数 132584 册，本次再版重印） | | 64 开 | 0.14 |
| 中国的红色政权为什么能够存在? | 毛泽东 | 外文 | 1966（1959 年出版，再版 6 次，总印数 112300 册，本次第 5 版修订） | | 32 开 | 0.16 |
| 反对本本主义 | 毛泽东 | 外文 | 1966（再版 2 次） | 60612 | 56 开 | 0.15 |
| 论反对日本帝国主义的策略 | 毛泽东 | 外文 | 1966（1957 年出版，本次根据 1960 年第 4 版译文重新修订再版） | | 56 开 | 0.25 |

| 书名 | 作者 | 出版社 | 出版/再版时间 | 印刷/发行册数 | 开本/装帧 | 定价（元） |
|---|---|---|---|---|---|---|
| 中国革命战争的战略问题 | 毛泽东 | 外文 | 1966 | 79068 | 32 开/精 | 1.10 |
| | | | | | 32 开/平 | 0.73 |
| | | | | | 64 开 | 0.48 |
| 实践论 | 毛泽东 | 外文 | 1966(1959 年出版,再版 9 次重印,总印数 194492 册,本次再版) | | 56 开 | 0.18 |
| 矛盾论 | 毛泽东 | 外文 | 1966(1959 年出版,再版 7 次,总印数 202774 册,本次根据 1961 年版第 2 次修订) | | 56 开 | 0.35 |
| 反对自由主义 | 毛泽东 | 外文 | 1966(1959 年出版,再版 7 次重印,总印数 163184 册,本次再版) | | 56 开 | 0.09 |
| 整顿党的作风 | 毛泽东 | 外文 | 1966(1959 年出版,再版 8 次,总印数 165474 册,本次再版修订) | | 56 开 | 0.21 |
| 在延安文艺座谈会上的讲话 | 毛泽东 | 外文 | 1966(1965 年出版,再版 2 次,总印数 130420 册,本次第 2 版修订) | | 56 开 | 0.27 |

续表

| 书名 | 作者 | 出版社 | 出版/再版时间 | 印刷/发行册数 | 开本/装帧 | 定价（元） |
|---|---|---|---|---|---|---|
| 愚公移山 | 毛泽东 | 外文 | 1966（再版1次） | 30112 | 56开 | 0.09 |
| 关于正确处理人民内部矛盾的问题 | 毛泽东 | 外文 | 1966（1957年出版，再版4次，本次第4版修订） | 49535 | 32开 | |
| 关于正确处理人民内部矛盾的问题 | 毛泽东 | 外文 | 1966（再版8次） | 141156 | 56开 | 0.38 |
| 在中国共产党宣传工作会议上的讲话 | 毛泽东 | 外文 | 1966（再版3次重印） | 77884 | 56开 | 0.22 |
| 中国共产党中央委员会1966年3月22日给苏联共产党中央委员会的复信 | | 外文 | 1966 | | 大32开 | 0.12 |
| | | | | | 56开 | 0.08 |
| 中国共产党中央委员会关于无产阶级文化大革命的决定 | | 外文 | 1966（再版3次，1973年停售） | 52751 | 大32开 | 0.15 |
| 中国共产党第八届中央委员会第十一次全体会议公报 | | 外文 | 1966（1973年停售） | 35522 | 大32开 | 0.13 |
| 关于国际共产主义运动总路线的建议（中国共产党中央委员会对苏联共产党中央委员会1963年3月30来信的复信） | | 外文 | 1966 | | 56开 | 0.27 |
| 中国的社会主义文化大革命（第一集） | | 外文 | 1966（再版2次，1973年停售） | 43551 | 大32开 | 0.44 |
| | | | | | 56开 | 0.45 |
| 中国的社会主义文化大革命（第二集） | | 外文 | 1966（再版2次，1973年停售） | 41548 | 大32开 | 0.44 |
| | | | | | 56开 | 0.40 |

续表

| 书名 | 作者 | 出版社 | 出版/再版时间 | 印刷/发行册数 | 开本/装帧 | 定价（元） |
|------|------|--------|--------------|--------------|-----------|-----------|
| 中国的社会主义文化大革命（第三集） | | 外文 | 1966（1973年停售） | 49550 | 大 32 开 | 0.22 |
| | | | | | 64 开 | 0.17 |
| 中国的社会主义文化大革命（第四集） | | 外文 | 1966（1973年停售） | 32274 | 大 32 开 | 0.34 |
| | | | | | 56 开 | 0.30 |
| 中国的社会主义文化大革命（第五集） | | 外文 | 1966（1973年停售） | 23112 | 大 32 开 | 0.23 |
| | | | | | 56 开 | 0.18 |
| 中国的社会主义文化大革命（第六集） | | 外文 | 1966（1973年停售） | 44492 | 大 32 开 | 0.22 |
| | | | | | 64 开 | 0.17 |
| 陈毅副总理答记者问 | | 外文 | 1966 | 23212 | 56 开 | 0.26 |
| 论赫鲁晓夫的"和平共处"路线的本质 | 日共《赤旗报》文章 | 外文 | 1966（当年停售） | 3150 | 32 开 | 0.33 |
| 把反帝反修斗争进行到底——阿尔巴尼亚党政代表团访问中国文件集 | | 外文 | 1966（1967年停售） | 12212 | 32 开 | 1.20 |
| 苏共新领导奉行苏美合作的自供状 | 《红旗》评论员 | 外文 | 1966 | | 大 32 开 | 0.15 |
| | | | | | 56 开 | 0.11 |
| 美国侵略没有界限，我们反侵略也没有界限 | | 外文 | 1966（停售） | 20312 | 32 开 | 0.21 |
| 战略上以一当十，战术上以十当一 | 李作鹏 | 外文 | 1966（1973年停售） | 12150 | 32 开 | 0.28 |

续表

| 书名 | 作者 | 出版社 | 出版/再版时间 | 印刷/发行册数 | 开本/装帧 | 定价（元） |
|------|------|--------|--------------|--------------|-----------|-----------|
| 今日我做值班生（儿童画册） | 杨苡、梁柯文，谷音绘，少年儿童出版社 | 外文 | 1966 | 20100 | 24 开 | 0.25 |
| 花儿朵朵（儿童画册） | 黄庆云文，林琬崔绘 | 外文 | 1966 | | 24 开 | 0.24 |
| 黄继光（儿童画册） | 少年儿童出版社 | 外文 | 1966 | 15900 | 20 开 | 0.34 |
| 熊家婆（儿童画册） | 四川人民出版社 | 外文 | 1966 | | 20 开 | 0.64 |
| 红色娘子军（连环画） | 梁信原著，宋玉洁改编，李子纯绘 | 外文 | 1966 | 15100 | 32 开 | 0.84 |
| 黎明的河边（连环画） | 峻青原著，顾炳鑫编绘 | 外文 | 1966 | 20100 | 32 开 | 0.57 |
| 越南人民必胜，美国侵略者必败（摄影集）（第三集） | | 外文 | 1966（1978年停售） | 35562 | 12 开 | 0.80 |
| 越南人民必胜，美国侵略者必败（摄影集）（第四集） | | 外文 | 1966（1978年停售） | 35330 | 12 开 | 0.80 |
| 越南人民必胜！美国侵略者必败！（中国美术家支援越南人民抗美斗争美术作品选编） | | 外文 | 1966（1978年停售） | 14330 | 12 开 | 2.60 |

## 1966 年俄文版书目(19 种)

| 书名 | 作者 | 出版社 | 出版/再版时间 | 印刷/发行册数 | 开本/装帧 | 定价（元） |
|---|---|---|---|---|---|---|
| 反对本本主义 | 毛泽东 | 外文 | 1966（再版 1 次） | 73320 | 56 开 | 0.15 |
| 被敌人反对是好事而不是坏事 | 毛泽东 | 外文 | 1966（再版 1 次重印） | 42160 | 56 开 | 0.08 |
| 为人民服务、纪念白求恩、愚公移山 | 毛泽东 | 外文 | 1966（再版 1 次） | 66210 | 64 开 | 0.13 |
| 在中国共产党宣传工作会议上的讲话 | 毛泽东 | 外文 | 1966（再版 2 次重印） | 70318 | 64 开 | 0.13 |
| 人的正确思想是从哪里来的？ | 毛泽东 | 外文 | 1966（再版 3 次） | 75380 | 56 开 | 0.08 |
| 中国共产党中央委员会 1966 年 3 月 22 日给苏联共产党中央委员会的复信 | | 外文 | 1966 | 11562 | 56 开 | 0.08 |
| 中国共产党中央委员会关于无产阶级文化大革命的决定 | | 外文 | 1966 | 63612 | 64 开 | 0.10 |
| 中国共产党第八届中央委员会第十一次全体会议公报 | | 外文 | 1966（1973 年停售） | 33267 | 64 开 | 0.09 |
| 中国的社会主义文化大革命（第一集） | | 外文 | 1966（再版 1 次,1973 年停售） | 35284 | 56 开 | 0.34 |
| 中国的社会主义文化大革命（第二集） | | 外文 | 1966（1967 年停售） | 29784 | 56 开 | 0.31 |
| 中国的社会主义文化大革命（第三集） | | 外文 | 1966（1973 年停售） | 31062 | 56 开 | 0.12 |
| 中国的社会主义文化大革命（第四集） | | 外文 | 1966(1967 年 1 版停售, 1973 年停售) | 27162 | 56 开 | 0.19 |

续表

| 书名 | 作者 | 出版社 | 出版/再版时间 | 印刷/发行册数 | 开本/装帧 | 定价（元） |
|---|---|---|---|---|---|---|
| 中国的社会主义文化大革命（第五集） | | 外文 | 1966（1973年停售） | 31210 | 56 开 | 0.18 |
| 中国的社会主义文化大革命（第六集） | | 外文 | 1966（1973年停售） | 32210 | 56 开 | 0.15 |
| 苏共新领导奉行苏美合作的自供状 | 《红旗》评论员 | 外文 | 1966 | 13222 | 56 开 | 0.11 |
| 陈毅副总理答记者问 | | 外文 | 1966 | 12162 | 32 开 | 0.26 |
| 越南人民必胜，美国侵略者必败（摄影集）（第三集） | | 外文 | 1966（1978年停售） | 5127 | 12 开 | 0.80 |
| 越南人民必胜，美国侵略者必败（摄影集）（第四集） | | 外文 | 1966（1978年停售） | 6150 | 12 开 | 0.80 |
| 越南人民必胜！美国侵略者必败！（中国美术家支援越南人民抗美斗争美术作品选编） | | 外文 | 1966（1978年停售） | | 12 开 | 2.60 |

## 1966 年德文版书目（26 种）

| 书名 | 作者 | 出版社 | 出版/再版时间 | 印刷/发行册数 | 开本/装帧 | 定价（元） |
|---|---|---|---|---|---|---|
| 国家与革命 | 列宁 | 外文 | 1966（再版4次重印） | 75741 | 32 开/精/平 | 1.20 |
| 社会民主党在民主革命中的两种策略 | 列宁 | 外文 | 1966（再版3次重印） | 65390 | 32 开/精/平 | 1.20 |
| 湖南农民运动考察报告 | 毛泽东 | 外文 | 1966（再版2次重印） | 22820 | 56 开 | 0.32 |
| 反对自由主义 | 毛泽东 | 外文 | 1966（1954年出版，再版8次重印，总印数55610册，本次再版） | | 56 开 | 0.09 |

续表

| 书名 | 作者 | 出版社 | 出版/再版时间 | 印刷/发行册数 | 开本/装帧 | 定价（元） |
|---|---|---|---|---|---|---|
| 中国共产党在民族战争中的地位问题 | 毛泽东 | 外文 | 1966（再版 3 次重印） | 23177 | 56 开 | 0.20 |
| 组织起来 | 毛泽东 | 外文 | 1966（再版 3 次重印） | 27730 | 56 开 | 0.14 |
| 中国共产党中央委员会关于无产阶级文化大革命的决定 | | 外文 | 1966（再版 1 次） | 22236 | 56 开 | 0.10 |
| 中国共产党第八届中央委员会第十一次全体会议公报 | | 外文 | 1966（1973 年停售） | 10212 | 56 开 | 0.09 |
| 中国的社会主义文化大革命（第一集） | | | 1966（再版 2 次，1973 年停售） | 15262 | 56 开 | 0.41 |
| 中国的社会主义文化大革命（第二集） | | | 1966（再版 1 次，1969 年停售） | 15312 | 袖珍本 | 0.31 |
| 中国的社会主义文化大革命（第三集） | | | 1966（再版 2 次，1973 年停售） | 20262 | 56 开 | 0.12 |
| 陈毅副总理答记者问 | | 外文 | 1966（再版 1 次） | 10762 | 32 开 | 0.26 |
| 一个大阴谋的破产 | | 外文 | 1966（当年停售） | 1762 | 32 开 | 0.37 |
| 把反帝反修斗争进行到底——阿尔巴尼亚党政代表团访问中国文件集 | | 外文 | 1966（1967 年停售） | 2362 | 32 开 | 1.20 |
| 苏共领导是宣言和声明的破坏者 | | 外文 | 1966（再版 1 次，1976 年起应索供应） | 17312 | 56 开 | 0.09 |
| 苏共新领导奉行苏美合作的自供状 | 《红旗》评论员 | 外文 | 1966 | | 56 开 | 0.11 |
| 评苏共领导从 3 月 1 日在莫斯科召开的会议 | 日共《赤旗报》评论 | 外文 | 1966（当年停售） | 1750 | 32 开 | 0.39 |

续表

| 书名 | 作者 | 出版社 | 出版/再版时间 | 印刷/发行册数 | 开本/装帧 | 定价（元） |
|---|---|---|---|---|---|---|
| 美国侵略没有界限,我们反侵略也没有界限 | | 外文 | 1966（停售） | 10312 | 32 开 | 0.21 |
| 成长中的人民公社 | （美）安娜·路易斯·斯特朗 | 新世界 | 1966 | | 大 32 开 | 2.10 |
| 安娜·路易斯·斯特朗通讯集(第三集) | | 新世界 | 1966 | | 大 32 开 | 1.20 |
| 中国民间玩具 | 田原 | 外文 | 1966 | 1810 | | |
| 愚公移山(连环画) | 杨永青绘 | 外文 | 1966（1975年停售） | 8100 | | |
| 红色娘子军(连环画) | 梁信原著,宋玉洁改编,李子纯绘 | 外文 | 1966 | | 32 开 | 0.84 |
| 越南人民必胜,美国侵略者必败(摄影集)(第三集) | | 外文 | 1966（1978年停售） | 5822 | 12 开 | 0.80 |
| 越南人民必胜,美国侵略者必败(摄影集)(第四集) | | 外文 | 1966（1978年停售） | 9300 | 12 开 | 0.80 |
| 越南人民必胜! 美国侵略者必败!（中国美术家支援越南人民抗美斗争美术作品选编） | | 外文 | 1966（1978年停售） | 2800 | 12 开 | 2.60 |

## 1966 年葡萄牙文版书目（23 种）

| 书名 | 作者 | 出版社 | 出版/再版时间 | 印刷/发行册数 | 开本/装帧 | 定价（元） |
|---|---|---|---|---|---|---|
| 中国社会各阶级的分析 | 毛泽东 | 外文 | 1966（再版 3 次） | 16294 | 56 开 | 0.14 |
| 关于纠正党内的错误思想 | 毛泽东 | 外文 | 1966（再版 2 次） | 8370 | 56 开 | 0.16 |
| 关心群众生活，注意工作方法 | 毛泽东 | 外文 | 1966（再版 1 次） | 16708 | 56 开 | 0.12 |
| 中国革命战争的战略问题 | 毛泽东 | 外文 | 1966（再版 2 次） | 9517 | 56 开 | 0.48 |
| 中国共产党在抗日时期的任务 | 毛泽东 | 外文 | 1966（再版 2 次） | 5281 | 56 开 | 0.24 |
| 实践论 | 毛泽东 | 外文 | 1966（再版 1 次） | 2062 | 56 开 | 0.18 |
| 反对自由主义 | 毛泽东 | 外文 | 1966（再版 2 次） | 4310 | 56 开 | 0.09 |
| 抗日游击战争的战略问题 | 毛泽东 | 外文 | 1966（再版 2 次） | 6617 | 56 开 | 0.33 |
| 青年运动的方向 | 毛泽东 | 外文 | 1966（再版 2 次） | 9870 | 56 开 | 0.15 |
| 关于目前党的政策中的几个问题 | 毛泽东 | 外文 | 1966（再版 2 次） | 6072 | 56 开 | 0.13 |
| 关于健全党委制 | 毛泽东 | 外文 | 1966（再版 2 次） | 8520 | 56 开 | 0.13 |
| 全世界人民团结起来，打败美国侵略者及其一切走狗（关于支持美国黑人、越南南方人民、巴拿马人民、日本人民、刚果人民和多米尼加人民反对美帝国主义斗争的声明和谈话） | 毛泽东 | 外文 | 1966（再版 3 次） | 9830 | 56 开 | 0.13 |

续表

| 书名 | 作者 | 出版社 | 出版/再版时间 | 印刷/发行册数 | 开本/装帧 | 定价（元） |
|---|---|---|---|---|---|---|
| 中国共产党中央委员会关于无产阶级文化大革命的决定 | | 外文 | 1966 | | 64 开 | 0.10 |
| 中国共产党第八届中央委员会第十一次全体会议公报 | | 外文 | 1966（1973年停售） | 2316 | 64 开 | 0.09 |
| 评"三家村"（《燕山夜话》《三家村札记》的反动本质） | 姚文元 | 外文 | 1966（1976年停售） | 2110 | 64 开 | 0.21 |
| 撕掉资产阶级"自由""平等""博爱"的遮羞布 | | 外文 | 1966（1973年停售） | 2110 | 64 开 | 0.10 |
| 苏共领导是宣言和声明的破坏者 | | 外文 | 1966（1976年起应索供应） | 2062 | 56 开 | 0.09 |
| 苏共新领导奉行苏美合作的自供状 | 《红旗》评论员 | 外文 | 1966 | 2462 | 56 开 | 0.11 |
| 高举毛泽东思想的伟大旗帜积极参加社会主义文化大革命 | | 外文 | 1966（1973年停售） | 2112 | 袖珍本 | 0.11 |
| 赫鲁晓夫是怎样下台的 | | 外文 | 1966 | 2362 | 56 开 | 0.09 |
| 中国人民解放军的民主传统 | 贺龙 | 外文 | 1966（1967年停售） | 1062 | 56 开 | 0.22 |
| 越南人民必胜,美国侵略者必败（摄影集）（第三集） | | 外文 | 1966（1978年停售） | 1612 | 12 开 | 0.80 |
| 越南人民必胜,美国侵略者必败（摄影集）（第四集） | | 外文 | 1966（1978年停售） | 1300 | 12 开 | 0.80 |

## 1966 年世界语版书目（22 种）

| 书名 | 作者 | 出版社 | 出版/再版时间 | 印刷/发行册数 | 开本/装帧 | 定价（元） |
|---|---|---|---|---|---|---|
| 中国社会各阶级的分析 | 毛泽东 | 外文 | 1966（再版 1 次） | 4410 | 56 开 | 0.10 |
| 在延安文艺座谈会上的讲话 | 毛泽东 | 外文 | 1966（1962 年出版，再版 2 次，总印数 11362 册，本次第 2 版修订） | | 56 开 | 0.24 |
| 为人民服务 | 毛泽东 | 外文 | 1966 | 4912 | 56 开 | 0.11 |
| 愚公移山 | 毛泽东 | 外文 | 1966 | 3412 | 36 开 | 0.09 |
| 将革命进行到底 | 毛泽东 | 外文 | 1966 | 4412 | 64 开 | 0.14 |
| 在中国共产党宣传工作会议上的讲话 | 毛泽东 | 外文 | 1966 | 4750 | 64 开 | 0.13 |
| 中国共产党中央委员会关于无产阶级文化大革命的决定 | | 外文 | 1966（1973 年停售） | 3512 | 64 开 | 0.10 |
| 中国共产党第八届中央委员会第十一次全体会议公报 | | 外文 | 1966（1973 年停售） | 3512 | 56 开 | 0.09 |
| 无产阶级文化大革命万岁 | | 外文 | 1966（1973 年停售） | 3512 | 袖珍 | 0.11 |
| 评"三家村"（《燕山夜话》《三家村札记》的反动本质） | 姚文元 | 外文 | 1966（1976 年停售） | 3512 | 56 开 | 0.17 |
| 高举毛泽东思想的伟大旗帜积极参加社会主义文化大革命 | | 外文 | 1966（1973 年停售） | 3512 | 56 开 | 0.11 |
| 撕掉资产阶级"自由""平等""博爱"的遮羞布 | | 外文 | 1966（1973 年停售） | 3512 | 56 开 | 0.10 |
| 日共中央给苏共中央的复信 | | 外文 | 1966（当年停售） | 2000 | | |

续表

| 书名 | 作者 | 出版社 | 出版/再版时间 | 印刷/发行册数 | 开本/装帧 | 定价（元） |
|---|---|---|---|---|---|---|
| 苏共领导是宣言和声明的破坏者 | | 外文 | 1966（1976 年起应索供应） | 3192 | 56 开 | 0.09 |
| 苏共新领导奉行苏美合作的自供状 | 《红旗》评论员 | 外文 | 1966 | 1912 | 56 开 | 0.11 |
| 驳苏共所谓"联合行动" | | 外文 | 1966 | 3912 | 56 开 | 0.15 |
| 刘胡兰的故事（儿童画册） | 群力文、华三川绘，少年儿童出版社 | 外文 | 1966 | | 20 开 | 0.57 |
| 冷和热的地方（儿童画册） | 谢其规文，乐小英绘 | 外文 | 1966 | 5650 | 29 开 | 0.26 |
| 风景木刻（明信片） | | 中华世界语协会 | 1966（1967 年停售） | 6600 | | |
| 越南人民必胜！美国侵略者必败！（中国美术家支援越南人民抗美斗争美术作品选编） | | 外文 | 1966（1978 年停售） | 2600 | 12 开 | 2.60 |
| 越南人民必胜，美国侵略者必败（摄影集）（第三集） | | 外文 | 1966（1978 年停售） | 12212 | 12 开 | 0.80 |
| 越南人民必胜，美国侵略者必败（摄影集）（第四集） | | 外文 | 1966（1967 年停售） | 14500 | 12 开 | 0.80 |

## 1966 年日文版书目(24 种)

| 书名 | 作者 | 出版社 | 出版/再版时间 | 印刷/发行册数 | 开本/装帧 | 定价（元） |
|---|---|---|---|---|---|---|
| 列宁语录 | | 外文 | 1966(1960 年出版,总印数 10024 册,本次再版) | | 32 开 | 2.30 |
| 中国社会各阶级的分析 | 毛泽东 | 外文 | 1966(再版 2 次) | 35008 | 32 开 | 0.14 |
| 新民主主义论 | 毛泽东 | 外文 | 1966（再版 2 次） | 123870 | 32 开 | 0.36 |
| 和美国记者安娜·路易斯·斯特朗的谈话 | 毛泽东 | 外文 | 1966（再版 2 次） | 110667 | 32 开 | 0.16 |
| 在延安文艺座谈会上的讲话 | 毛泽东 | 外文 | 1966（再版 2 次） | 135920 | 32 开 | 0.16 |
| 中国共产党中央委员会关于无产阶级文化大革命的决定 | | 外文 | 1966 | 40312 | 大 32 开 | 0.15 |
| 中国共产党第八届中央委员会第十一次全体会议公报 | | 外文 | 1966(1973 年停售) | 40412 | 大 32 开 | 0.13 |
| 中国的社会主义文化大革命(第一集) | | 外文 | 1966(再版 1 次,1973 年停售) | 48514 | 大 32 开 | 0.44 |
| 中国的社会主义文化大革命(第二集) | | 外文 | 1966(1969 年停售) | 57312 | 大 32 开 | 0.44 |
| 中国的社会主义文化大革命(第三集) | | 外文 | 1966(1973 年停售) | 55312 | 大 32 开 | 0.22 |
| 中国的社会主义文化大革命(第四集) | | 外文 | 1966(1973 年停售) | 55312 | 大 32 开 | 0.34 |
| 中国的社会主义文化大革命(第五集) | | 外文 | 1966(1973 年停售) | 55312 | 大 32 开 | 0.23 |
| 中国的社会主义文化大革命(第六集) | | 外文 | 1966(1973 年停售) | 56312 | 大 32 开 | 0.22 |
| 全国都应该成为毛泽东思想的大学校 | | 外文 | 1966(1973 年停售) | 21310 | 32 开 | 0.19 |

续表

| 书名 | 作者 | 出版社 | 出版/再版时间 | 印刷/发行册数 | 开本/装帧 | 定价（元） |
|---|---|---|---|---|---|---|
| 把无产阶级文化大革命进行到底 | | 外文 | 1966（1968年停售） | 65512 | 32 开 | 0.41 |
| 苏共新领导奉行苏美合作的自供状 | 《红旗》评论员 | 外文 | 1966（1968年停售） | 33312 | 32 开 | 0.15 |
| 美国侵略没有界限，我们反侵略也没有界限 | | 外文 | 1966（停售） | 40312 | 32 开 | 1.30 |
| 欧阳海之歌（上） | | 外文 | 1966（1968年停售） | 190432 | 32 开 | 1.80 |
| 欧阳海之歌（下） | | 外文 | 1966（1968年停售） | 190432 | 32 开 | 1.80 |
| 越南人民必胜，美国侵略者必败（摄影集）（第三集） | | 外文 | 1966（1978年停售） | 40312 | 12 开 | 0.80 |
| 越南人民必胜，美国侵略者必败（摄影集）（第四集） | | 外文 | 1966（1978年停售） | 36500 | 12 开 | 0.80 |
| 越南人民必胜！美国侵略者必败！（中国美术家支援越南人民抗美斗争美术作品选编） | | 外文 | 1966（1978年停售） | 10300 | 12 开 | 2.60 |
| 中国历史简编（1840—1919） | 林峰 | 外文 | 1966（再版1次） | 12821 | 32 开 | 0.71 |
| 中华人民共和国地图 | 外文出版社译 | 外文 | 1966（年底停售） | | 4 开 | 0.50 |

## 1966 年越南文版书目（20 种）

| 书名 | 作者 | 出版社 | 出版/再版时间 | 印刷/发行册数 | 开本/装帧 | 定价（元） |
|---|---|---|---|---|---|---|
| 中国共产党中央委员会关于无产阶级文化大革命的决定 | | 外文 | 1966（再版 3 次,1973 年停售） | | 56 开 | 0.10 |
| 中国共产党第八届中央委员会第十一次全体会议公报 | | 外文 | 1966（1973 年停售） | 66167 | 56 开 | 0.09 |
| 无产阶级文化大革命万岁 | | 外文 | 1966（1973 年停售） | 100212 | 56 开 | 0.11 |
| 一个大阴谋的破产 | | 外文 | 1966（当年停售） | 67162 | 32 开 | 0.37 |
| 评"三家村"（《燕山夜话》《三家村札记》的反动本质） | 姚文元 | 外文 | 1966（1976 年停售） | 100212 | 64 开 | 0.21 |
| 高举毛泽东思想的伟大旗帜积极参加社会主义文化大革命 | | 外文 | 1966（1973 年停售） | | 56 开 | 0.11 |
| 高举毛泽东思想伟大红旗把无产阶级革命进行到底（关于无产阶级文化大革命的宣传教育要点） | | 外文 | 1966（1967 年停售） | 100312 | 56 开 | 0.18 |
| 战略上以一当十,战术上以十当一 | 李作鹏 | 外文 | 1966（1973 年停售） | 185520 | 32 开 | 0.28 |
| 撕掉资产阶级"自由""平等""博爱"的遮羞布 | | 外文 | 1966（1973 年停售） | 100212 | 56 开 | 0.10 |
| 陈毅副总理答记者问 | | 外文 | 1966 | 100324 | 32 开 | 0.26 |
| 在对待美帝国主义问题上两条路线的斗争 | 范秀珠 | 外文 | 1966（1976 年停售） | 31212 | 32 开 | 0.26 |
| 苏共领导是宣言和声明的破坏者 | | 外文 | 1966（1976 年起应索供应） | 81162 | 56 开 | 0.09 |

续表

| 书名 | 作者 | 出版社 | 出版/再版时间 | 印刷/发行册数 | 开本/装帧 | 定价（元） |
|---|---|---|---|---|---|---|
| 苏共新领导奉行苏美合作的自供状 | 《红旗》评论员 | 外文 | 1966 | 38162 | 56 开 | 0.11 |
| 美国侵略没有界限，我们反侵略也没有界限 | | 外文 | 1966（停售） | 96262 | 32 开 | 0.21 |
| 越南人民必胜，美国侵略者必败（摄影集）（第三集） | | 外文 | 1966（1978年停售） | 35327 | 12 开 | 0.80 |
| 越南人民必胜，美国侵略者必败（摄影集）（第四集） | | 外文 | 1966（1978年停售） | 25100 | 12 开 | 0.80 |
| 越南人民必胜！美国侵略者必败！（中国美术家支援越南人民抗美斗争美术作品选编） | | 外文 | 1966（1978年停售） | 10350 | 12 开 | 2.60 |
| 红色娘子军（连环画） | 梁信原著，宋玉洁改编，李子纯绘 | 外文 | 1966 | 11100 | 32 开 | 0.84 |
| 黎明的河边（连环画） | 峻青原著，顾炳鑫编绘 | 外文 | 1966 | 21600 | 32 开 | 0.57 |
| 椰子树下的故事（儿童画册） | 叶丹文、林琬崔绘 | 外文 | 1966 | 21600 | 28 开 | 0.27 |

## 1966 年泰国文版书目（20 种）

| 书名 | 作者 | 出版社 | 出版/再版时间 | 印刷/发行册数 | 开本/装帧 | 定价（元） |
|---|---|---|---|---|---|---|
| 抗日游击战争的战略问题 | 毛泽东 | 外文 | 1966（再版 2 次） | 9257 | 32 开 | 0.63 |
| 战争和战略问题 | 毛泽东 | 外文 | 1966（再版 3 次） | 21327 | 32 开 | 0.35 |

续表

| 书名 | 作者 | 出版社 | 出版/再版时间 | 印刷/发行册数 | 开本/装帧 | 定价（元） |
|---|---|---|---|---|---|---|
| 青年运动的方向 | 毛泽东 | 外文 | 1966（再版 2 次） | 16817 | 64 开 | 0.10 |
| 《共产党人》发刊词 | 毛泽东 | 外文 | 1966（再版 2 次） | 40720 | 32 开 | 0.20 |
| 改造我们的学习 | 毛泽东 | 外文 | 1966 | 36820 | 32 开 | 0.22 |
| 整顿党的作风 | 毛泽东 | 外文 | 1966（再版 2 次） | | 32 开 | 0.28 |
| 反对党八股 | 毛泽东 | 外文 | 1966（再版 1 次） | 55788 | 32 开 | 0.27 |
| 在中国共产党第七届中央委员会第二次全体会议上的讲话 | 毛泽东 | 外文 | 1966（再版 3 次） | 20329 | 32 开 | 0.38 |
| 苏共领导是宣言和声明的破坏者 | | 外文 | 1966（1976 年起应索供应） | 2612 | 大 32 开 | 0.12 |
| 苏共新领导奉行苏美合作的自供状 | 《红旗》评论员 | 外文 | 1966（1976 年起应索供应） | 3160 | 64 开 | 0.11 |
| 驳苏共所谓"联合行动" | | 外文 | 1966（1976 年起应索供应） | 2512 | 大 32 开 | 0.30 |
| 人民战争胜利万岁（纪念中国人民抗日战争胜利二十周年） | 林彪 | 外文 | 1966（1973 年停售） | 2412 | 32 开 | 0.56 |
| 中国人民解放军的民主传统 | 贺龙 | 外文 | 1966（1967 年停售） | 2612 | 32 开 | 0.37 |
| 中国短篇小说九篇 | 巴金等 | 外文 | 1966（1968 年停售） | 1150 | 32 开/精 | 3.00 |
| 杨根思 | 贺友谊绘 | 外文 | 1966 | 2105 | 32 开 | |
| 红色娘子军(连环画) | 梁信原著，宋玉洁改编，李子纯绘 | 外文 | 1966 | | 32 开 | 0.84 |

续表

| 书名 | 作者 | 出版社 | 出版/再版时间 | 印刷/发行册数 | 开本/装帧 | 定价（元） |
|---|---|---|---|---|---|---|
| 越南人民必胜,美国侵略者必败(摄影集)(第三集) | | 外文 | 1966(1973年停售) | 1612 | 12 开 | 0.80 |
| 越南人民必胜,美国侵略者必败(摄影集)(第四集) | | 外文 | 1966(1978年停售) | 1600 | 12 开 | 0.80 |
| 花儿朵朵(儿童画册) | 黄庆云文,林琬崔绘 | 外文 | 1966 | | 24 开 | 0.24 |
| 熊婆婆(儿童画册) | 四川人民出版社 | 外文 | 1966 | | 20 开 | 0.64 |

## 1966 年缅甸文版书目(11 种)

| 书名 | 作者 | 出版社 | 出版/再版时间 | 印刷/发行册数 | 开本/装帧 | 定价（元） |
|---|---|---|---|---|---|---|
| 中国革命战争的战略问题 | 毛泽东 | 外文 | 1965(再版 1 次) | | 32 开 | 0.81 |
| 中国革命和中国共产党 | 毛泽东 | 外文 | 1966(再版 1 次) | 106920 | 32 开 | 0.40 |
| 新民主主义论 | 毛泽东 | 外文 | 1966(再版 1 次) | 103770 | 32 开 | 0.67 |
| 中国共产党中央委员会关于无产阶级文化大革命的决定 | | 外文 | 1966(再版 1 次,1973年停售) | 3112 | 大 32 开 | 0.15 |
| 中国共产党第八届中央委员会第十一次全体会议公报 | | 外文 | 1966(1973年停售) | 6367 | 大 32 开 | 0.13 |
| 苏共领导是宣言和声明的破坏者 | | 外文 | 1966(1976年起应索供应) | 1612 | 大 32 开 | 0.12 |
| 苏共新领导奉行苏美合作的自供状 | 《红旗》评论员 | 外文 | 1966(1976年起应索供应) | 1313 | 大 32 开 | 0.15 |

续表

| 书名 | 作者 | 出版社 | 出版/再版时间 | 印刷/发行册数 | 开本/装帧 | 定价（元） |
|------|------|--------|--------------|--------------|-----------|-----------|
| 驳苏共所谓"联合行动" | | 外文 | 1966（1976 年起应索供应） | 1112 | 大 32 开 | 0.22 |
| 越南人民必胜，美国侵略者必败（摄影集）（第三集） | | 外文 | 1966（1978 年停售） | 1112 | 12 开 | 0.80 |
| 越南人民必胜，美国侵略者必败（摄影集）（第四集） | | 外文 | 1966（1978 年停售） | 1100 | 12 开 | 0.80 |
| 越南人民必胜，美国侵略者必败（摄影集）（第五集） | | 外文 | 1966（1978 年停售） | 5660 | 12 开 | 0.80 |

## 1966 年阿拉伯文版书目（21 种）

| 书名 | 作者 | 出版社 | 出版/再版时间 | 印刷/发行册数 | 开本/装帧 | 定价（元） |
|------|------|--------|--------------|--------------|-----------|-----------|
| 战争和战略问题 | 毛泽东 | 外文 | 1966（再版 3 次） | 76777 | 32 开 | 0.35 |
| 青年运动的方向 | 毛泽东 | 外文 | 1966（1961 年出版，再版 3 次，总印数 62932 册，本次第 2 版修订） | | 32 开/精 | 0.58 |
| | | | | | 32 开/平 | 0.23 |
| 星星之火，可以燎原 | 毛泽东 | 外文 | 1966（再版 2 次） | 75823 | 32 开/精 | 0.58 |
| | | | | | 32 开/平 | 0.17 |
| 关于正确处理人民内部矛盾的问题 | 毛泽东 | 外文 | 1966（再版 2 次） | 13229 | 32 开/精 | 0.90 |
| | | | | | 32 开/平 | 0.55 |
| 中国共产党中央委员会关于无产阶级文化大革命的决定 | | 外文 | 1966（再版 2 次） | | 大 32 开 | 0.15 |

续表

| 书名 | 作者 | 出版社 | 出版/再版时间 | 印刷/发行册数 | 开本/装帧 | 定价（元） |
|---|---|---|---|---|---|---|
| 中国共产党第八届中央委员会第十一次全体会议公报 | | 外文 | 1966（1973年停售） | 7112 | 大32开 | 0.13 |
| 无产阶级文化大革命万岁 | | 外文 | 1966（1973年停售） | 10112 | 大32开 | 0.20 |
| 评"三家村"（《燕山夜话》《三家村札记》的反动本质） | 姚文元 | 外文 | 1966（1976年停售） | 9112 | 大32开 | 0.36 |
| 高举毛泽东思想的伟大旗帜积极参加社会主义文化大革命 | | 外文 | 1966（1973年停售） | 10112 | 大32开 | 0.22 |
| 撕掉资产阶级"自由""平等""博爱"的遮羞布 | | 外文 | 1966（1973年停售） | 10112 | 大32开 | 0.18 |
| 陈毅副总理答记者问 | | 外文 | 1966 | 3062 | 32开 | 0.26 |
| 苏共领导是宣言和声明的破坏者 | | 外文 | 1966（1976年起应索供应） | 4062 | 大32开 | 0.12 |
| 苏共新领导奉行苏美合作的自供状 | 《红旗》评论员 | 外文 | 1966（1976年起应索供应） | 4062 | 大32开 | 0.15 |
| 红色娘子军（连环画） | 梁信原著，宋玉洁改编，李子纯绘 | 外文 | 1966 | 10400 | 32开 | 0.84 |
| 我们的故事（儿童画册） | 张乐平等 | 外文 | 1966（1968年停售） | 15080 | | |
| 越南人民必胜，美国侵略者必败（摄影集）（第三集） | | 外文 | 1966（1978年停售） | 2835 | 12开 | 0.80 |

续表

| 书名 | 作者 | 出版社 | 出版/再版时间 | 印刷/发行册数 | 开本/装帧 | 定价（元） |
|---|---|---|---|---|---|---|
| 越南人民必胜,美国侵略者必败（摄影集）（第四集） | | 外文 | 1966（1978年停售） | 17270 | 12 开 | 0.80 |
| 越南人民必胜! 美国侵略者必败!（中国美术家支援越南人民抗美斗争美术作品选编） | | 外文 | 1966（1978年停售） | 5970 | 12 开 | 2.60 |

## 1966 年印地文版书目（21 种）

| 书名 | 作者 | 出版社 | 出版/再版时间 | 印刷/发行册数 | 开本/装帧 | 定价（元） |
|---|---|---|---|---|---|---|
| 湖南农民运动考察报告 | 毛泽东 | 外文 | 1966（再版 2 次） | 76067 | 64 开 | 0.32 |
| 中国的红色政权为什么能够存在? | 毛泽东 | 外文 | 1966（再版 2 次） | 33220 | 64 开 | 0.16 |
| 关于纠正党内的错误思想 | 毛泽东 | 外文 | 1966（再版 3 次） | 20280 | 64 开 | 0.16 |
| 星星之火,可以燎原 | 毛泽东 | 外文 | 1966（再版 3 次） | 39080 | 56 开 | 0.13 |
| 关心群众生活,注意工作方法 | 毛泽东 | 外文 | 1966（再版 3 次） | 39280 | 64 开 | 0.12 |
| 反对自由主义 | 毛泽东 | 外文 | 1966（再版 3 次） | 39030 | 64 开 | 0.09 |
| 组织起来 | 毛泽东 | 外文 | 1966（再版 1 次） | 36170 | 64 开 | 0.14 |
| 必须学会做经济工作 | 毛泽东 | 外文 | 1966（再版 2 次） | 36270 | 袖珍 | 0.10 |
| 愚公移山 | 毛泽东 | 外文 | 1966（再版 2 次） | 13210 | 56 开 | 0.09 |

续表

| 书名 | 作者 | 出版社 | 出版/再版时间 | 印刷/发行册数 | 开本/装帧 | 定价（元） |
|---|---|---|---|---|---|---|
| 目前形势和我们的任务 | 毛泽东 | 外文 | 1966（再版1次，1969年停售） | 16217 | 袖珍 | 0.23 |
| 关于目前党的政策中的几个重要问题 | 毛泽东 | 外文 | 1966（再版2次） | 11427 | 56开 | 0.13 |
| 列宁主义和现代修正主义 | | 外文 | 1966 | | 32开 | 0.19 |
| 苏共领导是宣言和声明的破坏者 | | 外文 | 1966（1976年起应索供应） | 2312 | 56开 | 0.09 |
| 驳苏共所谓"联合行动" | | 外文 | 1966（1976年起应索供应） | 2412 | 56开 | 0.15 |
| 人民战争胜利万岁（纪念中国人民抗日战争胜利二十周年） | 林彪 | 外文 | 1966（1973年停售） | | 56开 | 0.33 |
| 红色娘子军（连环画） | 梁信原著，宋玉洁改编，李子纯绘 | 外文 | 1966 | | 32开 | 0.84 |
| 黄继光（连环画） | 少年儿童出版社 | 外文 | 1966 | 2720 | 20开 | 0.34 |
| 愚公移山（儿童画册） | 音勺文，杨永青绘 | 外文 | 1965（1963年出版，总印数4050册，本次再版） | | 20开 | 0.29 |
| 越南人民必胜，美国侵略者必败（摄影集）（第三集） | | 外文 | 1966（1978年停售） | 6112 | 12开 | 0.80 |
| 越南人民必胜，美国侵略者必败（摄影集）（第四集） | | 外文 | 1966（1978年停售） | 6700 | 12开 | 0.80 |
| 越南人民必胜！美国侵略者必败！（中国美术家支援越南人民抗美斗争美术作品选编） | | 外文 | 1966（1978年停售） | | 12开 | 2.60 |

## 1966 年乌尔都文版书目(13 种)

| 书名 | 作者 | 出版社 | 出版/再版时间 | 印刷/发行册数 | 开本/装帧 | 定价（元） |
|---|---|---|---|---|---|---|
| 中国共产党第八届中央委员会第十一次全体会议公报 | | 外文 | 1966（1973年停售） | 5767 | 64 开 | 0.09 |
| 列宁主义的伟大胜利（纪念列宁诞辰九十五周年） | | 外文 | 1966 | | 32 开 | 0.13 |
| 苏共领导是宣言和声明的破坏者 | | 外文 | 1966（1976年起应索供应） | | 大 32 开 | 0.12 |
| 苏共新领导奉行苏美合作的自供状 | 《红旗》评论员 | 外文 | 1966（1976年起应索供应） | | 大 32 开 | 0.15 |
| 驳苏共所谓"联合行动" | | 外文 | 1966（1976年起应索供应） | | 大 32 开 | 0.31 |
| 花儿朵朵（儿童画册） | 黄庆云文，林琬崔绘 | 外文 | 1966 | | 24 开 | 0.24 |
| 今日我做值班生（儿童画册） | | 外文 | 1966 | | 24 开 | 0.25 |
| 冷和热的地方（儿童画册） | 谢其规文，乐小英绘 | 外文 | 1966 | | 28 开 | 0.26 |
| 秘密快报（儿童画册） | 高沙文，华三川绘 | 外文 | 1966 | | 20 开 | 0.43 |
| 愚公移山（儿童画册） | 音勺文，杨永青绘 | 外文 | 1965 | | 20 开 | 0.29 |
| 越南人民必胜，美国侵略者必败（摄影集）（第三集） | | 外文 | 1966（1978年停售） | 2112 | 12 开 | 0.80 |
| 越南人民必胜，美国侵略者必败（摄影集）（第四集） | | 外文 | 1966（1978年停售） | 2600 | 12 开 | 0.80 |
| 越南人民必胜！美国侵略者必败！（中国美术家支援越南人民抗美斗争美术作品选编） | | 外文 | 1966（1978年停售） | 22300 | 12 开 | 2.60 |

## 1966 年斯瓦希里文版书目(21 种)

| 书名 | 作者 | 出版社 | 出版/再版时间 | 印刷/发行册数 | 开本/装帧 | 定价（元） |
|---|---|---|---|---|---|---|
| 毛泽东同亚洲、非洲、拉丁美洲人士的几次重要谈话 | 毛泽东 | 外文 | 1966(1964 年出版,总印数 20312 册,本次再版修订) | | 32 开 | 0.12 |
| 星星之火,可以燎原 | 毛泽东 | 外文 | 1966(再版 2 次) | 60270 | 32 开 | 0.17 |
| 青年运动的方向 | 毛泽东 | 外文 | 1966(再版 1 次) | 60270 | 32 开 | 0.16 |
| 论政策 | 毛泽东 | 外文 | 1966(再版 2 次) | 59270 | 32 开 | 0.17 |
| 愚公移山 | 毛泽东 | 外文 | 1966(1969 年停售) | 3412 | 64 开 | 0.09 |
| 为人民服务 | 毛泽东 | 外文 | 1966(再版 1 次重印) | 10062 | 64 开 | 0.11 |
| 将革命进行到底 | 毛泽东 | 外文 | 1966(再版 2 次) | 10211 | 64 开 | 0.11 |
| 关心群众生活,注意工作方法 | 毛泽东 | 外文 | 1966(再版 2 次) | 60220 | 32 开 | 0.14 |
| 人民战争胜利万岁（纪念中国人民抗日战争胜利二十周年） | 林彪 | 外文 | 1966(1967 年停售) | 51170 | 32 开 | 0.39 |
| 中国共产党中央委员会关于无产阶级文化大革命的决定 | | 外文 | 1966 | 9110 | 大 32 开 | 0.15 |
| 中国共产党第八届中央委员会第十一次全体会议公报 | | 外文 | 1966(1973 年停售) | 8110 | 大 32 开 | 0.13 |
| 苏共领导是宣言和声明的破坏者 | | 外文 | 1966(1976 年起应索供应) | 3812 | 大 32 开 | 0.12 |
| 苏共新领导奉行苏美合作的自供状 | 《红旗》评论员 | 外文 | 1966(1976 年起应索供应) | 4112 | 大 32 开 | 0.15 |
| 驳苏共所谓"联合行动" | | 外文 | 1966(1976 年起应索供应) | 2562 | 大 32 开 | 0.22 |

续表

| 书名 | 作者 | 出版社 | 出版/再版时间 | 印刷/发行册数 | 开本/装帧 | 定价（元） |
|---|---|---|---|---|---|---|
| 老翁泉（连环画） | 萧甘牛编，李天心绘 | 外文 | 1965（1968年停售） | 20050 | 28 开 | 0.46 |
| 黎明的河边（连环画） | 峻青原著，顾炳鑫编绘 | 外文 | 1966 | 13100 | 32 开 | 0.57 |
| 我们的故事（儿童画册） | 张乐平等 | 外文 | 1966（1968年停售） | 15100 | 精 | 0.73 |
| 秘密快报（儿童画册） | 高沙文，华三川绘 | 外文 | 1966 | | 20 开 | 0.43 |
| 越南人民必胜，美国侵略者必败（摄影集）（第三集） | | 外文 | 1966（1978年停售） | 26112 | 12 开 | 0.80 |
| 越南人民必胜，美国侵略者必败（摄影集）（第四集） | | 外文 | 1966（1978年停售） | 27100 | 12 开 | 0.80 |
| 越南人民必胜！美国侵略者必败！（中国美术家支援越南人民抗美斗争美术作品选编） | | 外文 | 1966（1978年停售） | 7100 | 12 开 | 2.60 |

## 1966 年波斯文版书目（17 种）

| 书名 | 作者 | 出版社 | 出版/再版时间 | 印刷/发行册数 | 开本/装帧 | 定价（元） |
|---|---|---|---|---|---|---|
| 毛泽东同志论帝国主义和一切反动派都是纸老虎 | 毛泽东 | 外文 | 1966（再版 1 次） | 2112 | 56 开 | 0.22 |
| 关于纠正党内的错误思想 | 毛泽东 | 外文 | 1966（再版 1 次） | 4772 | 56 开 | 0.16 |
| 被敌人反对是好事而不是坏事 | 毛泽东 | 外文 | 1966（再版 1 次） | 9942 | 56 开 | 0.08 |

续表

| 书名 | 作者 | 出版社 | 出版/再版时间 | 印刷/发行册数 | 开本/装帧 | 定价（元） |
|---|---|---|---|---|---|---|
| 矛盾论 | 毛泽东 | 外文 | 1966（再版1次） | 1612 | 56开 | 0.35 |
| 抗日游击战争的战略问题 | 毛泽东 | 外文 | 1966（再版3次） | 15844 | 56开 | 0.33 |
| 统一战线中的独立自主问题 | 毛泽东 | 外文 | 1966（再版3次） | 10771 | 56开 | 0.11 |
| 为人民服务、纪念白求恩、愚公移山 | 毛泽东 | 外文 | 1966（再版1次） | 8710 | 袖珍本 | 0.13 |
| 目前形势和我们的任务 | 毛泽东 | 外文 | 1966（再版2次） | 10136 | 64开 | 0.23 |
| 将革命进行到底 | 毛泽东 | 外文 | 1966（再版3次） | 11341 | 56开 | 0.14 |
| 关于正确处理人民内部矛盾的问题 | 毛泽东 | 外文 | 1966 | | 56开 | 0.38 |
| 中国共产党中央委员会关于无产阶级文化大革命的决定 | | 外文 | 1966（再版2次） | 9182 | 56开 | 0.10 |
| 中国共产党第八届中央委员会第十一次全体会议公报 | | 外文 | 1966（1973年停售） | | 56开 | 0.09 |
| 无产阶级文化大革命万岁 | | 外文 | 1966（1973年停售） | 2412 | 56开 | 0.11 |
| 陈毅副总理答记者问 | | 外文 | 1966 | 1114 | 56开 | 0.25 |
| 苏共领导是宣言和声明的破坏者 | | 外文 | 1966（1976年起应索供应） | | 56开 | 0.09 |
| 苏共新领导奉行苏美合作的自供状 | 《红旗》评论员 | 外文 | 1966（1976年起应索供应） | | 56开 | 0.11 |
| 驳苏共所谓"联合行动" | | 外文 | 1966（1976年起应索供应） | | 56开 | 0.15 |

## 1966 年意大利文版书目（4 种）

| 书名 | 作者 | 出版社 | 出版/再版时间 | 印刷/发行册数 | 开本/装帧 | 定价（元） |
|---|---|---|---|---|---|---|
| 人民战争胜利万岁——纪念中国人民抗日战争胜利二十周年 | 林彪 | 外文 | 1966（1973年停售） | 70200 | 32 开 | 0.39 |
| 苏共领导是宣言和声明的破坏者 | | 外文 | 1966（1976年起应索供应） | 5542 | 大 32 开 | 0.12 |
| 苏共新领导奉行苏美合作的自供状 | 《红旗》评论员 | 外文 | 1966 | 5542 | 大 32 开 | 0.15 |
| 驳苏共新领导所谓"联合行动" | | 外文 | 1966 | 5542 | 大 32 开 | 0.22 |

## 1966 年瑞典文版书目（2 种）

| 书名 | 作者 | 出版社 | 出版/再版时间 | 印刷/发行册数 | 开本/装帧 | 定价（元） |
|---|---|---|---|---|---|---|
| 越南人民必胜,美国侵略者必败（摄影集）（第三集） | | 外文 | 1966（1978年停售） | 3112 | 12 开 | 0.80 |
| 越南人民必胜,美国侵略者必败（摄影集）（第四集） | | 外文 | 1966（1978年停售） | 3600 | 12 开 | 0.80 |

## 1966 年朝鲜文版书目（1 种）

| 书名 | 作者 | 出版社 | 出版/再版时间 | 印刷/发行册数 | 开本/装帧 | 定价（元） |
|---|---|---|---|---|---|---|
| 中国历史简编（远古—1840） | 董集明 | 外文 | 1966 | | 32 开 | 1.10 |

## 1966 年印尼文版书目（6 种）

| 书名 | 作者 | 出版社 | 出版/再版时间 | 印刷/发行册数 | 开本/装帧 | 定价（元） |
|---|---|---|---|---|---|---|
| 实践论 | 毛泽东 | 外文 | 1966 | | 56 开 | 0.18 |
| 矛盾论 | 毛泽东 | 外文 | 1966（再版 1 次） | 3612 | 56 开 | 0.35 |
| 苏共领导是宣言和声明的破坏者 | | 外文 | 1966（1976 年起应索供应） | 2612 | 56 开 | 0.09 |
| 苏共新领导奉行苏美合作的自供状 | 《红旗》评论员 | 外文 | 1966（1976 年起应索供应） | 2612 | 56 开 | 0.11 |
| 驳苏共新领导所谓"联合行动" | | 外文 | 1966（1976 年起应索供应） | 3112 | 56 开 | 0.15 |
| 人民战争胜利万岁（纪念中国人民抗日战争胜利二十周年） | 林彪 | 外文 | 1966（1963 年出版，再版 3 次重印，总印数 47730 册，1972 年停售） | | 32 开 | 0.39 |

## 1966 年多语种对照版书目（8 种）

| 版本对照 | 书名 | 出版社 | 出版/再版时间 | 印刷/发行册数 | 开本/装帧 | 定价（元） |
|---|---|---|---|---|---|---|
| 中、英、法对照 | 毛泽东主席（彩色照片，英文、法文、中文对照） | 人民美术 | 1966 | | 4 开 | |
| | 中国体育（彩色明信片，三） | 人民体育 | 1966 | | 50 开/10 张 | |
| | 中国体育（彩色明信片，三） | 人民体育 | 1966 | | 50 开/10 张 | |
| | 中国体育（彩色明信片，三） | 人民体育 | 1966 | | 50 开/12 张 | |

续表

| 版本对照 | 书名 | 出版社 | 出版/再版时间 | 印刷/发行册数 | 开本/装帧 | 定价（元） |
|---|---|---|---|---|---|---|
| 英、法、西对照 | 风景木刻（明信片） | 外文 | 1966（1967年停售） | | 2700 | |
| | 我们的伟大领袖毛主席（彩色照片） | 外文 | 1966 | | 32 开/11 张 | 0.65 |
| 越、缅、泰对照 | 全世界无产者同被压迫人民、被压迫民族联合起来（宣传画，英文、法文、西班牙文对照） | 上海人民美术 | 1966 | | | |
| | 我们的伟大领袖毛主席（彩色照片） | 外文 | 1966 | | 32 开/12 张 | 0.65 |

# 1967 年图书（期刊）对外翻译出版发行活动

本年，外文出版社《毛泽东选集》翻译室正式成立，成员逐步发展到200 多人，先后设立德文、阿拉伯文、意大利文、印地文、葡萄牙文、乌尔都文、印尼文、世界语、斯瓦希里文、豪萨文、孟加拉文、老挝文、蒙古文、朝鲜文、罗马尼亚文、普什图文、波斯文等 17 个语文组。编辑业务上，设立了质疑组，还从军事科学院聘请了两名顾问；

本年，受到"文化大革命"的政治形势影响，国务院外办发出"关于对外国人赠送毛主席语录的通知"，其中指示 1966 年 3 月 5 日、4 月 2 日、6 月 9 日发出的通知精神是错误的，撤销上述三个通知，明确对外赠送《毛主席语录》（中外文版）就是向世界人民宣传毛泽东思想。各涉外单位作为头等重要的政治任务；

本年，毛泽东对出国人员谈话时，曾谈到对《北京周报》等对外宣单位的意见。他指出："有些外国人对我们《北京周报》和新华社的对外宣传有意见，宣传毛泽东思想发展马克思主义，过去不搞，现在文化大革命以后，大搞特搞，吹得太厉害，人家接受不了。有些话何必自己说，我们要谦虚，特别是对外。出去要谦虚一点，当然又不要失掉原则"；

本年，国际书店一次性注销比利时国际图书社 8000 多英镑的欠账，以示对左派同业支持。

1967 年 1 月 16 日，外文局发出《关于停发、停售并收回国内陈列的外文期刊，并销毁的紧急通知》，因为其中登载有与"文化大革命"精神不符或是已被批斗的人和事的内容。

1967 年 1 月 16 日，国务院外办副主任李一氓就各港口国际海员俱乐部赴京代表提出的问题发表谈话："现在宣布各地国际海员俱乐部与北京国际书店建立直接联系。书刊直接寄给你们，并尽量满足你们的要求。"据此，外文书刊在国内发行量迅速增加。

1967 年 1 月，国务院外办、财贸办批准将毛主席像章、语录章统一划归国际书店对外出口。这样，1967 年出口像章和语录章 50 多种共 557 万枚，发行到 41 个国家和地区，其中港、澳地区占出口的 88.5%。

1967 年 1 月，中国银行通知国际书店，拒收美资银行的一切票据。

1967 年 1 月，外文出版社《毛泽东选集》翻译室正式成立，成员逐步发展到 200 多人，先后设立德文、阿拉伯文、意大利文、印地文、葡萄牙文、乌尔都文、印尼文、世界语、斯瓦希里文、豪萨文、孟加拉文、老挝文、蒙古文、朝鲜文、罗马尼亚文、普什图文、波斯文等 17 个语文组。编辑业务上，设立了质疑组，还从军事科学院聘请了两名顾问。该翻译室完成任务后，于 1971 年 11 月撤销，所有工作人员回原单位工作。

1967 年 1 月，《人民中国报道》从本月起由双月刊改为月刊。

1967 年 1 月，《北京周报》五种文版从第 2 期开始分三期陆续刊载毛泽东的《为人民服务》、《纪念白求恩》、《愚公移山》三篇著作。

1967 年 2 月 25 日，人民画报社请示国务院外办，拟增出《人民画报》乌尔都文版，拟于 1967 年第 5 期试刊两期，每期印 1000 份。该文版 8 月份正式对外公开发行。

1967 年 2 月 28 日，国务院外办发出"关于对外国人赠送毛主席语录的通知"，其中指示 1966 年 3 月 5 日、4 月 2 日、6 月 9 日发出的通知精神是错误的，撤销上述三个通知，明确对外赠送《毛主席语录》（中外文版）就是向世界人民宣传毛泽东思想。各涉外单位作为头等重要的政治任务。1967 年一年发行外文版《毛主席语录》共 273 万册。从 1967 至 1976 年 10 年间，《毛主席语录》共发行 783 万册（不包括国外大量翻印的数量）。

1967 年 3 月 10 日，外文局报国务院外办并经外办 3 月 15 日批准，在 1967 年春季广交会上展出各种反修小册子，可以出售，也可以任由外国人自由取阅。

1967 年 4 月 6 日，周总理要求外文局解决毛主席著作出版过程中印刷、装订力量和材料供应不足等问题。据国际书店估计，一年内需要印制各种文版的《毛主席语录》合计 1000 万册。1967 年 3 月份，就有 17 个中国驻外使馆要《毛主席语录》14 万册，美国"中国书刊社"电报订货要求每周发运 2.5 万册。

1967 年 4 月 14 日，国务院外办通知外文局，停办《国际文摘》英文版杂志。

1967 年 4 月 19 日，安娜·路易斯·斯特朗转给外文出版社一份由墨西哥读者写来的信。这位读者的信上说道："你也许很难意识到，现在你的《中国通讯》变得格外重要，因为它实际上是目前来自中国唯一的从影响美国人的观点出发的资料。从这个角度来要求，北京的英文官方宣传是很糟糕的……。北京的宣传资料是为中国人写的……。他们应该更多地考虑他们所要影响的人的心理"。斯特朗亲笔摘抄这封私人信件给外文出版社时，在便函中指出：这位读者的信是对"北京出版外文翻译的严厉批评"。

1967 年 4 月 27 日，外文局上报国务院外办，并经中联部、外交部、外办等批复，除已经批准的《毛主席语录》18 种外文版计划之外，又增加阿尔巴尼亚、芬兰、挪威、罗马尼亚、希腊、土耳其、泰米尔、尼泊尔、老挝等 9 个文版。中联部电告中国驻东欧各国使馆，组织他们翻译捷克、匈牙利、保加利亚文版的《毛主席语录》，至 1968 年 7 月 25 日，又增加了塞尔维亚文版。

1967 年 6 月 18 日，毛泽东对出国人员谈话时，谈到对《北京周报》等对外宣单位的意见。他指出："有些外国人对我们《北京周报》和新华社的对外宣传有意见，宣传毛泽东思想发展马克思主义，过去不搞，现在文化大革命以后，大搞特搞，吹得太厉害，人家接受不了。有些话何必自己说，我们要谦虚，特别是对外。出去要谦虚一点，当然又不要失掉原则。"①

1967 年 7 月 21 日，美国新闻处播发墨西哥政府发表的反华声明，诬蔑新华社驻墨西哥记者站资助该国的所谓颠覆分子搞武装斗争。国际书店寄发给墨西哥美洲发行社的书刊诬蔑为支持颠覆分子的证据。国际书店以与新华社对话方式，驳斥揭露美国策划并指使一些极右势力破坏中国书刊在墨西哥的发行传播，并迫害发行中国书刊的进步人士。该谈话在 1967 年 8 月 1 日用英文播出。

1967 年 7 月，中国书刊的墨西哥发行同业美洲书刊社负责人富恩斯特来华避难，因墨西哥当局迫害，延长至 1967 年年底离境。

1967 年 7 月，尼泊尔费底亚书店经理费底亚先生被捕入狱。费底亚先生因推销中国书刊几次被捕入狱，但他不畏惧，和妻子、儿女一道积极发行中国书刊，曾组织用尼泊尔文翻译毛泽东著作。在中国书刊发行印度的渠道中断后，费底亚先生曾向印度转销大量中国书刊。

1967 年 8 月，派靳仲林重返法国与进步劳工党开办的中国书店经理罗申夫妇进行业务会谈。靳仲林是 1967 年初从法国办事处调回国内参加

---

① 详见《中国外文局五十年大事记（1949—1999）》（下），新星出版社，1999 年 5 月版。

"文化大革命"的。

1967 年 8 月，日本东方书店经理安井正幸来访。东方书店是由日本共产党的极东书店分化而来。1966 年他与日本共产党领导发生意见分歧后，安井正幸被日本共产党开除，另行创办东方书店。安井正幸是中国日文版"三刊"（《人民中国》、《中国画报》、《北京周报》）的日本总发行人，也是日本销售中国书刊的协调组织——中国书籍恳话会的负责人。

1967 年 8 月 8 日，摩洛哥豪森斯书店经理罗兹夫妇应国际书店邀请来访，并进行业务洽谈。

1967 年 9 月 21 日，国际书店驳斥日本科学书店的指责，"关于将科学书店代收的三种中国日文版刊物订户名单交给中华书店"，这是中日两国共产党 1966 年公开分歧后中国采取的一项措施。

1967 年 11 月 14 日，桑给巴尔革命书店经理哈卡哈基应国际书店邀请来访并进行业务洽谈，直至 12 月 21 日离开中国。桑给巴尔革命书店 1959 年创办，当初名字为乌玛书店。1961 年桑给巴尔取得独立后改为现名，是国际书店在坦桑尼亚最重要的同业之一。

1967 年，国际书店一次性注销比利时国际图书社 8000 多英镑的欠账，以示对左派同业支持。本年，国内"文化大革命"的动荡形势和欧美各国普遍发生青年学生运动和反对美国侵占越南运动，一时间出现了许多要求发行中国书刊的进步书店、激进组织，他们纷纷成为当时在美国、联邦德国、意大利、比利时、法国等发行中国书刊机构。

本年，来访的海外同业还有乌拉圭新生书店比森特·罗维塔，瑞士人民与文化书社的马克思·布鲁姆。

本年，国际书店对国外发行外文书籍 617 万册，其中各种外文版《毛主席语录》发行 192 万册，外文期刊 1011 万份。

本年，外文出版社用英、法、西班牙、俄文、印尼文、日文、蒙古文、越南文、缅甸文、印地文、尼泊尔文、乌尔都文、波斯文、塞尔维亚文、阿尔巴尼亚文、德文、意大利文、葡萄牙文、瑞典文、挪威文、阿拉伯文、斯瓦希里文、豪萨文、世界语、中文等 25 种文字出版 301 种图书。其中包括《毛泽东选集》一卷俄文版、《毛泽东选集》一、二、四卷缅甸文版、《毛泽东军事文选》西班牙文版、《毛主席语录》、《毛泽东关于文学艺术的五个文件》等。

# 1967 年对外发行图书目录

## 1967 年英文版书目（49 种）

| 书名 | 作者 | 出版社 | 出版/再版时间 | 印刷/发行册数 | 开本/装帧 | 定价（元） |
|---|---|---|---|---|---|---|
| 卡尔·马克思 | 列宁 | 外文 | 1967（再版4次重印） | 142299 | 32 开 | 0.33 |
| 列宁论民族殖民地问题的三篇文章 | 列宁 | 外文 | 1967 | 115238 | 32 开 | 0.25 |
| 列宁对东方革命风暴的预见 | 列宁 | 外文 | 1967 | 65314 | 32 开/精 | 0.18 |
| | | | | | 32 开/平 | 0.18 |
| 毛泽东著作选读 | 毛泽东 | 外文 | 1967（再版重印2次） | 480790 | 漆布精/羊皮精 | |
| 毛主席关于文学艺术的五个文件 | 毛泽东 | 外文 | 1967 | 260411 | 56 开 | 0.06 |
| 毛主席论人民战争 | 毛泽东 | 外文 | 1967（再版重印2次，1973年停售） | 1007030 | 64 开/精 | 0.23 |
| | | | | | 100 开/精 | 0.18 |
| 毛泽东论文学艺术 | 毛泽东 | 外文 | 1967（1960年出版，再版3次，总印数17780册。本次第3版修订） | | 32 开 | 0.62 |
| 新民主主义论、在延安文艺座谈会上的讲话、关于正确处理人民内部矛盾的问题、在中国共产党全国宣传工作会议上的讲话 | 毛泽东 | 外文 | 1967（再版重印2次） | 200522 | 32 开 | 0.70 |
| | | | | | 56 开 | 0.53 |

续表

| 书名 | 作者 | 出版社 | 出版/再版时间 | 印刷/发行册数 | 开本/装帧 | 定价（元） |
|---|---|---|---|---|---|---|
| 在延安文艺座谈会上的讲话（附录《红旗》杂志社"论无产阶级文化大革命的指南针"） | 毛泽东 | 外文 | 1967 | | 64 开/精 | 0.30 |
| 学习和时局 | 毛泽东 | 外文 | 1967 | | 32 开 | 0.14 |
| | | | | | 56 开 | 0.10 |
| 为人民服务、纪念白求恩、愚公移山 | 毛泽东 | 外文 | 1967（再版重印 2 次） | 250728 | 32 开 | 0.10 |
| | | | | | 56 开 | 0.09 |
| 伟大的战略思想 | | 外文 | 1967（年底停售） | | 32 开 | 0.26 |
| 中国共产党第七届中央委员会第六次全体会议（扩大）关于农业合作化问题的决议 | | 外文 | 1967（1956 年出版，总印数 11350 册，本次第 2 版修订） | | 32 开 | 0.26 |
| 通知·伟大的历史文件（中国共产党中央委员会，1966 年 5 月 16 日） | | 外文 | 1967（1973 年停售） | 130446 | 大 32 开 | 0.30 |
| | | | | | 56 开 | 0.22 |
| 中国的大革命和苏联的大悲剧 | | 外文 | 1967（1973 年停售） | 100308 | 56 开 | 0.07 |
| 中国的无产阶级文化大革命（第八集） | | 外文 | 1967（1973 年停售） | 150474 | 大 32 开 | 0.16 |
| | | | | | 64 开 | 0.10 |
| 中国的无产阶级文化大革命（第九集） | | 外文 | 1967（1973 年停售） | 149478 | 大 32 开 | 0.16 |
| | | | | | 56 开 | 0.13 |
| 中国的无产阶级文化大革命（第十集） | | 外文 | 1967（1973 年停售） | 150779 | 大 32 开 | 0.27 |
| | | | | | 56 开 | 0.17 |
| 无产阶级专政和无产阶级文化大革命 | 王力 | 外文 | 1967（1969 年停售） | 140728 | 大 32 开 | 0.15 |
| | | | | | 56 开 | 0.11 |

续表

| 书名 | 作者 | 出版社 | 出版/再版时间 | 印刷/发行册数 | 开本/装帧 | 定价（元） |
|---|---|---|---|---|---|---|
| 毛主席革命路线的伟大胜利（热烈欢呼北京市革命委员会诞生） | | 外文 | 1967（1973年停售） | 60061 | 大32开 | 0.30 |
| | | | | | 56开 | 0.24 |
| 在毛泽东思想的大路上前进（庆祝中华人民共和国成立十七周年） | | 外文 | 1967（1973年停售） | 40308 | 大32开 | 0.25 |
| 论无产阶级革命派的夺权斗争 | | 外文 | 1967（1973年停售） | 156423 | 56开 | 0.22 |
| 纪念我们的文化革命先驱鲁迅 | | 外文 | 1967 | | 32开 | 0.34 |
| 评反革命两面派周扬 | 姚文元 | 外文 | 1967（1976年停售） | 110369 | 大32开 | 0.32 |
| | | | | | 56开 | 0.27 |
| "修养"的要害是背叛无产阶级专政 | | 外文 | 1967（1980年停售） | 11559 | 大32开 | 0.15 |
| 爱国主义还是卖国主义？（评反动影片《清宫秘史》） | 戚本禹 | 外文 | 1967（1968年停售） | 110529 | 大32开 | 0.23 |
| | | | | | 56开 | 0.14 |
| 跟着毛主席在大风大浪中前进 | | 外文 | 1967（当年底停售） | 60631 | 大32开 | 0.18 |
| 中国人民坚决支持阿拉伯人民的反侵略斗争 | | 外文 | 1967（1973年停售） | 75364 | 32开 | 0.31 |
| 沿着十月社会主义革命开辟的道路前进（纪念伟大的十月社会主义革命五十周年） | | 外文 | 1967（1969年停售） | 130358 | 32开 | 0.20 |
| 粉碎美苏的一个大阴谋 | | 外文 | 1967 | 55314 | 56开 | 0.07 |

| 书名 | 作者 | 出版社 | 出版/再版时间 | 印刷/发行册数 | 开本/装帧 | 定价（元） |
|---|---|---|---|---|---|---|
| 人民的好儿子刘英俊 | | 外文 | 1967（1973年停售） | 35314 | 40 开 | 0.23 |
| 王杰日记 | | 外文 | 1967（1973年停售） | 41514 | 32 开 | 0.60 |
| 四十一颗红心向太阳 | 新华社记者等 | 外文 | 1967（1975年停售） | 30308 | 40 开 | 0.41 |
| 战斗英雄麦贤得 | 解放军报记者 | 外文 | 1967（1973年停售） | 43312 | 40 开 | 0.34 |
| 越南人民必胜，美国侵略者必败（摄影集，第五集） | | 外文 | 1967（1978年停售） | 105810 | 12 开 | 0.80 |

## 1967 年法文版书目（48 种）

| 书名 | 作者 | 出版社 | 出版/再版时间 | 印刷/发行册数 | 开本/装帧 | 定价（元） |
|---|---|---|---|---|---|---|
| 列宁论民族殖民地问题的三篇文章 | 列宁 | 外文 | 1967（再版 2 次） | 80185 | 32 开/精/平 | 0.25 |
| 列宁对东方革命风暴的预见 | 列宁 | 外文 | 1967（再版 2 次） | 60311 | 32 开/精 | 0.21 |
| | | | | | 32 开/平 | 0.21 |
| 毛泽东选集（第二卷） | 毛泽东 | 外文 | 1967.9（再版 2 次） | 17044 | 32 开/羊皮/漆布/纸面 | |
| 毛主席关于文学艺术的五个文件 | 毛泽东 | 外文 | 1967（再版 1 次） | 150308 | 56 开 | 0.06 |
| 《农村调查》的序言和跋 | 毛泽东 | 外文 | 1967（1961 年出版，再版 4次，总印数 146908 册。本次第 3 版修订） | | 32 开 | 0.10 |

续表

| 书名 | 作者 | 出版社 | 出版/再版时间 | 印刷/发行册数 | 开本/装帧 | 定价（元） |
|---|---|---|---|---|---|---|
| 毛主席论人民战争 | 毛泽东 | 外文 | 1967（再版重印2次，1973年停售） | 826590 | 64开/精 | 0.23 |
|  |  |  |  |  | 100开/精 | 0.18 |
| 在延安文艺座谈会上的讲话（附录《红旗》杂志社"论无产阶级文化大革命的指南针"） | 毛泽东 | 外文 | 1967（1975年停售） |  | 64开/精 | 0.30 |
| 在陕甘宁边区参会议的演说 | 毛泽东 | 外文 | 1967（1960年出版，再版6次，总印数138453册，本次第2版修订） |  | 32开/精 | 0.09 |
| 为人民服务 | 毛泽东 | 外文 | 1967（再版1次） | 35112 | 64开 | 0.09 |
| 为人民服务、纪念白求恩、愚公移山 | 毛泽东 | 外文 | 1967（再版2次） | 167623 | 64开 | 0.09 |
|  |  |  |  |  | 32开 | 0.10 |
| 愚公移山 | 毛泽东 | 外文 | 1967（再版2次） | 110215 | 64开 | 0.06 |
| 学习《和美国记者安娜·路易斯·斯特朗的谈话》 |  | 外文 | 1967（1973年停售） | 75260 | 36开 | 0.12 |
| 关于目前党的政策中的几个重要问题 | 毛泽东 | 外文 | 1967（1961年出版，再版4次重印，总印数107890册，本次第2版修订） |  | 32开 | 0.11 |
| 关于正确处理人民内部矛盾的问题 | 毛泽东 | 外文 | 1967（1958年出版，再版3次，总印数21830册，本次第2版修订） |  | 56开 | 0.21 |

| 书名 | 作者 | 出版社 | 出版/再版时间 | 印刷/发行册数 | 开本/装帧 | 定价（元） |
|---|---|---|---|---|---|---|
| 学习《湖南农民运动考察报告》 | | 外文 | 1967（1973年停售） | 75260 | 36 开 | 0.13 |
| 纪念伟大的革命先行者孙中山 | | 外文 | 1967 | | 32 开 | 0.24 |
| 通知·伟大的历史文件（中国共产党中央委员会，1966 年 5 月 16 日） | | 外文 | 1967（1973年停售） | 41308 | 大 32 开 | 0.30 |
| | | | | | 56 开 | 0.22 |
| 中国的大革命和苏联的大悲剧 | | 外文 | 1967（1976年停售） | | 56 开 | 0.07 |
| 无产阶级专政和无产阶级文化大革命 | 王力 | 外文 | 1967（1969年停售） | 114500 | 大 32 开 | 0.15 |
| | | | | | 56 开 | 0.11 |
| 中国的无产阶级文化大革命（第七集） | | 外文 | 1967（1973年停售） | 69572 | 大 32 开 | 0.20 |
| | | | | | 56 开 | 0.13 |
| 中国的无产阶级文化大革命（第八集） | | 外文 | 1967（1973年停售） | 114516 | 大 32 开 | 0.16 |
| | | | | | 64 开 | 0.10 |
| 中国的无产阶级文化大革命（第九集） | | 外文 | 1967（1973年停售） | 115472 | 大 32 开 | 0.16 |
| | | | | | 56 开 | 0.13 |
| 中国的无产阶级文化大革命（第十集） | | 外文 | 1967（1973年停售） | 110270 | 大 32 开 | 0.27 |
| | | | | | 56 开 | 0.17 |
| 毛主席革命路线的伟大胜利（热烈欢呼北京市革命委员会诞生） | | 外文 | 1967（1973年停售） | 75616 | 大 32 开 | 0.30 |
| 在毛泽东思想的大路上前进（庆祝中华人民共和国成立十七周年） | | 外文 | 1967（1973年停售） | 70311 | 大 32 开 | 0.25 |

续表

| 书名 | 作者 | 出版社 | 出版/再版时间 | 印刷/发行册数 | 开本/装帧 | 定价（元） |
|---|---|---|---|---|---|---|
| 走社会主义道路，还是走资本主义道路？ | | 外文 | 1967（本次32开本，1968年出版56开本，总印数30058册，1969年停售） | | 大32开 | 0.20 |
| "修养"的要害是背叛无产阶级专政 | | 外文 | 1967（1980年停售） | 75366 | 56开 | 0.10 |
| | | | | | 32开 | 0.15 |
| 爱国主义还是卖国主义？（评反动影片《清宫秘史》） | 戚本禹 | 外文 | 1967（1968年停售） | 55366 | 大32开 | 0.23 |
| | | | | | 56开 | 0.14 |
| 跟着毛主席在大风大浪中前进 | | 外文 | 1967（年底停售） | 85311 | 大32开 | 0.18 |
| 粉碎美苏的一个大阴谋 | | 外文 | 1967 | 30310 | 56开 | 0.07 |
| 沿着十月社会主义革命开辟的道路前进（纪念伟大的十月社会主义革命五十周年） | | 外文 | 1967（1969年停售） | 70308 | 32开 | 0.20 |
| 战斗英雄麦贤得 | 解放军报记者 | 外文 | 1967（1973年停售） | 26308 | 40开 | 0.34 |
| 三号瞭望哨（儿童画册） | 黎汝清原著，范一心绘 | 外文 | 1967（1960年出版，再版3次重印，总印数36790册，本次第2版修订） | | 29开 | 0.55 |
| 越南人民必胜，美国侵略者必败（摄影集，第五集） | | 外文 | 1967（1978年停售） | 67410 | 12开 | 0.80 |
| 纪念我们的文化革命先驱鲁迅 | | 外文 | 1967 | 25260 | 32开 | 0.34 |

## 1967 年德文版书目(31 种)

| 书名 | 作者 | 出版社 | 出版/再版时间 | 印刷/发行册数 | 开本/装帧 | 定价（元） |
|---|---|---|---|---|---|---|
| 雇佣劳动与资本 | 马克思 | 外文 | 1967（再版 4 次） | 73894 | 32 开 | 0.45 |
| 毛主席关于文学艺术的五个文件 | 毛泽东 | 外文 | 1967（再版 1 次） | 30258 | 56 开 | 0.06 |
| 中国社会各阶级的分析 | 毛泽东 | 外文 | 1967（1962 年出版，再版 3 次，总印数 31918 册，本次修订再版） | | 64 开 | 0.08 |
| 关于纠正党内的错误思想 | 毛泽东 | 外文 | 1967（1962 年出版，再版 4 次，总印数 30803 册，本次修订再版） | | 64 开 | 0.09 |
| 实践论 | 毛泽东 | 外文 | 1967（1962 年出版，再版 3 次，总印数 25490 册，本次修订再版） | | 56 开 | 0.09 |
| 统一战线中的独立自主问题 | 毛泽东 | 外文 | 1967（1954 年出版，再版 6 次，总印数 52308 册，本次修订再版） | | 56 开 | 0.06 |
| 青年运动的方向 | 毛泽东 | 外文 | 1967（1962 年出版，再版 4 次，总印数 27618 册，本次修订再版） | | 64 开 | 0.10 |
| 《共产党人》发刊词 | 毛泽东 | 外文 | 1967（1953 年出版，再版 4 次，总印数 33768 册，本次修订再版） | | 56 开 | 0.06 |

续表

| 书名 | 作者 | 出版社 | 出版/再版时间 | 印刷/发行册数 | 开本/装帧 | 定价（元） |
|---|---|---|---|---|---|---|
| 在延安文艺座谈会上的讲话 | 毛泽东 | 外文 | 1967（1961年出版，再版2次，总印数43298册，本次修订再版） | | 56开 | 0.14 |
| 为人民服务、纪念白求恩、愚公移山 | 毛泽东 | 外文 | 1967（再版1次） | 50260 | 56开 | 0.09 |
| 抗日战争胜利后的时局和我们的方针 | 毛泽东 | 外文 | 1967（1961年出版，再版3次，总印数40986册，本次修订再版） | | 56开 | 0.11 |
| 和美国记者安娜·路易斯·斯特朗的谈话 | 毛泽东 | 外文 | 1967（再版3次） | 39698 | 56开 | 0.07 |
| 关于目前党的政策中的几个重要问题 | 毛泽东 | 外文 | 1967（1962年出版，再版3次，总印数35038册，本次修订再版） | | 56开 | 0.08 |
| 在晋绥干部会议上的讲话 | 毛泽东 | 外文 | 1967（再版4次） | 50193 | 56开 | 0.10 |
| 改造我们的学习 | 毛泽东 | 外文 | 1967（再版4次） | 32945 | | |
| 关于健全党委制 | 毛泽东 | 外文 | 1967（1961年出版，再版3次，总印数33888册，本次修订再版） | | 56开 | 0.08 |
| 将革命进行到底 | 毛泽东 | 外文 | 1967（1961年出版，再版3次，总印数30110册，本次修订再版） | | 56开 | 0.11 |
| 在中国共产党第七届中央委员会第二次全体会议上的报告 | 毛泽东 | 外文 | 1967（1961年出版，再版4次，总印数34863册，本次修订再版） | | 56开 | 0.11 |

续表

| 书名 | 作者 | 出版社 | 出版/再版时间 | 印刷/发行册数 | 开本/装帧 | 定价（元） |
|---|---|---|---|---|---|---|
| 关于正确处理人民内部矛盾的问题 | 毛泽东 | 外文 | 1967（再版 6 次） | 24458 | 64 开 | 0.21 |
| 通知·伟大的历史文件（中国共产党中央委员会,1966 年 5 月 16 日） | | 外文 | 1967（1973 年停售） | 30308 | 56 开 | 0.12 |
| 中国的社会主义文化大革命（第四集） | | 外文 | 1967（1973 年停售） | 23308 | 64 开 | 0.21 |
| 中国的社会主义文化大革命（第五集） | | 外文 | 1967（1973 年停售） | 17310 | 56 开 | 0.18 |
| 中国的社会主义文化大革命（第六集） | | 外文 | 1967（1973 年停售） | 17310 | 64 开 | 0.10 |
| 中国的社会主义文化大革命（第七集） | | 外文 | 1967（1973 年停售） | 19310 | 56 开 | 0.13 |
| 中国的无产阶级文化大革命（第八集） | | 外文 | 1967（1973 年停售） | 30310 | 56 开 | 0.10 |
| 中国的无产阶级文化大革命（第九集） | | 外文 | 1967（1973 年停售） | 26810 | 56 开 | 0.13 |
| 中国的无产阶级文化大革命（第十集） | | 外文 | 1967（1973 年停售） | 26710 | 56 开 | 0.17 |
| 在毛泽东思想的大路上前进（庆祝中华人民共和国成立十七周年） | | 外文 | 1967（1973 年停售） | 20310 | 大 32 开 | 0.25 |
| 全国都应成为毛泽东思想的大学校 | | 外文 | 1967（1973 年停售） | 4310 | 32 开 | 0.14 |
| "修养"的要害是背叛无产阶级专政 | | 外文 | 1967（再版 1 次,1980 年停售） | 23310 | 56 开 | 0.10 |
| 越南人民必胜,美国侵略者必败（摄影集,第五集） | | 外文 | 1967（1978 年停售） | 17310 | 12 开 | 0.80 |

## 1967 年西班牙文版书目（26 种）

| 书名 | 作者 | 出版社 | 出版/再版时间 | 印刷/发行册数 | 开本/装帧 | 定价（元） |
|---|---|---|---|---|---|---|
| 毛泽东军事文选 | 毛泽东 | 外文 | 1967 年 | 181020 | 23 开/精/平 | |
| 毛主席论人民战争 | 毛泽东 | 外文 | 1967 年（再版 1 次，1973 年停售） | 625020 | 64 开/精 | 0.23 |
| | | | | | 100 开 | 0.18 |
| 抗日游击战争的战略问题 | 毛泽东 | 外文 | 1967（1960 年初版，再版 4 次重印，本次第 4 版） | 90470 | 32 开 | 0.25 |
| 为人民服务 | 毛泽东 | 外文 | 1967（再版 1 次） | 66210 | 64 开 | 0.06 |
| 为人民服务、纪念白求恩、愚公移山 | 毛泽东 | 外文 | 1967 | | 56 开 | 0.09 |
| 中国共产党中央委员会关于无产阶级文化大革命的决定 | | 外文 | 1967（1966 年出版，再版 3 次，本次第 2 版） | 52751 | 64 开 | 0.11 |
| 中国共产党第八届中央委员会第十一次全体会议公报 | | 外文 | 19679（1973 年停售） | 35522 | 64 开 | 0.07 |
| 无产阶级专政和无产阶级文化大革命 | 王力等 | 外文 | 1967（当年底停售） | 20310 | 大 32 开 | 0.15 |
| 中国的社会主义文化大革命（第七集） | | 外文 | 1967（1973 年停售） | 44370 | 32 开 | 0.20 |
| | | | | | 56 开 | 0.13 |
| 中国的无产阶级文化大革命（第八集） | | 外文 | 1967（1973 年停售） | 44420 | 大 32 开 | 0.16 |
| | | | | | 56 开 | 0.10 |
| 中国的无产阶级文化大革命（第九集） | | 外文 | 1967（1973 年停售） | 44470 | 大 32 开 | 0.16 |
| | | | | | 56 开 | 0.10 |
| 中国的无产阶级文化大革命（第十集） | | 外文 | 1967（1973 年停售） | 44368 | 大 32 开 | 0.27 |
| | | | | | 56 开 | 0.17 |
| 在毛泽东思想的大路上前进（庆祝中华人民共和国成立十七周年） | | 外文 | 1967（1973 年停售） | 30310 | 32 开 | 0.25 |

续表

| 书名 | 作者 | 出版社 | 出版/再版时间 | 印刷/发行册数 | 开本/装帧 | 定价（元） |
|---|---|---|---|---|---|---|
| 全国都应该成为毛泽东思想的大学校 | | 外文 | 1967（1973年停售） | 18210 | 32 开 | 0.14 |
| 论无产阶级革命派的夺权斗争 | | 外文 | 1967（1973年停售） | 24108 | 56 开 | 0.22 |
| 《修养》的要害是背叛无产阶级专政 | | 外文 | 1967（1980年停售） | 50556 | 56 开 | 0.10 |
| 爱国主义还是卖国主义?（评反动影片《清宫秘史》） | 戚本禹 | 外文 | 1967（1968年停售） | 30110 | 56 开 | 0.14 |
| 跟着毛主席在大风大浪中前进 | | 外文 | 1967（当年停售） | 20310 | 32 开 | 0.18 |
| 沿着十月社会主义革命开辟的道路前进（纪念伟大的十月社会主义革命五十周年） | | 外文 | 1967（1969年停售） | 40908 | 56 开 | 0.13 |
| 战斗英雄麦贤得 | 解放军报记者 | 外文 | 1967（1973年停售） | 20210 | 40 开 | 0.34 |
| 越南人民必胜,美国侵略者必败（第五集,摄影集） | | 外文 | 1967（1978年停售） | 47360 | 12 开 | 0.80 |

## 1967 年俄文版书目（39 种）

| 书名 | 作者 | 出版社 | 出版/再版时间 | 印刷/发行册数 | 开本/装帧 | 定价（元） |
|---|---|---|---|---|---|---|
| 毛泽东选集（第一卷） | 毛泽东 | 外文 | 1967（再版 1 次） | 64020 | 23 开/精/平 | |
| 毛泽东选集（第二卷） | 毛泽东 | 外文 | 1967（再版重印 2 次） | 65130 | 23 开/精/平 | |

续表

| 书名 | 作者 | 出版社 | 出版/再版时间 | 印刷/发行册数 | 开本/装帧 | 定价（元） |
|---|---|---|---|---|---|---|
| 毛泽东关于文学艺术的五个文件 | 毛泽东 | 外文 | 1967（再版1次） | 55258 | 56开 | 0.06 |
| 毛主席论人民战争 | 毛泽东 | 外文 | 1967 | | 64开/精 | 0.23 |
| 中国社会各阶级的分析 | 毛泽东 | 外文 | 1967（再版1次） | 49160 | 56开 | 0.08 |
| 湖南农民运动考察报告 | 毛泽东 | 外文 | 1967（再版1次） | 32458 | 56开 | 0.18 |
| 中国的红色政权为什么能够存在？ | 毛泽东 | 外文 | 1967（再版重印1次） | 50210 | 56开 | 0.09 |
| 关于纠正党内的错误思想 | 毛泽东 | 外文 | 1967（再版重印1次） | 47160 | 56开 | 0.09 |
| 星星之火，可以燎原 | 毛泽东 | 外文 | 1967（再版1次） | 50160 | 56开 | 0.10 |
| 关心群众生活，注意工作方法 | 毛泽东 | 外文 | 1967（再版1次） | 50160 | 56开 | 0.07 |
| 实践论 | 毛泽东 | 外文 | 1967（1952年初版，再版6次重印） | | 56开本次袖珍本 | 0.09 |
| 抗日战争胜利后的时局和我们的方针 | 毛泽东 | 外文 | 1967（再版重印1次） | 50158 | 56开 | 0.11 |
| 关于重庆谈判 | 毛泽东 | 外文 | 1967 | 38160 | 56开 | 0.12 |
| 和美国记者安娜·路易斯·斯特朗的谈话 | 毛泽东 | 外文 | 1967 | 50160 | 56开 | 0.07 |
| 目前形势和我们的任务 | 毛泽东 | 外文 | 1967 | 40158 | 56开 | 0.14 |
| 关于目前党的政策中的几个重要问题 | 毛泽东 | 外文 | 1967 | 50210 | 56开 | 0.08 |
| 在晋绥干部会议上的讲话 | 毛泽东 | 外文 | 1967（再版重印2次） | 23505 | 56开 | 0.10 |

续表

| 书名 | 作者 | 出版社 | 出版/再版时间 | 印刷/发行册数 | 开本/装帧 | 定价（元） |
|---|---|---|---|---|---|---|
| 关于健全党委制 | 毛泽东 | 外文 | 1967 | 45158 | 56 开 | 0.08 |
| 将革命进行到底 | 毛泽东 | 外文 | 1967 | 45158 | 56 开 | 0.11 |
| 在中国共产第七届党中央委员会第二次全体会议上的报告 | 毛泽东 | 外文 | 1967（再版重印 2 次） | 46268 | 56 开 | 0.11 |
| 论人民民主专政 | 毛泽东 | 外文 | 1967（再版重印 2 次） | 90316 | 56 开 | 0.11 |
| 关于正确处理人民内部矛盾的问题 | 毛泽东 | 外文 | 1967（1957 年初版,再版 5 次重印） |  | 56 开<br>本次修珍本 | 0.21 |
| 通知·伟大的历史文件（中国共产党中央委员会,1966 年 5 月 16 日） |  | 外文 | 1967（1973 年停售） | 27160 | 56 开 | 0.12 |
| 无产阶级专政和无产阶级文化大革命 |  | 外文 | 1967（当年停售） | 24210 | 64 开 | 0.09 |
| 中国的大革命和苏联的大悲剧 |  | 外文 | 1967（1973 年停售） | 25160 | 56 开 | 0.07 |
| 中国的社会主义文化大革命（第七集） |  | 外文 | 1967（1973 年停售） | 25160 | 64 开 | 0.13 |
| 中国的无产阶级文化大革命（第八集） |  | 外文 | 1967（1973 年停售） | 28210 | 56 开 | 0.10 |
| 中国的无产阶级文化大革命（第九集） |  | 外文 | 1967（1973 年停售） | 28210 | 56 开 | 0.13 |
| 中国的无产阶级文化大革命（第十集） |  | 外文 | 1967（1973 年停售） | 28158 | 56 开 | 0.17 |
| 在毛泽东思想的大路上前进（庆祝中华人民共和国成立十七周年） |  | 外文 | 1967（1973 年停售） | 30310 | 大 32 开 | 0.25 |

续表

| 书名 | 作者 | 出版社 | 出版/再版时间 | 印刷/发行册数 | 开本/装帧 | 定价（元） |
|---|---|---|---|---|---|---|
| 全国都应该成为毛泽东思想的大学校 | | 外文 | 1967（1973年停售） | 20210 | 32 开 | 0.19 |
| 论革命的"三结合" | | 外文 | 1967 | 25158 | 56 开 | 0.12 |
| 走社会主义道路，还是走资本主义道路？ | | 外文 | 1967（1969年停售） | 25158 | 56 开 | 0.12 |
| 《修养》的要害是背叛无产阶级专政 | | 外文 | 1967（1980年停售） | 25158 | 56 开 | 0.10 |
| 爱国主义还是卖国主义？（评反动影片《清宫秘史》） | 戚本禹 | 外文 | 1967（1968年停售） | 26208 | 56 开 | 0.14 |
| 沿着十月社会主义革命开辟的道路前进（纪念伟大的十月社会主义革命五十周年） | | 外文 | 1967（1969年停售） | 20158 | 56 开 | 0.13 |
| 越南人民必胜，美国侵略者必败（第五集，摄影集） | | 外文 | 1967（1978年停售） | 6160 | 12 开 | 0.80 |
| 越南人民必胜！美国侵略者必败！（中国美术家支援越南人民抗美斗争作品选编） | | 外文 | 1967（1978年停售） | 2300 | | |
| 北京 | 胡嘉 | 外文 | 1967 | 1660 | | |

## 1967 年意大利文版书目（11 种）

| 书名 | 作者 | 出版社 | 出版/再版时间 | 印刷/发行册数 | 开本/装帧 | 定价（元） |
|---|---|---|---|---|---|---|
| 毛主席语录 | 毛泽东 | 外文 | 1967（再版 3 次重印） | 430665 | 60 开/精 | 0.77 |
| 中国社会各阶级的分析 | 毛泽东 | 外文 | 1967（再版 1 次） | 13110 | 32 开 | 0.11 |

续表

| 书名 | 作者 | 出版社 | 出版/再版时间 | 印刷/发行册数 | 开本/装帧 | 定价（元） |
|---|---|---|---|---|---|---|
| 反对自由主义 | 毛泽东 | 外文 | 1967（再版1次） | 43268 | 56开 | 0.06 |
| 为人民服务、纪念白求恩、愚公移山 | 毛泽东 | 外文 | 1967（再版2次） | 71768 | 32开 | 0.10 |
| 关于健全党委制 | 毛泽东 | 外文 | 1967（再版2次） | 49815 | 64开 | 0.08 |
| 和美国记者安娜·路易斯·斯特朗的谈话 | 毛泽东 | 外文 | 1967 | 32160 | 32开 | 0.11 |
| 人的正确思想是从哪里来的？ | 毛泽东 | 外文 | 1967（再版1次） | 13110 | 64开 | 0.05 |
| 中国共产党中央委员会关于无产阶级文化大革命的决定 | | 外文 | 1967 | 16134 | 56开 | 0.11 |
| 中国共产党第八届中央委员会第十一次全体会议公报 | | 外文 | 1967（再版2次重印。第1版1967年当年停售；第3版1973年停售） | 22268 | 56开 | 0.07 |
| 以毛主席为代表的无产阶级革命路线的胜利 | | 外文 | 1967（1968年停售） | 13158 | 56开 | 0.12 |
| 把无产阶级文化大革命进行到底（1967年元旦社论） | | 外文 | 1967（1973年停售） | 15158 | 56开 | 0.08 |

## 1967 年葡萄牙文版书目（16 种）

| 书名 | 作者 | 出版社 | 出版/再版时间 | 印刷/发行册数 | 开本/装帧 | 定价（元） |
|---|---|---|---|---|---|---|
| 毛主席语录 | 毛泽东 | 外文 | 1967（再版2次） | 105534 | 64开/精 | 0.77 |

续表

| 书名 | 作者 | 出版社 | 出版/再版时间 | 印刷/发行册数 | 开本/装帧 | 定价（元） |
|---|---|---|---|---|---|---|
| 论反对日本帝国主义的策略 | 毛泽东 | 外文 | 1967（再版1次） | 6765 | 袖珍本 | 0.17 |
| 为动员一切力量争取抗战胜利而斗争 | 毛泽东 | 外文 | 1967（再版1次） | 8158 | 56开 | 0.08 |
| 统一战线中的独立自主问题 | 毛泽东 | 外文 | 1967（再版重印2次） | 16134 | 56开 | 0.06 |
| 被敌人反对是好事而不是坏事 | 毛泽东 | 外文 | 1967（再版1次） | 28184 | 56开 | 0.05 |
| 关于领导方法的若干问题 | 毛泽东 | 外文 | 1967（再版1次） | 4308 | 64开 | 0.07 |
| 为人民服务、纪念白求恩、愚公移山 | 毛泽东 | 外文 | 1967（再版1次） | 13160 | 56开 | 0.09 |
| 在晋绥干部会议上的讲话 | 毛泽东 | 外文 | 1967（再版重印2次） | 13466 | 56开 | 0.10 |
| 将革命进行到底 | 毛泽东 | 外文 | 1967 | 6110 | 56开 | 0.11 |
| 论人民民主专政 | 毛泽东 | 外文 | 1967（再版重印2次） | 8110 | 56开 | 0.11 |
| 关于正确处理人民内部矛盾的问题 | 毛泽东 | 外文 | 1967（再版2次重印） | 7465 | 56开 | 0.24 |
| 人的正确思想是从哪里来的？ | 毛泽东 | 外文 | 1967 | 8208 | 56开 | 0.05 |
| 中国共产党章程 | | 外文 | 1967（1973年停售） | 4855 | 100开/精 | 0.22 |
| 通知·伟大的历史文件（中国共产党中央委员会，1966年5月16日） | | 外文 | 1967（1973年停售） | 5160 | 56开 | 0.12 |
| 新殖民主义威胁巴西（揭露美帝国主义把巴西重新沦为殖民地的计划） | | 外文 | 1967（当年停售） | 1110 | 64开 | 0.34 |
| 越南人民必胜，美国侵略者必败（第五集，摄影集） | | 外文 | 1967（1978年停售） | 3110 | 12开 | 0.80 |

## 1967 年世界语版书目(17 种)

| 书名 | 作者 | 出版社 | 出版/再版时间 | 印刷/发行册数 | 开本/装帧 | 定价（元） |
|---|---|---|---|---|---|---|
| 毛主席语录 | 毛泽东 | 外文 | 1967 | 75010 | 60 开/精 | 0.77 |
| 反对本本主义 | 毛泽东 | 外文 | 1967 | 8408 | 56 开 | 0.08 |
| 关心群众生活,注意工作方法 | 毛泽东 | 外文 | 1967 | 9010 | 56 开 | 0.07 |
| 实践论 | 毛泽东 | 外文 | 1967(1961 年初版,总印数11830 册,本次再版重印) | | 56 开 | 0.09 |
| 反对自由主义 | 毛泽东 | 外文 | 1967 | 3408 | 袖珍本 | 0.06 |
| 被敌人反对是好事而不是坏事 | 毛泽东 | 外文 | 1967 | 7510 | 64 开 | 0.05 |
| 关于领导方法的若干问题 | 毛泽东 | 外文 | 1967 | 8508 | 56 开 | 0.07 |
| 和美国记者安娜·路易斯·斯特朗的谈话 | 毛泽东 | 外文 | 1967(1961 年初版,总印数9620 册,本次再版重印) | | 64 开 | 0.07 |
| 关于健全党委制 | 毛泽东 | 外文 | 1967 | 8408 | 56 开 | 0.08 |
| 在中国共产党第七届中央委员会第二次全体会议上的报告 | 毛泽东 | 外文 | 1967(1961 年初版,总印数9805 册,本次再版重印) | | 64 开 | 0.11 |
| 人的正确思想是从哪里来的 | 毛泽东 | 外文 | 1967(再版重印 1 次,当年停售) | 10070 | 64 开 | 0.05 |
| 通知·伟大的历史文件（中国共产党中央委员会,1966 年 5 月 16 日） | | 外文 | 1967(1973 年停售) | 5508 | 56 开 | 0.12 |
| 《修养》的要害是背叛无产阶级专政 | | 外文 | 1967(1980 年停售) | 4508 | 56 开 | 0.10 |
| 高举毛泽东思想伟大红旗把无产阶级文化大革命进行到底（关于文化大革命的宣传教育要点） | | 外文 | 1967 | 3908 | 64 开 | 0.13 |

续表

| 书名 | 作者 | 出版社 | 出版/再版时间 | 印刷/发行册数 | 开本/装帧 | 定价（元） |
|---|---|---|---|---|---|---|
| 粉碎美苏的一个大阴谋 | | 外文 | 1967 | 3908 | 56 开 | 0.07 |
| 人民战争胜利万岁（纪念中国人民抗日战争胜利二十周年） | 林彪 | 外文 | 1967（1965 年初版，总印数 2515 册，本次再版重印，1972 年停售） | | 32 开 | 0.32 |
| 越南人民必胜，美国侵略者必败（第五集，摄影集） | | 外文 | 1967（1978 年停售） | 14510 | 12 开 | 0.80 |

## 1967 年日文版书目(36 种)

| 书名 | 作者 | 出版社 | 出版/再版时间 | 印刷/发行册数 | 开本/装帧 | 定价（元） |
|---|---|---|---|---|---|---|
| 毛泽东著作选 | 毛泽东 | 外文 | 1967（再版 2 次重印） | 146270 | 32 开/羊皮精/漆布精/平 | |
| 为人民服务、纪念白求恩、愚公移山 | 毛泽东 | 外文 | 1967（再版 1 次重印） | 90310 | 56 开 | 0.09 |
| 毛主席关于文学艺术的五个文件 | 毛泽东 | 外文 | 1967（再版 1 次重印） | 120580 | 56 开 | 0.06 |
| 毛主席论人民战争 | 毛泽东 | 外文 | 1967 | 102010 | 64 开/精 | 0.23 |
| 毛泽东同志论帝国主义和一切反动派都是纸老虎 | 毛泽东 | 外文 | 1967（1958 年出版，总印数 90480 册，本次再版重印） | | 56 开 | 0.13 |
| 湖南农民运动考察报告 | 毛泽东 | 外文 | 1967（再版 1 次重印） | 50210 | 56 开 | 0.08 |
| 中国的红色政权为什么能够存在? | 毛泽东 | 外文 | 1967（再版 1 次重印） | 125510 | 56 开 | 0.09 |

续表

| 书名 | 作者 | 出版社 | 出版/再版时间 | 印刷/发行册数 | 开本/装帧 | 定价（元） |
|---|---|---|---|---|---|---|
| 反对本本主义 | 毛泽东 | 外文 | 1967 |  | 56 开 | 0.08 |
| 关心群众生活,注意工作方法 | 毛泽东 | 外文 | 1967（再版 1 次重印） | 127310 | 56 开 | 0.07 |
| 被敌人反对是好事而不是坏事（为中国人民抗日军政大学成立三周年作） | 毛泽东 | 外文 | 1967（再版 1 次重印） | 120410 | 56 开 | 0.05 |
| 关于农业合作化问题 | 毛泽东 | 外文 | 1967（1956 年出版,总印数 85070 册,本次再版重印） |  | 56 开 | 0.14 |
| 在中国共产党全国宣传工作会议上的讲话 | 毛泽东 | 外文 | 1967 | 83608 | 56 开 | 0.12 |
| 人的正确思想是从哪里来的? | 毛泽东 | 外文 | 1967 | 85098 | 56 开 | 0.05 |
| 全世界人民团结起来,打败美国侵略者及其一切走狗（关于支持美国黑人、越南南方人民、巴拿马人民、日本人民、刚果利人民和多米尼加人民反对美帝国主义的正义斗争的声明和谈话） | 毛泽东 | 外文 | 1967 | 120410 | 56 开 | 0.10 |
| 和美国记者安娜·路易斯·斯特朗的谈话（毛泽东著作学习资料） | 毛泽东 | 外文 | 1967 |  | 56 开 | 0.12 |
| 湖南农民运动考察报告（毛泽东著作学习资料） | 毛泽东 | 外文 | 1967 |  | 56 开 | 0.13 |

| 书名 | 作者 | 出版社 | 出版/再版时间 | 印刷/发行册数 | 开本/装帧 | 定价（元） |
|---|---|---|---|---|---|---|
| 通知·伟大的历史文件（中国共产党中央委员会,1966年5月16日） | | 外文 | 1967（1973年停售） | 65508 | 40开 | 0.28 |
| 无产阶级专政和无产阶级文化大革命 | 王力等 | 外文 | 1967（当年停售） | 50310 | 32开 | 0.15 |
| 中国的社会主义文化大革命 | | 外文 | 1967（1973年停售） | 56910 | 大32开 | 0.20 |
| 中国的无产阶级文化大革命(第八集) | | 外文 | 1967（1973年停售） | 58408 | 大32开 | 0.16 |
| 中国的无产阶级文化大革命(第九集) | | 外文 | 1967（1973年停售） | 60150 | 大32开 | 0.16 |
| 中国的无产阶级文化大革命(第十集) | | 外文 | 1967（1973年停售） | 60150 | 大32开 | 0.16 |
| 毛主席同百万群众共庆文化大革命 | | 外文 | 1967（当年停售） | 62312 | 大32开 | 0.42 |
| 毛主席革命路线的伟大胜利（热烈欢呼北京市革命委员会诞生） | | 外文 | 1967（1973年停售） | 60508 | 40开 | 0.30 |
| 在毛泽东思想的大路上前进（庆祝中华人民共和国成立十七周年） | | 外文 | 1967（1973年停售） | 50510 | 大32开 | 0.25 |
| 我们鲁迅兵团向何处去（革命小闯将的大字报） | | 外文 | 1967（1973年停售） | 60408 | 40开 | 0.23 |
| 评反革命两面派周扬 | 姚文元 | 外文 | 1967（1976年停售） | 44008 | 40开 | 0.35 |
| 林彪同志委托江青同志召开的部队文艺工作座谈会纪要 | | 外文 | 1967（1973年停售） | 68408 | 40开 | 0.29 |

续表

| 书名 | 作者 | 出版社 | 出版/再版时间 | 印刷/发行册数 | 开本/装帧 | 定价（元） |
|---|---|---|---|---|---|---|
| 《修养》的要害是背叛无产阶级专政，走社会主义道路，还是走资本主义道路 | 红旗杂志编辑部、人民日报编辑部 | 外文 | 1967 | | 40 开 | 0.27 |
| 爱国主义还是卖国主义？（评反动影片《清宫秘史》） | 戚本禹 | 外文 | 1967（1968年停售） | 67508 | 40 开 | 0.24 |
| 跟着毛主席在大风大浪中前进 | | 外文 | 1967（当年停售） | 14308 | 大 32 开 | 0.18 |
| 沿着十月社会主义革命开辟的道路前进（纪念伟大的十月社会主义革命五十周年） | | 外文 | 1967（1969年停售） | 60408 | 40 开 | 0.22 |
| 越南人民必胜美国侵略者必败（摄影集）第五集 | | 外文 | 1967（1978年停售） | 33510 | 12 开 | 0.80 |
| 纪念我们的文化革命先驱鲁迅 | | 外文 | 1967 | 15510 | 56 开 | 0.34 |

## 1967 年越南文版书目（21 种）

| 书名 | 作者 | 出版社 | 出版/再版时间 | 印刷/发行册数 | 开本/装帧 | 定价（元） |
|---|---|---|---|---|---|---|
| 毛泽东选集（第一卷） | 毛泽东 | 外文 | 1967（再版 2 次重印） | 63120 | 32 开 | |
| 毛主席语录 | 毛泽东 | 外文 | 1967（再版 2 次重印） | 188520 | 60 开/精 | 0.77 |
| 毛泽东同志论帝国主义和一切反动派都是纸老虎 | 毛泽东 | 外文 | 1967（1958 年出版，再版 2 次重印，总印数 66260 册，本次再版重印） | | 64 开 | 0.13 |

续表

| 书名 | 作者 | 出版社 | 出版/再版时间 | 印刷/发行册数 | 开本/装帧 | 定价（元） |
|---|---|---|---|---|---|---|
| 统一战线中的独立自主问题 | 毛泽东 | 外文 | 1967（1957年出版，再版3次重印，总印数80633册，本次再版重印） | | 56开 | 0.06 |
| 论政策 | 毛泽东 | 外文 | （1957年出版，再版3次重印，总印数56383册，本次再版重印） | | 64开 | 0.08 |
| 《农村调查》的序言和跋 | 毛泽东 | 外文 | 1967（1957年出版，再版3次重印，总印数59383册，本次再版重印） | | 56开 | 0.06 |
| 关于领导方法的若干问题 | 毛泽东 | 外文 | 1967（1957年出版，再版3次重印，总印数61123册，本次再版重印） | | 64开 | 0.07 |
| 关于农业合作化问题 | 毛泽东 | 外文 | 1967（1956年出版，再版3次重印，总印数62465册，本次再版重印） | | 64开 | 0.14 |
| 以毛主席为代表的无产阶级革命路线的胜利 | | 外文 | 1967（1972年停售） | 130160 | 56开 | 0.12 |
| 必须正确地对待干部 | | 外文 | 1967 | | 56开 | 0.10 |
| 伟大的战略思想 | | 外文 | 1967（当年停售） | | 32开 | 0.26 |
| 全国都应该成为毛泽东思想的大学校 | | 外文 | 1967（1973年停售） | 65260 | 32开 | 0.14 |
| 论革命的"三结合" | | 外文 | 1967 | 137208 | 56开 | 0.12 |
| 把无产阶级文化大革命进行到底（1967年元旦社论） | | 外文 | 1967（1973年停售） | 133210 | 56开 | 0.08 |

续表

| 书名 | 作者 | 出版社 | 出版/再版时间 | 印刷/发行册数 | 开本/装帧 | 定价（元） |
|---|---|---|---|---|---|---|
| 《修养》的要害是背叛无产阶级专政,走社会主义道路,还是走资本主义道路 | 红旗杂志编辑部、人民日报编辑部 | 外文 | 1967（1980年停售） | 140610 | 56 开 | 0.10 |
| 爱国主义还是卖国主义?（评反动影片《清宫秘史》） | 戚本禹 | 外文 | 1967（1968年停售） | 140160 | 56 开 | 0.14 |
| 沿着十月社会主义革命开辟的道路前进(纪念伟大的十月社会主义革命五十周年) | | 外文 | 1967（1969年停售） | 200408 | 56 开 | 0.13 |
| 粉碎美苏的一个大阴谋 | | 外文 | 1967（再版重印 1 次） | 85160 | 64 开 | 0.07 |
| 揭穿"停炸诱和"的大骗局 | | 外文 | 1967（再版重印 1 次） | 165616 | 64 开 | 0.14 |
| 抓革命,促生产,彻底粉碎资产阶级反动路线的新反扑 | | 外文 | 1967（1973年停售） | 130210 | 56 开 | 0.16 |
| 越南人民必胜美国侵略者必败(摄影集)第五集 | | 外文 | 1967（1978年停售） | 33510 | 12 开 | 0.80 |

## 1967 年泰国文版书目（14 种）

| 书名 | 作者 | 出版社 | 出版/再版时间 | 印刷/发行册数 | 开本/装帧 | 定价（元） |
|---|---|---|---|---|---|---|
| 毛泽东军事文选 | 毛泽东 | 外文 | 1967（再版 2 次重印） | 14115 | 32 开 | 2.00 |
| 毛主席关于文学艺术的五个文件 | 毛泽东 | 外文 | 1967（再版 1 次重印） | 27208 | 56 开 | 0.06 |

续表

| 书名 | 作者 | 出版社 | 出版/再版时间 | 印刷/发行册数 | 开本/装帧 | 定价（元） |
|---|---|---|---|---|---|---|
| 毛泽东六篇军事著作 | 毛泽东 | 外文 | 1967（再版1次重印） | 21010 | 56开/精 | 1.30 |
| 毛主席语录 | 毛泽东 | 外文 | 1967（再版2次重印） | 170320 | 64开/精 | 0.77 |
| 论持久战 | 毛泽东 | 外文 | 1967（再版2次重印） | 26713 | 32开 | 0.89 |
| 统一战线中的独立自主问题 | 毛泽东 | 外文 | 1967（1956年出版，再版4次重印，总印数46218册，本次再版） |  | 32开 | 0.14 |
| 为人民服务、纪念白求恩、愚公移山 | 毛泽东 | 外文 | 1967（再版1次重印） | 30260 | 64开 | 0.09 |
| 和美国记者安娜·路易斯·斯特朗的谈话 | 毛泽东 | 外文 | 1967（再版3次重印） | 17560 | 32开 | 0.16 |
| 中国共产党中央委员会关于无产阶级文化大革命的决定 |  | 外文 | 1967 | 8610 | 64开 | 0.11 |
| 中国共产党第八届中央委员会第十一次全体会议公报 |  | 外文 | 1967（1973年停售） | 7110 | 64开 | 0.07 |
| 评"三家村"（《燕山夜话》《三家村札记》的反动本质） | 姚文元 | 外文 | 1967（1976年停售） | 5110 | 64开 | 0.24 |
| 高举毛泽东思想伟大旗帜，积极参加社会主义文化大革命 |  | 外文 | 1967（1973年停售） | 5180 | 56开 | 0.16 |
| 撕掉资产阶级"自由、平等、博爱"的遮羞布 |  | 外文 | 1967（1973年停售） | 4110 | 56开 | 0.11 |
| 越南人民必胜美国侵略者必败（摄影集）第五集 |  | 外文 | 1967（1978年停售） | 1660 | 12开 | 0.80 |

### 1967 年印尼文版书目（6 种）

| 书名 | 作者 | 出版社 | 出版/再版时间 | 印刷/发行册数 | 开本/装帧 | 定价（元） |
|---|---|---|---|---|---|---|
| 毛泽东选集（第一卷） | 毛泽东 | 外文 | 1967（再版重印 1 次） | 60510 | 23 开 | |
| 毛主席语录 | 毛泽东 | 外文 | 1967（再版重印 1 次, 1972 年停售） | 69010 | 64 开/精 | 0.77 |
| 为人民服务、纪念白求恩、愚公移山 | 毛泽东 | 外文 | 1967（再版 1 次重印） | 30185 | 56 开 | 0.09 |
| 论人民民主专政 | 毛泽东 | 外文 | 1967（再版 1 次重印） | | 56 开 | 0.11 |
| 沿着十月社会主义革命开辟的道路前进（纪念伟大的十月社会主义革命五十周年） | | 外文 | 1967（1969 年停售） | 6108 | 56 开 | 0.13 |
| 人民战争胜利万岁（纪念中国人民抗日战争胜利二十周年） | 林彪 | 外文 | 1967（1963 年出版，再版 3 次，总印数 47730 册，本次再版 | | 64 开 | 0.29 |

### 1967 年印地文版书目（23 种）

| 书名 | 作者 | 出版社 | 出版/再版时间 | 印刷/发行册数 | 开本/装帧 | 定价（元） |
|---|---|---|---|---|---|---|
| 毛主席论人民战争 | 毛泽东 | 外文 | 1967 | 47608 | 100 开/精 | 0.18 |
| 毛主席语录 | 毛泽东 | 外文 | 1967（再版 2 次重印） | 120820 | 64 开/精 | 0.77 |
| 实践论 | 毛泽东 | 外文 | 1967（再版 1 次重印） | 25158 | 56 开 | 0.09 |
| 统一战线中的独立自主问题 | 毛泽东 | 外文 | 1967（再版 2 次重印） | 21716 | 56 开 | 0.06 |

续表

| 书名 | 作者 | 出版社 | 出版/再版时间 | 印刷/发行册数 | 开本/装帧 | 定价（元） |
|---|---|---|---|---|---|---|
| 论人民民主专政 | 毛泽东 | 外文 | 1967（再版2次重印） | 17218 | 56 开 | |
| 被敌人反对是好事而不是坏事 | 毛泽东 | 外文 | 1967（再版1次重印） | 42268 | 56 开 | 0.05 |
| 在陕甘宁边区会议上的演说 | 毛泽东 | 外文 | 1967（再版1次重印） | 6112 | 袖珍本 | 0.06 |
| 在延安文艺座谈会上的讲话 | 毛泽东 | 外文 | 1967（再版2次重印） | 13160 | 56 开 | 0.14 |
| 为人民服务 | 毛泽东 | 外文 | 1967（再版1次重印） | 12658 | 56 开 | 0.06 |
| 为人民服务、纪念白求恩、愚公移山 | 毛泽东 | 外文 | 1967（再版2次重印） | 27060 | 56 开 | 0.09 |
| 抗日战争胜利后的时局和我们的方针 | 毛泽东 | 外文 | 1967（1961 年出版，再版3次，总印数41738 册，本次再版） | | 64 开 | 0.11 |
| 和美国记者安娜·路易斯·斯特朗的谈话 | 毛泽东 | 外文 | 1967（1961 年出版，再版3次，总印数24028 册，本次再版） | | 56 开 | 0.07 |
| 将革命进行到底 | 毛泽东 | 外文 | 1967（1961 年出版，再版3次，总印数42638 册，本次再版） | | 56 开 | 0.11 |
| 在中国共产党第七届中央委员会第二次全体会议上的报告 | 毛泽东 | 外文 | 1967（再版1次重印） | 21215 | 56 开 | 0.11 |
| 在中国共产党全国宣传工作会议上的讲话 | 毛泽东 | 外文 | 1967（再版2次重印） | 32216 | 56 开 | 0.12 |
| 人的正确思想是从哪里来的? | 毛泽东 | 外文 | 1967 | 12158 | 56 开 | 0.05 |

续表

| 书名 | 作者 | 出版社 | 出版/再版时间 | 印刷/发行册数 | 开本/装帧 | 定价（元） |
|---|---|---|---|---|---|---|
| 全世界人民团结起来,打败美国侵略者及其一切走狗(关于支持美国黑人、越南南方人民、巴拿马人民、日本人民、刚果利人民和多米尼加人民反对美帝国主义的正义斗争的声明和谈话) | 毛泽东 | 外文 | 1967 | 3580 | 56 开 | 0.10 |
| 中国共产党中央委员会关于无产阶级文化大革命的决定 | | 外文 | 1967(1973年停售) | 5110 | 袖珍本 | 0.09 |
| 中国共产党第八届中央委员会第十一次全体会议公报 | | 外文 | 1967(1973年停售) | 4100 | 袖珍本 | 0.07 |
| 通知·伟大的历史文件(中国共产党中央委员会,1966 年 5 月 16 日) | | 外文 | 1967(1973年停售) | 8208 | 56 开 | 0.12 |
| 无产阶级文化大革命万岁 | | 外文 | 1967(1973年停售) | 3100 | 64 开 | 0.11 |
| 苏共新领导奉行苏美合作路线的供状 | | 外文 | 1967 | | 56 开 | 0.11 |
| 越南人民必胜美国侵略者必败(摄影集)第五集 | | 外文 | 1967(1978年停售) | 7100 | 12 开 | 0.80 |

## 1967 年缅甸文版书目（11 种）

| 书名 | 作者 | 出版社 | 出版/再版时间 | 印刷/发行册数 | 开本/装帧 | 定价（元） |
|---|---|---|---|---|---|---|
| 毛泽东选集（第一卷，上、下） | 毛泽东 | 外文 | 1967（再版重印 1 次） | 20310 | 32 开 | |
| 毛泽东选集（第二卷，上、下） | 毛泽东 | 外文 | 1967（再版重印 1 次） | 20310 | 32 开 | |
| 毛泽东选集（第三卷，上、下） | 毛泽东 | 外文 | 1967（再版重印 1 次） | 20310 | 32 开 | |
| 毛泽东选集（第四卷，上、下） | 毛泽东 | 外文 | 1967（再版重印 1 次） | 20310 | 32 开 | |
| 毛泽东六篇军事著作 | 毛泽东 | 外文 | 1967（再版 1 次重印） | 120660 | 46 开/精 | 1.30 |
| 毛主席语录 | 毛泽东 | 外文 | 1967（再版 4 次重印） | 407938 | 64 开/精 | 0.77 |
| 为人民服务、纪念白求恩、愚公移山 | 毛泽东 | 外文 | 1967（再版 1 次重印） | 11106 | 64 开 | 0.09 |
| 在晋绥干部会议上的讲话 | 毛泽东 | 外文 | 1967（1961 年出版，再版 3 次重印，总印数 108268 册，本次再版） | | 56 开 | 0.10 |
| 关于健全党委制 | 毛泽东 | 外文 | 1967（1961 年出版，再版 3 次重印，总印数 109438 册，本次再版） | | 56 开 | 0.08 |
| 把无产阶级文化大革命进行到底（1967 年元旦社论） | 毛泽东 | 外文 | 1967（1973 年停售） | 7108 | 56 开 | 0.08 |
| 高举毛泽东思想伟大红旗，把无产阶级革命进行到底（关于文化大革命的宣传教育要点） | 毛泽东 | 外文 | 1967 | 2608 | 32 开 | 0.25 |

## 1967 年乌尔都文版书目(19 种)

| 书名 | 作者 | 出版社 | 出版/再版时间 | 印刷/发行册数 | 开本/装帧 | 定价（元） |
|---|---|---|---|---|---|---|
| 毛主席关于文学艺术的五个文件 | 毛泽东 | 外文 | 1967（再版 2 次重印） | 36610 | 56 开 | 0.06 |
| 毛主席语录 | 毛泽东 | 外文 | 1967（再版 1 次重印） | 50310 | 64 开/精 | 0.77 |
| 中国社会各阶级的分析 | 毛泽东 | 外文 | 1967（再版 2 次重印） | 31565 | 56 开 | 0.08 |
| 中国的红色政权为什么能够存在? | 毛泽东 | 外文 | 1967（再版 2 次重印） | 36318 | 56 开 | 0.09 |
| 关于纠正党内错误思想 | 毛泽东 | 外文 | 1967（再版 2 次重印） | 26265 | 56 开 | 0.09 |
| 星星之火,可以燎原 | 毛泽东 | 外文 | 1967（再版 1 次重印） | 21158 | 56 开 | 0.10 |
| 关心群众生活,注意工作方法 | 毛泽东 | 外文 | 1967（再版 2 次重印） | 36313 | 56 开 | 0.07 |
| 论反对日本帝国主义的策略 | 毛泽东 | 外文 | 1967（再版 2 次重印） | 26268 | 56 开 | 0.17 |
| 为争取千百万群众进入抗日民族统一战线而斗争 | 毛泽东 | 外文 | 1967（再版 2 次重印） | 31255 | 56 开 | 0.09 |
| 反对自由主义 | 毛泽东 | 外文 | 1967（再版 2 次重印） | 22316 | 56 开 | 0.06 |
| 统一战线中的独立自主问题 | 毛泽东 | 外文 | 1967（再版 2 次重印） | 36663 | 56 开 | 0.06 |
| 被敌人反对是好事而不是坏事 | 毛泽东 | 外文 | 1967（再版 2 次重印） | 36268 | 56 开 | 0.05 |
| 为人民服务 | 毛泽东 | 外文 | 1967（再版 1 次重印） | 12210 | 64 开 | 0.06 |
| 为人民服务、纪念白求恩、愚公移山 | 毛泽东 | 外文 | 1967（再版 2 次重印） | 52768 | 56 开 | 0.09 |
| 愚公移山 | 毛泽东 | 外文 | 1967（再版 1 次重印） | 12210 | 64 开 | 0.06 |

续表

| 书名 | 作者 | 出版社 | 出版/再版时间 | 印刷/发行册数 | 开本/装帧 | 定价（元） |
|---|---|---|---|---|---|---|
| 人的正确思想是从哪里来的？ | 毛泽东 | 外文 | 1967（再版2次重印） | 11158 | 56 开 | 0.05 |
| 全国都应成为毛泽东思想的大学校 | | 外文 | 1967（1973年停售） | 2110 | 32 开 | 0.14 |
| 人民战争胜利万岁（纪念中国人民抗日战争胜利二十周年） | 林彪 | 外文 | 1967 | | 32 开 | 0.50 |
| 红色娘子军（连环画） | 辽宁美术出版社 | 外文 | 1967 | | 32 开 | 0.84 |

## 1967 年斯瓦希里文版书目(13 种)

| 书名 | 作者 | 出版社 | 出版/再版时间 | 印刷/发行册数 | 开本/装帧 | 定价（元） |
|---|---|---|---|---|---|---|
| 毛主席关于文学艺术的五个文件 | 毛泽东 | 外文 | 1967（再版1次重印） | 50158 | 56 开 | 0.06 |
| 毛主席语录 | 毛泽东 | 外文 | 1967（再版2次重印） | 253039 | 64 开/精 | 0.77 |
| 反对自由主义 | 毛泽东 | 外文 | 1967（再版2次重印） | 61366 | 56 开 | 0.06 |
| 统一战线中的独立自主问题 | 毛泽东 | 外文 | 1967（再版1次重印） | 47268 | 32 开 | 0.09 |
| 被敌人反对是好事而不是坏事 | 毛泽东 | 外文 | 1967（再版2次重印） | 52218 | 64 开 | 0.05 |
| 在延安文艺座谈会上的讲话 | 毛泽东 | 外文 | 1967（再版2次重印） | 60286 | 32 开 | 0.19 |
| 为人民服务、纪念白求恩、愚公移山 | 毛泽东 | 外文 | 1967（再版1次重印） | 25160 | 56 开 | 0.09 |
| 关于重庆谈判 | 毛泽东 | 外文 | 1967 | 25158 | 56 开 | 0.12 |
| 人的正确思想是从哪里来的？ | 毛泽东 | 外文 | 1967（再版2次重印） | 60318 | 64 开 | 0.05 |

续表

| 书名 | 作者 | 出版社 | 出版/再版时间 | 印刷/发行册数 | 开本/装帧 | 定价（元） |
|---|---|---|---|---|---|---|
| 通知·伟大的历史文件（中国共产党中央委员会，1966 年 5 月 16 日） | | 外文 | 1967（1973年停售） | 15958 | 大 32 开 | 0.30 |
| 无产阶级文化大革命万岁 | | 外文 | 1967（1973年停售） | 17160 | 大 32 开 | 0.16 |
| 高举毛泽东思想伟大红旗，把无产阶级革命进行到底（关于文化大革命的宣传教育要点） | 毛泽东 | 外文 | 1967（1973年停售） | 10108 | 大 32 开 | 0.25 |
| 越南人民必胜美国侵略者必败（摄影集）第五集 | | 外文 | 1967（1978年停售） | 33100 | 12 开 | 0.80 |

## 1967 年波斯文版书目（15 种）

| 书名 | 作者 | 出版社 | 出版/再版时间 | 印刷/发行册数 | 开本/装帧 | 定价（元） |
|---|---|---|---|---|---|---|
| 毛主席语录 | 毛泽东 | 外文 | 1967（再版 3次重印） | 53094 | 64 开/精 | 0.77 |
| 毛泽东的四篇哲学论文 | 毛泽东 | 外文 | 1967（再版 3次重印） | 25175 | 32 开 | 0.57 |
| 毛主席关于文学艺术的五个文件 | 毛泽东 | 外文 | 1967（再版 2次重印） | 8863 | 56 开 | 0.06 |
| 中国革命战争的战略问题 | 毛泽东 | 外文 | 1967（再版 4次重印） | 17242 | 56 开 | 0.33 |
| 反对自由主义 | 毛泽东 | 外文 | 1967（1965 年出版，总印数 4310 册，本次再版） | | 56 开 | 0.06 |
| 中国共产党在民族战争中的地位 | 毛泽东 | 外文 | 1967 | | 56 开 | 0.13 |
| 战争和战略问题 | 毛泽东 | 外文 | 1967 | | 56 开 | 0.11 |

续表

| 书名 | 作者 | 出版社 | 出版/再版时间 | 印刷/发行册数 | 开本/装帧 | 定价（元） |
|---|---|---|---|---|---|---|
| 《共产党人》发刊词 | 毛泽东 | 外文 | 1967（1965年出版，再版2次重印，总印数8255册，本次再版） | | 56开 | 0.11 |
| 在延安文艺座谈会上的讲话 | 毛泽东 | 外文 | 1967 | 5160 | 56开 | 0.14 |
| 反对党八股 | 毛泽东 | 外文 | 1967（再版3次重印） | 6761 | 64开 | 0.12 |
| 关于领导方法的若干问题 | 毛泽东 | 外文 | 1967（再版2次重印） | 7815 | 64开 | 0.07 |
| 抗日战争胜利后的时局和我们的方针 | 毛泽东 | 外文 | 1967（再版2次重印） | 7965 | 56开 | 0.11 |
| 关于健全党委制 | 毛泽东 | 外文 | 1967（再版2次重印） | 7013 | 56开 | 0.08 |
| 在中国共产党第七届中央委员会第二次全体会议上的报告 | 毛泽东 | 外文 | 1967（再版3次重印） | 12789 | 56开 | 0.11 |
| 在中国共产党全国宣传工作会议上的讲话 | 毛泽东 | 外文 | 1967（再版2次重印） | 20789 | 56开 | 0.12 |

## 1967 年阿拉伯文版书目（13 种）

| 书名 | 作者 | 出版社 | 出版/再版时间 | 印刷/发行册数 | 开本/装帧 | 定价（元） |
|---|---|---|---|---|---|---|
| 毛主席语录 | 毛泽东 | 外文 | 1967（再版重印1次） | 404010 | 64开/精 | 0.77 |
| 中国社会各阶级的分析 | 毛泽东 | 外文 | 1967（再版重印1次） | 45210 | 32开 | 0.26 |
| 湖南农民运动考察报告 | 毛泽东 | 外文 | 1967（再版重印1次） | 70310 | 32开 | 0.13 |

| 书名 | 作者 | 出版社 | 出版/再版时间 | 印刷/发行册数 | 开本/装帧 | 定价（元） |
|---|---|---|---|---|---|---|
| 中国的红色政权为什么能够存在? | 毛泽东 | 外文 | 1967（再版重印 1 次） | 70210 | 32 开 | 0.13 |
| 关于纠正党内错误思想 | 毛泽东 | 外文 | 1967（再版重印 1 次） | 45110 | 32 开 | 0.15 |
| 关心群众生活,注意工作方法 | 毛泽东 | 外文 | 1967（再版重印 1 次） | 70210 | 32 开 | 0.11 |
| 论反对日本帝国主义的策略 | 毛泽东 | 外文 | 1967（再版重印 2 次） | 6765 | 32 开 | 0.25 |
| 中国共产党在抗日时期的任务 | 毛泽东 | 外文 | 1967（再版重印 1 次） | 70160 | 32 开 | 0.19 |
| 反对日本进攻的方针、办法和前途 | 毛泽东 | 外文 | 1967（再版重印 1 次） | 70310 | 32 开 | 0.13 |
| 反对自由主义 | 毛泽东 | 外文 | 1967（再版重印 1 次） | 70310 | 32 开 | 0.08 |
| 为人民服务、纪念白求恩、愚公移山 | 毛泽东 | 外文 | 1967（再版 1 次重印） | 55100 | 32 开 | 0.10 |
| 全国都应该成为毛泽东思想的大学校 | | 外文 | 1967（1973 年停售） | 6310 | 32 开 | 0.14 |
| 中国人民坚决支持阿拉伯人民的反侵略斗争 | | 外文 | 1967（1973 年停售） | 70240 | 32 开 | 0.31 |

## 1967 年蒙古文版书目(5 种)

| 书名 | 作者 | 出版社 | 出版/再版时间 | 印刷/发行册数 | 开本/装帧 | 定价（元） |
|---|---|---|---|---|---|---|
| 毛主席语录 | 毛泽东 | 外文 | 1967（再版 2 次重印） | 27560 | 64 开/精 | 0.77 |
| 反对自由主义 | 毛泽东 | 外文 | 1967（再版重印 1 次） | 5108 | 56 开 | 0.06 |
| 为人民服务、纪念白求恩、愚公移山 | 毛泽东 | 外文 | 1967（再版 2 次重印） | 5108 | 56 开 | 0.09 |

续表

| 书名 | 作者 | 出版社 | 出版/再版时间 | 印刷/发行册数 | 开本/装帧 | 定价（元） |
|---|---|---|---|---|---|---|
| 人的正确思想是从哪里来的？ | 毛泽东 | 外文 | 1967（再版2次重印） | 15158 | 56 开 | 0.05 |
| 通知·伟大的历史文件（中国共产党中央委员会,1966 年 5 月 16 日） | | 外文 | 1967（1973年停售） | 2108 | 56 开 | 0.22 |

## 1967 年朝鲜文版书目（2 种）

| 书名 | 作者 | 出版社 | 出版/再版时间 | 印刷/发行册数 | 开本/装帧 | 定价（元） |
|---|---|---|---|---|---|---|
| 毛主席论人民战争 | 毛泽东 | 外文 | 1967 | 5205 | | |
| 毛主席语录 | 毛泽东 | 外文 | 1967（再版2次重印） | 45345 | 64 开/精 | 0.77 |

## 1967 年泰米尔文版书目（1 种）

| 书名 | 作者 | 出版社 | 出版/再版时间 | 印刷/发行册数 | 开本/装帧 | 定价（元） |
|---|---|---|---|---|---|---|
| 毛主席语录 | 毛泽东 | 外文 | 1967（再版重印1次） | 70280 | 64 开/精 | 0.77 |

## 1967 年尼泊尔文版书目（1 种）

| 书名 | 作者 | 出版社 | 出版/再版时间 | 印刷/发行册数 | 开本/装帧 | 定价（元） |
|---|---|---|---|---|---|---|
| 毛主席语录 | 毛泽东 | 外文 | 1967（再版1次重印） | 40515 | 64 开/精 | 0.77 |

### 1967 年豪萨文版书目（4 种）

| 书名 | 作者 | 出版社 | 出版/再版时间 | 印刷/发行册数 | 开本/装帧 | 定价（元） |
|---|---|---|---|---|---|---|
| 毛主席语录 | 毛泽东 | 外文 | 1967（再版 1 次重印） | 58510 | 64 开/精 | 0.77 |
| 反对自由主义 | 毛泽东 | 外文 | 1967（再版 1 次重印） | 17108 | 56 开 | 0.06 |
| 被敌人反对是好事而不是坏事 | 毛泽东 | 外文 | 1967 | 15108 | 56 开 | 0.05 |
| 人的正确思想是从哪里来的？ | 毛泽东 | 外文 | 1967 | 12108 | 56 开 | 0.05 |

### 1967 年瑞典文版书目（1 种）

| 书名 | 作者 | 出版社 | 出版/再版时间 | 印刷/发行册数 | 开本/装帧 | 定价（元） |
|---|---|---|---|---|---|---|
| 越南人民必胜，美国侵略者必败（摄影，第五集） | | 外文 | 1967（1978 年停售） | 5110 | 12 开 | 0.80 |

### 1967 年挪威文版书目（3 种）

| 书名 | 作者 | 出版社 | 出版/再版时间 | 印刷/发行册数 | 开本/装帧 | 定价（元） |
|---|---|---|---|---|---|---|
| 毛主席语录 | 毛泽东 | 外文 | 1967（再版 1 次重印） | 50510 | 64 开/精 | 0.77 |
| 反对自由主义 | 毛泽东 | 外文 | 1967 | 17108 | 56 开 | 0.06 |
| 为人民服务、纪念白求恩、愚公移山 | 毛泽东 | 外文 | 1967（再版 2 次重印） | 13608 | 56 开 | 0.09 |

### 1967 年塞尔维亚文版书目（2 种）

| 书名 | 作者 | 出版社 | 出版/再版时间 | 印刷/发行册数 | 开本/装帧 | 定价（元） |
|---|---|---|---|---|---|---|
| 中国共产党中央委员会关于无产阶级文化大革命的决定 | | 外文 | 1967（1973年停售） | 5108 | 56 开 | 0.11 |
| 中国共产党第八届中央委员会第十一次全体公报 | | 外文 | 1967（再版 2次重印，1978年停售） | 161345 | 56 开 | 0.07 |

### 1967 年阿尔巴尼亚文版书目（1 种）

| 书名 | 作者 | 出版社 | 出版/再版时间 | 印刷/发行册数 | 开本/装帧 | 定价（元） |
|---|---|---|---|---|---|---|
| 毛主席语录 | 毛泽东 | 外文 | 1967 | 200818 | 64 开/精 | 0.77 |

# 1968 年图书（期刊）对外翻译出版发行活动

本年，法国当局借口本国"六月风暴"学生运动冲击，借口违反该国宪法的某条规定，限制我书刊进口。成吨、几十吨地退回订户订阅的法文版《中国建设》、《中国画报》、《中国文学》等刊物，中国对法书刊出口再度受挫；

本年，毛主席在一系列文件批示和讲话中，批评对外宣传中的强加于人、空话太多、无的放矢等错误做法；

本年，召回派驻阿尔及利亚、法国、瑞士等驻外代表回国参加"文化大革命"，除香港外，国际书店所有驻外机构全部撤回国内。

1968 年 1 月，《人民中国》印尼文版停刊。

本年年初，人民中国报道社"革委会"1968 年宣传报道计划，提出抓以下几个重点：（1）继续刊登毛主席著作和语录；（2）抓好"文化大革命"的宣传报道，继续刊登党中央的重要文章和社论，继续刊登外国朋友赞扬"文化大革命"的文章；（3）抓好经济建设、文学艺术和教育革命的成就、科学技术发展方面的报道；（4）抓好反帝、反修宣传，重点放在采取多种形式报道亚非拉，特别是东南亚革命人民的武装斗争，揭露帝、修、反的罪行；（5）抓好固定栏目的宣传。

1968 年 1 月 6 日，阿根廷作家、阿中友协主席贝尔纳多·克尔顿及夫人珠琳娜·维多利亚·娜佩菲应国际书店邀请第四次访华。贝尔纳多·克尔顿夫妇访华期间与外文局商谈了有关书刊的出版、发行问题。

1968 年 1 月 17 日，新西兰现代书店经理安德逊应国际书店邀请来访，洽谈书刊发行业务。

1968 年 3 月 12 日，毛主席在一个拟在援外飞机喷刷他的语录的请示报告上批示："不要那样做，做了效果不好。国家不同，做法也不能一样。"

1968 年 3 月 17 日，毛主席在《关于答复新共总书记威尔克斯对我对外宣传工作的批评的请示报告》上批示："此事我已说了多次。对外（对内也是如此）宣传应当坚决地、有步骤地予以改革"。

1968 年 3 月 29 日，毛主席在《发表缅共武装斗争二十周年的声明请示报告》（这个声明涉及在我报刊上发表外国党对毛泽东思想的评价问题）上批示："一般地说，一切外国党（马、列主义）的内政，我们不应干涉，他们怎么宣传，是他们的事。我们应注意自己的宣传，不应吹得太多，不应说得不适当，使人们看起来好像有强加于人的印象。"

1968 年 4 月，毛主席在回答日本安斋库治的提问时说："我认为安斋同志的意见是正确的。我在 1938 年对于资本主义国家无产阶级政党任务的论述，仍然有效"。

1968 年 4 月 6 日，毛主席在中联部、总参谋部起草的一份关于援外人员进行训练的文件中，将"主要是宣传全世界革命人民的伟大导师毛主席和战无不胜的马克思主义、列宁主义、毛泽东思想"一句中的"全世界革命人民的伟大导师毛主席和战无不胜"的 21 个字删掉，并批示："这些空话，以后不要再用。"

1968 年 5 月 16 日，毛主席批评在一个文件中用"世界革命的中心——北京"这种提法。他说："这种话不应由中国人口中说出，这就是所谓'以我为核心'的错误思想。"

1968 年 5 月 29 日，毛主席在对外交部《关于加强宣传毛泽东思想和支持西欧、北美革命群众斗争的建议》的批示如下："第一，要注意不要强加于人；第二，不要宣传外国的人民运动是由中国影响的，这样的宣传易为反对派所利用，而不利于人民运动。"[①]

1968 年 6 月 12 日，一份接待外宾的计划中规定群众在同外宾接触时，"可以自发地、分别地赠送毛主席像章"。毛主席批示"不要"。

1968 年 7 月至 8 月间，毛泽东将中联部起草的关于处理某外国党要求发表他们的一篇文章的请示报告上两处提到的希望该党"在马克思主义、列宁主义、毛泽东思想的原则基础上解决党内分歧"中的"毛泽东思想"几个字删除掉。

1968 年 8 月，法国当局借口本国"六月风暴"学生运动冲击，借口违反该国宪法的某条规定，限制我书刊进口。成吨、几十吨地退回订户订阅的法文版《中国建设》、《中国画报》、《中国文学》等对外刊物，中国对法出口书刊再度受挫。

---

① 详见《中国外文局五十年大事记（1949—1999）》（下），新星出版社，1999 年 5 月版。

1968 年 9 月 26 日晚至 27 日凌晨，中央召开了宣传工作会议。周恩来和中央文革碰头会成员出席了该会议。会议只要研究贯彻毛泽东对有关对外宣传工作的批示。外文局军管小组施诚 10 月 5 日传达毛泽东对《北京周报》的意见，其主要内容是：《北京周报》尽抄人家的东西，有一股抄风，抄人家的电报、公报、社论，没有一点自己的东西，还不如《中国建设》办得好。《中国建设》还有一点自己的内容，说《中国建设》比《北京周报》好，只是比较地说。

1968 年 9 月，外交部在《关于巴基斯坦政府友好代表团访华接待计划的请示》中有"通过安排参观访问，突出宣传伟大的毛泽东思想和毛主席的一系列最新指示，我无产阶级文化大革命的全面胜利，以及工农业生产的大好形势"一句，毛主席将"伟大的毛泽东思想和毛主席的一系列最新指示"删掉，并批示："对这些不应该如此做。"对接待计划后附的 19 条迎宾口号，把"毛主席的无产阶级革命路线胜利万岁！""战无不胜的马克思主义、列宁主义、毛泽东思想万岁！""毛主席万岁、万岁、万万岁！"删掉了。

1968 年 9 月，毛泽东在"中央文革"起草的《庆祝中华人民共和国成立 19 周年标语口号》（送审稿）上批示："去掉第 11 条，不应用自己的名义发出的口号称赞自己。"（这条口号是"向立下丰功伟绩的中央文革致敬！"）

1968 年 9 月，毛泽东在《人民日报》社论《世界革命人民胜利的航向》的初稿上批示："把离开主题的一些空话删掉。不要向外国人自吹自擂。"他把该社论中的"马克思主义、列宁主义、毛泽东思想"一律改成"马克思列宁主义"，还删去了一些字句和段落："伟大的战无不胜的毛泽东思想是马克思列宁主义在当代的新发展。""毛泽东同志天才地、创造性地、全面地继承、捍卫和发展了马克思列宁主义，把马克思列宁主义提高到一个新阶段。毛泽东同志是理论联系实际的伟大典范。""我们的时代，是以毛泽东思想为伟大旗帜的新时代，是伟大的毛泽东思想与各国实践相结合的新时代。毛泽东思想正在亚洲、非洲、拉丁美洲以及世界各地广泛传播。毛泽东思想指引下的人民革命，是历史前进的火车头。在伟大的马克思列宁主义、毛泽东思想的光辉照耀下，世界各国人民必将朝着胜利的航向，继续奋勇前进！"[①]

1968 年 10 月，北京周报社遵照毛泽东的批评对刊物进行检查。12 月

---

①　详见《中国外文局五十年大事记（1949—1999）》（下），新星出版社，1999 年 5 月版。

2 日以该社"革命大联合委员会"的名义写出《关于〈北京周报〉对外宣传问题的检查汇报》。其中检讨了照抄照搬国内宣传的做法及其后果。如：不看对象，搬出去读者看不懂；不分内外，不该搬的也搬出去了；文风存在千篇一律，空话、套话、形容词堆砌等。还列举了读者批评《北京周报》"无的放矢"、"不能回答问题"等。

1968 年 11 月 8 日，外文局军管小组向国务院值班室提出对退书中的毛泽东著作的处理办法：（1）损坏、破旧者，赠送国内有关机关、学校图书馆，或在机关、学校内降价销售。（2）书中写有旁注文字或画线者，如果内容好，可暂保留；反动或无法识别的，送纸厂化浆。（3）有缺损、水渍者，送厂化浆。

1968 年 11 月 21 日，人民中国报道杂志社革委会起草了《贯彻毛主席关于对外宣传的新指示，提高和改进对外宣传工作的初步意见》。其中强调了两点：（1）对外宣传要积极主动地宣传马克思主义、列宁主义、毛泽东思想的普遍真理，用毛泽东思想这一强大的武器，促进推动和支援世界革命。（2）遵照毛主席的指示，要谦虚、谨慎，不强加于人，重视宣传方式、宣传效果，区别对待、有的放矢地进行宣传，特别要注意宣传上的科学性。

1968 年 12 月 13 日，外文局军管小组就有关《毛泽东选集》外文版的删改和译者注的情况写报告给陈伯达、康生、江青、张春桥、姚文元。报告说："中央文革"1968 年 11 月 29 日关于《毛选》删改工作的"指示"，外文局正在执行中；在此之前，马恩列斯著作编译局和中联部在领导英、法、俄、西、日、越、缅、泰、印尼等外文版《毛选》翻译时，曾根据田家英、张香山的意见对正文、注释做过一些删改，并增加了部分译者注（其中《毛选》正文修改 3 处，注释有 70 处做了改动，《毛选》一至四卷增加译注 104 条。《军选》增加译注 23 条）。报告建议：为避免造成外文版本的混乱，今后《毛选》外文版的注释应照上述改动，译者注也宜保留。

1968 年 12 月，派驻阿尔及利亚、法国、瑞士、等代表召回国内参加"文化大革命"，至此，除香港外，国际书店所有驻外机构全部撤回国内。

本年，国际书店在社会上开始使用"中国国际书店革命委员会"印章，直至 1973 年 2 月才恢复使用"中国国际书店"印章。

本年，外文出版社用英、法、西班牙、俄、印尼、日、朝、蒙、越、老挝、泰、缅、孟加拉、印地、泰米尔、乌尔都、波斯、土耳其、罗马尼亚、保加利亚、波兰、捷克、匈牙利、塞尔维亚、德、意大利、葡萄牙、瑞典、阿拉伯、斯瓦希里、豪萨、世界语32种外文出版767种图书。重点书有《毛泽东军事文选》、《毛主席语录》、《共产党宣言》以及画册《收租院泥塑群像》等。

本年，国际书店对国外发行外文书籍773万册，其中毛泽东著作国外发行565万多册，是历年毛泽东著作国外发行数量最高的年份。外文期刊955万册。

# 1968 年对外发行图书目录

## 1968 年英文版书目（62 种）

| 书名 | 作者 | 出版社 | 出版/再版时间 | 印刷/发行册数 | 开本/装帧 | 定价（元） |
|---|---|---|---|---|---|---|
| 毛泽东军事文选 | 毛泽东 | 外文 | 1968(1963 年出版,再版 4 次重印,总印数 286462 册,本次再版重印) | | 46 开精/50 开精 | 1.50 |
| 毛泽东五篇著作 | 毛泽东 | 外文 | 1968(再版 3 次重印) | 520539 | 100 开/精 | 0.23 |
| 毛主席语录(张贴式) | 毛泽东 | 外文 | 1968(1969 年停售) | 624800 | 128 开/精 | 0.50 |
| 中国的红色政权为什么能够存在? 井冈山的斗争,关于纠正党内的错误思想、星星之火可以燎原 | 毛泽东 | 外文 | 1968 | 240408 | 56 开 | 0.30 |
| 井冈山的斗争 | 毛泽东 | 外文 | 1968 | 249616 | 32 开 | 0.31 |
| | | | | | 56 开 | 0.24 |
| 为争取千百万群众进入抗日民族统一战线而斗争 | 毛泽东 | 外文 | 1968 | 245618 | 32 开 | 0.11 |
| | | | | | 56 开 | 0.09 |

续表

| 书名 | 作者 | 出版社 | 出版/再版时间 | 印刷/发行册数 | 开本/装帧 | 定价（元） |
|---|---|---|---|---|---|---|
| 国共合作成立后的迫切任务 | 毛泽东 | 外文 | 1968（再版2次重印） | 241609 | 32 开 | 0.11 |
| | | | | | 56 开 | 0.08 |
| 和英国记者贝特兰的谈话 | 毛泽东 | 外文 | 1968（再版2次重印） | 240118 | 32 开 | 0.13 |
| | | | | | 56 开 | 0.09 |
| 大量吸收知识分子 | 毛泽东 | 外文 | 1968 | 244480 | 56 开 | 0.05 |
| 抗日根据地的政权问题 | 毛泽东 | 外文 | 1968 | 244408 | 56 开 | 0.05 |
| 放手发展抗日力量，抵抗反共顽固派的进攻 | 毛泽东 | 外文 | 1968 | 240480 | 56 开 | 0.07 |
| 一个极其重要的政策 | 毛泽东 | 外文 | 1968 | 243408 | 56 开 | 0.05 |
| 第二次世界大战的转折点 | 毛泽东 | 外文 | 1968 | 238308 | 56 开 | 0.06 |
| 开展根据地的减租、生产和拥政爱民运动 | 毛泽东 | 外文 | 1968 | 237310 | 56 开 | 0.06 |
| 文化工作中的统一战线 | 毛泽东 | 外文 | 1968 | 224408 | 56 开 | 0.05 |
| 论军队生产自给，兼论整风和生产两大运动的重要性 | 毛泽东 | 外文 | 1968 | 237308 | 56 开 | 0.06 |
| 集中优势兵力，各个歼灭敌人 | 毛泽东 | 外文 | 1968 | 244408 | 56 开 | 0.06 |
| 迎接中国革命的新高潮 | 毛泽东 | 外文 | 1968 | 239310 | 56 开 | 0.08 |
| 中国人民解放军宣言 | 毛泽东 | 外文 | 1968 | 241408 | 56 开 | 0.08 |
| 关于工商业政策 | 毛泽东 | 外文 | 1968 | 240008 | 56 开 | 0.05 |
| 评西北大捷兼论解放军的新式整风运动 | 毛泽东 | 外文 | 1968 | 240428 | 56 开 | 0.07 |
| 对晋绥日报编辑人员的谈话 | 毛泽东 | 外文 | 1968 | 244408 | 56 开 | 0.05 |

| 书名 | 作者 | 出版社 | 出版/再版时间 | 印刷/发行册数 | 开本/装帧 | 定价（元） |
|---|---|---|---|---|---|---|
| 中共中央关于九月会议的通知 | 毛泽东 | 外文 | 1968 | 239310 | 56 开 | 0.08 |
| 全世界革命力量团结起来，反对帝国主义的侵略 | 毛泽东 | 外文 | 1968 | 243480 | 56 开 | 0.05 |
| 在中国共产党第七届中央委员会第二次全体会议上的报告 | 毛泽东 | 外文 | 1968 | 238054 | 32 开 | 0.15 |
| 在新政治协商会议筹备会上的讲话 | 毛泽东 | 外文 | 1968 | 241308 | 56 开 | 0.05 |
| 中国共产党中央委员会主席毛泽东同志支持美国黑人抗暴斗争的声明 | 毛泽东 | 外文 | 1968 | 250508 | 64 开 | 0.05 |
| 学习《和美国记者安娜·路易斯·斯特朗的谈话》 | | 外文 | 1968（1973年停售） | 124308 | 56 开 | 0.12 |
| 学习《湖南农民运动考察报告》 | 陈伯达 | 外文 | 1968（1973年停售） | 122308 | 56 开 | 0.13 |
| 中国共产党第八届扩大的第十二次中央委员会全会公报 | | 外文 | 1968 | | 64 开 | 0.11 |
| 林彪同志委托江青同志召开的部队文艺工作者座谈会纪要 | | 外文 | 1968（1973年停售） | 120758 | 32 开 | 0.29 |
| 吸收无产阶级的新鲜血液 | | 外文 | 1968（1973年停售） | 64208 | 64 开 | 0.09 |
| 工人阶级必须领导一切 | 姚文元 | 外文 | 1968（1973年停售） | 75208 | 64 开 | 0.09 |
| 评陶铸的两本书 | 姚文元 | 外文 | 1968（1976年停售） | 100308 | 64 开 | 0.06 |

续表

| 书名 | 作者 | 出版社 | 出版/再版时间 | 印刷/发行册数 | 开本/装帧 | 定价（元） |
|---|---|---|---|---|---|---|
| 中国农村两条道路的斗争 | 两报一刊编辑部 | 外文 | 1968（1973年停售） | 100308 | 大32开 | 0.20 |
| 无产阶级专政下的文化大革命胜利万岁 | | 外文 | 1968（1973年停售） | 120308 | 32开 | 0.31 |
| 毛泽东思想是百战百胜的武器 | | 外文 | 1968 | | 40开 | 0.30 |
| 划时代的文献（纪念《通知》发表两周年） | | 外文 | 1968（1973年停售） | 60258 | 32开 | 0.14 |
| 在胜利的大道上奋勇前进 | | 外文 | 1968 | | 64开 | 0.11 |
| 各国革命人民胜利的航向 | | 外文 | 1968 | | 64开 | 0.10 |
| 关于知识分子再教育问题 | | 外文 | 1968（1973年停售） | 70208 | 64开 | 0.06 |
| 论无产阶级革命派的夺权斗争 | | 外文 | 1968（1967年出版，总印数156423册，本次再版重印，1973年停售） | | 大32开 | 0.29 |
| 论革命的"三结合" | | 外文 | 1968（停售） | 120366 | 大32开 | 0.35 |
| | | | | | 56开 | 0.19 |
| 印度尼西亚人民团结起来，为推翻法西斯政权而斗争 | | 外文 | 1968 | 80308 | 32开 | 0.29 |
| 苏修怎样在国内全面复辟资本主义 | | 外文 | 1968 | 50208 | 32开 | 0.38 |
| 人民战争胜利万岁（纪念中国人民抗日战争胜利二十周年） | 林彪 | 外文 | 1968（1965年出版，再版3次重印，总印数439533册，1973年停售） | | 100开/精 | 0.31 |
| 走上海机床厂从工人中培养技术人员的道路 | | 外文 | 1968（1978年停售） | 70208 | 64开 | 0.15 |

续表

| 书名 | 作者 | 出版社 | 出版/再版时间 | 印刷/发行册数 | 开本/装帧 | 定价（元） |
|---|---|---|---|---|---|---|
| 谈京剧革命 | 江青 | 外文 | 1968(1973年停售) | 35308 | 32 开 | 0.47 |
| 智取威虎山 | 上海京剧院 | 外文 | 1968 | 43405 | 32 开 | 0.57 |
| 一心为公的共产主义战士蔡永祥 | | 外文 | 1968(1973年停售) | 20408 | 40 开 | 0.25 |
| 毛主席的好战士——雷锋 | 陈广生 | 外文 | 1968(1975年停售) | 30358 | 32 开 | 0.63 |
| 毛主席语录歌曲 | | 外文 | 1968 | | 40 开 | 0.40 |
| 收租院泥塑群像 | | 外文 | 1968 | 65500 | 12 开 | 1.70 |
| 歌谱 | | 中国建设杂志社 | 1968 | 113350 | | |
| 钢琴伴唱红灯记 | | 中国建设杂志社 | 1968 | 124570 | | |
| 毛主席去安源(画片) | | 外文 | 1968 | 435610 | | |

## 1968 年法文版书目（61 种）

| 书名 | 作者 | 出版社 | 出版/再版时间 | 印刷/发行册数 | 开本/装帧 | 定价（元） |
|---|---|---|---|---|---|---|
| 毛泽东选集(第三集) | 毛泽东 | 外文 | 1968(再版 2次重印) | 112544 | 23 开/羊皮精、漆布精、平 | |
| 毛主席的五篇著作 | 毛泽东 | 外文 | 1968(再版重印 1 次) | 141210 | 100 开/精 | 0.23 |
| 毛主席语录(张贴式) | 毛泽东 | 外文 | 1968(再版 2次重印) | 826590 | | |
| 中国社会各阶级的分析 | 毛泽东 | 外文 | 1968(1960 年出版，再版 5次重印，总印数 127678 册，本次重印) | | 56 开 | 0.08 |

续表

| 书名 | 作者 | 出版社 | 出版/再版时间 | 印刷/发行册数 | 开本/装帧 | 定价（元） |
|---|---|---|---|---|---|---|
| 中国的红色政权为什么能够存在？井冈山的斗争，关于纠正党内的错误思想、星星之火可以燎原 | 毛泽东 | 外文 | 1968（再版2次重印） | 134410 | 56 开 | 0.30 |
| 井冈山的斗争 | 毛泽东 | 外文 | 1968（再版1次重印） | 111668 | 32 开 | 0.31 |
| | | | | | 56 开 | 0.24 |
| 论反对日本帝国主义的策略 | 毛泽东 | 外文 | 1968（1957年出版，再版8次，总印数156927册，本次再版重印） | | 56 开 | 0.15 |
| 为争取千百万群众进入抗日民族统一战线而斗争 | 毛泽东 | 外文 | 1968（1956年出版，再版5次重印，总印数222028册，本次第4版） | | 56 开 | 0.09 |
| 上海太原失陷以后抗日战争的形势与任务 | 毛泽东 | 外文 | 1968（再版2次重印） | 149126 | 32 开 | 0.14 |
| | | | | | 56 开 | 0.10 |
| 新民主主义论、在延安文艺座谈会上的讲话、关于正确处理人民内部矛盾的问题、在中国共产党全国宣传工作会议上的讲话 | 毛泽东 | 外文 | 1968（再版2次重印） | 157418 | 32 开 | 0.70 |
| | | | | | 56 开 | 0.53 |
| 抗日根据地的政权问题 | 毛泽东 | 外文 | 1968（再版1次重印） | 110308 | 56 开 | 0.05 |
| 放手发展抗日力量，抵抗反共顽固派的进攻 | 毛泽东 | 外文 | 1968（再版1次重印） | 109308 | 56 开 | 0.07 |

| 书名 | 作者 | 出版社 | 出版/再版时间 | 印刷/发行册数 | 开本/装帧 | 定价（元） |
|------|------|--------|----------------|----------------|------------|------------|
| 开展根据地的减租、生产和拥政爱民运动 | 毛泽东 | 外文 | 1968（再版1次重印） | 108808 | 56 开 | 0.06 |
| 组织起来 | 毛泽东 | 外文 | 1968（再版1次重印） | 108416 | 32 开 | 0.10 |
| | | | | | 56 开 | 0.10 |
| 学习和时局 | 毛泽东 | 外文 | 1968（再版1次重印） | 104566 | 32 开 | 0.14 |
| | | | | | 56 开 | 0.10 |
| 文化工作中的统一战线 | 毛泽东 | 外文 | 1968（再版1次重印） | 108808 | 56 开 | 0.05 |
| 必须学会做经济工作 | 毛泽东 | 外文 | 1968（再版1次重印） | 113516 | 32 开 | 0.10 |
| | | | | | 56 开 | 0.08 |
| 论联合政府 | 毛泽东 | 外文 | 1968（再版1次重印） | 108520 | 32 开 | 0.38 |
| | | | | | 56 开 | 0.31 |
| 集中优势兵力，各个歼灭敌人 | 毛泽东 | 外文 | 1968 | 40808 | 56 开 | 0.06 |
| 论军队生产自给兼论整风和生产两大运动的重要性 | 毛泽东 | 外文 | 1968 | 58808 | 56 开 | 0.06 |
| 对晋绥日报编辑人员的谈话 | 毛泽东 | 外文 | 1968 | 109308 | 56 开 | 0.05 |
| 全世界革命力量团结起来，反对帝国主义侵略 | 毛泽东 | 外文 | 1968 | 110408 | 56 开 | 0.05 |
| 在中国共产党第七届中央委员会第二次全体会议上的报告 | 毛泽东 | 外文 | 1968（1973年停售） | 145216 | 32 开 | 0.15 |
| 中国共产党中央委员会主席毛泽东同志支持美国黑人抗暴斗争的声明 | 毛泽东 | 外文 | 1968 | | 64 开 | 0.05 |
| 中国共产党第八届扩大的第十二次中央委员会全会公报 | 毛泽东 | 外文 | 1968 | | 64 开 | 0.11 |

| 书名 | 作者 | 出版社 | 出版/再版时间 | 印刷/发行册数 | 开本/装帧 | 定价（元） |
|---|---|---|---|---|---|---|
| 工人阶级必须领导一切 | 姚文元 | 外文 | 1968（1973年停售） | 67308 | 64 开 | 0.09 |
| 无产阶级专政下的文化大革命胜利万岁 | | 外文 | 1968（1973年停售） | 60308 | 32 开 | 0.31 |
| 中国农村两条道路的斗争 | 两报一刊编辑部 | 外文 | 1968（1973年停售） | 40308 | 大 32 开 | 0.20 |
| 毛主席革命路线的伟大胜利（热烈欢呼北京市革命委员会诞生） | | 外文 | 1968 | 75616 | 56 开 | 0.21 |
| 为捍卫无产阶级专政而斗争（纪念《在延安文艺座谈会上的讲话》发表二十五周年） | | 外文 | 1968 | 60258 | 32 开 | 0.47 |
| 划时代的文献（纪念《通知》发表两周年） | | 外文 | 1968（1973年停售） | 4138 | 32 开 | 0.14 |
| 关于知识分子再教育问题 | | 外文 | 1968（1973年停售） | 40208 | 64 开 | 0.06 |
| 吸收无产阶级的新鲜血液 | | 外文 | 1968（1973年停售） | 31208 | | |
| 走与工人相结合的道路 | | 外文 | 1968（1973年停售） | 15250 | | |
| 论革命的"三结合" | | 外文 | 1968 | | 大 32 开 | 0.35 |
| | | | | | 56 开 | 0.19 |
| 走社会主义道路，还是走资本主义道路？ | | 外文 | 1968（1967年出版 32 开本，1968 年出版 56 开本，总印数 30508 册，1969 年停售） | | 56 开 | 0.12 |

| 书名 | 作者 | 出版社 | 出版/再版时间 | 印刷/发行册数 | 开本/装帧 | 定价（元） |
|---|---|---|---|---|---|---|
| 评陶铸的两本书 | 姚文元 | 外文 | 1968（1976年停售） | 50308 | 32 开 | 0.23 |
| 评反革命两面派周扬 | 姚文元 | 外文 | 1968（1976年停售） | 25258 | 32 开 | 0.23 |
| 林彪同志委托江青同志召开的部队文艺工作者座谈会纪要 | | 外文 | 1968（1973年停售） | 60308 | 32 开 | 0.29 |
| 印度尼西亚人民团结起来，为推翻法西斯政权而斗争 | | 外文 | 1968 | | 32 开 | 0.29 |
| 各国革命人民胜利的航向 | | 外文 | 1968 | 95208 | 64 开 | 0.10 |
| 苏修怎样在国内全面复辟资本主义 | | 外文 | 1968 | 35208 | 32 开 | 0.38 |
| 苏联现代修正主义的总破产 | | 外文 | 1968 | 35208 | 64 开 | 0.19 |
| 人民战争胜利万岁（纪念中国人民抗日战争胜利二十周年） | 林彪 | 外文 | 1968（1965年出版，再版2次重印，总印数127222册，本次再版重印，1973年停售） | | 100 开/精 | 0.31 |
| 谈京剧革命 | 江青 | 外文 | 1968（1973年停售） | 25308 | 32 开 | 0.47 |
| 智取威虎山 | 上海京剧院 | 外文 | 1968（1976年停售） | 20208 | 32 开 | 0.57 |
| 一心为公的共产主义战士蔡永祥 | | 外文 | 1968（1973年停售） | 13308 | 40 开 | 0.25 |
| 人民的好儿子刘英俊 | | 外文 | 1968（1973年停售） | 25308 | 40 开 | 0.23 |

续表

| 书名 | 作者 | 出版社 | 出版/再版时间 | 印刷/发行册数 | 开本/装帧 | 定价（元） |
|---|---|---|---|---|---|---|
| 王杰日记 | | 外文 | 1968（1973年停售） | 31303 | 32 开 | 0.60 |
| 四十一颗红心向太阳 | 新华社记者 | 外文 | 1968（1975年停售） | 20110 | 36 开 | 0.41 |
| 收租院泥塑群像 | | 外文 | 1968 | 55300 | 12 开 | 1.70 |

## 1968 年德文版书目（28 种）

| 书名 | 作者 | 出版社 | 出版/再版时间 | 印刷/发行册数 | 开本/装帧 | 定价（元） |
|---|---|---|---|---|---|---|
| 毛泽东选集（第一卷） | 毛泽东 | 外文 | 1968.3（再版重印 1 次） | 110610 | 23 开 | |
| 毛泽东选集（第二卷） | 毛泽东 | 外文 | 1968.1（再版重印 1 次） | 13038 | 23 开 | 2.20 |
| 毛主席语录（张贴式） | 毛泽东 | 外文 | 1968 | 41200 | | |
| 毛主席的五篇著作 | 毛泽东 | 外文 | 1968（再版重印 2 次） | 85382 | 100 开/精 | 0.23 |
| 毛主席论人民战争 | 毛泽东 | 外文 | 1968（1973年停售） | 140510 | 100 开/精 | 0.18 |
| 毛主席语录 | 毛泽东 | 外文 | 1968（再版重印 4 次） | 1110830 | 100 开/精 | 0.60 |
| 井冈山的斗争、中国的红色政权为什么能够存在、关于纠正党内的错误思想、星星之火可以燎原 | 毛泽东 | 外文 | 1968 | 23705 | 56 开 | 0.24 |
| 中国革命战争的战略问题 | 毛泽东 | 外文 | 1968（再版重印 1 次） | 28208 | 56 开 | 0.33 |
| 抗日游击战争的战略问题 | 毛泽东 | 外文 | 1968（再版重印 1 次） | 26158 | 56 开 | 0.18 |

续表

| 书名 | 作者 | 出版社 | 出版/再版时间 | 印刷/发行册数 | 开本/装帧 | 定价（元） |
|------|------|--------|--------------|--------------|-----------|-----------|
| 论人民民主专政 | 毛泽东 | 外文 | 1968（再版重印 4 次） | 44908 | 56 开 | 0.11 |
| 论持久战 | 毛泽东 | 外文 | 1968 | 26775 | 36 开 | 0.43 |
| 战争和战略问题 | 毛泽东 | 外文 | 1968（再版重印 1 次） | 26138 | 56 开 | 0.11 |
| 中国革命和中国共产党 | 毛泽东 | 外文 | 1968（1962 年出版，再版 3 次重印，总印数 31058 册，本次再版） | | 56 开 | 0.20 |
| 新民主主义论 | 毛泽东 | 外文 | 1968（再版重印 1 次） | 27558 | 56 开 | 0.24 |
| 在中国共产党第七届中央委员会第二次全体会议上的报告 | 毛泽东 | 外文 | 1968（1961 年出版，再版 3 次重印，总印数 34863 册，本次再版重印） | | 32 开 | 0.15 |
| 关于农业合作化问题 | 毛泽东 | 外文 | 1968（再版重印 4 次） | 27822 | 56 开 | 0.14 |
| 中国共产党中央委员会主席毛泽东同志支持美国黑人抗暴斗争的声明 | 毛泽东 | 外文 | 1968 | | 64 开 | 0.05 |
| 中国共产党第八届扩大的第十二次中央委员会全会公报 | 毛泽东 | 外文 | 1968 | | 64 开 | 0.11 |
| 工人阶级必须领导一切 | 姚文元 | 外文 | 1968（1973 年停售） | 26308 | 64 开 | 0.09 |
| 划时代的文献（纪念《通知》发表两周年） | | 外文 | 1968（1973 年停售） | 24208 | 32 开 | 0.14 |

续表

| 书名 | 作者 | 出版社 | 出版/再版时间 | 印刷/发行册数 | 开本/装帧 | 定价（元） |
|---|---|---|---|---|---|---|
| 走社会主义道路，还是走资本主义道路？ | | 外文 | 1968（1967年出版32开本，1968年出版64开本，总印数32308册，1969年停售） | | 64开 | 0.12 |
| 评陶铸的两本书 | 姚文元 | 外文 | 1968（1976年停售） | 23308 | 64开 | 0.23 |
| 林彪同志委托江青同志召开的部队文艺工作者座谈会纪要 | | 外文 | 1968（1973年停售） | 30308 | 32开 | 0.29 |
| 各国革命人民胜利的航向 | | 外文 | 1968 | 28158 | 64开 | 0.10 |
| 苏联现代修正主义的总破产 | | 外文 | 1968 | | 64开 | 0.19 |
| 沿着十月社会主义革命开辟的道路前进（纪念伟大的十月社会主义革命五十周年） | | 外文 | 1968（1976年停售） | 32308 | 56开 | 0.13 |
| 收租院泥塑群像 | | 外文 | 1968 | | 12开 | 1.70 |
| 毛主席去安源（画片） | | 外文 | 1968 | 40200 | | |

## 1968年西班牙文版书目（43种）

| 书名 | 作者 | 出版社 | 出版/再版时间 | 印刷/发行册数 | 开本/装帧 | 定价（元） |
|---|---|---|---|---|---|---|
| 毛泽东选集（第一卷） | 毛泽东 | 外文 | 1968（再版5次重印） | 179044 | 23开羊皮精/漆布精 | 3.20 |
| | | | | | 平 | 2.20 |
| 毛泽东选集（第二卷） | 毛泽东 | 外文 | 1968（再版3次重印） | 128645 | 23开羊皮精/漆布精 | 3.30 |
| | | | | | 平 | 2.20 |

续表

| 书名 | 作者 | 出版社 | 出版/再版时间 | 印刷/发行册数 | 开本/装帧 | 定价（元） |
|---|---|---|---|---|---|---|
| 毛泽东选集(第三卷) | 毛泽东 | 外文 | 1968(再版 4 次重印) | 199902 | 23 开羊皮精/漆布精 | 3.20 |
| | | | | | 平 | 1.80 |
| 毛主席关于文学艺术的五个文件 | 毛泽东 | 外文 | 1968(再版 2 次重印) | 139242 | 56 开 | 0.06 |
| 毛主席语录(张贴式) | 毛泽东 | 外文 | 1968(1973 年停售) | 625020 | 64 开 | |
| 井冈山的斗争 | 毛泽东 | 外文 | 1968 | 54608 | 64 开 | 0.24 |
| 关于纠正党内的错误思想 | 毛泽东 | 外文 | 1968(1959 年出版,本次第 4 版) | | 32 精 | 0.52 |
| | | | | | 平 | 0.20 |
| 星星之火,可以燎原 | 毛泽东 | 外文 | 1968 | | 64 开 | 0.10 |
| 关于蒋介石声明的声明 | 毛泽东 | 外文 | 1968 | 54208 | 64 开 | 0.08 |
| 中国共产党在抗日时期的任务 | 毛泽东 | 外文 | 1968(1960 年出版,再版 4 次重印,总印数 93078 册,本次再版重印) | | 64 开 | 0.17 |
| 为争取千百万群众进入抗日民族统一战线而斗争 | 毛泽东 | 外文 | 1968 | 54158 | 64 开 | 0.09 |
| 在延安文艺座谈会上的讲话 | 毛泽东 | 外文 | 1968(1967 年出版,本次再版) | | 64 开/精 | 0.30 |
| 建立巩固的东北根据地 | 毛泽东 | 外文 | 1968 | 52458 | 64 开 | 0.06 |
| 集中优势兵力,各个歼灭敌人 | 毛泽东 | 外文 | 1968 | 54658 | 64 开 | 0.06 |
| 迎接中国革命的新高潮 | 毛泽东 | 外文 | 1968 | 27158 | 64 开 | 0.08 |
| 中国人民解放军宣言 | 毛泽东 | 外文 | 1968 | 54958 | 64 开 | 0.08 |

续表

| 书名 | 作者 | 出版社 | 出版/再版时间 | 印刷/发行册数 | 开本/装帧 | 定价（元） |
|---|---|---|---|---|---|---|
| 关于工商业政策 | 毛泽东 | 外文 | 1968 | 53458 | 64开 | 0.05 |
| 评西北大捷兼论解放军的新式整军运动 | 毛泽东 | 外文 | 1968 | 53208 | 64开 | 0.07 |
| 对晋绥日报编辑人员的谈话 | 毛泽东 | 外文 | 1968 | 54158 | 64开 | 0.05 |
| 中共中央关于九月会议的通知 | 毛泽东 | 外文 | 1968 | 53658 | 64开 | 0.07 |
| 全世界革命人民团结起来，反对帝国主义的侵略 | 毛泽东 | 外文 | 1968 | 55058 | 64开 | 0.05 |
| 在中国共产党第七届中央委员会第二次全体会议上的报告 | 毛泽东 | 外文 | 1968 | 96554 | 32开 | 0.15 |
| 在新政治协商会议筹备会上的讲话 | 毛泽东 | 外文 | 1968 | | 64开 | 0.05 |
| 中国共产党中央委员会主席毛泽东同志支持美国黑人抗暴斗争的声明 | 毛泽东 | 外文 | 1968 | 60358 | 64开 | 0.05 |
| 中国共产党第八届扩大的第十二次中央委员会全会公报 | | 外文 | 1968 | | 64开 | 0.11 |
| 通知（中国共产党中央委员会1966年5月16日）·伟大的历史文件 | | 外文 | 1968（1973年停售） | 40566 | 32开 | 0.26 |
| | | | | | 56开 | 0.22 |
| 工人阶级必须领导一切 | | 外文 | 1968（1973年停售） | 35158 | 64开 | 0.09 |
| 无产阶级专政下的文化大革命胜利万岁（庆祝建国18周年） | | 外文 | 1968（1973年停售） | 30308 | 32开 | 0.31 |

续表

| 书名 | 作者 | 出版社 | 出版/再版时间 | 印刷/发行册数 | 开本/装帧 | 定价（元） |
|---|---|---|---|---|---|---|
| 中国农村两条道路的斗争 | | 外文 | 1968（1973年停售） | 27158 | 64 开 | 0.14 |
| 中国的大革命和苏联的大悲剧 | | 外文 | 1968（1973年停售） | 48058 | 56 开 | 0.07 |
| 划时代的文献（纪念《通知》发表两周年） | | 外文 | 1968（1973年停售） | 20158 | 64 开 | 0.09 |
| 在胜利的大路上奋勇前进（庆祝建国 19 周年） | | 外文 | 1968（1973年停售） | 19158 | 64 开 | 0.11 |
| 林彪同志委托江青同志召开的部队文艺工作者座谈会纪要 | | 外文 | 1968（1973年停售） | 35158 | 32 开 | 0.29 |
| 《修养》的要害是背叛无产阶级专政 | | 外文 | 1968（1980年停售） | 50556 | 32 开 | 0.13 |
| 印度尼西亚人民团结起来，为推翻法西斯政权而斗争 | | 外文 | 1968（1973年停售） | 25208 | 32 开 | 0.29 |
| 各国革命人民胜利的航向 | | 外文 | 1968 | | 63 开 | 0.10 |
| 苏联现代修正主义的总破产 | | 外文 | 1968 | | 64 开 | 0.19 |
| 收租院泥塑雕像 | | 外文 | 1968 | 20300 | 12 开 | 1.70 |

## 1968 年俄文版书目（70 种）

| 书名 | 作者 | 出版社 | 出版/再版时间 | 印刷/发行册数 | 开本/装帧 | 定价（元） |
|---|---|---|---|---|---|---|
| 毛泽东选集（第三卷） | 毛泽东 | 外文 | 1968（再版 2 次重印） | 43860 | 23 开/精/平 | |
| 毛泽东的四篇哲学论文 | 毛泽东 | 外文 | 1968（再版 1 次重印） | 50160 | 56 开 | 0.43 |

**续表**

| 书名 | 作者 | 出版社 | 出版/再版时间 | 印刷/发行册数 | 开本/装帧 | 定价（元） |
|---|---|---|---|---|---|---|
| 毛主席的五篇著作 | 毛泽东 | 外文 | 1968（再版1次重印） | 126158 | 56开 | |
| 毛主席语录（张贴式） | 毛泽东 | 外文 | 1968（1969年停售） | 411800 | | |
| 毛主席论人民战争 | 毛泽东 | 外文 | 1968（再版1次重印，1973年停售） | 60620 | 100开/精 | 0.18 |
| 井冈山的斗争 | 毛泽东 | 外文 | 1968（再版1次重印） | 42148 | 64开 | 0.24 |
| 论反对日本帝国主义的策略 | 毛泽东 | 外文 | 1968（再版1次重印） | 40158 | 56开 | 0.17 |
| 中国革命战争的战略问题 | 毛泽东 | 外文 | 1968（再版1次重印） | 29208 | 56开 | 0.33 |
| 中国共产党在抗日时期的任务 | 毛泽东 | 外文 | 1968（再版1次重印） | 40158 | 56开 | 0.17 |
| 为争取千百万群众进入抗日民族统一战线而斗争 | 毛泽东 | 外文 | 1968（再版1次重印） | 39508 | 64开 | 0.09 |
| 矛盾论 | 毛泽东 | 外文 | 1968（1960年出版，再版3次重印，总印数50528册，本次再版重印） | | 56开 | 0.20 |
| 反对日本进攻的方针、办法和前途 | 毛泽东 | 外文 | 1968（再版1次重印） | 41158 | 56开 | 0.08 |
| 为动员一切力量争取抗战胜利而斗争 | 毛泽东 | 外文 | 1968（再版1次重印） | 44158 | 56开 | 0.08 |
| 反对自由主义 | 毛泽东 | 外文 | 1968（再版1次重印） | 60108 | 56开 | 0.06 |
| 国共合作成立后的迫切任务 | 毛泽东 | 外文 | 1968（再版1次重印） | 36458 | 64开 | 0.08 |

| 书名 | 作者 | 出版社 | 出版/再版时间 | 印刷/发行册数 | 开本/装帧 | 定价（元） |
|---|---|---|---|---|---|---|
| 和英国记者贝特兰的谈话 | 毛泽东 | 外文 | 1968（再版1次重印） | 39208 | 64 开 | 0.09 |
| 上海太原失陷以后抗日战争的形势和任务 | 毛泽东 | 外文 | 1968（再版1次重印） | 38708 | 56 开 | 0.10 |
| 抗日游击战争的战略问题 | 毛泽东 | 外文 | 1968（再版1次重印） | 42908 | 56 开 | 0.18 |
| 论持久战 | 毛泽东 | 外文 | 1968（再版1次重印） | 37498 | 56 开 | 0.43 |
| 中国共产党在民族战争中的地位 | 毛泽东 | 外文 | 1968（再版1次重印） | 37908 | 56 开 | 0.13 |
| 统一战线中的独立自主问题 | 毛泽东 | 外文 | 1968（再版1次重印） | 47708 | 56 开 | 0.06 |
| 战争和战略问题 | 毛泽东 | 外文 | 1968（再版1次重印） | 30208 | 56 开 | 0.11 |
| 青年运动的方向 | 毛泽东 | 外文 | 1968（再版1次重印） | 44208 | 56 开 | 0.10 |
| 《共产党人》的发刊词 | 毛泽东 | 外文 | 1968（再版1次重印） | 32408 | 56 开 | 0.11 |
| 中国革命和中国共产党 | 毛泽东 | 外文 | 1968（再版1次重印） | 44708 | 56 开 | 0.20 |
| 斯大林是中国人民的朋友 | 毛泽东 | 外文 | 1968（再版1次重印） | 36408 | 64 开 | 0.05 |
| 新民主主义论 | 毛泽东 | 外文 | 1968（再版1次重印） | 45208 | 36 开 | 0.24 |
| 新民主主义的宪政 | 毛泽东 | 外文 | 1968（再版1次重印） | 42008 | 56 开 | 0.08 |
| 抗日根据地的政权问题 | 毛泽东 | 外文 | 1968（再版1次重印） | 39508 | 64 开 | 0.05 |
| 目前抗日统一战线中的策略问题 | 毛泽东 | 外文 | 1968（再版1次重印） | 41208 | 56 开 | 0.09 |

续表

| 书名 | 作者 | 出版社 | 出版/再版时间 | 印刷/发行册数 | 开本/装帧 | 定价（元） |
|---|---|---|---|---|---|---|
| 论政策 | 毛泽东 | 外文 | 1968（再版1次重印） | 42206 | 56开 | 0.08 |
| 《农村调查》的序言和跋 | 毛泽东 | 外文 | 1968（再版1次重印） | 40208 | 56开 | 0.06 |
| 改造我们的学习 | 毛泽东 | 外文 | 1968（再版1次重印） | 46510 | 56开 | 0.08 |
| 在陕甘宁边区参议会上的演说 | 毛泽东 | 外文 | 1968（再版1次重印） | 46708 | 56开 | 0.11 |
| 整顿党的作风 | 毛泽东 | 外文 | 1968（再版1次重印） | 43208 | 56开 | 0.11 |
| 反对党八股 | 毛泽东 | 外文 | 1968（再版1次重印） | 45208 | 56开 | 0.12 |
| 在延安会议座谈会上的讲话 | 毛泽东 | 外文 | 1968（再版1次重印） | 50160 | 56开 | 0.17 |
| 一个极其重要的政策 | 毛泽东 | 外文 | 1968（再版1次重印） | 36358 | 64开 | 0.05 |
| 第二次世界大战的转折点 | 毛泽东 | 外文 | 1968（再版1次重印） | 36158 | 64开 | 0.06 |
| 关于领导方法的若干问题 | 毛泽东 | 外文 | 1968（再版1次重印） | 53708 | 56开 | 0.07 |
| 组织起来 | 毛泽东 | 外文 | 1968（再版1次重印） | 41908 | 56开 | 0.08 |
| 学习和时局 | 毛泽东 | 外文 | 1968（再版1次重印） | 32158 | 64开 | 0.10 |
| 为人民服务、纪念白求恩、愚公移山、关于纠正党内的错误思想、反对自由主义 | 毛泽东 | 外文 | 1968 | | 100开/精 | 0.23 |
| 必须学会做经济工作 | 毛泽东 | 外文 | 1968（再版1次重印） | 45208 | 56开 | 0.08 |

续表

| 书名 | 作者 | 出版社 | 出版/再版时间 | 印刷/发行册数 | 开本/装帧 | 定价（元） |
|---|---|---|---|---|---|---|
| 论联合政府 | 毛泽东 | 外文 | 1968（再版1次重印） | 35208 | 64 开 | 0.31 |
| 集中优势兵力，各个歼灭敌人 | 毛泽东 | 外文 | 1968 | 35958 | 64 开 | 0.06 |
| 中国人民解放军宣言 | 毛泽东 | 外文 | 1968 | 36008 | 64 开 | 0.08 |
| 对晋绥日报编辑人员的谈话 | 毛泽东 | 外文 | 1968 | 35958 | 64 开 | 0.05 |
| 中共中央关于九月会议的通知 | 毛泽东 | 外文 | 1968 | 35958 | 64 开 | 0.07 |
| 全世界革命力量团结起来，反对帝国主义的侵略 | 毛泽东 | 外文 | 1968 | 36158 | 64 开 | 0.05 |
| 在中国共产党第七届中央委员会第二次全体会议上的报告 | 毛泽东 | 外文 | 1968（1973年停售） | 35148 | 32 开 | 0.15 |
| 在新政治协商会议筹备会上的讲话 | 毛泽东 | 外文 | 1968 | 35958 | 64 开 | 0.05 |
| 评白皮书 | 毛泽东 | 外文 | 1968 | 40158 | 56 开 | 0.18 |
| 关于农业合作化问题 | 毛泽东 | 外文 | 1968（再版4次重印） | 41468 | 64 开 | 0.14 |
| 全世界人民团结起来，打败美国侵略者及其一切走狗（关于支持美国黑人、越南南方人民、巴拿马人民、日本人民、刚果（利）人民和多米尼加人民反对美帝国主义的正义斗争的声明和谈话） | 毛泽东 | 外文 | 1968 | 36708 | 56 开 | 0.10 |
| 中国共产党中央委员会主席毛泽东同志支持美国黑人抗暴斗争的声明 | | 外文 | 1968 | 42658 | 64 开 | 0.05 |

续表

| 书名 | 作者 | 出版社 | 出版/再版时间 | 印刷/发行册数 | 开本/装帧 | 定价（元） |
|---|---|---|---|---|---|---|
| 中国共产党第八届扩大的第十二次中央委员会全会公报 | | 外文 | 1968 | | 64 开 | 0.11 |
| 工人阶级必须领导一切 | 姚文元 | 外文 | 1968（1973年停售） | 20108 | 64 开 | 0.09 |
| 无产阶级专政下的文化大革命胜利万岁 | | 外文 | 1968（1973年停售） | 25158 | 32 开 | 0.31 |
| 中国农村两条道路的斗争 | | 外文 | 1968（1973年停售） | 25158 | 64 开 | 0.14 |
| 划时代的文献（纪念通知发布两周年） | | 外文 | 1968（1973年停售） | 15108 | 64 开 | 0.09 |
| 在胜利的大道上奋勇前进 | | 外文 | 1968（1973年停售） | 11108 | 64 开 | 0.11 |
| 评陶铸同志的两本书 | 姚文元 | 外文 | 1968（1976年停售） | 20158 | 56 开 | 0.16 |
| 林彪同志委托江青同志召开的部队文艺工作者座谈会纪要 | | 外文 | 1968（1973年停售） | 22158 | 56 开 | 0.21 |
| 各国革命人民胜利的航向 | | 外文 | 1968 | | 64 开 | 0.10 |
| 苏联现代修正主义的总破产 | | 外文 | 1968 | 13108 | 64 开 | 0.19 |
| 走上海机床厂从工人中培养技术人员的道路 | | 外文 | 1968（1973年停售） | 15108 | 64 开 | 0.15 |
| 关于知识分子再教育问题 | | 外文 | 1968（1973年停售） | 19108 | 64 开 | 0.06 |
| 收租院泥塑群像 | | 外文 | 1968 | 2100 | 12 开 | 1.70 |

## 1968 年意大利文版书目(22 种)

| 书名 | 作者 | 出版社 | 出版/再版时间 | 印刷/发行册数 | 开本/装帧 | 定价（元） |
|---|---|---|---|---|---|---|
| 毛主席论人民战争 | 毛泽东 | 外文 | 1968(1973年停售) | 60310 | 100 开/精 | 0.18 |
| 湖南农民运动考察报告 | 毛泽东 | 外文 | 1968(再版1次重印) | 32458 | 32 开 | 0.26 |
| 关于纠正党内的错误思想 | 毛泽东 | 外文 | 1968(再版1次重印) | 45658 | 32 开 | 0.15 |
| 星星之火,可以燎原 | 毛泽东 | 外文 | 1968(再版1次重印) | 32858 | 64 开 | 0.10 |
| 关心群众生活,注意工作方法 | 毛泽东 | 外文 | 1968(再版2次重印) | 35582 | 56 开 | 0.07 |
| 论反对日本帝国主义的策略 | 毛泽东 | 外文 | 1968(再版1次重印) | 31108 | 64 开 | 0.17 |
| 中国革命战争的战略问题 | 毛泽东 | 外文 | 1968(再版1次重印) | 32108 | 32 开 | 0.41 |
| 中国共产党在抗日时期的任务 | 毛泽东 | 外文 | 1968(再版2次重印) | 37332 | 64 开 | 0.17 |
| 实践论 | 毛泽东 | 外文 | 1968(再版1次重印) | 33158 | 32 开 | 0.18 |
| 矛盾论 | 毛泽东 | 外文 | 1968(再版1次重印) | 37308 | 64 开 | 0.20 |
| 战争和战略问题 | 毛泽东 | 外文 | 1968(再版1次重印) | 32658 | 32 开 | 0.16 |
| 新民主主义论 | 毛泽东 | 外文 | 1968(再版1次重印) | 36132 | 32 开 | 0.30 |
| 在延安文艺座谈会上的讲话 | 毛泽东 | 外文 | 1968(再版1次重印) | 32958 | 32 开 | 0.21 |
| 为人民服务、纪念白求恩、愚公移山 | 毛泽东 | 外文 | 1968(1967年出版,再版2次重印,总印数71768册,本次再版) | | 56 开 | 0.09 |

续表

| 书名 | 作者 | 出版社 | 出版/再版时间 | 印刷/发行册数 | 开本/装帧 | 定价（元） |
|---|---|---|---|---|---|---|
| 在中国共产党第七届中央委员会第二次全体会议上的报告 | 毛泽东 | 外文 | 1968（1973年停售） | 72676 | 32开 | 0.15 |
| 在中国共产党全国宣传工作会议上的讲话 | 毛泽东 | 外文 | 1968 | 32758 | 32开 | 0.14 |
| 中国共产党中央委员会主席毛泽东同志支持美国黑人抗暴斗争的声明 | | 外文 | 1968 | 50158 | 64开 | 0.05 |
| 中国共产党第八届扩大的第十二次中央委员会全会公报 | | 外文 | 1968 | | 64开 | 0.11 |
| 通知（中国共产党中央委员会1966年5月16日）伟大的历史文件 | | 外文 | 1968（1973年停售） | 15158 | 56开 | 0.12 |
| 工人阶级必须领导一切 | 姚文元 | 外文 | 1968（1973年停售） | 36108 | 64开 | 0.09 |
| 《修养》的要害是背叛无产阶级专政 | | 外文 | 1968（1980年停售） | 10158 | 56开 | 0.10 |
| 各国革命人民胜利的航向 | | 外文 | 1968 | | 64开 | 0.10 |

## 1968年葡萄牙文版书目（17种）

| 书名 | 作者 | 出版社 | 出版/再版时间 | 印刷/发行册数 | 开本/装帧 | 定价（元） |
|---|---|---|---|---|---|---|
| 毛泽东军事文选 | 毛泽东 | 外文 | 1968（再版2次重印） | 24323 | 46开/精 | 1.70 |
| 毛主席论人民战争 | 毛泽东 | 外文 | 1968（1973年停售） | 25510 | 100开/精 | 0.18 |
| 井冈山的斗争 | 毛泽东 | 外文 | 1968（再版1次重印） | 6558 | 56开 | 0.24 |

续表

| 书名 | 作者 | 出版社 | 出版/再版时间 | 印刷/发行册数 | 开本/装帧 | 定价（元） |
|---|---|---|---|---|---|---|
| 关于纠正党内错误思想 | 毛泽东 | 外文 | 1968 | | 64 开/精 | 0.19 |
| | | | | | 64 开/平 | 0.09 |
| 矛盾论 | 毛泽东 | 外文 | 1968（再版 1 次重印） | 8158 | 56 开 | 0.20 |
| 战争和战略问题 | 毛泽东 | 外文 | 1968 | | 64 开 | 0.11 |
| 《共产党人》发刊词 | 毛泽东 | 外文 | 1968（再版 1 次重印） | 8208 | 56 开 | 0.11 |
| 将革命进行到底 | 毛泽东 | 外文 | 1968（1967 年出版，总印数 6110 册，本次再版重印） | | 64 开 | 0.11 |
| 中国共产党中央委员会主席毛泽东同志支持美国黑人抗暴斗争的声明 | 毛泽东 | 外文 | 1968 | 10208 | 64 开 | 0.05 |
| 中国共产党第八届扩大的第十二次中央委员会全会公报 | | 外文 | 1968 | | 64 开 | 0.11 |
| 划时代的文献（纪念通知发布两周年） | | 外文 | 1968（1973 年停售） | 5058 | 64 开 | 0.09 |
| 收租院泥塑群像 | | 外文 | 1968 | 2100 | 12 开 | 1.70 |
| 中国共产党中央委员会主席毛泽东同志支持美国黑人抗暴斗争的声明（葡巴文） | 毛泽东 | 外文 | 1968 | 5308 | 64 开 | 0.05 |
| 中国的红色政权为什么能够存在（葡巴文） | 毛泽东 | 外文 | 1968（再版 1 次重印） | 3803 | 64 开 | 0.09 |
| 为人民服务、纪念白求恩、愚公移山（葡巴文） | 毛泽东 | 外文 | 1968（再版 1 次重印） | 6158 | 100 开 | 0.05 |
| 星星之火，可以燎原（葡巴文） | 毛泽东 | 外文 | 1968（再版 1 次重印） | 3808 | 64 开 | 0.10 |

## 1968 年世界语版书目（33 种）

| 书名 | 作者 | 出版社 | 出版/再版时间 | 印刷/发行册数 | 开本/装帧 | 定价（元） |
|---|---|---|---|---|---|---|
| 毛泽东关于文学艺术的五个文件 | 毛泽东 | 外文 | 1968 | 9008 | 56 开 | 0.06 |
| 毛主席论人民战争 | 毛泽东 | 外文 | 1968（1973 年停售） | 11010 | 100 开/精 | 0.18 |
| 关于纠正党内的错误思想 | 毛泽东 | 外文 | 1968 | 8758 | 56 开 | 0.09 |
| 论反对日本帝国主义的策略 | 毛泽东 | 外文 | 1968 | 8208 | 56 开 | 0.17 |
| 上海太原失陷以后抗日战争的形势和任务 | 毛泽东 | 外文 | 1968 | 8358 | 56 开 | 0.10 |
| 抗日游击战争的战略问题 | 毛泽东 | 外文 | 1968 | 8358 | 56 开 | 0.18 |
| 中国共产党在民族战争中的地位 | 毛泽东 | 外文 | 1968 | 8258 | 56 开 | 0.13 |
| 统一战线中的独立自主问题 | 毛泽东 | 外文 | 1968 | 8258 | 56 开 | 0.06 |
| 战争和战略问题 | 毛泽东 | 外文 | 1968 | 8258 | 56 开 | 0.11 |
| 青年运动的方向 | 毛泽东 | 外文 | 1968 | 8758 | 56 开 | 0.10 |
| 《共产党人》发刊词 | 毛泽东 | 外文 | 1968 | 8458 | 56 开 | 0.11 |
| 新民主主义的宪政 | 毛泽东 | 外文 | 1968 | 6358 | 56 开 | 0.08 |
| 目前抗日统一战线中的策略问题 | 毛泽东 | 外文 | 1968 | 6258 | 56 开 | 0.09 |
| 论政策 | 毛泽东 | 外文 | 1968 | 8258 | 56 开 | 0.08 |
| 《农村调查》的序言和跋 | 毛泽东 | 外文 | 1968 | 8258 | 56 开 | 0.06 |
| 改造我们的学习 | 毛泽东 | 外文 | 1968 | 6208 | 56 开 | 0.08 |
| 在陕甘宁边区会议上的演说 | 毛泽东 | 外文 | 1968 | 8258 | 56 开 | 0.06 |
| 反对党八股 | 毛泽东 | 外文 | 1968 | 8158 | 56 开 | 0.12 |
| 组织起来 | 毛泽东 | 外文 | 1968（再版重印 1 次） | 6258 | 56 开 | 0.08 |
| 学习和时局 | 毛泽东 | 外文 | 1968 | 8208 | 56 开 | 0.10 |

续表

| 书名 | 作者 | 出版社 | 出版/再版时间 | 印刷/发行册数 | 开本/装帧 | 定价（元） |
|---|---|---|---|---|---|---|
| 为人民服务、纪念白求恩、愚公移山 | 毛泽东 | 外文 | 1968 | 10508 | 56 开 | 0.09 |
| 必须学会做经济工作 | 毛泽东 | 外文 | 1968 | 8588 | 56 开 | 0.08 |
| 关于重庆谈判 | 毛泽东 | 外文 | 1968 | 8508 | 56 开 | 0.12 |
| 关于目前党的政策中的几个问题 | 毛泽东 | 外文 | 1968 | 8458 | 56 开 | 0.08 |
| 在晋绥干部会议上的讲话 | 毛泽东 | 外文 | 1968（再版重印 1 次） | 8658 | 56 开 | 0.10 |
| 论人民民主专政 | 毛泽东 | 外文 | 1968 | | 56 开 | 0.11 |
| 评白皮书 | 毛泽东 | 外文 | 1968（1962 年出版，再版重印 1 次，总印数 7918 册，本次重印） | | 56 开 | 0.18 |
| 关于农业合作化问题 | 毛泽东 | 外文 | 1968 | 3055 | 56 开 | 0.14 |
| 全世界人民团结起来，打败美国侵略者及其一切走狗（关于支持美国黑人、越南南方人民、巴拿马人民、日本人民、刚果（利）人民和多米尼加人民反对美帝国主义的正义斗争的声明和谈话） | 毛泽东 | 外文 | 1968 | 8508 | 56 开 | 0.10 |
| 中国共产党中央委员会主席毛泽东同志支持美国黑人抗暴斗争的声明 | 毛泽东 | 外文 | 1968 | | 64 开 | 0.05 |
| 中国共产党第八届扩大的第十二次中央委员会全会公报 | | 外文 | 1968（停售） | | 64 开 | 0.11 |
| 沿着十月社会主义革命开辟的道路前进（纪念伟大的十月社会主义革命五十周年） | | | 1968（1969 年停售） | 5508 | 56 开 | 0.07 |
| 收租院泥塑群像 | | 外文 | 1968 | 4000 | 12 开 | 1.70 |

## 1968 年日文版书目(52 种)

| 书名 | 作者 | 出版社 | 出版/再版时间 | 印刷/发行册数 | 开本/装帧 | 定价（元） |
|---|---|---|---|---|---|---|
| 毛泽东选集(第一卷) | 毛泽东 | 外文 | 1968(再版 3 次重印) | 124539 | 32 开 | 1.80 |
| 毛泽东选集(第二卷) | 毛泽东 | 外文 | 1968(再版 3 次重印) | 137537 | 32 开 | 1.80 |
| 毛泽东选集(第三卷) | 毛泽东 | 外文 | 1968(再版 3 次重印) | 119539 | 32 开 | 2.20 |
| 毛泽东选集(第四卷) | 毛泽东 | 外文 | 1968(再版 2 次重印) | 79820 | 32 开 | 2.20 |
| 毛泽东的四篇哲学论文 | 毛泽东 | 外文 | 1968(再版 1 次重印) | 77088 | 40 开 | 0.57 |
| 毛泽东的五篇著作 | 毛泽东 | 外文 | 1968(再版 2 次重印) | 160585 | 100 开/精 | 0.23 |
| 毛主席语录 | 毛泽东 | 外文 | 1968(1966 年出版，再版 6 次重印,总印数 787908 册，本次再版) | | 100 开/精 | 0.60 |
| 中国社会各阶级的分析 | 毛泽东 | 外文 | 1968(1966 年出版，再版 2 次重印,总印数 35008 册，本次再版) | | 56 开 | 0.14 |
| 中国的红色政权为什么能够存在、井冈山的斗争、关于纠正党内的错误思想、星星之火,可以燎原 | 毛泽东 | 外文 | 1968(再版 1 次重印) | 73608 | 40 开 | 0.37 |
| 关于纠正党内的错误思想 | 毛泽东 | 外文 | 1968(再版 1 次重印) | 114908 | 56 开 | 0.09 |

续表

| 书名 | 作者 | 出版社 | 出版/再版时间 | 印刷/发行册数 | 开本/装帧 | 定价（元） |
|---|---|---|---|---|---|---|
| 星星之火，可以燎原 | 毛泽东 | 外文 | 1968（再版1次重印） | 116908 | 56开 | 0.10 |
| 论反对日本帝国主义的策略 | 毛泽东 | 外文 | 1968（再版1次重印） | 79908 | 56开 | 0.17 |
| 中国革命战争的战略问题 | 毛泽东 | 外文 | 1968（再版1次重印） | 58008 | 56开 | 0.33 |
| 中国共产党在抗日时期的任务 | 毛泽东 | 外文 | 1968（再版1次重印） | 79908 | 56开 | 0.17 |
| 为争取千百万群众进入抗日民族统一战线而斗争 | 毛泽东 | 外文 | 1968（再版1次重印） | 46508 | 56开 | 0.09 |
| 实践论 | 毛泽东 | 外文 | 1968（再版1次重印） | 88908 | 56开 | 0.09 |
| 矛盾论 | 毛泽东 | 外文 | 1968（再版1次重印） | 8158 | 56开 | 0.20 |
| 论持久战 | 毛泽东 | 外文 | 1968（再版1次重印） | 58008 | 56开 | 0.43 |
| 抗日游击战争的战略问题 | 毛泽东 | 外文 | 1968（再版1次重印） | 78408 | 56开 | 0.18 |
| 中国共产党在民族战争中的地位 | 毛泽东 | 外文 | 1968（再版1次重印） | 56608 | 56开 | 0.13 |
| 统一战线中的独立自主问题 | 毛泽东 | 外文 | 1968（再版1次重印） | 47308 | 56开 | 0.06 |
| 战争和战略问题 | 毛泽东 | 外文 | 1968（再版1次重印） | 7809 | 56开 | 0.11 |
| 青年运动的方向 | 毛泽东 | 外文 | 1968（再版1次重印） | 58108 | 56开 | 0.10 |
| 《共产党人》发刊词 | 毛泽东 | 外文 | 1968（再版1次重印） | 55908 | 56开 | 0.11 |
| 中国革命和中国共产党 | 毛泽东 | 外文 | 1968（再版1次重印） | 78408 | 36开 | 0.20 |

续表

| 书名 | 作者 | 出版社 | 出版/再版时间 | 印刷/发行册数 | 开本/装帧 | 定价（元） |
|---|---|---|---|---|---|---|
| 新民主主义论 | 毛泽东 | 外文 | 1968（1966 年出版，再版 2 次重印，总印数 123870 册，本次再版） | | 56 开 | 0.24 |
| 新民主主义论、在延安文艺座谈会上的讲话、关于正确处理人民内部矛盾的问题、在中国共产党宣传工作会议上的讲话 | 毛泽东 | 外文 | 1968（再版 1 次重印） | 13608 | 36 开 | 0.70 |
| 新民主主义的宪政 | 毛泽东 | 外文 | 1968（再版 1 次重印） | 47308 | 56 开 | 0.08 |
| 目前抗日统一战线中的策略问题 | 毛泽东 | 外文 | 1968（再版 1 次重印） | 45808 | 56 开 | 0.09 |
| 论政策 | 毛泽东 | 外文 | 1968（再版 1 次重印） | 49008 | 56 开 | 0.08 |
| 《农村调查》的序言和跋 | 毛泽东 | 外文 | 1968（再版 1 次重印） | 47108 | 56 开 | 0.06 |
| 改造我们的学习 | 毛泽东 | 外文 | 1968（再版 1 次重印） | 61558 | 56 开 | 0.08 |
| 整顿党的作风 | 毛泽东 | 外文 | 1968（再版 1 次重印） | 59058 | 56 开 | 0.11 |
| 反对党八股 | 毛泽东 | 外文 | 1968（再版 1 次重印） | 36358 | 56 开 | 0.12 |
| 在延安文艺座谈会上的讲话 | 毛泽东 | 外文 | 1968（1966 年出版，再版 2 次重印，总印数 135720 册，本次再版） | | 56 开 | 0.14 |
| 第二次世界大战的转折点 | 毛泽东 | 外文 | 1968（再版 1 次重印） | 46608 | 56 开 | 0.06 |

续表

| 书名 | 作者 | 出版社 | 出版/再版时间 | 印刷/发行册数 | 开本/装帧 | 定价（元） |
|---|---|---|---|---|---|---|
| 关于领导方法的若干问题 | 毛泽东 | 外文 | 1968（再版1次重印） | 44308 | 56开 | 0.07 |
| 组织起来 | 毛泽东 | 外文 | 1968（再版1次重印） | 45638 | 56开 | 0.08 |
| 学习和时局 | 毛泽东 | 外文 | 1968（再版1次重印） | 54058 | 36开 | 0.10 |
| 论联合政府 | 毛泽东 | 外文 | 1968（再版1次重印） | 45208 | 36开 | 0.31 |
| 关于正确处理人民内部的矛盾 | 毛泽东 | 外文 | 1968（再版2次重印） | 113208 | 56开 | 0.21 |
| 中国共产党中央委员会主席毛泽东同志支持美国黑人抗暴斗争的声明 | 毛泽东 | 外文 | 1968 | 93508 | 64开 | 0.05 |
| 中国共产党第八届扩大的第十二次中央委员会全会公报 |  | 外文 | 1968 |  | 64开 | 0.11 |
| 工人阶级必须领导一切 | 姚文元 | 外文 | 1968（1973年停售） | 45358 | 40开 | 0.14 |
| 无产阶级专政下的文化大革命胜利万岁——庆祝建国18周年 |  | 外文 | 1968 | 60508 | 40开 | 0.31 |
| 中国农村两条道路的斗争 | 两报一刊编辑部 | 外文 | 1968（1973年停售） | 60408 | 40开 | 0.21 |
| 划时代的文献（纪念通知发布两周年） |  | 外文 | 1968（1973年停售） | 25408 | 64开 | 0.09 |
| 评陶铸的两本书 | 姚文元 | 外文 | 1968（1976年停售） | 60408 | 40开 | 0.23 |
| 各国革命人民胜利的航向 |  | 外文 | 1968 | 31358 | 64开 | 0.10 |
| 苏联现代修正主义的全面破产 |  | 外文 | 1968 |  | 36开 | 0.27 |
| 收租院泥塑群像 |  | 外文 | 1968 | 15400 | 12开 | 1.70 |
| 毛主席去安源（画片） |  | 外文 | 1968 | 96850 |  |  |

### 1968 年越南文版书目（81 种）

| 书名 | 作者 | 出版社 | 出版/再版时间 | 印刷/发行册数 | 开本/装帧 | 定价（元） |
|---|---|---|---|---|---|---|
| 毛泽东选集（第二卷） | 毛泽东 | 外文 | 1968（再版 2 次重印） | 61520 | 32 开 | |
| 毛泽东选集（第三卷） | 毛泽东 | 外文 | 1968（再版 2 次重印） | 60718 | 32 开 | 1.80 |
| 毛泽东选集（第三卷） | 毛泽东 | 外文 | 1968（再版 2 次重印） | 120610 | 32 开 | 2.20 |
| 毛主席的五篇著作 | 毛泽东 | 外文 | 1968（再版 1 次重印） | 310708 | 100 开/精 | 0.23 |
| 毛主席关于文学艺术的五个文件 | 毛泽东 | 外文 | 1968（再版 1 次重印） | 268108 | 56 开 | 0.06 |
| 毛主席论人民战争 | 毛泽东 | 外义 | 1968（再版 1 次重印，1973 年停售） | 315410 | 100 开/精 | 0.18 |
| 中国社会各阶级的分析 | 毛泽东 | 外文 | 1968（再版 1 次重印） | 277008 | 56 开 | 0.08 |
| 湖南农民运动考察报告 | 毛泽东 | 外文 | 1968 | | 36 开 | 0.18 |
| 中国的红色政权为什么能够存在？ | 毛泽东 | 外文 | 1968（再版 1 次重印） | 85508 | 56 开 | 0.09 |
| 井冈山的斗争 | 毛泽东 | 外文 | 1968（再版 1 次重印） | 259708 | 56 开 | 0.24 |
| 关于纠正党内的错误思想 | 毛泽东 | 外文 | 1968（1956 年出版，再版 2 次重印,总印数 163258 册，本次再版） | | 56 开 | 0.09 |
| 星星之火,可以燎原 | 毛泽东 | 外文 | 1968（再版 1 次重印） | 287008 | 56 开 | 0.10 |

续表

| 书名 | 作者 | 出版社 | 出版/再版时间 | 印刷/发行册数 | 开本/装帧 | 定价（元） |
|---|---|---|---|---|---|---|
| 关心群众生活,注意工作方法 | 毛泽东 | 外文 | 1968（1956 年出版,再版 2 次重印,总印数 112060 册,本次再版） | | 56 开 | 0.07 |
| 论反对日本帝国主义的策略 | 毛泽东 | 外文 | 1968（再版 1 次重印） | 261008 | 56 开 | 0.17 |
| 中国革命战争的战略问题 | 毛泽东 | 外文 | 1968（再版 1 次重印） | 271008 | 56 开 | 0.33 |
| 实践论 | 毛泽东 | 外文 | 1968（再版 1 次重印） | 284580 | 56 开 | 0.09 |
| 反对日本进攻的方针、办法和前途 | 毛泽东 | 外文 | 1968 | | 64 开 | 0.08 |
| 矛盾论 | 毛泽东 | 外文 | 1968（再版 1 次重印） | 280308 | 56 开 | 0.20 |
| 为动员一切力量争取抗战胜利而斗争 | 毛泽东 | 外文 | 1968（再版 1 次重印） | 262158 | 64 开 | 0.08 |
| 反对自由主义 | 毛泽东 | 外文 | 1968（再版 1 次重印） | 285008 | 64 开 | 0.06 |
| 国共合作成立后的迫切任务 | 毛泽东 | 外文 | 1968（再版 1 次重印） | 239008 | 64 开 | 0.08 |
| 和英国记者贝特兰的谈话 | 毛泽东 | 外文 | 1968（再版 1 次重印） | 239808 | 64 开 | 0.09 |
| 上海太原失陷后抗日战争的形势与任务 | 毛泽东 | 外文 | 1968（再版 1 次重印） | 261008 | 64 开 | 0.10 |
| 抗日游击战争的战略问题 | 毛泽东 | 外文 | 1968（再版 1 次重印） | 262808 | 64 开 | 0.18 |
| 论持久战 | 毛泽东 | 外文 | 1968（再版 1 次重印） | 269058 | 64 开 | 0.43 |
| 中国共产党在民族战争中的地位 | 毛泽东 | 外文 | 1968（再版 1 次重印） | 245508 | 64 开 | 0.13 |

续表

| 书名 | 作者 | 出版社 | 出版/再版时间 | 印刷/发行册数 | 开本/装帧 | 定价（元） |
|---|---|---|---|---|---|---|
| 战争和战略问题 | 毛泽东 | 外文 | 1968（再版1次重印） | 268808 | 64开 | 0.11 |
| 青年运动的方向 | 毛泽东 | 外文 | 1968（再版1次重印） | 217008 | 64开 | 0.10 |
| 被敌人反对是好事而不是坏事 | 毛泽东 | 外文 | 1968（再版1次重印） | 260908 | 64开 | 0.05 |
| 《共产党人》发刊词 | 毛泽东 | 外文 | 1968（再版1次重印） | 265258 | 64开 | 0.11 |
| 大量吸收知识分子 | 毛泽东 | 外文 | 1968（再版1次重印） | 259708 | 64开 | 0.05 |
| 中国革命和中国共产党 | 毛泽东 | 外文 | 1968（再版1次重印） | 296408 | 64开 | 0.20 |
| 新民主主义论 | 毛泽东 | 外文 | 1968（再版1次重印） | 266708 | 64开 | 0.24 |
| 新民主主义的宪政 | 毛泽东 | 外文 | 1968（再版1次重印） | 267308 | 64开 | 0.08 |
| 抗日根据地的政权问题 | 毛泽东 | 外文 | 1968（再版1次重印） | 263458 | 64开 | 0.05 |
| 目前抗日统一战线中的策略问题 | 毛泽东 | 外文 | 1968（再版1次重印） | 258758 | 64开 | 0.09 |
| 放手发展抗日力量，抵抗反共顽固派的进攻 | 毛泽东 | 外文 | 1968（再版1次重印） | 238108 | 64开 | 0.07 |
| 改造我们的学习 | 毛泽东 | 外文 | 1968（再版1次重印） | 251408 | 64开 | 0.08 |
| 关于打退第二次反共高潮的总结 | 毛泽东 | 外文 | 1968 | | 64开 | 0.08 |
| 在陕甘宁边区参议会上的演说 | 毛泽东 | 外文 | 1968（再版1次重印） | 259708 | 64开 | 0.06 |
| 反对党八股 | 毛泽东 | 外文 | 1968（再版1次重印） | 248908 | 64开 | 0.12 |

续表

| 书名 | 作者 | 出版社 | 出版/再版时间 | 印刷/发行册数 | 开本/装帧 | 定价（元） |
|---|---|---|---|---|---|---|
| 在延安文艺座谈会上的讲话 | 毛泽东 | 外文 | 1968（再版1次重印） | 225708 | 64 开 | 0.14 |
| 一个极其重要的政策 | 毛泽东 | 外文 | 1968（再版1次重印） | 220508 | 64 开 | 0.05 |
| 第二次世界大战的转折点 | 毛泽东 | 外文 | 1968（再版1次重印） | 170508 | 64 开 | 0.06 |
| 组织起来 | 毛泽东 | 外文 | 1968（再版1次重印） | 267908 | 64 开 | 0.08 |
| 学习和时局 | 毛泽东 | 外文 | 1968（再版1次重印） | 214708 | 64 开 | 0.10 |
| 文化工作中的统一战线 | 毛泽东 | 外文 | 1968（再版1次重印） | 236508 | 64 开 | 0.05 |
| 必须学会做经济工作 | 毛泽东 | 外文 | 1968（再版1次重印） | 250408 | 64 开 | 0.08 |
| 论联合政府 | 毛泽东 | 外文 | 1968 | 115208 | 64 开 | 0.31 |
| 论军队生产自给，兼论整风和生产两大运动的重要性 | 毛泽东 | 外文 | 1968 | 107558 | 64 开 | 0.06 |
| 抗日战争胜利后的时局和我们的方针 | 毛泽东 | 外文 | 1968 | 223758 | 64 开 | 0.11 |
| 和美国记者安娜·路易斯·斯特朗的谈话 | 毛泽东 | 外文 | 1968（再版1次重印） | 117758 | 64 开 | 0.07 |
| 目前形势和我们的任务 | 毛泽东 | 外文 | 1968 | 116558 | 64 开 | 0.14 |
| 关于目前党的政策中的几个重要问题 | 毛泽东 | 外文 | 1968 | 115558 | 64 开 | 0.08 |
| 关于工商业政策 | 毛泽东 | 外文 | 1968 | 237308 | 64 开 | 0.05 |
| 在晋绥干部会议上的讲话 | 毛泽东 | 外文 | 1968 | 220008 | 64 开 | 0.10 |
| 对晋绥日报编辑人员的谈话 | 毛泽东 | 外文 | 1968 | 237508 | 64 开 | 0.05 |
| 关于健全党委制 | 毛泽东 | 外文 | 1968 | 115558 | 64 开 | 0.08 |

续表

| 书名 | 作者 | 出版社 | 出版/再版时间 | 印刷/发行册数 | 开本/装帧 | 定价（元） |
|---|---|---|---|---|---|---|
| 反对帝国主义的侵略 | 毛泽东 | 外文 | 1968 | | 64 开 | 0.05 |
| 将革命进行到底 | 毛泽东 | 外文 | 1968 | 227760 | 64 开 | 0.11 |
| 论人民民主专政 | 毛泽东 | 外文 | 1968 | 190720 | 64 开 | 0.11 |
| 评白皮书 | 毛泽东 | 外文 | 1968 | 110508 | 64 开 | 0.18 |
| 关于正确处理人民内部矛盾的问题 | 毛泽东 | 外文 | 1968 | 125908 | 64 开 | 0.21 |
| 人的正确思想是从哪里来的? | 毛泽东 | 外文 | 1968（再版1次重印） | 247408 | 64 开 | 0.05 |
| 中国共产党中央委员会主席毛泽东同志支持美国黑人抗暴斗争的声明 | 毛泽东 | 外文 | 1968 | 285508 | 64 开 | 0.05 |
| 中国共产党第八届扩大的第十二次中央委员会全会公报 | | 外文 | 1968 | | 64 开 | 0.11 |
| 划时代的文献（纪念通知发布两周年） | | 外文 | 1968（1973年停售） | 240048 | 64 开 | 0.09 |
| 通知（中国共产党中央委员会 1966 年 5 月 16 日）·伟大的历史文件 | | 外文 | 1968（1973年停售） | 238508 | 56 开 | 0.12 |
| 工人阶级必须领导一切 | 姚文元 | 外文 | 1968（1973年停售） | 215408 | 40 开 | 0.14 |
| 无产阶级专政下的文化大革命胜利万岁——庆祝建国 18 周年 | | 外文 | 1968 | 240508 | 32 开 | 0.31 |
| 中国农村两条道路的斗争 | 两报一刊编辑部 | 外文 | 1968（1973年停售） | 240048 | 64 开 | 0.14 |
| 迎接无产阶级文化大革命的全面胜利 | | 外文 | 1968（1973年停售） | 240508 | 64 开 | 0.09 |
| 评反革命两面派周扬 | 姚文元 | 外文 | 1968（1976年停售） | 240508 | 64 开 | 0.27 |

续表

| 书名 | 作者 | 出版社 | 出版/再版时间 | 印刷/发行册数 | 开本/装帧 | 定价（元） |
|---|---|---|---|---|---|---|
| 评陶铸的两本书 | 姚文元 | 外文 | 1968（1976年停售） | 225408 | 40 开 | 0.23 |
| 林彪同志委托江青同志召开的部队文艺工作者座谈会纪要 | | 外文 | 1968（1973年停售） | 81858 | 32 开 | 0.29 |
| 各国革命人民胜利的航向 | | 外文 | 1968 | | 64 开 | 0.10 |
| 苏修怎样在国内全面复辟资本主义 | | 外文 | 1968 | | 32 开 | 0.38 |
| 苏联现代修正主义的总破产 | | 外文 | 1968 | 215408 | 64 开 | 0.19 |
| 人民战争胜利万岁（纪念中国人民抗日战争胜利二十周年） | | 外文 | 1968（1965年出版，再版2次重印，总印数380320册，1972年停售。本次再版） | | 56 开 | 0.29 |
| 谈京剧革命 | 江青 | 外文 | 1968（1973年停售） | 70458 | 32 开 | 0.47 |
| 收租院泥塑群像 | | 外文 | 1968（1978年停售） | 13200 | 12 开 | 1.70 |

## 1968 年泰国文版书目（35 种）

| 书名 | 作者 | 出版社 | 出版/再版时间 | 印刷/发行册数 | 开本/装帧 | 定价（元） |
|---|---|---|---|---|---|---|
| 毛泽东选集（第一卷，上、下） | 毛泽东 | 外文 | 1968（再版重印1次） | 25310 | 46 开 | 0.75 |
| 毛泽东选集（第二卷，上、下） | 毛泽东 | 外文 | 1968（再版重印1次） | 25310 | 46 开 | 0.70 |

续表

| 书名 | 作者 | 出版社 | 出版/再版时间 | 印刷/发行册数 | 开本/装帧 | 定价（元） |
|---|---|---|---|---|---|---|
| 毛泽东选集（第三卷，上、下） | 毛泽东 | 外文 | 1968（再版重印1次） | 25310 | 50开 | 1.00 |
| 毛泽东选集（第四卷，上、下） | 毛泽东 | 外文 | 1968（再版重印1次） | 25310 | 50开 | 1.00 |
| 毛主席论人民战争 | 毛泽东 | 外文 | 1968 | 67608 | 100开/精 | 0.18 |
| 毛主席的五篇著作 | 毛泽东 | 外文 | 1968（再版重印1次） | 46110 | 100开 | 0.23 |
| 毛主席军事文选 | 毛泽东 | 外文 | 1968（再版重印2次） | 14115 | | |
| 中国社会各阶级的分析 | 毛泽东 | 外文 | 1968 | | 64开 | 0.08 |
| 关于蒋介石的声明 | 毛泽东 | 外文 | 1968 | | 64开 | 0.08 |
| 实践论 | 毛泽东 | 外文 | 1968（再版重印1次） | 31908 | 64开 | 0.09 |
| 矛盾论 | 毛泽东 | 外义 | 1968（再版重印1次） | 18908 | 64开 | 0.20 |
| 反对日本进攻的方针、办法和前途 | 毛泽东 | 外文 | 1968（再版重印1次） | 15408 | 64开 | 0.08 |
| 统一战线中的独立自主问题 | 毛泽东 | 外文 | 1968（1956年出版，再版4次重印，总印数46218册，本次再版） | | 64开 | 0.08 |
| 《共产党人》发刊词 | 毛泽东 | 外文 | 1968（1966年出版，再版2次重印，总印数40720册，本次再版） | | 64开 | 0.11 |
| 新民主主义的宪政 | 毛泽东 | 外文 | 1968（再版重印1次） | 33308 | 64开 | 0.08 |

| 书名 | 作者 | 出版社 | 出版/再版时间 | 印刷/发行册数 | 开本/装帧 | 定价（元） |
|---|---|---|---|---|---|---|
| 抗日根据地的政权问题 | 毛泽东 | 外文 | 1968（再版重印 1 次） | 29608 | 64 开 | 0.05 |
| 目前抗日统一战线中的策略问题 | 毛泽东 | 外文 | 1968（再版重印 1 次） | 28810 | 64 开 | 0.09 |
| 放手发展抗日力量，抵抗反共顽固派的进攻 | 毛泽东 | 外文 | 1968（再版重印 1 次） | 27708 | 64 开 | 0.07 |
| 新民主主义论 | 毛泽东 | 外文 | 1968（再版重印 1 次） | 33808 | 64 开 | 0.34 |
| 论政策 | 毛泽东 | 外文 | 1968（再版重印 1 次） | 33610 | 64 开 | 0.08 |
| 改造我们的学习 | 毛泽东 | 外文 | 1968（1966 年出版，总印数 36820 册，本次再版） | | 64 开 | 0.08 |
| 整顿党的作风 | 毛泽东 | 外文 | 1968（再版重印 1 次） | 46220 | 64 开 | 0.11 |
| 反对党八股 | 毛泽东 | 外文 | 1968（1966 年出版，再版重印 1 次，总印数 55788 册，本次再版） | | 64 开 | 0.12 |
| 关于领导方法的若干问题 | 毛泽东 | 外文 | 1968（再版重印 1 次） | 32408 | 64 开 | 0.07 |
| 开展根据地的减租、生产和拥政爱民运动 | 毛泽东 | 外文 | 1968（再版重印 1 次） | 33908 | 64 开 | 0.06 |
| 文化工作中的统一战线 | 毛泽东 | 外文 | 1968（再版重印 1 次） | 34008 | 64 开 | 0.05 |
| 游击区也能够进行生产 | 毛泽东 | 外文 | 1968（再版重印 1 次） | 34108 | 64 开 | 0.08 |
| 论联合政府 | 毛泽东 | 外文 | 1968（再版重印 1 次） | 33808 | 64 开 | 0.47 |

续表

| 书名 | 作者 | 出版社 | 出版/再版时间 | 印刷/发行册数 | 开本/装帧 | 定价（元） |
|---|---|---|---|---|---|---|
| 减租和生产是保卫解放区的两件大事 | 毛泽东 | 外文 | 1968（再版重印1次） | 33868 | 64开 | 0.05 |
| 建立巩固的东北根据地 | 毛泽东 | 外文 | 1968（再版重印1次） | 34308 | 64开 | 0.06 |
| 关于健全党委制 | 毛泽东 | 外文 | 1968 | 32708 | 64开 | 0.08 |
| 论人民民主专政 | 毛泽东 | 外文 | 1968 | 27710 | 64开 | 0.11 |
| 中国共产党中央委员会主席毛泽东同志支持美国黑人抗暴斗争的声明 | 毛泽东 | 外文 | 1968 | 29158 | 64开 | 0.05 |
| 中国共产党第八届扩大的第十二次中央委员会全会公报 | | 外文 | 1968 | | 64开 | 0.11 |
| 人民战争胜利万岁（纪念中国人民抗日战争胜利二十周年） | 林彪 | 外文 | 1968（1966年出版，再版2次重印，2412册，1973年停售。本次再版） | | 36开 | 0.29 |

## 1968年乌尔都文版书目(38种)

| 书名 | 作者 | 出版社 | 出版/再版时间 | 印刷/发行册数 | 开本/装帧 | 定价（元） |
|---|---|---|---|---|---|---|
| 毛主席论人民战争 | 毛泽东 | 外文 | 1968（1973年停售） | 50310 | 100开/精 | 0.18 |
| 湖南农民运动考察报告 | 毛泽东 | 外文 | 1968（再版重印1次） | 31208 | 56开 | 0.18 |
| 反对本本主义 | 毛泽东 | 外文 | 1968（再版重印1次） | 30808 | 64开 | 0.08 |
| 中国革命战争的战略问题 | 毛泽东 | 外文 | 1968（再版重印1次） | 17908 | 64开 | 0.54 |

续表

| 书名 | 作者 | 出版社 | 出版/再版时间 | 印刷/发行册数 | 开本/装帧 | 定价（元） |
|---|---|---|---|---|---|---|
| 关于蒋介石声明的声明 | 毛泽东 | 外文 | 1968（再版重印 1 次） | 26158 | 56 开 | 0.08 |
| 中国共产党在抗日时期的任务 | 毛泽东 | 外文 | 1968（再版重印 1 次） | 41008 | 64 开 | 0.17 |
| 实践论 | 毛泽东 | 外文 | 1968（再版重印 1 次） | 38808 | 56 开 | 0.09 |
| 反对日本进攻的方针、办法和前途 | 毛泽东 | 外文 | 1968（再版重印 1 次） | 30980 | 56 开 | 0.08 |
| 为动员一切力量争取抗战胜利而斗争 | 毛泽东 | 外文 | 1968（再版重印 1 次） | 31158 | 56 开 | 0.08 |
| 上海太原失陷以后抗日战争的形势与任务 | 毛泽东 | 外文 | 1968（再版重印 1 次） | 30985 | 64 开 | 0.10 |
| 青年运动的方向 | 毛泽东 | 外文 | 1968（1960 年出版，再版 2 次重印，总印数 37428 册，本次再版重印） | | 56 开 | 0.10 |
| 中国革命和中国共产党 | 毛泽东 | 外文 | 1968（再版重印 1 次） | 31058 | 56 开 | 0.20 |
| 目前抗日统一战线中的策略问题 | 毛泽东 | 外文 | 1968（再版重印 1 次） | 36108 | 64 开 | 0.09 |
| 论政策 | 毛泽东 | 外文 | 1968（再版重印 1 次） | 49113 | 56 开 | 0.08 |
| 改造我们的学习 | 毛泽东 | 外文 | 1968（再版重印 1 次） | 38558 | 64 开 | 0.08 |
| 《农村调查》的序言和跋 | 毛泽东 | 外文 | 1968（再版重印 1 次） | 30958 | 56 开 | 0.06 |
| 在陕甘宁边区参议会上的演说 | 毛泽东 | 外文 | 1968（再版重印 1 次） | 31058 | 64 开 | 0.06 |
| 在延安文艺座谈会的讲话 | 毛泽东 | 外文 | 1968（再版重印 1 次） | 31158 | 56 开 | 0.14 |

续表

| 书名 | 作者 | 出版社 | 出版/再版时间 | 印刷/发行册数 | 开本/装帧 | 定价（元） |
|---|---|---|---|---|---|---|
| 关于领导方法的若干问题 | 毛泽东 | 外文 | 1968（再版重印1次） | 38408 | 64开 | 0.07 |
| 组织起来 | 毛泽东 | 外文 | 1968（再版重印1次） | 38808 | 64开 | 0.08 |
| 必须学会做经济工作 | 毛泽东 | 外文 | 1968（再版重印1次） | 30158 | 64开 | 0.08 |
| 抗日战争胜利后的时局和我们的方针 | 毛泽东 | 外文 | 1968（再版重印1次） | 30908 | 64开 | 0.11 |
| 和美国记者安娜·路易斯·斯特朗的谈话 | 毛泽东 | 外文 | 1968（1965年出版，再版重印3次，总印数31818册，本次重印） | | 56开 | 0.07 |
| 关于目前党的政策中的几个重要问题 | 毛泽东 | 外文 | 1968 | 31258 | 56开 | 0.08 |
| 关于健全党委制 | 毛泽东 | 外文 | 1968 | 31208 | 56开 | 0.08 |
| 将革命进行到底 | 毛泽东 | 外文 | 1968（当年停售） | 48413 | 56开 | 0.11 |
| 在中国共产党第七届中央委员会第二次全体会议上的报告 | 毛泽东 | 外文 | 1968（再版重印2次，1973年停售） | 38263 | 56开 | 0.11 |
| 论人民民主专政 | 毛泽东 | 外文 | 1968 | 31208 | 56开 | 0.11 |
| 关于农业合作化问题 | 毛泽东 | 外文 | 1968 | 21258 | 56开 | 0.14 |
| 关于正确处理人民内部矛盾的问题 | 毛泽东 | 外文 | 1968 | 31258 | 64开 | 0.21 |
| 在中国共产党全国宣传工作会议上讲话 | 毛泽东 | 外文 | 1968 | 31358 | 56开 | 0.12 |
| 中国共产党中央委员会主席毛泽东同志支持美国黑人抗暴斗争的声明 | 毛泽东 | 外文 | 1968（再版2次重印） | 31158 | 64开 | 0.05 |

续表

| 书名 | 作者 | 出版社 | 出版/再版时间 | 印刷/发行册数 | 开本/装帧 | 定价（元） |
|---|---|---|---|---|---|---|
| 中国共产党第八届扩大的第十二次中央委员会全会公报 | | 外文 | 1968 | | 64 开 | 0.11 |
| 通知（中国共产党中央委员会 1966 年 5 月 16 日）·伟大的历史文件 | | 外文 | 1968（1973 年停售） | 20208 | 32 开 | 0.30 |
| 工人阶级必须领导一切 | 姚文元 | 外文 | 1968（1973 年停售） | 10108 | 64 开 | 0.09 |
| 苏联现代修正主义的总破产 | | 外文 | 1968 | | 64 开 | 0.09 |
| 人民战争胜利万岁（纪念中国人民抗日战争胜利二十周年） | 林彪 | 外文 | 1968（1966 年出版，再版 2 次重印，1973 年停售。本次再版） | | 56 开 | 0.29 |
| 越南人民必胜，美国侵略者必败（摄影集，第五集） | | 外文 | 1968（1973 年停售） | 6160 | 12 开 | 0.80 |

## 1968 年印尼文版书目（47 种）

| 书名 | 作者 | 出版社 | 出版/再版时间 | 印刷/发行册数 | 开本/装帧 | 定价（元） |
|---|---|---|---|---|---|---|
| 毛泽东选集（第二卷） | 毛泽东 | 外文 | 1968（再版重印 1 次） | 40210 | 23 开 | |
| 毛泽东选集（第三卷） | 毛泽东 | 外文 | 1968（再版重印 1 次） | 40210 | 23 开 | |
| 毛泽东选集（第四卷） | 毛泽东 | 外文 | 1968（再版重印 2 次） | 49708 | 23 开 | 2.20 |
| 毛泽东军事文选 | 毛泽东 | 外文 | 1968（再版重印 1 次，1973 年停售） | 13310 | 50 开/精 | 1.70 |

续表

| 书名 | 作者 | 出版社 | 出版/再版时间 | 印刷/发行册数 | 开本/装帧 | 定价（元） |
|---|---|---|---|---|---|---|
| 毛主席论人民战争 | 毛泽东 | 外文 | 1968（再版重印1次） | 30510 | 100开/精 | 0.18 |
| 中国社会各阶级的分析 | 毛泽东 | 外文 | 1968（1960年出版，再版2次重印，总印数13688册，本次再版） |  | 56开 | 0.08 |
| 湖南农民运动考察报告 | 毛泽东 | 外文 | 1968（1961年出版，再版2次重印，总印数15188册，本次再版） |  | 64开 | 0.18 |
| 中国的红色政权为什么能够存在? | 毛泽东 | 外文 | 1968（1953年出版，再版2次重印，总印数17158册，本次再版） |  | 56开 | 0.09 |
| 关于纠正党内的错误思想 | 毛泽东 | 外文 | 1968（1953年出版，再版2次重印，总印数18058册，本次再版） |  | 56开 | 0.09 |
| 星星之火,可以燎原 | 毛泽东 | 外文 | 1968（1960年出版，再版2次重印，总印数13278册，本次再版） |  | 56开 | 0.10 |
| 怎样分析农村阶级 | 毛泽东 | 外文 | 1968（再版重印1次） | 7858 | 64开 | 0.06 |

续表

| 书名 | 作者 | 出版社 | 出版/再版时间 | 印刷/发行册数 | 开本/装帧 | 定价（元） |
|---|---|---|---|---|---|---|
| 关心群众生活，注意工作方法 | 毛泽东 | 外文 | 1968(1953 年出版，再版 2 次重印，总印数 19958 册，本次再版) | | 56 开 | 0.07 |
| 论反对日本帝国主义的策略 | 毛泽东 | 外文 | 1968(1958 年出版，再版 2 次重印，总印数 17878 册，本次再版) | | 64 开 | 0.17 |
| 中国革命战争的战略问题 | 毛泽东 | 外文 | 1968(再版重印 1 次) | 14358 | 64 开 | 0.44 |
| 中国共产党在抗日时期的任务 | 毛泽东 | 外文 | 1968(1957 年出版，再版 1 次重印，总印数 6900 册，本次再版) | | 56 开 | 0.17 |
| 反对日本进攻的方针、办法和前途 | 毛泽东 | 外文 | 1968(1957 年出版，再版 2 次重印，总印数 16748 册，本次再版重印) | | 64 开 | 0.08 |
| 为动员一切力量争取抗战胜利而斗争 | 毛泽东 | 外文 | 1968(再版重印 1 次) | 14858 | 64 开 | 0.08 |
| 反对自由主义 | 毛泽东 | 外文 | 1968(1954 年出版，再版 2 次重印，总印数 19068 册，本次再版) | | 64 开 | 0.06 |
| 抗日游击战争的战略问题 | 毛泽东 | 外文 | 1968(1962 年出版，再版 1 次重印，总印数 11280 册，本次再版) | | 64 开 | 0.18 |

续表

| 书名 | 作者 | 出版社 | 出版/再版时间 | 印刷/发行册数 | 开本/装帧 | 定价（元） |
|---|---|---|---|---|---|---|
| 论持久战 | 毛泽东 | 外文 | 1968（1963年出版，再版1次重印，总印数13768册，本次再版） | | 64开 | 0.43 |
| 中国共产党在民族战争中的地位 | 毛泽东 | 外文 | 1968（1954年出版，再版2次重印，总印数14198册，本次再版重印） | | 64开 | 0.13 |
| 统一战线中的独立自主问题 | 毛泽东 | 外文 | 1968（1954年出版，再版2次重印，总印数18258册，本次再版重印） | | 64开 | 0.06 |
| 战争和战略问题 | 毛泽东 | 外文 | 1968（1955年出版，再版2次重印，总印数13968册，本次再版重印） | | 64开 | 0.11 |
| 青年运动的方向 | 毛泽东 | 外文 | 1968（1960年出版，再版1次重印，总印数5770册，本次再版） | | 64开 | 0.10 |
| 《共产党人》发刊词 | 毛泽东 | 外文 | 1968（1953年出版，再版3次重印，总印数16158册，本次再版重印） | | 64开 | 0.11 |

续表

| 书名 | 作者 | 出版社 | 出版/再版时间 | 印刷/发行册数 | 开本/装帧 | 定价（元） |
|---|---|---|---|---|---|---|
| 中国革命和中国共产党 | 毛泽东 | 外文 | 1968(1958 年出版,再版 2 次重印,总印数 43113 册,本次再版重印) | | 64 开 | 0.20 |
| 新民主主义的宪政 | 毛泽东 | 外文 | 1968 | | 64 开 | 0.08 |
| 抗日根据地的政权问题 | 毛泽东 | 外文 | 1968(再版重印 1 次) | 7858 | 64 开 | 0.05 |
| 目前抗日统一战线中的策略问题 | 毛泽东 | 外文 | 1968(1954 年出版,再版 2 次重印,总印数 13858 册,本次再版重印) | | 64 开 | 0.09 |
| 《农村调查》的序言和跋 | 毛泽东 | 外文 | 1968(1957 年出版,再版 2 次重印,总印数 13518 册,本次再版重印) | | 64 开 | 0.06 |
| 改造我们的学习 | 毛泽东 | 外文 | 1968(1955 年出版,再版 2 次重印,总印数 14089 册,本次再版重印) | | 64 开 | 0.08 |
| 关于领导方法的若干问题的若干问题 | 毛泽东 | 外文 | 1968(1956 年出版,再版 2 次重印,总印数 15008 册,本次再版重印) | | 64 开 | 0.07 |
| 游击区也能够进行生产 | 毛泽东 | 外文 | 1968(再版重印 1 次) | 7758 | 64 开 | 0.08 |

续表

| 书名 | 作者 | 出版社 | 出版/再版时间 | 印刷/发行册数 | 开本/装帧 | 定价（元） |
|---|---|---|---|---|---|---|
| 论军队生产自给，兼论整风和生产两大运动的重要性 | 毛泽东 | 外文 | 1968（再版重印1次） | 7658 | 64开 | 0.06 |
| 抗日战争胜利后的时局和我们的方针 | 毛泽东 | 外文 | 1968（1961年出版，再版2次重印，总印数12028册，本次再版） |  | 64开 | 0.11 |
| 减租和生产是保卫解放区的两件大事 | 毛泽东 | 外文 | 1968（再版重印1次） | 7658 | 64开 | 0.05 |
| 建立巩固的东北根据地 | 毛泽东 | 外义 | 1968（再版1次重印） | 7708 | 64开 | 0.06 |
| 和美国记者安娜·路易斯·斯特朗的谈话 | 毛泽东 | 外文 | 1968（1961年出版，再版2次重印，总印数10778册，本次再版） |  | 64开 | 0.07 |
| 集中优势兵力，各个歼灭敌人 | 毛泽东 | 外文 | 1968（再版重印1次） | 7858 | 64开 | 0.06 |
| 中国人民解放军总部关于重行颁布三大纪律八项注意的训令 | 毛泽东 | 外文 | 1968（再版重印1次） | 6758 | 64开 | 0.05 |
| 目前形势和我们的任务 | 毛泽东 | 外文 | 1968（1961年出版，再版2次重印，总印数9228册，本次再版重印） |  | 64开 | 0.14 |
| 在中国共产党第七届中央委员会第二次全体会议上的报告 | 毛泽东 | 外文 | 1968（1961年出版，再版2次重印，总印数5016册，本次再版重印） |  | 64开 | 0.11 |

续表

| 书名 | 作者 | 出版社 | 出版/再版时间 | 印刷/发行册数 | 开本/装帧 | 定价（元） |
|------|------|--------|---------------|---------------|-----------|-----------|
| 中国共产党中央委员会主席毛泽东同志支持美国黑人抗暴斗争的声明 | 毛泽东 | 外文 | 1968 | | 64 开 | 0.05 |
| 中国共产党第八届扩大的第十二次中央委员会全会公报 | | 外文 | 1968 | | 64 开 | 0.11 |
| 吸收无产阶级的新鲜血液 | | 外文 | 1968（1973年停售） | 4058 | 64 开 | 0.09 |
| 工人阶级必须领导一切 | 姚文元 | 外文 | 1968（1973年停售） | 3058 | 64 开 | 0.09 |
| 各国革命人民胜利的航向 | | 外文 | 1968 | | 64 开 | 0.10 |

## 1968 年印地文版书目（16 种）

| 书名 | 作者 | 出版社 | 出版/再版时间 | 印刷/发行册数 | 开本/装帧 | 定价（元） |
|------|------|--------|---------------|---------------|-----------|-----------|
| 毛主席关于文学艺术的五个文件 | 毛泽东 | 外文 | 1968（再版重印 1 次） | 42308 | 56 开 | 0.06 |
| 为争取千百万群众进入抗日民族统一战线而斗争 | 毛泽东 | 外文 | 1968（再版重印 1 次） | 16308 | 56 开 | 0.09 |
| 中国共产党在民族战争中的地位 | 毛泽东 | 外文 | 1968（再版重印 1 次） | 17308 | 64 开 | 0.13 |
| 战争和战略问题 | 毛泽东 | 外文 | 1968（再版重印 1 次） | 16758 | 64 开 | 0.11 |
| 井冈山的斗争 | 毛泽东 | 外文 | 1968（再版重印 1 次） | 9105 | 64 开 | 0.24 |
| 《共产党人》发刊词 | 毛泽东 | 外文 | 1968（再版重印 1 次） | 16758 | 64 开 | 0.11 |

续表

| 书名 | 作者 | 出版社 | 出版/再版时间 | 印刷/发行册数 | 开本/装帧 | 定价（元） |
|---|---|---|---|---|---|---|
| 目前抗日统一战线中的策略问题 | 毛泽东 | 外文 | 1968（再版重印1次） | 16258 | 64开 | 0.09 |
| 改造我们的学习 | 毛泽东 | 外文 | 1968（再版重印1次） | 50158 | 56开 | 0.08 |
| 整顿党的作风 | 毛泽东 | 外文 | 1968（再版重印1次） | 50158 | 56开 | 0.11 |
| 反对党八股 | 毛泽东 | 外文 | 1968（再版重印1次） | 41808 | 56开 | 0.12 |
| 为人民服务、纪念白求恩、愚公移山 | 毛泽东 | 外文 | 1968（1967年出版，再版2次重印，总印数27066册，本次再版重印） | | 100开/精 | 0.17 |
| 关于正确处理人民内部矛盾的问题 | 毛泽东 | 外文 | 1968 | 16108 | 56开 | 0.21 |
| 中国共产党中央委员会主席毛泽东同志支持美国黑人抗暴斗争的声明 | 毛泽东 | 外文 | 1968 | 15388 | 64开 | 0.05 |
| 中国共产党第八届扩大的第十二次中央委员会全会公报 | | 外文 | 1968 | | 64开 | 0.11 |
| 工人阶级必须领导一切 | 姚文元 | 外文 | 1968（1973年停售） | 6108 | 64开 | 0.09 |
| 《修养》的要害是背叛无产阶级专政 | | 外文 | 1968（1980年停售） | 15158 | 56开 | 0.10 |

## 1968 年缅甸文版书目（98 种）

| 书名 | 作者 | 出版社 | 出版/再版时间 | 印刷/发行册数 | 开本/装帧 | 定价（元） |
|---|---|---|---|---|---|---|
| 毛主席关于文学艺术的五个文件 | 毛泽东 | 外文 | 1968（再版重印 1 次） | 105708 | 100 开 | 0.05 |
| 毛主席论人民战争 | 毛泽东 | 外文 | 1968（再版重印 1 次，1973 年停售） | 120308 | 100 开/精 | 0.18 |
| 毛主席的五篇著作 | 毛泽东 | 外文 | 1968（再版重印 1 次） | 140110 | 100 开/精 | 0.23 |
| 中国社会各阶级的分析 | 毛泽东 | 外文 | 1968（1962 年出版，再版重印 2 次，总印数 106885 册，本次再版） | | 100 开 | 0.08 |
| 湖南农民运动考察报告 | 毛泽东 | 外文 | 1968（再版重印 1 次） | 170158 | 100 开 | 0.09 |
| 中国的红色政权为什么能够存在？井冈山的斗争关于纠正党内的错误思想星星之火可以燎原 | 毛泽东 | 外文 | 1968（再版重印 1 次） | 120058 | 64 开 | 0.30 |
| 必须注意经济工作 | 毛泽东 | 外文 | 1968（再版重印 1 次） | 44458 | 100 开 | 0.07 |
| 怎样分析农村阶级 | 毛泽东 | 外文 | 1968（再版重印 1 次） | 44458 | 100 开 | 0.05 |
| 关心群众生活，注意工作方法 | 毛泽东 | 外文 | 1968（1964 年出版，总印数 107628 册，本次再版重印） | | 100 开 | 0.06 |
| 我们的经济政策 | 毛泽东 | 外文 | 1968（再版重印 1 次） | 32758 | 100 开 | 0.06 |
| 论反对日本帝国主义的策略 | 毛泽东 | 外文 | 1968（再版重印 1 次） | 105008 | 100 开 | 0.16 |

续表

| 书名 | 作者 | 出版社 | 出版/再版时间 | 印刷/发行册数 | 开本/装帧 | 定价（元） |
|---|---|---|---|---|---|---|
| 中国革命战争的战略问题 | 毛泽东 | 外文 | 1968（1963年出版，再版重印1次，本次再版） | 106060 | 100开 | 0.36 |
| 中国共产党在抗日时期的任务 | 毛泽东 | 外文 | 1968（1963年出版，再版重印1次，本次再版） | 105048 | 100开 | 0.17 |
| 为争取千百万群众进入抗日民族统一战线而斗争 | 毛泽东 | 外文 | 1968（再版重印1次） | 102780 | 100开 | 0.09 |
| 实践论 | 毛泽东 | 外文 | 1968（1965年出版，再版重印1次，总印数107508册） | | 100开 | 0.10 |
| 矛盾论 | 毛泽东 | 外文 | 1968（1965年出版，再版重印1次，总印数106060册） | | 100开 | 0.20 |
| 反对日本进攻的方针、办法和前途 | 毛泽东 | 外文 | 1968（再版重印1次） | 105808 | 100开 | 0.08 |
| 为动员一起力量争取抗战胜利而斗争 | 毛泽东 | 外文 | 1968（再版重印1次） | 106608 | 100开 | 0.08 |
| 反对自由主义 | 毛泽东 | 外文 | 1968（1964年出版，再版重印1次） | 106950 | 100开 | 0.05 |
| 和英国记者贝特兰的谈话 | 毛泽东 | 外文 | 1968（再版重印1次） | 32658 | 100开 | 0.09 |
| 上海太原失陷以后抗日战争的形势与任务 | 毛泽东 | 外文 | 1968（再版重印1次） | 12705 | 100开 | 0.10 |
| 抗日游击战争的战略问题 | 毛泽东 | 外文 | 1968（再版重印1次） | 103158 | 100开 | 0.18 |

| 书名 | 作者 | 出版社 | 出版/再版时间 | 印刷/发行册数 | 开本/装帧 | 定价（元） |
|---|---|---|---|---|---|---|
| 论持久战 | 毛泽东 | 外文 | 1968（1965 年出版，再版重印 1 次，总印数 105560 册，本次再版） | | 100 开 | 0.43 |
| 中国共产党在民族战争中的地位 | 毛泽东 | 外文 | 1968（再版重印 1 次） | 106258 | 100 开 | 0.13 |
| 统一战线中的独立自主问题 | 毛泽东 | 外文 | 1968（1962 年出版，再版重印 2 次，总印数 103668 册，本次再版） | | 100 开 | 0.06 |
| 战争和战略问题 | 毛泽东 | 外文 | 1968（再版重印 1 次） | 102658 | 100 开 | 0.11 |
| 青年运动的方向 | 毛泽东 | 外文 | 1968（1961 年出版，再版 2 次重印，总印数 105888 册，本次再版） | | 100 开 | 0.10 |
| 反对投降活动 | 毛泽东 | 外文 | 1968（再版重印 1 次） | 32760 | 100 开 | 0.05 |
| 必须制裁反动派 | 毛泽东 | 外文 | 1968（再版重印 1 次） | 32758 | 100 开 | 0.05 |
| 关于国际新形势对新华记者的谈话 | 毛泽东 | 外文 | 1968（再版重印 1 次） | 32758 | 100 开 | 0.06 |
| 《共产党人》发刊词 | 毛泽东 | 外文 | 1968（再版重印 1 次） | 105858 | 100 开 | 0.11 |
| 目前形势和党的任务 | 毛泽东 | 外文 | 1968（再版重印 1 次） | 32760 | 100 开 | 0.05 |
| 大量吸收知识分子 | 毛泽东 | 外文 | 1968（再版重印 1 次） | 102608 | 100 开 | 0.05 |

续表

| 书名 | 作者 | 出版社 | 出版/再版时间 | 印刷/发行册数 | 开本/装帧 | 定价（元） |
|---|---|---|---|---|---|---|
| 中国革命和中国共产党 | 毛泽东 | 外文 | 1968（1966年出版，再版重印1次，总印数105560册，本次再版） | | 100开 | 0.20 |
| 新民主主义论 | 毛泽东 | 外文 | 1968（1966年出版，再版重印1次，总印数103770册，本次再版） | | 100开 | 0.24 |
| 克服投降思想，力争时局好转 | 毛泽东 | 外文 | 1968（再版重印1次） | 32758 | 100开 | 0.05 |
| 团结一切抗日力量，反对反共顽固派 | 毛泽东 | 外文 | 1968（再版重印1次） | 31758 | 100开 | 0.06 |
| 新民主主义宪政 | 毛泽东 | 外文 | 1968（再版重印1次） | 105608 | 100开 | 0.08 |
| 抗日根据地的政权问题 | 毛泽东 | 外文 | 1968（再版重印1次） | 103918 | 100开 | 0.05 |
| 目前抗日统一战线中的策略问题 | 毛泽东 | 外文 | 1968（1964年出版，再版重印1次，总印数104018，本次再版） | | 100开 | 0.09 |
| 放手发展抗日力量，抵抗反共顽固派的进攻 | 毛泽东 | 外文 | 1968（再版重印1次） | 102708 | 100开 | 0.07 |
| 论政策 | 毛泽东 | 外文 | 1968（再版重印1次） | 105285 | 100开 | 0.07 |
| 关于打退第二次反共高潮的总结 | 毛泽东 | 外文 | 1968（再版重印1次） | 32760 | 100开 | 0.08 |
| 《农村调查》的序言和跋 | 毛泽东 | 外文 | 1968（再版重印1次） | 105808 | 100开 | 0.06 |

续表

| 书名 | 作者 | 出版社 | 出版/再版时间 | 印刷/发行册数 | 开本/装帧 | 定价（元） |
|---|---|---|---|---|---|---|
| 改造我们的学习 | 毛泽东 | 外文 | 1968（1961 年出版，总印数 11730 册，本次再版重印） | | 100 开 | 0.08 |
| 打退第二次反共高潮后的时局 | 毛泽东 | 外文 | 1968（再版重印 1 次） | 103608 | 100 开 | 0.05 |
| 在陕甘宁边区参议会上的演说 | 毛泽东 | 外文 | 1968（再版重印 1 次） | 105708 | 100 开 | 0.06 |
| 整顿党的作风 | 毛泽东 | 外文 | 1968（再版重印 1 次） | 100158 | 100 开 | 0.11 |
| 反对党八股 | 毛泽东 | 外文 | 1968（再版重印 1 次） | 106758 | 100 开 | 0.12 |
| 在延安文艺座谈会上的讲话 | 毛泽东 | 外文 | 1968（再版重印 1 次） | 108258 | 100 开 | 0.14 |
| 一个极其重要的政策 | 毛泽东 | 外文 | 1968（再版重印 1 次） | 103608 | 100 开 | 0.05 |
| 抗日时期的经济问题和财政问题 | 毛泽东 | 外文 | 1968（再版重印 1 次） | | 100 开 | 0.06 |
| 关于领导方法若干问题 | 毛泽东 | 外文 | 1968（1961 年出版，再版 2 次重印，总印数 106448 册，本次再版重印） | | 100 开 | 0.07 |
| 组织起来 | 毛泽东 | 外文 | 1968（再版重印 1 次） | 105358 | 100 开 | 0.07 |
| 学习和时局 | 毛泽东 | 外文 | 1968（再版重印 1 次） | 103408 | 100 开 | 0.10 |
| 评蒋介石在双十节的演说 | 毛泽东 | 外文 | 1968（再版重印 1 次） | 32658 | 100 开 | 0.05 |
| 文化工作中的统一战线 | 毛泽东 | 外文 | 1968（再版重印 1 次） | 103608 | 100 开 | 0.05 |

续表

| 书名 | 作者 | 出版社 | 出版/再版时间 | 印刷/发行册数 | 开本/装帧 | 定价（元） |
|---|---|---|---|---|---|---|
| 必须学会做经济工作 | 毛泽东 | 外文 | 1968（再版重印1次） | 107608 | 100开 | 0.08 |
| 游击区也能够进行生产 | 毛泽东 | 外文 | 1968（再版重印1次） | 44458 | 100开 | 0.08 |
| 两个中国之命运 | 毛泽东 | 外文 | 1968（再版重印1次） | 32758 | 100开 | 0.05 |
| 论联合政府 | 毛泽东 | 外文 | 1968（再版重印1次） | 103808 | 100开 | 0.31 |
| 论军队生产自给、兼论整风和生产两大运动的重要性 | 毛泽东 | 外文 | 1968（再版重印1次） | 103858 | 100开 | 0.06 |
| 抗日战争胜利后的时局和我们的方针 | 毛泽东 | 外文 | 1968（1961年出版，再版2次重印，总印数106088册，本次再版重印） | | 100开 | 0.11 |
| 开展根据地的减租、生产和拥政爱民运动 | 毛泽东 | 外文 | 1968（再版重印1次） | 103758 | 100开 | 0.06 |
| 减租和生产是保卫解放区的两件大事 | 毛泽东 | 外文 | 1968 | 44398 | 100开 | 0.05 |
| 一九四六年解放区工作的方针 | 毛泽东 | 外文 | 1968 | 32758 | 100开 | 0.05 |
| 建立巩固的东北根据地 | 毛泽东 | 外文 | 1968（再版重印1次） | 103708 | 100开 | 0.06 |
| 和美国记者安娜·路易斯·斯特朗的谈话 | 毛泽东 | 外文 | 1968（1961年出版，再版重印2次，总印数107108册，本次再版重印） | | 100开 | 0.07 |
| 集中优势兵力，各个歼灭敌人 | 毛泽东 | 外文 | 1968（再版重印1次） | 105958 | 100开 | 0.06 |

续表

| 书名 | 作者 | 出版社 | 出版/再版时间 | 印刷/发行册数 | 开本/装帧 | 定价（元） |
|------|------|--------|---------------|---------------|-----------|-----------|
| 迎接中国革命的新高潮 | 毛泽东 | 外文 | 1968（再版重印 1 次） | 103558 | 100 开 | 0.07 |
| 解放战争第二年的战略方针 | 毛泽东 | 外文 | 1968 | 32760 | 100 开 | 0.06 |
| 中国人民解放军宣言 | 毛泽东 | 外文 | 1968（再版重印 1 次） | 104958 | 100 开 | 0.08 |
| 目前形势和我们的任务 | 毛泽东 | 外文 | 1968（1961 年出版,再版 2 次重印,总印数 104388 册,本次再版重印） | | 100 开 | 0.14 |
| 关于目前党的政策中的几个重要问题 | 毛泽东 | 外文 | 1968（1961 年出版,再版 2 次重印,总印数 105558 册,本次再版重印） | | 100 开 | 0.08 |
| 军队内部的民主运动 | 毛泽东 | 外文 | 1968 | 32758 | 100 开 | 0.05 |
| 评西北大捷兼论解放军的新式整风运动 | 毛泽东 | 外文 | 1968（再版重印 1 次） | 104708 | 100 开 | 0.07 |
| 在晋绥干部会议上的讲话 | 毛泽东 | 外文 | 1968（1961 年出版,再版 3 次重印,总印数 108278 册,本次再版重印） | | 100 开 | 0.10 |
| 对晋绥日报编辑人员的谈话 | 毛泽东 | 外文 | 1968（再版重印 1 次） | 102508 | 100 开 | 0.05 |
| 关于健全党委制 | 毛泽东 | 外文 | 1968（1961 年出版,再版 3 次重印,总印数 109438 册,本次再版重印） | | 100 开 | 0.08 |

| 书名 | 作者 | 出版社 | 出版/再版时间 | 印刷/发行册数 | 开本/装帧 | 定价（元） |
|---|---|---|---|---|---|---|
| 中共中央关于九月会议的通知 | 毛泽东 | 外文 | 1968 | 32658 | 100 开 | 0.07 |
| 全世界革命力量团结起来，反对日本帝国主义的侵略 | 毛泽东 | 外文 | 1968（再版重印 1 次） | 103808 | 100 开 | 0.05 |
| 将革命进行到底 | 毛泽东 | 外文 | 1968（1961 年出版，再版 2 次重印，总印数 105758 册，本次再版重印） |  | 100 开 | 0.11 |
| 在中国共产党第七届中央委员会第二次全体会议上的报告（附《人民日报》《红旗》杂志、《解放军报》社论《认真学习两条路线斗争的历史》） | 毛泽东 | 外文 | 1968（1961 年出版，再版 2 次重印，总印数 35055 册，本次再版重印） |  | 64 开 | 0.11 |
| 在新政治协商会议筹备会上的讲话 | 毛泽东 | 外文 | 1968（再版重印 1 次） | 103508 | 100 开 | 0.05 |
| 论人民民主专政 | 毛泽东 | 外文 | 1968（1965 年出版，再版 1 次重印，总印数 106208 册，本次再版重印） |  | 100 开 | 0.11 |
| 评白皮书 | 毛泽东 | 外文 | 1968（1962 年出版，再版 2 次重印，总印数 42868 册，本次再版重印） |  | 100 开 | 0.18 |
| 中国共产党中央委员会主席毛泽东同志支持美国黑人抗暴斗争的声明 | 毛泽东 | 外文 | 1968 | 105808 | 64 开 | 0.05 |

续表

| 书名 | 作者 | 出版社 | 出版/再版时间 | 印刷/发行册数 | 开本/装帧 | 定价（元） |
|---|---|---|---|---|---|---|
| 中国共产党第八届扩大的第十二次中央委员会全会公报 | | 外文 | 1968 | | 64 开 | 0.11 |
| 吸收无产阶级的新鲜血液 | | 外文 | 1968（1973年停售） | 12058 | 64 开 | 0.23 |
| 通知（中国共产党中央委员会 1966 年 5 月 16 日）·伟大的历史文件 | | 外文 | 1968（1973年停售） | 60158 | 64 开 | 0.11 |
| 工人阶级必须领导一切 | 姚文元 | 外文 | 1968（1973年停售） | 73108 | 64 开 | 0.09 |
| 中国农村两条道路的斗争 | | 外文 | 1968（1973年停售） | 66208 | 64 开 | 0.14 |
| 划时代的文献（纪念《通知》发表两周年） | | 外文 | 1968（1973年停售） | 70108 | 64 开 | 0.09 |
| 迎接无产阶级文化大革命的全面胜利 | | 外文 | 1968（1973年停售） | 70208 | 64 开 | 0.09 |
| 《修养》的要害是背叛无产阶级专政 | 姚文元 | 外文 | 1968（1980年停售） | 57708 | 56 开 | 0.10 |
| 各国革命人民胜利的航向 | | 外文 | 1968 | 15058 | 64 开 | 0.10 |
| 人民战争胜利万岁（纪念中国人民抗日战争胜利二十周年） | 林彪 | 外文 | 1968（1965年出版，再版 1 次重印,1972年停售。总印数7108 册,本次再版） | | 100 开/精 | 0.31 |
| 走上海机床厂从工人中培养技术人员的道路 | | 外文 | 1968（1978年停售） | 10058 | 64 开 | 0.15 |

## 1968 年波斯文版书目（19 种）

| 书名 | 作者 | 出版社 | 出版/再版时间 | 印刷/发行册数 | 开本/装帧 | 定价（元） |
|---|---|---|---|---|---|---|
| 毛泽东军事文选 | 毛泽东 | 外文 | 1968 | 7800 | 32 开/精 | 2.00 |
| 毛主席的五篇哲学著作 | 毛泽东 | 外文 | 1968（再版重印 2 次） | 26934 | 100 开/精 | 0.23 |
| 毛主席论人民战争 | 毛泽东 | 外文 | 1968 | 10210 | 100 开/精 | 0.18 |
| 井冈山的斗争 | 毛泽东 | 外文 | 1968（再版重印 1 次） | 6608 | 64 开 | 0.24 |
| 星星之火，可以燎原 | 毛泽东 | 外文 | 1968（1964 年出版，再版重印 2 次，总印数 19258 册，本次重印） | | 64 开 | 0.10 |
| 关心群众生活，注意工作方法 | 毛泽东 | 外文 | 1968（再版重印 2 次） | 14282 | 56 开 | 0.07 |
| 论持久战 | 毛泽东 | 外文 | 1968（1969 年停售） | 6308 | 64 开 | 0.43 |
| 关于打退第二次反共高潮的总结 | 毛泽东 | 外文 | 1968（再版重印 1 次） | 6458 | 64 开 | 0.08 |
| 第二次世界大战的转折点 | 毛泽东 | 外文 | 1968（再版重印 1 次） | 4458 | 64 开 | 0.06 |
| 论军队自给，兼论整风和生产两大运动的重要性 | 毛泽东 | 外文 | 1968 | 4458 | 64 开 | 0.06 |
| 集中优势兵力，各个歼灭敌人 | 毛泽东 | 外文 | 1968 | 6358 | 64 开 | 0.06 |
| 中国人民解放军宣言 | 毛泽东 | 外文 | 1968 | 4858 | 56 开 | 0.08 |
| 评西北大捷兼论解放军的新式整风运动 | 毛泽东 | 外文 | 1968 | 6258 | 64 开 | 0.07 |

续表

| 书名 | 作者 | 出版社 | 出版/再版时间 | 印刷/发行册数 | 开本/装帧 | 定价（元） |
|---|---|---|---|---|---|---|
| 中国共产党中央委员会主席毛泽东同志支持美国黑人抗暴斗争的声明 | 毛泽东 | 外文 | 1968（再版 2 次重印） | 8128 | 64 开 | 0.05 |
| 中国共产党第八届扩大的第十二次中央委员会全会公报 | | 外文 | 1968 | | 64 开 | 0.11 |
| 通知（中国共产党中央委员会 1966 年 5 月 16 日）·伟大的历史文件 | | 外文 | 1968（1973 年停售） | 5158 | 56 开 | 0.12 |
| 《修养》的要害是背叛无产阶级专政 | 姚文元 | 外文 | 1968（1980 年停售） | | 56 开 | 0.10 |
| 沿着十月社会主义革命开辟的道路前进 | | 外文 | 1968 | | 56 开 | 0.13 |
| 人民战争胜利万岁（纪念中国人民抗日战争胜利二十周年） | 林彪 | 外文 | 1968（1965 年出版，再版 1 次重印，1972 年停售。总印数 7108 册，本次再版） | | 56 开 | 0.29 |

## 1968 年斯瓦希里文版书目（20 种）

| 书名 | 作者 | 出版社 | 出版/再版时间 | 印刷/发行册数 | 开本/装帧 | 定价（元） |
|---|---|---|---|---|---|---|
| 毛主席论人民战争 | 毛泽东 | 外文 | 1968 | 60310 | 100 开/精 | 0.18 |
| 中国社会各阶级的分析 | 毛泽东 | 外文 | 1968（1965 年出版，再版重印 2 次，总印数 60270 册，本次再版） | | 64 开 | 0.08 |
| 中国的红色政权为什么能够存在 | 毛泽东 | 外文 | 1968（再版重印 1 次） | 50158 | 56 开 | 0.09 |

续表

| 书名 | 作者 | 出版社 | 出版/再版时间 | 印刷/发行册数 | 开本/装帧 | 定价（元） |
|---|---|---|---|---|---|---|
| 星星之火，可以燎原 | 毛泽东 | 外文 | 1968（1966 年出版，再版重印 2 次，总印数 60270 册，本次再版） | | 64 开 | 0.10 |
| 关心群众生活，注意工作方法 | 毛泽东 | 外文 | 1968（1966 年出版，再版重印 2 次，总印数 60220 册，本次再版） | | 64 开 | 0.07 |
| 为争取千百万群众进入抗日民族统一战线而斗争 | 毛泽东 | 外文 | 1968（再版重印 1 次） | 50158 | 64 开 | 0.09 |
| 战争和战略问题 | 毛泽东 | 外文 | 1968（再版重印 1 次） | 40158 | 56 开 | 0.11 |
| 《共产党人》发刊词 | 毛泽东 | 外文 | 1968（再版重印 1 次） | 65326 | 64 开 | 0.11 |
| 中国革命和中国共产党 | 毛泽东 | 外文 | 1968（再版重印 1 次，1969 年停售） | 42508 | 64 开 | 0.20 |
| 论政策 | 毛泽东 | 外文 | 1968（1966 年出版，再版重印 2 次，总印数 59270 册，本次再版） | | 64 开 | 0.08 |
| 关于领导方法的若干问题 | 毛泽东 | 外文 | 1968（再版重印 1 次） | 50158 | 64 开 | 0.07 |
| 和美国记者安娜·路易斯·斯特朗的谈话 | 毛泽东 | 外文 | 1968 | 16160 | 56 开 | 0.07 |
| 关于健全党委制 | 毛泽东 | 外文 | 1968 | 50158 | 64 开 | 0.08 |

续表

| 书名 | 作者 | 出版社 | 出版/再版时间 | 印刷/发行册数 | 开本/装帧 | 定价（元） |
|---|---|---|---|---|---|---|
| 将革命进行到底 | 毛泽东 | 外文 | 1968(1966 年出版,再版重印 2 次,总印数 10211 册,本次再版) | | 64 开 | 0.11 |
| 在中国共产党第七届中央委员会第二次全体会议上的报告 | 毛泽东 | 外文 | 1968(再版重印 2 次) | 42208 | 64 开 | 0.11 |
| 关于正确处理人民内部矛盾的问题 | 毛泽东 | 外文 | 1968 | 50156 | 56 开 | 0.21 |
| 全世界人民团结起来,打败美国侵略者和一切走狗 | 毛泽东 | 外文 | 1968 | 15100 | 64 开 | 0.05 |
| 中国共产党中央委员会主席毛泽东同志支持美国黑人抗暴斗争的声明 | 毛泽东 | 外文 | 1968 | 50208 | 64 开 | 0.05 |
| 中国共产党第八届扩大的第十二次中央委员会全会公报 | | 外文 | 1968 | · | 64 开 | 0.11 |
| 划时代的文献(纪念《通知》发表两周年) | | 外文 | 1968(1973 年停售) | 5108 | 56 开 | 0.09 |

## 1968 年豪萨文版书目（13 种）

| 书名 | 作者 | 出版社 | 出版/再版时间 | 印刷/发行册数 | 开本/装帧 | 定价（元） |
|---|---|---|---|---|---|---|
| 毛主席论人民战争 | 毛泽东 | 外文 | 1968(再版重印 1 次,1973 年停售) | 18608 | 100 开/精 | 0.18 |
| 中国社会各阶级的分析 | 毛泽东 | 外文 | 1968(再版重印 1 次) | 15108 | 56 开 | 0.08 |

续表

| 书名 | 作者 | 出版社 | 出版/再版时间 | 印刷/发行册数 | 开本/装帧 | 定价（元） |
|---|---|---|---|---|---|---|
| 中国的红色政权为什么能够存在 | 毛泽东 | 外文 | 1968（再版重印1次） | 19258 | 56开 | 0.09 |
| 星星之火，可以燎原 | 毛泽东 | 外文 | 1968（再版重印1次） | 19008 | 56开 | 0.10 |
| 关心群众生活，注意工作方法 | 毛泽东 | 外文 | 1968（再版重印1次） | 19058 | 56开 | 0.07 |
| 为动员一切力量争取抗战胜利而斗争 | 毛泽东 | 外文 | 1968（再版重印1次） | 12808 | 64开 | 0.08 |
| 关于领导方法的若干问题 | 毛泽东 | 外文 | 1968（再版重印1次） | 13908 | 64开 | 0.07 |
| 为人民服务、纪念白求恩、愚公移山 | 毛泽东 | 外文 | 1968（再版重印1次） | 20158 | 56开 | 0.09 |
| 关于重庆谈判 | 毛泽东 | 外文 | 1968（再版重印2次，1969年停售） | 28108 | 56开 | 0.12 |
| 和美国记者安娜·路易斯·斯特朗的谈话 | 毛泽东 | 外文 | 1968 | 14518 | 56开 | 0.07 |
| 关于健全党委制 | 毛泽东 | 外文 | 1968 | 14418 | 64开 | 0.08 |
| 中国共产党中央委员会主席毛泽东同志支持美国黑人抗暴斗争的声明 | 毛泽东 | 外文 | 1968 | 15558 | 64开 | 0.05 |
| 中国共产党第八届扩大的第十二次中央委员会全会公报 | | 外文 | 1968 | | 64开 | 0.11 |

## 1968 年阿拉伯文版书目(30 种)

| 书名 | 作者 | 出版社 | 出版/再版时间 | 印刷/发行册数 | 开本/装帧 | 定价（元） |
|---|---|---|---|---|---|---|
| 毛泽东选集(第一卷) | 毛泽东 | 外文 | 1968(再版重印 2 次) | 92634 | 32 开 | 5.50 |
| 毛泽东的四篇哲学论文 | 毛泽东 | 外文 | 1968(再版重印 1 次) | 69758 | 32 开 | 0.57 |
| 毛泽东的六篇军事著作 | 毛泽东 | 外文 | 1968(再版重印 1 次) | 80510 | 50 开/精 | 1.30 |
| 毛主席关于文学艺术的五个文件 | 毛泽东 | 外文 | 1968(再版重印 1 次) | 70658 | 32 开 | 0.10 |
| 毛主席论人民战争 | 毛泽东 | 外文 | 1968 | 141010 | 100 开/精 | 0.18 |
| 井冈山的斗争 | 毛泽东 | 外文 | 1968(再版重印 1 次) | 70508 | 32 开 | 0.31 |
| 星星之火,可以燎原 | 毛泽东 | 外文 | 1968(1966 年出版,再版重印 2 次,总印数 75823 册,本次再版重印) | | 64 开 | 0.10 |
| 中国革命战争的战略问题 | 毛泽东 | 外文 | 1968(再版重印 1 次) | 66208 | 32 开 | 0.41 |
| 实践论 | 毛泽东 | 外文 | 1968(再版重印 1 次) | 70858 | 32 开 | 0.18 |
| 矛盾论 | 毛泽东 | 外文 | 1968(再版重印 1 次) | 69708 | 32 开 | 0.25 |
| 为动员一切力量争取抗战胜利而斗争 | 毛泽东 | 外文 | 1968(1961 年出版,再版 3 次重印,总印数 93518 册,本次再版重印) | | 64 开 | 0.08 |
| 论持久战 | 毛泽东 | 外文 | 1968(再版重印 1 次) | 68758 | 32 开 | 0.51 |

续表

| 书名 | 作者 | 出版社 | 出版/再版时间 | 印刷/发行册数 | 开本/装帧 | 定价（元） |
|---|---|---|---|---|---|---|
| 中国共产党在民族战争中的地位 | 毛泽东 | 外文 | 1968（再版重印1次） | 66908 | 64开 | 0.13 |
| 统一战线中的独立自主问题 | 毛泽东 | 外文 | 1968（再版重印1次） | 70208 | 64开 | 0.06 |
| 《共产党人》发刊词 | 毛泽东 | 外文 | 1968（再版重印1次） | 68058 | 32开 | 0.10 |
| 大量吸收知识分子 | 毛泽东 | 外文 | 1968（再版重印1次） | 66858 | 64开 | 0.05 |
| 新民主主义论 | 毛泽东 | 外文 | 1968（再版重印1次） | 66658 | 32开 | 0.30 |
| 在延安文艺座谈会上的讲话 | 毛泽东 | 外文 | 1968（再版重印1次） | 69958 | 32开 | 0.19 |
| 集中优势兵力，各个歼灭敌人 | 毛泽东 | 外文 | 1968 | | 64开 | 0.06 |
| 人的正确思想是从哪里来的 | 毛泽东 | 外文 | 1968（再版重印1次） | 70158 | 56开 | 0.05 |
| 中国共产党中央委员会主席毛泽东同志支持美国黑人抗暴斗争的声明 | 毛泽东 | 外文 | 1968 | 65208 | 64开 | 0.05 |
| 中国共产党第八届扩大的第十二次中央委员会全会公报 | | 外文 | 1968 | | 64开 | 0.11 |
| 通知（中国共产党中央委员会1966年5月16日）·伟大的历史文件 | | 外文 | 1968（1973年停售） | 20108 | 56开 | 0.12 |
| 工人阶级必须领导一切 | 姚文元 | 外文 | 1968（1973年停售） | 15158 | 64开 | 0.09 |
| 划时代的文献（纪念《通知》发表两周年） | | 外文 | 1968（1973年停售） | 25158 | 32开 | 0.14 |
| 林彪同志委托江青同志召开的部队文艺工作座谈会纪要 | | 外文 | 1968 | 25208 | 32开 | 0.23 |

**续表**

| 书名 | 作者 | 出版社 | 出版/再版时间 | 印刷/发行册数 | 开本/装帧 | 定价（元） |
|---|---|---|---|---|---|---|
| 《修养》的要害是背叛无产阶级专政 | 姚文元 | 外文 | 1968（1980年停售） | 17185 | 32 开 | 0.15 |
| 沿着十月社会主义革命开辟的道路前进（纪念伟大的十月社会主义革命五十周年） | | 外文 | 1968（1969年停售） | 25208 | 32 开 | 0.20 |
| 越南人民必胜，美国侵略者必败（摄影集，第五集） | | 外文 | 1968（1978年停售） | 17270 | 12 开 | 0.80 |
| 黄继光（连环画） | | 外文 | 1968 | 10450 | 小 32 开 | 0.84 |

## 1968 年蒙古文版书目（25 种）

| 书名 | 作者 | 出版社 | 出版/再版时间 | 印刷/发行册数 | 开本/装帧 | 定价（元） |
|---|---|---|---|---|---|---|
| 毛主席关于文学艺术的五个文件 | 毛泽东 | 外文 | 1968（再版重印 1 次） | 5068 | 64 开 | 0.06 |
| 中国社会各阶级的分析 | 毛泽东 | 外文 | 1968（再版重印 1 次） | 5268 | 56 开 | 0.08 |
| 中国的红色政权为什么能够存在？ | 毛泽东 | 外文 | 1968（再版重印 1 次） | 4918 | 64 开 | 0.09 |
| 关于纠正党内的错误思想 | 毛泽东 | 外文 | 1968（再版重印 1 次） | 4918 | 64 开 | 0.09 |
| 星星之火，可以燎原 | 毛泽东 | 外文 | 1968（再版重印 1 次） | 5168 | 64 开 | 0.10 |
| 反对本本主义 | 毛泽东 | 外文 | 1968（再版重印 1 次） | 3918 | 64 开 | 0.08 |
| 关心群众生活，注意工作方法 | 毛泽东 | 外文 | 1968（再版重印 1 次） | 4818 | 64 开 | 0.07 |
| 青年运动的方向 | 毛泽东 | 外文 | 1968（再版重印 1 次） | 5068 | 64 开 | 0.10 |

续表

| 书名 | 作者 | 出版社 | 出版/再版时间 | 印刷/发行册数 | 开本/装帧 | 定价（元） |
|------|------|--------|--------------|--------------|----------|----------|
| 《共产党人》发刊词 | 毛泽东 | 外文 | 1968（再版重印1次） | 4958 | 64开 | 0.11 |
| 论政策 | 毛泽东 | 外文 | 1968（再版重印1次） | 3718 | 64开 | 0.08 |
| 《农村调查》的序言和跋 | 毛泽东 | 外文 | 1968（再版重印1次） | 4918 | 64开 | 0.06 |
| 改造我们的学习 | 毛泽东 | 外文 | 1968（再版重印1次） | 4818 | 64开 | 0.08 |
| 在延安文艺座谈会上的讲话 | 毛泽东 | 外文 | 1968（再版重印1次） | 5068 | 64开 | 0.14 |
| 关于领导方法的若干问题 | 毛泽东 | 外文 | 1968（再版重印1次） | 4868 | 64开 | 0.07 |
| 关于重庆谈判 | 毛泽东 | 外文 | 1968（再版重印1次） | 9108 | 64开 | 0.12 |
| 和美国记者安娜·路易斯·斯特朗的谈话 | 毛泽东 | 外文 | 1968（再版重印1次） | 5068 | 64开 | 0.07 |
| 全世界革命力量团结起来，反对帝国主义的侵略 | 毛泽东 | 外文 | 1968（再版重印1次） | 4918 | 64开 | 0.05 |
| 论人民民主专政 | 毛泽东 | 外文 | 1968（再版重印1次） | 4968 | 64开 | 0.11 |
| 关于正确处理人民内部矛盾的问题 | 毛泽东 | 外文 | 1968（再版重印1次） | 5228 | 64开 | 0.21 |
| 在中国共产党全国宣传工作会议上的讲话 | 毛泽东 | 外文 | 1968 | 5018 | 56开 | 0.12 |
| 全世界人民团结起来，打败美帝国主义及其一切走狗（关于支持美国黑人、越南南方人民、巴拿马人民、日本人民、刚果〈利〉人民和多米尼加人民反对美帝国主义的正义斗争的声明） | 毛泽东 | 外文 | 1968（再版重印1次） | 5068 | 56开 | 0.10 |

续表

| 书名 | 作者 | 出版社 | 出版/再版时间 | 印刷/发行册数 | 开本/装帧 | 定价（元） |
|---|---|---|---|---|---|---|
| 中国共产党中央委员会主席毛泽东同志支持美国黑人抗暴斗争的声明 | 毛泽东 | 外文 | 1968 | 5258 | 64 开 | 0.05 |
| 中国共产党中央委员会关于无产阶级文化大革命的决定 | | 外文 | 1968 | 2158 | 56 开 | 0.11 |
| 中国共产党第八届扩大的第十二次中央委员会全会公报 | | 外文 | 1968 | | 64 开 | 0.11 |
| 划时代的文献（纪念《通知》发表两周年） | | 外文 | 1968（1973年停售） | 2108 | 64 开 | 0.09 |

## 1968 年朝鲜文版书目（5 种）

| 书名 | 作者 | 出版社 | 出版/再版时间 | 印刷/发行册数 | 开本/装帧 | 定价（元） |
|---|---|---|---|---|---|---|
| 毛泽东选集（第一卷） | 毛泽东 | 外文 | 1968（再版重印 1 次） | 20210 | 32 开 | 1.80 |
| 毛泽东选集（第二卷） | 毛泽东 | 外文 | 1968（再版重印 1 次） | 20210 | 32 开 | 2.20 |
| 毛泽东选集（第三卷） | 毛泽东 | 外文 | 1968（再版重印 1 次） | 13958 | 32 开 | 1.80 |
| 中国共产党中央委员会主席毛泽东同志支持美国黑人抗暴斗争的声明 | 毛泽东 | 外文 | 1968 | 15683 | 64 开 | 0.05 |
| 中国共产党第八届扩大的第十二次中央委员会全会公报 | | 外文 | 1968 | | 64 开 | 0.11 |

### 1968 年老挝文版书目(5 种)

| 书名 | 作者 | 出版社 | 出版/再版时间 | 印刷/发行册数 | 开本/装帧 | 定价（元） |
|---|---|---|---|---|---|---|
| 毛主席语录 | 毛泽东 | 外文 | 1968（再版重印 1 次） | 230210 | 64 开/精 | 0.77 |
| 反对自由主义 | 毛泽东 | 外文 | 1968（再版重印 1 次） | 36058 | 64 开 | 0.06 |
| 为人民服务、纪念白求恩、愚公移山 | 毛泽东 | 外文 | 1968（再版重印 1 次） | 45108 | 64 开 | 0.09 |
| 中国共产党中央委员会主席毛泽东同志支持美国黑人抗暴斗争的声明 | 毛泽东 | 外文 | 1968 | 41663 | 64 开 | 0.05 |
| 中国共产党第八届扩大的第十二次中央委员会全会公报 | | 外文 | 1968 | | 64 开 | 0.11 |

### 1968 年泰米尔文版书目(5 种)

| 书名 | 作者 | 出版社 | 出版/再版时间 | 印刷/发行册数 | 开本/装帧 | 定价（元） |
|---|---|---|---|---|---|---|
| 毛主席论人民战争 | 毛泽东 | 外文 | 1968（1973 年停售） | 20138 | 100/精 | 0.18 |
| 毛主席的五篇著作 | 毛泽东 | 外文 | 1968（再版重印 2 次） | 16713 | 100/精 | 0.23 |
| 中国共产党中央委员会主席毛泽东同志支持美国黑人抗暴斗争的声明 | 毛泽东 | 外文 | 1968 | 6008 | 64 开 | 0.05 |
| 中国共产党第八届扩大的第十二次中央委员会全会公报 | | 外文 | 1968 | | 64 开 | 0.11 |
| 工人阶级必须领导一切 | 姚文元 | 外文 | 1968（1973 年停售） | 2058 | 64 开 | 0.09 |

## 1968 年孟加拉文版书目（12 种）

| 书名 | 作者 | 出版社 | 出版/再版时间 | 印刷/发行册数 | 开本/装帧 | 定价（元） |
|---|---|---|---|---|---|---|
| 毛主席论人民战争 | 毛泽东 | 外文 | 1968（1973年停售） | 217483 | 100/精 | 0.18 |
| 毛主席的五篇著作 | 毛泽东 | 外文 | 1968（再版重印 3 次） | 306169 | 100/精 | 0.23 |
| 毛主席语录 | 毛泽东 | 外文 | 1968 | | 64 开/精 | 0.77 |
| 中国社会各阶级的分析 | 毛泽东 | 外文 | 1968 | 55908 | 64 开 | 0.08 |
| 中国的红色政权为什么能够存在？ | 毛泽东 | 外文 | 1968（再版重印 1 次） | 76708 | 64 开 | 0.09 |
| 星星之火，可以燎原 | 毛泽东 | 外文 | 1968（再版重印 1 次） | 86908 | 64 开 | 0.10 |
| 关心群众生活，注意工作方法 | 毛泽东 | 外文 | 1968（再版重印 1 次） | 65858 | 64 开 | 0.07 |
| 被敌人反对是好事而不是坏事 | 毛泽东 | 外文 | 1968（再版重印 1 次） | | 64 开 | 0.05 |
| 关于健全党委制 | 毛泽东 | 外文 | 1968（再版重印 1 次） | 76808 | 64 开 | 0.08 |
| 人的正确思想是从哪里来的？ | 毛泽东 | 外文 | 1968 | 76758 | 64 开 | 0.05 |
| 中国共产党中央委员会主席毛泽东同志支持美国黑人抗暴斗争的声明 | 毛泽东 | 外文 | 1968 | | 64 开 | 0.05 |
| 中国共产党第八届扩大的第十二次中央委员会全会公报 | | 外文 | 1968 | | 64 开 | 0.11 |

### 1968 年土耳其文版书目（3 种）

| 书名 | 作者 | 出版社 | 出版/再版时间 | 印刷/发行册数 | 开本/装帧 | 定价（元） |
|---|---|---|---|---|---|---|
| 中国共产党中央委员会主席毛泽东同志支持美国黑人抗暴斗争的声明 | 毛泽东 | 外文 | 1968 | 6008 | 64 开 | 0.05 |
| 全世界人民团结起来，打败美帝国主义及其一切走狗（关于支持美国黑人、越南南方人民、巴拿马人民、日本人民、刚果〈利〉人民和多米尼加人民反对美帝国主义的正义斗争的声明） | 毛泽东 | 外文 | 1968（再版重印 1 次） | 2108 | 56 开 | 0.10 |
| 中国共产党第八届扩大的第十二次中央委员会全会公报 | | 外文 | 1968 | | 64 开 | 0.11 |

### 1968 年普什图文版书目（1 种）

| 书名 | 作者 | 出版社 | 出版/再版时间 | 印刷/发行册数 | 开本/装帧 | 定价（元） |
|---|---|---|---|---|---|---|
| 中国共产党第八届扩大的第十二次中央委员会全会公报 | | 外文 | 1968（再版重印 1 次） | 7105 | 64 开 | 0.11 |

### 1968 年葡萄牙（巴西）文版书目（4 种）

| 书名 | 作者 | 出版社 | 出版/再版时间 | 印刷/发行册数 | 开本/装帧 | 定价（元） |
|---|---|---|---|---|---|---|
| 中国共产党中央委员会主席毛泽东同志支持美国黑人抗暴斗争的声明 | 毛泽东 | 外文 | 1968（再版重印 1 次） | 3908 | 64 开 | 0.05 |

续表

| 书名 | 作者 | 出版社 | 出版/再版时间 | 印刷/发行册数 | 开本/装帧 | 定价（元） |
|---|---|---|---|---|---|---|
| 中国的红色政权为什么能够存在? | 毛泽东 | 外文 | 1968（再版重印 1 次） | 3808 | 64 开 | 0.09 |
| 星星之火,可以燎原 | 毛泽东 | 外文 | 1968（再版重印 1 次） | 3908 | 64 开 | 0.10 |
| 为人民服务、纪念白求恩、愚公移山 | 毛泽东 | 外文 | 1968（再版重印 1 次） | 6158 | 100 开 | 0.05 |

## 1968 年波兰文版书目(1 种)

| 书名 | 作者 | 出版社 | 出版/再版时间 | 印刷/发行册数 | 开本/装帧 | 定价（元） |
|---|---|---|---|---|---|---|
| 毛主席语录 | 毛泽东 | 外文 | 1968（再版重印 1 次） | 40108 | 100 开/精 | 0.60 |

## 1968 年捷克文版书目(1 种)

| 书名 | 作者 | 出版社 | 出版/再版时间 | 印刷/发行册数 | 开本/装帧 | 定价（元） |
|---|---|---|---|---|---|---|
| 毛主席语录 | 毛泽东 | 外文 | 1968（再版重印 1 次） | 40108 | 100 开/精 | 0.60 |

## 1968 年匈牙利文版书目(1 种)

| 书名 | 作者 | 出版社 | 出版/再版时间 | 印刷/发行册数 | 开本/装帧 | 定价（元） |
|---|---|---|---|---|---|---|
| 毛主席语录 | 毛泽东 | 外文 | 1968（再版重印 1 次） | 30108 | 100 开/精 | 0.60 |

### 1968 年挪威文版书目（1 种）

| 书名 | 作者 | 出版社 | 出版/再版时间 | 印刷/发行册数 | 开本/装帧 | 定价（元） |
|---|---|---|---|---|---|---|
| 人的正确思想是从哪里来的 | 毛泽东 | 外文 | 1968 | 16663 | 56 开 | 0.05 |

### 1968 年罗马尼亚文版书目（1 种）

| 书名 | 作者 | 出版社 | 出版/再版时间 | 印刷/发行册数 | 开本/装帧 | 定价（元） |
|---|---|---|---|---|---|---|
| 毛主席语录 | 毛泽东 | 外文 | 1968（再版重印 1 次） | 50108 | 100 开/精 | 0.60 |

### 1968 年塞尔维亚文版书目（6 种）

| 书名 | 作者 | 出版社 | 出版/再版时间 | 印刷/发行册数 | 开本/装帧 | 定价（元） |
|---|---|---|---|---|---|---|
| 毛主席语录 | 毛泽东 | 外文 | 1968（再版重印 1 次） | 45108 | 100 开/精 | 0.60 |
| 中国共产党中央委员会主席毛泽东同志支持美国黑人抗暴斗争的声明 | 毛泽东 | 外文 | 1968 | 3108 | 64 开 | 0.05 |
| 中国共产党第八届扩大的第十二次中央委员会全会公报 |  | 外文 | 1968 |  | 64 开 | 0.11 |
| 通知(中国共产党中央委员会 1966 年 5 月 16 日)·伟大的历史文件 |  | 外文 | 1968（1973 年停售） | 3106 | 64 开 | 0.11 |
| 沿着十月社会主义革命开辟的道路前进 |  | 外文 | 1968（当年停售） | 2158 | 56 开 | 0.13 |
| 人民战争胜利万岁（纪念中国人民抗日战争胜利二十周年） | 林彪 | 外文 | 1968 |  | 32 开 | 0.32 |

# 1969 年图书（期刊）对外翻译出版发行活动

本年，中国书刊在越南遭到抵制，某些书刊越南进口后即遭到销毁；

本年，受中苏关系紧张的影响，苏联图书公司进口《人民画报》俄文版数量减至每期1000 本；

本年，乌拉圭新生书店为突破阿根廷当局封锁，计划印制书名为《福音》的伪装封皮以便将《毛主席语录》销往阿根廷一事，此事没有获得批准；

本年开始至1969 年3 月底，国际书店通过贸易方式，出口毛主席像章680 万枚；通过非贸易渠道赠送毛主席像章40 万枚。

1969 年1 月23 日，外交部反映："对外宣传工作中存在严重浪费现象。"外交部认为原因之一是国际书店"主动向国外大量寄送书刊，但不注意效果。非洲某一小书店向国际书店订50 本《毛主席语录》，国际书店主动寄去500 本，于是450 本长期积压在该国海关。海关向该书店索取仓库保管费，影响不好。"

1969 年2 月18 日，周恩来总理批示：外文局要扭转期刊的脱期问题。

1969 年4 月8 日，国际书店"大联委"业务组通知："根据外文局军管小组的批示，停止对外赠送邮票。《中国建设》、《人民画报》两刊订户，每季只贴一次邮票寄发。"

1969 年5 月，中国书刊在越南遭到控制，某些书刊越南进口后即遭到销毁。

1969 年5 月30 日，国际书店向外文局军管小组汇报："中国书刊在越南受到控制，某些书刊越方采取进口之后即行销毁的办法。"这是首次反映"文化大革命"中我书刊对越南发行受制于对方的情况。

1969 年5 月，苏联图书公司进口《人民画报》俄文版减至每期1000本，同样，中国进口《苏联画报》也减至1000 册。

1969 年 5 月 29 日，中央批准外交部《关于改进向我国驻外使馆提供毛主席像章的报告》。其中规定：今后给驻外使馆和其他驻外机构提供毛主席像章，统一由外交部负责，国际书店承办具体业务。其基本精神是强调赠送毛主席像章的严肃性。从 1967 年至 1969 年 3 月底，国际书店通过贸易方式，出口毛主席像章 680 万枚；通过非贸易渠道赠送毛主席像章 40 万枚。

1969 年 6 月 21 日，国际书店向上级汇报，乌拉圭新生书店为突破阿根廷当局封锁，计划印制书名为《福音》的伪装封皮以便将《毛主席语录》销往阿根廷一事，此事周恩来总理批示："不能同意"。

1969 年 10 月 11 日，外文局军管小组向周总理呈送《关于为纪念毛主席给世界语题词 30 周年而发表题词手迹的请示报告》。周恩来总理口头指示：不予发表。

1969 年 10 月 25 日，"人民中国报道社革委会"总结了 1969 年的对外宣传工作，提出 1970 年对外宣传的初步设想。总结认为：自贯彻毛主席关于对外宣传的重要批示以来，对明显的强加于人，违反科学等错误做法有很大改进。该社革委会于 1970 年 1 月 8 日将 1970 年对外宣传的初步设想（草案）呈报外文局和国务院外办。

本年，外文出版社用英、法、西、俄、印尼、日、朝、蒙、越、老挝、泰、缅、孟加拉、印地、尼泊尔、泰米尔、乌尔都、波斯、普什图、土耳其、希腊、塞尔维亚、阿尔巴尼亚、德、意大利、葡萄牙、瑞典、挪威、阿拉伯、斯瓦希里、豪萨、世界语等 32 种文字出版 815 种图书。其中有《毛泽东选集》第一卷的意大利、印地、波斯文版，《毛泽东选集》第二卷的阿拉伯文版，《毛泽东选集》第四卷的德文、朝文版，《毛泽东军事文选》的德、日、俄、葡、朝文版和《怎样分析农村阶级》等毛泽东著作单行本。

本年国际书店对国外发行外文书籍 613 万册，外文期刊 943 万册（份）。

# 1969 年对外发行图书目录

## 1969 年英文版书目（38 种）

| 书名 | 作者 | 出版社 | 出版/再版时间 | 印刷/发行册数 | 开本/装帧 | 定价（元） |
|---|---|---|---|---|---|---|
| 怎样分析农村阶级 | 毛泽东 | 外文 | 1969（1964 年出版，再版 2 次重印，总印数 122730 册，本次再版） | | 64 开 | 0.05 |
| 反对日本进攻的方针、办法和前途 | 毛泽东 | 外文 | 1969（再版重印 1 次） | 73155 | 32 开/精 | 0.53 |
| | | | | 73255 | 32 开/平 | 0.18 |
| | | | | 73155 | 36 开 | 0.08 |
| 五四运动 | 毛泽东 | 外文 | 1969（再版重印 1 次） | 73255 | 64 开 | 0.05 |
| 反对投降活动 | 毛泽东 | 外文 | 1969（再版重印 1 次） | 73255 | 64 开 | 0.05 |
| 必须制裁反动派 | 毛泽东 | 外文 | 1969（再版重印 1 次） | 73255 | 64 开 | 0.05 |
| 关于国际形势对新华日报记者的谈话 | 毛泽东 | 外文 | 1969（再版重印 1 次） | 73250 | 64 开 | 0.06 |
| 克服投降危险，力争时局好转 | 毛泽东 | 外文 | 1969（再版重印 1 次） | 73155 | 64 开 | 0.05 |
| 抗日时期的经济问题和财政问题 | 毛泽东 | 外文 | 1969（再版重印 1 次） | 73155 | 64 开 | 0.06 |
| 中国人民解放军总部关于重行颁布三大纪律八项注意的训令 | 毛泽东 | 外文 | 1969（再版重印 1 次） | 73055 | 64 开 | 0.05 |
| 关于民族资产阶级和开明绅士问题 | 毛泽东 | 外文 | 1969（再版重印 1 次） | 73255 | 64 开 | 0.05 |

续表

| 书名 | 作者 | 出版社 | 出版/再版时间 | 印刷/发行册数 | 开本/装帧 | 定价（元） |
|---|---|---|---|---|---|---|
| 在晋绥干部会议上的讲话 | 毛泽东 | 外文 | 1969（再版重印1次） | 73255 | 64开 | 0.10 |
| 关于辽沈战役的作战方针 | 毛泽东 | 外文 | 1969（再版重印1次） | 73155 | 64开 | 0.06 |
| 关于淮海战役的作战方针 | 毛泽东 | 外文 | 1969（再版重印1次） | 73155 | 64开 | 0.05 |
| 关于平津战役的作战方针 | 毛泽东 | 外文 | 1969（再版重印1次） | 73255 | 64开 | 0.05 |
| 中国共产党万岁（纪念中国共产党诞生四十八周年） | | 外文 | 1969（再版重印1次） | 73155 | 64开 | 0.09 |
| 中国共产党第九次全国代表大会文件汇编 | | 外文 | 1969（再版重印1次） | 73155 | 64开/精 | 0.64 |
| 中国共产党第九次全国代表大会主席团秘书处新闻公报中国共产党第九届中央委员会第一次全体会议新闻公报 | | 外文 | 1969（再版重印1次） | 73155 | 64开 | 0.18 |
| 中国共产党章程 | | 外文 | 1969（再版重印1次） | 73105 | 100开/精 | 0.22 |
| 在中国共产党第九次全国代表大会上的报告 | 林彪 | 外文 | 1969（再版重印1次） | 73155 | 64开 | 0.23 |
| 为进一步巩固无产阶级专政而斗争（庆祝中华人民共和国成立二十周年） | | 外文 | 1969（再版重印1次） | 73155 | 64开 | 0.15 |
| 用毛泽东思想统帅一切 | | 外文 | 1969（再版重印1次） | 73105 | 64开 | 0.11 |
| 中华人民共和国政府声明(1969年5月24日) | | 外文 | 1969（再版重印1次） | 73155 | 64开 | 0.12 |
| 中华人民共和国政府声明(1969年10月7日) | | 外文 | 1969（再版重印1次） | 73155 | 64开 | 0.14 |

续表

| 书名 | 作者 | 出版社 | 出版/再版时间 | 印刷/发行册数 | 开本/装帧 | 定价（元） |
|---|---|---|---|---|---|---|
| 打倒新沙皇 | | 外文 | 1969（再版重印1次） | 73255 | 32开 | 0.48 |
| 自我揭露的丑恶表演 | 钟仁 | 外文 | 1969（再版重印1次） | 73255 | 64开 | 0.08 |
| 走投无路的自供状（评尼克松的就职演说和苏修叛徒集团的无耻捧场） | | 外文 | 1969（再版重印1次） | 73155 | 64开 | 0.08 |
| 驳苏修社会帝国主义的谬论 | | 外文 | 1969（再版重印1次） | 73155 | 64开 | 0.15 |
| 人民军队所向无敌 | | 外文 | 1969（再版重印1次） | 73155 | 64开 | 0.08 |
| 中国的人民币——世界上少有的最稳定的货币 | | 外文 | 1969（1961年出版，再版4次重印，总印数217995册，本次再版） | | 32开 | 0.20 |
| 抓革命、促生产，夺取工业战线的新胜利 | | 外文 | 1969 | | 64开 | 0.08 |
| 把新闻战线的大革命进行到底 | | 外文 | 1969 | | 64开 | 0.17 |
| 评斯坦尼斯拉夫斯基"体系" | 上海革命大批判写作小组 | 外文 | 1969 | | 64开 | 0.14 |
| 无限忠于毛主席革命路线的好干部——门合 | | 外文 | 1969 | | 40开 | 0.34 |
| 打倒新沙皇（苏修在黑龙江和乌苏里江上的反华暴行，摄影集） | | 外文 | 1969 | | 16开 | 0.70 |
| 红太阳照亮了大寨前进的道路（摄影集） | | 外文 | 1969 | | 12开 | 2.90 |
| 《白毛女》（革命现代舞剧，剧照明信片） | | 外文 | 1969 | | 44开 | 0.40 |

## 1969 年法文版书目(62 种)

| 书名 | 作者 | 出版社 | 出版/再版时间 | 印刷/发行册数 | 开本/装帧 | 定价（元） |
|---|---|---|---|---|---|---|
| 毛泽东军事文选 | 毛泽东 | 外文 | 1969（1964 年出版,再版 2 次重印,总印数 122730 册,本次再版） | | 50 开/精 | 1.00 |
| 必须注意经济工作 | 毛泽东 | 外文 | 1969（再版重印 1 次） | 73155 | 64 开 | 0.07 |
| 怎样分析农村阶级 | 毛泽东 | 外文 | 1969（再版重印 1 次） | 73255 | 64 开 | 0.05 |
| 我们的经济政策 | 毛泽东 | 外文 | 1969（再版重印 1 次） | 73155 | 64 开 | 0.06 |
| 关于蒋介石声明的声明 | 毛泽东 | 外文 | 1969（再版重印 1 次） | 73255 | 64 开 | 0.08 |
| 国共合作成立后的迫切任务 | 毛泽东 | 外文 | 1969（再版重印 1 次） | 73255 | 64 开 | 0.08 |
| 和美国记者贝特兰的谈话 | 毛泽东 | 外文 | 1969（再版重印 1 次） | 73255 | 64 开 | 0.09 |
| 五四运动 | 毛泽东 | 外文 | 1969（再版重印 1 次） | 73250 | 64 开 | 0.05 |
| 反对投降活动 | 毛泽东 | 外文 | 1969（再版重印 1 次） | 73155 | 64 开 | 0.05 |
| 必须制裁反动派 | 毛泽东 | 外文 | 1969（再版重印 1 次） | 73155 | 64 开 | 0.05 |
| 关于国际新形势对新华日报记者的谈话 | 毛泽东 | 外文 | 1969（再版重印 1 次） | 73055 | 64 开 | 0.06 |
| 目前的形势和党的任务 | 毛泽东 | 外文 | 1969（再版重印 1 次） | 73255 | 64 开 | 0.05 |
| 大量吸收知识分子 | 毛泽东 | 外文 | 1969（再版重印 1 次） | 73255 | 64 开 | 0.05 |

续表

| 书名 | 作者 | 出版社 | 出版/再版时间 | 印刷/发行册数 | 开本/装帧 | 定价（元） |
|---|---|---|---|---|---|---|
| 斯大林是中国人民的朋友 | 毛泽东 | 外文 | 1969（再版重印 1 次） | 73155 | 64 开 | 0.05 |
| 克服投降活动，力争时局好转 | 毛泽东 | 外文 | 1969（再版重印 1 次） | 73155 | 64 开 | 0.05 |
| 团结一切抗日力量，反对反共顽固派 | 毛泽东 | 外文 | 1969（再版重印 1 次） | 73255 | 64 开 | 0.06 |
| 团结到底 | 毛泽东 | 外文 | 1969（再版重印 1 次） | 73155 | 64 开 | 0.05 |
| 一个极其重要的政策 | 毛泽东 | 外文 | 1969（再版重印 1 次） | 73155 | 64 开 | 0.05 |
| 第二次世界大战的转折点 | 毛泽东 | 外文 | 1969（再版重印 1 次） | 73155 | 64 开 | 0.06 |
| 游击区也能够进行生产 | 毛泽东 | 外文 | 1969（再版重印 1 次） | 73105 | 64 开 | 0.08 |
| 两个中国之命运 | 毛泽东 | 外文 | 1969（再版重印 1 次） | 73155 | 64 开 | 0.05 |
| 1946 年解放区的工作方针 | 毛泽东 | 外文 | 1969（再版重印 1 次） | 73155 | 64 开 | 0.05 |
| 建立巩固的东北根据地 | 毛泽东 | 外文 | 1969（再版重印 1 次） | 73105 | 64 开 | 0.06 |
| 迎接中国革命的新高潮 | 毛泽东 | 外文 | 1969（再版重印 1 次） | 73155 | 64 开 | 0.08 |
| 中国人民解放军宣言 | 毛泽东 | 外文 | 1969（再版重印 1 次） | 73155 | 64 开 | 0.08 |
| 中国人民解放军总部关于重行颁布三大纪律八项注意的训令 | 毛泽东 | 外文 | 1969（再版重印 1 次） | 73255 | 64 开 | 0.05 |
| 在不同地区实施土地法的不同策略 | 毛泽东 | 外文 | 1969（再版重印 1 次） | 73255 | 64 开 | 0.05 |
| 纠正土地改革宣传中的"左"倾错误 | | 外文 | 1969（再版重印 1 次） | 73155 | 64 开 | 0.05 |

| 书名 | 作者 | 出版社 | 出版/再版时间 | 印刷/发行册数 | 开本/装帧 | 定价（元） |
|---|---|---|---|---|---|---|
| 新解放区土地改革要点 | 毛泽东 | 外文 | 1969（再版重印 1 次） | 73155 | 64 开 | 0.05 |
| 关于民族资产阶级和开明绅士问题 | 毛泽东 | 外文 | 1969（再版重印 1 次） | 73155 | 64 开 | 0.05 |
| 在晋绥干部会议上的讲话 | 毛泽东 | 外文 | 1969（1961 年出版，再版 4 次重印，总印数 217995 册，本次再版） | | 64 开 | 0.10 |
| 1948 年的土地改革工作和整党工作 | 毛泽东 | 外文 | 1969 | | 64 开 | 0.06 |
| 关于辽沈战役的作战方针 | 毛泽东 | 外文 | 1969 | | 64 开 | 0.06 |
| 关于淮海战役的作战方针 | 毛泽东 | 外文 | 1969 | | 64 开 | 0.05 |
| 关于平津战役的作战方针 | 毛泽东 | 外文 | 1969 | | 64 开 | 0.06 |
| 中共中央毛泽东主席关于时局的声明 | 毛泽东 | 外文 | 1969 | | 64 开 | 0.05 |
| 把军队变成工作队 | 毛泽东 | 外文 | 1969 | | 64 开 | 0.05 |
| 中国人民解放军布告 | 毛泽东 | 外文 | 1969 | | 64 开 | 0.05 |
| 中国共产党万岁（纪念中国共产党诞生四十八周年） | | 外文 | 1969（1973 年停售） | 30450 | 64 开 | 0.09 |
| 中国共产党第九次全国代表大会文件汇编 | | 外文 | 1969 | | 64 开/精 | 0.64 |
| 中国共产党第九次全国代表大会主席团秘书处新闻公报　中国共产党第九届中央委员会第一次全体会议新闻公报 | | 外文 | 1969 | | 64 开 | 0.18 |
| 中国共产党章程 | | 外文 | 1969（1973 年停售） | 92665 | 100 开/精 | 0.22 |

续表

| 书名 | 作者 | 出版社 | 出版/再版时间 | 印刷/发行册数 | 开本/装帧 | 定价（元） |
|---|---|---|---|---|---|---|
| 在中国共产党第九次全国代表大会上的报告 | 林彪 | 外文 | 1969（1973年停售） | 87205 | 64 开 | 0.23 |
| 毛泽东思想是百战百胜的武器 | | 外文 | 1969 | | 40 开 | 0.30 |
| 为进一步巩固无产阶级专政而斗争（庆祝中华人民共和国成立二十周年） | | 外文 | 1969（1973年停售） | 28055 | 64 开 | 0.15 |
| 用毛泽东思想统帅一切 | | 外文 | 1969（1973年停售） | 35208 | 64 开 | 0.11 |
| 在胜利的大道上奋勇前进 | | 外文 | 1969（1973年停售） | 26208 | 64 开 | 0.11 |
| 高举九大的团结旗帜，争取更大的胜利 | | 外文 | 1969（1973年停售） | 24430 | 64 开 | 0.08 |
| 中华人民共和国政府声明（1969 年 5 月 24 日） | | 外文 | 1969 | | 64 开 | 0.12 |
| 中华人民共和国政府声明（1969 年 10 月 7 日） | | 外文 | 1969 | | 64 开 | 0.14 |
| 打倒新沙皇 | | 外文 | 1969（1973年停售） | 53005 | 32 开 | 0.48 |
| 自我揭露的丑恶表演 | 钟仁 | 外文 | 1969 | 21530 | 64 开 | 0.08 |
| 走投无路的自供状（评尼克松的就职演说和苏修叛徒集团的无耻捧场） | | 外文 | 1969 | 107205 | 64 开 | 0.08 |
| 驳苏修社会帝国主义的谬论 | | 外文 | 1969 | | 64 开 | 0.15 |
| 人民军队所向无敌 | | 外文 | 1969（1973年停售） | 24205 | 64 开 | 0.08 |
| 中国的人民币——世界上少有的最稳定的货币 | | 外文 | 1969 | | 32 开 | 0.20 |
| 抓革命、促生产，夺取工业战线的新胜利 | | 外文 | 1969（1973年停售） | 25205 | 64 开 | 0.08 |

续表

| 书名 | 作者 | 出版社 | 出版/再版时间 | 印刷/发行册数 | 开本/装帧 | 定价（元） |
|---|---|---|---|---|---|---|
| 把新闻战线的大革命进行到底 | | 外文 | 1969 | | 64 开 | 0.17 |
| 走上海机床厂从工人中培养技术人员的道路 | | 外文 | 1969（1978年停售） | 35208 | 64 开 | 0.15 |
| 打倒新沙皇（苏修在黑龙江和乌苏里江上的反华暴行，摄影集） | | 外文 | 1969（1973年停售） | 47710 | 16 开 | 0.70 |
| 《白毛女》（革命现代舞剧，剧照明信片） | | 外文 | 1969 | 52310 | 44 开 | 0.40 |
| 红太阳照亮了大寨前进的道路（摄影集） | | 外文 | 1969 | | 12 开 | 2.90 |

## 1969 年德文版书目（40 种）

| 书名 | 作者 | 出版社 | 出版/再版时间 | 印刷/发行册数 | 开本/装帧 | 定价（元） |
|---|---|---|---|---|---|---|
| 毛泽东选集（第三卷） | 毛泽东 | 外文 | 1969（再版重印 1 次） | 130258 | 23 开 | 1.80 |
| 毛泽东选集（第三卷） | 毛泽东 | 外文 | 1969（再版重印 1 次） | 121405 | 23 开 | 2.20 |
| 毛泽东军事文选 | 毛泽东 | 外文 | 1969（再版重印 1 次） | 50155 | 16 开 | 1.70 |
| 论反对日本帝国主义的策略 | 毛泽东 | 外文 | 1969 | | 36 开 | 0.17 |
| 中国共产党在抗日时期的任务 | 毛泽东 | 外文 | 1969（再版重印 1 次） | 20155 | 36 开 | 0.17 |
| 反对日本进攻的方针、办法和前途 | 毛泽东 | 外文 | 1969（再版重印 1 次） | 32855 | 36 开 | 0.08 |
| 为动员一切力量争取抗战胜利而斗争 | 毛泽东 | 外文 | 1969（再版重印 1 次） | 22655 | 56 开 | 0.08 |

续表

| 书名 | 作者 | 出版社 | 出版/再版时间 | 印刷/发行册数 | 开本/装帧 | 定价（元） |
|---|---|---|---|---|---|---|
| 上海太原失陷以后抗日战争的形势和任务 | 毛泽东 | 外文 | 1969（再版重印 1 次） | 20155 | 36 开 | 0.10 |
| 新民主主义的宪政 | 毛泽东 | 外文 | 1969（再版重印 1 次） | 32775 | 36 开 | 0.08 |
| 论政策 | 毛泽东 | 外文 | 1969 | | 36 开 | 0.08 |
| 在陕甘宁边区参议会的演说 | 毛泽东 | 外文 | 1969（再版重印 1 次） | 33055 | 36 开 | 0.06 |
| 必须学会做经济工作 | 毛泽东 | 外文 | 1969（再版重印 1 次） | 32755 | 36 开 | 0.08 |
| 论联合政府 | 毛泽东 | 外文 | 1969（再版重印 3 次） | 35535 | 36 开 | 0.31 |
| 关于重庆谈判 | 毛泽东 | 外文 | 1969（1965 年出版，再版 4 次重印，本次是第 3 版，总印数 33065） | | 36 开 | 0.12 |
| 目前形势和我们的任务 | 毛泽东 | 外文 | 1969（1961 年出版，再版 2 次重印，总印数 39718 册，本次再版） | | 36 开 | 0.14 |
| 在晋绥干部会议上的讲话 | 毛泽东 | 外文 | 1969（1967 年出版，本次第 2 版） | | 36 开 | 0.10 |
| 全世界革命力量团结起来，反对帝国主义的侵略 | 毛泽东 | 外文 | 1969 | 33405 | 64 开 | 0.05 |
| 评白皮书 | 毛泽东 | 外文 | 1969（1961 年出版，再版 3 次重印，总印数 103240 册，本次再版重印） | | 36 开 | 0.18 |

续表

| 书名 | 作者 | 出版社 | 出版/再版时间 | 印刷/发行册数 | 开本/装帧 | 定价（元） |
|---|---|---|---|---|---|---|
| 中国共产党万岁（纪念中国共产党诞生四十八周年） | | 外文 | 1969（1973年停售） | 19005 | 64 开 | 0.09 |
| 中国共产党第九次全国代表大会文件汇编 | | 外文 | 1969 | | 64 开/精 | 0.64 |
| 中国共产党第九次全国代表大会主席团秘书处新闻公报　中国共产党第九届中央委员会第一次全体会议新闻公报 | | 外文 | 1969（再版重印 1 次） | | 64 开 | 0.18 |
| 中国共产党章程 | | 外文 | 1969（1973年停售） | 43645 | 100 开/精 | 0.22 |
| 在中国共产党第九次全国代表大会上的报告 | 林彪 | 外文 | 1969（1973年停售） | 61155 | 64 开 | 0.23 |
| 吸收无产阶级新鲜血液 | | 外文 | 1969（1973年停售） | 23305 | 64 开 | 0.09 |
| 为进一步巩固无产阶级专政而斗争（庆祝中华人民共和国成立二十周年） | | 外文 | 1969（1973年停售） | 24755 | 64 开 | 0.15 |
| 用毛泽东思想统帅一切 | | 外文 | 1969（1973年停售） | 23158 | 64 开 | 0.11 |
| 在胜利的大道上奋勇前进 | | 外文 | 1969（1973年停售） | 13155 | 64 开 | 0.11 |
| 高举九大的团结旗帜，争取更大的胜利 | | 外文 | 1969（1973年停售） | 19915 | 64 开 | 0.08 |
| 中华人民共和国政府声明(1969 年 5 月 24 日) | | 外文 | 1969（1973年停售） | 27996 | 64 开 | 0.12 |
| 中华人民共和国政府声明(1969 年 10 月 7 日) | | 外文 | 1969（再版 2次重印） | 23160 | 64 开 | 0.14 |
| 打倒新沙皇 | | 外文 | 1969（1973年停售） | 35540 | 32 开 | 0.48 |

续表

| 书名 | 作者 | 出版社 | 出版/再版时间 | 印刷/发行册数 | 开本/装帧 | 定价（元） |
|---|---|---|---|---|---|---|
| 自我揭露的丑恶表演 | 钟仁 | 外文 | 1969 | | 64 开 | 0.08 |
| 走投无路的自供状（评尼克松的就职演说和苏修叛徒集团的无耻捧场） | | 外文 | 1969 | | 64 开 | 0.08 |
| 驳苏修社会帝国主义的谬论 | | 外文 | 1969（1973年停售） | 20155 | 64 开 | 0.15 |
| 人民军队所向无敌 | | 外文 | 1969（1973年停售） | 13805 | 64 开 | 0.08 |
| 中国的人民币——世界上少有的最稳定的货币 | | 外文 | 1969（1973年停售） | 20335 | 32 开 | 0.20 |
| 走上海机床厂从工人中培养技术人员的道路 | | 外文 | 1969（1978年停售） | 13955 | 64 开 | 0.15 |
| 关于知识分子再教育问题 | | 外文 | 1969（1973年停售） | 14655 | 64 开 | 0.06 |
| 打倒新沙皇（苏修在黑龙江和乌苏里江上的反华暴行,摄影集） | | 外文 | 1969（1973年停售） | 35540 | 16 开 | 0.70 |
| 红太阳照亮了大寨前进的道路（摄影集） | | 外文 | 1969（1973年停售） | 8659 | 12 开 | 2.90 |

## 1969 年西班牙文版书目（54 种）

| 书名 | 作者 | 出版社 | 出版/再版时间 | 印刷/发行册数 | 开本/装帧 | 定价（元） |
|---|---|---|---|---|---|---|
| 毛主席的五篇著作 | 毛泽东 | 外文 | 1969（再版3次重印） | 193579 | 100/精 | 0.23 |
| 为动员一切力量争取抗战胜利而斗争 | 毛泽东 | 外文 | 1969（再版重印 2 次） | 54155 | 64 开 | 0.08 |
| 国共合作成立后的迫切任务 | 毛泽东 | 外文 | 1969（再版重印 1 次） | 42208 | 64 开 | 0.08 |

续表

| 书名 | 作者 | 出版社 | 出版/再版时间 | 印刷/发行册数 | 开本/装帧 | 定价（元） |
|---|---|---|---|---|---|---|
| 和英国记者贝特兰的谈话 | 毛泽东 | 外文 | 1969（再版重印1次） | 41098 | 64开 | 0.09 |
| 上海太原失陷以后抗日战争的形势和任务 | 毛泽东 | 外文 | 1969（再版重印1次） | 41908 | 64开 | 0.10 |
| 中国共产党在民族战争中的地位 | 毛泽东 | 外文 | 1969（再版重印1次） | 39755 | 64开 | 0.13 |
| 统一战线中的独立自主问题 | 毛泽东 | 外文 | 1969（1959年出版，再版5次重印，总印数102162册，本次再版） | | 64开 | 0.06 |
| 《共产党人发》刊词 | 毛泽东 | 外文 | 1969（1957年出版，再版7次重印，总印数103305册，本次再版） | | 64开 | 0.11 |
| 目前形势和党的任务 | 毛泽东 | 外文 | 1969（再版重印1次） | 28255 | 64开 | 0.05 |
| 大量吸收知识分子 | 毛泽东 | 外文 | 1969（再版重印1次） | 54458 | 64开 | 0.05 |
| 中国革命和中国共产党 | 毛泽东 | 外文 | 1969（1959年出版，再版5次重印，总印数162655册，本次再版） | | 64开 | 0.20 |
| 新民主主义论 | 毛泽东 | 外文 | 1969（再版重印1次） | 41155 | 64开 | 0.24 |
| 抗日根据地的政权问题 | 毛泽东 | 外文 | 1969（再版重印1次） | 41910 | 64开 | 0.05 |
| 放手发展抗日力量，抵抗反共顽固派的进攻 | 毛泽东 | 外文 | 1969 | 41858 | 64开 | 0.07 |

续表

| 书名 | 作者 | 出版社 | 出版/再版时间 | 印刷/发行册数 | 开本/装帧 | 定价（元） |
|---|---|---|---|---|---|---|
| 团结到底 | 毛泽东 | 外文 | 1969（再版重印 1 次） | 28205 | 64 开 | 0.05 |
| 论政策 | 毛泽东 | 外文 | 1969（1959 年出版，再版 5 次重印，总印数 105918 册，本次再版） | | 64 开 | 0.08 |
| 《农村调查》的序言和跋 | 毛泽东 | 外文 | 1969（1959 年出版，再版 7 次重印，总印数 108327 册，本次再版） | | 64 开 | 0.06 |
| 关于打退第二次反共高潮的总结 | 毛泽东 | 外文 | 1969（再版重印 1 次） | 39958 | 64 开 | 0.08 |
| 整顿党的作风 | 毛泽东 | 外文 | 1969（1959 年出版，再版 8 次重印，总印数 165474 册，本次再版） | | 64 开 | 0.11 |
| 反对党八股 | 毛泽东 | 外文 | 1969（1959 年出版，再版 6 次重印，总印数 96227 册，本次再版） | | 64 开 | 0.12 |
| 一个极其重要的政策 | 毛泽东 | 外文 | 1969（再版重印 1 次） | 41505 | 64 开 | 0.05 |
| 第二次世界大战的转折点 | 毛泽东 | 外文 | 1969（再版重印 1 次） | 41505 | 64 开 | 0.06 |
| 开展根据地的减租、生产和拥政爱民运动 | 毛泽东 | 外文 | 1969（再版重印 1 次） | 41705 | 64 开 | 0.06 |

续表

| 书名 | 作者 | 出版社 | 出版/再版时间 | 印刷/发行册数 | 开本/装帧 | 定价（元） |
|---|---|---|---|---|---|---|
| 组织起来 | 毛泽东 | 外文 | 1969（1961 年出版，再版 2 次重印，总印数 76785 册，本次再版） | | 64 开 | 0.08 |
| 文化工作中的统一战线 | 毛泽东 | 外文 | 1969（再版重印 1 次） | 41705 | 64 开 | 0.05 |
| 论联合政府 | 毛泽东 | 外文 | 1969（再版重印 1 次） | 41505 | 64 开 | 0.31 |
| 论军队生产自给，兼论整风和生产两大运动的重要性 | 毛泽东 | 外文 | 1969（再版重印 1 次） | 41705 | 64 开 | 0.06 |
| 减租和生产是保卫解放区的两件大事 | 毛泽东 | 外文 | 1969 | 28205 | 64 开 | 0.05 |
| 关于目前党的政策中的几个重要问题 | 毛泽东 | 外文 | 1969（1962 年出版，再版 4 次重印，总印数 131975 册，本次再版） | | 64 开 | 0.08 |
| 在晋绥干部会议上的讲话 | 毛泽东 | 外文 | 1969（1962 年出版，再版 3 次重印，总印数 121695 册，本次再版） | | 64 开 | 0.10 |
| 关于健全党委制 | 毛泽东 | 外文 | 1969（1962 年出版，总印数 68318 册，本次再版） | | 64 开 | 0.08 |
| 中国共产党万岁（纪念中国共产党诞生四十八周年） | | 外文 | 1969（1973 年停售） | 19175 | 64 开 | 0.09 |

| 书名 | 作者 | 出版社 | 出版/再版时间 | 印刷/发行册数 | 开本/装帧 | 定价（元） |
|---|---|---|---|---|---|---|
| 中国共产党第九次全国代表大会文件汇编 | | 外文 | 1969 | | 64 开/精 | 0.64 |
| 中国共产党第九次全国代表大会主席团秘书处新闻公报中国共产党第九届中央委员会第一次全体会议新闻公报 | | 外文 | 1969（再版重印 1 次） | | 64 开 | 0.18 |
| 中国共产党章程 | | 外文 | 1969（1973年停售） | | 100 开/精 | 0.22 |
| 在中国共产党第九次全国代表大会上的报告 | 林彪 | 外文 | 1969（1973年停售） | 87205 | 64 开 | 0.23 |
| 高举九大的团结旗帜，争取更大的胜利 | | 外文 | 1969（1973年停售） | 21675 | 64 开 | 0.08 |
| 吸收无产阶级新鲜血液 | | 外文 | 1969（1973年停售） | 23358 | 64 开 | 0.09 |
| 为进一步巩固无产阶级专政而斗争（庆祝中华人民共和国成立二十周年） | | 外文 | 1969（1973年停售） | 26855 | 64 开 | 0.15 |
| 用毛泽东思想统帅一切 | | 外文 | 1969（1973年停售） | 20158 | 64 开 | 0.11 |
| 中华人民共和国政府声明（1969 年 5 月 24 日） | | 外文 | 1969（1973年停售） | 26255 | 64 开 | 0.12 |
| 中华人民共和国政府声明（1969 年 10 月 7 日） | | 外文 | 1969（1973年停售） | 26255 | 64 开 | 0.14 |
| 打倒新沙皇 | | 外文 | 1969（1973年停售） | | 32 开 | 0.48 |
| 自我揭露的丑恶表演 | 钟仁 | 外文 | 1969 | | 64 开 | 0.08 |
| 走投无路的自供状（评尼克松的就职演说和苏修叛徒集团的无耻捧场） | | 外文 | 1969 | | 64 开 | 0.08 |

续表

| 书名 | 作者 | 出版社 | 出版/再版时间 | 印刷/发行册数 | 开本/装帧 | 定价（元） |
|---|---|---|---|---|---|---|
| 驳苏修社会帝国主义的谬论 | | 外文 | 1969（1973年停售） | 20155 | 64 开 | 0.15 |
| 人民军队所向无敌 | | 外文 | 1969（1973年停售） | 18075 | 64 开 | 0.08 |
| 抓革命、促生产,夺取工业战线的新胜利 | | 外文 | 1969（1973年停售） | 19155 | 64 开 | 0.08 |
| 把新闻战线的大革命进行到底 | | 外文 | 1969（1973年停售） | 21105 | 64 开 | 0.17 |
| 走上海机床厂从工人中培养技术人员的道路 | | 外文 | 1969（1978年停售） | 22158 | 64 开 | 0.15 |
| 关于知识分子再教育问题 | | 外文 | 1969（1973年停售） | 22105 | 64 开 | 0.06 |
| 打倒新沙皇（苏修在黑龙江和乌苏里江上的反华暴行,摄影集） | | 外文 | 1969（1973年停售） | | 16 开 | 0.70 |
| 红太阳照亮了大寨前进的道路（摄影集） | | 外文 | 1969（1973年停售） | 18706 | 12 开 | 2.90 |
| 革命现代舞剧《白毛女》（摄影明信片） | | 外文 | 1969 | 38210 | 44 开 | 0.40 |

## 1969 年俄文版书目（46 种）

| 书名 | 作者 | 出版社 | 出版/再版时间 | 印刷/发行册数 | 开本/装帧 | 定价（元） |
|---|---|---|---|---|---|---|
| 毛主席的六篇军事著作 | 毛泽东 | 外文 | 1969（再版重印 2 次） | 52829 | 50 开/精 | 1.30 |
| 中国的红色政权为什么能够存在、井冈山的斗争、关于纠正党内的错误思想、星星之火可以燎原 | 毛泽东 | 外文 | 1969（1967 年出版,再版 3 次重印,总印数 430665 册,本次重印） | 15705 | 36 开 | 0.30 |

续表

| 书名 | 作者 | 出版社 | 出版/再版时间 | 印刷/发行册数 | 开本/装帧 | 定价（元） |
|---|---|---|---|---|---|---|
| 必须注意经济工作 | 毛泽东 | 外文 | 1969（再版重印 1 次） | 34405 | 64 开 | 0.07 |
| 怎样分析农村阶级 | 毛泽东 | 外文 | 1969（再版重印 1 次） | 35305 | 64 开 | 0.05 |
| 我们的经济政策 | 毛泽东 | 外文 | 1969（再版重印 1 次） | 35305 | 64 开 | 0.06 |
| 关于蒋介石声明的声明 | 毛泽东 | 外文 | 1969（再版重印 1 次） | 36555 | 64 开 | 0.08 |
| 五四运动 | 毛泽东 | 外文 | 1969（再版重印 1 次） | 36445 | 64 开 | 0.05 |
| 大量吸收知识分子 | 毛泽东 | 外文 | 1969（再版重印 1 次） | 62117 | 64 开 | 0.05 |
| 目前形势和党的任务 | 毛泽东 | 外文 | 1969（再版重印 1 次） | 35855 | 64 开 | 0.05 |
| 放手发展抗日力量，抵抗反共顽固派的进攻 | 毛泽东 | 外文 | 1969（再版重印 1 次） | 33605 | 64 开 | 0.07 |
| 关于打退第二次反共高潮的总结 | 毛泽东 | 外文 | 1969（再版重印 1 次） | 41505 | 64 开 | 0.08 |
| 抗日时期的经济问题和财政问题 | 毛泽东 | 外文 | 1969 | 31505 | 64 开 | 0.06 |
| 开展根据地的减租、生产和拥政爱民活动 | 毛泽东 | 外文 | 1969（再版重印 1 次） | 11405 | 64 开 | 0.06 |
| 文化工作中的统一战线 | 毛泽东 | 外文 | 1969 | | 64 开 | 0.05 |
| 论军队生产自给，兼论整风和生产两大运动的重要性 | 毛泽东 | 外文 | 1969（再版重印 1 次） | 33605 | 64 开 | 0.06 |
| 1946 年解放区工作的方针 | 毛泽东 | 外文 | 1969（再版重印 1 次） | 33705 | 64 开 | 0.05 |

续表

| 书名 | 作者 | 出版社 | 出版/再版时间 | 印刷/发行册数 | 开本/装帧 | 定价（元） |
|---|---|---|---|---|---|---|
| 建立巩固的东北根据地 | 毛泽东 | 外文 | 1969（再版重印1次） | 10105 | 64开 | 0.06 |
| 迎接中国革命的新高潮 | 毛泽东 | 外文 | 1969 | 33605 | 64开 | 0.08 |
| 蒋介石政府已处在全民的包围中 | 毛泽东 | 外文 | 1969（再版重印1次） | 33505 | 64开 | 0.05 |
| 解放战争第二年的战略方针 | 毛泽东 | 外文 | 1969 | 33605 | 64开 | 0.06 |
| 军队内部的民主运动 | 毛泽东 | 外文 | 1969（再版重印1次） | 10105 | 64开 | 0.05 |
| 评西北大捷兼论解放军的新式整风运动 | 毛泽东 | 外文 | 1969（再版重印1次） | 33705 | 64开 | 0.07 |
| 在晋绥干部会议上的讲话 | 毛泽东 | 外文 | 1969（1967年出版，再版2次重印，总印数23505册，本次再版重印） |  | 64开 | 0.10 |
| 1948年的土地改革工作和整党工作 | 毛泽东 | 外文 | 1969（再版重印1次） | 33705 | 64开 | 0.06 |
| 中共中央毛泽东主席关于时局的声明 | 毛泽东 | 外文 | 1969（再版重印1次） | 33705 | 64开 | 0.05 |
| 把军队变为工作队 | 毛泽东 | 外文 | 1969（再版重印1次） | 33705 | 64开 | 0.05 |
| 中国共产党第九次全国代表大会文件汇编 |  | 外文 | 1969 |  | 64开/精 | 0.64 |
| 中国共产党第九次全国代表大会主席团秘书处新闻公报　中国共产党第九届中央委员会第一次全体会议新闻公报 |  | 外文 | 1969（1973年停售） |  | 64开 | 0.18 |

续表

| 书名 | 作者 | 出版社 | 出版/再版时间 | 印刷/发行册数 | 开本/装帧 | 定价（元） |
|---|---|---|---|---|---|---|
| 中国共产党章程 | | 外文 | 1969（1973年停售） | 43645 | 100 开/精 | 0.22 |
| 在中国共产党第九次全国代表大会上的报告 | 林彪 | 外文 | 1969（1973年停售） | 45105 | 64 开 | 0.23 |
| 中国共产党万岁——纪念中国共产党诞生四十八周年 | | 外文 | 1969 | 10315 | 64 开 | 0.09 |
| 吸收无产阶级新鲜血液 | 毛泽东 | 外文 | 1969（1973年停售） | 12108 | 64 开 | 0.09 |
| 为进一步巩固无产阶级专政而斗争（庆祝中华人民共和国成立二十周年） | | 外文 | 1969（1973年停售） | 11045 | 64 开 | 0.15 |
| 用毛泽东思想统帅一切 | | 外文 | 1969（1973年停售） | 13108 | 64 开 | 0.11 |
| 高举九大的团结旗帜，争取更大的胜利 | | 外文 | 1969（1973年停售） | 10315 | 64 开 | 0.08 |
| 中华人民共和国政府声明（1969 年 5 月 24 日） | | 外文 | 1969（1973年停售） | 10275 | 64 开 | 0.12 |
| 中华人民共和国政府声明（1969 年 10 月 7 日） | | 外文 | 1969（1973年停售） | 10275 | 64 开 | 0.14 |
| 打倒新沙皇 | | 外文 | 1969（1973年停售） | | 32 开 | 0.48 |
| 自我揭露的丑恶表演 | 钟仁 | 外文 | 1969 | 8815 | 64 开 | 0.08 |
| 走投无路的自供状（评尼克松的就职演说和苏修叛徒集团的无耻捧场） | | 外文 | 1969 | 10105 | 64 开 | 0.08 |
| 驳苏修社会帝国主义的谬论 | | 外文 | 1969（1973年停售） | 7415 | 64 开 | 0.15 |
| 人民军队所向无敌 | | 外文 | 1969（1973年停售） | 8215 | 64 开 | 0.08 |

续表

| 书名 | 作者 | 出版社 | 出版/再版时间 | 印刷/发行册数 | 开本/装帧 | 定价（元） |
|---|---|---|---|---|---|---|
| 抓革命、促生产，夺取工业战线的新胜利 | | 外文 | 1969（1973年停售） | 10105 | 64 开 | 0.08 |
| 把新闻战线的大革命进行到底 | | 外文 | 1969（1973年停售） | 8405 | 64 开 | 0.17 |
| 打倒新沙皇（苏修在黑龙江和乌苏里江上的反华暴行，摄影集） | | 外文 | 1969（1973年停售） | | 16 开 | 0.70 |
| 红太阳照亮了大寨前进的道路（摄影集） | | 外文 | 1969（1973年停售） | 6750 | 12 开 | 2.90 |

## 1969 年意大利文版书目（13 种）

| 书名 | 作者 | 出版社 | 出版/再版时间 | 印刷/发行册数 | 开本/装帧 | 定价（元） |
|---|---|---|---|---|---|---|
| 毛泽东选集（第一卷） | 毛泽东 | 外文 | 1969（再版重印 2 次） | 52829 | 羊皮精/漆布精/平 | 1.80 |
| 毛主席语录 | 毛泽东 | 外文 | 1969（1967 年出版，再版 3 次重印，总印数 430665 册，本次重印） | | 100 开/精 | 0.60 |
| 中国的红色政权为什么能够存在 | 毛泽东 | 外文 | 1969（再版重印 1 次） | 34405 | 32 开 | 0.13 |
| 井冈山的斗争 | 毛泽东 | 外文 | 1969（再版重印 1 次） | 35305 | 32 开 | 0.31 |
| 关于蒋介石声明的声明 | 毛泽东 | 外文 | 1969（再版重印 1 次） | 35305 | 32 开 | 0.10 |
| 为争取千百万群众进入抗日民族统一战线而斗争 | 毛泽东 | 外文 | 1969（再版重印 1 次） | 36555 | 32 开 | 0.11 |
| 青年运动的方向 | 毛泽东 | 外文 | 1969（再版重印 1 次） | 36445 | 64 开 | 0.10 |

**续表**

| 书名 | 作者 | 出版社 | 出版/再版时间 | 印刷/发行册数 | 开本/装帧 | 定价（元） |
|---|---|---|---|---|---|---|
| 中国革命和中国共产党 | 毛泽东 | 外文 | 1969（再版重印 1 次） | 62117 | 64 开 | 0.20 |
| 《共产党人》发刊词 | 毛泽东 | 外文 | 1969（再版重印 1 次） | 35855 | 64 开 | 0.11 |
| 中国共产党第九次全国代表大会文件汇编 | | 外文 | 1969 | | 64 开/精 | 0.64 |
| 中国共产党章程 | | 外文 | 1969（1973年停售） | 41505 | 100 开/精 | 0.22 |
| 在中国共产党第九次全国代表大会上的报告 | 林彪 | 外文 | 1969（1973年停售） | 31505 | 64 开 | 0.23 |
| 为进一步巩固无产阶级专政而斗争（庆祝中华人民共和国成立二十周年） | | 外文 | 1969（1973年停售） | 11405 | 64 开 | 0.15 |

## 1969 年葡萄牙文版书目（21 种）

| 书名 | 作者 | 出版社 | 出版/再版时间 | 印刷/发行册数 | 开本/装帧 | 定价（元） |
|---|---|---|---|---|---|---|
| 毛泽东选集（第一卷） | 毛泽东 | 外文 | 1969（再版重印 3 次） | 51124 | 50 开/精 | 1.50 |
| 毛主席的五篇著作 | 毛泽东 | 外文 | 1969（再版重印 2 次） | 5605 | 100 开/精 | 0.23 |
| 中国的红色政权为什么能够存在？ | 毛泽东 | 外文 | 1969（1965 年出版，再版重印 4 次，总印数 7177 册，本次重印） | | 64 开 | 0.09 |
| 星星之火，可以燎原 | 毛泽东 | 外文 | 1969（1965 年出版，再版重印 4 次，总印数 7265 册，本次重印） | | 64 开 | 0.10 |

续表

| 书名 | 作者 | 出版社 | 出版/再版时间 | 印刷/发行册数 | 开本/装帧 | 定价（元） |
|---|---|---|---|---|---|---|
| 反对本本主义 | 毛泽东 | 外文 | 1969（再版重印1次） | 30279 | 64开 | 0.08 |
| 中国革命战争的战略问题 | 毛泽东 | 外文 | 1969（1966年出版，再版2次重印，总印数9517册，本次再版重印） | | 64开 | 0.33 |
| 实践论 | 毛泽东 | 外文 | 1969（1966年出版，再版重印1次，总印数2062册，本次重印） | | 64开 | 0.09 |
| 反对自由主义 | 毛泽东 | 外文 | 1969（1966年出版，再版2次重印，总印数4310册，本次再版重印） | | 64开 | 0.06 |
| 论持久战 | 毛泽东 | 外文 | 1969（再版重印1次） | 5550 | 64开 | 0.43 |
| 抗日游击战争的战略问题 | 毛泽东 | 外文 | 1969（1966年出版，再版2次重印，总印数6617册，本次再版重印） | | 64开 | 0.18 |
| 大量吸收知识分子 | 毛泽东 | 外文 | 1969（再版重印1次） | 5555 | 64开 | 0.05 |
| 在延安文艺座谈会上的讲话 | 毛泽东 | 外文 | 1969（再版重印1次） | 6505 | 64开 | 0.14 |
| 论联合政府 | 毛泽东 | 外文 | 1969（再版重印2次） | 12579 | 64开 | 0.31 |

续表

| 书名 | 作者 | 出版社 | 出版/再版时间 | 印刷/发行册数 | 开本/装帧 | 定价（元） |
|---|---|---|---|---|---|---|
| 论军队生产自给，兼论整风和生产两大运动的重要性 | 毛泽东 | 外文 | 1969（再版重印 1 次） | 5915 | 64 开 | 0.06 |
| 集中优势兵力，各个歼灭敌人 | 毛泽东 | 外文 | 1969 | 5955 | 64 开 | 0.06 |
| 在中国共产党第七届中央委员会第二次全体会议上的报告 | 毛泽东 | 外文 | 1969（再版重印 1 次，1973 年停售） | 7055 | 64 开 | 0.11 |
| | | | | | 56 开 | 0.11 |
| 关于正确处理人民内部矛盾的问题 | 毛泽东 | 外文 | 1969（1967 年出版，再版 2 次重印，总印数 7465 册，本次重印） | | 64 开 | 0.21 |
| 在中国共产党第九次全国代表大会上的报告 | 林彪 | 外文 | 1969（1973 年停售） | 4505 | 64 开 | 0.23 |
| 为进一步巩固无产阶级专政而斗争（庆祝中华人民共和国成立二十周年） | | 外文 | 1969（1973 年停售） | 3555 | 64 开 | 0.15 |
| 人民战争胜利万岁（纪念中国人民抗日战争胜利二十周年） | 林彪 | 外文 | 1969（1973 年停售） | 4505 | 64 开 | 0.29 |

## 1969 年世界语版书目（16 种）

| 书名 | 作者 | 出版社 | 出版/再版时间 | 印刷/发行册数 | 开本/装帧 | 定价（元） |
|---|---|---|---|---|---|---|
| 湖南农民运动考察报告 | 毛泽东 | 外文 | 1969 | 5905 | 36 开 | 0.18 |
| 中国的红色政权为什么能够存在？ | 毛泽东 | 外文 | 1969 | 6205 | 36 开 | 0.09 |
| 星星之火，可以燎原 | 毛泽东 | 外文 | 1969 | 6105 | 36 开 | 0.10 |
| 中国革命战争的战略问题 | 毛泽东 | 外文 | 1969 | 9505 | 36 开 | 0.33 |

续表

| 书名 | 作者 | 出版社 | 出版/再版时间 | 印刷/发行册数 | 开本/装帧 | 定价（元） |
|---|---|---|---|---|---|---|
| 中国共产党在抗日时期的任务 | 毛泽东 | 外文 | 1969 | 6205 | 36 开 | 0.17 |
| 反对日本进攻的方针、办法和前途 | 毛泽东 | 外文 | 1969 | 6105 | 36 开 | 0.08 |
| 为动员一切力量争取抗战胜利而斗争 | 毛泽东 | 外文 | 1969 | 6105 | 36 开 | 0.08 |
| 论持久战 | 毛泽东 | 外文 | 1969 | 5955 | 36 开 | 0.43 |
| 新民主主义论 | 毛泽东 | 外文 | 1969（再版重印 1 次） | 6055 | 36 开 | 0.24 |
| 整顿党的作风 | 毛泽东 | 外文 | 1969 | 6105 | 36 开 | 0.11 |
| 论联合政府 | 毛泽东 | 外文 | 1969（再版重印 1 次） | 6155 | 36 开 | 0.31 |
| 在中国共产党第七届中央委员会第二次全体会议上的报告 | 毛泽东 | 外文 | 1969（再版重印 1 次，1973 年停售） | 6005 | 64 开 | 0.11 |
| 中国共产党第九次全国代表大会主席团秘书处新闻公报中国共产党第九届中央委员会第一次全体会议新闻公报 | | 外文 | 1969（1973 年停售） | | 64 开 | 0.18 |
| 中国共产党章程 | | 外文 | 1969（1973 年停售） | 5605 | 100 开/精 | 0.22 |
| 在中国共产党第九次全国代表大会上的报告 | 林彪 | 外文 | 1969（1973 年停售） | 6045 | 64 开 | 0.23 |
| 为进一步巩固无产阶级专政而斗争（庆祝中华人民共和国成立二十周年） | | 外文 | 1969（1973 年停售） | | 64 开 | 0.15 |

## 1969 年日文版书目(73 种)

| 书名 | 作者 | 出版社 | 出版/再版时间 | 印刷/发行册数 | 开本/装帧 | 定价（元） |
|---|---|---|---|---|---|---|
| 毛主席军事文选 | 毛泽东 | 外文 | 1969（再版重印 1 次） | 39365 | 32 开/精 | 3.00 |
| 井冈山的斗争 | 毛泽东 | 外文 | 1969（再版重印 1 次） | 48255 | 36 开 | 0.24 |
| 必须注意经济工作 | 毛泽东 | 外文 | 1969（再版重印 1 次） | 22705 | 36 开 | 0.07 |
| 怎样分析农村阶级 | 毛泽东 | 外文 | 1969（再版重印 1 次） | 22705 | 36 开 | 0.05 |
| 我们的经济政策 | 毛泽东 | 外文 | 1969（再版重印 1 次） | 22705 | 36 开 | 0.06 |
| 关于蒋介石声明的声明 | 毛泽东 | 外文 | 1969（再版重印 1 次） | 37655 | 56 开 | 0.08 |
| 反对日本进攻的方针、办法和前途 | 毛泽东 | 外文 | 1969（再版重印 1 次） | 33705 | 32 开 | 0.08 |
| 为动员一切力量争取抗战胜利而斗争 | 毛泽东 | 外文 | 1969（再版重印 1 次） | 33705 | 56 开 | 0.08 |
| 国共合作成立后的迫切任务 | 毛泽东 | 外文 | 1969（再版重印 1 次） | 27705 | 56 开 | 0.08 |
| 和英国记者贝特兰谈话 | 毛泽东 | 外文 | 1969（再版重印 1 次） | 37655 | 56 开 | 0.09 |
| 上海太原失陷以后抗日战争的形势和任务 | 毛泽东 | 外文 | 1969（再版重印 1 次） | 33305 | 56 开 | 0.10 |
| 五四运动 | 毛泽东 | 外文 | 1969（再版重印 1 次） | 22705 | 36 开 | 0.05 |
| 大量吸收知识分子 | 毛泽东 | 外文 | 1969（再版重印 1 次） | 32605 | 56 开 | 0.05 |
| 抗日根据地的政权问题 | 毛泽东 | 外文 | 1969（再版重印 1 次） | 27705 | 56 开 | 0.05 |
| 《中国工人》发刊词 | 毛泽东 | 外文 | 1969（再版重印 1 次） | 22705 | 36 开 | 0.05 |

续表

| 书名 | 作者 | 出版社 | 出版/再版时间 | 印刷/发行册数 | 开本/装帧 | 定价（元） |
|---|---|---|---|---|---|---|
| 放手发展抗日力量，抵抗反共顽固派的进攻 | 毛泽东 | 外文 | 1969（再版重印 1 次） | 27605 | 56 开 | 0.07 |
| 关于打退第二次反共高潮的总结 | 毛泽东 | 外文 | 1969（再版重印 1 次） | 37655 | 36 开 | 0.08 |
| 在陕甘宁边区参议会的演说 | 毛泽东 | 外文 | 1969（再版重印 1 次） | 38705 | 36 开 | 0.06 |
| 一个极其重要的政策 | 毛泽东 | 外文 | 1969（再版重印 1 次） | 32605 | 56 开 | 0.05 |
| 开展根据地的减租、生产和拥政爱民活动 | 毛泽东 | 外文 | 1969（再版重印 1 次） | 37655 | 36 开 | 0.06 |
| 文化工作中的统一战线 | 毛泽东 | 外文 | 1969（再版重印 1 次） | 37655 | 56 开 | 0.05 |
| 评蒋介石在双十节的演说 | 毛泽东 | 外文 | 1969（再版重印 1 次） | 22705 | 36 开 | 0.05 |
| 必须学会做经济工作 | 毛泽东 | 外文 | 1969（再版重印 1 次） | 33805 | 56 开 | 0.08 |
| 两个中国之命运 | 毛泽东 | 外文 | 1969（再版重印 1 次） | 22705 | 36 开 | 0.05 |
| 论军队生产自给，兼论整风和生产两大运动的重要性 | 毛泽东 | 外文 | 1969（再版重印 1 次） | 37655 | 56 开 | 0.06 |
| 抗日战争胜利后的时局和我们的方针 | 毛泽东 | 外文 | 1969（再版重印 1 次） | 71720 | 36 开 | 0.11 |
| 关于重庆谈判 | 毛泽东 | 外文 | 1969（再版重印 1 次） | 39105 | 36 开 | 0.12 |
| 建立巩固的东北根据地 | 毛泽东 | 外文 | 1969（再版重印 1 次） | 32605 | 36 开 | 0.06 |
| 和美国记者安娜·路易斯·斯特朗的谈话 | 毛泽东 | 外文 | 1969（1966 年出版，再版重印 2 次，总印数 110667 册，本次再版重印） | | 56 开 | 0.07 |

续表

| 书名 | 作者 | 出版社 | 出版/再版时间 | 印刷/发行册数 | 开本/装帧 | 定价（元） |
|---|---|---|---|---|---|---|
| 集中优势兵力,各个歼灭敌人 | 毛泽东 | 外文 | 1969（再版重印1次） | 27705 | 56开 | 0.06 |
| 迎接中国革命的新高潮 | 毛泽东 | 外文 | 1969（再版重印1次） | 27705 | 36开 | 0.08 |
| 蒋介石政府已处在全民的包围中 | 毛泽东 | 外文 | 1969（再版重印1次） | 22705 | 36开 | 0.05 |
| 中国人民解放军宣言 | 毛泽东 | 外文 | 1969（再版重印1次） | 32605 | 56开 | 0.08 |
| 目前形势和我们的任务 | 毛泽东 | 外文 | 1969（再版重印1次） | 38605 | 36开 | 0.14 |
| 关于目前党的政策中的几个重要问题 | 毛泽东 | 外文 | 1969（再版重印1次） | 33805 | 56开 | 0.08 |
| 关于工商业政策 | 毛泽东 | 外文 | 1969（再版重印1次） | 37655 | 56开 | 0.05 |
| 关于民族资产阶级和开明绅士问题 | 毛泽东 | 外文 | 1969（再版重印1次） | 22705 | 36开 | 0.05 |
| 评西北大捷兼论解放军的新式整风运动 | 毛泽东 | 外文 | 1969（再版重印1次） | 37655 | 36开 | 0.07 |
| 在晋绥干部会议上的讲话 | 毛泽东 | 外文 | 1969（再版重印1次） | 37905 | 36开 | 0.10 |
| 对晋绥日报编辑人员的谈话 | 毛泽东 | 外文 | 1969（再版重印1次） | 32605 | 56开 | 0.05 |
| 关于健全党委制 | 毛泽东 | 外文 | 1969（再版重印1次） | 38405 | 36开 | 0.08 |
| 中共中央关于九月会议的通知 | 毛泽东 | 外文 | 1969（再版重印1次） | 37605 | 56开 | 0.07 |
| 全世界革命力量团结起来,反对帝国主义的侵略 | 毛泽东 | 外文 | 1969（再版重印1次） | 37855 | 56开 | 0.05 |
| 将革命进行到底 | 毛泽东 | 外文 | 1969（再版重印1次） | 39305 | 36开 | 0.11 |

续表

| 书名 | 作者 | 出版社 | 出版/再版时间 | 印刷/发行册数 | 开本/装帧 | 定价（元） |
|---|---|---|---|---|---|---|
| 在中国共产党第七届中央委员会第二次全体会议上的讲话（1949 年 3 月 5 日） | 毛泽东 | 外文 | 1969（再版重印 1 次，1973 年停售） | 61696 | 36 开 | 0.15 |
| 在新政治协商会议筹备会上的讲话 | 毛泽东 | 外文 | 1969（再版重印 1 次） | 37655 | 56 开 | 0.05 |
| 论人民民主专政 | 毛泽东 | 外文 | 1969（再版重印 1 次） | 39305 | 36 开 | 0.11 |
| 评白皮书 | 毛泽东 | 外文 | 1969（再版重印 1 次） | 37905 | 36 开 | 0.18 |
| 中国共产党万岁（纪念中国共产党诞生四十八周年） | | 外文 | 1969 | 22105 | 64 开 | 0.09 |
| 中国共产党第九次全国代表大会文件汇编 | | 外文 | 1969 | | 64 开/精 | 0.64 |
| 中国共产党第九次全国代表大会主席团秘书处新闻公报中国共产党第九届中央委员会第一次全体会议新闻公报 | | 外文 | 1969（1973 年停售） | | 64 开 | 0.18 |
| 中国共产党章程 | | 外文 | 1969（1973 年停售） | 60305 | 100 开/精 | 0.22 |
| 在中国共产党第九次全国代表大会上的报告 | 林彪 | 外文 | 1969（1973 年停售） | 64305 | 64 开 | 0.23 |
| 学习《和美国记者安娜·路易斯·斯特朗的谈话》 | | 外文 | 1969（1973 年停售） | 90408 | 56 开 | 0.12 |
| 毛泽东思想是百战百胜的武器 | | 外文 | 1969 | | 40 开 | 0.30 |

**续表**

| 书名 | 作者 | 出版社 | 出版/再版时间 | 印刷/发行册数 | 开本/装帧 | 定价（元） |
|---|---|---|---|---|---|---|
| 为进一步巩固无产阶级专政而斗争（庆祝中华人民共和国成立二十周年） | | 外文 | 1969（1973年停售） | 11305 | 64 开 | 0.15 |
| 用毛泽东思想统帅一切 | | 外文 | 1969（1973年停售） | 22308 | 64 开 | 0.11 |
| 在胜利的大道上奋勇前进 | | 外文 | 1969（1973年停售） | 20308 | 40 开 | 0.22 |
| 高举九大的团结旗帜，争取更大的胜利 | | 外文 | 1969（1973年停售） | 22150 | 64 开 | 0.08 |
| 中华人民共和国政府声明（1969 年 5 月 24 日） | | 外文 | 1969（1973年停售） | 30305 | 64 开 | 0.12 |
| 中华人民共和国政府声明（1969 年 10 月 7 日） | | 外文 | 1969（再版重印 1 次，1973 年停售） | 26615 | 64 开 | 0.14 |
| 打倒新沙皇 | | 外文 | 1969（1973年停售） | 18710 | 32 开 | 0.48 |
| 自我揭露的丑恶表演 | 钟仁 | 外文 | 1969 | 10750 | 64 开 | 0.08 |
| 走投无路的自供状（评尼克松的就职演说和苏修叛徒集团的无耻捧场） | | 外文 | 1969 | | 64 开 | 0.08 |
| 驳苏修社会帝国主义的谬论 | | 外文 | 1969（1973年停售） | 21005 | 64 开 | 0.15 |
| 人民军队所向无敌 | | 外文 | 1969（1973年停售） | 14455 | 64 开 | 0.08 |
| 抓革命、促生产，夺取工业战线的新胜利 | | 外文 | 1969（1973年停售） | 25306 | 64 开 | 0.08 |
| 把新闻战线的大革命进行到底 | | 外文 | 1969（1973年停售） | 18105 | 64 开 | 0.17 |
| 关于知识分子的再教育问题 | | 外文 | 1969（1973年停售） | 20305 | 40 开 | 0.27 |

续表

| 书名 | 作者 | 出版社 | 出版/再版时间 | 印刷/发行册数 | 开本/装帧 | 定价（元） |
|---|---|---|---|---|---|---|
| 培养无产阶级知识分子的道路 | | 外文 | 1969（1973年停售） | 21305 | 40 开 | 0.33 |
| 打倒新沙皇（苏修在黑龙江和乌苏里江上的反华暴行,摄影集） | | 外文 | 1969（1973年停售） | | 16 开 | 0.70 |
| 红太阳照亮了大寨前进的道路（摄影集） | | 外文 | 1969（1973年停售） | 13806 | 12 开 | 2.90 |
| 《白毛女》（革命现代舞剧,剧照明信片） | | 外文 | 1969 | 42510 | 50 开/12 张 | 0.40 |

## 1969 年越南文版书目（89 种）

| 书名 | 作者 | 出版社 | 出版/再版时间 | 印刷/发行册数 | 开本/装帧 | 定价（元） |
|---|---|---|---|---|---|---|
| 毛泽东军事文选 | 毛泽东 | 外文 | 1969（再版重印 1 次） | 60510 | 50 开/精 | 1.70 |
| 毛主席的四篇哲学论文 | 毛泽东 | 外文 | 1969（再版重印 1 次） | 49055 | 36 开 | 0.43 |
| 中国的红色政权为什么能够存在?　井冈山的斗争　关于纠正党内的错误思想　星星之火,可以燎原 | 毛泽东 | 外文 | 1969（再版重印 1 次） | 75455 | 36 开 | 0.30 |
| 反对本本主义 | 毛泽东 | 外文 | 1969（再版重印 1 次） | 47755 | 64 开 | 0.08 |
| 必须注意经济工作 | 毛泽东 | 外文 | 1969（再版重印 1 次） | 65755 | 64 开 | 0.07 |
| 怎样分析农村阶级 | 毛泽东 | 外文 | 1969（再版重印 1 次） | 67875 | 64 开 | 0.05 |
| 我们的经济政策 | 毛泽东 | 外文 | 1969（再版重印 1 次） | 65755 | 64 开 | 0.06 |

| 书名 | 作者 | 出版社 | 出版/再版时间 | 印刷/发行册数 | 开本/装帧 | 定价（元） |
|---|---|---|---|---|---|---|
| 为争取千百万群众进入抗日民族统一战线而斗争 | 毛泽东 | 外文 | 1969（再版重印 1 次） | 66755 | 64 开 | 0.09 |
| 统一战线中的独立自主问题 | 毛泽东 | 外文 | 1969（1957 年出版，再版重印 3 次，总印数 80633 册，本次重印） |  | 64 开 | 0.06 |
| 五四运动 | 毛泽东 | 外文 | 1969（再版重印 1 次） | 71155 | 64 开 | 0.05 |
| 反对投降活动 | 毛泽东 | 外文 | 1969（再版重印 1 次） | 71258 | 64 开 | 0.05 |
| 必须制裁反动派 | 毛泽东 | 外文 | 1969（再版重印 1 次） | 52355 | 64 开 | 0.05 |
| 关于国际形势对新华日报记者的谈话 | 毛泽东 | 外文 | 1969（再版重印 1 次） | 48835 | 64 升 | 0.06 |
| 和中央报、扫荡报、新民报三记者的谈话 | 毛泽东 | 外文 | 1969（再版重印 1 次） | 71355 | 64 开 | 0.06 |
| 目前形势和党的任务 | 毛泽东 | 外文 | 1969（再版重印 1 次） | 50855 | 64 开 | 0.05 |
| 斯大林是中国人民的朋友 | 毛泽东 | 外文 | 1969（再版重印 1 次） | 72355 | 64 开 | 0.05 |
| 克服投降危险，力争时局好转 | 毛泽东 | 外文 | 1969（再版重印 1 次） | 72355 | 64 开 | 0.05 |
| 《中国工人》发刊词 | 毛泽东 | 外文 | 1969（再版重印 1 次） | 72355 | 64 开 | 0.06 |
| 团结到底 | 毛泽东 | 外文 | 1969（再版重印 1 次） | 71155 | 64 开 | 0.05 |
| 论政策 | 毛泽东 | 外文 | 1969（1957 年出版，再版重印 3 次，总印数 56338 册，本次重印） |  | 64 开 | 0.08 |

续表

| 书名 | 作者 | 出版社 | 出版/再版时间 | 印刷/发行册数 | 开本/装帧 | 定价（元） |
|---|---|---|---|---|---|---|
| 《农村调查》的序言和跋 | 毛泽东 | 外文 | 1969（1957年出版，再版重印3次，总印数59338册，本次重印） | | 64开 | 0.06 |
| 抗日时期的经济问题和财政问题 | 毛泽东 | 外文 | 1969（再版重印1次） | 47855 | 64开 | 0.06 |
| 关于领导方法的若干问题 | 毛泽东 | 外文 | 1969（1957年出版，再版重印3次，总印数61123册，本次重印） | | 64开 | 0.07 |
| 开展根据地的减租、生产和拥政爱民活动 | 毛泽东 | 外文 | 1969（再版重印1次） | 79908 | 64开 | 0.06 |
| 评国民党十一中全会和三届二次国民参政会 | 毛泽东 | 外文 | 1969（再版重印1次） | 69855 | 64开 | 0.11 |
| 评蒋介石在双十节的演说 | 毛泽东 | 外文 | 1969（再版重印1次） | 27655 | 64开 | 0.05 |
| 游击区也能够进行生产 | 毛泽东 | 外文 | 1969（再版重印1次） | 70355 | 64开 | 0.08 |
| 两个中国之命运 | 毛泽东 | 外文 | 1969（再版重印1次） | 32655 | 64开 | 0.05 |
| 第十八集团军总司令给蒋介石的两个电报 | 毛泽东 | 外文 | 1969（再版重印1次） | 27655 | 64开 | 0.07 |
| 蒋介石在挑动内战 | 毛泽东 | 外文 | 1969（再版重印1次） | 27655 | 64开 | 0.05 |
| 评蒋介石发言人谈话 | 毛泽东 | 外文 | 1969（再版重印1次） | 17205 | 64开 | 0.05 |
| 关于重庆谈判 | 毛泽东 | 外文 | 1969（再版重印1次） | 78508 | 64开 | 0.12 |

续表

| 书名 | 作者 | 出版社 | 出版/再版时间 | 印刷/发行册数 | 开本/装帧 | 定价（元） |
|---|---|---|---|---|---|---|
| 减租和生产是保卫解放区的两件大事 | 毛泽东 | 外文 | 1969（再版重印 1 次） | 48255 | 64 开 | 0.05 |
| 1946 年解放区工作的方针 | 毛泽东 | 外文 | 1969（再版重印 1 次） | 47955 | 64 开 | 0.05 |
| 建立巩固的东北根据地 | 毛泽东 | 外文 | 1969（再版重印 1 次） | 48255 | 64 开 | 0.06 |
| 集中优势兵力，各个歼灭敌人 | 毛泽东 | 外文 | 1969（再版重印 1 次） | 80680 | 64 开 | 0.06 |
| 三个月总结 | 毛泽东 | 外文 | 1969（再版重印 1 次） | 48355 | 64 开 | 0.06 |
| 迎接中国革命的新高潮 | 毛泽东 | 外文 | 1969（再版重印 1 次） | 48255 | 64 开 | 0.08 |
| 蒋介石政府已处在全民的包围中 | 毛泽东 | 外文 | 1969（再版重印 1 次） | 52355 | 64 开 | 0.05 |
| 解放战争第二年的战略方针 | 毛泽东 | 外文 | 1969（再版重印 1 次） | 48855 | 64 开 | 0.06 |
| 中国人民解放军宣言 | 毛泽东 | 外文 | 1969（再版重印 1 次） | 65455 | 64 开 | 0.08 |
| 中国人民解放军总部关于重行颁布三大纪律八项注意的训令 | 毛泽东 | 外文 | 1969（再版重印 1 次） | 48355 | 64 开 | 0.05 |
| 军队内部的民主运动 | 毛泽东 | 外文 | 1969（再版重印 1 次） | 47855 | 64 开 | 0.05 |
| 在不同地区实施土地法的不同策略 | 毛泽东 | 外文 | 1969（再版重印 1 次） | 48855 | 64 开 | 0.05 |
| 纠正土地改革宣传中的"左"倾错误 | 毛泽东 | 外文 | 1969（再版重印 1 次） | 52355 | 64 开 | 0.05 |
| 新解放区土地改革要点 | 毛泽东 | 外文 | 1969（再版重印 1 次） | 50855 | 64 开 | 0.05 |
| 关于民族资产阶级和开明绅士问题 | 毛泽东 | 外文 | 1969（再版重印 1 次） | 52355 | 64 开 | 0.05 |

续表

| 书名 | 作者 | 出版社 | 出版/再版时间 | 印刷/发行册数 | 开本/装帧 | 定价（元） |
|---|---|---|---|---|---|---|
| 评西北大捷兼论解放军的新式整风运动 | 毛泽东 | 外文 | 1969（再版重印1次） | 68858 | 64开 | 0.07 |
| 关于情况的通报 | 毛泽东 | 外文 | 1969（再版重印1次） | 50755 | 64开 | 0.07 |
| 再克洛阳后给洛阳前线指挥部的电报 | 毛泽东 | 外文 | 1969（再版重印1次） | 8255 | 64开 | 0.05 |
| 新解放区农村工作的策略问题 | 毛泽东 | 外文 | 1969（再版重印1次） | 48355 | 64开 | 0.05 |
| 1948年的土地改革工作和整党工作 | 毛泽东 | 外文 | 1969（再版重印1次） | 50855 | 64开 | 0.06 |
| 关于辽沈战役的作战方针 | 毛泽东 | 外文 | 1969（再版重印1次） | 51855 | 64开 | 0.06 |
| 中共中央关于九月会议的通知 | 毛泽东 | 外文 | 1969（再版重印1次） | 48855 | 64开 | 0.07 |
| 关于淮海战役的作战方针 | 毛泽东 | 外文 | 1969（再版重印1次） | 70855 | 64开 | 0.05 |
| 中国军事形势的重大变化 | 毛泽东 | 外文 | 1969（再版重印1次） | 48355 | 64开 | 0.07 |
| 关于平津战役的作战方针 | 毛泽东 | 外文 | 1969（再版重印1次） | 71855 | 64开 | 0.05 |
| 中共中央毛泽东主席关于时局的声明 | 毛泽东 | 外文 | 1969（再版重印1次） | 50855 | 64开 | 0.05 |
| 把军队变为工作队 | 毛泽东 | 外文 | 1969 | 48355 | 64开 | 0.05 |
| 评国民党战争责任问题的几种答案 | 毛泽东 | 外文 | 1969（再版重印1次） | 17205 | 64开 | 0.06 |
| 在中国共产党第七届中央委员会第二次全体会议上的讲话（1949年3月5日） | 毛泽东 | 外文 | 1969（再版重印1次，1973年停售） | 122534 | 64开 | 0.11 |

续表

| 书名 | 作者 | 出版社 | 出版/再版时间 | 印刷/发行册数 | 开本/装帧 | 定价（元） |
|------|------|--------|------------|------------|----------|----------|
| 中国人民解放军布告 | 毛泽东 | 外文 | 1969 | 33575 | 64 开 | 0.05 |
| 在新政治协商会议筹备会上的讲话 | 毛泽东 | 外文 | 1969（再版重印 1 次） | 47855 | 64 开 | 0.05 |
| 关于农业合作化问题 | 毛泽东 | 外文 | 1969（1956 年出版，再版重印 3 次，总印数 62405 册，本次重印） | | 64 开 | 0.14 |
| 在中国共产党全国宣传工作会议上的讲话 | 毛泽东 | 外文 | 1969 | 73010 | 64 开 | 0.12 |
| 中国共产党万岁（纪念中国共产党诞生四十八周年） | | 外文 | 1969（1973 年停售） | 52908 | 64 开 | 0.09 |
| 中国共产党第八届中央委员会第十一次全体会议公报 | | 外文 | 1969 | | 64 开 | 0.09 |
| 中国共产党第九次全国代表大会文件汇编 | | 外文 | 1969（再版重印 1 次） | | 64 开/精 | 0.64 |
| 中国共产党第九次全国代表大会主席团秘书处新闻公报　中国共产党第九届中央委员会第一次全体会议新闻公报 | | 外文 | 1969（1973 年停售） | | 64 开 | 0.18 |
| 中国共产党章程 | | 外文 | 1969（1973 年停售） | 59405 | 100 开/精 | 0.22 |
| 在中国共产党第九次全国代表大会上的报告 | 林彪 | 外文 | 1969（1973 年停售） | 64355 | 64 开 | 0.23 |
| 吸收无产阶级新鲜血液 | | 外文 | 1969（1973 年停售） | 34505 | 64 开 | 0.09 |

续表

| 书名 | 作者 | 出版社 | 出版/再版时间 | 印刷/发行册数 | 开本/装帧 | 定价（元） |
|---|---|---|---|---|---|---|
| 为进一步巩固无产阶级专政而斗争（庆祝中华人民共和国成立二十周年） | | 外文 | 1969（1973年停售） | 21055 | 64 开 | 0.15 |
| 用毛泽东思想统帅一切 | | 外文 | 1969（1973年停售） | 90458 | 64 开 | 0.11 |
| 在胜利的大道上奋勇前进 | | 外文 | 1969（1973年停售） | 76455 | 40 开 | 0.22 |
| 高举九大的团结旗帜，争取更大的胜利 | | 外文 | 1969（1973年停售） | 94505 | 64 开 | 0.08 |
| 中华人民共和国政府声明（1969 年 5 月 24 日） | | 外文 | 1969（1973年停售） | 54655 | 64 开 | 0.12 |
| 中华人民共和国政府声明（1969 年 10 月 7 日） | | 外文 | 1969（再版重印 1 次，1973 年停售） | 16405 | 64 开 | 0.14 |
| 走上海机床厂从工人中培养技术人员的道路 | | 外文 | 1969（1978 年停售，并销毁） | 10155 | 64 开 | 0.15 |
| 打倒新沙皇 | | 外文 | 1969（1973年停售） | 18510 | 32 开 | 0.48 |
| 自我揭露的丑恶表演 | 钟仁 | 外文 | 1969 | 21155 | 64 开 | 0.08 |
| 走投无路的自供状（评尼克松的就职演说和苏修叛徒集团的无耻捧场） | | 外文 | 1969 | 81355 | 64 开 | 0.08 |
| 驳苏修社会帝国主义的谬论 | | 外文 | 1969（1973年停售） | 20805 | 64 开 | 0.15 |
| 人民军队所向无敌 | | 外文 | 1969（1973年停售） | 19955 | 64 开 | 0.08 |
| 抓革命、促生产，夺取工业战线的新胜利 | | 外文 | 1969（1973年停售） | 9435 | 64 开 | 0.08 |
| 把新闻战线的大革命进行到底 | | 外文 | 1969（1973年停售） | 19355 | 64 开 | 0.17 |

续表

| 书名 | 作者 | 出版社 | 出版/再版时间 | 印刷/发行册数 | 开本/装帧 | 定价（元） |
|---|---|---|---|---|---|---|
| 关于知识分子的再教育问题 | | 外文 | 1969（1973年停售） | 77755 | 64 开 | 0.15 |
| 打倒新沙皇（苏修在黑龙江和乌苏里江上的反华暴行，摄影集） | | 外文 | 1969（1973年停售） | | 16 开 | 0.70 |
| 红太阳照亮了大寨前进的道路（摄影集） | | 外文 | 1969（1973年停售） | 18406 | 12 开 | 2.90 |

## 1969 年泰国文版书目(55 种)

| 书名 | 作者 | 出版社 | 出版/再版时间 | 印刷/发行册数 | 开本/装帧 | 定价（元） |
|---|---|---|---|---|---|---|
| 毛泽东的四篇哲学论文 | 毛泽东 | 外文 | 1969（重印再版 1 次） | 15405 | 64 开 | 0.65 |
| 毛主席语录 | 毛泽东 | 外文 | 1969（1968 年出版，再版 2 次重印，总印数 170320 册，本次再版重印） | | 100 开/精 | 0.60 |
| 湖南农民运动考察报告 | 毛泽东 | 外文 | 1969（1964 年出版，再版 2 次重印，总印数 12705 册，本次再版） | | 64 开 | 0.18 |
| 中国的红色政权为什么能够存在? | 毛泽东 | 外文 | 1969（1967 年出版，再版 2 次重印，总印数 11555 册，本次再版） | | 64 开 | 0.09 |

续表

| 书名 | 作者 | 出版社 | 出版/再版时间 | 印刷/发行册数 | 开本/装帧 | 定价（元） |
|---|---|---|---|---|---|---|
| 井冈山的斗争 | 毛泽东 | 外文 | 1969（重印再版1次） | 13205 | 64开 | 0.24 |
| 关于纠正党内的错误思想 | 毛泽东 | 外文 | 1969（1956年出版，再版5次重印，总印数39310册，本次再版） | | 64开 | 0.09 |
| 关于纠正党内的错误思想、反对自由主义、整顿党的作风、中国人民解放军总部关于重行颁布三大纪律八项注意的训令、党委会的工作方法 | 毛泽东 | 外文 | 1969（重印再版1次） | 12608 | 36开 | 0.26 |
| 星星之火，可以燎原 | 毛泽东 | 外文 | 1969（1964年出版，再版4次重印，总印数24579册，本次再版） | | 64开 | 0.10 |
| 反对本本主义 | 毛泽东 | 外文 | 1969（重印再版1次） | 13405 | 64开 | 0.08 |
| 怎样分析农村阶级 | 毛泽东 | 外文 | 1969（重印再版1次） | 11505 | 64开 | 0.05 |
| 我们的经济政策 | 毛泽东 | 外文 | 1969（重印再版1次） | 11505 | 64开 | 0.06 |
| 关心群众生活，注意工作方法 | 毛泽东 | 外文 | 1969 | | 64开 | 0.07 |
| 论反对日本帝国主义的策略 | 毛泽东 | 外文 | 1969 | | 64开 | 0.17 |
| 中国革命战争的战略问题 | 毛泽东 | 外文 | 1969（重印再版1次） | 32108 | 64开 | 0.54 |
| 中国共产党在抗日时期的任务 | 毛泽东 | 外文 | 1969（重印再版1次） | 10105 | 64开 | 0.17 |

| 书名 | 作者 | 出版社 | 出版/再版时间 | 印刷/发行册数 | 开本/装帧 | 定价（元） |
|---|---|---|---|---|---|---|
| 为争取千百万群众进入抗日民族统一战线而斗争 | 毛泽东 | 外文 | 1969（重印再版1次） | 10208 | 64开 | 0.06 |
| 为动员一切力量争取抗战胜利而斗争 | 毛泽东 | 外文 | 1969（重印再版1次） | 12805 | 64开 | 0.08 |
| 国共合作成立后的迫切任务 | 毛泽东 | 外文 | 1969（重印再版1次） | 29408 | 64开 | 0.08 |
| 和英国记者贝特兰的谈话 | 毛泽东 | 外文 | 1969（重印再版1次） | 13705 | 64开 | 0.09 |
| 上海太原失陷以后抗日战争的形势和任务 | 毛泽东 | 外文 | 1969（重印再版1次） | 12705 | 64开 | 0.10 |
| 论持久战 | 毛泽东 | 外文 | 1969（1967年出版，再版2次重印，总印数26718册，本次再版） | | 64开 | 0.56 |
| 抗日游击战争的战略问题 | 毛泽东 | 外文 | 1969（1966年出版，再版2次重印，总印数9257册，本次再版） | | 64开 | 0.18 |
| 中国共产党在民族战争中的地位 | 毛泽东 | 外文 | 1969（1956年出版，再版2次重印，总印数11655册，本次再版） | | 64开 | 0.13 |
| 战争和战略问题 | 毛泽东 | 外文 | 1969（1967年出版，再版3次重印，总印数21337册，本次再版） | | 64开 | 0.11 |

续表

| 书名 | 作者 | 出版社 | 出版/再版时间 | 印刷/发行册数 | 开本/装帧 | 定价（元） |
|---|---|---|---|---|---|---|
| 青年运动的方向 | 毛泽东 | 外文 | 1969（1966年出版，再版2次重印，总印数16817册，本次再版） |  | 64开 | 0.10 |
| 被敌人反对是好事而不是坏事 | 毛泽东 | 外文 | 1969（重印再版1次） | 14205 | 64开 | 0.05 |
| 目前形势和党的任务 | 毛泽东 | 外文 | 1969（重印再版1次） | 11405 | 64开 | 0.05 |
| 大量吸收知识分子 | 毛泽东 | 外文 | 1969（重印再版1次） | 28808 | 64开 | 0.05 |
| 中国革命和中国共产党 | 毛泽东 | 外文 | 1969（1964年出版，再版2次重印，总印数14667册，本次再版） |  | 64开 | 0.20 |
| 《农村调查》的序言和跋 | 毛泽东 | 外文 | 1969（1964年出版，再版2次重印，总印数17767册，本次再版） |  | 64开 | 0.06 |
| 关于打退第二次反共高潮的总结 | 毛泽东 | 外文 | 1969（重印再版1次） | 7605 | 64开 | 0.08 |
| 在陕甘宁边区参议会上的演说 | 毛泽东 | 外文 | 1969（重印再版1次） | 11505 | 64开 | 0.06 |
| 在延安文艺座谈会上的讲话 | 毛泽东 | 外文 | 1969（重印再版1次） | 12105 | 64开 | 0.14 |
| 一个极其重要的政策 | 毛泽东 | 外文 | 1969（重印再版1次） | 12605 | 64开 | 0.05 |
| 第二次世界大战的转折点 | 毛泽东 | 外文 | 1969（重印再版1次） | 12105 | 64开 | 0.06 |

| 书名 | 作者 | 出版社 | 出版/再版时间 | 印刷/发行册数 | 开本/装帧 | 定价（元） |
|---|---|---|---|---|---|---|
| 组织起来 | 毛泽东 | 外文 | 1969（重印再版1次） | 11505 | 64 开 | 0.08 |
| 学习和时局 | 毛泽东 | 外文 | 1969（重印再版1次） | 11250 | 64 开 | 0.10 |
| 关于目前党的政策中的几个重要问题 | 毛泽东 | 外文 | 1969 | 11505 | 64 开 | |
| 必须学会做经济工作 | 毛泽东 | 外文 | 1969（重印再版1次） | 12105 | 64 开 | 0.08 |
| 论军队生产自给，兼论整风和生产两大运动的重要性 | 毛泽东 | 外文 | 1969（再版重印1次） | 11605 | 64 开 | 0.06 |
| 抗日战争胜利后的时局和我们的方针 | 毛泽东 | 外文 | 1969 | 12305 | 64 开 | 0.11 |
| 集中优势兵力，各个歼灭敌人 | 毛泽东 | 外文 | 1969（重印再版1次） | 13005 | 64 开 | 0.06 |
| 迎接中国革命的新高潮 | 毛泽东 | 外文 | 1969（重印再版1次） | 12505 | 64 开 | 0.08 |
| 中国人民解放军宣言 | 毛泽东 | 外文 | 1969（重印再版1次） | 12605 | 64 开 | 0.08 |
| 中共中央关于九月会议的通中 | 毛泽东 | 外文 | 1969（重印再版1次） | 11705 | 64 开 | 0.07 |
| 全世界革命力量团结起来，反对帝国主义的侵略 | 毛泽东 | 外文 | 1969（重印再版1次） | 12565 | 64 开 | 0.05 |
| 将革命进行到底 | 毛泽东 | 外文 | 1969（重印再版1次） | 12005 | 64 开 | 0.11 |
| 中国人民解放军布告 | 毛泽东 | 外文 | 1969（重印再版1次） | 11405 | 64 开 | 0.05 |
| 关于农业合作化问题 | 毛泽东 | 外文 | 1969（1956年出版，再版2次重印，总印数15500册，本次再版） | | 64 开 | 0.14 |

续表

| 书名 | 作者 | 出版社 | 出版/再版时间 | 印刷/发行册数 | 开本/装帧 | 定价（元） |
|---|---|---|---|---|---|---|
| 在中国共产党全国宣传工作会上的讲话 | 毛泽东 | 外文 | 1969（重印再版1次） | 14205 | 64开 | 0.12 |
| 中国共产党第九次全国代表大会文件汇编 | | 外文 | 1969（再版重印1次） | | 64开/精 | 0.64 |
| 中国共产党第九次全国代表大会主席团秘书处新闻公报中国共产党第九届中央委员会第一次全体会议新闻公报 | | 外文 | 1969（1973年停售） | | 64开 | 0.18 |
| 中国共产党章程 | | 外文 | 1969（1973年停售） | 8705 | 100开/精 | 0.22 |
| 在中国共产党第九次全国代表大会上的报告 | 林彪 | 外文 | 1969（1973年停售） | 7705 | 64开 | 0.23 |
| 为进一步巩固无产阶级专政而斗争（庆祝中华人民共和国成立二十周年） | | 外文 | 1969（1973年停售） | 3515 | 64开 | 0.15 |

## 1969 年乌尔都文版书目（32 种）

| 书名 | 作者 | 出版社 | 出版/再版时间 | 印刷/发行册数 | 开本/装帧 | 定价（元） |
|---|---|---|---|---|---|---|
| 毛主席关于文学艺术的五个文件 | 毛泽东 | 外文 | 1969（1968年出版，再版2次重印，总印数36610册，本次再版重印） | | 64开 | 0.06 |
| 毛主席的五篇著作 | 毛泽东 | 外文 | 1969（再版重印1次） | 50105 | 100开/精 | 0.23 |
| 毛主席的六篇军事著作 | 毛泽东 | 外文 | 1969（再版重印1次） | 23675 | 50开/精 | 1.30 |

| 书名 | 作者 | 出版社 | 出版/再版时间 | 印刷/发行册数 | 开本/装帧 | 定价（元） |
|---|---|---|---|---|---|---|
| 中国社会各阶级的分析 | 毛泽东 | 外文 | 1969（1967 年出版，再版 2 次重印，总印数 31565 册，本次再版重印） | | 64 开 | 0.08 |
| 关于纠正党内的错误思想 | 毛泽东 | 外文 | 1969（1967 年出版，再版 2 次重印，总印数 26265 册，本次再版重印） | | 64 开 | 0.09 |
| 论反对日本帝国主义的策略 | 毛泽东 | 外文 | 1969（1967 年出版，再版 2 次重印，总印数 26268 册，本次再版重印） | | 64 开 | 0.17 |
| 为争取千百万群众进入抗日统一战线而斗争 | 毛泽东 | 外文 | 1969（960 年出版，再版重印 2 次，总印数 5425 册，本次再版重印） | | 64 开 | 0.09 |
| 和英国记者贝特兰的谈话 | 毛泽东 | 外文 | 1969（再版重印 1 次） | 17725 | 64 开 | 0.09 |
| 抗日游击战争的战略问题 | 毛泽东 | 外文 | 1969（再版重印 1 次） | 15105 | 64 开 | 0.18 |
| 中国共产党在民族战争中的地位 | 毛泽东 | 外文 | 1969（再版重印 1 次） | 15625 | 64 开 | 0.13 |
| 统一战线中的独立自主问题 | 毛泽东 | 外文 | 1969（1967 年出版，再版 2 次重印，总印数 36663 册，本次再版重印） | | 64 开 | 0.06 |
| 战争和战略问题 | 毛泽东 | 外文 | 1969（1968 年出版，再版 2 次重印，总印数 36610 册，本次再版重印） | | 64 开 | 0.11 |

续表

| 书名 | 作者 | 出版社 | 出版/再版时间 | 印刷/发行册数 | 开本/装帧 | 定价（元） |
|---|---|---|---|---|---|---|
| 《共产党人》发刊词 | 毛泽东 | 外文 | 1969（再版重印1次） | 17705 | 64开 | 0.11 |
| 大量吸收知识分子 | 毛泽东 | 外文 | 1969（再版重印1次） | 17928 | 64开 | 0.25 |
| 新民主主义论 | 毛泽东 | 外文 | 1969（再版重印1次） | 18025 | 64开 | 0.24 |
| 新民主主义的宪政 | 毛泽东 | 外文 | 1969（再版重印1次） | 18105 | 64开 | 0.08 |
| 论政策 | 毛泽东 | 外文 | 1969（1968年出版，再版重印1次，总印数49113册，本次再版重印） | | 64开 | 0.08 |
| 整顿党的作风 | 毛泽东 | 外文 | 1969（再版重印1次） | 17705 | 64开 | 0.11 |
| 学习和时局 | 毛泽东 | 外文 | 1969（再版重印1次） | 17975 | 64开 | 0.10 |
| 论联合政府 | 毛泽东 | 外文 | 1969（再版重印1次） | 11975 | 64开 | 0.46 |
| 关于重庆谈判 | 毛泽东 | 外文 | 1969（再版重印1次） | 17805 | 36开 | 0.12 |
| 集中优势兵力，各个歼灭敌人 | 毛泽东 | 外文 | 1969（再版重印1次） | 12025 | 64开 | 0.06 |
| 目前形势和我们的任务 | 毛泽东 | 外文 | 1969（再版重印1次） | 17925 | 36开 | 0.12 |
| 中共中央关于九月会议的通知 | 毛泽东 | 外文 | 1969（再版重印1次） | 17925 | 64开 | 0.07 |
| 将革命进行到底 | 毛泽东 | 外文 | 1969（1968年出版，再版2次重印，总印数48413册，本次再版重印） | | 64开 | 0.11 |

**续表**

| 书名 | 作者 | 出版社 | 出版/再版时间 | 印刷/发行册数 | 开本/装帧 | 定价（元） |
|---|---|---|---|---|---|---|
| 中国共产党中央委员会关于无产阶级文化大革命的决定 | | 外文 | 1969 | | 64 开 | 0.11 |
| 中国共产党第八届中央委员会第十一次全体会议公报 | | 外文 | 1969 | | 64 开 | 0.07 |
| 中国共产党第九次全国代表大会文件汇编 | | 外文 | 1969（再版重印 1 次） | | 64 开/精 | 0.64 |
| 中国共产党第九次全国代表大会主席团秘书处新闻公报 中国共产党第九届中央委员会第一次全体会议新闻公报 | | 外文 | 1969（1973年停售） | | 64 开 | 0.18 |
| 中国共产党章程 | | 外文 | 1969（1973年停售） | | 100 开/精 | 0.22 |
| 在中国共产党第九次全国代表大会上的报告 | 林彪 | 外文 | 1969（1973年停售） | 22005 | 64 开 | 0.23 |
| 为进一步巩固无产阶级专政而斗争（庆祝中华人民共和国成立二十周年） | | 外文 | 1969（1973年停售） | | 64 开 | 0.15 |

## 1969 年印尼文版书目（79 种）

| 书名 | 作者 | 出版社 | 出版/再版时间 | 印刷/发行册数 | 开本/装帧 | 定价（元） |
|---|---|---|---|---|---|---|
| 毛主席关于文学艺术的五个文件 | 毛泽东 | 外文 | 1969（再版重印 1 次） | 5055 | 100 开 | 0.06 |

续表

| 书名 | 作者 | 出版社 | 出版/再版时间 | 印刷/发行册数 | 开本/装帧 | 定价（元） |
|---|---|---|---|---|---|---|
| 毛主席的五篇著作 | 毛泽东 | 外文 | 1969（再版重印1次） | 6615 | 100开/精 | 0.23 |
| 中国的红色政权为什么能够存在？ 井冈山的斗争关于纠正党内的错误思想星星之火，可以燎原 | 毛泽东 | 外文 | 1969（再版重印1次） | 5775 | 64开 | 0.30 |
| 井冈山的斗争 | 毛泽东 | 外文 | 1969（再版重印1次） | 4668 | 100开 | 0.24 |
| 反对本本主义 | 毛泽东 | 外文 | 1969（再版重印1次） | 4405 | 100开 | 0.08 |
| 必须注意经济工作 | 毛泽东 | 外文 | 1969（再版重印1次） | 5005 | 100开 | 0.07 |
| 我们的经济政策 | 毛泽东 | 外文 | 1969（再版重印1次） | 5005 | 100开 | 0.06 |
| 关于蒋介石声明的声明 | 毛泽东 | 外文 | 1969（再版重印1次） | 3955 | 100开 | 0.08 |
| 为争取千百万群众进入抗日统一战线而斗争 | 毛泽东 | 外文 | 1969（960年出版，再版重印2次，总印数5425册，本次再版重印） | | 100开 | 0.09 |
| 和英国记者贝特兰的谈话 | 毛泽东 | 外文 | 1969（再版重印1次） | 3965 | 100开 | 0.09 |
| 上海太原失陷以后抗日战争的形势和任务 | 毛泽东 | 外文 | 1969（1954年出版，重印再版2次，总印数7465册，本次重印） | | 100开 | 0.10 |
| 五四运动 | 毛泽东 | 外文 | 1969（再版重印1次） | 4255 | 100开 | 0.05 |

续表

| 书名 | 作者 | 出版社 | 出版／再版时间 | 印刷／发行册数 | 开本／装帧 | 定价（元） |
|---|---|---|---|---|---|---|
| 反对投降活动 | 毛泽东 | 外文 | 1969（再版重印 1 次） | 5005 | 100 开 | 0.05 |
| 必须制裁反动派 | 毛泽东 | 外文 | 1969（再版重印 1 次） | 5275 | 100 开 | 0.05 |
| 大量吸收知识分子 | 毛泽东 | 外文 | 1969（再版重印 1 次） | 3955 | 100 开 | 0.05 |
| 新民主主义论 | 毛泽东 | 外文 | 1969（再版重印 1 次） | 5215 | 64 开 | 0.24 |
| 《中国工人》发刊词 | 毛泽东 | 外文 | 1969（再版重印 1 次） | 5005 | 100 开 | 0.05 |
| 放手发展抗日力量，抵抗反共顽固派的进攻 | 毛泽东 | 外文 | 1969 | 7858 | 100 开 | 0.07 |
| 论政策 | 毛泽东 | 外文 | 1969（1956 年出版，重印再版 2 次，总印数 12155 册，本次重印再版） | | 100 开 | 0.07 |
| 关于打退第二次反共高潮的总结 | 毛泽东 | 外文 | 1969（再版重印 1 次） | 4255 | 100 开 | 0.08 |
| 在陕甘宁边区参议会上的讲话 | 毛泽东 | 外文 | 1969（1960 年出版，重印再版 3 次，总印数 8908 册，本次再版重印） | | 100 开 | 0.06 |
| 整顿党的作风 | 毛泽东 | 外文 | 1969（1955 年出版，重印再版 2 次，总印数 4705 册，本次再版重印） | | 100 开 | 0.11 |
| 反对党八股 | 毛泽东 | 外文 | 1969（再版重印 1 次） | 4486 | 100 开 | 0.12 |

续表

| 书名 | 作者 | 出版社 | 出版/再版时间 | 印刷/发行册数 | 开本/装帧 | 定价（元） |
|---|---|---|---|---|---|---|
| 在延安文艺座谈会上的讲话 | 毛泽东 | 外文 | 1969（1958年出版，重印再版2次，总印数10170册，本次重印） | | 64开 | 0.14 |
| 一个极其重要的政策 | 毛泽东 | 外文 | 1969（再版重印1次） | 4205 | 100开 | 0.05 |
| 第二次世界大战的转折点 | 毛泽东 | 外文 | 1969（再版重印1次） | 4255 | 100开 | 0.06 |
| 抗日时期的经济问题和财政问题 | 毛泽东 | 外文 | 1969（1958年出版，重印再版2次，总印数9149册，本次重印） | | 100开 | 0.06 |
| 开展根据地的减租、生产和拥政爱民运动 | 毛泽东 | 外文 | 1969（再版重印1次） | 4688 | 100开 | 0.06 |
| 组织起来 | 毛泽东 | 外文 | 1969（再版重印1次） | 4868 | 100开 | 0.08 |
| 学习和时局 | 毛泽东 | 外文 | 1969（再版重印1次） | 6258 | 100开 | 0.10 |
| 文化工作中的统一战线 | 毛泽东 | 外文 | 1969（再版重印1次） | 4255 | 100开 | 0.05 |
| 必须学会做经济工作 | 毛泽东 | 外文 | 1969（再版重印1次） | 4855 | 100开 | 0.08 |
| 两个中国之命运 | 毛泽东 | 外文 | 1969（再版重印1次） | 4055 | 100开 | 0.05 |
| 论联合政府 | 毛泽东 | 外文 | 1969（1962年出版，重印再版2次，总印数6525册，本次重印） | | 64开 | 0.31 |

续表

| 书名 | 作者 | 出版社 | 出版/再版时间 | 印刷/发行册数 | 开本/装帧 | 定价（元） |
|---|---|---|---|---|---|---|
| 关于重庆谈判 | 毛泽东 | 外文 | 1969（1961 年出版，重印再版 2 次，总印数 4755 册，本次重印） | | 100 开 | 0.12 |
| 1946 年解放区工作的方针 | 毛泽东 | 外文 | 1969（再版重印 1 次） | 4168 | 100 开 | 0.05 |
| 三个月的总结 | 毛泽东 | 外文 | 1969（再版重印 1 次） | 4355 | 100 开 | 0.06 |
| 迎接中国革命的新高潮 | 毛泽东 | 外文 | 1969（再版重印 1 次） | 5225 | 100 开 | 0.08 |
| 蒋介石政府已处在人民的包围中 | 毛泽东 | 外文 | 1969（再版重印 1 次） | 5225 | 100 开 | 0.05 |
| 解放战争第二年的战略方针 | 毛泽东 | 外文 | 1969（再版重印 1 次） | 5225 | 100 开 | 0.06 |
| 中国人民解放军宣言 | 毛泽东 | 外文 | 1969（再版重印 1 次） | 4205 | 100 开 | 0.08 |
| 军队内部的民主运动 | 毛泽东 | 外文 | 1969 | 4055 | 100 开 | 0.05 |
| 关于建立报告制度 | 毛泽东 | 外文 | 1969（再版重印 1 次） | 5275 | 100 开 | 0.05 |
| 关于目前党的政策中的几个重要问题 | 毛泽东 | 外文 | 1969（1962 年出版，重印再版 2 次，总印数 2040 册，本次重印） | | 100 开 | 0.08 |
| 在不同地区实施土地法的不同策略 | 毛泽东 | 外文 | 1969（再版重印 1 次） | 4255 | 100 开 | 0.05 |
| 纠正土地改革宣传中的"左倾"错误 | 毛泽东 | 外文 | 1969 | 4055 | 100 开 | 0.05 |
| 新解放区土地改革要点 | 毛泽东 | 外文 | 1969 | 4055 | 100 开 | 0.05 |

续表

| 书名 | 作者 | 出版社 | 出版/再版时间 | 印刷/发行册数 | 开本/装帧 | 定价（元） |
|---|---|---|---|---|---|---|
| 关于工商业政策 | 毛泽东 | 外文 | 1969 | 4315 | 100 开 | 0.05 |
| 关于民族资产阶级和开明绅士问题 | 毛泽东 | 外文 | 1969 | 4255 | 100 开 | 0.05 |
| 评西北大捷兼论解放军的新式整军运动 | 毛泽东 | 外文 | 1969 | 4255 | 100 开 | 0.07 |
| 关于情况的通报 | 毛泽东 | 外文 | 1969 | 4255 | 100 开 | 0.07 |
| 在晋绥干部会议上的讲话 | 毛泽东 | 外文 | 1969（1962 年出版,重印再版 2 次,总印数 6206 册,本次重印) | | 100 开 | 0.10 |
| 对晋绥日报编辑人员的谈话 | 毛泽东 | 外文 | 1969 | 4155 | 100 开 | 0.05 |
| 再克洛阳后给洛阳前线指挥部的电报 | 毛泽东 | 外文 | 1969 | 4355 | 100 开 | 0.05 |
| 新解放区农村工作的策略问题 | 毛泽东 | 外文 | 1969 | 4255 | 100 开 | 0.05 |
| 1948 年的土地改革工作和整党工作 | 毛泽东 | 外文 | 1969 | 4255 | 100 开 | 0.06 |
| 关于辽沈战役的作战方针 | 毛泽东 | 外文 | 1969 | 5265 | 100 开 | 0.06 |
| 关于健全党委制 | 毛泽东 | 外文 | 1969（1961 年出版,重印再版 2 次,总印数 6238 册,本次重印) | | 100 开 | 0.08 |
| 中共中央关于九月会议的通知 | 毛泽东 | 外文 | 1969 | 4305 | 100 开 | 0.07 |
| 关于淮海战役的作战方针 | 毛泽东 | 外文 | 1969 | 5265 | 100 开 | 0.05 |
| 全世界革命力量团结起来,反对帝国主义的侵略 | 毛泽东 | 外文 | 1969 | 4355 | 100 开 | 0.05 |

续表

| 书名 | 作者 | 出版社 | 出版/再版时间 | 印刷/发行册数 | 开本/装帧 | 定价（元） |
|---|---|---|---|---|---|---|
| 关于平津战役的作战方针 | 毛泽东 | 外文 | 1969 | 5265 | 100 开 | 0.06 |
| 将革命进行到底 | 毛泽东 | 外文 | 1969（1963 年出版，重印再版 3 次，总印数 9355 册，本次重印） | | 100 开 | 0.11 |
| 中共中央毛泽东主席关于时局的声明 | 毛泽东 | 外文 | 1969 | 4355 | 100 开 | 0.05 |
| 把军队变为工作队 | 毛泽东 | 外文 | 1969 | 5005 | 100 开 | 0.05 |
| 中国人民解放军布告 | 毛泽东 | 外文 | 1969 | 5275 | 100 开 | 0.05 |
| 在新政治协商会议筹备会上的讲话 | 毛泽东 | 外文 | 1969 | 4055 | 100 开 | 0.05 |
| 论人民民主专政 | 毛泽东 | 外文 | 1969（1949 年出版，重印再版 4 次，总印数 15165 册，本次再版重印） | | 100 开 | 0.11 |
| 评白皮书 | 毛泽东 | 外文 | 1969（1962 年出版，重印再版 2 次，总印数 5635 册，本次再版重印） | | 64 开 | 0.18 |
| 关于农业合作化问题 | 毛泽东 | 外文 | 1969（1956 年出版，重印再版 2 次，总印数 10335 册，本次再版重印） | | 100 开 | 0.14 |
| 关于正确处理人民内部矛盾的问题 | 毛泽东 | 外文 | 1969 | 4405 | 64 开 | 0.21 |
| 在中国共产党全国宣传工作会议上的讲话 | 毛泽东 | 外文 | 1969 | 4755 | 100 开 | 0.12 |

续表

| 书名 | 作者 | 出版社 | 出版/再版时间 | 印刷/发行册数 | 开本/装帧 | 定价（元） |
|---|---|---|---|---|---|---|
| 人的正确思想是从哪里来的？ | 毛泽东 | 外文 | 1969 | 4405 | 100 开 | 0.05 |
| 中国共产党第九次全国代表大会文件汇编 | | 外文 | 1969（再版重印 1 次） | | 64 开/精 | 0.64 |
| 中国共产党第九次全国代表大会主席团秘书处新闻公报中国共产党第九届中央委员会第一次全体会议新闻公报 | | 外文 | 1969（1973年停售） | | 64 开 | 0.18 |
| 中国共产党章程 | | 外文 | 1969（1973年停售） | | 100 开/精 | 0.22 |
| 在中国共产党第九次全国代表大会上的报告 | 林彪 | 外文 | 1969（1973年停售） | 7025 | 64 开 | 0.23 |
| 为进一步巩固无产阶级专政而斗争（庆祝中华人民共和国成立二十周年） | | 外文 | 1969（1973年停售） | 2635 | 64 开 | 0.15 |
| 《修养》的要害是背叛无产阶级专政 | | 外文 | 1969（1980年停售） | 3055 | 64 开 | 0.10 |

## 1969 年印地文版书目（14 种）

| 书名 | 作者 | 出版社 | 出版/再版时间 | 印刷/发行册数 | 开本/装帧 | 定价（元） |
|---|---|---|---|---|---|---|
| 毛泽东选集（第一卷） | 毛泽东 | 外文 | 1969（再版重印 2 次） | 16955 | 50 开/精 | 1.50 |
| 毛主席的六篇军事著作 | 毛泽东 | 外文 | 1969（再版重印 1 次） | 8905 | 50 开/精 | 1.50 |
| 论反对日本帝国主义的策略 | 毛泽东 | 外文 | 1969（再版重印 1 次） | 7055 | 64 开 | 0.17 |

| 书名 | 作者 | 出版社 | 出版/再版时间 | 印刷/发行册数 | 开本/装帧 | 定价（元） |
|---|---|---|---|---|---|---|
| 中国共产党在抗日时期的任务 | 毛泽东 | 外文 | 1969（再版重印 1 次） | 10195 | 64 开 | 0.17 |
| 矛盾论 | 毛泽东 | 外文 | 1969（再版重印 1 次） | 11165 | 36 开 | 0.20 |
| 集中优势兵力,各个歼灭敌人 | 毛泽东 | 外文 | 1969 | 7958 | 64 开 | 0.06 |
| 关于目前党的政策中的几个重要问题 | 毛泽东 | 外文 | 1969（1966 年出版,重印再版 2 次,总印数 11427 册,本次重印） | | 64 开 | 0.08 |
| 在中国共产党第七届中央委员会第二次全体会议上的报告 | 毛泽东 | 外文 | 1969（1967 年出版,重印再版 1 次,总印数 21215 册,本次重印） | | 64 开 | 0.11 |
| 中国共产党第九次全国代表大会主席团秘书处新闻公报中国共产党第九届中央委员会第一次全体会议新闻公报 | | 外文 | 1969（1973 年停售） | | 64 开 | 0.18 |
| 中国共产党章程 | | 外文 | 1969（1973 年停售） | 11555 | 100 开/精 | 0.22 |
| 在中国共产党第九次全国代表大会上的报告 | 林彪 | 外文 | 1969（1973 年停售） | 9605 | 64 开 | 0.23 |
| 为进一步巩固无产阶级专政而斗争(庆祝中华人民共和国成立二十周年) | | 外文 | 1969（1973 年停售） | 8005 | 64 开 | 0.15 |
| 划时代的文献(纪念《通知》发表两周年) | | 外文 | 1969（1973 年停售） | 7105 | 64 开 | 0.09 |
| 人民战争胜利万岁(纪念中国人民抗日战争胜利二十周年) | 林彪 | 外文 | 1969 | | 64 开 | 0.29 |

## 1969 年缅甸文版书目（42 种）

| 书名 | 作者 | 出版社 | 出版/再版时间 | 印刷/发行册数 | 开本/装帧 | 定价（元） |
|---|---|---|---|---|---|---|
| 毛主席语录 | 毛泽东 | 外文 | 1969（1967 年出版，再版 4 次重印，总印数 407938 册，本次再版） | | 100 开/精 | 0.60 |
| 中国的红色政权为什么能够存在？ | 毛泽东 | 外文 | 1969（1965 年出版，再版重印 1 次，总印数 8155 册，本次再版重印） | | 100 开 | 0.09 |
| 井冈山的斗争 | 毛泽东 | 外文 | 1969（再版重印 1 次） | 5065 | 100 开 | 0.24 |
| 关于纠正党内的错误思想 | 毛泽东 | 外文 | 1969（1964 年出版，再版重印 1 次，总印数 8155 册，本次再版重印） | | 100 开 | 0.09 |
| 星星之火，可以燎原 | 毛泽东 | 外文 | 1969（1962 年出版，再版重印 2 次，总印数 10555 册，本次再版重印） | | 100 开 | 0.10 |
| 反对本本主义 | 毛泽东 | 外文 | 1969（1965 年出版，再版重印 1 次，总印数 8155 册，本次再版重印） | | 100 开 | 0.08 |
| 陕甘宁边区政府、第八路军后方留守处布告 | 毛泽东 | 外文 | 1969（再版重印 1 次） | 12705 | 100 开 | 0.05 |
| 被敌人反对是好事而不是坏事 | 毛泽东 | 外文 | 1969（1965 年出版，再版重印 2 次，总印数 16615 册，本次再版重印） | | 100 开 | 0.05 |

| 书名 | 作者 | 出版社 | 出版/再版时间 | 印刷/发行册数 | 开本/装帧 | 定价（元） |
|---|---|---|---|---|---|---|
| 和中央社、扫荡报、新民报三记者的谈话 | 毛泽东 | 外文 | 1969（再版重印 1 次） | 32758 | 100 开 | 0.06 |
| 质问国民党 | 毛泽东 | 外文 | 1969（再版重印 1 次） | 31455 | 100 开 | 0.06 |
| 评国民党十一届三中全会和三届二次国民参政会 | 毛泽东 | 外文 | 1969（再版重印 1 次） | 15555 | 100 开 | 0.09 |
| 第十八军集团总司令给蒋介石的两个电报 | 毛泽东 | 外文 | 1969（再版重印 1 次） | 31455 | 100 开 | 0.07 |
| 蒋介石在挑动内战 | 毛泽东 | 外文 | 1969（再版重印 1 次） | 15555 | 100 开 | 0.05 |
| 评蒋介石发言人谈话 | 毛泽东 | 外文 | 1969（再版重印 1 次） | 31455 | 100 开 | 0.05 |
| 关于重庆谈判 | 毛泽东 | 外文 | 1969 | | 100 开 | 0.12 |
| 三个月总结 | 毛泽东 | 外文 | 1969（再版重印 1 次） | 31758 | 100 开 | 0.06 |
| 蒋介石已处在全民的包围中 | 毛泽东 | 外文 | 1969（再版重印 1 次） | 32055 | 100 开 | 0.05 |
| 关于建立报告制度 | 毛泽东 | 外文 | 1969（再版重印 1 次） | 31555 | 100 开 | 0.05 |
| 纠正土地改革宣传中的"左"倾错误 | 毛泽东 | 外文 | 1969（再版重印 1 次） | 32055 | 100 开 | 0.05 |
| 新解放区土地改革要点 | 毛泽东 | 外文 | 1969（再版重印 1 次） | 31555 | 100 开 | 0.05 |
| 关于民族资产阶级和开明绅士问题 | 毛泽东 | 外文 | 1969（再版重印 1 次） | 31555 | 100 开 | 0.05 |
| 关于情况的通报 | 毛泽东 | 外文 | 1969（再版重印 1 次） | 9355 | 100 开 | 0.07 |

续表

| 书名 | 作者 | 出版社 | 出版/再版时间 | 印刷/发行册数 | 开本/装帧 | 定价（元） |
|---|---|---|---|---|---|---|
| 新解放区农村工作的策略问题 | 毛泽东 | 外文 | 1969（再版重印1次） | 5855 | 100开 | 0.05 |
| 1948年的土地改革工作和整党的要点 | 毛泽东 | 外文 | 1969（再版重印1次） | 15555 | 100开 | 0.06 |
| 关于辽沈战役的作战方针 | 毛泽东 | 外文 | 1969（再版重印1次） | 31455 | 100开 | 0.06 |
| 关于淮海战役的作战方针 | 毛泽东 | 外文 | 1969（再版重印1次） | 31555 | 100开 | 0.05 |
| 关于平津战役的作战方针 | 毛泽东 | 外文 | 1969（再版重印1次） | 15555 | 100开 | 0.05 |
| 中共中央主席毛泽东关于时局的声明 | 毛泽东 | 外文 | 1969（再版重印1次） | 32055 | 100开 | 0.05 |
| 把军队变为工作队 | 毛泽东 | 外文 | 1969（再版重印1次） | 30555 | 100开 | 0.05 |
| 评国民党对战争责任问题的几种答案 | 毛泽东 | 外文 | 1969（再版重印1次） | 31555 | 100开 | 0.06 |
| 中国人民解放军布告 | 毛泽东 | 外文 | 1969 | 8905 | 100开 | 0.05 |
| 关于正确处理人民内部矛盾的问题 | 毛泽东 | 外文 | 1969（1965年出版，再版重印1次，总印数7155册，本次再版重印） | | 100开 | 0.21 |
| 在中国共产党全国宣传工作会议上的讲话 | 毛泽东 | 外文 | 1969（1964年出版，再版重印1次，总印数7165册，本次再版重印） | | 100开 | 0.12 |
| 人的正确思想是从哪里来的？ | 毛泽东 | 外文 | 1969（1964年出版，再版重印1次，总印数12605册，本次再版重印） | | 100开 | 0.05 |

续表

| 书名 | 作者 | 出版社 | 出版/再版时间 | 印刷/发行册数 | 开本/装帧 | 定价（元） |
|---|---|---|---|---|---|---|
| 中国共产党第九次全国代表大会文件汇编 | | 外文 | 1969（再版重印 1 次） | | 64 开/精 | 0.64 |
| 中国共产党第九次全国代表大会主席团秘书处新闻公报　中国共产党第九届中央委员会第一次全体会议新闻公报 | | 外文 | 1969（1970 年停售） | 20305 | 64 开 | 0.18 |
| 中国共产党章程 | | 外文 | 1969（1973 年停售） | 7355 | 100 开/精 | 0.22 |
| 在中国共产党第九次全国代表大会上的报告 | 林彪 | 外文 | 1969（再版重印 1 次，1973 年停售） | 13055 | 64 开 | 0.23 |
| 为进一步巩固无产阶级专政而斗争（庆祝中华人民共和国成立二十周年） | | 外文 | 1969（1973 年停售） | 3645 | 64 开 | 0.15 |
| 用毛泽东思想统帅一切 | | 外文 | 1969（1973 年停售） | 15058 | 64 开 | 0.11 |
| 关于知识分子再教育问题 | | 外文 | 1969（1973 年停售） | 17058 | 64 开 | 0.06 |
| 红太阳照亮了大寨前进的道路（摄影集） | | 外文 | 1969（1973 年停售） | 8056 | 12 开 | 2.90 |

## 1969 年波斯文版书目（14 种）

| 书名 | 作者 | 出版社 | 出版/再版时间 | 印刷/发行册数 | 开本/装帧 | 定价（元） |
|---|---|---|---|---|---|---|
| 毛泽东选集（第一卷） | 毛泽东 | 外文 | 1969（再版重印 1 次） | 16425 | 32 开/精 | 1.80 |
| 毛主席的四篇哲学论文 | 毛泽东 | 外文 | 1969（本书 1967 年出版，再版 3 次重印，总印数 25175 册，本次第 2 版） | | 32 开 | 0.57 |

续表

| 书名 | 作者 | 出版社 | 出版/再版时间 | 印刷/发行册数 | 开本/装帧 | 定价（元） |
|---|---|---|---|---|---|---|
| 毛主席的六篇军事著作 | 毛泽东 | 外文 | 1969（1968年出版，再版重印1次，总印数7800册，本次再版重印） | 7800 | 50开/精 | 1.30 |
| 中国社会各阶级的分析 | 毛泽东 | 外文 | 1969（本书1965年出版，再版4次重印，总印数12809册，本次再版） | | 64开 | 0.08 |
| 中国的红色政权为什么能够存在？ | 毛泽东 | 外文 | 1969（本书1965年出版，再版4次重印，总印数24234册，本次再版） | | 64开 | 0.09 |
| 统一战线中的独立自主问题 | 毛泽东 | 外文 | 1969（本书1966年出版，再版3次重印，总印数10771册，本次再版） | | 64开 | 0.06 |
| 青年运动的方向 | 毛泽东 | 外文 | 1969（本书1965年出版，再版2次重印，总印数20259册，本次再版） | | 64开 | 0.10 |
| 在中国共产党第七届中央委员会第二次全体会议的报告 | 毛泽东 | 外文 | 1969（本书1967年出版，再版3次重印，总印数12789册，本次再版） | | 64开 | 0.11 |
| 中国共产党第九次全国代表大会文件汇编 | | 外文 | 1969（再版重印1次） | | 64开/精 | 0.64 |
| 中国共产党第九次全国代表大会主席团秘书处新闻公报　中国共产党第九届中央委员会第一次全体会议新闻公报 | | 外文 | 1969（1973年停售） | | 64开 | 0.18 |

续表

| 书名 | 作者 | 出版社 | 出版/再版时间 | 印刷/发行册数 | 开本/装帧 | 定价（元） |
|------|------|--------|---------------|---------------|-----------|-----------|
| 中国共产党章程 | | 外文 | 1969（1973年停售） | | 100 开/精 | 0.22 |
| 在中国共产党第九次全国代表大会上的报告 | 林彪 | 外文 | 1969（1973年停售） | 2017 | 64 开 | 0.23 |
| 工人阶级必须领导一切 | 姚文元 | 外文 | 1969（1973年停售） | 4305 | 64 开 | 0.09 |
| 为进一步巩固无产阶级专政而斗争（庆祝中华人民共和国成立二十周年） | | 外文 | 1969（1973年停售） | 2315 | 64 开 | 0.15 |

## 1969 年斯瓦希里文版书目（14 种）

| 书名 | 作者 | 出版社 | 出版/再版时间 | 印刷/发行册数 | 开本/装帧 | 定价（元） |
|------|------|--------|---------------|---------------|-----------|-----------|
| 毛主席的五篇著作 | 毛泽东 | 外文 | 1969（再版重印 1 次，1970 年停售） | 44905 | 100 开/精 | 0.23 |
| 湖南农民运动考察报告 | 毛泽东 | 外文 | 1969（再版重印 1 次） | 41305 | 64 开 | 0.18 |
| 井冈山的斗争 | 毛泽东 | 外文 | 1969（再版重印 1 次） | 40705 | 64 开 | 0.24 |
| 关于纠正党内的错误思想 | 毛泽东 | 外文 | 1969（再版重印 1 次，1970 年停售） | 42205 | 64 开 | 0.09 |
| 论持久战 | 毛泽东 | 外文 | 1969（再版 3 次重印） | 57802 | 64 开 | 0.43 |
| 组织起来 | 毛泽东 | 外文 | 1969（再版重印 1 次） | 45105 | 64 开 | 0.08 |
| 集中优势兵力，各个歼灭敌人 | 毛泽东 | 外文 | 1969（再版重印 1 次） | 40805 | 64 开 | 0.06 |

续表

| 书名 | 作者 | 出版社 | 出版/再版时间 | 印刷/发行册数 | 开本/装帧 | 定价（元） |
|---|---|---|---|---|---|---|
| 全世界革命力量团结起来,反对帝国主义的侵略 | 毛泽东 | 外文 | 1969(1968年出版,再版重印1次,总印数42205册,本次重印) | | 64开 | 0.05 |
| 中国共产党第九次全国代表大会文件汇编 | | 外文 | 1969(再版重印1次) | 14610 | 64开/精 | 0.64 |
| 中国共产党第九次全国代表大会主席团秘书处新闻公报　中国共产党第九届中央委员会第一次全体会议新闻公报 | | 外文 | 1969(1970年停售) | 20305 | 64开 | 0.18 |
| 中国共产党章程 | | 外文 | 1969(1973年停售) | | 100开/精 | 0.22 |
| 在中国共产党第九次全国代表大会上的报告 | 林彪 | 外文 | 1969(再版重印1次,1973年停售) | 41670 | 64开 | 0.23 |
| 为进一步巩固无产阶级专政而斗争(庆祝中华人民共和国成立二十周年) | | 外文 | 1969(1973年停售) | 11385 | 64开 | 0.15 |
| 红太阳照亮了大寨前进的道路(摄影集) | | 外文 | 1969(1973年停售) | 31106 | 12开 | 2.90 |

## 1969年豪萨文版书目(13种)

| 书名 | 作者 | 出版社 | 出版/再版时间 | 印刷/发行册数 | 开本/装帧 | 定价（元） |
|---|---|---|---|---|---|---|
| 湖南农民运动考察报告 | 毛泽东 | 外文 | 1969(再版重印1次,1970年停售) | 6555 | 64开 | 0.18 |

| 书名 | 作者 | 出版社 | 出版/再版时间 | 印刷/发行册数 | 开本/装帧 | 定价（元） |
|------|------|--------|---------------|---------------|-----------|-----------|
| 关于纠正党内的错误思想 | 毛泽东 | 外文 | 1969（再版重印 1 次） | 7810 | 64 开 | 0.09 |
| 抗日游击战争的战略问题 | 毛泽东 | 外文 | 1969（再版重印 1 次） | 6055 | 64 开 | 0.18 |
| 战争和战略问题 | 毛泽东 | 外文 | 1969（再版重印 1 次） | 6205 | 64 开 | 0.11 |
| 改造我们的学习 | 毛泽东 | 外文 | 1969（再版重印 1 次） | 5158 | 64 开 | 0.08 |
| 集中优势兵力，各个歼灭敌人 | 毛泽东 | 外文 | 1969（再版重印 1 次） | 4955 | 64 开 | 0.06 |
| 目前形势和我们的任务 | 毛泽东 | 外文 | 1969（再版重印 1 次，1970 年停售） | 9660 | 64 开 | 0.14 |
| 将革命进行到底 | 毛泽东 | 外文 | 1969（再版重印 1 次） | 5055 | 64 开 | 0.11 |
| 论人民民主专政 | 毛泽东 | 外文 | 1969（再版重印 1 次） | 9908 | 64 开 | 0.10 |
| 中国共产党第九次全国代表大会主席团秘书处新闻公报　中国共产党第九届中央委员会第一次全体会议新闻公报 |  | 外文 | 1969（1973 年停售） |  | 64 开 | 0.18 |
| 中国共产党章程 |  | 外文 | 1969（1973 年停售） | 8855 | 100 开/精 | 0.22 |
| 在中国共产党第九次全国代表大会上的报告 | 林彪 | 外文 | 1969（1973 年停售） | 8855 | 64 开 | 0.23 |
| 为进一步巩固无产阶级专政而斗争（庆祝中华人民共和国成立二十周年） |  | 外文 | 1969（1973 年停售） |  | 64 开 | 0.15 |

## 1969 年阿拉伯文版书目（34 种）

| 书名 | 作者 | 出版社 | 出版/再版时间 | 印刷/发行册数 | 开本/装帧 | 定价（元） |
|---|---|---|---|---|---|---|
| 毛泽东选集（第二卷） | 毛泽东 | 外文 | 1969（再版重印 1 次） | 88805 | 32 开 | 2.20 |
| 国共合作成立后的迫切任务 | 毛泽东 | 外文 | 1969（再版重印 1 次） | 61405 | 64 开 | 0.08 |
| 和英国记者贝特兰的谈话 | 毛泽东 | 外文 | 1969（再版重印 1 次） | 61105 | 64 开 | 0.09 |
| 上海太原失陷以后抗日战争的形势和任务 | 毛泽东 | 外文 | 1969（再版重印 1 次） | 61105 | 64 开 | 0.10 |
| 抗日游击战争的战略问题 | 毛泽东 | 外文 | 1969（再版重印 1 次） | 66908 | 64 开 | 0.18 |
| 战争和战略问题 | 毛泽东 | 外文 | 1969 | | 64 开 | 0.11 |
| 反对投降活动 | 毛泽东 | 外文 | 1969（再版重印 1 次） | 60855 | 64 开 | 0.05 |
| 中国革命和中国共产党 | 毛泽东 | 外文 | 1969（再版重印 1 次） | 61605 | 64 开 | 0.20 |
| 斯大林是中国人民的朋友 | 毛泽东 | 外文 | 1969（再版重印 1 次） | 60855 | 64 开 | 0.05 |
| 新民主主义的宪政 | 毛泽东 | 外文 | 1969（再版重印 1 次） | 61305 | 64 开 | 0.08 |
| 抗日根据地的政权问题 | 毛泽东 | 外文 | 1969（再版重印 1 次） | 61305 | 64 开 | 0.05 |
| 目前抗日统一战线中的策略问题 | 毛泽东 | 外文 | 1969（再版重印 1 次） | 61305 | 64 开 | 0.09 |
| 放手抗日力量，抵抗反共顽固派的进攻 | 毛泽东 | 外文 | 1969（再版重印 1 次） | 61305 | 64 开 | 0.07 |
| 论政策 | 毛泽东 | 外文 | 1969（再版重印 1 次） | 61305 | 64 开 | 0.08 |
| 关于打退第二次反共高潮的总结 | 毛泽东 | 外文 | 1969（再版重印 1 次） | 61405 | 64 开 | 0.08 |

续表

| 书名 | 作者 | 出版社 | 出版/再版时间 | 印刷/发行册数 | 开本/装帧 | 定价（元） |
|---|---|---|---|---|---|---|
| 和美国记者安娜·路易斯·斯特朗的谈话 | 毛泽东 | 外文 | 1969（1962 年出版，再版 4 次重印，总印数 82707 册，本次再版重印） | | 64 开 | 0.07 |
| 关于健全党委制（含"党委会的工作方法"） | 毛泽东 | 外文 | 1969（1964 年出版，再版 3 次重印，总印数 108865 册，本次再版重印） | | 64 开 | 0.08 |
| 关于正确处理人民内部矛盾的问题 | 毛泽东 | 外文 | 1969（1966 年出版，再版 2 次重印，总印数 13229 册，本次再版重印） | | 64 开 | 0.24 |
| 中国共产党万岁（纪念中国共产党诞生四十八周年） | | 外文 | 1969 | | 64 开 | 0.09 |
| 中国共产党第九次全国代表大会文件汇编 | | 外文 | 1969（再版重印 1 次） | | 64 开/精 | 0.64 |
| 中国共产党第九次全国代表大会主席团秘书处新闻公报　中国共产党第九届中央委员会第一次全体会议新闻公报 | | 外文 | 1969（1973 年停售） | | 64 开 | 0.18 |
| 中国共产党章程 | | 外文 | 1969（1973 年停售） | 41305 | 100 开/精 | 0.22 |
| 在中国共产党第九次全国代表大会上的报告 | 林彪 | 外文 | 1969（1973 年停售） | 72205 | 64 开 | 0.23 |
| 为进一步巩固无产阶级专政而斗争（庆祝中华人民共和国成立二十周年） | | 外文 | 1969（1973 年停售） | 14515 | 64 开 | 0.15 |

续表

| 书名 | 作者 | 出版社 | 出版/再版时间 | 印刷/发行册数 | 开本/装帧 | 定价（元） |
|---|---|---|---|---|---|---|
| 用毛泽东思想统帅一切 | | 外文 | 1969（1973年停售） | 12105 | 64 开 | 0.11 |
| 在胜利的大道上奋勇前进 | | 外文 | 1969（1973年停售） | 9108 | 64 开 | 0.11 |
| 高举九大的团结旗帜，乘胜前进——庆祝中华人民共和国成立 21 周年 | | 外文 | 1969（1973年停售） | 11150 | 64 开 | 0.12 |
| 中华人民共和国政府声明（1969 年 5 月 24 日） | | 外文 | 1969（再版重印 1 次） | 32185 | 64 开 | 0.12 |
| 中华人民共和国政府声明（1969 年 10 月 7 日） | | 外文 | 1969（再版重印 1 次） | 12505 | 64 开 | 0.14 |
| 抓革命、促生产，夺取工业战线的新胜利 | | 外文 | 1969（1973年停售） | 34005 | 64 开 | 0.08 |
| 打倒新沙皇 | | 外文 | 1969（再版重印 1 次） | | 32 开 | 0.48 |
| 自我揭露的丑恶表演 | 钟仁 | 外文 | 1969（再版重印 1 次） | 4555 | 64 开 | 0.08 |
| 走投无路的自供状（评尼克松的就职演说和苏修叛徒集团的无耻捧场） | | 外文 | 1969（再版重印 1 次） | 37615 | 64 开 | 0.08 |
| 驳苏修社会帝国主义的谬论 | | 外文 | 1969（再版重印 1 次） | 6305 | 64 开 | 0.15 |

## 1969 年蒙古文版书目（16 种）

| 书名 | 作者 | 出版社 | 出版/再版时间 | 印刷/发行册数 | 开本/装帧 | 定价（元） |
|---|---|---|---|---|---|---|
| 毛主席的四篇哲学论文 | 毛泽东 | 外文 | 1969（再版重印 1 次） | 3805 | 64 开 | 0.43 |
| 毛主席的五篇著作 | 毛泽东 | 外文 | 1969（再版重印 1 次） | 3905 | 100 开/精 | 0.23 |
| 毛主席论人民战争 | 毛泽东 | 外文 | 1969（再版重印 1 次） | 4010 | 100 开/精 | 0.18 |
| 论反对日本帝国主义的策略 | 毛泽东 | 外文 | 1969（再版重印 1 次） | 2755 | 64 开 | 0.17 |
| 湖南农民运动考察报告 | 毛泽东 | 外文 | 1969（再版重印 1 次） | 3055 | 64 开 | 0.18 |
| 统一战线中的独立自主问题 | 毛泽东 | 外文 | 1969（再版重印 1 次） | 2755 | 64 开 | 0.09 |
| 抗日根据地的政权问题 | 毛泽东 | 外文 | 1969（再版重印 1 次） | 1955 | 64 开 | 0.05 |
| 中国人民解放军宣言 | 毛泽东 | 外文 | 1969 | 2755 | 64 开 | 0.08 |
| 对晋绥日报编辑人员的谈话 | 毛泽东 | 外文 | 1969 | 1955 | 64 开 | 0.05 |
| 将革命进行到底 | 毛泽东 | 外文 | 1969 | 2805 | 64 开 | 0.11 |
| 在中国共产党第七届中央委员会第二次全体会议上的报告 | 毛泽东 | 外文 | 1969 | | 64 开 | 0.11 |
| 评白皮书 | 毛泽东 | 外文 | 1969 | 2655 | 64 开 | 0.18 |
| 中国共产党第九次全国代表大会主席团秘书处新闻公报　中国共产党第九届中央委员会第一次全体会议新闻公报 | | 外文 | 1969（1973 年停售） | 3055 | 64 开 | 0.18 |
| 中国共产党章程 | | 外文 | 1969（1973 年停售） | 1135 | 100 开/精 | 0.22 |

续表

| 书名 | 作者 | 出版社 | 出版/再版时间 | 印刷/发行册数 | 开本/装帧 | 定价（元） |
|---|---|---|---|---|---|---|
| 在中国共产党第九次全国代表大会上的报告 | 林彪 | 外文 | 1969（再版重印 1 次，1973 年停售） | 1185 | 64 开 | 0.23 |
| 为进一步巩固无产阶级专政而斗争（庆祝中华人民共和国成立二十周年） | | 外文 | 1969（1973 年停售） | 1085 | 64 开 | 0.15 |

## 1969 年朝鲜文版书目（11 种）

| 书名 | 作者 | 出版社 | 出版/再版时间 | 印刷/发行册数 | 开本/装帧 | 定价（元） |
|---|---|---|---|---|---|---|
| 毛泽东选集（第三卷） | 毛泽东 | 外文 | 1969（再版重印 1 次） | 13095 | 32 开 | 1.80 |
| 毛泽东选集（第四卷） | 毛泽东 | 外文 | 1969（再版重印 1 次） | 6105 | 32 开 | 2.20 |
| 毛泽东军事文选 | 毛泽东 | 外文 | 1969（再版重印 2 次） | 5675 | 32 开 | 2.00 |
| 在中国共产党第七届中央委员会第二次全体会议上的报告 | 毛泽东 | 外文 | 1969 | | 32 开 | 0.15 |
| 关于正确处理人民内部的矛盾问题 | 毛泽东 | 外文 | 1969 | 4155 | 64 开 | 0.05 |
| 人的正确思想是从那里来的？ | 毛泽东 | 外文 | 1969 | 3105 | 64 开 | 0.05 |
| 中国共产党第九次全国代表大会文件汇编 | | 外文 | 1969（再版重印 1 次） | | 64 开/精 | 0.64 |
| 中国共产党第九次全国代表大会主席团秘书处新闻公报中国共产党第九届中央委员会第一次全体会议新闻公报 | | 外文 | 1969（1973 年停售） | | 64 开 | 0.18 |

续表

| 书名 | 作者 | 出版社 | 出版/再版时间 | 印刷/发行册数 | 开本/装帧 | 定价（元） |
|---|---|---|---|---|---|---|
| 中国共产党章程 | | 外文 | 1969（1973年停售） | 3165 | 100 开/精 | 0.22 |
| 在中国共产党第九次全国代表大会上的报告 | 林彪 | 外文 | 1969（再版重印 1 次，1973 年停售） | 6615 | 64 开 | 0.23 |
| 为进一步巩固无产阶级专政而斗争（庆祝中华人民共和国成立二十周年） | | 外文 | 1969（1973年停售） | 195 | 64 开 | 0.15 |

## 1969 年孟加拉文版书目（5 种）

| 书名 | 作者 | 出版社 | 出版/再版时间 | 印刷/发行册数 | 开本/装帧 | 定价（元） |
|---|---|---|---|---|---|---|
| 在中国共产党第七届中央委员会第二次全体会议上的报告 | 毛泽东 | 外文 | 1969（1973年停售） | 56455 | 64 开 | 0.11 |
| 在中国共产党第九次全国代表大会上的报告 | 林彪 | 外文 | 1969（再版重印 1 次，1973 年停售） | 37544 | 64 开 | 0.23 |
| 中国共产党第九次全国代表大会主席团秘书处新闻公报中国共产党第九届中央委员会第一次全体会议新闻公报 | | 外文 | 1969（1973年停售） | | 64 开 | 0.18 |
| 中国共产党章程 | | 外文 | 1969（1973年停售） | 65750 | 100 开/精 | 0.22 |
| 为进一步巩固无产阶级专政而斗争（庆祝中华人民共和国成立二十周年） | | 外文 | 1969（1973年停售） | 37455 | 64 开 | 0.15 |

### 1969 年土耳其文版书目（5 种）

| 书名 | 作者 | 出版社 | 出版/再版时间 | 印刷/发行册数 | 开本/装帧 | 定价（元） |
|---|---|---|---|---|---|---|
| 毛主席语录 | 毛泽东 | 外文 | 1969（再版重印 2 次） | 15105 | 100 开/精 | 0.60 |
| 中国社会各阶级的分析 | 毛泽东 | 外文 | 1969（再版重印 1 次） | 2705 | 64 开 | 0.08 |
| 中国共产党章程 | | 外文 | 1969（1973 年停售） | 1255 | 100 开/精 | 0.22 |
| 在中国共产党第九次全国代表大会上的报告 | 林彪 | 外文 | 1969（再版重印 1 次，1973 年停售） | 1715 | 64 开 | 0.23 |
| 为进一步巩固无产阶级专政而斗争（庆祝中华人民共和国成立二十周年） | | 外文 | 1969（1973 年停售） | 1210 | 64 开 | 0.15 |

### 1969 年普什图文版书目（3 种）

| 书名 | 作者 | 出版社 | 出版/再版时间 | 印刷/发行册数 | 开本/装帧 | 定价（元） |
|---|---|---|---|---|---|---|
| 毛主席语录 | 毛泽东 | 外文 | 1969（再版重印 1 次） | 7105 | 100 开/精 | 0.60 |
| 中国共产党章程 | | 外文 | 1969（1973 年停售） | 1365 | 100 开/精 | 0.22 |
| 在中国共产党第九次全国代表大会上的报告 | 林彪 | 外文 | 1969（再版重印 1 次，1973 年停售） | 1360 | 64 开 | 0.23 |

### 1969 年波兰文版书目（1 种）

| 书名 | 作者 | 出版社 | 出版/再版时间 | 印刷/发行册数 | 开本/装帧 | 定价（元） |
|---|---|---|---|---|---|---|
| 中国共产党章程 | | 外文 | 1969（1973年停售） | | 100 开/精 | 0.22 |

### 1969 年瑞典文版书目（2 种）

| 书名 | 作者 | 出版社 | 出版/再版时间 | 印刷/发行册数 | 开本/装帧 | 定价（元） |
|---|---|---|---|---|---|---|
| 中国共产党章程 | | 外文 | 1969（1973年停售） | | 100 开/精 | 0.22 |
| 在中国共产党第九次全国代表大会上的报告 | 林彪 | 外文 | 1969（再版重印 1 次，1973 年停售） | | 64 开 | 0.23 |

### 1969 年阿尔巴尼亚文版书目（3 种）

| 书名 | 作者 | 出版社 | 出版/再版时间 | 印刷/发行册数 | 开本/装帧 | 定价（元） |
|---|---|---|---|---|---|---|
| 中国共产党章程 | | 外文 | 1969（1973年停售） | 5313 | 100 开/精 | 0.22 |
| 在中国共产党第九次全国代表大会上的报告 | 林彪 | 外文 | 1969（再版重印 1 次，1973 年停售） | 9415 | 64 开 | 0.23 |
| 中国共产党第九次全国代表大会主席团秘书处新闻公报中国共产党第九届中央委员会第一次全体会议新闻公报 | | 外文 | 1969（1973年停售） | | 64 开 | 0.18 |

### 1969 年希腊文版书目（1 种）

| 书名 | 作者 | 出版社 | 出版/再版时间 | 印刷/发行册数 | 开本/装帧 | 定价（元） |
|---|---|---|---|---|---|---|
| 毛主席语录 | 毛泽东 | 外文 | 1969（再版重印 1 次） | 9810 | 100 开/精 | 0.60 |

### 1969 年多语种对照版书目（3 种）

| 书名 | 作者 | 出版社 | 出版/再版时间 | 印刷/发行册数 | 开本/装帧 | 定价（元） |
|---|---|---|---|---|---|---|
| 毛泽东主席（英、中、法文对照,彩色照片） | | 外文 | 1969 | | 4 开 | |
| 我们的伟大领袖毛主席（越南、缅甸、泰文） | | 外文 | 1969 | | 32 开/12 张 | 0.65 |
| 我们的伟大领袖毛主席（英、法、西班牙文） | | 外文 | 1969 | | 32 开/11 张 | 0.65 |

# 1970 年图书（期刊）对外翻译出版发行活动

本年，将木版水印画出口业务由国际书店转给北京特种工艺品公司经营。木版水印画一直是对外出口的品种，自 1966 年"文化大革命"以来，国际书店停止了出口业务，荣宝斋停止生产，库存大批木版水印画片、画轴被当作"封、资、修黑画"随便处理分掉，造成重大损失；

本年，外文局在所谓"丢掉洋拐棍"的错误口号下，凡聘有外国专家的翻译部门纷纷辞退外国专家。

1970 年 3 月 12 日，外文局军管小组向国务院业务组呈送《1969 年出版的外文图书和期刊中的政治性差错情况》。《报告》称："外文局 1969 年翻译出版外文书籍 965 种。其中用 26 种文字出版毛泽东著作 660 种，占全年出版书籍总数的 68%；用 27 种文字 95 种版本出版'九大'文件，占全年出版书籍总数的 9%；其他书籍、画册共 210 种，约占全年出版书籍总数的 21%。1969 年，《北京周报》、《人民画报》、《中国建设》、《人民中国》、《中国文学》和《人民中国报道》6 种外文期刊共出版 547 期。经初步检查，图书中有各种差错 109 起 225 处，其中政治性差错 17 起 24 处。6 种外文期刊有各种差错 119 处，其中政治性差错 24 处。"《报告》分析了政治性差错事故的原因："初步看来外文书刊中出现的各种差错事故，大部分是由于不政治挂帅，思想革命化不够，粗枝大叶作风和执行制度不严造成的。"并错误地认为："联系我局阶级队伍复杂的情况，很有可能阶级敌人从中进行破坏和捣乱……"

1970 年 4 月 10 日，宋庆龄副主席写信给中国建设杂志社，建议刊登郭沫若纪念安娜·路易斯·斯特朗的文章。她认为斯特朗的《中国通讯》会使读者正确了解中国各方面的发展情况和中国的远景。

1970 年 5 月 30 日，周恩来总理在一次会议上提到要缩短外文期刊的编印周期。

1970 年 5 月 30 日，周恩来总理在人民画报社送审稿件关于《钢琴伴唱红灯记》、《智取威虎山》的唱片报告时，作了许多具体指示。从《人民画报》创办至 1971 年底，总理一直在百忙中亲自审阅修改《人民画报》的稿件，直到 1972 年才改由中联部部长耿飚审阅。

1970 年 6 月，中国建设杂志社作《业务工作小结汇报》（草稿），根据读者反映，重点检查了 1970 年上半年的杂志。检查过程中传达了毛主席在接见美国记者斯诺的讲话和毛主席关于宣传工作的 33 条指示，以及周恩来总理关于外事工作会议上的讲话。

1970 年 10 月 16 日，经外文局军管小组批准，将木版水印画出口业务转给北京特种工艺品公司经营。木版水印画在 1952—1959 年曾由中国国际书店和北京特种工艺品公司两家经营出口。1959 年对外文委与对外贸易部商定，将此品种划归国际书店统一经营。自 1966 年"文化大革命"以来，由于荣宝斋停止生产，国际书店也停止了出口业务。库存大批木版水印画片、画轴被当作"封、资、修黑画"随便处理分掉，造成重大损失。

1970 年 10 月，为解决阿尔巴尼亚画报在华印刷和帮助阿方解决有关印刷技术方面的问题，外文局组成以外文印刷厂军代表张苗余为团长，包括外文局、外文印刷厂、新华印刷厂和上海两家印刷厂的一行 7 人的外文局印刷代表团访问阿尔巴尼亚。人民画报社负责人蔡尚雄参加该团出访。

1970 年 11 月 10 日，人民画报社就当年第 12 期稿件《纪念中国人民志愿军出国参战 20 周年》请示周恩来总理，总理针对编辑部报告中提到的一些疑虑批示："有什么太高了？只是金（日成）首相不太像，又穿的是西装，不似他近来的形象；毛主席像是最近的照片，因此，可改为第二方案。"

1970 年 12 月 18 日，外文局军管小组答复上海人民出版社《关于上海出版物出口审读发行的意见》。其主要内容是：（1）你社出版物能否对国外发行，请你社自行审定。（2）你社出版物对港澳地区的供应，由广州中（中华书局）、商（商务印书馆）办事处向新华书店上海发行所报订所需品种数量。上海与广州中、商办事处直接结算，一般不通过国际书店。（3）国际书店另向新华书店上海发行所报订对外发行的品种和数量。

本年，外文印刷厂与中国科学院化学研究所共同组成由工人、干部、科研人员三结合的试验小组，试制尼龙版。1972 年 6 月，正式用于部分图片的生产。

本年，外文局在所谓"丢掉洋拐棍"的错误口号下，凡聘有外国专家的翻译部门纷纷辞退外国专家。这种情况一直延续到次年才逐渐改正。

本年，比利时比中友协秘书长来访、日本东方书店经理安井正幸来访、黎巴嫩先锋出版社来访。

本年，外文图书出版社以英、法、西、俄、印尼、日、朝、蒙、越、老挝、泰、缅、孟加拉、印地、泰米尔、乌尔都、波斯、土耳其、罗马尼亚、波兰、捷克、德、意大利、葡萄牙、阿拉伯、斯瓦希里、豪萨、世界语等 28 种文字出版 533 种图书。其中有《毛泽东选集》第二卷波斯文版、《毛泽东军事文选》印地文版。

本年，国际书店对国外发行书籍 582 万册，其中毛泽东著作 361 万册；外文期刊 1052 万册。

# 1970 年对外发行图书目录

## 1970 年英文版书目（33 种）

| 书名 | 作者 | 出版社 | 出版/再版时间 | 印刷/发行册数 | 开本/装帧 | 定价（元） |
|---|---|---|---|---|---|---|
| 法兰西内战 | 马克思、恩格斯 | 外文 | 1970(1966 年出版，再版 4 次重印，总印数 145659 册，本次第 2 次重印) | | 32 开 | |
| 社会民主党在民主革命中的两种策略 | 列宁 | 外文 | 1970(1965 年出版，再版 2 次重印，总印数 110574 册，本次第 2 次重印) | | 32 开 | |
| 国家与革命 | 列宁 | 外文 | 1970(1965 年出版，再版 4 次重印，总印数 235329 册，本次第 2 次重印) | | 32 开 | |
| 无产阶级革命和叛徒考茨基 | 列宁 | 外文 | 1970(1965 年出版，再版 3 次重印，总印数 122289 册，本次第 2 次重印) | | 32 开 | |

续表

| 书名 | 作者 | 出版社 | 出版/再版时间 | 印刷/发行册数 | 开本/装帧 | 定价（元） |
|---|---|---|---|---|---|---|
| 列宁对东方革命风暴的预见 | | 外文 | 1970（1967年出版，再版2次重印，总印数65314册，本次第2次重印） | | 32开 | |
| 列宁论殖民地问题的三篇文章 | | 外文 | 1970（1967年出版，再版2次重印，总印数115238册，本次第2次重印） | | 32开 | |
| 列宁论战争、和平的三篇文章 | | 外文 | 1970（1966年出版，再版2次重印，总印数120278册，本次第2次重印） | | 32开 | |
| 论列宁主义基础 | 斯大林 | 外文 | 1970（1965年出版，再版4次重印，总印数263322册，本次第2次重印） | | 32开 | |
| 全世界人民团结起来，打败美国侵略者及其一切走狗（1970年5月20日） | 毛泽东 | 外文 | 1970（再版2次重印） | 145805 | 64开 | 0.02 |
| 全世界人民团结起来，打败美国侵略者及其一切走狗（1970年5月20日） | 毛泽东 | 中国建设杂志 | 1970 | 121210 | | |
| 中国共产党第九届中央委员会第二次全体会议公报（1970年9月6日） | | 外文 | 1970（1973年停售） | 76400 | 64开 | 0.04 |
| 中国共产党第九届中央委员会第二次全体会议公报（1970年9月6日） | | 中国建设杂志 | 1970（1973年停售） | 120720 | | |

续表

| 书名 | 作者 | 出版社 | 出版/再版时间 | 印刷/发行册数 | 开本/装帧 | 定价（元） |
|---|---|---|---|---|---|---|
| 共产党员应是无产阶级先进分子——纪念中国共产党成立四十九周年（人民日报、红旗杂志、解放军报社论） | | 外文 | 1970（1973年停售） | 80300 | 64 开 | 0.04 |
| 周恩来总理访问朝鲜民主主义人民共和国 | | 外文 | 1970 | 30305 | 64 开 | |
| 周恩来总理访问朝鲜民主主义人民共和国 | | 中国建设杂志 | 1970 | 118880 | 64 开 | |
| 印度支那三国人民战斗团结的重大胜利 | | 外文 | 1970（1973年停售） | 33800 | 32 开 | |
| 列宁主义，还是社会帝国主义？——纪念伟大列宁诞生一百周年（人民日报、红旗杂志、解放军报编辑部） | | 外文 | 1970（1973年停售） | 118300 | 64 开 | |
| 纪念伟大的列宁 | | 中国建设杂志 | 1970（1973年停售） | 117890 | | |
| 亚洲人民团结起来，把美国侵略者从亚洲赶出去！ | 人民日报、红旗杂志、解放军报社论 | 外文 | 1970（1973年停售） | 57400 | 32 开 | 0.04 |
| 赤裸裸的暴露 | | 外文 | 1970（1973年停售） | 51000 | 64 开 | |
| 评苏联西德条约 | | 外文 | 1970（1973年停售） | 42900 | 64 开 | |
| 美帝国主义必败，全世界人民必胜！（摄影画册） | | 外文 | 1970（1973年停售） | 80500 | 8 开 | |

续表

| 书名 | 作者 | 出版社 | 出版/再版时间 | 印刷/发行册数 | 开本/装帧 | 定价（元） |
|---|---|---|---|---|---|---|
| 巴勒斯坦人民和阿拉伯人民必胜（摄影画册） | | 外文 | 1970（1973年停售） | 66100 | 12 开 | |
| 无产阶级文化大革命重要文件集 | | 外文 | 1970（1973年停售） | 57400 | 64 开/精 | |
| 迎接伟大的七十年代 | 人民日报、红旗杂志、解放军报社1970年元旦社论 | 外文 | 1970（1973年停售） | 112260 | 64 开 | 0.04 |
| 继续革命，乘势前进——庆祝中华人民共和国成立21周年 | 人民日报、红旗杂志、解放军报社论 | 外文 | 1970（1973年停售） | 60300 | 32 开 | 0.07 |
| 为人民一不怕苦、二不怕死 | | 外文 | 1970 | | 32 开 | |
| 革命青年的榜样（革命青年金训华的先进事迹） | | 外文 | 1970 | | 40 开 | |
| 走与工农兵相结合的道路 | | 外文 | 1970（1973年停售） | 35300 | 32 开 | |
| 革命现代京剧《智取威虎山》（彩色剧照明信片） | | 外文 | 1970 | 531010 | 44 开/12 张/套 | 0.40 |
| 颂歌唱给毛主席 | | 外文 | 1970（1973年停售） | 30300 | 32 开 | |
| 收租院泥塑群像 | | 外文 | 1970（1968年出版，再版2次重印，总印数65500册，本次第2版） | | 12 开 | |
| 南京长江大桥（彩色摄影明信片） | | 外文 | 1970 | 316010 | 44 开/10 张/套 | 0.40 |

## 1970 年法文版书目(64 种)

| 书名 | 作者 | 出版社 | 出版/再版时间 | 印刷/发行册数 | 开本/装帧 | 定价(元) |
|---|---|---|---|---|---|---|
| 雇佣劳动与资本 | 马克思 | 外文 | 1970(1966 年出版,再版 5 次重印,总印数 110770 册,本次第 3 次重印) | | 32 开 | |
| 共产党宣言 | 马克思、恩格斯 | 外文 | 1970(1966 年出版,再版 4 次重印,总印数 166512 册,本次第 2 次重印) | | 32 开 | |
| 工资、价格和利润 | 马克思 | 外文 | 1970(1966 年出版,再版 4 次重印,总印数 100591 册,本次第 3 次重印) | | 32 开 | |
| 社会民主党在民主革命中的两种策略 | 列宁 | 外文 | 1970(1966 年出版,再版 4 次重印,总印数 111429 册,本次第 3 次重印) | | 32 开 | |
| 国家与革命 | 列宁 | 外文 | 1970(1966 年出版,再版 5 次重印,总印数 153465 册,本次第 3 次重印) | | 32 开 | |
| 卡尔·马克思 | 列宁 | 外文 | 1970(1966 年出版,再版 3 次重印,总印数 81241 册,本次第 2 次重印) | | 32 开 | |
| 无产阶级革命和叛徒考茨基 | 列宁 | 外文 | 1970(1966 年出版,再版 2 次重印,总印数 21367 册,本次第 3 次重印) | | 32 开 | |

续表

| 书名 | 作者 | 出版社 | 出版/再版时间 | 印刷/发行册数 | 开本/装帧 | 定价（元） |
|---|---|---|---|---|---|---|
| 论国家 | 列宁 | 外文 | 1970（1966年出版，再版4次重印，总印数101441册，本次第3次重印） | | 32开 | |
| 共产主义运动中的"左派"幼稚病 | 列宁 | 外文 | 1970（1966年出版，再版4次重印，总印数92441册，本次第3次重印） | | 32开 | |
| 列宁对东方革命风暴的预见 | | 外文 | 1970（1967年出版，再版2次重印，总印数60311册，本次第2次重印） | | 32开 | |
| 列宁论殖民地问题的三篇文章 | | 外文 | 1970（1967年出版，再版2次重印，总印数80185册，本次第2次重印） | | 32开 | |
| 论列宁主义基础 | 斯大林 | 外文 | 1970（1966年出版，再版3次重印，总印数73405册，本次第3次重印） | | 32开 | |
| 毛主席的六篇军事著作 | 毛泽东 | 外文 | 1970（再版重印1次） | 40200 | 精/50开 | |
| 陕甘宁边区政府、第八路军后方留守处布告 | 毛泽东 | 外文 | 1970（再版重印1次） | 63905 | 64开 | |
| 和中央社、扫荡报、新民报三记者的谈话 | 毛泽东 | 外文 | 1970（再版重印1次） | 59705 | 64开 | |
| 《中国工人》发刊词 | 毛泽东 | 外文 | 1970（再版重印1次） | 63905 | 64开 | |
| 目前抗日统一战线中的策略问题 | 毛泽东 | 外文 | 1970（再版重印1次） | 53905 | 64开 | |

续表

| 书名 | 作者 | 出版社 | 出版/再版时间 | 印刷/发行册数 | 开本/装帧 | 定价（元） |
|---|---|---|---|---|---|---|
| 打退第二次反共高潮后的时局 | 毛泽东 | 外文 | 1970（再版重印 1 次） | 63950 | 64 开 | |
| 关于打退第二次反共高潮后的总结 | 毛泽东 | 外文 | 1970（再版重印 1 次） | 53905 | 64 开 | |
| 整顿党的作风 | 毛泽东 | 外文 | 1970（再版重印 1 次） | 53905 | 64 开 | |
| 抗日时期的经济问题和财政问题 | 毛泽东 | 外文 | 1970（再版重印 1 次） | 53905 | 64 开 | |
| 质问国民党 | 毛泽东 | 外文 | 1970（再版重印 1 次） | 53905 | 64 开 | |
| 评国民党十一届三中全会和三届二次国民参政会 | 毛泽东 | 外文 | 1970（再版重印 1 次） | 58705 | 64 开 | |
| 评蒋介石在双十节的演说 | 毛泽东 | 外文 | 1970（再版重印 1 次） | 50308 | 64 开 | |
| 蒋介石仍在挑动内战 | 毛泽东 | 外文 | 1970（再版重印 1 次） | 53905 | 64 开 | |
| 第十八集团军总司令给蒋介石的两个电报 | 毛泽东 | 外文 | 1970（再版重印 1 次） | 53905 | 64 开 | |
| 评蒋介石发言人的谈话 | 毛泽东 | 外文 | 1970（再版重印 1 次） | 53905 | 64 开 | |
| 减租和生产是保卫解放区的两件大事 | 毛泽东 | 外文 | 1970（再版重印 1 次） | 58805 | 64 开 | |
| 三个月总结 | 毛泽东 | 外文 | 1970（再版重印 1 次） | 53205 | 64 开 | |
| 蒋介石政府已处在全民的包围中 | 毛泽东 | 外文 | 1970（再版重印 1 次） | 53805 | 64 开 | |
| 解放战争第二年的战略方针 | 毛泽东 | 外文 | 1970（再版重印 1 次） | 53905 | 64 开 | |
| 关于建立报告制度 | 毛泽东 | 外文 | 1970（再版重印 1 次） | 64005 | 64 开 | |

续表

| 书名 | 作者 | 出版社 | 出版/再版时间 | 印刷/发行册数 | 开本/装帧 | 定价（元） |
|---|---|---|---|---|---|---|
| 军队内部的民主运动 | 毛泽东 | 外文 | 1970（再版重印1次） | 58805 | 64开 | |
| 关于工商业政策 | 毛泽东 | 外文 | 1970（再版重印1次） | 53905 | 64开 | |
| 评西北大捷兼论解放军的新式整风运动 | 毛泽东 | 外文 | 1970（再版重印1次） | 53905 | 64开 | |
| 关于情况的通报 | 毛泽东 | 外文 | 1970（再版重印1次） | 53905 | 64开 | |
| 再克洛阳后给洛阳前线指挥部的电报 | 毛泽东 | 外文 | 1970（再版重印1次） | 53905 | 64开 | |
| 解放区农村工作的策略问题 | 毛泽东 | 外文 | 1970（再版重印1次） | 58805 | 64开 | |
| 中共中央关于九月会议的通知 | 毛泽东 | 外文 | 1970（再版重印1次） | 58805 | 64开 | |
| 评国民党对战争责任问题的几种答案 | 毛泽东 | 外文 | 1970（再版重印1次） | 53905 | 64开 | |
| 在新政治协商会议筹备会议上的讲话 | 毛泽东 | 外文 | 1970（再版重印1次） | 53905 | 64开 | |
| 全世界人民团结起来，打败美国侵略者及其一切走狗（1970年5月20日） | 毛泽东 | 外文 | 1970 | 116900 | 64开 | 0.02 |
| 中国共产党第九届中央委员会第二次全体会议公报（1970年9月6日） | | 外文 | 1970（1973年停售） | 35250 | 64开 | 0.04 |
| 共产党员应是无产阶级先进分子——纪念中国共产党成立四十九周年 | 人民日报、红旗杂志、解放军报社论 | 外文 | 1970（1973年停售） | 50250 | 64开 | 0.04 |

续表

| 书名 | 作者 | 出版社 | 出版/再版时间 | 印刷/发行册数 | 开本/装帧 | 定价（元） |
|---|---|---|---|---|---|---|
| 周恩来总理访问朝鲜民主主义人民共和国 | | 外文 | 1970 | 22205 | 64 开 | |
| 印度支那三国人民战斗团结的重大胜利 | | 外文 | 1970（1973年停售） | 28000 | 32 开 | |
| 列宁主义,还是社会帝国主义？——纪念伟大列宁诞生一百周年 | 人民日报、红旗杂志、解放军报编辑部 | 外文 | 1970（1973年停售） | 67200 | 64 开 | |
| 亚洲人民团结起来,把美国侵略者从亚洲赶出去！ | 人民日报、红旗杂志、解放军报社论 | 外文 | 1970（1973年停售） | 15250 | 32 开 | 0.04 |
| 赤裸裸的暴露 | | 外文 | 1970 | 30700 | 64 开 | |
| 美帝国主义必败,全世界人民必胜！（摄影画册） | | 外文 | 1970（1973年停售） | 25300 | 8 开 | |
| 巴勒斯坦人民和阿拉伯人民必胜（摄影画册） | | 外文 | 1970（1973年停售） | 30800 | 12 开 | |
| 无产阶级文化大革命重要文件集 | | 外文 | 1970（1973年停售） | 45450 | 64 开/精 | |
| 迎接伟大的七十年代 | 人民日报、红旗杂志、解放军报社1970 年元旦社论 | 外文 | 1970 | | 64 开 | 0.04 |
| 继续革命,乘势前进——庆祝中华人民共和国成立 21 周年 | 人民日报、红旗杂志、解放军报社论 | 外文 | 1970（1973年停售） | 20250 | 32 开 | 0.07 |

续表

| 书名 | 作者 | 出版社 | 出版/再版时间 | 印刷/发行册数 | 开本/装帧 | 定价（元） |
|---|---|---|---|---|---|---|
| 为人民一不怕苦、二不怕死 | | 外文 | 1970（1973年停售） | 20750 | 32 开 | |
| 革命青年的榜样（革命青年金训华的先进事迹） | | 外文 | 1970（1973年停售） | 20200 | 40 开 | |
| 无限忠于毛主席革命路线的好干部——门合 | | 外文 | 1970（1973年停售） | 16905 | 40 开 | |
| 中国的人民币——世界上少有的最稳定的货币 | | 外文 | 1970（1973年停售） | 21955 | 32 开 | |
| 革命现代京剧《智取威虎山》（彩色剧照明信片） | | 外文 | 1970 | 67310 | 44 开/12 张/套 | 0.40 |
| 红太阳照亮了大寨前进的道路 | | 外文 | 1970（1973年停售） | 35206 | | |
| 鼓吹资产阶级文艺就是复辟资本主义 | | 外文 | 1970（1976年停售） | 10250 | 64 开 | |
| 评斯坦尼斯拉夫斯基"体系" | 上海革命大批判写作小组 | 外文 | 1970（1973年停售） | 12055 | 64 开 | |
| 颂歌唱给毛主席 | | 外文 | 1970 | | 32 开 | |
| 南京长江大桥（彩色摄影明信片） | | 外文 | 1970 | 89310 | 44 开/10 张/套 | 0.40 |

## 1970 年德文版书目(31 种)

| 书名 | 作者 | 出版社 | 出版/再版时间 | 印刷/发行册数 | 开本/装帧 | 定价(元) |
|---|---|---|---|---|---|---|
| 毛主席的六篇军事著作 | 毛泽东 | 外文 | 1970(再版重印 1 次) | 24855 | 精/50 开 | |
| 中国的红色政权为什么能够存在？井冈山的斗争　关于纠正党内的错误思想　星星之火，可以燎原 | 毛泽东 | 外文 | 1970 | 23705 | 36 开 | |
| 新民主主义论　在延安文艺座谈会上的讲话　关于正确处理人民内部矛盾的问题　在中国共产党全国宣传工作会议上的讲话 | 毛泽东 | 外文 | 1970(再版重印 1 次) | 24805 | 36 开 | |
| 实践论 | 毛泽东 | 外文 | 1970(1962 年出版，再版 3 次重印，总印数 25499 册，本次再版重印) | | 64 开 | |
| 矛盾论 | 毛泽东 | 外文 | 1970(再版 3 次重印) | 47308 | 64 开 | |
| 中国共产党在民族战争中的地位 | 毛泽东 | 外文 | 1970(1966 年出版，再版 3 次重印，总印数 23177 册，本次再版重印) | | 64 开 | |
| 统一战线中的独立自主问题 | 毛泽东 | 外文 | 1970(1954 年出版，再版 6 次重印，总印数 52308 册，本次再版重印) | | 64 开 | |
| 五四运动 | 毛泽东 | 外文 | 1970 | | 64 开 | |

续表

| 书名 | 作者 | 出版社 | 出版/再版时间 | 印刷/发行册数 | 开本/装帧 | 定价（元） |
|---|---|---|---|---|---|---|
| 必须制裁反动派 | 毛泽东 | 外文 | 1970（再版重印 1 次） | 30000 | 64 开 | |
| 放手发展抗日力量，抵抗反共顽固派的进攻 | 毛泽东 | 外文 | 1970（再版重印 1 次） | 30405 | 64 开 | |
| 反对党八股 | 毛泽东 | 外文 | 1970（1965 年出版，再版 2 次重印，总印数 26865 册，本次再版重印） | | 64 开 | |
| 学习和时局 | 毛泽东 | 外文 | 1970（再版重印 1 次） | 30100 | 64 开 | |
| 蒋介石仍在挑动内战 | 毛泽东 | 外文 | 1970（再版重印 1 次） | 29750 | 64 开 | |
| 集中优势兵力，各个歼灭敌人 | 毛泽东 | 外文 | 1970（再版重印 1 次） | 30455 | 64 开 | |
| 蒋介石政府已处在全民的包围中 | 毛泽东 | 外文 | 1970（再版重印 1 次） | 25000 | 64 开 | |
| 中国人民解放军宣言 | 毛泽东 | 外文 | 1970（再版重印 1 次） | 30250 | 64 开 | |
| 全世界人民团结起来，打败美国侵略者及其一切走狗（关于支持美国黑人、越南南方人民、巴拿马人民、日本人民、刚果〈利〉人民和多米尼加人民反对美帝国主义的正义斗争的声明和谈话） | 毛泽东 | 外文 | 1970 | | 36 开 | |
| 全世界人民团结起来，打败美国侵略者及其一切走狗（1970 年 5 月 20 日） | 毛泽东 | 外文 | 1970 | 45500 | 64 开 | 0.02 |

续表

| 书名 | 作者 | 出版社 | 出版/再版时间 | 印刷/发行册数 | 开本/装帧 | 定价（元） |
|---|---|---|---|---|---|---|
| 中国共产党第九届中央委员会第二次全体会议公报(1970 年 9 月 6 日) | | 外文 | 1970（1973年停售） | 25150 | 64 开 | 0.04 |
| 共产党员应是无产阶级先进分子——纪念中国共产党成立四十九周年 | 人民日报、红旗杂志、解放军报社论 | 外文 | 1970（1973年停售） | 30150 | 64 开 | 0.04 |
| 无产阶级文化大革命重要文件集 | | 外文 | 1970（1973年停售） | 43750 | 64 开/精 | |
| 周恩来总理访问朝鲜民主主义人民共和国 | | 外文 | 1970 | 12100 | 64 开 | |
| 列宁主义,还是社会帝国主义?——纪念伟大列宁诞生一百周年 | 人民日报、红旗杂志、解放军报编辑部 | 外文 | 1970（再版2 次重印,1973 年停售） | 59550 | 64 开 | |
| 赤裸裸的暴露 | | 外文 | 1970 | | 64 开 | |
| 肮脏的交易 | | 外文 | 1970 | | 64 开 | |
| 评苏联西德条约 | | 外文 | 1970 | | 64 开 | |
| 美帝国主义必败,全世界人民必胜!（摄影画册） | | 外文 | 1970（1973年停售） | 15250 | 8 开 | |
| 巴勒斯坦人民和阿拉伯人民必胜（摄影画册） | | 外文 | 1970（1973年停售） | 13250 | 12 开 | |
| 迎接伟大的七十年代 | 人民日报、红旗杂志、解放军报社1970 年元旦社论 | 外文 | 1970 | | 64 开 | 0.04 |
| 继续革命,乘势前进——庆祝中华人民共和国成立 21 周年 | 人民日报、红旗杂志、解放军报社论 | 外文 | 1970（1971年停售） | 21150 | 32 开 | 0.07 |
| 革命现代京剧《智取威虎山》（彩色剧照明信片） | | 外文 | 1970 | | 44 开/12 张/套 | 0.40 |

## 1970 年西班牙文版书目(56 种)

| 书名 | 作者 | 出版社 | 出版/再版时间 | 印刷/发行册数 | 开本/装帧 | 定价(元) |
|---|---|---|---|---|---|---|
| 毛主席的六篇军事著作 | 毛泽东 | 外文 | 1970(再版3次重印) | 136129 | 精/50 开 | |
| 怎样分析农村阶级 | 毛泽东 | 外文 | 1970(再版1次重印) | 26605 | 64 开 | |
| 我们的经济政策 | 毛泽东 | 外文 | 1970(再版1次重印) | 26665 | 64 开 | |
| 五四运动 | 毛泽东 | 外文 | 1970(再版1次重印) | 25155 | 64 开 | |
| 反对投降运动 | 毛泽东 | 外文 | 1970(再版1次重印) | 25105 | 64 开 | |
| 必须制裁反动派 | 毛泽东 | 外文 | 1970(再版1次重印) | 25155 | 64 开 | |
| 关于国际形势对新华日报记者的谈话 | 毛泽东 | 外文 | 1970(再版1次重印) | 25055 | 64 开 | |
| 和中央社、扫荡报、新民报三记者的谈话 | 毛泽东 | 外文 | 1970(再版1次重印) | 25155 | 64 开 | |
| 克服投降危险,力争时局好转 | 毛泽东 | 外文 | 1970(再版1次重印) | 25105 | 64 开 | |
| 团结一切抗日力量,反对反共顽固派 | 毛泽东 | 外文 | 1970(再版1次重印) | 25150 | 64 开 | |
| 《中国工人》发刊词 | 毛泽东 | 外文 | 1970(再版1次重印) | 26505 | 64 开 | |
| 抗日时期的经济问题和财政问题 | 毛泽东 | 外文 | 1970(再版1次重印) | 25105 | 64 开 | |
| 质问国民党 | 毛泽东 | 外文 | 1970(再版1次重印) | 26705 | 64 开 | |
| 评国民党十一届三中全会和三届二次国民参政会 | 毛泽东 | 外文 | 1970(再版1次重印) | 25155 | 64 开 | |

续表

| 书名 | 作者 | 出版社 | 出版/再版时间 | 印刷/发行册数 | 开本/装帧 | 定价（元） |
|------|------|--------|---------------|---------------|-----------|-----------|
| 学习和时局 | 毛泽东 | 外文 | 1970(1957 年出版,再版 5 次重印,总印数 78969 册,本次再版重印) | | 64 开 | |
| 评蒋介石在双十节的演说 | 毛泽东 | 外文 | 1970(再版 1 次重印) | 26705 | 64 开 | |
| 游击区也能够进行生产 | 毛泽东 | 外文 | 1970(再版 1 次重印) | 25155 | 64 开 | |
| 两个中国之命运 | 毛泽东 | 外文 | 1970(再版 1 次重印) | 28150 | 64 开 | |
| 蒋介石仍在挑动内战 | 毛泽东 | 外文 | 1970(再版 1 次重印) | 24450 | 64 开 | |
| 第十八集团军总司令给蒋介石的两个电报 | 毛泽东 | 外文 | 1970(再版 1 次重印) | 25150 | 64 开 | |
| 评蒋介石发言人的谈话 | 毛泽东 | 外文 | 1970 | 24350 | 64 开 | |
| 三个月总结 | 毛泽东 | 外文 | 1970(再版 1 次重印) | 25100 | 64 开 | |
| 蒋介石政府已处在全民的包围中 | 毛泽东 | 外文 | 1970 | 25100 | 64 开 | |
| 解放战争第二年的战略方针 | 毛泽东 | 外文 | 1970 | 24450 | 64 开 | |
| 中国人民解放军总部关于重行颁布三大纪律八项注意的训令 | 毛泽东 | 外文 | 1970 | 25150 | 64 开 | |
| 目前的形势和我们对任务 | 毛泽东 | 外文 | 1970 | | 64 开 | |
| 关于建立报告制度 | 毛泽东 | 外文 | 1970(再版 1 次重印) | 25100 | 64 开 | |
| 在不同地区实施土地法的不同策略 | 毛泽东 | 外文 | 1970(再版 1 次重印) | 25150 | 64 开 | |

续表

| 书名 | 作者 | 出版社 | 出版/再版时间 | 印刷/发行册数 | 开本/装帧 | 定价（元） |
|---|---|---|---|---|---|---|
| 纠正土地改革宣传中的"左"倾错误 | 毛泽东 | 外文 | 1970 | 25150 | 64 开 | |
| 新解放区土地改革要点 | 毛泽东 | 外文 | 1970 | 25150 | 64 开 | |
| 关于民族资产阶级和开明绅士问题 | 毛泽东 | 外文 | 1970 | 25150 | 64 开 | |
| 关于情况的通报 | 毛泽东 | 外文 | 1970 | 24450 | 64 开 | |
| 再克洛阳后给洛阳前线指挥部的电报 | 毛泽东 | 外文 | 1970 | 25150 | 64 开 | |
| 解放区农村工作的策略问题 | 毛泽东 | 外文 | 1970 | 25150 | 64 开 | |
| 1948 年土地改革工作和整党工作 | 毛泽东 | 外文 | 1970 | 25150 | 64 开 | |
| 关于辽沈战役的作战方针 | 毛泽东 | 外文 | 1970 | 25150 | 64 开 | |
| 关于淮海战役的作战方针 | 毛泽东 | 外文 | 1970 | 25150 | 64 开 | |
| 关于平津战役的作战方针 | 毛泽东 | 外文 | 1970 | 24450 | 64 开 | |
| 中共中央毛泽东主席关于时局的声明 | 毛泽东 | 外文 | 1970 | 25100 | 64 开 | |
| 把军队变为工作队 | 毛泽东 | 外文 | 1970 | 25150 | 64 开 | |
| 评国民党对战争责任问题的几种答案 | 毛泽东 | 外文 | 1970 | 25150 | 64 开 | |
| 中国人民解放军宣言 | 毛泽东 | 外文 | 1970 | 25150 | 64 开 | |
| 关于正确处理人民内部矛盾的问题 | 毛泽东 | 外文 | 1970（1957 年出版，再版 4 次重印，总印数 49535 册，本次再版重印） | | 64 开 | |
| 全世界人民团结起来，打败美国侵略者及其一切走狗（1970 年 5 月 20 日） | 毛泽东 | 外文 | 1970 | 35155 | 64 开 | 0.02 |
| 中国共产党第九届中央委员会第二次全体会议公报（1970 年 9 月 6 日） | | 外文 | 1970（1973 年停售） | 20150 | 64 开 | 0.04 |

| 书名 | 作者 | 出版社 | 出版/再版时间 | 印刷/发行册数 | 开本/装帧 | 定价（元） |
|---|---|---|---|---|---|---|
| 共产党员应是无产阶级先进分子——纪念中国共产党成立四十九周年 | 人民日报、红旗杂志、解放军报社论 | 外文 | 1970(1973年停售) | 30150 | 64 开 | 0.04 |
| 列宁主义，还是社会帝国主义？——纪念伟大列宁诞生一百周年 | 人民日报、红旗杂志、解放军报编辑部 | 外文 | 1970(1973年停售) | 47150 | 64 开 | |
| 赤裸裸的暴露 | | 外文 | 1970 | | 64 开 | |
| 美帝国主义必败,全世界人民必胜!（摄影画册） | | 外文 | 1970(1973年停售) | 16200 | 8 开 | |
| 巴勒斯坦人民和阿拉伯人民必胜（摄影画册） | | 外文 | 1970(1973年停售) | 10350 | 12 开 | |
| 无产阶级文化大革命重要文件集 | | 外文 | 1970(1973年停售) | 34300 | 64 开/精 | |
| 迎接伟大的七十年代 | 人民日报、红旗杂志、解放军报社1970年元旦社论 | 外文 | 1970 | | 64 开 | 0.04 |
| 继续革命,乘势前进——庆祝中华人民共和国成立 21 周年 | 人民日报、红旗杂志、解放军报社论 | 外文 | 1970(1973年停售) | 18150 | 32 开 | 0.07 |
| 中国的人民币——世界上少有的最稳定的货币 | 蔡正 | 外文 | 1970(1973年停售) | 17175 | 32 开 | |
| 革命现代京剧《智取威虎山》（彩色剧照明信片） | | 外文 | 1970 | 42210 | 44 开/12 张/套 | 0.40 |
| 南京长江大桥（彩色摄影明信片） | | 外文 | 1970 | 34210 | 44 开/10 张/套 | 0.40 |

## 1970 年俄文版书目（26 种）

| 书名 | 作者 | 出版社 | 出版/再版时间 | 印刷/发行册数 | 开本/装帧 | 定价（元） |
|---|---|---|---|---|---|---|
| 克服投降危险，力争时局好转 | 毛泽东 | 外文 | 1970（再版重印 1 次） | 33575 | 64 开 | |
| 团结一切抗日力量，反对反共顽固派 | 毛泽东 | 外文 | 1970（再版重印 1 次） | 44900 | 64 开 | |
| 《中国工人》发刊词 | 毛泽东 | 外文 | 1970（再版重印 1 次） | 10075 | 64 开 | |
| 团结到底 | 毛泽东 | 外文 | 1970（再版重印 1 次） | 10075 | 64 开 | |
| 两个中国之命运 | 毛泽东 | 外文 | 1970 | | 64 开 | |
| 中国人民解放军总部关于重行颁布三大纪律八项注意的训令 | 毛泽东 | 外文 | 1970（再版重印 1 次） | 33575 | 64 开 | |
| 关于建立报告制度 | 毛泽东 | 外文 | 1970 | | 64 开 | |
| 中国人民解放军宣言 | 毛泽东 | 外文 | 1970 | 33575 | 64 开 | |
| 全世界人民团结起来，打败美国侵略者及其一切走狗（1970 年 5 月 20 日） | 毛泽东 | 外文 | 1970 | 17100 | 64 开 | 0.02 |
| 中国共产党第九届中央委员会第二次全体会议公报（1970 年 9 月 6 日） | | 外文 | 1970（1973 年停售） | 15060 | 64 开 | 0.04 |
| 共产党员应是无产阶级先进分子——纪念中国共产党成立四十九周年 | 人民日报、红旗杂志、解放军报社论 | 外文 | 1970（1973 年停售） | 13060 | 64 开 | 0.04 |
| 周恩来总理访问朝鲜民主主义人民共和国 | | 外文 | 1970 | 9400 | 64 开 | |
| 列宁主义，还是社会帝国主义？——纪念伟大列宁诞生一百周年 | 人民日报、红旗杂志、解放军报编辑部 | 外文 | 1970（1973 年停售） | 22070 | 64 开 | |

| 书名 | 作者 | 出版社 | 出版/再版时间 | 印刷/发行册数 | 开本/装帧 | 定价（元） |
|---|---|---|---|---|---|---|
| 亚洲人民团结起来,把美国侵略者从亚洲赶出去! | 人民日报、红旗杂志、解放军报社论 | 外文 | 1970 | | 32 开 | 0.04 |
| 赤裸裸的暴露 | | 外文 | 1970 | | 64 开 | |
| 美帝国主义必败,全世界人民必胜!（摄影画册） | | 外文 | 1970（1973年停售） | 6550 | 8 开 | |
| 巴勒斯坦人民和阿拉伯人民必胜（摄影画册） | | 外文 | 1970（1973年停售） | 5050 | 12 开 | |
| 无产阶级文化大革命重要文件集 | | 外文 | 1970（1973年停售） | 15400 | 64 开/精 | |
| 迎接伟大的七十年代 | 人民日报、红旗杂志、解放军报社1970 年元旦社论 | 外文 | 1970 | | 64 开 | 0.04 |
| 继续革命,乘势前进——庆祝中华人民共和国成立 21 周年 | 人民日报、红旗杂志、解放军报社论 | 外文 | 1970（1973年停售） | 11050 | 32 开 | 0.07 |
| 无限忠于毛主席革命路线的好干部——门合 | | 外文 | 1970（1973年停售） | 2865 | 40 开 | |
| 中国的人民币——世界上少有的最稳定的货币 | | 外文 | 1970（1973年停售） | 10175 | 32 开 | |
| 革命现代京剧《智取威虎山》（彩色剧照明信片） | | 外文 | 1970 | 101110 | 44 开/12 张/套 | 0.40 |
| 评斯坦尼斯拉夫斯基"体系" | 上海革命大批判写作小组 | 外文 | 1970（1973年停售） | 8075 | 64 开 | |
| 南京长江大桥（彩色摄影明信片） | | 外文 | 1970 | 46110 | 44 开/10 张/套 | 0.40 |
| 为人民一不怕苦、二不怕死 | | 外文 | 1970（1973年停售） | 5060 | 32 开 | |

### 1970 年意大利文版书目（5 种）

| 书名 | 作者 | 出版社 | 出版/再版时间 | 印刷/发行册数 | 开本/装帧 | 定价（元） |
|---|---|---|---|---|---|---|
| 全世界人民团结起来,打败美国侵略者及其一切走狗(1970 年 5 月 20 日) | 毛泽东 | 外文 | 1970 | 32100 | 64 开 | 0.02 |
| 中国共产党第九届中央委员会第二次全体会议公报(1970 年 9 月 6 日) | | 外文 | 1970(1973年停售) | 17060 | 64 开 | 0.04 |
| 共产党员应是无产阶级先进分子——纪念中国共产党成立四十九周年 | 人民日报、红旗杂志、解放军报社论 | 外文 | 1970(1973年停售) | 22060 | 64 开 | 0.04 |
| 列宁主义,还是社会帝国主义?——纪念伟大列宁诞生一百周年 | 人民日报、红旗杂志、解放军报编辑部 | 外文 | 1970(1973年停售) | 43100 | 64 开 | |
| 迎接伟大的七十年代 | 人民日报、红旗杂志、解放军报社1970 年元旦社论 | 外文 | 1970(1973年停售) | 15755 | 64 开 | 0.04 |

### 1970 年葡萄牙文版书目（6 种）

| 书名 | 作者 | 出版社 | 出版/再版时间 | 印刷/发行册数 | 开本/装帧 | 定价（元） |
|---|---|---|---|---|---|---|
| 抗日时期的经济问题和财政问题 | 毛泽东 | 外文 | 1970(再版重印 1 次) | 5455 | 64 开 | |
| 文化工作中的统一战线 | 毛泽东 | 外文 | 1970(再版重印 1 次) | 5455 | 64 开 | |
| 全世界人民团结起来,打败美国侵略者及其一切走狗(1970 年 5 月 20 日) | 毛泽东 | 外文 | 1970 | 4100 | 64 开 | 0.02 |

| 书名 | 作者 | 出版社 | 出版/再版时间 | 印刷/发行册数 | 开本/装帧 | 定价（元） |
|---|---|---|---|---|---|---|
| 中国共产党第九届中央委员会第二次全体会议公报(1970 年 9 月 6 日) | | 外文 | 1970(1973 年停售) | 3550 | 64 开 | 0.04 |
| 列宁主义,还是社会帝国主义? ——纪念伟大列宁诞生一百周年 | 人民日报、红旗杂志、解放军报编辑部 | 外文 | 1970(1973 年停售) | 4100 | 64 开 | |
| 迎接伟大的七十年代 | 人民日报、红旗杂志、解放军报社 1970 年元旦社论 | 外文 | 1970(1973 年停售) | 2055 | 64 开 | 0.04 |

## 1970 年世界语版书目(7 种)

| 书名 | 作者 | 出版社 | 出版/再版时间 | 印刷/发行册数 | 开本/装帧 | 定价（元） |
|---|---|---|---|---|---|---|
| 全世界人民团结起来,打败美国侵略者及其一切走狗(1970 年 5 月 20 日) | 毛泽东 | 外文 | 1970 | 5500 | 64 开 | 0.02 |
| 中国共产党第九届中央委员会第二次全体会议公报(1970 年 9 月 6 日) | | 外文 | 1970(1973 年停售) | 4400 | 64 开 | 0.04 |
| 列宁主义,还是社会帝国主义? ——纪念伟大列宁诞生一百周年 | 人民日报、红旗杂志、解放军报编辑部 | 外文 | 1970(1973 年停售) | 6400 | 64 开 | |
| 赤裸裸的暴露 | | 外文 | 1970(1973 年停售) | 4400 | 64 开 | |

续表

| 书名 | 作者 | 出版社 | 出版/再版时间 | 印刷/发行册数 | 开本/装帧 | 定价（元） |
|---|---|---|---|---|---|---|
| 迎接伟大的七十年代 | 人民日报、红旗杂志、解放军报社1970年元旦社论 | 外文 | 1970（1973年停售） | | 64开 | 0.04 |
| 革命现代京剧《智取威虎山》(彩色剧照明信片) | | 外文 | 1970 | 15910 | 44开/12张/套 | 0.40 |
| 南京长江大桥（彩色摄影明信片） | | 外文 | 1970 | 8410 | 44开/10张/套 | 0.40 |

## 1970 年日文版书目（35 种）

| 书名 | 作者 | 出版社 | 出版/再版时间 | 印刷/发行册数 | 开本/装帧 | 定价（元） |
|---|---|---|---|---|---|---|
| 反对投降运动 | 毛泽东 | 外文 | 1970（再版重印1次） | 16705 | 36开 | |
| 必须制裁反动派 | 毛泽东 | 外文 | 1970（再版重印1次） | 16705 | 36开 | |
| 关于国际形势对新华日报记者的谈话 | 毛泽东 | 外文 | 1970（再版重印1次） | 16705 | 36开 | |
| 和中央社、扫荡报、新民报三记者的谈话 | 毛泽东 | 外文 | 1970（再版重印1次） | 16705 | 36开 | |
| 目前形势和党的任务 | 毛泽东 | 外文 | 1970（再版重印1次） | 16705 | 36开 | |
| 克服投降危险，力争时局好转 | 毛泽东 | 外文 | 1970（再版重印1次） | 16705 | 64开 | |
| 团结一切抗日力量，反对反共顽固派 | 毛泽东 | 外文 | 1970（再版重印1次） | 16705 | 64开 | |
| 团结到底 | 毛泽东 | 外文 | 1970（再版重印1次） | 16705 | 64开 | |

续表

| 书名 | 作者 | 出版社 | 出版/再版时间 | 印刷/发行册数 | 开本/装帧 | 定价（元） |
|---|---|---|---|---|---|---|
| 打退第二次反共高潮后的时局 | 毛泽东 | 外文 | 1970（再版重印 1 次） | 16705 | 64 开 | |
| 质问国民党 | 毛泽东 | 外文 | 1970（再版重印 1 次） | 22705 | 36 开 | |
| 评蒋介石发言人的谈话 | 毛泽东 | 外文 | 1970（再版重印 1 次） | 22655 | 36 开 | |
| 1946 年解放区工作的方针 | 毛泽东 | 外文 | 1970 | 16705 | 36 开 | |
| 1948 年土地改革工作和整党工作 | 毛泽东 | 外文 | 1970（再版重印 1 次） | 16705 | 36 开 | |
| 中共中央毛泽东主席关于时局的声明 | 毛泽东 | 外文 | 1970（再版重印 1 次） | 16705 | 36 开 | |
| 评国民党对战争责任问题的几种答案 | 毛泽东 | 外文 | 1970（再版重印 1 次） | 22755 | 36 开 | |
| 全世界人民团结起来，打败美国侵略者及其一切走狗（1970 年 5 月 20 日） | 毛泽东 | 外文 | 1970（再版重印 1 次） | 30400 | 64 开 | 0.02 |
| 中国共产党第九届中央委员会第二次全体会议公报（1970 年 9 月 6 日） | | 外文 | 1970（1973 年停售） | 22250 | 64 开 | 0.04 |
| 共产党员应是无产阶级先进分子——纪念中国共产党成立四十九周年 | 人民日报、红旗杂志、解放军报社论 | 外文 | 1970（1973 年停售） | 25250 | 64 开 | 0.04 |
| 周恩来总理访问朝鲜民主主义人民共和国 | | 外文 | 1970（1973 年停售） | 12300 | 64 开 | |
| 印度支那三国人民战斗团结的重大胜利 | | 外文 | 1970（1973 年停售） | 11800 | 32 开 | |
| 列宁主义，还是社会帝国主义？——纪念伟大列宁诞生一百周年 | 人民日报、红旗杂志、解放军报编辑部 | 外文 | 1970（1973 年停售） | 38300 | 64 开 | |

| 书名 | 作者 | 出版社 | 出版/再版时间 | 印刷/发行册数 | 开本/装帧 | 定价（元） |
|---|---|---|---|---|---|---|
| 亚洲人民团结起来，把美国侵略者从亚洲赶出去！ | 人民日报、红旗杂志、解放军报社论 | 外文 | 1970（1973年停售） | 10250 | 32 开 | 0.04 |
| 赤裸裸的暴露 | | 外文 | 1970 | | 64 开 | |
| 美帝国主义必败，全世界人民必胜！（摄影画册） | | 外文 | 1970（1973年停售） | 21400 | 8 开 | |
| 无产阶级文化大革命重要文件集 | | 外文 | 1970（1973年停售） | 24250 | 64 开/精 | |
| 迎接伟大的七十年代 | 人民日报、红旗杂志、解放军报社1970 年元旦社论 | 外文 | 1970 | | 64 开 | 0.04 |
| 继续革命，乘势前进——庆祝中华人民共和国成立 21 周年 | 人民日报、红旗杂志、解放军报社论 | 外文 | 1970（1973年停售） | 11300 | 32 开 | 0.07 |
| 毛主席的好战士（刘英俊、蔡永祥、麦贤得三位英雄的事迹） | | 外文 | 1970（1973年停售） | 11905 | 40 开 | |
| 革命青年的榜样（革命青年金训华的先进事迹） | | 外文 | 1970 | | 40 开 | |
| 无限忠于毛主席革命路线的好干部——门合 | | 外文 | 1970（1973年停售） | 10309 | 40 开 | |
| 走与工农兵相结合的道路 | | 外文 | 1970（1973年停售） | 7250 | 32 开 | |
| 革命现代京剧《智取威虎山》（彩色剧照明信片） | | 外文 | 1970 | 210810 | 44 开/12 张/套 | 0.40 |
| 评斯坦尼斯拉夫斯基"体系" | 上海革命大批判写作小组 | 外文 | 1970（1973年停售） | 8600 | 64 开 | |

| 书名 | 作者 | 出版社 | 出版/再版时间 | 印刷/发行册数 | 开本/装帧 | 定价（元） |
|---|---|---|---|---|---|---|
| 南京长江大桥（彩色摄影明信片） | | 外文 | 1970 | 108810 | 44 开/10 张/套 | 0.40 |
| 中国的人民币——世界上少有的最稳定的货币 | 蔡正 | 外文 | 1970（1973年停售） | 9305 | 32 开 | |

## 1970 年越南文版书目（21 种）

| 书名 | 作者 | 出版社 | 出版/再版时间 | 印刷/发行册数 | 开本/装帧 | 定价（元） |
|---|---|---|---|---|---|---|
| 新民主主义论　在延安文艺座谈会上的讲话　关于正确处理人民内部矛盾的问题　在中国共产党全国宣传工作会议上的讲话 | 毛泽东 | 外文 | 1970（再版重印 1 次） | 21205 | 36 开 | |
| 质问国民党 | 毛泽东 | 外文 | 1970（再版重印 1 次） | 21705 | 64 开 | |
| 全世界人民团结起来,打败美国侵略者及其一切走狗(1970 年 5 月 20 日) | 毛泽东 | 外文 | 1970 | 285508 | 64 开 | 0.02 |
| 中国共产党第九届中央委员会第二次全体会议公报(1970 年 9 月 6 日) | | 外文 | 1970（再版重印 1 次） | 23350 | 64 开 | 0.04 |
| 共产党员应是无产阶级先进分子——纪念中国共产党成立四十九周年 | 人民日报、红旗杂志、解放军报社论 | 外文 | 1970（再版重印 1 次） | 25300 | 64 开 | 0.04 |
| 周恩来总理访问朝鲜民主主义人民共和国 | | 外文 | 1970 | 14359 | 64 开 | |
| 印度支那三国人民战斗团结的重大胜利 | | 外文 | 1970（1973年停售） | 17500 | 32 开 | |

续表

| 书名 | 作者 | 出版社 | 出版/再版时间 | 印刷/发行册数 | 开本/装帧 | 定价（元） |
|---|---|---|---|---|---|---|
| 列宁主义,还是社会帝国主义? ——纪念伟大列宁诞生一百周年 | 人民日报、红旗杂志、解放军报编辑部 | 外文 | 1970（1973年停售） | 23350 | 64 开 | |
| 亚洲人民团结起来,把美国侵略者从亚洲赶出去! | 人民日报、红旗杂志、解放军报社论 | 外文 | 1970（1973年停售） | 12350 | 32 开 | 0.04 |
| 赤裸裸的暴露 | | 外文 | 1970（再版重印 1 次） | 17350 | 64 开 | |
| 美帝国主义必败,全世界人民必胜!（摄影画册） | | 外文 | 1970（1973年停售） | 21400 | 8 开 | |
| 巴勒斯坦人民和阿拉伯人民必胜（摄影画册） | | 外文 | 1970（1973年停售） | 12400 | 12 开 | |
| 无产阶级文化大革命重要文件集 | | 外文 | 1970（再版重印 1 次） | 20350 | 64 开/精 | |
| 迎接伟大的七十年代 | 人民日报、红旗杂志、解放军报社1970 年元旦社论 | 外文 | 1970 | | 64 开 | 0.04 |
| 继续革命,乘势前进——庆祝中华人民共和国成立 21 周年 | 人民日报、红旗杂志、解放军报社论 | 外文 | 1970（再版重印 1 次） | 16450 | 32 开 | 0.07 |
| 为人民一不怕苦、二不怕死 | | 外文 | 1970（1973年停售） | 5350 | 32 开 | |
| 无限忠于毛主席革命路线的好干部——门合 | | 外文 | 1970（1973年停售） | 16355 | 40 开 | |

续表

| 书名 | 作者 | 出版社 | 出版/再版时间 | 印刷/发行册数 | 开本/装帧 | 定价（元） |
|---|---|---|---|---|---|---|
| 中国的人民币——世界上少有的最稳定的货币 | 蔡正 | 外文 | 1970 | 16205 | 32 开 | |
| 革命现代京剧《智取威虎山》（彩色剧照明信片） | | 外文 | 1970 | 26460 | 44 开/12 张/套 | 0.40 |
| 评斯坦尼斯拉夫斯基"体系" | 上海革命大批判写作小组 | 外文 | 1970（1973年停售） | 12055 | 64 开 | |
| 南京长江大桥（彩色摄影明信片） | | 外文 | 1970 | 10460 | 44 开/10 张/套 | 0.40 |

## 1970 年泰国文版书目（46 种）

| 书名 | 作者 | 出版社 | 出版/再版时间 | 印刷/发行册数 | 开本/装帧 | 定价（元） |
|---|---|---|---|---|---|---|
| 陕甘宁边区政府、第八路军后方留守处布告 | 毛泽东 | 外文 | 1970（再版重印 1 次） | 5105 | 64 开 | |
| 反对投降运动 | 毛泽东 | 外文 | 1970（再版重印 1 次） | 5100 | 64 开 | |
| 必须制裁反动派 | 毛泽东 | 外文 | 1970（再版重印 1 次） | 5100 | 64 开 | |
| 关于国际形势对新华日报记者的谈话 | 毛泽东 | 外文 | 1970（再版重印 1 次） | 5105 | 64 开 | |
| 和中央社、扫荡报、新民报三记者的谈话 | 毛泽东 | 外文 | 1970（再版重印 1 次） | 5105 | 64 开 | |
| 克服投降危险，力争时局好转 | 毛泽东 | 外文 | 1970（再版重印 1 次） | 5105 | 64 开 | |
| 团结一切抗日力量，打破反共顽固派的进攻 | 毛泽东 | 外文 | 1970（再版重印 1 次） | 4500 | 64 开 | |
| 《中国工人》发刊词 | 毛泽东 | 外文 | 1970（再版重印 1 次） | 5605 | 64 开 | |

续表

| 书名 | 作者 | 出版社 | 出版/再版时间 | 印刷/发行册数 | 开本/装帧 | 定价（元） |
|---|---|---|---|---|---|---|
| 团结到底 | 毛泽东 | 外文 | 1970（再版重印 1 次） | 5105 | 64 开 | |
| 打退第二次反共高潮后的时局 | 毛泽东 | 外文 | 1970（再版重印 1 次） | 5105 | 64 开 | |
| 评国民党十一届三中全会和三届二次国民参政会 | 毛泽东 | 外文 | 1970 | | 64 开 | |
| 评蒋介石在双十节的演说 | 毛泽东 | 外文 | 1970（再版重印 1 次） | 5050 | 64 开 | |
| 关于重庆谈判 | 毛泽东 | 外文 | 1970 | 5105 | 64 开 | |
| 1946 年解放区工作的方针 | 毛泽东 | 外文 | 1970 | 5105 | 64 开 | |
| 和美国记者安娜·路易斯·斯特朗的谈话 | 毛泽东 | 外文 | 1970（1967 年出版，再版 3 次重印，总印数 17560 册，本次再版重印） | | 64 开 | |
| 三个月总结 | 毛泽东 | 外文 | 1970 | 5105 | 64 开 | |
| 解放战争第二年的战略方针 | 毛泽东 | 外文 | 1970 | 5105 | 64 开 | |
| 目前的形势和我们对任务 | 毛泽东 | 外文 | 1970 | 5105 | 64 开 | |
| 军队内部的民主运动 | 毛泽东 | 外文 | 1970 | 5125 | 64 开 | |
| 在不同地区实施土地法的不同策略 | 毛泽东 | 外文 | 1970 | 5105 | 64 开 | |
| 纠正土地改革宣传中的"左"倾错误 | 毛泽东 | 外文 | 1970 | 5105 | 64 开 | |
| 新解放区土地改革要点 | 毛泽东 | 外文 | 1970 | 5105 | 64 开 | |
| 关于工商业政策 | 毛泽东 | 外文 | 1970 | 5105 | 64 开 | |
| 评西北大捷兼论解放军的新式整风运动 | 毛泽东 | 外文 | 1970 | 5060 | 64 开 | |
| 在晋绥干部会议上的讲话 | 毛泽东 | 外文 | 1970 | 5005 | 64 开 | |

续表

| 书名 | 作者 | 出版社 | 出版/再版时间 | 印刷/发行册数 | 开本/装帧 | 定价（元） |
|---|---|---|---|---|---|---|
| 对晋绥日报编辑人员的谈话 | 毛泽东 | 外文 | 1970 | 5210 | 64 开 | |
| 解放区农村工作的策略问题 | 毛泽东 | 外文 | 1970 | 5105 | 64 开 | |
| 1948 年土地改革工作和整党工作 | 毛泽东 | 外文 | 1970 | 5105 | 64 开 | |
| 关于辽沈战役的作战方针 | 毛泽东 | 外文 | 1970 | 5105 | 64 开 | |
| 关于淮海战役的作战方针 | 毛泽东 | 外文 | 1970 | 5105 | 64 开 | |
| 关于平津战役的作战方针 | 毛泽东 | 外文 | 1970 | 5105 | 64 开 | |
| 在中国共产党第七届中央委员会第二次全体会议上的报告 | 毛泽东 | 外文 | 1970(1966 年出版,再版 3 次重印,总印数 20329 册,本次再版重印) | | 64 开 | |
| 评白皮书 | 毛泽东 | 外文 | 1970 | 5100 | 64 开 | |
| 在新政治协商会议筹备会议上的讲话 | 毛泽东 | 外文 | 1970 | 5105 | 64 开 | |
| 全世界人民团结起来,打败美国侵略者及其一切走狗(1970 年 5 月 20 日) | 毛泽东 | 外文 | 1970 | 4500 | 64 开 | 0.02 |
| 中国共产党第九届中央委员会第二次全体会议公报(1970 年 9 月 6 日) | | 外文 | 1970(1973 年停售) | 5060 | 64 开 | 0.04 |
| 共产党员应是无产阶级先进分子——纪念中国共产党成立四十九周年 | 人民日报、红旗杂志、解放军报社论 | 外文 | 1970 | | 64 开 | 0.04 |
| 周恩来总理访问朝鲜民主主义人民共和国 | | 外文 | 1970(再版重印 1 次) | 2600 | 64 开 | |
| 印度支那三国人民战斗团结的重大胜利 | | 外文 | 1970(再版重印 1 次) | 3060 | 32 开 | |

续表

| 书名 | 作者 | 出版社 | 出版/再版时间 | 印刷/发行册数 | 开本/装帧 | 定价（元） |
|------|------|--------|----------------|----------------|-----------|-----------|
| 列宁主义，还是社会帝国主义？——纪念伟大列宁诞生一百周年 | 人民日报、红旗杂志、解放军报编辑部 | 外文 | 1970（再版重印1次） | 6100 | 64开 | |
| 赤裸裸的暴露 | | 外文 | 1970（再版重印1次） | 3000 | 64开 | |
| 美帝国主义必败，全世界人民必胜！（摄影画册） | | 外文 | 1970（再版重印1次） | 3100 | 8开 | |
| 巴勒斯坦人民和阿拉伯人民必胜（摄影画册） | | 外文 | 1970（再版重印1次） | 3050 | 12开 | |
| 迎接伟大的七十年代 | 人民日报、红旗杂志、解放军报社1970年元旦社论 | 外文 | 1970 | | 64开 | 0.04 |
| 继续革命，乘势前进——庆祝中华人民共和国成立21周年 | 人民日报、红旗杂志、解放军报社论 | 外文 | 1970（再版重印1次） | 3800 | 32开 | 0.07 |
| 红太阳照亮了大寨前进的道路 | | 外文 | 1970（1973年停售） | 3106 | | |

## 1970年朝鲜文版书目（21种）

| 书名 | 作者 | 出版社 | 出版/再版时间 | 印刷/发行册数 | 开本/装帧 | 定价（元） |
|------|------|--------|----------------|----------------|-----------|-----------|
| 毛主席的四篇哲学论文 | 毛泽东 | 外文 | 1970（再版重印1次） | 5150 | 64开 | 0.30 |
| 毛主席的五篇著作 | 毛泽东 | 外文 | 1970 | | 100开/精 | |

续表

| 书名 | 作者 | 出版社 | 出版/再版时间 | 印刷/发行册数 | 开本/装帧 | 定价（元） |
|---|---|---|---|---|---|---|
| 中国的红色政权为什么能够存在 | 毛泽东 | 外文 | 1970（再版重印1次） | 3305 | 64开 | |
| 井冈山的斗争 | 毛泽东 | 外文 | 1970（再版重印1次） | 3260 | 64开 | |
| 关于纠正党内的错误思想 | 毛泽东 | 外文 | 1970（再版重印1次） | 4155 | 64开 | |
| 星星之火可以燎原 | 毛泽东 | 外文 | 1970（再版重印1次） | 4155 | 64开 | |
| 实践论 | 毛泽东 | 外文 | 1970（再版重印1次） | 4155 | 64开 | |
| 矛盾论 | 毛泽东 | 外文 | 1970（再版重印1次） | 4155 | 64开 | |
| 新民主主义论 | 毛泽东 | 外文 | 1970（再版重印1次） | 4150 | 64开 | |
| 在延安文艺座谈会上的讲话 | 毛泽东 | 外文 | 1970（再版重印1次） | 4000 | 64开 | |
| 和美国记者安娜·路易斯·斯特朗的谈话 | 毛泽东 | 外文 | 1970（再版重印1次） | 4100 | 64开 | |
| 全世界人民团结起来，打败美国侵略者及其一切走狗(1970年5月20日) | 毛泽东 | 外文 | 1970（再版重印1次） | 7800 | 64开 | 0.02 |
| 毛主席论人民战争 | 毛泽东 | 外文 | 1970 | 10100 | 64开 | |
| 中国共产党第九届中央委员会第二次全体会议公报(1970年9月6日) | | 外文 | 1970（1973年停售） | 5100 | 64开 | 0.04 |
| 共产党员应是无产阶级先进分子——纪念中国共产党成立四十九周年 | 人民日报、红旗杂志、解放军报社论 | 外文 | 1970（1973年停售） | 5100 | 64开 | 0.04 |
| 周恩来总理访问朝鲜民主主义人民共和国 | | 外文 | 1970（1973年停售） | 3150 | 64开 | |

续表

| 书名 | 作者 | 出版社 | 出版/再版时间 | 印刷/发行册数 | 开本/装帧 | 定价（元） |
|---|---|---|---|---|---|---|
| 列宁主义，还是社会帝国主义？——纪念伟大列宁诞生一百周年 | 人民日报、红旗杂志、解放军报编辑部 | 外文 | 1970(1973年停售) | 3150 | 64 开 | |
| 亚洲人民团结起来，把美国侵略者从亚洲赶出去！ | 人民日报、红旗杂志、解放军报社论 | 外文 | 1970(1973年停售) | 3100 | 32 开 | 0.04 |
| 赤裸裸的暴露 | | 外文 | 1970 | 3150 | 64 开 | |
| 迎接伟大的七十年代 | 人民日报、红旗杂志、解放军报社1970年元旦社论 | 外文 | 1970(1973年停售) | 3155 | 64 开 | 0.04 |
| 继续革命，乘势前进——庆祝中华人民共和国成立21周年 | 人民日报、红旗杂志、解放军报社论 | 外文 | 1970(1973年停售) | 3550 | 32 开 | 0.07 |

## 1970 年土耳其文版书目(7 种)

| 书名 | 作者 | 出版社 | 出版/再版时间 | 印刷/发行册数 | 开本/装帧 | 定价（元） |
|---|---|---|---|---|---|---|
| 中国的红色政权为什么能够存在 | 毛泽东 | 外文 | 1970(再版重印1次) | 3050 | 64 开 | |
| 论反对日本帝国主义的策略 | 毛泽东 | 外文 | 1970(再版重印1次) | 2510 | 64 开 | |
| 全世界人民团结起来，打败美国侵略者及其一切走狗(1970年5月20日) | 毛泽东 | 外文 | 1970 | 1100 | 64 开 | 0.02 |

| 书名 | 作者 | 出版社 | 出版/再版时间 | 印刷/发行册数 | 开本/装帧 | 定价（元） |
|---|---|---|---|---|---|---|
| 中国共产党第九届中央委员会第二次全体会议公报（1970 年 9 月 6 日） | | 外文 | 1970（1973 年停售） | 3050 | 64 开 | 0.04 |
| 列宁主义，还是社会帝国主义？——纪念伟大列宁诞生一百周年 | 人民日报、红旗杂志、解放军报编辑部 | 外文 | 1970（1973 年停售） | 2450 | 64 开 | |
| 迎接伟大的七十年代 | 人民日报、红旗杂志、解放军报社 1970 年元旦社论 | 外文 | 1970 | | 64 开 | 0.04 |
| 继续革命，乘势前进——庆祝中华人民共和国成立 21 周年 | 人民日报、红旗杂志、解放军报社论 | 外文 | 1970（再版重印 1 次） | 2050 | 32 开 | 0.07 |

## 1970 年泰米尔文版书目（10 种）

| 书名 | 作者 | 出版社 | 出版/再版时间 | 印刷/发行册数 | 开本/装帧 | 定价（元） |
|---|---|---|---|---|---|---|
| 论反对日本帝国主义的策略 | 毛泽东 | 外文 | 1970 | | 64 开 | |
| 中国革命和中国共产党 | 毛泽东 | 外文 | 1970（再版重印 1 次） | 3705 | 64 开 | |
| 人的正确思想是从哪里来的？ | 毛泽东 | 外文 | 1970（再版重印 1 次） | 4705 | 64 开 | |
| 《共产党人》发刊词 | 毛泽东 | 外文 | 1970（再版重印 1 次） | 3655 | 64 开 | |
| 将革命进行到底 | 毛泽东 | 外文 | 1970（再版重印 1 次） | 5100 | 64 开 | |

续表

| 书名 | 作者 | 出版社 | 出版/再版时间 | 印刷/发行册数 | 开本/装帧 | 定价（元） |
|---|---|---|---|---|---|---|
| 全世界人民团结起来,打败美国侵略者及其一切走狗(1970 年 5 月 20 日) | 毛泽东 | 外文 | 1970 | 4500 | 64 开 | 0.02 |
| 中国共产党第九届中央委员会第二次全体会议公报(1970 年 9 月 6 日) | | 外文 | 1970(1973 年停售) | 7600 | 64 开 | 0.04 |
| 列宁主义,还是社会帝国主义? ——纪念伟大列宁诞生一百周年 | 人民日报、红旗杂志、解放军报编辑部 | 外文 | 1970(1973 年停售) | 5100 | 64 开 | |
| 迎接伟大的七十年代 | 人民日报、红旗杂志、解放军报社 1970 年元旦社论 | 外文 | 1970 | | 64 开 | 0.04 |
| 继续革命,乘势前进——庆祝中华人民共和国成立 21 周年 | 人民日报、红旗杂志、解放军报社论 | 外文 | 1970(1973 年停售) | 5100 | 32 开 | 0.07 |

## 1970 年乌尔都文版书目(9 种)

| 书名 | 作者 | 出版社 | 出版/再版时间 | 印刷/发行册数 | 开本/装帧 | 定价（元） |
|---|---|---|---|---|---|---|
| 井冈山的斗争 | 毛泽东 | 外文 | 1970(再版重印 1 次) | 11450 | 64 开 | |
| 论持久战 | 毛泽东 | 外文 | 1970(再版重印 1 次) | 11675 | 64 开 | |
| 反对党八股 | 毛泽东 | 外文 | 1970(再版重印 1 次) | 11355 | 64 开 | |

续表

| 书名 | 作者 | 出版社 | 出版/再版时间 | 印刷/发行册数 | 开本/装帧 | 定价（元） |
|---|---|---|---|---|---|---|
| 在晋绥干部会议上的讲话 | 毛泽东 | 外文 | 1970（再版重印 1 次） | 11675 | 64 开 | |
| 全世界人民团结起来，打败美国侵略者及其一切走狗（1970 年 5 月 20 日） | 毛泽东 | 外文 | 1970 | 12010 | 64 开 | |
| 中国共产党第九届中央委员会第二次全体会议公报（1970 年 9 月 6 日） | | 外文 | 1970（1973 年停售） | 11000 | 64 开 | |
| 列宁主义，还是社会帝国主义？——纪念伟大列宁诞生一百周年 | 人民日报、红旗杂志、解放军报编辑部 | 外文 | 1970（1973 年停售） | 15100 | 64 开 | |
| 巴勒斯坦人民和阿拉伯人民必胜（摄影画册） | | 外文 | 1970（1973 年停售） | 15250 | 12 开 | |
| 迎接伟大的七十年代 | 人民日报、红旗杂志、解放军报社 1970 年元旦社论 | 外文 | 1970（1973 年停售） | 9105 | 64 开 | 0.04 |

## 1970 年孟加拉文版书目（8 种）

| 书名 | 作者 | 出版社 | 出版/再版时间 | 印刷/发行册数 | 开本/装帧 | 定价（元） |
|---|---|---|---|---|---|---|
| 毛主席的六篇军事著作 | 毛泽东 | 外文 | 1970（再版重印 1 次） | 35050 | 精/50 开 | |
| 中国革命战争的战略问题 | 毛泽东 | 外文 | 1970（再版重印 1 次） | 15050 | 64 开 | |
| 战争和战略问题 | 毛泽东 | 外文 | 1970 | | 64 开 | |

续表

| 书名 | 作者 | 出版社 | 出版/再版时间 | 印刷/发行册数 | 开本/装帧 | 定价（元） |
|---|---|---|---|---|---|---|
| 全世界人民团结起来，打败美国侵略者及其一切走狗（1970年5月20日） | 毛泽东 | 外文 | 1970 | 20100 | 64开 | 0.02 |
| 中国共产党第九届中央委员会第二次全体会议公报（1970年9月6日） | | 外文 | 1970（1973年停售） | 15050 | 64开 | 0.04 |
| 列宁主义，还是社会帝国主义？——纪念伟大列宁诞生一百周年 | 人民日报、红旗杂志、解放军报编辑部 | 外文 | 1970（1973年停售） | 17050 | 64开 | |
| 迎接伟大的七十年代 | 人民日报、红旗杂志、解放军报社1970年元旦社论 | 外文 | 1970（1973年停售） | 9855 | 64开 | 0.04 |
| 收租院泥塑群像 | | 外文 | 1970（1968年出版，共再版2次重印，总印数11105册，本次第2版） | | 12开 | |

## 1970年印尼文版书目(11种)

| 书名 | 作者 | 出版社 | 出版/再版时间 | 印刷/发行册数 | 开本/装帧 | 定价（元） |
|---|---|---|---|---|---|---|
| 毛主席的四篇哲学论文 | 毛泽东 | 外文 | 1970（再版重印1次） | 5065 | 64开 | 0.30 |
| 毛主席的六篇军事著作 | 毛泽东 | 外文 | 1970（再版重印1次） | 5065 | 精/100开 | |

续表

| 书名 | 作者 | 出版社 | 出版/再版时间 | 印刷/发行册数 | 开本/装帧 | 定价（元） |
|---|---|---|---|---|---|---|
| 全世界人民团结起来，打败美国侵略者及其一切走狗(1970年5月20日) | 毛泽东 | 外文 | 1970 | 3100 | 64 开 | 0.02 |
| 中国共产党第九届中央委员会第二次全体会议公报(1970年9月6日) | | 外文 | 1970(1973年停售) | 4050 | 64 开 | 0.04 |
| 共产党员应是无产阶级先进分子——纪念中国共产党成立四十九周年 | 人民日报、红旗杂志、解放军报社论 | 外文 | 1970(1973年停售) | 4050 | 64 开 | 0.04 |
| 周恩来总理访问朝鲜民主主义人民共和国 | | 外文 | 1970(1973年停售) | 2550 | 64 开 | |
| 列宁主义，还是社会帝国主义？——纪念伟大列宁诞生一百周年 | 人民日报、红旗杂志、解放军报编辑部 | 外文 | 1970(1973年停售) | 5100 | 64 开 | |
| 亚洲人民团结起来，把美国侵略者从亚洲赶出去！ | 人民日报、红旗杂志、解放军报社论 | 外文 | 1970(1973年停售) | 2060 | 32 开 | 0.04 |
| 无产阶级文化大革命重要文件集 | | 外文 | 1970(1973年停售) | 4300 | 64 开/精 | |
| 迎接伟大的七十年代 | 人民日报、红旗杂志、解放军报社1970年元旦社论 | 外文 | 1970 | | 64 开 | 0.04 |
| 继续革命，乘势前进——庆祝中华人民共和国成立21周年 | 人民日报、红旗杂志、解放军报社论 | 外文 | 1970(1973年停售) | 4300 | 32 开 | 0.07 |

## 1970 年印地文版书目（12 种）

| 书名 | 作者 | 出版社 | 出版/再版时间 | 印刷/发行册数 | 开本/装帧 | 定价（元） |
|---|---|---|---|---|---|---|
| 毛泽东军事文选 | 毛泽东 | 外文 | 1970（再版重印 1 次） | 15100 | 精/50 开 | |
| 湖南农民运动考察报告 | 毛泽东 | 外文 | 1970（1966 年出版，再版重印 2 次，总印数 76067 册，本次再版重印） | | 64 开 | |
| 中国革命战争的战略问题 | 毛泽东 | 外文 | 1970（再版重印 1 次） | 10105 | 64 开 | |
| 抗日游击战争的战略问题 | 毛泽东 | 外文 | 1970（再版重印 1 次） | 11005 | 64 开 | |
| 论持久战 | 毛泽东 | 外文 | 1970（再版重印 1 次） | 10900 | 64 开 | |
| 中国革命和中国共产党 | 毛泽东 | 外文 | 1970（再版重印 1 次） | 10100 | 64 开 | |
| 目前的形势和我们对任务 | 毛泽东 | 外文 | 1970（1966 年出版，再版重印 2 次，总印数 16217 册，本次再版重印） | | 64 开 | |
| 在晋绥干部会议上的讲话 | 毛泽东 | 外文 | 1970（再版重印 1 次） | 16307 | 64 开 | |
| 全世界人民团结起来，打败美国侵略者及其一切走狗（1970 年 5 月 20 日） | 毛泽东 | 外文 | 1970（再版重印 1 次） | 12100 | 64 开 | 0.02 |
| 中国共产党第九届中央委员会第二次全体会议公报（1970 年 9 月 6 日） | | 外文 | 1970（1973 年停售） | 13060 | 64 开 | 0.04 |

续表

| 书名 | 作者 | 出版社 | 出版/再版时间 | 印刷/发行册数 | 开本/装帧 | 定价（元） |
|---|---|---|---|---|---|---|
| 共产党员应是无产阶级先进分子——纪念中国共产党成立四十九周年 | 人民日报、红旗杂志、解放军报社论 | 外文 | 1970（1973年停售） | 15060 | 64 开 | 0.04 |
| 列宁主义，还是社会帝国主义？——纪念伟大列宁诞生一百周年 | 人民日报、红旗杂志、解放军报编辑部 | 外文 | 1970（1973年停售） | 14100 | 64 开 | |

## 1970 年缅甸文版书目（14 种）

| 书名 | 作者 | 出版社 | 出版/再版时间 | 印刷/发行册数 | 开本/装帧 | 定价（元） |
|---|---|---|---|---|---|---|
| 毛主席的四篇哲学论文 | 毛泽东 | 外文 | 1970 | | 64 开 | 0.30 |
| 关于农业合作化问题 | 毛泽东 | 外文 | 1970（1958 年出版，再版重印 2 次，总印数 3055 册，本次再版） | | 100 开 | |
| 全世界人民团结起来，打败美国侵略者及其一切走狗（1970 年 5 月 20 日） | 毛泽东 | 外文 | 1970 | 5500 | 64 开 | 0.02 |
| 中国共产党第九届中央委员会第二次全体会议公报（1970 年 9 月 6 日） | | 外文 | 1970（1973年停售） | 5100 | 64 开 | 0.04 |
| 共产党员应是无产阶级先进分子——纪念中国共产党成立四十九周年 | 人民日报、红旗杂志、解放军报社论 | 外文 | 1970（1973年停售） | 6060 | 64 开 | 0.04 |
| 周恩来总理访问朝鲜民主主义人民共和国 | | 外文 | 1970（1973年停售） | 3150 | 64 开 | |

续表

| 书名 | 作者 | 出版社 | 出版/再版时间 | 印刷/发行册数 | 开本/装帧 | 定价（元） |
|---|---|---|---|---|---|---|
| 印度支那三国人民战斗团结的重大胜利 | | 外文 | 1970（1973年停售） | 3560 | 32 开 | |
| 列宁主义，还是社会帝国主义？——纪念伟大列宁诞生一百周年 | 人民日报、红旗杂志、解放军报编辑部 | 外文 | 1970（1973年停售） | 8050 | 64 开 | |
| 亚洲人民团结起来，把美国侵略者从亚洲赶出去！ | 人民日报、红旗杂志、解放军报社论 | 外文 | 1970（1973年停售） | 5080 | 32 开 | 0.04 |
| 赤裸裸的暴露 | | 外文 | 1970（1973年停售） | 3600 | 64 开 | |
| 美帝国主义必败，全世界人民必胜！（摄影画册） | | 外文 | 1970（1973年停售） | 4100 | 8 开 | |
| 迎接伟大的七十年代 | 人民日报、红旗杂志、解放军报社1970年元旦社论 | 外文 | 1970 | | 64 开 | 0.04 |
| 继续革命，乘势前进——庆祝中华人民共和国成立21周年 | 人民日报、红旗杂志、解放军报社论 | 外文 | 1970（1973年停售） | 3750 | 32 开 | 0.07 |
| 巴勒斯坦人民和阿拉伯人民必胜（摄影画册） | — | 外文 | 1970（1973年停售） | 3050 | 12 开 | |

## 1970 年波斯文版书目（10 种）

| 书名 | 作者 | 出版社 | 出版/再版时间 | 印刷/发行册数 | 开本/装帧 | 定价（元） |
|---|---|---|---|---|---|---|
| 毛泽东选集(第二卷) | 毛泽东 | 外文 | 1970(再版2次重印) | 29124 | 精/32 开 | 0.78 |
| 湖南农民运动考察报告 | 毛泽东 | 外文 | 1970(再版2次重印) | 7065 | 64 开 | |
| 关于纠正党内的错误思想 | 毛泽东 | 外文 | 1970(1966 年出版,再版2次重印,总印数 4772 册,本次重印) | | 64 开 | |
| 中国革命战争的战略问题 | 毛泽东 | 外文 | 1970(1967 年出版,再版4次重印,总印数 17242 册,本次重印) | | 64 开 | |
| 中国革命和中国共产党 | 毛泽东 | 外文 | 1970(1965 年出版,再版2次重印,总印数 18454 册,本次重印) | | 64 开 | |
| 新民主主义论 | 毛泽东 | 外文 | 1970(再版2次重印) | 19548 | 64 开 | |
| 全世界人民团结起来,打败美国侵略者及其一切走狗(1970 年 5 月 20 日) | 毛泽东 | 外文 | 1970(再版2次重印) | 7130 | 64 开 | 0.02 |
| 中国共产党第九届中央委员会第二次全体会议公报(1970 年 9 月 6 日) | | 外文 | 1970(1973 年停售) | 3060 | 64 开 | 0.04 |
| 列宁主义,还是社会帝国主义? ——纪念伟大列宁诞生一百周年 | 人民日报、红旗杂志、解放军报编辑部 | 外文 | 1970(1973 年停售) | 3100 | 64 开 | |

续表

| 书名 | 作者 | 出版社 | 出版/再版时间 | 印刷/发行册数 | 开本/装帧 | 定价（元） |
|---|---|---|---|---|---|---|
| 迎接伟大的七十年代 | 人民日报、红旗杂志、解放军报社1970年元旦社论 | 外文 | 1970（1973年停售） | 2105 | 64开 | 0.04 |

## 1970年斯瓦希里文版书目（8种）

| 书名 | 作者 | 出版社 | 出版/再版时间 | 印刷/发行册数 | 开本/装帧 | 定价（元） |
|---|---|---|---|---|---|---|
| 怎样分析农村阶级 | 毛泽东 | 外文 | 1970（再版重印1次） | 34415 | 64开 | |
| 论人民民主专政 | 毛泽东 | 外文 | 1970（再版重印1次，当年停售） | 34700 | 64开 | |
| 全世界人民团结起来，打败美国侵略者及其一切走狗（1970年5月20日） | 毛泽东 | 外文 | 1970（再版重印1次） | 15100 | 64开 | 0.02 |
| 中国共产党第九届中央委员会第二次全体会议公报（1970年9月6日） | | 外文 | 1970（1973年停售） | 16060 | 64开 | 0.04 |
| 列宁主义，还是社会帝国主义？——纪念伟大列宁诞生一百周年 | 人民日报、红旗杂志、解放军报编辑部 | 外文 | 1970（1973年停售） | 50100 | 64开 | |
| 美帝国主义必败，全世界人民必胜！（摄影画册） | | 外文 | 1970（1973年停售） | 15100 | 8开 | |

续表

| 书名 | 作者 | 出版社 | 出版/再版时间 | 印刷/发行册数 | 开本/装帧 | 定价（元） |
|---|---|---|---|---|---|---|
| 迎接伟大的七十年代 | 人民日报、红旗杂志、解放军报社1970年元旦社论 | 外文 | 1970（1973年停售） | | 64 开 | 0.04 |
| 继续革命，乘势前进——庆祝中华人民共和国成立21周年 | 人民日报、红旗杂志、解放军报社论 | 外文 | 1970（1973年停售） | 13100 | 32 开 | 0.07 |

## 1970 年豪萨文版书目（9 种）

| 书名 | 作者 | 出版社 | 出版/再版时间 | 印刷/发行册数 | 开本/装帧 | 定价（元） |
|---|---|---|---|---|---|---|
| 中国革命战争的战略问题 | 毛泽东 | 外文 | 1970（再版重印1次） | 9050 | 64 开 | |
| 实践论 | 毛泽东 | 外文 | 1970（再版重印1次） | 8455 | 64 开 | |
| 论持久战 | 毛泽东 | 外文 | 1970（再版重印1次） | 9050 | 64 开 | |
| 《共产党人》发刊词 | 毛泽东 | 外文 | 1970（再版重印1次） | 8355 | 64 开 | |
| 关于重庆谈判 | 毛泽东 | 外文 | 1970（1968年出版，再版2次重印，总印数28108册，1969年曾停售，本次修订再版） | | 64 开 | |
| 中国人民解放军宣言 | 毛泽东 | 外文 | 1970（再版重印1次） | 8250 | 64 开 | |

续表

| 书名 | 作者 | 出版社 | 出版/再版时间 | 印刷/发行册数 | 开本/装帧 | 定价（元） |
|---|---|---|---|---|---|---|
| 全世界人民团结起来,打败美国侵略者及其一切走狗(1970年5月20日) | 毛泽东 | 外文 | 1970 | 9000 | 64开 | 0.02 |
| 中国共产党第九届中央委员会第二次全体会议公报(1970年9月6日) | | 外文 | 1970 | | 64开 | 0.04 |
| 列宁主义,还是社会帝国主义?——纪念伟大列宁诞生一百周年 | 人民日报、红旗杂志、解放军报编辑部 | 外文 | 1970 | | 64开 | |

## 1970年阿拉伯文版书目(22种)

| 书名 | 作者 | 出版社 | 出版/再版时间 | 印刷/发行册数 | 开本/装帧 | 定价（元） |
|---|---|---|---|---|---|---|
| 毛泽东选集(第三卷) | 毛泽东 | 外文 | 1970(再版重印1次) | 89100 | 32开 | 0.78 |
| 《农村调查》的序言和跋 | 毛泽东 | 外文 | 1970(再版重印1次) | 30100 | 64开 | |
| 在陕甘宁边区参议会上的演说 | 毛泽东 | 外文 | 1970(再版重印1次) | 30100 | 64开 | |
| 第二次世界大战的转折点 | 毛泽东 | 外文 | 1970(再版重印1次) | 30100 | 64开 | |
| 关于领导方法的若干问题 | 毛泽东 | 外文 | 1970(再版重印1次) | 30100 | 64开 | |
| 学习和时局 | 毛泽东 | 外文 | 1970(再版重印1次) | 30100 | 64开 | |
| 关于开展根据地的减租、生产和拥政爱民运动 | 毛泽东 | 外文 | 1970(再版重印1次) | 30100 | 64开 | |
| 文化工作中的统一战线 | 毛泽东 | 外文 | 1970(再版重印1次) | 30100 | 64开 | |

续表

| 书名 | 作者 | 出版社 | 出版/再版时间 | 印刷/发行册数 | 开本/装帧 | 定价（元） |
|---|---|---|---|---|---|---|
| 必须学会做经济工作 | 毛泽东 | 外文 | 1970（再版重印 1 次） | 40100 | 64 开 | |
| 论军队生产自给,兼论整风和生产两大运动的重要性 | 毛泽东 | 外文 | 1970（再版重印 1 次） | 30100 | 64 开 | |
| 全世界人民团结起来,打败美国侵略者及其一切走狗(1970 年 5 月 20 日) | 毛泽东 | 外文 | 1970（再版重印 1 次） | 13200 | 64 开 | 0.02 |
| 中国共产党第九届中央委员会第二次全体会议公报(1970 年 9 月 6 日) | | 外文 | 1970（1973 年停售） | 10100 | 64 开 | 0.04 |
| 共产党员应是无产阶级先进分子——纪念中国共产党成立四十九周年 | 人民日报、红旗杂志、解放军报社论 | 外文 | 1970（1973 年停售） | 13100 | 64 开 | 0.04 |
| 印度支那三国人民战斗团结的重大胜利 | | 外文 | 1970（1973 年停售） | 8000 | 32 开 | |
| 列宁主义,还是社会帝国主义? ——纪念伟大列宁诞生一百周年 | 人民日报、红旗杂志、解放军报编辑部 | 外文 | 1970（再版重印 1 次,1973 年停售） | 15550 | 64 开 | |
| 亚洲人民团结起来,把美国侵略者从亚洲赶出去! | 人民日报、红旗杂志、解放军报社论 | 外文 | 1970 | 6100 | 32 开 | 0.04 |
| 赤裸裸的暴露 | | 外文 | 1970 | 7100 | 64 开 | |
| 巴勒斯坦人民和阿拉伯人民必胜(摄影画册) | | 外文 | 1970（1973 年停售） | 25750 | 12 开 | |
| 迎接伟大的七十年代 | 人民日报、红旗杂志、解放军报社 1970 年元旦社论 | 外文 | 1970 | | 64 开 | 0.04 |

续表

| 书名 | 作者 | 出版社 | 出版/再版时间 | 印刷/发行册数 | 开本/装帧 | 定价（元） |
|---|---|---|---|---|---|---|
| 继续革命，乘势前进——庆祝中华人民共和国成立21周年 | 人民日报、红旗杂志、解放军报社论 | 外文 | 1970（1973年停售） | 11150 | 32开 | 0.07 |
| 革命现代京剧《智取威虎山》（彩色剧照明信片） | | 外文 | 1970 | 20760 | 44开/12张/套 | 0.40 |
| 南京长江大桥（彩色摄影明信片） | | 外文 | 1970 | 25260 | 44开/10张/套 | 0.40 |

## 1970年蒙古文版书目（18种）

| 书名 | 作者 | 出版社 | 出版/再版时间 | 印刷/发行册数 | 开本/装帧 | 定价（元） |
|---|---|---|---|---|---|---|
| 实践论 | 毛泽东 | 外文 | 1970（再版重印1次） | 2755 | 64开 | |
| 矛盾论 | 毛泽东 | 外文 | 1970（再版重印1次） | 2855 | 64开 | |
| 抗日游击战争的战略问题 | 毛泽东 | 外文 | 1970（再版重印1次） | 2655 | 64开 | |
| 战争和战略问题 | 毛泽东 | 外文 | 1970（再版重印1次） | 3659 | 64开 | |
| 关于打退第二次反共高潮后的总结 | 毛泽东 | 外文 | 1970（再版重印1次） | 2655 | 64开 | |
| 第二次世界大战的转折点 | 毛泽东 | 外文 | 1970（再版重印1次） | 2655 | 64开 | |
| 集中优势兵力，各个歼灭敌人 | 毛泽东 | 外文 | 1970 | 3055 | 64开 | |
| 三个月总结 | 毛泽东 | 外文 | 1970 | 2655 | 64开 | |
| 解放战争第二年的战略方针 | 毛泽东 | 外文 | 1970 | 2655 | 64开 | |

续表

| 书名 | 作者 | 出版社 | 出版/再版时间 | 印刷/发行册数 | 开本/装帧 | 定价（元） |
|---|---|---|---|---|---|---|
| 目前的形势和我们对任务 | 毛泽东 | 外文 | 1970 | 3700 | 64 开 | |
| 评西北大捷兼论解放军的新式整风运动 | 毛泽东 | 外文 | 1970 | 2655 | 64 开 | |
| 关于辽沈战役的作战方针 | 毛泽东 | 外文 | 1970 | 2655 | 64 开 | |
| 关于淮海战役的作战方针 | 毛泽东 | 外文 | 1970 | 2655 | 64 开 | |
| 关于平津战役的作战方针 | 毛泽东 | 外文 | 1970 | 2655 | 64 开 | |
| 全世界人民团结起来，打败美国侵略者及其一切走狗（1970 年 5 月 20 日） | 毛泽东 | 外文 | 1970 | 3100 | 64 开 | 0.02 |
| 毛主席语录 | 毛泽东 | 外文 | 1970（1967 年出版，再版 2 次重印，总印数 27560 册，本次再版重印） | | 100 开 | |
| 中国共产党第九届中央委员会第二次全体会议公报（1970 年 9 月 6 日） | | 外文 | 1970（1973 年停售） | 3050 | 64 开 | 0.04 |
| 列宁主义，还是社会帝国主义？——纪念伟大列宁诞生一百周年 | 人民日报、红旗杂志、解放军报编辑部 | 外文 | 1970（1973 年停售） | 3100 | 64 开 | |

## 1970 年老挝文版书目（6 种）

| 书名 | 作者 | 出版社 | 出版/再版时间 | 印刷/发行册数 | 开本/装帧 | 定价（元） |
|---|---|---|---|---|---|---|
| 目前抗日统一战线中的策略问题 | 毛泽东 | 外文 | 1970（再版重印 1 次） | 11905 | 64 开 | |
| 抗日战争胜利后的时局和我们的方针 | 毛泽东 | 外文 | 1970（再版重印 1 次） | 20055 | 64 开 | |

续表

| 书名 | 作者 | 出版社 | 出版/再版时间 | 印刷/发行册数 | 开本/装帧 | 定价（元） |
|---|---|---|---|---|---|---|
| 全世界人民团结起来,打败美国侵略者及其一切走狗(1970年5月20日) | 毛泽东 | 外文 | 1970(再版重印1次) | 9005 | 64开 | 0.03 |
| 共产党员应是无产阶级先进分子——纪念中国共产党成立四十九周年 | 人民日报、红旗杂志、解放军报社论 | 外文 | 1970(1973年停售) | 13050 | 64开 | 0.04 |
| 列宁主义,还是社会帝国主义?——纪念伟大列宁诞生一百周年 | 人民日报、红旗杂志、解放军报编辑部 | 外文 | 1970(1973年停售) | 14000 | 64开 | 0.04 |
| 中国共产党第九届中央委员会第二次全体会议公报(1970年9月6日) | | 外文 | 1970(1973年停售) | 12055 | 64开 | 0.04 |

## 1970年罗马尼亚文版书目(1种)

| 书名 | 作者 | 出版社 | 出版/再版时间 | 印刷/发行册数 | 开本/装帧 | 定价（元） |
|---|---|---|---|---|---|---|
| 全世界人民团结起来,打败美国侵略者及其一切走狗(1970年5月20日) | 毛泽东 | 外文 | 1970 | 10050 | 64开 | 0.03 |

## 1970年捷克文版书目(1种)

| 书名 | 作者 | 出版社 | 出版/再版时间 | 印刷/发行册数 | 开本/装帧 | 定价（元） |
|---|---|---|---|---|---|---|
| 全世界人民团结起来,打败美国侵略者及其一切走狗(1970年5月20日) | 毛泽东 | 外文 | 1970 | 10050 | 64开 | 0.03 |

## 1970 年波兰文版书目(1 种)

| 书名 | 作者 | 出版社 | 出版/再版时间 | 印刷/发行册数 | 开本/装帧 | 定价（元） |
|---|---|---|---|---|---|---|
| 全世界人民团结起来,打败美国侵略者及其一切走狗(1970 年 5 月 20 日) | 毛泽东 | 外文 | 1970 | 10050 | 64 开 | 0.03 |

# 1971年图书（期刊）对外翻译出版发行活动

　　本年，联合国恢复中华人民共和国的合法席位。中国的外交工作和对外文化交流出现了新形势，为中国书刊的对外宣传创造了有利的国际环境；

　　本年5月、7月，周恩来总理指出对外宣传中存在的两种倾向，并批判了对外宣传业务上的极"左"思潮，被称之为"周总理7·2指示"；

　　本年，中国与尼日利亚建交，考虑到尼政府对我还有一定疑虑，国际书店根据使馆意见，对亚、非、拉、欧各地区的发行工作进行了调整，开始适当控制数量，注重宣传效果。

　　1971年1月20日，周恩来总理在外文局军管小组送审的《〈人民画报〉1971年第3期稿件报告》上批示："拟同意。这次来一个征求外国同志意见的新办法，请中联部约集几位能提意见的外国同志，请他们座谈一下，看这期画报有无缺点或需要修改的地方，只要合理，我们应尽量采纳。"据此，《人民画报》连续几期都征求了外国朋友的意见。

　　1971年3月，国务院在北京召开出版工作座谈会。会议向中央呈送《关于出版工作座谈会的报告》。其中与外文局有关的内容是："外文书刊的出版工作是一项重要的政治任务。目前存在种类少、出书慢、针对性不强、译文质量不高或外国人难懂的问题，应该加强领导，充实和培养翻译、编辑人员，努力做好对外宣传工作。首先要根据国际斗争的需要，积极翻印和翻译出版马恩列斯著作，积极翻译出版毛主席著作。做好出版《毛泽东选集》第五卷（多种外文版）的领导、质疑和翻译、定稿等组织准备工作。要有计划地选编宣传我国社会主义革命和建设的成就，介绍我国基本概况的图书。要努力办好现有6种外文期刊（《北京周报》、《中国建设》、《中国画报》、《人民中国》、《中国文学》、《人民中国报道》），要认真完成中央交给的援外出版任务。各有关单位应积极配合，加以协助。"

1971年4月，周恩来总理在人民大会堂召开会议，谈纪念建党50周年宣传方面的问题。在会上总理向参加会议的人民画报社领导人蔡尚雄询问在该社工作的外国专家情况，并向中国建设杂志社领导人李伯梯询问了该社的情况。

1971年5月10日，人民中国报道杂志社拟定出该杂志的编辑方针（草案）。方针是："以世界语为形式，宣传马克思主义、列宁主义、毛泽东思想；宣传我国人民在阶级斗争、生产斗争、科学实验三大革命运动中所取得的成就；宣传亚非拉及世界各国人民反对美帝国主义及其走狗的革命斗争；增进我国人民和各国人民的团结和友谊，扩大和加强反美统一战线。"

1971年5月，外文局向全局职工传送并组织学习中央办公厅印发的《毛主席关于对外宣传工作的重要指示》。文件收集了毛泽东从1967年3月至1971年3月所作的33条指示。外文局系统各单位都在传达、学习的基础上，对照检查在实际工作中存在的问题。

1971年5月，周恩来总理在一次外事工作会议上指出对外宣传中存在的问题：现在对外宣传存在着两种倾向，一种是自吹自擂强加于人，使用不适当的语言，夸大的语言；一种是对人家不知怎么是好，缩手缩脚。这两种倾向有一个特点，都是不实事求是。他要求，对外宣传既不要浮夸，也不要谈得很玄，把我们什么东西都说成"赶上了世界先进水平"。要实事求是。我们的很多宣传总是铁板一块，……不能铁板一块，要一分为二，在对的时候也有错误，这才是马列主义、毛泽东思想。

1971年7月2日，周恩来总理接见外文局军管小组、调查小组全体成员，批评外文局的业务工作是"一潭死水"，"宣传的路子越来越窄"。接着又指出军管小组"不抓业务本身就不对"，并问："强加于人，你们那里表现在什么地方？为什么干部的积极性没有调动起来？"他指示："在传达毛主席关于对外宣传的指示时，应联系外文局的具体实际，批判业务上的极'左'思潮，否则就批不透，不生动，没有特点。"

1971年7月11日，人民画报社将1971年庆祝中国共产党成立50周年特刊（即7、8期合刊）稿件送周恩来总理审阅时，总理作了极为重要的批示，其一："经过政治局讨论和江青同志同意，将《人民画报》和《解放军画报》1971年7、8期合刊中两位常委同志（周恩来、康生）单面像（4、5页）抽出不登，理由大家懂，不赘述。"其二："拟同意，我提议封面、封底不改，开卷的应是马恩列斯像，然后再登语录和毛主席像，再登《光辉的五十年》，对开国大典上林伯渠、陈叔通身后的两名人员的照片都要修掉。"其三：周总理还就一张遵义会议的油画写了批示："遵义的这张油画，已被我否定了。因跟在毛主席、林副主席后边的是我，不是别人。这在当时，我是执行四中全会王明路线觉悟较晚的党的政治局常委之一，如何能在遵义会议前后我已经是紧跟毛主席、林副主席的？这是违反历史事实，应予否定，或加以修改，将我的画像抹去。"

《人民画报》7、8期合刊是江青指令与《解放军画报》同时出版，内容绝大部分是江青的照片。扉页刊登林彪学习毛主席著作的大幅照片，是江青专为合刊拍摄的。

中联部部长耿飚接到总理批示后，立即请冯铉副部长召集画报社的同志研究，并遵照周总理的指示进行了修改。

1971年7月，遵照周恩来总理的批示，外文局各单位在学习毛泽东主席关于对外宣传的33条批示（即中共中央办公厅5月印发的《毛主席关于对外宣传工作的重要批示》）和中央外事工作会议精神时，检查了书刊宣传中的大国沙文主义、自吹自擂、强加于人等问题。业务工作中的极"左"思潮开始受到批判，书刊的文风有所转变，国际书店从此减少了盲目发货，并注意扭转了通联工作中大讲政治的做法。

1971年8月5日，外文局军管小组上报外交部党的核心小组：《落实（周）总理，"7·2"指示改进业务工作的几项措施》。其中提到，外文局业务工作的现状是：许多干部在处理政治与业务的关系方面，对编辑思想以及在翻译、出版、发行工作中，还是怕字当头，不敢钻研业务；刊物针对性不强，存在着大国沙文主义、强加于人等问题；翻译中存在死译、"对号入座"；发行工作盲目性较大等等。

1971年9月21日，新华社英籍专家史密斯（曾长时间在外文出版社任职）在给《中国建设》提意见的座谈会上，着重谈到："我看了近几个月《中国建设》的读者来信，有一定的代表性。我一直认为应重视读者来信，通过来信可保持和读者的联系。我深信一本杂志，一旦不能满足读者需要就不能生存下去。我看到的来信来自许多国家，但有一个共同点，大部分是学生写的。不论在任何社会，青年人是最爱发表意见，反映矛盾的。我们应面对形势，使我们的杂志吸引青年。"

1971年9月下旬，受对外友协委托，外文局负责接待美国共产党前主席福斯特的秘书舒尔曼偕妻来华访问，为期约一个月。舒尔曼的独子舒裕禄当时在《中国建设》杂志社担任英文翻译，也随同父母访问。

1971年9月23日，中国文学杂志社制订《中国文学的方针、任务及读者对象》（草案），其主要内容："《中国文学》是对外宣传马克思主义、列宁主义、毛泽东思想的刊物”，“是在毛主席革命文艺路线指引下的以译载我国文艺作品为主的文学艺术刊物。它主要刊登以我国社会主义革命、社会主义建设和革命战争为题材的各种形式的作品，还刊登有关文艺方面的文章。”

1971 年 10 月，联合国恢复中华人民共和国的合法席位。中国的外交工作和对外文化交流出现了新形势，为中国书刊的对外宣传创造了有利的国际环境。

1971 年 12 月 15 日，因为《人民画报》报道郭沫若新著《李白与杜甫》（刊登在《人民画报》1972 年第 3 期）和甘肃出土文物《马踏飞燕》等，郭老接见了人民画报社的三位编辑，向他们介绍了《李白与杜甫》成书的经过和他对甘肃出土文物的看法。

1971 年 12 月，外文局军管小组编印的《基本资料》中记载：从 1966 年 6 月至 1971 年 8 月，外文局用 36 种文字出版毛泽东著作 1.1 亿册。其中，《毛泽东选集》外文版一至四卷已出齐的有英、法、西、俄、德、日、越、缅、印尼、朝等 11 种文版。《毛主席语录》已出 36 种外文版。《毛泽东军事文选》已出英、法、西、泰、印尼、葡萄牙、越、印地、日、朝、德等 11 种外文版。《毛泽东著作选读》出版了英、日文版。除以上卷集本、语录本外，还用 28 种外文出版其他汇编本、单行本多种。

1971 年 12 月，外文局就外语干部的培养、进修问题召开了两次座谈会。会议认为，目前国际形势发展很快，各国人民迫切希望了解中国。但是，我对外书刊宣传却落后于形势，突出表现在书刊针对性不强，外国人看不懂，而译文质量不高也是主要原因之一。因此，采取措施提高外语干部的政治、业务水平是当务之急。

1971 年 12 月，中国驻尼日利亚使馆致函国际书店：“考虑到我国同尼日利亚新建交，尼政府对我还有一定疑虑，对尼宣传工作的开展要很慎重，要稳步前进。在书刊发行工作上，我们认为应重视宣传效果，发行量需要适当控制。”根据此函精神，国际书店对亚、非、拉、欧各地区的发行工作进行了调整。

本年，美国中国书刊社来访。

本年，法国凤凰书店经理贝热龙首次来访。

本年，日本亚东社、中华书店、内山书店、东方书店等来访。

本年，乌拉圭新生书店罗维塔来访。

本年，外文图书出版社用英、法、西、俄、印尼、日、朝、菲律宾、蒙、越、老挝、泰、缅、孟加拉、印地、泰米尔、乌尔都、波斯、土耳其、罗马尼亚、德、意大利、葡萄牙、阿拉伯、斯瓦希里、豪萨、世界语等 27 种文字出版图书 245 种。其中有：《毛泽东选集》第一卷乌尔都、葡萄牙、世界语文版；《毛泽东选集》第二卷意大利文版和《毛泽东的六篇军事著作》等。

本年，国际书店对国外发行外文书籍 444 万册，外文期刊 1073 万册。

# 1971 年对外发行图书目录

### 1971 年英文版书目（30 种）

| 书名 | 作者 | 出版社 | 出版/再版时间 | 印刷/发行册数 | 开本/装帧 | 定价（元） |
|---|---|---|---|---|---|---|
| 毛泽东著作选读 | 毛泽东 | 外文 | 1971(1967 年出版,再版重印 2 次,总印数 480970 册,本次第再版 2 次重印) | | 32 开/精 | 2.20 |
| | | | | | 32 开/平 | 1.70 |
| 毛主席的六篇军事著作 | 毛泽东 | 外文 | 1971(1963 年出版,再版重印 4 次,总印数 286462 册,本次重印再版) | | 50 开/精 | 1.30 |
| 工农兵学哲学文选 | | 外文 | 1971(1973 年停售) | 80400 | 32 开 | 0.38 |
| 无产阶级专政胜利万岁——纪念巴黎公社 100 周年 | | 外文 | 1971(1973 年停售) | 110400 | 64 开 | 0.25 |
| 纪念中国共产党 50 周年(1921—1971) | | 外文 | 1971(1973 年停售) | 160500 | 64 开 | 0.21 |
| 沿着毛主席革命路线胜利前进 | 人民日报、红旗杂志、解放军报 1971 年元旦社论 | 外文 | 1971(1973 年停售) | 47400 | 64 开 | 0.08 |

续表

| 书名 | 作者 | 出版社 | 出版/再版时间 | 印刷/发行册数 | 开本/装帧 | 定价（元） |
|---|---|---|---|---|---|---|
| 纪念中国人民解放军建军44周年 | | 外文 | 1971（1973年停售） | 35400 | 64开 | 0.10 |
| 无产阶级的先锋战士 | | 外文 | 1971（1976年停售） | 40300 | 32开 | 0.43 |
| 无产阶级专政万岁 | | 中国建设杂志社 | 1971 | 124420 | | |
| 历史潮流，不可抗拒 | | 外文 | 1971（1976年停售） | 80405 | 32开 | 0.26 |
| 中越两党联合公报 | | 中国建设杂志社 | 1971 | 120720 | | |
| 中越两国人民的伟大友谊和战斗团结万岁！ | | 外文 | 1971（1973年停售） | 35400 | 32开 | 0.54 |
| 坚决支持越南人民把抗美救国战争进行到彻底胜利 | | 外文 | 1971（1978年停售） | 37300 | 32开 | 0.17 |
| 在联大第二十六届会议1971年11月5日全体会议上大会主席和各国代表欢迎中华人民共和国代表团的讲话 | | 外文 | 1971（1976年停售） | 40405 | 32开 | 0.54 |
| 打倒复活的日本军国主义 | | 外文 | 1971（1973年停售） | 43400 | 32开 | 0.41 |
| 全世界人民团结起来，为全面禁止和彻底销毁核武器而奋斗 | | 外文 | 1971（1977年停售） | 55405 | 32开 | 0.12 |
| 革命现代京剧《智取威虎山》 | 上海京剧团 | 外文 | 1971（1976年停售） | 48450 | 18开/精 | 2.20 |
| | | | | | 18开/平 | 1.10 |
| 数风流人物还看今朝——赞革命现代京剧《智取威虎山》 | 上海京剧团 | 外文 | 1971（1976年停售） | 28705 | 32开 | 0.43 |

续表

| 书名 | 作者 | 出版社 | 出版/再版时间 | 印刷/发行册数 | 开本/装帧 | 定价（元） |
|------|------|--------|--------------|--------------|-----------|----------|
| 鼓吹资产阶级文艺就是复辟资本主义 | | 外文 | 1971（1976年停售） | 30400 | 64 开 | 0.16 |
| 地雷战（连环画册） | | 外文 | 1971 | 60605 | 32 开 | 0.90 |
| 全心全意为人民服务的卫生战士（摄影画册） | | 外文 | 1971（1973年停售） | 72100 | 32 开 | 2.60 |
| 井冈山（摄影明信片辑） | | 外文 | 1971 | 200710 | 11 张/44 开 | 0.44 |
| 延安（摄影明信片辑） | | 外文 | 1971 | 230710 | 12 张/44 开 | 0.41 |
| 革命现代京剧《红灯记》（剧照明信片辑） | | 外文 | 1970 | | 14 张/44 开 | 0.47 |
| 革命现代舞剧《红色娘子军》（剧照明信片辑） | | 外文 | 1971 | | 16 张/44 开 | 0.53 |
| 韶山（摄影明信片辑） | | 外文 | 1971 | 57851 | 12 张/44 开 | 0.42 |
| 中国革命歌曲 | | 外文 | 1971（1978年停售） | 3608 | 16 开 | 0.50 |
| 革命历史歌曲 | | 外文 | 1971 | 31405 | 16 开 | 0.31 |

## 1971 年法文版书目（20 种）

| 书名 | 作者 | 出版社 | 出版/再版时间 | 印刷/发行册数 | 开本/装帧 | 定价（元） |
|------|------|--------|--------------|--------------|-----------|----------|
| 毛主席的五篇哲学著作 | 毛泽东 | 外文 | 1971（再版重印 1 次） | 50024 | 64 开/精 | 0.65 |
| 中国革命和中国共产党 | 毛泽东 | 外文 | 1971（1953 年出版，再版重印 7 次，总印数 68265 册，本次再版重印） | | 64 开 | 0.18 |

| 书名 | 作者 | 出版社 | 出版/再版时间 | 印刷/发行册数 | 开本/装帧 | 定价（元） |
|---|---|---|---|---|---|---|
| 无产阶级专政胜利万岁——纪念巴黎公社100周年 | | 外文 | 1971（1973年停售） | 50250 | 32 开 | 0.22 |
| 纪念中国共产党 50 周年(1921—1971) | | 外文 | 1971（1973年停售） | 90400 | 32 开 | 0.27 |
| 沿着毛主席革命路线胜利前进 | 人民日报、红旗杂志、解放军报1971 年元旦社论 | 外文 | 1971（1973年停售） | 17200 | 64 开 | 0.08 |
| 纪念中国人民解放军建军 44 周年 | | 外文 | 1971（1973年停售） | 12250 | 64 开 | 0.10 |
| 走与工农兵相结合的道路 | | 外文 | 1971 | | 32 开 | 0.43 |
| 历史潮流,不可抗拒 | | 外文 | 1971（1976年停售） | 46305 | 32 开 | 0.26 |
| 中越两国人民的伟大友谊和战斗团结万岁！ | | 外文 | 1971（1973年停售） | 16250 | 32 开 | 0.55 |
| 在联大第二十六届会议1971 年 11 月 5 日全体会议上大会主席和各国代表欢迎中华人民共和国代表团的讲话 | | 外文 | 1971（1976年停售） | 32305 | 32 开 | 0.55 |
| 全世界人民团结起来,为全面禁止和彻底销毁核武器而奋斗 | | 外文 | 1971（1977年停售） | 26305 | 32 开 | 0.12 |
| 革命现代京剧《智取威虎山》 | 上海京剧团 | 外文 | 1971 | 31305 | 18 开/精 | 2.00 |
| | | | | | 18 开/平 | 1.10 |
| 地雷战(连环画册) | | 外文 | 1971 | 30305 | 32 开 | 0.90 |
| 全心全意为人民服务的卫生战士(摄影画册) | | 外文 | 1971 | 25200 | 32 开 | 2.60 |

续表

| 书名 | 作者 | 出版社 | 出版/再版时间 | 印刷/发行册数 | 开本/装帧 | 定价（元） |
|---|---|---|---|---|---|---|
| 延安（摄影明信片辑） | | 外文 | 1971 | 57410 | 12张/44开 | 0.41 |
| 韶山（摄影明信片辑） | | 外文 | 1971 | 69410 | 12张/44开 | 0.42 |
| 中国革命歌曲 | | 外文 | 1971 | 15355 | 16开 | 0.50 |
| 革命历史歌曲 | | 外文 | 1971（1978年停售） | 15650 | 16开 | 0.31 |
| 革命现代舞剧《红色娘子军》（剧照明信片辑） | | 外文 | 1971 | | 16张/44开 | 0.53 |

## 1971年德文版书目（19种）

| 书名 | 作者 | 出版社 | 出版/再版时间 | 印刷/发行册数 | 开本/装帧 | 定价（元） |
|---|---|---|---|---|---|---|
| 歌达纲领批判 | 马克思 | 外文 | 1971 | 57255 | 32开 | 0.39 |
| 论国家 | 列宁 | 外文 | 1971 | 57155 | 32开 | 0.19 |
| 目前形势和党的任务 | 毛泽东 | 外文 | 1971（再版重印1次） | 17150 | 64开 | 0.05 |
| 团结一切抗日力量，反对反共顽固派 | 毛泽东 | 外文 | 1971（再版重印1次） | 17150 | 64开 | 0.06 |
| 关于健全党委制 | 毛泽东 | 外文 | 1971（1961年出版，再版3次重印，总印数33888册，本次再版重印） | | 64开 | 0.08 |
| 矛盾论 | 毛泽东 | 外文 | 1971（再版3次重印） | 47308 | 64开 | |
| 无产阶级专政胜利万岁——纪念巴黎公社100周年 | | 外文 | 1971（1973年停售） | 38150 | 32开 | 0.22 |

续表

| 书名 | 作者 | 出版社 | 出版/再版时间 | 印刷/发行册数 | 开本/装帧 | 定价（元） |
|---|---|---|---|---|---|---|
| 纪念中国共产党50周年（1921—1971） | | 外文 | 1971（1973年停售） | 50200 | 64开 | 0.21 |
| 沿着毛主席革命路线胜利前进 | 人民日报、红旗杂志、解放军报1971年元旦社论 | 外文 | 1971（1973年停售） | 8150 | 64开 | 0.08 |
| 历史潮流，不可抗拒 | | 外文 | 1971（1976年停售） | 23255 | 32开 | 0.26 |
| 新殖民地的辩护士（四评苏共中央公开信） | | 外文 | 1971（1963年出版，当年印数为40150册，本次再版） | 15105 | 64开 | |
| 在战争与和平问题上的两条路线（五评苏共中央公开信） | | 外文 | 1971（1963年出版，当年印数为40150册，本次再版） | 15105 | 64开 | |
| 两种根本独立的和平共处政策（六评苏共中央公开信） | | 外文 | 1971（1964年出版，当年印数为40305册，本次再版） | 15105 | 64开 | |
| 为创办社会主义理工大学而奋斗 | | 外文 | 1971 | | 32开 | 0.43 |
| 全心全意为人民服务的卫生战士（摄影画册） | | 外文 | 1971 | 15200 | 32开 | 2.60 |
| 延安（摄影明信片辑） | | 外文 | 1971 | | 12张/44开 | 0.41 |
| 韶山（摄影明信片辑） | | 外文 | 1971 | | 12张/44开 | 0.42 |

续表

| 书名 | 作者 | 出版社 | 出版/再版时间 | 印刷/发行册数 | 开本/装帧 | 定价（元） |
|---|---|---|---|---|---|---|
| 革命现代舞剧《红色娘子军》（剧照明信片辑） | | 外文 | 1971 | | 16张/44开 | 0.53 |
| 革命现代京剧《智取威虎山》 | 上海京剧团 | 外文 | 1971 | | 18开 | 1.10 |

## 1971 年西班牙文版书目（20 种）

| 书名 | 作者 | 出版社 | 出版/再版时间 | 印刷/发行册数 | 开本/装帧 | 定价（元） |
|---|---|---|---|---|---|---|
| 毛泽东选集（第一卷） | 毛泽东 | 外文 | 1971（1968年出版，再版5次重印，总印数179044册，本次再版） | | 50开 | 1.50 |
| 毛泽东选集（第二卷） | 毛泽东 | 外文 | 1971（1968年出版，再版3次重印，总印数128645册，本次再版） | | 50开 | 1.20 |
| 毛泽东选集（第三卷） | 毛泽东 | 外文 | 1971（1968年出版，再版4次重印，总印数199902册，本次再版） | | 50开 | 0.90 |
| 毛泽东选集（第四卷） | 毛泽东 | 外文 | 1971（1962年出版，再版8次重印，总印数30300册，本次再版） | | 50开 | 1.20 |

| 书名 | 作者 | 出版社 | 出版/再版时间 | 印刷/发行册数 | 开本/装帧 | 定价（元） |
|---|---|---|---|---|---|---|
| 毛主席的五篇哲学著作 | 毛泽东 | 外文 | 1971（再版4次重印） | 446311 | 64 开/精 | 0.65 |
| 打退第二次反共高潮后的时局 | 毛泽东 | 外文 | 1971 | 19655 | 64 开 | 0.08 |
| 必须注意经济工作 | 毛泽东 | 外文 | 1971 | 19655 | 64 开 | 0.08 |
| 陕甘宁边区政府第八路军后方留守处布告 | 毛泽东 | 外文 | 1971 | 19655 | 64 开 | 0.05 |
| 被敌人反对是好事而不是坏事 | 毛泽东 | 外文 | 1971（再版重印2次） | 53300 | 64 开 | 0.05 |
| 无产阶级专政胜利万岁——纪念巴黎公社100周年 | | 外文 | 1971（1973年停售） | 30150 | 32 开 | 0.22 |
| 纪念中国共产党50周年(1921—1971) | | 外文 | 1971（1973年停售） | 50200 | 64 开 | 0.21 |
| 沿着毛主席革命路线胜利前进 | 人民日报、红旗杂志、解放军报1971年元旦社论 | 外文 | 1971（1973年停售） | 11650 | 64 开 | 0.08 |
| 历史潮流,不可抗拒 | | 外文 | 1971（1976年停售） | 25155 | 32 开 | 0.26 |
| 纪念中国人民解放军建军44周年 | | 外文 | 1971（1973年停售） | 10150 | 64 开 | 0.10 |
| 在联大第二十六届会议1971年11月5日全体会议上大会主席和各国代表欢迎中华人民共和国代表团的讲话 | | 外文 | 1971（1976年停售） | 16155 | 32 开 | 0.55 |
| 全世界人民团结起来,为全面禁止和彻底销毁核武器而奋斗 | | 外文 | 1971（1977年停售） | 17155 | 32 开 | 0.12 |

续表

| 书名 | 作者 | 出版社 | 出版/再版时间 | 印刷/发行册数 | 开本/装帧 | 定价（元） |
|---|---|---|---|---|---|---|
| 亚洲人民团结起来，把美国侵略者从亚洲赶出去 | | 外文 | 1971（1973年停售） | 9550 | 32 开 | 0.70 |
| 全心全意为人民服务的卫生战士（摄影画册） | | 外文 | 1971 | 15150 | 32 开 | 2.60 |
| 韶山（摄影明信片辑） | | 外文 | 1971 | 23210 | 12 张/44 开 | 0.44 |
| 革命现代舞剧《红色娘子军》（剧照明信片辑） | | 外文 | 1971 | 23210 | 16 张/44 开 | 0.53 |

## 1971 年俄文版书目（17 种）

| 书名 | 作者 | 出版社 | 出版/再版时间 | 印刷/发行册数 | 开本/装帧 | 定价（元） |
|---|---|---|---|---|---|---|
| 国家与革命 | 列宁 | 外文 | 1971 | 10065 | 32 开 | 0.67 |
| 毛主席语录 | 毛泽东 | 外文 | 1971（再版 2 次重印） | 292084 | 100 开/精 | 0.60 |
| 毛泽东军事文选 | 毛泽东 | 外文 | 1971（1964 年出版，再版 2 次重印，总印数 41855 册，本次第 2 版） | | 50 开/精 | 1.70 |
| 无产阶级专政胜利万岁——纪念巴黎公社 100 周年 | | 外文 | 1971（1973年停售） | 22060 | 64 开 | 0.25 |
| 纪念中国共产党 50 周年（1921—1971） | | 外文 | 1971（1973年停售） | 25100 | 64 开 | 0.21 |
| 沿着毛主席革命路线胜利前进 | 人民日报、红旗杂志、解放军报 1971 年元旦社论 | 外文 | 1971（1973年停售） | 10060 | 64 开 | 0.08 |

| 书名 | 作者 | 出版社 | 出版/再版时间 | 印刷/发行册数 | 开本/装帧 | 定价（元） |
|---|---|---|---|---|---|---|
| 历史潮流，不可抗拒 | | 外文 | 1971（1976年停售） | 10065 | 32 开 | 0.26 |
| 中越两国人民的伟大友谊和战斗团结万岁！ | | 外文 | 1971（1973年停售） | 6065 | 32 开 | 0.54 |
| 在联大第二十六届会议1971 年 11 月 5 日全体会议上大会主席和各国代表欢迎中华人民共和国代表团的讲话 | | 外文 | 1971（1976年停售） | 7265 | 32 开 | 0.54 |
| 全世界人民团结起来，为全面禁止和彻底销毁核武器而奋斗 | | 外文 | 1971（1977年停售） | 8065 | 32 开 | 0.12 |
| 评苏联西德条约 | | 外文 | 1971 | 7660 | 64 开 | 0.11 |
| 鼓吹资产阶级文艺就是复辟资本主义 | | 外文 | 1971（1976年停售） | 3560 | 64 开 | 0.16 |
| 全心全意为人民服务的卫生战士(摄影画册) | | 外文 | 1971 | 4060 | 32 开 | 2.60 |
| 延安(摄影明信片辑) | | 外文 | 1971 | 10810 | 12 张/44 开 | 0.41 |
| 韶山(摄影明信片辑) | | 外文 | 1971 | 10810 | 12 张/44 开 | 0.44 |
| 革命现代舞剧《红色娘子军》(剧照明信片辑) | | 外文 | 1971 | 101110 | 16 张/44 开 | 0.53 |
| 革命现代京剧《智取威虎山》 | 上海京剧团 | 外文 | 1971 | 10050 | 18 开 | 1.10 |

## 1971 年意大利文版书目(14 种)

| 书名 | 作者 | 出版社 | 出版/再版时间 | 印刷/发行册数 | 开本/装帧 | 定价(元) |
|------|------|--------|--------------|--------------|----------|---------|
| 毛泽东选集(第二卷) | 毛泽东 | 外文 | 1971(再版重印 1 次) | 38110 | 16 开/精 | 3.30 |
| | | | | | 16 开/平 | 2.20 |
| 上海太原失陷以后抗日战争的形势和任务 | 毛泽东 | 外文 | 1971(再版重印 1 次) | 30056 | 32 开 | 0.14 |
| 中国共产党在民族战争中的地位 | 毛泽东 | 外文 | 1971(再版重印 1 次) | 30065 | 32 开 | 0.18 |
| 论持久战 | 毛泽东 | 外文 | 1971(再版重印 1 次) | 24105 | 32 开 | 0.57 |
| 论政策 | 毛泽东 | 外文 | 1971(再版重印 1 次) | 30065 | 32 开 | 0.12 |
| 抗日游击战争的战略问题 | 毛泽东 | 外文 | 1971(再版重印 1 次) | 30065 | 32 开 | 0.25 |
| 和美国记者贝特兰的谈话 | 毛泽东 | 外文 | 1971(再版重印 1 次) | 30065 | 32 开 | 0.14 |
| 统一战线中的独立自主问题 | 毛泽东 | 外文 | 1971(再版重印 1 次) | 30065 | 32 开 | 0.10 |
| 无产阶级专政胜利万岁——纪念巴黎公社 100 周年 | | 外文 | 1971(1973 年停售) | 23060 | 32 开 | 0.22 |
| 纪念中国共产党 50 周年(1921—1971) | | 外文 | 1971(1973 年停售) | 40100 | 32 开 | 0.27 |
| 沿着毛主席革命路线胜利前进 | 人民日报、红旗杂志、解放军报 1971 年元旦社论 | 外文 | 1971(1973 年停售) | 9060 | 64 开 | 0.08 |
| 延安(摄影明信片辑) | | 外文 | 1971 | 7260 | 12 张/44 开 | 0.41 |
| 韶山(摄影明信片辑) | | 外文 | 1971 | 9260 | 12 张/44 开 | 0.42 |

## 1971 年葡萄牙文版书目(8 种)

| 书名 | 作者 | 出版社 | 出版/再版时间 | 印刷/发行册数 | 开本/装帧 | 定价（元） |
|---|---|---|---|---|---|---|
| 毛泽东选集(第二卷) | 毛泽东 | 外文 | 1971(再版重印 2 次) | 50924 | 50 开/精 | 1.80 |
| 中国共产党在抗日时期的任务 | 毛泽东 | 外文 | 1971(1966 年 54 开本出版，总印数 5281 册，本次 64 开再版) | | 64 开 | 0.14 |
| 在晋绥干部会议上的讲话 | 毛泽东 | 外文 | 1971(1967 年 56 开出版，再版 2 次重印，总印数 13466 册，本次 64 开再版) | | 64 开 | 0.10 |
| 论反对日本帝国主义的策略 | 毛泽东 | 外文 | 1971(再版 3 次重印) | 6765 | 64 开 | 0.16 |
| 统一战线中的独立自主问题 | 毛泽东 | 外文 | 1971(1967 年 56 开出版，再版 2 次重印，总印数 16134 册，本次再版) | | 64 开 | 0.06 |
| 无产阶级专政胜利万岁——纪念巴黎公社 100 周年 | | 外文 | 1971(1973 年停售) | | 64 开 | 0.16 |
| 纪念中国共产党 50 周年(1921—1971) | | 外文 | 1971(1973 年停售) | 7050 | 64 开 | 0.21 |
| 中华人民共和国代表团团长乔冠华在联合国大会第二十六届会议全体会议上的发言(1971 年 11 月 15 日) | | 外文 | 1971(1976 年停售) | 3055 | 32 开 | 0.12 |

### 1971 年世界语版书目（9 种）

| 书名 | 作者 | 出版社 | 出版/再版时间 | 印刷/发行册数 | 开本/装帧 | 定价（元） |
|---|---|---|---|---|---|---|
| 毛泽东选集（第一卷） | 毛泽东 | 外文 | 1971 | 10400 | 50 开/精 | 1.50 |
| 团结起来，争取更大的胜利 | | 外文 | 1971（1973年停售） | 3985 | | |
| 无产阶级专政胜利万岁——纪念巴黎公社100 周年 | | 外文 | 1971（1973年停售） | 5700 | 64 开 | 0.16 |
| 纪念中国共产党 50 周年（1921—1971） | | 外文 | 1971（1973年停售） | 6400 | 64 开 | 0.21 |
| 沿着毛主席革命路线胜利前进 | 人民日报、红旗杂志、解放军报1971 年元旦社论 | 外文 | 1971（1973年停售） | 13200 | 64 开 | 0.08 |
| 地雷战（连环画册） | | 外文 | 1971 | 7505 | 32 开 | 0.90 |
| 延安（摄影明信片辑） | | 外文 | 1971 | 8010 | 12 张/44 开 | 0.41 |
| 韶山（摄影明信片辑） | | 外文 | 1971 | 10910 | 12 张/44 开 | 0.41 |
| 革命现代舞剧《红色娘子军》（剧照明信片辑） | | 外文 | 1971 | | 16 张/44 开 | 0.53 |

### 1971 年越南文版书目（17 种）

| 书名 | 作者 | 出版社 | 出版/再版时间 | 印刷/发行册数 | 开本/装帧 | 定价（元） |
|---|---|---|---|---|---|---|
| 无产阶级专政胜利万岁——纪念巴黎公社100 周年 | | 外文 | 1971（1973年停售） | 25350 | 32 开 | 0.22 |

续表

| 书名 | 作者 | 出版社 | 出版/再版时间 | 印刷/发行册数 | 开本/装帧 | 定价（元） |
|---|---|---|---|---|---|---|
| 纪念中国共产党 50 周年（1921—1971） | | 外文 | 1971（1973年停售） | 25400 | 64 开 | 0.16 |
| 纪念中国人民解放军 44 周年 | | 外文 | 1971（1973年停售） | 10400 | 64 开 | 0.21 |
| 沿着毛主席革命路线胜利前进 | 人民日报、红旗杂志、解放军报1971 年元旦社论 | 外文 | 1971（1973年停售） | 11850 | 64 开 | 0.08 |
| 中华人民共和国代表团团长乔冠华在联合国大会第二十六届会议全体会议上的发言（1971 年 11 月 15 日） | | 外文 | 1971（1976年停售） | 15405 | 32 开 | 0.12 |
| 中越两国人民牢不可破的友谊和团结 | | 外文 | 1971（1978年停售） | 13405 | 32 开 | 0.57 |
| 中越两国人民的伟大友谊和战斗团结万岁！ | | 外文 | 1971（1973年停售） | 17400 | 32 开 | 0.54 |
| 坚决支持越南人民把抗美救国战争进行到彻底胜利 | | 外文 | 1971（1978年停售） | 14350 | 32 开 | 0.17 |
| 全心全意为人民服务的卫生战士（摄影画册） | | 外文 | 1971（1973年停售） | 10400 | 32 开 | 2.60 |
| 为创办社会主义理工大学而奋斗 | | 外文 | 1971（1976年停售） | 40505 | 32 开 | 0.43 |
| 工农兵学哲学文选 | | 外文 | 1971（1973年停售） | 10405 | 32 开 | 0.38 |
| 革命青年的榜样 | | 外文 | 1971（1973年停售） | 9400 | 40 开 | 0.39 |
| 中国革命歌曲 | | 外文 | 1971 | 6905 | 16 开 | 0.50 |
| 地雷战（连环画册） | | 外文 | 1971 | 15455 | 32 开 | 0.90 |

续表

| 书名 | 作者 | 出版社 | 出版/再版时间 | 印刷/发行册数 | 开本/装帧 | 定价（元） |
|---|---|---|---|---|---|---|
| 延安（彩色摄影明信片集） | | 外文 | 1971 | 19010 | 12 张/44 开 | 0.41 |
| 革命现代舞剧《红色娘子军》（剧照明信片辑） | | 外文 | 1971 | | 16 张/44 开 | 0.53 |
| 韶山（摄影明信片辑） | | 外文 | 1971 | 19010 | 12 张/44 开 | 0.41 |

## 1971 年朝鲜文版书目（16 种）

| 书名 | 作者 | 出版社 | 出版/再版时间 | 印刷/发行册数 | 开本/装帧 | 定价（元） |
|---|---|---|---|---|---|---|
| 中国的红色政权为什么能够存在？井冈山的斗争、关于纠正党内的错误思想、星星之火可以燎原 | 毛泽东 | 外文 | 1971（再版重印 1 次） | 6100 | 64 开 | 0.30 |
| 在中国共产党全国宣传工作会议上的讲话 | 毛泽东 | 外文 | 1971 | 6100 | 64 开 | 0.12 |
| 新民主主义论、在延安文艺座谈会上的讲话、关于正确处理人民内部矛盾的问题、在中国共产党全国宣传工作会议上的讲话 | 毛泽东 | 外文 | 1971（再版重印 1 次） | 6100 | 64 开 | 0.71 |
| 无产阶级专政胜利万岁——纪念巴黎公社一百周年 | | 外文 | 1971（1973 年停售） | 7100 | 32 开 | 0.22 |
| 纪念中国共产党五十周年 | 人民日报、红旗杂志、解放军报编辑部 | 外文 | 1971（1973 年停售） | 8500 | 32 开 | 0.27 |
| 纪念中国人民解放军建军四十四周年 | | 外文 | 1971（1973 年停售） | 4100 | 64 开 | 0.10 |

| 书名 | 作者 | 出版社 | 出版/再版时间 | 印刷/发行册数 | 开本/装帧 | 定价（元） |
|---|---|---|---|---|---|---|
| 沿着毛主席革命路线胜利前进 | 人民日报、红旗杂志、解放军报1971 年社论 | 外文 | 1971（1973年停售） | 4100 | 64 开 | 0.08 |
| 中华人民共和国代表团团长乔冠华在联合国大会第二十六届会议全体会议上的发言（1971 年11 月15 日） | | 外文 | 1971（1973年停售） | 7105 | 32 开 | 0.12 |
| 中越两国人民的伟大友谊和战斗团结万岁！ | | 外文 | 1971（1973年停售） | 4100 | 32 开 | 0.54 |
| 反对帝国主义侵略的坚强同盟 | | 外文 | 1971（1973年停售） | 7105 | 32 开 | 0.52 |
| 打倒复活的日本军国主义 | | 外文 | 1971（1973年停售） | 7100 | 32 开 | 0.41 |
| 全世界人民团结起来，为全面禁止和彻底销毁核武器而奋斗 | | 外文 | 1971（1973年停售） | 7105 | 32 开 | 0.12 |
| 英雄的朝鲜人民 | | 外文 | 1971 | 5355 | 大 32 开/精 | 1.00 |
| 革命现代京剧《红灯记》（彩色剧照明信片） | | 外文 | 1971 | | 14 张/44 开 | 0.47 |
| 革命现代舞剧《红色娘子军》（剧照明信片辑） | | 外文 | 1971 | | 16 张/44 开 | 0.53 |
| 韶山（摄影明信片辑） | | 外文 | 1971 | 9600 | 12 张/44 开 | 0.41 |

## 1971 年老挝文版书目（10 种）

| 书名 | 作者 | 出版社 | 出版/再版时间 | 印刷/发行册数 | 开本/装帧 | 定价（元） |
|---|---|---|---|---|---|---|
| 中国的红色政权为什么能够存在　井冈山的斗争　关于纠正党内的错误思想星星之火,可以燎原 | 毛泽东 | 外文 | 1971（再版重印 1 次） | 14050 | 64 开 | 0.47 |
| 中国的红色政权为什么能够存在? | 毛泽东 | 外文 | 1971（再版重印 1 次） | 10050 | 64 开 | 0.09 |
| 井冈山的斗争 | 毛泽东 | 外文 | 1971（再版重印 1 次） | 11050 | 64 开 | 0.24 |
| 星星之火,可以燎原 | 毛泽东 | 外文 | 1971（再版重印 1 次） | 10050 | 64 开 | 0.10 |
| 怎样分析农村阶级 | 毛泽东 | 外文 | 1971（再版重印 1 次） | 12050 | 64 开 | 0.05 |
| 无产阶级专政胜利万岁——纪念巴黎公社 100 周年 | | 外文 | 1971（1973 年停售） | 10050 | 64 开 | 0.25 |
| 纪念中国共产党 50 周年(1921—1971) | | 外文 | 1971 | | 64 开 | 0.21 |
| 沿着毛主席革命路线胜利前进 | 人民日报、红旗杂志、解放军报 1971 年元旦社论 | 外文 | 1971 | | 64 开 | 0.08 |
| 延安（彩色摄影明信片集） | | 外文 | 1971 | 2360 | 12 张/44 开 | 0.41 |
| 韶山（摄影明信片辑） | | 外文 | 1971 | 6620 | 12 张/44 开 | 0.41 |

## 1971 年泰国文版书目（24 种）

| 书名 | 作者 | 出版社 | 出版/再版时间 | 印刷/发行册数 | 开本/装帧 | 定价（元） |
|---|---|---|---|---|---|---|
| 五四运动 | 毛泽东 | 外文 | 1971（再版重印 1 次） | 5100 | 64 开 | 0.05 |
| 中共中央毛泽东主席关于时局的声明 | 毛泽东 | 外文 | 1971 | 3560 | 64 开 | 0.05 |
| 中国人民解放军总部关于重行颁布三大纪律八项注意的训令 | 毛泽东 | 外文 | 1971 | 3560 | 64 开 | 0.05 |
| 必须注意经济工作 | 毛泽东 | 外文 | 1971（再版重印 1 次） | 5060 | 64 开 | 0.07 |
| 再克洛阳后给洛阳前线指挥部的电报 | 毛泽东 | 外文 | 1971 | 3560 | 64 开 | 0.05 |
| 团结一切抗日力量，反对反共顽固派 | 毛泽东 | 外文 | 1971 | 3560 | 64 开 | 0.06 |
| 关于民族资产阶级和开明绅士问题 | 毛泽东 | 外文 | 1971 | 3460 | 64 开 | 0.05 |
| 关于建立报告制度 | 毛泽东 | 外文 | 1971 | 3560 | 64 开 | 0.05 |
| 关于情况的通报 | 毛泽东 | 外文 | 1971 | 5060 | 64 开 | 0.07 |
| 抗日时期的经济问题和财政问题 | 毛泽东 | 外文 | 1971（再版重印 1 次） | 5060 | 64 开 | 0.06 |
| 把军队变为工作队 | 毛泽东 | 外文 | 1971 | 3560 | 64 开 | 0.05 |
| 两个中国之命运 | 毛泽东 | 外文 | 1971（再版重印 1 次） | 5100 | 64 开 | 0.05 |
| 评国民党对战争责任问题的几种答案 | 毛泽东 | 外文 | 1971 | 3560 | 64 开 | 0.06 |
| 评蒋介石发言人谈话 | 毛泽东 | 外文 | 1971 | 3560 | 64 开 | 0.05 |
| 质问国民党 | 毛泽东 | 外文 | 1971（再版重印 1 次） | 5100 | 64 开 | 0.06 |
| 第十八集团军总司令给蒋介石的两个电报 | 毛泽东 | 外文 | 1971 | 3560 | 64 开 | 0.07 |
| 蒋介石在挑动内战 | 毛泽东 | 外文 | 1971 | 3560 | 64 开 | 0.05 |

续表

| 书名 | 作者 | 出版社 | 出版/再版时间 | 印刷/发行册数 | 开本/装帧 | 定价（元） |
|---|---|---|---|---|---|---|
| 蒋介石政府已处在全民的包围中 | 毛泽东 | 外文 | 1971 | 3560 | 64 开 | 0.05 |
| 沿着毛主席革命路线胜利前进 | 人民日报、红旗杂志、解放军报1971 年元旦社论 | 外文 | 1971（1973年停售） | 3060 | 64 开 | 0.08 |
| 无产阶级专政胜利万岁——纪念巴黎公社100 周年 | | 外文 | 1971（1973年停售） | 4060 | 64 开 | 0.25 |
| 纪念中国共产党 50 周年（1921—1971） | | 外文 | 1971（1973年停售） | 9100 | 64 开 | 0.21 |
| 中华人民共和国代表团团长乔冠华在联合国大会第二十六届会议全体会议上的发言（1971 年11 月 15 日） | | 外文 | 1971（1976年停售） | 3065 | 32 开 | 0.12 |
| 中越两国人民的伟大友谊和战斗团结万岁！ | | 外文 | 1971（1973年停售） | 3450 | 32 开 | 0.65 |
| 地雷战（连环画册） | | 外文 | 1971 | 2105 | 32 开 | 0.90 |

## 1971 年日文版书目（21 种）

| 书名 | 作者 | 出版社 | 出版/再版时间 | 印刷/发行册数 | 开本/装帧 | 定价（元） |
|---|---|---|---|---|---|---|
| 毛泽东选集（第二卷） | 毛泽东 | 外文 | 1971（1968 年出版，再版 3 次重印，总印数 137537 册，本次再版） | | 32 开 | 2.20 |

续表

| 书名 | 作者 | 出版社 | 出版/再版时间 | 印刷/发行册数 | 开本/装帧 | 定价（元） |
|---|---|---|---|---|---|---|
| 无产阶级专政胜利万岁——纪念巴黎公社一百周年 | | 外文 | 1971（1973年停售） | 23150 | 32开 | 0.22 |
| 纪念中国共产党五十周年 | 人民日报、红旗杂志、解放军报编辑部 | 外文 | 1971（1973年停售） | 50300 | 32开 | 0.27 |
| 纪念中国人民解放军建军四十四周年 | | 外文 | 1971（1973年停售） | 13300 | 64开 | 0.10 |
| 沿着毛主席革命路线胜利前进 | 人民日报、红旗杂志、解放军报1971年社论 | 外文 | 1971（1973年停售） | 12250 | 64开 | 0.08 |
| 历史潮流不可抗拒 | | 外文 | 1971（1976年停售） | 31375 | 32开 | 0.26 |
| 中越两国人民的伟大友谊和战斗团结万岁！ | | 外文 | 1971（1973年停售） | 7300 | 32开 | 0.47 |
| 打倒复活的日本军国主义 | | 外文 | 1971（1973年停售） | 50250 | 32开 | 0.41 |
| 在联大第二十六届会议一九七一年十一月十五日全体会议上大会主席和各国代表欢迎中华人民共和国代表团的讲话 | | 外文 | 1971（1976年停售） | 15375 | 32开 | 0.55 |
| 全世界人民团结起来，为全面禁止和彻底销毁核武器而奋斗 | | 外文 | 1971（1977年停售） | 20375 | 32开 | 0.12 |

续表

| 书名 | 作者 | 出版社 | 出版/再版时间 | 印刷/发行册数 | 开本/装帧 | 定价（元） |
|---|---|---|---|---|---|---|
| 全心全意为人民服务的卫生战士（摄影画册） | | 外文 | 1971（1973年停售） | 22450 | 32 开 | 2.60 |
| 为人民一不怕苦，二不怕死 | | 外文 | 1971（1973年停售） | 6650 | 40 开 | 0.57 |
| 革命现代京剧《智取威虎山》（1970 年 7 月演出本） | | 上海京剧团 | 1971 | 20450 | 23 开/精 | 2.00 |
| | | | | | 23 开/平 | 1.10 |
| 颂歌唱给毛主席（诗集） | | 外文 | 1971（1973年停售） | 12250 | 32 开 | 0.35 |
| 中国革命歌曲 | | 外文 | 1971 | 11405 | 16 开 | 0.50 |
| 革命历史歌曲 | | 外文 | 1971 | 11405 | 16 开 | 0.65 |
| 地雷战（连环画） | | 外文 | 1971 | 20505 | 32 开 | 0.90 |
| 革命现代京剧《红色娘子军》（剧照明信片辑） | | 外文 | 1971 | | 16 张/44 开 | 0.53 |
| 延安（摄影明信片辑） | | 外文 | 1971 | 55610 | 12 张/44 开 | 0.41 |
| 韶山（摄影明信片辑） | | 外文 | 1971 | 118510 | 12 张/44 开 | 0.46 |

## 1971 年蒙古文版书目（9 种）

| 书名 | 作者 | 出版社 | 出版/再版时间 | 印刷/发行册数 | 开本/装帧 | 定价（元） |
|---|---|---|---|---|---|---|
| 中国人民解放军总部关于重行颁布三大纪律八项注意的训令 | 毛泽东 | 外文 | 1971 | 3450 | 64 开 | 0.05 |
| 目前抗日统一战线中的策略问题 | 毛泽东 | 外文 | 1971（再版重印 1 次） | 3055 | 64 开 | 0.08 |
| 在陕甘宁边区参议会的演说 | 毛泽东 | 外文 | 1971（再版重印 1 次） | 3050 | 64 开 | 0.06 |
| 论军队生产自给，兼论整风和生产两大运动的重要性 | 毛泽东 | 外文 | 1971 | 3450 | 64 开 | 0.06 |

续表

| 书名 | 作者 | 出版社 | 出版/再版时间 | 印刷/发行册数 | 开本/装帧 | 定价（元） |
|---|---|---|---|---|---|---|
| 整顿党的作风 | 毛泽东 | 外文 | 1971（再版重印 1 次） | 3550 | 64 开 | 0.11 |
| 无产阶级专政胜利万岁——纪念巴黎公社一百周年 | | 外文 | 1971（1973年停售） | 3550 | 64 开 | 0.16 |
| 纪念中国共产党五十周年 | | 外文 | 1971（1973年停售） | 3600 | 64 开 | 0.21 |
| 延安（摄影明信片） | | 外文 | 1971 | 2060 | 12 张/44 开 | 0.41 |
| 韶山（摄影明信片） | | 外文 | 1971 | 2860 | 12 张/44 开 | 0.41 |

## 1971 年土耳其文版书目（8 种）

| 书名 | 作者 | 出版社 | 出版/再版时间 | 印刷/发行册数 | 开本/装帧 | 定价（元） |
|---|---|---|---|---|---|---|
| 为争取千百万群众进入抗日民族统一战线而斗争 | 毛泽东 | 外文 | 1971 | 3355 | 64 开 | 0.08 |
| 关于纠正党内的错误思想 | 毛泽东 | 外文 | 1971（再版重印 1 次） | 3055 | 64 开 | 0.09 |
| 星星之火，可以燎原 | 毛泽东 | 外文 | 1971（再版重印 1 次） | 3350 | 64 开 | 0.10 |
| 怎样分析农村阶级 | 毛泽东 | 外文 | 1971（再版重印 1 次） | 3055 | 64 开 | 0.05 |
| 中国共产党在抗日时期的任务 | 毛泽东 | 外文 | 1971（再版重印 1 次） | 3355 | 64 开 | 0.17 |
| 无产阶级专政胜利万岁——纪念巴黎公社100 周年 | | 外文 | 1971（1973年停售） | 3350 | 64 开 | 0.16 |
| 纪念中国共产党50 周年(1921—1971) | | 外文 | 1971（1973年停售） | 4050 | 32 开 | 0.21 |

续表

| 书名 | 作者 | 出版社 | 出版/再版时间 | 印刷/发行册数 | 开本/装帧 | 定价（元） |
|---|---|---|---|---|---|---|
| 沿着毛主席革命路线胜利前进 | 人民日报、红旗杂志、解放军报1971年元旦社论 | 外文 | 1971（1973年停售） | 1550 | 64开 | 0.08 |

## 1971年乌尔都文版书目（7种）

| 书名 | 作者 | 出版社 | 出版/再版时间 | 印刷/发行册数 | 开本/装帧 | 定价（元） |
|---|---|---|---|---|---|---|
| 毛泽东选集（第一卷） | 毛泽东 | 外文 | 1971（再版重印1次） | 23200 | 32开/精装 | 2.10 |
| 无产阶级专政胜利万岁——纪念巴黎公社100周年 | | 外文 | 1971（1973年停售） | 18100 | 32开 | 0.22 |
| 纪念中国共产党50周年(1921—1971) | | 外文 | 1971（1973年停售） | 25100 | 64开 | 0.27 |
| 中华人民共和国代表团团长乔冠华在联合国大会第二十六届会议全体会议上的发言（1971年11月15日） | | 外文 | 1971（1976年停售） | 7605 | 32开 | 0.12 |
| 沿着毛主席革命路线胜利前进 | 人民日报、红旗杂志、解放军报1971年元旦社论 | 外文 | 1971（1973年停售） | 5600 | 64开 | 0.08 |
| 延安（彩色摄影明信片集） | | 外文 | 1971 | | 12张/44开 | 0.41 |
| 韶山（摄影明信片辑） | | 外文 | 1971 | | 12张/44开 | 0.41 |

### 1971 年印尼文版书目（5 种）

| 书名 | 作者 | 出版社 | 出版/再版时间 | 印刷/发行册数 | 开本/装帧 | 定价（元） |
|---|---|---|---|---|---|---|
| 工农兵学哲学文选 | | 外文 | 1971（1973 年停售） | 3050 | 64 开 | 0.39 |
| 无产阶级专政胜利万岁——纪念巴黎公社 100 周年 | | 外文 | 1971（1973 年停售） | 3750 | 64 开 | 0.16 |
| 中华人民共和国代表团团长乔冠华在联合国大会第二十六届会议全体会议上的发言（1971 年 11 月 15 日） | | 外文 | 1971（1976 年停售） | 2285 | 32 开 | 0.12 |
| 纪念中国共产党 50 周年（1921—1971） | 人民日报、红旗杂志、解放军报 | 外文 | 1971（1973 年停售） | 6050 | 64 开 | 0.21 |
| 沿着毛主席革命路线胜利前进 | 人民日报、红旗杂志、解放军报 1971 年元旦社论 | 外文 | 1971（1973 年停售） | 2550 | 64 开 | 0.08 |

### 1971 年印地文版书目（5 种）

| 书名 | 作者 | 出版社 | 出版/再版时间 | 印刷/发行册数 | 开本/装帧 | 定价（元） |
|---|---|---|---|---|---|---|
| 在延安文艺座谈会上的讲话 | 毛泽东 | 外文 | 1971（1967 年出版，总印数 13160 册，本次再版） | | 64 开 | 0.14 |

续表

| 书名 | 作者 | 出版社 | 出版/再版时间 | 印刷/发行册数 | 开本/装帧 | 定价（元） |
|---|---|---|---|---|---|---|
| 无产阶级专政胜利万岁——纪念巴黎公社100周年 | | 外文 | 1971（1973年停售） | 23060 | 64开 | 0.16 |
| 纪念中国共产党50周年（1921—1971） | | 外文 | 1971（1973年停售） | 20600 | 32开 | 0.21 |
| 沿着毛主席革命路线胜利前进 | 人民日报、红旗杂志、解放军报1971年元旦社论 | 外文 | 1971（1973年停售） | 7060 | 64开 | 0.08 |
| 地雷战（连环画册） | | 外文 | 1971 | 25105 | 32开 | 0.90 |

## 1971 年孟加拉文版书目（7 种）

| 书名 | 作者 | 出版社 | 出版/再版时间 | 印刷/发行册数 | 开本/装帧 | 定价（元） |
|---|---|---|---|---|---|---|
| 中国革命和中国共产党 | 毛泽东 | 外文 | 1971（再版重印1次） | 25055 | 64开 | 0.18 |
| 青年运动的方向 | 毛泽东 | 外文 | 1971（再版重印1次） | 55100 | 64开 | 0.10 |
| 湖南农民运动考察报告 | 毛泽东 | 外文 | 1971（再版重印1次） | 33055 | 64开 | 0.18 |
| 无产阶级专政胜利万岁——纪念巴黎公社100周年 | | 外文 | 1971（1973年停售） | 22050 | 64开 | 0.16 |
| 纪念中国共产党50周年（1921—1971） | | 外文 | 1971（1973年停售） | 40050 | 32开 | 0.21 |
| 沿着毛主席革命路线胜利前进 | 人民日报、红旗杂志、解放军报1971年元旦社论 | 外文 | 1971（1973年停售） | 8060 | 64开 | 0.08 |
| 地雷战（连环画册） | | 外文 | 1971 | 30105 | 32开 | 0.90 |

## 1971 年波斯文版书目(10 种)

| 书名 | 作者 | 出版社 | 出版/再版时间 | 印刷/发行册数 | 开本/装帧 | 定价（元） |
|---|---|---|---|---|---|---|
| 毛泽东选集(第三卷) | 毛泽东 | 外文 | 1971(再版重印 1 次) | 16155 | 32 开/精装 | 1.80 |
| 中国共产党在民族战争中的地位 | 毛泽东 | 外文 | 1971 | | 64 开 | 0.13 |
| 《共产党人》发刊词 | 毛泽东 | 外文 | 1971(1965 年出版 56 开本，再版 2 次重印，总印数 8255 册,本次再版重印) | | 64 开 | 0.11 |
| 在延安文艺座谈会上的讲话 | 毛泽东 | 外文 | 1971(1967 年出版 56 开本，再版 2 次重印，总印数 5160 册,本次再版重印) | | 64 开 | 0.21 |
| 论反对日本帝国主义的策略 | 毛泽东 | 外文 | 1971(再版重印 1 次) | 5150 | 64 开 | 0.17 |
| 学习和时局 | 毛泽东 | 外文 | 1971(再版重印 1 次) | 4650 | 64 开 | 0.10 |
| 无产阶级专政胜利万岁——纪念巴黎公社 100 周年 | | 外文 | 1971 | | 64 开 | 0.16 |
| 纪念中国共产党 50 周年(1921—1971) | | 外文 | 1971 | 7150 | 32 开 | 0.21 |
| 延安(彩色摄影明信片集) | | 外文 | 1971 | 1760 | 12 张/44 开 | 0.41 |
| 韶山(摄影明信片辑) | | 外文 | 1971 | 3810 | 12 张/44 开 | 0.41 |

## 1971 年斯瓦希里文版书目(23 种)

| 书名 | 作者 | 出版社 | 出版/再版时间 | 印刷/发行册数 | 开本/装帧 | 定价（元） |
|---|---|---|---|---|---|---|
| 中国人民解放军宣言 | 毛泽东 | 外文 | 1971 | 26860 | 64 开 | 0.08 |
| 中国人民解放军总部关于重行颁布三大纪律八项注意的训令 | 毛泽东 | 外文 | 1971 | 25560 | 64 开 | 0.05 |
| 中国共产党在民族战争中的地位 | 毛泽东 | 外文 | 1971 | | 32 开 | 0.17 |
| 为动员一切力量争取抗战胜利而斗争 | 毛泽东 | 外文 | 1971 | 26750 | 64 开 | 0.08 |
| 目前形势和党的任务 | 毛泽东 | 外文 | 1971（再版重印 1 次） | 26750 | 64 开 | 0.05 |
| 必须制裁反对派 | 毛泽东 | 外文 | 1971（再版重印 1 次） | 26769 | 64 开 | 0.05 |
| 团结一切抗日力量,反对反共顽固派 | 毛泽东 | 外文 | 1971（再版重印 1 次） | 15105 | 32 开 | 0.08 |
| 关于打退第二次反共高潮的总结 | 毛泽东 | 外文 | 1971（再版重印 1 次） | 26860 | 64 开 | 0.08 |
| 关于农业合作化问题 | 毛泽东 | 外文 | 1971 | 20055 | 64 开 | 0.14 |
| 论军队生产自给,兼论整风和生产两大运动的重要性 | 毛泽东 | 外文 | 1971 | 26860 | 64 开 | 0.06 |
| 我们的经济政策 | 毛泽东 | 外文 | 1971（再版重印 1 次） | 26860 | 64 开 | 0.06 |
| 评白皮书 | 毛泽东 | 外文 | 1971 | 26860 | 64 开 | 0.18 |
| 改造我们的学习 | 毛泽东 | 外文 | 1971（再版重印 1 次） | 26760 | 64 开 | 0.08 |
| 和英国记者贝特兰的谈话 | 毛泽东 | 外文 | 1971（再版重印 1 次） | 17065 | 64 开 | 0.10 |
| 第二次世界大战的转折点 | 毛泽东 | 外文 | 1971（再版重印 1 次） | 26760 | 64 开 | 0.06 |

续表

| 书名 | 作者 | 出版社 | 出版/再版时间 | 印刷/发行册数 | 开本/装帧 | 定价（元） |
|---|---|---|---|---|---|---|
| 中华人民共和国代表团团长乔冠华在联合国大会第二十六届会议全体会议上的发言（1971 年 11 月 15 日） | | 外文 | 1971（1976 年停售） | 15065 | 32 开 | 0.12 |
| 无产阶级专政胜利万岁——纪念巴黎公社 100 周年 | | 外文 | 1971（1973 年停售） | 25060 | 64 开 | 0.16 |
| 纪念中国共产党 50 周年(1921—1971) | | 外文 | 1971（1973 年停售） | 40100 | 32 开 | 0.21 |
| 沿着毛主席革命路线胜利前进 | 人民日报、红旗杂志、解放军报 1971 年元旦社论 | 外文 | 1971（1973 年停售） | 8560 | 64 开 | 0.08 |
| 延安（彩色摄影明信片集） | | 外文 | 1971 | 16560 | 12 张/44 开 | 0.41 |
| 韶山（摄影明信片辑） | | 外文 | 1971 | 18260 | 12 张/44 开 | 0.41 |
| 革命现代京剧《红色娘子军》（剧照明信片辑） | | 外文 | 1971 | | 16 张/44 开 | 0.53 |
| 革命现代京剧《红灯记》（剧照明信片辑） | | 外文 | 1971 | | 14 张/44 开 | 0.47 |

## 1971 年豪萨文版书目(7 种)

| 书名 | 作者 | 出版社 | 出版/再版时间 | 印刷/发行册数 | 开本/装帧 | 定价（元） |
|---|---|---|---|---|---|---|
| 反对党八股 | 毛泽东 | 外文 | 1971（再版重印 1 次） | 6350 | 64 开 | 0.12 |

续表

| 书名 | 作者 | 出版社 | 出版/再版时间 | 印刷/发行册数 | 开本/装帧 | 定价（元） |
|---|---|---|---|---|---|---|
| 在延安文艺座谈会上的讲话 | 毛泽东 | 外文 | 1971（再版重印1次） | 6200 | 64开 | 0.14 |
| 论政策 | 毛泽东 | 外文 | 1971（再版重印1次） | 6350 | 64开 | 0.08 |
| 《农村调查》的序言和跋 | 毛泽东 | 外文 | 1971（再版重印1次） | 6055 | 64开 | 0.06 |
| 无产阶级专政胜利万岁——纪念巴黎公社100周年 | | 外文 | 1971（1973年停售） | 15050 | 64开 | 0.16 |
| 纪念中国共产党50周年(1921—1971) | | 外文 | 1971 | | 32开 | 0.21 |
| 中华人民共和国代表团团长乔冠华在联合国大会第二十六届会议全体会议上的发言（1971年11月15日） | | 外文 | 1971（1976年停售） | 6555 | 32开 | 0.12 |

## 1971年阿拉伯文版书目(20种)

| 书名 | 作者 | 出版社 | 出版/再版时间 | 印刷/发行册数 | 开本/装帧 | 定价（元） |
|---|---|---|---|---|---|---|
| 毛主席的五篇著作 | 毛泽东 | 外文 | 1971（再版重印1次） | 55100 | 100开 | 0.23 |
| 反对本本主义 | 毛泽东 | 外文 | 1971（再版重印1次） | 38105 | 64开 | 0.08 |
| 反对党八股 | 毛泽东 | 外文 | 1971（再版重印1次） | 30100 | 64开 | 0.12 |
| 在中国共产党全国宣传工作会议的讲话 | 毛泽东 | 外文 | 1971（再版重印1次） | 50100 | 64开 | 0.12 |
| 在晋绥干部会议上的讲话 | 毛泽东 | 外文 | 1971（1965年出版，总印数66310册，本次再版） | | 64开 | 0.10 |

续表

| 书名 | 作者 | 出版社 | 出版/再版时间 | 印刷/发行册数 | 开本/装帧 | 定价（元） |
|------|------|--------|--------------|--------------|----------|-----------|
| 全世界人民团结起来打败美国侵略者及其一切走狗（关于支持美国黑人、越南南方人民、巴拿马人民、日本人民、刚果人民和多米尼加人民反对美帝国主义的正义斗争的声明和谈话） | 毛泽东 | 外文 | 1971（再版重印 1 次） | 39105 | 64 开 | 0.09 |
| 论联合政府 | 毛泽东 | 外文 | 1971（再版重印 1 次） | 38100 | 64 开 | 0.37 |
| 改造我们的学习 | 毛泽东 | 外文 | 1971（再版重印 1 次） | 30100 | 64 开 | 0.08 |
| 学习和时局 | 毛泽东 | 外文 | 1971（1970 年出版，总印数 30100 册，本次再版） | | 64 开 | 0.10 |
| 组织起来 | 毛泽东 | 外文 | 1971（再版重印 1 次） | 30100 | 64 开 | 0.08 |
| 整顿党的作风 | 毛泽东 | 外文 | 1971（再版重印 1 次） | 30100 | 64 开 | 0.11 |
| 无产阶级专政胜利万岁——纪念巴黎公社 100 周年 | | 外文 | 1971（1973 年停售） | 35100 | 64 开 | 0.16 |
| 纪念中国共产党 50 周年（1921—1971） | | 外文 | 1971（1973 年停售） | 50100 | 32 开 | 0.21 |
| 沿着毛主席革命路线胜利前进 | 人民日报、红旗杂志、解放军报 1971 年元旦社论 | 外文 | 1971（1973 年停售） | 8100 | 64 开 | 0.08 |
| 历史潮流不可抗拒 | | 外文 | 1971（1976 年停售） | 24105 | 32 开 | 0.26 |

续表

| 书名 | 作者 | 出版社 | 出版/再版时间 | 印刷/发行册数 | 开本/装帧 | 定价（元） |
|---|---|---|---|---|---|---|
| 中华人民共和国代表团团长乔冠华在联合国大会第二十六届会议全体会议上的发言（1971年11月15日） | | 外文 | 1971（1976年停售） | 16105 | 32开 | 0.55 |
| 向英雄的巴勒斯坦人民致敬 | | 外文 | 1971（1973年停售） | 35100 | 32开 | 0.23 |
| 革命现代京剧《红色娘子军》（剧照明信片辑） | | 外文 | 1971 | | 16张/44开 | 0.53 |
| 延安（摄影明信片辑） | | 外文 | 1971 | 36410 | 12张/44开 | 0.41 |
| 韶山（摄影明信片辑） | | 外文 | 1971 | 38710 | 12张/44开 | 0.46 |

## 1971年缅甸文版书目（7种）

| 书名 | 作者 | 出版社 | 出版/再版时间 | 印刷/发行册数 | 开本/装帧 | 定价（元） |
|---|---|---|---|---|---|---|
| 无产阶级专政胜利万岁——纪念巴黎公社100周年 | | 外文 | 1971（1973年停售） | 5080 | 64开 | 0.16 |
| 纪念中国共产党50周年（1921—1971） | | 外文 | 1971（1973年停售） | 6100 | 64开 | 0.21 |
| 沿着毛主席革命路线胜利前进 | 人民日报、红旗杂志、解放军报1971年元旦社论 | 外文 | 1971（1973年停售） | 3580 | 64开 | 0.08 |
| 中华人民共和国代表团团长乔冠华在联合国大会第二十六届会议全体会议上的发言（1971年11月15日） | | 外文 | 1971（1976年停售） | 3555 | 32开 | 0.12 |

**续表**

| 书名 | 作者 | 出版社 | 出版/再版时间 | 印刷/发行册数 | 开本/装帧 | 定价（元） |
|---|---|---|---|---|---|---|
| 中越两国人民的伟大友谊和战斗团结万岁！ | | 外文 | 1971 | | 32 开 | 0.65 |
| 巴勒斯坦人民和阿拉伯人民必胜 | | 外文 | 1971 | | 12 开 | 0.80 |
| 地雷战（连环画册） | | 外文 | 1971 | 2105 | 32 开 | 0.90 |

### 1971 年菲律宾文版书目（1 种）

| 书名 | 作者 | 出版社 | 出版/再版时间 | 印刷/发行册数 | 开本/装帧 | 定价（元） |
|---|---|---|---|---|---|---|
| 全世界人民团结起来，打败美国侵略者和一切走狗！（1970 年 5 月 20 日声明） | 毛泽东 | 外文 | 1971 | 4050 | 64 开 | 0.05 |

### 1971 年罗马尼亚文版书目（2 种）

| 书名 | 作者 | 出版社 | 出版/再版时间 | 印刷/发行册数 | 开本/装帧 | 定价（元） |
|---|---|---|---|---|---|---|
| 无产阶级专政胜利万岁——纪念巴黎公社 100 周年 | | 外文 | 1971（1973 年停售） | 5050 | 64 开 | 0.16 |
| 为人民服务、纪念白求恩、愚公移山 | 毛泽东 | 外文 | 1971（再版重印 1 次） | 30050 | 100 开/精 | 0.17 |

# 1972 年图书（期刊）对外翻译出版发行活动

本年，美国总统尼克松、国务卿基辛格访华，中美发表《上海公报》，中美关系开始走上正常化道路。日本首相田中角荣访华，中日恢复两国邦交。适应新形势，外文局出版了一批如《中国地理知识》、《大寨——中国农业战线上的一面红旗》、《大庆》、《中国新出土文物》、《中国的几条主要河流的治理》、《中国针刺麻醉》、《今日中国妇女》、《西藏巨变》等图书的英文、日文版；

本年，国际书店与日本最大的书刊发行商"日贩"恢复了自 1958 年以来中断了 14 年的业务关系。

1972 年 1 月，《中国建设》第 1 期刊登宋庆龄副主席撰写的《一个新时代的开端》一文，针对美国总统尼克松在一文中提到的"任何一项美国对亚洲的政策都迫切需要正视中国的现实"，而提出中国的现实到底是什么这一问题。她指出："22 年来，中国共产党，一个言行一致的党，领导了中国人民建设起一个社会主义国家，一个名副其实的共和国。并且，中国人民现在正在与世界各国为和平繁荣而英勇奋斗的人民并肩战斗，互相支持，一个新的时代，人民的时代，正在开始。"

1972 年 2 月，美国总统尼克松、国务卿基辛格访华，两国发表《上海公报》，打开了中美关系正常化道路。外文局遵照上级指示，配合尼克松访华，除有关的外文期刊加强宣传报道外，还出版了一批重点英文图书：《中国地理知识》、《大寨——中国农业战线上的一面红旗》、《大庆》、《中国新出土文物》、《中国的几条主要河流的治理》、《中国针刺麻醉》、《今日中国妇女》、《西藏巨变》等图书，中国书刊对美发行出现新形势。

1972 年 3 月 28 日，人民画报社就 1972 年第 5 期拟配合纪念《在延安文艺座谈会上的讲话》发表 30 周年，刊登 1936 年毛主席与斯诺在陕北合影的照片一事请示周恩来总理，总理批示："可考虑用。"

1972 年 4 月，用联邦德国布鲁根出版社欠款购进压板机、印制封套设备。

1972 年 6 月 26 日，人民画报社为纪念中国人民解放军建军 45 周年，拟在当年第 8 期《人民画报》上刊登《沿着毛主席的建军路线胜利前进》一文。周恩来总理在审阅该文时批示："有了投降主义，就不要再加右倾机会主义的形容词。"

1972 年 6 月，《中国建设》英文版第 6 期刊登宋庆龄副主席撰写的《纪念埃德加·斯诺》一文，深切怀念这位中国人民的忠诚朋友。文中写道：40 多年前他就来到中国，"如实地报道他所看到的情况"，"中国人民将永远怀念埃德加·斯诺这位致力于中美两大国人民友好的、不知疲倦的活动家。太平洋两岸的子孙后代将会感谢他，因为他留下供人们研究中国历史的遗产。"

1972 年 9 月，《中国建设》第 9 期刊登宋庆龄副主席撰写的《哀悼中国的又一位朋友》一文，生动地介绍了美国朋友格雷斯和她的丈夫迈克斯·格兰尼奇对中国正义斗争的同情和支持，以及他们对中国人民的深厚情谊。格雷斯 1972 年在作过一次关于新中国的讲演后，驱车回家途中与警车相撞不幸身亡。

1972 年 9 月，以李良勋社长为团长的朝鲜外国文出版社代表团专程访问外文出版社，对《毛选》翻译室和英文专家协助朝方翻译、审定《金日成选集》的英文版 1 至 6 卷表示感谢。

1972 年 9 月，日本首相田中角荣访华，通过洽谈决定恢复两国邦交。外文局遵照上级指示，配合田中角荣访华，除有关的外文期刊加强宣传报道外，还出版了一批重点日文图书：《中国地理知识》、《大寨——中国农业战线上的一面红旗》、《今日中国妇女》、《西藏巨变》、《中国新出土文物》、《中国针刺麻醉》等。

1972 年 10 月，国际书店与日本最大的书刊发行商"日贩"恢复了自 1958 年以来中断了 14 年的业务关系。

1972 年 11 月 1 日，美国友好人士、《远东通讯员》发行人兼主编陆慕德女士在同《北京周报》、《中国建设》、新华社对外部等单位座谈时说："在'文化大革命'期间，《北京周报》办得很糟，我曾写过三次信，提出批评意见。那时《北京周报》登的文章都是八股调，枯燥无味。说实在的，当时那样搞，把许多读者都吓跑了。"

1972 年 12 月，国际书店请示外文局，建议恢复国际书店处、科体制，适当调整机构。此事经上级批准后，国际书店对外发行业务逐步恢复正常指挥系统。

本年，应国际书店邀请来访的外宾有：叙利亚大马士革出版社东巴基；英国旗帜书店比朱尔；日本满江红书店负责人关敏昌；意大利东方出版社负责人玛利亚·雷吉斯（朱塞佩·雷吉斯的夫人）和该社工作人员菲力浦·科恰。

本年，外文出版社用英、法、西、俄、印尼、日、朝、菲律宾、蒙、越、老挝、泰、缅、孟加拉、印地、尼泊尔、泰米尔、乌尔都、土耳其、罗马尼亚、希腊、德、意大利、葡萄牙、挪威、阿拉伯、斯瓦希里、豪萨、世界语、汉 30 种文字出版 371 种图书。其中有《毛泽东军事文选》泰米尔文版和《中国新出土文物》、《中国地理知识》、《中国几条主要河流的治理》等，以及各种画册。

本年，国际书店对国外发行外文书籍 371 万册，外文期刊 1143 万册。

# 1972 年对外发行图书目录

## 1972 年英文版书目（64 种）

| 书名 | 作者 | 出版社 | 出版/再版时间 | 印刷/发行册数 | 开本/装帧 | 定价（元） |
|---|---|---|---|---|---|---|
| 《政治经济学批判》序言导言 | 马克思 | 外文 | 1972 | 60024 | 32 开 | 0.16 |
| 哥达纲领批判 | 马克思 | 外文 | 1972（再版重印 2 次） | 101429 | 32 开 | 0.39 |
| 唯物主义与经验批判主义 | 列宁 | 外文 | 1972（再版重印 2 次） | 96429 | 32 开 | 1.60 |
| 马克思主义和语言学问题 | 斯大林 | 外文 | 1972（再版重印 2 次） | 76429 | 32 开 | 0.25 |
| 苏联社会主义经济问题 | 斯大林 | 外文 | 1972（再版重印 2 次） | 120429 | 32 开 | 0.40 |
| 为人民服、纪念白求恩、愚公移山（中英文对照） | 毛泽东 | 商务 | 1972 | | 32 开 | 0.07 |
| 中国人民解放军总部关于重行颁布三大纪律八项注意的训令（中英对照） | 毛泽东著，庞立仁注释 | 商务 | 1972 | | 32 开 | 0.03 |

| 书名 | 作者 | 出版社 | 出版/再版时间 | 印刷/发行册数 | 开本/装帧 | 定价（元） |
|---|---|---|---|---|---|---|
| 为人民服务、纪念白求恩、愚公移山(中英文对照) | 毛泽东著,商英注释 | 商务 | 1972 | | 32 开 | 0.07 |
| 哲学的解放 | | 外文 | 1972 | 53705 | 32 开 | 0.37 |
| 打开了花生增产的秘密(本书汇编了工人、农民学哲学用哲学的文章六篇) | | 外文 | 1972 | 48405 | 32 开 | 0.26 |
| 团结起来,争取更大的胜利(中英文对照) | 人民日报、红旗杂志、解放军报1972 年元旦社论 | 商务 | 1972 | | 32 开 | 0.08 |
| 团结起来,争取更大的胜利 | 人民日报、红旗杂志、解放军报1972 年元旦社论 | 外文 | 1972 | 43405 | 32 开 | 0.09 |
| 夺取新的胜利——庆祝中华人民共和国成立 23 周年 | 人民日报、红旗杂志、解放军报社论 | 外文 | 1972 | 35205 | 32 开 | 0.10 |
| 西藏巨变 | | 外文 | 1972 | 37305 | 32 开 | 0.40 |
| 英雄的朝鲜人民 | | 外文 | 1972(1973年停售) | 23405 | 大 32 开 | 1.00 |
| 历史潮流不可抗拒(中英文对照) | 北京外国语学院英语系注释 | 商务 | 1972 | | 32 开 | 0.17 |
| 中华人民共和国代表团团长乔冠华在联合国大会第 27 届会议全体会议上的讲话 | | 外文 | 1972(1976年停售) | 57405 | 32 开 | 0.16 |

| 书名 | 作者 | 出版社 | 出版/再版时间 | 印刷/发行册数 | 开本/装帧 | 定价（元） |
|---|---|---|---|---|---|---|
| 中美联合公报（1972 年 2 月 28 日） | | 外文 | 1972 | 56405 | 32 开 | 0.10 |
| 中日关系史上的新篇章 | | 外文 | 1972 | 58405 | 32 开 | 0.20 |
| 大寨——中国农业战线上的一面红旗 | | 外文 | 1972 | 21305 | 32 开 | 0.25 |
| 大庆——中国工业战线上的一面红旗 | | 外文 | 1972 | 21305 | 32 开 | 0.34 |
| 努力攀登医学高峰 | | 外文 | 1972 | | 32 开 | 0.35 |
| 在打开聋哑禁区的道路上 | | 外文 | 1972（1980 年停售） | 70405 | 32 开 | 0.21 |
| 中国的针刺麻醉 | | 外文 | 1972 | 55305 | 32 开 | 0.21 |
| 为创办社会主义理工科大学而奋斗 | | 外文 | 1972（1976 年停售） | 38400 | 32 开 | 0.43 |
| 中国新出土文物 | | 外文 | 1972 | 15805 | 32 开 | 0.42 |
| 中国地理知识 | | 外文 | 1972 | | 32 开 | 0.36 |
| 中国主要几条河流的治理 | | 外文 | 1972 | 70785 | 32 开 | 0.28 |
| 种子及其他 | 陈洪山等 | 外文 | 1972 | 25515 | 34 开/精装 | 1.25 |
| | | | | | 34 开/平装 | 1.00 |
| 现代京剧《智取威虎山》的故事 | | 外文 | 1972（1976 年停售） | 43405 | 34 开 | 0.24 |
| 现代京剧《红灯记》的故事 | | 外文 | 1972（1976 年停售） | 43405 | 34 开 | 0.28 |
| 现代京剧《沙家浜》的故事 | | 外文 | 1972（1976 年停售） | 43405 | 34 开 | 0.28 |
| 现代舞剧《红色娘子军》的故事 | 任映红 | 外文 | 1972（1976 年停售） | 43405 | 34 开 | 0.28 |
| 胸中自有兵百万——记毛主席在陕北战争中 | 阎长林 | 外文 | 1972（1980 年停售） | 80810 | 34 开 | 0.60 |

续表

| 书名 | 作者 | 出版社 | 出版/再版时间 | 印刷/发行册数 | 开本/装帧 | 定价（元） |
|---|---|---|---|---|---|---|
| 新中国的妇女 | | 外文 | 1972(1949 年出版，再版 2 次重印，总印数 11000 册，本次第 2 版) | | 32 开 | 0.45 |
| 革命现代京剧《红灯记》（1970 年 5 月演出本） | 中国京剧团 | 外文 | 1972(1976 年停售) | 25405 | 18 开/精 | 2.00 |
| | | | | | 18 开/平 | 1.10 |
| 革命现代京剧《沙家浜》 | 北京京剧团 | 外文 | 1972(1976 年停售) | 26405 | 18 开/精 | 2.00 |
| | | | | | 18 开/平 | 1.10 |
| 革命现代京剧《龙江颂》（1972 年 1 月演出本） | 上海市《龙江颂》剧组 | 外文 | 1972(1977 年停售) | 29360 | 18 开/精 | 1.40 |
| | | | | | 18 开/平 | 0.80 |
| 革命现代舞剧《红色娘子军》 | 中国舞剧团 | 外文 | 1972 | 33407 | 18 开/精 | 2.60 |
| | | | | | 18 开/平 | 1.70 |
| 戳穿美日反动派借尸还魂的阴谋——评日本三部反动影片 | | 外文 | 1972 | | 32 开 | 0.42 |
| 地道战 | 哲牧、毕雷改编，浙江美术学院创作组编绘 | 外文 | 1972 | 60305 | 32 开 | 0.80 |
| 南征北战 | | 外文 | 1972 | 70305 | 32 开 | 0.88 |
| 上海牙雕（中英文对照） | 上海玉石雕刻厂创作 | 上海人民 | 1972 | | 50 开/10 张/套 | 0.46 |
| 上海玉雕（中英文对照） | 上海玉石雕刻厂创作 | 上海人民 | 1972 | | 50 开/15 张/套 | 0.60 |

续表

| 书名 | 作者 | 出版社 | 出版/再版时间 | 印刷/发行册数 | 开本/装帧 | 定价（元） |
|---|---|---|---|---|---|---|
| 上海灯彩（中英文对照） | 上海创新工艺品一厂等 | 上海人民 | 1972 | | 50 开/12 张/套 | 0.53 |
| 红色娘子军（中英法文对照） | | 浙江人民 | 1972 | | 32 开/15 张/套 | |
| 新中国出土文物（中英文对照，本书收上起原始社会，下迄明代的文物照相图版 200 余幅） | | 外文 | 1972 | 15805 | 8 开/精 | 20.00 |
| 中国出土文物（第一集） | | 外文 | 1972 | 136710 | 44 开/12 张/套 | 0.44 |
| 革命现代京剧《沙家浜》（彩色明信片辑） | | 外文 | 1972 | | 44 开/12 张/套 | 0.44 |
| 北京风光 | | 外文 | 1972 | 210810 | 44 开/12 张/套 | 0.44 |
| 上海市少年宫（中英文对照） | | 上海人民 | 1972 | | 50 开/12 张 | 0.60 |
| 西湖（中英法文对照） | | 浙江人民 | 1972 | | 50 开/12 张 | 0.60 |
| 延安 | | 外文 | 1972 | 230710 | 44 开/12 张/套 | 0.44 |
| 红旗渠 | | 外文 | 1972 | 126810 | 44 开/12 张/套 | 0.44 |
| 井冈山 | | 外文 | 1972 | 200710 | 44 开/12 张/套 | 0.44 |
| 北京游览图 | | 地图 | 1972 | | 2 开/1 张 | 0.40 |
| 北京（游览图） | | 北京人民 | 1972 | | 3 开 | |
| 广州市区地图 | | 广东人民 | 1972 | | 4 开 | 0.07 |
| 广州（游览图） | | 广东人民 | 1972 | | 2 开 | 0.40 |

## 1972 年法文版书目(40 种)

| 书名 | 作者 | 出版社 | 出版/再版时间 | 印刷/发行册数 | 开本/装帧 | 定价(元) |
|---|---|---|---|---|---|---|
| 法兰西内战 | 马克思 | 外文 | 1972 | 40305 | 32 开 | 1.70 |
| 哥达纲领批判 | 马克思 | 外文 | 1972(再版重印三次) | 75385 | 32 开 | 0.39 |
| 毛泽东著作选读 | 毛泽东 | 外文 | 1972(再版重印 2 次) | 88110 | 32 开/精 | 2.20 |
| | | | | | 32 开/平 | 1.70 |
| 毛主席语录 | 毛泽东 | 外文 | 1972(1966 年出版,再版重印四次,总印数 1253943 册,本次再版重印) | | 100 开/塑料套封面 | 0.60 |
| 战争和战略问题(中法文对照) | 毛泽东 | 商务印书馆 | 1972 | | 32 开 | 0.11 |
| 在延安文艺座谈会上的讲话(中法文对照) | 毛泽东著,商群注释 | 商务印书馆 | 1972 | | 32 开 | 0.20 |
| 工农兵学哲学文选 | | 外文 | 1972(1976 年停售) | 25305 | 323 开 | 0.40 |
| 为创办社会主义理工科大学而奋斗 | | 外文 | 1972(1976 年停售) | 16305 | 32 开 | 0.43 |
| 团结起来,争取更大的胜利 | 人民日报、红旗杂志、解放军报 1972 年元旦社论 | 外文 | 1972 | 20705 | 32 开 | 0.09 |
| 夺取新的胜利——庆祝中华人民共和国成立 23 周年 | 人民日报、红旗杂志、解放军报社论 | 外文 | 1972 | 8155 | 32 开 | 0.10 |

续表

| 书名 | 作者 | 出版社 | 出版/再版时间 | 印刷/发行册数 | 开本/装帧 | 定价（元） |
|---|---|---|---|---|---|---|
| 西藏巨变 | | 外文 | 1972 | 37305 | 32 开 | 0.40 |
| 英雄的朝鲜人民 | | 外文 | 1972 | 4930 | 大 32 开 | 1.00 |
| 几内亚（比绍）解放区见闻 | 新华社记者 | 外文 | 1972 | | 34 开 | 0.40 |
| 历史潮流不可抗拒（中法文对照） | 北京外国语学院法语系注释 | 商务 | 1972 | | 32 开 | 0.17 |
| 中华人民共和国代表团团长乔冠华在联合国大会第 27 届会议全体会议上的讲话 | | 外文 | 1972（1976 年停售） | 18305 | 32 开 | 0.16 |
| 中美联合公报（1972 年 2 月 28 日） | | 外文 | 1972 | 16360 | 32 开 | 0.10 |
| 中日关系史上的新篇章 | | 外文 | 1972 | 16305 | 32 开 | 0.20 |
| 大寨——中国农业战线上的一面红旗 | | 外文 | 1972 | 25305 | 32 开 | 0.25 |
| 大庆——中国工业战线上的一面红旗 | | 外文 | 1972 | 21305 | 32 开 | 0.34 |
| 中国地理知识 | | 外文 | 1972 | 62305 | 32 开 | 0.36 |
| 中国主要几条河流的治理 | | 外文 | 1972 | 45305 | 32 开 | 0.28 |
| 种子及其他 | 陈洪山等 | 外文 | 1972 | 25210 | 34 开/精装 | 1.25 |
| | | | | | 34 开/平装 | 1.00 |
| 跟随毛主席去长征 | 陈昌奉 | 外文 | 1972（1959 出版，再版 3 次重印，总印数 53310 册，本次译文修订第三版） | | 34 开/平 | 0.69 |
| | | | | | 34 开/精装 | 1.00 |

续表

| 书名 | 作者 | 出版社 | 出版/再版时间 | 印刷/发行册数 | 开本/装帧 | 定价（元） |
|---|---|---|---|---|---|---|
| 无产阶级的先锋战士 | | 外文 | 1972（1973年停售） | 22305 | 32 开 | 0.57 |
| 革命现代京剧《红灯记》（1970 年 5 月演出本） | 中国京剧团 | 外文 | 1972 | | 18 开/精 | 2.00 |
| | | | | | 18 开/平 | 1.10 |
| 革命现代京剧《沙家浜》 | 北京京剧团 | 外文 | 1972 | 10255 | 18 开/精 | 1.40 |
| | | | | | 18 开/平 | 0.80 |
| 新中国出土文物（中法文对照，本书收上起原始社会，下迄明代的文物照相图版 200 余幅） | | 外文 | 1972 | 7405 | 8 开/精 | 20.00 |
| 中国的针刺麻醉 | | 外文 | 1972 | 55305 | 32 开 | 0.21 |
| 中国出土文物（第一集） | | 外文 | 1972 | 45010 | 44 开/12 张/套 | 0.44 |
| 革命现代京剧《沙家浜》（彩色明信片辑） | | 外文 | 1972 | | 44 开/12 张/套 | 0.44 |
| 北京风光 | | 外文 | 1972 | 58610 | 44 开/12 张/套 | 0.44 |
| 井冈山 | | 外文 | 1972 | 56410 | 44 开/10 张/套 | 0.44 |
| 红旗渠 | | 外文 | 1972 | 46310 | 44 开/12 张/套 | 0.44 |
| 北京游览图 | | 地图 | 1972 | | 2 开/1 张 | 0.40 |
| 北京（游览图） | | 人民 | 1972 | | 3 开 | |

## 1972 年德文版书目（28 种）

| 书名 | 作者 | 出版社 | 出版/再版时间 | 印刷/发行册数 | 开本/装帧 | 定价（元） |
|---|---|---|---|---|---|---|
| 《政治经济学批判》序言、导言 | 马克思 | 外文 | 1972 | 56250 | 32 开 | 0.30 |
| 法兰西内战 | 马克思 | 外文 | 1972 | 40305 | 32 开 | 1.70 |

续表

| 书名 | 作者 | 出版社 | 出版/再版时间 | 印刷/发行册数 | 开本/装帧 | 定价（元） |
|---|---|---|---|---|---|---|
| 反杜林论 | 恩格斯 | 外文 | 1972 | 25255 | 32 开 | 1.67 |
| 无产阶级革命和叛徒考茨基 | 列宁 | 外文 | 1972 | 25255 | 32 开 | 0.63 |
| 苏联社会主义经济问题 | 斯大林 | 外文 | 1972 | 36255 | 32 开 | 0.40 |
| 反对本本主义 | 毛泽东 | 外文 | 1972（1965 年出版，再版 3 次重印，总印数 41873 册，本次第 3 版） | | 64 开 | 0.08 |
| 人的正确思想是从哪里来的? | 毛泽东 | 外文 | 1972 | | 64 开 | 0.05 |
| 团结起来，争取更大的胜利 | 人民日报、红旗杂志、解放军报1972 年元旦社论 | 外文 | 1972（1973 年停售） | 30255 | 32 开 | 0.09 |
| 西藏巨变 | | 外文 | 1972（再版重印 1 次） | 9505 | 32 开 | 0.40 |
| 中国的针刺麻醉 | | 外文 | 1972（再版重印 1 次） | 28255 | 32 开 | 0.21 |
| 历史潮流不可抗拒（中德文对照） | 北京外国语学院东欧语系德语专业注释 | 商务 | 1972 | | 32 开 | 0.15 |
| 中华人民共和国代表团团长乔冠华在联合国大会第 27 届会议全体会议上的讲话 | | 外文 | 1972 | | 32 开 | 0.16 |
| 中日关系史上的新篇章 | | 外文 | 1972 | 7255 | 32 开 | 0.20 |

续表

| 书名 | 作者 | 出版社 | 出版/再版时间 | 印刷/发行册数 | 开本/装帧 | 定价（元） |
|---|---|---|---|---|---|---|
| 大庆——中国工业战线上的一面红旗 | | 外文 | 1972 | 3805 | 32 开 | 0.34 |
| 大寨——中国农业战线上的一面红旗 | | 外文 | 1972 | 20105 | 32 开 | 0.25 |
| 中国地理知识 | | 外文 | 1972（再版重印 1 次） | 35255 | 32 开 | 0.36 |
| 跟随毛主席去长征 | 陈昌奉 | 外文 | 1972（译文修订第二版） | | 34 开/平 | 0.69 |
| | | | | | 34 开/精装 | 1.00 |
| 革命现代京剧《红灯记》（1970 年 5 月演出本） | 中国京剧团 | 外文 | 1972（1976 年停售） | 12255 | 18 开/平 | 1.10 |
| 革命现代京剧《沙家浜》 | 北京京剧团 | 外文 | 1972（1976 年停售） | 12255 | 18 开/平 | 0.80 |
| 革命现代京剧《智取威虎山》（1970 年 7 月演出本） | 上海京剧团 | 外文 | 1972（1976 年停售） | 20250 | 18 开 | 1.10 |
| 新中国出土文物（中德文对照，本书收上起原始社会，下迄明代的文物照相图版 200 余幅） | | 外文 | 1972 | 5255 | 8 开/精 | 20.00 |
| 中国出土文物（第一集） | | 外文 | 1972 | | 44 开/12 张/套 | 0.44 |
| 革命现代京剧《沙家浜》（彩色明信片辑） | | 外文 | 1972 | | 44 开/12 张/套 | 0.44 |
| 北京风光（明信片） | | 外文 | 1972 | | 44 开/12 张/套 | 0.44 |
| 井冈山（明信片） | | 外文 | 1972 | | 44 开/10 张/套 | 0.44 |
| 红旗渠（明信片） | | 外文 | 1972 | | 44 开/12 张/套 | 0.44 |
| 三号瞭望哨（连环画） | 黎汝清著，范一辛绘 | 外文 | 1972 | 18000 | 28 开 | 0.55 |

## 1972 年西班牙文版书目（26 种）

| 书名 | 作者 | 出版社 | 出版/再版时间 | 印刷/发行册数 | 开本/装帧 | 定价（元） |
|---|---|---|---|---|---|---|
| 无产阶级革命和叛徒考茨基 | 列宁 | 外文 | 1972 | 65155 | 32 开 | 0.63 |
| 新民主主义论　在延安文艺座谈会上的讲话　关于正确处理人民内部矛盾的问题　在中国共产党全国宣传工作会议上的讲话 | 毛泽东 | 外文 | 1972 | 37150 | 64 开 | 0.53 |
| 反对本本主义 | 毛泽东 | 外文 | 1972（1966 年出版，再版 2 次重印，总印数 60612 册，本次再版重印） | | 64 开 | 0.08 |
| 在延安文艺座谈会上的讲话（中、西班牙文对照） | 毛泽东著，北京外国语学院西班牙语系注释 | 商务印书馆 | 1972 | | 32 开 | 0.18 |
| 在延安文艺座谈会上的讲话（中、西班牙文对照） | 毛泽东著，商群注释 | 商务印书馆 | 1972 | | 32 开 | 0.20 |
| 团结起来，争取更大的胜利（中、西班牙文对照） | 人民日报、红旗杂志、解放军报 1972 年元旦社论，北京第二外国语学院西班牙组注释 | 商务 | 1972 | | 32 开 | 0.08 |

续表

| 书名 | 作者 | 出版社 | 出版/再版时间 | 印刷/发行册数 | 开本/装帧 | 定价（元） |
|---|---|---|---|---|---|---|
| 团结起来，争取更大的胜利 | 人民日报、红旗杂志、解放军报1972 年元旦社论 | 外文 | 1972 | 9155 | 32 开 | 0.09 |
| 夺取新的胜利——庆祝中华人民共和国成立 23 周年 | 人民日报、红旗杂志、解放军报社论 | 外文 | 1972 | 15155 | 32 开 | 0.10 |
| 历史潮流不可抗拒（中、西班牙文对照） | 北京外国语学院西班牙语系注释 | 商务 | 1972 | | 32 开 | 0.17 |
| 中华人民共和国代表团团长乔冠华在联合国大会第 27 届会议全体会议上的讲话 | | 外文 | 1972（1976 年停售） | 15155 | 32 开 | 0.16 |
| 中美联合公报（1972 年 2 月 28 日） | | 外文 | 1972 | 2055 | 32 开 | 0.10 |
| 中日关系史上的新篇章 | | 外文 | 1972 | 2056 | 32 开 | 0.20 |
| 中国地理知识 | | 外文 | 1972 | 47155 | 32 开 | 0.36 |
| 中国主要几条河流的治理 | | 外文 | 1972 | 37155 | 32 开 | 0.28 |
| 阿 Q 正传 | 鲁迅 | 外文 | 1972 | 34155 | 32 开 | 0.50 |
| 鲁迅小说选 | 鲁迅 | 外文 | 1972（1960 年出版，再版 3 次重印，总印数 62408 册，本次第 3 版） | | 32 开 | 2.20 |
| 革命现代京剧《智取威虎山》（1970 年 7 月演出本） | 上海京剧团 | 外文 | 1972 | 20250 | 18 开 | 1.10 |
| 地雷战 | | 外文 | 1972 | 20205 | 32 开 | 0.90 |

续表

| 书名 | 作者 | 出版社 | 出版/再版时间 | 印刷/发行册数 | 开本/装帧 | 定价（元） |
|---|---|---|---|---|---|---|
| 新中国出土文物（中、西班牙文对照，本书收上起原始社会，下迄明代的文物照相图版200余幅） | | 外文 | 1972 | 5305 | 8开/精 | 20.00 |
| 中国出土文物（第一集） | | 外文 | 1972 | 25610 | 44开/12张/套 | 0.44 |
| 革命现代京剧《沙家浜》（彩色明信片辑） | | 外文 | 1972 | 42210 | 44开/12张/套 | 0.44 |
| 北京风光（彩色明信片） | | 外文 | 1972 | 34210 | 44开/12张/套 | 0.44 |
| 井冈山（彩色明信片） | | 外文 | 1972 | 14610 | 44开/10张/套 | 0.44 |
| 延安（彩色明信片） | | 外文 | 1972 | 14660 | 44开/12张/套 | 0.44 |
| 红旗渠 | | 外文 | 1972 | 28610 | 44开/12张/套 | 0.44 |
| 北京游览图 | | 地图 | 1972 | | 2开/1张 | 0.40 |

## 1972 年俄文版书目（25 种）

| 书名 | 作者 | 出版社 | 出版/再版时间 | 印刷/发行册数 | 开本/装帧 | 定价（元） |
|---|---|---|---|---|---|---|
| 共产党宣言 | 马克思、恩格斯 | 外文 | 1972 | 14755 | 32开 | 0.51 |
| 雇佣劳动与资本 | 马克思 | 外文 | 1972 | 6105 | 32开 | 0.45 |
| 唯物主义与经验批判主义 | 列宁 | 外文 | 1972 | 9665 | 32开 | 1.60 |
| 无产阶级革命和叛徒考茨基 | 列宁 | 外文 | 1972 | 7105 | 32开 | 0.63 |
| 论国家 | 列宁 | 外文 | 1972 | 6105 | 32开 | 0.19 |

续表

| 书名 | 作者 | 出版社 | 出版/再版时间 | 印刷/发行册数 | 开本/装帧 | 定价（元） |
|---|---|---|---|---|---|---|
| 列宁论民族殖民地问题的三篇文章 | 列宁 | 外文 | 1972 | 5105 | 32 开 | 0.25 |
| 列宁论战争、和平的三篇文章 | 列宁 | 外文 | 1972 | 5105 | 32 开 | 0.51 |
| 苏联社会主义经济问题 | 斯大林 | 外文 | 1972 | 6105 | 32 开 | 0.40 |
| 毛泽东著作选读 | 毛泽东 | 外文 | 1972（再版重印 1 次） | 6105 | 32 开 | 2.10 |
| 团结起来，争取更大的胜利 | 人民日报、红旗杂志、解放军报 1972 年元旦社论 | 外文 | 1972（1973 年停售） | 10065 | 32 开 | 0.09 |
| 西藏巨变 |  | 外文 | 1972 |  | 32 开 | 0.40 |
| 中华人民共和国代表团团长乔冠华在联合国大会第 27 届会议全体会议上的讲话 |  | 外文 | 1972（1976 年停售） | 11105 | 32 开 | 0.16 |
| 中日关系史上的新篇章 |  | 外文 | 1972（1976 年停售） | 11105 | 32 开 | 0.20 |
| 地雷战（连环画） |  | 外文 | 1972 | 3085 | 32 开 |  |
| 中国的针刺麻醉 |  | 外文 | 1972 |  | 32 开 | 0.21 |
| 革命现代京剧《红灯记》（1970 年 5 月演出本） | 中国京剧团 | 外文 | 1972 | 5055 | 18 开/平 | 0.80 |
| 革命现代京剧《沙家浜》 | 北京京剧团 | 外文 | 1972（再版重印 1 次） | 15710 | 18 开/平 | 0.80 |
| 中国出土文物（第一集） |  | 外文 | 1972 |  | 44 开/12 张/套 | 0.44 |
| 革命现代京剧《沙家浜》（彩色明信片辑） |  | 外文 | 1972 |  | 44 开/12 张/套 | 0.44 |
| 北京风光（明信片） |  | 外文 | 1972 |  | 44 开/12 张/套 | 0.44 |

续表

| 书名 | 作者 | 出版社 | 出版/再版时间 | 印刷/发行册数 | 开本/装帧 | 定价（元） |
|------|------|--------|---------------|---------------|-----------|-----------|
| 延安（明信片） | | 外文 | 1972 | 25210 | 44开/12张/套 | 0.44 |
| 井冈山（明信片） | | 外文 | 1972 | 17210 | 44开/10张/套 | 0.44 |
| 红旗渠（明信片） | | 外文 | 1972 | 10210 | 44开/12张/套 | 0.44 |
| 北京游览图 | | 地图 | 1972 | | 2开/1张 | 0.40 |
| 北京（游览图） | | 人民 | 1972 | | 3开 | |

## 1972年罗马尼亚文版书目（8种）

| 书名 | 作者 | 出版社 | 出版/再版时间 | 印刷/发行册数 | 开本/装帧 | 定价（元） |
|------|------|--------|---------------|---------------|-----------|-----------|
| 关于纠正党内的错误思想 | 毛泽东 | 外文 | 1972（再版重印1次） | 5055 | 32开 | 0.16 |
| 矛盾论 | 毛泽东 | 外文 | 1972（再版重印1次） | 5055 | 32开 | 0.25 |
| 实践论 | 毛泽东 | 外文 | 1972（再版重印1次） | 10055 | 32开 | 0.21 |
| 反对自由主义 | 毛泽东 | 外文 | 1972（再版重印1次） | 4055 | 32开 | 0.07 |
| 在延安文艺座谈会上的讲话 | 毛泽东 | 外文 | 1972（再版重印1次） | 6055 | 64开 | 0.21 |
| 关于正确处理人民内部矛盾的问题 | 毛泽东 | 外文 | 1972 | 10055 | 32开 | 0.27 |
| 在中国共产党全国宣传工作会议上的讲话 | 毛泽东 | 外文 | 1972 | 10055 | 64开 | 0.14 |
| 中国出土文物（第一集） | | 外文 | 1972 | 7260 | 44开/12张/套 | 0.44 |

### 1972 年葡萄牙文版书目（5 种）

| 书名 | 作者 | 出版社 | 出版/再版时间 | 印刷/发行册数 | 开本/装帧 | 定价（元） |
|---|---|---|---|---|---|---|
| 几内亚（比绍）解放区见闻 | 新华社记者 | 外文 | 1972 | | 34 开 | 0.40 |
| 中华人民共和国代表团团长乔冠华在联合国大会第 27 届会议全体会议上的讲话 | | 外文 | 1972（1976 年停售） | 1555 | 32 开 | 0.16 |
| 南征北战（连环画） | | 外文 | 1972 | 3655 | 32 开 | 0.88 |
| 地道战（连环画） | | 外文 | 1972 | 1155 | 32 开 | |
| 北京风光 | | 外文 | 1972 | 5760 | 44 开/12 张/套 | 0.44 |

### 1972 年世界语版书目（9 种）

| 书名 | 作者 | 出版社 | 出版/再版时间 | 印刷/发行册数 | 开本/装帧 | 定价（元） |
|---|---|---|---|---|---|---|
| 毛主席的五篇哲学著作 | 毛泽东 | 外文 | 1972 | 7505 | 64 开/塑料套封面 | 0.65 |
| 团结起来，争取更大的胜利 | 人民日报、红旗杂志、解放军报 1972 年元旦社论 | 外文 | 1972（1973 年停售） | 3985 | 32 开 | 0.09 |
| 南征北战 | | 外文 | 1972 | 6405 | 32 开 | 0.88 |
| 中国出土文物（第一集） | | 外文 | 1972 | 7410 | 44 开/12 张/套 | 0.44 |
| 革命现代京剧《沙家浜》（彩色明信片辑） | | 外文 | 1972 | | 44 开/12 张/套 | 0.44 |
| 北京风光（明信片） | | 外文 | 1972 | 6110 | 44 开/12 张/套 | 0.44 |

续表

| 书名 | 作者 | 出版社 | 出版/再版时间 | 印刷/发行册数 | 开本/装帧 | 定价（元） |
|---|---|---|---|---|---|---|
| 井冈山（明信片） | | 外文 | 1972 | 8310 | 44 开/10 张/套 | 0.44 |
| 红旗渠（明信片） | | 外文 | 1972 | 5810 | 44 开/12 张/套 | 0.44 |
| 三号瞭望哨（连环画） | 黎汝清著，范一辛绘 | 外文 | 1972 | | 28 开 | 0.55 |

## 1972 年日文版书目（27 种）

| 书名 | 作者 | 出版社 | 出版/再版时间 | 印刷/发行册数 | 开本/装帧 | 定价（元） |
|---|---|---|---|---|---|---|
| 毛主席的五篇著作（为人民服务、纪念白求恩、愚公移山、关于纠正党内的错误思想、反对自由主义） | 毛泽东 | 外文 | 1972(1968 年出版，再版重印 2 次，总印数 160585 册，本次再版重印) | | 100 开/塑料套封面 | 0.23 |
| 工农兵学哲学文选 | | 外文 | 1972（1973 年停售） | 11105 | 323 开 | 0.53 |
| 团结起来，争取更大的胜利 | 人民日报、红旗杂志、解放军报 1972 年元旦社论 | 外文 | 1972 | 12375 | 32 开 | 0.09 |
| 夺取新的胜利——庆祝中华人民共和国成立 23 周年 | 人民日报、红旗杂志、解放军报社论 | 外文 | 1972 | 9305 | 32 开 | 0.10 |
| 西藏巨变 | | 外文 | 1972 | 9505 | 32 开 | 0.40 |
| 今日西藏 | | 外文 | 1972 | 7510 | 32 开 | |
| 杂技剪辑 | | 外文 | 1972 | 8410 | 32 开 | |

续表

| 书名 | 作者 | 出版社 | 出版/再版时间 | 印刷/发行册数 | 开本/装帧 | 定价（元） |
|---|---|---|---|---|---|---|
| 英雄的朝鲜人民 | | 外文 | 1972 | 4205 | 大 32 开 | 1.00 |
| 历史潮流不可抗拒（中日对照） | 北京第二外国语学院日语教研组注释 | 商务 | 1972 | | 32 开 | 0.14 |
| 中华人民共和国代表团团长乔冠华在联合国大会第 27 届会议全体会议上的讲话 | | 外文 | 1972（1976年停售） | 12105 | 32 开 | 0.16 |
| 中美联合公报（1972 年 2 月 28 日） | | 外文 | 1972 | 1055 | 32 开 | 0.10 |
| 中日关系史上的新篇章 | | 外文 | 1972 | 6055 | 32 开 | 0.20 |
| 中国的针刺麻醉 | | 外文 | 1972 | 19505 | 32 开 | 0.21 |
| 为创办社会主义理工科大学而奋斗 | | 外文 | 1972（1976年停售） | 8005 | 32 开 | 0.43 |
| 新中国的妇女 | | 外文 | 1972 | 11505 | 32 开 | 0.70 |
| 革命现代京剧《红灯记》（1970 年 5 月演出本） | 中国京剧团 | 外文 | 1972 | 7655 | 18 开/精 | 2.00 |
| 革命现代京剧《沙家浜》 | 北京京剧团 | 外文 | 1972 | 7050 | 18 开/精 | 2.00 |
| 戳穿美日反动派借尸还魂的阴谋——评日本三部反动影片 | | 外文 | 1972 | 10505 | 44 开 | 0.42 |
| 南征北战 | | 外文 | 1972 | 5405 | 32 开 | 0.88 |
| 新中国出土文物（中日文对照，本书收上起原始社会，下迄明代的文物照相图版 200 余幅） | | 外文 | 1972 | 35400 | 8 开/精 | 20.00 |
| 中国出土文物（第一集） | | 外文 | 1972 | 44110 | 44 开/12 张/套 | 0.44 |

续表

| 书名 | 作者 | 出版社 | 出版/再版时间 | 印刷/发行册数 | 开本/装帧 | 定价（元） |
|---|---|---|---|---|---|---|
| 革命现代京剧《沙家浜》（彩色明信片辑） | | 外文 | 1972（1970年出版,总印数210810册,本次重印） | | 44开/12张/套 | 0.44 |
| 北京风光（彩色明信片） | | 外文 | 1972 | 62610 | 44开/12张/套 | 0.44 |
| 井冈山（彩色明信片） | | 外文 | 1972 | 53510 | 44开/10张/套 | 0.44 |
| 红旗渠（彩色明信片） | | 外文 | 1972 | 18110 | 44开/12张/套 | 0.44 |
| 北京游览图 | | 地图 | 1972 | | 2开/1张 | 0.40 |
| 北京（游览图） | | 人民 | 1972 | | 3开 | |

## 1972年越南文版书目（17种）

| 书名 | 作者 | 出版社 | 出版/再版时间 | 印刷/发行册数 | 开本/装帧 | 定价（元） |
|---|---|---|---|---|---|---|
| 工农兵学哲学文选 | | 外文 | 1972 | | 23开 | 0.35 |
| 哲学的解放 | | 外文 | 1972（1973年停售） | 4455 | 32开 | 0.37 |
| 团结起来,争取更大的胜利 | 人民日报、红旗杂志、解放军报1972年元旦社论 | 外文 | 1972 | 13000 | 32开 | 0.09 |
| 中华人民共和国代表团团长乔冠华在联合国大会第27届会议全体会议上的讲话 | | 外文 | 1972（1976年停售） | 17400 | 32开 | 0.16 |
| 中日关系史上的新篇章 | | 外文 | 1972 | 8905 | 32开 | 0.20 |
| 中国的针刺麻醉 | | 外文 | 1972 | 7705 | 32开 | 0.21 |

续表

| 书名 | 作者 | 出版社 | 出版/再版时间 | 印刷/发行册数 | 开本/装帧 | 定价（元） |
|---|---|---|---|---|---|---|
| 为创办社会主义理工科大学而奋斗 | | 外文 | 1972（1971 年出版，1976 年停售，总印数 40505 册，本次再版） | | 32 开 | 0.43 |
| 革命现代京剧《智取威虎山》（1970 年 7 月演出本） | 上海京剧团 | 外文 | 1972 | 20400 | 18 开 | 1.10 |
| 革命现代京剧《红灯记》（1970 年 5 月演出本） | 中国京剧团 | 外文 | 1972（1978 年停售） | 8805 | 18 开/平 | 0.80 |
| 革命现代京剧《沙家浜》 | 北京京剧团 | 外文 | 1972 | 17510 | 18 开/平 | 0.80 |
| 南征北战（连环画） | | 外文 | 1972 | 6405 | 32 开 | 0.88 |
| 新中国出土文物（中越文对照，本书收上起原始社会，下迄明代的文物照相图版 200 余幅） | | 外文 | 1972 | 1305 | 8 开/精 | 20.00 |
| 中国出土文物（第一集） | | 外文 | 1972 | 17810 | 44 开/12 张/套 | 0.44 |
| 革命现代京剧《沙家浜》（彩色明信片辑） | | 外文 | 1972 | | 44 开/12 张/套 | 0.44 |
| 北京风光 | | 外文 | 1972 | 15710 | 44 开/12 张/套 | 0.44 |
| 井冈山 | | 外文 | 1972 | 19010 | 44 开/10 张/套 | 0.44 |
| 红旗渠 | | 外文 | 1972 | 10510 | 44 开/12 张/套 | 0.44 |

### 1972 年老挝文版书目（8 种）

| 书名 | 作者 | 出版社 | 出版/再版时间 | 印刷/发行册数 | 开本/装帧 | 定价（元） |
|---|---|---|---|---|---|---|
| 关心群众生活，注意工作方法 | 毛泽东 | 外文 | 1972（再版重印 1 次） | 12055 | 64 开 | 0.07 |
| 中国共产党在民族战争中的地位 | 毛泽东 | 外文 | 1972（再版重印 1 次） | 12055 | 64 开 | 0.13 |
| 统一战线中的独立自主问题 | 毛泽东 | 外文 | 1972（再版重印 1 次） | 14055 | 64 开 | 0.06 |
| 战争和战略问题 | 毛泽东 | 外文 | 1972（再版重印 1 次） | 15055 | 64 开 | 0.11 |
| 在延安文艺座谈会上的讲话 | 毛泽东 | 外文 | 1972（再版重印 1 次） | 15055 | 64 开 | 0.14 |
| 目前形势和我们的任务 | 毛泽东 | 外文 | 1972（再版重印 2 次） | 11657 | 64 开 | 0.14 |
| 北京风光 |  | 外文 | 1972 | 3620 | 44 开/12 张/套 | 0.44 |
| 井冈山 |  | 外文 | 1972 | 1640 | 44 开/10 张/套 | 0.44 |

### 1972 年朝鲜文版书目（26 种）

| 书名 | 作者 | 出版社 | 出版/再版时间 | 印刷/发行册数 | 开本/装帧 | 定价（元） |
|---|---|---|---|---|---|---|
| 哲学的解放 |  | 外文 | 1972 | 2605 | 32 开 | 0.37 |
| 团结起来，争取更大的胜利 | 人民日报、红旗杂志、解放军报1972 年元旦社论 | 外文 | 1972（1973年停售） | 1605 | 32 开 | 0.09 |
| "铁人"王进喜——中国工人阶级的先锋战士 |  | 外文 | 1972 | 2105 | 32 开 | 0.26 |

| 书名 | 作者 | 出版社 | 出版/再版时间 | 印刷/发行册数 | 开本/装帧 | 定价（元） |
|---|---|---|---|---|---|---|
| 中华人民共和国代表团团长乔冠华在联合国大会第 27 届会议全体会议上的讲话 | | 外文 | 1972（1976年停售） | 4755 | 32 开 | 0.16 |
| 中日关系史上的新篇章 | | 外文 | 1972 | 5155 | 32 开 | 0.20 |
| 欣欣向上的中国东北 | | 外文 | 1972 | 2205 | 32 开 | |
| 大寨——中国农业战线上的一面红旗 | | 外文 | 1972 | | 32 开 | 0.25 |
| 大庆——中国工业战线上的一面红旗 | | 外文 | 1972 | | 32 开 | 0.34 |
| 战斗英雄的故事 | | 外文 | 1972 | 2605 | 34 开 | 0.30 |
| 在打开聋哑禁区的道路上 | | 外文 | 1972（1980年禁售） | 3605 | 32 开 | 0.21 |
| 中国的针刺麻醉 | | 外文 | 1972 | 2605 | 32 开 | 0.21 |
| 跟随毛主席去长征 | 陈昌奉 | 外文 | 1972 | 6155 | 34 开/精 | 1.00 |
| 一份没有填写的入党志愿书 | | 外文 | 1972 | 3755 | 32 开 | 0.54 |
| 革命现代京剧《智取威虎山》（1970 年 7 月演出本） | 上海京剧团 | 外文 | 1972 | 4835 | 18 开/精 | 1.40 |
| | | | | | 18 开/平 | 0.80 |
| 革命现代京剧《红灯记》（1970 年 5 月演出本） | 中国京剧团 | 外文 | 1972（1976年停售） | 4105 | 18 开/精 | 1.40 |
| 革命现代京剧《沙家浜》 | 北京京剧团 | 外文 | 1972 | 4355 | 18 开/精 | 1.40 |
| 革命现代舞剧《红色娘子军》 | 中国舞剧团 | 外文 | 1972（1976年停售） | 4105 | 18 开/精 | 2.00 |
| 戳穿美日反动派借尸还魂的阴谋——评日本三部反动影片 | | 外文 | 1972 | 3105 | 32 开 | 0.42 |
| 新中国出土文物（中朝文对照,本书收上起原始社会,下迄明代的文物照相图版 200 余幅） | | 外文 | 1972 | 1105 | 8 开/精 | 20.00 |

续表

| 书名 | 作者 | 出版社 | 出版/再版时间 | 印刷/发行册数 | 开本/装帧 | 定价（元） |
|---|---|---|---|---|---|---|
| 中国出土文物（第一集） | | 外文 | 1972 | 6310 | 44 开/12 张/套 | 0.44 |
| 革命现代京剧《沙家浜》（彩色明信片辑） | | 外文 | 1972 | | 44 开/12 张/套 | 0.44 |
| 北京风光（彩色明信片） | | 外文 | 1972 | 9610 | 44 开/12 张/套 | 0.44 |
| 井冈山（彩色明信片） | | 外文 | 1972 | 5560 | 44 开/10 张/套 | 0.44 |
| 延安（彩色明信片） | | 外文 | 1972 | 7860 | 44 开/12 张/套 | 0.44 |
| 红旗渠（彩色明信片） | | 外文 | 1972 | 6510 | 44 开/12 张/套 | 0.44 |

## 1972 年土耳其文版书目（5 种）

| 书名 | 作者 | 出版社 | 出版/再版时间 | 印刷/发行册数 | 开本/装帧 | 定价（元） |
|---|---|---|---|---|---|---|
| 为人民服务、纪念白求恩、愚公移山（中英文对照） | 毛泽东 | 外文 | 1972（再版重印 1 次） | 9055 | 64 开 | 0.09 |
| 湖南农民运动考察报告 | 毛泽东 | 外文 | 1972（再版重印 1 次） | 3455 | 64 开 | 0.18 |
| 青年运动的方向 | 毛泽东 | 外文 | 1972（再版重印 1 次） | 2855 | 64 开 | 0.10 |
| 在延安文艺座谈会上的讲话 | 毛泽东 | 外文 | 1972（再版重印 1 次） | 3455 | 64 开 | 0.14 |
| 北京风光（彩色明信片） | | 外文 | 1972 | 960 | 44 开/12 张/套 | 0.44 |

## 1972 年波斯文版书目(15 种)

| 书名 | 作者 | 出版社 | 出版/再版时间 | 印刷/发行册数 | 开本/装帧 | 定价（元） |
|---|---|---|---|---|---|---|
| 共产党宣言 | 马克思、恩格斯 | 外文 | 1972（再版重印 3 次） | 49500 | 32 开 | 0.51 |
| 改造我们的学习 | 毛泽东 | 外文 | 1972（1965 年出版，再版 2 次重印，总印数 14329 册，本次重印） | | 64 开 | 0.08 |
| 整顿党的作风 | 毛泽东 | 外文 | 1972（1965 年出版，再版 1 次重印，总印数 7755 册，本次重印） | | 64 开 | 0.11 |
| 反对党八股 | 毛泽东 | 外文 | 1972（1967 年出版，再版 3 次重印，总印数 6761 册，本次重印） | | 64 开 | 0.12 |
| 评白皮书 | 毛泽东 | 外文 | 1972（再版重印 1 次） | 2155 | 64 开 | 0.18 |
| 关于领导方法的若干问题 | 毛泽东 | 外文 | 1972（1967 年出版，再版 2 次重印，总印数 7815 册，本次重印） | | 64 开 | 0.07 |
| 论联合政府 | 毛泽东 | 外文 | 1972 | 9629 | 64 开 | 0.37 |
| 抗日战争胜利后的时局和我们的方针 | 毛泽东 | 外文 | 1972（1967 年出版，再版 3 次重印，总印数 7965 册，本次重印） | | 64 开 | 0.11 |
| 和美国记者安娜·路易斯·斯特朗的谈话 | 毛泽东 | 外文 | 1972（1965 年出版，再版 2 次重印，总印数 6455 册，本次重印） | | 64 开 | 0.07 |

续表

| 书名 | 作者 | 出版社 | 出版/再版时间 | 印刷/发行册数 | 开本/装帧 | 定价（元） |
|---|---|---|---|---|---|---|
| 关于健全党委制 | 毛泽东 | 外文 | 1972(1967 年出版，再版 2 次重印，总印数 7013 册，本次重印) | | 64 开 | 0.08 |
| 论人民民主专政 | 毛泽东 | 外文 | 1972(1964 年出版，再版 2 次重印，总印数 13329 册，本次重印) | | 64 开 | 0.11 |
| 法拉赫·巴列维王后访问中国 | | 外文 | 1972 | 3105 | 32 开 | 0.28 |
| 中伊友谊源远流长 | | 外文 | 1972 | 2705 | | |
| 北京风光(彩色明信片) | | 外文 | 1972 | 5360 | 44 开/12 张/套 | 0.44 |
| 井冈山(彩色明信片) | | 外文 | 1972 | 1160 | 44 开/10 张/套 | 0.44 |

## 1972 年泰国文版书目(8 种)

| 书名 | 作者 | 出版社 | 出版/再版时间 | 印刷/发行册数 | 开本/装帧 | 定价（元） |
|---|---|---|---|---|---|---|
| 毛泽东军事文选 | 毛泽东 | 外文 | 1972(1968 年出版，再版 2 次重印，总印数 14115 册，本次重印) | | 50 开/塑料套封面 | 1.92 |
| 中华人民共和国代表团团长乔冠华在联合国大会第 27 届会议全体会议上的讲话 | | 外文 | 1972(1976 年停售) | 2565 | 32 开 | 0.16 |

续表

| 书名 | 作者 | 出版社 | 出版/再版时间 | 印刷/发行册数 | 开本/装帧 | 定价（元） |
|---|---|---|---|---|---|---|
| 中日关系史上的新篇章 | | 外文 | 1972 | 2565 | 32 开 | 0.20 |
| 现代京剧《智取威虎山》的故事 | | 外文 | 1972 | 1565 | 34 开 | 0.37 |
| 现代京剧《红灯记》的故事 | | 外文 | 1972 | 1565 | 34 开 | 0.28 |
| 跟随毛主席去长征 | 陈昌奉 | 外文 | 1972（1976年停售） | 3665 | 34 开/平 | 0.69 |
| 一不怕苦、二不怕死的革命精神万岁 | | 外文 | 1972 | 1565 | 32 开 | 0.75 |
| 南征北战 | | 外文 | 1972 | | 32 开 | 0.88 |

## 1972 年乌尔都文版书目(7 种)

| 书名 | 作者 | 出版社 | 出版/再版时间 | 印刷/发行册数 | 开本/装帧 | 定价（元） |
|---|---|---|---|---|---|---|
| 矛盾论 | 毛泽东 | 外文 | 1972（再版2 次重印） | 12105 | 64 开 | 0.20 |
| 中华人民共和国代表团团长乔冠华在联合国大会第 27 届会议全体会议上的讲话 | | 外文 | 1972（1976年停售） | 3905 | 32 开 | 0.16 |
| 中日关系史上的新篇章 | | 外文 | 1972 | | 32 开 | 0.20 |
| 中国出土文物（第一集） | | 外文 | 1972 | | 44 开/12 张/套 | 0.44 |
| 北京风光 | | 外文 | 1972 | | 44 开/12 张/套 | 0.44 |
| 井冈山 | | 外文 | 1972 | | 44 开/10 张/套 | 0.44 |
| 红旗渠 | | 外文 | 1972 | | 44 开/12 张/套 | 0.44 |

### 1972 年印尼文版书目（5 种）

| 书名 | 作者 | 出版社 | 出版/再版时间 | 印刷/发行册数 | 开本/装帧 | 定价（元） |
|---|---|---|---|---|---|---|
| 毛主席语录 | 毛泽东 | 外文 | 1972(1967 年出版,总印数 69010 册,本次再版重印) | | 100 开/塑料套封面 | 0.60 |
| 中华人民共和国代表团团长乔冠华在联合国大会第 27 届会议全体会议上的讲话 | | 外文 | 1972(1976 年停售) | 2085 | 32 开 | 0.16 |
| 中日关系史上的新篇章 | | 外文 | 1972(1976 年停售) | 2085 | 32 开 | 0.20 |
| 洞庭人民公社 | 吴周 | 外文 | 1972 | 574 | 32 开 | |
| 战斗英雄的故事 | | 外文 | 1972 | 2085 | 34 开 | 0.30 |

### 1972 年缅甸文版书目（4 种）

| 书名 | 作者 | 出版社 | 出版/再版时间 | 印刷/发行册数 | 开本/装帧 | 定价（元） |
|---|---|---|---|---|---|---|
| 中华人民共和国代表团团长乔冠华在联合国大会第 27 届会议全体会议上的讲话 | | 外文 | 1972(1976 年停售) | 6055 | 32 开 | 0.16 |
| 中日关系史上的新篇章 | | 外文 | 1972 | 6055 | 32 开 | 0.20 |
| 跟随毛主席去长征 | 陈昌奉 | 外文 | 1972 | | 34 开/平 | 0.69 |
| 南征北战 | | 外文 | 1972 | 2105 | 32 开 | 0.88 |

### 1972 年泰米尔文版书目（10 种）

| 书名 | 作者 | 出版社 | 出版/再版时间 | 印刷/发行册数 | 开本/装帧 | 定价（元） |
|---|---|---|---|---|---|---|
| 毛泽东军事文选 | 毛泽东 | 外文 | 1972（再版重印 1 次） | 7005 | 32 开/塑料套封面 | 2.30 |
| 实践论 | 毛泽东 | 外文 | 1972（再版重印 1 次） | 3305 | 64 开 | 0.09 |
| 在延安文艺座谈会上的讲话 | 毛泽东 | 外文 | 1972（再版重印 1 次） | 6555 | 64 开 | 0.23 |
| 评白皮书 | 毛泽东 | 外文 | 1972 | 3005 | 64 开 | 0.18 |
| 关于正确处理人民内部矛盾的问题 | 毛泽东 | 外文 | 1972 | 3255 | 64 开 | 0.21 |
| 在中国共产党全国宣传工作会议上的讲话 | 毛泽东 | 外文 | 1972 | 3105 | 64 开 | 0.12 |
| 中国出土文物（第一集） | | 外文 | 1972 | 7060 | 44 开/12 张/套 | 0.44 |
| 北京风光（彩色明信片） | | 外文 | 1972 | 9160 | 44 开/12 张/套 | 0.44 |
| 井冈山（彩色明信片） | | 外文 | 1972 | 15560 | 44 开/10 张/套 | 0.44 |
| 红旗渠（彩色明信片） | | 外文 | 1972 | 7160 | 44 开/12 张/套 | 0.44 |

### 1972 年斯瓦希里文版书目（9 种）

| 书名 | 作者 | 出版社 | 出版/再版时间 | 印刷/发行册数 | 开本/装帧 | 定价（元） |
|---|---|---|---|---|---|---|
| 必须注意经济工作 | 毛泽东 | 外文 | 1972（再版重印 1 次） | 8089 | 32 开 | 0.10 |
| 论持久战 | 毛泽东 | 外文 | 1972（再版重印 3 次） | 57802 | 32 开 | 0.51 |

续表

| 书名 | 作者 | 出版社 | 出版/再版时间 | 印刷/发行册数 | 开本/装帧 | 定价（元） |
|---|---|---|---|---|---|---|
| 团结起来，争取更大的胜利 | 人民日报、红旗杂志、解放军报1972年元旦社论 | 外文 | 1972（1973年停售） | 9065 | 32开 | 0.09 |
| 中华人民共和国代表团团长乔冠华在联合国大会第27届会议全体会议上的讲话 | | 外文 | 1972（1976年停售） | 6065 | 32开 | 0.16 |
| 革命现代京剧《沙家浜》（彩色明信片辑） | | 外文 | 1972 | | 44开/12张/套 | 0.44 |
| 北京风光（明信片） | | 外文 | 1972 | 13810 | 44开/12张/套 | 0.44 |
| 井冈山（明信片） | | 外文 | 1972 | 10860 | 44开/10张/套 | 0.44 |
| 红旗渠（明信片） | | 外文 | 1972 | 14210 | 44开/12张/套 | 0.44 |
| 三号瞭望哨（连环画） | 黎汝清著，范一辛绘 | 外文 | 1972 | 22200 | 28开 | 0.55 |

## 1972年豪萨文版书目（12种）

| 书名 | 作者 | 出版社 | 出版/再版时间 | 印刷/发行册数 | 开本/装帧 | 定价（元） |
|---|---|---|---|---|---|---|
| 我们的经济政策 | 毛泽东 | 外文 | 1972（再版重印1次） | 6855 | 64开 | 0.06 |
| 矛盾论 | 毛泽东 | 外文 | 1972（再版重印1次） | 7055 | 64开 | 0.20 |
| 中国革命和中国共产党 | 毛泽东 | 外文 | 1972（再版重印1次） | 5055 | 32开 | 0.23 |

续表

| 书名 | 作者 | 出版社 | 出版/再版时间 | 印刷/发行册数 | 开本/装帧 | 定价（元） |
|---|---|---|---|---|---|---|
| 关于目前党的政策中的几个重要问题 | 毛泽东 | 外文 | 1972 | 6755 | 64 开 | 0.11 |
| 在晋绥干部会议上的讲话 | 毛泽东 | 外文 | 1972 | 5055 | 32 开 | 0.16 |
| 在中国共产党第七届中央委员会第二次全体会议上的报告 | 毛泽东 | 外文 | 1972（1973年停售） | 6855 | 32 开 | 0.15 |
| 评白皮书 | 毛泽东 | 外文 | 1972 | 6855 | 64 开 | 0.18 |
| 团结起来，争取更大的胜利 | 人民日报、红旗杂志、解放军报1972 年元旦社论 | 外文 | 1972 | 6855 | 32 开 | 0.09 |
| 中华人民共和国代表团团长乔冠华在联合国大会第 27 届会议全体会议上的讲话 | | 外文 | 1972（1976年停售） | 4555 | 32 开 | 0.16 |
| 北京风光(明信片) | | 外文 | 1972 | 5260 | 44 开/12 张/套 | 0.44 |
| 井冈山(明信片) | | 外文 | 1972 | | 44 开/10 张/套 | 0.44 |
| 三号瞭望哨(连环画) | 黎汝清著，范一辛绘 | 外文 | 1972 | | 28 开 | 0.55 |

## 1972 年阿拉伯文版书目(13 种)

| 书名 | 作者 | 出版社 | 出版/再版时间 | 印刷/发行册数 | 开本/装帧 | 定价（元） |
|---|---|---|---|---|---|---|
| 团结起来，争取更大的胜利 | 人民日报、红旗杂志、解放军报1972 年元旦社论 | 外文 | 1972 | 11105 | 32 开 | 0.09 |

续表

| 书名 | 作者 | 出版社 | 出版/再版时间 | 印刷/发行册数 | 开本/装帧 | 定价（元） |
|---|---|---|---|---|---|---|
| 夺取新的胜利——庆祝中华人民共和国成立23周年 | 人民日报、红旗杂志、解放军报社论 | 外文 | 1972 | 6105 | 32开 | 0.10 |
| 中华人民共和国代表团团长乔冠华在联合国大会第27届会议全体会议上的讲话 | | 外文 | 1972 | | 32开 | 0.16 |
| 中美联合公报（1972年2月28日） | | 外文 | 1972 | 2055 | 32开 | 0.10 |
| 中日关系史上的新篇章 | | 外文 | 1972 | 12105 | 32开 | 0.20 |
| 革命现代京剧《智取威虎山》(1970年7月演出本) | 上海京剧团 | 外文 | 1972 | 15200 | 18开 | 0.80 |
| 中国出土文物（第一集） | | 外文 | 1972 | 10910 | 44开/12张/套 | 0.44 |
| 革命现代京剧《沙家浜》（彩色明信片辑） | | 外文 | 1972 | | 44开/12张/套 | 0.44 |
| 北京风光(彩色明信片) | | 外文 | 1972 | 30560 | 44开/12张/套 | 0.44 |
| 井冈山（彩色明信片） | | 外文 | 1972 | 26210 | 44开/10张/套 | 0.44 |
| 红旗渠(彩色明信片) | | 外文 | 1972 | 22360 | 44开/12张/套 | 0.44 |
| 北京游览图 | | 地图 | 1972 | | 2开/1张 | 0.40 |
| 北京（游览图） | | 人民 | 1972 | | 3开 | |

## 1972 年蒙古文版书目（5 种）

| 书名 | 作者 | 出版社 | 出版/再版时间 | 印刷/发行册数 | 开本/装帧 | 定价（元） |
|---|---|---|---|---|---|---|
| 中国革命战争的战略问题 | 毛泽东 | 外文 | 1972（再版重印 1 次） | 2055 | 64 开 | 0.33 |
| 关于目前党的政策中的几个重要问题 | 毛泽东 | 外文 | 1972（再版重印 1 次） | 2055 | 64 开 | 0.08 |
| 北京风光（彩色明信片） | | 外文 | 1972 | 1010 | 44 开/12 张/套 | 0.44 |
| 井冈山（彩色明信片） | | 外文 | 1972 | 1960 | 44 开/10 张/套 | 0.44 |
| 红旗渠（彩色明信片） | | 外文 | 1972 | 860 | 44 开/12 张/套 | 0.44 |

## 1972 年孟加拉文版书目（5 种）

| 书名 | 作者 | 出版社 | 出版/再版时间 | 印刷/发行册数 | 开本/装帧 | 定价（元） |
|---|---|---|---|---|---|---|
| 毛主席的五篇哲学著作 | 毛泽东 | 外文 | 1972（再版重印 2 次） | 14079 | 64 开/塑料套封面 | 0.65 |
| 新民主主义论　在延安文艺座谈会上的讲话　关于正确处理人民内部矛盾的问题　在中国共产党全国宣传工作会议上的讲话 | 毛泽东 | 外文 | 1972（再版重印 2 次） | 8479 | 32 开 | 0.70 |
| 毛主席语录 | 毛泽东 | 外文 | 1972（再版重印 2 次） | 153615 | 100 开/塑料套封面 | 0.50 |
| 中国共产党在民族战争中的地位 | 毛泽东 | 外文 | 1972（再版重印 1 次） | 7579 | 64 开 | 0.13 |
| 北京风光（彩色明信片） | | 外文 | 1972 | 2860 | 44 开/12 张/套 | 0.44 |

### 1972 年挪威文版书目（2 种）

| 书名 | 作者 | 出版社 | 出版/再版时间 | 印刷/发行册数 | 开本/装帧 | 定价（元） |
|---|---|---|---|---|---|---|
| 毛主席的五篇哲学著作 | 毛泽东 | 外文 | 1972（再版重印 1 次） | 13608 | 64 开 | 0.09 |
| 人的正确思想是从哪里来的 | 毛泽东 | 外文 | 1972（1968 年出版,32 开本印数为 16663 册,本次重印） | 16663 | 64 开 | 0.05 |

### 1972 年菲律宾文版书目（1 种）

| 书名 | 作者 | 出版社 | 出版/再版时间 | 印刷/发行册数 | 开本/装帧 | 定价（元） |
|---|---|---|---|---|---|---|
| 毛主席语录 | 毛泽东 | 外文 | 1972（再版重印 1 次） | 4255 | 100 开/压塑膜封面 | 0.60 |

### 1972 年印地文版书目（2 种）

| 书名 | 作者 | 出版社 | 出版/再版时间 | 印刷/发行册数 | 开本/装帧 | 定价（元） |
|---|---|---|---|---|---|---|
| 北京风光 | | 外文 | 1972 | 24260 | 44 开/12 张/套 | 0.44 |
| 三号瞭望哨 | 黎汝清著,范一辛绘 | 外文 | 1972 | 15200 | 28 开 | 0.55 |

### 1972 年意大利文版书目（1 种）

| 书名 | 作者 | 出版社 | 出版/再版时间 | 印刷/发行册数 | 开本/装帧 | 定价（元） |
|---|---|---|---|---|---|---|
| 井冈山 | | 外文 | 1972 | 8160 | 44 开/10 张/套 | 0.44 |

# 1973 年图书（期刊）对外翻译出版发行活动

本年，以朱穆之为团长的中国新闻工作者代表团一行 21 人应美国报纸主编协会的邀请，访问了美国的 8 个州、10 个城市。这是在尼克松访华后第一个访美的中国新闻工作者代表团；

本年，《人民画报》开设"大河上下"专栏的连载，共 11 期，用大量优美的图片和文章，翔实地报道了黄河流域的风土人情以及经济、文化等各方面的情况，获得海内外好评；

本年，国际书店恢复与各国友好组织只从事贸易往来，在一些还没有可靠代销点的国家和地区，鼓励和支持有条件的友协组织开办书店，坚持贸易原则，新账从严，旧账从宽等对外发行策略。

1973 年 1 月，《中国建设》第 1 期刊登宋庆龄副主席撰写的《何香凝——一位坚实的革命者》一文，详细记述女革命家何香凝的革命事迹，称她是"孙中山的亲密的革命同志，是国民党前辈廖仲恺的忠实的、勇敢的妻子，也是中国共产党的亲密朋友。"

1973 年年初，经中央批准，全国世界语协会由国务院科文教组领导。

1973 年 1 月 3 日，加拿大友人文幼章来华，与《中国建设》有关人士座谈，提出《中国建设》政治评论性文章不宜太多，并应加强推广发行工作，使杂志能到达更广泛的读者手中。

1973 年 2 月 1 日，外交部国际条法司就《人民画报》第 4 期《我国的海疆与岛屿》一文提出审查意见：有关领海宽度"可暂不谈"。题目可改为：《我国的沿海海域与岛屿》，岛屿总面积因未公开过"可去掉"。说到台湾问题时，"钓鱼岛、赤尾岛"提一下为好（目前发行的书刊都不提及），文中写有"台湾目前仍在美蒋统治下"的字句可不提。

1973 年 2 月 3 日，国际书店从即日起对外恢复启用"中国国际书店"印章，停用"中国国际书店革命委员会"印章。

1973 年 2 月 13 日至 14 日，人民画报社就当年第 3 期画报中的《中日关系源远流长》一组稿件，请示中央领导同志。周恩来总理以及郭沫若、廖承志、张香山、冯铉均有详细指示。周总理的口头指示："这组稿编辑不集中，不精，比较杂，有些关键性的照片没有上，主席接见田中的照片为什么没选上？怎么只有签名的照片。松村谦三、高崎达之助、浅沼稻次郎都要上，你们研究一下看怎么搞好。全部都要有注解。李白的诗和那张画也不怎么高明。"人民画报社根据周总理的指示，稿子作了较大的改动，并由廖承志、张香山、冯铉等同志审定，由原定第 3 期推迟到第 5 期上发表。

1973 年 3 月 5 日，全国世界语协会会长胡愈之、副会长叶籁士会见来我国访问的日本文化代表团团长歧善唐和世界语活动家德田六郎。

1973 年 3 月 20 日，人民画报社就出版西哈努克亲王视察柬埔寨的专辑请示中联部。耿飚部长批示："总理是要出专刊，你们却一直不同意，又从第 6 期退到第 7 期了，这种态度合适吗？请再考虑。"社领导接受批评，此专辑作为第 6 期的增刊版发行。

1973 年 4 月 3 日，法国马赛"法中文化中心"访华团与《中国建设》有关人员座谈。他们认为《中国建设》在法国的读者为工人、农民、中小学教员、学生、小资产者（包括职员及小商人）。他们还对杂志的文风提出批评意见。

1973 年 4 月，中国建设杂志社党的核心小组副组长孟纪青、北京周报社赵炳泉参加中国新闻工作者代表团访问联邦德国、英国、意大利，为期两个多月。

1973 年 5 月，以朱穆之为团长的中国新闻工作者代表团一行 21 人应美国报纸主编协会的邀请，访问了美国的 8 个州、10 个城市。这是在尼克松访华后第一个访美的中国新闻工作者代表团。该团又于 6 月 15 日应邀前往加拿大进行友好访问。中国建设杂志社副总编辑李伯悌为该团副团长，北京周报社副总编辑汪溪、人民画报社副社长兰子安均为该团成员。

1973 年 6 月，《人民画报》从本期开始《大河上下》专栏的连载，共 11 期。该专栏连载采用大量优美的图片和引人入胜的文章，翔实地报道了黄河流域的风土人情以及经济、文化等各方面的情况。此专栏连载的设想是该社记者茹遂初于 1972 年上半年提出的，得到有关领导和黄河水利委员会的支持。该社于同年 8 月派茹遂初、贾玉江（该社记者）在黄河水利委员会和青海省的帮助下，深入到青海高原黄河源头地区采访，出色地完成了《黄河源头行》的一组报道，向国内外读者介绍了黄河源头地区的自然风貌，并发现一些有关黄河源头的说法不确切，提请有关领导和科研部门进行研究。这一报道受到有关领导的重视和读者的普遍好评。经各方面研究，1978 年由青海省邀请全国有关科研和大专院校的专业人员对黄河源头进行考察后，取得大量资料，接着召开学术讨论会，确定了黄河的正源为发源于巴颜喀拉山北麓的各姿各雅山的卡日曲，改正了过去一些错误的论断（详见 1979 年《人民画报》第 5 期）。贾玉江同志参加了此次考察和学术讨论会，并写了《再探黄河源》一文，登载在 1979 年《人民画报》第 5 期。

1973 年六七月间，在《人民中国》日文版创刊 20 周年和《北京周报》日文版创刊 10 周年之际，由人民中国杂志社、北京周报社、人民画报社、外文印刷厂和国际书店组成中国外文出版访日代表团访问日本。

1973 年 6 月 28 日，美国进步刊物《前卫》周刊支持者旅游团一行 22 人来华访问。应该团的要求，《北京周报》有关同志和他们进行了座谈，外文局副局长江牧岳参加了座谈。

1973 年 7 月 2 日，《中国文学》、《北京周报》、《人民画报》、《中国建设》和外文图书出版社邀请英籍华裔作家韩素音和上述各社的有关同志进行座谈。座谈中，韩素音除介绍了美国社会的思想、文化动态外，还谈了对外文局出版的外文书刊的一些意见。

1973 年 8 月 13 日，国家科委对影印书刊出口问题批示如下："除前经批准向阿、朝、越有少量出口，今后继续供应外，一般不出口。"国务院又于 9 月 3 日批准《关于影印外国书刊内部发行试行管理办法》，规定影印外国书刊一律内部发行，在中国的外国专家可以借阅，但拒其购买。我国出国人员不准将影印的外国书刊带出国外。

1973 年 8 月，对阿尔巴尼亚、朝鲜、越南恢复性供应影印书刊。

1973 年 8 月 9 日至 23 日，应日本世界语学会邀请，全国世协派叶籁士、陈原、祝明义出席在日本龟冈召开的日本第 60 届世界语大会。

1973 年 10 月，国际书店向外文局、中联部上报《关于通过对华友好组织发行书刊的请示》。提出：（1）对各国友好组织，总的方针是继续给予适当支持，以利于扩大我书刊发行和有利于国外友好组织工作的开展。但国际书店一律不赠送，只从事贸易往来，不介入这些组织内部和他们相互间的分歧。（2）重点支持，多头联系。在一些还没有可靠代销点的国家和地区，可鼓励和支持有条件的友协组织开办书店。（3）友协组织发展期刊订户比较方便易行，拟多加推动和利用。（4）坚持贸易原则。新账从严，旧账从宽。此报告经中联部副部长兼外文局局长冯铉口头批准执行。

1973 年 10 月，应全国世界语协会会长胡愈之的邀请，越南保卫和平世界语协会会长阮文镜率团访华。

1973 年 10 月，对法中友协保持往来，坚持贸易原则。

1973 年 11 月 30 日，外文局同意国际书店关于调整中文图书出口价格及加大批发折扣的请示报告。决定从 1974 年 1 月 1 日起，出口中文书一律按国内人民币定价加倍计算，作为出口售价。

1973 年 12 月 27 日，北京周报社上报《关于〈北京周报〉增出阿拉伯文版的请示》。经中联部部长耿飚批准于 1974 年 9 月筹建，人员在中联部内调派。阿文《北京周报》于 1977 年正式出版，1981 年 1 月停刊。

1973 年 12 月，为了避免《人民中国报道》同《人民中国》两个杂志误认为是同一刊物，经外文局同意，从 1974 年第 1 期起，将《人民中国报道》改名为《中国报道》，人民中国报道杂志社改为中国报道杂志社，刊物的世界语名称不变。

1973 年 12 月，对外友协每年定期拨付瑞典中国友协欠国际书店书刊账款。

本年，法国凤凰书店，美国新华书店、中国书刊社，日本东方书店、朋友书店，澳大利亚东风书店，越南书刊进出口公司来访。

本年，外文出版社以英、法、西、俄、日、朝、蒙、越、老挝、泰、缅、孟加拉、印地、泰米尔、乌尔都、波斯、土耳其、罗马尼亚、德、意大利、葡萄牙、阿拉伯、斯瓦希里、豪萨、世界语、汉等 26 种文字出版 209 种图书。其中有《毛泽东选集》第二卷世界语文版、印地文版、乌尔都文版，《毛泽东选集》第三卷意大利文版，《毛泽东选集》第四卷阿拉伯文版、波斯文版。新世界出版社出版了路易·艾黎的《中国见闻》。

本年，中国国际书店对国外发行外文书籍 228 万册；外文期刊 1184 万册。

# 1973 年对外发行图书目录

## 1973 年英文版书目（32 种）

| 书名 | 作者 | 出版社 | 出版/再版时间 | 印刷/发行册数 | 开本/装帧 | 定价（元） |
|---|---|---|---|---|---|---|
| 怎么办？ | 列宁 | 外文 | 1973（再版 3 次重印） | 170559 | 32 开 | 1.05 |
| 中国哲学战线上的三次大斗争（1949—1964） | 中央党校 | 外文 | 1973（停售） | 441429 | 32 开 | 0.30 |
| 中国共产党第十次全国代表大会文件汇编 | | 外文 | 1973（1976 年应索供应） | 140722 | 32 开 | 0.70 |
| 纪念台湾省人民"二·二八"起义二十六周年 | | 外文 | 1973 | 25405 | 32 开 | 0.20 |
| 中华人民共和国代表团团长乔冠华在联合国大会第二十八届会议全体会议上的发言 | | 外文 | 1973（1976 年停售） | 60455 | 32 开 | 0.15 |
| 中华人民共和国声明（1969 年 10 月 7 日） | | 外文 | 1973（再版 3 次重印） | 50625 | 32 开 | 0.18 |
| 周恩来总理就中印边界问题致亚非国家领导人的信（1962 年 11 月 15 日） | 周恩来 | 外文 | 1973 | 14615 | 32 开 | 2.00 |
| 欢迎越南协定的签订 | | 外文 | 1973（1976 年停售） | 30455 | 32 开 | 0.30 |
| 读一点世界史 | | 外文 | 1973 | 7925 | 32 开 | 0.30 |
| 今日中国妇女 | | 外文 | 1973 | 75405 | 32 开 | |
| 新来的老大 | | 外文 | 1973 | 55512 | 32 开/精装 | 0.95 |
| | | | | | 32 开/平装 | 0.65 |

续表

| 书名 | 作者 | 出版社 | 出版/再版时间 | 印刷/发行册数 | 开本/装帧 | 定价（元） |
|---|---|---|---|---|---|---|
| 彩色的田野 | | 外文 | 1973 | 48205 | 34 开 | 0.70 |
| 现代芭蕾舞剧《红色娘子军》的故事 | | 外文 | 1973（1976 年停售） | 35405 | 34 开 | 0.25 |
| 革命现代京剧《海港》 | 上海京剧团 | 外文 | 1973 | 18510 | 18 开/精装 | 1.40 |
| | | | | | 18 开/平装 | 0.80 |
| 中国见闻 | （新西兰）路易·艾黎 | 新世界 | 1973 | | 小 16 开/精装 | 8.00 |
| | | | | | 小 16 开/平装 | 7.40 |
| 树上鸟儿叫 | 浩然 | 外文 | 1973 | 55405 | | |
| 半夜鸡叫（连环画） | 上海美术电影制片厂 | 外文 | 1973 | 50810 | 32 开 | 0.45 |
| 草原英雄小姐妹（连环画） | | 外文 | 1973 | 65210 | 16 开 | 1.40 |
| 中国工艺美术 | 《中国工艺美术》编委会 | 轻工业/外文 | 1973 | 42885 | 8 开/精装 | 40.00 |
| 中国陕西出土文物（彩色明信片） | | 陕西人民 | 1973 | | 50 开/套/10 张 | 0.50 |
| 中国出土文物（第二集，彩色明信片） | | 外文 | 1973 | 123510 | 44 开/套/12 张 | 0.44 |
| 桂林山水（彩色摄影明信片） | | 外文/广西人民 | 1973 | | 44 开/12 张 | 0.44 |
| 星湖（彩色摄影明信片） | | 外文 | 1973 | | 44 开/10 张 | 0.44 |
| 中国体育 | | 人民体育/外文 | 1973 | 12610 | 12 开 | 2.50 |

续表

| 书名 | 作者 | 出版社 | 出版/再版时间 | 印刷/发行册数 | 开本/装帧 | 定价（元） |
|---|---|---|---|---|---|---|
| 中国陕西出土文物（彩色明信片） |  | 陕西人民 | 1973 |  | 50 开/套/10 张 | 0.50 |
| 云冈石窟（摄影集） | 山西云冈石窟文物保管所 | 文物 | 1973 |  | 32 开 | 0.30 |
| 上海市区图 |  | 上海人民 | 1973 |  | 2 开 |  |
| 西湖（游览图） |  | 浙江人民 | 1973 |  | 4 开 |  |
| 广州（游览图） |  | 广东人民 | 1973 |  | 24 开 |  |

## 1973 年法文版书目（24 种）

| 书名 | 作者 | 出版社 | 出版/再版时间 | 印刷/发行册数 | 开本/装帧 | 定价（元） |
|---|---|---|---|---|---|---|
| 列宁论战争、和平的三篇文章 | 列宁 | 外文 | 1973（再版 2 次重印） | 42311 | 32 开 | 0.50 |
| 中国共产党第十次全国代表大会文件汇编 |  | 外文 | 1973（1976 年应索供应） | 35562 | 32 开 | 0.70 |
| 今日中国妇女 |  | 外文 | 1973 | 17255 | 32 开 | 0.45 |
| 中华人民共和国代表团团长乔冠华在联合国大会第二十八届会议全体会议上的发言 |  | 外文 | 1973（1976 年停售） | 13450 | 32 开 | 0.15 |
| 中华人民共和国声明（1969 年 10 月 7 日） |  | 外文 | 1973 | 32660 | 32 开 | 0.18 |
| 周恩来总理就中印边界问题致亚非国家领导人的信（1962 年 11 月 15 日） |  | 外文 | 1973（再版 2 次重印） | 6915 | 32 开 | 2.00 |

续表

| 书名 | 作者 | 出版社 | 出版/再版时间 | 印刷/发行册数 | 开本/装帧 | 定价（元） |
|---|---|---|---|---|---|---|
| 欢迎越南协定的签订 | | 外文 | 1973（1976年停售） | 8805 | 32 开 | 0.30 |
| 在打开聋哑禁区的路上 | | 外文 | 1973（1980年停售） | 18305 | 32 开 | 0.20 |
| 阿 Q 正传 | 鲁迅 | 外文 | 1973 | 17250 | 32 开 | 0.70 |
| 革命现代京剧《海港》 | 上海京剧团 | 外文 | 1973 | 5160 | 18 开/精装 | 1.40 |
| | | | | | 18 开/平装 | 0.80 |
| 地道战（连环画） | 哲枚、毕雷改编，浙江美术学院绘图 | 外文 | 1973 | 25205 | 32 开 | 0.80 |
| 南征北战（连环画） | | 外文 | 1973 | 30405 | 32 开 | 0.88 |
| 半夜鸡叫（连环画） | 上海美术电影制片厂 | 外文 | 1973 | 15305 | 32 开 | 0.45 |
| 中国工艺美术 | 《中国工艺美术》编委会 | 轻工业/外文 | 1973 | 7405 | 8 开/精装 | 40.00 |
| 中国出土文物（第二集，彩色明信片） | | 外文 | 1973 | 45410 | 44 开/套/12 张 | 0.44 |
| 桂林山水（彩色摄影明信片） | | 外文/广西人民 | 1973 | | 44 开/12 张 | 0.44 |
| 星湖（彩色摄影明信片） | | 外文 | 1973 | | 44 开/10 张 | 0.44 |

**续表**

| 书名 | 作者 | 出版社 | 出版/再版时间 | 印刷/发行册数 | 开本/装帧 | 定价（元） |
|---|---|---|---|---|---|---|
| 中国体育 | | 人民体育/外文 | 1973 | | 12 开 | 2.50 |
| 革命现代舞剧《红色娘子军》 | 中国舞剧团集体改编 | 外文 | 1973 | | 18 开/精装 | |
| | | | | | 18 开/平装 | |
| 中国新出土文物 | | 外文 | 1973 | | 32 开 | 0.80 |
| 云冈石窟(摄影集) | 山西云冈石窟文物保管所编辑 | 文物 | 1973 | | 32 开 | 0.30 |
| 西湖(游览图) | | 浙江人民 | 1973 | | 4 开 | |

## 1973 年德文版书目(10 种)

| 书名 | 作者 | 出版社 | 出版/再版时间 | 印刷/发行册数 | 开本/装帧 | 定价（元） |
|---|---|---|---|---|---|---|
| 唯物主义和经验批判主义 | 列宁 | 外文 | 1973（再版2次重印） | 26229 | 32 开 | 1.60 |
| 共产主义运动中的"左派"幼稚病 | 列宁 | 外文 | 1973（再版2次重印） | 38629 | 32 开 | 0.61 |
| 在中国共产党第七届中央委员会第二次全体会议上的报告 | 毛泽东 | 外文 | 1973(1961 年出版,再版4次重印,总印数34863 册,本次再版重印) | | 64 开 | 0.15 |
| 中国共产党第十次全国代表大会文件汇编 | | 外文 | 1973(1976 年英索供应) | 30596 | 32 开 | 0.70 |

续表

| 书名 | 作者 | 出版社 | 出版/再版时间 | 印刷/发行册数 | 开本/装帧 | 定价（元） |
|---|---|---|---|---|---|---|
| 今日中国妇女 | | 外文 | 1973（再版重印 1 次） | 15255 | 32 开 | 0.45 |
| 中华人民共和国代表团团长乔冠华在联合国大会第二十八届会议全体会议上的发言 | | 外文 | 1973（1976 年停售） | 10355 | 32 开 | 0.15 |
| 中国工艺美术 | 《中国工艺美术》编委会 | 轻工业/外文 | 1973 | | 8 开/精装 | 40.00 |
| 中国出土文物（第二集，彩色明信片） | | 外文 | 1973 | | 44 开/套/12 张 | 0.44 |
| 桂林山水（彩色摄影明信片） | | 外文/广西人民 | 1973 | | 44 开/12 张 | 0.44 |
| 星湖（彩色摄影明信片） | | 外文 | 1973 | | 44 开/10 张 | 0.44 |

## 1973 年西班牙文版书目（16 种）

| 书名 | 作者 | 出版社 | 出版/再版时间 | 印刷/发行册数 | 开本/装帧 | 定价（元） |
|---|---|---|---|---|---|---|
| 社会民主党在民主革命中的两种策略 | 列宁 | 外文 | 1973（再版 2 次重印） | 150129 | 32 开 | 0.75 |
| 在中国共产党第七届中央委员会第二次全体会议上的报告 | 毛泽东 | 外文 | 1973（1962 年出版，再版 5 次重印，总印数 163449 册，本次再版重印） | | 64 开 | 0.10 |
| 中国共产党第十次全国代表大会文件汇编 | | 外文 | 1973（1976 年应索供应） | 35412 | 32 开 | 0.70 |
| 中国共产党中央委员会关于无产阶级文化大革命的决定 | | 外文 | 1973 | | 32 开 | 0.15 |

| 书名 | 作者 | 出版社 | 出版/再版时间 | 印刷/发行册数 | 开本/装帧 | 定价（元） |
|---|---|---|---|---|---|---|
| 中华人民共和国代表团团长乔冠华在联合国大会第二十八届会议全体会议上的发言 | | 外文 | 1973（1976年停售） | 13255 | 32 开 | 0.15 |
| 中华人民共和国声明（1969 年 10 月 7 日） | | 外文 | 1973 | | 32 开 | 0.18 |
| 周恩来总理就中印边界问题致亚非国家领导人的信(1962 年 11 月 15 日) | | 外文 | 1973 | 3210 | 32 开 | 2.00 |
| 中国的针灸麻醉 | | 外文 | 1973 | 36155 | 32 开 | 0.21 |
| 地道战(连环画) | 哲枚、毕雷改编，浙江美术学院绘图 | 外文 | 1973 | 20205 | 32 开 | 0.80 |
| 南征北战(连环画) | | 外文 | 1973 | 39905 | 32 开 | 0.88 |
| 半夜鸡叫(连环画) | 上海美术电影制片厂 | 外文 | 1973 | 15205 | 32 开 | 0.45 |
| 中国工艺美术 | 《中国工艺美术》编委会 | 轻工业/外文 | 1973 | 3065 | 8 开/精装 | 40.00 |
| 中国出土文物(第二集,彩色明信片) | | 外文 | 1973 | 26710 | 44 开/套/12 张 | 0.44 |
| 桂林山水(彩色摄影明信片) | | 外文/广西人民 | 1973 | | 44 开/12 张 | 0.44 |
| 星湖(彩色摄影明信片) | | 外文 | 1973 | | 44 开/10 张 | 0.44 |
| 中国体育(彩色摄影明信片) | | 人民体育/外文 | 1973 | | 12 开 | 2.50 |

### 1973 年俄文版书目（9 种）

| 书名 | 作者 | 出版社 | 出版/再版时间 | 印刷/发行册数 | 开本/装帧 | 定价（元） |
|---|---|---|---|---|---|---|
| 反杜林论 | 恩格斯 | 外文 | 1973 | 4606 | 32 开 | 1.80 |
| 青年团的任务 | 列宁 | 外文 | 1973 | 5005 | 32 开 | 0.15 |
| 列宁主义问题 | 斯大林 | 外文 | 1973 | 3805 | 32 开 | 3.00 |
| 斯大林论列宁 | 斯大林 | 外文 | 1973 | 5206 | 32 开 | 0.25 |
| 中国共产党第十次全国代表大会文件汇编 | | 外文 | 1973（1976 年起应索供应） | 30147 | 32 开 | 0.70 |
| 今日中国妇女 | | 外文 | 1973 | | 32 开 | 0.45 |
| 中华人民共和国代表团团长乔冠华在联合国大会第二十八届会议全体会议上的发言 | | 外文 | 1973（1976 年停售） | 10105 | 32 开 | 0.15 |
| 中国出土文物（第二集，彩色明信片） | | 外文 | 1973 | 14310 | 44 开/套/12 张 | 0.44 |
| 桂林山水（彩色摄影明信片） | | 外文/广西人民 | 1973 | | 44 开/12 张 | 0.44 |

### 1973 年意大利文版书目（3 种）

| 书名 | 作者 | 出版社 | 出版/再版时间 | 印刷/发行册数 | 开本/装帧 | 定价（元） |
|---|---|---|---|---|---|---|
| 毛泽东选集（第三卷） | 毛泽东 | 外文 | 1973（再版重印 1 次） | 31250 | 小 16 开/精装 | 2.70 |
| | | | | | 平 | 1.80 |
| 中国共产党第十次全国代表大会文件汇编 | | 外文 | 1973（1976 年起应索供应） | 10262 | 32 开 | 0.70 |

### 1973 年葡萄牙文版书目(4 种)

| 书名 | 作者 | 出版社 | 出版/再版时间 | 印刷/发行册数 | 开本/装帧 | 定价(元) |
|---|---|---|---|---|---|---|
| 毛泽东选集(第三卷) | 毛泽东 | 外文 | 1973(再版2次重印) | 45079 | 50开/塑料套封面 | 1.20 |
| 中国共产党第十次全国代表大会文件汇编 | | 外文 | 1973(1976年起应索供应) | 1897 | 32开 | 0.70 |
| 中华人民共和国代表团团长乔冠华在联合国大会第二十八届会议全体会议上的发言 | | 外文 | 1973(1976停售) | 1605 | 32开 | 0.15 |
| 地道战(连环画) | 哲枚、毕雷改编,浙江美术学院绘图 | 外文 | 1973 | 1155 | 32开 | 0.80 |

### 1973 年世界语版书目(7 种)

| 书名 | 作者 | 出版社 | 出版/再版时间 | 印刷/发行册数 | 开本/装帧 | 定价(元) |
|---|---|---|---|---|---|---|
| 毛泽东选集(第二卷) | 毛泽东 | 外文 | 1973 | 2205 | 小16开/精装漆布面 | 3.30 |
| 中国共产党第十次全国代表大会文件汇编 | | 外文 | 1973(1976年起应索供应) | 2442 | 32开 | 0.70 |
| 中华人民共和国代表团团长乔冠华在联合国大会第二十八届会议全体会议上的发言 | | 外文 | 1973(1976年停售) | 2005 | 32开 | 0.15 |
| 半夜鸡叫(连环画) | 上海美术电影制片厂 | 外文 | 1973 | 3005 | 32开 | 0.45 |

| 书名 | 作者 | 出版社 | 出版/再版时间 | 印刷/发行册数 | 开本/装帧 | 定价（元） |
|---|---|---|---|---|---|---|
| 中国出土文物（第二辑，彩色明信片） | | 外文 | 1973 | 6910 | 44 开/套/12 张 | 0.44 |
| 桂林山水（彩色摄影明信片） | | 外文/广西人民 | 1973 | | 44 开/12 张 | 0.44 |
| 星湖（彩色摄影明信片） | | 外文 | 1973 | | 44 开/10 张 | 0.44 |

### 1973 年罗马尼亚文版书目（4 种）

| 书名 | 作者 | 出版社 | 出版/再版时间 | 印刷/发行册数 | 开本/装帧 | 定价（元） |
|---|---|---|---|---|---|---|
| 战争和战略问题 | 毛泽东 | 外文 | 1973（再版重印 1 次） | 1655 | 32 开 | 0.16 |
| 中国共产党第十次全国代表大会文件汇编 | | 外文 | 1973（1976 年起应索供应） | 2112 | 32 开 | 0.70 |
| 中国出土文物（第二辑，彩色明信片） | | 外文 | 1973 | 1360 | 44 开/套/12 张 | 0.44 |
| 北京风光（彩色明信片） | | 外文 | 1973 | 5360 | | |

### 1973 年日文版书目（9 种）

| 书名 | 作者 | 出版社 | 出版/再版时间 | 印刷/发行册数 | 开本/装帧 | 定价（元） |
|---|---|---|---|---|---|---|
| 认真看书学习 | | 外文 | 1973 | 11005 | 32 开 | 0.40 |
| 中国哲学战线上的三次大斗争（1949—1964） | 中央党校 | 外文 | 1973 | 10505 | 32 开 | 0.35 |
| 中国共产党第十次全国代表大会文件汇编 | | 外文 | 1973（1976 年起应索供应） | 46652 | 32 开 | 0.70 |
| 纪念台湾省人民"二·二八"起义二十六周年 | | 外文 | 1973 | 11005 | 32 开 | 0.20 |

续表

| 书名 | 作者 | 出版社 | 出版/再版时间 | 印刷/发行册数 | 开本/装帧 | 定价（元） |
|---|---|---|---|---|---|---|
| 中华人民共和国声明（1969 年 10 月 7 日） | | 外文 | 1973 | | 32 开 | 0.18 |
| 周恩来总理就中印边界问题致亚非国家领导人的信（1962 年 11 月 15 日） | | 外文 | 1973 | 3275 | 32 开 | 2.00 |
| 中国工艺美术 | 《中国工艺美术》编委会 | 轻工业/外文 | 1973 | 10410 | 8 开/精装 | 40.00 |
| 中国出土文物（第二集，彩色明信片） | | 外文 | 1973 | 53510 | 44 开/套/12 张 | 0.44 |
| 中国文化大革命期间的出土文物 | | 外文 | 1973 | 16355 | 32 开 | 1.00 |

## 1973 年朝鲜文版书目（10 种）

| 书名 | 作者 | 出版社 | 出版/再版时间 | 印刷/发行册数 | 开本/装帧 | 定价（元） |
|---|---|---|---|---|---|---|
| 打开了花生增产的秘密（本书汇编了工人、贫下中农学哲学用哲学的文章七篇） | | 外文 | 1973（当年停售） | 1605 | 32 开 | 0.26 |
| 中国哲学战线上的三次大斗争（1949—1964） | 中央党校 | 外文 | 1973 | 1205 | 32 开 | 0.35 |
| 中国共产党第十次全国代表大会文件汇编 | | 外文 | 1973（1976 年起应索供应） | 5757 | 32 开 | 0.70 |
| 今日中国妇女 | | 外文 | 1973 | 2105 | 32 开 | 0.45 |
| 中华人民共和国代表团团长乔冠华在联合国大会第二十八届会议全体会议上的发言 | | 外文 | 1973（1976 年停售） | 2605 | 32 开 | 0.15 |
| 高玉宝 | 高玉宝 | 外文 | 1973 | 1605 | 28 开 | 0.42 |

续表

| 书名 | 作者 | 出版社 | 出版/再版时间 | 印刷/发行册数 | 开本/装帧 | 定价（元） |
|---|---|---|---|---|---|---|
| 刘胡兰 | 晋青著，董辰生插图 | 外文 | 1973 | 1605 | 32 开 | 0.30 |
| 革命现代京剧《海港》 | 上海京剧团 | 外文 | 1973 | 805 | 18 开/精装 | 1.80 |
| 革命现代京剧《龙江颂》 | 上海市《龙江颂》剧组 | 外文 | 1973 | 3355 | 18 开/精装 | 1.40 |
| 中国出土文物（第二辑，彩色明信片） | | 外文 | 1973 | 6910 | 44 开/套/12 张 | 0.44 |

## 1973 年越南文版书目（9 种）

| 书名 | 作者 | 出版社 | 出版/再版时间 | 印刷/发行册数 | 开本/装帧 | 定价（元） |
|---|---|---|---|---|---|---|
| 中国共产党第十次全国代表大会文件汇编 | | 外文 | 1973（1976 年起应索供应） | 11302 | 32 开 | 0.70 |
| "铁人"王进喜——中国工人阶级的先锋战士 | | 外文 | 1973 | 3105 | 32 开 | 0.26 |
| 中华人民共和国代表团团长乔冠华在联合国大会第二十八届会议全体会议上的发言 | | 外文 | 1973（1976 年停售） | 9155 | 32 开 | 0.15 |
| 刘胡兰 | 晋青著，董辰生插图 | 外文 | 1973 | 5955 | 32 开 | 0.30 |
| 地道战（连环画） | 哲枚、毕雷改编，浙江美术学院绘图 | 外文 | 1973 | 12505 | 32 开 | 0.80 |
| 半夜鸡叫（连环画） | 上海美术电影制片厂 | 外文 | 1973 | 3105 | 32 开 | 0.45 |

| 书名 | 作者 | 出版社 | 出版/再版时间 | 印刷/发行册数 | 开本/装帧 | 定价（元） |
|---|---|---|---|---|---|---|
| 中国出土文物（第二辑，彩色明信片） | | 外文 | 1973 | | 44 开/套/12 张 | 0.44 |
| 革命现代舞剧《红色娘子军》 | 中国舞剧团 | 外文 | 1973（1976 年起停售） | 3405 | 18 开/平 | 1.00 |
| 辛亥革命——中国近代史上一次伟大的民主革命 | | 外文 | 1973 | | 大 32 开 | 1.00 |

## 1973 年泰国文版书目（5 种）

| 书名 | 作者 | 出版社 | 出版/再版时间 | 印刷/发行册数 | 开本/装帧 | 定价（元） |
|---|---|---|---|---|---|---|
| 中国共产党第十次全国代表大会文件汇编 | | 外文 | 1973（1976 年起应索供应） | 4677 | 32 开 | 0.70 |
| 上甘岭 | | 外文 | 1973 | 1285 | 32 开 | 1.10 |
| 战斗英雄的故事 | | 外文 | 1973 | | 34 开 | 0.30 |
| 地道战（连环画） | 哲枚、毕雷改编，浙江美术学院绘图 | 外文 | 1973 | 1105 | 32 开 | 0.80 |
| 南征北战（连环画） | | 外文 | 1973 | 2105 | 32 开 | 0.88 |

## 1973 年乌尔都文版书目（8 种）

| 书名 | 作者 | 出版社 | 出版/再版时间 | 印刷/发行册数 | 开本/装帧 | 定价（元） |
|---|---|---|---|---|---|---|
| 毛泽东选集（第二卷） | 毛泽东 | 外文 | 1973（再版 2 次重印） | 38263 | 32 开/塑料套封面 | 2.50 |

续表

| 书名 | 作者 | 出版社 | 出版/再版时间 | 印刷/发行册数 | 开本/装帧 | 定价（元） |
|---|---|---|---|---|---|---|
| 在中国共产党第七届中央委员会第二次全体会议上的报告 | 毛泽东 | 外文 | 1973（1968年出版，再版2次重印，总印数3055册，本次再版重印，1973年底停售） | | 64开 | 0.15 |
| 中国共产党第十次全国代表大会文件汇编 | | 外文 | 1973（1976年起应索供应） | 8672 | 32开 | 0.70 |
| 中华人民共和国代表团团长乔冠华在联合国大会第二十八届会议全体会议上的发言 | | 外文 | 1973（1976年停售） | 3105 | 32开 | 0.15 |
| 跟随毛主席长征 | 陈昌奉 | 外文 | 1973 | 8105 | 34开 | 0.69 |
| 半夜鸡叫（连环画） | 上海美术电影制片厂 | 外文 | 1973 | | 32开 | 0.45 |
| 中国出土文物（第二辑，彩色明信片） | | 外文 | 1973 | | 44开/套/12张 | 0.44 |
| 桂林山水（彩色摄影明信片） | | 外文/广西人民 | 1973 | | 44开/12张 | 0.44 |

## 1973年老挝文版书目（5种）

| 书名 | 作者 | 出版社 | 出版/再版时间 | 印刷/发行册数 | 开本/装帧 | 定价（元） |
|---|---|---|---|---|---|---|
| 青年运动的方向 | 毛泽东 | 外文 | 1973（再版重印1次） | 4055 | 64开 | 0.10 |
| 将革命进行到底 | 毛泽东 | 外文 | 1973 | 5955 | 64开 | 0.11 |
| 人的正确思想是从哪里来的？ | 毛泽东 | 外文 | 1973 | 3024 | 64开 | 0.05 |

续表

| 书名 | 作者 | 出版社 | 出版/再版时间 | 印刷/发行册数 | 开本/装帧 | 定价（元） |
|---|---|---|---|---|---|---|
| 中国共产党第十次全国代表大会文件汇编 | | 外文 | 1973 | | 32 开 | 0.70 |
| 中华人民共和国代表团团长乔冠华在联合国大会第二十八届会议全体会议上的发言 | | 外文 | 1973（1976年停售） | 1055 | 32 开 | 0.15 |

## 1973 年印地文版书目（2 种）

| 书名 | 作者 | 出版社 | 出版/再版时间 | 印刷/发行册数 | 开本/装帧 | 定价（元） |
|---|---|---|---|---|---|---|
| 毛泽东选集（第二卷） | 毛泽东 | 外文 | 1973（再版重印 1 次） | 7665 | 50 开/塑料套封面 | 2.00 |
| 中国共产党第十次全国代表大会文件汇编 | | 外文 | 1973（1976 年起应索供应） | 9107 | 32 开 | 0.70 |

## 1973 年孟加拉文版书目（3 种）

| 书名 | 作者 | 出版社 | 出版/再版时间 | 印刷/发行册数 | 开本/装帧 | 定价（元） |
|---|---|---|---|---|---|---|
| 井冈山的斗争 | 毛泽东 | 外文 | 1973（再版重印 1 次） | 1555 | 64 开 | 0.25 |
| 论反对日本帝国主义的策略 | 毛泽东 | 外文 | 1973（再版重印 1 次） | 1555 | 64 开 | 0.17 |
| 论人民民主专政 | 毛泽东 | 外文 | 1973（再版重印 1 次） | 1555 | 64 开 | 0.11 |

### 1973 年缅甸文版书目(3 种)

| 书名 | 作者 | 出版社 | 出版/再版时间 | 印刷/发行册数 | 开本/装帧 | 定价（元） |
|---|---|---|---|---|---|---|
| 中国共产党第十次全国代表大会文件汇编 | | 外文 | 1973(1976 年起应索供应) | 8057 | 32 开 | 0.70 |
| 战斗英雄的故事 | | 外文 | 1973 | | 34 开 | 0.30 |
| 地道战（连环画） | 哲枚、毕雷改编，浙江美术学院绘图 | 外文 | 1973 | 1105 | 32 开 | 0.80 |

### 1973 年波斯文版书目(9 种)

| 书名 | 作者 | 出版社 | 出版/再版时间 | 印刷/发行册数 | 开本/装帧 | 定价（元） |
|---|---|---|---|---|---|---|
| 毛泽东选集（第四卷） | 毛泽东 | 外文 | 1973（再版重印 2 次） | 26179 | 32 开/塑料套封面 | 2.40 |
| 反对本本主义 | 毛泽东 | 外文 | 1973 | | 64 开 | 0.10 |
| 关于重庆谈判 | 毛泽东 | 外文 | 1973 | | 64 开 | 0.10 |
| 在晋绥干部会议上的讲话 | 毛泽东 | 外文 | 1973（再版重印 3 次） | 18784 | 64 开 | 0.10 |
| 在晋绥日报编辑部人员的谈话 | 毛泽东 | 外文 | 1973（再版重印 2 次） | 10024 | 64 开 | 0.05 |
| 在中国共产党第七届中央委员会第二次全体会议上的报告 | 毛泽东 | 外文 | 1973（1967 年出版，再版 3 次重印，总印数 12789 册，本次再版重印） | | 64 开 | 0.15 |
| 评白皮书 | 毛泽东 | 外文 | 1973（1972 年出版，总印数 2155 册，本次再版） | | 64 开 | 0.20 |
| 中伊友谊源远流长 | | 外文 | 1973 | 2705 | 32 开 | 0.15 |
| 中国地理知识 | | 外文 | 1973 | 4105 | 32 开 | 0.36 |

## 1973 年斯瓦希里文版书目(20 种)

| 书名 | 作者 | 出版社 | 出版/再版时间 | 印刷/发行册数 | 开本/装帧 | 定价（元） |
|---|---|---|---|---|---|---|
| 反对本本主义 | 毛泽东 | 外文 | 1973（再版重印 1 次） | 1985 | 32 开 | 0.10 |
| 论反对日本帝国主义的策略 | 毛泽东 | 外文 | 1973（再版重印 2 次） | 2009 | 32 开 | 0.25 |
| 中国共产党在抗日时期的任务 | 毛泽东 | 外文 | 1973（再版重印 1 次） | 10089 | 32 开 | 0.19 |
| 反对日本进攻的方针、办法和前途 | 毛泽东 | 外文 | 1973（再版重印 2 次） | 6109 | 32 开 | 0.10 |
| 国共合作成立后的迫切任务 | 毛泽东 | 外文 | 1973（再版重印 1 次） | 9607 | 32 开 | 0.10 |
| 上海太原失陷以后抗日战争的形势和任务 | 毛泽东 | 外文 | 1973（再版重印 1 次） | 9709 | 32 开 | 0.14 |
| 抗日游击战争的战略问题 | 毛泽东 | 外文 | 1973（再版重印 1 次） | 3065 | 32 开 | 0.25 |
| 大量吸收知识分子 | 毛泽东 | 外文 | 1973（再版重印 2 次） | 6509 | 32 开 | 0.05 |
| 新民主主义的宪政 | 毛泽东 | 外文 | 1973（再版重印 1 次） | 1965 | 32 开 | 0.11 |
| 抗日根据地的政权问题 | 毛泽东 | 外文 | 1973（再版重印 1 次） | 1965 | 32 开 | 0.05 |
| 目前抗日统一战线中的策略问题 | 毛泽东 | 外文 | 1973（再版重印 1 次） | 1985 | 32 开 | 0.10 |
| 必须学会做经济工作 | 毛泽东 | 外文 | 1973（再版重印 3 次） | 14082 | 32 开 | 0.10 |
| 目前形势和我们的任务 | 毛泽东 | 外文 | 1973（再版重印 2 次） | 12656 | 32 开 | 0.20 |
| 中国共产党第十次全国代表大会文件汇编 | | 外文 | 1973（1976 年起应索供应） | 3725 | 32 开 | 0.70 |
| 西藏巨变 | | 外文 | 1973 | 1765 | 32 开 | 0.40 |

续表

| 书名 | 作者 | 出版社 | 出版/再版时间 | 印刷/发行册数 | 开本/装帧 | 定价（元） |
|---|---|---|---|---|---|---|
| 中华人民共和国代表团团长乔冠华在联合国大会第二十八届会议全体会议上的发言 | | 外文 | 1973（1976年停售） | 3725 | 32 开 | 0.15 |
| 跟随毛主席长征 | 陈昌奉 | 外文 | 1973（1976年停售） | 21065 | 34 开 | 0.69 |
| 南征北战（连环画） | | 外文 | 1973 | 12105 | 32 开 | 0.88 |
| 半夜鸡叫（连环画） | 上海美术电影制片厂 | 外文 | 1973 | 5105 | 32 开 | 0.45 |
| 中国地理知识 | | 外文 | 1973 | 4065 | 32 开 | 0.36 |

## 1973 年豪萨文版书目（7 种）

| 书名 | 作者 | 出版社 | 出版/再版时间 | 印刷/发行册数 | 开本/装帧 | 定价（元） |
|---|---|---|---|---|---|---|
| 中国共产党在抗日时期的任务 | 毛泽东 | 外文 | 1973（再版重印 1 次） | 2105 | 32 开 | 0.19 |
| 中国共产党在民族战争中的地位 | 毛泽东 | 外文 | 1973 | | 32 开 | 0.15 |
| 新民主主义论 | 毛泽东 | 外文 | 1973（再版重印 1 次） | 1105 | 32 开 | 0.30 |
| 关于农业合作化问题 | 毛泽东 | 外文 | 1973 | | 32 开 | 0.19 |
| 中华人民共和国代表团团长乔冠华在联合国大会第二十八届会议全体会议上的发言 | | 外文 | 1973（1976年停售） | 2505 | 32 开 | 0.15 |
| 半夜鸡叫（连环画） | 上海美术电影制片厂供稿 | 外文 | 1973 | 2105 | 32 开 | 0.45 |
| 中国地理知识 | | 外文 | 1973 | 4105 | 32 开 | 0.36 |

## 1973 年阿拉伯文版书目(12 种)

| 书名 | 作者 | 出版社 | 出版/再版时间 | 印刷/发行册数 | 开本/装帧 | 定价（元） |
|---|---|---|---|---|---|---|
| 毛泽东选集(第四卷) | 毛泽东 | 外文 | 1973(再版重印 1 次) | 27105 | 32 开 | 2.20 |
| 被敌人反对是好事而不是坏事 | 毛泽东 | 外文 | 1973(再版重印 1 次) | 12150 | 32 开 | 0.08 |
| 关于农业合作化问题 | 毛泽东 | 外文 | 1973(再版重印 1 次) | 12150 | 32 开 | 0.20 |
| 中国共产党第十次全国代表大会文件汇编 | | 外文 | 1973(1976 年起应索供应) | 13267 | 32 开 | 0.70 |
| 中华人民共和国代表团团长乔冠华在联合国大会第二十八届会议全体会议上的发言 | | 外文 | 1973(1976 年停售) | 9255 | 32 开 | 0.15 |
| 地道战(连环画) | 哲枚、毕雷改编，浙江美术学院绘图 | 外文 | 1973 | 10105 | 32 开 | 0.80 |
| 南征北战(连环画) | | 外文 | 1973 | 23105 | 32 开 | 0.88 |
| 半夜鸡叫(连环画) | 上海美术电影制片厂 | 外文 | 1973 | 12105 | 32 开 | 0.45 |
| 浪花渡(连环画) | | 外文 | 1973 | 10200 | | |
| 中国出土文物(第二辑，彩色明信片) | | 外文 | 1973 | 14310 | 44 开/套/12 张 | 0.44 |
| 桂林山水(彩色摄影明信片) | | 外文/广西人民 | 1973 | | 44 开/12 张 | 0.44 |
| 中国地理知识 | | 外文 | 1973 | 15705 | 32 开 | 0.36 |

### 1973 年泰米尔文版书目(14 种)

| 书名 | 作者 | 出版社 | 出版/再版时间 | 印刷/发行册数 | 开本/装帧 | 定价（元） |
|---|---|---|---|---|---|---|
| 毛泽东选集(第二卷) | 毛泽东 | 外文 | 1973 | | | |
| 湖南农民运动考察报告 | 毛泽东 | 外文 | 1973(再版重印 1 次) | 1006 | 32 开 | 0.30 |
| 必须注意经济工作 | 毛泽东 | 外文 | 1973(再版重印 1 次) | 705 | 32 开 | 0.10 |
| 怎样分析农村阶级 | 毛泽东 | 外文 | 1973(再版重印 1 次) | 905 | 32 开 | 0.05 |
| 我们的经济政策 | 毛泽东 | 外文 | 1973(再版重印 1 次) | 905 | 32 开 | 0.10 |
| 关心群众生活,注意工作方法 | 毛泽东 | 外文 | 1973(再版重印 1 次) | 905 | 32 开 | 0.10 |
| 中国共产党在抗日时期的任务 | 毛泽东 | 外文 | 1973(再版重印 1 次) | 1006 | 32 开 | 0.25 |
| 为争取千百万群众进入抗日民族统一战线而斗争 | 毛泽东 | 外文 | 1973(再版重印 1 次) | 905 | 32 开 | 0.15 |
| 反对日本进攻的方针、办法和前途 | 毛泽东 | 外文 | 1973(再版重印 1 次) | 1455 | 32 开 | 0.10 |
| 为动员一切力量争取抗战胜利而斗争 | 毛泽东 | 外文 | 1973(再版重印 1 次) | 1006 | 32 开 | 0.10 |
| 跟随毛主席长征 | 陈昌奉 | 外文 | 1973 | 3105 | 34 开 | 0.69 |
| 中国出土文物(第二辑,彩色明信片) | | 外文 | 1973 | 9160 | 44 开/套/12 张 | 0.44 |
| 中国地理知识 | | 外文 | 1973 | 3105 | 32 开 | 0.36 |
| 北京风光 | | 外文 | 1973 | 2910 | | |

## 1973 年多语种对照版书目(35 种)

| 语种 | 书名 | 作者 | 出版社 | 出版/再版时间 | 印刷/发行册数 | 开本/装帧 | 定价（元） |
|---|---|---|---|---|---|---|---|
| 中、英文对照 | 革命歌曲选 | 尚怀晓等译配 | 上海人民 | 1973 | | 32 开 | 0.20 |
| | 上海玉雕(彩色明信片) | | 上海人民 | 1973 | | 50 开/套/15 张 | |
| | 石湾艺术陶瓷(彩色明信片) | 广东佛山石湾美术陶瓷厂 | 广大人民 | 1973 | | 50 开/套/10 张 | 0.50 |
| | 广州牙雕与玉雕(彩色图片) | | 广东人民 | 1973 | | 50 开/套/10 张 | 0.50 |
| | 惠山泥人(彩色图片) | 惠山泥人厂创作 | 上海人民 | 1973 | | 50 开/套/8 张 | 0.40 |
| | 玻璃制品(彩色明信片) | | 辽宁人民 | 1973 | | 50 开/套/8 张 | 0.40 |
| | 天津(游览图) | | 天津人民美术 | 1973 | | 24 开 | |
| | 无锡风光(彩色明信片) | 徐春荣摄影 | 上海人民 | 1973 | | 50 开/套/12 张 | |
| | 新安江水电站(彩色明信片) | | 上海人民 | 1973 | | 50 开/套/12 张 | |
| | 南京长江大桥(彩色图片) | | 江苏人民 | 1973 | | 大 32 开/套/10 张 | 0.80 |
| | 哈尔滨(彩色明信片) | | 黑龙江人民 | 1973 | | 50 开/套/10 张 | |
| | 北陵(彩色明信片) | | 辽宁人民 | 1973 | | 50 开/套/10 张 | |
| | 大连(彩色明信片) | | 辽宁人民 | 1973 | | 50 开/套/10 张 | |
| | 抚顺(彩色明信片) | | 辽宁人民 | 1973 | | 50 开/套/10 张 | |

续表

| 语种 | 书名 | 作者 | 出版社 | 出版/再版时间 | 印刷/发行册数 | 开本/装帧 | 定价（元） |
|---|---|---|---|---|---|---|---|
| 中、英文对照 | 沈阳（彩色明信片） | | 辽宁人民 | 1973 | | 50 开/套/10 张 | |
| | 古田（彩色明信片） | | 福建人民 | 1973 | | 50 开/套/12 张 | 0.50 |
| | 天津（彩色明信片） | 天津新闻图片社 | 天津人民 | 1973 | | 50 开/套/10 张 | 0.50 |
| | 上海（彩色明信片） | | 上海人民 | 1973 | | 50 开/套/10 张 | 0.50 |
| | 上海出土文物（彩色图片） | 上海市文物保管委员会 | 上海人民 | 1973 | | 50 开/套/10 张 | 0.50 |
| | 西安（游览图） | | 陕西人民 | 1973 | | 4 开 | |
| | 西安市区图（游览图） | | 陕西人民 | 1973 | | 24 开 | 0.30 |
| | 延安（游览图） | | 陕西人民 | 1973 | | 24 开 | |
| | 武汉（游览图） | | 湖北人民 | 1973 | | 24 开 | |
| | 长沙（游览图） | | 湖南人民 | 1973 | | 24 开 | 0.40 |
| | 学习雷锋好榜样 | | 上海人民 | 1973 | | 32 开 | |
| 中、俄文对照 | 雷锋之歌 | | 上海人民 | 1973 | | 32 开 | |
| 中、英、法文对照 | 中国体育（彩色明信片，六） | | 人民体育 | 1973 | | 50 开/套/10 张 | 0.40 |
| | 中国体育（彩色明信片，七） | | 人民体育 | 1973 | | 50 开/套/10 张 | 0.40 |
| | 中国体育（彩色明信片，八） | | 人民体育 | 1973 | | 50 开/套/10 张 | 0.40 |
| | 辽塑（大同下华严寺，彩色明信片） | 山西云冈石窟文物保管所 | 文物 | 1973 | | 50 开/套/10 张 | |
| | 大同古建筑（彩色明信片） | 山西云冈石窟文物保管所 | 文物 | 1973 | | 50 开/套/10 张 | |

续表

| 语种 | 书名 | 作者 | 出版社 | 出版/再版时间 | 印刷/发行册数 | 开本/装帧 | 定价（元） |
|---|---|---|---|---|---|---|---|
| 中、英、法文对照 | 中国体育（彩色明信片，九） | | 人民体育 | 1973 | | 50 开/套/10 张 | 0.40 |
| 英、日、法文对照 | 长沙楚帛画 | | 文物 | 1973 | | 8 开/套/5 张 | 2.70 |
| 英、阿拉伯、乌尔都文对照 | 桂林山水 | | 外文 | 1973 | 231000 | | |
| 中、俄、世界语对照 | 桂林山水 | | 外文 | 1973 | 782000 | | |

# 1974 年图书（期刊）对外翻译出版发行活动

本年，国际书店开始出口字画拓片，以碑帖书法拓片先行，逐步恢复艺术品的出口品种；

本年，在我国驻联邦德国使馆的一再交涉以及有关友好人士的积极活动下，第 26 届法兰克福国际书展当局决定不再邀请台湾参展，为我恢复参加这个世界最大的书展铺平了道路；

本年，据国外反映：外文出版社自编的《在七里营人民公社里》英文版很受读者欢迎。类似受欢迎的还有近代史小丛书《鸦片战争》、《太平天国革命》、《戊戌变法》、《义和团运动》、《辛亥革命》以及《中国地理知识》、《中国经济简况》、《中国文化简况》等。

1974 年 1 月 8 日，为了使外文局能及时了解中央有关对外宣传的指示精神，中联部报中央政治局《关于改善外文局对外书刊宣传工作条件的请示》。其中建议：（1）中央有关对外宣传的指示，请通知中联部，以便转外文局执行；（2）在中央负责人召集新华社、人民日报社负责同志就有关对外报道问题有新指示时，请通知中联部转告外文局派负责人参加；（3）请批准外文局派一负责干部参加新华社的重要碰头会议；（4）国务院各部门召开的全国性会议（如全国计划会议和重要的专业会议），请通知中联部让外文局作为一个宣传单位列席。各部、委发行的期刊以及与对外宣传有关的文件，希望能发给外文局各一份；（5）请批准发给外文局两份《内部参考》（新华社编印的）。

1974 年 1 月，《中国建设》编辑出版《关于中国的一些基本情况》附册，随第 1 期杂志赠送读者，受到读者欢迎，芬（兰）中友协于当年将此书译成芬兰文出版；西德共产主义联盟主办的森德勒出版社将此书译成德文出版；德共马列主义者主办的红色早晨出版社将此书译成德文出版，并补充了一些《中国建设》和《北京周报》发表的有关工业方面的文章；香港南粤出版社将此书从英文版译成中文，书名为《新中国概况 10 题》在香港出版发行。

1974 年 3 月 18 日，外文局批准国际书店出口字画拓片，以碑帖书法拓片先行，逐步恢复艺术品的出口品种。

1974 年 4 月 16 日至 29 日，全国世协接待了以田直干先生为团长、矶部幸子女士为副团长的日本世界语代表团一行 8 人。

1974 年 6 月 8 日，意大利东方出版社负责人雷吉斯夫妇来华访问北京周报社。

1974 年 7 月 1 日，世界语书刊对外发行改用"中国国际书店世界语组"名义。在此之前，对外一直用"中华全国世界语协会发行部"名义。

1974 年 7 月 24 日，耿飚在第 9 期《人民画报》送审的《上海钢铁战线蒸蒸日上》一组稿件上批示："请注意今后刊登过去报道比较少的省市情况。"

1974 年 7 月，北京周报编辑部张泽予参加中国记者团赴伊朗德黑兰采访第 7 届亚洲运动会。

1974 年 8 月，在我国驻联邦德国使馆的一再交涉以及有关友好人士的积极活动下，第 26 届法兰克福国际书展当局决定不再邀请台湾参展，为我恢复参加这个世界最大的书展铺平了道路。

1974 年 9 月，"日本友好书店和日文三刊（《北京周报》、《人民画报》、《人民中国》）读者访华代表团"首批 14 人来华访问。团长为东方书店经理山本胜司。该代表团每年来华一次，对扩大三刊订户起着积极作用。10 月 8 日《北京周报》有关编辑和日文部成员在民族饭店与该团进行座谈。

1974 年 10 月 11 日至 25 日，全国世协接待越南保卫和平世界语协会的代表陶安柯、阮庭逢两人。

1974 年 10 月 19 日，瑞典共产党中央委员会委员，原《人民画报》瑞典专家霍姆伯格和夫人来华访问，同北京周报有关编辑进行座谈。

1974 年 10 月 25 日，应人民画报社邀请，以总编辑尼古拉·莫拉鲁为团长的罗马尼亚画报代表团首次访华。从此建立了双边关系，每两年互访一次。

1974 年 11 月，人民画报党的核心小组副组长蔡尚雄、中国建设杂志社翻译冉先翠参加中国新闻工作者代表团，出访赞比亚、坦桑尼亚、南也门、北也门，为期两个月。同时，人民画报社记者钱浩参加另一个中国新闻工作者代表团访问刚果、扎伊尔、塞内加尔。

1974 年 12 月，国外反映：外文出版社自编的《在七里营人民公社里》

英文版很受读者欢迎。此前，该社编译出版的图书中，受欢迎的还有：近代史小丛书《鸦片战争》、《太平天国革命》、《戊戌变法》、《义和团运动》、《辛亥革命》以及《中国地理知识》、《中国经济简况》、《中国文化简况》等。

本年，日本东方书店、联邦德国奥芬巴赫图书发行社、联邦德国哥丁根政治书店、美国中国书刊社、马达加斯加的东方书店来访。

本年，外文出版社以英、法、西、俄、日、越、老挝、泰、缅、印地、泰米尔、乌尔都、波斯、德、意大利、葡萄牙、阿拉伯、斯瓦希里、豪萨、世界语、汉 21 种文字出版 247 种图书。其中有《中国旅游》、《汉唐壁画》等。

本年，国际书店的书刊发行在稳定的基础上继续增长，当年达 3095 万册，其中，对国外发行外文图书 329 万册；外文期刊 1344 万册。全店创收外汇 120 万美元，收到国外来信 11 万余封。

# 1974 年对外发行图书目录

## 1974 年英文版书目（35 种）

| 书名 | 作者 | 出版社 | 出版/再版时间 | 印刷/发行册数 | 开本/装帧 | 定价（元） |
|---|---|---|---|---|---|---|
| 斯大林论反对派 | 斯大林 | 外文 | 1974（再版 3 次重印） | 125527 | 32 开 | 2.90 |
| 批林批孔文选（一） |  | 外文 | 1974（1976 年停售） | 40455 | 32 开 | 0.90 |
| 反动阶级的"圣人"——孔子 | 杨荣国 | 外文 | 1974（1978 年停售） | 50405 | 32 开 | 0.30 |
| 红旗渠 | 林民 | 外文 | 1974（再版重印 2 次，1980 年停售） | 63479 | 32 开 | 0.90 |
| 中华人民共和国代表团团长邓小平在联大特别会议上的发言 | 邓小平 | 外文 | 1974（再版重印 1 次） | 100829 | 32 开 | 0.15 |

续表

| 书名 | 作者 | 出版社 | 出版/再版时间 | 印刷/发行册数 | 开本/装帧 | 定价（元） |
|---|---|---|---|---|---|---|
| 中华人民共和国代表团团长在联合国代表大会第二十九届会议上的发言 | | 外文 | 1974（1976年停售） | 40405 | 32 开 | 0.15 |
| 孔老二的亡灵和新沙皇的迷梦 | | 外文 | 1974（1976年停售） | 48405 | 32 开 | 0.20 |
| 廉价的宣传 | | 外文 | 1974 | 30131 | 32 开 | 0.20 |
| 中国地理知识（增订本） | | 外文 | 1974（1972年出版，再版2次重印，本次第2版） | 66405 | 32 开 | 0.80 |
| 中国经济简况 | 郑实 | 外文 | 1974（1980年停售） | 73455 | 32 开 | 1.10 |
| 在七里营人民公社里 | 朱力、田洁云 | 外文 | 1974（1980年停售） | 61429 | 32 开 | 1.50 |
| 恶毒的用心，卑劣的手法——批判安东尼奥尼拍摄的题为《中国》的反华影片 | 人民日报评论员 | 外文 | 1974（1977年停售） | 35560 | 32 开 | 0.10 |
| 野草 | 鲁迅 | 外文 | 1974 | 28455 | 34 开 | 0.45 |
| 彩霞 | 浩然 | 外文 | 1974 | 39012 | 34 开/精装 | 1.30 |
| | | | | | 34 开/平 | 1.00 |
| 换了人间（报告文学六篇） | 高玉宝等 | 外文 | 1974 | 35455 | 34 开 | 0.85 |
| 红花满山 | 李瑛作，陈玉先插图 | 外文 | 1974 | 20406 | 34 开 | 0.30 |
| 户县农民画选集 | 中华人民共和国国务院文化组美术作品征集小组 | 外文 | 1974 | 26020 | 8 开 | 8.00 |

续表

| 书名 | 作者 | 出版社 | 出版/再版时间 | 印刷/发行册数 | 开本/装帧 | 定价（元） |
|---|---|---|---|---|---|---|
| 中国画小辑 | | 外文 | 1974 | 110810 | 50 开/套/12 张 | 0.55 |
| 暴风雨前后（连环画） | 韦江凡等绘 | 外文 | 1974 | 40510 | 20 开 | 0.45 |
| 闪闪的红星（连环画） | 王佩家编，王纯信、杨沙绘 | 外文 | 1974 | 50510 | 32 开 | 0.65 |
| 今日西藏（摄影画册） | | 外文 | 1974 | 44070 | 12 开/精装 | 4.50 |
| | | | | | 12 开/平装 | 3.00 |
| 团结与友谊 | 中国旅游局 | 外文 | 1974（年底停售） | 50400 | | |
| 中国旅游 | 中国国际旅行总社 | 外文 | 1974 | | 12 开 | 10.00 |
| 中国旅行（上海、杭州、南京、无锡、苏州） | 中国国际旅行社 | 中国旅行 | 1974 | | 24 开 | |
| 桂林岩洞（彩色明信片） | | 外文 | 1974 | 118810 | 44 开/套/12 张 | 0.55 |
| 汉唐壁画 | | 外文 | 1974 | 5860 | 8 开/精 | 24.00 |
| 闪闪的红星 | 李心田著、王伟新插图 | 外文 | 1974 | 50455 | 34 开 | 0.80 |
| 树上鸟儿叫 | 浩然著，张德育等插图 | 外文 | 1974 | | 32 开 | 0.75 |
| 牧童海娃 | 华山著，夏玉书插图 | 外文 | 1974 | 50405 | 34 开 | 0.50 |
| 小朋友（连环画） | 林琬崔绘 | 外文 | 1974 | 44510 | 20 开 | 0.45 |

续表

| 书名 | 作者 | 出版社 | 出版/再版时间 | 印刷/发行册数 | 开本/装帧 | 定价（元） |
|---|---|---|---|---|---|---|
| 都是好孩子(连环画) | 缪印堂编绘 | 外文 | 1974 | 44510 | 横 32 开/精 | 1.00 |
| 小护青员(连环画) | 顾玉增编绘 | 外文 | 1974 | 60510 | 20 开 | 0.30 |
| 智捕大鲟鱼 | 杜炜编绘 | 外文 | 1974 | 40510 | 20 开 | 0.45 |

## 1974 年法文版书目(25 种)

| 书名 | 作者 | 出版社 | 出版/再版时间 | 印刷/发行册数 | 开本/装帧 | 定价（元） |
|---|---|---|---|---|---|---|
| 怎么办? | 列宁 | 外文 | 1974( 再版 3 次重印) | 74327 | 大 32 开 | 0.90 |
| 马克思主义和语言学问题 | 斯大林 | 外文 | 1974( 再版 2 次重印) | 45279 | 32 开 | 0.25 |
| 苏联社会主义经济问题 | 斯大林 | 外文 | 1974( 再版 2 次重印) | 40279 | 32 开 | 0.40 |
| 反动阶级的"圣人"——孔子 | 杨荣国 | 外文 | 1974(1978 年停售) | 15255 | 32 开 | 0.30 |
| 中华人民共和国代表团团长邓小平在联大特别会议上的发言 | 邓小平 | 外文 | 1974( 再版 2 次重印) | 54553 | 32 开 | 0.15 |
| 中华人民共和国代表团团长在联合国代表大会第二十九届会议上的发言 | | 外文 | 1974(1976 年停售) | 12255 | 32 开 | 0.15 |
| 孔老二的亡灵和新沙皇的迷梦 | | 外文 | 1974(1976 年停售) | 15255 | 32 开 | 0.20 |
| 廉价的宣传 | | 外文 | 1974 | 6556 | 32 开 | 0.20 |
| 中国经济简况 | 郑实 | 外文 | 1974(1980 年停售) | 27255 | 32 开 | 1.10 |
| 恶毒的用心,卑劣的手法——批判安东尼奥尼拍摄的题为《中国》的反华影片 | 人民日报评论员 | 外文 | 1974(1977 年停售) | 8056 | 32 开 | 0.10 |

续表

| 书名 | 作者 | 出版社 | 出版/再版时间 | 印刷/发行册数 | 开本/装帧 | 定价（元） |
|---|---|---|---|---|---|---|
| 鲁迅短篇小说选 | 鲁迅 | 外文 | 1974（1956年出版，再版3次重印，总印数22290册，本次再版重印） | | 28开/精 | 2.00 |
| 我的童年 | 高玉宝 | 外文 | 1974 | | 28开/平 | 1.70 |
| 中国画小辑 | | 外文 | 1974 | 25410 | 50开/套/12张 | 0.55 |
| 暴风雨前后（连环画） | 韦江凡等绘 | 外文 | 1974 | 10355 | 20开 | 0.45 |
| 草原英雄小姐妹（连环画） | | 外文 | 1974 | | 16开 | 1.40 |
| 闪闪的红星（连环画） | 王佩家编，王纯信、杨沙绘 | 外文 | 1974 | 20255 | 32开 | 0.65 |
| 今日西藏（摄影画册） | | 外文 | 1974 | 11910 | 12开/精装 | 4.50 |
| | | | | | 12开/平装 | 3.00 |
| 中国旅游 | 中国国际旅行总社 | 外文 | 1974 | 12500 | 12开 | 10.00 |
| 桂林岩洞（彩色明信片） | | 外文 | 1974 | 25410 | 44开/套/12张 | 0.55 |
| 树上鸟儿叫 | 浩然著，张德育等插图 | 外文 | 1974 | 12255 | 32开 | 0.75 |
| 小朋友（连环画） | 林琬崔绘 | 外文 | 1974 | 10360 | 20开 | 0.45 |
| 都是好孩子（连环画） | 缪印堂编绘 | 外文 | 1974 | 10355 | 横32开/精 | 1.00 |
| 小护青员（连环画） | 顾玉增编绘 | 外文 | 1974 | 20335 | 20开 | 0.30 |
| 智捕大鲟鱼 | 杜炜编绘 | 外文 | 1974 | 10355 | 20开 | 0.45 |

## 1974 年德文版书目（28 种）

| 书名 | 作者 | 出版社 | 出版/再版时间 | 印刷/发行册数 | 开本/装帧 | 定价（元） |
|---|---|---|---|---|---|---|
| 工资、价格和利润 | 马克思 | 外文 | 1974（再版 2 次重印） | 45379 | 大 32 开 | 0.17 |
| 卡尔·马克思 | 列宁 | 外文 | 1974（再版 2 次重印） | 37329 | 32 开 | 0.33 |
| 黑格尔《逻辑学》一书摘要 | 列宁 | 外文 | 1974（再版 2 次重印） | 27153 | 32 开 | 0.70 |
| 帝国主义是资本主义的最高阶段 | 列宁 | 外文 | 1974（再版 2 次重印） | 94379 | 32 开 | 0.75 |
| 列宁论民族殖民地问题的三篇文章 | 列宁 | 外文 | 1974（再版 2 次重印） | 23329 | 32 开 | 0.25 |
| 列宁论战争、和平的三篇文章 | 列宁 | 外文 | 1974（再版 2 次重印） | 40279 | 32 开 | 0.50 |
| 马克思主义和语言学问题 | 斯大林 | 外文 | 1974（再版 2 次重印） | 29229 | 32 开 | 0.25 |
| 反动阶级的"圣人"——孔子 | 杨荣国 | 外文 | 1974（1978 年停售） | 10205 | 32 开 | 0.30 |
| 红旗渠 | 林民 | 外文 | 1974 | | 32 开 | 0.90 |
| 中华人民共和国代表团团长邓小平在联大特别会议上的发言 | 邓小平 | 外文 | 1974（再版 2 次重印） | 33553 | 32 开 | 0.15 |
| 中华人民共和国代表团团长在联合国代表大会第二十九届会议上的发言 | | 外文 | 1974（1976 年停售） | 10205 | 32 开 | 0.15 |
| 孔老二的亡灵和新沙皇的迷梦 | | 外文 | 1974（1976 年停售） | 10305 | 32 开 | 0.20 |
| 中国经济简况 | 郑实 | 外文 | 1974（再版重印 1 次，1980 年停售） | 10205 | 32 开 | 1.10 |

续表

| 书名 | 作者 | 出版社 | 出版/再版时间 | 印刷/发行册数 | 开本/装帧 | 定价（元） |
|---|---|---|---|---|---|---|
| 恶毒的用心，卑劣的手法——批判安东尼奥尼拍摄的题为《中国》的反华影片 | 人民日报评论员 | 外文 | 1974（1977年停售） | 7355 | 32 开 | 0.10 |
| 鲁迅小说选 | 鲁迅 | 外文 | 1974 | 11205 | 28 开/精装 | 2.85 |
| 暴风雨前后（连环画） | 韦江凡等绘 | 外文 | 1974 | 5405 | 20 开 | 0.45 |
| 草原英雄小姐妹（连环画） | | 外文 | 1974 | 7005 | 16 开 | 1.40 |
| 半夜鸡叫（连环画） | 上海美术电影制片厂 | 外文 | 1974 | 10255 | 32 开 | 0.45 |
| 闪闪的红星（连环画） | 王佩家编，王纯信、杨沙绘 | 外文 | 1974 | 10305 | 32 开 | 0.65 |
| 今日西藏（摄影画册） | | 外文 | 1974 | 7560 | 12 开/精装 | 4.50 |
| | | | | | 12 开/平装 | 3.00 |
| 中国旅游 | 中国国际旅行总社 | 外文 | 1974 | 77715 | 12 开 | 10.00 |
| 中国新出土文物 | | 外文 | 1974（再版重印 1 次） | 18305 | 32 开 | 0.80 |
| 树上鸟儿叫 | 浩然著，张德育等插图 | 外文 | 1974 | 6305 | 32 开 | 0.75 |
| 小朋友（连环画） | 林琬崔绘 | 外文 | 1974 | | 20 开 | 0.45 |
| 都是好孩子（连环画） | 缪印堂编绘 | 外文 | 1974 | 5405 | 横 32 开/精 | 1.00 |

续表

| 书名 | 作者 | 出版社 | 出版/再版时间 | 印刷/发行册数 | 开本/装帧 | 定价（元） |
|---|---|---|---|---|---|---|
| 小护青员（连环画） | 顾玉增编绘 | 外文 | 1974 | 5410 | 20 开 | 0.30 |
| 智捕大鲟鱼 | 杜炜编绘 | 外文 | 1974 | 5405 | 20 开 | 0.45 |

## 1974 年西班牙文版书目（28 种）

| 书名 | 作者 | 出版社 | 出版/再版时间 | 印刷/发行册数 | 开本/装帧 | 定价（元） |
|---|---|---|---|---|---|---|
| 怎么办？ | 列宁 | 外文 | 1974（再版重印 2 次） | 135129 | 大 32 开 | 0.90 |
| 唯物主义和经验批判主义 | 列宁 | 外文 | 1974（再版重印 2 次） | 60179 | 32 开 | 1.60 |
| 卡尔·马克思 | 列宁 | 外文 | 1974（再版重印 2 次） | 150129 | 32 开 | 0.33 |
| 论国家 | 列宁 | 外文 | 1974（再版重印 2 次） | 160179 | 32 开 | 0.20 |
| 列宁论民族殖民地问题的三篇文章 | 列宁 | 外文 | 1974（再版重印 2 次） | 110179 | 32 开 | 0.25 |
| 列宁论战争、和平的三篇文章 | 列宁 | 外文 | 1974（再版重印 2 次） | 100179 | 32 开 | 0.50 |
| 反动阶级的"圣人"——孔子 | 杨荣国 | 外文 | 1974（1978 年停售） | 14155 | 32 开 | 0.30 |
| 中华人民共和国代表团团长在联合国代表大会第二十九届会议上的发言 | | 外文 | 1974（1976 年停售） | 8155 | 32 开 | 0.15 |
| 中华人民共和国代表团团长邓小平在联大特别会议上的发言 | 邓小平 | 外文 | 1974（再版重印 1 次） | 40429 | 32 开 | 0.15 |
| 孔老二的亡灵和新沙皇的迷梦 | | 外文 | 1974（1976 年停售） | 10155 | 32 开 | 0.20 |

续表

| 书名 | 作者 | 出版社 | 出版/再版时间 | 印刷/发行册数 | 开本/装帧 | 定价（元） |
|---|---|---|---|---|---|---|
| 廉价的宣传 | | 外文 | 1974 | | 32 开 | 0.20 |
| 中国经济简况 | 郑实 | 外文 | 1974（1980年停售） | 28155 | 32 开 | 1.10 |
| 恶毒的用心，卑劣的手法——批判安东尼奥尼拍摄的题为《中国》的反华影片 | 人民日报评论员 | 外文 | 1974（1977年停售） | 7205 | 32 开 | 0.10 |
| 种子及其他 | 陈洪山等 | 外文 | 1974 | 13155 | 34 开 | 1.00 |
| 刘胡兰 | 晋青著，董辰生插图 | 外文 | 1974 | 10155 | 32 开 | 0.30 |
| 中国画小辑 | | 外文 | 1974 | 26710 | 50 开/套/12 张 | 0.55 |
| 暴风雨前后（连环画） | 韦江凡等绘 | 外文 | 1974 | 10255 | 20 开 | 0.45 |
| 草原英雄小姐妹（连环画） | | 外文 | 1974 | | 16 开 | 1.40 |
| 孙悟空三打白骨精（连环画） | 王星北改编，赵宏北、钱笑呆绘 | 外文 | 1974 | 12205 | 18 开 | 1.30 |
| 今日西藏（摄影画册） | | 外文 | 1974 | 14910 | 12 开/精装 | 4.50 |
| | | | | | 12 开/平装 | 3.00 |
| 中国旅游 | 中国国际旅行总社 | 外文 | 1974 | 6360 | 12 开 | 10.00 |
| 桂林岩洞（彩色明信片） | | 外文 | 1974 | 21710 | 44 开/套/12 张 | 0.55 |
| 树上鸟儿叫 | 浩然著，张德育等插图 | 外文 | 1974 | 8155 | 32 开 | 0.75 |
| 小朋友（连环画） | 林琬崔绘 | 外文 | 1974 | 10260 | 20 开 | 0.45 |

续表

| 书名 | 作者 | 出版社 | 出版/再版时间 | 印刷/发行册数 | 开本/装帧 | 定价（元） |
|---|---|---|---|---|---|---|
| 都是好孩子（连环画） | 缪印堂编绘 | 外文 | 1974 | 10255 | 横 32 开/精 | 1.00 |
| 小护青员（连环画） | 顾玉增编绘 | 外文 | 1974 | 20255 | 20 开 | 0.30 |
| 智捕大鲟鱼 | 杜炜编绘 | 外文 | 1974 | 23255 | 20 开 | 0.45 |

## 1974 年俄文版书目（20 种）

| 书名 | 作者 | 出版社 | 出版/再版时间 | 印刷/发行册数 | 开本/装帧 | 定价（元） |
|---|---|---|---|---|---|---|
| 法兰西内战 | 马克思 | 外文 | 1974 | 5565 | 32 开 | 1.17 |
| 哥达纲领批判 | 马克思 | 外文 | 1974 | 4905 | 32 开 | 0.40 |
| 路德维希·费尔巴哈和德国哲学的终结 | 恩格斯 | 外文 | 1974 | 1605 | 32 开 | 0.70 |
| 论马克思 | 恩格斯 | 外文 | 1974 | 4605 | 32 开 | 0.20 |
| 怎么办？ | 列宁 | 外文 | 1974 | 12255 | 大 32 开 | 0.90 |
| 社会民主党在民主革命中的两种策略 | 列宁 | 外文 | 1974 | 2565 | 32 开 | 0.75 |
| 帝国主义是资本主义的最高阶段 | 列宁 | 外文 | 1974 | 2065 | 32 开 | 0.75 |
| 共产主义运动中的"左派"幼稚病 | 列宁 | 外文 | 1974 | 2065 | 32 开 | 0.60 |
| 马克思主义和语言学问题 | 斯大林 | 外文 | 1974 | 4065 | 32 开 | 0.25 |
| 斯大林论反对派 | 斯大林 | 外文 | 1974 | 1665 | 32 开 | 2.90 |
| 反动阶级的"圣人"——孔子 | 杨荣国 | 外文 | 1974（1978 年停售） | 1155 | 32 开 | 0.30 |
| 中华人民共和国代表团团长邓小平在联大特别会议上的发言 | 邓小平 | 外文 | 1974 | 9105 | 32 开 | 0.15 |

续表

| 书名 | 作者 | 出版社 | 出版/再版时间 | 印刷/发行册数 | 开本/装帧 | 定价（元） |
|---|---|---|---|---|---|---|
| 中华人民共和国代表团团长在联合国代表大会第二十九届会议上的发言 | | 外文 | 1974（1976年停售） | 5605 | 32开 | 0.15 |
| 中华人民共和国政府声明（1969年10月7日） | | 外文 | 1974（再版重印2次） | 9270 | 32开 | 0.18 |
| 孔老二的亡灵和新沙皇的迷梦 | | 外文 | 1974（1976年停售） | 6065 | 32开 | 0.20 |
| 廉价的宣传 | | 外文 | 1974 | 4581 | 32开 | 0.20 |
| 中国经济简况 | 郑实 | 外文 | 1974（1978年停售） | 5605 | 32开 | 1.10 |
| 恶毒的用心，卑劣的手法——批判安东尼奥尼拍摄的题为《中国》的反华影片 | 人民日报评论员 | 外文 | 1974（1977年停售） | 4079 | 32开 | 0.10 |
| 今日西藏（摄影画册） | | 外文 | 1974 | 1110 | 12开/精 | 4.50 |
| | | | | | 12开/平 | 3.00 |

## 1974年意大利文版书目（8种）

| 书名 | 作者 | 出版社 | 出版/再版时间 | 印刷/发行册数 | 开本/装帧 | 定价（元） |
|---|---|---|---|---|---|---|
| 中华人民共和国代表团团长邓小平在联大特别会议上的发言 | 邓小平 | 外文 | 1974（再版重印1次） | 21229 | 32开 | 0.15 |
| 恶毒的用心，卑劣的手法——批判安东尼奥尼拍摄的题为《中国》的反华影片 | 人民日报评论员 | 外文 | 1974（1977年停售） | 6265 | 32开 | 0.10 |
| 半夜鸡叫（连环画） | | 上海美术电影制片厂 | 外文 | 1974 | 6605 | 32开 | 0.45 |

续表

| 书名 | 作者 | 出版社 | 出版/再版时间 | 印刷/发行册数 | 开本/装帧 | 定价（元） |
|---|---|---|---|---|---|---|
| 孙悟空三打白骨精（连环画） | 王星北改编，赵宏北、钱笑呆绘 | 外文 | 1974 | 4105 | 18 开 | 1.30 |
| 小朋友（连环画） | 林琬崔绘 | 外文 | 1974 | 4120 | 20 开 | 0.45 |
| 都是好孩子（连环画） | 缪印堂编绘 | 外文 | 1974 | 3115 | 横 32 开/精 | 1.00 |
| 小护青员（连环画） | 顾玉增编绘 | 外文 | 1974 | 3115 | 20 开 | 0.30 |
| 智捕大鲟鱼 | 杜炜编绘 | 外文 | 1974（再版重印 1 次） | 9195 | 20 开 | 0.45 |

## 1974 年葡萄牙文版书目（8 种）

| 书名 | 作者 | 出版社 | 出版/再版时间 | 印刷/发行册数 | 开本/装帧 | 定价（元） |
|---|---|---|---|---|---|---|
| 中华人民共和国代表团团长邓小平在联大特别会议上的发言 | 邓小平 | 外文 | 1974（再版重印 1 次） | 6179 | 32 开 | 0.15 |
| 中华人民共和国代表团团长在联合国代表大会第二十九届会议上的发言 |  | 外文 | 1974（1976 年停售） | 2065 | 32 开 | 0.15 |
| 中国经济简况 | 郑实 | 外文 | 1974（1980 年停售） | 1565 | 32 开 | 1.10 |
| 暴风雨前后（连环画） | 韦江凡等绘 | 外文 | 1974 | 1115 | 20 开 | 0.45 |
| 小朋友（连环画） | 林琬崔绘 | 外文 | 1974 | 1120 | 20 开 | 0.45 |
| 都是好孩子（连环画） | 缪印堂编绘 | 外文 | 1974 | 1115 | 横 32 开/精 | 1.00 |

续表

| 书名 | 作者 | 出版社 | 出版/再版时间 | 印刷/发行册数 | 开本/装帧 | 定价（元） |
|---|---|---|---|---|---|---|
| 小护青员（连环画） | 顾玉增编绘 | 外文 | 1974 | 2115 | 20 开 | 0.30 |
| 智捕大鲟鱼 | 杜炜编绘 | 外文 | 1974 | 1165 | 20 开 | 0.45 |

## 1974 年世界语版书目（11 种）

| 书名 | 作者 | 出版社 | 出版/再版时间 | 印刷/发行册数 | 开本/装帧 | 定价（元） |
|---|---|---|---|---|---|---|
| 野草 | 鲁迅 | 外文 | 1974 | 2305 | 34 开 | 0.45 |
| 鲁迅小说集 | 鲁迅 | 外文 | 1974 | 4505 | 28 开/精 | 4.10 |
| 暴风雨前后（连环画） | 韦江凡等绘 | 外文 | 1974 | 2405 | 20 开 | 0.45 |
| 草原英雄小姐妹（连环画） | | 外文 | 1974 | 3405 | 16 开 | 1.40 |
| 闪闪的红星（连环画） | 王佩家编，王纯信、杨沙绘 | 外文 | 1974 | 1855 | 32 开 | 0.65 |
| 孙悟空三打白骨精（连环画） | 王星北改编，赵宏北、钱笑呆绘 | 外文 | 1974（1964 年出版，再版重印 1 次,总印数 14405 册，本次再版重印） | | 18 开 | 1.30 |
| 中国地理知识 | | 外文 | 1974 | 4305 | 32 开 | 0.80 |
| 小护青员（连环画） | 顾玉增编绘 | 外文 | 1974 | 2405 | 20 开 | 0.30 |
| 智捕大鲟鱼 | 杜炜编绘 | 外文 | 1974 | 2405 | 20 开 | 0.45 |
| 今日西藏（摄影画册） | | 外文 | 1974 | 2410 | 12 开/精 | 4.50 |
| | | | | | 12 开/平 | 3.00 |

## 1974 年朝鲜文版书目（11 种）

| 书名 | 作者 | 出版社 | 出版/再版时间 | 印刷/发行册数 | 开本/装帧 | 定价（元） |
|---|---|---|---|---|---|---|
| 中华人民共和国代表团团长邓小平在联大特别会议上的发言 | 邓小平 | 外文 | 1974 | 2205 | 32 开 | 0.15 |
| 中华人民共和国代表团团长在联合国代表大会第二十九届会议上的发言 | | 外文 | 1974（1976年停售） | 1155 | 32 开 | 0.15 |
| 中国经济简况 | 郑实 | 外文 | 1974（1980年停售） | 1455 | 32 开 | 1.10 |
| 鲁迅小说选 | 鲁迅 | 外文 | 1974 | 1125 | 28 开/精装 | 2.85 |
| 彩霞（短篇小说） | 浩然 | 外文 | 1974 | 875 | 34 开 | 1.00 |
| 红花满山（诗歌） | | 外文 | 1974 | 1125 | | |
| 山鹰（儿童文学） | 李瑛作，陈玉先插图 | 外文 | 1974 | 1125 | 34 开 | 0.30 |
| 中国地理知识 | | 外文 | 1974 | 1121 | 32 开 | 0.80 |
| 鸡毛信（儿童文学） | | 外文 | 1974 | 825 | 34 开 | 0.80 |
| 闪闪的红星（儿童文学） | 李心田著、王伟新插图 | 外文 | 1974 | 1125 | 34 开 | 0.80 |
| 树上鸟儿叫（儿童文学） | 浩然著，张德育等插图 | 外文 | 1974 | 1425 | 32 开 | 0.75 |

## 1974 年日文版书目（32 种）

| 书名 | 作者 | 出版社 | 出版/再版时间 | 印刷/发行册数 | 开本/装帧 | 定价（元） |
|---|---|---|---|---|---|---|
| 反动阶级的"圣人"——孔子 | 杨荣国 | 外文 | 1974（1978年停售） | 5105 | 32 开 | 0.30 |

续表

| 书名 | 作者 | 出版社 | 出版/再版时间 | 印刷/发行册数 | 开本/装帧 | 定价（元） |
|---|---|---|---|---|---|---|
| 孔老二的亡灵和新沙皇的迷梦 | | 外文 | 1974（1976年停售） | 3275 | 32 开 | 0.20 |
| 海河巨变 | | 外文 | 1974（1980年停售） | 8405 | 32 开 | 0.85 |
| 中国经济简况 | 郑实 | 外文 | 1974（1980年停售） | 13405 | 32 开 | 1.10 |
| 中国语初级讲座教材 | | 外文 | 1974（再版4 次印刷） | 86714 | 32 开 | 1.60 |
| 恶毒的用心，卑劣的手法——批判安东尼奥尼拍摄的题为《中国》的反华影片 | 人民日报评论员 | 外文 | 1974（1977年停售） | 6355 | 32 开 | 0.10 |
| 鲁迅诗选（手迹、附日译文，收有鲁迅诗稿 12首，并选译毛主席对鲁迅高度评价的语录日语译文） | | 外文 | 1974 | | 8 开/套/10 张 | 3.00 |
| 评《红楼梦》等三部古典小说 | | 外文 | 1974 | 10405 | 32 开 | 1.00 |
| 彩霞 | 浩然 | 外文 | 1974 | 5905 | 34 开 | 1.20 |
| 换了人间（报告文学六篇） | 高玉宝等 | 外文 | 1974 | 5305 | 34 开 | 0.85 |
| 中国画小辑 | | 外文 | 1974 | 19410 | 50 开/套/12 张 | 0.55 |
| 树上鸟儿叫 | 浩然著，张德育等插图 | 外文 | 1974 | 11305 | 32 开 | 0.75 |
| 暴风雨前后（连环画） | 韦江凡等绘 | 外文 | 1974 | 10410 | 20 开 | 0.45 |
| 草原英雄小姐妹（连环画） | | 外文 | 1974 | 6960 | 16 开 | 1.40 |

| 书名 | 作者 | 出版社 | 出版/再版时间 | 印刷/发行册数 | 开本/装帧 | 定价（元） |
|---|---|---|---|---|---|---|
| 闪闪的红星（连环画） | 王佩家编，王纯信、杨沙绘 | 外文 | 1974 | 9410 | 32 开 | 0.65 |
| 孙悟空三打白骨精（连环画） | 王星北改编，赵宏北、钱笑呆绘 | 外文 | 1974 | 9605 | 18 开 | 1.30 |
| 中国工艺美术（明信片） | | 外文 | 1974（1973 年出版，印数 10410 册，本次再版） | 10105 | 44 开/套/12 张 | 0.55 |
| 今日西藏（摄影画册） | | 外文 | 1974（1972 年出版，总印数 7510 册，本次再版重印） | | 12 开/精 | 4.50 |
| | | | | | 12 开/平 | 3.00 |
| 中国体育 | | 人民体育 | 1974 | | 12 开 | 2.50 |
| 汉唐壁画 | | 外文 | 1974 | 3710 | 8 开/精 | 24.00 |
| 中国旅游 | 中国国际旅行总社 | 外文 | 1974 | 7810 | 12 开 | 10.00 |
| 星湖（彩色明信片） | | 外文 | 1974 | 10460 | 44 开/套/10 张 | 0.44 |
| 桂林岩洞（彩色明信片） | | 外文 | 1974 | 28960 | 44 开/套/12 张 | 0.55 |
| 杂技剪辑 | | 外文 | 1974（1972 年出版，总印数 8410 册，本次再版） | | 20 开 | 3.00 |
| 中国地理知识 | | 外文 | 1974 | 19729 | 32 开 | 0.80 |
| 北京游览图 | 地图出版社 | 地图 | 1974（1972 年出版，再版 2 次重印，本次再版） | | 2 开 | 0.40 |

续表

| 书名 | 作者 | 出版社 | 出版/再版时间 | 印刷/发行册数 | 开本/装帧 | 定价（元） |
|---|---|---|---|---|---|---|
| 树上鸟儿叫 | 浩然著，张德育等插图 | 外文 | 1974 | 11305 | 32 开 | 0.75 |
| 小朋友（连环画） | 林琬崔绘 | 外文 | 1974 | 10410 | 20 开 | 0.45 |
| 都是好孩子（连环画） | 缪印堂编绘 | 外文 | 1974 | 10410 | 横 32 开/精 | 1.00 |
| 小护青员（连环画） | 顾玉增编绘 | 外文 | 1974 | 15410 | 20 开 | 0.30 |
| 智捕大鲟鱼 | 杜炜编绘 | 外文 | 1974 | 10410 | 20 开 | 0.45 |

## 1974 年越南文版书目（10 种）

| 书名 | 作者 | 出版社 | 出版/再版时间 | 印刷/发行册数 | 开本/装帧 | 定价（元） |
|---|---|---|---|---|---|---|
| 红旗渠 | 林民 | 外文 | 1974（1980年停售） | 1205 | 32 开 | 0.90 |
| 中华人民共和国代表团团长邓小平在联大特别会议上的发言 | 邓小平 | 外文 | 1974 | 6205 | 32 开 | 0.15 |
| 中华人民共和国代表团团长在联合国代表大会第二十九届会议上的发言 | | 外文 | 1974（1976年停售） | 3655 | 32 开 | 0.15 |
| 中国经济简况 | 郑实 | 外文 | 1974（1980年停售） | 2105 | 32 开 | 1.10 |
| 彩霞（短篇小说） | 浩然 | 外文 | 1974 | 6105 | 34 开 | 1.00 |
| 暴风雨前后（连环画） | 韦江凡等绘 | 外文 | 1974 | 1705 | 20 开 | 0.45 |
| 草原英雄小姐妹（连环画） | | 外文 | 1974 | 3450 | 16 开 | 1.40 |
| 中国地理知识 | | 外文 | 1974 | 1205 | 32 开 | 0.80 |

续表

| 书名 | 作者 | 出版社 | 出版/再版时间 | 印刷/发行册数 | 开本/装帧 | 定价（元） |
|---|---|---|---|---|---|---|
| 闪闪的红星 | 李心田著，王伟新插图 | 外文 | 1974 | 4705 | 34 开 | 0.80 |
| 树上鸟儿叫 | 浩然著，张德育等插图 | 外文 | 1974 | 11105 | 32 开 | 0.75 |

## 1974 年泰国文版书目（6 种）

| 书名 | 作者 | 出版社 | 出版/再版时间 | 印刷/发行册数 | 开本/装帧 | 定价（元） |
|---|---|---|---|---|---|---|
| 共产党宣言 | 马克思、恩格斯 | 外文 | 1974 | 5575 | 50 开 | 0.40 |
| 中华人民共和国代表团团长邓小平在联大特别会议上的发言 | 邓小平 | 外文 | 1974 | 2155 | 32 开 | 0.15 |
| 中国经济简况 | 郑实 | 外文 | 1974 | 1275 | 32 开 | 1.10 |
| 高玉宝 | 高玉宝 | 外文 | 1974 | 1075 | 28 开 | 1.85 |
| 刘胡兰 | 晋青著，董辰生插图 | 外文 | 1974 | 1075 | 32 开 | 0.30 |
| 闪闪的红星 | 李心田著、王伟新插图 | 外文 | 1974 | 1575 | 34 开 | 0.80 |

## 1974 年乌尔都文版书目（3 种）

| 书名 | 作者 | 出版社 | 出版/再版时间 | 印刷/发行册数 | 开本/装帧 | 定价（元） |
|---|---|---|---|---|---|---|
| 中华人民共和国代表团团长邓小平在联大特别会议上的发言 | 邓小平 | 外文 | 1974（再版重印 1 次） | 9229 | 32 开 | 0.15 |

续表

| 书名 | 作者 | 出版社 | 出版/再版时间 | 印刷/发行册数 | 开本/装帧 | 定价（元） |
|---|---|---|---|---|---|---|
| 中华人民共和国代表团团长在联合国代表大会第二十九届会议上的发言 | | 外文 | 1974 | | 32 开 | 0.15 |
| 闪闪的红星（连环画） | 王佩家编，王纯信、杨沙绘 | 外文 | 1974 | | 32 开 | 0.65 |

### 1974 年缅甸文版书目（1 种）

| 书名 | 作者 | 出版社 | 出版/再版时间 | 印刷/发行册数 | 开本/装帧 | 定价（元） |
|---|---|---|---|---|---|---|
| 刘胡兰 | 晋青著，董辰生插图 | 外文 | 1974 | 1105 | 32 开 | 0.30 |

### 1974 年印地文版书目（2 种）

| 书名 | 作者 | 出版社 | 出版/再版时间 | 印刷/发行册数 | 开本/装帧 | 定价（元） |
|---|---|---|---|---|---|---|
| 中国经济简况 | 郑实 | 外文 | 1974（1980年停售） | 4574 | 32 开 | 1.10 |
| 闪闪的红星（连环画） | 王佩家编，王纯信、杨沙绘 | 外文 | 1974 | 905 | 32 开 | 0.65 |

### 1974 年波斯文版书目（3 种）

| 书名 | 作者 | 出版社 | 出版/再版时间 | 印刷/发行册数 | 开本/装帧 | 定价（元） |
|---|---|---|---|---|---|---|
| 帝国主义是资本主义的最高阶段 | 列宁 | 外文 | 1974（再版重印 2 次） | 24099 | 32 开 | 0.75 |
| 中华人民共和国代表团团长邓小平在联大特别会议上的发言 | 邓小平 | 外文 | 1974（再版重印 2 次） | 7704 | 32 开 | 0.15 |
| 中国新出土文物 | | 外文 | 1974 | 4575 | 32 开 | 0.80 |

## 1974 年斯瓦希里文版书目(19 种)

| 书名 | 作者 | 出版社 | 出版/再版时间 | 印刷/发行册数 | 开本/装帧 | 定价（元） |
|---|---|---|---|---|---|---|
| 新民主主义论 | 毛泽东 | 外文 | 1974（再版重印 2 次） | 7079 | 32 开 | 0.30 |
| 《农村调查》的序言和跋 | 毛泽东 | 外文 | 1974（再版重印 1 次） | 2055 | 32 开 | 0.10 |
| 在陕甘宁边区参议会上的演说 | 毛泽东 | 外文 | 1974（再版重印 1 次） | 2055 | 32 开 | 0.10 |
| 一个极其重要的政策 | 毛泽东 | 外文 | 1974（再版重印 1 次） | 7029 | 32 开 | 0.10 |
| 抗日时期的经济问题和财政问题 | 毛泽东 | 外文 | 1974（再版重印 1 次） | 2055 | 32 开 | 0.10 |
| 学习和时局 | 毛泽东 | 外文 | 1974（再版重印 1 次） | 8079 | 32 开 | 0.15 |
| 关于目前党的政策中的几个重要问题 | 毛泽东 | 外文 | 1974 | 1555 | 32 开 | 0.10 |
| 红旗渠 | 林民 | 外文 | 1974（再版重印 2 次） | 8079 | 32 开 | 0.90 |
| 中华人民共和国代表团团长邓小平在联大特别会议上的发言 | 邓小平 | 外文 | 1974（再版重印 1 次） | 9129 | 32 开 | 0.15 |
| 中华人民共和国代表团团长在联合国代表大会第二十九届会议上的发言 | | 外文 | 1974（1976年停售） | 4055 | 32 开 | 0.15 |
| 中国经济简况 | 郑实 | 外文 | 1974 | 10655 | 32 开 | 1.10 |
| 暴风雨前后(连环画) | 韦江凡等绘 | 外文 | 1974 | 3105 | 20 开 | 0.45 |
| 草原英雄小姐妹(连环画) | | 外文 | 1974 | 10105 | 16 开 | 1.40 |
| 闪闪的红星(连环画) | 王佩家编，王纯信、杨沙绘 | 外文 | 1974 | 2605 | 32 开 | 0.65 |

续表

| 书名 | 作者 | 出版社 | 出版/再版时间 | 印刷/发行册数 | 开本/装帧 | 定价（元） |
|---|---|---|---|---|---|---|
| 孙悟空三打白骨精（连环画） | 王星北改编，赵宏北、钱笑呆绘 | 外文 | 1974 | 5105 | 18 开 | 1.30 |
| 小朋友（连环画） | 林琬崔绘 | 外文 | 1974 | 3110 | 20 开 | 0.45 |
| 都是好孩子（连环画） | 缪印堂编绘 | 外文 | 1974 | 3155 | 横 32 开/精 | 1.00 |
| 小护青员（连环画） | 顾玉增编绘 | 外文 | 1974 | 10105 | 20 开 | 0.30 |
| 智捕大鲟鱼 | 杜炜编绘 | 外文 | 1974 | 3105 | 20 开 | 0.45 |

## 1974 年豪萨文版书目（10 种）

| 书名 | 作者 | 出版社 | 出版/再版时间 | 印刷/发行册数 | 开本/装帧 | 定价（元） |
|---|---|---|---|---|---|---|
| 论联合政府 | 毛泽东 | 外文 | 1974 | 1905 | 32 开 | 0.40 |
| 红旗渠 | 林民 | 外文 | 1974 | | 32 开 | 0.90 |
| 中华人民共和国代表团团长邓小平在联大特别会议上的发言 | 邓小平 | 外文 | 1974 | 5505 | 32 开 | 0.15 |
| 中华人民共和国代表团团长在联合国代表大会第二十九届会议上的发言 | | 外文 | 1974（1976年停售） | 1905 | 32 开 | 0.15 |
| 跟随毛主席长征 | 陈昌奉 | 外文 | 1974 | 1905 | 34 开 | 0.69 |
| 闪闪的红星（连环画） | 王佩家编，王纯信、杨沙绘 | 外文 | 1974 | 2205 | 32 开 | 0.65 |
| 小朋友（连环画） | 林琬崔绘 | 外文 | 1974 | 1410 | 20 开 | 0.45 |
| 都是好孩子（连环画） | 缪印堂编绘 | 外文 | 1974 | 1405 | 横 32 开/精 | 1.00 |

续表

| 书名 | 作者 | 出版社 | 出版/再版时间 | 印刷/发行册数 | 开本/装帧 | 定价（元） |
|---|---|---|---|---|---|---|
| 小护青员（连环画） | 顾玉增编绘 | 外文 | 1974 | 1405 | 20 开 | 0.30 |
| 智捕大鲟鱼 | 杜炜编绘 | 外文 | 1974 | 1405 | 20 开 | 0.45 |

## 1974 年阿拉伯文版书目（11 种）

| 书名 | 作者 | 出版社 | 出版/再版时间 | 印刷/发行册数 | 开本/装帧 | 定价（元） |
|---|---|---|---|---|---|---|
| 中华人民共和国代表团团长邓小平在联大特别会议上的发言 | 邓小平 | 外文 | 1974（再版重印 1 次） | 13329 | 32 开 | 0.15 |
| 中华人民共和国代表团团长在联合国代表大会第二十九届会议上的发言 | | 外文 | 1974（1976 年停售） | 5105 | 32 开 | 0.15 |
| 孔老二的亡灵和新沙皇的迷梦 | | 外文 | 1974 | | 32 开 | 0.20 |
| 廉价的宣传 | | 外文 | 1974 | 4606 | 32 开 | 0.20 |
| 恶毒的用心，卑劣的手法——批判安东尼奥尼拍摄的题为《中国》的反华影片 | 人民日报评论员 | 外文 | 1974（1977 年停售） | 4095 | 32 开 | 0.10 |
| 鲁迅小说选 | 鲁迅 | 外文 | 1974（1964 年出版，再版 2 次重印，总印数 8100 册，本次第 2 版） | | 28 开/精 | 2.85 |
| 彩霞 | 浩然 | 外文 | 1974 | 7260 | 34 开 | 1.00 |
| 暴风雨前后（连环画） | 韦江凡等绘 | 外文 | 1974 | 5155 | 20 开 | 0.45 |

续表

| 书名 | 作者 | 出版社 | 出版/再版时间 | 印刷/发行册数 | 开本/装帧 | 定价（元） |
|---|---|---|---|---|---|---|
| 闪闪的红星（连环画） | 王佩家编，王纯信、杨沙绘 | 外文 | 1974 | 6155 | 32 开 | 0.65 |
| 今日西藏（摄影画册） | | 外文 | 1974 | 7260 | 12 开/精 | 4.50 |
| | | | | | 12 开/平 | 3.00 |

### 1974 年泰米尔文版书目（4 种）

| 书名 | 作者 | 出版社 | 出版/再版时间 | 印刷/发行册数 | 开本/装帧 | 定价（元） |
|---|---|---|---|---|---|---|
| 矛盾论 | 毛泽东 | 外文 | 1974（再版重印 1 次） | 1055 | 32 开 | 0.30 |
| 统一战线中的独立自主问题 | 毛泽东 | 外文 | 1974（再版重印 1 次） | 1055 | 32 开 | 0.10 |
| 青年运动的方向 | 毛泽东 | 外文 | 1974（再版重印 1 次） | 1055 | 32 开 | 0.10 |
| 草原英雄小姐妹（连环画） | | 外文 | 1974 | 3155 | 16 开 | 1.40 |

### 1974 年多语种对照版书目（36 种）

| 语种 | 书名 | 作者 | 出版社 | 出版/再版时间 | 印刷/发行册数 | 开本/装帧 | 定价（元） |
|---|---|---|---|---|---|---|---|
| 中、日文对照 | 毛主席为日本朋友题辞（内含毛主席在 1961 年 10 月 7 日、1962 年 9 月 18 日、1963 年 10 月 7 日为日本朋友的三次题辞） | 毛泽东 | 外文 | 1974 | 5706 | 6 开/套/3 张 | 2.00 |

| 语种 | 书名 | 作者 | 出版社 | 出版/再版时间 | 印刷/发行册数 | 开本/装帧 | 定价（元） |
|---|---|---|---|---|---|---|---|
| 斯瓦希里文、德文、世界语对照 | 中国工艺美术（明信片） | | 外文 | 1974 | 24110 | 44 开/套/12 张 | 0.55 |
| | 北京颐和园（彩色明信片辑） | | 外文 | 1974 | 17655 | 50 开/套/9 张 | 0.40 |
| | 杂技剪辑 | | 外文 | 1974 | 12070 | 20 开 | 3.00 |
| | 云南风光、广州风光（彩色明信片） | | 外文 | 1974 | 17665 | 50 开/套/6 张 | 0.30 |
| 英、法、西班牙文对照 | 中国工艺美术（彩色明信片） | | 外文 | 1974 | 190910 | 44 开/套/12 张 | 0.55 |
| | 北京颐和园（彩色明信片辑） | | 外文 | 1974 | 120410 | 50 开/套/9 张 | 0.40 |
| | 云南风光、广州风光（彩色明信片） | | 外文 | 1974 | 120315 | 50 开/套/6 张 | 0.30 |
| 英、印地文对照 | 今日西藏（摄影画册） | | 外文 | 1974 | | 12 开/精装 | 4.50 |
| | | | | | | 12 开/平装 | 3.00 |
| 英、乌尔都文对照 | 今日西藏（摄影画册） | | 外文 | 1974 | | 12 开/精装 | 4.50 |
| | | | | | | 12 开/平装 | 3.00 |
| 英、阿拉伯文对照 | 今日西藏（摄影画册） | | 外文 | 1974 | | 12 开/精装 | 4.50 |
| | | | | | | 12 开/平装 | 3.00 |
| 英、俄文对照 | 今日西藏（摄影画册） | | 外文 | 1974 | | 12 开/精装 | 4.50 |
| | | | | | | 12 开/平装 | 3.00 |
| 英文、世界语对照 | 今日西藏（摄影画册） | | 外文 | 1974 | | 12 开/精装 | 4.50 |
| | | | | | | 12 开/平装 | 3.00 |
| 中、英文对照 | 延安（彩色明信片辑） | 吴印咸等 | 陕西人民 | 1974 | | 50 开/套/12 张 | 0.58 |
| | 今日南泥湾（彩色明信片辑） | 吴印咸等 | 陕西人民 | 1974 | | 50 开/套/8 张 | 0.42 |
| | 华清池（彩色明信片辑） | 吴印咸等 | 陕西人民 | 1974 | | 50 开/套/10 张 | 0.50 |
| | 华清池（摄影画册） | 吴印咸等 | 陕西人民 | 1974 | | 50 开 | 0.66 |

续表

| 语种 | 书名 | 作者 | 出版社 | 出版/再版时间 | 印刷/发行册数 | 开本/装帧 | 定价（元） |
|---|---|---|---|---|---|---|---|
| 中、英文对照 | 广州（彩色明信片辑） | | 广东人民 | 1974 | | 50开/套/10张 | 0.46 |
| | 韶山（游览图） | | 湖南人民 | 1974 | | 6开 | |
| | 昆明（游览图） | | 云南人民 | 1974 | | 24开 | 1.00 |
| | 昆明（彩色明信片辑） | | 云南人民 | 1974 | | 50开/套/12张 | |
| 中、英、法文对照 | 中国体育（10，彩色明信片） | | 人民体育 | 1974 | | 50开/套/10张 | 0.40 |
| | 中国体育（11，彩色明信片） | | 人民体育 | 1974 | | 50开/套/10张 | 0.40 |
| | 杂技（彩色明信片） | | 上海人民 | 1974 | | 20开 | 3.00 |
| | 中国体育（12，彩色明信片） | | 人民体育 | 1974 | | 50开/套/10张 | 0.40 |
| 英、法、斯瓦希里文对照 | 杂技剪辑 | | 外文 | 1974 | 41030 | 20开 | 3.00 |
| 阿拉伯、乌尔都、波斯文对照 | 杂技剪辑 | | 外文 | 1974 | 12460 | 20开 | 3.00 |
| 法、西班牙、德文对照 | 桂林山水（彩色明信片辑） | | 外文 | 1974 | 85860 | 44开/套/10张 | 0.44 |
| 英、西班牙文对照 | 星湖（彩色明信片辑） | | 外文 | 1974 | 146010 | 44开/套/10张 | 0.44 |
| 法、德文对照 | 星湖（彩色明信片辑） | | 外文 | 1974 | 30860 | 44开/套/10张 | 0.44 |
| 中文、世界语对照 | 星湖（彩色明信片辑） | | 外文 | 1974 | 110710 | 44开/套/10张 | 0.44 |

# 1975 年图书（期刊）对外翻译出版发行活动

本年，国际书店确定 16 字的对外发行总方针："积极发展，区别对待，讲求实效，稳步前进"；

本年，中国参加中断了 16 年的法兰克福书展，展出外文图书 1500 种；

本年，《北京周报》在西藏自治区成立 10 周年（9 月 9 日）前夕，连续 6 期刊发长篇报道《西藏访问记》，获得海外读者热烈反响。

1975 年 2 月 28 日，日本第二批友好访华团 20 人来访。

1975 年 4 月，宋庆龄副委员长撰写的《儒教和现代中国》一文，刊载在《中国建设》第 4 期。

1975 年 4 月 13 日，美国中国书刊社总经理亨诺伊斯和纽约分店经理冯国祥来访。

1975 年 6 月，应葡共（马列）代表团的要求，经中联部批准，于本年 6 月开始筹建《北京周报》葡萄牙文版。

1975 年 6 月 2 日，国际书店随贸促会参加叙利亚大马士革博览会，参展期间征收订户 1316 户。

1975 年 7 月 14 日，中国人民的老朋友，北京周报社的日本老专家土肥驹次郎因病在北京逝世。

1975 年 8 月，法兰克福书展主席魏德哈斯来访，筹备在京举办德国工业展览会。

1975 年 8 月 27 日至 9 月 2 日，国际书店召开"对外书刊发行工作的方针、任务座谈会"。座谈会以毛泽东关于学习理论、安定团结和把国民经济搞上去的三个重要指示，以及关于三个世界的划分的科学论断为指导思想，讨论并研究目前对外书刊发行的形势，国际书店的基本任务，对外书刊发行方针和几项具体业务的方针（包括：（1）不同地区、国家的方针；（2）建立国外发行网的方针；（3）关于书、刊、艺术品各品种的方针；（4）推广、展览的方针；（5）如何贯彻贸易原则的方针）。座谈会有各组组长及部分业务骨干共 104 人参加，历时 7 天半。国际书店核心小组组长邵公文在总结发言中着重讲了对外发行工作中三个关系问题：（1）正确认识支持各国革命，处理好我书刊发行与国家对外关系的问题；（2）正确处理主观和客观的关系，善于利用时机积极开展工作的问题；（3）正确处理宣传与贸易的关系，坚持贸易方式、掌握收款尺度的问题。经反复研究讨论，最后归纳出 16 字的对外发行总方针："积极发展，区别对待，讲求实效，稳步前进"。座谈会要求做好调查研究工作，并再次强调提出加强内部管理、缩短流程、健全规章制度和争取在几年内建立一个高效率、高质量、能承担大规模发行任务的科学管理体系等问题。

1975 年 9 月，《北京周报》在西藏自治区成立 10 周年（9 月 9 日）前夕，于 1975 年第 25、第 26、第 27、第 28、第 29、第 30 等期连载了该社记者采写的长篇报道《西藏访问记》。这篇报道叙述了西藏从黑暗的封建农奴制飞跃到社会主义的伟大变革，被多家外电转发，香港《大公报》从《北京周报》英文版把这篇长文译成中文全文连载，香港南粤出版社出书，书名为《西藏纪行》。

1975 年 10 月，中国参加中断 16 年的法兰克福书展，展出外文图书 1500 种。这届博览会共有 63 个国家的 25 万种图书参展，观众达 17 万人次，我国展台观众最拥挤。

1975 年 10 月 21 日，应越南保卫和平世界语协会的邀请，全国世协派陈原、李玉萍、龚佩康组成中国世界语代表团访问越南。

1975 年 11 月 19 日，国务院转发中联部、外交部《关于改进外文书刊在国内陈列、赠送问题的请示报告》。其内容是关于陈列、赠送外文书刊中的浪费问题，提出从 1976 年 1 月起，国内各陈列点所需外文书刊，将改变免费供应的办法，一律由各地直接向外文书店订购所需书刊，由中国图书进口公司做好书刊供应工作。

本年，按照上级的统一部署，外文局及所属各社、店、厂都错误地开展了批判《水浒》和批判《三项指示为纲》的学习活动。

本年，访问国际书店的海外同业有：日本中华书店陈文贵夫妇、亚东书店三好敏；冰岛冰中文化协会盲人赫尔加松；叙利亚欧玛书店的欧玛·东巴基；斯里兰卡维纳斯书店的阿里雅帕拉夫妇；喀麦隆国际公司的让·邦比亚；联邦德国新路出版社的马丁·卡斯普里克和阿·伦茨，科普协会的科赫和延森；委内瑞拉东风书店的经理奥乔亚。

本年，外文图书出版社用英、法、西、俄、日、朝、印尼、越、老挝、泰、缅、孟加拉、印地、泰米尔、乌尔都、波斯、罗马尼亚、德、意大利、葡萄牙、瑞典、阿拉伯、斯瓦希里、豪萨、世界语、汉 26 种文字出版 308 种图书。其中有《毛泽东选集》第三卷印地文、世界语文版，《毛泽东选集》第四卷意大利文、葡萄牙文版；广受海外读者欢迎的《中国针灸学概要》、《中国针灸史话》、《洞庭人民公社》；还出版画册《大河上下》、《农业学大寨剪辑》等。

　　本年，国际书店对外发行外文书籍 627 万册，外文期刊 1427 万册。

# 1975 年对外发行图书目录

## 1975 年英文版书目（55 种）

| 书名 | 作者 | 出版社 | 出版/再版时间 | 印刷/发行册数 | 开本/装帧 | 定价（元） |
|---|---|---|---|---|---|---|
| 劳动在从猿到人转变过程中的作用 | 恩格斯 | 外文 | 1975 | 80024 | 32 开 | 0.15 |
| 社会主义从空想到科学的发展 | 恩格斯 | 外文 | 1975 | 100024 | 32 开 | 0.40 |
| 恩格斯论马克思 | 恩格斯 | 外文 | 1975 | 90024 | 32 开 | 0.20 |
| 无产阶级专政时代的经济和政治 | 列宁 | 外文 | 1975（再版重印 2 次） | 90489 | 32 开 | 0.10 |
| 青年团的任务 | 列宁 | 外文 | 1975 | 100024 | 32 开 | 0.15 |
| 列宁论马克思和恩格斯 | 列宁 | 外文 | 1975 | 100024 | 32 开 | 0.40 |
| 论列宁主义基础 | 斯大林 | 外文 | 1975（1965 年出版，再版 4 次重印，总印数 263322 册，本次第 2 版） | | 32 开 | 0.60 |
| 马克思、恩格斯、列宁论无产阶级专政 | | 外文 | 1975（1978 年停售） | 9844 | 32 开 | 0.20 |
| 中华人民共和国第四届全国人民代表大会第一次会议文件 | | 外文 | 1975（1976 年起应索供应） | 157612 | 32 开/精 | 0.75 |
| | | | | | 32 开/平 | 0.45 |

续表

| 书名 | 作者 | 出版社 | 出版/再版时间 | 印刷/发行册数 | 开本/装帧 | 定价（元） |
|---|---|---|---|---|---|---|
| 中华人民共和国第四届全国人民代表大会第一次会议文件 | | 中国建设杂志社 | 1975（1976年起应索供应） | 139010 | 32开/精 | 0.75 |
| | | | | | 32开/平 | 0.45 |
| 中华人民共和国宪法 | | 外文 | 1975 | | 32开/精 | 0.70 |
| | | | | | 32开/平 | 0.30 |
| 论林彪反党集团的社会基础 | 姚文元 | 外文 | 1975（1976年停售） | 90474 | 32开 | |
| 论对资产阶级的全面专政 | 张春桥 | 外文 | 1975（1976年停售） | 92474 | 32开 | |
| 全党动员，大办农业，为普及大寨县而奋斗 | 华国锋 | 外文 | 1975（1980年停售） | 60024 | 32开 | 0.35 |
| 新中国的二十五年 | | 外文 | 1975（1978年停售） | | 32开 | 1.40 |
| 中国文化简况 | 翟边 | 外文 | 1975（1977年停售） | 73456 | 32开 | 0.95 |
| 海河巨变 | 何津 | 外文 | 1975（1980年停售） | 30456 | 32开 | 0.85 |
| 沙石峪 | 唐凤章著，支援、兰辉插图 | 外文 | 1975 | 70024 | 32开 | 0.80 |
| 洞庭人民公社 | 吴周 | 外文 | 1975 | 78480 | 32开 | 0.50 |
| 批林批孔文选(二) | | 外文 | 1975（1976年停售） | 35024 | 32开 | 0.95 |
| 中华人民共和国代表团团长在联合国代表大会第三十届全体会议上的发言 | | 外文 | 1975（1976年停售） | 46024 | 32开 | 0.15 |
| 中朝友谊根深叶茂——朝鲜党政代表团访问中国 | | 外文 | 1975（1976年停售） | 25024 | 32开/精 | 0.85 |
| | | | | | 32开/平 | 0.45 |

续表

| 书名 | 作者 | 出版社 | 出版/再版时间 | 印刷/发行册数 | 开本/装帧 | 定价（元） |
|---|---|---|---|---|---|---|
| 柬埔寨人民的伟大胜利——热烈庆祝柬埔寨爱国军民解放金边和解放全国 | | 外文 | 1975 | 30474 | 32 开 | 0.25 |
| 战斗的柬埔寨——中国新闻代表团访问柬埔寨通讯集 | | 外文 | 1975 | 20024 | 32 开 | 0.40 |
| 越南人民的伟大胜利——热烈庆贺越南南方人民解放西贡和完全解放越南南方 | | 外文 | 1975（1976年停售） | 30024 | 32 开 | 0.30 |
| 越柬人民的伟大胜利 | | 中国建设杂志社 | 1975 | 16410 | | |
| "北京人"之家 | 贾兰坡编写 | 外文 | 1975 | 55024 | 32 开 | 0.70 |
| 中国针灸史话 | 傅维康 | 外文 | 1975 | 100024 | 32 开 | 0.30 |
| 中国针灸学概要 | 中国中医研究院编 | 外文 | 1975 | 42462 | 16 开/甲种精装 | 16.00 |
| | | | | | 16 开/乙种精装 | 14.00 |
| 海岛女民兵 | 黎汝清著，蔡荣插图 | 外文 | 1975 | 55024 | 28 开 | 2.10 |
| 高玉宝（修订本） | 高玉宝 | 外文 | 1975（1960年出版，再版2次重印，本次第2版重印） | 6530 | 28 开 | 1.70 |
| 小将（短篇小说集） | 肖关鸿等 | 外文 | 1975 | 35456 | 34 开 | 1.30 |
| 西沙之战（诗歌） | 张永枚著，壁涌插图 | 外文 | 1975（1976年停售） | 38456 | 34 开 | 0.45 |
| 上学（儿童文学） | 管桦著，沈尧伊插图 | 外文 | 1975 | 50024 | 32 开 | 0.45 |
| 浪花渡（儿童画册） | 江苏省启东县文化馆集体编绘 | 外文 | 1975 | 53510 | 20 开 | 0.50 |

续表

| 书名 | 作者 | 出版社 | 出版/再版时间 | 印刷/发行册数 | 开本/装帧 | 定价（元） |
|---|---|---|---|---|---|---|
| 三件毛线衣（连环画） | 王森编，何艳荣绘 | 外文 | 1975 | 100330 | 20 开 | 0.15 |
| 红小兵的故事（儿童画册） | 彭果良编绘 | 外文 | 1975 | 87060 | 24 开/精 | 1.40 |
| | | | | | 24 开/平 | 0.80 |
| 白求恩在中国（连环画） | 钟志诚编，许荣初等绘 | 外文 | 1975 | 70540 | 24 开 | 0.80 |
| 京江怒涛（连环画） | 胡博综、王孟奇绘 | 外文 | 1975 | 75030 | 24 开 | 0.60 |
| 海花（连环画） | 余松岩编、陈衍宁绘 | 外文 | 1975 | 75525 | 18 开 | 1.20 |
| 飞鹰崖（连环画） | 广东人民出版社编辑，邝衍宁绘 | 外文 | 1975 | 80525 | 24 开 | 1.20 |
| 两只小孔雀（儿童画册） | 陈炜、彭华编，刘绮等改编，蒋铁锋等绘制 | 外文 | 1975 | 95030 | 20 开 | 0.45 |
| 农业学大寨剪影（摄影画册） | | 外文 | 1975 | 70050 | 12 开 | 6.00 |
| 大河上下（摄影画册） | | 外文 | 1975 | 39080 | 12 开 | 10.00 |
| 再次登上珠穆朗玛峰（摄影画册） | | 外文 | 1975 | 66980 | 12 开 | 10.00 |
| 中国旅行（上海、杭州、南京、无锡、苏州） | 中国国际旅行社编 | 中国旅游 | 1975 | | 20 开 | 4.00 |
| 中国旅行游览图 | 中国国际旅行社、地图出版社 | 地图 | 1974 | | 24 开 | |

续表

| 书名 | 作者 | 出版社 | 出版/再版时间 | 印刷/发行册数 | 开本/装帧 | 定价（元） |
|---|---|---|---|---|---|---|
| 毛主席万岁（年画） | | 人民美术 | 1975 | | 2 开 | |
| 广州（摄影明信片集） | | 外文 | 1975 | 225830 | 50 开/套/10 张 | 0.50 |

## 1975 年法文版书目（33 种）

| 书名 | 作者 | 出版社 | 出版/再版时间 | 印刷/发行册数 | 开本/装帧 | 定价（元） |
|---|---|---|---|---|---|---|
| 唯物主义和经验批判主义 | 列宁 | 外文 | 1975（再版重印 2 次） | 50279 | 32 开 | 1.60 |
| 马克思、恩格斯、列宁论无产阶级专政 | | 外文 | 1975（1978 年停售） | 25274 | 32 开 | 0.20 |
| 被敌人反对是好事而不是坏事 | 毛泽东 | 外文 | 1975（1966 年出版，再版 4 次重印，总印数 169394 册，本次再版重印） | | 32 开 | 0.10 |
| 中华人民共和国第四届全国人民代表大会第一次会议文件 | | 外文 | 1975（1976 年起应索供应） | 43412 | 32 开/精 | 0.75 |
| | | | | | 32 开/平 | 0.45 |
| 中华人民共和国宪法 | | 外文 | 1975 | 11048 | 32 开/精 | 0.70 |
| | | | | | 32 开/平 | 0.30 |
| 论林彪反党集团的社会基础 | 姚文元 | 外文 | 1975（1976 年停售） | 22274 | 32 开 | |
| 论对资产阶级的全面专政 | 张春桥 | 外文 | 1975（1976 年停售） | 22274 | 32 开 | |
| 全党动员，大办农业，为普及大寨县而奋斗 | 华国锋 | 外文 | 1975（1980 年停售） | 25024 | 32 开 | 0.35 |
| 新中国的二十五年 | | 外文 | 1975（1978 年停售） | | 32 开 | 1.10 |
| 中国文化简况 | 翟边 | 外文 | 1975（1977 年停售） | 27271 | 32 开 | 0.95 |

续表

| 书名 | 作者 | 出版社 | 出版/再版时间 | 印刷/发行册数 | 开本/装帧 | 定价（元） |
|---|---|---|---|---|---|---|
| 红旗渠 | 林民 | 外文 | 1975（1980年停售） | 30279 | 32 开 | 0.90 |
| 海河巨变 | 何津 | 外文 | 1975（1980年停售） | 12255 | 32 开 | 0.85 |
| 洞庭人民公社 | 吴周 | 外文 | 1975 | 27298 | 32 开 | 0.50 |
| 批林批孔文选（一） |  | 外文 | 1975（1976年停售） | 13274 | 32 开 | 0.90 |
| 批林批孔文选（二） |  | 外文 | 1975（1976年停售） | 11024 | 32 开 | 0.95 |
| 中华人民共和国代表团团长在联合国代表大会第三十届全体会议上的发言 |  | 外文 | 1975（1976年停售） | 16024 | 32 开 | 0.15 |
| 柬埔寨人民的伟大胜利——热烈庆祝柬埔寨爱国军民解放金边和解放全国 |  | 外文 | 1975（1976年停售） | 11274 | 32 开 | 0.25 |
| 战斗的柬埔寨——中国新闻代表团访问柬埔寨通讯集 |  | 外文 | 1975（1976年停售） | 9024 | 32 开 | 0.40 |
| 越南人民的伟大胜利——热烈庆贺越南南方人民解放西贡和完全解放越南南方 |  | 外文 | 1975（1976年停售） | 11274 | 32 开 | 0.30 |
| 闪闪的红星 | 李心田著，王维新插图 | 外文 | 1975 | 14355 | 34 开 | 0.80 |
| 彩色的田野（短篇小说集） |  | 外文 | 1975 | 15255 | 34 开 | 0.70 |
| 西沙之战（诗歌） | 张永枚著，壁涌插图 | 外文 | 1975（1976年停售） | 38456 | 34 开 | 0.45 |
| 红小兵的故事（儿童画册） | 彭果良编绘 | 外文 | 1975 | 25030 | 24 开 | 0.80 |

续表

| 书名 | 作者 | 出版社 | 出版/再版时间 | 印刷/发行册数 | 开本/装帧 | 定价（元） |
|---|---|---|---|---|---|---|
| 两只小孔雀（儿童画册） | 陈炜、彭华编，刘绮等改编，蒋铁锋等绘制 | 外文 | 1975 | 30030 | 20 开 | 0.45 |
| 白求恩在中国（连环画） | 钟志诚编，许荣初等绘 | 外文 | 1975 | 30355 | 24 开 | 0.80 |
| 海花（连环画） | 余松岩编、陈衍宁绘 | 外文 | 1975 | 25325 | 18 开 | 1.20 |
| 飞鹰崖（连环画） | 广东人民出版社编辑，邝衍宁绘 | 外文 | 1975 | 25325 | 24 开 | 1.20 |
| 大河上下（摄影画册） | | 外文 | 1975 | 12375 | 12 开 | 10.00 |
| 广州（摄影明信片集） | | 外文 | 1975 | 18420 | 50 开/套/10 张 | 0.50 |
| 汉唐壁画（说明书） | | 外文 | 1974 | 3160 | | |
| 户县农民画选集（说明书） | | 外文 | 1974 | 6175 | | |

## 1975 年德文版书目（34 种）

| 书名 | 作者 | 出版社 | 出版/再版时间 | 印刷/发行册数 | 开本/装帧 | 定价（元） |
|---|---|---|---|---|---|---|
| 怎么办？ | 列宁 | 外文 | 1975（再版 2 次重印） | 34230 | 32 开 | 1.05 |
| 马克思、恩格斯、列宁论无产阶级专政 | | 外文 | 1975（再版重印 1 次，1978 年停售） | 43248 | 32 开 | 0.20 |
| 中华人民共和国第四届全国人民代表大会第一次会议文件 | | 外文 | 1975（1976 年起应索供应） | 34462 | 32 开/精 | 0.75 |
| | | | | | 32 开/平 | 0.45 |

续表

| 书名 | 作者 | 出版社 | 出版/再版时间 | 印刷/发行册数 | 开本/装帧 | 定价（元） |
|---|---|---|---|---|---|---|
| 中华人民共和国宪法 | | 外文 | 1975（再版重印1次） | 51862 | 32开/精 | 0.70 |
| | | | | | 32开/平 | 0.30 |
| 论林彪反党集团的社会基础 | 姚文元 | 外文 | 1975（1976年停售） | 25224 | 32开 | |
| 论对资产阶级的全面专政 | 张春桥 | 外文 | 1975（1976年停售） | 25224 | 32开 | |
| 全党动员，大办农业，为普及大寨县而奋斗 | 华国锋 | 外文 | 1975（1980年停售） | 25024 | 32开 | 0.35 |
| 新中国的二十五年 | | 外文 | 1975（1978年停售） | | 32开 | 1.10 |
| 中国文化简况 | 翟边 | 外文 | 1975（1977年停售） | 16206 | 32开 | 0.95 |
| 在七里营人民公社里 | 朱力、田洁云 | 外文 | 1975（再版重印2次，1980年停售） | 3220 | 32开 | 1.50 |
| 洞庭人民公社 | 吴周 | 外文 | 1975（再版重印2次） | 34280 | 32开 | 0.50 |
| 批林批孔文选（一） | | 外文 | 1975（1976年停售） | 19230 | 32开 | 0.90 |
| 批林批孔文选（二） | | 外文 | 1975（1976年停售） | 20024 | 32开 | 0.95 |
| 中华人民共和国代表团团长在联合国代表大会第三十届全体会议上的发言 | | 外文 | 1975（1976年停售） | 25024 | 32开 | 0.15 |
| 红旗渠 | 林民 | 外文 | 1975（再版重印1次，1980年停售） | 28279 | 32开 | 0.90 |
| 小将（短篇小说集） | 肖关鸿等 | 外文 | 1975 | 3706 | 34开 | 1.30 |
| 小兵张嘎（儿童文学） | 徐光跃 | 外文 | 1975 | 35024 | 34开 | 0.65 |
| 牧童海娃（儿童文学） | 华山著，夏书玉插图 | 外文 | 1975 | 33024 | 34开 | 0.50 |

| 书名 | 作者 | 出版社 | 出版/再版时间 | 印刷/发行册数 | 开本/装帧 | 定价（元） |
|---|---|---|---|---|---|---|
| 上学（儿童文学） | 管桦著，沈尧伊插图 | 外文 | 1975 | 14024 | 32 开 | 0.45 |
| 红小兵的故事（儿童画册） | 彭果良编绘 | 外文 | 1975（再版重印 1 次） | 35060 | 24 开 | 0.80 |
| 海花（连环画） | 余松岩编、陈衍宁绘 | 外文 | 1975 | 15225 | 18 开 | 1.20 |
| 海螺渡（儿童画册） | 马正泉、马立编，董小明等绘 | 外文 | 1975 | 15305 | 20 开 | 0.50 |
| 浪花渡（儿童画册） | 江苏省启东县文化馆集体编绘 | 外文 | 1975 | 12305 | 20 开 | 0.50 |
| 两只小孔雀（儿童画册） | 陈炜、彭华编，刘绮等改编，蒋铁锋等绘制 | 外文 | 1975 | 25230 | 20 开 | 0.45 |
| 白求恩在中国（连环画） | 钟志诚编，许荣初等绘 | 外文 | 1975 | 25435 | 24 开 | 0.80 |
| 飞鹰崖（连环画） | 广东人民出版社编辑，邝衍宁绘 | 外文 | 1975 | 15225 | 24 开 | 1.20 |
| 大河上下（摄影画册） |  | 外文 | 1975 | 12375 | 12 开 | 10.00 |
| 鲁迅——伟大的革命家、思想家、文学家（组画） | 沈欣等编集，郑毓敏等绘 | 外文 | 1975 |  | 12 开/套/15 张 | 2.00 |
| 农业学大寨剪影（摄影画册） |  | 外文 | 1975 | 35030 | 12 开 | 6.00 |
| 汉唐壁画（说明书） |  | 外文 | 1974 |  |  |  |

| 书名 | 作者 | 出版社 | 出版/再版时间 | 印刷/发行册数 | 开本/装帧 | 定价（元） |
|---|---|---|---|---|---|---|
| 户县农民画选集（说明书） | | 外文 | 1974 | | | |
| 广州（摄影明信片集） | | 外文 | 1975 | | 50 开/套/10 张 | 0.50 |

## 1975 年西班牙文版书目（24 种）

| 书名 | 作者 | 出版社 | 出版/再版时间 | 印刷/发行册数 | 开本/装帧 | 定价（元） |
|---|---|---|---|---|---|---|
| 马克思、恩格斯、列宁论无产阶级专政 | | 外文 | 1975（1978年停售） | 103198 | 32 开 | 0.20 |
| 毛主席关于文学艺术的五个文件 | 毛泽东 | 外文 | 1975（1968年出版，再版2次重印，总印数139242册，本次再版重印） | | 32 开 | 0.10 |
| 中华人民共和国第四届全国人民代表大会第一次会议文件 | | 外文 | 1975（1976年起应索供应） | 43412 | 32 开 | 0.45 |
| 中华人民共和国宪法 | | 外文 | 1975（再版重印1次） | 25256 | 32 开/精 | 0.70 |
| | | | | | 32 开/平 | 0.30 |
| 论林彪反党集团的社会基础 | 姚文元 | 外文 | 1975（1976年停售） | 18174 | 32 开 | |
| 论对资产阶级的全面专政 | 张春桥 | 外文 | 1975（1976年停售） | 18174 | 32 开 | |
| 新中国的二十五年 | | 外文 | 1975（1978年停售） | | 32 开 | 1.10 |
| 中国文化简况 | 翟边 | 外文 | 1975（1977年停售） | 28174 | 32 开 | 0.95 |
| 红旗渠 | 林民 | 外文 | 1975（1980年停售） | 19155 | 32 开 | 0.90 |
| 海河巨变 | 何津 | 外文 | 1975（1980年停售） | 15155 | 32 开 | 0.85 |

续表

| 书名 | 作者 | 出版社 | 出版/再版时间 | 印刷/发行册数 | 开本/装帧 | 定价（元） |
|---|---|---|---|---|---|---|
| 批林批孔文选（一） | | 外文 | 1975（1976年停售） | 25024 | 32 开 | 0.90 |
| 中华人民共和国代表团团长在联合国代表大会第三十届全体会议上的发言 | | 外文 | 1975（1976年停售） | 15024 | 32 开 | 0.15 |
| 彩霞（儿童文学） | 浩然著，董辰生、陈玉先插图 | 外文 | 1975 | 12150 | 34 开 | 1.00 |
| 红小兵的故事（儿童画册） | 彭果良编绘 | 外文 | 1975（再版重印 1 次） | 60030 | 24 开 | 0.80 |
| 海螺渡（儿童画册） | 马正泉、马立编，董小明等绘 | 外文 | 1975 | 23255 | 20 开 | 0.50 |
| 浪花渡（儿童画册） | 江苏省启东县文化馆集体编绘 | 外文 | 1975 | 13255 | 20 开 | 0.50 |
| 闪闪的红星 | 李心田著，王维新插图 | 外文 | 1975 | 15255 | 32 开 | 0.65 |
| 白求恩在中国（连环画） | 钟志诚编，许荣初等绘 | 外文 | 1975 | 30255 | 24 开 | 0.80 |
| 海花（连环画） | 余松岩编、陈衍宁绘 | 外文 | 1975 | 42225 | 18 开 | 1.20 |
| 大河上下（摄影画册） | | 外文 | 1975 | 19325 | 12 开 | 10.00 |
| 户县农民画选集（说明书） | | 外文 | 1974 | 2180 | | |
| 鲁迅——伟大的革命家、思想家、文学家（组画） | 沈欣等编集，郑毓敏等绘 | 外文 | 1975 | | 12 开/套/15 张 | 2.00 |
| 广州（摄影明信片集） | | 外文 | 1975 | 21220 | 50 开/套/10 张 | 0.50 |

## 1975 年俄文版书目（16 种）

| 书名 | 作者 | 出版社 | 出版/再版时间 | 印刷/发行册数 | 开本/装帧 | 定价（元） |
|---|---|---|---|---|---|---|
| 1848 至 1850 年的法兰西阶级斗争 | 马克思 | 外文 | 1975 | 2724 | 32 开 | 0.70 |
| 《政治经济学批判》序言、导言 | 马克思 | 外文 | 1975 | 2605 | 32 开 | 0.30 |
| 工资、价格和利润 | 马克思 | 外文 | 1975 | 3605 | 32 开 | 0.39 |
| 社会主义从空想到科学的发展 | 恩格斯 | 外文 | 1975 | 2064 | 32 开 | 0.60 |
| 列宁论马克思和恩格斯 | 列宁 | 外文 | 1975 | 3124 | 32 开 | 0.40 |
| 论列宁主义基础 | 斯大林 | 外文 | 1975 | 3824 | 32 开 | 0.60 |
| 马克思、恩格斯、列宁论无产阶级专政 | | 外文 | 1975（1978 年停售） | 12124 | 32 开 | 0.20 |
| 中华人民共和国第四届全国人民代表大会第一次会议文件 | | 外文 | 1975（1976 年起应索供应） | 16104 | 32 开 | 0.45 |
| 论林彪反党集团的社会基础 | 姚文元 | 外文 | 1975（1976 年停售） | 13124 | 32 开 | |
| 论对资产阶级的全面专政 | 张春桥 | 外文 | 1975（1976 年停售） | 13624 | 32 开 | |
| 新中国的二十五年 | | 外文 | 1975（1978 年停售） | | 32 开 | 1.10 |
| 中国文化简况 | 翟边 | 外文 | 1975（1977 年停售） | 5624 | 32 开 | 0.95 |
| 洞庭人民公社 | 吴周 | 外文 | 1975（再版重印 2 次） | 2024 | 32 开 | 0.50 |
| 批林批孔文选（一） | | 外文 | 1975（1976 年停售） | 4124 | 32 开 | 0.90 |
| 中华人民共和国代表团团长在联合国代表大会第三十届全体会议上的发言 | | 外文 | 1975（1976 年停售） | 6024 | 32 开 | 0.15 |

续表

| 书名 | 作者 | 出版社 | 出版/再版时间 | 印刷/发行册数 | 开本/装帧 | 定价（元） |
|---|---|---|---|---|---|---|
| 彩霞（儿童文学） | 浩然著，董辰生、陈玉先插图 | 外文 | 1975 | 2924 | 34 开 | 1.00 |

## 1975 年意大利文版书目（6 种）

| 书名 | 作者 | 出版社 | 出版/再版时间 | 印刷/发行册数 | 开本/装帧 | 定价（元） |
|---|---|---|---|---|---|---|
| 毛泽东选集（第四卷） | 毛泽东 | 外文 | 1975（再版重印 1 次） | 30168 | 小 16 开/精 | 3.30 |
| | | | | | 小 16 开/平 | 2.20 |
| 论林彪反党集团的社会基础 | 姚文元 | 外文 | 1975（1976 年停售） | 6624 | 32 开 | |
| 论对资产阶级的全面专政 | 张春桥 | 外文 | 1975（1976 年停售） | 6624 | 32 开 | |
| 中华人民共和国第四届全国人民代表大会第一次会议文件 | | 外文 | 1975（1976 年起应索供应） | 15106 | 32 开 | 0.45 |
| 浪花渡（儿童画册） | 江苏省启东县文化馆集体编绘 | 外文 | 1975 | 6130 | 20 开 | 0.50 |

## 1975 年葡萄牙文版书目（17 种）

| 书名 | 作者 | 出版社 | 出版/再版时间 | 印刷/发行册数 | 开本/装帧 | 定价（元） |
|---|---|---|---|---|---|---|
| 毛泽东选集（第四卷） | 毛泽东 | 外文 | 1975（再版重印 2 次） | 61130 | 50 开/精 | 1.80 |

续表

| 书名 | 作者 | 出版社 | 出版/再版时间 | 印刷/发行册数 | 开本/装帧 | 定价（元） |
|---|---|---|---|---|---|---|
| 反对本本主义 | 毛泽东 | 外文 | 1975（1969 年出版，再版重印 2 次，总印数 30279 册，本次重印） | | 32 开 | 0.10 |
| 在中国共产党第七届中央委员会第二次全体会议上的报告 | 毛泽东 | 外文 | 1975（再版 3 次重印） | 28389 | 32 开 | |
| 在中国共产党全国宣传工作会议上的讲话 | 毛泽东 | 外文 | 1975 | 20204 | 32 开 | 0.15 |
| 关于农业合作化问题 | 毛泽东 | 外文 | 1975 | 20204 | 32 开 | · 0.20 |
| 介绍一个合作社 | 毛泽东 | 外文 | 1975 | 20204 | 32 开 | 0.10 |
| 中华人民共和国第四届全国人民代表大会第一次会议文件 | | 外文 | 1975（1976 年起应索供应） | 13306 | 32 开 | 0.45 |
| 中华人民共和国代表团团长在联合国代表大会第三十届全体会议上的发言 | | 外文 | 1975（1976 年停售） | 4024 | 32 开 | 0.15 |
| 论林彪反党集团的社会基础 | 姚文元 | 外文 | 1975（1976 年停售） | 7024 | 32 开 | |
| 论对资产阶级的全面专政 | 张春桥 | 外文 | 1975（1976 年停售） | 10024 | 32 开 | |
| 中国文化简况 | 翟边 | 外文 | 1975（1977 年停售） | 1584 | 32 开 | 0.95 |
| 红旗渠 | 林民 | 外文 | 1975（1980 年停售） | 2326 | 32 开 | 0.90 |
| 洞庭人民公社 | 吴周 | 外文 | 1975（再版重印 2 次） | 13108 | 32 开 | 0.50 |
| 革命现代京剧《智取威虎山》的故事 | 青红哨改编 | 外文 | 1975（1976 年停售） | 8024 | 32 开 | 0.35 |

续表

| 书名 | 作者 | 出版社 | 出版/再版时间 | 印刷/发行册数 | 开本/装帧 | 定价（元） |
|---|---|---|---|---|---|---|
| 革命现代京剧《红灯记》的故事 | 松江改编 | 外文 | 1975 | 13024 | 34 开 | 0.28 |
| 革命现代京剧《沙家浜》的故事 | 红星改编 | 外文 | 1975 | 10024 | 34 开 | 0.28 |
| 三件毛线衣（连环画） | 王森编，何艳荣绘 | 外文 | 1975 | 13030 | 20 开 | 0.15 |

### 1975 年瑞典文版书目（2 种）

| 书名 | 作者 | 出版社 | 出版/再版时间 | 印刷/发行册数 | 开本/装帧 | 定价（元） |
|---|---|---|---|---|---|---|
| 中华人民共和国第四届全国人民代表大会第一次会议文件 | | 外文 | 1975（1976 年起应索供应） | 10024 | 32 开 | 0.45 |
| 杂技剪辑（画册，说明书） | | 外文 | 1975 | 4130 | 20 开 | 3.00 |

### 1975 年罗马尼亚文版书目（1 种）

| 书名 | 作者 | 出版社 | 出版/再版时间 | 印刷/发行册数 | 开本/装帧 | 定价（元） |
|---|---|---|---|---|---|---|
| 中华人民共和国第四届全国人民代表大会第一次会议文件 | | 外文 | 1975（1976 年起应索供应） | 1724 | 32 开 | 0.45 |

### 1975 年世界语版书目（9 种）

| 书名 | 作者 | 出版社 | 出版/再版时间 | 印刷/发行册数 | 开本/装帧 | 定价（元） |
|---|---|---|---|---|---|---|
| 毛泽东选集（第三卷） | 毛泽东 | 外文 | 1975 | 3325 | 16 开/精 | 2.70 |

续表

| 书名 | 作者 | 出版社 | 出版/再版时间 | 印刷/发行册数 | 开本/装帧 | 定价（元） |
|---|---|---|---|---|---|---|
| 中华人民共和国第四届全国人民代表大会第一次会议文件 | | 外文 | 1975（1976 年起应索供应） | 3606 | 32 开 | 0.45 |
| 洞庭人民公社 | 吴周 | 外文 | 1975（再版重印 2 次） | 2024 | 32 开 | 0.50 |
| 戊戌变法 | | 外文 | 1975 | 1024 | | |
| 鲁迅——伟大的革命家、思想家、文学家（组画） | 沈欣等编集，郑毓敏等绘 | 外文 | 1975 | | 12 开/套/15 张 | 2.00 |
| 白求恩在中国（连环画） | 钟志诚编，许荣初等绘 | 外文 | 1975 | | 24 开 | 0.80 |
| 红小兵的故事（儿童画册） | 彭果良编绘 | 外文 | 1975（再版重印 1 次） | 3030 | 24 开 | 0.80 |
| 海螺渡（儿童画册） | 马正泉、马立编，董小明等绘 | 外文 | 1975 | 3445 | 20 开 | 0.50 |
| 飞鹰崖（连环画） | 广东人民出版社编辑，邝衍宁绘 | 外文 | 1975 | 2325 | 24 开 | 1.20 |

## 1975 年日文版书目（23 种）

| 书名 | 作者 | 出版社 | 出版/再版时间 | 印刷/发行册数 | 开本/装帧 | 定价（元） |
|---|---|---|---|---|---|---|
| 马克思、恩格斯、列宁论无产阶级专政 | | 外文 | 1975（停售） | 10024 | 32 开 | 0.20 |
| 中华人民共和国第四届全国人民代表大会第一次会议文件 | | 外文 | 1975（1976 年起应索供应） | 47512 | 32 开/精 | 0.75 |
| | | | | | 32 开/平 | 0.45 |

续表

| 书名 | 作者 | 出版社 | 出版/再版时间 | 印刷/发行册数 | 开本/装帧 | 定价（元） |
|---|---|---|---|---|---|---|
| 中华人民共和国宪法 | | 外文 | 1975 | | 32 开/精 | 0.60 |
| | | | | | 32 开/平 | 0.25 |
| 中华人民共和国代表团团长邓小平在联大特别会议上的发言 | 邓小平 | 外文 | 1975（再版重印 1 次） | 12048 | 32 开 | 0.15 |
| 中华人民共和国代表团团长在联合国代表大会第三十届全体会议上的发言 | | 外文 | 1975（1976 年停售） | 10024 | 32 开 | 0.15 |
| 论林彪反党集团的社会基础 | 姚文元 | 外文 | 1975（1976 年停售） | 9024 | 32 开 | |
| 论对资产阶级的全面专政 | 张春桥 | 外文 | 1975（1976 年停售） | 9024 | 32 开 | |
| 批林批孔文选（一） | | 外文 | 1975（1976 年停售） | 14424 | 32 开 | 1.20 |
| 新中国的二十五年 | | 外文 | 1975（1978 年停售） | 20415 | 32 开 | 1.60 |
| 中国文化简况 | 翟边 | 外文 | 1975（1977 年停售） | 13024 | 32 开 | 0.95 |
| 在七里营人民公社里 | 朱力、田洁云 | 外文 | 1975（1974 年出版，再版重印 1 次，总印数 6915 册，本次再版，1980 年停售） | | 32 开 | 1.50 |
| 中国针灸史话 | 傅维康 | 外文 | 1975 | 16724 | 32 开 | 0.30 |
| 鲁迅——伟大的革命家、思想家、文学家（组画） | 沈欣等编集，郑毓敏等绘 | 外文 | 1975 | | 12 开/套/15 张 | 2.00 |
| 农业学大寨剪集（摄影画册） | | 外文 | 1975 | 9050 | 12 开 | 6.00 |
| 大河上下（摄影画册） | | 外文 | 1975 | 7425 | 12 开 | 10.00 |

续表

| 书名 | 作者 | 出版社 | 出版/再版时间 | 印刷/发行册数 | 开本/装帧 | 定价（元） |
|---|---|---|---|---|---|---|
| 再次登上珠穆朗玛峰（说明书） | | 外文 | 1975 | 5630 | 12 开 | |
| 广州（摄影明信片） | | 外文 | 1975 | 12025 | 50 开/套/10 张 | 0.50 |
| 白求恩在中国（连环画） | 钟志诚编，许荣初等绘 | 外文 | 1975 | | 24 开 | 0.80 |
| 飞鹰崖（连环画） | 广东人民出版社编辑，邝衍宁绘 | 外文 | 1975 | 11425 | 24 开 | 1.20 |
| 海花（连环画） | 余松岩编、陈衍宁绘 | 外文 | 1975 | 10225 | 18 开 | 1.20 |
| 红小兵的故事（儿童画册） | 彭果良编绘 | 外文 | 1975 | 11030 | 24 开 | 0.80 |

## 1975 年朝鲜文版书目（10 种）

| 书名 | 作者 | 出版社 | 出版/再版时间 | 印刷/发行册数 | 开本/装帧 | 定价（元） |
|---|---|---|---|---|---|---|
| 中华人民共和国第四届全国人民代表大会第一次会议文件 | | 外文 | 1975（1976 年起应索供应） | 4106 | 32 开 | 0.45 |
| 中华人民共和国代表团团长在联合国代表大会第三十届全体会议上的发言 | | 外文 | 1975（1976 年停售） | 2024 | 32 开 | 0.15 |
| 论林彪反党集团的社会基础 | 姚文元 | 外文 | 1975（1976 年停售） | 3074 | 32 开 | |
| 论对资产阶级的全面专政 | 张春桥 | 外文 | 1975（1976 年停售） | 3074 | 32 开 | |

续表

| 书名 | 作者 | 出版社 | 出版/再版时间 | 印刷/发行册数 | 开本/装帧 | 定价（元） |
|---|---|---|---|---|---|---|
| 中朝友谊根深叶茂——朝鲜党政代表团访问中国 | | 外文 | 1975（1976年停售） | 7174 | 32 开 | 0.45 |
| 新中国的二十五年 | | 外文 | 1975（1978年停售） | | 32 开 | 1.40 |
| 中国文化简况 | 翟边 | 外文 | 1975（1977年停售） | 1165 | 32 开 | 0.95 |
| 反动阶级的"圣人"——孔子 | 杨荣国 | 外文 | 1975（1978年停售） | 1155 | 32 开 | 0.30 |
| 红雨（小说） | 杨啸著、姚有多、范曾插图 | 外文 | 1975 | 975 | 32 开 | 1.55 |
| 上学（儿童文学） | 管桦著，沈尧伊插图 | 外文 | 1975 | 1274 | 32 开 | 0.45 |

## 1975 年越南文版书目（21 种）

| 书名 | 作者 | 出版社 | 出版/再版时间 | 印刷/发行册数 | 开本/装帧 | 定价（元） |
|---|---|---|---|---|---|---|
| 中华人民共和国第四届全国人民代表大会第一次会议文件 | | 外文 | 1975（1976年起应索供应） | 7206 | 32 开 | 0.35 |
| 中华人民共和国代表团团长在联合国代表大会第三十届全体会议上的发言 | | 外文 | 1975（1976年停售） | 3755 | 32 开 | 0.15 |
| 论林彪反党集团的社会基础 | 姚文元 | 外文 | 1975（1976年停售） | 5024 | 32 开 | |
| 论对资产阶级的全面专政 | 张春桥 | 外文 | 1975（1976年停售） | 5024 | 32 开 | |

续表

| 书名 | 作者 | 出版社 | 出版/再版时间 | 印刷/发行册数 | 开本/装帧 | 定价（元） |
|---|---|---|---|---|---|---|
| 越南人民的伟大胜利——热烈庆贺越南南方人民解放西贡和完全解放越南南方 | | 外文 | 1975 | 3674 | 32开 | 0.30 |
| 新中国的二十五年 | | 外文 | 1975（1978年停售） | | 32开 | 1.10 |
| 中国文化简况 | 翟边 | 外文 | 1975（1977年停售） | 2156 | 32开 | 0.95 |
| 海河巨变 | 何津 | 外文 | 1975（1980年停售） | 5505 | 32开 | 0.85 |
| 在七里营人民公社里 | 朱力、田洁云 | 外文 | 1975（1980年停售） | 1124 | 32开 | 1.50 |
| 中国针灸史话 | 傅维康 | 外文 | 1975 | 9198 | 32开 | 0.30 |
| 评《红楼梦》等三部古典小说 | 李希凡等 | 外文 | 1975 | 2166 | 32开 | 1.00 |
| 上学（儿童文学） | 管桦著，沈尧伊插图 | 外文 | 1975 | 1350 | 32开 | 0.45 |
| 小护青员（连环画） | 顾玉增编绘 | 外文 | 1975 | 20855 | 20开 | 0.30 |
| 海螺渡（儿童画册） | 马正泉、马立编，董小明等绘 | 外文 | 1975 | 11155 | 20开 | 0.50 |
| 红小兵的故事（儿童画册） | 彭果良编绘 | 外文 | 1975 | 31180 | 24开 | 0.80 |
| 小朋友（连环画） | 林琬崔绘 | 外文 | 1975 | 30910 | 20开 | 0.45 |
| 白求恩在中国（连环画） | 钟志诚编，许荣初等绘 | 外文 | 1975 | | 24开 | 0.80 |
| 浪花渡（儿童画册） | 江苏省启东县文化馆集体编绘 | 外文 | 1975 | 2155 | 20开 | 0.50 |

续表

| 书名 | 作者 | 出版社 | 出版/再版时间 | 印刷/发行册数 | 开本/装帧 | 定价（元） |
|---|---|---|---|---|---|---|
| 海花(连环画) | 余松岩编、陈衍宁绘 | 外文 | 1975 | 12125 | 18 开 | 1.20 |
| 孙悟空三打白骨精(连环画) | 王星北改编，赵宏北、钱笑呆绘 | 外文 | 1974 | 30810 | 18 开 | 1.30 |
| 飞鹰崖(连环画) | 广东人民出版社编辑，邝衍宁绘 | 外文 | 1975 | 11625 | 24 开 | 1.20 |

## 1975 年柬埔寨文版书目(1 种)

| 书名 | 作者 | 出版社 | 出版/再版时间 | 印刷/发行册数 | 开本/装帧 | 定价（元） |
|---|---|---|---|---|---|---|
| 战斗的柬埔寨——中国新闻代表团访问柬埔寨通讯集 | | 文物 | 1975 | 3024 | 32 开 | 0.40 |

## 1975 年老挝文版书目(7 种)

| 书名 | 作者 | 出版社 | 出版/再版时间 | 印刷/发行册数 | 开本/装帧 | 定价（元） |
|---|---|---|---|---|---|---|
| 中国共产党在抗日时期的任务 | 毛泽东 | 外文 | 1975(再版重印 1 次) | 5070 | 64 开 | 0.20 |
| 目前的形势和党的任务 | 毛泽东 | 外文 | 1975(再版重印 2 次) | 11055 | 64 开 | 0.50 |
| 中国革命和中国共产党 | 毛泽东 | 外文 | 1975(再版重印 1 次) | 5074 | 64 开 | 0.30 |
| 论政策 | 毛泽东 | 外文 | 1975(再版重印 2 次) | 4889 | 64 开 | 0.10 |
| 组织起来 | 毛泽东 | 外文 | 1975(再版重印 1 次) | 4880 | 64 开 | 0.10 |

续表

| 书名 | 作者 | 出版社 | 出版/再版时间 | 印刷/发行册数 | 开本/装帧 | 定价（元） |
|---|---|---|---|---|---|---|
| 1948年的土地改革工作和整党工作 | 毛泽东 | 外文 | 1975（再版重印2次） | 4898 | 64开 | 0.06 |
| 中华人民共和国第四届全国人民代表大会第一次会议文件 |  | 外文 | 1975（1976年起应索供应） | 4056 | 32开 | 0.45 |

## 1975年泰国文版书目（9种）

| 书名 | 作者 | 出版社 | 出版/再版时间 | 印刷/发行册数 | 开本/装帧 | 定价（元） |
|---|---|---|---|---|---|---|
| 国家与革命 | 列宁 | 外文 | 1975 | 8024 | 50开 | 0.60 |
| 论国家 | 列宁 | 外文 | 1975 | 8024 | 50开 | 0.15 |
| 中华人民共和国第四届全国人民代表大会第一次会议文件 |  | 外文 | 1975（1976年起应索供应） | 2494 | 32开 | 0.45 |
| 中华人民共和国代表团团长在联合国代表大会第三十届全体会议上的发言 |  | 外文 | 1975（1976年停售） |  | 32开 | 0.15 |
| 论林彪反党集团的社会基础 | 姚文元 | 外文 | 1975（1976年停售） | 2524 | 32开 |  |
| 论对资产阶级的全面专政 | 张春桥 | 外文 | 1975（1976年停售） | 2524 | 32开 |  |
| 中国文化简况 | 翟边 | 外文 | 1975（1977年停售） | 1215 | 32开 | 0.95 |
| 小兵张嘎（儿童读物） | 徐光耀 | 外文 | 1975 | 2096 | 34开 | 0.65 |
| 上学（儿童文学） | 管桦著，沈尧伊插图 | 外文 | 1975 | 1024 | 32开 | 0.45 |

## 1975 年泰米尔文版书目（1 种）

| 书名 | 作者 | 出版社 | 出版/再版时间 | 印刷/发行册数 | 开本/装帧 | 定价（元） |
|---|---|---|---|---|---|---|
| 中华人民共和国第四届全国人民代表大会第一次会议文件 | | 外文 | 1975（1976 年起应索供应） | 2456 | 32 开 | 0.45 |

## 1975 年孟加拉文版书目（1 种）

| 书名 | 作者 | 出版社 | 出版/再版时间 | 印刷/发行册数 | 开本/装帧 | 定价（元） |
|---|---|---|---|---|---|---|
| 中华人民共和国第四届全国人民代表大会第一次会议文件 | | 外文 | 1975（1976 年起应索供应） | 2464 | 32 开 | 0.45 |

## 1975 年乌尔都文版书目（7 种）

| 书名 | 作者 | 出版社 | 出版/再版时间 | 印刷/发行册数 | 开本/装帧 | 定价（元） |
|---|---|---|---|---|---|---|
| 中华人民共和国第四届全国人民代表大会第一次会议文件 | | 外文 | 1975（1976 年起应索供应） | 10756 | 32 开 | 0.45 |
| 中华人民共和国代表团团长在联合国代表大会第三十届全体会议上的发言 | | 外文 | 1975（1976 年停售） | | 32 开 | 0.15 |
| 中国经济简况 | 郑实 | 外文 | 1975（1980 年停售） | | 32 开 | 1.10 |
| 白求恩在中国（连环画） | 钟志诚编，许荣初等绘 | 外文 | 1975 | | 24 开 | 0.80 |
| 海花（连环画） | 余松岩编、陈衍宁绘 | 外文 | 1975 | | 18 开 | 1.20 |

续表

| 书名 | 作者 | 出版社 | 出版/再版时间 | 印刷/发行册数 | 开本/装帧 | 定价（元） |
|---|---|---|---|---|---|---|
| 浪花渡（儿童画册） | 江苏省启东县文化馆集体编绘 | 外文 | 1975 | | 20 开 | 0.50 |
| 草原英雄小姐妹（连环画） | | 外文 | 1974 | | 16 开 | 1.40 |

## 1975 年印尼文版书目（2 种）

| 书名 | 作者 | 出版社 | 出版/再版时间 | 印刷/发行册数 | 开本/装帧 | 定价（元） |
|---|---|---|---|---|---|---|
| 中华人民共和国第四届全国人民代表大会第一次会议文件 | | 外文 | 1975（1976 年起应索供应） | 1056 | 32 开 | 0.45 |
| 洞庭人民公社 | 吴周 | 外文 | 1975 | 574 | 32 开 | 0.50 |

## 1975 年印地文版书目（8 种）

| 书名 | 作者 | 出版社 | 出版/再版时间 | 印刷/发行册数 | 开本/装帧 | 定价（元） |
|---|---|---|---|---|---|---|
| 毛泽东选集（第三卷） | 毛泽东 | 外文 | 1975（再版重印 1 次） | 7166 | 50 开/精 | 1.50 |
| 中华人民共和国第四届全国人民代表大会第一次会议文件 | | 外文 | 1975（1976 年起应索供应） | 4155 | 32 开 | 0.45 |
| 新中国的二十五年 | | 外文 | 1975（1978 年停售） | | 32 开 | 1.40 |
| 中国文化简况 | 翟边 | 外文 | 1975（1977 年停售） | 4524 | 32 开 | 0.95 |
| 小兵张嘎（儿童读物） | 徐光耀 | 外文 | 1975 | 5024 | 34 开 | 0.65 |

续表

| 书名 | 作者 | 出版社 | 出版/再版时间 | 印刷/发行册数 | 开本/装帧 | 定价（元） |
|---|---|---|---|---|---|---|
| 红小兵的故事（儿童画册） | 彭果良编绘 | 外文 | 1975 | 3030 | 24 开 | 0.80 |
| 白求恩在中国（连环画） | 钟志诚编，许荣初等绘 | 外文 | 1975 | | 24 开 | 0.80 |
| 海花（连环画） | 余松岩编、陈衍宁绘 | 外文 | 1975 | 6125 | 18 开 | 1.20 |

## 1975 年缅甸文版书目（6 种）

| 书名 | 作者 | 出版社 | 出版/再版时间 | 印刷/发行册数 | 开本/装帧 | 定价（元） |
|---|---|---|---|---|---|---|
| 中华人民共和国第四届全国人民代表大会第一次会议文件 | | 外文 | 1975（1976 年起应索供应） | 3506 | 32 开 | 0.45 |
| 新中国的二十五年 | | 外文 | 1975（1978 年停售） | | 32 开 | 1.10 |
| 鲁迅——伟大的革命家、思想家、文学家（组画） | 沈欣等编集，郑毓敏等绘 | 外文 | 1975 | | 12 开/套/15 张 | 2.00 |
| 白求恩在中国（连环画） | 钟志诚编，许荣初等绘 | 外文 | 1975 | | 24 开 | 0.80 |
| 闪闪的红星（连环画） | 王佩家编，土纯信、杨沙绘 | 外文 | 1975 | 855 | 32 开 | 0.65 |
| 海花（连环画） | 余松岩编、陈衍宁绘 | 外文 | 1975 | 1425 | 18 开 | 1.20 |

### 1975 年波斯文版书目（5 种）

| 书名 | 作者 | 出版社 | 出版/再版时间 | 印刷/发行册数 | 开本/装帧 | 定价（元） |
|---|---|---|---|---|---|---|
| 国家与革命 | 列宁 | 外文 | 1975（再版重印 1 次） | 14094 | 32 开 | 0.67 |
| 毛主席的五篇著作 | 毛泽东 | 外文 | 1975（1968 年出版，再版重印 2 次，总印数 26934 册，本次再版） | | 32 开 | 0.20 |
| 中华人民共和国第四届全国人民代表大会第一次会议文件 | | 外文 | 1975（1976 年起应索供应） | 12106 | 32 开 | 0.45 |
| 中国经济简况 | 郑实 | 外文 | 1975（1980 年停售） | 5094 | 32 开 | 1.10 |
| 反动阶级的"圣人"——孔子 | 杨荣国 | 外文 | 1974（1978 年停售） | 7024 | 32 开 | 0.30 |

### 1975 年斯瓦希里文版书目（13 种）

| 书名 | 作者 | 出版社 | 出版/再版时间 | 印刷/发行册数 | 开本/装帧 | 定价（元） |
|---|---|---|---|---|---|---|
| 中国革命战争的战略问题 | 毛泽东 | 外文 | 1975（再版重印 1 次） | 10024 | 32 开 | 0.40 |
| 论联合政府 | 毛泽东 | 外文 | 1975 | 7024 | 32 开 | 0.40 |
| 在中国共产党第七届中央委员会第二次全体会议上的报告 | 毛泽东 | 外文 | 1975 | | 32 开 | 0.15 |
| 中华人民共和国第四届全国人民代表大会第一次会议文件 | | 外文 | 1975（1976 年起应索供应） | 8106 | 32 开 | 0.45 |
| 中华人民共和国代表团团长在联合国代表大会第三十届全体会议上的发言 | | 外文 | 1975（1976 年停售） | 5524 | 32 开 | 0.15 |

续表

| 书名 | 作者 | 出版社 | 出版/再版时间 | 印刷/发行册数 | 开本/装帧 | 定价（元） |
|---|---|---|---|---|---|---|
| 中国文化简况 | 翟边 | 外文 | 1975（1977年停售） | 10024 | 32 开 | 0.95 |
| 洞庭人民公社 | 吴周 | 外文 | 1975 | 4574 | 32 开 | 0.50 |
| 红小兵的故事（儿童画册） | 彭果良编绘 | 外文 | 1975 | 7030 | 24 开 | 0.80 |
| 三件毛线衣（连环画） | 王森编，何艳荣绘 | 外文 | 1975 | 10130 | 20 开 | 0.15 |
| 白求恩在中国（连环画） | 钟志诚编，许荣初等绘 | 外文 | 1975 | | 24 开 | 0.80 |
| 飞鹰崖（连环画） | 广东人民出版社编辑，邝衍宁绘 | 外文 | 1975 | 9125 | 24 开 | 1.20 |
| 海花（连环画） | 余松岩编、陈衍宁绘 | 外文 | 1975 | 9125 | 18 开 | 1.20 |
| 浪花渡（儿童画册） | 江苏省启东县文化馆集体编绘 | 外文 | 1975 | 2605 | 20 开 | 0.50 |

## 1975 年豪萨文版书目（17 种）

| 书名 | 作者 | 出版社 | 出版/再版时间 | 印刷/发行册数 | 开本/装帧 | 定价（元） |
|---|---|---|---|---|---|---|
| 中华人民共和国第四届全国人民代表大会第一次会议文件 | | 外文 | 1975（1976年起应索供应） | 5364 | 32 开 | 0.45 |
| 中华人民共和国代表团团长在联合国代表大会第三十届全体会议上的发言 | | 外文 | 1975（1976年停售） | 5524 | 32 开 | 0.15 |

续表

| 书名 | 作者 | 出版社 | 出版/再版时间 | 印刷/发行册数 | 开本/装帧 | 定价（元） |
|---|---|---|---|---|---|---|
| 中国文化简况 | 翟边 | 外文 | 1975（1977年停售） | 1024 | 32 开 | 0.95 |
| 中国经济简况 | 郑实 | 外文 | 1975（1980年停售） | 1405 | 32 开 | 1.10 |
| 洞庭人民公社 | 吴周 | 外文 | 1975 | 1406 | 32 开 | 0.50 |
| 红旗渠 | 林民 | 外文 | 1974（1980年停售） | 1907 | 32 开 | 0.90 |
| 刘胡兰 | 晋青著，董辰生插图 | 外文 | 1975 | 1975 | 32 开 | 0.30 |
| 上学（儿童文学） | 管桦著，沈尧伊插图 | 外文 | 1975 | 1624 | 32 开 | 0.45 |
| 牧童海娃（儿童文学） | 华山著，夏玉书插图 | 外文 | 1975 | 1524 | 34 开 | 0.50 |
| 小兵张嘎（儿童读物） | 徐光耀 | 外文 | 1975 | 1424 | 34 开 | 0.65 |
| 革命现代京剧《红灯记》的故事 | 松江改编 | 外文 | 1975 | 1534 | 34 开 | 0.28 |
| 革命现代京剧《智取威虎山》的故事 | 青红哨改编 | 外文 | 1975 | 1424 | 34 开 | 0.35 |
| 白求恩在中国（连环画） | 钟志诚编，许荣初等绘 | 外文 | 1975 | 1405 | 24 开 | 0.80 |
| 飞鹰崖（连环画） | 广东人民出版社编辑，邝衍宁绘 | 外文 | 1975 | 1835 | 24 开 | 1.20 |
| 京江怒涛（连环画） | 胡博综等绘 | 外文 | 1975 | 9525 | 24 开 | 0.60 |
| 海花（连环画） | 余松岩编、陈衍宁绘 | 外文 | 1975 | 9125 | 18 开 | 1.20 |
| 三件毛线衣（连环画） | 王森编，何艳荣绘 | 外文 | 1975 | 1930 | 20 开 | 0.15 |

## 1975 年阿拉伯文版书目（18 种）

| 书名 | 作者 | 出版社 | 出版/再版时间 | 印刷/发行册数 | 开本/装帧 | 定价（元） |
|---|---|---|---|---|---|---|
| 中华人民共和国第四届全国人民代表大会第一次会议文件 | | 外文 | 1975（1976 年起应索供应） | 11712 | 32 开/精 | 0.65 |
| | | | | | 32 开/平 | 0.35 |
| 中华人民共和国宪法 | | 外文 | 1975 | 11112 | 32 开/精 | 0.60 |
| | | | | | 32 开/平 | 0.25 |
| 中华人民共和国代表团团长在联合国代表大会第三十届全体会议上的发言 | | 外文 | 1975（1976 年停售） | 7024 | 32 开 | 0.15 |
| 新中国的二十五年 | | 外文 | 1975（1978 年停售） | | 32 开 | 1.10 |
| 中国文化简况 | 翟边 | 外文 | 1975（1977 年停售） | 12024 | 32 开 | 0.95 |
| 中国经济简况 | 郑实 | 外文 | 1975（1980 年停售） | 12104 | 32 开 | 1.10 |
| 红旗渠 | 林民 | 外文 | 1974（1980 年停售） | 6124 | 32 开 | 0.90 |
| 洞庭人民公社 | 吴周 | 外文 | 1975 | 9124 | 32 开 | 0.50 |
| 中国新出土文物 | | 外文 | 1975 | 7105 | 32 开 | 0.80 |
| 大河上下（说明书） | | 外文 | 1975 | 5125 | 32 开 | |
| 鲁迅——伟大的革命家、思想家、文学家（组画） | 沈欣等编集，郑毓敏等绘 | 外文 | 1975 | | 12 开/套/15 张 | 2.00 |
| 白求恩在中国（连环画） | 钟志诚编，许荣初等绘 | 外文 | 1975 | 12155 | 24 开 | 0.80 |
| 京江怒涛（连环画） | 胡博综、王孟奇绘 | 外文 | 1975 | | 24 开 | 0.60 |
| 海花（连环画） | 余松岩编、陈衍宁绘 | 外文 | 1975 | 13125 | 18 开 | 1.20 |

续表

| 书名 | 作者 | 出版社 | 出版/再版时间 | 印刷/发行册数 | 开本/装帧 | 定价（元） |
|---|---|---|---|---|---|---|
| 草原英雄小姐妹（连环画） | | 外文 | 1975 | 14955 | 16 开 | 1.40 |
| 广州（摄影明信片） | | 外文 | 1975 | 5610 | 50 开/套/10 张 | 0.50 |

## 1975 年多语种对照版书目(30 种)

| 语种 | 书名 | 作者 | 出版社 | 出版/再版时间 | 印刷/发行册数 | 开本/装帧 | 定价（元） |
|---|---|---|---|---|---|---|---|
| 中、英文对照 | 南昌（游览图） | | 江西人民 | 1975 | | 24 开 | |
| | 井冈山（游览图） | | 江西人民 | 1975 | | 24 开 | |
| | 安源（摄影图片集） | | 江西人民 | .1975 | | 50 开/套/15 张 | |
| | 庐山（摄影图片集） | | 江西人民 | 1975 | | 50 开/套/15 张 | |
| | 鞍山（摄影明信片集） | | 辽宁人民 | 1973 | | 50 开/套/15 张 | |
| | 大庆（摄影明信片集） | | 黑龙江人民 | 1975 | | 50 开/套/12 张 | 0.52 |
| | 济南（摄影明信片集） | | 山东人民 | 1975 | | 50 开/套/10 张 | 0.50 |
| | 天津杂技（摄影图片集） | | 天津人民美术 | 1975 | | 50 开/套/10 张 | 0.50 |
| | 中华人民共和国出土文物(摄影明信片集) | 文物出版社 | 文物 | 1975 | | 50 开/套/10 张 | |
| | 上海博物馆陶瓷选辑（摄影明信片集） | | 上海人民 | 1975 | | 50 开/套/12 张 | |
| | 辽宁出土文物（摄影明信片集） | | 辽宁人民 | 1975 | | 50 开/套/12 张 | |

续表

| 语种 | 书名 | 作者 | 出版社 | 出版/再版时间 | 印刷/发行册数 | 开本/装帧 | 定价（元） |
|---|---|---|---|---|---|---|---|
| 中、英文对照 | 山东出土文物（摄影明信片辑） | | 山东人民 | 1975 | | 50 开/套/10 张 | 0.43 |
| | 社会主义到处都在胜利前进（宣传画） | | 人民美术 | 1975 | | 全张 | |
| | 伟大祖国，欣欣向荣 | | 上海人民 | 1975 | | 全张 | |
| 阿拉伯、乌尔都、波斯文对照 | 杂技剪辑（摄影画册） | | 外文 | 1975 | | 20 开 | 3.00 |
| 中、英、法文对照 | 毛泽东同志主办农民运动讲习所旧址（摄影明信片辑） | | 文物 | 1975 | | 50 开/套/12 张 | 0.65 |
| 中、英、法、德文对照 | 阿姨替我们种牛痘（年画） | | 上海人民 | 1975 | | 2 开 | |
| | 军民同庆丰收年（年画） | | 上海人民 | 1975 | | 2 开 | |
| | 春锄（年画） | | 上海人民 | 1975 | | 2 开 | |
| | 继承和发扬鲁迅的革命精神（年画） | | 上海人民 | 1975 | | 2 开 | |
| | 南京长江大桥（年画） | | 上海人民 | 1975 | | 2 开 | |
| | 商店新风（年画，户县农民画展作品选） | | 上海人民 | 1975 | | 2 开 | |
| | 军民友谊赛（年画，户县农民画展作品选） | | 上海人民 | 1975 | | 2 开 | |
| | 兄弟民族代表参观纺机厂（年画） | | 上海人民 | 1975 | | 2 开 | |

续表

| 语种 | 书名 | 作者 | 出版社 | 出版/再版时间 | 印刷/发行册数 | 开本/装帧 | 定价（元） |
|---|---|---|---|---|---|---|---|
| 英、法、德文对照 | 公社鱼塘（年画） | | 人民美术 | 1975 | | 2 开 | |
| | 谁又替我把雪扫（年画） | | 人民美术 | 1975 | | 2 开 | |
| | 大队鸡场（年画） | | 人民美术 | 1975 | | 2 开 | |
| | 大队鸭群（年画） | | 人民美术 | 1975 | | 2 开 | |
| | 山村变了样（年画） | | 人民美术 | 1975 | | 2 开 | |
| 英、柬埔寨、越南文对照 | 我长大也要上山下乡（年画） | | 人民美术 | 1975 | | 2 开 | |

# 1976 年图书（期刊）对外翻译出版发行活动

　　本年，外文局根据中宣部指示精神，成立 16 种文字的《毛主席诗词》翻译班子，办公地点设在友谊宾馆。当年《毛泽东诗词》（39 首）英文版出版；

　　本年，毛泽东主席逝世，国际书店共收到各国同业和读者的唁信、唁电 1300 多份，将原件提供给"毛主席纪念堂"陈列。

　　本年，"四人帮"被粉碎，标志着"文化大革命"结束，国际书店于 11 月 13 日通知各驻外使馆，第一批销毁 28 种与"四人帮"有关的图书。

　　1976 年 1 月，香港《经济导报》代表团一行 24 人访问《人民画报》，进行业务交流。

　　1976 年 2 月 24 日，全国世协接待国际世协常务理事沃辛克夫妇。

　　1976 年 1 月 29 日，外交部、中联部联合发出《关于停止公开出售和展出批判南斯拉夫书籍的通知》。据此，国际书店停发有关的书籍。

　　1976 年 1 月，《中国建设》编辑出版《关于中国基本情况续编》随杂志赠送读者，受到读者好评。

　　1976 年 2 月 5 日外文局根据中宣部指示精神，成立了包括法、德、俄、西、葡萄牙、意大利、日、朝、越、缅、泰、印尼、印地、乌尔都、阿拉伯、世界语 16 种文字的《毛主席诗词》翻译班子，办公地点设在友谊宾馆。《毛主席诗词》除日文版出 42 首诗词外，其余各文种均出 39 首诗词。各文种的翻译人员是从外交部、中联部、广播事业局、总参二部、北京大学、南开大学、北京外国语学院等单位调集的。翻译过程中走访了郭沫若、沈雁冰、胡愈之、赵朴初、臧克家、王力、冯至、郭化若等人，听取了他们的意见。

　　1976 年 2 月 24 日，外文局呈中联部《关于"毛泽东诗词"英文版出版工作的请示报告》并附版本设计样本四种。内容大致是：（1）英文版拟出 4 种版本，即特种精装甲种本、特种精装乙种本、普及精装本、普及平装本；（2）特种精装本甲、乙种本均为 8 开本；（3）普及精装本、平装本均为 28 开本；（4）4 种版本第一版印刷数量：特种精装甲种本为 600 册，乙种精装本为 1 万册，普及精装本为 10 万册，平装本为 50 万册。中联部 2 月 25 日批示，拟同意外文局的报告，并由外文局拟稿上报中央请示批准。

1976 年 3 月，中国报道社编辑部讨论全年的宣传报道计划，确定全年各期的宣传报道中心。各期中心的选题是：第 1 期介绍长征；第 2 期报道北京解决城市住房问题；第 3 期介绍周总理光辉战斗的一生，并配合一组反映中国革命和建设成就的文章；第 4 期反映植树造林以纪念"绿化祖国" 20 周年；第 5 期报道昔阳县的先进事迹；第 6 期介绍教育改革；第 7 期报道沙市由消费城市变为新兴的工业城市；第 8 期介绍知识青年上山下乡；第 9 期介绍医疗卫生的成就；第 10 期报道大庆油田和学大庆的先进企业；第 11 期介绍河北省实现粮食自给；第 12 期报道文艺革命的新成果。

1976 年 4 月 26 日，人大常委办公厅通知国际书店："为保守党和国家机密，《人民大会堂》画册不再对外发行。"

1976 年 4 月下旬，《毛泽东诗词》（39 首）英文版出版。共有 28 开（精、平装本）、8 开袖珍本 3 种版本，总印数为：310448 册，其中精装本 100174 册，平装本 210274 册。该书 28 开本于 5 月 1 日在北京、上海、广州等地同时发行，随后向国外发行。这次出版的《毛泽东诗词》（39 首）英文版和 1959 年出版的 19 首英、法文译本比较，在体现原作的思想感情，力求精练、简洁、具有诗味和节奏方面都有较大提高。它的翻译、定稿工作是在文化部和外文局的领导下，由"《毛泽东诗词》英译定稿小组"最后完成的。该定稿小组经国务院有关部门批准成立于 1962 年，由诗歌工作者（包括新、旧体诗作者）、文学工作者、古典文学研究工作者和外国专家等组成。

1976 年 5 至 6 月，赴加拿大参加蒙特利尔国际图书博览会，这是我国首次参加北美书展。

1976 年 6 月，利用法国、瑞士呆账购进三台打字机。

1976 年 9 月 9 日，毛泽东主席逝世。国际书店共收到各国同业和读者的唁信、唁电 1300 多份。国际书店将原件提供给"毛主席纪念堂"陈列。

1976 年 10 月 6 日，粉碎了"四人帮"，它标志着"文化大革命"的结束，经各有关单位研究和上级审批后，国际书店于 11 月 13 日通知各驻外使馆，第一批销毁 28 种与"四人帮"有关的图书。

　　1976 年 10 月，联邦德国左派科普协会、新路出版社断绝与国际书店业务往来。

　　1976 年 11 月，人民画报社领导小组成员蔡尚雄参加中国新闻工作者代表团访问日本。

　　1976 年 12 月，坦桑尼亚驻华大使卢辛德等 2 人，对人民画报社作友好访问。

　　1976 年 12 月，阿尔巴尼亚劳动党公开反华，1978 年起停止供应影印书刊。

　　本年，美国中国书刊社等 10 家代表团访华，美国立新书店、英国光华书店、比利时比中友协、瑞士图艺社、日本第三届友好书店和读者代表团、日贩为首的日中出版友好代表团来访。

　　本年，外文图书出版社用英、法、西、俄、印尼、日、朝、越、老挝、柬埔寨、泰、缅、孟加拉、印地、乌尔都、波斯、德、意大利、葡萄牙、瑞典、阿拉伯、斯瓦希里、豪萨、世界语、汉 25 种文字出版 232 种图书，其中有《毛泽东选集》第四卷印地文版、世界语文版。

　　本年，国际书店对外发行外文书籍 455 万册，对外发行外文期刊 1476 万册。


# 1976 年对外发行图书目录


## 1976 年英文版书目（47 种）

| 书名 | 作者 | 出版社 | 出版/再版时间 | 印刷/发行册数 | 开本/装帧 | 定价（元） |
|---|---|---|---|---|---|---|
| 《政治经济学批判》序言、导言 | 马克思 | 外文 | 1976 | 60024 | 32 开 | 0.30 |
| 反杜林论 | 恩格斯 | 外文 | 1976 | 78024 | 32 开/精 | 2.10 |
| | | | | | 32 开/平 | 1.70 |
| 路德维希·费尔巴哈和德国古典哲学的终结 | 恩格斯 | 外文 | 1976 | 75048 | 32 开/精 | 1.20 |
| | | | | | 32 开/平 | 0.70 |

续表

| 书名 | 作者 | 出版社 | 出版/再版时间 | 印刷/发行册数 | 开本/装帧 | 定价（元） |
|---|---|---|---|---|---|---|
| 进一步,退两步 | 列宁 | 外文 | 1976 | 75048 | 32 开/精 | 1.45 |
| | | | | | 32 开/平 | 1.05 |
| 国家与革命 | 列宁 | 外文 | 1976（1965 年出版,再版 4 次重印,总印数 235329 册,本次第 2 版） | | 32 开 | 0.67 |
| 列宁主义问题 | 斯大林 | 外文 | 1976 | 105048 | 32 开/精 | 3.50 |
| | | | | | 32 开/平 | 3.10 |
| 毛泽东诗词 | 毛泽东 | 外文 | 1976（再版重印 2 次） | 470572 | 28 开/精 | 1.15 |
| | | | | | 28 开/平 | 0.65 |
| | | | | | 50 开/平 | 0.40 |
| 伟大领袖和导师毛泽东主席永垂不朽 | | 外文 | 1976（1980 年停售） | 81024 | 16 开 | 0.55 |
| 毛主席军事路线的伟大胜利——批判林彪在辽沈、平津战役中的资产阶级军事路线 | 詹时囵 | 外文 | 1976 | 50024 | 32 开 | 0.65 |
| 伟大的历史性胜利 | | 外文 | 1976 | 80024 | 32 开 | 0.25 |
| 工农兵批林批孔文集 | | 外文 | 1976 | 35024 | 32 开 | 0.65 |
| 农村也是大学 | 晓兵 | 外文 | 1976 | 12024 | 32 开 | 0.60 |
| 一场大地震之后——中国人民战胜自然灾害的奇迹 | | 外文 | 1976（1977 年停售） | 70024 | 32 开 | 0.85 |
| 中国政府继续坚决执行毛主席的革命外交路线和政策（中国代表团团长在联合国大会第三十一届全体会议上的发言） | | 外文 | 1976 | | 32 开 | 0.10 |

续表

| 书名 | 作者 | 出版社 | 出版/再版时间 | 印刷/发行册数 | 开本/装帧 | 定价（元） |
|---|---|---|---|---|---|---|
| 苏联社会帝国主义的丑恶面目 | | 外文 | 1976 | 50024 | 32 开 | 0.40 |
| 中国为什么没有通货膨胀 | 彭光玺 | 外文 | 1976(1980 年停售) | 70024 | 32 开 | 0.45 |
| 新中国建筑 | 国家基本建设委员会建筑科学研究所 | 外文 | 1976 | | 8 开/精 | 35.00 |
| 万水千山变通途（摄影画册） | | 外文 | 1976 | 63105 | 12 开 | 1.20 |
| 中华人民共和国出土文物选 | 中华人民共和国出土文物展览工作委员会 | 文物 | 1976 | | 12 开 | |
| 中国岩溶（摄影画集） | 中国地质科学研究院水文地质工程研究所 | 上海人民 | 1976 | | 8 开/精 | 27.50 |
| 鸦片战争 | 中国近代史丛书编写组 | 外文 | 1976 | 80024 | 32 开 | 0.65 |
| 太平天国革命 | 中国近代史丛书编写组 | 外文 | 1976 | 80024 | 32 开 | 0.90 |
| 义和团运动 | 中国近代史丛书编写组 | 外文 | 1976 | 80024 | 32 开 | 0.60 |
| 戊戌变法 | 中国近代史丛书编写组 | 外文 | 1976 | 80024 | 32 开 | 0.60 |

续表

| 书名 | 作者 | 出版社 | 出版/再版时间 | 印刷/发行册数 | 开本/装帧 | 定价（元） |
|---|---|---|---|---|---|---|
| 辛亥革命 | 中国近代史丛书编写组 | 外文 | 1976 | 80024 | 32开 | 0.80 |
| 汉语初步 | | 外文 | 1976 | | 32开 | 1.00 |
| 朝花夕拾 | 鲁迅 | 外文 | 1976 | 50024 | 34开 | 0.70 |
| 红雨（儿童文学） | 杨啸著，姚有多、范曾插图 | 外文 | 1976 | 46448 | 32开/精 | 1.50 |
| | | | | | 32开/平 | 1.10 |
| 延安的种子（短篇小说集） | 华彤等著，施大畏插图 | 外文 | 1976 | 30024 | 34开 | 0.75 |
| 闪闪的红星（电影文学剧本） | 中国人民解放军八一电影制片厂集体改编，王愿坚、陆柱国执笔 | 外文 | 1976 | 25024 | 34开 | 0.65 |
| 革命现代京剧《平原作战》 | 中国京剧团集体创作，张永枚执笔 | 外文 | 1976（1977年停售） | 20498 | 18开/精 | 2.70 |
| | | | | | 18开/平 | 1.30 |
| 革命现代京剧《杜鹃山》 | 王树元等编剧 | 外文 | 1976 | 51524 | 18开 | 1.40 |
| 上海、阳泉、旅大工人画选集 | | 外文 | 1976 | 16150 | 18开 | 6.50 |
| 中国儿童美术作品选集 | | 外文 | 1976 | 31530 | 20开 | 1.40 |
| 农奴愤——大型泥塑（摄影画册） | | 外文 | 1976 | 72500 | 12开 | 4.00 |
| 换稻种（儿童画册） | 李德富文，马建彬画 | 外文 | 1976 | 60030 | 24开 | 0.30 |

续表

| 书名 | 作者 | 出版社 | 出版/再版时间 | 印刷/发行册数 | 开本/装帧 | 定价（元） |
|---|---|---|---|---|---|---|
| 东海小哨兵（儿童画册） | 上海美术电影制片厂 | 外文 | 1976 | 75025 | 24 开 | 0.85 |
| 小马过河（儿童画册） | 明扬改编，陈永镇绘 | 外文 | 1976 | 100030 | 24 开 | 0.15 |
| 狡猾的大灰狼（儿童画册） | 虞天慈改编，姜金城诗，陈永镇绘 | 外文 | 1976 | 35024 | 24 开 | 0.25 |

## 1976 年法文版书目(22 种)

| 书名 | 作者 | 出版社 | 出版/再版时间 | 印刷/发行册数 | 开本/装帧 | 定价（元） |
|---|---|---|---|---|---|---|
| 雇佣劳动与资本 | 马克思 | 外文 | 1976(1966 年出版，再版 5 次重印，总印数 110770 册，本次第 2 版) | | 32 开 | 0.54 |
| 马克思主义的三个来源和三个组成部分 | 列宁 | 外文 | 1976 | 50524 | 32 开 | 0.10 |
| 国家与革命 | 列宁 | 外文 | 1976(1965 年出版，再版 5 次重印，总印数 154465 册，本次第 2 版) | | 32 开 | 0.67 |
| 共产主义运动中的"左派"幼稚病 | 列宁 | 外文 | 1976(1966 年出版，再版 4 次重印，总印数 92441 册，本次再版) | | 32 开 | 0.50 |
| 伟大领袖和导师毛泽东主席永垂不朽 | | 外文 | 1976(1980 年停售) | 20924 | 16 开 | 0.55 |

续表

| 书名 | 作者 | 出版社 | 出版/再版时间 | 印刷/发行册数 | 开本/装帧 | 定价（元） |
|---|---|---|---|---|---|---|
| 伟大的历史性胜利 | | 外文 | 1976 | 9024 | 32 开 | 0.25 |
| 中国政府继续坚决执行毛主席的革命外交路线和政策（中国代表团团长在联合国大会第三十一届全体会议上的发言） | | 外文 | 1976 | | 32 开 | 0.10 |
| 中国反对右倾翻案风的斗争 | | 外文 | 1976（年底停售） | 15024 | 32 开 | 0.90 |
| 一场大地震之后——中国人民战胜自然灾害的奇迹 | | 外文 | 1976（1977年停售） | 20024 | 32 开 | 0.85 |
| 在七里营人民公社 | 朱力、田洁云 | 外文 | 1976（1980年停售） | 29024 | 32 开 | 1.50 |
| 农业学大寨剪影（摄影画册） | | 外文 | 1976 | 40030 | 12 开 | 6.00 |
| 万水千山变通途（摄影画册） | | 外文 | 1976（1978年停售） | 15024 | 12 开 | 1.20 |
| 上海、阳泉、旅大工人画选集 | | 外文 | 1976 | 4025 | 18 开 | 6.50 |
| 换了人间——报告文学六篇 | 高玉宝等 | 外文 | 1976 | 15024 | 34 开 | 0.85 |
| 海岛女民兵 | 黎汝清 | 外文 | 1976 | 15024 | 34 开 | |
| 革命现代京剧《杜鹃山》 | 王树元等编剧 | 外文 | 1976 | 10048 | 18 开 | 1.80 |
| 中国儿童美术作品选集 | | 外文 | 1976 | 15630 | 20 开 | 1.40 |
| 上学（儿童文学） | 管桦著，沈尧伊插图 | 外文 | 1976 | 18024 | 32 开 | 0.45 |
| 京江怒涛（连环画） | 胡博综、王孟奇绘 | 外文 | 1976 | 28025 | 24 开 | 0.60 |

续表

| 书名 | 作者 | 出版社 | 出版/再版时间 | 印刷/发行册数 | 开本/装帧 | 定价（元） |
|---|---|---|---|---|---|---|
| 东海小哨兵（儿童画册） | 上海美术电影制片厂 | 外文 | 1976 | 20025 | 24 开 | 0.85 |
| 小马过河（儿童画册） | 明扬改编，陈永镇绘 | 外文 | 1976 | 35030 | 24 开 | 0.15 |
| 狡猾的大灰狼（儿童画册） | 虞天慈改编，姜金城诗，陈永镇绘 | 外文 | 1976 | 35025 | 24 开 | 0.25 |

## 1976 年德文版书目(27 种)

| 书名 | 作者 | 出版社 | 出版/再版时间 | 印刷/发行册数 | 开本/装帧 | 定价（元） |
|---|---|---|---|---|---|---|
| 共产主义原理 | 恩格斯 | 外文 | 1976 | | 32 开 | 0.20 |
| 1948 至 1850 年的法兰西阶级斗争 | 马克思 | 外文 | 1976 | 30024 | 32 开 | 0.70 |
| 社会主义从空想到科学的发展 | 恩格斯 | 外文 | 1976 | 25024 | 32 开 | 0.40 |
| 自然辩证法 | 恩格斯 | 外文 | 1976 | 25024 | 32 开 | 1.45 |
| 毛主席的五篇哲学著作 | 毛泽东 | 外文 | 1976(1970 年出版，总印数 35024 册，本次再版重印) | | 32 开 | 0.65 |
| 毛主席的五篇著作 | 毛泽东 | 外文 | 1976(1968 年出版，再版 2 次重印，总印数 85382 册，本次再版) | | 32 开 | 0.20 |
| 关于农业合作化问题 | 毛泽东 | 外文 | 1976(1956 年出版，再版 4 次重印，总印数 59990 册，本次第 4 版) | | 32 开 | 0.20 |

续表

| 书名 | 作者 | 出版社 | 出版/再版时间 | 印刷/发行册数 | 开本/装帧 | 定价（元） |
|---|---|---|---|---|---|---|
| 中国共产党中央委员会关于无产阶级文化大革命的决定 | | 外文 | 1976（年底停售） | 10024 | 32 开 | 0.15 |
| 伟大领袖和导师毛泽东主席永垂不朽 | | 外文 | 1976（1980年停售） | 26324 | 16 开 | 0.55 |
| 伟大的历史性胜利 | | 外文 | 1976 | 14024 | 32 开 | 0.25 |
| 中国政府继续坚决执行毛主席的革命外交路线和政策（中国代表团团长在联合国大会第三十一届全体会议上的发言） | | 外文 | 1976 | | 32 开 | 0.10 |
| 苏联社会帝国主义的丑恶面目 | | 外文 | 1976 | 37224 | 32 开 | 0.40 |
| 中国为什么没有通货膨胀 | 彭光玺 | 外文 | 1976（1980年停售） | .40024 | 32 开 | 0.45 |
| 再次登上珠穆朗玛峰（说明书） | | 外文 | 1976 | 12575 | 32 开 | |
| 上海、阳泉、旅大工人画选集 | | 外文 | 1976（1980年停售） | 4025 | 18 开 | 6.50 |
| 沙石峪 | 唐风章著，志援、兰绘插图 | 外文 | 1976 | 29024 | 32 开 | 0.80 |
| 农村也是大学 | 晓兵编 | 外文 | 1976 | 30024 | 32 开 | 0.60 |
| 万水千山变通途（摄影画册） | | 外文 | 1976（1978年停售） | 25025 | 12 开 | 1.20 |
| 北京人之家 | 贾兰坡 | 外文 | 1976 | 17224 | 32 开 | 0.70 |
| 换了人间——报告文学六篇 | 高玉宝等 | 外文 | 1976 | 16024 | 34 开 | 0.85 |
| 中国儿童美术作品选集 | | 外文 | 1976 | 10280 | 20 开 | 1.40 |

**续表**

| 书名 | 作者 | 出版社 | 出版/再版时间 | 印刷/发行册数 | 开本/装帧 | 定价（元） |
|---|---|---|---|---|---|---|
| 农奴愤——大型泥塑（摄影画册） | | 外文 | 1976 | 35025 | 12 开 | 4.00 |
| 换稻种（儿童画册） | 李德富文，马建彬画 | 外文 | 1976 | | 24 开 | 0.30 |
| 东海小哨兵（儿童画册） | 上海美术电影制片厂 | 外文 | 1976 | 32025 | 24 开 | 0.85 |
| 小马过河（儿童画册） | 明扬改编，陈永镇绘 | 外文 | 1976 | 39924 | 24 开 | 0.15 |
| 狡猾的大灰狼（儿童画册） | 虞天慈改编，姜金城诗，陈永镇绘 | 外文 | 1976 | 35024 | 24 开 | 0.25 |
| 京江怒涛（连环画） | 胡博综、王孟奇绘 | 外文 | 1976 | 23025 | 24 开 | 0.60 |

## 1976 年西班牙文版书目（27 种）

| 书名 | 作者 | 出版社 | 出版/再版时间 | 印刷/发行册数 | 开本/装帧 | 定价（元） |
|---|---|---|---|---|---|---|
| 工资、价格和利润 | 马克思 | 外文 | 1976 | 100024 | 32 开 | 0.39 |
| 无产阶级专政时代的经济和政治 | 列宁 | 外文 | 1976（再版重印 1 次） | 60048 | 32 开 | 0.10 |
| 青年团的任务 | 列宁 | 外文 | 1976 | 80024 | 32 开 | 0.15 |
| 斯大林论列宁 | 斯大林 | 外文 | 1976 | 100024 | 32 开 | 0.25 |
| 马克思主义和语言学问题 | 斯大林 | 外文 | 1976 | 80024 | 32 开 | 0.25 |
| 毛泽东著作选读 | 毛泽东 | 外文 | 1976 | 146048 | 32 开/精 | 2.20 |
| | | | | | 32 开/平 | 1.70 |

续表

| 书名 | 作者 | 出版社 | 出版/再版时间 | 印刷/发行册数 | 开本/装帧 | 定价（元） |
|---|---|---|---|---|---|---|
| 在中国共产党第七届中央委员会第二次全体会议上的报告 | 毛泽东 | 外文 | 1976（1962年出版，再版5次重印，总印数163449册，本次第2版） | | 32开 | 0.15 |
| 伟大领袖和导师毛泽东主席永垂不朽 | | 外文 | 1976（1980年停售） | 18224 | 16开 | 0.55 |
| 批林批孔文选（二） | | 外文 | 1976（1977年停售） | 20024 | 32开 | 0.95 |
| 中国政府继续坚决执行毛主席的革命外交路线和政策（中国代表团团长在联合国大会第三十一届全体会议上的发言） | | 外文 | 1976 | | 32开 | 0.10 |
| 苏联社会帝国主义的丑恶面目 | | 外文 | 1976 | 35024 | 32开 | 0.40 |
| 工农兵批林批孔文集 | | 外文 | 1976（1980年停售） | 20024 | 32开 | 0.50 |
| 中国为什么没有通货膨胀 | 彭光玺 | 外文 | 1976（1980年停售） | 50024 | 32开 | 0.45 |
| 全党动员，大办农业，为普及大寨县而奋斗 | 华国锋 | 外文 | 1976（1980年停售） | 20024 | 32开 | 0.35 |
| 上海、阳泉、旅大工人画选集 | | 外文 | 1976 | 3025 | 18开 | 6.50 |
| 在七里营人民公社 | 朱力、田洁云 | 外文 | 1976（1980年停售） | 17724 | 32开 | 1.50 |
| 万水千山变通途（摄影画册） | | 外文 | 1976（1978年停售） | 20025 | 12开 | 1.20 |
| 北京人之家 | 贾兰坡 | 外文 | 1976 | 33024 | 32开 | 0.70 |
| 再次登上珠穆朗玛峰（说明书） | | 外文 | 1976 | 8680 | 32开 | |

续表

| 书名 | 作者 | 出版社 | 出版/再版时间 | 印刷/发行册数 | 开本/装帧 | 定价（元） |
|---|---|---|---|---|---|---|
| 农业学大寨剪影（摄影画册） | | 外文 | 1976 | 45030 | 12 开 | 6.00 |
| 辛亥革命 | 中国近代史丛书编写组 | 外文 | 1976 | 30024 | 32 开 | 0.80 |
| 东海小哨兵（儿童画册） | 上海美术电影制片厂 | 外文 | 1976 | 30025 | 24 开 | 0.85 |
| 京江怒涛（连环画） | 胡博综、王孟奇绘 | 外文 | 1976 | 39025 | 24 开 | 0.60 |
| 飞鹰崖（连环画） | 广东人民出版社编，邝明因等绘 | 外文 | 1976 | 42225 | 32 开 | 0.70 |
| 小马过河（儿童画册） | 明扬改编，陈永镇绘 | 外文 | 1976 | 43030 | 24 开 | 0.15 |
| 狡猾的大灰狼（儿童画册） | 虞天慈改编，姜金城诗，陈永镇绘 | 外文 | 1976 | 40024 | 24 开 | 0.25 |

## 1976 年俄文版书目(11 种)

| 书名 | 作者 | 出版社 | 出版/再版时间 | 印刷/发行册数 | 开本/装帧 | 定价（元） |
|---|---|---|---|---|---|---|
| 劳动在从猿到人转变过程中的作用 | 恩格斯 | 外文 | 1976 | 3524 | 32 开 | 0.10 |
| 自然辩证法 | 恩格斯 | 外文 | 1976 | 3024 | 32 开 | 1.45 |
| 什么是"人民之友"以及他们如何攻击社会主义者? | 列宁 | 外文 | 1976 | 3024 | 32 开 | 0.90 |
| 伟大领袖和导师毛泽东主席永垂不朽 | | 外文 | 1976(1980年停售) | 6824 | 16 开 | 0.55 |

续表

| 书名 | 作者 | 出版社 | 出版/再版时间 | 印刷/发行册数 | 开本/装帧 | 定价（元） |
|---|---|---|---|---|---|---|
| 伟大的历史性胜利 | | 外文 | 1976（1980年停售） | | 32 开 | 0.25 |
| 法家反孔批儒的斗争 | | 外文 | 1976（1977年停售） | 2024 | 32 开 | 0.65 |
| 批林批孔文选（二） | | 外文 | 1976（1977年停售） | 3024 | 32 开 | 0.95 |
| 中国政府继续坚决执行毛主席的革命外交路线和政策（中国代表团团长在联合国大会第三十一届全体会议上的发言） | | 外文 | 1976 | | 32 开 | 0.10 |
| 农村也是大学 | 晓兵 | 外文 | 1976（1977年停售） | 2324 | 32 开 | 0.60 |
| 苏联社会帝国主义的丑恶面目 | | 外文 | 1976 | 4024 | 32 开 | 0.40 |
| 在七里营人民公社 | 朱力、田洁云 | 外文 | 1976（1980年停售） | 3024 | 32 开 | 1.50 |

## 1976 年意大利文版书目（6 种）

| 书名 | 作者 | 出版社 | 出版/再版时间 | 印刷/发行册数 | 开本/装帧 | 定价（元） |
|---|---|---|---|---|---|---|
| 中国共产党中央委员会关于无产阶级文化大革命的决定 | | 外文 | 1976 | 5024 | 32 开 | 0.15 |
| 伟大领袖和导师毛泽东主席永垂不朽 | | 外文 | 1976（1980年停售） | 7424 | 16 开 | 0.55 |
| 伟大的历史性胜利 | | 外文 | 1976 | 2924 | 32 开 | 0.25 |
| 反动阶级的圣人——孔子 | 杨荣国 | 外文 | 1976（1978年停售） | 8024 | 32 开 | 0.30 |

续表

| 书名 | 作者 | 出版社 | 出版/再版时间 | 印刷/发行册数 | 开本/装帧 | 定价（元） |
|---|---|---|---|---|---|---|
| 红旗渠 | 林民 | 外文 | 1976（1980年停售） | 8024 | 32 开 | 0.90 |
| 小马过河（儿童画册） | 明扬改编，陈永镇绘 | 外文 | 1976 | 10030 | 24 开 | 0.15 |

## 1976 年葡萄牙文版书目（9 种）

| 书名 | 作者 | 出版社 | 出版/再版时间 | 印刷/发行册数 | 开本/装帧 | 定价（元） |
|---|---|---|---|---|---|---|
| 被敌人反对是好事而不是坏事 | 毛泽东 | 外文 | 1976（1967年出版，总印数28184册，本次再版重印） | | 32 开 | 0.10 |
| 在中国共产党第七届中央委员会第二次全体会议上的报告 | 毛泽东 | 外文 | 1976（1975年出版，再版3次重印，总印数28389册，本次第 2 版） | | 32 开 | 0.15 |
| 毛主席语录 | 毛泽东 | 外文 | 1976（1967年出版，再版重印 2 次，总印数105534册，本次第 2 版重印） | | 64 开/精 | 0.77 |
| 伟大领袖和导师毛泽东主席永垂不朽 | | 外文 | 1976（1980年停售） | 10274 | 16 开 | 0.55 |
| 中国政府继续坚决执行毛主席的革命外交路线和政策（中国代表团团长在联合国大会第三十一届全体会议上的发言） | | 外文 | 1976 | | 32 开 | 0.10 |
| 万水千山变通途（摄影画册） | | 外文 | 1976（1978年停售） | 10025 | 12 开 | 1.20 |

| 书名 | 作者 | 出版社 | 出版/再版时间 | 印刷/发行册数 | 开本/装帧 | 定价（元） |
|------|------|--------|---------------|---------------|-----------|-----------|
| 东海小哨兵（连环画） | 上海美术电影制片厂 | 外文 | 1976 | 15025 | 24 开 | 0.85 |
| 京江怒涛（连环画） | 胡博综、王孟奇绘 | 外文 | 1976 | 11025 | 24 开 | 0.60 |
| 小马过河（儿童画册） | 明扬改编，陈永镇绘 | 外文 | 1976 | 15030 | 24 开 | 0.15 |

## 1976 年世界语版书目（6 种）

| 书名 | 作者 | 出版社 | 出版/再版时间 | 印刷/发行册数 | 开本/装帧 | 定价（元） |
|------|------|--------|---------------|---------------|-----------|-----------|
| 毛泽东选集（第四卷） | 毛泽东 | 外文 | 1976 | 3024 | 16 开/精 | 3.30 |
| 伟大领袖和导师毛泽东主席永垂不朽 | | 外文 | 1976（1980年停售） | 1194 | 16 开 | 0.55 |
| 红旗渠 | 林民 | 外文 | 1976（1980年停售） | 1805 | 32 开 | 0.90 |
| 换稻种（儿童画册） | 李德富文，马建彬画 | 外文 | 1976 | 3030 | 24 开 | 0.30 |
| 狡猾的大灰狼（儿童画册） | 虞天慈改编，姜金城诗，陈永镇绘 | 外文 | 1976 | 3024 | 24 开 | 0.25 |
| 小马过河（儿童画册） | 明扬改编，陈永镇绘 | 外文 | 1976 | 5530 | 24 开 | 0.15 |

## 1976 年日文版书目(22 种)

| 书名 | 作者 | 出版社 | 出版/再版时间 | 印刷/发行册数 | 开本/装帧 | 定价（元） |
|---|---|---|---|---|---|---|
| 毛主席军事路线的伟大胜利——批判林彪在辽沈、平津两大战役中的资产阶级军事路线 | 詹时圃 | 外文 | 1976（1977 年停售） | 10024 | 32 开 | 0.65 |
| 法家反孔批儒的斗争 | 冯元魁、罗义俊编，范曾绘 | 外文 | 1976（1977 年停售） | 10024 | 32 开 | 0.65 |
| 工农兵批林批孔集 | | 外文 | 1976（1977 年停售） | 7024 | 32 开 | 0.65 |
| 全党动员，大办农业，为普及大寨县而奋斗 | 华国锋 | 外文 | 1976（1980 年停售） | 11024 | 32 开 | 0.35 |
| 中国为什么没有通货膨胀 | 彭光玺 | 外文 | 1976（1980 年停售） | 10024 | 32 开 | 0.45 |
| 上海港在前进 | | 外文 | 1976（1977 年停售） | 6225 | 32 开 | 1.10 |
| 一场大地震之后 | | 外文 | 1976（1977 年停售） | 9524 | 32 开 | 0.85 |
| 开滦新貌 | | 外文 | 1976（1980 年停售） | 7024 | 32 开 | 0.80 |
| 万水千山变通途（摄影画册） | | 外文 | 1976（1978 年停售） | 6525 | 12 开 | 1.20 |
| 中国古桥和新桥——从赵州桥到南京长江大桥 | 茅以升 | 外文 | 1976 | 44048 | 16 开/精 | 2.50 |
| | | | | | 16 开/平 | 1.90 |
| 合作医疗好 | | 外文 | 1976（1980 年停售） | 6024 | 32 开 | 0.55 |
| 十四经穴位解剖挂图 | 上海中医学院、上海中医研究所编绘 | 外文 | 1976 | | 2 开/套/6 张 | 4.15 |

续表

| 书名 | 作者 | 出版社 | 出版/再版时间 | 印刷/发行册数 | 开本/装帧 | 定价（元） |
|---|---|---|---|---|---|---|
| 文艺评论——把生活中的矛盾和斗争典型化 | 初澜等 | 外文 | 1976（当年停售） | 6024 | 32 开 | 0.60 |
| 红雨 | 杨啸著，姚有多、范曾绘 | 外文 | 1976 | 8425 | 32 开 | 1.55 |
| 延安的种子（短篇小说集） | | 外文 | 1976（1977年停售） | 9024 | 34 开 | 1.05 |
| 小将（短篇小说集） | 萧关鸿等 | 外文 | 1976 | 11024 | 34 开 | 1.30 |
| 鲁迅的故事 | 石一歌 | 外文 | 1976 | 23048 | 32 开/精 | 1.90 |
| | | | | | 32 开/平 | 1.60 |
| 中国儿童美术作品选集 | | 外文 | 1976 | 4830 | 20 开 | 1.40 |
| 东海小哨兵（儿童画册） | 上海美术电影制片厂 | 外文 | 1976 | 12025 | 24 开 | 0.85 |
| 狡猾的大灰狼（儿童画册） | 虞天慈改编，姜金城诗，陈永镇绘 | 外文 | 1976 | 12024 | 24 开 | 0.25 |

## 1976 年朝鲜文版书目(7 种)

| 书名 | 作者 | 出版社 | 出版/再版时间 | 印刷/发行册数 | 开本/装帧 | 定价（元） |
|---|---|---|---|---|---|---|
| 伟大领袖和导师毛泽东主席永垂不朽 | | 外文 | 1976（1980年停售） | 9588 | 16 开 | 0.55 |
| 伟大的历史性胜利 | | 外文 | 1976（1980年停售） | 3824 | 32 开 | 0.25 |
| 批林批孔文选（一） | | 外文 | 1976（1977年停售） | 2624 | 32 开 | 0.90 |

续表

| 书名 | 作者 | 出版社 | 出版/再版时间 | 印刷/发行册数 | 开本/装帧 | 定价（元） |
|---|---|---|---|---|---|---|
| 中国政府继续坚决执行毛主席的革命外交路线和政策（中国代表团团长在联合国大会第三十一届全体会议上的发言） | | 外文 | 1976 | | 32 开 | 0.10 |
| 野草 | 鲁迅 | 外文 | 1976 | 1224 | 34 开 | 0.45 |
| 征途（长篇小说，上） | 郭先红著，黄英浩插图 | 外文 | 1976 | 1224 | 28 开/精 | 3.30 |
| 征途（长篇小说，下） | 郭先红著，黄英浩插图 | 外文 | 1976 | 1224 | 28 开/精 | 2.60 |

## 1976 年越南文版书目（10 种）

| 书名 | 作者 | 出版社 | 出版/再版时间 | 印刷/发行册数 | 开本/装帧 | 定价（元） |
|---|---|---|---|---|---|---|
| 伟大领袖和导师毛泽东主席永垂不朽 | | 外文 | 1976（1980年停售） | 2474 | 16 开 | 0.55 |
| 伟大的历史性胜利 | | 外文 | 1976（1980年停售） | 1324 | 32 开 | 0.25 |
| 中国政府继续坚决执行毛主席的革命外交路线和政策（中国代表团团长在联合国大会第三十一届全体会议上的发言） | | 外文 | 1976 | | 32 开 | 0.10 |
| 太平天国革命 | 中国近代史丛书编写组 | 外文 | 1976 | 1524 | 32 开 | 0.75 |
| 义和团运动 | 中国近代史丛书编写组 | 外文 | 1976 | 1524 | 32 开 | 0.50 |

**续表**

| 书名 | 作者 | 出版社 | 出版/再版时间 | 印刷/发行册数 | 开本/装帧 | 定价（元） |
|---|---|---|---|---|---|---|
| 戊戌变法 | 中国近代史丛书编写组 | 外文 | 1976 | 1524 | 32 开 | 0.60 |
| 换了人间——报告文学六篇 | 高玉宝等 | 外文 | 1976 | 1524 | 34 开 | 0.85 |
| 小将（短篇小说集） | 萧关鸿等 | 外文 | 1976 | 1529 | 34 开 | 1.30 |
| 东海小哨兵（儿童画册） | 上海美术电影制片厂 | 外文 | 1976 | 1525 | 24 开 | 0.85 |
| 换稻种（儿童画册） | 李德富文，马建彬画 | 外文 | 1976 | 1030 | 24 开 | 0.30 |

## 1976 年老挝文版书目（7 种）

| 书名 | 作者 | 出版社 | 出版/再版时间 | 印刷/发行册数 | 开本/装帧 | 定价（元） |
|---|---|---|---|---|---|---|
| 新民主主义论 | 毛泽东 | 外文 | 1976 | 3024 | 32 开 | 0.30 |
| 论人民民主专政 | 毛泽东 | 外文 | 1976 | 2524 | 32 开 | 0.15 |
| 论联合政府 | 毛泽东 | 外文 | 1976 | 5024 | 32 开 | 0.40 |
| 关于目前党的政策中的几个重要问题 | 毛泽东 | 外文 | 1976 | 3024 | 32 开 | 0.10 |
| 组织起来 | 毛泽东 | 外文 | 1976 | 2524 | 32 开 | |
| 伟大领袖和导师毛泽东主席永垂不朽 | | 外文 | 1976（1980年停售） | 1524 | 16 开 | 0.55 |
| 伟大的历史性胜利 | | 外文 | 1976（1980年停售） | 924 | 32 开 | 0.25 |

## 1976 年泰国文版书目（7 种）

| 书名 | 作者 | 出版社 | 出版/再版时间 | 印刷/发行册数 | 开本/装帧 | 定价（元） |
|---|---|---|---|---|---|---|
| 马克思主义的三个来源和三个组成部分 | 列宁 | 外文 | 1976 | 6024 | 50 开 | 0.10 |

续表

| 书名 | 作者 | 出版社 | 出版/再版时间 | 印刷/发行册数 | 开本/装帧 | 定价（元） |
|---|---|---|---|---|---|---|
| 伟大领袖和导师毛泽东主席永垂不朽 | | 外文 | 1976（1980年停售） | 2224 | 16 开 | 0.55 |
| 伟大的历史性胜利 | | 外文 | 1976（1980年停售） | 1524 | 32 开 | 0.25 |
| 鲁迅小说选 | 鲁迅 | 外文 | 1976 | 3024 | 28 开/精 | 2.85 |
| 红旗渠 | 林民 | 外文 | 1976（1980年停售） | 3824 | 32 开 | 0.90 |
| 万水千山变通途（摄影画册） | | 外文 | 1976（1978年停售） | 3025 | 12 开 | 1.20 |
| 辛亥革命 | 中国近代史丛书编写组 | 外文 | 1976 | 3024 | 32 开 | 0.80 |

## 1976 年孟加拉文版书目（2 种）

| 书名 | 作者 | 出版社 | 出版/再版时间 | 印刷/发行册数 | 开本/装帧 | 定价（元） |
|---|---|---|---|---|---|---|
| 伟大领袖和导师毛泽东主席永垂不朽 | | 外文 | 1976（1980年停售） | 3184 | 16 开 | 0.55 |
| 伟大的历史性胜利 | | 外文 | 1976（1980年停售） | 1524 | 32 开 | 0.25 |

## 1976 年乌尔都文版书目（6 种）

| 书名 | 作者 | 出版社 | 出版/再版时间 | 印刷/发行册数 | 开本/装帧 | 定价（元） |
|---|---|---|---|---|---|---|
| 毛泽东选集(第三卷) | 毛泽东 | 外文 | 1976 | 30024 | 32 开/平 | 1.90 |
| 毛泽东选集(第三卷) | 毛泽东 | 外文 | 1976 | 30024 | 32 开/精 | 2.50 |

续表

| 书名 | 作者 | 出版社 | 出版/再版时间 | 印刷/发行册数 | 开本/装帧 | 定价（元） |
|---|---|---|---|---|---|---|
| 伟大领袖和导师毛泽东主席永垂不朽 | | 外文 | 1976（1980年停售） | 10324 | 16 开 | 0.55 |
| 伟大的历史性胜利 | | 外文 | 1976（1980年停售） | 3974 | 32 开 | 0.25 |
| 中华人民共和国婚姻法 | | 外文 | 1976 | 6024 | 32 开 | 0.13 |
| 小马过河（儿童画册） | 明扬改编，陈永镇绘 | 外文 | 1976 | | 24 开 | 0.15 |

## 1976 年印尼文版书目（4 种）

| 书名 | 作者 | 出版社 | 出版/再版时间 | 印刷/发行册数 | 开本/装帧 | 定价（元） |
|---|---|---|---|---|---|---|
| 伟大领袖和导师毛泽东主席永垂不朽 | | 外文 | 1976（1980年停售） | 874 | 16 开 | 0.55 |
| 伟大的历史性胜利 | | 外文 | 1976（1980年停售） | 524 | 32 开 | 0.25 |
| 红旗渠 | 林民 | 外文 | 1976（1980年停售） | 524 | 32 开 | 0.90 |
| 中国针灸史话 | 傅维康 | 外文 | 1976 | 2024 | 32 开 | 0.30 |

## 1976 年印地文版书目（8 种）

| 书名 | 作者 | 出版社 | 出版/再版时间 | 印刷/发行册数 | 开本/装帧 | 定价（元） |
|---|---|---|---|---|---|---|
| 毛泽东选集（第四卷） | 毛泽东 | 外文 | 1976（再版重印 1 次） | 7024 | 50 开/精 | 2.00 |
| 伟大领袖和导师毛泽东主席永垂不朽 | | 外文 | 1976（1980年停售） | 4274 | 16 开 | 0.55 |
| 伟大的历史性胜利 | | 外文 | 1976（1980年停售） | 3024 | 32 开 | 0.25 |

续表

| 书名 | 作者 | 出版社 | 出版/再版时间 | 印刷/发行册数 | 开本/装帧 | 定价（元） |
|---|---|---|---|---|---|---|
| 洞庭人民公社 | 吴周 | 外文 | 1976 | 4024 | 32 开 | 0.50 |
| 红旗渠 | 林民 | 外文 | 1976（1980年停售） | 3224 | 32 开 | 0.90 |
| 闪闪的红星 | 李心田著，王维新插图 | 外文 | 1976 | 8024 | 34 开 | 0.80 |
| 小马过河（儿童画册） | 明扬改编，陈永镇绘 | 外文 | 1976 | 6530 | 24 开 | 0.15 |
| 东海小哨兵（儿童画册） | 上海美术电影制片厂 | 外文 | 1976 | 7025 | 24 开 | 0.85 |

## 1976 年缅甸文版书目（5 种）

| 书名 | 作者 | 出版社 | 出版/再版时间 | 印刷/发行册数 | 开本/装帧 | 定价（元） |
|---|---|---|---|---|---|---|
| 伟大领袖和导师毛泽东主席永垂不朽 | | 外文 | 1976（1980年停售） | 3274 | 16 开 | 0.55 |
| 伟大的历史性胜利 | | 外文 | 1976（1980年停售） | 2024 | 32 开 | 0.25 |
| 京江怒涛（连环画） | 胡博综、王孟奇绘 | 外文 | 1976 | 1525 | 24 开 | 0.60 |
| 东海小哨兵（儿童画册） | 上海美术电影制片厂 | 外文 | 1976 | 2025 | 24 开 | 0.85 |
| 飞鹰崖（连环画） | 广东人民出版社编，邝明因等绘 | 外文 | 1976 | 1425 | 24 开 | 1.20 |

## 1976 年波斯文版书目(15 种)

| 书名 | 作者 | 出版社 | 出版/再版时间 | 印刷/发行册数 | 开本/装帧 | 定价（元） |
|---|---|---|---|---|---|---|
| 马克思主义的三个来源和三个组成部分 | 列宁 | 外文 | 1976 | 20024 | 32 开 | 0.10 |
| 伟大的创举 | 列宁 | 外文 | 1976 | 20024 | 32 开 | 0.20 |
| 论列宁主义基础 | 斯大林 | 外文 | 1976 | | 32 开 | 0.80 |
| 论列宁 | 斯大林 | 外文 | 1976 | | 32 开 | 0.25 |
| 马克思、恩格斯、列宁论无产阶级专政 | | 外文 | 1976 | 15024 | 32 开 | 0.20 |
| 关心群众生活,注意工作方法 | 毛泽东 | 外文 | 1976(1968 年出版,再版重印 2 次,总印数 14822 册,本次再版重印) | | 32 开 | 0.10 |
| 中国革命战争的战略问题 | 毛泽东 | 外文 | 1976(1967 年出版,再版重印 4 次,总印数 17242 册,本次再版重印) | | 32 开 | 0.50 |
| 抗日游击战争的战略问题 | 毛泽东 | 外文 | 1976(1966 年出版,再版重印 3 次,总印数 15844 册,本次再版重印) | | 32 开 | 0.25 |
| 中国革命和中国共产党 | 毛泽东 | 外文 | 1976(1965 年出版,再版重印 2 次,总印数 18454 册,本次再版重印) | | 32 开 | 0.25 |
| 对晋绥日报编辑人员的谈话 | 毛泽东 | 外文 | 1976(1973 年出版,再版重印 2 次,总印数 10024 册,本次再版重印) | | 32 开 | 0.10 |

**续表**

| 书名 | 作者 | 出版社 | 出版/再版时间 | 印刷/发行册数 | 开本/装帧 | 定价（元） |
|------|------|--------|--------------|--------------|----------|-----------|
| 在中国共产党全国宣传工作会议上的讲话 | 毛泽东 | 外文 | 1976（1967 年出版，再版重印 2 次，总印数 20789 册，本次再版重印） | | 32 开 | 0.15 |
| 中国共产党中央委员会关于无产阶级文化大革命的决定 | | 外文 | 1976 | | 32 开 | 0.15 |
| 伟大领袖和导师毛泽东主席永垂不朽 | | 外文 | 1976（1980 年停售） | 17026 | 16 开 | 0.55 |
| 中国文化简况 | 翟边 | 外文 | 1976 | 11024 | 32 开 | 0.95 |
| 刘胡兰 | 晋青著，董辰生插图 | 外文 | 1976 | 5024 | 32 开 | 0.30 |

## 1976 年斯瓦希里文版书目（21 种）

| 书名 | 作者 | 出版社 | 出版/再版时间 | 印刷/发行册数 | 开本/装帧 | 定价（元） |
|------|------|--------|--------------|--------------|----------|-----------|
| 实践论 | 毛泽东 | 外文 | 1976 | 10024 | 32 开 | 0.15 |
| 矛盾论 | 毛泽东 | 外文 | 1976 | 10024 | 32 开 | 0.25 |
| 整顿党的作风 | 毛泽东 | 外文 | 1976 | 5524 | 32 开 | 0.15 |
| 反对党八股 | 毛泽东 | 外文 | 1976 | 8024 | 32 开 | 0.15 |
| 抗日战争胜利后的时局和我们的方针 | 毛泽东 | 外文 | 1976 | 8524 | 32 开 | 0.15 |
| 评西北大捷兼论解放军的新式整军运动 | 毛泽东 | 外文 | 1976 | 7024 | 32 开 | 0.10 |
| 在晋绥干部会议上的讲话 | 毛泽东 | 外文 | 1976 | 8526 | 32 开 | 0.15 |
| 毛主席的五篇著作 | 毛泽东 | 外文 | 1976 | 35024 | 32 开 | 0.20 |

续表

| 书名 | 作者 | 出版社 | 出版/再版时间 | 印刷/发行册数 | 开本/装帧 | 定价（元） |
|---|---|---|---|---|---|---|
| 论联合政府 | 毛泽东 | 外文 | 1976 | 7024 | 32 开 | 0.15 |
| 伟大领袖和导师毛泽东主席永垂不朽 | | 外文 | 1976（1980年停售） | 4626 | 16 开 | 0.55 |
| 伟大的历史性胜利 | | 外文 | 1976（1980年停售） | 1475 | 32 开 | 0.25 |
| 中国政府继续坚决执行毛主席的革命外交路线和政策（中国代表团团长在联合国大会第三十一届全体会议上的发言） | | 外文 | 1976 | | 32 开 | 0.10 |
| 全党动员，大办农业，为普及大寨县而奋斗 | 华国锋 | 外文 | 1976（1980年停售） | 11024 | 32 开 | 0.35 |
| 沙石峪 | 唐风章著，志援、兰绘插图 | 外文 | 1976（1977年停售） | 5024 | 32 开 | 0.80 |
| 上海港在前进 | 陈渊、孙俊 | 外文 | 1976 | 10024 | 32 开 | 0.65 |
| 换了人间——报告文学六篇 | 高玉宝等 | 外文 | 1976 | 10024 | 34 开 | 0.85 |
| 京江怒涛（连环画） | 胡博综、王孟奇绘 | 外文 | 1976 | 9525 | 24 开 | 0.60 |
| 东海小哨兵（儿童画册） | 上海美术电影制片厂 | 外文 | 1976 | 15025 | 24 开 | 0.85 |
| 狡猾的大灰狼（儿童画册） | 虞天慈改编，姜金城诗，陈永镇绘 | 外文 | 1976 | 12024 | 24 开 | 0.25 |
| 换稻种（儿童画册） | 李德富文，马建彬画 | 外文 | 1976 | 10030 | 24 开 | 0.30 |

续表

| 书名 | 作者 | 出版社 | 出版/再版时间 | 印刷/发行册数 | 开本/装帧 | 定价（元） |
|---|---|---|---|---|---|---|
| 小马过河（儿童画册） | 明扬改编，陈永镇绘 | 外文 | 1976 | 11030 | 24 开 | 0.15 |

## 1976 年豪萨文版书目（4 种）

| 书名 | 作者 | 出版社 | 出版/再版时间 | 印刷/发行册数 | 开本/装帧 | 定价（元） |
|---|---|---|---|---|---|---|
| 换了人间——报告文学六篇 | 高玉宝等 | 外文 | 1976 | 2024 | 34 开 | 0.85 |
| 革命现代舞剧《红色娘子军》的故事 | 任映红改编 | 外文 | 1976 | 1524 | 34 开 | 0.25 |
| 京江怒涛（连环画） | 胡博综、王孟奇绘 | 外文 | 1976 | 1825 | 24 开 | 0.60 |
| 小马过河（儿童画册） | 明扬改编，陈永镇绘 | 外文 | 1976 | 2030 | 24 开 | 0.15 |

## 1976 年阿拉伯文版书目（9 种）

| 书名 | 作者 | 出版社 | 出版/再版时间 | 印刷/发行册数 | 开本/装帧 | 定价（元） |
|---|---|---|---|---|---|---|
| 伟大领袖和导师毛泽东主席永垂不朽 | | 外文 | 1976（1980年停售） | 5324 | 16 开 | 0.55 |
| 伟大的历史性胜利 | | 外文 | 1976（1980年停售） | 2824 | 32 开 | 0.25 |
| 中国政府继续坚决执行毛主席的革命外交路线和政策（中国代表团团长在联合国大会第三十一届全体会议上的发言） | | 外文 | 1976 | | 32 开 | 0.10 |
| 农村也是大学 | 晓兵 | 外文 | 1976 | 7024 | 32 开 | 0.60 |

续表

| 书名 | 作者 | 出版社 | 出版/再版时间 | 印刷/发行册数 | 开本/装帧 | 定价（元） |
|---|---|---|---|---|---|---|
| 在七里营人民公社 | 朱力、田洁云 | 外文 | 1976（1980年停售） | 8100 | 32 开 | 1.50 |
| 辛亥革命 | 中国近代史丛书编写组 | 外文 | 1976 | 8024 | 32 开 | 0.80 |
| 小马过河（儿童画册） | 明扬改编，陈永镇绘 | 外文 | 1976 | 15030 | 24 开 | 0.15 |
| 闪闪的红星 | 李心田著，王维新插图 | 外文 | 1976 | 8024 | 34 开 | 0.80 |
| 农奴愤——大型泥塑（摄影画册） | | 外文 | 1976 | 10025 | 12 开 | 4.00 |

## 1976 年多语种对照版书目（12 种）

| 语种 | 书名 | 作者 | 出版社 | 出版/再版时间 | 印刷/发行册数 | 开本/装帧 | 定价（元） |
|---|---|---|---|---|---|---|---|
| 中、英文对照 | 故宫（一、摄影明信片辑） | 故宫博物院 | 文物 | 1976（1973年出版，再版2次重印，本次再版） | | 50 开/套/10 张 | 0.55 |
| | 故宫（二、摄影明信片辑） | 故宫博物院 | 文物 | 1976（1973年出版，再版2次重印，本次再版） | | 50 开/套/10 张 | 0.55 |
| | 故宫（三、摄影明信片辑） | 故宫博物院 | 文物 | 1976（1973年出版，再版2次重印，本次再版） | | 50 开/套/10 张 | 0.55 |
| | 避暑山庄 外八庙（摄影明信片辑） | 承德避暑山庄管理处 | 文物 | 1976 | | 50 开/套/10 张 | 0.55 |

| 语种 | 书名 | 作者 | 出版社 | 出版/再版时间 | 印刷/发行册数 | 开本/装帧 | 定价（元） |
|---|---|---|---|---|---|---|---|
| 中、英文对照 | 陕西出土文物（摄影明信片辑） | 陕西省博物馆 | 文物 | 1976 | | 50 开/套/10 张 | 0.65 |
| | 云南青铜器（摄影明信片辑） | 云南博物馆 | 文物 | 1976 | | 50 开/套/10 张 | 0.65 |
| | 中国青铜器（第一集,摄影明信片辑） | | 文物 | 1976 | | 50 开/套/10 张 | 0.65 |
| | 中国青铜器（第二集,摄影明信片辑） | | 文物 | 1976 | | 50 开/套/10 张 | 0.65 |
| | 石林（摄影明信片辑） | | 云南人民 | 1976 | | 50 开/套/12 张 | 0.54 |
| | 你办事,我放心（油画） | | 人民美术 | 1976 | | 2 开 | |
| | 井冈山《茅坪》（国画） | 钱松岩绘 | 上海书画社 | 1976 | | 2 开 | |
| | 伟大祖国　欣欣向荣（年画） | | 上海人民 | 1976 | | 2 开 | |

# 1977 年图书（期刊）对外翻译出版发行活动

本年，人民画报社为了纪念周恩来总理逝世一周年，出版《深切怀念敬爱的周恩来总理》专刊，加印 150 万份、专刊发行 117 万份；

本年，国际书店开始恢复对印度的发行工作，这是自 1962 年中断 15 年后的首批小规模贸易往来；

本年，《北京周报》增出阿拉伯文版双周刊，《人民画报》增出罗马尼亚文版；

本年，国际书店逐步恢复中国画原作的出口业务。

1977 年 1 月 1 日，人民画报社为纪念周恩来总理逝世一周年，出版《深切怀念敬爱的周恩来总理》专刊，专刊发行 117 万份，为满足读者的要求，人民画报社决定加印 150 万份。

1977 年 1 月，《中国建设》第 1 期，刊发宋庆龄副委员长撰写文章《怀念周恩来总理》。

1977 年 1 月 1 日，邮政总局通知：国际邮件邮资调高 100% 至 160%。受这一因素和计量不科学（不是逐件计量，而是按每件 5 公斤估算重量）的影响，国际书店本年邮运费付出 3000 万元（人民币），国家差额补助 2500 万元。

1977 年 1 月 5 日，英籍女作家韩素音同《北京周报》和《中国建设》有关同志座谈。她对改进对外宣传，尤其对批判"四人帮"的报道，提出具体建议。1 月 24 日，韩素音在新华社谈我国对外宣传问题时，说："对外宣传要考虑国外读者所处的社会不一样，中国对外宣传的主要缺点就是不考虑这个情况，总以为我们写什么他们都明白，他们的习惯和我们的一样。怎样避免这个缺点呢？我认为，那就是让事实来说话，让具体的事实来说话。"中国建设杂志社英文专家爱泼斯坦 1 月份在新华社对外部和外文局的两次报告中呼吁："对外宣传方式应有区别"，"关键是要设身处地地替外国读者着想，下决心使我们的宣传能让外国读者明了"。

1977 年 3 月 29 日，中联部邀请国家科委、外文局、中国图书进口公司、国际书店讨论科委提出的"在国内陈列、赠送外文图书的问题"。经讨论决定：各地外文书店，京、沪、穗三市所需的外文图书由国际书店直接供应，其余由中国图书进口公司收订发货。

1977 年 4 月，国际书店向革命博物馆和毛主席纪念堂文物筹集组提供一批国外读者赞扬和悼念毛主席、周总理的来信 50 多封，剪报 10 多件。其中公开展出了法国凤凰书店寄来的《悼念周恩来总理签名簿》及多件函电。

1977 年 5 月 1 日，全国各大城市同时发售中文版《毛泽东选集》第五卷。日本友好书店同时在日本发售。

1977 年 6 月 4 日、11 日，英国朋友格林在新华社两次谈中国对外宣传问题。他说："我坦率地说，你们的对外宣传是失败的。你们的对外宣传没有说服力，有的东西反而引起外国人的误解。"又说："打倒'四人帮'是一个改进对外宣传的极好机会。""我希望对外宣传尝试一下，对不同的对象，写法也应有所不同。""你们应当大胆地改革，不怕犯错误，不要后退。"邓小平副主席于 8 月 3 日对新华社整理的《英国朋友格林谈对外宣传》作了如下批示："我认为格林的意见都重要，无论宣传和文风等等方面，都值得注意。建议印发给作宣传、外事的同志看看。"①

1977 年 6 月 11 日，财政部转发经国务院批准的《关于改变我国同朝（鲜）、阿（尔及利亚）、越（南），及苏联、东欧、蒙古各国的非贸易支付清算办法的请示》。其中规定："无论贸易还是非贸易结算，均一律使用人民银行对外公布的瑞士法郎的现汇牌价。"外文局财务部门和国际书店等有关单位均按此规定执行。

1977 年 6 月，人民画报社的日本专家横川次郎退休。他是中国人民的老朋友，40 年代即来华工作，为促进中日两国人民之间的友谊作出了贡献。

1977 年 7 月 4 日，美国朋友韩丁在对外友协组织的同新华社、广播局和外文局人员的座谈会上，谈到对外宣传应注意以下几个基本点：（1）不要只写抽象的概念，要用具体事实来说明概念；（2）报道文章既然提出了问题，就应该加以解释；（3）既要宣传成绩，也要讲前进中还有斗争，还有困难；（4）不应超越外国读者的认识水平和接受能力。

1977 年 7 月，《北京周报》增出阿拉伯文版双周刊。

---

① 　详见《中国外文局五十年大事记（1949—1999）》（下），新星出版社，1999 年 5 月版。

　　1977 年 8 月，中央批准对印度工作要采取"积极、慎重、逐步开展、逐步改善关系"的方针，并在为贯彻上述方针的具体建议中，强调工作重点放在人民友好方面。根据这一指示精神，国际书店逐步恢复了对印度的发行工作。这是自 1962 年中断 15 年后，双方开始少量贸易往来。

　　1977 年 8 月 6 日，中国文学杂志社邀请英国朋友叶和达来社座谈。叶和达在座谈中提出：希望《中国文学》提高作品水平，题材要广泛，放弃"八股"之风，改进编辑工作等。

　　1977 年 8 月，国际书店副经理曹健飞、日本科科长施汉卿、翻译倪其恕组成访日工作小组赴日进行业务访问，主要是推销日文版《毛泽东选集》第五卷。

　　1977 年 9 月，外文局向中共中央毛泽东著作编辑出版委员会和中联部呈送《关于〈毛主席诗词〉（39 首）翻译工作的请示报告》，提出两点建议：（1）新出的外文版《诗词》不编入《为李进同志拍摄庐山仙人洞照》这首诗（因该诗诗题中有李进，即江青的名字），或者将该诗题目改为《庐山仙人洞》，删去"为李进同志拍摄"字样。（2）对新版《诗词》中的有关人名（如黄公略、魏武、霸王、吴刚、嫦娥、陶令、孙大圣、尧舜等）、地名（如橘子洲、黄鹤楼、龟蛇、幽燕、五岭、楚天、三吴、昆明池、于阗、长岛等）、典故（如金瓯、一枕黄粱、赤县、神州、不周山等）加译者注，以利读者理解。针对上述问题，中共中央毛泽东著作出版委员会的吴冷西、贾步彬联名于 1978 年 4 月 7 日写信给汪东兴并转华国锋、叶剑英、邓小平、李先念。信中提出：第一个问题，"可以援引毛主席在世时批准在《毛泽东选集》第 1—4 卷中删去刘少奇名字的原则，删去'为李进同志所摄'似较妥当"；第二个问题，"外文版增加译者注是必要的"，并对外文局送审的《毛主席诗词译注》进行了核对，提出了一些修改意见。

　　1977 年 9 月，《毛泽东选集》第五卷英文版向全世界出版发行，该书出版后半个月，与美、英等国读者见面。

　　1977 年 9 月《人民画报》增出罗马尼亚文版。为祝贺《人民画报》罗文版的正式出版，罗马尼亚驻华大使格夫里列斯库于本年 12 月在使馆举行招待会。人民画报社党的核心小组组长兰子安等应邀参加。

　　1977 年 10 月，外文局批准国际书店逐步恢复中国画原作的出口业务。

　　1977 年 11 月，国际书店派以副经理钟虹为首的代表团参加南斯拉夫贝尔格莱德国际书展。

1977 年 11 月 21 日，人民中国杂志社日本专家戎家实因病在京逝世。戎家实逝世后，成立以廖承志为主任委员的治丧委员会，于 11 月 26 日在八宝山举行追悼会，骨灰存放在八宝山革命烈士灵堂。戎家实于 1952 年 12 月到外文出版社担任《人民中国》杂志的日文翻译改稿工作，对工作认真负责，勤勤恳恳，与中国人民建立起深厚的友谊，为中国人民的革命和建设事业，为加强日中两国人民的友谊和团结，为日中友好事业作出了贡献。

1977 年 12 月，国际书店编写的《中国图书贸易概况》由西德钦而出版社收入《世界图书贸易》丛书出版发行。

1977 年 12 月，澳大利亚共产党（马列）主席来访，说明所属 7 家书店无法偿还欠款一事。

1977 年 12 月 13 日，中联部部长耿飚在部核心小组会议上对《北京周报》的读者对象提出如下意见：《北京周报》要办成以左派党为对象的刊物，是给马列主义政党看的，而不是给各国政府看的，对象不是官方人士。要增加左派党的文件和活动的报道。

1977 年 12 月 30 日，外交部通知我国驻阿尔巴尼亚使馆并抄送外文局，参照对东欧国家不寄有原则分歧材料的做法，停发有关三个世界理论文章的书刊。

本年，澳大利亚东风书店、德中友协、秘鲁"我们的美洲"书店、哥伦比亚、西班牙埃斯科拉出版社、大马士革出版社、葡萄牙普罗书店、英国光华书店、法国百周年书店、斯里兰卡普拉家书店、法国凤凰书店、日本内山书店、东方书店、巴基斯坦民族出版社、第二次日本三刊友好之翼访华团等来访。

本年，外文出版社用英、法、西、俄、德、印尼、日、朝、菲律宾、越、老挝、泰、缅、孟加拉、印地、乌尔都、波斯、意大利、葡萄牙、阿拉伯、斯瓦希里、世界语 22 种文字出版 403 种图书，879 万余册。其中有《红楼梦》朝文版第 1 卷（分 5 卷出版）。

本年国际书店对外发行外文书籍为 467 万册，外文期刊 1512 万册（份）。本年外文期刊订户普遍减少，年底一期期刊发行数 29.8 万份，比 1976 年下降 16%。

# 1977 年对外发行图书目录

## 1977 年英文版书目（50 种）

| 书名 | 作者 | 出版社 | 出版/再版时间 | 印刷/发行册数 | 开本/装帧 | 定价（元） |
|---|---|---|---|---|---|---|
| 马克思恩格斯书简 | | 外文 | 1977 | | 32 开 | 0.50 |
| 共产主义原理 | 恩格斯 | 外文 | 1977 | 80024 | 32 开 | 0.20 |
| 德国的革命和反革命 | 恩格斯 | 外文 | 1977 | 60048 | 32 开/精 | 1.20 |
| | | | | | 32 开/平 | 0.80 |
| 马克思主义的三个来源和三个组成部分 | 列宁 | 外文 | 1977 | 70024 | 32 开 | 0.10 |
| 伟大的创举 | 列宁 | 外文 | 1977 | 60024 | 32 开 | 0.20 |
| 斯大林论列宁 | | 外文 | 1977 | 60024 | 32 开 | 0.25 |
| 毛泽东选集（第五卷） | 毛泽东 | 外文 | 1977（再版重印 1 次） | 145072 | 16 开/精 | 4.40 |
| | | | | | 16 开/平 | 3.40 |
| 毛主席的五篇哲学著作 | 毛泽东 | 外文 | 1977 | 80024 | 32 开 | 0.65 |
| 论十大关系 | 毛泽东 | 外文 | 1977 | 160024 | 32 开 | 0.20 |
| 毛主席关于三个世界划分的理论是对马克思列宁主义的重大贡献 | | 外文 | 1977 | 80024 | 32 开 | 0.40 |
| 中国共产党第十一次全国代表大会文件汇编 | | 外文 | 1977 | 125048 | 32 开/精 | 1.75 |
| | | | | | 32 开/平 | 1.25 |
| 把无产阶级专政下的继续革命进行到底——学习《毛泽东选集》第五卷 | 华国锋 | 外文 | 1977（1980 年停售） | 100024 | 32 开 | 0.20 |

续表

| 书名 | 作者 | 出版社 | 出版/再版时间 | 印刷/发行册数 | 开本/装帧 | 定价（元） |
|---|---|---|---|---|---|---|
| 中国粉碎"四人帮"反党集团的斗争 | | 外文 | 1977（1980年停售） | 70024 | 32 开 | 0.40 |
| 中国共产党中央委员会主席华国锋同志在第二次全国农业学大寨会议上的讲话 | | 外文 | 1977（1980年停售） | 80024 | 32 开 | 0.20 |
| 彻底批判"四人帮"掀起普及大寨县运动的新高潮（中共中央政治局委员、国务院副总理陈永贵在第二次全国农业学大寨会议上的报告） | 陈永贵 | 外文 | 1977（1980年停售） | 60024 | 32 开 | 0.20 |
| 大寨红旗 | 文荫、梁华 | 外文 | 1977 | | 32 开 | 0.95 |
| 中国工业学大庆会议文件选编 | | 外文 | 1977 | 60024 | 32 开 | 0.40 |
| 中国是怎样实现粮食自给的 | 外文出版社 | 外文 | 1977（1980年停售） | | 32 开 | 0.60 |
| 开滦新貌 | 开滦工人写作组 | 外文 | 1977（1980年停售） | 16150 | 32 开 | 0.80 |
| 西藏的跃进 | 郗长豪、高元美 | 外文 | 1977（1980年停售） | 70024 | 32 开 | 0.95 |
| 为社会主义而斗争的中国妇女 | 季本 | 外文 | 1977 | 80024 | 32 开 | 0.80 |
| 中国少数民族在前进 | 尹明 | 外文 | 1977 | 70024 | 32 开 | 1.15 |
| 一个美国人在中国 | 沙博理 | 新世界 | 1977 | 13274 | 32 开 | |
| 创业史 | 柳青著，沙博理译，阿老插图 | 外文 | 1977（1964年出版，再版重印 2 次，总印数 37124 册，本次第 2 版） | | 28 开/精 | 3.70 |

续表

| 书名 | 作者 | 出版社 | 出版/再版时间 | 印刷/发行册数 | 开本/装帧 | 定价（元） |
|---|---|---|---|---|---|---|
| 金桥（革命故事集） | 吴光松等 | 外文 | 1977 | 50024 | 32 开 | 0.70 |
| 向阳院的故事 | 徐瑛著，肖玉磊、何保泉插图 | 外文 | 1977 | 35024 | 32 开 | 1.40 |
| 好风集（诗集） | 路易·艾黎 | 外文 | 1977 | | 28 开/精 | 1.70 |
| | | | | | 28 开/平 | 1.20 |
| 活捉秃老鹰（连环画） | 甘武英等 | 外文 | 1977 | 70030 | 24 开 | |
| 双喜嫂（连环画） | 江苏人民出版社编，顾曾平绘 | 外文 | 1977 | 61030 | 24 开 | 0.70 |
| 渡口（连环画） | 令新原作杨兆林文何玉门绘 | 外文 | 1977 | 60030 | 16 开 | 1.10 |
| 瓦洛寨（连环画） | 西高编文，孙彬等绘画 | 外文 | 1977 | 50030 | 18 开 | 1.10 |
| 水牢仇（连环画） | 陈泽远、刘志贵编，徐恒瑜绘 | 外文 | 1977 | 45030 | 16 开 | 1.20 |
| 小骑手（儿童画册） | 滑国璋文，刘大为绘 | 外文 | 1977 | 80030 | 20 开 | 0.45 |
| 椰雷·小哨兵（儿童画册） | | 外文 | 1977 | 73030 | 24 开 | 0.45 |
| 美丽的空想家（儿童画册） | 姜成安等 | 外文 | 1977 | 54160 | 24 开 | |
| 狼牙山五壮士（儿童画册） | 娄齐贵编绘 | 外文 | 1977 | 80024 | 24 开 | 0.40 |
| 追踪（儿童画册） | 蔺鸿儒文，崔如琢、高宝生绘 | 外文 | 1977 | 80030 | 20 开 | 0.50 |

续表

| 书名 | 作者 | 出版社 | 出版/再版时间 | 印刷/发行册数 | 开本/装帧 | 定价（元） |
|---|---|---|---|---|---|---|
| 采蘑菇（儿童画册） | 自强编，裘义、顾平绘 | 外文 | 1977 | 85070 | 24 开 | 0.75 |
| 刘文学（儿童画册） | 楼家本绘 | 外文 | 1977 | 80030 | 24 开 | 0.55 |
| 中国摄影作品选集（摄影作品） | | 外文 | 1977 | 8100 | 12 开 | 8.00 |
| 中国旅行——广州·佛山（摄影画册） | 中国国际旅行社广州分社、广东人民出版社编辑部 | 广东人民 | 1977 | | 20 开 | 4.00 |
| 怀念周恩来总理 | | 外文 | 1977 | 76044 | 16 开/平 | 1.60 |
| | | | | | 16 开/精 | 2.00 |
| 上海市市区图 | | 上海人民 | 1977 | | 2 开 | 0.60 |
| 在创造中国新医药学的道路上 | 李经伟等 | 外文 | 1977（1980年停售） | 60024 | 32 开 | 0.50 |
| 中国的群众性游泳运动 | | 人民体育 | 1977 | | 24 开 | |

## 1977 年法文版书目（31 种）

| 书名 | 作者 | 出版社 | 出版/再版时间 | 印刷/发行册数 | 开本/装帧 | 定价（元） |
|---|---|---|---|---|---|---|
| 列宁论马克思和恩格斯 | | 外文 | 1977 | 30024 | 32 开 | 0.40 |
| 全俄中央执行委员会，莫斯科工、农和红军代表苏维埃，工会联席会议 | 列宁 | 外文 | 1977 | 25024 | 32 开 | 0.20 |

续表

| 书名 | 作者 | 出版社 | 出版/再版时间 | 印刷/发行册数 | 开本/装帧 | 定价（元） |
|---|---|---|---|---|---|---|
| 在全俄工会第二次代表大会上的报告 | 列宁 | 外文 | 1977 | 25024 | 32 开 | 0.15 |
| 伟大的创举 | 列宁 | 外文 | 1977 | 30024 | 32 开 | 0.20 |
| 无产阶级专政时代的经济和政治 | 列宁 | 外文 | 1977 | 30024 | 32 开 | 0.10 |
| 列宁主义问题 | 斯大林 | 外文 | 1977 | 40048 | 32 开/精 | 3.50 |
| | | | | | 32 开/平 | 3.10 |
| 毛泽东选集（第五卷） | 毛泽东 | 外文 | 1977 | 90359 | 16 开/精 | 4.40 |
| | | | | | 16 开/平 | 3.40 |
| 论十大关系 | 毛泽东 | 外文 | 1977 | 60024 | 32 开 | 0.20 |
| 毛主席关于三个世界划分的理论是对马克思列宁主义的重大贡献 | | 外文 | 1977 | 30024 | 32 开 | 0.40 |
| 中国共产党第十一次全国代表大会文件汇编 | | 外文 | 1977 | | 32 开/精 | 1.75 |
| | | | | | 32 开/平 | 1.25 |
| 把无产阶级专政下的继续革命进行到底——学习《毛泽东选集》第五卷 | 华国锋 | 外文 | 1977（1980 停售） | 40024 | 32 开 | 0.20 |
| 中国共产党中央委员会主席华国锋同志在第二次全国农业学大寨会议上的讲话 | 华国锋 | 外文 | 1977（1980 停售） | 25024 | 32 开 | 0.20 |
| 彻底批判"四人帮"掀起普及大寨县运动的新高潮（中共中央政治局委员、国务院副总理陈永贵在第二次全国农业学大寨会议上的报告） | | 外文 | 1977（1980 停售） | 20024 | 32 开 | 0.20 |

续表

| 书名 | 作者 | 出版社 | 出版/再版时间 | 印刷/发行册数 | 开本/装帧 | 定价（元） |
|---|---|---|---|---|---|---|
| 中国工业学大庆会议文件选编 | | 外文 | 1977 | | 32 开 | 0.40 |
| 开滦新貌 | 开滦工人写作组 | 外文 | 1977（1980 停售） | 31424 | 32 开 | 0.80 |
| 农村也是大学 | 晓兵 | 外文 | 1977（当年停售） | 12024 | 32 开 | 0.60 |
| 海岛女民兵 | 黎汝清著，蔡荣插图 | 外文 | 1977 | 15024 | 28 开 | 2.10 |
| 中国摄影作品选集（摄影作品） | | 外文 | 1977 | 2330 | 12 开 | 8.00 |
| 农奴愤——大型泥塑（摄影画册） | | 外文 | 1977 | 28030 | 12 开 | 4.00 |
| 渡口（连环画） | 令新原作，杨兆林文何玉门绘 | 外文 | 1977 | 30030 | 16 开 | 1.10 |
| 江防图（连环画） | 根据《江海洪流》革命故事改编是有福、吴锦瑜绘 | 外文 | 1977 | 30030 | 24 开 | 0.60 |
| 狼牙山五壮士（儿童画册） | 娄齐贵编绘 | 外文 | 1977 | 30030 | 24 开 | 0.40 |
| 活捉老秃鹰（儿童画册） | 黄钲原作肖人文，甘武炎绘 | 外文 | 1977 | 27030 | 18 开 | 0.90 |
| 追踪（儿童画册） | 蔺鸿儒文，崔如琢、高宝生绘 | 外文 | 1977 | 27030 | 20 开 | 0.50 |
| 采蘑菇（儿童画册） | 自强编，裘义、顾平绘 | 外文 | 1977 | 25030 | 24 开 | 0.75 |
| 刘文学（儿童画册） | 楼家本绘 | 外文 | 1977 | 30030 | 24 开 | 0.55 |

续表

| 书名 | 作者 | 出版社 | 出版/再版时间 | 印刷/发行册数 | 开本/装帧 | 定价（元） |
|---|---|---|---|---|---|---|
| 中国针灸学概要 | 中国中医研究院 | 外文 | 1977 | 37678 | 16 开/精（布面） | 20.00 |
| | | | | | 16 开/精（纸面） | 18.00 |

## 1977 年德文版书目（36 种）

| 书名 | 作者 | 出版社 | 出版/再版时间 | 印刷/发行册数 | 开本/装帧 | 定价（元） |
|---|---|---|---|---|---|---|
| 家庭、私有制和国家的起源 | 恩格斯 | 外文 | 1977 | 28048 | 32 开/精 | 1.35 |
| | | | | | 32 开/平 | 0.95 |
| 列宁论马克思和恩格斯 | | 外文 | 1977 | 18024 | 32 开 | 0.40 |
| 马克思主义的三个来源和三个组成部分 | 列宁 | 外文 | 1977 | 30024 | 32 开 | 0.10 |
| 伟大的创举 | 列宁 | 外文 | 1977 | 20024 | 32 开 | 0.20 |
| 无产阶级专政时代的经济和政治 | 列宁 | 外文 | 1977 | 25024 | 32 开 | 0.10 |
| 青年团的任务 | 列宁 | 外文 | 1977 | 20024 | 32 开 | 0.15 |
| 斯大林论列宁 | | 外文 | 1977 | 20024 | 32 开 | 0.25 |
| 论十大关系 | 毛泽东 | 外文 | 1977 | 70024 | 32 开 | 0.20 |
| 毛泽东论文学与艺术 | | 外文 | 1977（1961 年出版，再版重印 2 次，总印数 8270 册，本次第 2 版重印） | | 32 开 | 0.65 |
| 毛主席关于三个世界划分的理论是对马克思列宁主义的重大贡献 | | 外文 | 1977 | 20024 | 32 开 | 0.40 |

续表

| 书名 | 作者 | 出版社 | 出版/再版时间 | 印刷/发行册数 | 开本/装帧 | 定价（元） |
|---|---|---|---|---|---|---|
| 中国共产党第十一次全国代表大会文件汇编 | | 外文 | 1977 | 33048 | 32 开/精 | 1.75 |
| | | | | | 32 开/平 | 1.25 |
| 把无产阶级专政下的继续革命进行到底——学习《毛泽东选集》第五卷 | 华国锋 | 外文 | 1977（1980年停售） | 35024 | 32 开 | 0.20 |
| 中国共产党中央委员会主席华国锋同志在第二次全国农业学大寨会议上的讲话 | | 外文 | 1977（1980年停售） | 25024 | 32 开 | 0.20 |
| 彻底批判"四人帮"掀起普及大寨县运动的新高潮（中共中央政治局委员、国务院副总理陈永贵在第二次全国农业学大寨会议上的报告） | 陈永贵 | 外文 | 1977（1980年停售） | 25026 | 32 开 | 0.20 |
| 中国是怎样实现粮食自给的 | 外文出版社 | 外文 | 1977（1980年停售） | 33024 | 32 开 | 0.60 |
| 开滦新貌 | 开滦工人写作组 | 外文 | 1977（1980年停售） | 35024 | 32 开 | 0.80 |
| 一场大地震之后——中国人民战胜自然灾害的事迹 | | 外文 | 1977 | 25024 | 32 开 | 0.85 |
| 红雨（儿童文学） | 杨啸著，姚有多、范曾插图 | 外文 | 1977 | 12174 | 32 开 | 1.55 |
| 双喜嫂（连环画） | 江苏人民出版社编顾曾平绘 | 外文 | 1977 | 20030 | 24 开 | 0.70 |
| 渡口（连环画） | 令新原作杨兆林文何玉门绘 | 外文 | 1977 | 25030 | 16 开 | 1.10 |

续表

| 书名 | 作者 | 出版社 | 出版/再版时间 | 印刷/发行册数 | 开本/装帧 | 定价（元） |
|---|---|---|---|---|---|---|
| 江防图(连环画) | 根据《江海洪流》革命故事改编，是有福、吴锦瑜绘 | 外文 | 1977 | 25030 | 24 开 | 0.60 |
| 水牢仇(连环画) | 陈泽远、刘志贵编，徐恒瑜绘 | 外文 | 1977 | 17030 | 16 开 | 1.20 |
| 小骑手(儿童画册) | 滑国璋文刘大为绘 | 外文 | 1977 | 33025 | 20 开 | 0.45 |
| 狼牙山五壮士(儿童画册) | 娄齐贵编绘 | 外文 | 1977 | 35030 | 24 开 | 0.40 |
| 椰雷·小哨兵(儿童画册) | | 外文 | 1977 | 25030 | 24 开 | 0.45 |
| 活捉老秃鹰(儿童画册) | 黄钲原作肖人文、甘武炎绘 | 外文 | 1977 | 33030 | 18 开 | 0.90 |
| 换稻种(儿童画册) | 李德富文，马建彬等绘 | 外文 | 1977 | 17030 | 24 开 | 0.30 |
| 追踪(儿童画册) | 蔺鸿儒文，崔如琢，高宝生绘 | 外文 | 1977 | 30030 | 20 开 | 0.50 |
| 采蘑菇(儿童画册) | 自强编，裘义,顾平绘 | 外文 | 1977 | 29030 | 24 开 | 0.75 |
| 刘文学(儿童画册) | 楼家本绘 | 外文 | 1977 | 35030 | 24 开 | 0.55 |
| 鸦片战争 | 《中国近代史丛书》编写组 | 外文 | 1977 | 30024 | 32 开 | 0.65 |
| 太平天国革命 | 《中国近代史丛书》编写组 | 外文 | 1977 | 20024 | 32 开 | 0.90 |

续表

| 书名 | 作者 | 出版社 | 出版/再版时间 | 印刷/发行册数 | 开本/装帧 | 定价（元） |
|------|------|--------|---------------|---------------|-----------|-----------|
| 辛亥革命 | 《中国近代史丛书》编写组 | 外文 | 1977 | 20024 | 32 开 | 0.80 |
| 在创造中国新医药学的道路上 | 李经伟等 | 外文 | 1977（1980年停售） | 30024 | 32 开 | 0.60 |

## 1977 年西班牙文版书目（32 种）

| 书名 | 作者 | 出版社 | 出版/再版时间 | 印刷/发行册数 | 开本/装帧 | 定价（元） |
|------|------|--------|---------------|---------------|-----------|-----------|
| 列宁论马克思和恩格斯 | | 外文 | 1977 | 90024 | 32 开 | 0.40 |
| 进一步,退两步 | 列宁 | 外文 | 1977 | 65048 | 32 开/精 | 1.45 |
| | | | | | 32 开/平 | 1.05 |
| 列宁主义问题 | 斯大林 | 外文 | 1977 | 10024 | 32 开/精 | 3.50 |
| | | | | | 32 开/平 | 3.10 |
| 毛泽东选集（第五卷） | 毛泽东 | 外文 | 1977 | 120268 | 16 开/精 | 4.40 |
| | | | | | 16 开/平 | 3.40 |
| 论十大关系 | 毛泽东 | 外文 | 1977 | 10024 | 32 开 | 0.20 |
| 毛主席关于三个世界划分的理论是对马克思列宁主义的重大贡献 | | 外文 | 1977 | 58024 | 32 开 | 0.40 |
| 中国共产党第十一次全国代表大会文件汇编 | | 外文 | 1977 | 32048 | 32 开/精 | 1.75 |
| | | | | | 32 开/平 | 1.25 |
| 伟大的历史性胜利 | | 外文 | 1977 | 11524 | 32 开 | 0.25 |
| 把无产阶级专政下的继续革命进行到底——学习《毛泽东选集》第五卷 | 华国锋 | 外文 | 1977（1980年停售） | 40024 | 32 开 | 0.20 |

续表

| 书名 | 作者 | 出版社 | 出版/再版时间 | 印刷/发行册数 | 开本/装帧 | 定价（元） |
|---|---|---|---|---|---|---|
| 中国共产党中央委员会主席华国锋同志在第二次全国农业学大寨会议上的讲话 | | 外文 | 1977（1980年停售） | 27024 | 32 开 | 0.20 |
| 彻底批判"四人帮"掀起普及大寨县运动的新高潮（中共中央政治局委员、国务院副总理陈永贵在第二次全国农业学大寨会议上的报告） | 陈永贵 | 外文 | 1977（1980年停售） | 20024 | 32 开 | 0.20 |
| 中国工业学大庆会议文件选编 | | 外文 | 1977（1980年停售） | 27024 | 32 开 | 0.40 |
| 大寨红旗 | 文荫、梁华 | 外文 | 1977（1980年停售） | 56024 | 32 开 | 0.95 |
| 大寨——中国农业战线上的一面红旗（摄影画册） | 山西《大寨》编辑组 | 外文 | 1977（1980年停售） | 10024 | 12 开 | |
| 开滦新貌 | 开滦工人写作组 | 外文 | 1977（1980年停售） | 23024 | 32 开 | 0.80 |
| 为社会主义而斗争的中国妇女 | 季本 | 外文 | 1977（当年停售） | 40024 | 32 开 | 0.80 |
| 西藏的跃进 | 郗长豪、高元美 | 外文 | 1977 | 20024 | 32 开 | 0.95 |
| 一场大地震之后——中国人民战胜自然灾害的事迹 | | 外文 | 1977 | 15024 | 32 开 | 0.85 |
| 中国儿童美术作品选集 | | 外文 | 1977 | 15330 | 20 开 | 1.40 |
| 中国摄影作品选集 | | 外文 | 1977 | 2180 | 12 开 | 8.00 |
| 农奴愤——大型泥塑（摄影画册） | | 外文 | 1977 | 50025 | 12 开 | 4.00 |

续表

| 书名 | 作者 | 出版社 | 出版/再版时间 | 印刷/发行册数 | 开本/装帧 | 定价（元） |
|---|---|---|---|---|---|---|
| 渡口（连环画） | 令新原作杨兆林文何玉门绘 | 外文 | 1977 | | 16 开 | 1.10 |
| 江防图（连环画） | 根据《江海洪流》革命故事改编是有福、吴锦瑜绘 | 外文 | 1977 | 35030 | 24 开 | 0.60 |
| 小骑手（儿童画册） | 滑国璋文刘大为绘 | 外文 | 1977 | 12024 | 20 开 | 0.45 |
| 椰雷·小哨兵（儿童画册） | | 外文 | 1977 | 33030 | 24 开 | 0.45 |
| 采蘑菇（儿童画册） | 自强编，裘义、顾平绘 | 外文 | 1977 | 45030 | 24 开 | 0.75 |
| 刘文学（儿童画册） | 楼家本绘 | 外文 | 1977 | 30030 | 24 开 | 0.55 |
| 合作医疗好 | 常卫 | 外文 | 1977 | 40024 | 32 开 | 0.55 |

## 1977 年俄文版书目（17 种）

| 书名 | 作者 | 出版社 | 出版/再版时间 | 印刷/发行册数 | 开本/装帧 | 定价（元） |
|---|---|---|---|---|---|---|
| 马克思恩格斯书简 | | 外文 | 1977 | 2024 | 32 开 | 0.50 |
| 进一步，退两步 | 列宁 | 外文 | 1977 | 4524 | 32 开 | 0.90 |
| 列宁论马克思恩格斯及马克思主义 | | 外文 | 1977 | 2024 | 32 开 | 2.10 |
| 毛泽东选集（第五卷） | 毛泽东 | 外文 | 1977 | 22314 | 16 开/精 | 4.40 |
| | | | | | 16 开/平 | 3.40 |
| 论十大关系 | 毛泽东 | 外文 | 1977 | 6024 | 32 开 | 0.20 |

续表

| 书名 | 作者 | 出版社 | 出版/再版时间 | 印刷/发行册数 | 开本/装帧 | 定价（元） |
|---|---|---|---|---|---|---|
| 伟大的历史性胜利 | | 外文 | 1977（1978年停售） | 2524 | 32开 | 0.25 |
| 毛主席关于三个世界划分的理论是对马克思列宁主义的重大贡献 | | 外文 | 1977 | 4724 | 32开 | 0.40 |
| 中国共产党第十一次全国代表大会文件汇编 | | 外文 | 1977 | 7524 | 32开 | 1.25 |
| 把无产阶级专政下的继续革命进行到底——学习《毛泽东选集》第五卷 | 华国锋 | 外文 | 1977（1980年停售） | 7524 | 32开 | 0.20 |
| 中国共产党中央委员会主席华国锋同志在第二次全国农业学大寨会议上的讲话 | | 外文 | 1977（1980年停售） | 4524 | 32开 | 0.20 |
| 彻底批判"四人帮"掀起普及大寨县运动的新高潮（中共中央政治局委员、国务院副总理陈永贵在第二次全国农业学大寨会议上的报告） | 陈永贵 | 外文 | 1977（1980年停售） | 2524 | 32开 | 0.20 |
| 大寨红旗 | 文荫、梁华 | 外文 | 1977（1980年停售） | 2024 | 32开 | 0.95 |
| 中国是怎样实现粮食自给的 | 外文出版社 | 外文 | 1977（1980年停售） | 1424 | 32开 | 0.60 |
| 中国少数民族在前进 | 尹明 | 外文 | 1977 | 2024 | 32开 | 1.50 |
| 开滦新貌 | 开滦工人写作组 | 外文 | 1977（1980年停售） | 2024 | 32开 | 0.80 |
| 合作医疗好 | 常卫 | 外文 | 1977（1980年停售） | 2024 | 32开 | 0.55 |

### 1977 年意大利文版书目（6 种）

| 书名 | 作者 | 出版社 | 出版/再版时间 | 印刷/发行册数 | 开本/装帧 | 定价（元） |
|---|---|---|---|---|---|---|
| 关于农业合作化问题 | 毛泽东 | 外文 | 1977 | 9024 | 32 开 | 0.20 |
| 论十大关系 | 毛泽东 | 外文 | 1977 | 50024 | 32 开 | 0.20 |
| 中国共产党第十一次全国代表大会文件汇编 | | 外文 | 1977 | 10024 | 32 开 | 1.25 |
| 把无产阶级专政下的继续革命进行到底——学习《毛泽东选集》第五卷 | 华国锋 | 外文 | 1977（1980年停售） | 7024 | 32 开 | 0.20 |
| 中国共产党中央委员会主席华国锋同志在第二次全国农业学大寨会议上的讲话 | | 外文 | 1977（1980年停售） | 11024 | 32 开 | 0.20 |
| 采蘑菇（儿童画册） | 自强编，裘义、顾平绘 | 外文 | 1977 | 6030 | 24 开 | 0.75 |

### 1977 年葡萄牙文版书目（21 种）

| 书名 | 作者 | 出版社 | 出版/再版时间 | 印刷/发行册数 | 开本/装帧 | 定价（元） |
|---|---|---|---|---|---|---|
| 毛主席的五篇哲学著作 | 毛泽东 | 外文 | 1977 | 36024 | 32 开 | 0.65 |
| 中国社会各阶级的分析 | 毛泽东 | 外文 | 1977（1966年出版，再版3次重印，总印数16294册，本次再版重印） | | 32 开 | 0.10 |
| 关心群众生活，注意工作方法 | 毛泽东 | 外文 | 1977（1966年出版，再版1次重印，总印数16708册，本次再版重印） | | 32 开 | 0.10 |

续表

| 书名 | 作者 | 出版社 | 出版/再版时间 | 印刷/发行册数 | 开本/装帧 | 定价（元） |
|---|---|---|---|---|---|---|
| 统一战线中的独立自主问题 | 毛泽东 | 外文 | 1977（1967 年出版，再版 2 次重印，总印数 16134 册，本次再版重印） | | 32 开 | 0.10 |
| 青年运动的方向 | 毛泽东 | 外文 | 1977（1966 年出版，再版 2 次重印，总印数 9870 册，本次再版重印） | | 32 开 | 0.10 |
| 大量吸收知识分子 | 毛泽东 | 外文 | 1977（1969 年出版，再版 1 次重印，总印数 5555 册，本次再版重印） | | 32 开 | 0.05 |
| 文化工作中的统一战线 | 毛泽东 | 外文 | 1977（1970 年出版，再版 1 次重印，总印数 5455 册，本次再版重印） | | 32 开 | 0.10 |
| 论联合政府 | 毛泽东 | 外文 | 1977（1969 年出版，再版 2 次重印，总印数 12579 册，本次再版重印） | | 32 开 | 0.40 |
| 关于目前党的政策中的几个重要问题 | 毛泽东 | 外文 | 1977（1966 年出版，再版 2 次重印，总印数 6072 册，本次再版重印） | | 32 开 | 0.10 |
| 关于健全党委制 | 毛泽东 | 外文 | 1977（1966 年出版，再版 2 次重印，总印数 8520 册，本次再版重印） | | 32 开 | 0.10 |
| 将革命进行到底 | 毛泽东 | 外文 | 1977（1968 年出版，总印数 6110 册，本次再版重印） | | 32 开 | 0.10 |

续表

| 书名 | 作者 | 出版社 | 出版/再版时间 | 印刷/发行册数 | 开本/装帧 | 定价（元） |
|---|---|---|---|---|---|---|
| 论人民民主专政 | 毛泽东 | 外文 | 1977（1968 年出版，总印数 8110 册，本次再版重印） | | 32 开 | 0.10 |
| 论十大关系 | 毛泽东 | 外文 | 1977 | 40024 | 32 开 | 0.20 |
| 中国共产党第十一次全国代表大会文件汇编 | | 外文 | 1977 | 9024 | 32 开 | 1.25 |
| 把无产阶级专政下的继续革命进行到底——学习《毛泽东选集》第五卷 | 华国锋 | 外文 | 1977（1980 年停售） | 13024 | 32 开 | 0.20 |
| 伟大的历史性胜利 | | 外文 | 1977 | 4024 | 32 开 | 0.25 |
| 农村也是大学 | 晓兵 | 外文 | 1977（1979 停售） | 15024 | 32 开 | 0.60 |
| 大寨红旗 | 文荫、梁华 | 外文 | 1977（1980 年停售） | 15024 | 32 开 | 0.95 |
| 中国为什么没有通货膨胀 | 彭光玺 | 外文 | 1977 | 10024 | 32 开 | 0.45 |
| 采蘑菇(儿童画册) | 自强编，裘义、顾平绘 | 外文 | 1977 | 9024 | 24 开 | 0.75 |
| 农奴愤——大型泥塑(摄影画册) | | 外文 | 1977 | 11025 | 12 开 | 4.00 |

## 1977 年世界语版书目(13 种)

| 书名 | 作者 | 出版社 | 出版/再版时间 | 印刷/发行册数 | 开本/装帧 | 定价（元） |
|---|---|---|---|---|---|---|
| 论十大关系 | 毛泽东 | 外文 | 1977 | 5024 | 32 开 | 0.20 |
| 中国共产党第十一次全国代表大会文件汇编 | | 外文 | 1977 | 1524 | 32 | 1.00 |

续表

| 书名 | 作者 | 出版社 | 出版/再版时间 | 印刷/发行册数 | 开本/装帧 | 定价（元） |
|---|---|---|---|---|---|---|
| 伟大的历史性胜利 | | 外文 | 1977 | 874 | 32 开 | 0.25 |
| 中国为什么没有通货膨胀 | 彭光玺 | 外文 | 1977 | 2524 | 32 开 | 0.45 |
| 彩霞 | 浩然著，董辰生、陈玉先插图 | 外文 | 1977 | 2024 | 34 开 | 1.00 |
| 上学 | 管桦著，沈尧伊插图 | 外文 | 1977 | 1524 | 32 开 | 0.45 |
| 中国儿童美术作品选集 | | 外文 | 1977 | 2030 | 20 开 | 1.40 |
| 江防图（连环画） | 根据《江海洪流》革命故事改编，是有福、吴锦瑜绘 | 外文 | 1977 | 2030 | 24 开 | 0.60 |
| 狼牙山五壮士（儿童画册） | 娄齐贵编绘 | 外文 | 1977 | 3024 | 24 开 | 0.40 |
| 活捉老秃鹰（儿童画册） | 黄钲原作，肖人文、甘武炎绘 | 外文 | 1977 | 2530 | 18 开 | 0.90 |
| 追踪（儿童画册） | 蔺鸿儒文，崔如琢、高宝生绘 | 外文 | 1977 | 3030 | 20 开 | 0.50 |
| 刘文学（儿童画册） | 楼家本绘 | 外文 | 1977 | 3030 | 24 开 | 0.55 |
| 农奴愤——大型泥塑（摄影画册） | | 外文 | 1977 | 1225 | 12 开 | 4.00 |

## 1977 年日文版书目（19 种）

| 书名 | 作者 | 出版社 | 出版/再版时间 | 印刷/发行册数 | 开本/装帧 | 定价（元） |
|---|---|---|---|---|---|---|
| 毛泽东选集（第五卷） | 毛泽东 | 外文 | 1977 | 70048 | 32 开/精 | 3.60 |
| | | | | | 32 开/平 | 2.90 |
| 论十大关系 | 毛泽东 | 外文 | 1977 | 40024 | 32 开 | 0.20 |
| 毛主席关于三个世界划分的理论是对马克思列宁主义的重大贡献 | | 外文 | 1977 | | 32 开 | 0.40 |
| 中国共产党第十一次全国代表大会文件汇编 | | 外文 | 1977 | 21548 | 32 开/精 | 1.50 |
| | | | | | 32 开/平 | 1.00 |
| 把无产阶级专政下的继续革命进行到底——学习《毛泽东选集》第五卷 | 华国锋 | 外文 | 1977（1980年停售） | 25024 | 32 开 | 0.20 |
| 全国农业学大寨会议文件选编 | | 外文 | 1977（1980年停售） | 22026 | 32 开 | 0.50 |
| 大寨红旗 | | 外文 | 1977（1980年停售） | 8524 | 32 开 | 0.95 |
| 向阳院的故事 | 徐瑛著，肖玉磊、何保泉插图 | 外文 | 1977 | 6024 | 32 开 | 1.40 |
| 农奴愤（摄影画册） | | 外文 | 1977 | 20025 | 12 开 | 4.00 |
| 渡口（连环画） | 令新原作，杨兆林文，何玉门绘 | 外文 | 1977 | 3030 | 16 开 | 1.10 |
| 刘文学（儿童画册） | 楼家本绘 | 外文 | 1977 | 8030 | 24 开 | 0.55 |
| 小骑手（儿童画册） | 滑国璋文刘大为绘 | 外文 | 1977 | 6024 | 20 开 | 0.45 |

续表

| 书名 | 作者 | 出版社 | 出版/再版时间 | 印刷/发行册数 | 开本/装帧 | 定价（元） |
|---|---|---|---|---|---|---|
| 活捉老秃鹰（儿童画册） | 黄钲原作 肖人文、甘武炎绘 | 外文 | 1977 | 4530 | 18 开 | 0.90 |
| 追踪（儿童画册） | 蔺鸿儒文，崔如琢、高宝生绘 | 外文 | 1977 | 9030 | 20 开 | 0.50 |
| 北京人之家 | 贾兰坡 | 外文 | 1977 | 10024 | 32 开 | 0.70 |
| 中华人民共和国地图 | 外文出版社译 | 地图 | 1977 |  | 全张 | 0.70 |
| 中国语中级讲座 |  | 外文 | 1977 | 4083 | 32 开 |  |

## 1977 年朝鲜文版书目(12 种)

| 书名 | 作者 | 出版社 | 出版/再版时间 | 印刷/发行册数 | 开本/装帧 | 定价（元） |
|---|---|---|---|---|---|---|
| 论十大关系 | 毛泽东 | 外文 | 1977 | 7024 | 32 开 | 0.20 |
| 中国共产党第十一次全国代表大会文件汇编 |  | 外文 | 1977 | 4048 | 32 开/精 | 1.50 |
|  |  |  |  |  | 32 开/平 | 1.00 |
| 把无产阶级专政下的继续革命进行到底——学习《毛泽东选集》第五卷 | 华国锋 | 外文 | 1977（1980年停售） | 6548 | 32 开 | 0.20 |
| 中国共产党中央委员会主席华国锋同志在第二次全国农业学大寨会议上的讲话 |  | 外文 | 1977（1980年停售） | 6548 | 32 开 | 0.20 |
| 彻底批判"四人帮"掀起普及大寨县运动的新高潮（中共中央政治局委员、国务院副总理陈永贵在第二次全国农业学大寨会议上的报告） | 陈永贵 | 外文 | 1977（1980年停售） | 1024 | 32 开 | 0.20 |

续表

| 书名 | 作者 | 出版社 | 出版/再版时间 | 印刷/发行册数 | 开本/装帧 | 定价（元） |
|---|---|---|---|---|---|---|
| 中国工业学大庆会议文件选编 | | 外文 | 1977（1980年停售） | 1024 | 32 开 | 0.40 |
| 中国少数民族在前进 | 尹明 | 外文 | 1977 | 1324 | 32 开 | 1.15 |
| 朝花夕拾 | 鲁迅 | 外文 | 1977 | 2024 | 34 开 | 0.70 |
| 艳阳天（一） | 浩然著，方增先插图 | 外文 | 1977 | 1524 | 28 开/精 | 3.10 |
| 艳阳天（二） | 浩然著，方增先插图 | 外文 | 1977 | 1524 | 28 开/精 | 2.95 |
| 艳阳天（三） | 浩然著，方增先插图 | 外文 | 1977 | 1524 | 28 开/精 | 3.20 |

## 1977 年越南文版书目（12 种）

| 书名 | 作者 | 出版社 | 出版/再版时间 | 印刷/发行册数 | 开本/装帧 | 定价（元） |
|---|---|---|---|---|---|---|
| 论十大关系 | 毛泽东 | 外文 | 1977 | 3024 | 32 开 | 0.20 |
| 中国共产党第十一次全国代表大会文件汇编 | | 外文 | 1977 | 3324 | 32 开 | 1.00 |
| 把无产阶级专政下的继续革命进行到底——学习《毛泽东选集》第五卷 | 华国锋 | 外文 | 1977（1980年停售） | 1524 | 32 开 | 0.20 |
| 中国共产党中央委员会主席华国锋同志在第二次全国农业学大寨会议上的讲话 | | 外文 | 1977（1980年停售） | 3024 | 32 开 | 0.20 |
| 彻底批判"四人帮"掀起普及大寨县运动的新高潮（中共中央政治局委员、国务院副总理陈永贵在第二次全国农业学大寨会议上的报告） | 陈永贵 | 外文 | 1977（1980年停售） | 1024 | 32 开 | 0.20 |

**续表**

| 书名 | 作者 | 出版社 | 出版/再版时间 | 印刷/发行册数 | 开本/装帧 | 定价（元） |
|---|---|---|---|---|---|---|
| 中国是怎样实现粮食自给的 | | 外文出版社 | 外文 | 1977（1980年停售） | 1024 | 32 开 | 0.60 |
| 开滦新貌 | 开滦工人写作组 | 外文 | 1977（1980年停售） | 1024 | 32 开 | 0.80 |
| 采蘑菇（儿童画册） | 自强编，裘义、顾平绘 | 外文 | 1977 | 31030 | 24 开 | 0.75 |
| 刘文学（儿童画册） | 楼家本绘 | 外文 | 1977 | 2030 | 24 开 | 0.55 |
| 追踪（儿童画册） | 蔺鸿儒文崔如琢，高宝生绘 | 外文 | 1977 | 2030 | 20 开 | 0.50 |
| 在创造中国新医药学的道路上 | 李经伟等 | 外文 | 1977（1980年停售） | 1026 | 32 开 | 0.50 |
| 合作医疗好 | 常卫 | 外文 | 1977（1980年停售） | 1026 | 32 开 | 0.55 |

## 1977 年老挝文版书目（7 种）

| 书名 | 作者 | 出版社 | 出版/再版时间 | 印刷/发行册数 | 开本/装帧 | 定价（元） |
|---|---|---|---|---|---|---|
| 为争取千百万群众进入抗日民族统一战线而斗争 | 毛泽东 | 外文 | 1977 | 1524 | 32 开 | 0.15 |
| 新民主主义的宪法 | 毛泽东 | 外文 | 1977 | 3024 | 32 开 | 0.10 |
| 关于领导方法的若干问题 | 毛泽东 | 外文 | 1977 | 1524 | 32 开 | 0.10 |
| 学习和时局 | 毛泽东 | 外文 | 1977 | 3024 | 32 开 | 0.15 |
| 关于正确处理人民内部矛盾的问题 | 毛泽东 | 外文 | 1977 | 3024 | 32 开 | 0.30 |
| 必须学会做经济工作 | 毛泽东 | 外文 | 1977 | 2024 | 32 开 | |
| 中国共产党第十一次全国代表大会文件汇编 | | 外文 | 1977 | 2024 | 32 开 | 1.25 |

## 1977 年泰国文版书目(12 种)

| 书名 | 作者 | 出版社 | 出版/再版时间 | 印刷/发行册数 | 开本/装帧 | 定价（元） |
|---|---|---|---|---|---|---|
| 共产主义运动中的"左派"幼稚病 | 列宁 | 外文 | 1977 | 6524 | 50 开 | 1.10 |
| 论列宁主义基础 | 斯大林 | 外文 | 1977 | 6524 | 50 开 | 1.10 |
| 把无产阶级专政下的继续革命进行到底——学习《毛泽东选集》第五卷 | 华国锋 | 外文 | 1977（1980年停售） | 2024 | 32 开 | 0.20 |
| 大寨红旗 | 文阴、梁华 | 外文 | 1977 | 2524 | 32 开 | 1.20 |
| 敌后武工队（上册） | 冯志 | 外文 | 1977 | 1524 | 34 开 | 1.70 |
| 雁翎队的故事 | 刘夫海等著，辛鹤江插图 | 外文 | 1977 | 1524 | 34 开 | 0.90 |
| 革命现代京剧《杜鹃山》的故事 | 南沛改编 | 外文 | 1977 | 1224 | 34 开 | 0.40 |
| 渡口（连环画） | 令新原作，杨兆林文，何玉门绘 | 外文 | 1977 | 1030 | 16 开 | 1.10 |
| 小骑手（儿童画册） | 滑国璋文刘大为绘 | 外文 | 1977 | | 20 开 | 0.40 |
| 椰雷·小哨兵（儿童画册） | | 外文 | 1977 | 1530 | 24 开 | 0.45 |
| 鸦片战争 | 《中国近代史丛书》编写组 | 外文 | 1978 | 3024 | 32 开 | 0.65 |
| 农奴愤——大型泥塑（摄影画册） | | 外文 | 1977 | 2025 | 12 开 | 4.00 |

### 1977 年菲律宾文版书目（1 种）

| 书名 | 作者 | 出版社 | 出版/再版时间 | 印刷/发行册数 | 开本/装帧 | 定价（元） |
|---|---|---|---|---|---|---|
| 毛主席语录 | 毛泽东 | 外文 | 1977（1972 年出版，再版重印 1 次,总印数 4255 册，本次再版） | | 64 开 | 0.20 |

### 1977 年乌尔都文版书目（8 种）

| 书名 | 作者 | 出版社 | 出版/再版时间 | 印刷/发行册数 | 开本/装帧 | 定价（元） |
|---|---|---|---|---|---|---|
| 中国共产党第十一次全国代表大会文件汇编 | | 外文 | 1977 | 6024 | 32 开 | 1.00 |
| 红旗渠 | 林民 | 外文 | 1977 | | 32 开 | 0.90 |
| 万水千山变通途（摄影画册） | | 外文 | 1977 | | 12 开 | 1.20 |
| 上学 | 管桦著，沈尧伊插图 | 外文 | 1977 | | 32 开 | 0.45 |
| 东海小哨兵（儿童画册） | 上海美术电影制片厂供稿 | 外文 | 1977 | | 24 开 | 0.85 |
| 狡猾的大灰狼（儿童画册） | 虞天慈改编，姜金城诗，陈永镇绘 | 外文 | 1977 | | 24 开 | 0.25 |
| 追踪（儿童画册） | 蔺鸿儒文，崔如琢、高宝生绘 | 外文 | 1977 | | 20 开 | 0.50 |
| 刘文学（儿童画册） | 楼家本绘 | 外文 | 1977 | | 24 开 | 0.55 |

### 1977 年印地文版书目（6 种）

| 书名 | 作者 | 出版社 | 出版/再版时间 | 印刷/发行册数 | 开本/装帧 | 定价（元） |
|---|---|---|---|---|---|---|
| 论十大关系 | 毛泽东 | 外文 | 1977 | 10024 | 32 开 | 0.20 |
| 中国共产党第十一次全国代表大会文件汇编 | | 外文 | 1977 | 2724 | 32 开 | 1.00 |
| 把无产阶级专政下的继续革命进行到底——学习《毛泽东选集》第五卷 | 华国锋 | 外文 | 1977（1980年停售） | 7024 | 32 开 | 0.20 |
| 中国为什么没有通货膨胀 | 彭光玺 | 外文 | 1977（1980年停售） | 5024 | 32 开 | 0.45 |
| 牧童海娃 | 华山著，夏书玉插图 | 外文 | 1977 | 5024 | 34 开 | 0.50 |
| 刘文学（儿童画册） | 楼家本绘 | 外文 | 1977 | 5030 | 24 开 | 0.55 |

### 1977 年缅甸文版书目（6 种）

| 书名 | 作者 | 出版社 | 出版/再版时间 | 印刷/发行册数 | 开本/装帧 | 定价（元） |
|---|---|---|---|---|---|---|
| 中国共产党第十一次全国代表大会文件汇编 | | 外文 | 1977 | 2024 | 32 开 | 1.25 |
| 把无产阶级专政下的继续革命进行到底——学习《毛泽东选集》第五卷 | 华国锋 | 外文 | 1977（1980年停售） | 1524 | 32 开 | 0.20 |
| 革命现代京剧《智取威虎山》的故事 | 青红哨改编 | 外文 | 1977 | 1524 | 34 开 | 0.35 |
| 渡口（连环画） | 令新原作杨兆林文何玉门绘 | 外文 | 1977 | 1030 | 16 开 | 1.10 |

续表

| 书名 | 作者 | 出版社 | 出版/再版时间 | 印刷/发行册数 | 开本/装帧 | 定价（元） |
|---|---|---|---|---|---|---|
| 椰雷·小哨兵（儿童画册） | | 外文 | 1977 | 1030 | 24 开 | 0.45 |
| 小骑手（儿童画册） | 滑国璋文<br>刘大为绘 | 外文 | 1977 | 1025 | 20 开 | 0.45 |

## 1977 年孟加拉文版书目（5 种）

| 书名 | 作者 | 出版社 | 出版/再版时间 | 印刷/发行册数 | 开本/装帧 | 定价（元） |
|---|---|---|---|---|---|---|
| 井冈山的斗争 | 毛泽东 | 外文 | 1977（1973 年出版，再版重印 1 次，总印数 1555 册，本次重印） | | 32 开 | 0.30 |
| 论反对日本帝国主义的策略 | 毛泽东 | 外文 | 1977（1973 年出版，再版重印 1 次，总印数 1555 册，本次重印） | | 32 开 | 0.20 |
| 中国共产党在民族战争中的地位 | 毛泽东 | 外文 | 1977（1972 年出版，再版重印 1 次，总印数 7579 册，本次重印） | | 32 开 | 0.20 |
| 论人民民主专政 | 毛泽东 | 外文 | 1977（1973 年出版，再版重印 1 次，总印数 1555 册，本次重印） | | 32 开 | 0.20 |
| 论十大关系 | 毛泽东 | 外文 | 1977 | 5024 | 32 开 | 0.20 |

## 1977 年波斯文版书目（12 种）

| 书名 | 作者 | 出版社 | 出版/再版时间 | 印刷/发行册数 | 开本/装帧 | 定价（元） |
|---|---|---|---|---|---|---|
| 无产阶级专政时代的经济和政治 | 列宁 | 外文 | 1977 | 15024 | 32 开 | 0.10 |

续表

| 书名 | 作者 | 出版社 | 出版/再版时间 | 印刷/发行册数 | 开本/装帧 | 定价（元） |
|---|---|---|---|---|---|---|
| 青年团的任务 | 列宁 | 外文 | 1977 | 12024 | 32 开 | 0.15 |
| 毛主席的五篇哲学著作 | 毛泽东 | 外文 | 1977 | 10024 | 32 开 | 0.65 |
| 中国的红色政权为什么能够存在？ | 毛泽东 | 外文 | 1977（1965 年出版，再版 4 次重印，总印数 12809 册，本次重印） |  | 32 开 | 0.15 |
| 反对本本主义 | 毛泽东 | 外文 | 1977 |  | 32 开 | 0.10 |
| 统一战线中的独立自主问题 | 毛泽东 | 外文 | 1977（1966 年出版，再版 3 次重印，总印数 10771 册，本次重印） |  | 32 开 | 0.10 |
| 论联合政府 | 毛泽东 | 外文 | 1977（1972 年出版，总印数 9629 册，本次重印） |  | 32 开 | 0.40 |
| 改造我们的学习 | 毛泽东 | 外文 | 1977（1965 年出版，再版 2 次重印，总印数 14329 册，本次重印） |  | 32 开 | 0.10 |
| 将革命进行到底 | 毛泽东 | 外文 | 1977（1966 年出版，再版 3 次重印，总印数 11341 册，本次重印） |  | 32 开 | 0.10 |
| 在中国共产党第七届中央委员会第二次全体会议上的报告 | 毛泽东 | 外文 | 1977（1967 年出版，再版 3 次重印，总印数 12789 册，本次重印） |  | 32 开 | 0.15 |
| 把无产阶级专政下的继续革命进行到底——学习《毛泽东选集》第五卷 | 华国锋 | 外文 | 1977（1980 年停售） | 15024 | 32 开 | 0.20 |
| 伟大的历史性胜利 |  | 外文 | 1977（1980 年停售） | 5926 | 32 开 | 0.25 |

## 1977 年斯瓦希里文版书目（23 种）

| 书名 | 作者 | 出版社 | 出版/再版时间 | 印刷/发行册数 | 开本/装帧 | 定价（元） |
|---|---|---|---|---|---|---|
| 论十大关系 | 毛泽东 | 外文 | 1977 | 15024 | 32 开 | 0.20 |
| 中国共产党第十一次全国代表大会文件汇编 | | 外文 | 1977（1980年停售） | 6024 | 32 开 | 1.00 |
| 把无产阶级专政下的继续革命进行到底——学习《毛泽东选集》第五卷 | 华国锋 | 外文 | 1977（1980年停售） | 8024 | 32 开 | 0.20 |
| 中国共产党中央委员会主席华国锋同志在第二次全国农业学大寨会议上的讲话 | | 外文 | 1977（1980年停售） | 7024 | 32 开 | 0.20 |
| 彻底批判"四人帮"掀起普及大寨县运动的新高潮（中共中央政治局委员、国务院副总理陈永贵在第二次全国农业学大寨会议上的报告） | 陈永贵 | 外文 | 1977（1980年停售） | 7024 | 32 开 | 0.20 |
| 中国工业学大庆会议文件选编 | | 外文 | 1977 | | 32 开 | 0.40 |
| 中国为什么没有通货膨胀 | 彭光玺 | 外文 | 1977（1980年停售） | 10024 | 32 开 | 0.45 |
| 中国是怎样实现粮食自给的 | 外文出版社 | 外文 | 1977（1980年停售） | 7024 | 32 开 | 0.60 |
| 开滦新貌 | 开滦工人写作组 | 外文 | 1977（1980年停售） | 10024 | 32 开 | 0.80 |
| 为社会主义而斗争的中国妇女 | 季本 | 外文 | 1977 | | 32 开 | 0.80 |
| 中国少数民族在前进 | 尹明 | 外文 | 1977 | 7024 | 32 开 | 1.15 |

续表

| 书名 | 作者 | 出版社 | 出版/再版时间 | 印刷/发行册数 | 开本/装帧 | 定价（元） |
|---|---|---|---|---|---|---|
| 怀念周恩来总理 | | 外文 | 1977 | 6524 | 16 开 | 1.60 |
| 万水千山变通途 | | 外文 | 1977 | 13025 | | |
| 双喜嫂（连环画） | 江苏人民出版社编顾曾平绘 | 外文 | 1977 | 8030 | 24 开 | 0.70 |
| 江防图（连环画） | 根据《江海洪流》革命故事改编，是有福、吴锦瑜绘 | 外文 | 1977 | 9030 | 24 开 | 0.60 |
| 瓦洛寨（连环画） | 西高编文孙彬等绘画 | 外文 | 1977 | 7030 | 18 开 | 1.10 |
| 渡口（连环画） | 令新原作杨兆林文何玉门绘 | 外文 | 1977 | 9030 | 16 开 | 1.10 |
| 小骑手（儿童画册） | 滑国璋文刘大为绘 | 外文 | 1977 | 10024 | 20 开 | 0.45 |
| 狼牙山五壮士（儿童画册） | 娄齐贵编绘 | 外文 | 1977 | 12030 | 24 开 | 0.40 |
| 采蘑菇（儿童画册） | 自强编，裘义、顾平绘 | 外文 | 1977 | 7030 | 24 开 | 0.75 |
| 刘文学（儿童画册） | 楼家本绘 | 外文 | 1977 | 10030 | 24 开 | 0.55 |
| 椰雷·小哨兵（儿童画册） | | 外文 | 1977 | 7024 | 24 开 | 0.45 |
| 活捉老秃鹰（儿童画册） | 黄钲原作，肖人文、甘武炎绘 | 外文 | 1977 | 9530 | 18 开 | 0.90 |

## 1977 年阿拉伯文版书目（21 种）

| 书名 | 作者 | 出版社 | 出版/再版时间 | 印刷/发行册数 | 开本/装帧 | 定价（元） |
|---|---|---|---|---|---|---|
| 论十大关系 | 毛泽东 | 外文 | 1977 | 30024 | 32 开 | 0.20 |
| 毛主席关于三个世界划分的理论是对马克思列宁主义的重大贡献 | | 外文 | 1977 | 6024 | 32 开 | 0.40 |
| 中国共产党第十一次全国代表大会文件汇编 | | 外文 | 1977 | 7048 | 32 开/精 | 1.50 |
| | | | | | 32 开/平 | 1.00 |
| 把无产阶级专政下的继续革命进行到底——学习《毛泽东选集》第五卷 | 华国锋 | 外文 | 1977（1980年停售） | 7024 | 32 开 | 0.20 |
| 中国共产党中央委员会主席华国锋同志在第二次全国农业学大寨会议上的讲话 | | 外文 | 1977（1980年停售） | 6024 | 32 开 | 0.20 |
| 大寨红旗 | 文荫、梁华 | 外文 | 1977（1980年停售） | 10024 | 32 开 | 1.20 |
| 中国为什么没有通货膨胀 | 彭光玺 | 外文 | 1977（1980年停售） | | 32 开 | 0.60 |
| 为社会主义而斗争的中国妇女 | 季本 | 外文 | 1977（当年停售） | 15024 | 32 开 | 0.80 |
| 换了人间——报告文学六篇 | 高玉宝等 | 外文 | 1977 | 6024 | 34 开 | 0.90 |
| 雁翎队的故事 | 刘夫海等著，辛鹤江插图 | 外文 | 1977 | 7024 | 34 开 | 0.90 |
| 革命现代京剧《杜鹃山》的故事 | 南沛改编 | 外文 | 1977 | | 34 开 | 0.40 |
| 牧童海娃 | 华山著，夏书玉插图 | 外文 | 1977 | 5024 | 34 开 | 0.50 |

续表

| 书名 | 作者 | 出版社 | 出版/再版时间 | 印刷/发行册数 | 开本/装帧 | 定价（元） |
|---|---|---|---|---|---|---|
| 上学 | 管桦著，沈尧伊插图 | 外文 | 1977 | 5024 | 32 开 | 0.50 |
| 万水千山变通途（摄影画册） |  | 外文 | 1977 |  | 12 开 | 1.20 |
| 飞鹰崖（连环画） | 广东人民出版社编邝明因等绘 | 外文 | 1977 | 15235 | 24 开 | 1.20 |
| 江防图（连环画） | 根据《江海洪流》革命故事改编，是有福、吴锦瑜绘 | 外文 | 1977 | 10030 | 24 开 | 0.60 |
| 追踪（儿童画册） | 蔺鸿儒文，崔如琢、高宝生绘 | 外文 | 1977 | 10030 | 20 开 | 0.50 |
| 东海小哨兵（儿童画册） | 上海美术电影制片厂 | 外文 | 1977 | 10024 | 24 开 | 0.90 |
| 太平天国革命 | 《中国近代史丛书》编写组 | 外文 | 1977 | 7024 | 32 开 | 0.90 |
| 新沙皇统治下的苏联 |  | 外文 | 1977 | 4024 | 32 开 | 0.50 |

## 1977 年多语种对照版书目（32 种）

| 语种 | 书名 | 作者 | 出版社 | 出版/再版时间 | 开本/装帧 | 定价（元） |
|---|---|---|---|---|---|---|
| 中、英、法文对照 | 华国锋主席（标准像） |  | 人民美术 |  | 4 开 |  |

续表

| 语种 | 书名 | 作者 | 出版社 | 出版/再版时间 | 开本/装帧 | 定价（元） |
|---|---|---|---|---|---|---|
| 日、世界语对照 | 中国画新作选（画辑） | | 外文 | 1977 | 9开/50张 | 8.00 |
| 英、德文对照 | 中国画新作选（画辑） | | 外文 | 1977 | 9开/50张 | 8.00 |
| 阿拉伯、乌尔都文对照 | 中国画新作选（画辑） | | 外文 | 1977 | 9开/50张 | 8.00 |
| 法、西班牙文对照 | 中国画新作选（画辑） | | 外文 | 1977 | 9开/50张 | 8.00 |
| 中、英、法、德文对照 | 你办事 我放心（油画） | | 上海人民 | | 2开 | |
| | 毛主席教导我们学理论(年画) | | 上海人民 | | 2开 | |
| 中、英文对照 | 抚顺（摄影画册） | | 辽宁人民 | 1977 | 24开 | |
| | 旅大（摄影画册） | | 辽宁人民 | 1977 | 24开 | 0.80 |
| | 中国青铜器（第三集）(摄影明信片辑) | 文物出版社 | 文物 | 1977 | 50开/10张 | 0.65 |
| | 中国青铜器（第四集）(摄影明信片辑) | 文物出版社 | 文物 | 1977 | 50开/10张 | 0.65 |
| | 中国青铜器（第五集）(摄影明信片辑) | 文物出版社 | 文物 | 1977 | 50开/10张 | 0.65 |
| | 中国历史博物馆藏青铜器（摄影明信片辑） | 中国历史博物馆 | 文物 | 1977 | 50开/10张 | 0.65 |
| | 中国历史博物馆藏瓷器(摄影明信片辑) | 中国历史博物馆 | 文物 | 1977 | 50开/10张 | 0.65 |
| | 南京博物馆藏青铜器（摄影明信片辑） | 南京博物馆 | 文物 | 1977 | 50开/10张 | 0.65 |
| | 南京博物馆藏瓷器（摄影明信片辑） | 南京博物馆 | 文物 | 1977 | 50开/10张 | 0.65 |

| 语种 | 书名 | 作者 | 出版社 | 出版/再版时间 | 开本/装帧 | 定价（元） |
|---|---|---|---|---|---|---|
| 中、英文对照 | 河北出土陶瓷（摄影明信片辑） | 河北省博物馆 | 文物 | 1977 | 50 开/10 张 | 0.55 |
| | 云冈石窟（摄影明信片辑） | 山西省文工作委员会、山西云冈石窟文物保管所 | 文物 | 1977 | 50 开/33 张 | 1.45 |
| | 上海（摄影明信片辑） | 上海人民出版社 | 上海人民 | 1977（第 2 版） | 50 开/12 张 | 0.53 |
| | 韶山（摄影明信片辑） | | 湖南人民、上海人民 | 1977 | 50 开/10 张 | 0.50 |
| | 兴庆公园（摄影明信片辑） | 西安兴庆公园革命委员会编吴印咸等摄影 | 陕西人民 | 1977 | 50 开/10 张 | 0.50 |
| | 古田（摄影明信片辑） | | 福建人民 | 1977（第 2 版） | 50 开/12 张 | 0.50 |
| | 成都（摄影明信片辑） | | 四川人民 | 1977 | 50 开/12 张 | 0.50 |
| | 青岛（摄影画片辑） | | 山东人民 | 1977 | 50 开/10 张 | 0.50 |
| | 毛泽东同志主办的中共农民运动讲习所旧址（摄影画片辑） | 武汉市革命文物管理办公室编刘以宽摄 | 湖北人民 | 1977 | 50 开/9 张 | 0.50 |
| | 长江三峡明信片 | | 四川人民 | 1977 | 50 开/12 张 | 0.55 |
| | 走向胜利（油画） | | 人民美术 | | 2 开 | |
| | 革命歌曲选（Ⅱ） | 殷义石、尚怀晓等译配 | 上海人民 | 1977 | 32 开 | 0.20 |

续表

| 语种 | 书名 | 作者 | 出版社 | 出版/再版时间 | 开本/装帧 | 定价（元） |
|------|------|------|--------|--------------|-----------|-----------|
| 中、英文对照 | 大同（游览图） | 中国国际旅行社大同支社、山西人民出版社编 | 山西人民 | 1977 | 3开 | 0.65 |
| | 哈尔滨（游览图） | | 黑龙江人民 | 1977 | 28开 | 0.75 |
| | 成都（游览图） | | 四川人民 | 1977 | 24开 | 1.10 |
| | 敬爱的周总理在梅园新村 | 钟文译 | 江苏人民 | 1977 | 32开 | 0.14 |

# 1978 年图书（期刊）对外翻译出版发行活动

本年，《中国建设》增出德文版双月刊，《北京周报》增出葡萄牙文版；

本年，人民画报社停止为阿尔巴尼亚代译出版《阿尔巴尼亚画报》中文版的业务；

本年，国际书店赴叙利亚、伊拉克参加国际图书博览会，在叙利亚参展期间，收订 2140 个订户；

本年，印度新书中心经理苏伦·杜特应邀访华。杜特自办的新书中心于 1976 年 7 月就同国际书店建立了贸易往来，是两国书刊贸易中断后，国际书店在印度建立的第一家代销关系，是对印度发行的主要同业。

本年，国务院批准，凡在书店公开发售的图书，都允许外国人购买和带出国外，也都可以由国际书店等有关单位和出版社商量组织出口，此项规定改变了中文书刊出口的繁杂审读制度和紧缩方针。

本年，《北京周报》第 52 期全文刊载了《中国共产党第十一届中央委员会第三次全体会议公报》（1978 年 12 月 22 日通过）。这次会议是新中国成立以来中国共产党历史上具有深远意义的伟大转折，从此开始全面拨乱反正，进行改革开放，开辟建设有中国特色的社会主义的新道路。

1978 年 1 月 21 日，国务院批转外贸部《关于组织中国画出口问题的报告》，其中规定：（1）国画应当积极组织出口；（2）今后仿古画、木版水印画由工艺美术部门生产，由外贸部门收购出口；（3）当代画家新创作的国画，由文化部门统一组织，调拨给外贸部门出口；（4）出口国画的对外展卖、销售，都经由外贸途径统一进行。国际书店被列为历年经营国画出口的老单位，仍有权对外经营国画的出口业务。

1978 年 1 月，《中国建设》增出德文版双月刊。

1978 年 1 月，《中国文学》新辟"中国古典文学史话"专栏。专栏的第一篇刊登《中国古代神话故事》。

1978年1月，人民画报社停止为阿尔巴尼亚代译出版《阿尔巴尼亚画报》中文版的业务。

1978年2月24日，外文局出版的《外文书刊简报》第1期刊载一条简讯，内容是：《毛泽东选集》第五卷英、法、日、西、俄5种外文版，至1977年年底止，国际书店已向122个国家和地区发行17万多册（包括中文版2万多册）。发行较多的为日本（6万册）和美国（2万册），发行5000册以上的国家有英、法、西、加拿大，2000册以上的国家有秘鲁、埃塞俄比亚、意大利、澳大利亚、联邦德国、哥伦比亚、墨西哥、挪威、朝鲜等。

1978年2月，国际书店实行逐件计量，并分类分重量填表，每日递交邮件单，内部增设过秤计量填表手续，建立起一套包装——运输计费制度。经此项改革后，节省了大量邮费。1977年邮费为3000万元，比1978年减少50%。

1978年3月，《北京周报》增出葡萄牙文版。

1978年3月，人民画报社德文专家魏璐诗（女，原籍奥地利，已加入中国籍）退休。她于40年代来华工作，为中国人民的解放事业和新中国的对外宣传做了大量的工作。

1978年4月，日本东方书店经理安井正幸来华访问。在访问《人民中国》时，提出对该刊的意见。

1978年4月，停供朝鲜、越南、阿尔巴尼亚三国影印书刊。

1978年5月，北京周报社耿玉馨参加中国新闻工作者代表团访问芬兰、瑞典、挪威、冰岛、联邦德国。

1978年5月16日，全国妇联领导小组向中联部部长耿飚报告："今年1月26日，汪东兴副主席批示英文《中国妇女》恢复出版，争取1979年第一季度出版"。要求"刊物文稿的英文翻译和定稿（包括指定外国专家修改文字和指定专人定稿）仍请外文局负责。刊物的用纸、印刷和发行等，仍请纳入外文局的计划之中，在业务上也请外文局和过去一样给予指导。"耿飚批示："拟同意，请冯铉、吴学谦同志办。"

1978年5月17日，联邦德国红旗出版社代表团访华。团长沃尔夫冈·施维德齐克是红旗出版社社长，团员克劳斯·沙克是红旗出版社编委会主任。代表团同国际书店进行了业务会谈，并同北京周报社、人民画报社、中国建设杂志社进行座谈，对三刊的内容和形式等问题提出了几点看法。

1978年5月，日本专家村山孚到人民中国杂志社工作。他后来被任命为《人民中国》第一位外籍编委。

1978 年 6 月 14 日，为庆祝中国福利会成立 40 周年，宋庆龄副委员长在北京她的寓所举行小型招待会，《中国建设》的专家爱泼斯坦及该杂志的负责干部等应邀出席。宋庆龄副委员长撰文《为人民服务 40 年》在《中国建设》第 6 期刊载。文中提及《中国建设》目前不仅有英文版，还有法、西、俄和阿拉伯文版，当年起又增出了德文版。今后还要通过《中国建设》把中国社会主义发展进步的事实告诉全世界的朋友们。

1978 年 6 月，国际书店赴叙利亚、伊拉克参加国际博览会。在叙利亚参展期间，收订 2140 个订户。

1978 年 6 月，外文印刷厂排版车间研制成功尼龙版喷雾冲洗机，解决了生产中的急需。

1978 年 6 月 17 日，德共中央委员会主席克里斯蒂安，泽姆勒和普拉托在北京周报社座谈时说：“《北京周报》应该扩大读者范围，不仅要办给马列主义者看，还要着眼于西德的工人阶级和劳动人民。”“目前资本主义世界发表了很多反对中国的论述，希望《周报》针对他们的攻击，从正面阐述中国共产党的观点。”还建议中国有关部门针对国外的马列主义者办一本理论性的外文刊物。

1978 年 6 月 23 日，以南斯拉夫图书出版发行业务共同体委员会主席阿勃杜拉·耶森科维奇为团长的访华团到达北京。访华团同国际书店、中国图书进口公司和人民出版社等单位就发展两国出版发行界的友好合作进行了会谈。

1978 年 7 月 18 日，国务院批转国家出版局《关于加强和改进出版工作的报告》。报告中规定：“凡在书店公开发售的图书，都允许外国人购买和带出国外，也都可以由国际书店等有关单位和出版社商量组织出口。”此项规定改变了中文书刊出口的繁杂审读制度和紧缩方针。

1978 年 7 月 29 日至 8 月 5 日，由张企程、叶君健、李士俊、杭军组成的中国世界语代表团出席了在保加利亚瓦尔纳召开的第 63 届国际世界语大会。

1978 年 8 月 1 日，邮电部、交通部联合通知，“从 8 月 1 日起，开辟日本、西欧海运路线，由中国远洋班轮承运出口国际邮件。”从此国际书店对日本邮发书刊开始利用我国直达邮船，从上海到神户或横滨。寄往美国的邮件，也通过日本转运。

1978 年 8 月 1 日，中国建设杂志社党的核心小组副组长孟纪青，北京周报社党的核心小组成员冯锡良参加中国新闻工作者代表团访问美国。

1978 年 8 月 7 日，英中了解协会主席班以安率 10 人代表团来华访问，其成员同《北京周报》、新华社、广播局有关人员座谈。座谈中，他们肯定《北京周报》近年来的改进，建议我方注意研究读者的思想状况，加强针对性，在阐述基本观点方面做更大的改进。

1978 年 8 月 16 日至 30 日，应《罗马尼亚画报》邀请，人民画报社负责人兰子安率黄谷冰、王复遵、夏明箴访问罗马尼亚。

1978 年 8 月 17 日，印度新书中心经理苏伦·杜特应邀访华。杜特自办的新书中心于 1976 年 7 月同国际书店建立贸易往来，这是两国书刊贸易长期中断后在印度建立的第一家代销关系，是对印度发行的主要同业。杜特同国际书店进行了业务会谈，还同外文局外事组和中国图书进口公司商谈翻译出版和进口等业务。杜特在会谈中介绍了印度的进步运动，劳动人民生活和苏联对印度的书刊出版发行情况。

1978 年 8 月 23 日，美共（马列）副主席艾琳·克莱尔和中央委员谢尔曼·米勒来华访问。他们同北京周报社有关同志座谈，他们说："《北京周报》对美共（马列）的工作很有益，大家每周都等着读。""《北京周报》的读者是马列主义者、进步青年和学生，以及受马列党影响的工人。美中友协的大多数会员不看《北京周报》，因为不对路。他们中很多是中国的朋友，但并不喜欢马列主义理论。""《北京周报》可以像现在这样，一部分是理论文章，一部分是通俗稿件。"

1978 年 9 月，《毛泽东诗词》（39 首）德文版、法文版出版。

1978 年 9 月，《中国报道》编辑部根据中央关于对外宣传的要求和读者反映，对杂志的编辑方针作了补充修改。修改后的编辑方针是：以毛泽东思想为指针，宣传报道我国社会主义新时期各条战线的基本情况和成就；报道中国人民的精神面貌、物质文化生活和新人新事新风尚；介绍中国历史、地理、文化等基本知识；介绍我国同各国的友好关系及其发展；适当反映我国对重大国际问题的观点；经常刊登有关世界语的消息和文章。

1978 年 9 月 26 日，应美中友协第二副主席方天倪的邀请，外文局英文翻译张素初（为美方指名邀请）和陈休征参加夏威夷和檀香山 10 月 1 日举行的第六次庆祝中国国庆年会活动。张素初作为主要发言人出席纪念会，并参加其他有关中美关系正常化的活动。

1978 年 9 月 28 日至 10 月 19 日，中国报道杂志社邹国相、谭秀珠作为记者和翻译，随中国木偶剧团前往南斯拉夫参加第 12 届国际戏剧节和第 11 届国际木偶节，并在南进行访问采访。

1978 年 9 月，外文印刷厂副厂长康存怀和马绪丰随中国印刷代表团赴香港进行印刷技术考察。

1978 年 10 至 11 月，国际书店参加法兰克福书展和南斯拉夫贝尔格拉德书展。参展期间，与英国最大书商签订英文《中国建设》试销协议。

1978 年 11 月 30 日，联邦德国共产主义联盟中央代表团访华。北京周报社负责人同共产主义联盟中央书记汉斯·格哈特·施米勒尔、常委里格尔·罗森堡姆、中央委员霍斯特·吕谢尔进行座谈。座谈中，他们说："目前读者最关心的中国问题，一是如何正确评价'文化大革命'的成果、经验和教训；二是如何实现中国的四个现代化问题。"

1978 年 12 月 31 日，中宣部部长胡耀邦在中央宣传系统所属单位领导干部会议上讲话中指出："关于对外宣传问题，据说在这方面也存在许多禁区、框框，主观主义，形式主义，不看对象，'对牛弹琴'，效果甚差，笑话不少。我看这种状况也要尽快改革，跟上全国这个伟大的转变，更好地为四个现代化服务。今后，对外宣传的任务会越来越重。一是要做好向国外、向全世界的宣传；二是要做好向来华参观、旅游的外宾和华侨的宣传。与此同时，也要加强对国内人民的国际主义教育和国际时事政策的教育。现在出国的多了，引进的也多了，来华的外国人也多了。好处是眼界开阔了，也会带来另一方面的问题。有些青年人说，社会主义不如修正主义，修正主义不如资本主义。这就给我们做宣传工作的出了个题目：如何有针对性而且有说服力地宣传社会主义的优越性，宣传反修、防修。"

1978 年 12 月，《北京周报》第 52 期全文刊载了《中国共产党第十一届中央委员会第三次全体会议公报》（1978 年 12 月 22 日通过）。这次会议是新中国成立以来中国共产党历史上具有深远意义的伟大转折，从此开始全面拨乱反正，进行改革开放，开辟建设有中国特色的社会主义的新道路。它标志着中国从此进入社会主义发展的新时期。

1978 年 12 月，北京周报社编委段连城参加中国新闻工作者代表团赴西欧访问。

1978 年 12 月，《中国建设》派记者谭爱清赴泰国首都曼谷参加第 8 届亚运会的采访报道。

本年，同中国建立翻译出版关系的外国出版社或书店有下列 15 个国家 19 个单位：（1）日本青年出版社、东方书店、燎原书店；（2）尼泊尔费底亚书店；（3）孟加拉恰兰笛卡书店；（4）印度新书中心、思想出版社；（5）斯里兰卡黎明书店；（6）叙利亚大马士革出版社；（7）法国百年出版社；（8）联邦德国红旗出版社、上耐出版社；（9）葡萄牙红色土壤出版社；（10）瑞典十月出版社；（11）丹麦十月出版社；（12）挪威十月出版社；（13）荷兰进步书店；（14）希腊教育出版社；（15）美国立新书店。

本年，外文图书出版社用英、法、西、俄、日、朝、越、老挝、泰、缅、印地、乌尔都、波斯、德、意大利、葡萄牙、阿拉伯、斯瓦希里、豪萨、世界语20种外文出版276种618万余册图书。其中有《毛泽东诗词》法文、德文版，《红楼梦》英文版分3卷出版，已出第1卷（1979年出第2卷，1980年出第3卷）。

本年，国际书店对国外发行外文书籍321万册，外文期刊1383万册。

# 1978 年对外发行图书目录

## 1978 年英文版书目（61 种）

| 书名 | 作者 | 出版社 | 出版/再版时间 | 印刷/发行册数 | 开本/装帧 | 定价（元） |
|---|---|---|---|---|---|---|
| 哲学的贫困 | 马克思 | 外文 | 1978 | 40048 | 32 开/精 | 1.25 |
| | | | | | 32 开/平 | 0.85 |
| 雇佣劳动与资本 | 马克思 | 外文 | 1978 | 40024 | 32 开 | 0.25 |
| 路易·波拿巴的雾月十八日 | 马克思 | 外文 | 1978 | 25024 | 32 开 | 0.60 |
| 家庭、私有制和国家的起源 | 恩格斯 | 外文 | 1978 | 25024 | 32 开/精 | 1.35 |
| | | | | | 32 开/平 | 0.95 |
| 什么是"人民之友"以及他们如何攻击社会民主主义者？ | 列宁 | 外文 | 1978 | 55024 | 32 开/精 | 1.30 |
| | | | | | 32 开/平 | 0.90 |
| 怎么办？ | 列宁 | 外文 | 1978（1973 年出版，再版 3 次重印，总印数 170559 册，本次第 2 版） | | 32 开/精 | 1.45 |
| | | | | | 32 开/平 | 1.05 |

续表

| 书名 | 作者 | 出版社 | 出版/再版时间 | 印刷/发行册数 | 开本/装帧 | 定价（元） |
|---|---|---|---|---|---|---|
| 列宁论马克思恩格斯及马克思主义 | | 外文 | 1978 | 60048 | 32 开/精 | 2.50 |
| | | | | | 32 开/平 | 2.10 |
| 在扩大的中央工作会议上的讲话 | 毛泽东 | 外文 | 1978 | 100024 | 32 开 | 0.20 |
| 中华人民共和国第五届全国人民代表大会第一次会议文件 | | 外文 | 1978 | 85048 | 32 开/精 | 1.40 |
| | | | | | 32 开/平 | 1.15 |
| 中华人民共和国宪法 | | 外文 | 1978 | 46048 | 28 开/精 | 1.00 |
| | | | | | 28 开/平 | 0.55 |
| 光辉的战斗历程（纪念中国人民解放军建军五十周年） | | 外文 | 1978（980年停售）第三版） | 35024 | 32 开 | 0.75 |
| 中国农村的社会主义高潮（选本） | 中共中央办公厅 | 外文 | 1978 | | 32 开/精 | 2.40 |
| 关于越南驱赶华侨问题 | | 外文 | 1978 | 15024 | 32 开 | 1.10 |
| 中国代表团团长黄华在联合国大会第十届特别会议全体会议上的发言 | | 外文 | 1978 | 35024 | 32 开 | 0.15 |
| 新沙皇统治下的苏联 | | 外文 | 1978 | 50024 | 32 开 | 0.50 |
| 红楼梦（一） | 曹雪芹、高鹗著，杨宪益、戴乃迭译，戴敦邦插图 | 外文 | 1978 | 80080 | 28 开/绸面精 | 5.25 |
| 红楼梦（二） | 曹雪芹、高鹗著，杨宪益、戴乃迭译，戴敦邦插图 | 外文 | 1978 | 56130 | 28 开/绸面精 | 5.80 |
| | | | | | 28 开/纸面精 | 5.40 |

续表

| 书名 | 作者 | 出版社 | 出版/再版时间 | 印刷/发行册数 | 开本/装帧 | 定价（元） |
|---|---|---|---|---|---|---|
| 林海雪原（长篇小说） | 曲波著，沙博理译，孙滋溪插图 | 外文 | 1978（1962年出版，再版重印3次，总印数25724册，本次第3版） | | 28开/精 | 4.50 |
| 红岩（长篇小说） | 罗广斌、杨益言著吴凡等插图 | 外文 | 1978 | 25024 | 28开/精 | 4.25 |
| 随周恩来副主席长征 | 魏国禄著，沈尧伊画 | 外文 | 1978 | 65024 | 32开 | 0.75 |
| 大庆印象记 | 江山浩 | 外文 | 1978 | 50024 | 32 | 0.25 |
| 屈原（剧本） | 郭沫若 | 外文 | 1978（第2版） | | 28开/精 | 1.10 |
| 雷雨（剧本） | 曹禺著，王佐良、巴恩斯译 | 外文 | 1978（第3版） | | 28开/精 | 1.50 |
| 青松岭（电影文学剧本） | 长影改编承德话剧团集体创作 | 外文 | 1978 | 25024 | 34开 | 0.60 |
| 雁翎队的故事 | 刘夫海等著，辛鹤江插图 | 外文 | 1978 | 40024 | 34开 | 0.90 |
| 芦荡小英雄 | 张德武等著，毛水仙等插图 | 外文 | 1978 | 40024 | 32开 | 1.00 |
| 三个小伙伴 | 王安友等著，沈尧定等插图 | 外文 | 1978 | 25024 | 32开 | 0.80 |
| 叶圣陶童话选 | 叶圣陶、黄永玉插图 | 外文 | 1978（第4版） | | 大32开 | 1.10 |
| 边疆风雨夜（连环画） | 刘维仁改编，孟喜元绘 | 外文 | 1978 | 65030 | 24开 | 0.40 |

| 书名 | 作者 | 出版社 | 出版/再版时间 | 印刷/发行册数 | 开本/装帧 | 定价（元） |
|---|---|---|---|---|---|---|
| 祝福（连环画） | 鲁迅著，永祥等绘 | 外文 | 1978 | 41540 | 16 开 | 1.30 |
| 在幼儿园里（儿童画册） | 普红等编 尹家琅等绘 | 外文 | 1978 | 67030 | 24 开 | 0.75 |
| 刘胡兰（儿童画册） | 孟庆江绘 | 外文 | 1978 | 60130 | 20 开 | 0.95 |
| 体育新苗（儿童画册） | 刘秉江绘 | 外文 | 1978 | 25110 | 24 开 | 0.30 |
| 山东潍坊年画（画册） | | 山东人民 | 1978 | | 12 开 | |
| 毛主席照片选集 | 《中国摄影》编辑部 | 外文、人民美术 | 1978 | 1000 | 6 开/精 | 55.00 |
| 大寨（农业战线上的一面红旗）（摄影画册） | 山西省《大寨》画册编辑组 | 外文 | 1978（1980年停售） | 16450 | 12 开 | 18.00 |
| 美丽的桂林（摄影画册） | 广西《美丽的桂林》画册编辑组 | 外文 | 1978 | 72572 | 12 开/精 | 25.00 |
| | | | | | 12 开/平 | 20.00 |
| 重新安排河山——中国辉县见闻（摄影画册） | | 外文 | 1978 | 20050 | 12 开 | 10.00 |
| 中国旅行（郑州、洛阳、安阳、林县）（摄影画册） | 中国国家旅行社 | 中国旅游 | 1977 | | 20 开 | 4.00 |
| 长城（摄影明信片辑） | | 外文 | 1978 | | 44 开/10 张 | 0.50 |
| 苏州（摄影明信片辑） | | 外文 | 1978 | | 44 开/10 张 | 0.55 |

续表

| 书名 | 作者 | 出版社 | 出版/再版时间 | 印刷/发行册数 | 开本/装帧 | 定价（元） |
|---|---|---|---|---|---|---|
| 回顾长征 | 刘伯承等 | 外文 | 1978 | 65024 | 32 开 | 1.25 |
| 中国地理简况 | 众志 | 外文 | 1978 | 70024 | 32 开 | 1.50 |
| 北京旅游图集 | | 北京人民 | | | 50 开/11 种 | 3.00 |
| 西湖（游览图） | | 浙江人民 | 1978（第 2 版） | | 12 开 | |
| 济南（游览图） | | 山东人民 | 1978（第 2 版） | | 3 开 | |
| 中国的古桥和新桥——从赵州桥到南京长江大桥 | 茅以升 | 外文 | 1978 | 60048 | 16 开/精 | 2.30 |
| | | | | | 16 开/平 | 1.70 |
| 植物组织培养学术讨论会文集（北京 1978 年 5 月 25—30 日） | | 科学 | 1978 | | 16 开/精 | |
| 合作医疗好 | 常卫 | 外文 | 1978（1980 年停售第 3 版） | 80024 | 32 开 | 0.55 |
| 在征服黄河的道路上 | 黄伟 | 外文 | 1978（1980 年停售） | 40024 | 32 开 | 1.10 |
| 中华人民共和国船舶检验局钢质海船建造规范 | | 人民交通 | 1978 | | 16 开/精 | 4.30 |

## 1978 年法文版书目（28 种）

| 书名 | 作者 | 出版社 | 出版/再版时间 | 印刷/发行册数 | 开本/装帧 | 定价（元） |
|---|---|---|---|---|---|---|
| 卡尔·马克思 | 列宁 | 外文 | 1978（1966 年出版，再版 3 次重印，总印数 81231 册，本次再版重印） | | 32 开 | 0.33 |

续表

| 书名 | 作者 | 出版社 | 出版/再版时间 | 印刷/发行册数 | 开本/装帧 | 定价（元） |
|---|---|---|---|---|---|---|
| 在扩大的中央工作会议上的讲话 | 毛泽东 | 外文 | 1978 | 25024 | 32 开 | 0.20 |
| 毛主席的五篇哲学著作 | 毛泽东 | 外文 | 1978（1971 年出版，再版重印 1 次，总印数 50024 册，本次再版） | | 32 开 | 0.65 |
| 毛泽东诗词 | 毛泽东 | 外文 | 1978 | 35048 | 28 开/精 | 1.15 |
| | | | | | 28 开/平 | 0.65 |
| 中华人民共和国第五届全国人民代表大会第一次会议文件 | | 外文 | 1978 | 19548 | 32 开/精 | 1.40 |
| | | | | | 32 开/平 | 1.15 |
| 中华人民共和国宪法 | | 外文 | 1978 | 11048 | 28 开/精 | 1.00 |
| | | | | | 28 开/平 | 0.55 |
| 中国代表团团长黄华在联合国大会第十届特别会议全体会议上的发言 | | 外文 | 1978 | 8024 | 32 开 | 0.15 |
| 学中国话 | | 外文 | 1978 | 13124 | 32 开 | 1.00 |
| 故事新编 | 鲁迅 | 外文 | 1978 | | 34 开 | 0.95 |
| 向阳院的故事 | 徐瑛著，肖玉磊、何保泉插图 | 外文 | 1978 | 7024 | 32 开 | 1.40 |
| 祝福（连环画） | 鲁迅著，永祥等绘 | 外文 | 1978 | 22130 | 16 开 | 1.30 |
| 在幼儿园里（儿童画册） | 普红等编尹家琅等绘 | 外文 | 1978 | 22030 | 24 开 | 0.75 |
| 刘胡兰（儿童画册） | 孟庆江绘 | 外文 | 1978 | 17078 | 20 开 | 0.95 |
| 体育新苗（儿童画册） | 刘秉江绘 | 外文 | 1978 | 6080 | 24 开 | 0.30 |

续表

| 书名 | 作者 | 出版社 | 出版/再版时间 | 印刷/发行册数 | 开本/装帧 | 定价（元） |
|---|---|---|---|---|---|---|
| 毛主席照片选集 | 《中国摄影》编辑部 | 外文、人民美术 | 1978 | 3030 | 6 开/精 | 55.00 |
| 大寨（农业战线上的一面红旗）（摄影画册） | 山西省《大寨》画册编辑组 | 外文 | 1978 | 5098 | 12 开 | 18.00 |
| 重新安排河山——中国辉县见闻（摄影画册） | | 外文 | 1978 | 7030 | 12 开 | 10.00 |
| 长城（摄影明信片辑） | | 外文 | 1978 | | 44 开/10 张 | 0.50 |
| 苏州（摄影明信片辑） | | 外文 | 1978 | | 44 开/12 张 | 0.55 |
| 美丽的桂林（摄影画册） | 广西《美丽的桂林》画册编辑组 | 外文 | 1978 | 14130 | 12 开/平 | 20.00 |
| 太平天国革命 | 《中国近代史丛书》编写组 | 外文 | 1978 | 15024 | 32 开 | 0.90 |
| 戊戌变法 | 《中国近代史丛书》编写组 | 外文 | 1978 | 10024 | 32 开 | 0.60 |
| 辛亥革命 | 《中国近代史丛书》编写组 | 外文 | 1978 | 20024 | 32 开 | 0.80 |
| 北京人之家 | 贾兰坡 | 外文 | 1978 | 20024 | 32 开 | 0.70 |
| 西湖（游览图） | | 浙江人民 | 1978（第 2 版） | | 4 开 | 0.45 |

## 1978 年德文版书目（31 种）

| 书名 | 作者 | 出版社 | 出版/再版时间 | 印刷/发行册数 | 开本/装帧 | 定价（元） |
|---|---|---|---|---|---|---|
| 毛泽东选集（第五卷） | 毛泽东 | 外文 | 1978 | 35108 | 16 开/精 | 4.40 |
| | | | | | 16 开/平 | 3.40 |
| 在扩大的中央工作会议上的讲话 | 毛泽东 | 外文 | 1978 | 17024 | 32 开 | 0.20 |
| 毛泽东诗词 | 毛泽东 | 外文 | 1979 | 27348 | 28 开/精 | 1.15 |
| | | | | | 28 开/平 | 0.65 |
| 中华人民共和国第五届全国人民代表大会第一次会议文件 | | 外文 | 1978 | 15524 | 32 开/精 | 1.60 |
| | | | | | 32 开/平 | 1.30 |
| 大寨红旗 | 文荫, 梁华 | 外文 | 1978 | 35024 | 32 开 | 0.95 |
| 野草 | 鲁迅 | 外文 | 1978 | 10024 | 34 开 | 0.45 |
| 朝花夕拾 | 鲁迅 | 外文 | 1978 | 8024 | 34 开 | 1.05 |
| 海岛女民兵 | 黎汝清著 蔡荣插图 | 外文、人民美术 | 1978 | 7024 | 28 开 | 2.10 |
| 随周恩来副主席长征 | 魏国禄著 沈尧伊插图 | 外文 | 1978 | 7024 | 32 开 | 1.00 |
| 怀念周恩来总理 | | 外文 | 1978（1980 年停售） | 30048 | 16 开/精 | 2.00 |
| | | | | | 16 开/平 | 1.60 |
| 大庆印象记 | 江山浩 | 外文 | 1978 | 8024 | 32 | 0.25 |
| 毛主席照片选集 | 《中国摄影》编辑部 | 外文、人民美术 | 1978 | 1030 | 6 开/精 | 55.00 |
| 大寨（农业战线上的一面红旗）（摄影画册） | 山西省《大寨》画册编辑组 | 外文 | 1978（1980 年停售） | 7032 | 12 开 | 18.00 |

续表

| 书名 | 作者 | 出版社 | 出版/再版时间 | 印刷/发行册数 | 开本/装帧 | 定价（元） |
|---|---|---|---|---|---|---|
| 重新安排河山——中国辉县见闻（摄影画册） | | 外文 | 1978 | | 12 开 | 10.00 |
| 今日黄泛区（摄影画册） | | 外文 | 1978 | 4670 | 12 开 | 10.00 |
| 中国摄影作品选集 | | 外文 | 1978 | 2200 | 12 开 | 8.00 |
| 美丽的桂林（摄影画册） | 广西《美丽的桂林》画册编辑组 | 外文 | 1978 | 10430 | 12 开/平 | 20.00 |
| 长城（摄影明信片辑） | | 外文 | 1978 | 16054 | 44 开/10 张 | 0.50 |
| 苏州（摄影明信片辑） | | 外文 | 1978 | 10050 | 44 开/12 张 | 0.55 |
| 边疆风雨夜（连环画） | 刘维仁改编，孟喜元绘 | 外文 | 1978 | 2030 | 24 开 | 0.40 |
| 祝福（连环画） | 鲁迅著，永祥等绘 | 外文 | 1978 | 7520 | 16 开 | 1.30 |
| 在幼儿园里（儿童画册） | 普红等编，尹家琅等绘 | 外文 | 1978 | 25030 | 24 开 | 0.75 |
| 刘胡兰（儿童画册） | 孟庆江绘 | 外文 | 1978 | 8030 | 20 开 | 0.95 |
| 体育新苗（儿童画册） | 刘秉江绘 | 外文 | 1978 | 5030 | 24 开 | 0.30 |
| 小小运动员（儿童画册） | | 外文 | 1978 | 5030 | 20 开 | |
| 义和团运动 | 《中国近代史丛书》编写组 | 外文 | 1978 | 19024 | 32 开 | 0.60 |
| 戊戌变法 | 《中国近代史丛书》编写组 | 外文 | 1978 | 18024 | 32 开 | 0.60 |

## 1978 年西班牙文版书目（33 种）

| 书名 | 作者 | 出版社 | 出版/再版时间 | 印刷/发行册数 | 开本/装帧 | 定价（元） |
|---|---|---|---|---|---|---|
| 路易·波拿巴的雾月十八日 | 马克思 | 外文 | 1978 | 50024 | 32 开 | 0.60 |
| 法兰西内战 | 马克思 | 外文 | 1978 | 53048 | 32 开/精 | 1.40 |
|  |  |  |  |  | 32 开/平 | 1.00 |
| 什么是"人民之友"以及他们如何攻击社会民主主义者？ | 列宁 | 外文 | 1978 | 48048 | 32 开/精 | 1.30 |
|  |  |  |  |  | 32 开/平 | 0.90 |
| 在扩大的中央工作会议上的讲话 | 毛泽东 | 外文 | 1978 | 40024 | 32 开 | 0.20 |
| 毛泽东诗词 | 毛泽东 | 外文 | 1979 | 20048 | 28 开/精 | 1.15 |
|  |  |  |  |  | 28 开/平 | 0.65 |
| 中华人民共和国第五届全国人民代表大会第一次会议文件 |  | 外文 | 1978 | 27548 | 32 开/精 | 1.40 |
|  |  |  |  |  | 32 开/平 | 1.15 |
| 中华人民共和国宪法 |  | 外文 | 1978 | 8548 | 28 开/精 | 1.00 |
|  |  |  |  |  | 28 开/平 | 0.55 |
| 中华人民共和国土地改革法 |  | 外文 | 1978（第 4 版） | 7034 | 32 开 | 0.30 |
| 中国少数民族在前进 | 尹明 | 外文 | 1978 | 30024 | 32 开 | 1.15 |
| 怀念周恩来总理 |  | 外文 | 1978 | 26548 | 16 开/精 | 2.00 |
|  |  |  |  |  | 16 开/平 | 1.60 |
| 新沙皇统治下的苏联 |  | 外文 | 1978 | 40024 | 32 开 | 0.50 |
| 创业史（第一卷）（长篇小说） | 柳青 | 外文 | 1978 | 15024 | 28 开/精 | 3.70 |
| 大庆印象记 | 江山浩 | 外文 | 1978 | 16524 | 32 | 0.25 |
| 闪闪的红星 | 李心田著，王维新插图 | 外文 | 1978 | 14024 | 34 开 | 0.80 |

续表

| 书名 | 作者 | 出版社 | 出版/再版时间 | 印刷/发行册数 | 开本/装帧 | 定价（元） |
|---|---|---|---|---|---|---|
| 祝福（连环画） | 鲁迅著，永祥等绘 | 外文 | 1978 | 20580 | 16 开 | 1.30 |
| 在幼儿园里（儿童画册） | 普红等编，尹家琅等绘 | 外文 | 1978 | 35030 | 24 开 | 0.75 |
| 刘胡兰（儿童画册） | 孟庆江绘 | 外文 | 1978 | 30030 | 20 开 | 0.95 |
| 体育新苗（儿童画册） | 刘秉江绘 | 外文 | 1978 | 10150 | 24 开 | 0.30 |
| 毛泽东主席照片选集 | 《中国摄影》编辑部 | 外文、人民美术 | 1978 | 1030 | 6 开/精 | 55.00 |
| 今日黄泛区（摄影画册） | | 外文 | 1978 | | 12 开 | 10.00 |
| 重新安排河山——中国辉县见闻（摄影画册） | | 外文 | 1978 | 5030 | 12 开 | 10.00 |
| 美丽的桂林（摄影画册） | 广西《美丽的桂林》画册编辑组 | 外文 | 1978 | 14130 | 12 开/平 | 20.00 |
| 长城（摄影明信片辑） | | 外文 | 1978 | 8030 | 44 开/10 张 | 0.50 |
| 苏州（摄影明信片辑） | | 外文 | 1978 | 10050 | 44 开/12 张 | 0.55 |
| 义和团运动 | 《中国近代史丛书》编写组 | 外文 | 1978 | 2180 | 32 开 | 0.60 |
| 中国地理简况 | 众志 | 外文 | 1978 | 30024 | 32 开 | 1.50 |
| 西湖（游览图） | | 浙江人民 | 1978（第2版） | | 4 开 | 0.45 |

## 1978 年俄文版书目（11 种）

| 书名 | 作者 | 出版社 | 出版/再版时间 | 印刷/发行册数 | 开本/装帧 | 定价（元） |
|---|---|---|---|---|---|---|
| 《黑格尔法哲学批判》导言 | 马克思 | 外文 | 1978 | 1224 | 32 开 | 0.20 |
| 哲学的贫困 | 马克思 | 外文 | 1978 | 1024 | 32 开 | 0.85 |
| 共产主义原理 | 恩格斯 | 外文 | 1978 | 1224 | 32 开 | 0.20 |
| 路易·波拿巴的雾月十八日 | 马克思 | 外文 | 1978 | 1224 | 32 开 | 0.60 |
| 黑格尔《逻辑学》一书摘要 | 列宁 | 外文 | 1978 | 1524 | 32 开 | 0.70 |
| 中华人民共和国第五届全国人民代表大会第一次会议文件 | | 外文 | 1978 | 6748 | 32 开/精 | 1.40 |
| | | | | | 32 开/平 | 1.15 |
| 随周恩来副主席长征 | 魏国禄著沈尧伊插图 | 外文 | 1978 | 3948 | 32 开 | 0.75 |
| 大庆印象记 | 江山浩 | 外文 | 1978 | 2024 | 32 开 | 0.25 |
| 回顾长征 | 刘伯承等 | 外文 | 1978 | 3024 | 32 开 | 1.25 |
| 怀念周恩来总理 | | 外文 | 1978 | 1224 | 16 开 | 1.45 |

## 1978 年意大利文版书目（5 种）

| 书名 | 作者 | 出版社 | 出版/再版时间 | 印刷/发行册数 | 开本/装帧 | 定价（元） |
|---|---|---|---|---|---|---|
| 新民主主义论 | 毛泽东 | 外文 | 1978 | 4024 | 32 开 | |
| 关心群众生活，注意工作方法 | 毛泽东 | 外文 | 1978（1968 年出版，再版重印 2 次，总印数 35583 册，本次再版） | | 32 开 | 0.10 |
| 中国共产党在抗日时期的任务 | 毛泽东 | 外文 | 1978 | 5024 | 32 开 | 0.20 |

续表

| 书名 | 作者 | 出版社 | 出版/再版时间 | 印刷/发行册数 | 开本/装帧 | 定价（元） |
|---|---|---|---|---|---|---|
| 毛主席关于三个世界划分的理论是对马克思列宁主义的重大贡献 | | 外文 | 1978 | 7024 | 32 开 | 0.40 |
| 我的童年 | 高玉宝著，董辰生、陈玉先插图 | 外文 | 1978 | 8024 | 28 开 | 2.10 |

## 1978 年葡萄牙文版书目（3 种）

| 书名 | 作者 | 出版社 | 出版/再版时间 | 印刷/发行册数 | 开本/装帧 | 定价（元） |
|---|---|---|---|---|---|---|
| 怀念周恩来总理 | | 外文 | 1978（1980年停售） | 6024 | 16 开 | 1.45 |
| 边疆风雨夜（连环画） | 刘维仁改编，孟喜元绘 | 外文 | 1978 | 15030 | 24 开 | 0.40 |
| 在幼儿园里（儿童画册） | 普红等编，尹家琅等绘 | 外文 | 1978 | 15030 | 24 开 | 0.75 |

## 1978 年世界语版书目（7 种）

| 书名 | 作者 | 出版社 | 出版/再版时间 | 印刷/发行册数 | 开本/装帧 | 定价（元） |
|---|---|---|---|---|---|---|
| 中国共产党第十一次全国代表大会文件汇编 | | 外文 | 1978 | 1524 | 32 开 | 1.00 |
| 鸦片战争 | 《中国近代史丛书》编写组 | 外文 | 1978 | 2024 | 32 开 | 0.65 |

续表

| 书名 | 作者 | 出版社 | 出版/再版时间 | 印刷/发行册数 | 开本/装帧 | 定价（元） |
|---|---|---|---|---|---|---|
| 辛亥革命 | 《中国近代史丛书》编写组 | 外文 | 1978 | 1524 | 32 开 | 0.80 |
| 边疆风雨夜（连环画） | 刘维仁改编孟喜元绘 | 外文 | 1978 | 1530 | 24 开 | 0.40 |
| 渡江（连环画） | | 外文 | 1978 | 1500 | 24 开 | |
| 祝福（连环画） | 鲁迅著，永祥等绘 | 外文 | 1978 | 1530 | 16 开 | 1.30 |
| 刘胡兰（儿童画册） | 孟庆江绘 | 外文 | 1978 | 1530 | 20 开 | 0.95 |

## 1978 年日文版书目（24 种）

| 书名 | 作者 | 出版社 | 出版/再版时间 | 印刷/发行册数 | 开本/装帧 | 定价（元） |
|---|---|---|---|---|---|---|
| 在扩大的中央工作会议上的讲话 | 毛泽东 | 外文 | 1978 | 26024 | 32 开 | 0.20 |
| 中华人民共和国第五届全国人民代表大会第一次会议文件 | | 外文 | 1978 | 22048 | 32 开/精 | 1.40 |
| | | | | | 32 开/平 | 1.15 |
| 怀念周恩来总理 | | 外文 | 1978（1980年停售） | 16048 | 32 开/精 | 1.85 |
| | | | | | 32 开/平 | 1.55 |
| 红旗渠 | | 外文 | 1978（1980年停售） | 4254 | 32 开 | 0.90 |
| 西藏在跃进 | 郗长豪、高元美 | 外文 | 1978 | 3524 | 32 开 | 0.95 |
| 七星剑（长篇小说） | 杨佩瑾著万青力插图 | 外文 | 1978 | 4524 | 32 开/精 | 2.90 |

续表

| 书名 | 作者 | 出版社 | 出版/再版时间 | 印刷/发行册数 | 开本/装帧 | 定价（元） |
|------|------|--------|---------------|---------------|-----------|-----------|
| 创业（电影文学剧本） | 张天民 | 外文 | 1978 | 2040 | 34 开 | 1.40 |
| 于无声处 | 宗福先 | 外文 | 1978 | 2524 | 32 开 | |
| 芦荡小英雄 | 张德武等 | 外文 | 1978 | 5024 | 32 开 | 1.00 |
| 祝福（连环画） | 鲁迅著，永祥等绘 | 外文 | 1978 | 8030 | 16 开 | 1.30 |
| 水牢仇（连环画） | 陈泽远、刘志贵编 徐恒瑜绘 | 外文 | 1978 | 4030 | 16 开 | 1.20 |
| 毛主席照片选集 | 《中国摄影》编辑部 | 外文、人民美术 | 1978 | 1030 | 6 开/精 | 55.00 |
| 中国摄影作品选集 | | 外文 | 1978 | 1890 | 12 开 | 8.00 |
| 大寨（农业战线上的一面红旗）（摄影画册） | | 外文 | 1978 | 3804 | 12 开 | 18.00 |
| 美丽的桂林（摄影画册） | | 外文 | 1978 | 13540 | 12 开 | 20.00 |
| 长城（摄影明信片辑） | | 外文 | 1978 | 40030 | 44 开/10 张 | 0.50 |
| 苏州（摄影明信片辑） | | 外文 | 1978 | 130050 | 50 开/12 张 | 0.55 |
| 西藏风光（摄影明信片辑） | 西藏自治区新闻图片社 | 外文 | 1978 | 25550 | 44 开/12 张 | 0.55 |
| 北京旅游图集 | | 北京人民 | | | 50 开/11 册 | 3.00 |
| 石家庄（游览图）（中、日文对照） | | 河北人民 | | | 5 开 | |
| 西湖（游览图） | | 浙江人民 | 1978（第 2 版） | | 4 开 | 0.45 |
| 在创造中国新医学道路 | 李经纬等 | 外文 | 1978 | 5024 | 32 开 | 0.60 |

## 1978 年朝鲜文版书目（6 种）

| 书名 | 作者 | 出版社 | 出版/再版时间 | 印刷/发行册数 | 开本/装帧 | 定价（元） |
|---|---|---|---|---|---|---|
| 中华人民共和国第五届全国人民代表大会第一次会议文件 | | 外文 | 1978 | 1024 | 32 | 1.00 |
| 中朝友谊史上的新里程碑 | | 外文 | 1978 | 11048 | 32 开/精 | 0.80 |
| | | | | | 32 开/平 | 0.40 |
| 红楼梦（一） | 曹雪芹、高鹗著，敦邦插图 | 外文 | 1978 | 7845 | 28 开/精 | 4.50 |
| 随周恩来副主席长征 | 魏国禄著，沈尧伊插图 | 外文 | 1978 | 1524 | 32 开 | 0.75 |
| 创业（电影文学剧本） | 张天民 | 外文 | 1978 | 1524 | 34 开 | 2.45 |

## 1978 年越南文版书目（5 种）

| 书名 | 作者 | 出版社 | 出版/再版时间 | 印刷/发行册数 | 开本/装帧 | 定价（元） |
|---|---|---|---|---|---|---|
| 中华人民共和国第五届全国人民代表大会第一次会议文件 | | 外文 | 1978 | 1024 | 32 | 1.00 |
| 大寨红旗 | 文阴、梁华 | 外文 | 1978（1980年停售） | 1524 | 32 | 0.95 |
| 鸦片战争 | 《中国近代史丛书》编写组 | 外文 | 1978 | 1524 | 32 开 | 0.65 |
| 中国共产党第十一次全国代表大会文件汇编 | | 外文 | 1978 | 3324 | 32 开 | |

续表

| 书名 | 作者 | 出版社 | 出版/再版时间 | 印刷/发行册数 | 开本/装帧 | 定价（元） |
|---|---|---|---|---|---|---|
| 小马过河（儿童画册） | | 外文 | 1978 | 56040 | 24 开 | 0.50 |

## 1978 年老挝文版书目（5 种）

| 书名 | 作者 | 出版社 | 出版/再版时间 | 印刷/发行册数 | 开本/装帧 | 定价（元） |
|---|---|---|---|---|---|---|
| 改造我们的学习 | 毛泽东 | 外文 | 1978 | 524 | 32 开 | 0.10 |
| 在晋绥干部会议上的讲话 | 毛泽东 | 外文 | 1978 | 3024 | 32 开 | 0.15 |
| 论十大关系 | 毛泽东 | 外文 | 1978 | 3024 | 32 开 | 0.20 |
| 中华人民共和国第五届全国人民代表大会第一次会议文件 | | 外文 | 1978 | 1524 | 32 | 1.00 |
| 中国共产党第十一次全国代表大会文件汇编 | | 外文 | 1978 | 2024 | 32 开 | |

## 1978 年泰国文版书目（6 种）

| 书名 | 作者 | 出版社 | 出版/再版时间 | 印刷/发行册数 | 开本/装帧 | 定价（元） |
|---|---|---|---|---|---|---|
| 青年团的任务 | 列宁 | 外文 | 1978 | 5024 | 50 开 | 0.15 |
| 毛主席关于三个世界划分的理论是对马克思列宁主义的重大贡献 | 人民日报编辑部 | 外文 | 1978 | 1524 | 32 开 | 0.40 |
| 中国共产党第十一次全国代表大会文件汇编 | | 外文 | 1978 | 2524 | 32 开 | 1.00 |

续表

| 书名 | 作者 | 出版社 | 出版/再版时间 | 印刷/发行册数 | 开本/装帧 | 定价（元） |
|---|---|---|---|---|---|---|
| 中华人民共和国第五届全国人民代表大会第一次会议文件 | | 外文 | 1978 | 2024 | 32 | 1.00 |
| 回顾长征 | 刘伯承等 | 外文 | 1978 | 2024 | 32 开 | 1.50 |
| 水牢仇（连环画） | 陈泽远、刘志贵编徐恒瑜绘 | 外文 | 1978 | | 16 开 | 1.20 |

## 1978 年乌尔都文版书目（2 种）

| 书名 | 作者 | 出版社 | 出版/再版时间 | 印刷/发行册数 | 开本/装帧 | 定价（元） |
|---|---|---|---|---|---|---|
| 中华人民共和国土地改革法 | | 外文 | 1978 | | 32 开 | 0.20 |
| 狼牙山五壮士（连环画） | 娄齐贵编绘 | 外文 | 1978 | | 24 开 | 0.40 |

## 1978 年孟加拉文版书目（3 种）

| 书名 | 作者 | 出版社 | 出版/再版时间 | 印刷/发行册数 | 开本/装帧 | 定价（元） |
|---|---|---|---|---|---|---|
| 祝福（连环画） | 鲁迅著，永祥等绘 | 外文 | 1978 | 10330 | 16 开 | 1.30 |
| 在幼儿园里（儿童画册） | 普红等编，尹家琅等绘 | 外文 | 1978 | | 24 开 | 0.75 |
| 美丽的空想家（儿童画册） | 耿耿改编，姜成安、吴带生绘 | 外文 | 1978 | 4030 | 20 开 | 0.50 |

## 1978 年印地文版书目（7 种）

| 书名 | 作者 | 出版社 | 出版/再版时间 | 印刷/发行册数 | 开本/装帧 | 定价（元） |
|---|---|---|---|---|---|---|
| 毛主席诗词 | 毛泽东 | 外文 | 1979 | 4148 | 28 开/精 | 1.15 |
| | | | | | 28 开/平 | 0.65 |
| 中国共产党第十一次全国代表大会文件汇编 | | 外文 | 1978 | 2724 | 32 开 | 1.00 |
| 西藏在跃进 | 郗长豪、高元美 | 外文 | 1978 | 9024 | 32 开 | 0.95 |
| 鲁迅小说选 | | 外文 | 1978 | 3943 | 32 开/精 | 2.85 |
| 大庆印象记 | 江山浩 | 外文 | 1978 | 3943 | 32 | 0.25 |
| 在幼儿园里（儿童画册） | 普红等编尹家琅等绘 | 外文 | 1978 | | 24 开 | 0.75 |

## 1978 年波斯文版书目（6 种）

| 书名 | 作者 | 出版社 | 出版/再版时间 | 印刷/发行册数 | 开本/装帧 | 定价（元） |
|---|---|---|---|---|---|---|
| 战争和战略问题 | 毛泽东 | 外文 | 1978 | | 32 开 | 0.20 |
| 目前形势和我们的任务 | 毛泽东 | 外文 | 1978（1966 年出版，再版重印 2 次，总印数 10136 册，本次再版） | | 32 开 | 0.20 |
| 论人民民主专政 | 毛泽东 | 外文 | 1978（1964 年出版，再版重印 2 次，总印数 13329 册，本次再版） | | 32 开 | 0.15 |
| 论十大关系 | 毛泽东 | 外文 | 1978 | 20024 | 32 开 | 0.20 |
| 关于农业合作化问题 | 毛泽东 | 外文 | 1978 | 6024 | 32 开 | |

续表

| 书名 | 作者 | 出版社 | 出版/再版时间 | 印刷/发行册数 | 开本/装帧 | 定价（元） |
|---|---|---|---|---|---|---|
| 小兵张嘎（电影文学剧本） | 徐光耀编剧 | 外文 | 1978 | 1524 | 34 开 | 0.60 |

## 1978 年斯瓦希里文版书目（8 种）

| 书名 | 作者 | 出版社 | 出版/再版时间 | 印刷/发行册数 | 开本/装帧 | 定价（元） |
|---|---|---|---|---|---|---|
| 大庆印象记 | 江山浩 | 外文 | 1978 | 4024 | 32 开 | 0.25 |
| 中国地理简况 | 众志 | 外文 | 1978 | 8024 | 32 开 | 1.50 |
| 祝福（连环画） | 鲁迅著，永祥等绘 | 外文 | 1978 | 5100 | 16 开 | 1.30 |
| 边疆风雨夜（连环画） | 刘维仁改编，孟喜元绘 | 外文 | 1978 | 8030 | 24 开 | 0.40 |
| 水牢仇（连环画） | 陈泽远、刘志贵编，徐恒瑜绘 | 外文 | 1978 | 5530 | 16 开 | 1.20 |
| 体育新苗（儿童画册） | 刘秉江绘 | 外文 | 1978 | 3530 | 24 开 | 0.30 |
| 刘胡兰（儿童画册） | 孟庆江绘 | 外文 | 1978 | 8030 | 20 开 | 0.95 |
| 在幼儿园里（儿童画册） | 普红等编尹家琅等绘 | 外文 | 1978 | 7030 | 24 开 | 0.75 |

## 1978 年阿拉伯文版书目（8 种）

| 书名 | 作者 | 出版社 | 出版/再版时间 | 印刷/发行册数 | 开本/装帧 | 定价（元） |
|---|---|---|---|---|---|---|
| 在扩大的中央工作会议上的讲话 | 毛泽东 | 外文 | 1978 | 5024 | 32 开 | 0.20 |

续表

| 书名 | 作者 | 出版社 | 出版/再版时间 | 印刷/发行册数 | 开本/装帧 | 定价（元） |
|---|---|---|---|---|---|---|
| 中华人民共和国第五届全国人民代表大会第一次会议文件 | | 外文 | 1978 | 8024 | 32 开/精 | 1.30 |
| | | | | | 32 开/平 | 0.35 |
| 中国少数民族在前进 | 尹明 | 外文 | 1978 | 8024 | 32 开 | 1.15 |
| 大庆印象记 | 江山浩 | 外文 | 1978 | 5024 | 32 开 | 0.25 |
| 怀念周恩来总理 | | 外文 | 1978（1980年停售） | 6024 | 16 开 | 1.60 |
| 戊戌变法 | 《中国近代史丛书》编写组 | 外文 | 1978 | 7024 | 32 开 | 0.60 |
| 小兵张嘎（电影文学剧本） | 徐光耀编剧 | 外文 | 1978 | 5024 | 34 开 | 0.65 |

## 1978 年多语种对照版书目（58 种）

| 语种 | 书名 | 作者 | 出版社 | 出版/再版时间 | 印刷/发行册数 | 开本/装帧 | 定价（元） |
|---|---|---|---|---|---|---|---|
| 中、英、瑞典文对照 | 鲁迅（一）（图片辑） | 鲁迅博物馆 | 文物 | 1978 | | 50 开/15 张 | 0.65 |
| | 鲁迅（二）（图片辑） | 鲁迅博物馆 | 文物 | 1978 | | 50 开/10 张 | 0.45 |
| | 鲁迅（三）（图片辑） | 鲁迅博物馆 | 文物 | 1978 | | 50 开/10 张 | 0.55 |
| 中、英、法文对照 | 中国体育（14）（摄影明信片辑） | | 人民体育 | 1978 | | 44 开/10 张 | 0.50 |
| | 西藏风光（摄影明信片辑） | 西藏自治区新闻图片社 | 外文 | 1978 | | 44 开/12 张 | 0.55 |

| 语种 | 书名 | 作者 | 出版社 | 出版/再版时间 | 印刷/发行册数 | 开本/装帧 | 定价（元） |
|------|------|------|--------|--------|--------|--------|--------|
| 法、德文对照 | 西藏风光（摄影明信片辑） | 西藏自治区新闻图片社 | 外文 | 1978 | | 44 开/12 张 | 0.55 |
| 中、日、英文对照 | 苏州（摄影明信片辑） | 顾东升等摄影 | 上海人民美术 | 1978 | | 44 开/12 张 | 0.66 |
| 英、法、德文对照 | 大队养鸡（年画） | | 人民美术 | | | 2 开 | |
| | 大队养鸭（年画） | | 人民美术 | | | 2 开 | |
| | 公社鱼塘（年画） | | 人民美术 | | | 2 开 | |
| 中、英、法、德文对照 | 老书记（选自户县农民画展）（年画） | | 上海人民美术 | | | 2 开 | |
| | 春锄（选自户县农民画展）（年画） | | 上海人民美术 | | | 2 开 | |
| | 大队医疗站（年画） | | 陕西人民 | | | 2 开 | |
| | 山村篮球赛（年画） | | 陕西人民 | | | 2 开 | |
| | 公社春常在（年画） | | 陕西人民 | | | 2 开 | |
| | 捞河两岸（年画） | | 陕西人民 | | | 2 开 | |
| 中、英文对照 | 颐和园（一）（摄影明信片辑） | 颐和园管理处 | 文物 | 1978 | | 50 开/10 张 | 0.55 |
| | 颐和园（二）（摄影明信片辑） | 颐和园管理处 | 文物 | 1978 | | 50 开/10 张 | 0.55 |

续表

| 语种 | 书名 | 作者 | 出版社 | 出版/再版时间 | 印刷/发行册数 | 开本/装帧 | 定价（元） |
|---|---|---|---|---|---|---|---|
| 中、英文对照 | 西柏坡（摄影明信片辑） | 河北人民出版社 | 河北人民 | 1978 | | 50 开/10 张 | 0.48 |
| | 太原（摄影明信片辑） | 马名俊摄影 | 山西人民 | 1978 | | 50 开/12 张 | 0.65 |
| | 麦积山石窟（一）（摄影明信片辑） | 麦积山文物保管所 | 文物 | 1978 | | 50 开/11 张 | 0.50 |
| | 麦积山石窟（二）（摄影明信片辑） | 麦积山文物保管所 | 文物 | 1978 | | 50 开/11 张 | 0.50 |
| | 麦积山石窟（三）（摄影明信片辑） | 麦积山文物保管所 | 文物 | 1978 | | 50 开/11 张 | 0.50 |
| | 梅园新村中国共产党代表团办公原址（1946—1947）（摄影图片辑） | 梅园新村纪念馆 | 上海人民美术 | 1978 | | 44 开/13 张 | 0.67 |
| | 古猗园（摄影明信片辑） | 张祖麟摄影 | 上海人民美术 | 1978 | | 44 开/8 张 | 0.47 |
| | 松江方塔和照壁（摄影明信片辑） | 张颖等摄影 | 上海人民美术 | 1978 | | 44 开/8 张 | 0.47 |
| | 西湖（2）（摄影明信片辑） | | 浙江人民 | 1978 | | 44 开/12 张 | 0.60 |
| | 青岛（摄影明信片辑） | 青岛市革委外事办公室 | 山东人民 | 1978 | | 50 开/12 张 | 0.60 |
| | 桂林（摄影明信片辑） | | 广西人民 | 1978 | | 44 开/10 张 | |

| 语种 | 书名 | 作者 | 出版社 | 出版/再版时间 | 印刷/发行册数 | 开本/装帧 | 定价（元） |
|---|---|---|---|---|---|---|---|
| 中、英文对照 | 伊岭岩（摄影明信片辑） | | 广西人民 | 1978 | | 44 开/10 张 | |
| | 芦笛岩（摄影明信片辑） | | 广西人民 | 1978 | | 44 开/12 张 | |
| | 小雁塔（摄影图片辑） | 刘时贞、王相摄影 | 陕西人民 | 1978 | | 8 开 | 0.35 |
| | 乌鲁木齐（摄影明信片辑） | | 新疆人民 | 1978 | | 50 开/10 张 | 0.52 |
| | 故宫博物院藏工艺品选（一）（摄影明信片辑） | 故宫博物院 | 文物 | 1978 | | 50 开/10 张 | 0.55 |
| | 故宫博物院藏工艺品选（二）（摄影明信片辑） | 故宫博物院 | 文物 | 1978 | | 50 开/10 张 | 0.55 |
| | 故宫博物院藏工艺品选（三）（摄影明信片辑） | 故宫博物院 | 文物 | 1978 | | 50 开/10 张 | 0.55 |
| | 故宫博物院藏陶瓷选（一）（摄影明信片辑） | 故宫博物院 | 文物 | 1978 | | 50 开/10 张 | 0.65 |
| | 故宫博物院藏陶瓷选（二）（摄影明信片辑） | 故宫博物院 | 文物 | 1978 | | 50 开/10 张 | 0.65 |
| | 故宫博物院藏陶瓷选（三）（摄影明信片辑） | 故宫博物院 | 文物 | 1978 | | 50 开/10 张 | 0.65 |

续表

| 语种 | 书名 | 作者 | 出版社 | 出版/再版时间 | 印刷/发行册数 | 开本/装帧 | 定价（元） |
|---|---|---|---|---|---|---|---|
| 中、英文对照 | 上海博物馆铜器选辑（摄影图片辑） | 上海博物馆 | 上海人民美术 | 1978 | | 44 开/10 张 | 0.58 |
| | 敦煌彩塑（一）（摄影明信片辑） | 敦煌文物研究所 | 文物 | 1978 | | 50 开/11 张 | 0.60 |
| | 敦煌彩塑（二）（摄影明信片辑） | 敦煌文物研究所 | 文物 | 1978 | | 50 开/11 张 | 0.60 |
| | 敦煌彩塑（三）（摄影明信片辑） | 敦煌文物研究所 | 文物 | 1978 | | 50 开/11 张 | 0.60 |
| | 湖北出土文物（摄影明信片辑） | 湖北省博物馆编，刘以宽摄 | 湖北人民 | 1978（第二版） | | 50 开/12 张 | 0.60 |
| | 庐山青松 | 陈春轩摄 | 江西人民 | 1978 | | 4 开 | 0.20 |
| | 春江放筏（国画） | 亚明作 | 上海书画社 | 1978 | | 2 开 | |
| | 半坡遗址 | 西安半坡博物馆 | 陕西人民 | 1978 | | 24 开 | 0.57 |
| | 中国新出土文物（二）（摄影明信片辑） | | 外文 | 1978 | 55048 | 32 开 | 0.65 |
| | 石家庄（游览图） | | 河北人民 | | | 5 开 | |
| | 沈阳（游览图） | | 辽宁人民 | 1978 | | 2 开 | |
| | 古猗园（游览图） | | 上海人民美术 | | | 12 开 | |
| | 豫园（游览图） | | 上海人民美术 | | | 12 开 | |
| | 广州（游览图） | | 广东人民 | | | 24 开 | |

续表

| 语种 | 书名 | 作者 | 出版社 | 出版/再版时间 | 印刷/发行册数 | 开本/装帧 | 定价（元） |
|---|---|---|---|---|---|---|---|
| 中、英文对照 | 桂林（游览图） | | 广西人民 | | | 3 开 | |
| | 大雁塔（游览图） | 选成等摄影 | 陕西人民 | 1978 | | 8 开 | 0.23 |
| | 庆兴公园游览图 | 吴印咸等摄影王满绪绘图，武伯伦撰，文蓓蕾译 | 陕西人民 | 1978 | | 4 开 | 0.23 |
| | 乾陵（游览图） | 龙吼，邱亚农摄影 | 陕西人民 | 1978 | | 4 开 | 0.45 |
| | 千里沙漠绘新图（摄影画册） | 陕西省榆林地区革命委员会编，陈宝生摄影 | 陕西人民 | 1978 | | 12 开 | 3.60 |

# 1979 年图书（期刊）对外翻译出版发行活动

本年，中美宣布正式建交。国际书店被冻结在美国银行的 21 万美元账款，经美国同业"中国书刊社"代办，悉数退还我国；

本年，《中国建设》俄文版、《北京周报》葡萄牙文版停刊，停止印发《人民画报》芬兰文夹页，英文版《中国妇女》、《中国体育》复刊；

本年，对越南自卫反击战打响，对越南书刊发行全部终止；

本年，中宣部发出关于停止对外发行《毛主席语录》的通知；国际书店处理库存过多的毛主席著作单篇本（超量积压 33 种计 3600 万册）。根据通用文版畅销书多留，其他少留的原则，销毁处理单篇本及小册子 2661 万册。这是销毁最多的一次；

本年，美国《读者文摘》独家包销人民画报出版社出版的《中国风光》第一版 4000 册，以后又再版 15 万册，也很快销售一空；

本年，外文局开始以合作翻译出版和合作供稿方式，与美国《国家地理》杂志联合出版《人民画报》选印的汇编本，与美国时代明镜公司所属阿勃拉姆斯出版社联合出版画册。

本年，外文出版社和美国立新书店就英文版《苏州园林》一书签署了合作出版协议，国际书店与美国 HwongPublishing 公司签订《中国概貌》英文版合作翻印出版协议，两相协议均是对方付我版税。

1979 年 1 月，中美宣布正式建交。国际书店被冻结在美国银行的 21 万美元账款，经美国同业"中国书刊社"代办，悉数退还我国。

1979 年 1 月 5 日，《北京周报》从当年第 1 期开始在内容和形式上进行较大改革。在内容方面，除继续以一定的篇幅刊登重要文章和文件外，同时针对国外读者关心的问题增加自己编写的文章、特辑和专栏（如《大事与动向》、《文化与科学》、《国内战线》、《读者来信》以及《画廊》等）。每期封面刊登照片，刊头用红、蓝、绿、紫色套印。刊名中"Peking"改用汉语拼音"Beijing"。封底恢复刊登广告。

1979 年 1 月，《中国建设》俄文版停刊。

1979 年 1 月，国际书店派员参加开罗书展，顺访尼日利亚，了解非洲市场中国书刊销售环境。

1979 年 2 月，因对越南自卫反击战开始，对越南书刊全部终止。

1979 年 2 月 12 日，中宣部发出关于停止发行《毛主席语录》的通知。通知指出：自即日起，新华书店、国际书店现存的中文版、民族文版和外文版《毛主席语录》本一律停止发行。外国友人经营的书店，经商业途径购进的《毛主席语录》可听其售完，今后不再供应。

1979 年 3 月 1 日，中宣部部长胡耀邦接见外文局领导干部，宣布外文局由中联部代管改归中宣部领导，罗俊仍调回外文局任局长。他说："罗俊同志回到外文局，和外文局的同志一起，按照党的原则，抓纲治局，把外文局的事业搞好。""外文局的事业非常重要，是九亿人向外国说话的一个重要阵地，是宣传中国，团结朋友，宣传马列，巩固国防，结成全世界反霸的统一战线，同世界人民一道，为人类的进步事业而奋斗的一个重要堡垒。"他提出三点希望：（1）解决好"文化大革命"的历史遗留问题；（2）书要出得越多、越好、越有质量。在畅销的前提下，数量上质量上不断提高，不断发展；（3）抓好领导班子建设。外文局于 3 月 6 日将上述讲话传达到全体干部。

1979 年 3 月 14 日，中宣部报中央《建议重申外文出版（发行事业）局为国务院直属局的报告》，其主要内容如下：经中央批准，外文局已由中央联络部代管改由我部管理。鉴于外文局系我国对外宣传机构，为了加强领导，便于工作，外文局的行政隶属关系，亦需加以明确规定。为此建议：（1）请中央重申外文局为国务院直属局，行政上由国务院领导。（2）建议国务院通知有关部门，对外文局应发的文电，需要参加的会议，均按国务院直属局的规格径直办理。上述报告经中央和国务院领导同志圈阅。

1979 年 3 月，宋庆龄副委员长为《中国建设》撰文《新长征中的中国妇女》，刊于当年第 3 期。

1979 年 3 月，中国对外的妇女刊物英文版《中国妇女》复刊。

1979 年 3 月，外贸部通知各出口公司有关西方工业发达国家给我国实行普惠制的优待办法。此后，国际书店对西欧一些给惠国充分利用普惠制规定，为同业订购我艺术品争取减免进口税，从而吸引订货，扩大出口。

1979 年 3 月 3 日，英国布力克维乐公司董事迈尔斯和进货部负责人伯里应国际书店邀请，自费来华访问，并与国际书店洽谈业务。

1979 年 4 月 3 日，中宣部部长胡耀邦就我国经济方面的对外宣传批示，主要内容如下："我国经济建设情况是许多外国人都很关心的，应该成为我们对外宣传的主要内容之一。但是，我们经济建设的方针、政策和各个具体措施的一些提法，是讲给我们自己的干部和人民听的。比如，以农业为基础，工业为主导，独立自主，自力更生，艰苦奋斗，勤俭办一切事业等等，等等。我们自己人听得懂。""至于外国人呢？可能有少数政府的当权者和专门研究中国问题的人听得懂。""用这一套东西向广大的外国人宣传，简直是'对牛弹琴'"。"那末，我们应该如何作对外的经济宣传呢？在我看来，主要是介绍我国经济建设的概貌、态势和各种具体成就。如：（1）我国经济以及科学、教育、文化每个时期（一段时间、一年或几年）的进展概况；（2）一个地区，特别是许多外国人关心的地区，如上海以及西藏、新疆、东北、云南等省、区经济建设进展概况；（3）各条战线的进展概况（如石油、海运、民航、公路、有色金属、地质资源、各种轻工业，如农业上的农、林、牧、副、渔各业，每业可以分别介绍）；（4）一个重大工程、基地的发展概况；（5）经济、科学、文化、教育的新人新事；（6）外贸、外资、外国专家、侨胞投资情况；（7）中国的旅游地区和旅游介绍；（8）各种尖端产品、名牌介绍等等。"

1979 年 4 月 10 日，美国书商、读者访华团一行 48 人（其中书商 18 人，读者 30 人）应国际书店邀请来华访问，并和外文局进行业务交流。

1979 年 4 月 15 日，香港"摩顿译行印刷器材有限公司"总经理罗达成等一行 5 人，应外文印刷厂邀请，自费来京参观访问，交流业务。

1979 年 4 月 19 日，叙利亚东巴基书店经理欧玛·东巴基夫妇应国际书店邀请来华访问并进行业务洽谈。

1979 年 4 月 20 日，英国光华书店董事刘新和，经理邓家译应国际书店邀请来华访问并进行业务洽谈。

1979 年 4 月，根据中宣部部长胡耀邦 3 月 13 日关于改革专家工作的批示，经有关领导商定：请中国籍美国专家爱泼斯坦任《中国建设》主编，该杂志社主要领导人李伯悌改任顾问，中国籍美国专家沙博理和日本专家横川次郎参加《人民画报》编委会，日本专家村山孚参加《人民中国》编委会。

1979 年 4 月，外文局负责翻译出版《毛泽东选集》第五卷的 6 个文种（英、法、西、德、俄、日）已基本完成。

　　1979 年 5 月 29 日，中宣部副部长廖井丹召开有关单位会议，专门研究《人民画报》的脱期问题。他在讲话中指出：（1）解决脱期问题一定要大家齐心协力，编辑、印刷、发行各方面关系要连接好，不能只从局部利益考虑问题。国外舆论对杂志内容虽有不少意见，但在脱期问题上责备更多……（2）解决脱期问题一定要打歼灭战，办出结果来。现在开会是务虚多，务实少，这种风气不好。……编辑部对稿件要胸有成竹，不要随意变动。解决《人民画报》脱期问题，由有关单位组成一个领导小组，负责督促、检查工作，保证今后不再脱期。（3）印厂各方面的设备如何充分使用、维护、检修，要统筹研究。

　　1979 年 5 月，中国建设杂志社编委会制订了《中国建设改革方案》、人民画报社编委会制订了《人民画报改革方案》，并分别向中宣部作了汇报。

　　1979 年 5 月，中宣部副部长廖井丹在听取外文图书出版社汇报时插话："前两年，我们讨论国内出版工作状况，说是：品种少、质量差、周期长，当时这样说是对的。现在呢，还是这个问题。""我看是管理体制问题，这种体制没有把人的积极性充分调动起来。你们社恐怕也是吃'大锅饭'吧！'吃大锅饭'，这就涉及体制，能不能在上面给的方针的指导下，发挥独立自主呢？"当汇报到出版方针和读者对象问题时，他说："我们对外宣传的任务是不是仅仅是提高人家的马列主义水平？恐怕相当多的人是糊涂的。我们怎样去影响人家？这要从实际出发。我们过去出书，不是'百花齐放'、丰富多彩，而是主观地确定一种读者，这符不符合客观实际呢？要很好地研究。……有些框子必须冲破，否则我们就不能前进。""外文局能不能在图书社搞一个改革体制的试点？党风要正，政治上能负责，经济上独立核算，出版社和国际书店是产销关系，还要解决制度问题、职称问题、待遇问题（政治待遇和物质待遇都要考虑到）。按劳付酬要有区别，这可以放手一些，多做工作就应该多给报酬。精神鼓励必须结合物质鼓励。""在没有进行试点之前，没有看准之前，先不要把面铺开。思想要解放，但处理一些问题一定要仔细。试点问题可以再研究。"

　　1979 年 5 月，中宣部副部长廖井丹在听取国际书店汇报时插话："关于国际书店的任务，有人在汇报时谈到过去的种种提法，如'配合外交斗争'、'促进世界革命'等。要靠国际书店去促进世界革命？这种提法，有点'大而无当'。调子提得太高，使本来应该切切实实去做的工作，反而没有做。"在谈到"三化一长"（公开化、合法化、商业化和长期生存）

的方针时，他说："我看没有什么坏处，可以再斟酌一下。"关于出口统一集中的问题，他说："有两个方面，一方面国际书店应该积极扩大各种出版物（包括手工制艺术品）的出口业务，否则人家有理由反对你统一集中出口；另一方面多头对外，把出口渠道搞得太乱也不好。应该有一个章法。""总的说来，国际书店应向企业化方向发展，名称可改为'中国图书出口公司'。"关于杂志社能否出书问题，廖井丹说："杂志社有积极性出书，不应禁止。现在我们可以开个禁，今天各杂志社的负责人都在座，定下来，就可以去做。"

1979 年 6 月 3 日，外文局批准国际书店分别情况处理库存过多的毛主席著作单篇本（超量积压 33 种计 3600 万册）。根据通用文版畅销书多留，其他少留的原则，销毁处理单篇本及小册子 2661 万册。这是销毁最多的一次。

1979 年 6 月 1 日，联邦德国共产主义联盟中央发行机构哈格尔图书发行部负责人布来希尔和费富泰斯应国际书店邀请来华访问，并与国际书店进行业务会谈。

1979 年 6 月 20 日。孟加拉恰兰笛卡书店负责人布依亚应国际书店邀请访华，并洽谈业务。

1979 年 6 月 29 日，根据外交部安排，外文局负责接待美国《读者文摘》总编辑爱德华·汤普森偕其夫人、儿子和该刊巡回编辑格里菲斯（麻省理工学院政治学教授）、副社长厄森考特以及该刊亚洲地区销售主任刘崇铿（美籍华裔）一行自费来华访问。

1979 年 6 月 16 日，国家出版局发出通知："随着国际文化交流和书刊贸易往来关系的不断发展，应进一步加强和扩大书刊出口。为了简化一些不必要的手续，今后凡公开发行的图书和期刊，不必等出版社的通知，都可由国际书店等有关单位直接组织出口。各地出版社应积极支持，提供出口的货源。"

1979 年 6 月 26 日，外文局报请国务院审批关于《西德两家公司邀请国际书店派员实习》事。西德汉堡市"利勃利书刊批发公司"和"魏格纳书刊批发公司"于 1978 年和 1979 年先后两次邀诸国际书店 1 至 2 名工作人员到这两家公司实习；为期半年或一年，实习期间的全部费用由上述两家公司负担。为学习对方的书业管理和进修德语，外文局拟接受邀请，派员前往。耿飚于本月 27 日批示同意，胡耀邦和陈慕华亦予圈阅。外文局首次前去学习的是国际书店的干部刘传威和郑重。

1979 年 6 月，《人民画报》从本期开始《丝绸之路》专题的连载，共

20 期。并在这一连载的基础上于 1985 年和法国 Arthaud 出版社合作出版大型画册《丝绸之路》的法文版。1987 年 7 月由中国画报出版公司出版中型画册《丝绸之路》的德文版。

1979 年 7 月 5 日，国际书店首次邀请美共（马列）书店代表团访华，该团一行三人是美共所属芝加哥、休斯敦和波士顿书店的经理。该团在访华期间，双方就发行图书的品种、渠道和期刊的征订等工作进行会谈。

1979 年 7 月 21 日，外文局领导小组扩大会议讨论国际书店起草的关于《对香港和平书店方针任务的请示报告》。报告说：香港和平书店是 1958 年由港澳工委创办，1963 年改由国际书店领导，派人去该店主持工作。"文化大革命"期间被迫停业。近两年来，按照重点开展东南亚发行工作的方针，同时强调贸易发行方式，增加经营中、外文画册、画片、剪纸、书签等工艺品种，逐渐开展对中国香港、新加坡、马来西亚、泰国、菲律宾等国家和地区的发行工作。

1979 年 7 月，《人民画报》、《人民中国》扭转长期存在的脱期问题，按时出版发行。《人民中国》从当年第 6 期开始有所好转，第 7 期准时出版，第 8 期比原定时间提前两天出版。《人民画报》生产周期由原来的 70 天减到 40 天。第 8 期各外文版均可按时发行。

1979 年 8 月 6 日，法国百年出版社（马列）的塞纳茨和巴斯德应国际书店邀请来华访问。该出版社于 1973 年同外文局建立翻译出版合作关系，几年来共翻译（中译法）出版了我国图书 14 种。此次来华，双方就进一步合作出版进行会谈。

1979 年 8 月 26 日，英国柯烈茨公司总经理伯奇夫人应国际书店邀请来华访问并进行业务洽谈。

1979 年 8 月 29 日，法国凤凰公司经理、法中友协执行主席、作家，原外文局专家雷吉斯·贝热龙应国际书店邀请偕夫人访华并商谈业务。

1979 年 7 月 28 日至 8 月 3 日，以张企程为团长的中国世界语代表团一行 6 人出席在瑞士卢塞恩召开的第 64 届国际世界语大会。来自 49 个国家 1600 多人参加了大会。

1979 年 8 月 16 日，《中国建设》总编辑爱泼斯坦向上级写报告《关于我刊贸易发行继续下降的问题》，报告分析杂志贸易发行下降的原因有三个方面：（1）政治原因，国内外形势变化对杂志的影响较大；（2）强调贸易发行，减少赠送，过去强调支援第三世界国家，只要来信索要即送；（3）杂志内容和脱期的原因，从内容、编排、设计上与国外畅销杂志比，知识性、趣味性和连续性均较差，发行上脱期也影响销路。目前存在的问题——对外宣传和贸易发行的矛盾。许多读者都是劳动群众付不起款，一些国家外汇控制较严，如果单纯强调贸易发行，势必将广大读者抛弃。苏联在世界各地供销书刊，或航寄大批书刊向当地供销，目的之一即在这些地区诋毁中国政治影响。如从明年起杂志由航寄改为平寄，势必更加影响发行。报告还建议《中国建设》增出中文版。

1979 年 8 月 17 日，外文局向文化部报《中罗互派翻译进修人员列入1980——1981 年执行计划事》报告中提出："罗方建议，两国画报社互派一名翻译人员，分别进修中文罗文，每期半年或一年，到期轮换。"（此建议在 1978 年《人民画报》负责人兰子安率团访罗时，双方就两国画报的代表团互访和互派翻译事进行了磋商并达成了协议。）此报告经文化部批准，双方于 1981 年 6 月开始执行计划，互换翻译。

1979 年 8 月，日本著名华侨作家陈舜臣向人民中国杂志社全体同志谈他回祖国访问的目的及写作经验。陈舜臣先生撰写了《中国历史之旅》一文在《人民中国》上连载。

1979 年 8 月，《北京周报》葡萄牙文版停刊。葡文版全体人员调入中国建设杂志社筹办《中国建设》葡文版。

1979 年 9 月，美国《读者文摘》独家包销人民画报出版社出版的《中国风光》第一版 4000 册，以后又再版 15 万册，也很快销售一空。

1979 年 9 月 4、5 日，北京周报社和中国文学社编辑部分别邀请英国作家格林座谈。格林认为《北京周报》"有很大改进"，"特别是刊登了读者的来信"，"改进了文风"，"去掉了八股味的东西"，"能够报道中国存在的问题"；《中国文学》"取得不可估量的改进"，"插图非常好"。

1979 年 9 月 21 日，中国文学社编辑委员会委员、翻译家杨究益和夫人戴乃迭（英籍专家）应英国汉学会邀请，参加在英国利兹大学召开的第三次年会。

1979 年 10 月 2 日，北京周报社接待美国《新闻周刊》东京分社社长伯纳德·克里舍来华采访。

1979 年 10 月 10 日，外文局按中宣部 9 月 19 日电话指示，主持召开了"关于加强来华外宾、旅游者、海员的外文书刊发行工作"会议。出席会议的有：邮电部、文化部、国家出版局、旅游局、全国总工会、北京市外办、北京市第一服务局、北京市外文书店、中国图书进出口公司、中国国际书店等单位。会议决定拟采取下列措施和办法：（1）根据目前情况，对来华外宾供应外文书刊仍由专营出口贸易的国际书店经营。（2）国际书店将根据邮电部的要求，协助邮局做好来华外宾的外文期刊收订和零售工作。（3）对海员俱乐部的书刊供应业务，拟由国际书店直接联系并给予一定的折扣，同时在推广书刊业务方面给予具体帮助。（4）今后国际书店应重视外文书刊在国内的推广工作。（5）关于国内和国外书刊价格不统一问题，拟请国际书店进一步研究调整，争取明年上半年提出调整方案。外文局将会上所提问题及其解决办法于 10 月 20 日报中宣部审批。

1979 年 10 月，宋庆龄副委员长在庆祝中华人民共和国成立 30 周年之际，为《中国建设》第 10 期撰写《致读者》一文，向全世界的读者致意。文中谈到 30 年来“我国人民一直致力于建设社会主义这一崭新的制度，并取得了举世公认的伟大成就。”“中国以平等的姿态出现在国际舞台上。……与 100 多个大大小小的国家建立了新的关系。”宋副委员长还为《中国建设》葡萄牙文版创刊和西班牙文版创刊 20 周年分别题词。

1979 年 10 月底，北京周报社国际部郑方塑与中央人民广播电台、国际电台记者前往巴基斯坦的阿富汗难民营采访，并受到齐亚·哈克总统的接见。

1979 年 10 月，中国已获得一些国家出口书刊享受免税优待权。当时已正式宣布给予我国普遍优惠制待遇的国家有：澳大利亚、新西兰、挪威、瑞士等。欧洲共同体国家（比利时、丹麦、法国、意大利、英国、联邦德国、卢森堡、荷兰、爱尔兰等）将从 1980 年起正式对我实行普遍优惠制。

1979 年 10 月，国际书店报外文局《关于同国外左派、友协代销关系清理账款问题的请示》。其中提到有 78 家左派、友协代销关系，销售我 60% 的书刊，偿还账款能力较差。为坚持贸易发行原则，准备区别情况作不同处理。总的精神是“旧账从宽，新欠从严”。中宣部对外宣传局批示：“原则可同意。具体执行不能操之过急。注意不要因为突然强调贸易关系，使一些左派或友好组织的关系和活动受到急剧的不利影响。”中宣部副部长朱穆之批示：“销售与政治上的支持，应适当区分，否则对改进我对外宣传也无好处。”中联部要求国际书店具体汇报各国马列主义党办书店的情况和往来账务，并表示原则同意中宣部意见。

1979 年 11 月 3 日，日本集英出版社为出版《了解中国》一书组成“集英社青年研修访华团”来华访问。该团在访问期间分别和人民画报社、人民日报社、新华社负责人会晤，并赠送各社照相机一套。

1979 年 11 月 12 日，国际书店派人参加日本出版贩卖株式会社（日贩）为庆祝该社创业 30 周年在名古屋举办的"理工科图书展销"活动。

1979 年 11 月 12 日至 26 日，外文局先后两次拟文报中宣部，请示拟与国外出版社开展合作翻译出版和合作供稿的事以及关于合作翻译出版和合作供稿的内容和形式的补充说明。具体有以下两项：（1）与美国《国家地理》杂志联合出版《人民画报》选印的汇编本；（2）与美国时代明镜公司所属阿勃拉姆斯出版社联合出版画册。

1979 年 11 月 13 日，外文局积极筹备翻译出版《周恩来文集》第 1 卷外文版。局长罗俊召集有关出版社、杂志社、外文印刷厂、国际书店以及各有关部门开会研究，落实翻译出版《周恩来文集》第 1 卷外文版的工作。编译局原承担英、日、法、俄、西班牙、德六个文版的翻译工作，后因编译局德语翻译力量不足，经双方协商，德文版改由外文图书出版社德文部承担。其他语种，如朝鲜、印地、乌尔都、阿拉伯等均由外文图书出版社积极组织力量翻译出版。（该书各种文版均于 1980—1981 年全部出齐）。

1979 年 11 月 29 日，人民画报社领导小组决定，停止印发《人民画报》芬兰文夹页。

1979 年 11 月，外文图书出版社和美国立新书店就英文版《苏州园林》一书签署了合作出版协议。其中规定：外文图书出版社提供全部稿件（包括图片和文章，文章包括中、英文稿）；美国立新书店负责出版、印刷和发行，并付我版税。

1979 年 11 月，国际书店与美国 HwongPublishing 公司签订《中国概貌》英文版合作翻印出版协议。协议规定：我方同意 HwongPublishing 公司以该公司名义翻印出版《中国概貌》英文版。对方付我版税。

1979 年 11 月，由于各方面对国内外文书刊的发行提出批评，外国专家向王震副总理反映买不到外文书，国际书店成立了国内发行科，积极开展发行和供应工作。

1979 年 12 月 4 日，邓颖超副委员长于当晚给外文局局长罗俊来电话，对外文书刊的发行和干部培养等工作谈了一些情况和意见。她说："一位从美国探亲回来的同志反映，在美国一个城市，有 11 个青年组织了一个推销和介绍中国书刊的书店，经营北京、香港、台湾等地出版的中外文月刊。香港、台湾等地寄去的报刊都很及时，月刊还能于当月提前出版寄到，而北京寄去的书很少，刊物又要过期一两个月才能收到，怎么能销售出去呢？且不说内容怎么样，这样不及时，怎能和人家竞赛呢？今年 4 月我去日本，在国内机场看到你们的外文刊物还是去年 11 月份的，国内如此，国外又怎样呢？请你们好好研究一下改进办法。此外，听到日本朋友反映，你们日文翻译不少，工作不多，但又很少给他们出去锻炼培养的机会，外面单位要，你们又不想给，是这样吗？还有，对一些老翻译要适当关心和照顾。"

1979 年 12 月 15 日，全国世界语协会举行柴门霍夫诞辰 120 周年和毛泽东主席给延安世界语展览会题词 40 周年纪念会，邀请各方面人士参加。全国世协理事长胡愈之出席会议并讲话。

1979 年 12 月 24 日，为落实邓颖超副委员长的指示，国际书店草拟了《关于对外发行方面的几个问题》一文。内容包括：（1）统一经营书刊进出口业务问题——主张集中经营，进出口重新合并，以利扩大渠道，以进带出，统一对外。（2）外文书刊国内发行问题——同意由国际书店接办供应外文书店国内版外文书刊工作。（3）统一经营中文书刊出口，不赞成分散经营，多头对外。（4）筹备中国缩微出版物进出口工作。（5）立体声唱片和盒式录音带.应由国际书店统一对外经营，中国唱片社不应自搞出口。（6）设置驻外机构。（7）争取驻外使馆配合协助，进一步搞好对外发行。（8）以国际书店名义进行国外非贸易发行，既影响正常书刊贸易，又不符合书店企业管理原则，建议另设专门机构掌管非贸易发行。（9）建议成立一个专管合作出版的机构。（10）作好对来华外宾、旅游者的外文书刊供应服务。（11）关于外文书刊国内发行体制问题。（12）关于期刊出口邮运问题。

本年，中国文学杂志社编译委员会聘请著名画家华君武、黄苗子为《中国文学》社外美术顾问。本年，外文图书出版社美术编辑吴寿松设计的《红楼梦》（英文版第三卷），获 1979 年第二届全国书籍装帧艺术展览整体设计奖。

本年，英文版《中国体育》复刊。

本年外文图书出版社用英、法、西、俄、日、朝、老挝、泰、孟加拉、印地、乌尔都、德、意大利、葡萄牙、阿拉伯、斯瓦希里、世界语、汉 18 种文字出版 220 种图书，322 万余册。

本年国际书店对外发行外文书籍 172 万册，外文期刊 1093 万册。

# 1979 年对外发行图书目录

## 1979 年英文版书目（52 种）

| 书名 | 作者 | 出版社 | 出版/再版时间 | 印刷/发行册数 | 开本/装帧 | 定价（元） |
|---|---|---|---|---|---|---|
| 中华人民共和国第五届全国人民代表大会第二次会议主要文件 | | 外文 | 1979 | 20024 | 32 开 | 1.00 |
| 在庆祝中华人民共和国成立三十周年大会上的讲话 | 叶剑英 | 外文 | 1979 | 17524 | 32 开 | 0.30 |
| 评越南外交部关于越中关系的白皮书 | 人民日报评论员、新华社评论员 | 外文 | 1979 | 9024 | 32 开 | 0.20 |
| 孙悟空大闹天宫——中国古典名著《西游记》有关章节 | 吴承恩著李士伋插图詹纳尔译 | 外文 | 1979 | 25025 | 40 开 | 0.65 |
| 敌后武工队（长篇小说） | 冯志 | 外文 | 1979 | 12024 | 28 开 | 2.90 |
| 剑（长篇小说） | 杨佩瑾著万青力插图 | 外文 | 1979 | 20024 | 28 开/精 | 2.40 |
| | | | | | 28 开/平 | 2.10 |
| 三千里江山 | 阳朔 | 外文 | 1979（1957 年出版，再版重印 2 次，总印数 20724 册，本次再版） | | 32 开 | 1.25 |
| 普通劳动者（短篇小说集） | 王愿坚 | 外文 | 1979（1961 年出版，再版重印 2 次，总印数 18094 册，本次再版） | | 34 开 | 0.90 |

| 书名 | 作者 | 出版社 | 出版/再版时间 | 印刷/发行册数 | 开本/装帧 | 定价（元） |
|---|---|---|---|---|---|---|
| 战地红缨 | 石文驹著 沈尧伊插图 | 外文 | 1979 | 25024 | 32 开 | 1.40 |
| 小黑马的故事 | 袁静著 聂文权译 路坦插图 | 外文 | 1979（1960 年出版，再版重印 2 次，总印数 24020 册，本次再版） | | 32 开 | 1.15 |
| 宝葫芦的秘密 | 张天翼著 戴乃迭译 吴文渊插图 | 外文 | 1979（1959 年出版，再版重印 2 次，总印数 30740 册，本次再版） | | 32 开 | 1.10 |
| 三只骄傲的小猫——严文井童话选 | 严文井著 王治华、毛用坤插图 | 外文 | 1979 | 20024 | 32 开 | 1.00 |
| 天安门诗抄 | 肖兰编译 | 外文 | 1979 | 15024 | 40 开 | 0.60 |
| 任伯年画辑 | | 外文 | 1979 | 11180 | 8 开/12 张 | 4.50 |
| 吴昌硕画集 | | 外文 | 1979 | 11180 | 8 开/12 张 | 4.50 |
| 徐悲鸿画辑 | | 外文 | 1979 | 11180 | 8 开/12 张 | 4.50 |
| 黄宾虹画辑 | | 外文 | 1979 | 11180 | 8 开/12 张 | 4.50 |
| 奔马 | 徐悲鸿 | 人民美术 | | | 2 开 | |
| 中国戏剧脸谱（画片辑） | | 中国旅游 | | | 56 开 | |
| 大闹天宫（儿童画册） | 唐澄编文 严定宪等绘 | 外文 | 1979 | 127760 | 20 开/精 | 1.45 |
| | | | | | 20 开/平 | 1.10 |

续表

| 书名 | 作者 | 出版社 | 出版/再版时间 | 印刷/发行册数 | 开本/装帧 | 定价（元） |
|---|---|---|---|---|---|---|
| 小小运动员（儿童画册） | 何艳荣绘 | 外文 | 1979 | 65130 | 20开 | 0.35 |
| 布娃娃的新衣服（儿童画册） | 陈慧莲、唐鲁峰编 毛用坤、俞理绘 | 外文 | 1979 | 70030 | 20开 | 0.25 |
| 自己的事情自己做（儿童画册） | 杨苡诗 何艳荣画 | 外文 | 1979 | 65630 | 20开 | 0.25 |
| 孙悟空三打白骨精（儿童画册） | | 辽宁美术 | 1979（1964年出版，再版重印三次，总印数158545册，本次再版） | | 10开 | |
| 我们院子里的朋友（儿童画册） | 任大霖写 何艳荣画 | 外文 | 1979 | 65630 | 20开 | 0.25 |
| 美丽的空想家（儿童画册） | 耿耿编 姜成安、吴带生绘 | 外文 | 1979（1977年出版，总印数54160册，本次再版） | | 20开/精 | 0.85 |
| | | | | | 20开/平 | 0.50 |
| 骄傲的小花猫（儿童画册） | 耿耿改编 姜成安、吴带生绘 | 外文 | 1979 | 82130 | 20开/精 | 0.85 |
| | | | | | 20开/平 | 0.50 |
| 架新桥（儿童画册） | 万韵改编 陈永镇绘画 | 外文 | 1979 | 65160 | 24开/精 | 0.80 |
| | | | | | 24开/平 | 0.45 |
| 谁的小手帕（儿童画册） | 上海市教育局中小学教材编写组编温泉源绘 | 外文 | 1979 | | 20开 | 0.30 |
| 熊家婆（儿童画册） | 江敉编绘 | 外文 | 1979 | 100130 | 24开 | 0.60 |

续表

| 书名 | 作者 | 出版社 | 出版/再版时间 | 印刷/发行册数 | 开本/装帧 | 定价（元） |
|---|---|---|---|---|---|---|
| 千里丘陵展新颜——中国安徽省淠史杭灌区（摄影画册） | 安徽《淠史杭灌区》画册编辑组 | 外文 | 1979 | | 12 开 | 8.00 |
| 五星红旗插上托木尔峰（摄影画册） | 中国登山队、《体育报》编辑部 | 外文 | 1979 | 10020 | 12 开 | 10.00 |
| 今日黄泛区（摄影画册） | | 外文 | 1979 | | 12 开 | 10.00 |
| 体育之春（摄影画册） | | 人民体育 | | | 10 开 | |
| 洛阳牡丹（摄影明信片辑） | | 外文 | 1979 | | 44 开/10 张 | 0.50 |
| 长城（摄影） | | 中国旅游 | | | 3 开/4 张 | |
| 史记选 | （汉）司马迁著；外文出版社 | 外文 | 1979 | 26048 | 28 开/精 | 3.15 |
| | | | | | 28 开/平 | 2.80 |
| 在华三十年 | | 新世界 | 1979 | | 大 32 开 | 1.80 |
| 一个美国人在中国（在中华人民共和国卅年） | （美）沙博理 | 新世界 | 1979 | | 小 16 开/精 | 3.25 |
| 中国概貌 | 齐雯编 | 外文 | 1979 | | 32 开 | 1.90 |
| 旅华便览 | | 中国旅游 | 1979 | | 44 开 | 2.00 |
| 中国旅游游览图 | 地图出版社 | 地图 | 1979 | | 24 开 | 3.60 |
| 北京游览图 | 地图出版社 | 地图 | 1979 | | 2 开 | 0.35 |
| 北戴河、秦皇岛、山海关（游览图） | | 北京 | | | 4 开 | |

续表

| 书名 | 作者 | 出版社 | 出版/再版时间 | 印刷/发行册数 | 开本/装帧 | 定价（元） |
|---|---|---|---|---|---|---|
| 配位场理论方法 | 唐敖庆 | 科学 | 1979 | | 大 32 开/精 | |
| 中华人民共和国恶性肿瘤地图集 | 中华人民共和国恶性肿瘤地图集编辑委员会 | 中华地图学社 | 1979 | | 8 开/精 | |

## 1979 年法文版书目(31 种)

| 书名 | 作者 | 出版社 | 出版/再版时间 | 印刷/发行册数 | 开本/装帧 | 定价（元） |
|---|---|---|---|---|---|---|
| 共产主义原理 | 恩格斯 | 外文 | 1979 | 7024 | 32 开 | 0.20 |
| 劳动在从猿到人转变过程中的作用 | 恩格斯 | 外文 | 1979 | 6024 | 32 开 | 0.15 |
| 青年团的任务 | 列宁 | 外文 | 1979 | 6024 | 32 开 | 0.15 |
| 中华人民共和国第五届全国人民代表大会第二次会议主要文件 | | 外文 | 1979 | 5724 | 32 开 | 1.15 |
| 在庆祝中华人民共和国成立三十周年大会上的讲话 | 叶剑英 | 外文 | 1979 | 5674 | 32 开 | 0.40 |
| 评越南外交部关于越中关系的白皮书 | 人民日报评论员、新华社评论员 | 外文 | 1979 | 4024 | 32 开 | 0.20 |
| 任伯年画辑 | | 外文 | 1979 | 3930 | 8 开/12 张 | 4.50 |
| 吴昌硕画集 | | 外文 | 1979 | 3930 | 8 开/12 张 | 4.50 |
| 徐悲鸿画辑 | | 外文 | 1979 | 3930 | 8 开/12 张 | 4.50 |
| 黄宾虹画辑 | | 外文 | 1979 | 3930 | 8 开/12 张 | 4.50 |

| 书名 | 作者 | 出版社 | 出版/再版时间 | 印刷/发行册数 | 开本/装帧 | 定价（元） |
|---|---|---|---|---|---|---|
| 中国民间玩具（画册） | 田原绘 | 外文 | 1979 | 3380 | 20 开/精 | 1.40 |
| 大闹天宫（儿童画册） | 唐澄编文 严定宪等绘 | 外文 | 1979 | 65130 | 20 开/精 | 1.45 |
| | | | | | 20 开/平 | 1.10 |
| 小小运动员（儿童画册） | 何艳荣绘 | 外文 | 1979 | 5030 | 20 开 | 0.35 |
| 布娃娃的新衣服（儿童画册） | 陈慧莲、 唐鲁峰编， 毛用坤、俞理绘 | 外文 | 1979 | 10030 | 20 开 | 0.25 |
| 自己的事情自己做（儿童画册） | 杨苡诗， 何艳荣画 | 外文 | 1979 | 10300 | 20 开 | 0.25 |
| 我们院子里的朋友（儿童画册） | 任大霖写， 何艳荣画 | 外文 | 1979 | | 20 开 | 0.25 |
| 美丽的空想家（儿童画册） | 耿耿编 姜成安、 吴带生绘 | 外文 | 1979 | 20060 | 20 开/精 | 0.85 |
| | | | | | 20 开/平 | 0.50 |
| 架新桥（儿童画册） | 万韵改编 陈永镇绘画 | 外文 | 1979 | 17560 | 24 开/精 | 0.80 |
| | | | | | 24 开/平 | 0.45 |
| 骄傲的小花猫（儿童画册） | 耿耿改编 姜成安、 吴带生绘 | 外文 | 1979 | 18360 | 20 开/精 | 0.80 |
| | | | | | 20 开/平 | 0.50 |
| 谁的小手帕（儿童画册） | 上海市教育局 中小学教材编写 组编温泉源绘 | 外文 | 1979 | | 20 开 | 0.30 |
| 熊家婆（儿童画册） | 江敉编绘 | 外文 | 1979 | 20800 | 24 开 | 0.60 |

续表

| 书名 | 作者 | 出版社 | 出版/再版时间 | 印刷/发行册数 | 开本/装帧 | 定价（元） |
|---|---|---|---|---|---|---|
| 五星红旗插上托木尔峰（摄影画册） | 中国登山队、《体育报》编辑部编 | 外文 | 1979 | 4060 | 12 开 | 10.00 |
| 今日黄泛区（摄影画册） | | 外文 | 1979 | 8030 | 12 开 | 10.00 |
| 武汉风光（摄影明信片辑） | | 外文 | 1979 | | 44 开/10 张 | 0.50 |
| 鸦片战争 | 《中国近代史丛书》编写组编写 | 外文 | 1979 | 10024 | 32 开 | 0.65 |
| 随周恩来副主席长征 | 魏国禄著沈尧伊插画 | 外文 | 1979 | | 32 开 | 0.75 |
| 中国概貌 | 齐雯 | 外文 | 1979 | 13024 | 32 开 | 2.10 |

## 1979 年德文版书目（31 种）

| 书名 | 作者 | 出版社 | 出版/再版时间 | 印刷/发行册数 | 开本/装帧 | 定价（元） |
|---|---|---|---|---|---|---|
| 共产主义原理 | 恩格斯 | 外文 | 1979 | 7024 | 32 开 | 0.20 |
| 劳动在从猿到人转变过程中的作用 | 恩格斯 | 外文 | 1979 | 6024 | 32 开 | 0.15 |
| 青年团的任务 | 列宁 | 外文 | 1979 | 6024 | 32 开 | 0.15 |
| 中华人民共和国第五届全国人民代表大会第二次会议主要文件 | | 外文 | 1979 | 5724 | 32 开 | 1.15 |
| 在庆祝中华人民共和国成立三十周年大会上的讲话 | 叶剑英 | 外文 | 1979 | 5674 | 32 开 | 0.40 |

续表

| 书名 | 作者 | 出版社 | 出版/再版时间 | 印刷/发行册数 | 开本/装帧 | 定价（元） |
|---|---|---|---|---|---|---|
| 评越南外交部关于越中关系的白皮书 | 人民日报评论员、新华社评论员 | 外文 | 1979 | 4024 | 32 开 | 0.20 |
| 任伯年画辑 | | 外文 | 1979 | 3930 | 8 开/12 张 | 4.50 |
| 吴昌硕画集 | | 外文 | 1979 | 3930 | 8 开/12 张 | 4.50 |
| 徐悲鸿画辑 | | 外文 | 1979 | 3930 | 8 开/12 张 | 4.50 |
| 黄宾虹画辑 | | 外文 | 1979 | 3930 | 8 开/12 张 | 4.50 |
| 中国民间玩具（画册） | 田原绘 | 外文 | 1979 | 3380 | 20 开/精 | 1.40 |
| 大闹天宫（儿童画册） | 唐澄编文 严定宪等绘 | 外文 | 1979 | 65130 | 20 开/精 | 1.45 |
| | | | | | 20 开/平 | 1.10 |
| 小小运动员（儿童画册） | 何艳荣绘 | 外文 | 1979 | 5030 | 20 开 | 0.35 |
| 布娃娃的新衣服（儿童画册） | 陈慧莲、唐鲁峰编，毛用坤、俞理绘 | 外文 | 1979 | 10030 | 20 开 | 0.25 |
| 自己的事情自己做（儿童画册） | 杨苡诗，何艳荣画 | 外文 | 1979 | 10300 | 20 开 | 0.25 |
| 我们院子里的朋友（儿童画册） | 任大霖写，何艳荣画 | 外文 | 1979 | | 20 开 | 0.25 |
| 美丽的空想家（儿童画册） | 耿耿编，姜成安、吴带生绘 | 外文 | 1979 | 20060 | 20 开/精 | 0.85 |
| | | | | | 20 开/平 | 0.50 |
| 架新桥（儿童画册） | 万韵改编，陈永镇绘画 | 外文 | 1979 | 17560 | 24 开/精 | 0.80 |
| | | | | | 24 开/平 | 0.45 |

续表

| 书名 | 作者 | 出版社 | 出版/再版时间 | 印刷/发行册数 | 开本/装帧 | 定价（元） |
|---|---|---|---|---|---|---|
| 骄傲的小花猫（儿童画册） | 耿耿改编，姜成安、吴带生绘 | 外文 | 1979 | 18360 | 20 开/精 | 0.80 |
| | | | | | 20 开/平 | 0.50 |
| 谁的小手帕（儿童画册） | 上海市教育局中小学教材编写组编温泉源绘 | 外文 | 1979 | | 20 开 | 0.30 |
| 熊家婆（儿童画册） | 江敉编绘 | 外文 | 1979 | 20800 | 24 开 | 0.60 |
| 五星红旗插上托木尔峰（摄影画册） | 中国登山队、《体育报》编辑部编 | 外文 | 1979 | 4060 | 12 开 | 10.00 |
| 今日黄泛区（摄影画册） | | 外文 | 1979 | 8030 | 12 开 | 10.00 |
| 武汉风光（摄影明信片辑） | | 外文 | 1979 | | 44 开/10 张 | 0.50 |
| 鸦片战争 | 《中国近代史丛书》编写组 | 外文 | 1979 | 10024 | 32 开 | 0.65 |
| 随周恩来副主席长征 | 魏国禄著，沈尧伊插画 | 外文 | 1979 | | 32 开 | 0.75 |
| 中国概貌 | 齐雯 | 外文 | 1979 | 13024 | 32 开 | 2.10 |

## 1979 年西班牙文版书目 (27 种)

| 书名 | 作者 | 出版社 | 出版/再版时间 | 印刷/发行册数 | 开本/装帧 | 定价（元） |
|---|---|---|---|---|---|---|
| 哥达纲领批判 | 马克思 | 外文 | 1979 | 38158 | 32 开/精 | 0.80 |
|  |  |  |  |  | 32 开/平 | 0.39 |
| 中华人民共和国第五届全国人民代表大会第二次会议主要文件 |  | 外文 | 1979 | 9724 | 32 开 | 0.85 |
| 在庆祝中华人民共和国成立三十周年大会上的讲话 | 叶剑英 | 外文 | 1979 | 8474 | 32 开 | 0.35 |
| 中国人民的新民主主义革命斗争 (1919—1949) | 李新 | 外文 | 1979 | 20024 | 32 开 |  |
| 海岛女民兵 | 黎汝清著 蔡荣插图 | 外文 | 1979 | 9874 | 28 开 | 2.10 |
| 不怕鬼的故事 | 中国社会科学院文学研究所编，程十发插图 | 外文 | 1979 | 13024 | 34 开 | 0.75 |
| 任伯年画辑 |  | 外文 | 1979 | 1680 | 8 开/12 张 | 4.50 |
| 吴昌硕画集 |  | 外文 | 1979 | 1680 | 8 开/12 张 | 4.50 |
| 徐悲鸿画辑 |  | 外文 | 1979 | 1680 | 8 开/12 张 | 4.50 |
| 黄宾虹画辑 |  | 外文 | 1979 | 1680 | 8 开/12 张 | 4.50 |
| 大闹天宫 (儿童画册) | 唐澄编文 严定宪等绘 | 外文 | 1979 | 20400 | 20 开 | 1.10 |
| 小小运动员 (儿童画册) | 何艳荣绘 | 外文 | 1979 | 21030 | 20 开 | 0.35 |
| 布娃娃的新衣服 (儿童画册) | 陈慧莲、唐鲁峰编 毛用坤、俞理绘 | 外文 | 1979 | 21030 | 20 开 | 0.25 |

| 书名 | 作者 | 出版社 | 出版/再版时间 | 印刷/发行册数 | 开本/装帧 | 定价（元） |
|---|---|---|---|---|---|---|
| 自己的事情自己做（儿童画册） | 杨苡诗，何艳荣画 | 外文 | 1979 | 21030 | 20 开 | 0.25 |
| 我们院子里的朋友（儿童画册） | 任大霖写何艳荣画 | 外文 | 1979 | 21030 | 20 开 | 0.25 |
| 架新桥（儿童画册） | 万韵改编陈永镇绘画 | 外文 | 1979 | 24730 | 24 开/精 | 0.80 |
| | | | | | 24 开/平 | 0.45 |
| 美丽的空想家（儿童画册） | 耿耿编，姜成安、吴带生绘 | 外文 | 1979 | 35060 | 20 开/精 | 0.85 |
| | | | | | 20 开/平 | 0.50 |
| 骄傲的小花猫（儿童画册） | 耿耿改编，姜成安、吴带生绘 | 外文 | 1979 | 25060 | 20 开/精 | 0.85 |
| | | | | | 20 开/平 | 0.50 |
| 谁的小手帕（儿童画册） | 上海市教育局中小学教材编写组编温泉源绘 | 外文 | 1979 | | 20 开 | 0.30 |
| 熊家婆（儿童画册） | 江牧编绘 | 外文 | 1979 | 35030 | 24 开 | 0.60 |
| 千里丘陵展新颜——中国安徽省淠史杭灌区（摄影画册） | 安徽《淠史杭灌区》画册编辑组编 | 外文 | 1979 | 5024 | 12 开 | 8.00 |
| 武汉风光（摄影明信片辑） | | 外文 | 1979 | | 44 开/10 张 | 0.50 |
| 今日黄泛区（摄影画册） | | 外文 | 1979 | 8030 | 12 开 | 10.00 |

### 1979 年意大利文版书目（1 种）

| 书名 | 作者 | 出版社 | 出版/再版时间 | 印刷/发行册数 | 开本/装帧 | 定价（元） |
|---|---|---|---|---|---|---|
| 太平天国 | 《中国近代史丛书》编写组 | 外文 | 1979 | 5024 | 32 开 | 0.75 |

### 1979 年葡萄牙文版书目（5 种）

| 书名 | 作者 | 出版社 | 出版/再版时间 | 印刷/发行册数 | 开本/装帧 | 定价（元） |
|---|---|---|---|---|---|---|
| 大闹天宫（儿童画册） | 唐澄编文严定宪等绘 | 外文 | 1979 | 2630 | 20 开 | 1.10 |
| 小小运动员（儿童画册） | 何艳荣绘 | 外文 | 1979 | 2530 | 20 开 | 0.35 |
| 布娃娃的新衣服（儿童画册） | 陈慧莲、唐鲁峰编，毛用坤、俞理绘 | 外文 | 1979 | 2530 | 20 开 | 0.25 |
| 谁的小手帕（儿童画册） | 上海市教育局中小学教材编写组编温泉源绘 | 外文 | 1979 | | 20 开 | 0.30 |
| 今日黄泛区（摄影画册） | | 外文 | 1979 | 7030 | 12 开 | 10.00 |

## 1979 年世界语版书目（13 种）

| 书名 | 作者 | 出版社 | 出版/再版时间 | 印刷/发行册数 | 开本/装帧 | 定价（元） |
|---|---|---|---|---|---|---|
| 不怕鬼的故事 | 中国社会科学院文学研究所编，程十发插图 | 外文 | 1979（1961 年以"中华世界语协会"名义出版，再版重印 1 次，总印数 6274 册，本次再版） | | 34 开 | 0.75 |
| 小小运动员（儿童画册） | 何艳荣绘 | 外文 | 1979 | 1030 | 20 开 | 0.35 |
| 布娃娃的新衣服（儿童画册） | 陈慧莲、唐鲁峰编毛用坤、俞理绘 | 外文 | 1979 | 1030 | 20 开 | 0.25 |
| 自己的事情自己做（儿童画册） | 杨苡诗，何艳荣画 | 外文 | 1979 | 1030 | 20 开 | 0.25 |
| 我们院子里的朋友（儿童画册） | 任大霖写，何艳荣画 | 外文 | 1979 | 1030 | 20 开 | 0.25 |
| 架新桥（儿童画册） | 万韵改编，陈永镇绘画 | 外文 | 1979 | 1030 | 24 开/精 | 0.80 |
| 美丽的空想家（儿童画册） | 耿耿编，姜成安、吴带生绘 | 外文 | 1979 | 1030 | 20 开 | 0.50 |
| 骄傲的小花猫（儿童画册） | 耿耿改编，姜成安、吴带生绘 | 外文 | 1979 | 1030 | 20 开 | 0.50 |
| 谁的小手帕（儿童画册） | 上海市教育局中小学教材编写组编温泉源绘 | 外文 | 1979 | 1030 | 20 开 | 0.30 |
| 熊家婆（儿童画册） | 江敉编绘 | 外文 | 1979 | 1530 | 24 开 | 0.60 |

续表

| 书名 | 作者 | 出版社 | 出版/再版时间 | 印刷/发行册数 | 开本/装帧 | 定价（元） |
|------|------|--------|---------------|---------------|-----------|------------|
| 太平天国革命 | 《中国近代史丛书》编写组 | 外文 | 1979 | 1524 | 32 开 | 0.75 |
| 义和团运动 | 《中国近代史丛书》编写组 | 外文 | 1979 | 1024 | 32 开 | 0.50 |
| 戊戌变法 | 《中国近代史丛书》编写组 | 外文 | 1979 | 1024 | 32 开 | 0.60 |

## 1979 年朝鲜文版书目（2 种）

| 书名 | 作者 | 出版社 | 出版/再版时间 | 印刷/发行册数 | 开本/装帧 | 定价（元） |
|------|------|--------|---------------|---------------|-----------|------------|
| 毛主席诗词 | 毛泽东 | 外文 | 1979 | 6298 | 28 开/精 | 1.15 |
| | | | | | 28 开/平 | 0.65 |
| 艳阳天 | 浩然著，方增先插图 | 外文 | 1979（1977 年出版第一部、第二部） | 1524 | 28 开/精 | 3.20 |

## 1979 年日文版书目（22 种）

| 书名 | 作者 | 出版社 | 出版/再版时间 | 印刷/发行册数 | 开本/装帧 | 定价（元） |
|------|------|--------|---------------|---------------|-----------|------------|
| 毛主席诗词 | 毛泽东 | 外文 | 1979 | 12548 | 28 开/精 | 2.00 |
| | | | | | 28 开/平 | 1.45 |
| 沿着鲁迅的足迹 | 寒琴 | 外文 | 1979 | 5024 | 32 开 | 0.85 |
| 哥德巴赫猜想 | 徐迟 | 外文 | 1979 | 4024 | 32 开 | 0.95 |
| 于无声处（剧本） | 宗福先 | 外文 | 1979 | 2524 | 28 开 | 0.95 |

续表

| 书名 | 作者 | 出版社 | 出版/再版时间 | 印刷/发行册数 | 开本/装帧 | 定价（元） |
|---|---|---|---|---|---|---|
| 任伯年画辑 | | 外文 | 1979 | | 8开/12张 | 4.50 |
| 吴昌硕画集 | | 外文 | 1979 | 2280 | 8开/12张 | 4.50 |
| 徐悲鸿画辑 | | 外文 | 1979 | | 8开/12张 | 4.50 |
| 黄宾虹画辑 | | 外文 | 1979 | | 8开/12张 | 4.50 |
| 中国民间玩具（画册） | 田原绘 | 外文 | 1979 | | 20开/精 | 1.40 |
| 武汉风光（摄影明信片辑） | | 外文 | 1979 | | 50开 | |
| 长城（摄影明信片） | | 外文 | 1979 | 40030 | 50开 | |
| 回顾长征 | 刘伯承等 | 外文 | 1979 | 5024 | 32开 | 1.50 |
| 创业（电影文学剧本） | | 外文 | 1979 | 2040 | 32开 | |
| 水牢仇（连环画） | | 外文 | 1979 | 4030 | 32开 | |
| 大寨——中国农业战线上的一面红旗 | | 外文 | 1979（1980年停售） | 3804 | 32开 | |
| 随周恩来副主席长征 | 魏国禄著，沈尧伊画 | 外文 | 1979 | 11024 | 32开 | 1.00 |
| 中国大陆远古居民 | 贾兰坡 | 外文 | 1979 | 4524 | 16开 | 3.25 |
| 新中国出土文物 | | 外文 | 1979 | 8024 | 32开 | 0.65 |
| 中国地理简况 | 众志 | 外文 | 1979 | | 32开 | 1.50 |
| 北京游览图 | 地图出版社 | 地图 | 1979 | | 2开 | 0.35 |
| 中华人民共和国地图 | 外文出版社译 | 地图 | 1979（本版是第二版） | | 全张 | 0.70 |

## 1979 年孟加拉文版书目(7 种)

| 书名 | 作者 | 出版社 | 出版/再版时间 | 印刷/发行册数 | 开本/装帧 | 定价（元） |
|---|---|---|---|---|---|---|
| 毛泽东著作选读 | 毛泽东 | 外文 | 1979 | 3024 | 32 开 | 1.70 |
| 任伯年画辑 | | 外文 | 1979 | 1030 | 8 开/12 张 | 4.50 |
| 吴昌硕画集 | | 外文 | 1979 | 1030 | 8 开/12 张 | 4.50 |
| 徐悲鸿画辑 | | 外文 | 1979 | 1030 | 8 开/12 张 | 4.50 |
| 黄宾虹画辑 | | 外文 | 1979 | 1030 | 8 开/12 张 | 4.50 |
| 大闹天宫（儿童画册） | 唐澄编，严定宪等绘 | 外文 | 1979 | 7030 | 20 开 | 1.10 |
| 骄傲的小花猫（儿童画册） | 耿耿改编，姜成安、吴带生绘 | 外文 | 1979 | 4030 | 20 开 | 0.50 |

## 1979 年泰国文版书目(3 种)

| 书名 | 作者 | 出版社 | 出版/再版时间 | 印刷/发行册数 | 开本/装帧 | 定价（元） |
|---|---|---|---|---|---|---|
| 毛泽东诗词 | 毛泽东 | 外文 | 1979 | 1524 | 28 开 | 0.65 |
| 敌后武工队（下册）（长篇小说） | 冯志 | 外文 | 1979 | 1024 | 34 开 | 1.75 |
| 大闹天宫（儿童画册） | 唐澄编文，严定宪等绘 | 外文 | 1979 | 6524 | 20 开 | 1.10 |

## 1979 年乌尔都文版书目(1 种)

| 书名 | 作者 | 出版社 | 出版/再版时间 | 印刷/发行册数 | 开本/装帧 | 定价（元） |
|---|---|---|---|---|---|---|
| 大闹天宫（儿童画册） | 唐澄编，严定宪等绘 | 外文 | 1979 | | 20 开 | 1.10 |

## 1979 年印地文版书目（6 种）

| 书名 | 作者 | 出版社 | 出版/再版时间 | 印刷/发行册数 | 开本/装帧 | 定价（元） |
|---|---|---|---|---|---|---|
| 毛主席关于三个世界划分的理论是对马克思列宁主义的重大贡献 | 人民日报编辑部 | 外文 | 1979 | 2040 | 32 开 | 0.40 |
| 鸦片战争 | 《中国近代史丛书》编写组 | 外文 | 1979 | 4024 | 32 开 | 0.65 |
| 戊戌变法 | 《中国近代史丛书》编写组 | 外文 | 1979 | 4024 | 32 开 | 0.60 |
| 小小运动员(儿童画册) | 何艳荣绘 | 外文 | 1979 | 2530 | 20 开 | 0.35 |
| 布娃娃的新衣服（儿童画册） | 陈慧莲、唐鲁峰编，毛用坤、俞理绘 | 外文 | 1979 | 2530 | 20 开 | 0.25 |
| 谁的小手帕（儿童画册） | 上海市教育局中小学教材编写组编,温泉源绘 | 外文 | 1979 | 2530 | 20 开 | 0.30 |

## 1979 年斯瓦希里文版书目（9 种）

| 书名 | 作者 | 出版社 | 出版/再版时间 | 印刷/发行册数 | 开本/装帧 | 定价（元） |
|---|---|---|---|---|---|---|
| 回顾长征 | 刘伯承等 | 外文 | 1979 | 3452 | 32 开 | 1.50 |
| 随周恩来副主席长征 | 魏国禄著，沈尧伊插图 | 外文 | 1979 | 5024 | 32 开 | 0.75 |
| 叶圣陶童话选 | 叶圣陶著，黄永玉插图 | 外文 | 1979 | 1024 | 大 32 开 | 1.10 |

续表

| 书名 | 作者 | 出版社 | 出版/再版时间 | 印刷/发行册数 | 开本/装帧 | 定价（元） |
|---|---|---|---|---|---|---|
| 大闹天宫（儿童画册） | 唐澄编，严定宪等绘 | 外文 | 1979 | 5030 | 20 开 | 1.10 |
| 美丽的空想家（儿童画册） | 耿耿编，姜成安、吴带生绘 | 外文 | 1979 | 6030 | 20 开 | 0.50 |
| 骄傲的小花猫（儿童画册） | 耿耿改编，姜成安、吴带生绘 | 外文 | 1979 | 6030 | 20 开 | 0.50 |
| 布娃娃的新衣服（儿童画册） | 陈慧莲、唐鲁峰编，毛用坤、俞理绘 | 外文 | 1979 | 2530 | 20 开 | 0.25 |
| 小小运动员（儿童画册） | 何艳荣绘 | 外文 | 1979 | 2530 | 20 开 | 0.35 |
| 谁的小手帕（儿童画册） | 上海市教育局中小学教材编写组编，温泉源绘 | 外文 | 1979 | | 20 开 | 0.30 |

## 1979 年阿拉伯文版书目(7 种)

| 书名 | 作者 | 出版社 | 出版/再版时间 | 印刷/发行册数 | 开本/装帧 | 定价（元） |
|---|---|---|---|---|---|---|
| 毛泽东诗词 | 毛泽东 | 外文 | 1979 | 2524 | 28 开/精 | 1.15 |
| 随周恩来副主席长征 | 魏国禄著，沈尧伊插画 | 外文 | 1979 | 5024 | 32 开 | 0.75 |
| 鸦片战争 | 《中国近代史丛书》编写组 | 外文 | 1979 | 3524 | 32 开 | 0.65 |
| 义和团运动 | 《中国近代史丛书》编写组 | 外文 | 1979 | 4024 | 32 开 | 0.60 |

续表

| 书名 | 作者 | 出版社 | 出版/再版时间 | 印刷/发行册数 | 开本/装帧 | 定价（元） |
|---|---|---|---|---|---|---|
| 万水千山变通途 | | 外文 | 1979 | 7024 | 32 开 | |
| 叶圣陶童话选 | 叶圣陶 | 外文 | 1979 | 3024 | 大 32 开 | 1.10 |
| 大闹天宫（儿童画册） | 唐澄编，严定宪等绘 | 外文 | 1979 | 6030 | 20 开 | 1.10 |

## 1979 年多语种对照版书目（67 种）

| 语种 | 书名 | 作者 | 出版社 | 出版/再版时间 | 印刷/发行册数 | 开本/装帧 | 定价（元） |
|---|---|---|---|---|---|---|---|
| 中、英、法文对照 | 中国体育（摄影明信片辑） | | 人民体育 | 1979 | | 50 开/10 张 | 0.50 |
| 英、法、西班牙文对照 | 黄山（摄影明信片辑） | 吴印咸编摄 | 外文 | 1979 | 102530 | 44 开/13 张 | 0.60 |
| 中、日、英文对照 | 上海（摄影明信片辑） | 尹福康等摄影 | 上海人民美术出版社 | 1979 | | 44 开/12 张 | 0.63 |
| | 善卷洞与张公洞（游览小丛书） | 韩其楼 | 上海文化出版社 | 1979 | | 24 开 | 0.80 |
| 中、英文对照 | 莫干山（游览图） | | 浙江人民 | 1979 | | 6 开 | 0.26 |
| | 浦江两岸（画册） | 鲍夫华绘画 | 上海人民美术出版社 | 1979 | | 20 开 | 5.00 |
| | 阜阳剪纸（画片辑） | | 上海人民美术 | 1979 | | 44 开 | 0.94 |
| | 中国儿童画选 | 中国人民保卫儿童委员会 | 人民美术 | 1979 | | 72 开 | 3.20 |

续表

| 语种 | 书名 | 作者 | 出版社 | 出版/再版时间 | 印刷/发行册数 | 开本/装帧 | 定价（元） |
|---|---|---|---|---|---|---|---|
| 中、英文对照 | 中国女画家作品选(画片辑) | 中华全国妇女联合会编 | 人民美术 | 1979 | | 32 开 | 1.60 |
| | 山东民间年画(画片辑) | | 上海人民美术 | 1979 | | 32 开 | 1.30 |
| | 华清池（游览图） | 吴明等摄影，王铮绘图 | 陕西人民 | 1979 | | 4 开 | 0.48 |
| | 八路军西安办事处(摄影画册) | | 陕西人民 | 1979 | | 24 开 | 0.72 |
| | 健美的盛会(1978 年上海国际体操邀请赛)(摄影画册) | | 上海教育 | 1979 | | 12 开 | 7.50 |
| | 外国名歌选(1) | 上海译文出版社 | 上海译文 | 1979 | | 32 开 | 0.43 |
| | 昭陵（游览图） | 昭陵文物保护所编，杨礼门、王守平摄影 | 陕西人民美术 | 1979 | | 4 开 | 0.45 |
| | 中国菜 | 上海文化出版社 | 上海文化 | 1979 | | 12 开/24 张 | 5.00 |
| | 中国菜（京菜） | 上海国际饭店编，卢鹤廷、唐一明摄影 | 上海文化 | 1979 | | 48 开/12 张 | 0.90 |
| | 中国菜（川菜） | 上海锦江饭店编，卢鹤廷、唐一明摄影 | 上海文化 | 1979 | | 48 开/12 张 | 0.90 |

续表

| 语种 | 书名 | 作者 | 出版社 | 出版/再版时间 | 印刷/发行册数 | 开本/装帧 | 定价（元） |
|---|---|---|---|---|---|---|---|
| 中、英文对照 | 太原（游览图） | 中国国际旅行社太原分社、山西人民出版社 | 山西人民 | 1979 | | 24 开 | 0.95 |
| | 上海（游览图） | | 上海人民美术 | | | 4 开 | |
| | 西安交通大学（摄影画册） | 西安交通大学校刊室编，明义等摄影，施明德译，葛守义绘图 | 陕西人民美术 | 1979 | | 16 开 | 0.76 |
| | 烽火（摄影画册） | 胡武功龙书印摄影 | 陕西人民 | 1979 | | 36 开 | 0.84 |
| | 人民大会堂（摄影画片辑） | 人民大会堂管理局编，中国建筑工业出版社摄影 | 中国建筑工业 | 1979 | | 44 开/12 张 | |
| | 十三陵（摄影明信片辑） | | 北京 | | | 32 开/12 张 | 2.00 |
| | 十五贯（摄影明信片辑） | | 浙江人民 | 1979 | | 50 开/10 张 | 0.56 |
| | 上海的公园（摄影明信片辑） | 许志刚等摄影 | 上海人民美术 | 1979 | | 50 开/8 张 | 0.47 |
| | 广东工艺美术（摄影明信片辑） | | 广东人民 | 1979 | | 50 开/8 张 | 0.50 |
| | 广东园林（摄影明信片辑） | 张洛等摄影 | 广东人民 | 1979 | | 50 开/11 张 | 0.50 |

续表

| 语种 | 书名 | 作者 | 出版社 | 出版/再版时间 | 印刷/发行册数 | 开本/装帧 | 定价（元） |
|------|------|------|--------|---------------|---------------|-----------|-----------|
| 中、英文对照 | 飞来的石刻造像（摄影明信片辑） | | 浙江人民 | 1979 | | 48 开/12 张 | 0.65 |
| | 马王堆出土文物（摄影明信片辑） | 湖南省博物馆 | 湖南人民 | 1979 | | 50 开/10 张 | 0.47 |
| | 无锡风光（摄影明信片辑） | | 江苏人民 | 1979 | | 50 开/8 张 | 0.44 |
| | 天津出土文物（摄影明信片辑） | 天津市文物管理处 | 天津人民美术 | 1979 | | 50 开/10 张 | 0.55 |
| | 中国磁州窑陶瓷（摄影明信片辑） | 邯郸陶瓷公司供稿，任国兴摄 | 河北人民 | 1979 | | 50 开/12 张 | 0.60 |
| | 长沙（摄影明信片辑） | | 湖南人民 | 1979 | | 50 开/10 张 | 0.47 |
| | 长沙（摄影明信片辑） | | 湖南人民 | 1979 | | 50 开/8 张 | 0.40 |
| | 长城内外（摄影明信片辑） | 中共榆林地委宣传部编，陈宝生摄影 | 陕西人民 | 1979 | | 50 开/10 张 | 0.50 |
| | 毛田（摄影明信片辑） | 王平摄 | 湖南人民 | 1979 | | 50 开/11 张 | 0.50 |
| | 少年宫（摄影明信片辑） | 许志刚摄影 | 上海人民美术 | 1979 | | 44 开/10 张 | 0.55 |
| | 正定隆兴寺（摄影明信片辑） | | 河北人民 | 1979 | | 50 开/12 张 | 0.60 |
| | 龙华盆景图（摄影明信片辑） | 尹福康摄影 | 上海人民美术 | 1979 | | 50 开/8 张 | 0.47 |

续表

| 语种 | 书名 | 作者 | 出版社 | 出版/再版时间 | 印刷/发行册数 | 开本/装帧 | 定价（元） |
|---|---|---|---|---|---|---|---|
| 中、英文对照 | 东方歌舞之花（摄影明信片辑） | 东方歌舞团演出,肖百明、张嘉齐摄影 | 上海人民美术 | 1979 | | 44 开/8 张 | 0.47 |
| | 孙悟空三打白骨精（摄影明信片辑） | | 浙江人民 | 1979 | | 50 开/10 张 | 0.56 |
| | 苏州风光（摄影明信片辑） | | 江苏人民 | 1979 | | 50 开/8 张 | 0.44 |
| | 连云港风光（摄影明信片辑） | | 江苏人民 | 1979 | | 50 开/8 张 | 0.44 |
| | 庐山（摄影明信片辑） | | 中国旅游 | 1979 | | 50 开/12 张 | 0.65 |
| | 灵隐寺（摄影明信片辑） | | 浙江人民 | 1979 | | 48 开/12 张 | 0.65 |
| | 武汉风光（摄影明信片辑） | | 外文 | 1979 | | 44 开/10 张 | 0.50 |
| | 定陵（摄影明信片辑） | 定陵文物管理处 | 文物 | 1979 | | 50 开/11 张 | |
| | 河北出土文物（战国时期中山国青铜器）（摄影明信片辑） | 河北省文物管理处编,齐捷等摄 | 河北人民 | 1979 | | 50 开/12 张 | 0.60 |
| | 故宫（摄影明信片辑） | 故宫博物院 | 中国旅游 | 1979 | | 32 开/12 张 | 2.00 |
| | 故宫御花园（摄影明信片辑） | 故宫博物院 | 中国旅游 | 1979 | | 32 开/5 张 | |
| | 南京风光（1）（摄影明信片辑） | | 江苏人民 | 1979 | | 50 开/8 张 | 0.44 |

续表

| 语种 | 书名 | 作者 | 出版社 | 出版/再版时间 | 印刷/发行册数 | 开本/装帧 | 定价（元） |
|---|---|---|---|---|---|---|---|
| 中、英文对照 | 南京风光（2）（摄影明信片辑） | | 江苏人民 | 1979 | | 50 开/8 张 | 0.44 |
| | 柳州都乐洞（摄影明信片辑） | 金宝源、张涵毅摄影 | 上海人民美术 | 1979 | | 44 开/12 张 | 0.65 |
| | 星湖（摄影明信片辑） | 曹桂江等摄影 | 广东人民 | 1979 | | 50 开/11 张 | 0.50 |
| | 盆景（摄影明信片辑） | 尹福康等摄影 | 上海人民美术 | 1979 | | 44 开/12 张 | 0.63 |
| | 泰山风景（一）（摄影明信片辑） | | 齐鲁书社 | 1979 | | 50 开/10 张 | 0.50 |
| | 晋祠（摄影明信片辑） | 山西省文物工作委员会、山西省晋祠文物保管所 | 文物 | 1979 | | 50 开/10 张 | 0.55 |
| | 桂林（摄影明信片辑） | | 中国旅游 | 1979 | | 50 开/12 张 | 0.65 |
| | 黄山（摄影明信片辑） | | 中国旅游 | 1979 | | 50 开/12 张 | 0.65 |
| | 厦门（摄影明信片辑） | 李开聪等摄影 | 上海人民美术 | 1979 | | 44 开/11 张 | 0.60 |
| | 敦煌壁画（第一集）（摄影明信片辑） | 敦煌文物研究所 | 文物 | 1979 | | 44 开/10 张 | 0.65 |
| | 敦煌壁画（第二集）（摄影明信片辑） | 敦煌文物研究所 | 文物 | 1979 | | 44 开/10 张 | 0.65 |
| | 镇江风光（摄影明信片辑） | | 江苏人民 | 1979 | | 50 开/8 张 | 0.44 |

续表

| 语种 | 书名 | 作者 | 出版社 | 出版/再版时间 | 印刷/发行册数 | 开本/装帧 | 定价（元） |
|---|---|---|---|---|---|---|---|
| 中、英文对照 | 豫园（摄影明信片辑） | 张涵毅等摄影 | 上海人民美术 | 1979 | | 44开/12张 | 0.63 |
| | 秦俑（摄影） | 秦始皇兵马俑博物馆编克昌等摄影 | 陕西人民美术 | 1979 | | 4开 | 0.15 |
| 中、英、维吾尔文对照 | 乌鲁木齐（游览图） | 新疆人民出版社 | 新疆人民 | 1979 | | 4开 | 0.40 |

# 本书引用出版单位一览

1. 外文出版社

2. 中国人民保卫世界和平委员会

3. 中国红十字会

4. 中国体育总会

5. 人民体育出版社

6. 新世界出版社

7. 中国人民保卫儿童委员会

8. 民族出版社

9. 上海人民美术出版社

10. 人民美术出版社

11. 解放军画报社

12. 地图出版社

13. 甘肃民族事务委员会

14. 天津美术出版社

15. 中国佛教协会出版社

16. 科学出版社

17. 长安美术出版社

18. 中华全国世界语协会

19. 民族文化出版社

20. 广东人民出版社

21. 辽宁美术出版社

22. 中国少年儿童出版社

23. 黑龙江美术出版社

24. 江西人民美术出版社

25. 中国音乐协会出版社

26. 中国商务出版社①

27. 中国建设杂志社

28. 人民出版社

29. 商务印书馆

30. 上海人民出版社

31. 浙江人民出版社

32. 辽宁人民出版社

33. 湖南人民出版社

34. 福建人民出版社

35. 天津人民出版社

36. 陕西出版社

37. 云南人民出版社

38. 中国旅行出版社

39. 江西人民出版社

40. 黑龙江人民出版社

41. 山东人民出版社

42. 文物出版社

43. 中国旅游出版社

44. 上海书画社

45. 广西人民出版社

46. 湖北人民出版社

47. 西安人民出版社

48. 新疆人民出版社

49. 人民交通出版社

50. 北京出版社

51. 山西人民出版社

52. 陕西人民出版社

53. 上海教育出版社

54. 江苏人民出版社

55. 陕西人民美术出版社

56. 中国建筑工业出版社

---

① 该出版社为民营出版社，曾在 1965 年出版过多种中、英文对照的《实践论》、《愚公移山》等，"文化大革命"前后停办，与 1980 年组建的中国商务出版社不是一家。

57. 齐鲁书社
58. 天津人民美术出版社
59. 上海译文出版社
60. 河北人民出版社
61. 上海文化出版社
62. 中华地图学社

# 本书参考文献

1.《全国总书目》(1949—1979,新华书店总店、中华书局等出版,共25册);

2.《中国外文局五十年大事记(1949—1999)》(上、下),新星出版社;

3.《中国外文局五十年回忆录》,新星出版社;

4.《中国外文局五十年史料选编》(一)、(二),新星出版社;

5.《中华人民共和国出版史料》(第一辑至十三辑,共13册),中国书籍出版社;

6.《中国国际图书贸易总公司大事记(1949至2004)》;

7.《外文出版社外文图书总目(1949—1979)》。

国家社科基金
GUOJIA SHEKE JIJIN HOUQI ZIZHU XIANGMU
后期资助项目

# 中华人民共和国外文图书出版发行编年史（1949—1979）

## Foreign Language Books' Publishing Chronicle of P.R.China (1949—1979)

### （上）

何明星 著

学习出版社

**图书在版编目（CIP）数据**

中华人民共和国外文图书出版发行编年史：1949—1979/何明星著．
－北京：学习出版社，2013.12
（国家社科基金后期资助项目）
ISBN 978－7－5147－0344－3

Ⅰ.①中…　Ⅱ.①何…　Ⅲ.①外文图书－出版发行－编年史－
中国－1949—1979　Ⅳ.①G239.297

中国版本图书馆 CIP 数据核字（2013）第 194056 号

## 中华人民共和国外文图书出版发行编年史(1949—1979)

ZHONGHUARENMINGONGHEGUO WAIWENTUSHU CHUBANFAXING BIANNIANSHI(1949—1979)

何明星　著

责任编辑：李　岩　张　俊
技术编辑：王晓勇
封面设计：杨　洪

出版发行：学习出版社
　　　　　北京市崇文门外大街 11 号新成文化大厦 B 座 11 层（100062）
　　　　　010－66063020　010－66061634　010－66061646
网　　址：http：//www.xuexiph.cn
经　　销：新华书店
印　　刷：北京市密东印刷有限公司

开　　本：710 毫米×1000 毫米　1/16
印　　张：62.75
字　　数：1058 千字
版次印次：2013 年 12 月第 1 版　2013 年 12 月第 1 次印刷

书　　号：ISBN 978－7－5147－0344－3
定　　价：120.00 元（上、下册）

# 国家社科基金后期资助项目

# 出 版 说 明

后期资助项目是国家社科基金设立的一类重要项目，旨在鼓励广大社科研究者潜心治学，支持基础研究多出优秀成果。它是经过严格评审，从接近完成的科研成果中遴选立项的。为扩大后期资助项目的影响，更好地推动学术发展，促进成果转化，全国哲学社会科学规划办公室按照"统一设计、统一标识、统一版式、形成系列"的总体要求，组织出版国家社科基金后期资助项目成果。

全国哲学社会科学规划办公室

# 前　　言

中国自 1949 至 1979 年的 30 年间，出版的外文图书总品种数接近1 万种，涉及 44 个文种，在出版内容、外译文种以及印刷、发行数量等方面，都展现了中国外文图书出版事业由小到大的曲折发展的历程。

本书在《全国总书目》的"外国文字图书目录"基础上，进一步整理核实，补充作者、翻译者、语种、初版再版时间以及定价、印刷册数、发行册数等关键数据，使之更加完善。同时结合长期承担对外图书出版、发行任务的外文出版社、中国国际图书贸易总公司的内部资料和数据，参照中国外文局大事记、国际书店大事记整理、补充，个别书目对当事人进行采访、回忆等史料钩沉方法，整理撰写出外文图书（含部分重要期刊）的编辑、出版、发行活动的纪事，按照编年方式与 1949—1979 年 30 年间外文书目合在一起，形成一部完整的新中国外文图书出版发行编年史。全书内容分为记事和书目两部分，总字数接近 60 万字。

## 一、外文图书出版的主要内容

新中国出版的各种外文图书，截止到 1979 年共对外翻译出版了约 10109 种。这些图书按照中图法分类，大约为 12 类，第一类为马克思列宁主义、毛泽东思想、邓小平理论，在前 30 年里，中国共用 44 个外文翻译出版，该类图书的品种数量超过了 3000 种；第二类为中国政治、法律类，30 年间出版的数量接近 2800 种；第三类为中国文化、科学、教育、体育类，30 年出版的数量接近 1400 种；其他为社会科学总论类，中国文学类，中国艺术类，中国历史、地理类，中国哲学、宗教类，中国医药类，中国经济类，语言文字类等 9 大类，约为 3000 种。科学技术类图书基本没有。

这里特别说明的是，毛泽东著作的对外翻译出版、发行在前 30 年里占据了中国外文出版发行的绝大部分比重。而其中主要是《毛泽东选集》

（一至四卷）、毛泽东各种著作的单行本、毛主席语录等，其他少量是马克思、恩格斯、列宁等著作的英译本，其中邓小平的讲话各个语种的外译出版品种数量仅为 37 种。据中国国际图书贸易总公司统计，1949 年至 1993 年，毛泽东著作外文版对国外、境外发行了 39 种文版 2300 多种，3447 万多册，发行到世界上 182 个国家和地区。1961—1976 年，外文图书出版社用 18 种外文，出版了《毛泽东选集》第一至四卷，共印 429 万多册；用 13 种外文出版了《毛泽东军事文选》。毛泽东著作外文版中，单行本占相当大的部分，毛泽东著作中的一些著名篇目基本上包括在其中。《毛泽东诗词》的各种文版，在 1959—1963 年出版了英、法、西、荷、印地、印尼 6 种文字的 19 首本和法文版 21 首本。1976—1979 年，又出版了英、法、西、阿拉伯、朝、印尼等 6 种文字和汉英对照版的 39 首本。1979 年出版了日文、泰文版的 42 首本。1966 年至 1972 年，外文出版社用 37 种外文出版了《毛泽东语录》1008 万册。此外，还用英、法、西、俄、德文 5 种外文出版了张贴式《毛泽东语录》，印数为 133 万张。

在中国政治、法律类中，有中华人民共和国宪法、土地法、中国共产党党章、党代会文件、政治会议决议、历次人民代表大会文件、中国与其他国家建交公报、联合声明等发布性法律文件、外交公告，除此之外，还有大量的政治声明，诸如在与苏联关系破裂之后，中苏两党关于国际共运论战的"九评"文件，声援印度支那三国人民的抗法斗争、声援非洲、拉丁美洲人民的民族独立运动等政治文件，都属于此类内容。

这两类内容占据了整个中国外文图书出版总品种的 60%，体现了前 30 年间中国对外译介的文化特征。这两类图书集中了中国政府和中国共产党对于当时国际局势的政治思考和哲学判断，具有鲜明的时代政治特征。比如在以毛泽东思想为代表的新中国执政治国理念当中，不仅具有丰富的传统文化内容，而且还是中华民族取得民族独立斗争胜利的经验总结，如游击战争思想，农村包围城市战略，新中国经济建设时期的自力更生思想，"三个世界"的划分理论，都在 20 世纪获得了广泛的世界影响，是新中国给予当代世界政治文化理论的巨大贡献。

中国文学类、艺术类和地理、历史类外译图书，这些图书在当时的特殊历史时期是作为毛泽东思想以及政治、法律等文献的辅助对外翻译出版的，但却获得了久远的传播效果。如在内容选择上，既有中国经典文学作品《红楼梦》、《水浒传》、《西游记》、《三国演义》以及李白、杜甫诗歌的翻译出版，也有《林海雪原》、《暴风骤雨》、《青春之歌》、《红旗谱》、《红岩》、《铁道游击队》、《敌后武工队》、《英雄儿女》等红色经典文学作品的翻译；既有《鲁迅小说选》、巴金的《茶馆》和老舍的《龙须沟》、茅盾的《子夜》等现代文学代表作的翻译，也有京剧样板戏《红灯记》、《奇袭白虎团》、《沙家浜》和现代芭蕾舞剧《红色娘子军》、《白毛女》等剧本的翻译；既有《中国民间故事》、《阿诗玛》、《刘三姐》的翻译，也栩栩如生的配图连环画《鸡毛信》、《狼牙山五壮士》、《刘胡兰》的翻译和出版，还有大量的由各地美术出版社、各地人民出版社出版的人文地理风光、传统建筑遗迹摄影、中国绘画、工艺美术摄影等明信片、画册、摄影集。这些图书作为新中国主动向世界传播自己灿烂而丰富文化内容的一种努力，不仅塑造了中华儿女在摆脱殖民侵略和民族独立斗争的新形象，也续写了自 16 世纪开始，以西方传教士、海外汉学家、支持和同情中华民族独立斗争的进步人士、海外华侨为主体，介绍中国、宣传中国、传播中华文化的 400 年历史，鲜明生动地展示了当代中国的人文地理风光。今天看来，虽然其中不乏挫折、失败和历史教训，但从传播范围的广度、深度以及传播效果来看，这是整个中华民族主动对外传播自己优秀文化最为成功的一次。

## 二、外文图书的出版机构

在这一段历史时期，毛泽东著作的翻译堪称中国对外翻译历史上的一个重大事件，在翻译质量、译介语种、出版收录、翻译人才和专业翻译机构等方面，都奠定了中国对外译介史的基本格局。

毛泽东著作的对外译介，一直得到中国共产党领导层的高度重视。根据相关资料显示，抗战初期，中共南方局成立了对外宣传小组，由周恩来领导，王炳南具体负责。抗战期间，在香港的进步团体也曾将毛泽东著作在香港翻译出版。1945 年，延安印出了第一本外文书——英文版的《论联合政府》。1949 年新中国成立之后，组织翻译出版《毛泽东选集》外文版的工作，便成为国家政治文化生活中的头等大事，得到了政府部门的高度重视。先后负责毛泽东著作选集外译工作的有中共中央对外联络部、中共中央马克思恩格斯列宁斯大林著作编译局、外文出版发行事业局等。

在 1949—1979 年的整个 30 年间，中国一共对外译介出版了约 10109 种图书，外文出版社出版了 9220 种，占所有外译图书的 91%。其他出版单位分别有人民体育出版社、新世界出版社、民族出版社、上海人民美术出版社、人民美术出版社、地图出版社、天津美术出版社、科学出版社、民族文化出版社、广东人民出版社、辽宁美术出版社、中国少年儿童出版社、黑龙江美术出版社、江西人民美术出版社、人民出版社、商务印书馆、上海人民出版社、浙江人民出版社、辽宁人民出版社、湖南人民出版社、福建人民出版社、天津人民出版社、陕西出版社、云南人民出版社、江西人民出版社、黑龙江人民出版社、山东人民出版社、文物出版社、中国旅游出版社、上海书画社、广西人民出版社、湖北人民出版社、西安人民出版社、新疆人民出版社、人民交通出版社、北京出版社、山西人民出版社、陕西人民出版社、上海教育出版社、江苏人民出版社、陕西人民美术出版社、中国建筑工业出版社、齐鲁书社、天津人民美术出版社、上海译文出版社、河北人民出版社、上海文化出版社、中华地图学社等62家出版社出版。而其中的新世界出版社，也属于外文局所属。这种对外翻译出版高度集中的现象，与在新中国成立至1980年后国家集中主要物力、财力和人力，全力打造一个对外文化出版传播的阵地的外宣政策紧密相关。

# 三、翻译出版的外文语种

在1949—1979年的30年里，中国外文图书出版的语种达到了44种，其中欧美文字21种，亚非文字22种，再加上一个多语种对照，总共为44个语种。多语种对照指的是一个出版物分别配上两个以上语种，如中、英文对照，中、英、法文对照，甚至是中、英、法、德、西班牙文4种以上文字对照，还有英、阿拉伯文对照，英、乌尔都文对照等等，这类出版物多是明信片、摄影、画片、连环画等图书。多语种对照出版物适应了当时风云变幻的国际形势，图文并茂，易于接受和理解，取得了良好的对外传播的效果。

## （一）欧美文字的翻译出版

1. 新中国成立初期欧美文字的翻译形成对外翻译出版的基本格局

在所有外译图书的语种中，欧美文字是重点，这和新中国独立伊始，就着力向西方世界传达自己的政治主张和发展理念高度相关，因此对欧美文字对外翻译的语种、内容和出版图书的对外发行量上投入力度较大。在语种数量上欧美语种要远远多于亚非语种的数量。欧美语种除了英语、法语、西班牙语、德语、俄语等主要西方国家语言之外，还有葡萄牙语、意大利语、塞尔维亚语、荷兰语、瑞典语、阿尔巴尼亚语、波兰语、捷克语、匈牙利语、罗马尼亚语、希腊语、挪威语、芬兰语、葡萄牙（巴西）语和世界语等 21 个语种。

在 1949—1979 年的 30 年里，中国文化外译欧美文字的总品种数量达到了 5645 种。其中英语 1647 种，法语 1075 种，西班牙语 885 种，俄语 572 种，德语 763 种，葡萄牙语 186 种，意大利语 134 种，塞尔维亚语 38 种，罗马尼亚语 17 种，瑞典语 11 种，阿尔巴尼亚语 12 种，捷克语 9 种，荷兰语 10 种，葡萄牙（巴西）语 8 种，波兰语 3 种，匈牙利语 2 种，芬兰语 2 种，希腊语 1 种，而并不通用的世界语却达到了 264 种。除世界语外，外译最多的英、法、德、俄、西班牙、葡萄牙、意大利等文字都是西方主要大国，也是使用人口数量相对较多的语种。

21 种欧美文字的翻译，限于当时新中国的人力、财力所限，并不是一下子全部配置齐的，而是根据国际外交局势的变化以及对外宣传的需要逐步配齐的。下图是英、法、德、俄、西、葡萄牙、世界语等主要语种的 30 年出版趋势图。

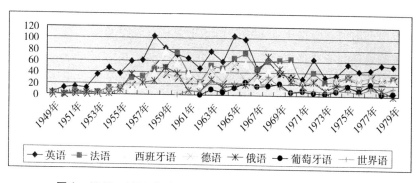

**图 1　1949—1979 年中国图书翻译出版欧美主要语种趋势图**

由上图 1 可以看到，中国文化类图书面向欧美文字的翻译，在前 30 年间，大体历经了两个高峰，第一个高峰是 1959 年，第二个高峰是 1965 年，此后的翻译出版大体上趋于平稳。

新中国成立后的 5 年间，主要欧美文字的译介一直处于很低的水平，1949 年有俄、英、法 3 个语种，1950 年仅有德、英 2 个语种，1951、1952、1953 年连续三年仅有英、法、德、俄 4 个语种，直到 1954 年才有第一本西班牙语的出版物，1955 年达到 7 个语种，1956 年才超过了 10 个语种。1958 年第一次出版芬兰语图书，1959 年出版第一本荷兰语图书。基本形成出版规模的是在 1959 年，主要欧美文字，英、法、德、俄、西班牙等语种的图书品种数都超过了年度 20 种以上，语种数量达到 15 个语种。实现这个目标，可以说是新中国在百废待兴的国家建设过程中，动员各种力量才实现的，正是这第一个 10 年的艰苦努力，才形成了整个中华人民共和国对外翻译事业的基础。

2. 以世界语为例，外文图书出版成为突破封锁、拓展国际空间的有效手段

如果说新中国第一个 10 年初步奠定了对外翻译事业的基础，那么第二个 10 年，即 1965 年中国对外翻译已经成为突破美苏两个世界阵营封锁、拓展国际空间的有效手段，欧美一些非通用语种的对外翻译也开始迅速增加。1960 年有了匈牙利语出版物，1961 年有了荷兰语、世界语出版物，1962 年出版了瑞典语、意大利语出版物，1963 年始有出版葡萄牙语、塞尔维亚语、捷克语出版物，1964 年开始出版阿尔巴尼亚语出版物，1965 年欧美 21 个语种基本配齐。

值得一提的是中国的世界语出版。世界语是波兰医生柴门霍夫博士于 1887 年创制的一种语言，是基于印欧语系基础上创造出来的一种人造语。中华全国世界语协会于 1951 年 3 月宣告成立，以中华全国世界语协会名义将中国各类图书翻译成世界语，由外文出版社出版发行，主要对象和地区是东欧地区的一些群众组织。

从 1961 年开始出版第一本世界语图书，截至 1979 年，中国用世界语出版了毛泽东著作以及各种单行本有 78 种，各种政治文献 71 种，文学类图书 15 种，包含画册、明信片等综合性图书 26 种，艺术类图书 5 种，历史地理类 8 种，总共达到 264 种。

世界语杂志《中国报道》最初名为《人民中国报道》，1954 年停刊，1957 年复刊后改为双月刊，由中华全国世界语协会出版。1967 年恢复为月刊。1974 年刊物中文名称改为《中国报道》。1954 年之前主要发行对象是苏联和东欧社会主义国家的世界语者，1957 年以后面向全世界的世界语者，但主要目标仍以东欧地区国家为主，改革开放以来面向全世界的世界语读者发行，一直到 2000 年出满 12 期，停止出版，历时整整 50 年。

由图 2 可以看出，在 1964 年至 1968 年的 5 年间，期发量都超过了 1 万册，意味着这 5 年时间里，大约有累计超过 50 万份世界语杂志被广泛发行到苏联和东欧地区的读者手里。

上述事例表明，中国在 1979 年之前除了高度重视英、法、俄、西班牙等通用语之外，也花费相当大的财力、物力拓展一些非通用语的翻译出版，如希腊语、瑞典语、塞尔维亚语、罗马尼亚语、阿尔巴尼亚语、捷克语、匈牙利语、世界语等东欧语种，不仅有力地支持了中国外交事业的发

展，拓展了国际空间，也把新中国的政治、经济、文化发展的崭新面貌传播到了欧美地区。

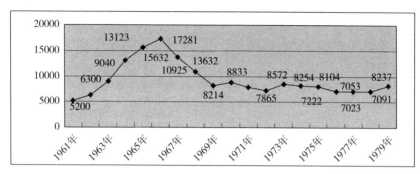

图 2 1961—1979 年世界语杂志《中国报道》的发行数量统计①

## （二）亚非文字的翻译出版

1. 亚非文字翻译语种最多

在 1949—1979 年对外翻译出版外国文字当中，亚非文字的语种数量最多，达到 22 种文字，比欧美文字多 1 种，但出版的总品种数量却少于欧美文字的 5645 种，仅有 4464 种。

出版数量最多的是日语，达到 630 种，其次为越南语，547 种，再次是阿拉伯语，为 393 种，此后依次为缅甸语 357 种，泰语 329 种，印地语 277 种，斯瓦希里语 245 种，印度尼西亚语 391 种，乌尔都语 200 种，波斯语 188 种，朝鲜语 150 种，豪萨语 96 种，蒙古语 88 种，老挝语 59 种，孟加拉语 58 种，泰米尔语 35 种，土耳其语 28 种，普什图语 4 种，菲律宾语 3 种，柬埔寨语、尼泊尔语、印度古加拉提语各 1 种。

这 22 个亚非文字的翻译出版，也与新中国在前 30 年间根据国际形势所制定的外交政策、对外宣传策略紧密相关。以 1955 年印尼万隆会议召开为标志，中国开始确立和平共处五项原则的外交理念，积极支持第三世界国家的民族解放和反对霸权主义事业。因此大量用亚、非文字翻译介绍中国的时间是在 1955 年，形成高潮则是在 1969 年左右。

由图 3 可以看出，在亚洲文字中，以印度尼西亚语的翻译出版最早，延续时间最长。从 1949 年就开始出版，并形成了两个出版高峰，一是

① 数字来源于中国国际图书总公司的内部资料，图中数字为每年 12 月的期发数字，单位为份数。

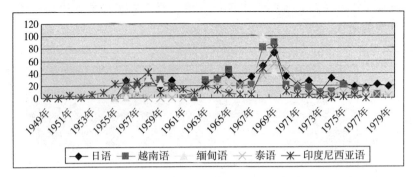

图3　1949—1979年东南亚主要语言文字翻译出版图书品种趋势

1955年至1958年，一个是1968至1970年。这和新中国与印度尼西亚的外交关系在前30年间曾经产生过巨大波动有关。

　　而日语、缅甸、越南语的翻译出版能力形成差不多是在同一时期，都是在1956年开始出版第一本日语、越南语、缅甸语、泰语图书，三种文字的年度翻译出版量在1967至1970年达到出版最高峰。而其中日语图书的翻译出版一直很稳定，年度出版翻译数量、对外发行量都居亚非22种文字之首，越南语的出版则是起伏变动最大，1969年曾经是年度出版达到89种，超过英语38种、法语是62种、俄语的46种，但到了1979年后则开始全部终止出版，这是中国与越南两国关系从"兄弟加同志"的亲密关系一下子跌落到兵戎相见的巨大波折所致。可见，中国30年的对外文化的翻译推广与外交格局发展变化与息息相关。

　　同样，中国与南亚、西亚、北非国家的政治、外交关系也在这些国家的语言翻译上有所体现。

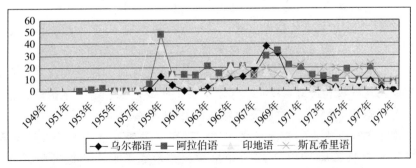

图4　1949—1979年南亚、西亚、北非语言文字翻译出版年度品种趋势

　　由图4可看出，用阿拉伯语翻译介绍中国各个方面的图书出版从1953

年就开始了，形成出版能力的是在 1958 年，年度出版达到 6 种，此后 1959 年至 1975 年的 17 年间，一直保持年度出版 10 种以上的规模，最高的年份是 1959 年，达到 47 种。与阿拉伯语类似，中国用印地语的翻译介绍中国的图书出版也很早，在 1957 年开始出版第一本印地语图书，此后的 1958 年就达到年度 44 种，超过了俄语 26 种、西班牙语 38 种，此后在一直到 1971 年，一直保持年度出版 5 种以上规模，只是在 1962 年为 3 种。印地语、阿拉伯语在南亚大陆、西亚、北非地区的使用人口数量都超过了 1 亿人，从这两个语种的年度翻译出版数量和出版时间来看，都充分体现了中国对于这些地区的重视程度。

2. 以斯瓦希里语为例，开创非通用语译介中国文化的新格局

值得一提的是东非的通用语——斯瓦希里语的翻译出版，这个语种完全是随着新中国与非洲国家政治、外交关系的发展而应运而生的，与日语、越南语、印尼语等亚非文字在历史上就有前期积累有很大的不同。用斯瓦希里语译介中国图书，属于在毫无前期积累的情况下起步的，这个文版的译介是新中国对外翻译出版艰辛跋涉的一个缩影。

1960 年 8 月北京广播学院（现中国传媒大学）第一次开设斯瓦希里语专业，1964 年开始出版第一本斯瓦希里文图书。根据现有统计资料，从 1964 至 1979 年的 15 年间，外文出版社出版斯瓦希里文图书总品种数是 245 种。其中发行数量最大的毛泽东著作、政治理论读物、国情介绍等图书，三者 15 年累计发行达到 330.4522 万册，儿童读物的总发行册数是 67.6482 万册。其中毛泽东著作 94 种，是新中国斯瓦希里文出版物的最大宗，占总品种数的 38%。儿童读物有 60 种，位列新中国斯瓦希里文出版物的第二位，占总品种数的 24%。政治理论读物有 41 种，位列新中国斯瓦希里文出版物总品种的第三位，占总品种数的 17%。文学艺术类图书有 20 种，占总品种数的 8%。国情介绍类图书有 15 种，其他类 15 种，分别约占出版物总品种的 6%。

还有，斯瓦希里文版《中国画报》，筹备出版始于 1963 年年底，1964 年正式出版，由外文局所属的中国画报社编辑出版，一直到 1998 年 12 月停刊，35 年间共出版了 420 期。除编辑画报外，80 年代还翻译出版过斯瓦希里文的《中国一瞥》等精美小册子。据统计，斯瓦希里文《中国画报》自 1964 年创刊后直到 1998 年 12 月停刊，35 年间共出版了 420 期，70 年代发行量最高，达到每期 3 万份，90 年代最低，每期 300 份都卖不完①。《中国画报》斯瓦希里文版的发行量：1965 年 12 月发行量为 2539 份，

---

① 陈元猛：《斯瓦希里语在中国的传播》，《现代传播》，1999 年第 2 期。

1973 年 12 月份的发行量为 8269 份。在 1964 至 1979 年的 15 年间平均发行份数在 5404 份左右，15 年累计总发行量在 90 万—100 万份之间。由中国在前 30 年里对于斯瓦希里文图书、杂志的巨大投入可以发现，在 1949—1979 年的 30 年间，新中国努力用各种通用语、非通用语传播中国文化的重视程度。

对于新中国成立后中国出版发行史的研究，目前已有的研究成果有郑士德先生《中国图书发行史》（高等教育出版社，2000 年出版；中国时代经济出版社，2010 年再版），中国新闻出版研究院主持的《中国出版通史·当代卷》（中国书籍出版社，2009 年出版）等，但遗憾的是对外文图书出版这一部分涉及不多。新中国出版的外文图书目录，仅见于公开出版的《全国总书目》中"外国文字图书目录"，因为是书目型，所以缺少印刷量、发行数量等更具价值的信息。可以说迄今为止，尚没有一部专门的中国外文图书出版史，这是出版史学界的一大缺憾。

《中华人民共和国外文图书出版发行编年史（1949—1979）》的整理与出版，将弥补中国出版史研究缺少发行数据的不足，同时又弥补了长期缺乏外文图书编辑出版发行史料的缺陷，因此本书具有重大的学术价值。同时，随着中国文化走出去战略实施的逐步深化，中国新闻出版走出去迫切在对外渠道、对外品种以及对外翻译等方面吸取历史经验教训，因此，对于 1949—1979 年的 30 年间，中国外文图书编辑、出版、发行历史的总结与研究就显得尤其重要。《中华人民共和国外文图书出版发行编年史（1949—1979）》的整理与出版具有重大的现实意义。

本书分上下册，上册为 1949—1965 年，下册为 1966—1979 年。

作者
2013 年 5 月

# 目　　录

## （上册）

## （下册）

# Contents

## ( I )

**Chapter 11  The translating and publishing activity of chinese books**

**Chapter 12  The translating and publishing activity of chinese books**

## Chapter 15    The translating and publishing activity of chinese books

**Chapter 16    The translating and publishing activity of chinese books (journals) in overseas in 1964** ························· (264)

## ( II )

Chapter 18  **The translating and publishing activity of chinese books**

## Chapter 21    The translating and publishing activity of chinese books
(journals) in overseas in 1969 ························· (529)

# 1949 年图书（期刊）对外翻译出版发行活动

随着中华人民共和国的成立，在新华社英语广播电台、香港《中国文摘》英文杂志基础上组建的国际新闻局也在 1949 年 10 月 1 日成立，行使对外宣传职能；

本年，中央人民政府出版总署于 11 月 1 日成立；

本年，专门经营外文书报发行的机构国际书店于 12 月 1 日成立。

1949 年 8 月 1 日，由新华广播电台英语广播部、香港的《中国文摘》英文杂志编辑部以及在京部分留学生、民主人士中的编译干部为主，开始筹备成立国家新闻局。1949 年 10 月 1 日，中华人民共和国国际新闻局正式成立。国际新闻局的主要业务是：（1）编写新闻广播、时事性通讯稿并用外文向海外发布；（2）以外文出版社名义出版介绍中国革命经验的书籍，如毛泽东著作等政治理论图书和小册子；（3）筹备出版《人民中国》英文版半月刊；（4）筹备出版《人民中国报道》世界语杂志；（5）管理在中国的外国记者；（6）受中宣部委托，编译欧洲 9 国情报局机关刊物《争取持久和平，争取人民民主》周刊中文版。

1949 年 10 月 3 日至 19 日，全国新华书店出版工作会议在北京举行。这是中华人民共和国成立后召开的第一次出版会议。毛泽东为会议题词："认真作好出版工作"。胡愈之致开幕词。中央人民政府副主席朱德在会议开幕式上讲话。会后，《人民日报》发表了题为《出版会议的收获》的社论。

1949 年 11 月 1 日，中央人民政府出版总署成立。成立大会在北京东总布胡同 10 号召开。签名的出席者有：朱文叔、孟超 、朱贤、陶大镛、叶蠖生、胡愈之、周建人 、宋云彬、华应申、程浩飞 、傅彬然、王子野 、王钊 、叶圣陶、石盘 、沈志远、黄洛峰、胡绳、陈正为 、沈静芷、邵公文、祝志澄、徐津、欧建新、曹伯韩、徐伯昕。中央人民政府出版总署，由原属华北人民政府教育部的教科书编审委员会、原属中共中央宣传部的出版委员会及新华书店编辑部组合而成。以此为基础，建立一厅三局：办公厅、编审局、翻译局、出版局。拟定人数 425 人。中央人民政府出版总署是国家管理全国出版事业的机关，受政务院领导及政务院文化教育委员会的指导。主要任务为：建立及经营国家出版、印刷、发行事宜；管理国家出版物的编辑、翻译及审定工作；联系或指导全国各方面的编译出版工作；调整公营、公私合营及私营出版事业的相互关系。署长：胡愈之；副署长：叶圣陶、周建人。此后，陈克寒、萨空了先后调来任副署长。

1949 年 11 月 1 日，由国际新闻局编写的中国新闻、时事述评、特写等英文文字广播稿以及英文口语广播稿，开始由国际广播电台以新华社名义每天向全世界广播。同时铅印《英文每日电讯》，内容与文字广播稿相同，主要对象是国内的英语外侨。同时编印出版内部刊物《英文参考消息》，主要内容是英美资本主义国家的宣传动向、各国通讯社的电讯摘要等等，便于中国政府决策参考。

1949 年 11 月 28 日，中共中央宣传部出版委员会发布关于成立国际书店的通知，确定国际书店是专门经营外文书报（包括苏联莫斯科出版的中文图书）的发行的机构。

1949 年 12 月 1 日，国际书店总店对外宣告成立。地址是北京东总布胡同 10 号，店名为黄洛峰所定，郭沫若题写了店名招牌。主要负责人是：朱希，刘辽逸。到 1949 年年底有工作人员 48 人。

本年，国际新闻局以外文出版社名义用英文、法文、俄文、印尼 4 种外文出版 8 种图书。其中有毛泽东的《论人民民主专政》（英文、法文、印尼文），朱德的《三年解放战争》（英文）、《人民政协文献》（英文、法文、俄文）和《新中国妇女》（英文）。

# 1949 年对外发行图书目录

## 1949 年俄文版书目（1 种）

| 书名 | 作者 | 出版社 | 出版/<br>再版时间 | 印刷/<br>发行册数 | 装帧/<br>定价（元） |
|---|---|---|---|---|---|
| 中国人民政治协商会议第一届全体会议重要文献 | | 外文 | 1949.11 | 17000 | 0.60 |

### 1949 年法文版书目（2 种）

| 书名 | 作者 | 出版社 | 出版/再版时间 | 印刷/发行册数 | 装帧/定价（元） |
|---|---|---|---|---|---|
| 论人民民主专政 | 毛泽东 | 外文 | 1949.12（10 次重印） | 135769 | 0.60 |
| 中国人民政治协商会议第一届全体会议重要文献 | | 外文 | 1949.11（1953 年停售） | 11000 | 0.60 |

### 1949 年英文版书目（4 种）

| 书名 | 作者 | 出版社 | 出版/再版时间 | 印刷/发行册数 | 装帧/定价（元） |
|---|---|---|---|---|---|
| 论人民民主专政 | 毛泽东 | 外文 | 1949.12（13 次重印） | 273101 | 0.20 |
| 中国人民政治协商会议第一届全体会议重要文献 | | 外文 | 1949.12（2 次重印） | 14000 | 0.60 |
| 新中国妇女 | 中华全国妇女联合会 | 外文 | 1949.12（2 次重印） | 11000 | 0.60 |
| 三年解放战争 | 朱德 | 外文 | 1949 | 1000 | |

### 1949 年印尼文版书目（1 种）

| 书名 | 作者 | 出版社 | 出版/再版时间 | 印刷/发行册数 | 装帧/定价（元） |
|---|---|---|---|---|---|
| 论人民民主专政 | 毛泽东 | 外文 | 1949.12（4 次重印） | 15165 | 0.40 |

# 1950 年图书（期刊）对外翻译出版发行活动

本年，中华人民共和国第一份对外发行的英文杂志《人民中国》半月刊、第一份英文日报《上海新闻》创刊；

本年，《中华人民共和国工会法》、《中华人民共和国土地改革法》等政治法规类图书外文版对外发行；

本年，第一家与非社会主义国家书店——英国共产党所创办的英国考茨列书店与我国建立贸易关系，苏联全国国际图书总公司也在北京设立了办事处。

1950 年 1 月 1 日，《人民中国》英文版半月刊创刊。该刊前身是香港出版的《中国文摘》，《人民中国》创刊后，原香港出版的《中国文摘》停刊，原有订户由《人民中国》接手。总编辑为乔冠华，副总编辑为萧乾，编辑部主任张彦。每期印刷发行 1 万份，当创刊号出版消息广播后，英国一个书店当天来电订购 500 份。

1950 年 2 月 21 日，国际新闻局聘请葛兰恒（美）、史平浩、史珍妮、阿兰、夏丕诺（英）为顾问，聘请印尼籍苏达曼和夫人马蒂娜为外籍编辑委员，担任印尼文小册子的改稿工作。

1950 年 5 月 15 日，《人民中国报道》世界语月刊创刊，8 开 8 版，发行 30 多个国家和地区，主要在东欧、苏联以及英语、法语、俄语不甚流行的地区，总分数 1898 份，主要报道新中国人民的生活、经济、文化建设以及反侵略斗争等内容。

1950 年 5 月 27 日，国际新闻局决定在上海《大陆报》基础上，出版《上海新闻》英文日报（The Shanghai News），受中共上海市委以及国际新闻局双重领导，这是中华人民共和国第一份英文日报。

1950 年 6 月，国际书店与英国共产党所创办的英国考茨列书店建立贸易关系，这是中国与非社会主义国家建立联系的第一家书店。

1950 年 6 月 29 日《中华人民共和国工会法》公布施行，外文版同年出版发行。

1950 年 6 月 30 日《中华人民共和国土地改革法》公布施行。土地改革在新解放区全面展开。到 1953 年春，除部分少数民族地区外，土改在全国大陆基本完成，3 亿多无地少地农民（包括新老解放区在内）无偿获得 7 亿亩土地和其他生产资料，中国几千年间实行的土地私有制被彻底摧毁。外文版同年出版发行。

1950 年 7 月 1 日，《人民画报》中文版创刊。毛泽东为新创刊的《人民画报》题写刊名。时任署长的胡乔木负责审核全部稿件，胡考任副总编辑，丁聪任副总编辑兼编辑部主任，刘迅任编辑部副主任和党支部书记，只对国内发行。编辑部设在北京石碑胡同甲 1 号。

1950 年 7 月，刘少奇著《论党》英文版出版发行。书前有刘少奇照片，书后附有刘少奇小传。此后该书再版 4 次。1951 年年初，英文杂志《人民中国》上刊发了《论党》一书的书评，配合该书英文版的发行。

1950 年 9 月 15 日至 25 日，第一届全国出版工作会议召开。朱德到会发表讲话。9 月 25 日全体会议通过了关于改进和发展全国出版事业的五项决议，其中明确提出："应向国外华侨和外国人民开展发行业务"。会议期间，国际书店展出了进口的外国书刊。

1950 年 10 月 1 日，国际新闻局写出一周年总结报告，报告主要内容是：（1）新闻。英文文字广播，每天用两个波长向欧美方向播送 6000 字到 8000 字的中国新闻和评论；英文口语广播，每天一次，每次 30 分钟。出版《英文每日电讯》，文字广播稿铅印 16 开 6 至 8 页，发行对象为国内英语华侨，每期 2000 份。出版《上海新闻》英文日报，除国际新闻局内容外，还有塔斯社电讯和上海本地新闻，主要对象是上海的外侨；（2）《人民中国》英文半月刊。自 1950 年元月创刊，每期 16 开 32 面，内有 4 页画刊。发行 2 万份，1.3 万份销往海外；（3）《人民中国报道》世界语月刊。1950 年 5 月创刊，每期 8 开 8 面，发行 2500 份；（4）出版宣传小册子 25 种，有毛泽东的《论人民民主专政》（英文、法文、德文、印尼文），《人民政协文献》（英文、法文、俄文）、《刘少奇同志五一报告》（英文、法文、俄文）、《中国人民解放军》（英文）、《新中国妇女》（英文），发行 59 个国家、地区。

1950 年 11 月，苏联全国国际图书总公司在北京设立办事处。

1950 年 11 月 1 日，《人民中国》试刊俄文版，内容与英文版相同。宋庆龄为俄文版撰写"33 年的进步"一文。

1950 年 11 月，国际新闻局派员奔赴抗美援朝战场，参加战地新闻采访、翻译和后勤工作。

本年，《人民中国》英文版先后发表4篇毛泽东著作：《斯大林是中国人民的朋友》、《〈共产党人〉发刊词》、《建立根据地（《抗日游击战争中的战略问题》的一章)》、《在中共中央七届二中全会上的报告》。

本年，国际新闻局以"外文出版社"名义，用英文、法文、俄文、德文4种文字出版21种图书。除国际新闻局一年总结中提到的书籍外，还有《新中国青年在前进》、《中国为和平而斗争》、《经济战线上的胜利》、《中苏友好互助同盟条约》、《中苏友好论文集》、《中华人民共和国土地改革法》、《中华人民共和国工会法》、《新中国指南》等。

本年，国际书店业务以进口苏联、东欧等社会主义国家的书刊为主，进口书刊约2400余种2000万册。

# 1950 年对外发行图书目录

### 1950 年德文版书目（1 种）

| 书名 | 作者 | 出版社 | 出版/再版时间 | 印刷/发行册数 | 装帧/定价（元） |
|---|---|---|---|---|---|
| 论人民民主专政 | 毛泽东 | 外文 | 1950.5（4 次重印） | 39428 | 0.40 |

### 1950 年英文版书目（20 种）①

| 书名 | 作者 | 出版社 | 出版/再版时间 | 印刷/发行册数 | 装帧/定价（元） |
|---|---|---|---|---|---|
| 中苏友好同盟互助条约 |  | 外文 | 1950.3（4 次重印） | 27000 |  |
| 七亿人民拥护和平 | 毛泽东、朱德等 | 外文 | 1950.6 | 13000 | 1.00 |
| 论党 | 刘少奇 | 外文 | 1950.7（4 次重印） | 37000 | 精2.30 |
|  |  |  |  |  | 平1.30 |
| 巩固胜利 | 毛泽东、周恩来等 | 外文 | 1950.8 | 5000 |  |

---

①　本书品种统计，按照精装、平装、修订单独计算为一种的通用规范统计列表，特此说明——本书作者注。

| 书名 | 作者 | 出版社 | 出版/<br>再版时间 | 印刷/<br>发行册数 | 装帧/<br>定价（元） |
|---|---|---|---|---|---|
| 新中国手册 | | 外文 | 1950.8<br>（4 次重印） | 42330 | 0.80 |
| 经济战线上的胜利 | 毛泽东、<br>陈云等 | 外文 | 1950.8 | 10000 | 0.60 |
| 中国为和平而斗争 | 宋庆龄、<br>郭沫若等 | 外文 | 1950.9 | 10000 | 1.00 |
| 中国青年在前进 | | 外文 | 1950.10<br>（1953 年停售） | 20000 | 1.20 |
| 中华人民共和国工会法 | | 外文 | 1950.10<br>（4 次重印） | 29550 | 0.40 |
| 中国人民解放军 | | 外文 | 1950.10<br>（1953 年停售） | 20000 | 1.20 |
| 中华人民共和国土地改革法 | | 外文 | 1950.12<br>（4 次重印） | 31700 | 0.60 |
| 在北京庆祝五一劳动节干部<br>大会上的演说 | 刘少奇 | 外文 | 1950.9<br>（1952 年停售） | 10000 | 0.60 |
| 关于文化教育工作的报告 | 郭沫若 | 外文 | 1950.10<br>（1953 年停售） | 10000 | 0.60 |
| 新中国胜利的第一年 | 周恩来 | 外文 | 1950.11 | 8000 | 0.60 |
| 中华人民共和国土地改革法 | | 外文 | 1950.12<br>（1954 年停售） | 10000 | 0.60 |
| 东北经济建设 | | 外文 | 1950<br>（1953 年停售） | 10000 | |
| 中苏友好同盟互助条约 | | 外文 | 1950.8<br>（1953 年停售） | 10000 | 0.40 |
| 论中苏友谊 | | 外文 | 1950.9<br>（1953 年停售） | 10000 | 1.00 |
| 中国为和平而斗争 | 宋庆龄、<br>郭沫若等 | 外文 | 1950.10 | 10000 | 1.00 |

# 1951 年图书（期刊）对外翻译出版发行活动

本年，美国政府宣布冻结中华人民共和国在美一切资产，并对中国实施政治、经济、文化等全面"封锁禁运"政策；

本年，《人民画报》英文版、俄文版创刊，《中国文学》英文版创刊，宋庆龄在上海开设筹备出版《中国建设》杂志；

本年，出版总署召开海外出版发行工作座谈会，明确国际书店的职责；国际书店参加中国国际贸促会在保加利亚举办的建设成就展览，这是中华人民共和国第一次在国外展出中国出版物。

1951 年 1 月，美国政府宣布冻结中华人民共和国在美一切资产，并宣布对中国实施政治、经济、文化等全面"封锁禁运"政策，中国书刊进出口全面受到影响。

1951 年 1 月，《人民画报》英文版创刊，刊名用《中国画报》，是中国出版的第一个外文画报。后来又增出蒙古文、维吾尔文、藏文版，由民族出版社协助《人民画报》编辑部出版。

1951 年 1 月，《人民中国》俄文版半月刊创刊，聘有苏联专家 2 人。

1951 年 1 月，《人民中国》编辑部聘请中央人民政府各部门 38 位领导人及专家担任编辑部顾问。

1951 年 3 月，周恩来与宋庆龄商议创办一份对外介绍宣传新中国建设的刊物，宋庆龄邀请金仲华、陈翰笙和爱泼斯坦负责筹备。

1951 年 3 月，刘少奇著《论国际主义与民族主义》英文版出版，当年 6 月再版，1951 年印发 35200 册，此后的 1952、1954 年分别再版。

1951 年 4 月，出版总署召开海外出版发行工作座谈会，明确国际书店应与各国的进步书店发生关系，主要为掌握外文书刊的进出口；南洋各地华侨书店所需中文书刊、或出版的中文书刊，由新华书店主办进口及出口工作。

1951 年 6 月，《人民中国》英文版发表毛泽东的《实践论》，同年 9

月、11 月又分别刊载毛泽东与斯大林为庆祝抗日战争胜利 6 周年互致贺电的全文，以及毛泽东在 1951 年 10 月 23 日政协第一届全国委员会第三次会议上的讲话全文。

1951 年 7 月，《人民画报》增出俄文版。

1951 年 8 月 30 日，宋庆龄在上海召开中国建设杂志筹备会议，确定《中国建设》（双月刊）的内容与目的：（1）读者对象是资本主义国家、殖民地、半殖民地国家的进步人士、自由主义者以及同情或可能同情中国的人士，特别是那些真诚要求世界和平的自由职业者和科学艺术工作者；（2）它与《人民中国》应有适当的分工；（3）它重点报道中国社会、经济、文教、救济、福利方面的发展，使国外最广泛的阶层了解中国建设的进程以及中国人民为此所付出的努力；（4）一般不刊载文件和政治报告的全文以及军事、政治、理论等文章；（5）用以下几种形式表现上述内容：文章一般要署名，内容充实，文字通俗；一般不署名的专栏和消息报道；有配合文章和特写的插图、摄影图片等。

1951 年 9 月 22 日，国际新闻局聘请爱泼斯坦以及其夫人邱茉莉为外籍顾问。

1951 年 10 月 1 日，《人民中国》英文版刊载宋庆龄为纪念国庆专号的文章《伟大的中国三大运动》。

1951 年 10 月 6 日，国际新闻局邀请参加 1951 年国庆的代表团成员座谈，听取他们对中国外宣工作的意见。这些成员有印度和平理事会理事、印度著名作家阿南德、孟买印中友好协会负责人卡朗吉来，巴基斯坦国民议会议员伊夫第卡·鲁丁、缅甸劳工协会主席、缅甸保卫世界和平大会主席德钦伦。

1951 年 10 月，刘少奇著《论共产党员的修养》英文版出版发行，印发 34000 册，同年还出版了他的《论党内斗争》一书。

1951 年 10 月，胡乔木著《中国共产党三十年》英文版出版发行。

1951 年 10 月，《中国文学》英文版创刊，叶君健任副主编，编辑部由对外文委领导，业务上由中华全国文协（中国作家协会前身）领导。《中国文学》第一辑以年刊形式出版，主要内容有周扬的文章《坚决贯彻毛泽东文艺思想》、袁静的长篇小说《新儿女英雄传》、李季的长诗《王贵与李香香》，以及魏巍的《谁是最可爱的人》等散文组成的"抗美援朝"专辑。

1951 年 10 月，《人民中国》英文版、俄文版编辑部收到 20 多个国家读者来信。

1951 年 11 月，国际书店对苏联以及东欧各国开始出口中国报刊 34

种，对西方资本主义国家出口报刊 27 种。其中外文期刊有《人民画报》（俄文版、英文版）、《人民中国》（俄文版、英文版）、《人民中国报道》（世界语）、《中苏友好报》（中文版、俄文版）4 种。

1951 年 12 月，新闻总署胡乔木指示国际新闻局在本年底完成改组工作，原英文新闻杂志划归新华社，外国记者管理归外交部；《争取持久和平，争取人民民主》中文版划归世界知识杂志社，撤销国际新闻局，外文书籍、期刊出版由新的机构负责。

1951 年 12 月，国际书店随中国国际贸易促进会参加保加利亚举办的经济建设成就展览，这是新中国首次在国外展出中国出版物。

1951 年，苏联中文书刊的进口业务移交新华书店。

本年，国际新闻局以外文出版社名义用英文、法文、俄文、印尼文、德文、阿拉伯文 6 种文字出版 30 种图书，其中有毛泽东的《论人民民主专政》（阿拉伯文），刘少奇的《论共产党员的修养》（英文版）、《论党内的斗争》（英文版）、《国际主义与民族主义》（英文版），胡乔木的《中国共产党的三十年》（英文版）。以新世界出版社名义出版阿兰·魏宁顿的《中国为什么援助朝鲜?》以及安娜·路易斯·斯特朗、爱泼斯坦、路易·艾黎等外国朋友的著作。

本年，国际书店对外发行外文书籍 4 万册，外文期刊 67 万份。至1951 年年底，中国累计 1950、1951 年累计出口书刊 78 万册。

# 1951 年对外发行图书目录

## 1951 年英文版书目（15 种）

| 书名 | 作者 | 出版社 | 出版/再版时间 | 印刷/发行册数 | 装帧/定价（元） |
|---|---|---|---|---|---|
| 中华人民共和国婚姻法 | | 外文 | 1951.2（8 次重印） | 95603 | 0.30 |
| 中国控诉 | | 外文 | 1951.4（1953 年停售） | 15000 | 0.80 |
| 美俘呼声 | | 外文 | 1951（非贸易发行） | 8000 | |

续表

| 书名 | 作者 | 出版社 | 出版/再版时间 | 印刷/发行册数 | 装帧/定价(元) |
|---|---|---|---|---|---|
| 中国为什么援助朝鲜? | 魏宁顿 | 新世界 | 1951（非贸易发行） | 5100 | |
| 新中国文化与教育 | 马叙伦、沈雁冰 | 外文 | 1951.4（1953 年停售） | 20000 | 1.20 |
| 论党内斗争 | 刘少奇 | 外文 | 1951.5（2 次重印） | 34000 | 1.20 |
| 中国铁路 | | 外文 | 1951.5（1954 年停售） | 15000 | 0.60 |
| 中国的革命战争 | 朱德、聂荣臻、萧华 | 外文 | 1951.9（1954 年停售） | 17000 | 1.00 |
| 国际主义与民族主义 | 刘少奇 | 外文 | 1951（3 次重印） | 35200 | |
| 论共产党员的修养 | 刘少奇 | 外文 | 1951.10 | 34000 | 1.00 |
| 中国共产党的三十年 | 胡乔木 | 外文 | 1951.10 | | 精 2.30 / 平 1.00 |
| 共产党——中国革命的领导者 | 刘少奇、陆定一 | 外文 | 1951.12（1954 年停售） | 20000 | 0.40 |
| 新中国胜利的第一年 | 周恩来 | 外文 | 1951（1953 年停售） | 15000 | |
| 土地回老家 | 萧乾 | 外文 | 1951.10 | 25750 | 1.00 |

## 1951 年俄文版书目（2 种）

| 书名 | 作者 | 出版社 | 出版/再版时间 | 印刷/发行册数 | 装帧/定价(元) |
|---|---|---|---|---|---|
| 毛泽东论中国革命 | 陈伯达 | 外文 | 1951.12 | 10000 | 0.40 |
| 新中国胜利的第一年 | 周恩来 | 外文 | 1951.11 | 5500 | 0.40 |

## 1951 年法文版书目（6 种）

| 书名 | 作者 | 出版社 | 出版/再版时间 | 印刷/发行册数 | 装帧/定价（元） |
|---|---|---|---|---|---|
| 中国人民解放军 | | 外文 | 1951.3（1953 年停售） | 15000 | 1.20 |
| 中华人民共和国工会法 | | 外文 | 1951.1 | 15000 | 0.60 |
| 中国青年在前进 | | 外文 | 1951.6（1953 年停售） | 10000 | 1.20 |
| 中国控诉 | | 外文 | 1951.6（1953 年停售） | 10000 | 0.80 |
| 中华人民共和国婚姻法 | | 外文 | 1951.9 | 16850 | 0.60 |
| 国际主义与民族主义 | 刘少奇 | 外文 | 1951 | 5000 | |

## 1951 年德文版书目（3 种）

| 书名 | 作者 | 出版社 | 出版/再版时间 | 印刷/发行册数 | 装帧/定价（元） |
|---|---|---|---|---|---|
| 中国人民解放军 | | 外文 | 1951.5（1953 年停售） | 7500 | 1.20 |
| 中国青年在前进 | | 外文 | 1951.6（1953 年停售） | 10000 | 1.20 |
| 中华人民共和国土地改革法 | | 外文 | 1951（1954 年停售） | 10000 | |

## 1951 年印尼文版书目（4 种）

| 书名 | 作者 | 出版社 | 出版/再版时间 | 印刷/发行册数 | 装帧/定价（元） |
|---|---|---|---|---|---|
| 中华人民共和国工会法 | | 外文 | 1951.1 | 8000 | 0.40 |
| 中国人民政治协商会议第一届全体会议重要文献 | | 外文 | 1951.2 | 8000 | 0.40 |
| 中国人民解放军 | | 外文 | 1951.5（1953 年停售） | 5500 | 1.20 |
| 中华人民共和国土地改革法 | | 外文 | 1951.7 | 7120 | 0.40 |

# 1952 年图书（期刊）对外翻译出版发行活动

本年，国际新闻局改组为外文出版社；

本年，《中国建设》英文版创刊，《人民中国》筹备出版日文版；

本年，国际书店实行外销书刊分区定价（人民币、卢布、美元、卢比、澳镑、英镑）、对外发行书刊免邮费、中文出版物减价 20%，以扩大对外发行。

1952 年 1 月，《中国建设》英文版创刊，宋庆龄副主席亲自选定《中国建设》（China Reconstructs）刊名，并为刊物制定了编辑方针：使外国最广泛的阶层了解新中国建设的进展，以及人民为此所进行的努力。创刊号印数 1 万份。

1952 年 1 月，《人民中国》（英、俄文版）发表毛泽东主席的"1952 年新年贺词"。

1952 年 3 月，宋庆龄副主席为庆祝保卫儿童国际会议在维也纳召开而撰写的"保卫儿童"一文，刊登在《中国建设》第 2 期上。

1952 年 4 月 28 日，政务院文委申请把国际新闻局改组为外文出版社的报告，确定外文出版社的具体业务范围如下：（1）选择国内已出版的文章、书籍中适宜于对外宣传之用者，按照原文，或于取得原作者同意加以必要的改写后，译成外国文字刊行；（2）编写和组织专门面向外国读者阅读的文章、图书、画册；（3）出版外文书刊（英、俄文《人民中国》，世界语《人民中国报道》，英文版《中国文学》季刊及各种文字的图书、小册子），以销售为主和赠送为辅方式推行到国外去；（4）以编译的稿件按照一定合同或其他办法，供给外国进步出版社或报刊印行；（5）协助《人民画报》英、俄文版的翻译工作。

1952 年 4 月 7 日，出版总署批准国际书店实行外销书刊新办法，外销书刊分区定价（人民币、卢布、美元、卢比、澳镑、英镑），对外发行书刊免邮费，刊物减价。

1952 年 5 月，宋庆龄副主席为《中国建设》第 3 期撰写《致读者》，文章回顾了中国建国以来在医药卫生方面所获得的伟大成就之后，揭露和批判美帝国主义进行细菌战的阴谋，说明中国人民爱好和维护世界和平。

1952 年 6 月，中宣部审定了《人民画报》草拟的任务、内容、方针：明确《人民画报》是一本综合性画报，其主要任务是以图片形式进行国际、国内宣传为主。读者对象是除面向海外侨胞发行外，国内以工人、农民、机关干部、学生为主；俄文版对象以苏联及其他兄弟国家人民为主；英文版读者对象以资本主义国家以及附属殖民地国家的各阶层人民。俄文版、英文版、中文版均用同一内容出版。

1952 年 7 月 1 日，政务院批准把国际新闻局改组为外文出版社的报告，外文出版社作为中国统一编译出版对外宣传外文书刊的事业机构，业务上由中宣部领导，行政上由出版总署领导。

1952 年 8 月，外文出版社向国际书店移交在此之前由其管理的 108 家国外同业以及 1583 个订户资料。这些同业大部分为非贸易客户。根据政务院文教委员会 33 次会议决定，外文出版社对外出版发行费由政府补贴，海外同业推广中国书刊费用由政府津贴。

1952 年 9 月，国际书店派人随中国贸促会展览团参加德国莱比锡博览会，这是新中国第一次参加国际性图书展会，外文出版社提供了德文、英文、法文、俄文各种外文版书刊。

1952 年 10 月，外文出版社参加在北京举行的"亚洲及太平洋区域和平会议"新闻处工作。

1952 年 11 月，《人民中国》日文版筹备人员聘请日本专家 2 人，外籍工作人员 6 人，并开始物色懂日本语的中国工作人员和工人，选购日文铅字模型。

1952 年 12 月，宋庆龄率领中国代表团参加维也纳世界人民和平大会，《人民中国》派员参加大会。

1952 年 11 月 20 日，出版总署同意国际书店的中文书刊出口在原定价基础上降低售价 20%。

1952 年 12 月，英国柯列茨书店经理瓦斯曼应外文出版社邀请来访。

1952 年国际书店开始与苏联国际图书公司正式建立业务联系。

1952 年 12 月，外文出版社总结从国际新闻局到外文出版社 3 年来（1949 年 10 月到 1952 年 12 月），累计用俄文、英文、法文、德文、印尼文、阿拉伯文、世界语等 7 种文字出版 86 种图书共 98.4 万册，发行总册数 85.9 万册。

　　本年，外文出版社用英文、法文、俄文、印尼文、德文、世界语、中文出版 26 种图书。其中有毛泽东的《实践论》、《矛盾论》，有朱德的《论解放区战场》，宋庆龄的《为新中国而奋斗》，还有《新中国摄影画册》。

　　1952 年中国与 42 个国家的 200 多家同业建立往来，国际书店对外发行外文书籍 17 万册，外文期刊 167 万份。

# 1952 年对外发行图书目录

## 1952 年英文版书目（12 种）

| 书名 | 作者 | 出版社 | 出版/再版时间 | 印刷/发行册数 | 装帧/定价(元) |
|---|---|---|---|---|---|
| 新中国向前迈进 | 毛泽东、周恩来 | 外文 | 1952.9（1954 年停售） | 17000 | 1.00 |
| 实践论 | 毛泽东 | 外文 | 1952.9（13 次重印） | 328968 | 0.20 |
| 矛盾论 | 毛泽东 | 外文 | 1952.9（13 次重印） | 234050 | 0.40 |
| 论解放区战场 | 朱德 | 外文 | 1952.9（3 次重印） | 16660 | 0.40 |
| 中华人民共和国劳动保险条例 | | 外文 | 1952.9（1953 年停售） | 21300 | 0.40 |
| 为新中国奋斗 | 宋庆龄 | 外文 | 1952.10 | 23100 | 4.50 |
| 新中国文化、教育与保健 | 郭沫若、钱俊瑞 | 外文 | 1952.11（1954 年停售） | 17500 | 0.25 |
| 新中国三年来的经济建设成就 | 中国贸促会 | 外文 | 1952（1954 年停售） | 26000 | |
| 美帝暴行 | 中国红十字会 | 中国红十字会（发行） | 1952 | 18000 | |

续表

| 书名 | 作者 | 出版社 | 出版/再版时间 | 印刷/发行册数 | 装帧/定价（元） |
|---|---|---|---|---|---|
| 制止美帝细菌战（1—5） | 中国人民保卫和平委员会 | 中国人民保卫和平委员会（发行） | 1952 | 5000 | |
| 朝鲜谈判问题 | 中国人民保卫和平委员会 | 中国人民保卫和平委员会（发行） | 1952 | 3000 | |
| 优待美国俘虏 | 中国人民保卫和平委员会 | 中国人民保卫和平委员会（发行） | 1952（2次重印） | 21000 | |

## 1952 年俄文版书目（3 种）

| 书名 | 作者 | 出版社 | 出版/再版时间 | 印刷/发行册数 | 装帧/定价（元） |
|---|---|---|---|---|---|
| 中国共产党的三十年 | 胡乔木 | 外文 | 1952.6 | 16550 | 0.60 |
| 实践论 | 毛泽东 | 外文 | 1952.10（6次重印） | 67698 | 0.20 |
| 新中国（画册） | | 外文 | 1952 | 6000 | |

## 1952 年法文版书目（3 种）

| 书名 | 作者 | 出版社 | 出版/再版时间 | 印刷/发行册数 | 装帧/定价（元） |
|---|---|---|---|---|---|
| 中国共产党的三十年 | 胡乔木 | 外文 | 1952.6 | 11050 | 0.60 |
| 新中国手册 | | 外文 | 1952.10 | 6000 | 0.60 |
| 新中国三年来的成就 | 薄一波 | 外文 | 1952.11（1954 年停售） | 3000 | 0.15 |

## 1952 年德文版书目（2 种）

| 书名 | 作者 | 出版社 | 出版/再版时间 | 印刷/发行册数 | 装帧/定价(元) |
|---|---|---|---|---|---|
| 中国人民政治协商会议第一届全体会议重要文献 | | 外文 | 1952.10 | 8000 | 0.60 |
| 新中国三年来的成就 | 薄一波 | 外文 | 1952.11（1954 年停售） | 3000 | 0.15 |

## 1952 年印尼文版书目（1 种）

| 书名 | 作者 | 出版社 | 出版/再版时间 | 印刷/发行册数 | 装帧/定价(元) |
|---|---|---|---|---|---|
| 国际主义与民族主义 | 刘少奇 | 外文 | 1952 | 4000 | |

# 1953 年图书（期刊）对外翻译出版发行活动

本年，《中国文学》由年刊改为半年刊，《人民中国》日文版创刊，《人民画报》增出印尼文版，《中国建设》杂志增出首本英文版附册文学图书《夫妻之间》；

本年，外文出版社与英国劳伦斯出版社签署合作出版《毛泽东选集》英文版协议，这是中华人民共和国第一本委托国外翻译、出版的图书；

本年，国际书店委托西方 16 个国家同业举办中国书展 30 次，由于中国在抗美援朝战争中获得胜利，中国图书开始获得国际市场关注。

1953 年 1 月，原国际新闻局领导的《上海新闻》英文日报停止出版，报社干部、工作人员绝大多数到北京工作。

1953 年 1 月 10 日，全国世界语协会工作委托外文出版社领导，2 月全国世界语协会与《人民中国报道》世界语编辑部合并。

1953 年 1 月 19 日，外文出版社起草"毛泽东选集英译本出版的初步意见"。计划在伦敦、新德里出版《毛泽东选集》英译本。西欧、非洲、中东、美洲、澳洲由伦敦方面负责发行；印度、缅甸、巴基斯坦、印度尼西亚、马来西亚、泰国、越南、日本、菲律宾，由新德里方面负责发行。版权问题，在上述发行范围内，分别由英国共产党出版机构和印度共产党出版机构代理。2 月 19 日刘少奇批复同意这个意见，建议印度出版交涉可以从缓，待和英国方面交涉并取得同意后再向印度方面接触。

1953 年 1 月，出版总署批准国际书店报废不适合国内销售的捷克爵士乐唱片 1.2 万张。

1953 年 1 月，《中国文学》由年刊改为半年刊。1953 年第 1 期刊登了丁玲的长篇小说《太阳照在桑乾河上》，第 2 期刊登了贺敬之、丁毅的歌剧剧本《白毛女》。同期开辟了古典文学专栏，刊载了屈原的《离骚》。

1953 年 3 月 16 日，《人民中国》发表了毛泽东为悼念斯大林逝世而写的《最伟大的友谊》一文。

1953 年 4 月，《人民画报》增出印尼文版。

1953 年 5 月 9—27 日，英国柯列茨书店经理罗素来访，代表英国共产党所办的劳伦斯出版社与外文出版社签署合作出版《毛泽东选集》英文版协议，经刘少奇批准，这是中国委托国外出版社翻译、出版的第一本著作。国际书店同时与其签订了在英国扩大中国书刊发行的协议。

1953 年 6 月，世界语《人民中国报道》停止在苏联以及东欧、民主德国的发行工作。原因是 1952 年年底苏联以及东欧国家改变了对世界语的态度，取消世界语团体和刊物；民主德国通过外交途径向中国提出世界语是世界主义的产物，应予以反对，并表示不能接受中国出版的世界语刊物。

1953 年 6 月 5 日，日文版《人民中国》创刊，郭沫若为其撰写发刊词。刊载内容参用英文版、俄文本《人民中国》稿件，每月一期。

1953 年 7 月，外文出版社提出非贸易书刊的发行工作建议，对苏联和东欧国家范围的非贸易发行书刊，由驻外使馆接办；属于资本主义国家与殖民地、附属国范围内的按对象性质分别移交有关中央团体接办。各单位负责办理非贸易所需的外文书刊，由国际书店批购，自己办理邮发工作的，或暂时委托国际书店代办邮发。该建议由政务院 9 月 19 日批复同意执行。

1953 年 7 月，《中国文学》英文杂志由对外文化联络事务局划归外文出版社管理，业务上受中国文协（后改为中国作协）双重领导。《人民画报》编辑部由人民美术出版社划归外文出版社领导。

1953 年 8 月，《中国文学》英文杂志成立编辑部，主任叶君健。确定 1954 年开始出版季刊，中国文协推定茅盾、沙汀、袁水拍和叶君健组成"中国文学编辑委员会"，茅盾任主编。

1953 年 8 月，国际书店向捷克供应我时代出版社影印西方书刊 400 种。

1953 年 9 月，国际书店参加民德莱比锡博览会，展出各种图书 850 种，民主德国总理格罗提渥参观中国展台并接见了参展小组组长曹健飞。

1953 年 9 月，《人民画报》增出朝鲜文版（延边语）。

1953 年 11 月，《中国建设》为扩大宣传效果，决定增出附册图书，随杂志赠送读者，第一本附册图书是 32 开本的英文版《夫妻之间》。

1953 年，国际书店委托在西方 16 个国家同业举办中国书展 30 次。由于抗美援朝战争的胜利，中国书刊受到国外市场的关注。

本年，外文出版社以英文、法文、俄文、印尼文、德文、阿拉伯文、世界语、中文 8 种文字出版 50 种图书。其中有毛泽东的《星星之火，可以燎原》、《湖南农民运动考察报告》、《关心群众生活、注意工作方法》、《中国的红色政权为什么能够存在?》、《关于纠正党内的错误思想》等；有鲁迅的《阿Q正传》，有郭沫若的历史剧《屈原》，古典名著《离骚》，以及《新中国农业》、《中国青年建设者》，摄影画册《中国儿童》等。

本年，国际书店对国外发行外文书籍33万册，外文期刊190万份。

# 1953年对外发行图书目录

### 1953年英文版书目（37种）

| 书名 | 作者 | 出版社 | 出版/<br>再版时间 | 印刷/<br>发行册数 | 装帧/<br>定价（元） |
| --- | --- | --- | --- | --- | --- |
| 新中国劳动保险 | 总工会 | 外文 | 1953.2 | 14300 | 0.40 |
| 新中国体育 | 中国体育总会 | 中国体育总会（发行） | 1953 | 700 | |
| 新中国三年的经济建设成就 | 毛泽东、刘少奇等 | 外文 | 1953.2 | 26000 | 2.00 |
| 毛泽东论中国革命 | 陈伯达 | 外文 | 1953.4 | 23700 | 0.40 |
| 中国化学工人 | 中国化学工会筹备委员会 | 外文 | 1953.4 | 10200 | 0.20 |
| 斯大林与中国革命 | 陈伯达 | 外文 | 1953.5 | 22200 | 0.30 |
| 在中国科学院研究人员学习会上的讲话 | 陈伯达 | 外文 | 1953.5 | 18200 | 0.20 |
| 中国青年建设者 | 中华全国民主青年联合会 | 外文 | 1953.6 | 16200 | 0.90 |
| 新中国的农业 | | 外文 | 1953.6<br>（1954年停售） | 21430 | 1.00 |
| 星星之火，可以燎原 | 毛泽东 | 外文 | 1953.7<br>（8次重印） | 318958 | 0.20 |

续表

| 书名 | 作者 | 出版社 | 出版/再版时间 | 印刷/发行册数 | 装帧/定价(元) |
|---|---|---|---|---|---|
| 《共产党人》发刊词 | 毛泽东 | 外文 | 1953.8（5 次重印） | 309826 | 0.20 |
| 关心群众生活，注意工作方法 | 毛泽东 | 外文 | 1953.7（4 次重印） | 127370 | 0.20 |
| 中国工会第七次全国代表大会主要文件 | 刘少奇、陈叔通等 | 外文 | 1953.9 | 13200 | 1.40 |
| 中国的红色政权为什么能够存在? | 毛泽东 | 外文 | 1953.8（8 次重印） | 134819 | 0.20 |
| 湖南农民运动考察报告 | 毛泽东 | 外文 | 1953.9（6 次重印） | 257574 | 0.40 |
| 论反对日本帝国主义的策略 | 毛泽东 | 外文 | 1953.9（7 次重印） | 199977 | 0.25 |
| 关于纠正党内的错误思想 | 毛泽东 | 外文 | 1953.10（4 次重印） | 121250 | 0.20 |
| 中华人民共和国选举法 | | 外文 | 1953.10 | 18200 | 0.30 |
| 中华人民共和国民族政策 | | 外文 | 1953.11 | 16200 | 0.40 |
| 中国农业生产的互助合作 | | 外文 | 1953.12 | 14200 | 0.30 |
| 争取朝鲜和平 | 中国人民保卫世界和平委员会 | 中国人民保卫世界和平委员会(发行) | 1953 | 3150 | 非贸易发行 |
| 美军虐待战俘的调查报告 | 中国红十字会 | 中国红十字会（发行） | 1953 | 2000 | 非贸易发行 |
| 巨济岛真相 | 贝却敌 | 外文 | 1953 | 10000 | 非贸易发行 |
| 儿童画册 | 中国人民保卫儿童委员会 | 外文 | 1953.2 | 17330 | 2.00 |
| 儿童创作选 | 中国人民保卫儿童委员会 | 外文 | 1953.9（1954 年停售） | 13200 | 0.60 |

续表

| 书名 | 作者 | 出版社 | 出版/再版时间 | 印刷/发行册数 | 装帧/定价（元） |
|---|---|---|---|---|---|
| 阿 Q 正传 | 鲁迅 | 外文 | 1953.4（6 次重印） | 100879 | 1.20 |
| 新中国歌曲选 | 聂耳、瞿希贤等 | 外文 | 1953.6 | 15825 | 1.20 |
| 离骚 | 屈原 | 外文 | 1953 | 15100 | 2.00 |
| 屈原 | 郭沫若 | 外文 | 1953.3 | 37324 | 精1.20 / 平1.00 |
| 早晨六点钟 | 刘白羽 | 外文 | 1953.8 | 16750 | 1.00 |
| 刘胡兰 | 梁星 | 外文 | 1953.9 | 15400 | 0.50 |
| 李家庄的变迁 | 赵树理 | 外文 | 1953.10（2 次重印） | 20028 | 精2.50 / 平1.30 |
| 为了和平的友谊 | 杨朔等 | 外文 | 1953 | 16000 | |
| 雪峰寓言 | 冯雪峰 | 外文 | 1953.12 | 24260 | 精1.50 / 平1.00 |

## 1953 年俄文版书目（3 种）

| 书名 | 作者 | 出版社 | 出版/再版时间 | 印刷/发行册数 | 装帧/定价（元） |
|---|---|---|---|---|---|
| 新中国三年的经济建设成就 | 毛泽东、刘少奇等 | 外文 | 1953.7（1954 年停售） | 12150 | 1.00 |
| 新中国的农业 | | 外文 | 1953.6（1954 年停售） | 12150 | 1.00 |
| 关于新中国 | | 外文 | 1953（1954 年停售） | 2700 | |

## 1953 年法文版书目（4 种）

| 书名 | 作者 | 出版社 | 出版/再版时间 | 印刷/发行册数 | 装帧/定价（元） |
|---|---|---|---|---|---|
| 新中国三年的经济建设成就 | 毛泽东、刘少奇等 | 外文 | 1953.5（1954 年停售） | 4600 | 1.30 |
| 《共产党人》发刊词 | 毛泽东 | 外文 | 1953.6（5 次重印） | 94250 | 0.20 |

续表

| 书名 | 作者 | 出版社 | 出版/再版时间 | 印刷/发行册数 | 装帧/定价(元) |
|---|---|---|---|---|---|
| 毛泽东论中国革命 | 陈伯达 | 外文 | 1953.12（1954 年停售） | 14310 | 0.60 |
| 中国革命和中国共产党 | 毛泽东 | 外文 | 1953.12（7 次重印） | 68265 | 0.50 |

## 1953 年德文版书目（2 种）

| 书名 | 作者 | 出版社 | 出版/再版时间 | 印刷/发行册数 | 装帧/定价(元) |
|---|---|---|---|---|---|
| 《共产党人》发刊词 | 毛泽东 | 外文 | 1953.6（4 次重印） | 33768 | 0.20 |
| 新中国（画册） | | 外文 | 1953 | 5000 | |

## 1953 年印尼文版书目（6 种）

| 书名 | 作者 | 出版社 | 出版/再版时间 | 印刷/发行册数 | 装帧/定价(元) |
|---|---|---|---|---|---|
| 《共产党人》发刊词 | 毛泽东 | 外文 | 1953.3（3 次重印） | 16158 | 0.25 |
| 中国共产党的三十年 | 胡乔木 | 外文 | 1953.6（1954 年停售） | 5100 | 0.80 |
| 关心群众生活，注意工作方法 | 毛泽东 | 外文 | 1953.8（2 次重印） | 19958 | 0.20 |
| 关于纠正党内的错误思想 | 毛泽东 | 外文 | 1953.9（2 次重印） | 18058 | 0.20 |
| 新中国三年的经济建设成就 | 毛泽东、刘少奇等 | 外文 | 1953.9（1954 年停售） | 4600 | 1.40 |
| 中国的红色政权为什么能够存在？ | 毛泽东 | 外文 | 1953.11（2 次重印） | 17168 | 0.20 |

## 1953 年多语种对照版书目（2 种）

| 书名 | 作者 | 出版社 | 出版/<br>再版时间 | 印刷/<br>发行册数 | 装帧/<br>定价(元) |
|---|---|---|---|---|---|
| 亚洲及太平洋区域国家和平会议（英、法、德、西班牙文注释） | | 外文 | 1953.2 | 10700 | 2.00 |
| 中国穆斯林生活（英、阿拉伯、中文注释） | 中国伊斯兰教协会 | 外文 | 1953 | | |

# 1954 年图书（期刊）对外翻译出版发行活动

本年，受美国全面封锁中国政策的影响，锡兰（今斯里兰卡）政府开始限制中国书刊的进口；

本年，《人民画报》出版日文版、法文版、西班牙文版；

本年，中央人民政府出版总署撤销，全国出版业务归属文化部出版事业管理局领导；

本年，国际书店修改外文期刊定价策略，改革后外文期刊实行人民币、英镑（一、二区）、卢布、美元（一、二、三区）、日元、澳镑、印度卢比、巴卢比、印尼盾、法国法郎、里拉、港币等 16 种币制定价。

1954 年 1 月，因中国图书发行公司并入新华书店，由其供应香港三联书店、香港新民主出版社的中国书刊改由国际书店办理。

1954 年 1 月，《人民画报》增出日文版、法文版。2 月经政务院文委批准，日文版《人民中国》、《人民画报》发行以日本为主；印尼文版《人民画报》以印度尼西亚、马来西亚的发行为主；法文版《人民画报》以法国及通用法语的国家发行为主。

1954 年 2 月，《人民画报》聘请苏联专家基斯洛夫为顾问，他对画报的性质、任务、对象、选题、构图、片样等都作了详尽指导。

1954 年 3 月，外联局同意向西方国家介绍宣传中国天主教的发展情况。

1954 年 4 月，受美国全面封锁中国的影响，锡兰（今斯里兰卡）政府开始限制中国书刊的进口。

1954 年 4 月至 7 月，周恩来总理率中国政府代表团出席日内外会议，讨论解决朝鲜问题和恢复印度支那和平问题，外文出版社派员随团参加。

1954 年 4 月，国际书店停止对捷克供应我影印书刊。

1954 年 5 月，国际书店与越南图书进出口机构确定中国图书出口事宜。

　　1954 年 6 月 15 日，由外文出版社、新华社和部分外籍专家参与的《中华人民共和国宪法》（草案）英译本完成，新华社于当天全文播发。

　　1954 年 7 月，经出版总署批准，国际书店与高等教育出版社、财政经济出版社三家投资，组成中华书局、商务印书馆驻广州办事处，负责中文书刊对港澳和东南亚地区的发行。

　　1954 年 7 月，《人民画报》增出西班牙文版。

　　1954 年 9 月，国际书店参加民德莱比锡博览会，参会人员会后顺访波兰、捷克等同业，并确定中国书刊由民主德国图书公司转口联邦德国。

　　1954 年 10 月 23 日，中宣部同意外文出版社从 1955 起建立朝、越、印地、缅甸等语文出版以及加强日文、印尼文图书出版工作计划。欧洲语文出版保持现有英文、俄文、法文、德文、西班牙文 5 种规模，暂不增加。同时本月又再次批示，要加大亚非国家语文的出版工作，要把外文图书出版工作提高到更重要的地位上来，力争增加选题的品种。

　　1954 年 10 月，修改外文期刊定价策略。（1）改变期刊全年定价比零售价高的问题；（2）改变英镑定价划区不细问题；（3）改革后外文期刊实行人民币、英镑（一、二区）、卢布、美元（一、二、三区）、日元、澳镑、印度卢比、巴卢比、印尼盾、法国法郎、里拉、港币等 16 种币制定价。

　　1954 年 12 月，国际书店派员访问苏联国际图书公司，学习管理经验。

　　1954 年 12 月 1 日，出版总署撤销，全国出版事业由文化部出版事业管理局负责。外文出版社改由文化部出版事业管理局领导，国际书店等亦由该局领导，业务方针仍有中宣部领导。

　　1954 年国际书店开始向海外同业、订户赠送英文版月历 4 万份。

　　本年，中国红十字会首次派出以李德全为团长、廖承志为副团长的访日代表团。李德全回国后撰写一文在日文版《人民中国》以及日本杂志《中央公论》同时刊发，影响极佳。

　　本年，外文出版社以英文、法文、西班牙文、俄文、印尼文、阿拉伯文、德文、中文 8 种文字出版 76 种图书。其中有毛泽东的《论持久战》、《新民主主义论》、《反对自由主义》、《目前统一战线中的独立自主问题》、《中国革命战争的战略问题》等；有《从延安到北京，中国解放战争简史》、《鲁迅短篇小说选》、《周扬文艺论文集》；有丁玲的《太阳照在桑干河上》，有连环画《鸡毛信》等。还有新西兰作家路易·艾黎的《人民有力量》等。外文出版社自 1953 年开始翻译出版中国古典和现代文学作品，已出版的有屈原的《离骚》、吴敬梓的《儒林外史》等，现代文学有鲁迅、

郭沫若、茅盾、周扬、冯雪峰、丁玲、赵树理、巴金、张天翼、刘白羽等
50 多位作家作品。

　　本年，国际书店出口外文图书 47 万册，外文期刊 258 万份。增加了对
蒙古、越南的书刊出口业务，下半年又增加了对苏联的中文书刊出口。全
年完成营业额 1397 万元人民币。其中出口 472 万，进口 331 万，国内发行
593 万。进口来自 22 个国家 118 家同业，出口分布在 39 个国家。

# 1954 年对外发行图书目录

### 1954 年英文版书目（60 种）

| 书名 | 作者 | 出版社 | 出版/再版时间 | 印刷/发行册数 | 装帧/定价（元） |
|---|---|---|---|---|---|
| 中国革命战争的战略问题 | 毛泽东 | 外文 | 1954.1（7 次重印） | 280179 | 精 1.80 |
| | | | | | 平 0.80 |
| 反对日本进攻的方针、办法和前途 | 毛泽东 | 外文 | 1954.3（6 次重印） | 114894 | 0.30 |
| 反对自由主义 | 毛泽东 | 外文 | 1954.3（7 次重印） | 146015 | 0.30 |
| 外宾访华印象记 | 路易·赛扬等 | 外文 | 1954.4 | 16410 | 1.30 |
| 统一战线中的独立自主问题 | 毛泽东 | 外文 | 1954.6（8 次重印） | 311170 | 0.20 |
| 关于十年内战（1927—1936） | 陈伯达 | 外文 | 1954.6（2 次重印） | 24980 | 精 1.60 |
| | | | | | 平 0.70 |
| 读《湖南农民运动考察报告》 | 陈伯达 | 外文 | 1954.12（2 次重印） | 16450 | 0.40 |
| 论持久战 | 毛泽东 | 外文 | 1954.7 | | 精 1.90 |
| | | | | | 平 0.90 |
| 抗日游击战争的战略问题 | 毛泽东 | 外文 | 1954.7（9 次重印） | 362100 | 0.50 |
| 新中国外销物产 | | 外文 | 1954.7 | 26000 | 2.70 |

续表

| 书名 | 作者 | 出版社 | 出版／再版时间 | 印刷／发行册数 | 装帧／定价（元） |
|---|---|---|---|---|---|
| 上海、太原失陷以后抗日战争的形势和任务 | 毛泽东 | 外文 | 1954.9 | | 0.30 |
| 中国土地革命运动的伟大胜利 | 邓子恢 | 外文 | 1954.9 | 10200 | 0.20 |
| 中共中央关于发展农业生产合作社的决议 | | 外文 | 1954.9 | 9200 | 0.30 |
| 中国革命和中国共产党 | 毛泽东 | 外文 | 1954.10 | | 精 1.40 |
| | | | | | 平 0.50 |
| 新民主主义论 | 毛泽东 | 外文 | 1954.10 | | 精 1.50 |
| | | | | | 平 0.60 |
| 目前抗日统一战线中的策略问题·论政策 | 毛泽东 | 外文 | 1954.11（9 次重印） | 292023 | 0.30 |
| 中国革命和中国共产党 | 毛泽东 | 外文 | 1954.12 | | 精 1.40 |
| | | | | | 平 0.50 |
| 从延安到北京（中国人民解放战争简史） | 廖盖隆 | 外文 | 1954.12 | 14730 | 1.20 |
| 中华人民共和国宪法 | | 外文 | 1954.12 | 12000 | 1.60 |
| 印度支那问题大事记 | 世界知识社 | 世界知识 | 1954 | 15200 | 非贸易发行 |
| 亚洲和平与安全大事记 | 世界知识社 | 世界知识 | 1954 | 15700 | 非贸易发行 |
| 朝鲜问题大事记 | 世界知识社 | 世界知识 | 1954 | 15200 | 非贸易发行 |
| 白毛女 | 贺敬之、丁毅 | 外文 | 1954.1 | 23300 | 精 1.90 |
| | | | | | 平 1.10 |
| 太阳照在桑干河上 | 丁玲 | 外文 | 1954.2 | 15500 | 精 4.00 |
| 抗美援朝小说选 | 立高等 | 外文 | 1954.3 | 8200 | 1.10 |
| 鲁迅短篇小说选 | 鲁迅 | 外文 | 1954.3 | 16870 | 精 3.20 |
| | | | | | 平 1.80 |
| 李有才板话 | 赵树理 | 外文 | 1954.5 | 10530 | 2.80 |
| 登记及其他故事——新中国小说选 | 康濯 | 外文 | 1954.5 | 19800 | 2.20 |

| 书名 | 作者 | 出版社 | 出版/再版时间 | 印刷/发行册数 | 装帧/定价(元) |
|------|------|--------|----------|----------|----------|
| 周扬文艺论文集 | 周扬 | 外文 | 1954.5 | 11200 | 精 1.90<br>平 1.00 |
| 铜墙铁壁 | 柳青 | 外文 | 1954.8 | 15100 | 精 3.00<br>平 2.30 |
| 生活在英雄们中间 | 巴金 | 外文 | 1954.8 | 14180 | 精 1.30<br>平 1.00 |
| 渡荒 | 白威 | 外文 | 1954.9 | 13780 | 0.50 |
| 火光在前 | 刘白羽 | 外文 | 1954.11 | 13900 | 精 1.80<br>平 0.90 |
| 唐代传奇选 | 白行简等 | 外文 | 1954.12 | 19030 | 精 1.60<br>平 1.10 |
| 少年先锋队员的故事 | 张天翼 | 外文 | 1954.12 | 17380 | 0.70 |
| 王贵与李香香（诗歌） | 李季 | 外文 | 1954.12<br>（3 次重印） | 17180 | 3.50 |
| 历代诗选 | 艾黎 | 新世界 | 1954 | 13320 | |
| 人民有力量 | 艾黎 | 新世界 | 1954 | 18550 | |
| 人民的呼声 | 艾黎 | 新世界 | 1954 | 14260 | |
| 1953 年第五次全国运动会画册 | | 人民体育 | 1954.7 | | 1.00 |
| 中国儿童（1954） | 中国人民保卫儿童委员会 | 中国人民保卫儿童委员会 | 1954 | | 非贸易发行 |
| 北京（画册） | | 外文 | 1954 | 20200 | |
| 民间艺术剪影 | 陈依范 | 外文 | 1954.3 | 22500 | 2.40 |
| 鸡毛信 | 华山著、刘继卣绘 | 外文 | 1954.8<br>（3 次重印） | 64530 | 1.30 |
| 永远活着的人 | 之英改编、江荧绘 | 外文 | 1954.9<br>（3 次重印） | 65280 | 0.80 |

续表

| 书名 | 作者 | 出版社 | 出版/再版时间 | 印刷/发行册数 | 装帧/定价（元） |
|---|---|---|---|---|---|
| 童工 | 高玉宝原著，徐光玉改编，王绪阳等绘 | 外文 | 1954.10（5次重印） | 67350 | 0.90 |
| 东郭先生 | 董聚贤等改编，刘继卣绘 | 外文 | 1954.12（4次重印） | 57360 | 0.80 |

## 1954 年法文版书目（13 种）

| 书名 | 作者 | 出版社 | 出版/再版时间 | 印刷/发行册数 | 装帧/定价（元） |
|---|---|---|---|---|---|
| 反对自由主义 | 毛泽东 | 外文 | 1954.4（9次重印） | 103052 | 0.20 |
| 统一战线中的独立自主问题 | 毛泽东 | 外文 | 1954.4（9次重印） | 106996 | 0.20 |
| 社会主义道路上的中国经济 | 邓拓等 | 外文 | 1954.7 | 7180 | 1.40 |
| 今日之中国妇女 | 周敏仪 | 外文 | 1954.7 | 7360 | 1.40 |
| 文化教育事业的进展 | 郭沫若、洪深 | 外文 | 1954.7 | 7180 | 1.20 |
| 早晨六点钟 | 刘白羽 | 外文 | 1954 | 4920 | |
| 鸡毛信 | 华山著、刘继卣绘 | 外文 | 1954.8 | 7250 | 1.70 |
| 永远活着的人 | 之英改编，江荧绘 | 外文 | 1954.9（1959年停售） | 6280 | 0.90 |
| 童工 | 高玉宝原著，徐光玉改编，王绪阳等绘 | 外文 | 1954.12（3次重印） | 10230 | 0.80 |
| 东郭先生 | 董聚贤等改编，刘继卣绘 | 外文 | 1954.12（2次重印） | 12330 | 0.80 |

续表

| 书名 | 作者 | 出版社 | 出版/<br>再版时间 | 印刷/<br>发行册数 | 装帧/<br>定价（元） |
|---|---|---|---|---|---|
| 中华人民共和国宪法 | | 外文 | 1954.12 | 10000 | 1.60 |
| 北京（画册） | | 外文 | 1954.9 | 6120 | 1.50 |
| 新中国儿童 | 中国人民<br>保卫儿童<br>委员会 | 中国人民<br>保卫儿童<br>委员会 | 1954.7 | | 非贸易<br>发行 |

## 1954 年德文版书目（9 种）

| 书名 | 作者 | 出版社 | 出版/<br>再版时间 | 印刷/<br>发行册数 | 装帧/<br>定价（元） |
|---|---|---|---|---|---|
| 反对自由主义 | 毛泽东 | 外文 | 1954.6<br>（8 次重印） | 55610 | 0.20 |
| 统一战线中的独立自主问题 | 毛泽东 | 外文 | 1954.6<br>（6 次重印） | 52308 | 0.20 |
| 目前抗日统一战线中的策略<br>问题 | 毛泽东 | 外文 | 1954.6<br>（5 次重印） | 23658 | 0.30 |
| 新中国外销物产 | | 外文 | 1954.7 | 4820 | 2.70 |
| 中华人民共和国宪法 | | 外文 | 1954.12 | 10000 | 1.60 |
| 雪峰寓言 | 冯雪峰 | 外文 | 1954.1 | | 1.70 |
| 少年先锋队员的故事 | 张天翼 | 外文 | 1954.12 | 2750 | 1.00 |
| 王贵与李香香 | 李季 | 外文 | 1954.12 | | 3.50 |
| 新中国画册 | | 外文 | 1954.5 | | 15.00 |

## 1954 年印尼文版书目（9 种）

| 书名 | 作者 | 出版社 | 出版/<br>再版时间 | 印刷/<br>发行册数 | 装帧/<br>定价（元） |
|---|---|---|---|---|---|
| 反对自由主义 | 毛泽东 | 外文 | 1954.2<br>（2 次重印） | 19068 | 0.20 |
| 统一战线中的独立自主问题 | 毛泽东 | 外文 | 1954.4<br>（2 次重印） | 18258 | 0.25 |
| 目前抗日统一战线中的策略<br>问题 | 毛泽东 | 外文 | 1954.7<br>（2 次重印） | 13858 | 0.30 |

续表

| 书名 | 作者 | 出版社 | 出版/再版时间 | 印刷/发行册数 | 装帧/定价(元) |
|---|---|---|---|---|---|
| 上海、太原失陷以后抗日战争的形势和任务 | 毛泽东 | 外文 | 1954.7（2次重印） | 7465 | |
| 中华人民共和国婚姻法 | | 外文 | 1954.8 | 5110 | 0.50 |
| 中国共产党在民族战争中的地位 | 毛泽东 | 外文 | 1954.11（2次重印） | 14198 | 0.30 |
| 中华人民共和国宪法 | | 外文 | 1954.12 | 10000 | 1.60 |
| 土地回老家 | 萧乾 | 外文 | 1954.2（当年底停售） | 4230 | 1.50 |
| 北京（画册） | | 外文 | 1954.9 | 5100 | 1.50 |

### 1954 年西班牙文版书目（2 种）

| 书名 | 作者 | 出版社 | 出版/再版时间 | 印刷/发行册数 | 装帧/定价(元) |
|---|---|---|---|---|---|
| 中华人民共和国宪法 | | 外文 | 1954.12 | 10000 | 1.60 |
| 北京（画册） | | 外文 | 1954.9 | 5100 | 1.50 |

### 1954 年俄文版书目（2 种）

| 书名 | 作者 | 出版社 | 出版/再版时间 | 印刷/发行册数 | 装帧/定价(元) |
|---|---|---|---|---|---|
| 中华人民共和国宪法 | | 外文 | 1954.12 | 4720 | 1.60 |
| 北京（画册） | | 外文 | 1954.9 | 5900 | 1.50 |

### 1954 年阿拉伯文版书目（2 种）

| 书名 | 作者 | 出版社 | 出版/<br>再版时间 | 印刷/<br>发行册数 | 装帧/<br>定价(元) |
|---|---|---|---|---|---|
| 中华人民共和国宪法 | | 外文 | 1954. 12 | 12140 | 1.60 |
| 新少数民族的生活（画册） | | 外文 | 1954 | 24200 | |

### 1954 年多语种对照版书目（3 种）

| 书名 | 作者 | 出版社 | 出版/<br>再版时间 | 印刷/<br>发行册数 | 装帧/<br>定价(元) |
|---|---|---|---|---|---|
| 中国（中、俄、英、法文注释的彩色活页图片） | | 外文 | 1954. 5 | 42500 | 精11.10<br>平7.00 |
| 新中国少数民族的生活（中、俄、印尼、英、法、阿拉伯文注释的彩色活页图片） | | 外文 | 1954. 9 | 24200 | 3.00 |

# 1955 年图书（期刊）对外翻译出版发行活动

本年，文化部公布《我国处理国际著作权问题的通知》，仿照苏联处理国际著作权问题的规定和做法，不要求订立国际著作权协定，互相翻译书籍一般也不订立合同，不致送稿酬等做法；

本年，印度尼西亚政府宣布查禁 67 种外国书刊，其中大部分是中国书刊。

1955 年 1 月，《中国建设》由双月刊改为月刊，篇幅改为 32 面。宋庆龄为本期撰写"第一个五年"一文。

1955 年 2 月，文化部部长沈雁冰为外文出版社主持召开"宋明评话小说选"的翻译出版座谈会。

1955 年 2 月 3 日，外文出版社为配合亚非会议召开，突击翻译出版印尼文图书和画册 13 种，英文图书 8 种，西班牙文图书 5 种。把来华访问的外宾所写观感和印象记，编印出版《我们所看见的中国》一书。

1955 年 3 月 29 日，根据廖承志的指示，《人民中国》日文版派记者随中国贸易代表团访日，与日本发行人以及日本读者座谈内容以及存在问题。

1952 年 5 月，英国书商朗格公司经理麦克斯威尔来访。

1955 年 7 月 29 日，日本科学书店经理大竹广吉经香港到中国来访，8 月赴苏联，回京后再次来访洽谈业务。

1955 年 8 月 23 日，中宣部同意外文出版社制定的《人民中国》外文版的编辑方针，俄文版《人民中国》以苏联和人民民主国家的读者为对象；英文版《人民中国》应以资本主义国家的读者，其中尤以亚非国家的读者为主要对象；日文版《人民中国》应以日本的读者为主要对象。《人民中国》各外文版所刊载的一切文章、照片、插图及其说明，在采取大同小异原则之后，以编委会统一领导下以中文定稿。

1955 年 9 月，国际书店派出代表参加德国莱比锡书展。

　　1955 年 10 月，文化部公布《我国处理国际著作权问题的通知》，主要内容为：（1）尊重苏联处理国际著作权问题的规定和做法，不要求订立国际著作权协定，互相翻译书籍一般也不订立合同，不致送稿酬。苏联如果向我国著作人致送翻译其著作的稿酬时，亦不拒收；但我国任何著作人，其著作被苏联翻译时，不得主动向苏联索取稿酬；（2）各人民民主国家，凡未向我国提出要求订立国际著作权协定者，一律按前项办理。但如果要求签订某一著作在我国翻译出版合同，则可通过国际书店与对方订立，并向对方致送翻译其著作的稿酬；对方要求签订我国某一著作在其国内翻译出版的合同时，则可以告知我国惯例，可以翻译我国书籍，不必签订合同；对方如果坚决要求签订，亦可通过国际书店视情况与之签订，对方致送我国著作权人稿酬时，应按第一原则办理；（3）对资本主义国家和殖民地、半殖民地国家，不签订国际著作权协定，也不订立某一著作的翻译出版合同。各国进步团体、出版社和进步分子向我国提出翻译我国某一著作，或要求著作者授予翻译出版权的证明书时，可由文化部与有关方面联系，并通过国际书店给予答复，但不向对方提出稿酬问题。我国翻译出版各国进步作家的书籍，如果著作权人向我国提出稿酬要求时，视情况由文化部批准后通过国际书店致送稿酬，稿酬由我国出版者负担。

　　1955 年 11 月，印度尼西亚政府宣布查禁 67 种外国书刊，其中大部分是中国书刊。

　　1955 年 11 月 12 日，日本共产党创办的大安书房经理小林实弥经香港到中国来访，从申请来访到实现访华，历时一年。

　　1955 年 12 月 28 日，中国遵照与苏联、东欧社会主义国家通报与西方资本主义书刊结算折扣、办法等惯例，国际书店向越南通报相关情报。

　　本年，外文出版社用英文、法文、西班牙、俄文、德文、日文、印尼文、阿拉伯等 8 种文字出版 129 种图书。其中有毛泽东的《论联合政府》、《反对党八股》、《整顿党的作风》；有第一部《中华人民共和国宪法》、《中国，一个多民族的国家》，胡绳的《帝国主义与中国政治》；有周立波的《暴风骤雨》，古典文学作品《长生殿》；有摄影画册《前进中的中国体育运动》、《现代中国画选》等图书。还有新世界出版社出版发行的新西兰作家路易·艾黎的《有办法》一书。

　　1955 年，中国进口书刊 890 万册（其中苏联、东欧国家书刊 820 万册），出口 690 万册，其中外文书籍 37 万册，外文期刊 314 万份。中国海外书刊代销网点 278 家，分布在 42 个国家。

# 1955 年对外发行图书目录

## 1955 年英文版书目（41 种）

| 书名 | 作者 | 出版社 | 出版/再版时间 | 印刷/发行册数 | 装帧/定价(元) |
|---|---|---|---|---|---|
| 《农村调查》的序言和跋 | 毛泽东 | 外文 | 1955.10 | | 0.20 |
| 反对党八股 | 毛泽东 | 外文 | 1955.11 | | 0.30 |
| 整顿党的作风 | 毛泽东 | 外文 | 1955.9 | | 0.30 |
| 抗日时期的经济问题和财政问题及其他论文 | 毛泽东 | 外文 | 1955.11 | | 0.60 |
| 关于领导方法的若干问题 | 毛泽东 | 外文 | 1955.10 | | 0.20 |
| 学习和时局（附录：关于若干历史问题的决议） | 毛泽东 | 外文 | 1955.12 | | 精 1.90 |
| | | | | | 平 0.90 |
| 论联合政府 | 毛泽东 | 外文 | 1955.12 | | 精 1.80 |
| | | | | | 平 0.80 |
| 改造我们的学习 | 毛泽东 | 外文 | 1955.10 | | 0.20 |
| 政府工作报告 | 周恩来 | 外文 | 1955.1 | 14000 | 0.60 |
| 帝国主义与中国政治 | 胡绳 | 外文 | 1955.3 | 19180 | 精 3.00 |
| | | | | | 平 2.10 |
| 中国共产党全国代表大会议文件集（1955.3） | | 外文 | 1955.9 | 7250 | 0.50 |
| 中华人民共和国第一届全国人民代表第一次会议文件集 | | 外文 | 1955.12 | 8700 | 2.50 |
| 台湾问题重要文件集 | | 外文 | 1955.10 | 15470 | 精 1.70 |
| | | | | | 平 1.10 |
| 中国与亚非会议 | | 外文 | 1955.9 | 14270 | 0.60 |
| 中国，一个多民族国家 | 王树棠 | 外文 | 1955.3（1959 年停售） | 15200 | 0.60 |
| 大陈浩劫 | 中国红十字会 | 中国红十字会（发行） | 1955.4 | 12000 | 0.70 |
| 访华外宾印象记 | | 外文 | 1955.4 | 10200 | 0.40 |

续表

| 书名 | 作者 | 出版社 | 出版/再版时间 | 印刷/发行册数 | 装帧/定价（元） |
|---|---|---|---|---|---|
| 中华人民共和国关于发展国民经济的第一个五年计划的报告 | 李富春 | 外文 | 1955.10 | 9900 | 1.70 |
| 关于根治黄河水害和开发黄河水利的综合规划的报告 | 邓子恢 | 外文 | 1955.12 | 10400 | 1.30 |
| 中华人民共和国宪法 |  | 外文 | 1955.9 | 31690 | 精 35.00 |
| 中华人民共和国宪法草案的报告 | 刘少奇 | 外文 | 1955.2 | 25100 | 1.90 |
| 前进中的新中国体育运动（画册） | 中国体育总会 | 外文 | 1955.6 | 30200 | 1.30 |
| 印度文化代表团在中国（画册） |  | 外文 | 1955（1959 年停售） | 17520 |  |
| 长生殿 | 洪升 | 外文 | 1955.12 | 14000 | 3.20 |
| 唐代传奇选 | 沈既济等 | 外文 | 1955.3 |  | 2.00 |
| 暴风骤雨 | 周立波 | 外文 | 1955.3 | 18550 | 4.50 |
| 活人塘 | 陈登科 | 外文 | 1955.6 | 15200 | 1.00 |
| 在战斗里成长 | 胡可 | 外文 | 1955.7 | 12270 | 1.30 |
| 平原烈火 | 徐光耀 | 外文 | 1955.7 | 12220 | 2.50 |
| 有办法 | 路易·艾黎 | 新世界 | 1955.8 |  | 2.50 |
| 有思想的战士 | 路易·艾黎 | 新世界 | 1955.8 |  |  |
| 我们在建设 | 朱波、杨朔 | 外文 | 1955.10 | 16400 | 1.00 |
| 中国儿童图画选集 | 叶浅予等 | 外文 | 1955.12 | 38320 | 2.20 |
| 中国儿童绘画作品选 |  | 外文 | 1955 | 24780 |  |
| 巧媳妇 | 熊塞声、余金编，陈缘督绘 | 外文 | 1955.11（1961 年停售） | 11420 | 0.40 |
| 老孙归社 | 杨兆麟词，丁浩、程十发绘 | 外文 | 1955.11 | 40260 | 0.50 |
| 新的家及其他故事（新中国短篇小说选） | 艾芜等 | 外文 | 1955 | 21210 | 1.80 |

### 1955 年法文版书目（12 种）

| 书名 | 作者 | 出版社 | 出版/再版时间 | 印刷/发行册数 | 装帧/定价(元) |
|---|---|---|---|---|---|
| 新民主主义论 | 毛泽东 | 外文 | 1955.8（1979 年之前 5 次重印） | 59480 | 1.70 |
| 政府工作报告 | 周恩来 | 外文 | 1955.1 | 4700 | 0.60 |
| 中华人民共和国宪法草案的报告 | 刘少奇 | 外文 | 1955.3 | 10150 | 1.90 |
| 中华人民共和国宪法 | | 外文 | 1955 | 5520 | 精35.00 |
| 中国，一个多民族国家 | 王树棠 | 外文 | 1955.3（2 次重印，1959 年停售） | 4140 | 0.60 |
| 新的家及其他故事 | 艾芜等 | 外文 | 1955.12 | 5250 | 1.80 |
| 雪峰寓言 | 冯雪峰 | 外文 | 1955.9 | 5210 | 1.70 |
| 少年先锋队员的故事 | 张天翼 | 外文 | 1955.6 | 9210 | 0.70 |
| 中国儿童图画选集 | | 外文 | 1955.12 | | 2.20 |
| 民间艺术剪影 | 陈依范 | 外文 | 1955.7 | 5000 | 3.60 |
| 巧媳妇 | 熊塞声、余金编，陈缘督绘 | 外文 | 1955.11（1961 年停售） | 11420 | 0.40 |
| 中国（彩色活页） | | 外文 | 1955 | 3450 | |

### 1955 年德文版书目（15 种）

| 书名 | 作者 | 出版社 | 出版/再版时间 | 印刷/发行册数 | 装帧/定价(元) |
|---|---|---|---|---|---|
| 政府工作报告 | 周恩来 | 外文 | 1955.1 | | 0.60 |
| 中国，一个多民族国家 | 王树棠 | 外文 | 1955.3（1959 年停售） | 2900 | 0.90 |
| 中华人民共和国宪法草案的报告 | 刘少奇 | 外文 | 1955.2（2 次重印） | 10240 | 1.90 |
| 中华人民共和国宪法 | 刘少奇 | 外文 | 1955 | 3960 | 35.00 |
| 新的家及其他故事 | 艾芜等 | 外文 | 1955.11 | 3250 | 2.00 |
| 中国儿童绘画作品集 | | 外文 | 1955.12 | 3250 | 2.20 |

| 书名 | 作者 | 出版社 | 出版/再版时间 | 印刷/发行册数 | 装帧/定价（元） |
|---|---|---|---|---|---|
| 现代中国画选集 | 叶浅予等 | 外文 | 1955 | 4400 | |
| 中国（彩色活页） | | 外文 | 1955 | 5000 | |
| 中国风景明信片 | | 外文 | 1955 | 7270 | |
| 中国手工艺术品明信片 | | 外文 | 1955 | 7170 | |
| 中国民间剪纸明信片 | | 外文 | 1955 | 7250 | |
| 民间艺术剪影 | 陈依范等 | 外文 | 1955.8 | 3200 | 3.60 |
| 巧媳妇 | 熊塞声、余金编，陈缘督绘 | 外文 | 1955.11（1961 年停售） | 9250 | 0.40 |
| 老孙归社 | 杨兆麟词，丁浩、程十发绘 | 外文 | 1955.11 | 4000 | 0.50 |
| 唐代传奇选 | 白行简等 | 外文 | 1955 | 7150 | |

## 1955 年俄文版书目（8 种）

| 书名 | 作者 | 出版社 | 出版/再版时间 | 印刷/发行册数 | 装帧/定价（元） |
|---|---|---|---|---|---|
| 政府工作报告 | 周恩来 | 外文 | 1955.1 | 2600 | 0.60 |
| 中华人民共和国宪法 | | 外文 | 1955.9 | 4720 | 精35.00 |
| 中华人民共和国宪法草案的报告 | 刘少奇 | 外文 | 1955.5 | 6900 | 1.90 |
| 中国（彩色活页） | | 外文 | 1955 | 2650 | |
| 现代中国画选集 | 叶浅予等 | 外文 | 1955 | 5850 | |
| 中国风景明信片 | | 外文 | 1955（3 次重印） | 18690 | |
| 中国手工艺术品明信片 | | 外文 | 1955（2 次重印） | 11370 | |
| 中国民间剪纸明信片 | | 外文 | 1955（1 次重印） | 8850 | |

## 1955 年印尼文版书目（24 种）

| 书名 | 作者 | 出版社 | 出版/再版时间 | 印刷/发行册数 | 装帧/定价（元） |
|---|---|---|---|---|---|
| 战争和战略问题 | 毛泽东 | 外文 | 1955.3（2 次重印） | 13968 | 0.40 |

续表

| 书名 | 作者 | 出版社 | 出版/再版时间 | 印刷/发行册数 | 装帧/定价(元) |
|---|---|---|---|---|---|
| 整顿党的作风 | 毛泽东 | 外文 | 1955.10（2次重印） | 4705 | 0.50 |
| 改造我们的学习 | 毛泽东 | 外文 | 1955.4（2次重印） | 14089 | 0.30 |
| 毛泽东论中国革命 | 陈伯达 | 外文 | 1955.11 | 3150 | 0.80 |
| 政府工作报告 | 周恩来 | 外文 | 1955.1 | 8620 | 0.60 |
| 中华人民共和国宪法草案的报告 | 刘少奇 | 外文 | 1955.2 | 10520 | 1.90 |
| 中华人民共和国宪法 | | 外文 | 1955 | 12820 | 35.00 |
| 关于根治黄河水害和开发黄河水利的综合规划的报告 | 邓子恢 | 外文 | 1955.12（1960年停售） | 7400 | 1.30 |
| 中国，一个多民族国家 | 王树棠 | 外文 | 1955.3（1959年停售） | 6120 | 0.60 |
| 印度文化代表团在中国 | | 外文 | 1955.7 | | 精5.70 |
| | | | | | 平3.40 |
| 访华外宾印象记 | | 外文 | 1955.4 | | 0.40 |
| 少年先锋队员的故事 | 张天翼 | 外文 | 1955.9 | | 0.70 |
| 中国儿童绘画作品选集 | | 外文 | 1955.12 | 7500 | 2.20 |
| 现代中国画选集 | 叶浅予等 | 外文 | 1955 | 5450 | |
| 中国（彩色活页图片） | | 外文 | 1955 | 7200 | |
| 中国风景明信片 | | 外文 | 1955（2次重印） | 16220 | |
| 中国手工艺术品明信片 | | 外文 | 1955 | 7100 | |
| 中国民间剪纸明信片 | | 外文 | 1955.12 | 10200 | |
| 童工 | 高玉宝原著，徐光玉改编，王绪阳等绘 | 外文 | 1955.7 | 15440 | 0.90 |
| 鸡毛信 | 华山著，刘继卣绘 | 外文 | 1955.8 | 15440 | 1.30 |
| 东郭先生 | 董聚贤等改编，刘继卣绘 | 外文 | 1955.8 | 17440 | 0.80 |

续表

| 书名 | 作者 | 出版社 | 出版/再版时间 | 印刷/发行册数 | 装帧/定价（元） |
|---|---|---|---|---|---|
| 巧媳妇 | 熊塞声、余金编，陈缘督绘 | 外文 | 1955.11（1961 年停售） | 25270 | 0.40 |
| 老孙归社 | 杨兆麟词，丁浩、程十发绘 | 外文 | 1955.11 | 10300 | 0.50 |

## 1955 年西班牙文版书目（7 种）

| 书名 | 作者 | 出版社 | 出版/再版时间 | 印刷/发行册数 | 装帧/定价（元） |
|---|---|---|---|---|---|
| 政府工作报告 | 周恩来 | 外文 | 1955.1 | 2600 | 0.60 |
| 中华人民共和国宪法 | | 外文 | 1955 | 5650 | 35.00 |
| 中国（彩色活页图片） | | 外文 | 1955 | 3550 | |
| 中国风景明信片 | | 外文 | 1955 | 5030 | |
| 中国手工艺术品明信片 | | 外文 | 1955 | 4530 | |
| 中国民间剪纸明信片 | | 外文 | 1955 | 3150 | |
| 现代中国画选集 | 叶浅予等 | 外文 | 1955 | 4550 | |

## 1955 年多语种对照版书目（11 种）

| 书名 | 作者 | 出版社 | 出版/再版时间 | 印刷/发行册数 | 装帧/定价（元） |
|---|---|---|---|---|---|
| 中国画（俄文、德文、日文、西班牙文版） | 潘絜兹等绘 | 外文 | 1955.4 | | 精 5.00 平 4.00 |
| 中国画（印尼文、英文、法文版） | 潘絜兹等绘 | 外文 | 1955.3 | | 精 5.00 平 4.00 |
| 中国（彩色活页图片 22 张，俄文、德文版） | | 外文 | 1955.5 | | 2.50 |
| 中国（彩色活页图片 22 张，日文、印尼文、英文、法文、西班牙文版） | | 外文 | 1955.3 | 17000 | 2.50 |

续表

| 书名 | 作者 | 出版社 | 出版/再版时间 | 印刷/发行册数 | 装帧/定价（元） |
|---|---|---|---|---|---|
| 中国风景（明信片 12 张，俄文、德文、日文、印尼文、英文、法文、西班牙文版） | | 外文 | 1955.4（1979 年之前 3 次重印） | 68720 | 0.60 |
| 中国现代美术工艺品（明信片 12 张，俄文、德文、日文、印尼文、英文、法文、西班牙文版） | | 外文 | 1955.4（1979 年之前 2 次重印） | 35950 | 0.60 |
| 中国民间剪纸（明信片 12 张，俄文、德文、日文、印尼文、英文、法文、西班牙文版） | | 外文 | 1955.10 | 27700 | 0.40 |
| 中国的穆斯林（画片集，中文、阿拉伯文、英文、印尼文注释） | 中国伊斯兰教协会 | 民族 | 1955.3 | | 精 11.00 |
| | | | | | 平 3.80 |

# 1956 年图书（期刊）对外翻译出版发行活动

本年，恢复中华全国世界语协会，并第一次派员参加丹麦国际世界语大会；

本年，国际书店第一次派员参加联邦德国举办的法兰克福书展，因该书展与台湾共同参展，书展外面曾悬挂国民党旗帜，经交涉，终于在开幕前换上了中华人民共和国国旗；

本年，《人民画报》出版德文版、越南文版；《人民中国》日文版在日本政府获得注册，获得日本正式发行的法定地位。

1956 年 2 至 3 月，国际书店派员随中国贸促会参加民主德国春季莱比锡博览会。

1956 年 5 月，人大常委胡愈之访问苏联、捷克时，顺便考察当地世界语协会活动，回国后建议恢复中华世界语协会，同年 9 月得到陈毅副总理的同意批复，中华世界语协会归中国人民对外友好协会领导。

1956 年 6 月，国际书店派员参加波兰第一届国际博览会（1957 年起，该展会改为华沙书展）。

1956 年 6 月，外文出版社向文化部提出增加外国专家人员规划，1956年增加 21 人，1957 年至 1958 年再增加 18 人，1959 至 1967 年再增加 3人，到 1967 年总共增加 42 人（11 个国籍）。

1956 年 6 月，受印度尼西亚总统苏加诺的委托，拍摄印制《苏加诺藏画集》1、2 集由人民美术出版社出版。人民画报记者杨荣敏参加拍摄工作，外文出版社图编部印尼文组润色译文并定稿，国际书店负责对外发行。苏加诺总统在 1959 年 9 月 30 日至 10 月 15 日访华时，由毛泽东主席亲自赠送苏加诺总统。《苏加诺藏画集》3、4 集在 1961 年 6 月出版。此外，1961 年 2 月还出版了苏加诺藏《印度尼西亚木刻》集。

1956 年 7 月，《人民画报》增出越文版、德文版。

1956 年 7 月，中华全国世界语协会派员参加丹麦国际世界语大会，这是中华人民共和国建立后首次参加世界语活动。

1956 年 7 月，日本出版交流访华团一行 8 人来访，亚洲文化交流出版会会长下中弥三郎为团长、日本共产党所办的极东书店经理安井正幸随团访问。

1956 年 7 月，时任出版局副局长的王益率员访问朝鲜，与朝鲜签订中朝书刊进出口贸易协定。

1956 年 9 月，国际书店派员参加民主德国秋季莱比锡博览会。

1956 年 9 月，国际书店派员访问蒙古，与蒙古国家书店签订双边贸易合同。

1956 年 10 月，国际书店派员参加文化部组织的出版、发行、印刷考察团访问苏联。

1956 年 10 月，国际书店派员第一次参加联邦德国举办的法兰克福书展。该书展因与台湾共同参展，书展外面曾悬挂国民党旗帜，经交涉，终于在开幕前换上了中华人民共和国国旗。

1956 年 10 月，《人民中国》编辑部公布对外报道工作中的问题及其今后改正措施。日文版的群众性仍待加强，不少日本读者批评杂志很深、难懂、不够亲切；英文版编辑、发行时间过程很长，实事报道送到读者手中已陈旧；俄文版的特点不突出，方向不明确，专用稿很少。

1956 年 11 月，国际书店派员参加南斯拉夫的贝尔格莱德国际书展。

1956 年 11 月，越南派人来国际书店实习。

1956 年 11 月，中国出版代表团访问苏联，团长为出版局的金灿然。

1956 年 12 月，《人民中国》日文版在日本政府注册，获准作为第三种邮件优惠印刷品邮递。至此，《人民中国》日文版获得日本正式发行的法定地位。

1956 年 12 月，民主德国的国际图书公司经理霍夫曼和莱比锡图书代办批发局经理塔姆来访，与国际书店签订 1957 年双边贸易合同。

本年，乌拉圭人民联合出版社来访、阿根廷劳太罗出版社代表来访、英国道生公司来访、澳大利亚潮流书店来访。

本年，外文出版社用英文、法文、西班牙文、俄文、印尼文、日文、越南文、日文、泰国文、缅文、德文、中文 12 种外文出版 191 种海外发行图书。其中有毛泽东著作《中国社会各阶级的分析》、《关于农业合作化问题》、《在延安文艺座谈会上的讲话》、《中国共产党在抗日战争时期的任务》等。还有《人民日报》编辑部的《关于无产阶级专政的历史经验》、中华总工会的《向社会主义迈进的中国工人》等。《鲁迅选集》第一卷、茅盾的《春蚕集》、老舍的《龙须沟》等。画册《第一个五年计划图解》、美术画册《新中国木刻选》。新世界出版社出版了爱泼斯坦的《从鸦片战争到解放》等图书。

　　本年，国际书店向西方资本主义国家出口书刊达到 1326 万册，金额达到 180 万英镑，是 1955 年的 2 倍（1951 年出口书刊金额为 13 万英镑、1954 年为 37 万英镑、1955 年为 52 万英镑）。其中外文书籍 44 万册，外文期刊 402 万份。

## 1956 年对外发行图书目录

### 1956 年英文版书目（61 种）

| 书名 | 作者 | 出版社 | 出版/再版时间 | 印刷/发行册数 | 装帧/定价（元） |
|---|---|---|---|---|---|
| 中国社会各阶级的分析 | 毛泽东 | 外文 | 1956.2 | | 0.20 |
| 中国共产党在抗日时期的任务 | 毛泽东 | 外文 | 1956.3 | | 0.06 |
| 上海、太原失陷以后抗日战争的形势和任务 | 毛泽东 | 外文 | 1956.3 | | 0.40 |
| 中国共产党在民族战争中的地位 | 毛泽东 | 外文 | 1956.9（5 次重印） | 183690 | 0.50 |
| 在延安文艺座谈会上的讲话 | 毛泽东 | 外文 | 1956.2 | | 0.50 |
| 农业合作化问题 | 毛泽东 | 外文 | 1956.2 | | 0.50 |
| 在中国人民政治协商会议第二届全国委员会第二次全体会议上的政治报告 | 周恩来 | 外文 | 1956.4 | 8140 | 0.50 |
| 关于目前国际形势、我国外交政策和解放台湾问题 | 周恩来 | 外文 | 1956.8 | 12350 | 0.40 |
| 中国共产党第八次代表大会关于发展国民经济的第二个五年计划（1958—1962）的建议、关于第二个五年计划的报告 | 周恩来 | 外文 | 1956.10 | 29960 | 0.70 |
| 关于知识分子问题的报告 | 周恩来 | 外文 | 1956.4 | 10840 | 0.50 |

续表

| 书名 | 作者 | 出版社 | 出版/再版时间 | 印刷/发行册数 | 装帧/定价（元） |
|---|---|---|---|---|---|
| 中国共产党中央委员会向第八次全国代表大会的政治报告 | 刘少奇 | 外文 | 1956.9 | | 0.80 |
| 中国共产党第八次全国代表大会文件集（二） | | 外文 | 1956.12 | 16160 | 2.80 |
| 中国共产党第八次全国代表大会文件集（三） | | 外文 | 1956.12 | 13460 | 3.00 |
| 中国共产党章程以及关于修改中国共产党章程的报告 | 邓小平 | 外文 | 1956.12 | 26060 | 0.80 |
| 宋庆龄在印度、缅甸、巴基斯坦演讲集 | 宋庆龄 | 外文 | 1956.9 | 10150 | 0.80 |
| 中国近代史简编（从鸦片战争到解放战争） | 爱泼斯坦 | 新世界 | 1956.8 | 19900 | 1.60 |
| 关于无产阶级专政的历史经验 | 人民日报编辑部 | 外文 | 1956.5 | 9140 | 0.40 |
| 中国工会概况手册 | 中华总工会 | 外文 | 1956.4 | 13200 | 0.40 |
| 向社会主义迈进的中国工人 | 中华总工会 | 外文 | 1956.4 | 18090 | 0.80 |
| 中华人民共和国发展国民经济的第一个五年计划（1953—1957） | | 外文 | 1956.7 | 14400 | 2.22 |
| 中华人民共和国第一个五年计划画册（1953—1957） | | 外文 | 1956.9 | 4620 | 3.60 |
| 中共中央关于资本主义工商业改造问题的决议 | | 外文 | 1956.4 | 3000 | 0.40 |
| 中国共产党第七届中央委员会（扩大）第六次全体会议关于农业合作化问题的决议 | | 外文 | 1956.3 | 11350 | 0.50 |
| 1956年到1967年全国农业发展纲要（草案） | | 外文 | 1956.3 | 16800 | 0.40 |
| 中华人民共和国国家统计局关于1954年度国民经济发展和国家计划执行结果的公报 | | 外文 | 1956.3 | 10650 | 0.60 |

续表

| 书名 | 作者 | 出版社 | 出版/再版时间 | 印刷/发行册数 | 装帧/定价(元) |
|---|---|---|---|---|---|
| 新中国向社会主义迈进（全国人民第一届代表大会三次会议文件） | | 外文 | 1956.9 | 13450 | 1.50 |
| 农业生产合作社示范章程 | | 外文 | 1956.6 | 10440 | 0.50 |
| 高级农业生产合作社示范章程 | | 外文 | 1956.8 | 9950 | 0.40 |
| 中华人民共和国重要劳动法令汇编 | | 外文 | 1956.4（1967 年停售） | 12240 | 0.60 |
| 鲁迅选集（一） | 鲁迅 | 外文 | 1956.9 | 28923 | 3.80 |
| 春蚕集 | 茅盾 | 外文 | 1956.3 | 12650 | 2.50 |
| 把一切献给党 | 吴运铎 | 外文 | 1956.7 | 15850 | 1.80 |
| 龙须沟 | 老舍 | 外文 | 1956.3 | 12650 | 1.90 |
| 考验 | 夏衍 | 外文 | 1956.8 | 12800 | 1.90 |
| 万水千山 | 陈其通 | 外文 | 1956.12 | 16490 | 2.10 |
| 妇女代表（独幕剧选一） | 孙芋等 | 外文 | 1956.6 | 12990 | 1.70 |
| 新局长到来之前（独幕剧选二） | 何求等 | 外文 | 1956 | 8550 | |
| 打渔杀家 | | 外文 | 1956.12 | 13440 | 1.20 |
| 建设鞍山的人们（诗歌） | 陆灏等 | 外文 | 1956.6 | 18550 | 1.70 |
| 不是冬天是春天 | | 外文 | 1956.12 | 15540 | 1.20 |
| 战胜洪水 | 艾黎 | 外文 | 1956.2 | 15400 | 2.00 |
| 人物素描 | | 外文 | 1956.2 | | 1.50 |
| 新中国木刻选 | | 外文 | 1956.9 | 18890 | 4.50 |
| 丰子恺儿童画选集 | 王朝闻选编 | 外文 | 1956.9 | 20440 | 1.20 |
| 中国民间蓝印花布图案 | | 外文 | 1956.4 | 6000 | 3.00 |
| 渡江侦察记 | 章程改编，顾炳鑫绘 | 外文 | 1956.9 | 53840 | 1.00 |
| 白母鸡的故事 | 王流秋编绘 | 外文 | 1956.10（1959 年停售） | 64940 | 0.50 |
| 孔雀东南飞 | 邵甄、吴廷瑁编，王叔晖绘 | 外文 | 1956.1 | 87590 | 0.40 |

续表

| 书名 | 作者 | 出版社 | 出版/再版时间 | 印刷/发行册数 | 装帧/定价（元） |
|---|---|---|---|---|---|
| 北京 | 胡嘉 | 外文 | 1956.9 | 31140 | 2.00 |
| 敦煌壁画（明信片） | | 人民美术 | 1956.4 | 22300 | 0.80 |
| 中国体育运动 | 中华体育总会 | 外文 | 1956.11 | 36550 | 布面4.30<br>精3.80<br>平3.20 |
| 中国儿童（1956） | 中国保卫儿童委员会 | 外文 | 1956.4 | 29030 | 1.30 |
| 体育明信片（12张） | 人民体育出版社 | 人民体育 | 1956.12 | | 0.50 |
| 在和平的阳光下（画册） | 中国福利会 | 上海人民美术 | 1956.7 | | 1.40 |
| 西湖（彩色摄影画片，56开，12张） | 尹福康等摄影 | 上海人民美术 | 1956.12 | | 0.48 |
| 太湖（彩色摄影画片，56开，6张） | 敖恩洪摄影 | 上海人民美术 | 1956.7 | | 0.24 |
| 桂林·阳朔（彩色摄影画片，56开，6张） | 敖恩洪、何世尧摄影 | 上海人民美术 | 1956.11 | | 0.24 |
| 富春江（彩色摄影画片，56开，6张） | 敖恩洪摄影 | 上海人民美术 | 1956.11 | | 0.24 |
| 台湾风光（彩色摄影画片，56开，12张） | 邵度、潘中楚摄影 | 上海人民美术 | 1956.12 | | 0.60 |

## 1956 年法文版书目（31 种）

| 书名 | 作者 | 出版社 | 出版/再版时间 | 印刷/发行册数 | 装帧/定价(元) |
|---|---|---|---|---|---|
| 中国的红色政权为什么能够存在？ | 毛泽东 | 外文 | 1956.7（1979 年之前 6 次重印） | 176799 | 0.40 |
| 星星之火，可以燎原 | 毛泽东 | 外文 | 1956.7（1979 年之前 8 次重印） | 138877 | 0.30 |
| 为千百万群众进入抗日民族统一战线而斗争 | 毛泽东 | 外文 | 1956.12（1979 年之前 5 次重印） | 222028 | 0.20 |
| 农业合作化问题 | 毛泽东 | 外文 | 1956.2（2 次重印） | 17210 | 0.50 |
| 中国共产党第八次全国代表大会文件集（一） | | 外文 | 1956.12 | 6920 | 2.80 |
| 中国共产党第八次全国代表大会文件集（二） | | 外文 | 1956.12 | | 3.00 |
| 中国共产党第八次全国代表大会文件集（三） | | 外文 | 1956.12 | | 2.50 |
| 中国共产党中央委员会向第八次全国代表大会的政治报告以及中国共产党第八次全国代表大会关于政治报告的决议 | 刘少奇 | 外文 | 1956.10 | 9150 | 0.90 |
| 中国共产党的三十年 | 胡乔木 | 外文 | 1956.9 | | 1.50 |
| 关于无产阶级专政的历史经验 | 人民日报编辑部 | 外文 | 1956.5 | 3000 | 0.40 |
| 中国共产党章程以及关于修改中国共产党章程的报告 | 邓小平 | 外文 | 1956.12 | 10050 | 0.80 |
| 中华人民共和国发展国民经济的第一个五年计划（1953—1957） | | 外文 | 1956.7 | 3880 | 2.22 |
| 关于发展国民经济第一个五年计划的报告 | 李富春 | 外文 | 1956.6 | 3930 | 1.70 |

续表

| 书名 | 作者 | 出版社 | 出版/再版时间 | 印刷/发行册数 | 装帧/定价(元) |
|---|---|---|---|---|---|
| 中华人民共和国第一个五年计划画册（1953—1957） | | 外文 | 1956.8 | 4620 | 3.60 |
| 中国共产党第八次代表大会关于发展国民经济的第二个五年计划（1958—1962）的建议、关于第二个五年计划的报告 | 周恩来 | 外文 | 1956.11 | 6450 | 0.70 |
| 中国共产党第七届中央委员会第六次全体会议（扩大）关于农业合作化问题的决议 | | 外文 | 1956.4 | 7060 | 0.50 |
| 1956年到1967年全国农业发展纲要（草案） | | 外文 | 1956.4（1960年停售） | 3900 | 0.50 |
| 关于根治黄河水害和开发黄河水利的综合规划的报告 | 邓子恢 | 外文 | 1956.7 | 3710 | 1.30 |
| 鲁迅短篇小说选 | | 外文 | 1956.11 | | 2.60 |
| 新中国木刻选 | 古元等 | 外文 | 1956.9 | 6000 | 4.50 |
| 中国民间蓝印花布图案 | 柴扉等 | 外文 | 1956.4 | 2400 | 3.00 |
| 渡江侦察记（连环画） | 章程改编，顾炳鑫绘 | 外文 | 1956.12 | 7560 | 1.00 |
| 白母鸡的故事（连环画） | 王流秋编绘 | 外文 | 1956.11 | 10200 | 0.50 |
| 孔雀东南飞（连环画） | 邵甄、吴廷瑄编，王叔晖绘 | 外文 | 1956.1 | 13930 | 0.40 |
| 敦煌壁画（明信片） | | 外文 | 1956.4 | 6250 | 0.80 |
| 中国体育运动 | 中华体育总会 | 外文 | 1956.9 | 7350 | 精3.80 平3.20 |
| 中国儿童（1956） | 中国保卫儿童委员会 | 外文 | 1956.4 | 8030 | 1.30 |
| 西湖（彩色摄影画片，56开，12张） | 尹福康等摄影 | 上海人民美术 | 1956.12 | | 0.48 |

续表

| 书名 | 作者 | 出版社 | 出版/再版时间 | 印刷/发行册数 | 装帧/定价(元) |
|---|---|---|---|---|---|
| 桂林·阳朔（彩色摄影画片，56 开，6 张） | 熬恩洪、何世尧摄影 | 上海人民美术 | 1956.11 | | 0.24 |
| 富春江（彩色摄影画片，56 开，6 张） | 熬恩洪摄影 | 上海人民美术 | 1956.11 | | 0.24 |

## 1956 年德文版书目（19 种）

| 书名 | 作者 | 出版社 | 出版/再版时间 | 印刷/发行册数 | 装帧/定价(元) |
|---|---|---|---|---|---|
| 农业合作化问题 | 毛泽东 | 外文 | 1956.4（2 次重印） | 5990 | 0.50 |
| 关于知识分子问题的报告 | 周恩来 | 外文 | 1956.8 | 4100 | 0.50 |
| 中国共产党第八次全国代表大会文件集（一） | | 外文 | 1956.12 | 7800 | 2.80 |
| 关于无产阶级专政的历史经验 | 人民日报编辑部 | 外文 | 1956.5 | 4320 | 0.40 |
| 中华人民共和国第一个五年计划画册（1953—1957） | | 外文 | 1956.9 | 2850 | 3.60 |
| 1956 年到 1967 年全国农业发展纲要（草案） | | 外文 | 1956.5 | 2520 | 0.30 |
| 中华人民共和国宪法 | | 外文 | 1956.1 | | 1.60 |
| 农村散记 | 秦兆阳 | 外文 | 1956 | 1130 | |
| 新中国木刻选 | 古元等 | 外文 | 1956.9 | 3900 | 4.50 |
| 丰子恺儿童画选集 | 王朝闻 | 外文 | 1956.9 | 3650 | 1.20 |
| 中国民间蓝印花布图案 | 柴扉等 | 外文 | 1956.4 | 1400 | 3.00 |
| 童工（连环画） | 高玉宝原著，王绪阳绘 | 外文 | 1956.11 | 3600 | 0.90 |
| 东郭先生（连环画） | 董聚贤、徐滌编，刘继卣绘 | 外文 | 1956.12 | 3100 | 0.80 |

续表

| 书名 | 作者 | 出版社 | 出版/再版时间 | 印刷/发行册数 | 装帧/定价(元) |
|---|---|---|---|---|---|
| 渡江侦察记（连环画） | 章程改编，顾炳鑫绘 | 外文 | 1956.10 | 3470 | 1.00 |
| 孔雀东南飞（连环画） | 邵甄、吴廷琯编，王叔晖绘 | 外文 | 1956.1 | 6200 | 0.40 |
| 敦煌壁画（明信片） | | 外文 | 1956.4 | 7400 | 0.80 |
| 西湖（彩色摄影画片，56开，12张） | 尹福康等摄影 | 上海人民美术 | 1956.12 | | 0.48 |
| 桂林·阳朔（彩色摄影画片，56开，6张） | 熬恩洪、何世尧摄影 | 上海人民美术 | 1956.11 | | 0.24 |
| 富春江（彩色摄影画片，56开，6张） | 熬恩洪摄影 | 上海人民美术 | 1956.11 | | 0.24 |

## 1956 年俄文版书目（38 种）

| 书名 | 作者 | 出版社 | 出版/再版时间 | 印刷/发行册数 | 装帧/定价(元) |
|---|---|---|---|---|---|
| 农业合作化问题 | 毛泽东 | 外文 | 1956.1（2 次重印） | 4910 | 0.50 |
| 关于无产阶级专政的历史经验 | 人民日报编辑部 | 外文 | 1956.6 | 4580 | 0.40 |
| 在中国人民政治协商会议第二届全国委员会第二次全体会议上的政治报告 | 周恩来 | 外文 | 1956.4 | 3480 | 0.50 |
| 中国共产党中央委员会向第八次全国代表大会的政治报告以及中国共产党第八次全国代表大会关于政治报告的决议 | 刘少奇 | 外文 | 1956.10 | 35900 | 0.90 |
| 关于知识分子问题的报告 | 周恩来 | 外文 | 1956.5 | 4110 | 0.50 |
| 关于目前国际形势、我国外交政策和解放台湾问题 | 周恩来 | 外文 | 1956.8 | 13200 | 0.40 |

续表

| 书名 | 作者 | 出版社 | 出版/再版时间 | 印刷/发行册数 | 装帧/定价（元） |
|---|---|---|---|---|---|
| 中国共产党的三十年 | 胡乔木 | 外文 | 1956.8 | 重印 | 1.50 |
| 中国共产党第八次全国代表大会文件集（一） | | 外文 | 1956.12 | 8090 | 2.80 |
| 中国共产党第八次全国代表大会文件集（二） | | 外文 | 1956 | 6480 | |
| 中国共产党章程以及关于修改中国共产党章程的报告 | 邓小平 | 外文 | 1956.12 | 12900 | 0.70 |
| 中华人民共和国第一届全国人民代表大会第一次会议文件 | | 外文 | 1956.3 | 1900 | 3.70 |
| 关于发展国民经济第一个五年计划的报告 | 李富春 | 外文 | 1956.1 | 7880 | 1.70 |
| 中华人民共和国第一个五年计划画册（1953—1957） | | 外文 | 1956.9 | 3430 | 3.60 |
| 中国共产党第八次代表大会关于发展国民经济的第二个五年计划（1958—1962）的建议、关于第二个五年计划的报告 | 周恩来 | 外文 | 1956.11 | 12900 | 0.70 |
| 中共中央关于资本主义工商业改造问题的决议 | | 外文 | 1956.4 | 1500 | 0.40 |
| 中国共产党第七届中央委员会第六次全体会议（扩大）关于农业合作化问题的决议 | | 外文 | 1956.2 | 4910 | 0.80 |
| 1956 年到 1967 年全国农业发展纲要（草案） | | 外文 | 1956.3（1961 年停售） | 4830 | 0.50 |
| 关于根治黄河水害和开发黄河水利的综合规划的报告 | 邓子恢 | 外文 | 1956.1（1960 年停售） | 1300 | 1.30 |
| 中华人民共和国国家统计局关于 1954 年度国民经济发展和国家计划执行结果的公报 | 国家统计局 | 外文 | 1956.3 | 1370 | 0.60 |

续表

| 书名 | 作者 | 出版社 | 出版/再版时间 | 印刷/发行册数 | 装帧/定价(元) |
|---|---|---|---|---|---|
| 新中国向社会主义迈进（人大一届三次会议文件） | | 外文 | 1956.9 | 6200 | 1.40 |
| 农业生产合作社示范章程 | | 外文 | 1956.7 | 2130 | 0.50 |
| 高级农业生产合作社示范章程 | | 外文 | 1956.9 | 6200 | 0.40 |
| 百花齐放，百家争鸣 | 陆定一 | 外文 | 1956.8 | 7100 | 0.40 |
| 新中国木刻选 | 古元等 | 外文 | 1956.8 | 3470 | 3.60 |
| 中国民间蓝印花布图案 | 柴扉等 | 外文 | 1956.4 | 1800 | 3.00 |
| 童工（连环画） | 高玉宝原著，王绪阳绘 | 外文 | 1956.10 | 29160 | 0.90 |
| 敦煌壁画（明信片） | 人民美术出版社 | 外文 | 1956.3 | 57115 | 0.80 |
| 伟大的友谊（画册） | | 外文 | 1956.1（1959年停售） | 2550 | 25.00 |
| 中国体育运动 | 中华体育总会 | 外文 | 1956.11 | 6650 | 精3.80 / 平3.20 |
| 中国儿童（1956） | 中国保卫儿童委员会 | 外文 | 1956.4 | 54400 | 1.30 |
| 体育明信片（12张） | 人民体育出版社 | 人民体育 | 1956.12 | | 0.50 |
| 在和平的阳光下（画册） | 中国福利会 | 上海人民美术 | 1956.7 | | 1.40 |
| 西湖（彩色摄影画片，56开，12张） | 尹福康等摄影 | 上海人民美术 | 1956.12 | | 0.48 |
| 太湖（彩色摄影画片，56开，6张） | 熬恩洪摄影 | 上海人民美术 | 1956.7 | | 0.24 |
| 桂林·阳朔（彩色摄影画片，56开，6张） | 熬恩洪、何世尧摄影 | 上海人民美术 | 1956.11 | | 0.24 |
| 台湾风光（彩色摄影画片，56开，12张） | 邵度、潘中楚摄影 | 上海人民美术 | 1956.12 | | 0.60 |
| 富春江（彩色摄影画片，56开，6张） | 熬恩洪摄影 | 上海人民美术 | 1956.11 | | 0.24 |

## 1956 年西班牙文版书目（9 种）

| 书名 | 作者 | 出版社 | 出版/再版时间 | 印刷/发行册数 | 装帧/定价（元） |
|---|---|---|---|---|---|
| 农业合作化问题 | 毛泽东 | 外文 | 1956.4（1979 年之前4 次重印） | 41620 | 0.50 |
| 关于无产阶级专政的历史经验 | 人民日报编辑部 | 外文 | 1956.6 | 7840 | 0.40 |
| 关于发展国民经济第一个五年计划的报告 | 李富春 | 外文 | 1956.9 | 3850 | 1.70 |
| 中共中央关于私营资本主义工商业改造问题的决议 | | 外文 | 1956.5 | 500 | 0.40 |
| 1956 年到 1967 年全国农业发展纲要（草案） | | 外文 | 1956.4（1961 年停售） | 3320 | 0.30 |
| 关于中华人民共和国宪法草案的报告、中华人民共和国宪法 | 刘少奇 | 外文 | 1956.4（4 次重印） | 36630 | 1.90 |
| 鸡毛信（连环画） | 华山著，刘继卣绘 | 外文 | 1956.12 | 4530 | 1.30 |
| 巧媳妇（连环画） | 熊塞声编，陈缘督绘 | 外文 | 1956.11（1961 年停售） | 3560 | 0.40 |
| 敦煌壁画（明信片） | 人民美术出版社 | 外文 | 1956.3 | 2850 | 0.80 |

## 1956 年印尼文版书目（25 种）

| 书名 | 作者 | 出版社 | 出版/再版时间 | 印刷/发行册数 | 装帧/定价（元） |
|---|---|---|---|---|---|
| 论政策 | 毛泽东 | 外文 | 1956.9（2 次重印） | 12155 | 0.20 |
| 关于领导方法的若干问题 | 毛泽东 | 外文 | 1956.3（2 次重印） | 15008 | 0.20 |
| 农业合作化问题 | 毛泽东 | 外文 | 1956.6（2 次重印） | 10335 | 0.50 |

续表

| 书名 | 作者 | 出版社 | 出版/<br>再版时间 | 印刷/<br>发行册数 | 装帧/<br>定价(元) |
|---|---|---|---|---|---|
| 中国共产党中央委员会向第八次全国代表大会的政治报告以及中国共产党第八次全国代表大会关于政治报告的决议 | 刘少奇 | 外文 | 1956.10 | 17900 | 0.90 |
| 关于知识分子问题的报告 | 周恩来 | 外文 | 1956.9 | 5200 | 0.50 |
| 中国共产党章程以及关于修改中国共产党章程的报告 | 邓小平 | 外文 | 1956.12 | 12800 | 0.80 |
| 关于十年内战 | 陈伯达 | 外文 | 1956.7<br>(1961年停售) | 3600 | 1.70 |
| 关于无产阶级专政的历史经验 | 人民日报编辑部 | 外文 | 1956.5 | 3490 | 0.40 |
| 中华人民共和国发展国民经济的第一个五年计划（1953—1957） |  | 外文 | 1956.11 | 7100 | 2.20 |
| 关于发展国民经济第一个五年计划的报告 | 李富春 | 外文 | 1956.3 | 7950 | 1.70 |
| 中华人民共和国第一个五年计划画册（1953—1957） |  | 外文 | 1956.9 | 9840 | 3.60 |
| 中国共产党第八次代表大会关于发展国民经济的第二个五年计划（1958—1962）的建议、关于第二个五年计划的报告 | 周恩来 | 外文 | 1956.12 | 12800 | 0.80 |
| 中国共产党第七届中央委员会第六次全体会议（扩大）关于农业合作化问题的决议 |  | 外文 | 1956.6 | 10250 | 0.50 |
| 1956年到1967年全国农业发展纲要（草案） |  | 外文 | 1956.4 | 8350 | 0.30 |
| 百花齐放，百家争鸣 | 陆定一 | 外文 | 1956.9 | 4700 | 0.40 |
| 向社会主义迈进的中国工人 | 中华总工会 | 外文 | 1956.11 | 5900 | 0.80 |

**续表**

| 书名 | 作者 | 出版社 | 出版/<br>再版时间 | 印刷/<br>发行册数 | 装帧/<br>定价(元) |
|---|---|---|---|---|---|
| 新中国木刻选 | 古元等 | 外文 | 1956.9 | 6385 | 4.50 |
| 丰子恺儿童画选集 | 王朝闻 | 外文 | 1956.9 | 8640 | 1.20 |
| 中国民间蓝印花布图案 | 柴扉等 | 外文 | 1956.4 | 1850 | 3.00 |
| 孔雀东南飞（连环画） | 邵甄、吴廷琯编，王叔晖绘 | 外文 | 1956.1<br>（2 次重印） | 17010 | 0.40 |
| 敦煌壁画（明信片） | 人民美术出版社 | 外文 | 1956.4 | 9450 | 0.80 |
| 西湖（彩色摄影画片，56 开，12 张） | 尹福康等摄影 | 上海人民美术 | 1956.12 | | 0.48 |
| 太湖（彩色摄影画片，6 张） | 熬恩洪摄影 | 上海人民美术 | 1956.7 | | 0.24 |
| 桂林·阳朔（彩色摄影画片，56 开，6 张） | 熬恩洪、何世尧摄影 | 上海人民美术 | 1956.11 | | 0.24 |
| 富春江（彩色摄影画片，56 开，6 张） | 熬恩洪摄影 | 上海人民美术 | 1956.11 | | 0.24 |

## 1956 年泰文版书目（8 种）

| 书名 | 作者 | 出版社 | 出版/<br>再版时间 | 印刷/<br>发行册数 | 装帧/<br>定价(元) |
|---|---|---|---|---|---|
| 中国社会各阶级的分析 | 毛泽东 | 外文 | 1956.3<br>（3 次重印） | 36098 | 0.40 |
| 中国的红色政权为什么能够存在？ | 毛泽东 | 外文 | 1956.12<br>（2 次重印） | 11555 | 0.30 |
| 关于纠正党内的错误思想 | 毛泽东 | 外文 | 1956.12<br>（5 次重印） | 29319 | 0.30 |
| 中国共产党在民族战争中的地位 | 毛泽东 | 外文 | 1956.12<br>（2 次重印） | 11655 | 0.50 |
| 抗日战线中的独立自主问题 | 毛泽东 | 外文 | 1956.12<br>（4 次重印） | 46218 | 0.20 |

续表

| 书名 | 作者 | 出版社 | 出版/再版时间 | 印刷/发行册数 | 装帧/定价（元） |
|---|---|---|---|---|---|
| 农业合作化问题 | 毛泽东 | 外文 | 1956.6 | 15500 | 0.50 |
| 关于无产阶级专政的历史经验 | 人民日报编辑部 | 外文 | 1956.7 | 1500 | 0.40 |
| 敦煌壁画（明信片） | 人民美术出版社 | 外文 | 1956.5 | | 0.80 |

## 1956 年越南文版书目（12 种）

| 书名 | 作者 | 出版社 | 出版/再版时间 | 印刷/发行册数 | 装帧/定价（元） |
|---|---|---|---|---|---|
| 关于纠正党内的错误思想 | 毛泽东 | 外文 | 1956.12（2 次重印） | 163258 | 0.30 |
| 关心群众生活，注意工作方法 | 毛泽东 | 外文 | 1956.12（2 次重印） | 12060 | 0.20 |
| 农业合作化问题 | 毛泽东 | 外文 | 1956.4（3 次重印） | 62465 | 0.50 |
| 中共中央向第八次全国代表大会的政治报告、中国共产党第八次全国代表大会关于政治报告的决议 | 刘少奇 | 外文 | 1956 | 13180 | |
| 关于无产阶级专政的历史经验 | 人民日报编辑部 | 外文 | 1956.7 | 1250 | 0.40 |
| 1956 年到 1967 年全国农业发展纲要（草案） | | 外文 | 1956.9（1961 年停售） | 3700 | 0.50 |
| 农业生产合作社示范章程 | | 外文 | 1956.12 | 2850 | 0.50 |
| 中苏友好万岁（彩色年画，对开） | 俞云阶 | 上海人民美术 | 1956.11 | | 0.13 |
| 鸽子（彩色年画，对开） | 沈涛 | 上海人民美术 | 1956.11 | | 0.13 |
| 鸡（彩色年画，对开） | 陈之佛 | 上海人民美术 | 1956.11 | | 0.13 |
| 菊花（彩色年画，对开） | 谢孝思 | 上海人民美术 | 1956.11 | | 0.13 |
| 猫蝶（彩色年画，对开） | 黄芩 | 上海人民美术 | 1956.11 | | 0.13 |

## 1956 年日文版书目（29 种）

| 书名 | 作者 | 出版社 | 出版/再版时间 | 印刷/发行册数 | 装帧/定价(元) |
|---|---|---|---|---|---|
| 农业合作化问题 | 毛泽东 | 外文 | 1956.4（3 次重印） | 85070 | 0.50 |
| 中国共产党第八次全国代表大会上开幕词 | 毛泽东 | 外文 | 1956.11 | 1605 | 0.50 |
| 在中国人民政治协商会议第二届全国委员会第二次全体会议上的政治报告 | 周恩来 | 外文 | 1956.4 | 2070 | 0.50 |
| 关于知识分子问题的报告 | 周恩来 | 外文 | 1956.7 | 3170 | 0.50 |
| 关于目前国际形势、我国外交政策和解放台湾问题 | 周恩来 | 外文 | 1956.9 | 2816 | 0.40 |
| 中国共产党中央委员会向第八次全国代表大会的政治报告以及中国共产党第八次全国代表大会关于政治报告的决议 | 刘少奇 | 外文 | 1956.10 | 10300 | 0.80 |
| 中国共产党第八次全国代表大会文件集（三） | | 外文 | 1956.12 | 5040 | 2.80 |
| 中国共产党章程以及关于修改中国共产党章程的报告 | 邓小平 | 外文 | 1956.12 | 7800 | 0.70 |
| 严正的审判，宽大的处理 | | 外文 | 1956.10 | 6500 | 0.60 |
| 关于无产阶级专政的历史经验 | 人民日报编辑部 | 外文 | 1956.6 | 2520 | 0.40 |
| 关于发展国民经济第一个五年计划的报告 | 李富春 | 外文 | 1956.4 | | 1.70 |
| 中华人民共和国第一个五年计划画册（1953—1957） | | 外文 | 1956.9 | 13070 | 3.60 |
| 中国共产党第八次代表大会关于发展国民经济的第二个五年计划（1958—1962）的建议、关于第二个五年计划的报告 | 周恩来 | 外文 | 1956.11 | 10100 | 0.70 |

续表

| 书名 | 作者 | 出版社 | 出版/再版时间 | 印刷/发行册数 | 装帧/定价（元） |
|---|---|---|---|---|---|
| 中共中央关于私营资本主义工商业改造问题的决议 | | 外文 | 1956.6 | 500 | 0.40 |
| 中国共产党第七届中央委员会第六次全体会议关于农业合作化问题的决议 | | 外文 | 1956.6 | 1750 | 0.50 |
| 1956年到1967年全国农业发展纲要（草案） | | 外文 | 1956.4（1961年停售） | 4270 | 0.50 |
| 关于根治黄河水害和开发黄河水利的综合规划的报告 | 邓子恢 | 外文 | 1956.5（1960年停售） | 17000 | 0.70 |
| 中华人民共和国宪法 | | 外文 | 1956.1 | 4500 | 1.90 |
| 关于中华人民共和国宪法草案的报告、中华人民共和国宪法 | | 外文 | 1956.9 | 2600 | 0.80 |
| 农业生产合作社示范章程 | | 外文 | 1956.0 | 1740 | 0.50 |
| 高级农业生产合作社示范章程 | | 外文 | 1956.9 | 2300 | 0.40 |
| 百花齐放，百家争鸣 | 陆定一 | 外文 | 1956.9 | 2800 | 0.40 |
| 孔雀东南飞 | 邵甄、吴廷璆编，王叔晖绘 | 外文 | 1956.11 | 16350 | 0.40 |
| 敦煌壁画（明信片） | 人民美术出版社 | 外文 | 1956.4 | 8265 | 0.80 |
| 京剧（画册） | | 外文 | 1956 | 24490 | |
| 梅兰芳剧照（又名：梅兰芳的舞台艺术） | 中国戏剧协会 | 外文 | 1956.3 | 16470 | 0.90 |
| 西湖（彩色摄影画片，56开，12张） | 尹福康等摄影 | 上海人民美术 | 1956.12 | | 0.48 |
| 桂林·阳朔（彩色摄影画片，56开，6张） | 敖恩洪、何世尧摄影 | 上海人民美术 | 1956.11 | | 0.24 |
| 富春江（彩色摄影画片，56开，6张） | 敖恩洪摄影 | 上海人民美术 | 1956.11 | | 0.24 |

### 1956 年朝鲜文版书目（6 种）

| 书名 | 作者 | 出版社 | 出版/再版时间 | 印刷/发行册数 | 装帧/定价（元） |
|---|---|---|---|---|---|
| 热爱共产党、热爱毛主席（彩色年画，4 开） | 李慕白 | 上海人民美术 | 1956.1 | | 0.07 |
| 印度来的礼物（彩色年画，对开） | 刘旦宅 | 上海人民美术 | 1956.11 | | 0.13 |
| 我们要爱护公共财物（彩色年画，对开） | 李慕白 | 上海人民美术 | 1956.12 | | 0.13 |
| 我们要注意公共卫生（彩色年画，对开） | 李慕白、金雪尘 | 上海人民美术 | 1956.12 | | 0.13 |
| 一年之计在于春（彩色年画，对开） | 梁玉龙 | 上海人民美术 | 1956.11 | | 0.13 |
| 研究（彩色年画，4 开） | 王永杨 | 上海人民美术 | 1956.12 | | 0.07 |

### 1956 年缅甸文版书目（1 种）

| 书名 | 作者 | 出版社 | 出版/再版时间 | 印刷/发行册数 | 装帧/定价（元） |
|---|---|---|---|---|---|
| 敦煌壁画（明信片） | | 外文 | 1956.10 | 8470 | 0.80 |

### 1956 年多语种对照版书目（25 种）

| 书名 | 作者 | 出版社 | 出版/再版时间 | 印刷/发行册数 | 装帧/定价（元） |
|---|---|---|---|---|---|
| 中国穆斯林的宗教生活（中文、印尼文、英文对照） | 中国伊斯兰教协会 | 民族 | 1956.8 | | 精 3.50 |
| 中国穆斯林的宗教生活（中文、阿拉伯文、英文对照） | 中国伊斯兰教协会 | 民族 | 1956.6 | | 精 3.50 |
| 中国穆斯林的宗教生活（中文、阿拉伯文、法文对照） | 中国伊斯兰教协会 | 民族 | 1956.8 | | 精 3.50 |
| 中国佛教画集（中文、英文对照） | 中国佛教协会 | 民族 | 1956.3 | | 绸面精 10.00<br>纸面精 8.50 |

续表

| 书名 | 作者 | 出版社 | 出版/再版时间 | 印刷/发行册数 | 装帧/定价(元) |
|---|---|---|---|---|---|
| 释迦牟尼佛像集（中文、英文对照） | 中国佛教协会 | 民族 | 1956.5 | | 精 13.00<br>平 8.50 |
| 彩墨画集（二，活页美术画片6张，8开，中文、俄文、英文、法文、德文说明版） | 王个簃等 | 上海人民美术 | 1956.5 | | 1.20 |
| 彩墨画集（一，活页美术画片6张，8开，中文、英文、法文、德文说明版） | 王个簃等 | 上海人民美术 | 1956.5 | | 1.20 |
| 虎跑泉（美术画片，4开，中文、俄文、英文、法文、德文说明版） | 李可染 | 上海人民美术 | 1956.2 | | 0.20 |
| 虎跑泉（美术画片，4开，中文、英文、法文、德文说明版） | 李可染 | 上海人民美术 | 1956.2 | | 0.20 |
| 三潭印月（美术画片，4开，中文、俄文、英文、法文、德文说明版） | 李可染 | 上海人民美术 | 1956.1 | | 0.20 |
| 三潭印月（美术画片，4开，中文、英文、法文、德文说明版） | 李可染 | 上海人民美术 | 1956.1 | | 0.20 |
| 富春江庐茨溪（美术画片，4开，中文、俄文、英文、法文、德文说明版） | 李可染 | 上海人民美术 | 1956.2 | | 0.20 |
| 富春江庐茨溪（美术画片，4开，中文、英文、法文、德文说明版） | 李可染 | 上海人民美术 | 1956.2 | | 0.20 |
| 寒假中的中山公园（美术画片，4开，中文、俄文、英文、法文、德文说明版） | 李可染 | 上海人民美术 | 1956.11 | | 0.20 |
| 寒假中的中山公园（美术画片，4开，中文、英文、法文、德文说明版） | 李可染 | 上海人民美术 | 1956.11 | | 0.20 |

| 书名 | 作者 | 出版社 | 出版/再版时间 | 印刷/发行册数 | 装帧/定价(元) |
|---|---|---|---|---|---|
| 西湖堤畔（美术画片，4 开，中文、俄文、英文、法文、德文说明版） | 张汀 | 上海人民美术 | 1956.1 | | 0.20 |
| 西湖堤畔（美术画片，4 开，中文、英文、法文、德文说明版） | 张汀 | 上海人民美术 | 1956.1 | | 0.20 |
| 灵隐（美术画片，4 开，中文、俄文、英文、法文、德文说明版） | 潘韵 | 上海人民美术 | 1956.1 | | 0.20 |
| 灵隐（美术画片，4 开，中文、英文、法文、德文说明版） | 潘韵 | 上海人民美术 | 1956.1 | | 0.20 |
| 桐庐渡头（美术画片，4 开，中文、俄文、英文、法文、德文说明版） | 罗铭 | 上海人民美术 | 1956.1 | | 0.20 |
| 桐庐渡头（美术画片，4 开，中文、英文、法文、德文说明版） | 罗铭 | 上海人民美术 | 1956.1 | | 0.20 |
| 黄宾虹山水画集（活页美术画片 18 张，4 开，中文、英文对照） | | 上海人民美术 | 1956.5 | | 3.20 |
| 美丽的云南边疆（中文、英文对照） | 解放军画报社 | 解放军画报社 | 1956.11 | | 1.60 |

# 1957 年图书（期刊）对外翻译出版发行活动

本年，民主德国同意中国书刊贸易人员郭毓基、俞秋帆、黄福生常驻柏林，柏林办事处正式对外办公；

本年，外文出版社制定包括从诗经到明清小说的优秀古典文学作品出版规划，计 74 种，其中有《桃花扇》、《长生殿》、《西厢记》、《佛国记》等传统经典；拟定"五四到解放前文学作品向外推荐翻译书目"，列入书目 110 种，其中包括《瞿秋白文选》、《夏衍剧作选》、《阳翰笙剧作选》、《田汉剧作选》，以及巴金、老舍、戴望舒、曹禺、丁西林等作品；

本年，《人民中国》英文版半月刊在 1957 年年底停刊，并开始筹备出版英文版《北京周报》；《人民画报》增出印地文版，这是中国唯一一份用印地语向印度人民宣传的新中国杂志；《人民中国》俄文版半月刊停刊，改为俄文《中苏友好报》代替；《人民画报》芬兰文译稿自本年第 8 期开始，随英文、德文、俄文三种文版发行；

本年，《人民中国》日文版、印尼文版和《北京周报》英文版开始刊登国内各类广告。

1957 年 1 月，《中国建设》出版创刊 5 年纪念专刊，宋庆龄专门撰写"五年以前和现在"一文，周恩来为专刊题词，同时刊登了印度尼西亚总统苏加诺、印度总理尼赫鲁、缅甸反法西斯人民自由同盟主席吴努的题词。

1957 年 2 月 2 日，国际书店向上级机关提出将书刊进出口列入国际间贸易协定，提供政府间协定形式，扩大书刊进出口。外贸部复函文化部："对苏新国家（指苏联以及东欧等社会主义国家——笔者注），书刊贸易如列入协定，则贸易逆差无法解决；对资本主义国家，列入贸易协定将起副作用，对我不利。因此，书刊贸易一般不列入贸易协定"。

1957 年 2 月 9 日，外文出版社上报"关于外文图书出版工作的情况和改进意见"，提出截止到 1956 年年底，累计出版毛泽东、刘少奇等党和国家领导人著作、政治文献、法令、公报，古典和现代文学作品等 7 类书籍，计 511 种，590 万册。但介绍中国基本情况、基本知识和中国文学史的图书甚少。为此，中联部在 3 月份召开外文出版社工作会议，确定外文出版工作要面向亚洲、非洲国家和拉丁美洲各国，根据这些国家的实际需要，系统地介绍有关中国的基本知识和基本情况。

1957 年 2 月 26 日，国际书店参加莱比锡社会主义国家书刊对外贸易机构总经理会议。

1957 年 2 月，民主德国同意中国书刊贸易人员郭毓基、俞秋帆、黄福生常驻柏林，柏林办事处正式对外办公。

1957 年 6 月，国际书店派员参加华沙第二届图书博览会。

1957 年 6 月，英国企鹅出版公司总经理莱恩爵士来访，这是英国最大的一家平装书出版公司，从 1953 年申请来访历时三年半。

1957 年 6 月，外文出版社制定包括从诗经到明清小说的优秀古典文学作品出版规划，计 74 种。其中有《桃花扇》、《长生殿》、《西厢记》、《佛国记》等。

1957 年 6 月 12 日，为保证党的重要文件、文献的译文质量，中央批准成立俄文、英文翻译小组及审定组。

1957 年 7 月，《人民中国》刊登毛泽东的《关于正确处理人民内部矛盾的问题》一文。

1957 年 8 月，确定《人民中国》英文版半月刊在 1957 年年底停刊，并开始筹备出版英文版《北京周报》。

1957 年 8 月，《人民画报》芬兰文译稿自本年第 8 期开始，随英文、德文、俄文三种文版发行，以满足芬兰读者的需要（译稿为打字机油印稿，1963 年改为外文印刷厂印刷，1966 年"文化大革命"开始后译稿暂停。1973 年恢复，1979 年再次停止。《人民画报》芬兰文版一直未能出版）。

1957 年 9 月，《人民画报》增出印地文版，这是中国唯一一份用印地语向印度人民宣传的新中国杂志。

1957 年 9 月 20 日，文化部发出关于国际书店向国外发行报纸、杂志的通知，提出"扩大报纸、杂志出口范围，有利于对外宣传和国际文化交流"，通知规定，凡是国内公开出版的杂志，一般都可以出口，中央一级和直辖市公开出版的报纸原则上可以向国外发行。侨乡报纸可以接受海外华侨订阅。

1957 年 9 月 28 日，针对法兰克福书展当局搞"两个中国"问题，国际书店经理邵公文向联邦德国书商协会主席阿瑟·乔布奇写信抗议，并通知国外有关出版社和书店。

1957 年 10 月，为印尼总统苏加诺拍摄并制作《苏加诺藏画集》3000 册，每册 150 元，这是当时最大一笔海外贸易。

1957 年 10 月，《人民中国》俄文版半月刊停刊，改为俄文《中苏友好报》代替。

1957 年 10 月 15 日，中宣部同意中华全国世界语协会出版世界语《人民中国报道》双月刊和世界语书籍。该刊于 1954 年停刊，此次复刊，作为中华全国世界语协会的机关刊物，于 1957 年 12 月 10 日正式出版。

1957 年 11 月 18 日，外文出版社就《北京周报》的有关问题征求外交部意见，最后确定《北京周报》的内容以研究中国问题的读者为对象，内容着重介绍我国社会主义建设的成就和经验，解释我国政府的重大政策，提供必要的资料和文件，并适当反映我国对国际事务的观点和态度。经陈毅、周恩来总理圈定，确定 1958 年 3 月 1 日创刊，每周出版一次，定名为《北京周报》。

1957 年 12 月，文化部出版局批复外文出版社，同意《人民中国》日文版、印尼文版和《北京周报》英文版刊登国内广告。

本年，外文出版社拟定"五四到解放前文学作品向外推荐翻译书目"，列入书目 110 种，其中包括《瞿秋白文选》、《夏衍剧作选》、《阳翰笙剧作选》、《田汉剧作选》，以及巴金、老舍、戴望舒、曹禺、丁西林等作品。

本年，外文出版社用英文、法文、俄文、西班牙文、印尼文、日文、越南文、泰国文、印地文、德文、世界语、中文 13 种文字出版图书 182 种。其中有毛泽东的《关于正确处理人民内部矛盾的问题》；日文版《中国红军的故事》成为 1957 年畅销书之一；有人民日报编辑部的《再论无产阶级专政的历史经验》、《孙中山纪念文集》、《中国的佛教》、《鲁迅选集》第 2 卷，有茅盾的《子夜》，古典小说《儒林外史》、《关汉卿剧作选》，有《人民中国手册》等图书。以新世界出版社名义出版了新西兰作家路易·艾黎的《从黑夜到黎明》，陈依范《新地》等图书。

本年，捷克阿迪亚公司经理来访，日本大安书房经理小林实弥来访，日本科学书店负责人久保襄来访，印度罗克米拉书店代表来访，意大利三多公司经理来访。

本年，国际书店对外发行外文书籍 33 万册，外文期刊 540 万份。从 1953 年到 1957 年年底，国际书店同 50 多个国家、地区的 370 家同业建立了贸易往来，5 年间对外发行书刊累计 4946 万册。其中，截至 1957 年，

《人民画报》出版 12 种文版，每期发行 26 万份，《人民中国》的英文、法文、日文版每期发行 6 万份，《中国建设》英文版每期发行 5.9 万份，在海外影响较大。

# 1957 年对外发行图书目录

## 1957 年英文版书目（62 种）

| 书名 | 作者 | 出版社 | 出版/再版时间 | 印刷/发行册数 | 装帧/定价(元) |
|---|---|---|---|---|---|
| 关于正确处理人民内部矛盾的问题 | 毛泽东 | 外文 | 1957.11（5 次重印） | 38054 | 0.55 |
| 关于整风运动的报告 | 邓小平 | 外文 | 1957.12 | 4750 | 0.55 |
| 中国共产党第八次全国代表大会文件汇编（第一辑） | | 外文 | 1957.1 | 16740 | 2.80 |
| 再论无产阶级专政的历史经验 | 人民日报编辑部 | 外文 | 1957.2 | 10050 | 0.43 |
| 中国农村的社会主义高潮（选本） | 中央办公厅 | 外文 | 1957.4 | 10140 | 4.30 |
| 中华人民共和国国家统计局关于 1955 年度国民经济计划执行结果的公报 | | 外文 | 1957.2 | 9650 | 0.60 |
| 孙中山纪念文集 | 毛泽东等 | 外文 | 1957.10 | 2700 | 0.80 |
| 人民中国手册 | | 外文 | 1957.4（1960 年停售） | 12900 | 2.50 |
| 中国的佛教 | 赵朴初 | 外文 | 1957.11 | 6380 | 0.70 |
| 百花齐放、百家争鸣 | 陆定一 | 外文 | 1957.3（3 次重印） | 16100 | 0.40 |
| 鲁迅选集（二） | | 外文 | 1957.10（3 次重印） | 22754 | 3.90 |
| 农村散记 | 秦兆阳 | 外文 | 1957.4 | 15290 | 2.20 |

续表

| 书名 | 作者 | 出版社 | 出版/再版时间 | 印刷/发行册数 | 装帧/定价（元） |
|---|---|---|---|---|---|
| 中国古代寓言选（上） | | 外文 | 1957.4 | 15250 | 1.70 |
| 儒林外史 | 吴敬梓 | 外文 | 1957.6 | | 7.50 |
| 子夜 | 茅盾 | 外文 | 1957.12 | 27424 | 5.80 |
| 高干大 | 欧阳山 | 外文 | 1957.5 | 5160 | 2.90 |
| 三千里江山 | 杨朔 | 外文 | 1957.3（2次重印） | 20724 | 2.20 |
| 新地 | 陈依范 | 外文 | 1957.8 | 5180 | 2.90 |
| 独幕剧选（二） | | 外文 | 1957.6 | | 2.00 |
| 中国民间故事选（一） | | 外文 | 1957.11（2次重印） | 19155 | 1.70 |
| 春风普渡玉门关（玉门诗抄） | 李季 | 外文 | 1957.8 | 3300 | 0.50 |
| 从黑暗到黎明 | 路易·艾黎 | 外文 | 1957.12 | 2850 | 2.80 |
| 夜归及其他故事（新中国小说选三） | 艾芜等 | 外文 | 1957 | 6600 | |
| 黎明的河边及其他故事（新中国短篇小说选四） | 峻青等 | 外文 | 1957.8 | 6630 | 1.90 |
| 宋明评话小说选 | | 外文 | 1957.5 | 10660 | 5.50 |
| 老交通及其它故事 | | 外文 | 1957.5 | | 2.40 |
| 海滨的孩子 | 萧平等 | 外文 | 1957.11 | 6120 | 1.50 |
| 阿诗玛 | 云南文艺工作小组整理 | 外文 | 1957.3 | 15250 | 2.20 |
| 十五贯 | 浙江昆苏剧团 | 外文 | 1957.9 | 4400 | 1.10 |
| 京剧 | 路易·艾黎 | 外文 | 1957.8 | 9010 | 3.90 |
| 中国青年的歌舞 | | 外文 | 1957.7（1961年停售） | 17550 | 1.70 |
| 敦煌图案（画片） | 东北美术专科学校 | 外文 | 1957.7 | 10740 | 2.20 |
| 佛国记 | 法显 | 外文 | 1957.2 | 8700 | 0.85 |

| 书名 | 作者 | 出版社 | 出版/<br>再版时间 | 印刷/<br>发行册数 | 装帧/<br>定价(元) |
|---|---|---|---|---|---|
| 三里湾 | 赵树理 | 外文 | 1957.9<br>（2 次重印） | 9600 | 3.20 |
| 白蛇传（京剧） | 田汉 | 外文 | 1957.1 | 4140 | 1.10 |
| 柳荫记（川剧） | 西南川剧院 | 外文 | 1957.1 | 16290 | 1.70 |
| 中国体育 | 中华全国体育总会 | 人民体育 | 1957.4 | | 0.10 |
| | | | 1957.9 | | 0.10 |
| | | | 1957.10 | | 0.10 |
| | | | 1957.12 | | 0.10 |
| 在和平的阳光下（中、英对照） | 中国福利会 | 上海人民美术 | 1957.1 | | 精 2.60 |
| | | | | | 平 1.40 |
| 中国儿童（画册，1957） | 中国保卫儿童委员会 | 外文 | 1957.4 | 8300 | 1.30 |
| 我要读书（连环画） | 徐光玉改编、王绪阳、贲庆余绘 | 外文 | 1957.12<br>（3 次重印） | 37790 | 0.70 |
| 老交通（连环画） | 丁斌 | 外文 | 1957.1 | 53640 | 0.60 |
| 屈原（连环画） | 董子畏编，刘旦宅绘 | 外文 | 1957.4 | 42700 | 0.90 |
| 画皮（彩色连环画） | 程十发编绘 | 外文 | 1957.6 | 11750 | 0.55 |
| 奇怪的旅行（彩色连环画） | 严文井原著，张再学改编，刘继卣绘 | 外文 | 1957.6<br>（2 次重印） | 103030 | 0.80 |
| 药草山（彩色连环画） | 吴奇改编，李天心绘 | 外文 | 1957.8 | 22390 | 0.49 |
| 马头琴（连环画） | 吉志西改编，颜梅华绘 | 外文 | 1957.12<br>（3 次重印） | 43850 | 0.45 |

续表

| 书名 | 作者 | 出版社 | 出版/再版时间 | 印刷/发行册数 | 装帧/定价（元） |
|---|---|---|---|---|---|
| 李龙打鹿（连环画） | 冯若梅改编，颜梅华绘 | 外文 | 1957.12 | 6200 | 0.34 |
| 庐山风景（明信片，12张） | 上海人民美术出版社 | 上海人民美术 | 1957.1 | | 0.60 |
| 采茶扑蝶（明信片，8张） | 上海人民美术出版社 | 上海人民美术 | 1957.1 | | 0.32 |
| 雁荡山（明信片，6张） | 熬恩洪摄影 | 上海人民美术 | 1957.1 | | 0.24 |
| 梁山伯与祝英台（明信片，16张） | 吴宝基摄影 | 上海人民美术 | 1957.3 | | 0.64 |
| 大闹天宫（明信片，6张） | 上海人民美术出版社 | 上海人民美术 | 1957.3 | | 0.24 |
| 上海市游览图 | 蔡振华绘 | 上海人民美术 | 1957.4 | | 0.30 |
| 佛教的友谊（中英文对照） | 中国佛教协会 | 民族 | 1957.6 | | 精8.50<br>平7.50 |
| 中国佛教画集（中英文对照） | 民族出版社 | 民族 | 1957.4 | | 8.50 |
| 今日的内蒙古（中英文对照） | 民族出版社 | 民族 | 1957.4 | | 布面精装7.00<br>纸面精装5.50 |

## 1957 年法文版书目（32 种）

| 书名 | 作者 | 出版社 | 出版/再版时间 | 印刷/发行册数 | 装帧/定价（元） |
|---|---|---|---|---|---|
| 论反对帝国主义的策略 | 毛泽东 | 外文 | 1957.5（8次重印） | 156927 | 0.46 |
| 中国共产党在抗日时期的任务 | 毛泽东 | 外文 | 1957.5（6次重印） | 160959 | 0.42 |

续表

| 书名 | 作者 | 出版社 | 出版/<br>再版时间 | 印刷/<br>发行册数 | 装帧/<br>定价（元） |
|---|---|---|---|---|---|
| 实践论 | 毛泽东 | 外文 | 1957.5<br>（9 次重印） | 166059 | 0.30 |
| 矛盾论 | 毛泽东 | 外文 | 1957.5<br>（9 次重印） | 120704 | 0.60 |
| 关于知识分子的问题 | 周恩来 | 外文 | 1957.4 | 2100 | 0.48 |
| 中国共产党第八次全国代表<br>大会文件汇编（第二集） | | 外文 | 1957.1 | 3800 | 3.00 |
| 中国共产党第八次全国代表<br>大会文件汇编（第三集） | | 外文 | 1957.2 | 4250 | 2.50 |
| 中华人民共和国重要劳动法<br>令汇编 | | 外文 | 1957.3 | 4000 | 0.75 |
| 百花齐放、百家争鸣 | 陆定一 | 外文 | 1957.4 | 2300 | 0.40 |
| 李有才板话 | 赵树理 | 外文 | 1957.12 | 2800 | 2.00 |
| 夜归及其他故事（中国短篇<br>小说选） | 艾芜等 | 外文 | 1957 | 3030 | |
| 农村散记 | 秦兆阳 | 外文 | 1957.5 | 5350 | 2.40 |
| 海滨的孩子 | 萧平等 | 外文 | 1957.12 | 3200 | 1.70 |
| 阿诗玛 | 云南文艺<br>工作小组<br>整理 | 外文 | 1957.3 | 5750 | 2.20 |
| 老交通及其他故事 | | 外文 | 1957.9 | | 2.90 |
| 北京 | 胡嘉 | 外文 | 1957.4 | 4650 | 2.40 |
| 敦煌图案（图片） | | 外文 | 1957.6 | | 2.20 |
| 京剧 | 路易·<br>艾黎 | 新世界 | 1957.11 | 3500 | 3.90 |
| 中国青年的歌舞（画册） | | 外文 | 1957.7<br>（1961 年停售） | 3000 | 1.70 |
| 中国儿童（画册，1957） | 中国保<br>卫儿童<br>委员会 | 外文 | 1957.4 | 4850 | 1.30 |

续表

| 书名 | 作者 | 出版社 | 出版/再版时间 | 印刷/发行册数 | 装帧/定价(元) |
|---|---|---|---|---|---|
| 我要读书（连环画） | 徐光玉改编，王绪阳、贲庆余绘 | 外文 | 1957.12（3次重印） | 26810 | 0.70 |
| 老交通（连环画） | 丁斌曾 | 外文 | 1957.1 | 7900 | 0.60 |
| 屈原（连环画） | 董子畏编，刘旦宅绘 | 外文 | 1957.1 | 4310 | 0.90 |
| 奇怪的旅行（彩色连环画） | 严文井原著，张再学改编，刘继卣绘 | 外文 | 1957.10 | 5300 | 0.80 |
| 药草山（彩色连环画） | 吴奇改编，李天心绘 | 外文 | 1957.8 | 8790 | 0.49 |
| 马头琴（彩色连环画） | 吉志西改编，颜梅华绘 | 外文 | 1957.12（3次重印） | 30370 | 0.45 |
| 李龙打鹿（连环画） | 冯若梅改编，颜梅华绘 | 外文 | 1957.12 | 2280 | 0.34 |
| 庐山风景（明信片，12张） | 上海人民美术出版社 | 上海人民美术 | 1957.5 | | 0.60 |
| 采茶扑蝶（明信片，8张） | 上海人民美术出版社 | 上海人民美术 | 1957.1 | | 0.32 |
| 雁荡山（明信片，6张） | 熬恩洪摄影 | 上海人民美术 | 1957.5 | | 0.24 |
| 太湖（明信片，6张） | 熬恩洪摄影 | 上海人民美术 | 1957.5 | | 0.24 |
| 北京游览图 | 地图出版社绘 | 地图 | 1957.4 | | 0.30 |

## 1957 年俄文版书目（23 种）

| 书名 | 作者 | 出版社 | 出版/再版时间 | 印刷/发行册数 | 装帧/定价(元) |
|---|---|---|---|---|---|
| 关于正确处理人民内部矛盾的问题 | 毛泽东 | 外文 | 1957.11（5 次重印） | 32095 | 0.60 |
| 关于整风运动的报告 | 邓小平 | 外文 | 1957.12 | 12000 | 0.55 |
| 中国共产党第八次全国代表大会文件汇编（第三集） |  | 外文 | 1957.1 | 5200 | 2.50 |
| 雪峰寓言 | 冯雪峰 | 外文 | 1957.7 | 2560 | 2.20 |
| 北京 |  | 外文 | 1957.7 |  | 2.10 |
| 敦煌图案（画片） | 东北美术专科学校 | 外文 | 1957.6 | 1710 | 0.80 |
| 中国青年的歌舞（画册） |  | 外文 | 1957.7（1961 年停售） | 11630 | 1.70 |
| 中国儿童（画册） | 中国保卫儿童委员会 | 外文 | 1957.4 | 8300 | 1.30 |
| 巧媳妇（连环画） | 熊塞声、余金编，陈缘督绘 | 外文 | 1957.7（1961 年停售） | 63740 | 0.40 |
| 孔雀东南飞（连环画） | 邵甄、吴廷琯编，王叔晖绘 | 外文 | 1957.7（3 次重印） | 38180 | 0.40 |
| 东郭先生（连环画） | 董聚贤、徐淦编，刘继卣绘 | 外文 | 1957.8（2 次重印） | 49190 | 0.80 |
| 鸡毛信（连环画） | 华山著，刘继卣绘 | 外文 | 1957.8 | 42090 | 1.30 |
| 奇怪的旅行（彩色连环画） | 严文井原著，张再学改编，刘继卣绘 | 外文 | 1957.11 | 58550 | 0.80 |

续表

| 书名 | 作者 | 出版社 | 出版/再版时间 | 印刷/发行册数 | 装帧/定价（元） |
|---|---|---|---|---|---|
| 药草山（彩色连环画） | 吴奇改编，李天心绘 | 外文 | 1957.12 | 104660 | 0.49 |
| 庐山风景（明信片，12张） | 上海人民美术出版社 | 上海人民美术 | 1957.1 | | 0.60 |
| 采茶扑蝶（明信片，8张） | 上海人民美术出版社 | 上海人民美术 | 1957.1 | | 0.32 |
| 大闹天宫（明信片，6张） | 上海人民美术出版社 | 上海人民美术 | 1957.3 | | 0.24 |
| 梁山伯与祝英台（明信片，16张） | 吴宝基摄影 | 上海人民美术 | 1957.3 | | 0.64 |
| 雁荡山（明信片，6张） | 敖恩洪摄影 | 上海人民美术 | 1957.5 | | 0.24 |
| 今日的内蒙古（中、俄文对照） | 民族出版社 | 民族 | 1957.5 | | 布面精装 7.00<br>纸面精装 5.50 |
| 在和平的阳光下（中、俄文对照） | 中国福利会 | 上海人民美术 | 1957.1 | | 1.40 |
| 北京游览图 | 地图出版社绘 | 地图 | 1957.4 | | 0.30 |

## 1957年德文版书目（20种）

| 书名 | 作者 | 出版社 | 出版/再版时间 | 印刷/发行册数 | 装帧/定价（元） |
|---|---|---|---|---|---|
| 关于正确处理人民内部矛盾的问题 | 毛泽东 | 外文 | 1957.12（3次重印） | 9570 | 0.60 |
| 中国共产党第七届中央委员会第六次全体会议（扩大）关于农业合作化问题的决议 | | 外文 | 1957.7 | 1120 | 0.38 |

| 书名 | 作者 | 出版社 | 出版/<br>再版时间 | 印刷/<br>发行册数 | 装帧/<br>定价(元) |
|---|---|---|---|---|---|
| 中国共产党第八次全国代表大会文件汇编（第二辑） | | 外文 | 1957.1 | 7100 | 3.00 |
| 中国共产党第八次全国代表大会文件汇编（第三辑） | | 外文 | 1957.2 | 6400 | 2.50 |
| 百花齐放、百家争鸣 | 陆定一 | 外文 | 1957.4 | 1250 | 0.40 |
| 农村散记 | 秦兆阳 | 外文 | 1957.8 | | 2.60 |
| 中国古代寓言选（上） | | 外文 | 1957.12 | 2750 | 1.60 |
| 中国青年的歌舞 | | 外文 | 1957.7 | | 1.70 |
| 敦煌图案（画片） | 东北美术专科学校 | 外文 | 1957.7 | 1980 | 2.20 |
| 京剧 | 路易·艾黎 | 新世界 | 1957.10 | 2290 | 3.90 |
| 北京 | 胡嘉 | 外文 | 1957.11 | 2800 | 2.30 |
| 画皮（彩色连环画） | 程十发编绘 | 外文 | 1957.6 | 4970 | 0.55 |
| 奇怪的旅行（彩色连环画） | 严文井原著，张再学改编 | 外文 | 1957.6（2次重印） | 5410 | 0.80 |
| 药草山（彩色连环画） | 吴奇改编，李天心绘 | 外文 | 1957.10 | 3290 | 0.49 |
| 采茶扑蝶（明信片，8 张） | 上海人民美术出版社 | 上海人民美术 | 1957.1 | | 0.32 |
| 雁荡山（明信片，6 张） | 熬恩洪摄影 | 上海人民美术 | 1957.1 | | 0.24 |
| 太湖（明信片，6 张） | 熬恩洪摄影 | 上海人民美术 | 1957.4 | | 0.24 |
| 梁山伯与祝英台（明信片，16 张） | 吴宝基摄影 | 上海人民美术 | 1957.3 | | 0.64 |
| 大闹天宫（明信片，6 张） | 上海人民美术出版社 | 上海人民美术 | 1957.7 | | 0.24 |
| 北京游览图 | 地图出版社绘制 | 地图 | 1957.4 | | 0.30 |

## 1957 年越南文版书目（21 种）

| 书名 | 作者 | 出版社 | 出版/<br>再版时间 | 印刷/<br>发行册数 | 装帧/<br>定价(元) |
|---|---|---|---|---|---|
| 关心群众生活，注意工作方法 | 毛泽东 | 外文 | 1957.5<br>（2 次重印） | 12060 | 0.20 |
| 统一战线中的独立自主问题 | 毛泽东 | 外文 | 1957.2<br>（3 次重印） | 80633 | 0.19 |
| 论政策 | 毛泽东 | 外文 | 1957.2<br>（3 次重印） | 56383 | 0.20 |
| 关于领导方法的若干问题 | 毛泽东 | 外文 | 1957.4<br>（3 次重印） | 61123 | 0.19 |
| 《农村调查》的序言和跋 | 毛泽东 | 外文 | 1957.2<br>（3 次重印） | 59383 | 0.16 |
| 关于发展国民经济的第一个五年计划的报告 | 李富春 | 外文 | 1957.3 | 5640 | 1.50 |
| 再论无产阶级专政的历史经验 | 人民日报编辑部 | 外文 | 1957.5 | 5760 | 0.42 |
| 中国共产党第七届中央委员会第六次全体会议（扩大）关于农业合作化问题的决议 | | 外文 | 1957.2 | | 0.40 |
| 中国共产党章程、关于修改党章的报告 | 邓小平 | 外文 | 1957.2 | 12300 | 0.70 |
| 中国共产党中央委员会第八次全国代表大会的政治报告、第八次全国代表大会关于政治报告的决议 | 刘少奇 | 外文 | 1957.2 | | 0.80 |
| 中国共产党第八次全国代表大会关于发展国民经济的第二个五年计划（1958—1962）的建议、关于关于发展第二个五年计划建议的报告 | 周恩来 | 外文 | 1957.3 | 7300 | 0.75 |
| 中国共产党第八次全国代表大会文件汇编（第一辑） | | 外文 | 1957.6 | 4180 | 2.70 |

续表

| 书名 | 作者 | 出版社 | 出版/再版时间 | 印刷/发行册数 | 装帧/定价（元） |
|---|---|---|---|---|---|
| 中国共产党第八次全国代表大会文件汇编（第二辑） | | 外文 | 1957.8 | 3280 | 2.90 |
| 我要读书（连环画） | 徐光玉改编、王绪阳、贲庆余绘 | 外文 | 1957.12 | 5220 | 0.70 |
| 鸡毛信（连环画） | 华山著，刘继卣绘 | 外文 | 1957.3 | 4800 | 1.30 |
| 药草山（彩色连环画） | 吴奇改编，李天心绘 | 外文 | 1957.8 | 6720 | 0.49 |
| 巧媳妇（连环画） | 熊塞声、余金编，陈缘督绘 | 外文 | 1957.10（1961 年停售） | 5340 | 0.40 |
| 李龙打鹿（连环画） | 冯若梅改编，颜梅华绘 | 外文 | 1957.12 | 10270 | 0.34 |
| 马头琴（彩色连环画） | 吉志西改编，颜梅华绘 | 外文 | 1957.12 | 5480 | 0.45 |
| 北京 | 胡嘉 | 外文 | 1957 | 3550 | |
| 破晓之前 | 柯兰、赵自 | 外文 | 1957 | 5260 | |

## 1957 年印尼文版书目（26 种）

| 书名 | 作者 | 出版社 | 出版/再版时间 | 印刷/发行册数 | 装帧/定价（元） |
|---|---|---|---|---|---|
| 中国共产党在抗日时期的任务 | 毛泽东 | 外文 | 1957.6 | 6900 | 0.42 |
| 反对日本进攻的方针、办法和前途 | 毛泽东 | 外文 | 1957.9（2 次重印） | 16748 | 0.24 |
| 《农村调查》的序言和跋 | 毛泽东 | 外文 | 1957.6（2 次重印） | 13518 | 0.19 |

续表

| 书名 | 作者 | 出版社 | 出版/再版时间 | 印刷/发行册数 | 装帧/定价(元) |
|---|---|---|---|---|---|
| 再论无产阶级专政的历史经验 | 人民日报编辑部 | 外文 | 1957.4 | 5500 | 0.45 |
| 中国共产党第八次全国代表大会文件汇编（第一辑） | | 外文 | 1957.4 | 3870 | 2.80 |
| 中国共产党第八次全国代表大会文件汇编（第二辑） | | 外文 | 1957.2 | 6500 | 3.00 |
| 中国共产党第八次全国代表大会文件汇编（第三辑） | | 外文 | 1957.2 | 4900 | 2.50 |
| 宋庆龄访问印度尼西亚的演讲集 | | 外文 | 1957.8 | 5460 | 0.60 |
| 苏加诺总统在中国的演讲集 | | 外文 | 1957.1（1960年停售） | 15532 | 2.50 |
| 李有才板话 | 赵树理 | 外文 | 1957.2 | 2750 | 1.80 |
| 雪峰寓言 | 冯雪峰 | 外文 | 1957.7（1959年停售） | 5740 | 2.10 |
| 新的家及其他故事（新中国短篇小说选二） | 艾芜等 | 外文 | 1957.12 | 3470 | 1.70 |
| 王贵与李香香（诗歌） | 李季 | 外文 | 1957.2 | 5620 | 0.55 |
| 敦煌图案（图片） | 东北美术专科学校 | 外文 | 1957.7 | 6150 | 2.20 |
| 北京 | 胡嘉 | 外文 | 1957.12 | 2570 | 2.50 |
| 老交通（连环画） | 丁斌曾 | 外文 | 1957.2 | 10690 | 0.60 |
| 屈原（连环画） | 董子畏编，刘旦宅绘 | 外文 | 1957.5 | 16420 | 0.90 |
| 奇怪的旅行（彩色连环画） | 严文井原著，张再学改编，刘继卣绘 | 外文 | 1957.6 | 10740 | 0.80 |
| 渡江侦察记（连环画） | 章程改编，顾炳鑫绘 | 外文 | 1957.6 | 10730 | 1.00 |

续表

| 书名 | 作者 | 出版社 | 出版/再版时间 | 印刷/发行册数 | 装帧/定价(元) |
|---|---|---|---|---|---|
| 药草山（连环画） | 吴奇改编，李天心绘 | 外文 | 1957.8 | 9960 | 0.49 |
| 李龙打鹿（连环画） | 冯若梅改编，颜梅华绘 | 外文 | 1957.12 | 5400 | 0.34 |
| 马头琴（彩色连环画） | 吉志西改编，颜梅华绘 | 外文 | 1957.12 | 11470 | 0.45 |
| 采茶扑蝶（明信片，8 张） | 上海人民美术出版社 | 上海人民美术 | 1957.1 | | 0.32 |
| 雁荡山（明信片，6 张） | 敖恩洪摄影 | 上海人民美术 | 1957.1 | | 0.24 |
| 梁山伯与祝英台（明信片，16 张） | 吴宝基摄影 | 上海人民美术 | 1957.3 | | 0.64 |
| 大闹天宫（明信片，6 张） | 上海人民美术出版社 | 上海人民美术 | 1957.7 | | 0.24 |

## 1957 年西班牙文版书目（15 种）

| 书名 | 作者 | 出版社 | 出版/再版时间 | 印刷/发行册数 | 装帧/定价(元) |
|---|---|---|---|---|---|
| 湖南农民运动考察报告 | 毛泽东 | 外文 | 1957.7（5 次重印） | 90390 | 0.60 |
| 论反对帝国主义的策略 | 毛泽东 | 外文 | 1957.8（8 次重印） | 105164 | 0.50 |
| 《共产党人》发刊词 | 毛泽东 | 外文 | 1957.7（7 次重印） | 103305 | 0.25 |
| 关于正确处理人民内部矛盾的问题 | 毛泽东 | 外文 | 1957.12（4 次重印） | 49535 | 0.60 |
| 学习和时局（附：关于若干历史问题的决议） | 毛泽东 | 外文 | 1957（5 次重印） | 78967 | |

| 书名 | 作者 | 出版社 | 出版/再版时间 | 印刷/发行册数 | 装帧/定价(元) |
|---|---|---|---|---|---|
| 中国共产党中央委员会向第八次全国代表大会的政治报告 | 刘少奇 | 外文 | 1957 | 6800 | |
| 中国共产党的三十年 | 胡乔木 | 外文 | 1957.12 | 5500 | 0.95 |
| 中国共产党第八次全国代表大会关于发展国民经济的第二个五年计划（1958—1962）的建议、关于发展国民经济第二个五年计划建议的报告 | 周恩来 | 外文 | 1957.1 | 5600 | 1.00 |
| 中国共产党章程、关于修改党章的报告 | 邓小平 | 外文 | 1957 | 3400 | |
| 中国共产党第八次全国代表大会文件汇编（第一辑） | | 外文 | 1957.1 | 1500 | 0.80 |
| 京剧 | 路易·艾黎著 | 新世界 | 1957.11 | 2300 | 3.80 |
| 童工（连环画） | 高玉宝原著,徐光玉改编,王绪阳等绘 | 外文 | 1957.1（2次重印） | 6030 | 0.90 |
| 我要读书（连环画） | 徐光玉改编,王绪阳、贲庆余绘 | 外文 | 1957.12（2次重印） | 2910 | 0.70 |
| 东郭先生（连环画） | 董聚贤、徐滦编,刘继卣绘 | 外文 | 1957.1 | 4480 | 0.80 |
| 孔雀东南飞（连环画） | 邵甄、吴廷瑄编,王叔晖绘 | 外文 | 1957.10 | 2200 | 0.40 |

### 1957 年日文版书目（10 种）

| 书名 | 作者 | 出版社 | 出版/再版时间 | 印刷/发行册数 | 装帧/定价(元) |
|---|---|---|---|---|---|
| 再论无产阶级专政的历史经验 | 人民日报编辑部 | 外文 | 1957.2 | 3150 | 0.46 |
| 米高扬同志在中国共产党第八次代表大会上的致词 | | 外文 | 1957.1 | | 0.40 |
| 中国共产党第八次全国代表大会文件汇编（第一辑） | | 外文 | 1957.2 | 4470 | 3.30 |
| 中国共产党第八次全国代表大会文件汇编（第二辑） | | 外文 | 1957.1 | 5900 | 3.80 |
| 人道与宽恕 | | 外文 | 1957.8 | 6500 | 2.00 |
| 中国青年的歌舞 | | 外文 | 1957.7（1961 年停售） | 3400 | 1.70 |
| 白母鸡的故事（连环画） | 王流秋编绘 | 外文 | 1957.3（1959 年停售） | 9090 | 0.50 |
| 东郭先生（连环画） | 董聚贤、徐涤编，刘继卣绘 | 外文 | 1957.1 | 8740 | 0.80 |
| 西湖（明信片，12 张） | 尹福康等摄影 | 外文 | 1957.1 | | 0.80 |
| 北京游览图 | 地图出版社绘制 | 地图 | 1957.4 | | 0.30 |

### 1957 年泰文版书目（7 种）

| 书名 | 作者 | 出版社 | 出版/再版时间 | 印刷/发行册数 | 装帧/定价(元) |
|---|---|---|---|---|---|
| 中国佛教画集（中泰文对照） | 中国佛教协会编辑 | 民族 | 1957.4 | | 8.50 |
| 民间故事选（一） | | 外文 | 1957.4 | 2140 | 1.90 |
| 屈原（连环画） | 董子畏编，刘旦宅绘 | 外文 | 1957.10 | 1600 | 0.90 |

续表

| 书名 | 作者 | 出版社 | 出版/再版时间 | 印刷/发行册数 | 装帧/定价（元） |
|---|---|---|---|---|---|
| 孔雀东南飞（连环画） | 邵甄、吴廷瑄编，王叔晖绘 | 外文 | 1957.9 | 4320 | 0.40 |
| 巧媳妇（连环画） | 熊塞声、余金编，陈缘督绘 | 外文 | 1957.10 | 3150 | 0.40 |
| 李龙打鹿（连环画） | 冯若梅改编，颜梅华绘 | 外文 | 1957.12 | 3110 | 0.34 |
| 马头琴（连环画） | 吉志西改编，颜梅华绘 | 外文 | 1957.12 | 3430 | 0.45 |

## 1957 年缅甸文版书目（13 种）

| 书名 | 作者 | 出版社 | 出版/再版时间 | 印刷/发行册数 | 装帧/定价（元） |
|---|---|---|---|---|---|
| 中国古代寓言选（上） | | 外文 | 1957.12 | 4340 | 1.80 |
| 中国民间故事选（一） | | 外文 | 1957.12 | 2190 | 1.80 |
| 童工（连环画） | 高玉宝原著，徐光玉改编，王绪阳等绘 | 外文 | 1957.1 | 5320 | 0.90 |
| 我要读书（连环画） | 徐光玉改编，王绪阳、贲庆余绘 | 外文 | 1957.12 | 1690 | 0.70 |
| 鸡毛信（连环画） | 华山著，刘继卣绘 | 外文 | 1957.6 | 5320 | 1.30 |
| 屈原（连环画） | 董子畏编，刘旦宅绘 | 外文 | 1957.11 | 5280 | 0.90 |
| 孔雀东南飞（连环画） | 邵甄、吴廷瑄编，王叔晖绘 | 外文 | 1957.3 | 8350 | 0.40 |

续表

| 书名 | 作者 | 出版社 | 出版/<br>再版时间 | 印刷/<br>发行册数 | 装帧/<br>定价(元) |
|---|---|---|---|---|---|
| 巧媳妇（连环画） | 熊塞声、余金编，陈缘督绘 | 外文 | 1957.6<br>（1961 年停售） | 5440 | 0.40 |
| 东郭先生（连环画） | 董聚贤、徐涤编，刘继卤绘 | 外文 | 1957.7 | 5320 | 0.80 |
| 画皮（连环画） | 程十发编绘 | 外文 | 1957.6 | 5340 | 0.55 |
| 药草山（连环画） | 吴奇改编，李天心绘 | 外文 | 1957.9 | 5340 | 0.49 |
| 奇怪的旅行（连环画） | 严文井原著，张再学改编，刘继卤绘 | 外文 | 1957.9 | 5340 | 0.80 |
| 马头琴（连环画） | 吉志西改编，颜梅华绘 | 外文 | 1957.12 | 1800 | 0.45 |

## 1957 年印地文版书目（2 种）

| 书名 | 作者 | 出版社 | 出版/<br>再版时间 | 印刷/<br>发行册数 | 装帧/<br>定价(元) |
|---|---|---|---|---|---|
| 画皮（连环画） | 程十发编绘 | 外文 | 1957.6 | 62180 | 0.55 |
| 药草山（连环画） | 吴奇改编，李天心绘 | 外文 | 1957.9 | 4340 | 0.49 |

## 1957 年多语种对照版书目（6 种）

| 书名 | 作者 | 出版社 | 出版/再版时间 | 印刷/发行册数 | 装帧/定价(元) |
|---|---|---|---|---|---|
| 菊花（俄文、德文、中文对照） | 蒋齐生、熬恩洪摄 | 上海人民美术 | 1957.8 | | 0.48 |
| 上海的工人新村（俄文、英文、中文对照） | 朱文良等摄影、中国人民对外友协会上海分会编辑 | 上海人民美术 | 1957.9 | | 0.70 |
| 前进中的中国穆斯林（阿拉伯文、印尼文、中文对照） | | 民族 | 1957.8 | | 布面精装 6.50 |
| | | | | | 纸面精装 5.50 |
| 前进中的中国穆斯林（阿拉伯文、中文对照） | | 民族 | 1957.8 | | 布面精装 6.50 |
| | | | | | 纸面精装 5.50 |
| 布吉勒历 1377 年（阿拉伯文，4 开） | 甘肃省民族事务委员会 | 甘肃民族 | 1957.6 | | 0.05 |
| 天津（中文、俄文、英文对照，摄影集） | 天津美术出版社 | 天津美术 | 1957.11 | | 精 3.80 |
| | | | | | 平 2.50 |

# 1958 年图书（期刊）对外翻译出版发行活动

本年，日本岸信介政府坚持反华政策，中日贸易全面停顿；阿联（埃及和叙利亚部分）扣留国际书店寄出的 3000 本《毛泽东同志论帝国主义和一切反动派都是纸老虎》图书；黎巴嫩主要同业法拉比书店大量订货后又大量退货，黎巴嫩在本年度禁止《人民中国》进口，印度尼西亚两家华侨书店受到当局压力，也暂停中国书刊进口；

本年，《人民中国》增出印尼文版、阿拉伯文版、缅甸文版、法文版；

本年，《人民中国》日文版刊登的日本战犯忏悔录原稿，提供给日本东京光文社，以《三光》书名出版，出版后轰动日本，在两个月内即销售 20 万册。这是《人民中国》日文版第一次与日本同行合作出版图书。

1958 年 1 月，《人民中国》增出印尼文版。

1958 年 1 月 12 日，毛泽东诗词十九首公开发表，英文版《中国文学》第 3 期全文刊登译稿。

1958 年年初，《人民中国报道》拟定本年的发行方针、办法、建议：积极主动地对所有资本主义国家推广，特别是那些目前对我国对外宣传薄弱地区，南北美洲、北欧等地区。

1958 年 1 月，《中国文学》第 1 期刊登中国作协党组书记邵荃麟的"文艺界两条路线的大斗争"。《中国文学》3 期刊登周扬撰写的"文艺战线的一场大辩论"一文。

1958 年 3 月 4 日，《北京周报》英文版创刊号出版。这是新中国成立后我国出版的第一本外文时事政治性周刊。每周一出版，航空发行世界各地。郭沫若为《北京周报》题写中文刊名。

1958 年 5 月，英国科列茨书店经理罗素再次来访，商定扩大出口并调整书刊代销条件。

1958 年 8 月，越南书刊进出口公司致函国际书店，希望中国新华书店在越南国庆期间展出越南图书。

1958 年 8 月，《人民画报》增出阿拉伯文版。这是中国与埃及建交后第一份向阿拉伯人民介绍中国的刊物。

1958 年 8 月，《人民画报》增出缅甸文版，1959 年 6 月停刊。

1958 年 8 月 15 日，日本岸信介政府坚持反华政策，中日贸易全面停顿。关于书刊贸易，新成立的国务院外办指示："可与一般贸易有所不同，争取多去（出口），控制少来（进口）。对日书刊发行作为对外文化活动、对日开展民间外交的组成部分。"

1958 年 8 月 26 日，外文出版社外籍专家和外籍工作人员有 33 人。

1958 年 8 月 27 日，《人民画报》经中联部批准改为半月刊。10 月 9 日对外文委向国务院外办提出的报告中写道：从 1953 年起，除用汉、蒙、藏、维吾尔、朝鲜等国内各民族文字出版以外，现有俄、英、法、德、日、越、印地、印尼、西班牙、阿拉伯、缅甸等 11 种文字出版，每期国内外各种文字版共发行 45 万份，其中 30 万份发行到国外，发行范围有 126 个国家、地区（主要是苏联、亚非和拉丁美洲地区），是我国目前对外宣传刊物中文字版本最多，发行量最大的一个刊物。

1958 年 9 月，因法兰克福展览当局保证中华人民共和国为唯一合法政府，因此再次派员参加本年联邦德国法兰克福书展。

1958 年 10 月，《人民中国》增出法文版。

1958 年 10 月，阿联（埃及和叙利亚部分）扣留国际书店寄出的 3000 本《毛泽东同志论帝国主义和一切反动派都是纸老虎》图书。同时有关书店被阿联当局查封。对外文委领导认为发货量过大招致对方打击，因而批评书店领导"头脑过热"，责令收缩供应。

1958 年 10 月，以茅盾周扬为首的中国作家代表团出席了在苏联塔什干举行的亚洲作家会议，茅盾、周扬分别在会上发言。

1958 年 10 月，国际书店派员参加华沙召开的社会主与国家报刊推广发行会议。

1958 年 10—11 月，国际书店派员访问埃及民族出版公司，顺访叙利亚、伊拉克、印度、缅甸等同业。

1958 年 11 月 1 日，经廖承志批准，在香港成立外文书店（和平书店），主要在当地经销中国出版的外文书刊和苏联进口书刊。

1958 年 11 月 25 日，国际书店派员随中国文化工作访问团出访印度尼西亚。

1958 年 11 月 27 日，外文出版社向中宣部请示刘少奇《论党》英译本再版问题。报告中提出：外文出版社 1950 年出版《论党》英文版之后，至今已重印 5 次，发行 3.7 万册，销往亚洲、非洲、欧、美、澳洲等许多国家。

1958 年 11 月，宋庆龄为《中国建设》撰文"光辉的时代、光辉的人民"一文，介绍视察国棉十七厂和六一人民公社，全文刊发在 1959 年第 1 期《中国建设》。

1958 年 11 月，廖承志指示《人民中国》日文版刊登的日本战犯忏悔录原稿，提供给日本东京光文社，以《三光》书名出版，出版后轰动日本，在两个月内即销售 20 万册。这是《人民中国》日文版第一次与日本同行合作出版图书。

1958 年 12 月，毛泽东在武汉看到《中国建设》杂志时，对柯庆施说，《中国建设》用事实说话，对外宣传就应该这样。柯庆施将毛主席的话转述给宋庆龄，宋庆龄委托编委会主任金仲华传达编辑部全体人员。

1958 年年底，中央外事小组下达 1959 年对外宣传工作的中心任务是：以庆祝我国建国 10 周年为纲，调动一切力量和利用各种形式，系统、恰当地宣传新中国成立 10 年来的伟大成就和社会主义建设的全面"大跃进"；反复宣传"东风压倒西风"和毛泽东的"帝国主义和一切反动派都是纸老虎"的战略思想；继续揭露和打击帝国主义制造"两个中国"的阴谋。国际书店也提出"苦战三年，出口遍世界，进口成权威"的口号。

本年，《中国文学》为配合国际政治斗争，增出政治文件附册。

本年，外文出版社用英文、法文、西班牙文、俄文、印尼文、日文、越南文、缅甸文、印地文、乌尔都文、德文、荷兰文、阿拉伯文、古加拉特文、中文等 15 种文字出版 384 种图书。其中有《毛泽东论帝国主义和一切反动派都是纸老虎》、《中国农业合作化的道路》、《简明中国历史》、《汉魏六朝小说选》、《中国古代短篇小说选》等，有郭沫若的《女神》，曹禺的《雷雨》，杜鹏程的《保卫延安》，摄影画册《中国一瞥》，连环画《天仙配》、《西厢记》等。

1958 年，国际书店对外发行外文书籍 92 万册，外文期刊 493 万份。对外业务在阿拉伯地区、拉美地区有较大增长。对印度的发行量增长 94.5%，对缅甸的增长 149.3%。与此同时，导致对外发行开始出现大幅度起落的不稳定迹象。阿联当局扣押中国书刊，限制书刊进口，黎巴嫩主要同业法拉比书店大量订货后又大量退货，黎巴嫩本年度禁止《人民中国》进口，印度尼西亚两家华侨书店受到当局压力，暂停中国书刊进口。

# 1958 年对外发行图书目录

## 1958 年英文版书目（99 种）

| 书名 | 作者 | 出版社 | 出版/再版时间 | 印刷/发行册数 | 装帧/定价（元） |
|---|---|---|---|---|---|
| 毛泽东论帝国主义和一切反动派都是纸老虎 | 毛泽东 | 外文 | 1958.11 | 43840 | 0.32 |
| 毛泽东论帝国主义和一切反动派都是纸老虎（扩大本） | 毛泽东 | 外文 | 1958.12 | 8000 | |
| 现代修正主义必须批判 | | 外文 | 1958.7 | 15405 | 0.75 |
| 目前国际形势 | | 外文 | 1958.9 | 9360 | 0.60 |
| 反对美国霸占台湾、制造两个中国的阴谋 | 中国人民外交学会 | 外文 | 1958.9 | 18730 | 1.20 |
| 反对美国在台湾海峡地区的军事挑衅 | 中国人民外交学会 | 外文 | 1958.9 | 20330 | 0.60 |
| 支持阿拉伯人民争取民族独立的斗争（文件选编） | 中国人民外交学会 | 外文 | 1958.8 | 4680 | 1.80 |
| 支援阿拉伯弟兄的呼声 | 茅盾等 | 外文 | 1958.8 | 6480 | 0.80 |
| 中国共产党第八次全国代表大会第二次会议文件集 | | 外文 | 1958.6 | 40580 | 0.90 |
| 中国共产党第八次全国代表大会第六次全体会议文件集 | | 外文 | 1958.12 | 20000 | |
| 中国工会第八次全国代表大会 | 中华全国总工会 | 外文 | 1958.2 | 5535 | 1.30 |
| 过渡的中国 | | 中国建设 | 1958 | | |
| 中国农业合作化的道路 | 童大林 | 外文 | 1958.1 | 5680 | 0.55 |

**续表**

| 书名 | 作者 | 出版社 | 出版/再版时间 | 印刷/发行册数 | 装帧/定价（元） |
|---|---|---|---|---|---|
| 中国人民公社化运动 | | 外文 | 1958.11（1959 年停售） | 18000 | 0.70 |
| 中国人民解放军抗美援朝八年 | | 外文 | 1958.12（1960 年停售） | 11660 | |
| 简明中国历史 | 董集明 | 外文 | 1958.9（1960 年停售） | 23040 | 3.70 |
| 近代中国地租概说 | 陈伯达 | 外文 | 1958.9 | 7823 | 0.80 |
| 中印人民友好史话 | 金克木著，杨宪益、戴乃迭译 | 外文 | 1958.8（1960 年停售） | 6420 | 1.00 |
| 赶上英国，超越英国 | 牛忠黄 | 外文 | 1958.7 | 12925 | 0.60 |
| 建设十三陵水库的人们 | 严耀清等 | 外文 | 1958.9（1960 年停售） | 12230 | 1.60 |
| 教育必须与生产劳动相结合 | 陆定一 | 外文 | 1958.10 | 17245 | 0.32 |
| 文艺战线上的一场大辩论 | 周扬著，杨宪益、戴乃迭译 | 外文 | 1958.7 | 8550 | 0.60 |
| 中国的文字改革 | 吴玉章 | 外文 | 1958.9 | 7530 | 0.60 |
| 中国书的故事 | 刘国钧 | 外文 | 1958.3（1960 年停售） | 2650 | 0.85 |
| 中国古典文学简史 | 冯沅君著，杨宪益、戴乃迭译 | 外文 | 1958.9 | 13010 | 1.20 |
| 英中会话 | | 外文 | 1958.9（2 次重印） | 46695 | 1.20 |
| 毛泽东诗词十九首 | 周振甫注释，臧克家讲解 | 外文 | 1958.9 | 10830 | 0.70 |
| 雷雨 | 曹禺 | 外文 | 1958.1（3 次重印） | 23654 | 精 2.60 |

| 书名 | 作者 | 出版社 | 出版/<br>再版时间 | 印刷/<br>发行册数 | 装帧/<br>定价(元) |
|---|---|---|---|---|---|
| 关汉卿剧作选 | 关汉卿著，杨宪益、戴乃迭译 | 外文 | 1958.5<br>（2次重印） | 17889 | 精2.80 |
| 汉魏六朝小说选 | 干宝等著，杨宪益、戴乃迭译 | 外文 | 1958.11 | 5900 | |
| 保卫延安 | 杜鹏程著，沙博理译，林凡绘图 | 外文 | 1958.5 | 6211 | 4.40 |
| 新儿女英雄传 | 袁静、孔厥著，沙博理译 | 外文 | 1958.7<br>（2次重印） | 18835 | 3.70 |
| 长征的故事 | 杨成武等 | 外文 | 1958.9 | 11663 | 1.40 |
| 前途似锦 | 欧阳山著，唐笙译 | 外文 | 1958.9 | 4480 | 1.00 |
| 破晓之前（不死的王孝和） | 赵自 | 外文 | 1958.4 | 3601 | 1.30 |
| 老交通及其他故事（新中国短篇小说选第三集） | | 外文 | 1958 | | 精装 |
| 小矿工及其他故事（新中国短篇小说选第五集） | 大群等 | 外文 | 1958.9 | 8430 | 精1.90 |
| 黎明的河边及其他故事（新中国短篇小说选第四集） | 峻青等 | 外文 | 1958 | 6630 | |
| 唐小西在"下一次开船港" | 严文井著，戴乃迭译，丁琛绘图 | 外文 | 1958.5 | 5731 | 1.10 |
| 中国古典短篇小说选 | （唐）蒋放等著，颜惠庆编译 | 外文 | 1958.7 | 9150 | 精2.00 |

续表

| 书名 | 作者 | 出版社 | 出版/<br>再版时间 | 印刷/<br>发行册数 | 装帧/<br>定价(元) |
|---|---|---|---|---|---|
| 中国历史故事 | 路易·艾黎 | 新世界 | 1958.6 | 7126 | 1.60 |
| 人民歌唱 | 路易·艾黎 | 新世界 | 1958 | 1544 | |
| 西厢记（连环画） | 洪曾玲改编，王叔晖绘 | 外文 | 1958.5 | 9115 | 0.75 |
| 秦香莲（评剧） | 中国评剧院，杨宪益、戴乃迭译 | 外文 | 1958.8 | 3546 | 0.65 |
| 谭记儿（连环画） | 关汉卿著，吴伯棋改编 | 外文 | 1958.11 | 8995 | 0.90 |
| 搜书院（粤剧） | 广东粤剧团整理，戴乃迭译 | 外文 | 1958.9 | 4418 | 0.65 |
| 倪焕之 | 叶圣陶著，巴恩斯译 | 外文 | 1958.8 | 21132 | 精3.80 |
| 女神 | 郭沫若著，勒斯特、巴恩斯译 | 外文 | 1958.10<br>（2次重印） | 26054 | 0.85 |
| 蚯蚓与蜂蜜的故事 | 严文井著，黄永玉插图 | 外文 | 1958.11 | 42418 | 0.60 |
| 一棵石榴树的国王（中国民间故事选集第三集） | 程十发插图 | 外文 | 1958.7 | 14450 | 精1.70 |
| 中国民间故事选第二集 | | 外文 | 1958 | 11130 | |
| 中国民间故事选第四集 | 沙更世绘 | 外文 | 1958.12 | 8610 | 精 |
| 中国古代寓言选（选） | 丰子恺插图 | 外文 | 1958.8 | 9874 | 0.55 |
| 小燕子万里飞行记 | 秦兆阳 | 外文 | 1958.4<br>（2次重印） | 43450 | 0.85 |
| 小星星 | 王路遥等著，华三川绘 | 外文 | 1958.9 | 9130 | 1.20 |

续表

| 书名 | 作者 | 出版社 | 出版/再版时间 | 印刷/发行册数 | 装帧/定价(元) |
|---|---|---|---|---|---|
| 大林与小林 | 张天翼著，戴乃迭译 | 外文 | 1958.11（2 次重印） | 17195 | 1.45 |
| 简明中国地理 | 王均衡 | 外文 | 1958.11（1960 年停售） | 17000 | 2.50 |
| 西湖胜迹 | 浙江人民画报社 | 外文 | 1958.4 | 4040 | 1.30 |
| 齐民要术 | 石声汉注释 | 科学 | 1958 | | 精装 |
| 中国小麦总产量压倒美国（摄影） | | 外文 | 1958.11（1959 年停售） | 9900 | 0.55 |
| 中国农村向电气化迈进（摄影） | | 外文 | 1958.12（1959 年停售） | 14000 | |
| 新中国的大学生（摄影） | 中华全国学生联合会 | 外文 | 1958.9（1960 年停售） | 6780 | 0.50 |
| 中国儿童（1958，摄影） | | 外文 | 1958 | 6400 | 1.30 |
| 中国一瞥（摄影） | 外文出版社 | 外文 | 1958.9（1960 年停售） | 8470 | 4.50 |
| 火焰山（连环画） | 良士、徐弘达编绘 | 外文 | 1958.7（1959 年停印） | 10432 | 0.70 |
| 秦香莲（连环画） | 盛强改编，钱笑呆、陶干臣绘 | 外文 | 1958.8（2 次重印） | 20567 | 0.80 |
| 猎虎记（连环画） | | 上海人民美术 | | | |
| 天仙配（彩色连环画） | 王弘力编绘 | 外文 | 1958.9 | 5692 | 0.45 |
| 一只受了伤的小鸟（连环画） | 学前儿童文艺丛书编委会编，严个凡绘 | 外文 | 1958.11（2 次重印） | 13052 | 0.44 |
| 小羊和狼（连环画） | 严个凡绘 | 外文 | 1958 | 40555 | |
| 我和小山羊（连环画） | 杨培根著，陈清之绘图 | 外文 | 1958.12 | | |

续表

| 书名 | 作者 | 出版社 | 出版/<br>再版时间 | 印刷/<br>发行册数 | 装帧/<br>定价(元) |
|---|---|---|---|---|---|
| 画眉泉（连环画） | 萧甘牛著，<br>叶飞木刻 | 外文 | 1958.12 | | |
| 小铅笔历险记（连环画） | 贺易著，<br>刘王斌绘 | 外文 | 1958.12 | | |
| 狐狸（连环画） | 管桦著，<br>严格凡绘 | 外文 | 1958.12 | | |
| 萝卜回来了（连环画） | 严格凡绘 | 外文 | 1958.12 | | |
| 牧童和毒龙（连环画） | 史阳著，<br>李天心绘 | 外文 | 1958.12 | | |
| 在暑假里（连环画） | 吴华编写，<br>赵白山绘 | 外文 | 1958.12 | | |
| 汪汪的小房子（连环画） | 吴宏修著，<br>朱延龄绘 | 外文 | 1958.12 | | |
| 老乡的马（连环画） | 鲁兵著，<br>刘熊绘 | 外文 | 1958.12 | | |
| 唱的是山歌（连环画） | 严冰儿著，<br>陈秋草绘 | 外文 | 1958.12 | | |
| 我们家在草原（连环画） | 张梅溪著，<br>颜梅华绘 | 外文 | 1958.12 | 7712 | |
| 长胡子老头和长裙子老太太（连环画） | 金禾、林地著，严折西绘 | 外文 | 1958.12 | 7800 | |
| 问东海（连环画） | 鲍维湘著，<br>赵白山绘 | 外文 | 1958.12<br>（3 次重印） | 49874 | |
| 我小时候的故事（连环画） | 王权口述，<br>袁佳写，斯明、赵白山等绘 | 外文 | 1958.12<br>（1961 年停售） | 5320 | |
| 波浪里的孩子（连环画） | 何公超著，<br>汪观清绘 | 外文 | 1958.12<br>（1961 年停售） | 7720 | |
| 太阳公公（连环画） | 金近等著，<br>严折西绘画 | 外文 | 1958.11 | 6220 | 0.33 |
| 鸡和耳朵（连环画） | 沈百英、方轶群著，<br>高步青绘 | 外文 | 1958.11<br>（1961 年停售） | 7245 | 0.33 |

续表

| 书名 | 作者 | 出版社 | 出版/<br>再版时间 | 印刷/<br>发行册数 | 装帧/<br>定价(元) |
|---|---|---|---|---|---|
| 金斧头（连环画） | 杨菊编写，<br>李天心绘画 | 外文 | 1958.11 | 68335 | 0.44 |
| 美丽的树叶（连环画） | 学前儿童<br>文艺丛书<br>编委会编，<br>肖淑芳绘 | 外文 | 1958.11<br>（3次重印） | 37285 | 0.33 |
| 梅花朵朵（连环画） | 学前儿童<br>文艺丛书编<br>委会编，<br>杨先让绘 | 外文 | 1958.11 | 17269 | 0.33 |
| 小雨点（连环画） | 鲁兵等著，<br>郑少如绘 | 外文 | 1958.11<br>（2次重印） | 12030 | 0.33 |
| 懒姑娘的幻想（连环画） | 沈荣根著，<br>韩伍绘 | 外文 | 1958.11<br>（2次重印） | 53660 | 0.60 |
| 一支双筒枪（连环画） | 王星北改编，<br>胡克文、<br>胡克礼绘 | 外文 | 1958.8 | 11545 | 0.33 |
| 杨司令的少先队（连环画） | 郭墟著，<br>范一辛绘 | 外文 | 1958.11<br>（2次重印） | 31420 | |
| 一幅僮锦（连环画） | 吉志西编，<br>颜梅华绘 | 外文 | 1958.6<br>（2次重印） | 23385 | 0.80 |
| 大熊猫（明信片） | | 外文 | 1958.9 | 10590 | |
| 新疆风光（明信片） | | 外文 | 1958.11 | 8669 | 0.60 |
| 西藏风光（明信片） | | 外文 | 1958.9 | 6535 | 0.42 |
| 颐和园（明信片） | | 外文 | 1958.4 | 13980 | 0.60 |

## 1958 年法文版书目（44 种）

| 书名 | 作者 | 出版社 | 出版/<br>再版时间 | 印刷/<br>发行册数 | 装帧/<br>定价(元) |
|---|---|---|---|---|---|
| 毛泽东论帝国主义和一切反<br>动派都是纸老虎 | 毛泽东 | 外文 | 1958.11<br>（3次重印） | 27230 | 0.30 |
| 中国革命战争的战略问题 | 毛泽东 | 外文 | 1958.2<br>（8次重印） | 138882 | 1.20 |

续表

| 书名 | 作者 | 出版社 | 出版/<br>再版时间 | 印刷/<br>发行册数 | 装帧/<br>定价(元) |
|---|---|---|---|---|---|
| 关于正确处理人民内部矛盾的问题 | 毛泽东 | 外文 | 1958<br>（3 次重印） | 21830 | |
| 目前国际形势 | 人民日报<br>编辑部 | 外文 | 1958.9 | 3000 | 0.65 |
| 反对美国在台湾海峡地区的军事挑衅 | 中国人民<br>外交学会 | 外文 | 1958.10 | 3910 | 0.65 |
| 支援阿拉伯弟兄的呼声 | 茅盾等著，<br>陆馥君等译 | 外文 | 1958.9 | 1340 | 0.80 |
| 中国他们志愿军抗美援朝八年 | | 外文 | 1958.12 | 2960 | |
| 中国共产党第八次全国代表大会第二次会议文件集 | | 外文 | 1958.6 | 8370 | 0.90 |
| 中国工会第八次全国代表大会 | 中华全国<br>总工会 | 外文 | 1958.6 | 2485 | 1.40 |
| 现代修正主义必须批判 | | 外文 | 1958.10 | 2420 | 0.80 |
| 中国历史概要 | 翦伯赞等 | 外文 | 1958.9<br>（1960 年停售） | 4060 | 精 3.30 |
| 赶上英国，超越英国 | 牛忠黄 | 外文 | 1958.9<br>（1961 年停售） | 1790 | 0.65 |
| 教育必须与生产劳动相结合 | 陆定一 | 外文 | 1958.12<br>（2 次重印） | 9436 | |
| 新中国的大学生（摄影集） | 全国学联 | 外文 | 1958.12<br>（1961 年停售） | 4700 | |
| 新中国手册 | | 外文 | 1958.6 | | 精 3.00 |
| 雷雨 | 曹禺 | 外文 | 1958.1 | 4651 | 精 2.80 |
| 十五贯（昆剧） | (明)朱素臣<br>原著，何如<br>译，浙江省<br>十五贯整理<br>小组整理 | 外文 | 1958.2 | 2240 | 精 1.20 |
| 王贵与李香香 | 李季 | 外文 | 1958.1<br>（2 次重印） | 4350 | 精 1.70 |

续表

| 书名 | 作者 | 出版社 | 出版/<br>再版时间 | 印刷/<br>发行册数 | 装帧/<br>定价(元) |
|---|---|---|---|---|---|
| 春蚕集 | 茅盾 | 外文 | 1958 | 4305 | |
| 新儿女英雄传 | 孔厥、袁静著,朱文源译 | 外文 | 1958.12 | 3350 | |
| 黎明的河边及其他故事（新中国短篇小说选第四集） | 峻青等著,庞浩等译 | 外文 | 1958.5 | 2625 | 精2.10 |
| 中国古典寓言选（上） | | 外文 | 1958.5 | 4542 | 1.90 |
| 唐代传奇 | 白行简等 | 外文 | 1958.3 | 7975 | 1.50 |
| 青蛙骑手（中国民间故事选第一集） | | 外文 | 1958.7 | 8200 | 精1.70 |
| 水牛斗老虎（中国民间故事选第二集） | 唐浩、刘新舞译,米谷插图 | 外文 | 1958.7 | 9171 | 精1.80 |
| 中国小麦总产量压倒美国（摄影） | | 外文 | 1958.11<br>（1959年停售） | 3170 | 0.55 |
| 火焰山（连环画） | 良士、徐弘达编绘 | 外文 | 1958.8<br>（1959年停售） | 3771 | 0.70 |
| 西厢记（连环画） | 洪曾玲改编,王叔晖绘 | 外文 | 1958.7<br>（2次重印） | 13850 | 0.65 |
| 天仙配（彩色连环画） | 王弘力编绘 | 外文 | 1958.9 | 1180 | 0.45 |
| 梅花朵朵（连环画） | 学前期儿童文艺丛书编委会编,杨先让绘 | 外文 | 1958.11<br>（2次重印） | 12490 | 0.33 |
| 小雨点（连环画） | 鲁兵等著,郑少如绘 | 外文 | 1958.11<br>（1961年停售） | 6444 | 0.33 |
| 一只受了伤的小鸟（连环画） | 学前儿童文艺丛书编委会编,严个凡绘 | 外文 | 1958.11<br>（1961年停售） | 6655 | 0.44 |
| 太阳公公（连环画） | 金近等著,严折西绘画 | 外文 | 1958.11 | 6444 | 0.33 |
| 鸡和耳朵（连环画） | 沈百英、方轶群著,高步青绘 | 外文 | 1958.11<br>（1961年停售） | 6655 | 0.33 |

续表

| 书名 | 作者 | 出版社 | 出版/<br>再版时间 | 印刷/<br>发行册数 | 装帧/<br>定价（元） |
|---|---|---|---|---|---|
| 金斧头（连环画） | 杨菊编写，<br>李天心绘画 | 外文 | 1958.11<br>（5 次重印） | 32513 | 0.44 |
| 美丽的树叶（连环画） | 学前儿童<br>文艺丛书<br>编委会编，<br>肖淑芳绘 | 外文 | 1958.11<br>（4 次重印） | 32212 | 0.33 |
| 太阳公公（连环画） | 金近等著，<br>严个凡绘画 | 外文 | 1958.11 | 6444 | 0.33 |
| 小羊和狼（连环画） | 左文编写，<br>严个凡绘画，<br>姜惠欧译 | 外文 | 1958.11 | 6650 | 0.44 |
| 懒姑娘的幻想（连环画） | 沈荣根著，<br>韩伍绘 | 外文 | 1958.11<br>（3 次重印） | 29870 | 0.60 |
| 中国一瞥（摄影） | 外文出版社 | 外文 | 1958.9<br>（1960 年停售） | 3200 | 精 4.50 |
| 大熊猫（明信片） |  | 外文 | 1958.9 | 2110 |  |
| 新疆风光（明信片） |  | 外文 | 1958.11 | 1914 | 0.60 |
| 西藏风光（明信片） |  | 外文 | 1958.9 | 1429 | 0.42 |
| 颐和园（明信片） |  | 外文 | 1958.4 | 2870 | 0.60 |

## 1958 年德文版书目（50 种）

| 书名 | 作者 | 出版社 | 出版/<br>再版时间 | 印刷/<br>发行册数 | 装帧/<br>定价（元） |
|---|---|---|---|---|---|
| 毛泽东论帝国主义和一切反<br>动派都是纸老虎 | 毛泽东 | 外文 | 1958.11 | 10620 | 0.34 |
| 现代修正主义必须批判 | 人民日报<br>编辑部 | 外文 | 1958.10 | 4220 | 0.80 |
| 目前国际形势 |  | 外文 | 1958.9 | 2850 | 0.65 |
| 反对美国在台湾海峡地区的<br>军事挑衅 | 中国人民<br>外交学会 | 外文 | 1958.10 | 4551 | 0.65 |
| 中国共产党第八次全国代表<br>大会第二次会议文件集 |  | 外文 | 1958.6 | 5880 | 0.90 |

续表

| 书名 | 作者 | 出版社 | 出版/再版时间 | 印刷/发行册数 | 装帧/定价(元) |
|---|---|---|---|---|---|
| 中国历史概要 | 翦伯赞等 | 外文 | 1958.9（1960 年停售） | 3050 | 精 3.70 |
| 新中国手册 | 外文出版社编译 | 外文 | 1958.8（1961 年停售） | 5035 | 精 2.70 |
| 赶上英国，超越英国 | 牛忠黄 | 外文 | 1958.9 | 1960 | 0.65 |
| 中国小麦总产量压倒美国（摄影） | 外文出版社 | 外文 | 1958.11（1959 年停售） | 2450 | |
| 教育必须与生产劳动相结合 | 陆定一 | 外文 | 1958.10 | 5345 | 0.37 |
| 文艺战线上的一场大辩论 | 周扬著，杨宪益、戴乃迭译 | 外文 | 1958.7 | 1670 | 0.85 |
| 德中会话 | | 外文 | 1958.9 | 12435 | 1.30 |
| 谭记儿 | 关汉卿著，吴伯棋改编 | 外文 | 1958.11 | 893 | 0.90 |
| 中国民间故事选（第一集） | 施华滋译 | 外文 | 1958.4 | 1920 | 精 1.90 |
| 中国民间故事选（第二集） | 米谷绘 | 外文 | 1958.11 | 2095 | 精 1.90 |
| 火焰山（连环画） | 良士、徐弘达编绘 | 外文 | 1958.7（1959 年停售） | 1604 | 0.70 |
| 罗才打虎及其他故事（新中国短篇小说选集第三集） | 李南力等著，施华滋译 | 外文 | 1958.7 | 1792 | 精 2.80 |
| 蚯蚓与蜂蜜的故事 | 严文井著、黄永玉插图 | 外文 | 1958.11（2 次重印） | 7647 | 0.60 |
| 小燕子万里飞行记 | 秦兆阳著，葛来福、林尔康译 | 外文 | 1958.4（2 次重印） | 7350 | 0.85 |
| 懒姑娘的幻想（彩色连环画） | 沈荣根著，韩伍绘 | 外文 | 1958.11（3 次重印） | 11945 | 0.60 |
| 梅花朵朵（连环画） | 学前儿童文艺丛书编委会编，杨先让绘 | 外文 | 1958.11 | 1194 | 0.33 |
| 小雨点（连环画） | 鲁兵等著，郑少如绘 | 外文 | 1958.11（1961 年停售） | 643 | 0.33 |

| 书名 | 作者 | 出版社 | 出版/再版时间 | 印刷/发行册数 | 装帧/定价(元) |
|---|---|---|---|---|---|
| 美丽的树叶（连环画） | 学前儿童文艺丛书编委会编，肖淑芳绘 | 外文 | 1958.11（3 次重印） | 11703 | 0.33 |
| 一只受了伤的小鸟（连环画） | 学前儿童文艺丛书编委会编，严个凡绘 | 外文 | 1958.11（1961 年停售） | 5656 | 0.44 |
| 太阳公公（连环画） | 金近等著，严折西绘画 | 外文 | 1958.11 | 644 | 0.33 |
| 鸡和耳朵（连环画） | 沈百英、方轶群著，高步青绘 | 外文 | 1958.11（1961 年停售） | 659 | 0.33 |
| 金斧头（连环画） | 杨菊编写，李天心绘画 | 外文 | 1958.11（4 次重印） | 20734 | 0.44 |
| 小羊和狼（连环画） | 左文编写，严个凡绘画，姜惠欧译 | 外文 | 1958.11 | 651 | 0.44 |
| 我要读书（连环画） | 高玉宝原著，王绪阳绘 | 外文 | 1958.1（2 次重印） | 4320 | 0.70 |
| 我和小山羊（连环画） | 陈清之绘 | 外文 | 1958.12（3 次重印） | 14314 | |
| 我小时候的故事（连环画） | 王权口述，袁熹文，斯明、赵白山绘 | 外文 | 1958.12 | | |
| 在暑假里（连环画） | 吴华编写，赵白山绘 | 外文 | 1958.12 | | |
| 汪汪的小房子（连环画） | 吴宏修著，朱延龄绘 | 外文 | 1958.12 | | |
| 老乡的马（连环画） | 鲁兵著，刘熊绘 | 外文 | 1958.12 | | |

续表

| 书名 | 作者 | 出版社 | 出版/再版时间 | 印刷/发行册数 | 装帧/定价(元) |
|---|---|---|---|---|---|
| 牧童和毒龙（连环画） | 史阳著，李天心绘 | 外文 | 1958.12 | | |
| 画眉泉（连环画） | 萧甘牛著，叶飞木刻 | 外文 | 1958.12 | | |
| 萝卜回来了（连环画） | 严个凡绘 | 外文 | 1958.12 | | |
| 狐狸（连环画） | 管桦著，严个凡绘 | 外文 | 1958.12 | | |
| 小铅笔历险记（连环画） | 刘玉斌绘 | 外文 | 1958.12（3次重印） | 32173 | |
| 唱的是山歌（连环画） | 陈秋草绘 | 外文 | 1958.12 | 8143 | |
| 波浪里的孩子（连环画） | 汪观清绘 | 外文 | 1958.2 | 5149 | |
| 问东海（连环画） | 赵白山绘 | 外文 | 1958.12（2次重印） | 8274 | |
| 我们家在草原（连环画） | 颜梅华 | 外文 | 1958.12 | 7166 | |
| 长胡子老头和长裙子老太太（连环画） | 严折西绘 | 外文 | 1958.12 | 8246 | |
| 一幅僮锦（连环画） | 吉志西编，颜梅华绘 | 外文 | 1958.6 | 5237 | 0.80 |
| 中国一瞥（摄影） | 外文出版社 | 外文 | 1958.9（1960年停售） | 2770 | 精4.50 |
| 大熊猫（明信片） | | 外文 | 1958 | 1910 | |
| 新疆风光（明信片） | | 外文 | 1958.11 | 1425 | 0.60 |
| 西藏风光（明信片） | | 外文 | 1958.9 | 1604 | 0.42 |
| 颐和园（明信片） | | 外文 | 1958.4 | 1772 | 0.60 |

## 1958 年俄文版书目（25 种）

| 书名 | 作者 | 出版社 | 出版/再版时间 | 印刷/发行册数 | 装帧/定价(元) |
|---|---|---|---|---|---|
| 毛泽东论帝国主义和一切反动派都是纸老虎 | 毛泽东 | 外文 | 1958.11（2次重印） | 23860 | 1.00 |

续表

| 书名 | 作者 | 出版社 | 出版/再版时间 | 印刷/发行册数 | 装帧/定价（元） |
|---|---|---|---|---|---|
| 毛泽东论帝国主义和一切反动派都是纸老虎（扩大本） | 毛泽东 | 外文 | 1958.12（1960 年停售） | 6000 | |
| 目前国际形势和我国外交政策 | 周恩来 | 外文 | 1958.5 | 10510 | 0.29 |
| 反对美国在台湾海峡地区的军事挑衅 | 中国人民外交学会 | 外文 | 1958.10（1961 年停售） | 5907 | 0.65 |
| 反对美国霸占台湾、制造两个中国的阴谋 | 中国人民外交学会 | 外文 | 1958.9（1961 年停售） | 6887 | 1.30 |
| 中国共产党第八次全国代表大会第二次会议文件集 | | 外文 | 1958.6 | 30850 | 0.90 |
| 中国人民公社化运动 | | 外文 | 1958.11（1959 年停售） | 9786 | 0.90 |
| 中国人民志愿军抗美援朝八年 | | 外文 | 1958.12（1960 年停售） | 4820 | |
| 赶上英国，超越英国 | 牛忠黄 | 外文 | 1958.9 | | 0.65 |
| 中国小麦总产量压倒美国（小画库） | | 外文 | 1959（1959 年停售） | 4050 | |
| 教育必须与生产劳动相结合 | 陆定一 | 外文 | 1958.10 | 9407 | 0.34 |
| 中国的文字改革 | 吴玉章 | 外文 | 1958.9 | 3600 | 0.65 |
| 方志敏战斗的一生 | 缪敏 | 外文 | 1958.9 | 6040 | 1.10 |
| 女共产党员 | 李伯钊 | 外文 | 1958.8 | 5480 | 0.60 |
| 汪汪的小房子（连环画） | 吴差修文，朱延龄绘 | 外文 | 1958.11 | 31452 | 0.17 |
| 勇敢的燕子妈妈（连环画） | 何公超设计，严个凡绘 | 外文 | 1958.11 | 31452 | 0.17 |
| 黄鼠狼送礼（连环画） | 王志英绘 | 外文 | 1958.11 | 31452 | |
| 小礼物（连环画） | 陈清之、严个凡绘 | 外文 | 1958.11 | | |
| 小兔子的好朋友（连环画） | 江芷千设计、江爱群绘 | 外文 | 1958.11 | 31452 | |

续表

| 书名 | 作者 | 出版社 | 出版/<br>再版时间 | 印刷/<br>发行册数 | 装帧/<br>定价(元) |
|---|---|---|---|---|---|
| 小猪和小象（连环画） | 毕小彭等 | 外文 | 1958.11 | 31452 | |
| 一幅僮锦（彩色连环画） | 吉志西编，<br>颜梅华绘 | 外文 | 1958.6 | 58617 | 0.80 |
| 中国一瞥（摄影） | 外文出版社 | 外文 | 1958.9<br>（1961年停售） | 4940 | 精4.50 |
| 颐和园（明信片） | | 外文 | 1958.4 | 54242 | 0.60 |
| 大熊猫（明信片） | | 外文 | 1958.9 | 10760 | |
| 新疆风光（明信片） | | 外文 | 1958.12 | 10485 | |

## 1958 年西班牙文版书目（38 种）

| 书名 | 作者 | 出版社 | 出版/<br>再版时间 | 印刷/<br>发行册数 | 装帧/<br>定价(元) |
|---|---|---|---|---|---|
| 毛泽东论帝国主义和一切反<br>动派都是纸老虎 | 毛泽东 | 外文 | 1958.11<br>（2次重印） | 57330 | 1.00 |
| 毛泽东论帝国主义和一切反<br>动派都是纸老虎（扩大本） | 毛泽东 | 外文 | 1958<br>（1960年停售） | 4000 | |
| 学习和时局 | 毛泽东 | 外文 | 1958.7 | | 0.90 |
| 目前国际形势 | 周恩来 | 外文 | 1958.9 | 6705 | 0.65 |
| 反对美国在台湾海峡地区的<br>军事挑衅 | 中国人民<br>外交学会 | 外文 | 1958.10 | 7760 | 0.65 |
| 反对美国霸占台湾、制造两<br>个中国的阴谋 | 中国人民<br>外交学会 | 外文 | 1958.9 | 10367 | 1.30 |
| 中国共产党第八次全国代表<br>大会第二次会议文件集 | | 外文 | 1958.6 | 6340 | 0.90 |
| 中国农业合作化道路 | 童大林 | 外文 | 1958.11 | 6805 | 0.60 |
| 文艺战线上的一场大辩论 | 周扬 | 外文 | 1958.12<br>（1960年停售） | 2480 | |
| 中国现代简史（从鸦片战争<br>到解放战争） | 爱泼斯坦 | 新世界 | 1958.12 | 5265 | |
| 赶上英国，超越英国 | 牛忠黄 | 外文 | 1958.9 | 4485 | 0.65 |

续表

| 书名 | 作者 | 出版社 | 出版/<br>再版时间 | 印刷/<br>发行册数 | 装帧/<br>定价(元) |
|---|---|---|---|---|---|
| 中国小麦总产量压倒美国（摄影集） | | 外文 | 1958.12<br>（1959 年停售） | 6400 | |
| 中国农村向电气化迈进（摄影集） | | 外文 | 1958.12 | | |
| 中国手册 | 外文出版社 | 外文 | 1958.8<br>（1961 年停售） | 5265 | 2.30 |
| 教育必须与生产劳动相结合 | 陆定一 | 外文 | 1958.12<br>（2 次重印） | 16410 | 0.34 |
| 百花齐放、百家争鸣 | 陆定一 | 外文 | 1958.1<br>（4 次重印） | 23410 | 0.55 |
| 白毛女 | 贺敬之、<br>丁毅 | 外文 | 1958.12 | | |
| 中国古典寓言选（上） | 爱米尔尼亚·卡尔瓦哈尔译，丰子恺插图 | 外文 | 1958.5 | 3100 | 0.34 |
| 十五贯 | (明)朱素臣原著，何如译，浙江省十五贯整理小组整理 | 外文 | 1958.2<br>（2 次重印） | 8194 | 精 1.10 |
| 天仙配（彩色连环画） | 王弘力编绘 | 外文 | 1958.9 | 4245 | 0.45 |
| 春大姐及其他故事（中国短篇小说选） | 刘真等著 | 外文 | 1958.9 | 5300 | 精 2.20 |
| 西厢记（连环画） | 洪曾玲改编，王叔晖绘 | 外文 | 1958.7<br>（2 次重印） | 23235 | 0.65 |
| 秦香莲（连环画） | 盛强改编，钱笑呆、陶干臣绘 | 外文 | 1958.8 | 23120 | 0.65 |
| 火焰山（连环画） | 良士、徐弘达编绘 | 外文 | 1958.7 | 6100 | 0.70 |

续表

| 书名 | 作者 | 出版社 | 出版/再版时间 | 印刷/发行册数 | 装帧/定价（元） |
|---|---|---|---|---|---|
| 美丽的树叶（连环画） | 学前儿童文艺丛书编委会编，肖淑芳绘 | 外文 | 1958.11（3 次重印） | 59152 | 0.33 |
| 一只受了伤的小鸟（连环画） | 学前儿童文艺丛书编委会编，严个凡绘 | 外文 | 1958.11（1961 年重印） | 4082 | 0.44 |
| 梅花朵朵（连环画） | 学前儿童文艺丛书编委会编，杨先让绘 | 外文 | 1958.11 | 31662 | 0.33 |
| 小雨点（连环画） | 鲁兵等著，郑少如绘 | 外文 | 1958.11（1961 年重印） | 4082 | 0.33 |
| 鸡和耳朵（连环画） | 沈百英、方轶群文、高步青绘 | 外文 | 1958.10（1961 年重印） | 4082 | 0.33 |
| 金斧头（连环画） | 杨菊编写，李天心绘画 | 外文 | 1958.11（3 次重印） | 68247 | 0.44 |
| 小羊和狼（连环画） | 左文编写，严个凡绘画，姜惠欧译 | 外文 | 1958.11 | 19222 | 0.44 |
| 太阳公公（连环画） | 金近等著，严折西绘画 | 外文 | 1958.11 | 4080 | 0.33 |
| 懒姑娘的幻想（连环画） | 沈荣根著，韩五绘 | 外文 | 1958.11 | | |
| 杨司令的少先队（连环画） | 郭墟著，范一辛绘 | 外文 | 1958.12 | | |
| 中国一瞥（摄影） | 外文出版社 | 外文 | 1958.9（1960 年停售） | 4160 | 精4.50 |
| 颐和园（明信片） | | 外文 | 1958.4 | 1175 | 0.60 |
| 新疆风光（明信片） | | 外文 | 1958.11 | 5067 | 0.60 |
| 西藏风光（明信片） | | 外文 | 1958.9 | 3617 | 0.42 |

## 1958 年越南文版书目（26 种）

| 书名 | 作者 | 出版社 | 出版/<br>再版时间 | 印刷/<br>发行册数 | 装帧/<br>定价(元) |
|---|---|---|---|---|---|
| 毛泽东论帝国主义和一切反动派都是纸老虎 | 毛泽东 | 外文 | 1958.11<br>（2 次重印） | 66260 | 0.32 |
| 帝国主义和一切反动派都是纸老虎（扩大本） | 毛泽东 | 外文 | 1958.12<br>（1960 年停售） | 8000 | 0.95 |
| 目前国际形势 | 周恩来 | 外文 | 1958.8 | 3470 | 0.55 |
| 反对美国在台湾海峡地区的军事挑衅 | 中国人民外交学会 | 外文 | 1958.9 | 1845 | 0.55 |
| 中国共产党第八次全国代表大会第二次会议文件集 | | 外文 | 1958.6 | 5340 | 0.85 |
| 中国农业合作化的道路 | 童大林 | 外文 | 1958.1 | 10190 | 0.55 |
| 教育必须与生产劳动相结合 | 陆定一 | 外文 | 1958.1 | 3188 | 0.31 |
| 长征的故事 | 杨成武等 | 外文 | 1958.1 | 5125 | 1.30 |
| 渡江侦察记（连环画） | | 外文 | 1958.4 | 5161 | 1.20 |
| 韩梅梅及其他故事（中国短篇小说选第一集） | 章程改编，顾炳鑫绘 | 外文 | 1958.7 | 4155 | 1.20 |
| 三月雪及其他故事（新中国短篇小说集） | 肖平等 | 外文 | 1958.11 | 4142 | 1.40 |
| 中国民间故事选（第一集） | | 外文 | 1958.4 | 5100 | 精 1.50 |
| 中国民间故事选（第三集） | | 外文 | 1958 | 5813 | |
| 一颗石榴树的国王（中国民间故事选第二集） | 程十发插图 | 外文 | 1958.8 | | 精 1.50 |
| 西厢记 | 洪曾玲改编，王叔晖绘 | 外文 | 1958.5 | 30068 | 0.65 |
| 谭记儿 | 关汉卿著，吴伯棋改编 | 外文 | 1958.11 | 10062 | 0.80 |
| 小星星 | 王路遥等 | 外文 | 1958 | 5148 | |
| 一幅僮锦（连环画） | 颜梅华绘 | 外文 | 1958 | 5221 | |
| 火焰山（连环画） | 良士、徐弘达编绘 | 外文 | 1958.1<br>（1959 年停售） | 10080 | 0.70 |
| 天仙配（彩色连环画） | 王弘力编绘 | 外文 | 1958.9 | 30093 | 0.45 |

续表

| 书名 | 作者 | 出版社 | 出版/<br>再版时间 | 印刷/<br>发行册数 | 装帧/<br>定价（元） |
|---|---|---|---|---|---|
| 一支双筒枪（连环画） | 王星北改编，<br>胡克文、<br>胡克礼绘 | 外文 | 1958.9 | 2125 | 0.50 |
| 东郭先生（连环画） | 董聚贤改编，<br>刘继卣绘 | 外文 | 1958.3 | 5700 | 0.80 |
| 童工（连环画） | 高玉宝原<br>著，徐玉<br>光改编，<br>颜梅华绘 | 外文 | 1958.1 | 5330 | 0.90 |
| 中国一瞥（摄影） | 外文出版社 | 外文 | 1958.9 | 630 | 精4.50 |
| 中国小麦总产量压倒美国<br>（小画库） | 外文出版社 | 外文 | 1958.12 | 7190 | |
| 颐和园（明信片） | | 外文 | 1958.4 | 10698 | 0.55 |

## 1958 年日文版书目（26 种）

| 书名 | 作者 | 出版社 | 出版/<br>再版时间 | 印刷/<br>发行册数 | 装帧/<br>定价（元） |
|---|---|---|---|---|---|
| 毛泽东论帝国主义和一切反<br>动派都是纸老虎 | 毛泽东 | 外文 | 1958.11<br>（2 次重印） | 90480 | 0.40 |
| 帝国主义和一切反动派都是<br>纸老虎（扩大本） | 毛泽东 | 外文 | 1958.12<br>（1960 年停售） | 3000 | 0.40 |
| 目前国际形势 | 周恩来 | 外文 | 1958.9 | 2550 | 0.55 |
| 反对美国霸占台湾、制造两<br>个中国的阴谋 | 中国人民<br>外交学会 | 外文 | 1958.9 | 3660 | 1.20 |
| 反对美国在台湾海峡地区的<br>军事挑衅 | 中国人民<br>外交学会 | 外文 | 1958.9 | 3900 | 0.60 |
| 中国共产党第八次全国代表<br>大会第二次会议文件集 | | 外文 | 1958.6 | 3620 | 0.70 |
| 中国人民公社化运动 | 童大林 | 外文 | 1958.11<br>（1959 年停售） | 4450 | 0.70 |
| 教育必须与劳动生产相结合 | 陆定一 | 外文 | 1958 | 3231 | |

续表

| 书名 | 作者 | 出版社 | 出版/再版时间 | 印刷/发行册数 | 装帧/定价（元） |
|---|---|---|---|---|---|
| 中国的文字改革 | 吴玉章 | 外文 | 1958.9 | 2000 | 0.33 |
| 中国红军的故事 | | 外文 | 1958.8（2 次重印） | 14445 | 2.70 |
| 新中国的大学生（摄影） | | 外文 | 1958.9（1961 年停售） | 2255 | 0.43 |
| 一只受了伤的小鸟（连环画） | 学前儿童文艺丛书编委会编，严个凡绘 | 外文 | 1958.11（1961 年停售） | 1572 | 0.44 |
| 小羊和狼（连环画） | 左文编，严个凡绘 | 外文 | 1958.1 | 1572 | 0.44 |
| 中国一瞥（摄影） | 外文出版社 | 外文 | 1958.9（1960 年停售） | 3130 | 精 4.50 |
| 中国小麦总产量压倒美国（画册） | 外文出版社 | 外文 | 1958.11（1959 年停售） | 3340 | 0.55 |
| 中国农村向电气化迈进（画册） | 外文出版社 | 外文 | 1958.12（1959 年停售） | 3540 | |
| 太阳公公（连环画） | 金近等著，严折西绘画 | 外文 | 1958.11 | 1566 | 0.33 |
| 鸡和耳朵（连环画） | 沈百英、方轶群著，高步青绘 | 外文 | 1958.11 | 1577 | 0.33 |
| 金斧头（连环画） | 杨菊编写，李天心绘画 | 外文 | 1958.11 | 1572 | 0.44 |
| 美丽的树叶（连环画） | 学前儿童文艺丛书编委会编，肖淑芳绘 | 外文 | 1958.11 | 1564 | 0.33 |
| 梅花朵朵（连环画） | 学前儿童文艺丛书编委会编，杨先让绘 | 外文 | 1958.11 | 1572 | 0.33 |
| 小雨点（连环画） | 鲁兵等著，郑少如绘 | 外文 | 1958.11（1961 年停售） | 1565 | 0.33 |

续表

| 书名 | 作者 | 出版社 | 出版/再版时间 | 印刷/发行册数 | 装帧/定价（元） |
|---|---|---|---|---|---|
| 大熊猫（明信片） | | 外文 | 1958.11 | 3230 | |
| 新疆风光（明信片） | | 外文 | 1958.11 | 3087 | 0.60 |
| 西藏风光（明信片） | | 外文 | 1958.9 | 3097 | 0.42 |
| 颐和园（明信片） | | 外文 | 1958.4 | 3070 | 0.60 |

## 1958 年印尼文版书目（41 种）

| 书名 | 作者 | 出版社 | 出版/再版时间 | 印刷/发行册数 | 装帧/定价（元） |
|---|---|---|---|---|---|
| 毛泽东论帝国主义和一切反动派都是纸老虎 | 毛泽东 | 外文 | 1958.11（2次重印） | 15000 | 0.34 |
| 帝国主义和一切反动派都是纸老虎（扩大版） | 毛泽东 | 外文 | 1958.12（1960年停售） | 6000 | |
| 中国革命和中国共产党 | 毛泽东 | 外文 | 1958.12（2次重印） | 43113 | 0.50 |
| 在延安文艺座谈会上的讲话 | 毛泽东 | 外文 | 1958.8（2次重印） | 10170 | 0.47 |
| 论反对日本帝国主义的策略 | 毛泽东 | 外文 | 1958.1（2次重印） | 17878 | 0.47 |
| 抗日时期的经济问题和财政问题及其他论文 | 毛泽东 | 外文 | 1958.10月（2次重印） | 9149 | 0.55 |
| 目前国际形势 | | 外文 | 1958.9 | 7329 | 0.65 |
| 反对美国在台湾海峡地区的军事挑衅 | 中国人民外交学会 | 外文 | 1958.9 | 8495 | 0.60 |
| 中国共产党第八次全国代表大会第二次会议文件集 | | 外文 | 1958.6 | 12220 | 0.90 |
| 教育必须与劳动生产相结合 | 陆定一 | 外文 | 1958.12 | 8198 | |
| 帝国主义与中国政治 | 胡绳 | 外文 | 1958.11 | 6215 | 精3.00 |
| 现代修正主义必须批判 | | 外文 | 1958（1961年停售） | 10165 | |

续表

| 书名 | 作者 | 出版社 | 出版/<br>再版时间 | 印刷/<br>发行册数 | 装帧/<br>定价(元) |
|---|---|---|---|---|---|
| 文艺战线上的一场大辩论 | 周扬 | 外文 | 1958.12<br>（1961 年停售） | 7167 | |
| 赶上英国，超越英国 | 牛忠黄 | 外文 | 1958.7 | 7150 | 0.65 |
| 白毛女 | 贺敬之、丁毅著，普·阿·杜尔译 | 外文 | 1958.8 | 4125 | 1.30 |
| 火焰山（连环画） | 良士、徐弘达编绘 | 外文 | 1958.11<br>（1959 年停售） | 7066 | 0.70 |
| 谭记儿 | 关汉卿著，吴伯棋改编 | 外文 | 1958.11 | 6064 | 0.90 |
| 中国古代寓言选 | 丰子恺插图 | 外文 | 1958.8 | | 0.55 |
| 青蛙骑手（中国民间故事第一集） | | 外文 | 1958.8 | 5125 | 精 |
| 秦香莲（连环画） | 盛强改编，钱笑呆、陶干臣绘，杨宪益、戴乃迭译 | 外文 | 1958.8 | 6606 | 0.80 |
| 西厢记 | 洪曾玲改编，王叔晖绘 | 外文 | 1958.5 | 6615 | 0.75 |
| 天仙配（彩色连环画） | 王弘力编绘 | 外文 | 1958.9 | 5169 | 0.45 |
| 一支双筒枪（连环画） | 王星北改编，胡克文、胡克礼绘 | 外文 | 1958.8 | 3074 | 0.33 |
| 一只受了伤的小鸟（连环画） | 学前儿童文艺丛书编委会编，严个凡绘 | 外文 | 1958.11 | 3064 | 0.44 |
| 太阳公公（连环画） | 金近等著，严折西绘画 | 外文 | 1958.11 | 3064 | 0.33 |

续表

| 书名 | 作者 | 出版社 | 出版/<br>再版时间 | 印刷/<br>发行册数 | 装帧/<br>定价(元) |
|---|---|---|---|---|---|
| 鸡和耳朵（连环画） | 沈百英、<br>方轶群著，<br>高步青绘 | 外文 | 1958.11 | | 0.33 |
| 美丽的树叶（连环画） | 学前儿童文艺<br>丛书编委会编，<br>肖淑芳绘 | 外文 | 1958.11 | 3064 | 0.33 |
| 梅花朵朵（连环画） | 学前儿童文艺<br>丛书编委会编，<br>杨先让绘 | 外文 | 1958.11 | 3064 | 0.33 |
| 小羊和狼（连环画） | 左文编，<br>严个凡绘 | 外文 | 1958.1 | 3064 | 0.44 |
| 小雨点（连环画） | 鲁兵等著，<br>郑少如绘 | 外文 | 1958.11 | | 0.33 |
| 懒姑娘的幻想（彩色连环画） | 沈荣根著，<br>韩伍绘 | 外文 | 1958.11 | 7125 | 0.60 |
| 一幅僮锦（彩色连环画） | 吉志西编，<br>颜梅华绘 | 外文 | 1958.6 | 6313 | 0.80 |
| 我要读书（连环画） | 徐光玉改编，<br>王绪阳、<br>贲庆玉绘 | 外文 | 1958.12 | | |
| 金斧头（连环画） | 杨菊编写，<br>李天心绘 | 外文 | 1958.12 | | |
| 杨司令的少先队（连环画） | 郭墟著，<br>范一辛绘 | 外文 | 1958.12 | | |
| 中国一瞥（摄影） | 外文出版社 | 外文 | 1958.9<br>（1960年停售） | 5110 | 4.50 |
| 中国小麦总产量压倒美国（摄影） | 外文出版社 | 外文 | 1958.12<br>（1959年停售） | 8300 | |
| 新疆风光（明信片） | | 外文 | 1958.11 | 5047 | 0.60 |
| 西藏风光（明信片） | | 外文 | 1958.9 | 4077 | 0.42 |
| 颐和园（明信片） | | 外文 | 1958.4 | 7430 | 0.60 |
| 北京风光（明信片） | | 外文 | 1958 | 1970 | |

## 1958 年印地文版书目（44 种）

| 书名 | 作者 | 出版社 | 出版/再版时间 | 印刷/发行册数 | 装帧/定价(元) |
|---|---|---|---|---|---|
| 毛泽东论帝国主义和一切反动派都是纸老虎 | 毛泽东 | 外文 | 1958.11 | 10000 | 0.34 |
| 帝国主义和一切反动派都是纸老虎（扩大本） | 毛泽东 | 外文 | 1958.12 | 2200 | |
| 现代修正主义必须批判 | | 外文 | 1958.7 | 3140 | 0.80 |
| 目前国际形势 | | 外文 | 1958.9 | 3425 | 0.70 |
| 反对美国在台湾海峡地区的军事挑衅 | 中国人民外交学会 | 外文 | 1958.9 | 3337 | 0.60 |
| 中国共产党第八次全国代表大会第二次会议文件集 | | 外文 | 1958.6 | 4980 | 1.00 |
| 赶上英国，超越英国 | 牛忠黄 | 外文 | 1958.7 | 3140 | 0.60 |
| 教育必须与生产劳动相结合 | 陆定一 | 外文 | 1958.11 | 4113 | 0.34 |
| 中国古代寓言选（上） | 丰子恺插图 | 外文 | 1958，8 | 3572 | 0.60 |
| 一棵石榴树的国王（中国民间故书选第三集） | 程十发插图 | 外文 | 1958.12 | 3627 | |
| 西厢记（连环画） | 洪曾玲改编，王叔晖绘 | 外文 | 1958.5 | 4125 | 0.75 |
| 秦香莲（连环画） | 盛强改编，钱笑呆、陶干臣绘 | 外文 | 1958.8 | 5600 | 0.65 |
| 谭记儿（连环画） | 吴伯祺绘 | 外文 | 1958.12 | 4559 | |
| 一支双筒枪（连环画） | 王星北改编，胡克文、胡克礼绘 | 外文 | 1958.12 | 2060 | |
| 我小时候的故事（连环画） | 王权口述，袁佳写，斯明、赵白山等绘 | 外文 | 1958.12 | | |
| 长胡子老头和长裙子老太太（连环画） | 金禾、林地著，严折西绘 | 外文 | 1958.12 | | |

| 书名 | 作者 | 出版社 | 出版/再版时间 | 印刷/发行册数 | 装帧/定价(元) |
|---|---|---|---|---|---|
| 我们家在草原（连环画） | 张梅溪著，颜梅华绘 | 外文 | 1958.12 | | |
| 在暑假里（连环画） | 吴华编写，赵白山绘 | 外文 | 1958.12 | | |
| 波浪里的孩子（连环画） | 何公超著，汪观清绘 | 外文 | 1958.12 | | |
| 我和小山羊（连环画） | 杨培根著，陈清之绘图 | 外文 | 1958.12 | | |
| 老乡的马（连环画） | 鲁兵著，刘熊绘 | 外文 | 1958.12 | | |
| 闻东海（连环画） | 鲍维湘著，赵白山绘 | 外文 | 1958.12 | | |
| 画眉泉（连环画） | 萧甘牛著，叶飞木刻 | 外文 | 1958.12 | | |
| 萝卜回来了（连环画） | 方轶群设计，严个凡绘 | 外文 | 1958.12 | | |
| 狐狸（连环画） | 管桦著，严格凡绘 | 外文 | 1958.12 | | |
| 牧童和毒龙（连环画） | 史阳著，李天心绘 | 外文 | 1958.12 | | |
| 唱的是山歌（连环画） | 严冰儿著，陈秋草绘 | 外文 | 1958.12 | | |
| 天仙配（连环画） | 王弘力编绘 | 外文 | 1958.9 | 6208 | 0.45 |
| 我要读书（连环画） | | 外文 | 1958.1（2次重印） | 4380 | 0.70 |
| 一只受了伤的小鸟（连环画） | 学前儿童文艺丛书编委会编，严个凡绘 | 外文 | 1958.11（1961年停售） | 3558 | 0.44 |
| 太阳公公（连环画） | 金近等著，严折西绘画 | 外文 | 1958.11 | 3058 | 0.33 |
| 鸡和耳朵（连环画） | 沈百英、方轶群著，高步青绘 | 外文 | 1958.11 | 3558 | 0.33 |
| 金斧头（连环画） | 杨菊编写，李天心绘画 | 外文 | 1958.11 | 2558 | 0.44 |

续表

| 书名 | 作者 | 出版社 | 出版/再版时间 | 印刷/发行册数 | 装帧/定价(元) |
|------|------|--------|---------------|---------------|---------------|
| 美丽的树叶（连环画） | 学前儿童文艺丛书编委会编，肖淑芳绘 | 外文 | 1958.11（3 次重印） | 5618 | 0.33 |
| 梅花朵朵（连环画） | 学前儿童文艺丛书编委会编，杨先让绘 | 外文 | 1958.11 | 4098 | 0.33 |
| 小雨点（连环画） | 鲁兵等著，郑少如绘 | 外文 | 1958.11 | 3058 | 0.33 |
| 懒姑娘的幻想（连环画） | 沈荣根著，韩伍绘 | 外文 | 1958.11 | 3176 | 0.60 |
| 新中国的大学生（摄影） | 中华全国学生联合会 | 外文 | 1958.9（1961 年停售） | 3926 | 0.50 |
| 小羊和狼（连环画） | 左文编，严个凡绘 | 外文 | 1958.12 | 3558 | 0.44 |
| 一幅僮锦（连环画） | 吉志西编，颜梅华绘 | 外文 | 1958.6 | 2085 | 0.80 |
| 中国一瞥（摄影） | 外文出版社 | 外文 | 1958.9 | 3100 | 4.50 |
| 新疆风光（明信片） | | 外文 | 1958.11 | 4092 | 0.60 |
| 西藏风光（明信片） | | 外文 | 1958.9 | 3068 | 0.42 |
| 颐和园（明信片） | | 外文 | 1958.11 | | |

## 1958 年缅甸文版书目（31 种）

| 书名 | 作者 | 出版社 | 出版/再版时间 | 印刷/发行册数 | 装帧/定价(元) |
|------|------|--------|---------------|---------------|---------------|
| 毛泽东论帝国主义和一切反动派都是纸老虎 | 毛泽东 | 外文 | 1958.11 | 5000 | 0.32 |
| 毛泽东论帝国主义和一切反动派都是纸老虎（扩大本） | 毛泽东 | 外文 | 1958.12 | 1500 | |
| 关于农业合作化问题 | 毛泽东 | 外文 | 1958.5 | 3055 | 0.47 |
| 目前国际形势 | | 外文 | 1958.9 | 3231 | 0.85 |
| 反对美国在台湾海峡地区的军事挑衅 | 中国人民外交学会 | 外文 | 1958.1 | 2730 | 0.80 |

续表

| 书名 | 作者 | 出版社 | 出版/<br>再版时间 | 印刷/<br>发行册数 | 装帧/<br>定价(元) |
|---|---|---|---|---|---|
| 中国建设现代农业的道路 | | 外文 | 1958.9 | 2146 | 0.85 |
| 赶上英国，超越英国 | 牛忠黄 | 外文 | 1958.7 | 2126 | 0.60 |
| 教育必须与生产劳动相结合 | 陆定一 | 外文 | 1958.1 | 3101 | 0.32 |
| 孙中山纪念文集 | 毛泽东等 | 外文 | 1958.12 | | |
| 新事新办及其他故事 | 谷峪、<br>高玉宝等 | 外文 | 1958.1 | 1120 | |
| 西厢记（连环画） | 洪曾玲改编，<br>王叔晖绘 | 外文 | 1958.5 | 3055 | 0.75 |
| 水牛斗老虎（中国民间故事选第二集） | 米谷插图 | 外文 | 1958.2 | 2185 | 精 |
| 新中国的大学生（摄影） | 中华全国<br>学生联合会 | 外文 | 1958.9 | 2295 | 0.50 |
| 火焰山（连环画） | 良士、<br>徐弘达编绘 | 外文 | 1958.8<br>（1959年停售） | 3042 | 0.70 |
| 秦香莲（连环画） | 盛强改编，钱<br>笑呆、陶干臣绘 | 外文 | 1958.8 | 3042 | 0.80 |
| 谭记儿（连环画） | 吴伯祺绘 | 外文 | 1958.12 | 3042 | |
| 一支双筒枪（连环画） | 王星北改编，<br>胡克文、<br>胡克克礼绘 | 外文 | 1958.11 | 2047 | |
| 天仙配（连环画） | 王弘力编绘 | 外文 | 1958.9 | 3254 | 0.45 |
| 一只受了伤的小鸟（连环画） | 学前儿童文艺<br>丛书编委会编，<br>严个凡绘 | 外文 | 1958.12 | 3067 | 0.44 |
| 懒姑娘的幻想（连环画） | 沈荣根著，<br>韩伍绘 | 外文 | 1958.12 | | |
| 太阳公公（连环画） | 金近等著，<br>严折西绘画 | 外文 | 1958.12 | 3067 | 0.33 |
| 鸡和耳朵（连环画） | 沈百英、<br>方轶群著，<br>高步青绘 | 外文 | 1958.12 | 2067 | 0.33 |
| 小雨点（连环画） | 郑少和 | 外文 | 1958 | 3068 | |

| 书名 | 作者 | 出版社 | 出版/再版时间 | 印刷/发行册数 | 装帧/定价(元) |
|---|---|---|---|---|---|
| 金斧头（连环画） | 杨菊编写，李天心绘画 | 外文 | 1958.12 | 2065 | 0.44 |
| 美丽的树叶（连环画） | 学前儿童文艺丛书编委会编，肖淑芳绘 | 外文 | 1958.12 | 2070 | 0.33 |
| 梅花朵朵（连环画） | 学前儿童文艺丛书编委会编，杨先让绘 | 外文 | 1958.12 | 2070 | 0.33 |
| 小羊和狼（连环画） | 左文编，严个凡绘 | 外文 | 1958.12 | 2065 | 0.44 |
| 一幅僮锦（连环画） | 吉志西编，颜梅华绘 | 外文 | 1958.6 | 1624 | 0.80 |
| 中国一瞥（摄影） | 外文出版社 | 外文 | 1958.9（1960 年停售） | 3070 | 精 4.50 |
| 西藏风光（明信片） | | 外文 | 1958.9 | 2572 | 0.42 |
| 颐和园（明信片） | | 外文 | 1958.4 | 1695 | 0.60 |

## 1958 年印度古加拉提文版书目（1 种）

| 书名 | 作者 | 出版社 | 出版/再版时间 | 印刷/发行册数 | 装帧/定价(元) |
|---|---|---|---|---|---|
| 李龙打鹿（画册） | 冯若梅改编，颜梅华画 | 外文 | 1958.7 | 5020 | 0.31 |

## 1958 年乌尔都文版书目（1 种）

| 书名 | 作者 | 出版社 | 出版/再版时间 | 印刷/发行册数 | 装帧/定价(元) |
|---|---|---|---|---|---|
| 毛泽东论帝国主义和一切反动派都是纸老虎（扩大版） | 毛泽东 | 外文 | 1958.11 | 5000 | 0.50 |

### 1958 年阿拉伯文版书目（6 种）

| 书名 | 作者 | 出版社 | 出版/再版时间 | 印刷/发行册数 | 装帧/定价(元) |
|---|---|---|---|---|---|
| 毛泽东论帝国主义和一切反动派都是纸老虎 | 毛泽东 | 外文 | 1958.11 | 30770 | 0.42 |
| 教育必须与劳动生产相结合 | 陆定一 | 外文 | 1958.12 | | |
| 支援阿拉伯兄弟的呼声 | 茅盾等 | 外文 | 1958.12 | 12450 | 1.00 |
| 中国共产党第八届全国代表大会第二次会议文件集 | | 外文 | 1958.11 | 4300 | |
| 中国一瞥（摄影） | 外文出版社 | 外文 | 1958.9（1960 年停售） | 5152 | 4.50 |
| 颐和园（明信片） | | 外文 | 1958.11 | | |

### 1958 年荷兰文版书目（1 种）

| 书名 | 作者 | 出版社 | 出版/再版时间 | 印刷/发行册数 | 装帧/定价(元) |
|---|---|---|---|---|---|
| 巧媳妇（画集） | 熊塞声、余金编，陈缘督绘 | 外文 | 1958.1（1961 年停售） | 3050 | 0.40 |

### 1958 年多语种对照版书目（4 种）

| 书名 | 作者 | 出版社 | 出版/再版时间 | 印刷/发行册数 | 装帧/定价(元) |
|---|---|---|---|---|---|
| 跃进中的上海工业（1958.1—1958.3，中、俄、英文对照，摄影集） | 上海人民美术出版社 | 上海人民美术 | 1958.4 | | |
| 北京大学（中、俄、英文对照，摄影集） | 北京大学 | 上海人民美术 | 1958.4 | | 精3.80 |
| 北京大学（中、俄、英文对照，摄影集） | 北京大学 | 上海人民美术 | 1958.4 | | 2.60 |
| 猎虎记（画册，中、俄、德文对照） | | 上海人民美术 | 1958.4 | | |

# 1959 年图书（期刊）对外翻译出版发行活动

　　本年，法国禁止《人民中国》法文版在法发行；由于印度尼西亚政府颁布不准国外的印尼文书刊贸易进口的法令，《人民中国》印尼文版改为非贸易发行；印度政府禁止输入直接或间接包含有关对边界怀疑的字句、迹象，或有明显表示的任何书籍、定期刊物、小册子及其他文件进口，《北京周报》在印度发行受阻；

　　本年，《人民画报》从本月起除瑞典文版之外的 11 种外文版改为半月刊，给外运部门带来很大压力，每月积压 20 多吨，仅订户部分（10 万份），航邮费就多花 50 万元人民币，导致邮电部无外汇可用；

　　本年，国际书店派员随中国贸促会代表团访参加摩洛哥卡萨布兰卡国际博览会，这是国际书店第一次在非洲大陆展出中国出版物；国际书店为庆祝中华人民共和国成立 10 周年，制定并实施了大规模推广计划；国际书店向联邦德国订购钢片压板机、地址签印刷机等成套设备，订户管理向机械化前进一大步。

　　1959 年 1 月 1 日，《人民画报》从本月起除瑞典文版之外的 11 种外文版全部改为半月刊，编辑方针不变，亚洲、南美、西欧地区改为航空飞行，免收航空邮寄费。发行量由 1958 年的平均每期 40 万册增加到 80 万册。

　　1959 年 1 月 24 日，国际书店停止对苏新①各国供应影印书刊。

　　1959 年 1 月 28 日，外文出版社拟定 1959 年工作规划，明确提出图书发行对象是"在地区上是以民族独立和正在争取民族独立的亚非国家和拉丁美洲国家为主，同时兼顾兄弟国家的需要和一些资本主义国家的需要"。出版一套系统介绍中国社会主义建设成就的新中国成立 10 周年丛书。继续

---

　　①　苏新，指的是苏联、民主德国、捷克、罗马尼亚、波兰等当时社会主义国家，又称"新民主主义国家"这是 20 世纪 50 至 60 年代的时代用语。

出版一部分毛泽东著作的单行本以及党和国家的新政治文件，也出版一部分中国古典和现代的优秀文艺作品、优秀的青少年读物、摄影画册、连环画、儿童读物、明信片等等。中文选题 200 种，各种语文选题 700 种左右。《人民画报》适当增加少数国外题材。《北京周报》充实内容，增辟国内外通讯，由原来的 24 页增加到 28 页。《人民中国》除印尼文版、日文版之外，增出西班牙文版。《中国文学》杂志由双月刊改为月刊。

1959 年 2 月，法国禁止《人民中国》法文版在法发行。同年 6 月，法国"报刊发行中心"也函告国际书店，借口阿尔及利亚问题禁止《人民画报》在法发行。但由于瑞士、比利时、非洲等国家的法语读者继续需要，该刊继续出版。

1959 年 2 月，荷兰共产党书店毕加索书店经理赛赫伦来访。

1959 年 2 月，为庆祝中华人民共和国成立 10 周年，国际书店制定对外书刊发行的大规模推广计划，拟在国外 64 种报刊刊登征订广告 212 次，举办 61 次中国书展，印发 33 种书刊推广品（宣传品）100 万份，赠送 16 万份月历。上述计划均付实施。

1959 年 2 月，外文出版社出版巴金的《家》英文版，巴金亲自为英文版撰写后记。该书于 1965 年 1 月又再版，总计发行量达到 34404 册。

1959 年 2 月，鉴于印度尼西亚政府颁布不准国外的印尼文书刊贸易进口的法令，中央决定《人民中国》印尼文版停刊，当年 7 月又复刊，改为非贸易发行，直到 1968 年再次停刊。

1959 年 3 月 30 日，文委 10 年对外工作介绍材料中总结到：1949 至 1953 年，翻译出版了一些介绍中国解放后的新变化和中国重要的法令、文件等小册子。1954 年后选题范围逐步扩大，包括马列主义理论著作，一般的政治、经济、文学著作和美术画册。对外语文增加到 14 种。品种数截止到 1958 年底，外文出版社用英、俄、法、德、西班牙、印尼、日、印地、泰、越南、乌尔都、缅甸、阿拉伯、荷兰等文版 1090 种图书。其中中国基本知识、基本情况的书籍 539 种，文艺书籍 161 种（古典文学 20 种，五四时期文学作品 33 种，当代学文学作品 109 种），图片、画册 390 种。

1959 年 4 月，国际书店派员随中国贸促会代表团访参加摩洛哥卡萨布兰卡国际博览会，这是国际书店第一次在非洲大陆展出中国出版物。

1959 年 4 月 3 日，对外文委批示，影印书刊只对捷克、匈牙利、罗马尼亚、越南、蒙古、朝鲜等 6 国被动供应，且限量 2—3 册。

1959 年 4 月 6 日，国务院外办、对外文委批准外文出版社与巴黎文学艺术社合作出版中国图书，选题由外文出版社提供，洽谈出版以及经费收付，由国际书店负责。

1959 年 4 月，《毛泽东诗词》（19 首）英文版出版，并由外文出版社向全世界各地发行，英文版首印 3300 册。此后又陆续出版了西班牙文版（首印 4380 册）、法文版（1960 年首印 15940 册）、印地文版（1960 年首印 1250 册）、荷兰文版（1960 年首印 2130 册）、印尼等文版。

1959 年 5 月，对外文委、外交部调整书刊赠送对象，规定"在民族主义国家应限于官方人士、上层人物、社会名流、友好组织；在资本主义国家除友好组织和有关出版机构外，一般不按常赠户赠阅"。常赠户一般为一年，除随时注意调整外，每年终要进行一次总调整。赠阅一般限于期刊，图书只是有选择地赠送，数量注意缩减。

1959 年 5 月，10 多种文版的《人民画报》改为半月刊后，给外运部门带来很大压力，北京邮局通知国际书店，不再接受《人民画报》海外航邮件，理由是邮电部已无外汇可用。

1959 年 6 月，越南书刊进出口公司经理来访，要求增加影印书、越南文版、中文版图书供应。

1959 年 6 月，陈毅在国务院外办《中国文学》讨论会上发表长篇讲话，指出：《中国文学》杂志应以艺术为主，它的任务是通过作品反映中国的现实生活，"《中国文学》是文学杂志，《中国文学》不是政治、绘画、摄影或军事杂志，因此要注意兴趣，否则何必办这个杂志呢"？"《中国文学》是高级刊物，要发表高级文学、艺术作品。用作品吸引人，打动高级知识分子的心。它不可能大众化，不要追求发行量。""艺术以兴趣为主，没有兴趣不叫艺术，兴趣越大，作为政治工具越有力。""《中国文学》方针不变，但要增强艺术。题材方面可以有小资产阶级，也可以有恋爱，也可以有战斗；有大花园，也要有小盆景（即随笔）""《中国文学》要注意面宽，趣味多，不要只是一种趣味，《中国文学》不要出时事性的附册。中央文件一出，13 种语文同时广播，你们（《中国文学》）登不登没有关系。不要发生什么问题，就马上反映"。外办副主任廖承志指出："《中国文学》要登水平高的东西，要多样化些，成熟些。目前只要求巩固，不要求发行太多"。"《中国文学》不要配合任务，不要抢先"。

1959 年 6 月 16 日，时任中宣部副部长的林默涵指示外文出版社要尽快编译出版《中国历代诗选》、《中国历代散文选》等。此后，外文出版社拟定了《中国历代诗选》，收录了从先秦到五四时期的 1500 首诗歌。

1959 年 7 月，对外文委对世界语《人民中国报道》规划做出批示意见：《人民中国报道》不仅以拉丁美洲、日本、北欧为主，仍应以亚非拉、北欧等和平中立国家为主，目前需大力提高发行质量。现发行 7000 份中，兄弟国家占 5000 份（苏联 2000 份）的比重过大，应有所控制。

1959 年 7 月，国际书店上报对外文委建议停止航空邮寄《人民画报》。理由是民航载行李能力不够，每月积压 20 多吨，仅订户部分（10 万份），航邮费就多花 50 万元人民币。

1959 年 8 月 6 日，国际书店于本月正式声明，不再参加法兰克福书展，抗议西德一方面邀请中国参展，一方面又邀请台湾国民党相关机构参加。

1959 年 8 月 25 日，对外文委给国务院外办的建议中，提出目前外文期刊以人民币作为国外定价的基价做法需要改变，办法是以国外当地市场价作基础。《人民画报》对印度、缅甸、法国、日本、伊拉克以及非洲、拉美一些国家和地区的定价明显偏低。为了防止造成"廉价倾销"的误解，这些国家、地区的定价需要适当提高。

1959 年 9 月，苏联图书代表卡加诺夫赴沈阳、哈尔滨、大连三地外文书店访问，就大连邮局不销售《真理报》一事提出意见，建议中国新华书店应按照马克思、恩格斯、列宁、毛泽东、斯大林的顺序悬挂领袖像，同时指出苏联不再悬挂斯大林画像。

1959 年 9 月 24 日，《人民画报》增出僮文版，由民族出版社出版，1967 年停刊。

1959 年 10 月，大型画册《中国》由外文出版社出版，本画册由廖承志主持纪念新中国诞生 10 周年。

1959 年 10 月，国际书店纠正捷克阿提亚公司出版的德文画册《远方的国度》一书把西藏与中国、日本、印度并列，通知外文书店停售此书。

1959 年 11 月，印度同业来电，要求停寄《北京周报》，理由是印度政府禁止输入直接或间接包含有关对边界怀疑的字句、迹象，或有明显表示的任何书籍、定期刊物、小册子及其他文件。

1959 年 11 月，国际书店向联邦德国订购钢片压板机、地址签印刷机等成套设备，改编书刊订户管理手工压板、贴签发货的旧方法，国际书店的订户管理向机械化前进一大步。

1959 年 11 月，日本共产党所办书店大安书房经理来访，就账款事宜签署还清旧账款协议。

1959 年 12 月，国际书店与日本共产党代表团会谈，就日本共产党大安、极东、科学三家书店欠款问题商议。

1959 年 12 月，周恩来为庆祝新中国诞生 10 周年而作《伟大的十年》一文，外文出版社用英文、俄文、法文、德文、西班牙文、日文、印尼文、印地文、越南文、缅甸文、阿拉伯文等文字出版发行。

1958 年 12 月，外文出版社出版了中国基本知识丛书英文版 8 种：《简明中国历史》（董集明著）、《简明中国地理》（王均衡著）、《中国哲学史略》（侯外庐著）、《中国现代革命史》（何干之著）、《中国古典文学简史》（冯沅君著）、《中国现代文学史》（丁易著）、《中国小说史略》（鲁迅著）、《中国的农业合作化》（童大林著）。

本年，外文出版社的《儒林外史》英文版在 1959 年莱比锡国际艺术展览会上，获插图银奖。人民画报社记者茹遂初的摄影作品《引水上山》获得民主德国"社会主义胜利"第二届国际摄影展一等奖、匈牙利第三届国际影展金奖。该作品还获得联合国教科文组织的 1981 年日本东京举办的第六届亚太地区摄影竞赛"文化中心"奖。

本年，阿根廷劳太罗出版社来访、厄瓜多尔托达斯书店来访、英国中央书店来访。

本年，外文出版社用英文、法文、西班牙文、俄文、印尼文、日文、越南文、缅甸文、印地文、乌尔都文、匈牙利文、德文、荷兰文、芬兰文、阿拉伯文、世界语、中文等 17 个语文出版 399 种图书。其中有：《毛泽东诗词》（19 首）、周恩来的《伟大的 10 年》、《中国现代革命史》、《中国哲学史略》、《鲁迅选集》第三卷、巴金的《家》等。

本年，国际书店年初制定的对外书刊发行的大规模推广计划：64 种报刊刊登征订广告 212 次，举办 61 次中国书展，印发 33 种书刊推广品（宣传品）100 万份，赠送 16 万份月历均付诸实施。外文期刊订户数量迅速增加，如《人民画报》订户 1959 年比 1958 年年初增长 5 倍多，其他外文期刊订户增长 3 倍。国际书店对外发行外文图书 51 万册，外文期刊 755 万份。但 1959 年上半年苏联新任领导人赫鲁晓夫与美国总统艾森豪威尔举行戴维营会议，提出"三无世界"与"三和路线"①，中印边境紧张等国际大背景，对书刊发行均产生影响。

---

① "三无世界"、"三和路线"：这是当时新任苏联领导人赫鲁晓夫提出的与美国全面缓和国际关系的系列政治主张。"三和路线"指的是资本主义和社会主义在当时的国际形势下可以"和平共处"、"和平竞赛"、"和平过渡"，"三无世界"指的是"没有武器、没有军队、没有战争的世界"。

# 1959 年对外发行图书目录

## 1959 年英文版书目（72 种）

| 书名 | 作者 | 出版社 | 出版/再版时间 | 装帧/印刷/发行册数 |
|---|---|---|---|---|
| 中国共产党第八届中央委员会第八次全体会议文件 | | 外文 | 1959.9 | 19560 |
| 无产阶级专政的历史经验 | 人民日报编辑部 | 外文 | 1959.2 | 18310 |
| 毛泽东诗词（19 首） | 毛泽东 | 外文 | 1959.3 | 精 3300 |
| 马克思列宁主义在中国的胜利 | 刘少奇 | 外文 | 1959.12（重印 1 次） | 21640 |
| 政府工作报告（1959 年 4 月 18 日在第二届全国人民代表大会第一次会议上） | 周恩来 | 外文 | 1959.5 | 16900 |
| 伟大的十年 | 周恩来 | 外文 | 1959.12 | 19860 |
| 关于调整 1959 年国民经济计划主要指标和进一步开展增产节约运动的报告 | 周恩来 | 外文 | 1959.9 | 20740 |
| 高举党的总路线和毛泽东军事思想的红旗阔步前进 | 林彪 | 外文 | 1959.12 | 25620 |
| 中国人民大团结和世界人民大团结 | 邓小平 | 外文 | 1959.12 | 15109 |
| 中国哲学史略 | 侯外庐主编，张岂之等编写，王正中译 | 外文 | 1959.9（1960 年停售） | 精 5350 |
| 中国现代革命史 | 何干之主编，北京大学西语系英语专业译 | 外文 | 1959.9（1960 年停售） | 精 16720 |
| 关于西藏问题 | | 外文 | 1959.5 | 10600 |
| 西藏问题述闻 | 安娜·路易斯·斯特朗 | 新世界 | 1959.1 | 精/平 8000 |
| 关于老挝问题 | | 外文 | 1959.1 | 6000 |

续表

| 书名 | 作者 | 出版社 | 出版/再版时间 | 装帧/印刷/发行册数 |
|---|---|---|---|---|
| 关于中印边界问题文件汇编 | | 外文 | 1959 | 5000 |
| 中国农业合作化的道路 | 童大林 | 外文 | 1959.9 | 精 |
| 全民办工业的高潮 | | 外文 | 1958.12（1961 年停售） | 10550 |
| 成长中的人民公社 | 安娜·路易斯·斯特朗 | 新世界 | 1959 | 12091 |
| 中国农田水利大跃进 | 顾雷等 | 外文 | 1959.10（1960 年停售） | 11920 |
| 武汉在建设中 | 中国人民对外友协武汉分会 | 外文 | 1959.5（1961 年停售） | 6100 |
| 氾胜之书今释 | 石声汉释译 | 科学 | 1959 | 精 |
| 中国小说史略 | 鲁迅著，杨宪益、戴乃迭译 | 外文 | 1959.9（3 次重印） | 精 34354 |
| 中国现代文学史略 | 丁易 | 外文 | 1959.9（1960 年停售） | 精 4300 |
| 鲁迅选集（第三卷） | 鲁迅著，杨宪益、戴乃迭译 | 外文 | 1959.7（3 次重印） | 精 21519 |
| 跟随毛主席长征 | 陈昌奉著，阿老插图 | 外文 | 1959.3（3 次重印） | 精 107815 |
| 董存瑞的故事 | 左林著，王德威插图 | 外文 | 1959.4 | |
| 家 | 巴金著，沙博理译，刘旦宅绘 | 外文 | 1959.2（3 次重印） | 精 34404 |
| 骆驼祥子 | 老舍 | 外文 | 1959 | |
| 茶馆（话剧） | 老舍 | 外文 | 1959 | |
| 小城春秋 | 高云览著，沙博理译，阿老插图 | 外文 | 1959.4 | 精 7000 |
| 一场挽救生命的战斗 | 巴金等著，诚质怡、沈子高译 | 外文 | 1959.7 | 3600 |
| 新的家及其他故事（新中国短篇小说选第二集） | 艾芜等 | 外文 | 1959.4（1955 年初版，1959 年重印） | 精 |

续表

| 书名 | 作者 | 出版社 | 出版/再版时间 | 装帧/印刷/发行册数 |
|---|---|---|---|---|
| 征服贡嘎山记 | 史占春著，黄开平译 | 外文 | 1959.6（1960 年停售） | 3700 |
| 攀登慕士塔格山峰 | 杨克现著，何永康译 | 外文 | 1959.3 | 3791 |
| 大慈恩寺三藏法师（玄奘）传（又名：玄奘的一生） | （唐）沙门 | 中国佛教协会 | 1959 | 6907 |
| 抗日战争的故事 | 李天佑等 | 外文 | 1959 | 4190 |
| 董存瑞的故事 | 左林著，王德威插图外文 | | 1959 | 3350 |
| 高山上的火苗（红军的故事） | 何长工等 | 外文 | 1959.10（重印 1 次） | 16270 |
| 五彩路 | 胡奇著，唐笙译，杨永青绘图 | 外文 | 1959.7（2 次重印） | 13671 |
| 小黑马的故事 | 袁静著，路坦插图，聂文权译 | 外文 | 1959.12（2 次重印） | 24020 |
| 宝葫芦的秘密 | 张天翼著，戴乃迭译，林琬崔绘图 | 外文 | 1959.7（2 次重印） | 30740 |
| 中国第一个世界纪录创造者——陈镜开 | 吴重远 | 外文 | 1959.3 | 2771 |
| 将相和（连环画） | 黎新绘 | 外文 | 1959.8 | 3930 |
| 杨根思（根据望昊的《百炼成钢》改编） | 一帆改编，贺友直绘 | 外文 | 1959.8（3 次重印） | 31645 |
| 姑娘和八哥鸟（根据刘肇霖原诗节编，彩色连环画） | 程十发绘 | 外文 | 1959.8（3 次重印） | 43135 |
| 做了一件事（彩色连环画） | 胡译中著，胡雁改编，张大经、黄禾绘 | 外文 | 1959.8（再版 1 次） | 12461 |
| 草上飞（连环画） | 白艾原著，思佳改编，罗盘绘 | 外文 | 1959.4 | 2831 |

| 书名 | 作者 | 出版社 | 出版/再版时间 | 装帧/印刷/发行册数 |
|---|---|---|---|---|
| 我和小山羊（连环画） | 杨培根著，陈清之绘图 | 外文 | 1959.2（4 次重印） | 64427 |
| 唱的是山歌（连环画） | 严冰儿著，陈秋草绘 | 外文 | 1959.2 | 43850 |
| 小铅笔历险记 | 贺易著，刘王斌绘 | 外文 | 1959.1（4 次重印） | 60827 |
| 画眉泉（连环画） | 萧甘牛著，叶飞木刻 | 外文 | 1959.2（再版 1 次） | 8119 |
| 狐狸（连环画） | 管桦著，严格凡绘 | 外文 | 1959.2（4 次重印） | 43560 |
| 老乡的马（连环画） | 鲁兵著，刘熊绘 | 外文 | 1959.2（4 次重印） | 51810 |
| 萝卜回来了（连环画） | 方轶群设计，严个凡绘 | 外文 | 1959.2（4 次重印） | 75507 |
| 汪汪的小房子（连环画） | 吴宏修著，朱延龄绘 | 外文 | 1959.2（2 次重印） | 76459 |
| 在暑假里（连环画） | 吴华编写，赵白山绘 | 外文 | 1959.2（3 次重印） | 48494 |
| 牧童和毒龙（连环画） | 史阳著，李天心绘 | 外文 | 1959.2（2 次重印） | 44056 |
| 猴子捞月亮 | 夏霞编写，万籁鸣绘 | 外文 | 1959.2（4 次重印） | 71517 |
| 毛虫的故事 | 季华编写，黄均、田世光绘 | 外文 | 1959.2（3 次重印） | 32459 |
| 老翁泉（彩色连环画） | 萧甘牛编写，李天心绘 | 外文 | 1959.6（3 次重印） | 48610 |
| 骄傲的将军 | 华君武著，特伟编写 | 外文 | 1959.9（4 次重印） | 42940 |
| 实用摄影学 | | 科学 | 1958.12 | 精 |
| 北京游览图 | | 北京 | 1959.9 | |

续表

| 书名 | 作者 | 出版社 | 出版/再版时间 | 装帧/印刷/发行册数 |
|---|---|---|---|---|
| 中华人民共和国邮票 | 中国集邮总公司 | 外文 | 1959.6 | 精 17731 |
| 中国儿童画选集（1958） | | 外文 | 1959.5 | 精 8430 |
| 京剧戏脸 | 张光宇设计，张正宇绘 | 外文 | 1959.12 | 3030 |
| 中华人民共和国成立十周年纪念专刊 | | 外文 | 1959 | 1000 |
| 全民炼钢铁（摄影） | | 外文 | 1959.10 | 11040 |
| 人物小品（明信片） | 李斛、叶浅予等 | 外文 | 1959.5 | 12330 |
| 西湖之春（明信片） | | 外文 | 1959.4 | 12320 |
| 苏州园林（明信片） | | 外文 | 1959.4 | 12450 |
| 盆景（明信片） | | 外文 | 1959.4 | 13774 |

## 1959 年德文版书目（37 种）

| 书名 | 作者 | 出版社 | 出版/再版时间 | 装帧/印刷/发行册数 |
|---|---|---|---|---|
| 中国共产党第八届中央委员会第六次全体会议文件 | | 外文 | 1959.3 | 9300 |
| 中国共产党第八届中央委员会第八次会议文件 | | 外文 | 1959.9 | 6311 |
| 帝国主义和一切反动派都是纸老虎（扩大版） | 毛泽东 | 外文 | 1959.2（1960 年停售） | 2000 |
| 马克思列宁主义在中国的胜利 | 刘少奇 | 外文 | 1959.12（再版 1 次） | 8270 |
| 伟大的十年 | 周恩来 | 外文 | 1959.12（再版 1 次） | 8270 |
| 政府工作报告（1959 年 4 月 18 日在第二届全国人民代表大会第一次会议上） | 周恩来 | 外文 | 1959.6 | 4840 |

续表

| 书名 | 作者 | 出版社 | 出版/再版时间 | 装帧/印刷/发行册数 |
|---|---|---|---|---|
| 关于调整 1959 年国民经济计划主要指标和进一步开展增产节约运动的报告 | 周恩来 | 外文 | 1959.9 | 4040 |
| 高举党的总路线和毛泽东军事思想的红旗阔步前进 | 林彪 | 外文 | 1959.12 | 5950 |
| 中国人民大团结和世界人民大团结 | 邓小平 | 外文 | 1959.12 | 6460 |
| 中国人民志愿军抗美援朝八年 |  | 外文 | 1959.3 | 3410 |
| 中华人民共和国成立十周年纪念专刊 | 中央外办 | 外文 | 1959 | 400 |
| 关于西藏问题 |  | 外文 | 1959.6 | 4040 |
| 中国的文字改革 | 吴玉章等 | 外文 | 1959.7 | 3285 |
| 李时珍，中国古代伟大的药学家 | 张慧剑著，蒋兆和绘 | 外文 | 1959.7 | 1930 |
| 建设十三陵水库的人们 |  | 外文 | 1959.7 | 1880 |
| 长征的故事 | 杨成武等 | 外文 | 1959.8 | 3130 |
| 我小时候的故事（连环画） | 王权口述，袁佳写，斯明、赵白山等绘 | 外文 | 1959.1（1961 年停售） | 3246 |
| 狐狸（连环画） | 管桦著，严格凡绘 | 外文 | 1959.1（3 次重印） | 9649 |
| 萝卜回来了（连环画） | 方轶群著，严格凡绘 | 外文 | 1959.1（3 次重印） | 17704 |
| 画眉泉（连环画） | 萧甘牛著，叶飞木刻 | 外文 | 1959.1 | 7144 |
| 汪汪的小房子（连环画） | 吴宏修著，朱延龄绘 | 外文 | 1959.1 | 2615 |
| 老乡的马（连环画） | 鲁兵著，刘熊绘 | 外文 | 1959.1（3 次重印） | 5154 |
| 在暑假里（连环画） | 吴华编写，赵白山绘 | 外文 | 1959.1（2 次重印） | 5244 |

续表

| 书名 | 作者 | 出版社 | 出版/再版时间 | 装帧/印刷/发行册数 |
|---|---|---|---|---|
| 牧童和毒龙（连环画） | 史阳著，李天心绘 | 外文 | 1959.1（2 次重印） | 8651 |
| 姑娘和八哥鸟（根据刘兆霖原诗节编，彩色连环画） | 程十发绘 | 外文 | 1959.8（2 次重印） | 25199 |
| 毛虫的故事（连环画） | 季华编写，黄均、田世光绘，徐小丽译 | 外文 | 1959.3（2 次重印） | 4678 |
| 猴子捞月亮（连环画） | 夏霞编写，万籁鸣绘 | 外文 | 1959.3（2 次重印） | 5689 |
| 中华人民共和国邮票 | 中国集邮总公司编 | 外文 | 1959.7 | 精 9378 |
| 中国儿童画选集（1958） | | 外文 | 1959.8 | 精 4740 |
| 骄傲的将军 | 华君武原著，特伟编绘 | 外文 | 1959.12（2 次重印） | 5720 |
| 京剧戏脸 | 张光宇设计，张正宇绘 | 外文 | 1959.12 | 2776 |
| 中国农村向电气化迈进（摄影） | | 外文 | 1959.2 | 3750 |
| 全民炼钢铁（摄影集） | | 外文 | 1959.3 | 4176 |
| 西湖之春（明信片） | | 外文 | 1959.4 | 2351 |
| 苏州园林（明信片） | | 外文 | 1959.4 | 2190 |
| 盆景（明信片） | | 外文 | 1959.3 | 3903 |
| 人物小品（明信片） | 李斛、叶浅予等 | 外文 | 1959.5 | 3115 |

## 1959 年法文版书目（48 种）

| 书名 | 作者 | 出版社 | 出版/再版时间 | 装帧/印刷/发行册数 |
|---|---|---|---|---|
| 中国共产党第八届中央委员会第六次全体会议文件 | | 外文 | 1959.3 | 4100 |
| 中国共产党第八届中央委员会第八次会议文件 | | 外文 | 1959.9 | 6060 |

续表

| 书名 | 作者 | 出版社 | 出版/再版时间 | 装帧/印刷/发行册数 |
|---|---|---|---|---|
| 无产阶级专政的历史经验 | | 外文 | 1959.9（再版1次，一论、再论合订本） | 13160 |
| 帝国主义和一切反动派都是纸老虎（扩大本） | 毛泽东 | 外文 | 1959.3（1960年停售） | 3000 |
| 马克思列宁主义在中国的胜利 | 刘少奇 | 外文 | 1959.12（2次重印） | 15720 |
| 政府工作报告（1959年4月18日在第二届全国人民代表大会第一次会议上） | 周恩来 | 外文 | 1959.5 | 5340 |
| 伟大的十年 | 周恩来 | 外文 | 1959.12（2次重印） | 13870 |
| 关于调整1959年国民经济计划主要指标和进一步开展增产节约运动的报告 | 周恩来 | 外文 | 1959.9 | 6260 |
| 高举党的总路线和毛泽东军事思想的红旗阔步前进 | 林彪 | 外文 | 1959.12（2次重印） | 13360 |
| 中国人民大团结和世界人民大团结 | 邓小平 | 外文 | 1959.12（2次重印） | 13485 |
| 文艺战线上的一场大辩论 | 周扬 | 外文 | 1959.10 | 2480 |
| 中华人民共和国成立十周年纪念专刊（含节选本） | 中央外办 | 外文 | 1959 | 800 |
| 关于西藏问题 | | 外文 | 1959.7 | 3390 |
| 中国农田水利大跃进 | 顾雷等 | 外文 | 1959.4（1960年停售） | 1761 |
| 简明中国地理 | 王均衡 | 外文 | 1959.5（1960年停售） | 6600 |
| 长征的故事 | 杨成武等 | 外文 | 1959.7（再版1次） | 7850 |
| 跟随毛主席长征 | 陈昌奉著，阿老插图 | 外文 | 1959.3（3次重印） | 精53310 |

续表

| 书名 | 作者 | 出版社 | 出版/<br>再版时间 | 装帧/印刷/<br>发行册数 |
|---|---|---|---|---|
| 高干大 | 欧阳山著，<br>葛莱伯特译 | 外文 | 1959.2 | 2900 |
| 杨司令的少先队（连环画） | 郭墟著，<br>范一心绘 | 外文 | 1959.3<br>（3次重印） | 31238 |
| 草上飞（连环画） | 思佳改编，罗盘绘 | 外文 | 1959.6 | 2200 |
| 我小时候的故事（连环画） | 王权口述，<br>袁佳写，斯明、<br>赵白山等绘 | 外文 | 1959.3<br>（1961年停售） | 2716 |
| 牧童和毒龙 | 史阳著，<br>李天心绘 | 外文 | 1959.3<br>（2次重印） | 35266 |
| 毛虫的故事 | 季华编写，<br>黄均、田世光<br>绘，徐小丽译 | 外文 | 1959.3<br>（3次重印） | 29779 |
| 猴子捞月亮 | 夏霞编写，<br>万籁鸣绘 | 外文 | 1959.2<br>（3次重印） | 41425 |
| 狐狸 | 管桦著，<br>严格凡绘 | 外文 | 1959.3<br>（3次重印） | 22211 |
| 萝卜回来了 | 方轶群著，<br>严格凡绘 | 外文 | 1959.3<br>（3次重印） | 31720 |
| 画眉泉 | 萧甘牛著，<br>叶飞木刻 | 外文 | 1959.3<br>（再版1次） | 4515 |
| 闻东海（连环画） | 鲍维湘著，<br>赵白山绘 | 外文 | 1959.3<br>（3次重印） | 31785 |
| 小铅笔历险记 | 贺易著，<br>刘王斌绘 | 外文 | 1959.3<br>（3次重印） | 41694 |
| 老乡的马（连环画） | 鲁兵著，<br>刘熊绘 | 外文 | 1959.3<br>（3次重印） | 22419 |
| 我们家在草原（连环画） | 张梅溪著，<br>颜梅华绘 | 外文 | 1959.3 | 3124 |
| 在暑假里（连环画） | 吴华编写，<br>赵白山绘 | 外文 | 1959.3<br>（2次重印） | 9775 |

续表

| 书名 | 作者 | 出版社 | 出版/再版时间 | 装帧/印刷/发行册数 |
|---|---|---|---|---|
| 我和小山羊（连环画） | 杨培根著，陈清之绘图 | 外文 | 1959.3（再版 1 次） | 9254 |
| 我们家在草原（连环画） | 张梅溪著，颜梅华绘 | 外文 | 1959.3 | 3124 |
| 汪汪的小房子（连环画） | 吴宏修著，朱延龄绘 | 外文 | 1959.3（再版 1 次） | 3015 |
| 波浪里的孩子（连环画） | 何公超著，汪观清绘 | 外文 | 1959.3（1961 年停售） | 3615 |
| 长胡子老头和长裙子老太太（连环画） | 金禾、林地著，严折西绘 | 外文 | 1959.4 | 2717 |
| 老翁泉（连环画） | 萧甘牛编写，李天心绘 | 外文 | 1959.6（3 次重印） | 32060 |
| 骄傲的将军（连环画） | 华君武著，特伟编写 | 外文 | （3 次重印） | 29120 |
| 唱的是山歌（连环画） | 严冰儿著，陈秋草绘 | 外文 | 1959.3 | 28724 |
| 中华人民共和国邮票 | 中国集邮总公司 | 外文 | 1959.7 | 精 5238 |
| 中国儿童画选集（1958） | | 外文 | 1959.5 | 精 3300 |
| 中国农村向电气化迈进（摄影集） | | 外文 | 1959.2（年底停售） | 3510 |
| 全民炼钢铁（摄影集） | | 外文 | 1959.4（年底停售） | 2641 |
| 盆景（明信片） | | 外文 | 1959.3 | 3070 |
| 人物小品（明信片） | 李斛、叶浅予等 | 外文 | 1959.5 | 2690 |
| 西湖之春（明信片） | | 外文 | 1959.4 | 2771 |
| 苏州园林（明信片） | | 外文 | 1959.4 | 2916 |

## 1959 年俄文版书目（25 种）

| 书名 | 作者 | 出版社 | 出版/再版时间 | 装帧/印刷/发行册数 |
|---|---|---|---|---|
| 中国共产党第八届中央委员会第八次全体会议文件 | | 外文 | 1959.9（再版 1 次） | 18680 |
| 中国共产党第八届中央委员会第六次会议文件 | | 外文 | 1959.9（再版 1 次） | 15520 |
| 马克思列宁主义在中国的胜利 | 刘少奇 | 外文 | 1959.12（再版 1 次） | 13480 |
| 政府工作报告（1959 年 4 月 18 日在第二届全国人民代表大会第一次会议上） | 周恩来 | 外文 | 1959.5 | 9070 |
| 伟大的十年 | 周恩来 | 外文 | 1959.12（再版 1 次） | 13990 |
| 关于调整 1959 年国民经济计划主要指标和进一步开展增产节约运动的报告 | 周恩来 | 外文 | 1959.9（再版 1 次） | 19180 |
| 高举党的总路线和毛泽东军事思想的红旗阔步前进 | 林彪 | 外文 | 1959.12（再版 1 次） | 7780 |
| 中国人民大团结和世界人民大团结 | 邓小平 | 外文 | 1959.12 | 7950 |
| 中华人民共和国成立十周年纪念专刊 | 中央外办 | 外文 | 1959 | 1500 |
| 关于中印边界问题文件汇编 | | 外文 | 1959 | 5000 |
| 关于西藏问题 | 外文出版社 | 外文 | 1959.6 | 6240 |
| 中国针灸疗法 | 中医研究院针灸研究所 | 外文 | 1959.9 | 41270 |
| 北京游览手册 | | 外文 | 1959.9 | 精 |
| 北京游览图 | | 外文 | 1959.5 | |
| 京剧 | 陈霖瑞著、叶华摄 | 外文 | 1959.5 | 4960 |
| 中华人民共和国邮票 | 中国集邮总公司 | 外文 | 1959.7 | 精 |
| 中国儿童画选集（1958） | | 外文 | 1959.7 | 精 |

续表

| 书名 | 作者 | 出版社 | 出版/<br>再版时间 | 装帧/印刷/<br>发行册数 |
|---|---|---|---|---|
| 中国农村向电气化迈进（摄影） | | 外文 | 1959<br>（年底停售） | 8170 |
| 全民炼钢铁（摄影） | | 外文 | 1959.2<br>（年底停售） | 4860 |
| 小礼物（连环画） | | 外文 | 1959 | 31452 |
| 小羊过桥（连环画） | | 外文 | 1959 | 31452 |
| 西藏风光（明信片） | | 外文 | 1959.2 | 13320 |
| 盆景（明信片） | | 外文 | 1959.3 | 12430 |
| 西湖之春（明信片） | | 外文 | 1959.4<br>（再版 1 次） | 22630 |
| 苏州园林（明信片） | | 外文 | 1959.4 | 30380 |

## 1959 年西班牙文版书目（72 种）

| 书名 | 作者 | 出版社 | 出版/<br>再版时间 | 装帧/印刷/<br>发行册数 |
|---|---|---|---|---|
| 中国共产党第八届中央委员会第六次全体会议文件 | | 外文 | 1959.2 | 6150 |
| 中国共产党第八届中央委员会第八次会议文件 | | 外文 | 1959.9 | 6070 |
| 中国社会各阶级的分析 | 毛泽东 | 外文 | 1959.8<br>（6 次重印） | 132584 |
| 中国的红色政权为什么能够存在？ | 毛泽东 | 外文 | 1959.4<br>（6 次重印） | 112300 |
| 关于纠正党内的错误思想 | 毛泽东 | 外文 | 1959.3<br>（5 次重印） | 102691 |
| 星星之火，可以燎原 | 毛泽东 | 外文 | 1959.4<br>（9 次重印） | 211533 |
| 关心群众生活，注意工作方法 | 毛泽东 | 外文 | 1959.3<br>（3 次重印） | 46540 |
| 实践论 | 毛泽东 | 外文 | 1959.9<br>（9 次重印） | 194492 |

续表

| 书名 | 作者 | 出版社 | 出版/再版时间 | 装帧/印刷/发行册数 |
|---|---|---|---|---|
| 反对自由主义 | 毛泽东 | 外文 | 1959.6（7 次重印） | 163184 |
| 统一战线中的独立自主问题 | 毛泽东 | 外文 | 1959.3（5 次重印） | 102162 |
| 战争和战略问题 | 毛泽东 | 外文 | 1959.8（6 次重印） | 110010 |
| 中国革命和中国共产党 | 毛泽东 | 外文 | 1959.8（5 次重印） | 162655 |
| 目前抗日统一战线中的策略问题 | 毛泽东 | 外文 | 1959.8（5 次重印） | 83702 |
| 论政策 | 毛泽东 | 外文 | 1959.8（5 次重印） | 105918 |
| 矛盾论 | 毛泽东 | 外文 | 1959.9（7 次重印） | 202774 |
| 《农村调查》的序言和跋 | 毛泽东 | 外文 | 1959.9（7 次重印） | 108327 |
| 改造我们的学习 | 毛泽东 | 外文 | 1959.5（5 次重印） | 92790 |
| 整顿党的作风 | 毛泽东 | 外文 | 1959.9（8 次重印） | 165474 |
| 反对党八股 | 毛泽东 | 外文 | 1959.9（6 次重印） | 96227 |
| 抗日时期的经济问题和财政问题及其他论文 | 毛泽东 | 外文 | 1959.8（3 次重印） | 44680 |
| 关于领导方法的若干问题 | 毛泽东 | 外文 | 1959.8（6 次重印） | 57055 |
| 论人民民主专政 | 毛泽东 | 外文 | 1959.6（4 次重印） | 104090 |
| 毛泽东诗词（19 首） | 毛泽东 | 外文 | 1959.9 | 精 4380 |
| 马克思列宁主义在中国的胜利 | 刘少奇 | 外文 | 1959.12（2 次重印） | 36430 |

续表

| 书名 | 作者 | 出版社 | 出版/<br>再版时间 | 装帧/印刷/<br>发行册数 |
|---|---|---|---|---|
| 伟大的十年 | 周恩来 | 外文 | 1959.12<br>（再版 1 次） | 30100 |
| 政府工作报告（1959 年 4 月 18 日在第二届全国人民代表大会第一次会议上） | 周恩来 | 外文 | 1959.5 | 6280 |
| 关于调整 1959 年国民经济计划主要指标和进一步开展增产节约运动的报告 | 周恩来 | 外文 | 1959.9 | 6570 |
| 高举党的总路线和毛泽东军事思想的红旗阔步前进 | 林彪 | 外文 | 1959.12<br>（2 次重印） | 30750 |
| 中国人民大团结和世界人民大团结 | 邓小平 | 外文 | 1959.12<br>（2 次重印） | 30840 |
| 中华人民共和国成立十周年纪念专刊 | 中央外办 | 外文 | 1959 | 1000 |
| 中国人民志愿军抗美援朝八年 | | 外文 | 1959.2<br>（1960 年停售） | 5700 |
| 现代修正主义必须批判 | | 外文 | 1959.1 | 6505 |
| 关于西藏问题 | | 外文 | 1959.5 | 3650 |
| 全民办工业的高潮 | | 外文 | 1959.3<br>（1961 年停售） | 8390 |
| 中华人民共和国土地改革法及其他文件 | | 外文 | 1959.7<br>（再版 1 次） | 6910 |
| 中华人民共和国婚姻法 | | 外文 | 1959.7 | 2623 |
| 中印边界问题文件汇编 | 外交部 | 外文 | 1959<br>（1960 年停售） | 3000 |
| 中印边界问题文件集 | | 外文 | 1959 | 6290 |
| 少先队员的故事（连环画） | 张天翼著，范一辛绘 | 外文 | 1959.7 | 3300 |
| 中国民间故事选（第一集） | 张光宇等插图 | 外文 | 1959.3 | 精 4200 |
| 中国民间故事选（第二集） | 张光宇等插图 | 外文 | 1959.4 | 精 17260 |
| 白毛女（歌剧） | 贺敬之等 | 外文 | 1959<br>（再版 1 次） | 7247 |

续表

| 书名 | 作者 | 出版社 | 出版/再版时间 | 装帧/印刷/发行册数 |
|---|---|---|---|---|
| 懒姑娘的幻想（连环画） | 沈荣根著，韩伍绘 | 外文 | 1959.1（4次重印） | 41300 |
| 杨司令的少先队（连环画） | 郭墟著，范一辛绘 | 外文 | 1959.1（3次重印） | 16710 |
| 做了一件事（彩色连环画） | 胡译中著，胡雁改编，张大经、黄禾绘 | 外文 | 1959.8（再版1次） | 23227 |
| 滨海的孩子（连环画） | 肖平著，华三川插图 | 外文 | 1959.2 | 精 |
| 我小时候的故事（连环画） | 王权口述，袁佳写，斯明、赵白山等绘 | 外文 | 1959.1（1961年停售） | 4212 |
| 在暑假里（连环画） | 吴华编写，赵白山绘 | 外文 | 1959.1（2次重印） | 23244 |
| 我和小山羊（连环画） | 杨培根著，陈清之绘图 | 外文 | 1959.1（3次重印） | 44279 |
| 我们家在草原（连环画） | 张梅溪著，颜梅华绘 | 外文 | 1959.1 | 4114 |
| 闻东海（连环画） | 鲍维湘著，赵白山绘 | 外文 | 1959.1（3次重印） | 54284 |
| 波浪里的孩子（连环画） | 何公超著，汪观清绘 | 外文 | 1959.1（1961年停售） | 5114 |
| 牧童和毒龙（连环画） | 史阳著，李天心绘 | 外文 | 1959.1（2次重印） | 43711 |
| 狐狸（连环画） | 管桦著，严格凡绘 | 外文 | 1959.1（3次重印） | 39734 |
| 萝卜回来了（连环画） | 方轶群著，严格凡绘 | 外文 | 1959.1（3次重印） | 44844 |
| 画眉泉（连环画） | 萧甘牛著，叶飞木刻 | 外文 | 1959.1 | 4614 |
| 小铅笔历险记（连环画） | 贺易著，刘王斌绘 | 外文 | 1959.1（3次重印） | 44173 |

续表

| 书名 | 作者 | 出版社 | 出版/再版时间 | 装帧/印刷/发行册数 |
|---|---|---|---|---|
| 汪汪的小房子（连环画） | 吴宏修著，朱延龄绘 | 外文 | 1959.1 | 4111 |
| 长胡子老头和长裙子老太太（连环画） | 金禾、林地著，严折西绘 | 外文 | 1959.1 | 4216 |
| 老乡的马（连环画） | 鲁兵著，刘熊绘 | 外文 | 1959.1（3 次重印） | 32174 |
| 毛虫的故事（连环画） | 季华编写，黄均、田世光绘，徐小丽译 | 外文 | 1959.4（2 次重印） | 22112 |
| 猴子捞月亮（连环画） | 夏霞编写，万籁鸣绘 | 外文 | 1959.4（2 次重印） | 61142 |
| 骄傲的将军（连环画） | 华君武著，特伟编写 | 外文 | 1959.9（2 次重印） | 24300 |
| 唱的是山歌（连环画） | 严冰儿著，陈秋草绘 | 外文 | 1959.1（3 次重印） | 25144 |
| 中华人民共和国邮票 | 中国集邮总公司 | 外文 | 1959.7 | 精 5170 |
| 中国儿童画选集（1958） | | 外文 | 1959.5 | 精 1120 |
| 中国农村向电气化迈进（摄影） | | 外文 | 1959 | 8330 |
| 全民炼钢铁（摄影集） | | 外文 | 1959.2 | 6145 |
| 盆景（明信片） | | 外文 | 1959.3 | 6933 |
| 西湖之春（明信片） | | 外文 | 1959.5 | 4148 |
| 苏州园林（明信片） | | 外文 | 1959.4 | 4277 |
| 人物小品（明信片） | | 外文 | 1959 | 7200 |

## 1959 年越南文版书目（31 种）

| 书名 | 作者 | 出版社 | 出版/再版时间 | 装帧/印刷/发行册数 |
|---|---|---|---|---|
| 中国共产党第八届中央委员会第六次全体会议文件 | | 外文 | 1959.2 | 6700 |
| 马克思列宁主义在中国的胜利 | 刘少奇 | 外文 | 1959.12 | 5340 |

续表

| 书名 | 作者 | 出版社 | 出版/再版时间 | 装帧/印刷/发行册数 |
|---|---|---|---|---|
| 政府工作报告（1959 年 4 月 18 日在第二届全国人民代表大会第一次会议上） | 周恩来 | 外文 | 1959.6 | 3658 |
| 伟大的十年 | 周恩来 | 外文 | 1959.12 | 3270 |
| 高举党的总路线和毛泽东军事思想的红旗阔步前进 | 林彪 | 外文 | 1959.12（1962 年改为内部发行） | 3240 |
| 中国人民大团结和世界人民大团结 | 邓小平 | 外文 | 1959.12（1962 年改为内部发行） | 3270 |
| 中国现代革命史（上、下） | 何干之主编，北京大学西语系英语专业译 | 外文 | 1959.7（1960 年停售） | 精、平各5330 |
| 中国人民解放军简史 | 黄涛 | 外文 | 1959.7（1961 年停售） | 3328 |
| 跟随毛主席长征 | 陈昌奉著，阿老插图 | 外文 | 1959.9（2 次重印） | 精 16983 |
| 中国红军的故事 | 何长工等 | 外文 | 1959.2（1960 年停售） | 5270 |
| 抗日战争的故事 | 李天佑等 | 外文 | 1959.5 | 5240 |
| "船厂追踪"及其他故事 | 费礼文等 | 外文 | 1959.8 | 4350 |
| 屈原（连环画） | 董子畏编，刘旦宅绘 | 外文 | 1959.2 | 5120 |
| 将相和（连环画） | 黎新绘 | 外文 | 1959.8 | 10060 |
| 做了一件事（彩色连环画） | 胡译中著，胡雁改编，张大经、黄禾绘 | 外文 | 1959.3 | 8105 |
| 草上飞（连环画） | 白艾原著，思佳改编，罗盘绘 | 外文 | 1959.8 | 10103 |
| 懒姑娘的幻想（彩色连环画） | 沈荣根著，韩伍绘 | 外文 | 1959.1 | 10128 |

续表

| 书名 | 作者 | 出版社 | 出版/<br>再版时间 | 装帧/印刷/<br>发行册数 |
|---|---|---|---|---|
| 苍蝇变大象（连环画） | 王卓君改编，<br>刘传业绘 | 外文 | 1959.11 | 10120 |
| 刘家五兄弟（连环画） | 学前教育儿童<br>文艺丛书编委<br>会，王玉泉绘 | 外文 | 1959.8 | 30060 |
| 长胡子老头和长裙子老太太（连环画） | 金禾、林地著，<br>严折西绘 | 外文 | 1959.11 | 8000 |
| 我和小山羊（连环画） | 杨培根著，<br>陈清之绘图 | 外文 | 1959.1 | 10079 |
| 老翁泉（彩色连环画） | 萧甘牛编写，<br>李天心绘 | 外文 | 1959.6 | 5079 |
| 金斧头（连环画） | 杨菊编，<br>李天心绘 | 外文 | 1959.10 | 10060 |
| 一只受了伤的小鸟（连环画） | 学前教育儿童<br>文艺丛书编委<br>会，严个凡绘 | 外文 | 1959.2 | 10093 |
| 美丽的树叶（连环画） | 学前教育儿童<br>文艺丛书编委<br>会，肖淑芳绘 | 外文 | 1959.9 | 10060 |
| 小雨点（连环画） | 鲁兵、郑少如绘 | 外文 | 1959.10 | 9500 |
| 梅花朵朵（连环画） | 学前教育儿童<br>文艺丛书编委<br>会，杨先让绘 | 外文 | 1959.2 | 10094 |
| 看星星（连环画） | 学前教育儿童<br>文艺丛书编委<br>会，华三川绘 | 外文 | 1959.8 | 30060 |
| 小小画家（连环画） | 学前教育儿童<br>文艺丛书编委<br>会，王玉泉绘 | 外文 | 1959.8 | 20060 |
| 中国农村向电气化迈进（摄影） | | 外文 | 1959.8 | 6170 |

## 1959 年日文版书目（20 种）

| 书名 | 作者 | 出版社 | 出版/<br>再版时间 | 装帧/印刷/<br>发行册数 |
|---|---|---|---|---|
| 中国共产党第八届中央委员会第六次全体会议文件 | | 外文 | 1959.3 | 5270 |
| 中国共产党第八届中央委员会第八次会议文件 | | 外文 | 1959.9 | 4870 |
| 马克思列宁主义在中国的胜利 | 刘少奇 | 外文 | 1959.12 | 40050 |
| 伟大的十年 | 周恩来 | 外文 | 1959.12 | 4150 |
| 政府工作报告（1959 年 4 月 18 日在第二届全国人民代表大会第一次会议上） | 周恩来 | 外文 | 1959.5 | 4945 |
| 关于调整 1959 年国民经济计划主要指标和进一步开展增产节约运动的报告 | 周恩来 | 外文 | 1959.9 | 4920 |
| 高举党的总路线和毛泽东军事思想的红旗阔步前进 | 林彪 | 外文 | 1959.12 | 3350 |
| 中国人民大团结和世界人民大团结 | 邓小平 | 外文 | 1959.12 | 3250 |
| 中国人民志愿军抗美援朝八年 | | 外文 | 1959.12<br>（1960 年停售） | 2610 |
| 关于西藏问题 | | 外文 | 1959.7 | 1501 |
| 关于中印边界问题文件汇编 | 外交部 | 外文 | 1959 | 2000 |
| 纪念中华人民共和国成立十周年专刊（含节选本） | 中央外办 | 外文 | 1959 | 400 |
| 跟随毛主席长征 | 陈昌奉著，阿老插图 | 外文 | 1959.5<br>（3 次重印） | 精 35145 |
| 毛虫的故事 | 季华编写，黄均、田世光绘、徐小丽译 | 外文 | 1959.4 | 2110 |
| 猴子捞月亮 | 夏霞编写，万籁鸣绘 | 外文 | 1959.4 | 2077 |
| 中国儿童画选集（1958） | | 外文 | 1959.7 | 精 1120 |

| 书名 | 作者 | 出版社 | 出版/再版时间 | 装帧/印刷/发行册数 |
|---|---|---|---|---|
| 京剧戏脸 | 张光宇设计，张正宇绘 | 外文 | 1959.12 | 2431 |
| 全民炼钢铁（摄影集） | | 外文 | 1959.2（年底停售） | 2730 |
| 西湖之春（明信片） | | 外文 | 1959.4 | 3209 |
| 苏州园林（明信片） | | 外文 | 1959.4 | 3149 |

## 1959 年缅甸文版书目（24 种）

| 书名 | 作者 | 出版社 | 出版/再版时间 | 装帧/印刷/发行册数 |
|---|---|---|---|---|
| 长征的故事 | 杨成武等 | 外文 | 1959.4 | 1750 |
| 中国古代寓言选（第 2 集） | 丰子恺插图 | 外文 | 1959.3 | 精 1630 |
| 一棵石榴树的国王（中国民间故事选的三集） | 程十发插图 | 外文 | 1959.4 | 1660 |
| 小星星 | 王路遥等 | 外文 | 1959.5 | 1120 |
| 懒姑娘的幻想（连环画） | 沈荣根著，韩伍绘 | 外文 | 1959.1 | 2087 |
| 杨司令的少先队（连环画） | 郭墟著，范一辛绘 | 外文 | 1959.1 | 2053 |
| 我小时候的故事（连环画） | 王权口述，袁佳写，斯明、赵白山等绘 | 外文 | 1959.2（1961 年停售） | 2157 |
| 我们家在草原（连环画） | 张梅溪著，颜梅华绘 | 外文 | 1959.2 | 2057 |
| 闻东海（连环画） | 鲍维湘著，赵白山绘 | 外文 | 1959.2 | 2207 |
| 汪汪的小房子（连环画） | 吴宏修著，朱延龄绘 | 外文 | 1959.2 | 2057 |
| 在暑假里（连环画） | 吴华编写，赵白山绘 | 外文 | 1959.2 | 2209 |
| 波浪里的孩子（连环画） | 何公超著，汪观清绘 | 外文 | 1959.2（1961 年停售） | 2557 |

续表

| 书名 | 作者 | 出版社 | 出版/再版时间 | 装帧/印刷/发行册数 |
|---|---|---|---|---|
| 我和小山羊（连环画） | 杨培根著，陈清之绘图 | 外文 | 1959.2 | 2217 |
| 长胡子老头和长裙子老太太（连环画） | 金禾、林地著，严折西绘 | 外文 | 1959.2 | 2207 |
| 老乡的马（连环画） | 鲁兵著，刘熊绘 | 外文 | 1959.2 | 2057 |
| 画眉泉（连环画） | 萧甘牛著，叶飞木刻 | 外文 | 1959.2 | 2057 |
| 萝卜回来了（连环画） | 方轶群设计，严个凡绘 | 外文 | 1959.2 | 2057 |
| 牧童和毒龙（连环画） | 史阳著，李天心绘 | 外文 | 1959.2 | 2557 |
| 狐狸（连环画） | 管桦著，严格凡绘 | 外文 | 1959.2 | 2057 |
| 老翁泉（连环画） | 萧甘牛编写，李天心绘 | 外文 | 1959.6 | 2063 |
| 唱的是山歌（连环画） | 严冰儿著，陈秋草绘 | 外文 | 1959.2 | 2057 |
| 中国小麦总产量压倒美国（摄影） | | 外文 | 1959.1（年底停售） | 1670 |
| 中国农村向电气化迈进（摄影） | | 外文 | 1959.1（年底停售） | 2680 |
| 全民炼钢铁（摄影集） | | 外文 | 1959.3（年底停售） | 3071 |

## 1959 年印地文版书目（37 种）

| 书名 | 作者 | 出版社 | 出版/再版时间 | 装帧/印刷/发行册数 |
|---|---|---|---|---|
| 毛泽东诗词（19 首） | 毛泽东 | 外文 | 1959.11 | 精 1250 |
| 马克思列宁主义在中国的胜利 | 刘少奇 | 外文 | 1959.12 | 2190 |
| 伟大的十年 | 周恩来 | 外文 | 1959.12 | 2180 |

| 书名 | 作者 | 出版社 | 出版／再版时间 | 装帧／印刷／发行册数 |
|---|---|---|---|---|
| 高举党的总路线和毛泽东军事思想的红旗阔步前进 | 林彪 | 外文 | 1959. 12 | 1650 |
| 中国人民大团结和世界人民大团结 | 邓小平 | 外文 | 1959. 12 | 1660 |
| 长征的故事 | 杨成武等 | 外文 | 1959. 3 | 2190 |
| 画眉泉 | 萧甘牛著，叶飞木刻 | 外文 | 1959. 1 | 3068 |
| 老乡的马（连环画） | 鲁兵著，刘熊绘 | 外文 | 1959. 1（3 次重印） | 5128 |
| 汪汪的小房子（连环画） | 吴宏修著，朱延龄绘 | 外文 | 1959. 2 | 3067 |
| 狐狸（连环画） | 管桦著，严格凡绘 | 外文 | 1959. 2（2 次重印） | 5598 |
| 我和小山羊（连环画） | 杨培根著，陈清之绘图 | 外文 | 1959. 2（3 次重印） | 6682 |
| 长胡子老头和长裙子老太太（连环画） | 金禾、林地著，严折西绘 | 外文 | 1959. 2 | 3168 |
| 我们家在草原（连环画） | 张梅溪著，颜梅华绘 | 外文 | 1959. 2 | 3068 |
| 萝卜回来了（连环画） | 方轶群设计，严个凡绘 | 外文 | 1959. 2（2 次重印） | 6098 |
| 我小时候的故事（连环画） | 王权口述，袁佳写，斯明、赵白山等绘 | 外文 | 1959. 2 | 2617 |
| 波浪里的孩子（连环画） | 何公超著，汪观清绘 | 外文 | 1959. 2（1961 年停售） | 4067 |
| 在暑假里（连环画） | 吴华编写，赵白山绘 | 外文 | 1959. 2 | 4617 |
| 做了一件事（彩色连环画） | 胡译中著，胡雁改编，张大经、黄禾绘 | 外文 | 1959. 8（再版 1 次） | 1185 |

续表

| 书名 | 作者 | 出版社 | 出版/再版时间 | 装帧/印刷/发行册数 |
|---|---|---|---|---|
| 闻东海（连环画） | 鲍维湘著，赵白山绘 | 外文 | 1959.2（3次重印） | 6677 |
| 唱的是山歌（连环画） | 严冰儿著，陈秋草绘 | 外文 | 1959.2（2次重印） | 6097 |
| 牧童和毒龙（连环画） | 史阳著，李天心绘 | 外文 | 1959.2（再版1次） | 5097 |
| 毛虫的故事 | 季华编写，黄均、田世光绘，徐小丽译 | 外文 | 1959.4（2次重印） | 5098 |
| 猴子捞月亮 | 夏霞编写，万籁鸣绘 | 外文 | 1959.4（2次重印） | 6125 |
| 火焰山（连环画） | 良士等绘 | 外文 | 1959（年底停售） | 4560 |
| 草上飞（连环画） | 罗盘等绘 | 外文 | 1959 | 1595 |
| 马头琴（连环画） | 吉志西改编，颜梅华绘 | 外文 | 1959.1（3次重印） | 8185 |
| 骄傲的将军（连环画） | 华君武著，特伟编写 | 外文 | 1959.9 | 1595 |
| 中国儿童画选集（1958） | | 外文 | 1959.5 | 精3580 |
| 姑娘和八哥鸟（连环画） | 根据刘兆霖诗歌改编，程十发绘 | 外文 | 1959.12（2次重印） | 4115 |
| 中国小麦总产量压倒美国（摄影） | | 外文 | 1959.1 | 4750 |
| 全民炼钢铁（摄影集） | | 外文 | 1959.2 | 3086 |
| 越南人民必胜，美国侵略者必败——中国美术家援越抗美美术作品选 | | 外文 | 1959 | 2100 |
| 中国农村向电气化迈进（摄影） | | 外文 | 1959.1 | 4120 |
| 盆景（明信片） | | 外文 | 1959.6 | 2050 |
| 人物小品（明信片） | 李斛、叶浅予等作 | 外文 | 1959.5 | 3880 |
| 西湖之春（明信片） | | 外文 | 1959.5 | 4113 |
| 颐和园（明信片） | | 外文 | 1959 | 3170 |

## 1959 年阿拉伯文版书目（47 种）

| 书名 | 作者 | 出版社 | 出版/<br>再版时间 | 装帧/印刷/<br>发行册数 |
|---|---|---|---|---|
| 中国共产党第八届中央委员会第八次全体会议文件 | | 外文 | 1959.9 | 3670 |
| 马克思列宁主义在中国的胜利 | 刘少奇 | 外文 | 1959.12 | 9900 |
| 伟大的十年 | 周恩来 | 外文 | 1959.12 | 9240 |
| 关于调整 1959 年国民经济计划主要指标和进一步开展增产节约运动的报告 | 周恩来 | 外文 | 1959.1 | 4410 |
| 高举党的总路线和毛泽东军事思想的红旗阔步前进 | 林彪 | 外文 | 1959.12 | 7860 |
| 中国人民大团结和世界人民大团结 | 邓小平 | 外文 | 1959.12 | 8430 |
| 教育必须与劳动相结合 | 陆定一 | 外文 | 1959 | 9144 |
| 中印边界问题文件汇编 | | 外文 | 1959 | 3000 |
| 中国古代寓言选（上） | | 外文 | 1959.12<br>（1960 年停售） | |
| 青蛙骑手（中国民间故事选第一集） | | 外文 | 1959.6 | 精 4800 |
| 长征的故事 | | 外文 | 1959.11 | |
| 李有才板话 | 赵树理 | 外文 | 1959.12<br>（再版 1 次） | 7260 |
| 高山上的火苗（红军的故事） | 何长工等 | 外文 | 1959.12 | |
| 屈原（连环画） | 董子畏编，<br>刘旦宅绘 | 外文 | 1959.7 | 3130 |
| 谭记儿（连环画） | 吴伯祺会 | 外文 | 1959.4 | 6038 |
| 西厢记（连环画） | 洪曾玲改编，<br>王叔绘改编 | 外文 | 1959.8 | 5045 |
| 将相和（连环画） | 黎新绘 | 外文 | 1959.9 | 4080 |
| 天仙配（连环画） | 王弘力绘 | 外文 | 1959.5 | 8048 |
| 杨根思（根据望昊的《百炼成钢》改编） | 一帆改编，<br>贺友直绘 | 外文 | 1959.11 | |

续表

| 书名 | 作者 | 出版社 | 出版/再版时间 | 装帧/印刷/发行册数 |
|---|---|---|---|---|
| 杨司令的少先队（连环画） | 郭墟著，范一心绘 | 外文 | 1959.1 | 6121 |
| 高玉宝的幼年（连环画，又名：童工） | 王绪阳、贲庆余绘 | 外文 | 1959.9 | 3170 |
| 我要读书（连环画） | 王绪阳、贲庆余绘 | 外文 | 1959.7（2次重印） | 13200 |
| 草上飞（连环画） | 白艾原著，思佳改编，罗盘绘 | 外文 | 1959.7 | 3085 |
| 懒姑娘的幻想（连环画） | 沈荣根著，韩伍绘 | 外文 | 1959.8（2次重印） | 19186 |
| 金斧头（连环画） | 杨菊编写，李天心绘 | 外文 | 1959.4 | 6060 |
| 小雨点（连环画） | 鲁兵等著，郑少如绘 | 外文 | 1959.4 | 4060 |
| 小羊和狼 | 左文文、严个凡绘 | 外文 | 1959.4 | 6060 |
| 美丽的树叶（连环画） | 学前儿童文艺丛书编委会编，肖淑芳绘 | 外文 | 1959.4（3次重印） | 17120 |
| 太阳公公（连环画） | 金近等著，严折西绘画 | 外文 | 1959.4 | 4060 |
| 鸡和耳朵（连环画） | 沈百英、方轶群著，高步青绘 | 外文 | 1959.4 | 6060 |
| 梅花朵朵（连环画） | 学前儿童文艺丛书编委会编，杨先让绘 | 外文 | 1959.4 | 7100 |
| 毛虫的故事 | 季华编写，黄均、田世光绘，徐小丽译 | 外文 | 1959.4（2次重印） | 10590 |

续表

| 书名 | 作者 | 出版社 | 出版/<br>再版时间 | 装帧/印刷/<br>发行册数 |
|---|---|---|---|---|
| 猴子捞月亮 | 夏霞编写，<br>万籁鸣绘 | 外文 | 1959.4 | 15560 |
| 一只受了伤的小鸟（连环画） | 学前儿童文艺<br>丛书编委会<br>编，严个凡绘 | 外文 | 1959.4<br>（1961 年停售） | 5060 |
| 一幅僮锦（连环画） | 吉志西编，<br>颜梅华绘 | 外文 | 1959.7 | 8043 |
| 中国儿童画选集（1958） | | 外文 | 1959.8 | 精 |
| 骄傲的将军 | 华君武著，<br>特伟编写 | 外文 | 1959.12<br>（2 次重印） | 17130 |
| 中国小麦总产量压倒美国（摄影<br>集） | | | 1959.12<br>（当年停售） | 9350 |
| 全民炼钢铁（摄影集） | | 外文 | 1959.5<br>（当年停售） | 4041 |
| 中国农村向电气化迈进（摄影集） | | 外文 | 1959.2<br>（当年停售） | 9100 |
| 新疆风光（明信片） | | 外文 | 1959.2 | 3060 |
| 西藏风光（明信片） | | 外文 | 1959.2 | 3050 |
| 盆景（明信片） | | 外文 | 1959.6 | 4130 |
| 人物小品（明信片） | 李斛、叶浅予等 | 外文 | 1959.8 | 5690 |
| 西湖之春（明信片） | | 外文 | 1959.4 | 6131 |
| 苏州园林（明信片） | | 外文 | 1959.4 | 6270 |
| 颐和园（明信片） | | 外文 | 1959 | 3030 |

## 1959 年印尼文版书目（9 种）

| 书名 | 作者 | 出版社 | 出版/<br>再版时间 | 装帧/印刷/<br>发行册数 |
|---|---|---|---|---|
| 马克思列宁主义在中国的胜利 | 刘少奇 | 外文 | 1959.12 | 650 |
| 伟大的十年 | 周恩来 | 外文 | 1959.12 | 450 |
| 高举党的总路线和毛泽东军事思<br>想的红旗阔步前进 | 林彪 | 外文 | 1959.12 | 450 |

续表

| 书名 | 作者 | 出版社 | 出版/<br>再版时间 | 装帧/印刷/<br>发行册数 |
|---|---|---|---|---|
| 中国人民大团结和世界人民大团结 | 邓小平 | 外文 | 1959.12 | 450 |
| 我是劳动人民的儿子 | 吴运铎 | 外文 | 1959.2 | 12300 |
| 全民炼钢铁（摄影集） | | 外文 | 1959.2<br>（年底停售） | 6080 |
| 新中国的大学生（摄影集） | 中华全国学生<br>联合会 | 外文 | 1959.2<br>（1961年停售） | 6430 |
| 杨司令的少先队（连环画） | 范一辛绘 | 外文 | 1959 | 6079 |
| 我要读书（连环画） | 王绪阳绘 | 外文 | 1959 | 8110 |

## 1959 年乌尔都文版书目（12 种）

| 书名 | 作者 | 出版社 | 出版/<br>再版时间 | 装帧/印刷/<br>发行册数 |
|---|---|---|---|---|
| 金斧头（连环画） | 杨菊编，李天心绘 | 外文 | 1959.3 | |
| 一只受了伤的小鸟（连环画） | 学前教育儿童<br>文艺丛书编委<br>会，严个凡绘 | 外文 | 1959.3 | |
| 鸡和耳朵（连环画） | 沈百英、高轶<br>群文、高步青绘 | 外文 | 1959.3 | |
| 猴子捞月亮 | 夏霞编写，<br>万籁鸣绘 | 外文 | 1959.3 | |
| 梅花朵朵（连环画） | 学前教育儿童<br>文艺丛书编委<br>会，杨先让绘 | 外文 | 1959.3 | |
| 太阳公公（连环画） | 金近等著，<br>严折西绘 | 外文 | 1959.3 | |
| 小雨点（连环画） | 鲁兵等著，<br>郑少如绘 | 外文 | 1959.3 | |
| 小羊和狼（连环画） | 左文编写，<br>严个凡绘 | 外文 | 1959.4 | |

续表

| 书名 | 作者 | 出版社 | 出版/再版时间 | 装帧/印刷/发行册数 |
|---|---|---|---|---|
| 美丽的树叶（连环画） | 学前教育儿童文艺丛书编委会，肖淑芳绘 | 外文 | 1959.4 | |
| 毛虫的故事（连环画） | 季华编写，黄均、田世光绘 | 外文 | 1959.4 | |
| 骄傲的将军 | 华君武著，特伟编写 | 外文 | 1959.12 | |
| 姑娘和八哥鸟（连环画） | 根据刘兆霖诗歌改编，程十发绘 | 外文 | 1959.12（2 次重印） | 4607 |

## 1959 年荷兰文版书目（2 种）

| 书名 | 作者 | 出版社 | 出版/再版时间 | 装帧/印刷/发行册数 |
|---|---|---|---|---|
| 火焰山（连环画） | 良士等绘 | 外文 | 1959（1960 年停售） | 3020 |
| 金斧头（连环画） | 杨菊编，李天心绘 | 外文 | 1959.3 | 3020 |

## 1959 年芬兰文版书目（2 种）

| 书名 | 作者 | 出版社 | 出版/再版时间 | 装帧/印刷/发行册数 |
|---|---|---|---|---|
| 懒姑娘的幻想（连环画） | 沈荣根著，韩伍绘 | 外文 | 1959.6 | 3050 |
| 金斧头（连环画） | 杨菊编，李天心绘 | 外文 | 1959.6 | 3030 |

## 1959 年多语种对照版书目（15 种）

| 书名 | 作者 | 出版社 | 出版/再版时间 | 装帧/印刷/发行册数 | 装帧/定价(元) |
|---|---|---|---|---|---|
| 氾胜之书（中、英） | 石声汉释译 | 科学 | 1959 | | 精 |
| 太平天国艺术（中、俄、英文对照） | 南京太平天国纪念馆 | 江苏人民 | 1959.9 | | 精 120.00 |
| 西安文物胜迹（摄影，中、英） | 中国人民对外友好协会西安分会 | 长安美术 | 1959.9 | | 精 6.50 |
| 泰山名胜（中、俄、英） | 山东省文物管理处、中国旅行社济南分社、山东大学外文系译 | 山东人民 | 1959.10 | | 精 5.00 |
| 曲阜名胜（摄影，俄、英、中文对照） | 山东省博物馆、山东师范大学外文系 | 山东人民 | 1959.9 | | 5.00 |
| 曲阜名胜（明信片 12 张，中、俄文对照） | | 山东人民 | 1959.9 | | 0.60 |
| 成都风光（摄影，俄、英、中文对照） | 新华社供稿、四川省群众艺术馆译 | 四川人民 | 1959.9 | | 精 2.50 |
| 峨眉山（摄影，俄、英、中文对照） | 新华社供稿、四川省群众艺术馆译 | 四川人民 | 1959.9 | | 1.20 |
| 重庆（1959，中、俄、英、法文对照） | 中国人民对外友好协会重庆分会 | 重庆人民 | 1959.11 | | 精 6.50 |
| 云南省博物馆文物图片集（中、俄、英文对照）第一辑 | 云南省博物馆 | 云南人民 | 1959.9 | | 0.30 6.00 |
| 云南省博物馆文物图片集（中、俄、英文对照）第二辑 | 云南省博物馆 | 云南人民 | 1959.9 | | 0.30 6.00 |
| 云南省博物馆文物图片集（中、俄、英文对照）第三辑 | 云南省博物馆 | 云南人民 | 1959.9 | | 0.30 6.00 |

# 1960 年图书（期刊）对外翻译出版发行活动

本年，受中苏关系破裂影响，国际书店与苏联图书总公司终止"互相出口对方出版物"的协议，俄文《友好报》不再由其代理面向全世界发行；民主德国退订《列宁主义万岁》1 万册；苏联图书公司拒绝订货。中苏分歧在书刊贸易中开始显现；

本年，《人民画报》增出瑞典文版，《中国建设》增出西班牙文版；

本年，为纪念列宁 90 诞辰，外文出版社编辑出版的俄文、英文、法文、德文、日文、西班牙文等 6 种文版的《列宁论反对修正主义》等单行本，在各地外文书店以及外宾来往的机场、车站、旅馆、书亭、阅览室等广为陈列。这是涉外场所陈列外文书刊的开始。

1960 年 1 月，全国世界语协会总结 1958、1959 年工作，指出世界语版《人民中国报道》双月刊已经发行到 57 个国家和地区，发行数量由最初的 5000 份增加到每期 7500 份。用世界语出版了《新事新办》，连环画《巧媳妇》、《我要读书》以及《中国邮票》等图书。并在 1958 年 8 月派陈原出席保加利亚 33 届世界语大会、1958 年 8 月派叶籁士出席波兰华沙 44 次国际世界语大会。在两年中接待了苏联、保加利亚、波兰、匈牙利、捷克、越南、印尼、新西兰等多个国家的世界语学者来访。

1960 年 1 月，《人民画报》增出瑞典文版。

1960 年 1 月，《人民画报》派员参加中国新闻工作者代表团，随周恩来总理访问缅甸。

1960 年 1 月，《中国建设》增出西班牙文版。

1960 年 1 月，刘少奇的《马克思列宁主义在中国的胜利》一书以英文、法文、德文、俄文、西班牙文、印地文、日文、印尼文、越南文、缅甸文、阿拉伯文等语言自 1959 年 12 月开始陆续出版。

1960 年 1 月 7 日，国际书店与苏联图书总公司终止"互相出口对方出版物"的协议，俄文《友好报》不再由其代理面向全世界发行。

1960 年 2 月，《人民画报》派员参加中国新闻摄影工作者代表团访问民主德国，出席国家新闻编辑会议。

1960 年 3 月 18 日，外文出版社在"建国 10 年来出版工作概况"中指出：10 年来共用 13 种文字出版毛泽东著作单行本 141 种（其中中文图书选题 41 种），发行 123 万册。不少国家根据中国外文译本转译本国文字再出版。刘少奇的《论党》、《论共产党员的修养》、《国际主义与民族主义》等外文版图书在国外获得较大影响。

1960 年 3 月 20 日，文化部、对外文委联合通知，"影印资本主义国家书刊一律不准出口，一律不得向国外赠送和交换"。

1960 年 3 月 23 日，对外文委函告中国驻瑞士大使馆文化处并抄送外文出版社、国际书店：驻瑞士使馆与瑞士、法国、意大利以及拉丁美洲的各国共产党办出版社或与中国友好组织取得联系，建议他们多出版一些中国书籍，书目由中国提供。特别是《毛泽东选集》或者毛泽东著作单行本，应多争取对方翻译出版。如经费上有困难，可由国际书店以贸易方式（或者书籍预购）给予帮助，也可由使馆代表国际书店与对方签署合同。

1960 年 4 月，为纪念列宁诞辰 90 周年，外文出版社出版了《列宁主义万岁》一书的英文、俄文、法文、德文、西班牙文、日文等外文版。同年 9、10 月还出版了《列宁论反对修正主义》等 6 本语录的英文、俄文、法文、德文、西班牙文、日文等六种文版。

1960 年 4 月，《北京周报》在 17 期全文刊登了《列宁主义万岁》一文。

1960 年 4 月，宋庆龄撰写《一场翻天覆地的革命》一文，刊登在《中国建设》第 6 期上。

1960 年 5 月 18 日，外文出版社为祝贺越南胡志明主席 70 寿辰发出贺电，并将该社出版的一部分越南文书籍以及越南文《人民画报》礼赠胡志明主席。

1960 年 5 月 26 日，因翻译错误，外文出版社召回《列宁主义万岁》一书的英文、法文、西班牙文、德文版重印；俄文、日文版翻译错误再版时修正。该书通过贸易途径发行的，给予勘误表。《北京周报》1960 年 17 期的错误，在最近的一期上刊发勘误表。

1960 年 5 月 28 日，对资本主义国家编辑出版年鉴、教科书、丛书、名录、手册等来信征集资料的处理意见，外文委同意外文出版社提出建议：对联合国或其所属机构，或由他们在各国设立的机构索要资料，一律置之不理；对资本主义国家反动的资产阶级出版商的上述来信，一律置之不理；对资本主义国家的一些进步出版社，或著名的进步人士为编辑出版书刊资料的来信，原则上可以适当满足，但也要明确是否有"两个中国"的问题情况。凡我方提供的资料，一律说明不得删改和不得由其他出版物转载。该意见下达国务院各部、委，各直属单位，各省、市、自治区办公室，各人民团体的中央机关。

1960 年 6 月 20 日，民主德国退订《列宁主义万岁》1 万册；苏联图书公司拒绝订货。中苏分歧在书刊贸易中开始显现。

1960 年 6 月，《中国建设》第 8 期刊登宋庆龄的《各国人民能够而且一定会彻底击败帝国主义》一文。

1960 年 7 月 22 日，第三届全国文学艺术界代表大会在北京举行。《中国文学》第 10 期刊登了陆定一的大会祝词以及周扬在大会上所作的"社会主义文学艺术道路"报告全文。外文出版社于同年 10 月出版了该报告的英文版，1961 年出版了该报告的俄文、法文、西班牙文、印尼文、德文、阿拉伯文版。

1960 年 7 月，苏联全国图书总公司驻京代表面交国际书店经理邵公文一封信称："苏联的出版单位对于翻译出版中国书籍以满足苏联读者需要，已可充分保证，今后不再进口中国出版的俄文图书"。一个月后，国际书店邵公文同样给苏联图书公司一封针锋相对的复信。

1960 年 9 月 7 日，对外文委上报国务院，因外文的编辑、出版、印刷、发行等诸多问题，尤其是航运费用大（每月 50 万元），民航运输力量有限，大量积压，运到世界各地时往往已成为脱期刊物，谈不上配合时事政治的对外宣传，外国同业多次来信提出意见，订数逐渐下降。从 1959 年 1 月起的《人民画报》半月刊，拟由 1961 年 1 月 1 日起恢复为月刊出版。经国务院同意，确定《人民画报》各文版一律恢复为月刊。

1960 年 9 月，《毛泽东论文学与艺术》一书英文版出版，此后法文、德文、缅甸文版陆续出版。

1960 年 9 月 30 日，印度尼西亚妇女代表团访问外文出版社。对改进印文书刊发行工作、加强与印尼进步出版社联系、多介绍中国妇女在新社会获得彻底解放的问题提出建议。

1960 年 10 月 3 日，国务院外办发出通知：外文出版社为纪念列宁 90 诞辰编辑出版的俄文、英文、法文、德文、日文、西班牙文 6 种文版的《列宁论反对修正主义》、《列宁论新型的革命的无产阶级政党》、《列宁论帝国主义是无产阶级社会主义革命前夜》、《列宁论战争与和平》、《列宁论民族解放运动》、《列宁论无产阶级革命和无产阶级专政》等 6 本小册子，在各地外文书店以及外宾来往的机场、车站、旅馆、书亭、阅览室等广为陈列。这是涉外场所陈列外文书刊的开始。

1960年10月3日，由瑞典共产党中央委员、瑞典共产党报总编辑哈曼森访问外文出版社。

1960年10月3日，日中友好协会代表团来访，就《人民中国》日文版的内容、编辑工作如何更加接近读者对象、《人民画报》以及日文图书出版周期等问题提出建议。

1960年10月8日，《保加利亚画报》总编辑访问外文出版社。

1960年10月，《毛泽东选集》第四卷中文版开始在国内外同时发行。外办同时指出，该书对外发行工作应对不同地区、国家采取区别对待的方针，并以日本和华侨聚居地印尼等东南亚国家为发行重点。

1960年10月14日，外文出版社开始发动"官僚主义"的书刊大检查运动，一些"右派分子"撰写的图书做停售处理，其中有《简明中国历史》、《中国现代革命史》、《中国现代文学史略》等书籍。《人民中国》将沙平的"一封没有写完的信"、费孝通的"老朋友之间的新认识"等文章定为"毒草"。

1960年11月，英文版《北京周报》连续刊转载了《人民日报》、《红旗》杂志一系列介绍《毛泽东选集》第四卷和宣传毛泽东思想的文章。

1960年12月，中央外事小组对1961年对外宣传规划中指出：为了适应世界人民革命斗争的需要和迎接中国共产党诞生40周年，要大大加强毛泽东思想的宣传。……要集中力量出好《毛泽东选集》的英文、法文、西班牙文、日文等外文版，积极向亚洲、非洲、拉丁美洲和日本等地区和国家推广发行。

1960年12月，宋庆龄对《中国建设》完全委托国际书店发行，指出发行工作不应与编辑工作完全分开，提出对直接关系刊物推广发行的方针、计划等决策，《中国建设》编辑部门仍有决定权。

本年，全国世界语协会与"世界语和平运动"合作出版《和平》(Paco)月刊，自1960年11月起由中国出版编辑7、8两期。到1963年8月后，中国不再与该组织联系，同时不再轮流出版《和平》月刊。

本年，外文出版社用英文、法文、西班牙文、俄文、德文、日文、朝鲜文、缅甸文、印地文、印尼文、乌尔都文、阿拉伯文、荷兰文、世界语、中文等16种语文出版了388种图书。

　　本年国际书店新建立的书刊关系有坦葛尼喀①、桑给巴尔②、索马里、象牙海岸③、尼日尔、达荷美、马提尼克等国家和地区。全年，随中国国际贸易促进会参加各国书展以及委托各国同业举办小型书展次数共 83 起，遍及 46 个国家和地区。对国外发行外文图书 121 万册，外文期刊 651 万份。而中文图书出口因政策整顿和收缩规模，再加上一些国家对中国书刊的额限制进口则大幅下降，由 1959 的 100 多万册下降到 50 多万册。

# 1960 年对外发行图书目录

## 1960 年英文版书目（71 种）

| 书名 | 作者 | 出版社 | 出版/再版时间 | 装帧/印刷/发行册数④ |
|---|---|---|---|---|
| 列宁论帝国主义是无产阶级社会主义革命的前夜（纪念列宁诞生 90 周年 1870—1960） | 人民出版社编辑部 | 外文 | 1960 | 25000 |
| 列宁论无产阶级革命和无产阶级专政（纪念列宁诞生 90 周年 1870—1960） | 人民出版社编辑部 | 外文 | 1960 | 25000 |
| 列宁论战争与和平（纪念列宁诞生 90 周年 1870—1960） | 人民出版社编辑部 | 外文 | 1960 | 25000 |
| 列宁论新型的革命的无产阶级政党（纪念列宁诞生 90 周年 1870—1960） | 人民出版社编辑部 | 外文 | 1960 | 25000 |
| 列宁论反对修正主义（纪念列宁诞生 90 周年 1870—1960） | 人民出版社编辑部 | 外文 | 1960 | 25000 |
| 列宁论民族解放运动（纪念列宁诞生 90 周年 1870—1960） | 人民出版社编辑部 | 外文 | 1960 | 25000 |

---

　　①　坦葛尼喀，即今天的坦桑尼亚的一部分。

　　②　桑给巴尔，即今天的坦桑尼亚的一部分。

　　③　象牙海岸，即今天的加纳。

　　④　本年出版发行的外文图书中，因大量缺少定价数据，故将装帧栏与印刷、发行册数一栏合并，定价栏省略，特此说明。

**续表**

| 书名 | 作者 | 出版社 | 出版/再版时间 | 装帧/印刷/发行册数 |
|---|---|---|---|---|
| 青年运动的方向 | 毛泽东 | 外文 | 1960（5 次重印） | 286225 |
| 新民主主义宪政 | 毛泽东 | 外文 | 1960（5 次重印） | 161030 |
| 毛泽东主席同亚洲、非洲、拉丁美洲人士的几次谈话（第二版） | 毛泽东 | 外文 | 1960（再版 1 次） | 23830 |
| 毛泽东论文学与艺术 | 毛泽东 | 外文 | 1960（2 次重印） | 精 17780 |
| 为动员一切力量争取抗战胜利而斗争 | 毛泽东 | 外文 | 1960（再版 1 次） | 15490 |
| 在陕甘宁边区参议会上的演说 | 毛泽东 | 外文 | 1960（5 次重印） | 257315 |
| 论政策（含"目前抗日统一战线中的策略问题"） | 毛泽东 | 外文 | 1960（4 次重印） | 74710 |
| 列宁主义万岁 | 人民日报编辑部 | 外文 | 1960（重印 1 次） | 精 39020 |
| 中国国民经济的社会主义改造 | 薛暮桥 | 外文 | 1960 | 精 4560 |
| 中国资本主义工商业的社会主义改造 | 管大同 | 外文 | 1960 | 精 4260 |
| 中国历史 | 中国建设杂志社 | 中国建设杂志 | 1960 | 56500 |
| 高举总路线的红旗继续前进 | 李富春 | 外文 | 1960 | 11240 |
| 关于 1959 年国民经济发展情况的新闻公报 | | 外文 | 1960 | 7802 |
| 伟大的十年（中华人民共和国经济和文化建设成就的统计） | 国家统计局 | 外文 | 1960（年底停售） | 7770 |
| 光辉的十年（1949—1959） | | 外文 | 1960（1961 年停售） | 11110 |
| 五年计划二年完成（摄影） | 外文出版社 | 外文 | 1960 | 8840 |
| 1956 到 1967 年全国农业发展纲要 | | 外文 | 1960 | 5960 |

续表

| 书名 | 作者 | 出版社 | 出版/再版时间 | 装帧/印刷/发行册数 |
|---|---|---|---|---|
| 全党全民动手大办农业 | 廖鲁言 | 外文 | 1960 | 9850 |
| 全国社会主义建设先进集体和先进生产者代表大会 | 总工会 | 外文 | 1960 | 5585 |
| 中华人民共和国第二届全国人民代表大会第二次会议文件 | | 外文 | 1960 | 9710 |
| 新中国的劳动保护 | 劳动部劳动保护局 | 外文 | 1960 | 5260 |
| "三八"五十周年在中国 | 全国妇女联合会 | 外文 | 1960 | 7480 |
| 中国妇女在跃进 | 马信德等 | 外文 | 1960 | 7995 |
| 中苏同盟是世界和平的强大堡垒 | 外文出版社 | 外文 | 1960（1964 年停售） | 4030 |
| 和平共处五项原则的胜利（中缅友好协商解决边界问题、发展友好关系的重要文件） | 中国人民外交协会 | 外文 | 1960（年底停售） | 15000 |
| 中印边境问题文件集 | 外文出版社 | 外文 | 1960（1963 年停售） | 10940 |
| 中尼友好关系的新发展 | 中国人民外交协会 | 外文 | 1960 | 4090 |
| 支持苏联正义立场，反对美帝国主义破坏四国首脑会议 | 外文出版社 | 外文 | 1960 | 4730 |
| 把帝国主义从亚洲赶出去 | | 外文 | 1960 | 7510 |
| 两套手法，一个目的（揭穿美帝国主义玩弄和平的阴谋） | 中国人民外交学会 | 外文 | 1960 | 11030 |
| 反对日本军国主义的复活（重要文献选集） | 中国人民外交学会 | 外文 | 1960（再版 1 次） | 6980 |
| 反对日美军事同盟条约，支援日本人民的正义斗争 | | 外文 | 1960 | 5240 |
| 支援南朝鲜人民的爱国主义斗争 | 外文出版社 | 外文 | 1960 | 3730 |
| 支持土耳其人民的爱国正义斗争 | | 外文 | 1960 | 4150 |

**续表**

| 书名 | 作者 | 出版社 | 出版/再版时间 | 装帧/印刷/发行册数 |
|---|---|---|---|---|
| 全国教育和文化、卫生、体育、新闻方面社会主义建设先进单位和先进工作者代表大会重要文件 | | 外文 | 1960 | 5400 |
| 我国社会主义文学艺术的道路 | 周扬 | 外文 | 1960 | 15870 |
| 西藏农奴站起来 | 安娜·路易斯·斯特朗 | 新世界 | 1960 | 11530 |
| 鲁迅小说选 | 杨宪益、戴乃迭译 | 外文 | 1960（4 次重印） | 精 104290 |
| 日出 | 曹禺 | 外文 | 1960（2 次重印） | 精 17514 |
| 明朗的天 | 曹禺 | 外文 | 1960 | 精 3820 |
| 我的一家 | 陶承口述，工人出版社整理，侯一民绘 | 外文 | 1960 | 7660 |
| 丰收 | 叶紫 | 外文 | 1960（2 次重印） | 16309 |
| 高玉宝（儿童文学） | 高玉宝著，路坦插图 | 外文 | 1960 | 6530 |
| "雪天"及其他故事（新中国短篇小说选第六集） | 张麟等 | 外文 | 1960 | 精 7290 |
| "三年早知道"及其他故事（新中国短篇小说选第七集） | 马烽等 | 外文 | 1960 | 精 4010 |
| 中国民间故事选（第五集） | | 外文 | 1960（重印 1 次） | 精 9810 |
| 云南民间文学 | 中国建筑杂志社 | 中国建设杂志 | 1960 | 40500 |
| 中国人民志愿军英雄传 | 复旦大学外文系英语教师集体翻译 | 外文 | 1960 | 精 5660 |
| 女英雄赵一曼 | 张麟、舒扬著，金堤等译 | 外文 | 1960 | 6530 |
| 李时珍，中国古代伟大的药学家 | 张慧剑著，蒋兆和绘图 | 外文 | 1960 | 5410 |

续表

| 书名 | 作者 | 出版社 | 出版/再版时间 | 装帧/印刷/发行册数 |
|---|---|---|---|---|
| 北京游览手册 | 北京出版社 | 外文 | 1960 | 精 6290 |
| 中国的佛教 | | 外文 | 1960（1957 年出版，1960 年重印） | 精 6380 |
| 中国针灸疗法 | 中医研究院针灸研究所 | 外文 | 1960（3 次重印） | 11340 |
| 一幅画（儿童文学） | 田军等著，范一辛绘 | 外文 | 1960 | 3680 |
| 他们在创造奇迹（儿童文学） | 任大霖著，汪观清、韩敏绘 | 外文 | 1960 | 3261 |
| 刘家五兄弟（连环画） | 学前儿童文艺丛书编委会主编，王玉泉绘 | 外文 | 1960（3 次重印） | 53710 |
| 三号瞭望哨（连环画） | 范一辛绘 | 外文 | 1960（3 次重印） | 65555 |
| 四郎志玛的婚姻（彩色连环画） | 武光裕编，姚有多、姚有信绘 | 外文 | 1960（重印 1 次） | 14450 |
| 国画（画册） | 中国建设杂志社 | 中国建设杂志 | 1960 | 40500 |
| 人民公社（画册） | 农业部 | 外文 | 1960（1961 年停售） | 精 9540 |
| 人民公社中的妇女（摄影） | 全国妇女联合会 | 外文 | 1960 | 12265 |
| 北京手工艺品（明信片） | 北京工艺美术研究所 | 外文 | 1960（2 次重印） | 55090 |
| 花鸟小品（明信片） | | 外文 | 1960 | 6760 |
| 花卉（明信片） | 吴寅伯绘 | 外文 | 1960（3 次重印） | 16800 |
| 木刻（明信片） | 古元等 | 外文 | 1960 | 5780 |

## 1960 年法文版书目（76 种）

| 书名 | 作者 | 出版社 | 出版/再版时间 | 装帧/印刷/发行册数 |
|------|------|--------|---------------|---------------------|
| 列宁论帝国主义是无产阶级社会主义革命的前夜（纪念列宁诞生 90 周年 1870—1960） | 人民出版社编辑部 | 外文 | 1960 | 10000 |
| 列宁论无产阶级革命和无产阶级专政（纪念列宁诞生 90 周年 1870—1960） | 人民出版社编辑部 | 外文 | 1960 | 10000 |
| 列宁论战争与和平（纪念列宁诞生 90 周年 1870—1960） | 人民出版社编辑部 | 外文 | 1960 | 10000 |
| 列宁论新型的革命的无产阶级政党（纪念列宁诞生 90 周年 1870—1960） | 人民出版社编辑部 | 外文 | 1960 | 10000 |
| 列宁论反对修正主义（纪念列宁诞生 90 周年 1870—1960） | 人民出版社编辑部 | 外文 | 1960 | 10000 |
| 列宁论民族解放运动（纪念列宁诞生 90 周年 1870—1960） | 人民出版社编辑部 | 外文 | 1960 | 10000 |
| 中国社会各阶级的分析（第二版） | 毛泽东 | 外文 | 1960（5 次重印） | 127678 |
| 湖南农民运动考察报告（第二版） | 毛泽东 | 外文 | 1960（6 次重印） | 精 165611 |
| 中国的红色政权为什么能够存在？（第二版） | 毛泽东 | 外文 | 1960（1956 年出版，共 6 次重印。此为第 2 次重印） | |
| 星星之火，可以燎原（第二版） | 毛泽东 | 外文 | 1960（1956 年出版，共 8 次重印。此为第 2 次重印） | |
| 关心群众生活，注意工作方法 | 毛泽东 | 外文 | 1960（2 次重印） | 19720 |
| 论反对日本帝国主义的策略（第二版） | 毛泽东 | 外文 | 1960（1957 年出版，共 8 次重印。此为第 2 次重印） | 精 |

续表

| 书名 | 作者 | 出版社 | 出版/再版时间 | 装帧/印刷/发行册数 |
|---|---|---|---|---|
| 中国革命战争的战略问题（第三版） | 毛泽东 | 外文 | 1960（1958年出版，共8次重印，此为第3次重印） | |
| 中国共产党在抗日时期的任务（第二版） | 毛泽东 | 外文 | 1960（1957年出版，共6次重印。此次为第2次重印） | 精 |
| 为争取千百万群众进入抗日民族统一战线而斗争（第二版） | 毛泽东 | 外文 | 1960（1956年出版，共5次重印。此为第2次重印） | 精 |
| 实践论（第三版） | 毛泽东 | 外文 | 1960（1957年出版，共9次重印。此为第3次重印） | |
| 反对日本进攻的方针、办法和前途（第二版） | 毛泽东 | 外文 | 1960（5次重印） | 150302 |
| 矛盾论（第三版） | 毛泽东 | 外文 | 1960（1957年出版，共9次重印。此为第3次重印） | 精 |
| 为动员一切力量争取抗战胜利而斗争（第二版） | 毛泽东 | 外文 | 1960（5次重印） | 144932 |
| 抗日游击战争的战略问题（第二版） | 毛泽东 | 外文 | 1960（5次重印） | 103081 |
| 论持久战 | 毛泽东 | 外文 | 1960（7次重印） | 145551 |
| 中国共产党在民族战争中的地位 | 毛泽东 | 外文 | 1960（4次重印） | 51192 |
| 统一战线中的独立自主问题（第二版） | 毛泽东 | 外文 | 1960（1954年出版，共7次重印。此为第2次重印） | |

续表

| 书名 | 作者 | 出版社 | 出版/再版时间 | 装帧/印刷/发行册数 |
|---|---|---|---|---|
| 战争和战略问题（第二版） | 毛泽东 | 外文 | 1960（8次重印） | 精29329 |
| 青年运动的方向 | 毛泽东 | 外文 | 1960（5次重印） | 144650 |
| 《共产党人》发刊词（第四版） | 毛泽东 | 外文 | 1960（1953年出版，共5次重印。此为第4次重印） | 精 |
| 中国革命和中国共产党（第三版） | 毛泽东 | 外文 | 1960（1953年出版，共7次重印。此为3次重印） | 精 |
| 新民主主义论（第三版） | 毛泽东 | 外文 | 1960（1955年出版，共5次重印。此为第3次重印） | 精 |
| 新民主主义宪政 | 毛泽东 | 外文 | 1960（共5次重印） | 精138602 |
| 在陕甘宁边区参议会上的演说 | 毛泽东 | 外文 | 1960（共6次重印） | 精138453 |
| 论人民民主专政（第二版） | 毛泽东 | 外文 | 1960（1949年出版，共10次重印，此为第2次重印） | 精 |
| 关于农业合作化道路（第二版） | 毛泽东 | 外文 | 1960（1956年出版，共2次重印。此为第2次重印） | 精 |
| 关于正确处理人民内部矛盾的问题（第二版） | 毛泽东 | 外文 | 1960（1958年出版，共3次重印。此为第2次重印） | |

| 书名 | 作者 | 出版社 | 出版/再版时间 | 装帧/印刷/发行册数 |
|---|---|---|---|---|
| 毛泽东主席同亚洲、非洲、拉丁美洲人士的几次谈话（第二版） | 毛泽东 | 外文 | 1960（重印1次） | 20060 |
| 毛泽东论帝国主义和一切反动派都是纸老虎（第三版） | 毛泽东 | 外文 | 1960（1958年出版，3次重印） | 27230 |
| 毛主席诗词（19首，再版21首） | 何如译 | 外文 | 1960（重印1次） | 精15940 |
| 列宁主义万岁 | 人民日报编辑部 | 外文 | 1960（重印1次） | 17090 |
| 高举总路线的红旗继续前进 | 李富春 | 外文 | 1960 | 6420 |
| 关于1959年国民经济发展情况的新闻公报 |  | 外文 | 1960 | 3809 |
| 伟大的十年（中华人民共和国经济和文化建设成就的统计） | 国家统计局 | 外文 | 1960（年底停售） | 精 |
| 光辉的十年 |  | 外文 | 1960（1961年停售） | 精3650 |
| 五年计划二年完成（摄影） | 外文出版社 | 外文 | 1960 | 5070 |
| 1956到1967年全国农业发展纲要 |  | 外文 | 1960 | 2980 |
| 全党全民动手大办农业 | 廖鲁言 | 外文 | 1960 | 6820 |
| 解放后中国农民生活的变化 | 金超民 | 外文 | 1960（当年10月停售） | 3740 |
| 中华人民共和国第二届全国人民代表大会第二次会议文件 |  | 外文 | 1960 | 精5230 |
| "三八"五十周年在中国 | 全国妇女联合会 | 外文 | 1960 |  |
| 中国妇女在跃进 | 马信德等 | 外文 | 1960 | 3445 |

续表

| 书名 | 作者 | 出版社 | 出版/<br>再版时间 | 装帧/印刷/<br>发行册数 |
|---|---|---|---|---|
| 和平共处五项原则的胜利（中缅友好协商解决边界问题、发展友好关系的重要文件） | 中国人民<br>外交协会 | 外文 | 1960<br>（年底停售） | 3950 |
| 中印边境问题文件集 | 外文出版社 | 外文 | 1960<br>（1963 年停售） | 4130 |
| 把帝国主义从亚洲赶出去 | | 外文 | 1960 | 4900 |
| 两套手法，一个目的（揭穿美帝国主义玩弄和平的阴谋） | 中国人民外交学会 | 外文 | 1960 | 6210 |
| 我国社会主义文学艺术的道路 | 周扬 | 外文 | 1960 | 精 8640 |
| 女神 | 郭沫若 | 外文 | 1960 | 5905 |
| "雪天"及其他故事（新中国短篇小说选第六集） | 张麟等 | 外文 | 1960 | 精 3070 |
| 三里湾 | 赵树理 | 外文 | 1960<br>（2 次重印） | 精 7360 |
| 中国古代寓言选（下） | | 外文 | 1960 | 精 3081 |
| 方志敏战斗的一生 | 缪敏 | 外文 | 1960<br>（2 次重印） | 6220 |
| 刘胡兰小传 | 梁星 | 外文 | 1960<br>（重印 1 次） | 5490 |
| 李时珍，中国古代伟大的药学家 | 张慧剑著，<br>蒋兆和绘图 | 外文 | 1960 | 1820 |
| 叶圣陶童话选 | 黄永玉插图 | 外文 | 1960<br>（3 次重印） | 30060 |
| 五彩路（儿童文学） | 胡奇 | 外文 | 1960<br>（2 次重印） | 8840 |
| 雪花飘飘（儿童文学） | 杨朔著，苗地插图 | 外文 | 1960 | 3980 |
| 大林和小林（儿童文学） | 张天翼著、<br>华君武插图 | 外文 | 1960<br>（2 次重印） | 8850 |
| 刘家五兄弟（连环画） | 学前儿童文艺丛书编委会主编，王玉泉绘 | 外文 | 1960<br>（3 次重印） | 40410 |

续表

| 书名 | 作者 | 出版社 | 出版/<br>再版时间 | 装帧/印刷/<br>发行册数 |
|---|---|---|---|---|
| 三号瞭望哨（连环画） | 范一辛绘 | 外文 | 1960<br>（3 次重印） | 精 36790 |
| 姑娘和八哥鸟（彩色连环画，根据刘肇霖原诗节编） | 程十发绘 | 外文 | 1960<br>（3 次重印） | 7920 |
| 四郎志玛的婚姻（彩色连环画） | 武光裕编，姚有多、姚有信绘 | 外文 | 1960<br>（重印 1 次） | 8760 |
| 将相和（连环画） | 黎新绘 | 外文 | 1960 | 1780 |
| 野猪林（连环画） | 石红改编，卜孝怀绘 | 外文 | 1960 | 3060 |
| 京剧戏脸 | 张光宇等 | 外文 | 1960 | 2260 |
| 人民公社（画册） | 农业部 | 外文 | 1960<br>（1961 年停售） | 精 4880 |
| 人民公社中的妇女（摄影） | 全国妇女联合会 | 外文 | 1960 | 2365 |
| 花鸟小品（明信片） |  | 外文 | 1960 | 5592 |
| 花卉（明信片） | 吴寅伯绘 | 外文 | 1960<br>（3 次重印） | 5160 |
| 木刻（明信片） | 古元等 | 外文 | 1960 | 12290 |

## 1960 年德文版书目（31 种）

| 书名 | 作者 | 出版社 | 出版/<br>再版时间 | 装帧/印刷/<br>发行册数 |
|---|---|---|---|---|
| 列宁论帝国主义是无产阶级社会主义革命的前夜（纪念列宁诞生 90 周年 1870—1960） | 人民日报编辑部 | 外文 | 1960 | 精 5000 |
| 列宁论无产阶级革命和无产阶级专政（纪念列宁诞生 90 周年 1870—1960） | 人民出版社编辑部 | 外文 | 1960 | 精 5000 |
| 列宁论战争与和平（纪念列宁诞生 90 周年 1870—1960） | 人民出版社编辑部 | 外文 | 1960 | 精 5000 |

续表

| 书名 | 作者 | 出版社 | 出版/再版时间 | 装帧/印刷/发行册数 |
|---|---|---|---|---|
| 列宁论新型的革命的无产阶级政党（纪念列宁诞生 90 周年 1870—1960） | 人民出版社编辑部 | 外文 | 1960 | 精 5000 |
| 列宁论反对修正主义（纪念列宁诞生 90 周年 1870—1960） | 人民出版社编辑部 | 外文 | 1960 | 精 5000 |
| 列宁论民族解放运动（纪念列宁诞生 90 周年 1870—1960） | 人民出版社编辑部 | 外文 | 1960 | 精 5000 |
| 列宁主义万岁 | 人民日报编辑部 | 外文 | 1960 | 7590 |
| 关于农业合作化问题（第三版） | 毛泽东 | 外文 | 1960（1956 年出版，3 次重印） | |
| 关于正确处理人民内部矛盾的问题（第三版） | 毛泽东 | 外文 | 1960（1957 年出版，3 次重印） | 精 |
| 毛泽东主席同亚洲、非洲、拉丁美洲人士的几次谈话（第二版） | 毛泽东 | 外文 | 1960（再版 1 次） | 精 5650 |
| 高举总路线的红旗继续前进 | 李富春 | 外文 | 1960 | 4860 |
| 关于 1959 年国民经济发展情况的新闻公报 | | 外文 | 1960 | 4320 |
| 伟大的十年（中华人民共和国经济和文化建设成就的统计） | 国家统计局 | 外文 | 1960 | 精 4525 |
| 光辉的十年（1949—1959） | | 外文 | 1960（再版 1 次） | 精 3930 |
| 五年计划二年完成（摄影） | 外文出版社 | 外文 | 1960 | 5720 |
| 中华人民共和国第二届全国人民代表大会第二次会议文件 | | 外文 | 1960 | 精 5750 |
| 中国妇女在跃进 | 马信德等 | 外文 | 1960 | 1895 |
| 跟随毛主席长征 | 陈昌奉著，阿老插图 | 外文 | 1960 | 精 3720 |
| 中国红军的故事 | 何长工等 | 外文 | 1960 | 2270 |
| 北京游览手册 | 北京出版社 | 外文 | 1960 | 精 1960 |

续表

| 书名 | 作者 | 出版社 | 出版/<br>再版时间 | 装帧/印刷/<br>发行册数 |
|---|---|---|---|---|
| 五彩路（儿童文学） | 胡奇 | 外文 | 1960<br>（2 次重印） | 4712 |
| 宝葫芦的秘密（儿童文学） | 张天翼著，<br>林琬崔插图 | 外文 | 1960 | 950 |
| 三边一少年（儿童文学） | 李季 | 外文 | 1960 | 1530 |
| 刘家五兄弟（连环画） | 学前儿童文艺<br>从书编委会主<br>编，王玉泉绘 | 外文 | 1960<br>（2 次重印） | 7060 |
| 四郎志玛的婚姻（彩色连环画） | 武光裕编，姚有<br>多、姚有信绘 | 外文 | 1960 | 1250 |
| 人民公社画册 | 农业部 | 外文 | 1960<br>（1961 年停售） | 精 3570 |
| 人民公社中的妇女（摄影） | 全国妇女<br>联合会 | 外文 | 1960 | 1725 |
| 北京手工艺品（明信片） | 北京工艺<br>美术研究所 | 外文 | 1960 | 5780 |
| 花鸟小品（明信片） | | 外文 | 1960 | 11777 |
| 花卉（明信片，俄、德对照） | 外文出版社 | 外文 | 1960<br>（3 次重印） | 75790 |
| 木刻（明信片） | 古元等 | 外文 | 1960 | 2220 |

## 1960 年西班牙文版书目（55 种）

| 书名 | 作者 | 出版社 | 出版/<br>再版时间 | 装帧/印刷/<br>发行册数 |
|---|---|---|---|---|
| 列宁论帝国主义是无产阶级社会<br>主义革命的前夜（纪念列宁诞生<br>90 周年 1870—1960） | 人民出版<br>社编辑部 | 外文 | 1960 | 20000 |
| 列宁论无产阶级革命和无产阶级<br>专政（纪念列宁诞生 90 周年<br>1870—1960） | 人民出版<br>社编辑部 | 外文 | 1960 | 20000 |

续表

| 书名 | 作者 | 出版社 | 出版/<br>再版时间 | 装帧/印刷/<br>发行册数 |
|---|---|---|---|---|
| 列宁论战争与和平（纪念列宁诞生 90 周年 1870—1960） | 人民出版社编辑部 | 外文 | 1960 | 20000 |
| 列宁论新型的革命的无产阶级政党（纪念列宁诞生 90 周年 1870—1960） | 人民出版社编辑部 | 外文 | 1960 | 20000 |
| 列宁论反对修正主义（纪念列宁诞生 90 周年 1870—1960） | 人民出版社编辑部 | 外文 | 1960 | 20000 |
| 列宁论民族解放运动（纪念列宁诞生 90 周年 1870—1960） | 人民出版社编辑部 | 外文 | 1960 | 20000 |
| 中国社会各阶级的分析（第二版） | 毛泽东 | 外文 | 1960<br>（重印） | 精 |
| 湖南农民运动考察报告（第三版） | 毛泽东 | 外文 | 1960<br>（重印） | 精 |
| 中国的红色政权为什么能够存在？（第二版） | 毛泽东 | 外文 | 1960<br>（重印） | 精 |
| 关于纠正党内的错误思想（第二版） | 毛泽东 | 外文 | 1960<br>（重印） | |
| 星星之火，可以燎原（第三版） | 毛泽东 | 外文 | 1960<br>（重印） | |
| 关心群众生活，注意工作方法（第三版） | 毛泽东 | 外文 | 1960<br>（重印） | |
| 论反对日本帝国主义的策略（第四版） | 毛泽东 | 外文 | 1960<br>（重印） | |
| 中国共产党在抗日时期的任务 | 毛泽东 | 外文 | 1960<br>（4 次重印） | 93078 |
| 抗日游击战争的战略问题（第二版） | 毛泽东 | 外文 | 1960<br>（4 次重印） | 精 90470 |
| 论持久战 | 毛泽东 | 外文 | 1960<br>（3 次重印） | 30880 |
| 统一战线中的独立自主问题（第二版） | 毛泽东 | 外文 | 1960（重印） | |

| 书名 | 作者 | 出版社 | 出版/<br>再版时间 | 装帧/印刷/<br>发行册数 |
|---|---|---|---|---|
| 《共产党人》发刊词（第四版） | 毛泽东 | 外文 | 1960（重印） | |
| 目前抗日统一战线中的策略问题（第二版） | 毛泽东 | 外文 | 1960（重印） | 精 |
| 论政策（第二版） | 毛泽东 | 外文 | 1960（重印） | 精 |
| 《农村调查》的序言和跋（第二版） | 毛泽东 | 外文 | 1960（重印） | 精 |
| 反对党八股（第三版） | 毛泽东 | 外文 | 1960（重印） | 精 |
| 抗日时期的经济问题和财政问题（第二版） | 毛泽东 | 外文 | 1960<br>（重印） | |
| 关于领导方法的若干问题（第二版） | 毛泽东 | 外文 | 1960<br>（重印） | 精 |
| 列宁主义万岁 | 人民日报<br>编辑部 | 外文 | 1960 | 32560 |
| 毛泽东主席同亚洲、非洲、拉丁美洲人士的几次谈话（第二版） | 毛泽东 | 外文 | 1960<br>（再版1次） | 49810 |
| 高举党的总路线和毛泽东军事思想的红旗阔步前进（第二版） | 林彪 | 外文 | 1960<br>（再版1次） | 精 |
| 高举总路线的红旗继续前进 | 李富春 | 外文 | 1960 | 12050 |
| 关于1959年国民经济发展情况的新闻公报 | | 外文 | 1960 | 5326 |
| 伟大的十年（中华人民共和国经济和文化建设成就的统计） | 国家<br>统计局 | 外文 | 1960 | 4916 |
| 光辉的十年（1949—1959） | | 外文 | 1960<br>（再版1次） | 8570 |
| 五年计划二年完成（摄影） | 外文出版社 | 外文 | 1960 | 5450 |
| "三八"五十周年在中国 | 全国妇女联合会 | 外文 | 1960 | 1240 |
| 中国妇女在跃进 | 马信德等 | 外文 | 1960 | 4245 |
| 和平共处五项原则的胜利（中缅友好协商解决边界问题、发展友好关系的重要文件） | 中国人民<br>外交协会 | 外文 | 1960<br>（年底停售） | 9300 |
| 把帝国主义从亚洲赶出去 | | 外文 | 1960 | 7350 |

续表

| 书名 | 作者 | 出版社 | 出版/<br>再版时间 | 装帧/印刷/<br>发行册数 |
|---|---|---|---|---|
| 教育必须与生产劳动相结合（第二版） | 陆定一 | 外文 | 1960<br>（重印） | |
| 中国古典文学简史 | 冯沅君 | 外文 | 1960 | 精 3160 |
| 龙须沟 | 老舍 | 外文 | 1960<br>（2 次重印） | 精 6904 |
| 鲁迅小说选 | 鲁迅 | 外文 | 1960<br>（3 次重印） | 精 62408 |
| 跟随毛主席长征 | 陈昌奉著，<br>阿老插图 | 外文 | 1960<br>（2 次重印） | 36335 |
| 中国红军的故事 | 何长工等 | 外文 | 1960<br>（重印 1 次） | 29180 |
| 长征的故事 | | 外文 | 1960<br>（重印 1 次） | 7310 |
| 叶圣陶童话选 | 黄永玉插图 | 外文 | 1960<br>（3 次重印） | 19696 |
| 五彩路（儿童文学） | 胡奇 | 外文 | 1960<br>（2 次重印） | 11510 |
| 刘家五兄弟（连环画） | 学前儿童文艺丛书编委会主编，王玉泉绘 | 外文 | 1960<br>（2 次重印） | 55080 |
| 三号瞭望哨（连环画） | 范一辛绘 | 外文 | 1960<br>（3 次重印） | 47665 |
| 草上飞（连环画） | 白艾原著，思佳改编，罗盘绘 | 外文 | 1960 | 2188 |
| 四郎志玛的婚姻（彩色连环画） | 武光裕编，姚有多、姚有信绘 | 外文 | 1960<br>（重印 1 次） | 23273 |
| 姑娘和八哥鸟（彩色连环画，根据刘肇霖原诗节编） | 程十发绘 | 外文 | 1960<br>（3 次重印） | 38235 |
| 人民公社画册 | 农业部 | 外文 | 1960<br>（1961 年停售） | 精 10010 |

续表

| 书名 | 作者 | 出版社 | 出版/<br>再版时间 | 装帧/印刷/<br>发行册数 |
|---|---|---|---|---|
| 人民公社中的妇女（摄影） | 全国妇女联合会 | 外文 | 1960 | 4470 |
| 花卉（明信片） | 外文出版社 | 外文 | 1960<br>（3 次重印） | 6130 |
| 木刻（明信片） | 古元等 | 外文 | 1960 | 3330 |
| 花鸟小品（明信片） | | 外文 | 1960 | 6306 |

## 1960 年俄文版书目（38 种）

| 书名 | 作者 | 出版社 | 出版/<br>再版时间 | 装帧/印刷/<br>发行册数 |
|---|---|---|---|---|
| 列宁论帝国主义是无产阶级社会主义革命的前夜（纪念列宁诞生 90 周年 1870—1960） | 人民出版社编辑部 | 外文 | 1960 | 精 5000 |
| 列宁论无产阶级革命和无产阶级专政（纪念列宁诞生 90 周年 1870—1960） | 人民出版社编辑部 | 外文 | 1960 | 精 5000 |
| 列宁论战争与和平（纪念列宁诞生 90 周年 1870—1960） | 人民出版社编辑部 | 外文 | 1960 | 精 5000 |
| 列宁论新型的革命的无产阶级政党（纪念列宁诞生 90 周年 1870—1960） | 人民出版社编辑部 | 外文 | 1960 | 精 5000 |
| 列宁论反对修正主义（纪念列宁诞生 90 周年 1870—1960） | 人民出版社编辑部 | 外文 | 1960 | 精 5000 |
| 列宁论民族解放运动（纪念列宁诞生 90 周年 1870—1960） | 人民出版社编辑部 | 外文 | 1960 | 精 5000 |
| 矛盾论 | 毛泽东 | 外文 | 1960<br>（3 次重印） | 50528 |
| 毛泽东主席同亚洲、非洲、拉丁美洲人士的几次谈话（第二版） | 毛泽东 | 外文 | 1960<br>（再版 1 次） | 精 8140 |
| 列宁主义万岁 | 人民日报编辑部 | 外文 | 1960 | 精 10100 |

续表

| 书名 | 作者 | 出版社 | 出版/再版时间 | 装帧/印刷/发行册数 |
|---|---|---|---|---|
| 无产阶级专政的历史经验（一论、再论合订） | 人民日报编辑部 | 外文 | 1960 | 精 1000 |
| 高举总路线的红旗继续前进 | 李富春 | 外文 | 1960 | 精 4600 |
| 关于 1959 年国民经济发展情况的新闻公报 | | 外文 | 1960 | 精 5968 |
| 光辉的十年（1949—1959） | | 外文 | 1960（再版 1 次） | 精 11480 |
| 1956 年到 1967 年全国农业发展纲要 | | 外文 | 1960 | 1500 |
| 全党全民动手大办农业 | 廖鲁言 | 外文 | 1960 | 3800 |
| 全国社会主义建设先进集体和先进生产者代表大会 | 总工会 | 外文 | 1960 | 精 1755 |
| 解放后中国农民的生活变化 | 金超民 | 外文 | 1960 | 2000 |
| 中华人民共和国第二届全国人民代表大会第二次会议文件 | | 外文 | 1960 | 精 5740 |
| "三八"五十周年在中国 | 全国妇女联合会 | 外文 | 1960 | 1960 |
| 中国妇女在跃进 | 马信德等 | 外文 | 1960 | 1895 |
| 中苏同盟是世界和平的强大堡垒 | 外文出版社 | 外文 | 1960 | 2680 |
| 支持苏联正义立场，反对美帝国主义破坏四国首脑会议 | 外文出版社 | 外文 | 1960 | 1700 |
| 中印边境问题文件集 | 外文出版社 | 外文 | 1960 | 3010 |
| 全国教育和文化、卫生、体育、新闻方面社会主义建设先进单位和先进工作者代表大会重要文件 | | 外文 | 1960 | 1750 |
| 我的一家 | 陶承 | 外文 | 1960（当年 10 月停售） | 16870 |
| 我和爸爸一起坐牢的日子 | 柏萧、卢大荣等 | 外文 | 1960 | 精 31460 |
| 五彩路（儿童文学） | 胡奇 | 外文 | 1960 | 16470 |

续表

| 书名 | 作者 | 出版社 | 出版/再版时间 | 装帧/印刷/发行册数 |
|---|---|---|---|---|
| 刘家五兄弟（连环画） | 学前儿童文艺丛书编委会主编，王玉泉绘 | 外文 | 1960（2 次重印） | 6790 |
| 金斧头（连环画） | 杨菊编写，李天心绘 | 外文 | 1960 | 18900 |
| 骄傲的将军（连环画） | 华君武原著，特伟编绘 | 外文 | 1960（2 次重印） | 35320 |
| 姑娘和八哥鸟（彩色连环画，根据刘肇霖原诗节编） | 程十发绘 | 外文 | 1960 | 31220 |
| 野猪林（连环画） | 石红改编，卜孝怀绘 | 外文 | 1960 | 20500 |
| 五年计划二年完成（摄影） | 外文出版社 | 外文 | 1960 | 2960 |
| 人民公社画册 | 农业部 | 外文 | 1960（1961 年停售） | 精 3910 |
| 人民公社中的妇女（摄影） | 全国妇女联合会 | 外文 | 1960 | 1855 |
| 人物小品（明信片） | 外文出版社 | 外文 | 1960 | 4690 |
| 北京手工艺品（明信片） | 北京工艺美术研究所 | 外文 | 1960 | 5460 |
| 花鸟小品（明信片） | | 外文 | 1960 | 6100 |

## 1960 年越南文版书目（19 种）

| 书名 | 作者 | 出版社 | 出版/再版时间 | 装帧/印刷/发行册数 |
|---|---|---|---|---|
| 列宁主义万岁 | 人民日报编辑部 | 外文 | 1960 | 7820 |
| 高举总路线的红旗继续前进 | 李富春 | 外文 | 1960（年底停售） | 4640 |
| 光辉的十年（1949—1959） | | 外文 | 1960（再版 1 次，1962 年改为内部发行） | 3500 |

续表

| 书名 | 作者 | 出版社 | 出版/再版时间 | 装帧/印刷/发行册数 |
|---|---|---|---|---|
| 五年计划二年完成（摄影） | 外文出版社 | 外文 | 1960 | 3360 |
| 1956 到 1967 年全国农业发展纲要 | | 外文 | 1960 | 精 430 |
| 全党全民动手大办农业 | 廖鲁言 | 外文 | 1960（再版 1 次） | 4710 |
| 中华人民共和国第二届全国人民代表大会第二次会议文件 | | 外文 | 1960 | 精 4140 |
| 支援南朝鲜人民的爱国主义斗争 | 外文出版社 | 外文 | 1960 | 1000 |
| 中国妇女在跃进 | 马信德等 | 外文 | 1960 | 1348 |
| 唱的是山歌（连环画） | 严冰儿著，陈秋草绘 | 外文 | 1960 | 8960 |
| 牧童和毒龙（连环画） | 史阳著，李天心绘 | 外文 | 1960 | 8900 |
| 狐狸（连环画） | 管桦著，严格凡绘 | 外文 | 1960 | 7980 |
| 毛虫的故事（连环画） | 季华编写，黄均、田世光绘 | 外文 | 1960 | 7000 |
| 敏华的一天（连环画） | 史柯设计，张之凡绘 | 外文 | 1960 | 30060 |
| 猴子捞月亮 | 夏霞编写，万籁鸣绘 | 外文 | 1960 | 9725 |
| 野猪林（连环画） | 石红改编，卜孝怀绘 | 外文 | 1960 | 8120 |
| 人民公社画册 | 农业部 | 外文 | 1960（1961 年停售） | 精 1645 |
| 人民公社中的妇女（摄影） | 全国妇女联合会 | 外文 | 1960 | 1338 |
| 花卉（明信片） | 吴寅伯等摄影 | 外文 | 1960 | 1460 |

## 1960 年日文版书目（29 种）

| 书名 | 作者 | 出版社 | 出版/再版时间 | 装帧/印刷/发行册数 |
|---|---|---|---|---|
| 列宁论帝国主义是无产阶级社会主义革命的前夜（纪念列宁诞生 90 周年 1870—1960） | 人民出版社编辑部 | 外文 | 1960 | 10000 |
| 列宁论无产阶级革命和无产阶级专政（纪念列宁诞生 90 周年 1870—1960） | 人民出版社编辑部 | 外文 | 1960 | 10000 |
| 列宁论战争与和平（纪念列宁诞生 90 周年 1870—1960） | 人民出版社编辑部 | 外文 | 1960 | 10000 |
| 列宁论新型的革命的无产阶级政党（纪念列宁诞生 90 周年 1870—1960） | 人民出版社编辑部 | 外文 | 1960 | 10000 |
| 列宁论反对修正主义（纪念列宁诞生 90 周年 1870—1960） | 人民出版社编辑部 | 外文 | 1960 | 10000 |
| 列宁论民族解放运动（纪念列宁诞生 90 周年 1870—1960） | 人民出版社编辑部 | 外文 | 1960 | 10000 |
| 列宁语录集 | | 外文 | 1960 | 16292 |
| 列宁主义万岁 | 人民日报编辑部 | 外文 | 1960（2 次重印） | 17735 |
| 毛泽东主席同亚洲、非洲、拉丁美洲人士的几次谈话（第二版） | 毛泽东 | 外文 | 1960（再版 1 次） | 11460 |
| 中国国民经济的社会主义改造 | 薛暮桥 | 外文 | 1960 | 精 3650 |
| 高举总路线的红旗继续前进 | 李富春 | 外文 | 1960 | 7600 |
| 关于 1959 年国民经济发展情况的新闻公报 | | 外文 | 1960 | 3050 |
| 伟大的十年（中华人民共和国经济和文化建设成就的统计） | 国家统计局 | 外文 | 1960（年底停售） | 精 500 |
| 光辉的十年（1949—1959） | | 外文 | 1960（再版 1 次） | 精 2310 |
| 五年计划二年完成（摄影） | 外文出版社 | 外文 | 1960 | 2210 |
| 1956 到 1967 年全国农业发展纲要 | | 外文 | 1960 | 1710 |
| 中华人民共和国第二届全国人民代表大会第二次会议文件 | | 外文 | 1960 | 4340 |

续表

| 书名 | 作者 | 出版社 | 出版/<br>再版时间 | 装帧/印刷/<br>发行册数 |
|---|---|---|---|---|
| 全党全民动手大办农业 | 廖鲁言 | 外文 | 1960 | 7340 |
| 中印边境问题文件集 | 外文出版社 | 外文 | 1960 | 3230 |
| 支援南朝鲜人民的爱国主义斗争 | 外文出版社 | 外文 | 1960 | 4020 |
| 把帝国主义从亚洲赶出去 | | 外文 | 1960 | 11350 |
| 两套手法，一个目的（揭穿美帝国主义玩弄和平的阴谋） | 中国人民外交学会 | 外文 | 1960 | 6250 |
| 反对日本军国主义的复活（重要文献选集） | 中国人民外交学会 | 外文 | 1960<br>（再版 1 次） | 6430 |
| 反对日美军事同盟条约，支援日本人民的正义斗争 | | 外文 | 1960 | 11750 |
| 人民公社画册 | 农业部 | 外文 | 1960<br>（1961 年停售） | 精 2660 |
| 人民公社中的妇女（摄影） | 全国妇女联合会 | 外文 | 1960 | 1742 |
| 北京手工艺品（明信片） | 北京工艺美术研究所 | 外文 | 1960 | 2390 |
| 花卉（明信片） | 吴寅伯等摄影 | 外文 | 1960<br>（3 次重印） | 1580 |
| 木刻（明信片） | 古元等 | 外文 | 1960 | 3380 |

## 1960 年缅甸文版书目（9 种）

| 书名 | 作者 | 出版社 | 出版/<br>再版时间 | 装帧/印刷/<br>发行册数 |
|---|---|---|---|---|
| 毛泽东主席同亚洲、非洲、拉丁美洲人士的几次谈话（第二版） | 毛泽东 | 外文 | 1960<br>（再版 1 次） | 1180 |
| 马克思列宁主义在中国的胜利 | 刘少奇 | 外文 | 1960 | 450 |
| 伟大的十年 | 周恩来 | 外文 | 1960 | 450 |
| 高举党的总路线和毛泽东军事思想的红旗阔步前进 | 林彪 | 外文 | 1960 | 450 |
| 中国人民大团结和世界人民大团结 | 邓小平 | 外文 | 1960 | 450 |
| 五年计划二年完成（摄影） | 外文出版社 | 外文 | 1960 | 250 |

续表

| 书名 | 作者 | 出版社 | 出版/再版时间 | 装帧/印刷/发行册数 |
|---|---|---|---|---|
| 和平共处五项原则的胜利（中缅友好协商解决边界问题、发展友好关系的重要文件） | 中国人民外交协会 | 外文 | 1960（年底停售） | 1000 |
| 中印边境问题文件集 | 外文出版社 | 外文 | 1960 | 480 |
| 人民公社画册 | 农业部 | 外文 | 1960（1961 年停售） | 420 |

## 1960 年印尼文版书目（17 种）

| 书名 | 作者 | 出版社 | 出版/再版时间 | 装帧/印刷/发行册数 |
|---|---|---|---|---|
| 中国社会各阶级的分析 | 毛泽东 | 外文 | 1960（2 次重印） | 13688 |
| 星星之火，可以燎原 | 毛泽东 | 外文 | 1960 | 13278 |
| 为争取千百万群众进入抗日民族统一战而斗争线 | 毛泽东 | 外文 | 1960（2 次重印） | 5425 |
| 青年运动的方向 | 毛泽东 | 外文 | 1960 | 770 |
| 新民主主义的宪政 | 毛泽东 | 外文 | 1960（2 次重印） | 8578 |
| 在陕甘宁边区参议会上的演说 | 毛泽东 | 外文 | 1960（3 次重印） | 8908 |
| 毛泽东主席同亚洲、非洲、拉丁美洲人士的几次谈话（第二版） | 毛泽东 | 外文 | 1960 | 2600 |
| 列宁主义万岁 | 人民日报编辑部 | 外文 | 1960 | 2820 |
| 光辉的十年（1949—1959） |  | 外文 | 1960 | 精 580 |
| 五年计划二年完成（摄影） | 外文出版社 | 外文 | 1960 | 360 |
| 中华人民共和国第二届全国人民代表大会第二次会议文件 |  | 外文 | 1960 | 精 1180 |
| 和平共处五项原则的胜利（中缅友好协商解决边界问题、发展友好关系的重要文件） | 中国人民外交协会 | 外文 | 1960（年底停售） | 1000 |
| 中印边境问题文件集 | 外文出版社 | 外文 | 1960 | 870 |

续表

| 书名 | 作者 | 出版社 | 出版/再版时间 | 装帧/印刷/发行册数 |
|---|---|---|---|---|
| 解放后中国农民生活的变化 | 金超民 | 外文 | 1960 | 890 |
| 跟随毛主席长征 | 陈昌奉著，阿老插图 | 外文 | 1960 | 精720 |
| 人民公社画册 | 农业部 | 外文 | 1960（1961年停售） | 精720 |
| 人民公社中的妇女（摄影） | 全国妇女联合会 | 外文 | 1960 | 475 |

## 1960 年印地文版书目（14 种）

| 书名 | 作者 | 出版社 | 出版/再版时间 | 装帧/印刷/发行册数 |
|---|---|---|---|---|
| 青年运动的方向 | 毛泽东 | 外文 | 1960（3次重印） | 9550 |
| 列宁主义万岁 | 人民日报编辑部 | 外文 | 1960 | 精4760 |
| 五年计划二年完成（摄影） | 外文出版社 | 外文 | 1960 | 1300 |
| 和平共处五项原则的胜利（中缅友好协商解决边界问题、发展友好关系的重要文件） | 中国人民外交协会 | 外文 | 1960（年底停售） | 6020 |
| 中印边境问题文件集 | 外文出版社 | 外文 | 1960 | 4600 |
| 跟随毛主席长征 | 陈昌奉著，阿老插图 | 外文 | 1960 | 精16235 |
| 刘胡兰小传 | 梁星 | 外文 | 1960 | 2190 |
| 刘家五兄弟（连环画） | 学前儿童文艺从书编委会主编，王玉泉绘 | 外文 | 1960（2次重印） | 3120 |
| 四郎志玛的婚姻（彩色连环画） | 武光裕编，姚有多、姚有信绘 | 外文 | 1960 | 2120 |
| 将相和（连环画） | 黎新绘 | 外文 | 1960 | 1590 |
| 人民公社画册 | 农业部 | 外文 | 1960（1961年停售） | 精2560 |

续表

| 书名 | 作者 | 出版社 | 出版/再版时间 | 装帧/印刷/发行册数 |
|---|---|---|---|---|
| 人民公社中的妇女（摄影） | 全国妇女联合会 | 外文 | 1960 | 1190 |
| 北京手工艺品（明信片） | 北京工艺美术研究所 | 外文 | 1960（再版1次） | 2830 |
| 花卉（明信片） | 吴寅伯等摄 | 外文 | 1960 | 2360 |

## 1960 年阿拉伯文版书目（14 种）

| 书名 | 作者 | 出版社 | 出版/再版时间 | 装帧/印刷/发行册数 |
|---|---|---|---|---|
| 毛泽东主席同亚洲、非洲、拉丁美洲人士的几次谈话（第二版） | 毛泽东 | 外文 | 1960 | 9810 |
| 列宁主义万岁 | 人民日报编辑部 | 外文 | 1960 | 精18950 |
| 关于1959年国民经济发展情况的新闻公报 | | 外文 | 1960 | |
| 五年计划二年完成（摄影） | 外文出版社 | 外文 | 1960 | 3440 |
| 中国妇女在跃进 | 马信德等 | 外文 | 1960 | 2220 |
| 和平共处五项原则的胜利（中缅友好协商解决边界问题、发展友好关系的重要文件） | 中国人民外交协会 | 外文 | 1960（年底停售） | 4280 |
| 中印边境问题文件集 | 外文出版社 | 外文 | 1960 | 3620 |
| 高山上的火苗 | 何长工等 | 外文 | 1960 | 1190 |
| 杨根思（连环画） | 贺友直绘 | 外文 | 1960（2次重印） | 15123 |
| 姑娘和八哥鸟（彩色连环画，根据刘肇霖原诗节编） | 程十发绘 | 外文 | 1960（2次重印） | 11125 |
| 人民公社画册 | 农业部 | 外文 | 1960（1961年停售） | 精6740 |
| 人民公社中的妇女（摄影） | 全国妇女联合会 | 外文 | 1960 | 2340 |
| 花卉（明信片） | 外文出版社 | 外文 | 1960（3次重印） | 5440 |
| 木刻（明信片） | 古元等 | 外文 | 1960 | 2690 |

### 1960 年朝鲜文版书目（1 种）

| 书名 | 作者 | 出版社 | 出版/<br>再版时间 | 装帧/印刷/<br>发行册数 |
|---|---|---|---|---|
| 支援南朝鲜人民的爱国正义斗争 | | 外文 | 1960 | 4280 |

### 1960 年匈牙利文版书目（1 种）

| 书名 | 作者 | 出版社 | 出版/<br>再版时间 | 装帧/印刷/<br>发行册数 |
|---|---|---|---|---|
| 小鸭子和朋友们去航海（连环画） | 河山等绘 | 外文 | 1960<br>（重印 1 次） | 精 80625 |

### 1960 年乌尔都文版书目（5 种）

| 书名 | 作者 | 出版社 | 出版/<br>再版时间 | 装帧/印刷/<br>发行册数 |
|---|---|---|---|---|
| 青年运动的方向 | 毛泽东 | 外文 | 1960 | 37428 |
| 五年计划二年完成（摄影） | 外文出版社 | 外文 | 1960 | 580 |
| 人民公社画册 | 农业部 | 外文 | 1960 | 170 |
| 姑娘和八哥鸟（彩色连环画，根据刘肇霖原诗节编） | 程十发绘 | 外文 | 1960<br>（2 次重印） | 4607 |
| 人民公社中的妇女（摄影） | 全国妇女联合会 | 外文 | 1960 | 600 |

### 1960 年荷兰文版书目（4 种）

| 书名 | 作者 | 出版社 | 出版/<br>再版时间 | 装帧/印刷/<br>发行册数 |
|---|---|---|---|---|
| 毛主席诗词（19 首） | 何如译 | 外文 | 1960 | 精 2130 |
| 猴子捞月亮 | 夏霞编写，万籁鸣绘 | 外文 | 1960 | 3100 |
| 狐狸（连环画） | 管桦著，严格凡绘 | 外文 | 1960 | 2200 |
| 长胡子老头和长裙子老太太（连环画） | 金禾、林地著，严折西绘 | 外文 | 1960 | 2200 |

## 1960 年多语种对照版书目（1 种）

| 书名 | 作者 | 出版社 | 出版/<br>再版时间 | 装帧/印刷/<br>发行册数 |
|---|---|---|---|---|
| 花卉（明信片，俄文、德文对照） | | 外文 | 1960 | |

# 1961 年图书（期刊）对外翻译出版发行活动

本年，印尼反华、排华的右派势力抬头，大批退回英文版《人民画报》；中国通过瑞士转运至拉美、非洲的外文书刊被瑞士海关查扣；印度政府采取种种限制中国出版的书刊进入印度的做法，使中国书刊在印度发行量大幅下滑，由 1959 年的 170 万册，到 1961 年的 1 月至 5 月仅有 16 万册；

本年，《人民画报》各种文版由 1959 年开始的半月刊恢复为月刊；

本年，《毛泽东选集》第四卷英文版在国内外开始出版发行；

本年，国际书店随中国贸促会参加古巴博览会，展出各种图书 2042 种，这是中国书刊首次在拉美展出。

1961 年 1 月起，《人民画报》各种文版由 1959 年开始的半月刊恢复为月刊。

1961 年 1 月 3 日，由中宣部、国务院外办、外交部、新华社、中联部、国际广播电台等单位共同成立国际宣传领导小组，主要任务是：每隔半月或者遇有重大国际事件时，提出宣传建议、意见，请示中央或者中央负责同志决定，同时协调各有关单位的宣传工作。

1961 年 1 月 16 日，印尼反华、排华的右派势力抬头，大批退回英文版《人民画报》。

1961 年 1 月 21 日，中国通过瑞士转运至拉美、非洲的外文书刊被瑞士海关查扣。瑞士当局宣称："以瑞士为中转站，将威胁到瑞士与其他国家的关系"。

1961 年 1 月，日文版《人民画报》、《人民中国》等由北京寄给日本四家同业，由其代发给日本订户。

1961 年 1 月，奥地利共产党开办的环球书店经理道侯奇来访。环球书店是中国书刊在奥地利的主要代销人。

1961 年 1 月 24 日，中国社科院文学研究所所长何其芳负责编辑的

《不怕鬼的故事》一书根据毛泽东的指示翻译成英文出版，该书序文率先在《北京周报》1961 年 10 期上发表。

1961 年 1 月，外文出版社成立毛泽东诗词英文定稿小组，组长为中宣部文艺处处长袁水拍。

1961 年 2 月，中华世界语协会将《人民中国报道》杂志发行工作移交给国际书店，其中有代销关系的海外机构有 30 多个，订户 2500 个。

1961 年 3 月 8 日，国际书店随中国贸促会参加古巴博览会，展出这种图书 2042 种，这是中国书刊首次在拉美展出。

1961 年 3 月 11 日，古巴印刷局访问外文出版社。

1961 年 4 月 22 日，古巴文化代表团一行五人访问外文出版社。

1961 年 4 月，民主德国统一社会党就《列宁论反对修正主义》等 6 本小册子指责国际书店。经中联部指示，不予置理。

1961 年 5 月，《毛泽东选集》第四卷英文版在国内外开始出版发行。文化部特别通知，强调"外文版《毛泽东选集》的出版，是国际工人运动的一个重大事件，必须积极、严肃、认真、细致地做好发行工作，只准做好，不准做坏"。从 1961 年 5 月 1 日至 1961 年 11 月底，经国际书店对外发行的《毛泽东选集》第四卷，遍及 72 个国家和地区，发行总册数达 14145 册，其中精装本 6762 册，平装本 7383 册。

1961 年 5 月 18 日，外文出版社开展下列调研专题，其中有"国外出版毛泽东著作和传播毛泽东思想的情况"、"新生代——修正主义的传声筒"、"日本报刊对中国问题的宣传动向"、"今日苏联日文版是怎样的一本杂志？"、"人民画报的对外宣传语言"、"关于外文书籍装帧设计在国内外质量情况的调研报告"等。

1961 年 8 月，刘少奇《在庆祝中国共产党成立 40 周年大会上的讲话》用英文、俄文、法文、德文、阿拉伯文陆续出版。

1961 年 8 月，外文出版社制定《中国基本知识丛书》和《社会科学基本知识丛书》的出版规划。

1961 年 8 月，国际书店向国务院外办报告印度限制中国书刊进口情况，报告中写到：自 1959 年以来，印度政府采取种种限制中国出版的书刊进入印度的做法，其中有对印度经营、代销中国书刊的书店、机构和订户采取罚款、威胁的做法，并检查、扣留中国发出的邮件，把中国出版物当作"颠覆性印刷品"，限制、解散印中友协等多种做法，使中国书刊在印度发行量大幅下滑。1959 年中国在印度发行量达到 170 万册，而 1961 年的 1 月至 5 月仅有 16 万册。

1961 年 9 月，新日本出版社经理、日本共产党中央委员安斋库治来访，商谈日文版《毛泽东选集》第四卷定稿以及在日发行事宜。外办副主任廖承志接见了安斋库治一行。

1961 年 9 月 14 日，时任中宣部副部长胡乔木指示《人民画报》的时事报道太多，领导人的照片太多，《人民画报》要考虑各国读者的兴趣。外办副主任廖承志也指出，办画报，第一不是人名表，第二不是博物馆，第三不是展览会，第四不是教科书，第五不是历史。本月，为加强《人民画报》编辑质量工作，聘请夏衍、邓拓、郭小川、吴作人、叶浅予、刘开渠、华君武、吴劳、郁风、王朝闻、邵宇、张汀、张谔、雷圭元、石少华、吴印咸、杜展潮等为编委。

1961 年 12 月 16 日，对外文委、文化部转发国务院外办对中文书籍出口的批示。指出：中文书籍的供应对象主要以华侨和港澳同胞为主，适当照顾越南、朝鲜等兄弟国家，资本主义国家的少数读者不是供应的重点。对华侨出口的品种和内容，应以进行爱国主义教育为主，政治性不应太强，同时要照顾华侨的处境和侨居国的情况。对兄弟国家出口的书籍偏重于学术研究和关于中国经济建设成就和经验方面的书籍。对资本主义国家供应中国历史、古代文化的典籍数量不宜太大。今后中央一级和上海各出版社在编审书稿时即应考虑到书籍的出口问题，何种书籍可以出口，应由社长、总编辑签字，呈报主管部门即可。

1961 年 12 月，国际书店对海外发行毛泽东著作 10 年工作给予总结，其中提到：毛泽东著作外文版自 1952 年开始对外发行，当时的国家数量仅有 27 个。截至 1961 年 10 月，已经遍及 100 多个国家，59 种单篇著作译成 15 种外文，共发行册数 172 万册。中文版毛泽东著作发行 29 万册，其中《毛泽东选集》一至四卷共发行 13.4 万册（《毛泽东选集》第四卷占 38341 册）。

本年，国际书店参加或者举办的书展有莱比锡春、秋季博览会，华沙国际书展，荷兰毕加索书店举办中国书展，瑞典皇家图书馆举办中国书展，卢中友协首次在卢森堡国际博览会上展出中国书刊，随中国贸促会参加埃塞俄比亚书展，参加古巴举办的中国建设成就展等。

本年，外文出版社用英文、法文、俄文、德文、西班牙文、印尼文、日文、越南文、缅甸文、印地文、乌尔都文、荷兰文、阿拉伯文、世界语等 14 种文字出版 202 种图书。其中有《毛泽东选集》第四卷英文版，《和美国记者安娜·路易斯·斯特朗的谈话》等毛泽东著作单篇，《鲁迅选集》第四卷，《不怕鬼的故事》，《叶圣陶童话选》；摄影画册《中国主要旅游城市》、《劳动保护》，画册《小鲤鱼跳龙门》等。世界语有《实践论》、《论人民民主专政》、《和美国记者安娜·路易斯·斯特朗的谈话》、《在中国共产党第七届中央委员会第二次全体会议上的报告》等4种。

本年，国际书店对外发行外文书籍105万册，外文期刊445万份。加上中文书籍出口，总数达到880万册（份）。海外同业遍及73个国家地区，总数达到367家。

## 1961 年对外发行图书目录

### 1961 年英文版书目（63 种）

| 书名 | 作者 | 出版社 | 出版/再版时间 | 装帧/印刷/发行册数 |
|---|---|---|---|---|
| 毛泽东选集（第四卷） | 毛泽东 | 外文 | 1961 | 精 70000 |
| 抗日战争胜利后的时局和我们的方针 | 毛泽东 | 外文 | 1961（5 次重印） | 271529 |
| 关于重庆谈判 | 毛泽东 | 外文 | 1961（4 次重印） | 154135 |
| 和美国记者安娜·路易斯·斯特朗的谈话 | 毛泽东 | 外文 | 1961（6 次重印） | 339868 |
| 目前形势和我们的任务 | 毛泽东 | 外文 | 1961（5 次重印） | 197754 |
| 关于目前党的政策中的几个重要问题 | 毛泽东 | 外文 | 1961 | |
| 在晋绥干部会议上的讲话 | 毛泽东 | 外文 | 1961 | |
| 关于健全党委制 | 毛泽东 | 外文 | 1961 | |
| 将革命进行到底 | 毛泽东 | 外文 | 1961 | |
| 在中国共产党第七届中央委员会第二次全体会议上的报告 | 毛泽东 | 外文 | 1961 | |
| 论人民民主专政（第八版） | 毛泽东 | 外文 | 1961 | |
| 评白皮书 | 毛泽东 | 外文 | 1961 | |

续表

| 书名 | 作者 | 出版社 | 出版/<br>再版时间 | 装帧/印刷/<br>发行册数 |
|---|---|---|---|---|
| 毛泽东同志论帝国主义和一切反动派都是纸老虎（第二版） | 毛泽东 | 外文 | 1961 | 精 |
| 在庆祝中国共产党成立四十周年大会上的讲话 | 刘少奇 | 外文 | 1961 | 13910 |
| 高举党的总路线和毛泽东军事思想的红旗阔步前进（第二版） | 林彪 | 外文 | 1961 | |
| 中国的兴起 | （英）约翰逊 | 外文 | 1961 | 精 12730 |
| 中国内地在跃进中 | （新西兰）<br>路易·艾黎 | 新世界 | 1961 | 精 2700 |
| 金钱与暴力在老挝 | （美）安娜·<br>路易斯·斯特朗 | 新世界 | 1961<br>（再版 1 次） | 精 6070 |
| 从日内瓦看老挝 | （美）爱泼斯坦、<br>邱茉莉 | 新世界 | 1961 | 精 2000 |
| 支持古巴和拉丁美洲各国人民反对美帝国主义的斗争 | | 外文 | 1961<br>（1966 年停售） | 3570 |
| 中国人民坚决支持非洲人民正义的斗争 | 中国非洲<br>友好协会 | 外文 | 1961 | 9420 |
| 中华人民共和国宪法（第二版） | | 外文 | 1961 | 精 |
| 中华人民共和国重要劳动法令（增订本） | | 外文 | 1961<br>（1967 年停售） | 5210 |
| 社会主义国家的佛教活动 | （尼泊尔）甘露喜 | 新世界 | 1961 | 4420 |
| 更高地举起毛泽东文艺思想的旗帜 | 林默涵 | 外文 | 1961 | 10730 |
| 鲁迅选集（第四卷） | 杨宪益、<br>戴乃迭译 | 外文 | 1961<br>（3 次重印） | 精 21264 |
| 红旗歌谣 | 郭沫若、<br>周扬等 | 外文 | 1961 | 精 3400 |
| 降龙伏虎（话剧） | 段承滨、杜士俊<br>著，巴恩斯译 | 外文 | 1961 | 精 6330 |

| 书名 | 作者 | 出版社 | 出版/再版时间 | 装帧/印刷/发行册数 |
|---|---|---|---|---|
| 关汉卿（话剧） | 田汉 | 外文 | 1961 | 精 3840 |
| 金鹰（话剧） | 超克图仁 | 外文 | 1961 | 精 3850 |
| 槐树庄（话剧） | 胡克 | 外文 | 1961（2 次重印） | 14965 |
| 不怕鬼的故事（笔记小说） | 中国社科院文研所编辑，杨宪益、戴乃迭译，程十发绘 | 外文 | 1961（2 次重印） | 50754 |
| 故事新编 | 鲁迅著，杨宪益、戴乃迭译 | 外文 | 1961（2 次重印） | 57835 |
| 普通劳动者（短篇小说） | 王愿坚 | 外文 | 1961（2 次重印） | 18904 |
| 耕云记（短篇小说） | 李准、周立波等 | 外文 | 1961（2 次重印） | 7880 |
| 太阳刚刚出山（短篇小说） | 马烽 | 外文 | 1961 | 3700 |
| 太阳初升的时候（短篇小说） | 康濯 | 外文 | 1961 | 3500 |
| 风雪之夜（短篇小说） | 王汶石 | 外文 | 1961（2 次重印） | 13474 |
| 开不败的花朵（中篇小说） | 马加 | 外文 | 1961 | 3950 |
| 红日（长篇小说） | 吴强著、巴恩斯译 | 外文 | 1961（2 次重印） | 精 10140 |
| 在昂美纳部落里（长篇小说） | 郭国甫著，尚怀远译，李化吉插图 | 外文 | 1961 | 精 3240 |
| 红旗谱（长篇小说） | 梁斌著，戴乃迭译，黄润华插图 | 外文 | 1961 | 精 6055 |
| 山乡巨变（上册，长篇小说） | 周立波著，班以安译，杨之光、尹国良插图 | 外文 | 1961 | 精 8230 |
| 百炼成钢（长篇小说） | 艾芜 | 外文 | 1961 | 精 5640 |

续表

| 书名 | 作者 | 出版社 | 出版/<br>再版时间 | 装帧/印刷/<br>发行册数 |
|---|---|---|---|---|
| 上甘岭（长篇小说） | 陆柱国著，<br>康德伦译 | 外文 | 1961 | 11120 |
| 六十年的变迁（第一卷，长篇小说） | 李六如 | 外文 | 1961 | 精5630 |
| 红色赣粤边（回忆录） | 杨尚奎著，<br>戴泽插图 | 外文 | 1961 | 10030 |
| 赤胆忠心（回忆录） | 王火著，<br>刘永凯插图 | 外文 | 1961 | 5450 |
| 志愿军一日（回忆录，选本） | | 外文 | 1961 | 精4530 |
| 武松 | 中国建设<br>杂志社 | 中国建设<br>杂志 | 1961 | 56000 |
| 金色的海螺（诗歌） | 阮章竞著，<br>米谷插图 | 外文 | 1961 | 精3830 |
| 大灰狼（儿童剧） | 张天翼著，<br>杨永青插图 | 外文 | 1961<br>（2次重印） | 精10000 |
| 雪花飘飘（儿童文学） | 杨朔著，<br>苗地插图 | 外文 | 1961<br>（2次重印） | 33854 |
| 叶圣陶童话选 | 黄永玉插图 | 外文 | 1961<br>（4次重印） | 49064 |
| 野旋的童话 | 贺宜 | 外文 | 1961 | 5880 |
| 小鲤鱼跳龙门（童话） | 金近改写，<br>杨善子、<br>丁榕临绘 | 外文 | 1961<br>（2次重印） | 47550 |
| 帽子的秘密（连环画） | 柯岩诗，华三川绘 | 外文 | 1961 | 22520 |
| 第26届世界乒乓球锦标赛纪念画册（摄影） | 中国建设<br>杂志社 | 中国建设<br>杂志 | 1961 | |
| 屏风（画册） | 中国建设<br>杂志社 | 中国建设<br>杂志 | 1961 | 40000 |
| 中国主要旅行城市画册（摄影） | 中国国际<br>旅行总社 | 外文 | 1961 | 8080 |

续表

| 书名 | 作者 | 出版社 | 出版/再版时间 | 装帧/印刷/发行册数 |
|---|---|---|---|---|
| 劳动保护（摄影） | 中华全国总工会 | 外文 | 1961 | 4130 |
| 召树屯和南诺娜（连环画） | 程十发绘 | 外文 | 1961（2 次重印） | 27610 |
| 野猪林（连环画） | 石红改编，卜孝怀绘 | 外文 | 1961 | 10660 |

## 1961 年德文版书目（27 种）

| 书名 | 作者 | 出版社 | 出版/再版时间 | 装帧/印刷/发行册数 |
|---|---|---|---|---|
| 在延安文艺座谈会上的讲话 | 毛泽东 | 外文 | 1961（再版 2 次） | 43289 |
| 抗日战争胜利后的时局和我们的方针 | 毛泽东 | 外文 | 1961（再版 3 次） | 40986 |
| 关于重庆谈判 | 毛泽东 | 外文 | 1961（再版 4 次） | 33065 |
| 和美国记者安娜·路易斯·斯特朗的谈话 | 毛泽东 | 外文 | 1961 | 10380 |
| 目前形势和我们的任务 | 毛泽东 | 外文 | 1961（再版 2 次） | 39718 |
| 关于健全党委制 | 毛泽东 | 外文 | 1961（再版 3 次） | 33888 |
| 将革命进行到底 | 毛泽东 | 外文 | 1961（再版 3 次） | 30110 |
| 在中国共产党第七届中央委员会第二次全体会议上的报告 | 毛泽东 | 外文 | 1961（再版 4 次） | 34863 |
| 论人民民主专政（第三版） | 毛泽东 | 外文 | 1961（1950 年出版，共再版 4 次，此为第 3 版） | |
| 评白皮书 | 毛泽东 | 外文 | 1961（再版 3 次） | 103240 |

续表

| 书名 | 作者 | 出版社 | 出版/<br>再版时间 | 装帧/印刷/<br>发行册数 |
|---|---|---|---|---|
| 毛泽东论文学艺术 | 毛泽东 | 外文 | 1961 | 精 8270 |
| 在庆祝中国共产党成立四十周年大会上的讲话 | 刘少奇 | 外文 | 1961 | 2190 |
| 西藏问题述闻 | （美）安娜·路易斯·斯特朗 | 新世界 | 1961 | 3150 |
| 我国社会主义文学艺术的道路 | 周扬 | 外文 | 1961 | 精 2390 |
| 明朗的天（话剧） | 曹禺 | 外文 | 1961 | 精 1360 |
| "三年早知道"及其他故事（新中国短篇小说选第七集） | 马烽等 | 外文 | 1961 | 精 2020 |
| 开不败的花朵（长篇小说） | 马加 | 外文 | 1961 | 3950 |
| 把一切献给党（长篇小说） | 吴运铎著，尚沪生插图 | 外文 | 1961 | 精 2000 |
| 刘胡兰小传 | 梁星 | 外文 | 1961 | 2010 |
| 不怕鬼的故事（笔记小说） | 中国社科院文研所编辑，程十发绘 | 外文 | 1961 | 1970 |
| 中国古代寓言选（上下合订本） | 丰子恺插图 | 外文 | 1961 | 1910 |
| 雪花飘飘（儿童文学） | 杨朔著，苗地插图 | 外文 | 1961 | 2260 |
| 小黑马的故事（儿童文学） | 袁静著，路坦插图 | 外文 | 1961 | 1310 |
| 小鲤鱼跳龙门（童话） | 金近改写，杨善子、丁榕临绘 | 外文 | 1961<br>（再版 3 次） | 9770 |
| 帽子的秘密（连环画） | 柯岩诗，华三川绘 | 外文 | 1961 | 1710 |
| 召树屯和南诺娜（彩色连环画） | 阿秀改编，程十发绘 | 外文 | 1961 | 1940 |
| 中国主要旅行城市画册（摄影） | 中国国际旅行总社 | 外文 | 1961 | 2070 |

## 1961 年法文版书目（38 种）

| 书名 | 作者 | 出版社 | 出版/再版时间 | 装帧/印刷/发行册数 |
|---|---|---|---|---|
| 关于纠正党内的错误思想 | 毛泽东 | 外文 | 1961 | 12610 |
| 论政策 | 毛泽东 | 外文 | 1961（3 次重印） | 134880 |
| 《农村调查》的序言和跋 | 毛泽东 | 外文 | 1961（4 次重印） | 146908 |
| 改造我们的学习 | 毛泽东 | 外文 | 1961（3 次重印） | 166601 |
| 关于领导方法的若干问题 | 毛泽东 | 外文 | 1961（3 次重印） | 135150 |
| 抗日战争胜利后的时局和我们的方针 | 毛泽东 | 外文 | 1961（4 次重印） | 118339 |
| 关于重庆谈判 | 毛泽东 | 外文 | 1961（4 次重印） | 110339 |
| 和美国记者安娜·路易斯·斯特朗的谈话 | 毛泽东 | 外文 | 1961（6 次重印） | 190612 |
| 目前形势和我们的任务 | 毛泽东 | 外文 | 1961（5 次重印） | 117900 |
| 关于目前党的政策中的几个重要问题 | 毛泽东 | 外文 | 1961（4 次重印） | 107980 |
| 在晋绥干部会议上的讲话 | 毛泽东 | 外文 | 1961（4 次重印） | 217995 |
| 关于健全党委制 | 毛泽东 | 外文 | 1961（3 次重印） | 154142 |
| 将革命进行到底 | 毛泽东 | 外文 | 1961（5 次重印） | 160000 |
| 在中国共产党第七届中央委员会第二次全体会议上的报告 | 毛泽东 | 外文 | 1961（5 次重印） | 117645 |
| 论人民民主专政（第三版） | 毛泽东 | 外文 | 1961（1949 年出版，共再版13 次，此为第 8 次） | |

续表

| 书名 | 作者 | 出版社 | 出版/再版时间 | 装帧/印刷/发行册数 |
|---|---|---|---|---|
| 评白皮书 | 毛泽东 | 外文 | 1961（4 次重印） | 106640 |
| 毛泽东诗词（增订本） | 何如译 | 外文 | 1961（1960 出版，此为再版，增加到 21 首） | |
| 在庆祝中国共产党成立四十周年大会上的讲话 | 刘少奇 | 外文 | 1961 | 11870 |
| 中国人民坚持支持非洲人民正义的斗争 | 中国非洲友好协会 | 外文 | 1961 | 10390 |
| 更高地举起毛泽东文艺思想的旗帜 | 林默涵 | 外文 | 1961 | 7890 |
| 向自由（诗歌） | （几内亚）奥特拉 | 新世界 | 1961 | 11200 |
| 降龙伏虎（话剧） | 段承滨、杜士俊著，巴恩斯译 | 外文 | 1961 | 精 5680 |
| 不怕鬼的故事（笔记小说） | 中国社科院文研所编辑，程十发绘 | 外文 | 1961（2 次重印） | 9650 |
| 中国红军的故事 | 何长工等 | 外文 | 1961 | 10890 |
| 抗日战争的故事 | 李天佑等 | 外文 | 1961 | 6900 |
| 董存瑞的故事 | 左林 | 外文 | 1961 | 6890 |
| 普通劳动者（短篇小说） | 王愿坚 | 外文 | 1961 | 5700 |
| 把一切献给党（长篇小说） | 吴运铎著，尚沪生插图 | 外文 | 1961 | 精 7610 |
| 倪焕之（长篇小说） | 叶圣陶 | 外文 | 1961（2 次重印） | 精 11494 |
| 金色的海螺（诗歌） | 阮章竞著，米谷插图 | 外文 | 1961 | 8500 |
| 大灰狼（儿童剧） | 张天翼著，杨永青插图 | 外文 | 1961（2 次重印） | 8812 |
| 小鲤鱼跳龙门（童话） | 金近改写，杨善子、丁榕临绘 | 外文 | 1961（2 次重印） | 25270 |

续表

| 书名 | 作者 | 出版社 | 出版/再版时间 | 装帧/印刷/发行册数 |
|---|---|---|---|---|
| 帽子的秘密（连环画） | 柯岩诗，华三川绘 | 外文 | 1961 | 20240 |
| 召树屯和南诺娜（彩色连环画） | 阿秀改编，程十发绘 | 外文 | 1961（2 次重印） | 17920 |
| 骄傲的将军（第二版） | 华君武著，特伟编绘 | 外文 | 1961（2 次重印） | |
| 西厢记（连环画，第二版） | 洪曾玲改编，王叔晖绘 | 外文 | 1961（1958 年出版，2 次重印数共 13850 册，此为第 2 次） | |
| 劳动保护（摄影） | 总工会 | 外文 | 1961 | 2580 |
| 中国主要旅行城市画册（摄影） | 中国国际旅行总社 | 外文 | 1961 | 3020 |

## 1961 年西班牙文版书目（39 种）

| 书名 | 作者 | 出版社 | 出版/再版时间 | 装帧/印刷/发行册数 |
|---|---|---|---|---|
| 中国社会各阶级的分析（第三版） | 毛泽东 | 外文 | 1961（1959 年出版，共再版 6 次，此为第 3 版） | |
| 湖南农民运动考察报告（第四版） | 毛泽东 | 外文 | 1961（1957 年出版，共再版 5 次，此为第 4 版） | |
| 中国的红色政权为什么能够存在？（第三版） | 毛泽东 | 外文 | 1961（1959 年出版，共再版 6 次，此为第 3 版） | |
| 关于纠正党内的错误思想（第三版） | 毛泽东 | 外文 | 1961（1959 年出版，共再版 5 次，此为第 3 版） | |
| 星星之火，可以燎原（第四版） | 毛泽东 | 外文 | 1961（1959 年出版，共再版 9 次，此为第 4 版） | 精 |

续表

| 书名 | 作者 | 出版社 | 出版/再版时间 | 装帧/印刷/发行册数 |
|---|---|---|---|---|
| 关心群众生活，注意工作方法（第四版） | 毛泽东 | 外文 | 1961（1959 年出版，共再版 4 次，此第 4 版） | |
| 论反对日本帝国主义的策略（第五版） | 毛泽东 | 外文 | 1961（1957 年出版，共再版 8 次，此为第 5 版） | |
| 矛盾论（第二版） | 毛泽东 | 外文 | 1961（1958 年出版，共再版 7 次，此为第 2 版） | 精 |
| 战争和战略问题（第四版） | 毛泽东 | 外文 | 1961（1959 年出版，共再版 6 次，此为第 4 版） | |
| 《共产党人》发刊词（第五版） | 毛泽东 | 外文 | 1961（1957 年出版，共再版 7 次，此为 5 版） | |
| 中国革命和中国共产党（第二版） | 毛泽东 | 外文 | 1961（1959 年出版，共再版 5 次，此为第 2 版） | |
| 抗日游击战争的战略问题（第三版） | 毛泽东 | 外文 | 1961（1960 年出版，共再版 4 次，此为第 3 版） | |
| 目前抗日统一战线中的策略问题（第三版） | 毛泽东 | 外文 | 1961（1959 年出版，共再版 5 次，此第 3 版） | |
| 论政策（第三版） | 毛泽东 | 外文 | 1961（1959 年出版，共再版 5 次，此为第 3 版） | |
| 《农村调查》的序言和跋（第三版） | 毛泽东 | 外文 | 1961（1959 年出版，共再版 7 次，此为第 3 版） | |
| 整顿党的作风（第四版） | 毛泽东 | 外文 | 1961（1959 年出版，共再版 8 次，此为第 4 版） | 精 |

| 书名 | 作者 | 出版社 | 出版/<br>再版时间 | 装帧/印刷/<br>发行册数 |
|---|---|---|---|---|
| 反对党八股（第四版） | 毛泽东 | 外文 | 1961（1959 年出版，共再版 6 次，此为第 4 版） | |
| 抗日时期的经济问题和财政问题（第四版） | 毛泽东 | 外文 | 1961（1959 年出版，共再版 3 次，此为第 4 版） | |
| 关于领导方法的若干问题（第三版） | 毛泽东 | 外文 | 1961（1959 年出版，共再版 6 次，此为第 3 版） | |
| 组织起来 | 毛泽东 | 外文 | 1961（再版 2 次） | 76785 |
| 必须学会经济工作 | 毛泽东 | 外文 | 1961（再版 2 次） | 66360 |
| 农业合作化问题（第五版） | 毛泽东 | 外文 | 1961（1956 年出版，共再版 4 次，此为第 5 版） | 精 |
| 关于正确处理人民内部矛盾的问题（第四版） | 毛泽东 | 外文 | 1961（1956 年出版，共再版 4 次，此为第 5 版） | |
| 在庆祝中国共产党成立四十周年大会上的讲话 | 刘少奇 | 外文 | 1961 | 14870 |
| 高举党的总路线和毛泽东军事思想的红旗阔步前进（第三版） | 林彪 | 外文 | 1961（1959 年出版，共再版 2 次，此为第 3 版） | |
| 无产阶级专政的历史经验（一论、再论合订本） | 人民日报编辑部 | 外文 | 1961 | 44430 |
| 全党全民动手大办农业 | 廖鲁言 | 外文 | 1961 | 22550 |
| 成长中的人民公社 | （美）安娜·路易斯·斯特朗 | 新世界 | 1961（1972 年停售） | 17100 |
| 关于中华人民共和国宪法草案的报告/中华人民共和国宪法（第二版） | | 外文 | 1961（1955 年出版，再版 1 次，此为再版） | 精 |

续表

| 书名 | 作者 | 出版社 | 出版/再版时间 | 装帧/印刷/发行册数 |
|---|---|---|---|---|
| 我国社会主义文学艺术的道路 | 周扬 | 外文 | 1961（再版2次） | 21750 |
| 李家庄的变迁（长篇小说） | 赵树理 | 外文 | 1961（再版3次） | 精20124 |
| 中国古代寓言选（上下合订本） | 丰子恺插图 | 外文 | 1961 | 10520 |
| 小鲤鱼跳龙门（童话） | 金近改写，杨善子、丁榕临绘 | 外文 | 1961（再版3次） | 42490 |
| 帽子的秘密（连环画） | 柯岩诗，华三川绘 | 外文 | 1961 | 15430 |
| 杨根思（连环画） | 一帆改编，贺友直绘 | 外文 | 1961（再版3次） | 23265 |
| 野猪林（连环画） | 石红改编，卜孝怀绘 | 外文 | 1961 | 10230 |
| 北京手工艺品（明信片） | 北京工艺美术研究所 | 外文 | 1961 | 2980 |
| 中国主要旅行城市画册（摄影） | 中国国际旅行总社 | 外文 | 1961 | 4300 |
| 劳动保护（摄影） | 中华全国总工会 | 外文 | 1961 | 3980 |

## 1961 年印尼文版书目（14 种）

| 书名 | 作者 | 出版社 | 出版/再版时间 | 装帧/印刷/发行册数 |
|---|---|---|---|---|
| 湖南农民运动考察报告（第四版） | 毛泽东 | 外文 | 1961（再版2次） | 15188 |
| 实践论 | 毛泽东 | 外文 | 1961（再版3次） | 19830 |
| 抗日战争胜利后的时局和我们的方针 | 毛泽东 | 外文 | 1961（再版2次） | 12028 |
| 关于重庆谈判 | 毛泽东 | 外文 | 1961（再版2次） | 4755 |

| 书名 | 作者 | 出版社 | 出版/<br>再版时间 | 装帧/印刷/<br>发行册数 |
|---|---|---|---|---|
| 和美国记者安娜·路易斯·斯特朗的谈话 | 毛泽东 | 外文 | 1961<br>（再版 2 次） | 10778 |
| 目前形势和我们的任务 | 毛泽东 | 外文 | 1961<br>（再版 2 次） | 9228 |
| 关于健全党委制 | 毛泽东 | 外文 | 1961<br>（再版 2 次） | 6238 |
| 将革命进行到底 | 毛泽东 | 外文 | 1961<br>（再版 2 次） | 9355 |
| 在中国共产党第七届中央委员会第二次全体会议上的报告 | 毛泽东 | 外文 | 1961<br>（再版 2 次） | 5016 |
| 我国社会主义文学艺术的道路 | 周扬 | 外文 | 1961 | 1330 |
| 更高地举起毛泽东文艺思想的旗帜 | 林默涵 | 外文 | 1961 | 760 |
| 中国主要旅行城市画册（摄影） | 中国国际旅行总社 | 外文 | 1961 | 350 |
| 中国风光 | 中国职工摄影编辑部 | 外文 | 1961 | 320 |
| 职工文化生活 | 总工会 | 外文 | 1961 | 1840 |

## 1961 年缅甸文版书目（12 种）

| 书名 | 作者 | 出版社 | 出版/<br>再版时间 | 装帧/印刷/<br>发行册数 |
|---|---|---|---|---|
| 青年运动的方向 | 毛泽东 | 外文 | 1961<br>（再版 2 次） | 105888 |
| 改造我们的学习 | 毛泽东 | 外文 | 1961 | 1730 |
| 关于领导方法的若干问题 | 毛泽东 | 外文 | 1961<br>（再版 2 次） | 106448 |
| 抗日战争胜利后的时局和我们的方针 | 毛泽东 | 外文 | 1961<br>（再版 2 次） | 106088 |
| 关于重庆谈判 | 毛泽东 | 外文 | 1961<br>（再版 2 次） | 33728 |

续表

| 书名 | 作者 | 出版社 | 出版/<br>再版时间 | 装帧/印刷/<br>发行册数 |
|---|---|---|---|---|
| 和美国记者安娜·路易斯·斯特朗的谈话 | 毛泽东 | 外文 | 1961<br>（再版2次） | 107108 |
| 目前形势和我们的任务 | 毛泽东 | 外文 | 1961<br>（再版2次） | 104388 |
| 关于目前党的政策中的几个重要问题 | 毛泽东 | 外文 | 1961<br>（再版2次） | 105559 |
| 在晋绥干部会议上的讲话 | 毛泽东 | 外文 | 1961<br>（再版3次） | 108278 |
| 关于健全党委制 | 毛泽东 | 外文 | 1961<br>（再版3次） | 109438 |
| 将革命进行到底 | 毛泽东 | 外文 | 1961<br>（再版2次） | 105758 |
| 在中国共产党第七届中央委员会第二次全体会议上的报告 | 毛泽东 | 外文 | 1961<br>（再版2次） | 35055 |

## 1961年阿拉伯文版书目（14种）

| 书名 | 作者 | 出版社 | 出版/<br>再版时间 | 装帧/印刷/<br>发行册数 |
|---|---|---|---|---|
| 为动员一切力量争取抗战胜利而斗争 | 毛泽东 | 外文 | 1961<br>（再版3次） | 93518 |
| 青年运动的方向 | 毛泽东 | 外文 | 1961<br>（再版3次） | 62932 |
| 论人民民主专政（第二版） | 毛泽东 | 外文 | 1961（1951年出版，共再版4次，总印数为59358册，此为第2版） | |
| 毛泽东论帝国主义和一切反动派都是纸老虎（第二版） | 毛泽东 | 外文 | 1961（1958年出版，再版1次，总印数为30770册，此为再版） | |
| 在庆祝中国共产党成立四十周年大会上的讲话 | 刘少奇 | 外文 | 1961 | 3640 |

续表

| 书名 | 作者 | 出版社 | 出版/<br>再版时间 | 装帧/印刷/<br>发行册数 |
|---|---|---|---|---|
| 伟大的十年（第二版） | 周恩来 | 外文 | 1961（1959 年<br>12 月出版，总<br>印数为 9240 册，<br>此为再版） | |
| 高举党的总路线和毛泽东军<br>事思想的红旗阔步前进（第<br>三版） | 林彪 | 外文 | 1961（1959 年出<br>版，共再版 2 次，<br>总印数为 7860 册，<br>此为第 3 版） | |
| 中国人民大团结和世界人民<br>大团结（第二版） | 邓小平 | 外文 | 1961（1959 年出<br>版，共再版 2 次，<br>总印数为 8430 册，<br>此为第 3 版） | |
| 1956 到 1967 年全国农业发展<br>纲要 | | 外文 | 1961 | 5630 |
| 我国社会主义文学艺术的道路 | 周扬 | 外文 | 1961 | 5160 |
| 雪花飘飘（儿童文学） | 杨朔著，<br>苗地插图 | 外文 | 1961<br>（再版 2 次） | 6874 |
| 小鲤鱼跳龙门（童话） | 金近改写，<br>杨善子、<br>丁榕临绘 | 外文 | 1961<br>（再版 2 次） | 13190 |
| 野猪林（连环画） | 石红改编，<br>卜孝怀绘 | 外文 | 1961 | 4110 |
| 北京手工艺品（明信片） | 北京工艺美术<br>研究所 | 外文 | 1961 | 2690 |

## 1961 年俄文版书目（8 种）

| 书名 | 作者 | 出版社 | 出版/<br>再版时间 | 装帧/印刷/<br>发行册数 |
|---|---|---|---|---|
| 在庆祝中国共产党成立四十周年<br>大会上的讲话 | 刘少奇 | 外文 | 1961 | 4306 |
| 我国社会主义文学艺术的道路 | 周扬 | 外文 | 1961 | 3570 |

续表

| 书名 | 作者 | 出版社 | 出版/再版时间 | 装帧/印刷/发行册数 |
|---|---|---|---|---|
| 更高地举起毛泽东文艺思想的旗帜 | 林默涵 | 外文 | 1961 | 4070 |
| 不怕鬼的故事（笔记小说） | 中国社科院文研所编辑，程十发绘 | 外文 | 1961 | 精2480 |
| 雪花飘飘（儿童文学） | 杨朔著，苗地插图 | 外文 | 1961 | 860 |
| 小鲤鱼跳龙门（童话） | 金近改写，杨善子、丁榕临绘 | 外文 | 1961 | 990 |
| 帽子的秘密（连环画） | 柯岩诗，华三川绘 | 外文 | 1961 | 1090 |
| 中国主要旅行城市画册（摄影） | 中国国际旅行总社 | 外文 | 1961 | 3860 |

## 1961 年越南文版书目（4 种）

| 书名 | 作者 | 出版社 | 出版/再版时间 | 装帧/印刷/发行册数 |
|---|---|---|---|---|
| 更高地举起毛泽东文艺思想的旗帜 | 林默涵 | 外文 | 1961 | 680 |
| 不怕鬼的故事（笔记小说） | 中国社科院文研所编辑，程十发绘 | 外文 | 1961 | 6250 |
| 中国主要旅行城市画册（摄影） | 中国国际旅行总社 | 外文 | 1961 | 10340 |
| 红色赣粤边（回忆录） | 杨尚奎著，戴泽插图 | 外文 | 1961 | 6430 |

## 1961 年日文版书目（6 种）

| 书名 | 作者 | 出版社 | 出版/再版时间 | 装帧/印刷/发行册数 |
|---|---|---|---|---|
| 不怕鬼的故事（笔记小说） | 中国社科院文研所编辑，程十发绘 | 外文 | 1961 | 11130 |

续表

| 书名 | 作者 | 出版社 | 出版/再版时间 | 装帧/印刷/发行册数 |
|---|---|---|---|---|
| 特殊性格的人（短篇小说集） | 胡万春 | 外文 | 1961 | 10500 |
| 小鲤鱼跳龙门（童话） | 金近改写，杨善子、丁榕临绘 | 外文 | 1961 | 3380 |
| 红色赣粤边（回忆录） | 杨尚奎著，戴泽插图 | 外文 | 1961 | 5795 |
| 中华人民共和国地图 | | 地图 | 1961（1966 年停售） | 30400 |
| 劳动保护（摄影） | 中华全国总工会 | 外文 | 1961 | 1180 |

## 1961 年印地文版书目（6 种）

| 书名 | 作者 | 出版社 | 出版/再版时间 | 装帧/印刷/发行册数 |
|---|---|---|---|---|
| 抗日战争胜利后的时局和我们的方针 | 毛泽东 | 外文 | 1961（再版 3 次） | 41738 |
| 和美国记者安娜·路易斯·斯特朗的谈话 | 毛泽东 | 外文 | 1961（再版 3 次） | 24028 |
| 将革命进行到底 | 毛泽东 | 外文 | 1961（再版 3 次） | 42638 |
| 木刻（明信片） | | 外文 | 1961 | 1210 |
| 小鲤鱼跳龙门（童话） | 金近改写，杨善子、丁榕临绘 | 外文 | 1961 | 3106 |
| 帽子的秘密（连环画） | 柯岩诗，华三川绘 | 外文 | 1961 | 20160 |

## 1961 年荷兰文版书目（3 种）

| 书名 | 作者 | 出版社 | 出版/再版时间 | 装帧/印刷/发行册数 |
|---|---|---|---|---|
| 实践论 | 毛泽东 | 外文 | 1961 | 3790 |
| 矛盾论 | 毛泽东 | 外文 | 1961 | 4950 |
| 现代修正主义必须批判 | 人民日报编辑部 | 外文 | 1961 | 2150 |

### 1961 年世界语版书目（7 种）

| 书名 | 作者 | 出版社 | 出版/再版时间 | 装帧/印刷/发行册数 |
|---|---|---|---|---|
| 实践论 | 毛泽东 | 中华全国世界语协会 | 1961（再版 1 次） | 11830 |
| 和美国记者安娜·路易斯·斯特朗的谈话 | 毛泽东 | 中华全国世界语协会 | 1961（再版 1 次） | 9620 |
| 在中国共产党第七届中央委员会第二次全体会议上的报告 | 毛泽东 | 中华全国世界语协会 | 1961（再版 3 次） | 9805 |
| 论人民民主专政 | 毛泽东 | 中华全国世界语协会 | 1961（再版 1 次） | 11910 |
| 不怕鬼的故事（笔记小说） | 中国社科院文研所编辑，程十发绘 | 中华全国世界语协会 | 1961 | 6274 |
| 小鲤鱼跳龙门（连环画） | 金近改写，杨善子、丁榕临绘 | 中华全国世界语协会 | 1961（再版 1 次） | 10090 |
| 西厢记（连环画） | 洪曾玲改编，王叔晖绘 | 中华全国世界语协会 | 1961 | 7020 |

### 1961 年多语种对照版书目（2 种）

| 书名 | 作者 | 出版社 | 出版/再版时间 | 装帧/印刷/发行册数 |
|---|---|---|---|---|
| 中国各民族（摄影，俄文、英文、中文对照，53 张） | 民族文化宫 | 民族 | 1961 | |
| 庐山（摄影，12 张，俄文、英文、中文对照） | 上海人民美术出版社 | 上海人民美术 | 1961 | |

# 1962 年图书（期刊）对外翻译出版发行活动

　　本年，英国共产党中央书店开始拒绝为国际书店转运中国发行到拉美国家的中国出版物；中国与印度发生边境冲突。中国书刊在印度发行业务全部中断，仅订户就损失 8 万户。为了使印度以及全世界人民了解中印边界问题的真相，外文出版社出版了各种文版的《中印边界问题》一书，通过各种渠道对外散发，该书赠送范围之广泛是新中国成立以来对外书刊发行传播历史上是无前例的；

　　本年，国际书店派出钟虹、景连如等到阿尔及利亚建立国际书店代表处，开拓中国书刊在阿拉伯各国的发行业务；香港和平书店划归国际书店直属机构，面向东南亚开展业务；

　　本年，中共中央办公厅以及国务院外办就对外赠送毛主席照片一事做出一般不主动对外赠送的相关规定。

　　1962 年 1 月 2 日，中宣部部长陆定一指示，《北京周报》着手筹备出版法文、西班牙文版，争取出阿拉伯文版。

　　1962 年 1 月 8 日，对外文委批准书刊唱片可以继续出口到南非。早在 1960 年 7 月，中国与南非断绝一切经济、贸易等往来。自 1962 年以后，国际书店再没有主动与南非联邦发展业务关系。

　　1962 年 1 月 6 日至 12 日，中国建设杂志社举办创刊 10 周年展览会和招待会。宋庆龄、周恩来、陈毅等领带人为其题词。宋庆龄为《中国建设》创刊 10 周年撰写"真实报道的传统"一文，刊登在 1962 年第 1 期上。

　　1962 年 1 月 31 日，文化部出版事业管理局在《关于外国著作中译本序言问题如何处理的意见》中规定，翻译出版外国书籍，无论出版社和译者，均不主动要求外国原作者写序言，以免不能采用时反而被动。

　　1962 年 1 月，《人民中国》法文版设立专门编辑部，使法文版的内容区别于日文、印尼文版，以加强非洲地区宣传的针对性。

1962 年 1 月，国际书店在《我国出版物在非洲地区发行的初步总结》中提到：1950 至 1951 年，中国出版物只是间接地从欧洲和香港零星转入非洲；1952 年至 1956 年，发行地区较窄，发行量不大；从 1957 年起，发行量首先从埃及开始迅速增长，1957 年共发行 21 万多册，是前四年的 1.5 倍。1959 以后，随着中国与几内亚、加纳、马里相继建交，中国书刊在非洲，特别是在西非发行进入到一个新时期。

1962 年 2 月，《中国文学》编辑部副总编辑叶君健参加以茅盾为团长的中国作家代表团，出席在埃及开罗举行的亚非作家会议。《中国文学》1961 年 5 月号刊登了茅盾在会上的发言全文"为风云变幻时代的亚洲文学的灿烂前景而祝福"以及叶君健撰写的"他们在开罗会见"一文。

1962 年 2 月 21 日，国务院外办批准各国驻华使节订购资本主义国家报刊、图书，应收取外汇。

1962 年 3 月 1 日，对外文委指出，中华世界语协会、国际书店和《人民中国报道》编辑部，在世界语书刊发行方面，应采取两条腿走路的办法，除通过一般书店外，也可按照世界语运动的传统习惯，通过世界语团体和个别热心的世界语读者去吸收订户，而且要以这个办法为主。

1962 年 3 月 8 日，国务院外办发出"关于《毛泽东选集》第四卷英文版对外发行和赠送的情况和建议"通知，指出对外贸易发行方面，主要问题是发行数量太少；贸易地区不平衡，只集中在印尼、香港二地。要求采取比以前更为积极主动的方针，加强措施，扩大发行。

1962 年 3 月 12 日，文化部发出通知，已经出版的右派分子的著作或者编著的书籍，可以继续发行。外文出版社根据通报精神，恢复艾青、秦兆阳、沙鸥、谷峪等作品的对外发行。

1962 年 3 月，国务院外办副主任指出，对日宣传要明确目的性，"从促进日本人民对我国的了解和友谊入手"，宣传对象应该面向广大中间群众，宣传内容要丰富多彩，讲求宣传艺术，实事求是和谦虚谨慎，要依靠日本朋友的大力支持和配合。

1962 年 4 月，世界和平理事会决议，中国唐代诗人杜甫列为 1962 年世界纪念的文化名人之一。《中国文学》1961 年 4 期发表了杜甫诗歌 18 首，并同期节译了冯至的《杜甫传》。

1962 年 4 月，《毛泽东选集》第四卷法文版在本月对外发行，7 月西班牙文版对外发行。

1962 年 4 月 9 日，英国共产党中央书店开始拒绝为国际书店转运中国发行到拉美国家的中国出版物。据驻英代表处了解并告知"估计是政治上的原因。中央书店对我态度冷淡。"

1962 年 4 月 18 日，对外文委决定《列宁主义万岁》以及《列宁论反对修正主义》等 6 本小册子，目前暂不主动对外发行，对方主动索要适当满足。

1962 年 4 月 21 日，经对外文委批准，国际书店处理 50 年代为南亚国家出口而盲目购入的库存，其中有《中国佛教画集》、《苗族刺绣图案》等书籍。

1962 年 5 月，经国务院外办同意，外文出版社把 13 本反映总路线、"大跃进"、人民公社三面红旗的书改为内部控制发行。其中包括林彪的《高举党的总路线和毛泽东军事思想的红旗阔步前进》一书。

1962 年 7 月 27 日，中共中央办公厅以及国务院外办通知，关于对外赠送毛主席照片一事，指出：（1）一般不主动对外赠送；（2）凡属对我国友好的外国机关、团体或个人索要毛主席照片，一般可满足要求；（3）凡属背景不明，来意不清的索要主席照片，一般不予满足，可酌情赠外文书刊代替；（4）凡属反动的外国机关、团体或者个人索要主席照片，一般不予置理。

1962 年 8 月，刘少奇著《论共产党员的修养》一书重新修订出版。随后，外文出版社将修订本先后翻译成西班牙文、德文、日文、越南文、印尼文、缅甸文等文字出版。同时推荐国外出版社转译。已经转译的语种有西班牙文、意大利文、希腊文、丹麦文、冰岛文、日文、阿尔巴尼亚文、匈牙利文、越南文、印尼文、乌尔都文、孟加拉文、阿拉伯文、僧迦罗文等 14 种文字。

1962 年 10 月，中国与印度发生边境冲突。中国书刊在印度发行业务全部中断，仅订户就损失 8 万户。

1962 年 11 月，国际书店派出钟虹、景连如等到阿尔及利亚建立国际书店代表处，开拓中国书刊在阿拉伯各国的发行业务。

1962 年 11 月，为了使印度以及全世界人民了解中印边界问题俄真相，外文出版社出版了《中印边界问题》一书。经国务院外办以及周总理批准，采取以下办法发行该书：（1）请外交部采取适当方式，送给外国驻华使馆和外国政府负责人。中联部采取适当方式，赠送兄弟党的同志；（2）通过各人民团体广泛地赠送；（3）通过接待单位向来访的外宾、专家、留学生、实习生赠送；（4）通过侨办向海外华侨代表人物赠送；（5）通过我驻外使馆赠送；（6）通过我代表团对外赠送；（7）国际书店海外渠道贸易发行。该书赠送范围之广泛是新中国成立以来对外书刊发行传播历史上是无前例的。

1962 年 11 月，对外文委在"对当前文化工作的几点意见"中提到，要进一步改进和加强毛主席著作外文译本的对外发行工作。重新部署我们的发行网，打破修正主义对毛主席著作的限制和封锁。贸易发行与非贸易发行应该并举。发行重点是亚、非、拉国家。同时在 1962 年 12 月 1 日，对外文委党组报国务院外办，建议"国际书店的基本任务是输出我国可以出口的书刊，首先是外文书刊。通过发行书刊向世界人民宣传毛泽东思想；并根据国家建设需要和外汇的可能，有选择地进口适当数量的各国书刊"。在发行外文书刊中，以毛泽东著作以及其他政治性书刊为主。书刊对外发行，基本上通过贸易发行方式，辅以非贸易发行。书刊对外贸易中，既要算政治账，也要算经济账。书刊对外发行，要细水长流，又要掌握时机。

1962 年 12 月 20 日，经国务院外办批准，将香港和平书店业务划归国际书店领导，并作为国际书店直属业务机构之一。其任务是：（1）大力发行中国出版的外文版毛泽东著作及其他的政治理论书籍和外文期刊为首要任务；（2）面向东南亚，积极开辟和发展书刊出口业务，特别是对于国际书店目前难以直接打开的空白地区（如新、马、泰、菲）；（3）配合国内开展对非洲、拉丁美洲的书刊转运业务；（4）调查东南亚地区书刊业界发展动向；（5）兼办一部分资本主义国家书刊的进口工作。

本年，日本极东书店代表来访，瑞士卢梭书店代表和瑞士代销人希克恰特来访。

本年，外文出版社用英文、法文、西班牙文、俄文、印尼文、日文、越南文、泰国文、缅甸文、印地文、德文、荷兰文、瑞典文、阿拉伯文、世界语等 15 种文字出版 155 种图书。其中包括《毛泽东选集》第四卷的法文版、西班牙文版和 30 多种毛泽东著作单行本。此外，还有《中印边界问题》文件集、反修文件集，以及《辛亥革命》（吴玉章著）、《林海雪原》（曲波著）、《上海的早晨》（周而复著）、《杜甫诗选》等图书，摄影画册《中国风光》等。

本年，国际书店对外发行图书 58 万册，外文期刊 465 万份。1962 年底外文期刊订户除损失印度的 8 万户之外，尚有 5.2 万户，分布在 144 个国家、地区。

# 1962 年对外发行图书目录

## 1962 年英文版书目（47 种）

| 书名 | 作者 | 出版社 | 出版/再版时间 | 装帧/印刷/发行册数 |
|---|---|---|---|---|
| 中国社会各阶级的分析（第二版译文修订） | 毛泽东 | 外文 | 1962 | |
| 《农村调查》的序言和跋（第二版译文修订） | 毛泽东 | 外文 | 1962 | |
| 改造我们的学习（第二版译文修订） | 毛泽东 | 外文 | 1962 | |
| 整顿党的作风（第二版译文修订） | 毛泽东 | 外文 | 1962 | |
| 反对党八股（第二版译文修订） | 毛泽东 | 外文 | 1962 | |
| 在延安文艺座谈会上的讲话（第二版译文修订） | 毛泽东 | 外文 | 1962 | |
| 关于领导方法的若干问题（第二版译文修订） | 毛泽东 | 外文 | 1962 | |
| 学习和时局（第二版译文修订） | 毛泽东 | 外文 | 1962 | |
| 关于农业合作化问题（第二版译文修订） | 毛泽东 | 外文 | 1962 | |
| 论解放区战场（第二版译文修订） | 朱德 | 外文 | 1962（1952 年出版，再版 3 次，总印数为 16660 册，本次第 2 次译文修订版） | |
| 全世界无产者联合起来反对我们的共同敌人 | | 外文 | 1962 | 17500 |
| 反对美国反对派迫害美国共产党的暴行 | | 外文 | 1962 | 3430 |
| 哈瓦那宣言 | | 外文 | 1962 | 10620 |

续表

| 书名 | 作者 | 出版社 | 出版/再版时间 | 装帧/印刷/发行册数 |
|---|---|---|---|---|
| 中国新民主主义革命时期争取无产阶级革命领导权的斗争 | 李维汉 | 外文 | 1962 | 6830 |
| 中印边界问题 | | 外文 | 1962（年底停售） | 20000 |
| 中印边界问题（增订本） | | 外文 | 1962 | 24000 |
| 反对美国制造两个中国的新阴谋 | | 外文 | 1962 | 9080 |
| 肯尼迪政府的真面目 | | 外文 | 1962 | 6440 |
| 辛亥革命——中国近代史上一次伟大的民主革命 | 吴玉章 | 外文 | 1962（再版3次） | 22220 |
| 杜甫诗选 | 冯至编选，（新西兰）路易·艾黎译 | 外文 | 1962 | 1279 |
| 反抗的歌声 | （新西兰）路易·艾黎译 | 新世界 | 1962 | 3400 |
| 王贵与李香香（译文修订版） | 李季著，杨宪益、戴乃迭译 | 外文 | 1962（1954年出版，共再版3次，总印数17180册，本次为译文修订第2版） | |
| 朗鲸布（傣族叙事诗） | 云南大学中文系1956级学生整理，（新西兰）路易·艾黎译 | 新世界 | 1962 | 3750 |
| 同志，你走错了路（话剧） | 姚仲明等集体创作，康德伦译 | 外文 | 1962（再版2次） | 7730 |
| 刘三姐（歌舞剧） | 杨宪益、戴乃迭译 | 外文 | 1962 | 2900 |
| 不能走那条路（李准短篇小说选集） | | 外文 | 1962 | 4510 |
| 上海的早晨（第一卷） | 周而复著，巴恩斯译，华三川插图 | 外文 | 1962 | 5620 |

**续表**

| 书名 | 作者 | 出版社 | 出版/再版时间 | 装帧/印刷/发行册数 |
|---|---|---|---|---|
| 在和平的日子里 | 杜鹏程 | 外文 | 1962（再版 3 次） | 25724 |
| 林海雪原 | 曲波著，沙博理译 | 外文 | 1962（再版 3 次） | 25724 |
| 醒了的土地（《欢笑的金沙江》第一部） | 李乔 | 外文 | 1962 | 3620 |
| 高山上的火苗（译文修订版） | 何长工等 | 外文 | 1962（1959 年出版，再版 1 次，总印数为 16270 册，本次为修订再版） | |
| 伟大的转折 | 吴玉章 | 外文 | 1962（再版 2 次） | 11620 |
| 方志敏战斗的一生 | 缪敏 | 外文 | 1962（再版 2 次） | 12880 |
| 王若飞在狱中 | 杨植霖著，张配基译 | 外文 | 1962 | 5850 |
| 海市（中国散文集） | 刘白羽、杨朔等 | 外文 | 1962 | 3500 |
| 江西日记 | （新西兰）路易·艾黎 | 新世界 | 1962 | 4470 |
| 中国民间故事选（第一集，译文修订版） | 张光宇等插图 | 外文 | 1962（1957 年出版，再版 2 次，总印数 19155 册，本次第 2 次译文修订） | |
| 唐代传奇（译文修订版） | 杨宪益、戴乃迭译 | 外文 | 1962（1954 年出版，再版 1 次，总印数为 19030 册，本次为修订再版） | |
| 为了六十一个阶级弟兄（连环画） | 中央美术学院集体创作 | 外文 | 1962 | 10590 |
| 孙悟空（连环画） | | 中国建设杂志 | 1962 | 42600 |

续表

| 书名 | 作者 | 出版社 | 出版/再版时间 | 装帧/印刷/发行册数 |
|---|---|---|---|---|
| 职工文化生活（摄影） | 中华全国总工会 | 外文 | 1962 | 6060 |
| 中国风光（摄影） | 中国摄影编辑部 | 外文 | 1962 | 8730 |
| 北京风景（摄影） | | 外文 | 1962 | 16130 |
| 微山湖上（连环画） | 邱勋 | 外文 | 1962 | 4400 |
| 小鸭子和朋友去航海（连环画） | 王拓明等设计，河山等绘 | 外文 | 1962 | |
| 数理逻辑概论 | 王浩 | 科学 | 1962 | |
| 齐民要术概论（第二版） | 石声汉 | 科学 | 1962 | |

## 1962 年法文版书目（23 种）

| 书名 | 作者 | 出版社 | 出版/再版时间 | 装帧/印刷/发行册数 |
|---|---|---|---|---|
| 反对美国反对派迫害美国共产党的暴行 | | 外文 | 1962 | 1200 |
| 毛泽东选集（第四卷） | 毛泽东 | 外文 | 1962 | 26000 |
| 在延安文艺座谈会上的讲话 | 毛泽东 | 外文 | 1962（再版 5 次） | 209007 |
| 哈瓦那宣言 | | 外文 | 1962 | 3370 |
| 现代修正主义必须批判（增订本） | | 外文 | 1962（1958 年出版，首印 2420 册，本次为增订重印） | 4190 |
| 中国新民主主义革命时期争取无产阶级革命领导权的斗争 | 李维汉 | 外文 | 1962 | 5040 |
| 中印关系文件选集（1961 年 12 月至 1962 年 5 月） | | 外文 | 1962 | 1770 |
| 中印边界问题 | | 外文 | 1962（年底停售） | 1200 |
| 中印边界问题（增订本） | | 外文 | 1962 | 124000 |
| 反对美国制造两个中国的新阴谋 | | 外文 | 1962 | 5420 |
| 肯尼迪政府的真面目 | | 外文 | 1962 | 3750 |

续表

| 书名 | 作者 | 出版社 | 出版/<br>再版时间 | 装帧/印刷/<br>发行册数 |
|---|---|---|---|---|
| 子夜 | 茅盾 | 外文 | 1962<br>（再版 2 次） | 8494 |
| 丰收 | 叶紫 | 外文 | 1962 | 2800 |
| 小城春秋 | 高云览 | 外文 | 1962 | 2330 |
| 方志敏战斗的一生（译文修订版） | 缪敏 | 外文 | 1962（1960 年出版，再版 2 次，共 6220 册，本次修订再版） | |
| 中国民间故事选（第三集） | 程十发插图 | 外文 | 1962 | 3450 |
| 野旋的童话 | 贺宜著，黄永玉插图 | 外文 | 1962<br>（再版 2 次） | 5832 |
| 萝卜回来了（连环画，译文修订版） | 方轶群设计严个凡绘 | 外文 | 1962 | |
| 小鸭子和朋友去航海（连环画） | 王拓明等设计，河山等绘 | 外文 | 1962 | |
| 为了六十一个阶级弟兄（连环画） | 中央美术学院集体创作 | 外文 | 1962 | 6330 |
| 职工文化生活（摄影） | 中华全国总工会 | 外文 | 1962 | 4970 |
| 中国风光（摄影） | 中国摄影编辑部 | 外文 | 1962 | 5530 |
| 北京风景（摄影） | | 外文 | 1962 | 10080 |

## 1962 年德文版书目（23 种）

| 书名 | 作者 | 出版社 | 出版/<br>再版时间 | 装帧/印刷/<br>发行册数 |
|---|---|---|---|---|
| 中国社会各阶级的分析 | 毛泽东 | 外文 | 1962<br>（再版 3 次） | 31918 |
| 关于纠正党内的错误思想 | 毛泽东 | 外文 | 1962<br>（再版 4 次） | 30803 |
| 实践论 | 毛泽东 | 外文 | 1962<br>（再版 3 次） | 25490 |

续表

| 书名 | 作者 | 出版社 | 出版/再版时间 | 装帧/印刷/发行册数 |
|---|---|---|---|---|
| 中国革命和中国共产党 | 毛泽东 | 外文 | 1962（再版3次） | 31058 |
| 关于目前党的政策中的几个重要问题 | 毛泽东 | 外文 | 1962（再版3次） | 35038 |
| 在晋绥干部会上的讲话 | 毛泽东 | 外文 | 1962 | 1280 |
| 辛亥革命——中国近代史上一次伟大的民主革命 | 吴玉章 | 外文 | 1962（再版2次） | 4770 |
| 伟大的转折 | 吴玉章 | 外文 | 1962 | 780 |
| 中国国民经济的社会主义改造 | 薛暮桥 | 外文 | 1962 | 1320 |
| 高玉宝（长篇小说） | 高玉宝著，路坦插图 | 外文 | 1962 | 950 |
| 高玉宝（儿童文学） | 高玉宝 | 外文 | 1962（再版2次） | 4480 |
| 中国民间故事选（第四集） | 沙更世插图 | 外文 | 1962 | 2280 |
| 中国民间故事选（第五集） | 杨永青插图 | 外文 | 1962 | 4100 |
| 大灰狼（儿童剧本） | 张天翼著、杨永青插图 | 外文 | 1962（再版2次） | 3722 |
| 大林和小林（儿童文学） | 张天翼著，洛特·西赫罗夫斯基译，华君武插图 | 外文 | 1962 | 1000 |
| 小鸭子和朋友去航海（连环画） | 王拓明设计、河山等绘画 | 外文 | 1962 | |
| 为了六十一个阶级弟兄（连环画） | 中央美术学院集体创作 | 外文 | 1962 | 770 |
| 飞鹰崖（连环画） | 邝明因等绘 | 外文 | 1962 | 15225 |
| 京江怒涛（连环画） | 胡博综等绘 | 外文 | 1962 | 23025 |
| 东海小哨兵（连环画） | 上海美术电影制片厂 | 外文 | 1962 | 32025 |

| 书名 | 作者 | 出版社 | 出版/<br>再版时间 | 装帧/印刷/<br>发行册数 |
|---|---|---|---|---|
| 职工文化生活（摄影） | 中华全国总工会 | 外文 | 1962 | 970 |
| 中国风光（摄影） | 中国摄影编辑部 | 外文 | 1962 | 1290 |
| 北京风景（摄影） | | 外文 | 1962 | 4050 |

## 1962 年西班牙文版书目（21 种）

| 书名 | 作者 | 出版社 | 出版/<br>再版时间 | 装帧/印刷/<br>发行册数 |
|---|---|---|---|---|
| 毛泽东选集（第四卷） | 毛泽东 | 外文 | 1962<br>（再版 8 次） | 30300 |
| 抗日战争胜利后的时局和我们的方针 | 毛泽东 | 外文 | 1962<br>（再版 4 次） | 127196 |
| 关于重庆谈判 | 毛泽东 | 外文 | 1962<br>（再版 3 次） | 97390 |
| 和美国记者安娜·路易斯·斯特朗的谈话 | 毛泽东 | 外文 | 1962<br>（再版 4 次） | 106990 |
| 目前形势和我们的任务 | 毛泽东 | 外文 | 1962<br>（再版 4 次） | 87593 |
| 关于目前党的政策中的几个重要问题 | 毛泽东 | 外文 | 1962<br>（再版 4 次） | 131975 |
| 在晋绥干部会议上的讲话 | 毛泽东 | 外文 | 1962<br>（再版 3 次） | 121695 |
| 关于健全党委制 | 毛泽东 | 外文 | 1962 | 68318 |
| 将革命进行到底 | 毛泽东 | 外文 | 1962<br>（再版 3 次） | 118148 |
| 在中国共产党第七届中央委员会第二次全体会议上的报告 | 毛泽东 | 外文 | 1962<br>（再版 5 次） | 163449 |
| 论人民民主专政（译文修订版） | 毛泽东 | 外文 | 1962（1959 年出版，共再版 4 次，总印数 104090 册，此为第 2 版） | |

**续表**

| 书名 | 作者 | 出版社 | 出版/再版时间 | 装帧/印刷/发行册数 |
|---|---|---|---|---|
| 评白皮书 | 毛泽东 | 外文 | 1962 | 41530 |
| 反对美国反对派迫害美国共产党的暴行 | | 外文 | 1962 | 4200 |
| 哈瓦那宣言 | | 外文 | 1962 | 3430 |
| 支持古巴和拉丁美洲各国人民反对美帝国主义的正义斗争 | 外文出版社 | 外文 | 1962 | 15620 |
| 古巴统一革命组织工作方法的某些问题 | （古巴）菲德尔·卡斯特罗 | 外文 | 1962（次年停售） | 3570 |
| 中印边界问题 | | 外文 | 1962（年底停售） | 1200 |
| 中印边界问题（增订本） | | 外文 | 1962 | 8500 |
| 职工文化生活（摄影） | 中华全国总工会 | 外文 | 1962 | 19810 |
| 中国风光（摄影） | 中国摄影编辑部 | 外文 | 1962 | 12530 |
| 北京风景（摄影） | | 外文 | 1962 | 10580 |

## 1962 年印尼文版书目（9 种）

| 书名 | 作者 | 出版社 | 出版/再版时间 | 装帧/印刷/发行册数 |
|---|---|---|---|---|
| 抗日游击战争的战略问题 | 毛泽东 | 外文 | 1962 | 1280 |
| 论联合政府 | 毛泽东 | 外文 | 1962（再版 2 次） | 6525 |
| 关于目前党的政策中的几个重要问题 | 毛泽东 | 外文 | 1962（再版 2 次） | 2040 |
| 在晋绥干部会议上的讲话 | 毛泽东 | 外文 | 1962（重印 2 次） | 6206 |
| 评白皮书 | 毛泽东 | 外文 | 1962（再版 2 次） | 5635 |
| 全世界无产者联合起来反对我们的共同敌人 | | 外文 | 1962 | 2400 |

续表

| 书名 | 作者 | 出版社 | 出版/再版时间 | 装帧/印刷/发行册数 |
|---|---|---|---|---|
| 中国新民主主义革命时期争取无产阶级革命领导权的斗争 | 李维汉 | 外文 | 1962 | 700 |
| 中印边界问题（增订本） | | 外文 | 1962 | 870 |
| 北京风景（摄影） | | 外文 | 1962 | |

## 1962 年阿拉伯文版书目（13 种）

| 书名 | 作者 | 出版社 | 出版/再版时间 | 装帧/印刷/发行册数 |
|---|---|---|---|---|
| 抗日战争胜利后的时局和我们的方针 | 毛泽东 | 外文 | 1962（再版 3 次） | 64358 |
| 和美国记者安娜·路易斯·斯特朗的谈话 | 毛泽东 | 外文 | 1962（再版 4 次） | 82707 |
| 将革命进行到底 | 毛泽东 | 外文 | 1962（再版 3 次） | 62398 |
| 哈瓦那宣言 | | 外文 | 1962 | 3210 |
| 中国人民坚决支持非洲人民的正义斗争 | 中国非洲人民友好协会 | 外文 | 1962 | 4130 |
| 刘胡兰小传 | 梁星 | 外文 | 1962 | 3260 |
| 不怕鬼的故事（笔记小说） | 中国社科院文研所编辑，程十发绘 | 外文 | 1962 | |
| 李有才板话（译文修订本） | 赵树理 | 外文 | 1962（1959 年出版，再版 1 次，总印数 7260 册，此为译文修订后再版） | |
| 五彩路（儿童文学） | 胡奇 | 外文 | 1962 | 2170 |
| 为了六十一个阶级弟兄（连环画） | 中央美术学院集体创作 | 外文 | 1962 | 3180 |
| 职工文化生活（摄影） | 中华全国总工会 | 外文 | 1962 | 2330 |
| 中国风光（摄影） | 中国摄影编辑部 | 外文 | 1962 | 2150 |
| 北京风景（摄影） | | 外文 | 1962 | 3630 |

### 1962 年缅甸文版书目（9 种）

| 书名 | 作者 | 出版社 | 出版/再版时间 | 装帧/印刷/发行册数 |
|---|---|---|---|---|
| 中国社会各阶级的分析 | 毛泽东 | 外文 | 1962（再版 2 次） | 106885 |
| 星星之火，可以燎原 | 毛泽东 | 外文 | 1962（再版 2 次） | 10555 |
| 统一战线中的独立自主问题 | 毛泽东 | 外文 | 1962（再版 2 次） | 103668 |
| 评白皮书 | 毛泽东 | 外文 | 1962（再版 2 次） | 42868 |
| 毛泽东论文学艺术 | 毛泽东 | 外文 | 1962 | 1000 |
| 无产阶级专政的历史经验 | 人民日报编辑部 | 外文 | 1962 | 790 |
| 从中印边界问题再论尼赫鲁的哲学 | 人民日报编辑部 | 外文 | 1962 | 1160 |
| 为了六十一个阶级弟兄（连环画） | 中央美术学院集体创作 | 外文 | 1962 | 540 |
| 中国风光（摄影） | 中国摄影编辑部 | 外文 | 1962 | 380 |

### 1962 年日文版书目（7 种）

| 书名 | 作者 | 出版社 | 出版/再版时间 | 装帧/印刷/发行册数 |
|---|---|---|---|---|
| 全世界无产者联合起来反对我们的共同敌人 | | 外文 | 1962 | 4000 |
| 中印边界问题（增订本） | | 外文 | 1962 | 7500 |
| 反对美国制造两个中国的新阴谋 | | 外文 | 1962 | 10740 |
| 肯尼迪政府的真面目 | | 外文 | 1962 | |
| 中国红军的故事（译文修订，第二版） | | 外文 | 1962（1958 年出版，再版 2 次，总印数 14445 册，此为修订第 2 版） | |

续表

| 书名 | 作者 | 出版社 | 出版/<br>再版时间 | 装帧/印刷/<br>发行册数 |
|---|---|---|---|---|
| 职工文化生活（摄影） | 中华全国总工会 | 外文 | 1962 | 1540 |
| 中国风光（摄影） | 中国摄影编辑部 | 外文 | 1962 | 3430 |

## 1962 年俄文版书目（6 种）

| 书名 | 作者 | 出版社 | 出版/<br>再版时间 | 装帧/印刷/<br>发行册数 |
|---|---|---|---|---|
| 全世界无产者联合起来反对我们的共同敌人 | | 外文 | 1962 | 2400 |
| 中印边界问题（增订本） | | 外文 | 1962 | 3200 |
| 为了六十一个阶级弟兄（连环画） | 中央美术学院集体创作 | 外文 | 1962 | 1170 |
| 职工文化生活（摄影） | 中华全国总工会 | 外文 | 1962 | |
| 北京风景（摄影） | | 外文 | 1962 | 7230 |
| 中国风光（摄影） | 中国摄影编辑部 | 外文 | 1962 | 1330 |

## 1962 年泰文版书目（5 种）

| 书名 | 作者 | 出版社 | 出版/<br>再版时间 | 装帧/印刷/<br>发行册数 |
|---|---|---|---|---|
| 中国古代寓言选（第一集） | 丰子恺插图 | 外文 | 1962 | 700 |
| 中国民间故事选（第二集） | 米谷插图 | 外文 | 1962 | 710 |
| 西厢记（连环画） | 洪曾玲改编，王叔晖绘 | 外文 | 1962 | 1210 |
| 秦香莲（连环画） | 盛强改编，钱笑呆、陶干臣绘 | 外文 | 1962 | 1190 |
| 中国风光（摄影） | 中国摄影编辑部 | 外文 | 1962 | 600 |

### 1962 年印地文版书目 （3 种）

| 书名 | 作者 | 出版社 | 出版/再版时间 | 装帧/印刷/发行册数 |
|---|---|---|---|---|
| 从中印边界问题再论尼赫鲁的哲学 | 人民日报编辑部 | 外文 | 1962 | 7750 |
| 中国风光（摄影） | 中国摄影编辑部 | 外文 | 1962 | 1110 |
| 北京风景（摄影明信片） | | 外文 | 1962 | 5660 |

### 1962 年瑞典文版书目 （1 种）

| 书名 | 作者 | 出版社 | 出版/再版时间 | 装帧/印刷/发行册数 |
|---|---|---|---|---|
| 中国风光（摄影） | 中国摄影编辑部 | 外文 | 1962 | 860 |

### 1962 年世界语版书目 （9 种）

| 书名 | 作者 | 出版社 | 出版/再版时间 | 装帧/印刷/发行册数 |
|---|---|---|---|---|
| 在延安文艺座谈会上的讲话 | 毛泽东 | 中国世界语协会 | 1962（再版 2 次） | 11362 |
| 目前的形势和我们任务 | 毛泽东 | 中国世界语协会 | 1962（再版 1 次） | 5560 |
| 评白皮书 | 毛泽东 | 中国世界语协会 | 1962（再版 1 次） | 7918 |
| 肯尼迪的如意算盘 | | 中国世界语协会 | 1962 | 2530 |
| 东郭先生（连环画） | 董聚贤改编，刘继卣绘 | 中国世界语协会 | 1962 | 3740 |
| 姑娘和八哥鸟（连环画） | 根据刘肇霖原诗节编，程十发绘 | 中国世界语协会 | 1962 | 8430 |
| 职工文化生活（摄影） | 中华全国总工会 | 中国世界语协会 | 1962 | 3560 |
| 中国风光（摄影） | 中国摄影编辑部 | 中国世界语协会 | 1962 | 5410 |
| 北京风景（摄影明信片） | | 中国世界语协会 | 1962 | 8050 |

# 1963 年图书（期刊）对外翻译出版发行活动

本年，成立反修书刊国内出版发行指挥小组，指挥小组由外文出版社、国际书店、民航总局、邮政总局、邮政部国际联络局派员共同组成；并在国内各港口、机场、车站、国际列车、饭店、国际旅行社等涉外场所陈列、赠送反修外文书刊；

本年，《人民中国》法文版停刊，编辑干部分别调入《北京周报》、《中国建设》工作。《北京周报》增出西班牙文版、法文版、日文版，《中国建设》杂志出版法文版；

本年，国际书店在古巴、加纳建立办事处，并在西德《法兰克福汇报》上刊登关于国际共运论战的图书广告，一下子招来 3000 多读者，为打开中国书刊在西德发行起到了推动作用；

本年，在国内外通过各种渠道发行 21 种外文反修书刊，总数达到 527 万册。

1963 年 1 月，因中苏关系破裂，中国书刊海外发行受到各个国家的限制，国际书店总结中国书刊受到限制或者检查的国家有：苏联、民主德国、罗马尼亚、保加利亚、印度尼西亚、印度、缅甸、新加坡、马来亚、阿联、叙利亚、苏丹、土耳其、伊朗、约旦、沙特阿拉伯、科威特、尼日利亚、阿根廷、秘鲁、巴拉圭、巴西、智利、法国、希腊、美国、西班牙、葡萄牙等 28 个国家和地区。

1963 年 1 月 5 日，中央外事小组向中央报送"关于加强北京周报和调整外文刊物的报告"，国务院于 1 月 19 日抄送此文时指出"中央已经批准"，具体内容是：（1）目前国际共产主义运动内部两条路线斗争已经进入一个新阶段。《北京周报》要办成一个以国际共产主义运动和民族民主运动的左派为对象，充分反映我党观点的权威性、战斗性的刊物；（2）根据周恩来总理和邓小平书记的指示，决定 1963 年 2 月出版《北京周报》的西班牙文版、法文版；（3）为了扩大《北京周报》的发行，拟整顿国际书店的发行工作，依靠左派兄弟党和其他可靠关系，开辟新的发行途径。
建立《北京周报》自己的发行系统，对外直接发行。通过我国与国外有联
系的工、青、妇和对外友协等群众团体对外进行推广；（4）《北京周报》
在行政上归外文出版社领导，在编辑方针方面由中央外事小组、中央理论
小组领导，日常指导由国务院外事办公室负责，《北京周报》负责人参加
《人民日报》、《红旗》杂志编辑部会议；（5）《人民中国》法文版停止出
版，另出《中国建设》法文版。

1963 年 1 月，毛泽东 6 首诗词译成英文在《中国文学》杂志发表。

1963 年 1 月，宋庆龄为《中国建设》印尼文版创刊 5 周年撰写文章，
刊登在《中国建设》印尼文版纪念特刊上（1963 年 1 月）。《中国建设》
中文版 1963 年第 1 期刊登了宋庆龄纪念孙中山诞辰 96 周年的文章，题目
是"孙中山与中国共产党的合作"。

1963 年 1 月，《北京周报》英文版第一期刊登了译自人民日报的反对
苏联修正主义文章"论陶里亚蒂同志同我们的分歧"，同年第 11 期又刊登
了"再论陶里亚蒂同志同我们的分歧"。

1963 年 1 月，《中国文学》第一期刊登了何其芳为纪念曹雪芹逝世
200 周年撰写的"论红楼梦和吴世昌"和"红楼梦得演变历史"两篇
文章。

1963 年 2 月，国际书店派杨云奎赴古巴哈瓦那建立办事处，开展在拉
美各国的书刊发行工作。

1963 年 2 月，国际书店接管香港和平书店，作为国际书店直属机构。
根据当时的形势，香港和平书店 1963 年的首要任务是保证书刊转运工作，
以突破某些国家和地区对中国政治书刊的限制、查禁。1963 年全年经和平
书店转运的书刊达到 24.7 万镑，比 1962 年增加 102%。

1963 年 2 月 5 日，国务院外办批准国际书店上报的"关于反对修正主
义的书籍对外赠送办法"，并指示：对外贸易发行仍按惯例进行。非贸易
发行则采取积极主动、通过各种途径面向左派赠送为主，主动索取者，不
论其身份如何，皆可以满足。

1963 年 2 月 16 日，国务院外办向邓小平总书记以及中央上报"关于
加强外文书刊出版发行工作的报告"，报告建议：（1）关于加强外文书刊
出版发行工作，图书方面，以政治理论书籍为主；期刊方面，要逐步使
《北京周报》、《中国建设》达到或超过苏联《新时代》的规模（7 个文
版），《人民画报》达到或超过《苏联画报》的规模（16 个文版），《中国
文学》达到或超过《苏联文学》的规模（5 个文版）。世界语《人民中国

报道》是唯一能够向苏联、东欧发行并刊载反修文章的刊物，英文的《万年青》、《中国工人》、《中国妇女》等，应纳入外文出版发行的整体规划。尽量利用国外进步力量的出版机构翻译出版宣传中国的书刊，在国外有条件的地方设立若干出版据点，雇请适当人员出版我国重要外文书刊；还要利用资产阶级书商，在保持不篡改、不歪曲的条件下，利用签订商业契约的形式，让他们翻译出版中国的某些图书，特别是文艺书籍；（2）加强外文翻译力量，建立具有独立工作能力的各种语文翻译组；（3）要坚决依靠各国革命进步力量，并采取一切可能的途径，把一个新的强大可靠的发行网在世界范围内建立起来；设立国际书店的驻外机构，建立自己的管理发行中心，建立同各国革命进步书店的联系，资助革命进步力量开始书店；同一切愿同我进行书刊贸易的各国资产阶级书商合作，在保持履行义务合同的条件下加以利用；大力开展邮购业务；大力做好宣传工作；通过我工、青、妇等广大群众团体和友好组织，对外国的相应的团体、组织和有联系的人士，赠送外文书刊；（4）外文出版社从对外文委下属一个企业改为直属国务院的行政单位，改为外文出版事业局。《人民画报》、《人民中国》、《中国文学》、《人民中国报道》和图书出版五个编辑部门，分别独立成为《人民画报》社、《人民中国》社、《中国文学》社、《人民中国报道》社和外文图书出版社。《北京周报》与《中国建设》不变。该份报告经刘少奇、周恩来、邓小平等分别批示后，在 1963 年 5 月 25 日人大常委会第 97 次会议通过后实施。

1963 年 2 月 25 日，外交部、对外文艺联合通知中国驻外各使领馆，协助开展《北京周报》的发行工作。

1963 年 3 月 4 日，《北京周报》增出西班牙文版、法文版。两种文版创刊号都分别刊登了"列宁主义与现代修正主义"等四篇反修文章。其他栏目与英文版相同。

1963 年 3 月 5 日，周恩来、陆定一出席北京周报编辑部举办的《北京周报》英文版创刊 5 周年、法文版、西班牙文版创刊纪年酒会。周恩来总理题词："全世界人民团结起来，互相支持、互相学习，进行反对以美国为首的帝国主义的斗争"。

1963 年 3 月 6 日，在国务院外办领导下，反修书刊国内出版发行指挥小组正式成立。指挥小组由外文出版社、国际书店、民航总局、邮政总局、邮政部国际联络局派员共同组成。

1963 年 3 月 13 日，国务院外办发出"关于对外赠送反修书刊的通知"，要求中央各地方把对外散发反修的外文书刊当作一项政治任务，抓紧一切时机，千方百计把这些外文书刊传播出去。同时指示，要加强在国内各港口、机场、车站、国际列车、饭店、国际旅行社等涉外场所陈列、赠送反修外文书刊的工作。

1963 年 3 月，《人民中国》法文版停刊。编辑干部分别调入《北京周报》、《中国建设》工作，翻译干部调进《中国建设》。

1963 年 3 月 25 日，时任对外文委副主任兼外文出版社副社长的罗俊率代表团访问欧洲，包括英国、瑞士、巴基斯坦、比利时、卢森堡、荷兰、埃及 8 国，在国外选择外文出版发行据点，落实刘少奇的"打出去"指示，改组国际书店国外发行网络开辟新的途径。

1963 年 4 月，国际书店派国际书店王庸声赴加纳建立国际书店办事处。

1963 年 4 月 19 日，国务院外办向我国驻资本主义国家各使领馆、代办处发出"关于在国外建立出版发行据点的办法"通知，要求协助做好这项工作。

1963 年 4 月，日文《人民画报》、《人民中国》仍有北京直接邮寄订户。

1963 年 4 月，《毛泽东军事文选》英文版出版发行。

1963 年 4 月，《中国建设》杂志出版法文版。

1963 年 5 月，阿尔巴尼亚国家书店经理来访，郭沫若接见。7 月 13 日回国途中，在伊尔库茨克坠机身亡。

1963 年 5 月底 6 月初，《北京周报》派员参加中国妇女代表团，赴莫斯科参加世界妇女大会。

1963 年 5 月 16 日，外文出版社在"关于出版八篇反修文章小册子的工作总结"中提到，从 1961 年 12 月下旬开始，以英文、法文、俄文、越南文、日文、德文、印尼文、世界语、缅甸文、泰国文、阿拉伯文、印地文等 13 种外文，突击出版了《红旗》杂志、《人民日报》发表的反修文章外文版。1962 年 3 月又增出了意大利、葡萄牙、塞尔维亚等 3 种外文版。截至 1963 年 5 月 10 日，共发行 291 万册。

1963 年 5 月，国际书店派员去印度尼西亚中国使馆协助文化处处理读者来信。

1963 年 6 月 6 日，日中友协在东京举行《人民中国》日文版创刊 10 周年纪念活动，中国派出以外文出版社社长罗俊为团长的代表团参加。同时顺访日本 36 个城市，广泛与读者见面、座谈。回国后提出结合日本读者喜闻乐见的事物引起他们对中国人民的亲近感，采取通俗生动的文字和明朗醒目的有吸引力的编排等改进意见。

1963 年 6 月 13 日，人民中国编辑部举办《人民中国》日文版创刊 10 周年、印尼文版创刊 5 周年纪念酒会。周恩来、陈毅出席，同时出席的还有吴玉章、廖承志、陈叔通、阳翰笙、赵朴初、许广平、谢冰心等 200 多人。

1963 年 6 月，《北京周报》第 25 期刊登"关于国际共产主义总路线的建议"一文，此后陆续刊登中国共产党关于国际共运论战的九评文章，一直到 1964 年 12 月为止。

1963 年 7 月，国际书店在西德《法兰克福汇报》上刊登关于国际共运论战的图书广告，一下子招来 3000 多读者，为打开中国书刊在西德发行起到了推动作用。

1963 年 7 月 25 日，全国世界语协会在北京召开世界语工作座谈会，陈毅出席并讲话。

1963 年 7 月 26 日，经国务院外办副主任廖承志建议，香港出版《国际文摘》英文版，转载和刊登其他左派、兄弟党派的反修文章。该建议于当年 11 月 18 日获得中央批准。

1963 年 8 月 1 日，《北京周报》增出日文版。

1963 年 8 月 3 日，陈毅主持国务院外办召开的《中国文学》工作会议，陈毅提出《中国文学》不适宜搞长篇的反修文章，适宜搞短小的，但搞多了也不行。还是要文学艺术多、图画多的指导意见。

1963 年 9 月 4 日，外文出版社上报国务院外办，建议增加《中国文学》法文版、西班牙文版，法文版以民族主义国家、资本主义国家的知识分子为对象，西班牙文版以拉丁美洲的知识分子为对象。刊物编辑性格与方针基本上与英文版相同。

1963 年 10 月 16 日，《人民中国》日文版、印尼文版开始分别出版。

1963 年 10 月 25 日，新成立的外文局邀请《中国工人》、《中国妇女》、《中国体育》、《万年青》四个刊物的负责同志讨论外文期刊的总体规划。总体规划中，明确各刊物的性格，适当分工，协作配合，同时，就发行、印刷、纸张供应、外语干部的培养以及刊物编制等问题进行来座谈。总体规划还包括《中国医学》、《中国科学》、《中国对外贸易》、《科学通讯》、《中国银幕》、《中国社会科学》等其他出版单位出版的几种外文刊物。

1963 年 10 月，《北京周报》第 38 期刊发了美国记者安娜·路易斯·斯特朗的文章"我为什么 72 岁来中国"，第 40 期刊登了西哈努克亲王写的"我们如何看待中国"一文，两篇文章受到国外读者好评。

1963 年 12 月 3 日，外文局就在 1963 年 3 月至 11 月间组织国外出版社翻译出版中国书籍作统计，共用 13 种外文翻译出版了 133 种中国图书，约 44 万册，其中主要是毛泽东著作和反修文件。

1963 年 12 月 8 日，外文局制定 1964—1965 年外语干部规划。

1963 年 12 月，《人民中国报道》世界语双月刊复刊 5 周年。该刊自 1958 年复刊以来至 1963 年，由复刊刊时的每期 5000 份发展到 1963 年的每期 1.2 万份，发行地区覆盖 91 个国家。该刊编辑部还出版了 37 种介绍中国革命经验、优秀文学作品和反修文件。

本年，外文出版社用英文、法文、西班牙文、俄文、印尼文、日文、朝鲜文、越南文、泰国文、缅甸文、印地文、乌尔都文、波斯文、土耳其文、捷克文、塞尔维亚文、德文、意大利文、葡萄牙文、阿拉伯文、世界语等 21 种文字出版 288 种图书。其中除毛泽东著作外，主要是各种反修文件，还有《中国历史简编》、《太阳运动在中国》、《回忆长征》，摄影画册《北京城市建设新面貌》、《为了人民的健康》等图书。

本年，国际书店向国外发行外文书籍 326 万册，外文期刊 752 万份。在国内外通过各种渠道发行 21 种外文反修书刊，总数达到 527 万册。截止到 1963 年年底，国际书店与 87 个国家 545 家海外同业保持往来，其中左派书店 55 家，发行量占海外发行总数的 50% 以上。

# 1963 年对外发行图书目录

## 1963 年英文版书目（76 种）

| 书名 | 作者 | 出版社 | 出版/再版时间 | 装帧/印刷/发行册数 |
|---|---|---|---|---|
| 中国的红色政权为什么能够存在？ | 毛泽东 | 外文 | 1963（1953 年出版，共再版 8 次，总印数 134819 册，本次为袖珍本） | 袖珍本 |
| 星星之火，可以燎原 | 毛泽东 | 外文 | 1963（1953 出版，共再版 8 次，总印数 318958 册，本次袖珍本） | 袖珍本 |

续表

| 书名 | 作者 | 出版社 | 出版/<br>再版时间 | 装帧/印刷/<br>发行册数 |
|---|---|---|---|---|
| 中国革命战争的战略问题 | 毛泽东 | 外文 | 1963（1954 年出版，共再版 7 次，总印数 280179 册，本次为袖珍本） | 袖珍本 |
| 论持久战 | 毛泽东 | 外文 | 1963 出版袖珍本 | 袖珍本 |
| 战争和战略问题 | 毛泽东 | 外文 | 1963（1954 年出版，共再版 9 次，总印数 292023 册，本次出版袖珍本） | 袖珍本 |
| 抗日战争胜利后的时局与我们的方针 | 毛泽东 | 外文 | 1963（1961 出版，共再版 5 次，总印数 271529 册，本次出版袖珍本） | 袖珍本 |
| 关于重庆谈判 | 毛泽东 | 外文 | 1963（1961 年出版，共再版 4 次，总印数 154135 册，本次出版袖珍本） | 袖珍本 |
| 和美国记者安娜·路易斯·斯特朗的谈话 | 毛泽东 | 外文 | 1963（1961 年出版，共再版 6 次，总印数 339868 册，本次出版袖珍本） | 袖珍本 |
| 目前形势和我们的任务 | 毛泽东 | 外文 | 1963（1961 年出版，共再版 5 次，总印数 197754 册，本次出版袖珍本） | 袖珍本 |
| 将革命进行到底 | 毛泽东 | 外文 | 1963（1961 年出版，本次再版） | 袖珍本 |
| 论人民民主专政（译文修订版） | 毛泽东 | 外文 | 1963（1961 年出版，本次再版） | 袖珍本 |
| 评白皮书 | 毛泽东 | 外文 | 1963（1961 年出版，本次再版） | 袖珍本 |
| 毛泽东军事文选 | 毛泽东 | 外文 | 1963（再版 4 次） | 精 286462 |

续表

| 书名 | 作者 | 出版社 | 出版/<br>再版时间 | 装帧/印刷/<br>发行册数 |
|---|---|---|---|---|
| 毛泽东论帝国主义和一切反动派都是纸老虎 | 毛泽东 | 外文 | 1963（1958 年出版，再版 1 次，共 43840 册，本次袖珍本） | 袖珍本 |
| 毛泽东主席同亚洲、非洲、拉丁美洲人士的几次重要谈话 | 毛泽东 | 外文 | 1963（1960 年出版，再版 1 次，共 23830 册，本次袖珍本） | |
| 反对美国——吴庭艳集团侵略越南南方人民的声明 | 毛泽东 | 外文 | 1963 年 8 月 | 15000 |
| 中国共产党、新西兰共产党联合声明 | | 外文 | 1963 | |
| 刘少奇主席和崔庸健委员长联合声明 | | 外文 | 1963 | 18000 |
| 刘少奇主席和胡志明主席联合声明 | | 外文 | 1963 | 20000 |
| 马克思列宁主义者联合起来 | 比利时共产党布鲁塞尔委员会决议 | 外文 | 1963 | 12360 |
| 勇敢、勇敢，再勇敢 | （印尼）迪·努·艾地 | 外文 | 1963 | 15100 |
| 朝鲜劳动党第四届中央委员会第五次全体公报 | | 外文 | 1963 | 15100 |
| 自力更生和自主的民族经济建设 | 朝鲜劳动新闻编辑部 | 外文 | 1963 | 15100 |
| 更高地举起马克思列宁主义的革命旗帜 | 朝鲜劳动新闻编辑部 | 外文 | 1963 | 15100 |
| 1962 年 11 月 1 日电视讲话 | （古巴）菲德尔·卡斯特罗 | 外文 | 1963 | 5050 |
| 到人民中去，对垄断资本发动攻势（新西兰共产党全国委员会向全国代表大会的报告，1963 年 4 月 12 日） | （新西兰）维·乔·威尔科克斯 | 外文 | 1963（1971 年应索供应） | 15100 |

| 书名 | 作者 | 出版社 | 出版/再版时间 | 装帧/印刷/发行册数 |
|---|---|---|---|---|
| 与马来西亚有关的一些国际问题 | 马来西亚箴言月刊评论 | 外文 | 1963 | 15100 |
| 现代修正主义必须批判（增订本） | 人民日报编辑部 | 外文 | 1963（1958 年出版，总印数 15405 册，本次为增订版） | |
| 谁将在南方获胜？ | （越南）阮志清 | 外文 | 1963（1978 年停售） | |
| 和平还是暴力？ | 越南《学习》杂志1963 年第 9 期 | 外文 | 1963 年 | 12360 |
| 全世界无产者联合起来反对我们共同的敌人（增订本） | 人民日报编辑部 | 外文 | 1963 | 8680 |
| 全世界无产者联合起来反对我们共同的敌人（增订本） | 人民日报编辑部 | 外文 | 1963（1976 年后应索供应） | 30000 |
| 全世界无产者联合起来反对我们共同的敌人（合订本） | 人民日报编辑部 | 外文 | 1963（1976 年后应索供应） | 21500 |
| 陶里亚蒂同志与我们的分歧 | 1962 年 12 月31 日《人民日报》社论 | 外文 | 1963（再版 2 次，1976 年后应索供应） | 76750 |
| 列宁主义与现代修正主义 | 1963 年第 1 期《红旗》社论 | 外文 | 1963（再版 2 次，1976 年后应索供应） | 64750 |
| 在莫斯科宣言和莫斯科声明的基础上团结起来 | | 外文 | 1963（再版 2 次，1976 年后应索供应） | 74000 |
| 分歧从何而来 | 1963 年 2 月27 日《人民日报》社论 | 外文 | 1963（再版 2 次，1976 年后应索供应） | 79000 |
| 再论陶里亚蒂同志与我们的分歧——关于列宁主义在当代的若干重大问题 | 《红旗》杂志编辑部 | 外文 | 1963（再版 1 次，1976 年后应索供应） | 74000 |
| 评美国共产党的声明 | 1963 年 3 月9 日《人民日报》社论 | 外文 | 1963（再版 1 次，1976 年后应索供应） | 74000 |

续表

| 书名 | 作者 | 出版社 | 出版/再版时间 | 装帧/印刷/发行册数 |
|---|---|---|---|---|
| 修正主义的一面镜子 | 1963 年 3 月 9 日《人民日报》社论 | 外文 | 1963（再版 1 次，1976 年后应索供应） | 80000 |
| 关于国际共产主义运动总路线的建议（含中共中央与苏共中央的三封来信） | | 外文 | 1963（1976 年后应索供应） | 165000 |
| 关于国际共产主义运动总路线的建议 | | 外文 | 1963（1976 年后应索供应） | 30000 |
| 苏共领导同我们分歧的由来和发展——评苏共中央公开信 | 人民日报、红旗编辑部 | 外文 | 1963 年 9 月（1967 年停售，1976 年应索供应） | 袖珍本 120000 |
| 关于斯大林问题——二评苏共中央公开信 | 人民日报、红旗编辑部 | 外文 | 1963 年 9 月（1967 年停售，1976 年应索供应） | 袖珍本 110000 |
| 南斯拉夫是社会主义国家吗？——三评苏共中央公开信 | 人民日报、红旗编辑部 | 外文 | 1963 年 10 月（1971、1976 年应索供应） | 袖珍本 100000 |
| 新殖民主义的辩护士——四评苏共中央公开信 | 人民日报、红旗编辑部 | 外文 | 1963 年 10 月（1977 年应索供应） | 袖珍本 100000 |
| 在战争与和平路线上的两条路线——五评苏共中央公开信 | 人民日报、红旗编辑部 | 外文 | 1963 年 11 月（1975 年应索供应） | 袖珍本 100000 |
| 两种根本对立的和平共处政策——六评苏共中央公开信 | 人民日报、红旗编辑部 | 外文 | 1963 年 12 月（再版 1 次，1975 年应索供应） | 袖珍本 100384 |
| 苏共领导联印反华的真相 | 人民日报编辑部 | 外文 | 1963（1971、1976 年应索供应） | 袖珍本 100000 |
| 在莫斯科世界妇女大会上两条路线的斗争 | | 外文 | 1963 | 25000 |

| 书名 | 作者 | 出版社 | 出版/<br>再版时间 | 装帧/印刷/<br>发行册数 |
|---|---|---|---|---|
| 全世界人民团结起来，全面、彻底、干净、坚决地禁止和销毁核武器 | | 外文 | 1963<br>（1968 年停售） | 60000 |
| 哲学、社会科学工作者的战斗任务（1963 年 10 月 26 日在中国科学院社会科学部委员会第四次扩大会议上的讲话） | 周扬 | 外文 | 1963 | 袖珍本<br>80350 |
| 革命的辩证法和对帝国主义的认识 | 邵铁真 | 外文 | 1963 | 18700 |
| 毛泽东论中国革命（译文修订本） | 陈伯达 | 外文 | 1963（1953 年出版，共发行 23700 册，本次译文修订版） | |
| 中国历史简编（1840—1919） | 林铎 | 外文 | 1963（再版 1 次） | 35480 |
| 火种不灭 | | 外文 | 1963 | 4600 |
| 回忆长征 | | 外文 | 1963 | 5090 |
| 民族的怒吼（一·二九学生运动回忆） | 蒋南翔等 | 外文 | 1963 | 8000 |
| 西非八国漫游记（散文） | 冯之丹 | 外文 | 1963 | 7000 |
| 中国为粮食而战 | （美）安娜·路易斯·斯特朗 | 新世界 | 1963 | 17000 |
| 我们七个，他们五个 | （新西兰）路易·艾黎著，张德育插图 | 新世界 | 1963 | 5000 |
| 在湖南山水之间 | （新西兰）路易·艾黎 | 新世界 | 1963 | 5000 |
| 胡笳十八拍 | （新西兰）路易·艾黎 | 新世界 | 1963 | 4000 |
| 中国的酱油和对虾（政治讽刺诗） | 袁水拍著，沙博理译，华君武插图 | 新世界 | 1963 | 7000 |

续表

| 书名 | 作者 | 出版社 | 出版/<br>再版时间 | 装帧/印刷/<br>发行册数 |
|---|---|---|---|---|
| 特殊性格的人 | 胡万春 | 外文 | 1963 | 6500 |
| 桥（长篇小说） | 刘澍德 | 外文 | 1963 | 4000 |
| 马兰花（童话剧） | 任德耀著，威廉·怀特译 | 外文 | 1963（再版1次） | 精14615 |
| 小超鲁牧羊 | 江南编著，韩书绘 | 外文 | 1963（再版2次） | 33550 |
| 鲁班学艺 | 晴帆编，徐正平、陈光镒绘 | 外文 | 1963（再版1次） | 44470 |
| 我们的故事 | 张乐平编绘 | 外文 | 1963（再版1次） | 精55450 |
| 神笔 | 万籁鸣绘 | 外文 | 1963（再版1次） | 40100 |
| 体育运动在中国 | 施集文 | 外文 | 1963 | 12000 |
| 为了人民的健康（摄影） |  | 外文 | 1963 | 5430 |
| 北京城市建设新面貌（摄影） | 北京城市规划管理局 | 外文 | 1963 | 2460 |
| 邮票 | 中国建设杂志社 | 中国建设杂志 | 1963 | 92500 |
| 中国摄影作品选集（摄影） | 中国摄影编辑部 | 外文 | 1963 | 精2580 |

## 1963 年法文版书目（50 种）

| 书名 | 作者 | 出版社 | 出版/<br>再版时间 | 装帧/印刷/<br>发行册数 |
|---|---|---|---|---|
| 关于重庆谈判 | 毛泽东 | 外文 | 1963（1961年出版，共再版4次，总印数110339册，本次出版袖珍本） |  |
| 和美国记者安娜·路易斯·斯特朗的谈话 | 毛泽东 | 外文 | 1963（1961年出版，共再版6次，总印数190612册，本次出版袖珍本） |  |

续表

| 书名 | 作者 | 出版社 | 出版/<br>再版时间 | 装帧/印刷/<br>发行册数 |
|---|---|---|---|---|
| 目前形势和我们的任务 | 毛泽东 | 外文 | 1963（1961 年出版，共再版 5 次，总印数 117900 册，本次出版袖珍本） | |
| 将革命进行到底 | 毛泽东 | 外文 | 1963（1961 年出版，共再版 5 次，总印数 160000 册，本次袖珍本） | |
| 论人民民主专政（译文修订版） | 毛泽东 | 外文 | 1963（1949 年出版，共再版 10 次，总印数 135769 册，本次袖珍版） | |
| 评白皮书 | 毛泽东 | 外文 | 1963（1961 年出版，再版 4 次，总印数 106640 册，本次袖珍本） | |
| 毛泽东主席同亚洲、非洲、拉丁美洲人士的几次重要谈话 | 毛泽东 | 外文 | 1963（1960 年出版，再版 1 次，共 20060 册，本次袖珍本） | |
| 呼吁全世界人民联合起来反对美帝国主义的种族歧视、支持美国黑人反对种族歧视的斗争的声明（1963 年 8 月 8 日） | 人民日报 | 外文 | 1963 | |
| 反对美国——吴庭艳集团侵略越南南方人民的声明（1963 年 8 月 1 日） | 人民日报 | 外文 | 1963（1968 年停售） | 10000 |
| 中国共产党、新西兰共产党联合声明 | | 外文 | 1963 | |
| 刘少奇主席和崔庸健委员长联合声明 | | 外文 | 1963 | 8000 |

续表

| 书名 | 作者 | 出版社 | 出版/再版时间 | 装帧/印刷/发行册数 |
|---|---|---|---|---|
| 刘少奇主席和胡志明主席联合声明 | | 外文 | 1963 | 12200 |
| 朝鲜劳动党第四届中央委员会第五次全体公报 | | 外文 | 1963（再版1次） | 10100 |
| 1962年11月1日电视讲话 | （古巴）菲德尔·卡斯特罗 | 外文 | 1963（1966年停售） | 2890 |
| 全世界无产者联合起来反对我们共同的敌人（增订本） | 人民日报编辑部 | 外文 | 1963（再版1次，1976年起应索供应） | 3500 |
| 全世界无产者联合起来反对我们共同的敌人（增订本） | 人民日报编辑部 | 外文 | 1963（1976年后应索供应） | 15000 |
| 全世界无产者联合起来反对我们共同的敌人（合订本） | 人民日报编辑部 | 外文 | 1963（1976年后应索供应） | 16100 |
| 陶里亚蒂同志与我们的分歧 | 1962年12月31日《人民日报》社论 | 外文 | 1963（再版1次，1976年起应索供应） | 43610 |
| 列宁主义与现代修正主义 | 1963年第1期《红旗》社论 | 外文 | 1963（再版1次，1976年起应索供应） | 35000 |
| 在莫斯科宣言和莫斯科声明的基础上团结起来 | | 外文 | 1963（再版1次，1976年起应索供应） | 35000 |
| 分歧从何而来——答多列士同志 | 1963年2月27日《人民日报》社论 | 外文 | 1963 | |
| 再论陶里亚蒂同志与我们的分歧——关于列宁主义在当代的若干重大问题 | 《红旗》杂志编辑部 | 外文 | 1963（再版1次，1976年起应索供应） | 34000 |
| 评美国共产党的声明 | 1963年3月9日《人民日报》社论 | 外文 | 1963（再版1次，1976年起应索供应） | 36000 |
| 修正主义的一面镜子 | 1963年3月9日《人民日报》社论 | 外文 | 1963（再版1次，1976年起应索供应） | 36000 |

续表

| 书名 | 作者 | 出版社 | 出版/再版时间 | 装帧/印刷/发行册数 |
|---|---|---|---|---|
| 关于国际共产主义运动总路线的建议（含中共中央与苏共中央的三封来信） | | 外文 | 1963（再版 1 次，1976 年起应索供应） | 63500 |
| 关于国际共产主义运动总路线的建议 | | 外文 | 1963 | 10000 |
| 苏共领导同我们分歧的由来和发展——评苏共中央公开信 | 人民日报、红旗编辑部 | 外文 | 1963（1976年应索供应） | 袖珍本 50000 |
| 关于斯大林问题——二评苏共中央公开信 | 人民日报、红旗编辑部 | 外文 | 1963（1976年应索供应） | 袖珍本 60000 |
| 南斯拉夫是社会主义国家吗？——三评苏共中央公开信 | 人民日报、红旗编辑部 | 外文 | 1963（1971年应索供应） | 袖珍本 60100 |
| 新殖民主义的辩护士——四评苏共中央公开信 | 人民日报、红旗编辑部 | 外文 | 1963（1977年应索供应） | 袖珍本 60000 |
| 在战争与和平路线上的两条路线——五评苏共中央公开信 | 人民日报、红旗编辑部 | 外文 | 1963（1976年应索供应） | 袖珍本 50000 |
| 两种根本对立的和平共处政策——六评苏共中央公开信 | 人民日报、红旗编辑部 | 外文 | 1963（再版 1 次） | 袖珍本 48245 |
| 苏共领导联印反华的真相 | 人民日报编辑部 | 外文 | 1963 | 袖珍本 50000 |
| 苏共领导是宣言和声明的背叛者 | 人民日报编辑部 | 外文 | 1963（再版 1 次，1976 年起应索供应） | 29679 |
| 在莫斯科世界妇女大会上两条路线的斗争 | | 外文 | 1963（1968 年停售） | 15000 |
| 全世界人民团结起来，全面、彻底、干净、坚决地禁止和销毁核武器 | | 外文 | 1963（1968 年停售） | 30000 |
| 革命的辩证法和对帝国主义的认识 | 邵铁真 | 外文 | 1963 | 11300 |

续表

| 书名 | 作者 | 出版社 | 出版/再版时间 | 装帧/印刷/发行册数 |
|---|---|---|---|---|
| 自力更生和自主的民族经济建设（1963年7月12日） | 朝鲜劳动新闻编辑部 | 外文 | 1963 | 10100 |
| 中国历史简编（1840—1919） | 林铎 | 外文 | 1963（再版1次） | 23462 |
| 辛亥革命——中国近代史上一次伟大的民主革命 | 吴玉章 | 外文 | 1963 | 7910 |
| 我们的故事 | 张乐平编绘 | 外文 | 1963（再版1次） | |
| 中国民间故事选（第四集） | 沙更世插图 | 外文 | 1963 | 精4370 |
| 小超鲁牧羊（连环画） | 江南编著，韩书彧绘 | 外文 | 1963（再版2次） | 28930 |
| 鲁班学艺（连环画） | 晴帆编，徐正平、陈光镒绘 | 外文 | 1963（再版1次） | 29700 |
| 美丽牵牛花（连环画） | 胡进庆等绘 | 外文 | 1963（再版1次） | 29700 |
| 我们的故事（连环画） | 张乐平等 | 外文 | 1963（再版1次） | 26030 |
| 神笔（连环画） | 万籁鸣等 | 外文 | 1963 | 35100 |
| 为了人民的健康（摄影） | | 外文 | 1963 | 3240 |
| 北京城市建设新面貌（摄影） | 北京城市规划管理局 | 外文 | 1963 | 精1520 |
| 中国摄影作品选集（摄影） | 中国摄影编辑部 | 外文 | 1963 | 精1200 |

## 1963年西班牙文版书目（46种）

| 书名 | 作者 | 出版社 | 出版/再版时间 | 装帧/印刷/发行册数 |
|---|---|---|---|---|
| 抗日战争胜利后的时局与我们的方针 | 毛泽东 | 外文 | 1963（1962出版，共再版4次，总印数127196册，本次出版袖珍本） | |
| 关于重庆谈判 | 毛泽东 | 外文 | 1963（1962年出版，共再版3次，总印数97390册，本次出版袖珍本） | |

| 书名 | 作者 | 出版社 | 出版/再版时间 | 装帧/印刷/发行册数 |
|---|---|---|---|---|
| 和美国记者安娜·路易斯·斯特朗的谈话 | 毛泽东 | 外文 | 1963（1962 年出版，共再版 4 次，总印数 106990 册，本次出版袖珍本） | |
| 论人民民主专政（译文修订版） | 毛泽东 | 外文 | 1963（1959 年出版，共再版 4 次，总印数 104090 册，本次袖珍本） | |
| 评白皮书 | 毛泽东 | 外文 | 1963（1962 年出版，再版 2 次，总印数 41530 册，本次袖珍本） | |
| 毛泽东主席同亚洲、非洲、拉丁美洲人士的几次重要谈话 | 毛泽东 | 外文 | 1963（1960 年出版，再版 2 次，总印数 49810 册，本次袖珍本） | |
| 中国共产党、新西兰共产党联合声明 | | 外文 | 1963 | |
| 刘少奇主席和崔庸健委员长联合声明 | | 外文 | 1963 | 17200 |
| 刘少奇主席和胡志明主席联合声明 | | 外文 | 1963 | 15000 |
| 1962 年 11 月 1 日电视讲话 | （古巴）菲德尔·卡斯特罗 | 外文 | 1963（1966 年停售） | 3470 |
| 在庆祝古巴革命胜利四周年群众大会上的演说（1963 年 1 月 2 日） | （古巴）菲德尔·卡斯特罗 | 外文 | 1963（1966 年停售） | 15000 |
| 在美洲妇女代表大会上的演说（1963 年 1 月 16 日） | （古巴）菲德尔·卡斯特罗 | 外文 | 1963（1966 年停售） | 15000 |
| 现代修正主义必须批判（增订本） | 人民日报编辑部 | 外文 | 1963（1964 年停售） | 10360 |

续表

| 书名 | 作者 | 出版社 | 出版/<br>再版时间 | 装帧/印刷/<br>发行册数 |
|---|---|---|---|---|
| 全世界无产者联合起来反对我们共同的敌人 | 人民日报编辑部 | 外文 | 1963（1976 年起应索供应） | 30000 |
| 全世界无产者联合起来反对我们共同的敌人（增订本） | 人民日报编辑部 | 外文 | 1963（1976 年起应索供应） | 25000 |
| 全世界无产者联合起来反对我们共同的敌人（合订本） | 人民日报编辑部 | 外文 | 1963（1976 年起应索供应） | 16100 |
| 陶里亚蒂同志与我们的分歧 | 1962 年 12 月 31 日《人民日报》社论 | 外文 | 1963（再版 1 次，1976 年起应索供应） | 36500 |
| 列宁主义与现代修正主义 | 1963 年第 1 期《红旗》社论 | 外文 | 1963（再版 1 次，1976 年起应索供应） | 30000 |
| 在莫斯科宣言和莫斯科声明的基础上团结起来 | 人民日报社论 | 外文 | 1963（再版 1 次，1976 年起应索供应） | 38000 |
| 分歧从何而来——答多列士同志 | 1963 年 2 月 27 日《人民日报》社论 | 外文 | 1963（再版 1 次，1976 年起应索供应） | 40000 |
| 再论陶里亚蒂同志与我们的分歧——关于列宁主义在当代的若干重大问题 | 《红旗》杂志编辑部 | 外文 | 1963（再版 1 次，1976 年起应索供应） | 40000 |
| 评美国共产党的声明 | 1963 年 3 月 9 日《人民日报》社论 | 外文 | 1963（再版 1 次，1976 年起应索供应） | 39000 |
| 修正主义的一面镜子 | 1963 年 3 月 9 日《人民日报》社论 | 外文 | 1963（再版 1 次，1976 年起应索供应） | 38500 |
| 关于国际共产主义运动总路线的建议（含中共中央与苏共中央的三封来信） | | 外文 | 1963（再版 2 次，1976 年起应索供应） | 63285 |
| 关于国际共产主义运动总路线的建议 | | 外文 | 1963（再版 1 次，1976 年起应索供应） | 10000 |

续表

| 书名 | 作者 | 出版社 | 出版/<br>再版时间 | 装帧/印刷/<br>发行册数 |
|---|---|---|---|---|
| 苏共领导同我们分歧的由来和发展——评苏共中央公开信 | 人民日报、红旗编辑部 | 外文 | 1963（1976年起应索供应） | 袖珍本<br>60000 |
| 关于斯大林问题——二评苏共中央公开信 | 人民日报、红旗编辑部 | 外文 | 1963（1976年起应索供应） | 袖珍本<br>75000 |
| 南斯拉夫是社会主义国家吗？——三评苏共中央公开信 | 人民日报、红旗编辑部 | 外文 | 1963（1976年起应索供应） | 袖珍本<br>70000 |
| 新殖民主义的辩护士——四评苏共中央公开信 | 人民日报、红旗编辑部 | 外文 | 1963（1977年起应索供应） | 袖珍本<br>70000 |
| 在战争与和平路线上的两条路线——五评苏共中央公开信 | 人民日报、红旗编辑部 | 外文 | 1963（1976年起应索供应） | 袖珍本<br>70000 |
| 两种根本对立的和平共处政策——六评苏共中央公开信 | 人民日报、红旗编辑部 | 外文 | 1963（1976年起应索供应） | 袖珍本<br>50100 |
| 苏共领导联印反华的真相 | 人民日报编辑部 | 外文 | 1963（再版1次，1976年起应索供应） | 袖珍本<br>70000 |
| 在莫斯科世界妇女大会上两条路线的斗争 | | 外文 | 1963 | 12000 |
| 全世界人民团结起来，全面、彻底、干净、坚决地禁止和销毁核武器 | | 外文 | 1963（1968年停售） | 40000 |
| 革命的辩证法和对帝国主义的认识 | 邵铁真 | 外文 | 1963 | 12800 |
| 肯尼迪政府的真面目 | | 外文 | 1963（1964年停售） | 6000 |
| 更高地举起毛泽东文艺思想的红旗 | 林默涵 | 外文 | 1963 | 3360 |
| 故事新编 | 鲁迅 | 外文 | 1963 | 35505 |
| 春蚕集 | 茅盾 | 外文 | 1963 | 9384 |

续表

| 书名 | 作者 | 出版社 | 出版/再版时间 | 装帧/印刷/发行册数 |
|---|---|---|---|---|
| 黎明的河边及其他故事（新中国短篇小说选集） | 峻青等 | 外文 | 1963 | 2200 |
| 小超鲁牧羊（连环画） | 江南编著，韩书绘 | 外文 | 1963（再版2次） | 47280 |
| 鲁班学艺（连环画） | 晴帆编，徐正平、陈光镒绘 | 外文 | 1963 | 8220 |
| 我们的故事（连环画） | 张乐平编绘 | 外文 | 1963（再版1次） | 精19220 |
| 小鸭子和朋友们去航海（连环画） | 王拓明设计，河山等绘 | 外文 | 1963（再版1次） | 精22220 |
| 北京城市建设新面貌（摄影） | 北京城市规划管理局 | 外文 | 1963 | 精1870 |
| 中国现代木刻 | 外文出版社 | 外文 | 1963 | 2100 |

## 1963年德文版书目（41种）

| 书名 | 作者 | 出版社 | 出版/再版时间 | 装帧/印刷/发行册数 |
|---|---|---|---|---|
| 中国的红色政权为什么能够存在? | 毛泽东 | 外文 | 1963（再版3次，1966年停售） | 精27020 |
| 星星之火，可以燎原 | 毛泽东 | 外文 | 1963（再版2次） | 27020 |
| 整顿党的作风 | 毛泽东 | 外文 | 1963（再版2次） | 23530 |
| 论联合政府 | 毛泽东 | 外文 | 1963（再版2次） | 精35535 |
| 中国共产党、新西兰共产党联合声明 | | 外文 | 1963 | |
| 刘少奇主席和胡志明主席联合声明 | | 外文 | 1963 | 5000 |
| 刘少奇主席和崔庸健委员长联合声明 | | 外文 | 1963 | 5000 |
| 无产阶级专政的历史经验 | 人民日报 | 外文 | 1963 | 4800 |
| 全世界无产者联合起来反对我们共同的敌人 | 人民日报编辑部 | 外文 | 1963（再版2次，1966年起应索供应） | 15900 |

| 书名 | 作者 | 出版社 | 出版/再版时间 | 装帧/印刷/发行册数 |
|---|---|---|---|---|
| 全世界无产者联合起来反对我们共同的敌人（增订本） | 人民日报编辑部 | 外文 | 1963（1976 年后应索供应） | 4200 |
| 全世界无产者联合起来反对我们共同的敌人（合订本） | 人民日报编辑部 | 外文 | 1963（1976 年后应索供应） | 6800 |
| 陶里亚蒂同志与我们的分歧 | 1962 年 12 月 31 日《人民日报》社论 | 外文 | 1963（再版 2 次，1976 年后应索供应） | 15750 |
| 列宁主义与现代修正主义 | 1963 年第 1 期《红旗》社论 | 外文 | 1963（再版 2 次，1976 年后应索供应） | 15550 |
| 在莫斯科宣言和莫斯科声明的基础上团结起来 | | 外文 | 1963（再版 2 次，1976 年后应索供应） | 18000 |
| 分歧从何而来——答多列士同志 | 1963 年 2 月 27 日《人民日报》社论 | 外文 | 1963（再版 2 次，1976 年后应索供应） | 19000 |
| 再论陶里亚蒂同志与我们的分歧——关于列宁主义在当代的若干重大问题 | 《红旗》杂志编辑部 | 外文 | 1963（再版 1 次，1976 年后应索供应） | 17000 |
| 评美国共产党的声明 | 1963 年 3 月 9 日《人民日报》社论 | 外文 | 1963（再版 1 次，1976 年后应索供应） | 16000 |
| 修正主义的一面镜子 | 1963 年 3 月 9 日《人民日报》社论 | 外文 | 1963（再版 1 次，1976 年后应索供应） | 16000 |
| 关于国际共产主义运动总路线的建议（含中共中央与苏共中央的三封来信） | | 外文 | 1963（再版 1 次，1976 年后应索供应） | 26250 |
| 苏共领导同我们分歧的由来和发展——评苏共中央公开信 | 人民日报、红旗编辑部 | 外文 | 1963 年 9 月（1967 年停售，1976 年应索供应） | 袖珍本 35000 |

续表

| 书名 | 作者 | 出版社 | 出版/<br>再版时间 | 装帧/印刷/<br>发行册数 |
|---|---|---|---|---|
| 关于斯大林问题——二评苏共中央公开信 | 人民日报、<br>红旗编辑部 | 外文 | 1963 年 9 月<br>（1967 年停售，<br>1976 年应索供应） | 袖珍本<br>35000 |
| 南斯拉夫是社会主义国家吗？——三评苏共中央公开信 | 人民日报、<br>红旗编辑部 | 外文 | 1963 年 10 月<br>（1971、1976 年应索供应） | 袖珍本<br>35000 |
| 新殖民主义的辩护士——四评苏共中央公开信 | 人民日报、<br>红旗编辑部 | 外文 | 1963 年 10 月<br>（再版 1 次，<br>1976 年应索供应） | 袖珍本<br>40150 |
| 在战争与和平路线上的两条路线——五评苏共中央公开信 | 人民日报、<br>红旗编辑部 | 外文 | 1963 年 11 月<br>（再版 1 次，<br>1976 年应索供应） | 袖珍本<br>45105 |
| 两种根本对立的和平共处政策——六评苏共中央公开信 | 人民日报、<br>红旗编辑部 | 外文 | 1963 年 12 月<br>（再版 1 次，<br>1976 年应索供应） | 袖珍本<br>40305 |
| 苏共领导联印反华的真相 | 人民日报<br>编辑部 | 外文 | 1963（1976 年<br>应索供应） | 袖珍本<br>30000 |
| 在莫斯科世界妇女大会上两条路线的斗争 | | 外文 | 1963 | 7000 |
| 全世界人民团结起来，全面、彻底、干净、坚决地禁止和销毁核武器 | | 外文 | 1963（1968 年停售） | 15050 |
| 自力更生和自主的民族经济建设（1963 年 7 月 12 日） | 朝鲜劳动新闻<br>编辑部 | 外文 | 1963 | 5000 |
| 与马来西亚有关的一些国际问题 | 马来西亚箴言<br>月刊评论 | 外文 | 1963 | 5000 |
| 哲学、社会科学工作者的战斗任务（1963 年 10 月 26 日在中国科学院社会科学部委员会第四次扩大会议上的讲话） | 周扬 | 外文 | 1963 | 20150 |

续表

| 书名 | 作者 | 出版社 | 出版/<br>再版时间 | 装帧/印刷/<br>发行册数 |
|---|---|---|---|---|
| 安娜·路易斯·斯特朗通讯集（第二集） | （美）安娜·路易斯·斯特朗 | 新世界 | 1963 | 4250 |
| 王若飞在狱中（回忆录） | 杨植霖 | 外文 | 1963 | 3050 |
| 夏夜（中国短篇小说选集） | 周立波等 | 外文 | 1963 | 精 7190 |
| 林中篝火 | 段斌、昂旺·斯丹珍著，吴文渊插图 | 外文 | | 精 1963 |
| 孙悟空三打白骨精（连环画） | 钱笑呆绘 | 外文 | 1963（再版 3 次） | 35940 |
| 小超鲁牧羊（连环画） | 江南编著，韩书彧绘 | 外文 | 1963（再版 2 次） | 670 |
| 鲁班学艺（连环画） | 晴帆编，徐正平、陈光镒绘 | 外文 | 1963 | 12660 |
| 我们的故事（连环画） | 张乐平编绘 | 外文 | 1963（再版 1 次） | 精 6140 |
| 美丽的牵牛花（连环画） | 胡进庆等绘 | 外文 | 1963（再版 1 次） | 5030 |
| 愚公移山（连环画） | 杨永青绘 | 外文 | 1963（再版 1 次） | 8100 |

## 1963 年意大利文版书目（13 种）

| 书名 | 作者 | 出版社 | 出版/<br>再版时间 | 装帧/印刷/<br>发行册数 |
|---|---|---|---|---|
| 全世界无产者联合起来反对我们共同的敌人 | 人民日报编辑部 | 外文 | 1963（1976 年起应索供应） | 10000 |
| 陶里亚蒂同志与我们的分歧 | 1962 年 12 月 31 日《人民日报》社论 | 外文 | 1963（1976 年起应索供应） | 10000 |
| 列宁主义与现代修正主义 | 1963 年第 1 期《红旗》社论 | 外文 | 1963（1976 年起应索供应） | 10000 |
| 在莫斯科宣言和莫斯科声明的基础上团结起来 | | 外文 | 1963（1976 年起应索供应） | 10000 |
| 分歧从何而来——答多列士同志 | 1963 年 2 月 27 日《人民日报》社论 | 外文 | 1963（1976 年起应索供应） | 12000 |

续表

| 书名 | 作者 | 出版社 | 出版/<br>再版时间 | 装帧/印刷/<br>发行册数 |
|---|---|---|---|---|
| 评美国共产党的声明 | 1963 年 3 月 9 日《人民日报》社论 | 外文 | 1963（1976 年起应索供应） | 12000 |
| 修正主义的一面镜子 | 1963 年 3 月 9 日《人民日报》社论 | 外文 | 1963（再版 1 次，1976 年起应索供应） | 12000 |
| 关于国际共产主义运动总路线的建议（含中共中央与苏共中央的三封来信） | | 外文 | 1963（再版 1 次，1976 年起应索供应） | 5532 |
| 苏共领导同我们分歧的由来和发展——评苏共中央公开信 | 人民日报、红旗编辑部 | 外文 | 1963（1976 年应索供应） | 10000 |
| 关于斯大林问题——二评苏共中央公开信 | 人民日报、红旗编辑部 | 外文 | 1963（1967 年停售，1976 年起应索供应） | 10000 |
| 南斯拉夫是社会主义国家吗?——三评苏共中央公开信 | 人民日报、红旗编辑部 | 外文 | 1963（1976 年起应索供应） | 10000 |
| 新殖民主义的辩护士——四评苏共中央公开信 | 人民日报、红旗编辑部 | 外文 | 1963（1976 年起应索供应） | 10000 |
| 无产阶级革命和赫鲁晓夫修正主义 | 人民日报、红旗编辑部 | 外文 | 1963（1976 年起应索供应） | 11030 |

## 1963 年葡萄牙文版书目（10 种）

| 书名 | 作者 | 出版社 | 出版/<br>再版时间 | 装帧/印刷/<br>发行册数 |
|---|---|---|---|---|
| 全世界无产者联合起来反对我们共同的敌人 | 人民日报编辑部 | 外文 | 1963（1976 年起应索供应） | 6000 |
| 陶里亚蒂同志与我们的分歧 | 1962 年 12 月 31 日《人民日报》社论 | 外文 | 1963（1976 年起应索供应） | 6000 |

**续表**

| 书名 | 作者 | 出版社 | 出版/<br>再版时间 | 装帧/印刷/<br>发行册数 |
|---|---|---|---|---|
| 列宁主义与现代修正主义 | 1963 年第 1 期<br>《红旗》社论 | 外文 | 1963（1976 年<br>起应索供应） | 6000 |
| 在莫斯科宣言和莫斯科声明<br>的基础上团结起来 | | 外文 | 1963（1976 年<br>起应索供应） | 6000 |
| 分歧从何而来——答多列士<br>同志 | 1963 年 2 月<br>27 日《人民<br>日报》社论 | 外文 | 1963（1976 年<br>起应索供应） | 5500 |
| 评美国共产党的声明 | 1963 年 3 月<br>9 日《人民<br>日报》社论 | 外文 | 1963（1976 年<br>起应索供应） | 5500 |
| 修正主义的一面镜子 | 1963 年 3 月<br>9 日《人民<br>日报》社论 | 外文 | 1963（1976 年<br>起应索供应） | 5500 |
| 关于国际共产主义运动总路<br>线的建议（含中共中央与苏<br>共中央的三封来信） | | 外文 | 1963（1967 年停售） | 6000 |
| 关于斯大林问题——二评苏<br>共中央公开信 | 人民日报、<br>红旗编辑部 | 外文 | 1963（1967 年停售，<br>1976 年起应索供应） | 6000 |
| 驳苏共新领导的所谓共同<br>行动 | 人民日报、<br>红旗编辑部 | 外文 | 1963（1976 年<br>起应索供应） | 2112 |

## 1963 年俄文版书目（27 种）

| 书名 | 作者 | 出版社 | 出版/<br>再版时间 | 装帧/印刷/<br>发行册数 |
|---|---|---|---|---|
| 中国共产党、新西兰共产党<br>联合声明 | | 外文 | 1963 | |
| 刘少奇主席和崔庸健委员长<br>联合声明 | | 外文 | 1963 | 2500 |
| 刘少奇主席和胡志明主席联<br>合声明 | | 外文 | 1963 | 12000 |

续表

| 书名 | 作者 | 出版社 | 出版/再版时间 | 装帧/印刷/发行册数 |
|---|---|---|---|---|
| 朝鲜劳动党第四届中央委员会第五次全体公报 | | 外文 | 1963 | 10000 |
| 全世界无产者联合起来反对我们共同的敌人（增订本） | 人民日报编辑部 | 外文 | 1963（再版2次，1976年后应索供应） | 8000 |
| 全世界无产者联合起来反对我们共同的敌人（合订本） | 人民日报编辑部 | 外文 | 1963（1976年后应索供应） | 11100 |
| 陶里亚蒂同志与我们的分歧 | 1962年12月31日《人民日报》社论 | 外文 | 1963（再版2次，1976年后应索供应） | 袖珍本35240 |
| 列宁主义与现代修正主义 | 1963年第1期《红旗》社论 | 外文 | 1963（再版1次，1976年后应索供应） | 袖珍本30280 |
| 在莫斯科宣言和莫斯科声明的基础上团结起来 | | 外文 | 1963（再版2次，1976年后应索供应） | 袖珍本36000 |
| 分歧从何而来——答多列士同志 | 1963年2月27日《人民日报》社论 | 外文 | 1963（再版2次，1976年后应索供应） | 袖珍本42000 |
| 再论陶里亚蒂同志与我们的分歧——关于列宁主义在当代的若干重大问题 | 《红旗》杂志编辑部 | 外文 | 1963（再版1次，1976年后应索供应） | 袖珍本43000 |
| 评美国共产党的声明 | 1963年3月9日《人民日报》社论 | 外文 | 1963（再版1次，1976年后应索供应） | 袖珍本43000 |
| 修正主义的一面镜子 | 1963年3月9日《人民日报》社论 | 外文 | 1963（再版1次，1976年后应索供应） | 袖珍本40000 |
| 关于国际共产主义运动总路线的建议 | | 外文 | 1963（1976年后应索供应） | 157000 |
| 关于国际共产主义运动总路线的建议（含中共中央与苏共中央的三封来信） | | 外文 | 1963（1976年后应索供应） | 90000 |

**续表**

| 书名 | 作者 | 出版社 | 出版/<br>再版时间 | 装帧/印刷/<br>发行册数 |
|---|---|---|---|---|
| 苏共领导同我们分歧的由来和发展——评苏共中央公开信 | 人民日报、红旗编辑部 | 外文 | 1963 年 9 月<br>（1967 年停售，<br>1976 年应索供应） | 30000 |
| 关于斯大林问题——二评苏共中央公开信 | 人民日报、红旗编辑部 | 外文 | 1963 年 9 月<br>（1967 年停售，<br>1976 年应索供应） | 30000 |
| 南斯拉夫是社会主义国家吗？——三评苏共中央公开信 | 人民日报、红旗编辑部 | 外文 | 1963 年 10 月<br>（1971、1976 年<br>应索供应） | 30000 |
| 新殖民主义的辩护士——四评苏共中央公开信 | 人民日报、红旗编辑部 | 外文 | 1963 年 10 月<br>（1977 年应索供应） | 30000 |
| 在战争与和平路线上的两条路线——五评苏共中央公开信 | 人民日报、红旗编辑部 | 外文 | 1963 年 11 月<br>（1976 年应索供应） | 30000 |
| 两种根本对立的和平共处政策——六评苏共中央公开信 | 人民日报、红旗编辑部 | 外文 | 1963 年 12 月<br>（再版 1 次，<br>1975 年应索供应） | 30200 |
| 苏共领导联印反华的真相 | 人民日报编辑部 | 外文 | 1963（1971、<br>1976 年应索供应） | 30000 |
| 苏共领导是宣言和声明的背叛者 | 人民日报编辑部 | 外文 | 1963（1976 年<br>应索供应） | 13212 |
| 在莫斯科世界妇女大会上两条路线的斗争 | | 外文 | 1963 | 10020 |
| 全世界人民团结起来，全面、彻底、干净、坚决地禁止和销毁核武器 | | 外文 | 1963<br>（1968 年停售） | 25050 |
| 自力更生和自主的民族经济建设（1963 年 7 月 12 日） | 朝鲜劳动新闻编辑部 | 外文 | 1963 | 10000 |
| 与马来西亚有关的一些国际问题 | 马来西亚箴言月刊评论 | 外文 | 1963 | 10200 |

## 1963 年塞尔维亚文版书目（14 种）

| 书名 | 作者 | 出版社 | 出版/再版时间 | 装帧/印刷/发行册数 |
|---|---|---|---|---|
| 全世界无产者联合起来反对我们共同的敌人 | 人民日报编辑部 | 外文 | 1963（1976 年后应索供应） | 1400 |
| 陶里亚蒂同志与我们的分歧 | 1962 年 12 月 31 日《人民日报》社论 | 外文 | 1963（1976 年后应索供应） | 1400 |
| 列宁主义与现代修正主义 | 1963 年第 1 期《红旗》社论 | 外文 | 1963（1976 年后应索供应） | 1400 |
| 在莫斯科宣言和莫斯科声明的基础上团结起来 | | 外文 | 1963（1976 年后应索供应） | 1400 |
| 分歧从何而来——答多列士同志 | 1963 年 2 月 27 日《人民日报》社论 | 外文 | 1963（1976 年后应索供应） | 1400 |
| 再论陶里亚蒂同志与我们的分歧——关于列宁主义在当代的若干重大问题 | 《红旗》杂志编辑部 | 外文 | 1963（1976 年后应索供应） | 3000 |
| 评美国共产党的声明 | 1963 年 3 月 9 日《人民日报》社论 | 外文 | 1963（1976 年后应索供应） | 2000 |
| 修正主义的一面镜子 | 1963 年 3 月 9 日《人民日报》社论 | 外文 | 1963（1976 年后应索供应） | 2000 |
| 关于国际共产主义运动总路线的建议（含中共中央与苏共中央的三封来信） | | 外文 | 1963（1976 年后应索供应） | 1000 |
| 苏共领导同我们分歧的由来和发展——评苏共中央公开信 | 人民日报、红旗编辑部 | 外文 | 1963 年 9 月（1967 年停售，1976 年应索供应） | 3000 |
| 关于斯大林问题——二评苏共中央公开信 | 人民日报、红旗编辑部 | 外文 | 1963 年 9 月（1967 年停售，1976 年应索供应） | 3000 |

续表

| 书名 | 作者 | 出版社 | 出版/再版时间 | 装帧/印刷/发行册数 |
|---|---|---|---|---|
| 南斯拉夫是社会主义国家吗?——三评苏共中央公开信 | 人民日报、红旗编辑部 | 外文 | 1963 年 10 月（1976 年应索供应） | 3000 |
| 新殖民主义的辩护士——四评苏共中央公开信 | 人民日报、红旗编辑部 | 外文 | 1963 年 10 月（1977 年应索供应） | 3000 |
| 苏共领导联印反华的真相 | 人民日报编辑部 | 外文 | 1963（1976 年应索供应） | 3000 |

## 1963 年世界语版书目（24 种）

| 书名 | 作者 | 出版社 | 出版/再版时间 | 装帧/印刷/发行册数 |
|---|---|---|---|---|
| 关于正确处理人民内部的矛盾问题 | 毛泽东 | 中华全国世界语协会 | 1963 | 12000 |
| 列宁主义万岁 | 人民日报编辑部 | 外文 | 1963（1960 年出版，再版 1 次，总印数为 4000 册，本次再版） | |
| 全世界无产者联合起来反对我们共同的敌人 | 人民日报编辑部 | 外文 | 1963（再版 1 次，1976 年后应索供应） | 8780 |
| 全世界无产者联合起来反对我们共同的敌人（合订本） | 人民日报编辑部 | 外文 | 1963（1976 年后应索供应） | 4800 |
| 陶里亚蒂同志与我们的分歧 | 1962 年 12 月 31 日《人民日报》社论 | 外文 | 1963（再版 1 次，1976 年后应索供应） | 9200 |
| 列宁主义与现代修正主义 | 1963 年第 1 期《红旗》社论 | 外文 | 1963（再版 1 次，1976 年后应索供应） | 8970 |
| 在莫斯科宣言和莫斯科声明的基础上团结起来 | | 外文 | 1963（再版 1 次，1976 年后应索供应） | 13000 |

续表

| 书名 | 作者 | 出版社 | 出版/<br>再版时间 | 装帧/印刷/<br>发行册数 |
|---|---|---|---|---|
| 分歧从何而来——答多列士同志 | 1963 年 2 月 27 日《人民日报》社论 | 外文 | 1963（再版 1 次，1976 年后应索供应） | 13000 |
| 再论陶里亚蒂同志与我们的分歧——关于列宁主义在当代的若干重大问题 | 《红旗》杂志编辑部 | 外文 | 1963（再版 1 次，1976 年后应索供应） | 14000 |
| 评美国共产党的声明 | 1963 年 3 月 9 日《人民日报》社论 | 外文 | 1963（再版 1 次，1976 年后应索供应） | 12000 |
| 修正主义的一面镜子 | 1963 年 3 月 9 日《人民日报》社论 | 外文 | 1963（再版 1 次，1973 年后应索供应） | 12000 |
| 关于国际共产主义运动总路线的建议 | | 外文 | 1963（1976 年后应索供应） | 6300 |
| 关于国际共产主义运动总路线的建议（含中共中央与苏共中央的三封来信） | | 外文 | 1963（1976 年后应索供应） | 20000 |
| 苏共领导同我们分歧的由来和发展——评苏共中央公开信 | 人民日报、红旗编辑部 | 外文 | 1963 年 9 月（1976 年应索供应） | 8000 |
| 关于斯大林问题——二评苏共中央公开信 | 人民日报、红旗编辑部 | 外文 | 1963 年 9 月（1976 年应索供应） | 8000 |
| 苏共领导联印反华的真相 | 人民日报编辑部 | 外文 | 1963（1976 年应索供应） | 5000 |
| 中印边界问题 | | 外文 | 1963 | 2080 |
| 鲁迅小说集 | | 中华全国世界语协会 | 1963 | 4690 |
| 一幅僮锦 | 吉志西编文，颜梅华绘 | 中华全国世界语协会 | 1963 | 7100 |
| 鲁班学艺 | 晴帆编，徐正平、陈光镒绘 | 中华全国世界语协会 | 1963（再版 1 次） | 20180 |

续表

| 书名 | 作者 | 出版社 | 出版/<br>再版时间 | 装帧/印刷/<br>发行册数 |
|---|---|---|---|---|
| 中国摄影作品选集（摄影） | 中国摄影<br>编辑部 | 中华全国<br>世界语协会 | 1963 | 精 2210 |
| 北京城市建设新面貌（摄影） | 北京城市规划<br>管理局 | 中华全国<br>世界语协会 | 1963 | 1610 |
| 中国现代木刻（画册） | 外文<br>出版社 | 中华全国<br>世界语协会 | 1963 | 3600 |
| 金鱼（摄影明信片，单页套<br>装/订装） | 外文<br>出版社 | 中华全国<br>世界语协会 | 1963（再版 1 次） | 16100 |

## 1963 年阿拉伯文版书目（21 种）

| 书名 | 作者 | 出版社 | 出版/<br>再版时间 | 装帧/印刷/<br>发行册数 |
|---|---|---|---|---|
| 全世界无产者联合起来反对<br>我们共同的敌人 | 人民日报<br>编辑部 | 外文 | 1963（再版 1 次，<br>1976 年起应索供应） | 7740 |
| 全世界无产者联合起来反对<br>我们共同的敌人（增订本） | 人民日报<br>编辑部 | 外文 | 1963（1976 年<br>后应索供应） | 5800 |
| 全世界无产者联合起来反对<br>我们共同的敌人（合订本） | 人民日报<br>编辑部 | 外文 | 1963（1976 年<br>后应索供应） | 5500 |
| 陶里亚蒂同志与我们的分歧 | 1962 年 12 月<br>31 日《人民<br>日报》社论 | 外文 | 1963（再版 1 次，<br>1976 年后应索供应） | 7830 |
| 列宁主义与现代修正主义 | 1963 年第 1 期<br>《红旗》社论 | 外文 | 1963（再版 1 次，<br>1976 年后应索供应） | 7730 |
| 在莫斯科宣言和莫斯科声明<br>的基础上团结起来 | | 外文 | 1963（再版 1 次，<br>1976 年后应索供应） | 8300 |
| 分歧从何而来——答多列士<br>同志 | 1963 年 2 月<br>27 日《人民<br>日报》社论 | 外文 | 1963（再版 1 次，<br>1976 年后应索供应） | 9640 |

续表

| 书名 | 作者 | 出版社 | 出版/<br>再版时间 | 装帧/印刷/<br>发行册数 |
|---|---|---|---|---|
| 再论陶里亚蒂同志与我们的分歧——关于列宁主义在当代的若干重大问题 | 《红旗》杂志编辑部 | 外文 | 1963（1976年后应索供应） | 11000 |
| 评美国共产党的声明 | 1963年3月9日《人民日报》社论 | 外文 | 1963（1976年后应索供应） | 7000 |
| 修正主义的一面镜子 | 1963年3月9日《人民日报》社论 | 外文 | 1963（再版1次，1976年后应索供应） | 9000 |
| 关于国际共产主义运动总路线的建议（含中共中央与苏共中央的三封来信） |  | 外文 | 1963（再版1次，1976年后应索供应） | 30230 |
| 苏共领导同我们分歧的由来和发展——评苏共中央公开信 | 人民日报、红旗编辑部 | 外文 | 1963年9月（1976年应索供应） | 10000 |
| 关于斯大林问题——二评苏共中央公开信 | 人民日报、红旗编辑部 | 外文 | 1963年9月（1976年应索供应） | 10000 |
| 南斯拉夫是社会主义国家吗?——三评苏共中央公开信 | 人民日报、红旗编辑部 | 外文 | 1963年10月（1976年应索供应） | 10000 |
| 新殖民主义的辩护士——四评苏共中央公开信 | 人民日报、红旗编辑部 | 外文 | 1963年10月（再版1次，1976年应索供应） | 25170 |
| 在战争与和平路线上的两条路线——五评苏共中央公开信 | 人民日报、红旗编辑部 | 外文 | 1963年11月（1976年应索供应） | 10100 |
| 苏共领导联印反华的真相 | 人民日报编辑部 | 外文 | 1963（1976年应索供应） | 10000 |
| 跟随毛主席长征 | 陈昌奉著、阿老插图 | 外文 | 1963 | 4270 |
| 鲁班学艺（连环画） | 晴帆编，徐正平、陈光镒绘 | 外文 | 1963（再版1次） | 2640 |

续表

| 书名 | 作者 | 出版社 | 出版/<br>再版时间 | 装帧/印刷/<br>发行册数 |
|---|---|---|---|---|
| 为了人民的健康（摄影） | 外文<br>出版社 | 外文 | 1963 | 2160 |
| 中国摄影作品选集（摄影，精装） | 中国摄影<br>编辑部 | 外文 | 1963 | 1110 |

## 1963 年泰国文版书目（18 种）

| 书名 | 作者 | 出版社 | 出版/<br>再版时间 | 装帧/印刷/<br>发行册数 |
|---|---|---|---|---|
| 庆祝中国共产党成立四十周年大会上的讲话 | 刘少奇 | 外文 | 1963 | 3000 |
| 全世界无产者联合起来反对我们共同的敌人（增订本） | 人民日报<br>编辑部 | 外文 | 1963（再版 1 次，<br>1976 年起应索供应） | 5800 |
| 陶里亚蒂同志与我们的分歧 | 1962 年 12 月<br>31 日《人民<br>日报》社论 | 外文 | 1963（再版 1 次，<br>1976 年后应索供应） | 5800 |
| 列宁主义与现代修正主义 | 1963 年第 1 期<br>《红旗》社论 | 外文 | 1963（再版 1 次，<br>1976 年后应索供应） | 5800 |
| 在莫斯科宣言和莫斯科声明的基础上团结起来 | | 外文 | 1963（再版 1 次，<br>1976 年后应索供应） | 5800 |
| 分歧从何而来——答多列士同志 | 1963 年 2 月<br>27 日《人民<br>日报》社论 | 外文 | 1963（再版 1 次，<br>1976 年后应索供应） | 6190 |
| 再论陶里亚蒂同志与我们的分歧——关于列宁主义在当代的若干重大问题 | 《红旗》杂志<br>编辑部 | 外文 | 1963（再版 1 次，<br>1976 年后应索供应） | 7000 |
| 评美国共产党的声明 | 1963 年 3 月<br>9 日《人民<br>日报》社论 | 外文 | 1963（再版 1 次，<br>1976 年后应索供应） | 5500 |

续表

| 书名 | 作者 | 出版社 | 出版/<br>再版时间 | 装帧/印刷/<br>发行册数 |
|---|---|---|---|---|
| 修正主义的一面镜子 | 1963 年 3 月<br>9 日《人民<br>日报》社论 | 外文 | 1963（再版 1 次，<br>1976 年后应索供应） | 5500 |
| 关于国际共产主义运动总路<br>线的建议 | | 外文 | 1963（1976 年<br>后应索供应） | 3000 |
| 关于国际共产主义运动总路<br>线的建议（含中共中央与苏<br>共中央的三封来信） | | 外文 | 1963（1976 年<br>后应索供应） | 6000 |
| 苏共领导同我们分歧的由来<br>和发展——评苏共中央公<br>开信 | 人民日报、<br>红旗编辑部 | 外文 | 1963 年 9 月<br>（1976 年应索供应） | 5000 |
| 关于斯大林问题——二评苏<br>共中央公开信 | 人民日报、<br>红旗编辑部 | 外文 | 1963 年 9 月<br>（1976 年应索供应） | 5000 |
| 南斯拉夫是社会主义国家<br>吗?——三评苏共中央公<br>开信 | 人民日报、<br>红旗编辑部 | 外文 | 1963 年 10 月<br>（1976 年应索供应） | 5000 |
| 苏共领导联印反华的真相 | 人民日报<br>编辑部 | 外文 | 1963（1976 年<br>应索供应） | 5060 |
| 东郭先生（连环画） | 董聚贤改编，<br>刘继卣绘 | 外文 | 1963 | 740 |
| 渡江侦察记（连环画） | 章程改编，<br>顾炳鑫绘 | 外文 | 1963 | 1260 |
| 愚公移山（连环画） | 杨永青绘 | 外文 | 1963（再版 2 次，<br>1975 年停售） | 1100 |

## 1963 年印尼文版书目（19 种）

| 书名 | 作者 | 出版社 | 出版/<br>再版时间 | 装帧/印刷/<br>发行册数 |
|---|---|---|---|---|
| 论持久战 | 毛泽东 | 外文 | 1963（再版 1 次） | 13768 |
| 毛泽东诗词 | 毛泽东 | 外文 | 1963 | 精 1500 |
| 人民战争胜利万岁 | 林彪 | 外文 | 1963（再版 3 次，<br>1972 年停售） | 47730 |

| 书名 | 作者 | 出版社 | 出版/再版时间 | 装帧/印刷/发行册数 |
|---|---|---|---|---|
| 无产阶级专政的历史经验 | 人民日报编辑部 | 外文 | 1963 | 3500 |
| 全世界无产者联合起来反对我们共同的敌人（增订本） | 人民日报编辑部 | 外文 | 1963（1976 年后应索供应） | 3200 |
| 全世界无产者联合起来反对我们共同的敌人（合订本） | 人民日报编辑部 | 外文 | 1963（1976 年后应索供应） | 14000 |
| 陶里亚蒂同志与我们的分歧 | 1962 年 12 月 31 日《人民日报》社论 | 外文 | 1963（再版 1 次，1976 年后应索供应） | 15100 |
| 列宁主义与现代修正主义 | 1963 年第 1 期《红旗》社论 | 外文 | 1963（再版 1 次，1976 年后应索供应） | 15040 |
| 在莫斯科宣言和莫斯科声明的基础上团结起来 | | 外文 | 1963（再版 1 次，1976 年后应索供应） | 16000 |
| 分歧从何而来——答多列士同志 | 1963 年 2 月 27 日《人民日报》社论 | 外文 | 1963（再版 1 次，1976 年后应索供应） | 23280 |
| 再论陶里亚蒂同志与我们的分歧——关于列宁主义在当代的若干重大问题 | 《红旗》杂志编辑部 | 外文 | 1963（再版 1 次，1976 年后应索供应） | 17500 |
| 评美国共产党的声明 | 1963 年 3 月 9 日《人民日报》社论 | 外文 | 1963（再版 1 次，1976 年后应索供应） | 17020 |
| 修正主义的一面镜子 | 1963 年 3 月 9 日《人民日报》社论 | 外文 | 1963（再版 1 次，1976 年后应索供应） | 14500 |
| 关于国际共产主义运动总路线的建议（含中共中央与苏共中央的三封来信） | | 外文 | 1963（1976 年后应索供应） | 30000 |
| 苏共领导同我们分歧的由来和发展——评苏共中央公开信 | 人民日报、红旗编辑部 | 外文 | 1963 年 9 月（1976 年应索供应） | 35000 |

续表

| 书名 | 作者 | 出版社 | 出版/<br>再版时间 | 装帧/印刷/<br>发行册数 |
|---|---|---|---|---|
| 关于斯大林问题——二评苏共中央公开信 | 人民日报、红旗编辑部 | 外文 | 1963 年 9 月（1976 年应索供应） | 35000 |
| 南斯拉夫是社会主义国家吗?——三评苏共中央公开信 | 人民日报、红旗编辑部 | 外文 | 1963 年 10 月（1976 年应索供应） | 35000 |
| 新殖民主义的辩护士——四评苏共中央公开信 | 人民日报、红旗编辑部 | 外文 | 1963 年 10 月（1976 年应索供应） | 35000 |
| 体育运动在中国 | 施集文 | 外文 | 1963 | 1500 |

## 1963 年越南文版书目（26 种）

| 书名 | 作者 | 出版社 | 出版/<br>再版时间 | 装帧/印刷/<br>发行册数 |
|---|---|---|---|---|
| 反对美国——吴庭艳集团侵略越南南方和屠杀越南南方人民的声明（1963 年 8 月 29 日） | 毛泽东 | 外文 | 1963 年（1968 年停售） | 5000 |
| 无产阶级专政的历史经验 | 人民日报编辑部 | 外文 | 1963（1976 年起应索供应） | 8000 |
| 全世界无产者联合起来反对我们共同的敌人 | 人民日报编辑部 | 外文 | 1963（再版 2 次，1976 年起应索供应） | 59770 |
| 全世界无产者联合起来反对我们共同的敌人（增订本） | 人民日报编辑部 | 外文 | 1963（1976 年后应索供应） | 22540 |
| 全世界无产者联合起来反对我们共同的敌人（合订本） | 人民日报编辑部 | 外文 | 1963（1976 年后应索供应） | 5000 |
| 陶里亚蒂同志与我们的分歧 | 1962 年 12 月 31 日《人民日报》社论 | 外文 | 1963（再版 3 次，1976 年后应索供应） | 19000 |
| 列宁主义与现代修正主义 | 1963 年第 1 期《红旗》社论 | 外文 | 1963（再版 3 次，1976 年后应索供应） | 59600 |

续表

| 书名 | 作者 | 出版社 | 出版/<br>再版时间 | 装帧/印刷/<br>发行册数 |
|---|---|---|---|---|
| 在莫斯科宣言和莫斯科声明的基础上团结起来 | | 外文 | 1963（再版 3 次，1976 年后应索供应） | 80000 |
| 分歧从何而来——答多列士同志 | 1963 年 2 月 27 日《人民日报》社论 | 外文 | 1963（再版 2 次，1976 年后应索供应） | 90020 |
| 再论陶里亚蒂同志与我们的分歧——关于列宁主义在当代的若干重大问题 | 《红旗》杂志编辑部 | 外文 | 1963（再版 1 次，1976 年后应索供应） | 93000 |
| 评美国共产党的声明 | 1963 年 3 月 9 日《人民日报》社论 | 外文 | 1963（再版 1 次，1976 年后应索供应） | 88020 |
| 修正主义的一面镜子 | 1963 年 3 月 9 日《人民日报》社论 | 外文 | 1963（再版 1 次，1976 年后应索供应） | 88520 |
| 关于国际共产主义运动总路线的建议（含中共中央与苏共中央的三封来信） | | 外文 | 1963（1976 年后应索供应） | 100000 |
| 苏共领导联印反华的真相 | 人民日报编辑部 | 外文 | 1963（1976 年应索供应） | 81030 |
| 苏共领导同我们分歧的由来和发展——评苏共中央公开信 | 人民日报、红旗编辑部 | 外文 | 1963 年 9 月（再版 2 次，1976 年应索供应） | 143730 |
| 关于斯大林问题——二评苏共中央公开信 | 人民日报、红旗编辑部 | 外文 | 1963 年 9 月（再版 2 次，1976 年应索供应） | 163730 |
| 南斯拉夫是社会主义国家吗？——三评苏共中央公开信 | 人民日报、红旗编辑部 | 外文 | 1963 年 10 月（再版 1 次，1976 年应索供应） | 103700 |
| 新殖民主义的辩护士——四评苏共中央公开信 | 人民日报、红旗编辑部 | 外文 | 1963 年 10 月（再版 1 次，1976 年应索供应） | 103700 |

| 书名 | 作者 | 出版社 | 出版/<br>再版时间 | 装帧/印刷/<br>发行册数 |
|---|---|---|---|---|
| 革命的辩证法和对帝国主义的认识 | 邵铁真 | 外文 | 1963 | 5300 |
| 简明中国历史 | 董集明 | 外文 | 1963（1964 年停售） | 4020 |
| 回忆长征 | | 外文 | 1963 | 6320 |
| 微山湖上（儿童文学） | 邱勋 | 外文 | 1963 | 6900 |
| 小超鲁牧羊 | 江南编著，韩书彧绘 | 外文 | 1963（再版 2 次） | 25240 |
| 鲁班学艺 | 晴帆编，徐正平、陈光镒绘 | 外文 | 1963（再版 1 次） | 25220 |
| 林中篝火 | 段斌、昂旺·斯丹珍著，吴文渊插图 | 外文 | 1963 | 18250 |
| 金鱼（摄影明信片） | 外文出版社 | 外文 | 1963 | 5400 |

## 1963 年日文版书目（24 种）

| 书名 | 作者 | 出版社 | 出版/<br>再版时间 | 装帧/印刷/<br>发行册数 |
|---|---|---|---|---|
| 刘少奇主席和胡志明主席联合声明 | | 外文 | 1963 | 12000 |
| 1962 年 11 月 1 日电视讲话 | （古巴）菲德尔·卡斯特罗 | 外文 | 1963 | 2480 |
| 无产阶级专政的历史经验 | 人民日报编辑部 | 外文 | 1963 | 16200 |
| 全世界无产者联合起来反对我们共同的敌人（增订本） | 人民日报编辑部 | 外文 | 1963（1976 年后应索供应） | 10300 |
| 陶里亚蒂同志与我们的分歧 | 1962 年 12 月 31 日《人民日报》社论 | 外文 | 1963（再版 2 次，1976 年后应索供应） | 26100 |
| 列宁主义与现代修正主义 | 1963 年第 1 期《红旗》社论 | 外文 | 1963（再版 2 次，1976 年后应索供应） | 25700 |

续表

| 书名 | 作者 | 出版社 | 出版/<br>再版时间 | 装帧/印刷/<br>发行册数 |
|---|---|---|---|---|
| 在莫斯科宣言和莫斯科声明的基础上团结起来 |  | 外文 | 1963（再版 2 次，1976 年后应索供应） | 28000 |
| 分歧从何而来——答多列士同志 | 1963 年 2 月 27 日《人民日报》社论 | 外文 | 1963（再版 2 次，1976 年后应索供应） | 41000 |
| 再论陶里亚蒂同志与我们的分歧——关于列宁主义在当代的若干重大问题 | 《红旗》杂志编辑部 | 外文 | 1963（再版 1 次，1976 年后应索供应） | 35000 |
| 评美国共产党的声明 | 1963 年 3 月 9 日《人民日报》社论 | 外文 | 1963（再版 1 次，1976 年后应索供应） | 37000 |
| 修正主义的一面镜子 | 1963 年 3 月 9 日《人民日报》社论 | 外文 | 1963（再版 1 次，1976 年后应索供应） | 38000 |
| 关于国际共产主义运动总路线的建议（含中共中央与苏共中央的三封来信） |  | 外文 | 1963（再版 1 次，1976 年后应索供应） | 65000 |
| 苏共领导同我们分歧的由来和发展——评苏共中央公开信 | 人民日报、红旗编辑部 | 外文 | 1963 年 9 月（1976 年应索供应） | 68000 |
| 关于斯大林问题——二评苏共中央公开信 | 人民日报、红旗编辑部 | 外文 | 1963 年 9 月（1976 年应索供应） | 65000 |
| 南斯拉夫是社会主义国家吗？——三评苏共中央公开信 | 人民日报、红旗编辑部 | 外文 | 1963 年 10 月（1976 年应索供应） | 65000 |
| 新殖民主义的辩护士——四评苏共中央公开信 | 人民日报、红旗编辑部 | 外文 | 1963 年 10 月（1976 年应索供应） | 48000 |
| 在战争与和平路线上的两条路线——五评苏共中央公开信 | 人民日报、红旗编辑部 | 外文 | 1963 年 11 月（1976 年应索供应） | 48300 |

续表

| 书名 | 作者 | 出版社 | 出版/再版时间 | 装帧/印刷/发行册数 |
|---|---|---|---|---|
| 苏共领导联印反华的真相 | 人民日报编辑部 | 外文 | 1963（1976年应索供应） | 48000 |
| 苏共领导是宣言和声明的背叛者 | 人民日报编辑部 | 外文 | 1963（1976年应索供应） | 35312 |
| 肯尼迪政府的真面目 | 外文出版社 | 外文 | 1963（1964年停售） | 5380 |
| 辛亥革命——中国近代史上一次伟大的革命 | 吴玉章 | 外文 | 1963 | 6200 |
| 黄浦江上的风暴（散文） | 徐景贤 | 外文 | 1963 | 10150 |
| 中国摄影作品选集（摄影） | 中国摄影编辑部 | 外文 | 1963（1966年停售） | 精1120 |
| 北京城市建设新面貌（摄影） | 北京城市规划管理局 | 外文 | 1963 | 精2150 |

## 1963 年缅甸文版书目（15 种）

| 书名 | 作者 | 出版社 | 出版/再版时间 | 装帧/印刷/发行册数 |
|---|---|---|---|---|
| 中国共产党在抗日时期的任务 | 毛泽东 | 外文 | 1963（再版1次） | 105048 |
| 中国革命战争的战略问题 | 毛泽东 | 外文 | 1963（再版1次） | 106060 |
| 全世界无产者联合起来反对我们共同的敌人（增订本） | 人民日报编辑部 | 外文 | 1963（1976年后应索供应） | 2300 |
| 在莫斯科宣言和莫斯科声明的基础上团结起来 | | 外文 | 1963（1976年后应索供应） | 1600 |
| 分歧从何而来——答多列士同志 | 1963年2月27日《人民日报》社论 | 外文 | 1963（1976年后应索供应） | 2300 |
| 再论陶里亚蒂同志与我们的分歧——关于列宁主义在当代的若干重大问题 | 《红旗》杂志编辑部 | 外文 | 1963（1976年后应索供应） | 5000 |
| 评美国共产党的声明 | 1963年3月9日《人民日报》社论 | 外文 | 1963（1976年后应索供应） | 2000 |

续表

| 书名 | 作者 | 出版社 | 出版/再版时间 | 装帧/印刷/发行册数 |
|---|---|---|---|---|
| 修正主义的一面镜子 | 1963 年 3 月 9 日《人民日报》社论 | 外文 | 1963（1976 年后应索供应） | 3500 |
| 关于国际共产主义运动总路线的建议（含中共中央与苏共中央的三封来信） | | 外文 | 1963（1976 年后应索供应） | 7000 |
| 苏共领导同我们分歧的由来和发展——评苏共中央公开信 | 人民日报、红旗编辑部 | 外文 | 1963 年 9 月（1976 年应索供应） | 8000 |
| 关于斯大林问题——二评苏共中央公开信 | 人民日报、红旗编辑部 | 外文 | 1963 年 9 月（1976 年应索供应） | 8000 |
| 南斯拉夫是社会主义国家吗？——三评苏共中央公开信 | 人民日报、红旗编辑部 | 外文 | 1963 年 10 月（1976 年应索供应） | 8000 |
| 新殖民主义的辩护士——四评苏共中央公开信 | 人民日报、红旗编辑部 | 外文 | 1963 年 10 月（1976 年应索供应） | 8000 |
| 在战争与和平路线上的两条路线——五评苏共中央公开信 | 人民日报、红旗编辑部 | 外文 | 1963 年 11 月（1976 年应索供应） | 3100 |
| 苏共领导联印反华的真相 | 人民日报编辑部 | 外文 | 1963（1971、1976 年应索供应） | 8000 |

## 1963 年朝鲜文版书目（1 种）

| 书名 | 作者 | 出版社 | 出版/再版时间 | 装帧/印刷/发行册数 |
|---|---|---|---|---|
| 关于国际共产主义运动总路线的建议 | | 外文 | 1963（1976 年后应索供应） | 6000 |

## 1963 年印地文版书目（10 种）

| 书名 | 作者 | 出版社 | 出版/再版时间 | 装帧/印刷/发行册数 |
|---|---|---|---|---|
| 全世界无产者联合起来反对我们共同的敌人 | 人民日报编辑部 | 外文 | 1963（1976 年后应索供应） | 10000 |
| 陶里亚蒂同志与我们的分歧 | 1962 年 12 月 31 日《人民日报》社论 | 外文 | 1963（1976 年后应索供应） | 10000 |
| 在莫斯科宣言和莫斯科声明的基础上团结起来 | | 外文 | 1963（1976 年后应索供应） | 3500 |
| 再论陶里亚蒂同志与我们的分歧——关于列宁主义在当代的若干重大问题 | 《红旗》杂志编辑部 | 外文 | 1963（1976 年后应索供应） | 6000 |
| 评美国共产党的声明 | 1963 年 3 月 9 日《人民日报》社论 | 外文 | 1963（1976 年后应索供应） | 3700 |
| 修正主义的一面镜子 | 1963 年 3 月 9 日《人民日报》社论 | 外文 | 1963（再版 1 次，1976 年后应索供应） | 11500 |
| 关于国际共产主义运动总路线的建议（含中共中央与苏共中央的三封来信） | | 外文 | 1963（1976 年后应索供应） | 5000 |
| 关于斯大林问题——二评苏共中央公开信 | 人民日报、红旗编辑部 | 外文 | 1963 年 9 月（1967 年停售，1976 年应索供应） | 5000 |
| 愚公移山（连环画） | 杨永青绘 | 外文 | 1963 | 4050 |
| 小鸭子和朋友们去航海（连环画） | 王拓明设计河山绘 | 外文 | 1963 | 2620 |

### 1963 年乌尔都文版书目（3 种）

| 书名 | 作者 | 出版社 | 出版/再版时间 | 装帧/印刷/发行册数 |
|---|---|---|---|---|
| 分歧从何而来——答多列士同志 | 1963 年 2 月 27 日《人民日报》社论 | 外文 | 1963（1976 年后应索供应） | 2000 |
| 修正主义的一面镜子 | 1963 年 3 月 9 日《人民日报》社论 | 外文 | 1963（1976 年后应索供应） | 2000 |
| 愚公移山（连环画） | 杨永青绘 | 外文 | 1963（1975 年停售） | 3060 |

### 1963 年波斯文版书目（3 种）

| 书名 | 作者 | 出版社 | 出版/再版时间 | 装帧/印刷/发行册数 |
|---|---|---|---|---|
| 关于国际共产主义运动总路线的建议 | | 外文 | 1963（1976 年后应索供应） | 1000 |
| 关于斯大林问题——二评苏共中央公开信 | 人民日报、红旗编辑部 | 外文 | 1963（1976 年应索供应） | 5520 |
| 南斯拉夫是社会主义国家吗？——三评苏共中央公开信 | 人民日报、红旗编辑部 | 外文 | 1963（1976 年应索供应） | 1500 |

### 1963 年土耳其文版书目（8 种）

| 书名 | 作者 | 出版社 | 出版/再版时间 | 装帧/印刷/发行册数 |
|---|---|---|---|---|
| 关于国际共产主义运动总路线的建议 | | 外文 | 1963（1976 年后应索供应） | 1000 |
| 陶里亚蒂同志与我们的分歧 | 1962 年 12 月 31 日《人民日报》社论 | 外文 | 1963（1976 年后应索供应） | 4000 |
| 列宁主义与现代修正主义 | 1963 年第 1 期《红旗》社论 | 外文 | 1963（1976 年后应索供应） | 4000 |
| 在莫斯科宣言和莫斯科声明的基础上团结起来 | | 外文 | 1963（1976 年后应索供应） | 4000 |

续表

| 书名 | 作者 | 出版社 | 出版/<br>再版时间 | 装帧/印刷/<br>发行册数 |
|---|---|---|---|---|
| 分歧从何而来——答多列士同志 | 1963 年 2 月 27 日《人民日报》社论 | 外文 | 1963（1976 年后应索供应） | 4000 |
| 评美国共产党的声明 | 1963 年 3 月 9 日《人民日报》社论 | 外文 | 1963（1976 年后应索供应） | 4000 |
| 修正主义的一面镜子 | 1963 年 3 月 9 日《人民日报》社论 | 外文 | 1963（1976 年后应索供应） | 4000 |
| 全世界无产者联合起来反对我们共同的敌人 | 人民日报编辑部 | 外文 | 1963（1976 年后应索供应） | 4000 |

## 1963 年捷克文版书目（7 种）

| 书名 | 作者 | 出版社 | 出版/<br>再版时间 | 装帧/印刷/<br>发行册数 |
|---|---|---|---|---|
| 全世界无产者联合起来反对我们共同的敌人（增订本） | 人民日报编辑部 | 外文 | 1963（1976 年后应索供应） | |
| 陶里亚蒂同志与我们的分歧 | 1962 年 12 月 31 日《人民日报》社论 | 外文 | 1963（1976 年后应索供应） | |
| 列宁主义与现代修正主义 | 1963 年第 1 期《红旗》社论 | 外文 | 1963（1976 年后应索供应） | |
| 在莫斯科宣言和莫斯科声明的基础上团结起来 | | 外文 | 1963（1976 年后应索供应） | |
| 分歧从何而来——答多列士同志 | 1963 年 2 月 27 日《人民日报》社论 | 外文 | 1963（1976 年后应索供应） | |
| 评美国共产党的声明 | 1963 年 3 月 9 日《人民日报》社论 | 外文 | 1963（1976 年后应索供应） | |
| 关于国际共产主义运动总路线的建议 | | 外文 | 1963（1976 年后应索供应） | |

### 1963 年瑞典文版书目（1 种）

| 书名 | 作者 | 出版社 | 出版/<br>再版时间 | 装帧/印刷/<br>发行册数 |
|---|---|---|---|---|
| 小鸭子和朋友们去航海 | 王拓明设计<br>河山绘 | 外文 | 1963 | 精 1050 |

### 1963 年多语种对照版书目（4 种）

| 书名 | 作者 | 出版社 | 出版/<br>再版时间 | 装帧/印刷/<br>发行册数 |
|---|---|---|---|---|
| 金鱼（摄影明信片，俄文、德文对照） | 外文出版社 | 外文 | 1963（再版 3 次） | 单页<br>113192 |
| 金鱼（摄影明信片，英文、法文、西班牙文对照） | 外文出版社 | 外文 | 1963（再版 2 次） | 单页 98154 |
| 北京风景（彩色摄影明信片，中文、英文、法文对照） |  | 人民美术 | 1963 | 10 张/辑<br>/四辑 |
| 北京风景（彩色摄影明信片，中文、英文、俄文对照） |  | 北京 | 1963 |  |

# 1964 年图书（期刊）对外翻译出版发行活动

本年，国际书店更名为中国国际书店，副名为"中国出版物中心"，一直使用到 1983 年 12 月 1 日；

本年中法建交后，世界出版巨头法国阿歇特公司来访，这是与中国建立联系的第一家法国资商；

本年，国际书店第一次参加开罗国际书展；

本年，《北京周报》印尼文版、《人民画报》朝文版（平壤语）正式出版，《北京周报》的法文版、西班牙文版由过去的双周刊改为周刊；《中国文学》增出法文版；《中国建设》增出阿拉伯文版；《人民画报》增出斯瓦希里文版；

本年，国务院外办召开北京和部分省市参加的全国外文画册出版工作座谈会。制定了外文画册编辑印刷出版计划，共 87 个选题，这是协调全国力量加强对外宣传的开始；

本年，外文出版社重新修改 1963 年确定的《文学作品十年出版规划》，修改后规划有《桃花扇》、《西厢记》、《三国演义》、《水浒传》、《西游记》、《红楼梦》、《骆驼祥子》、《郭沫若文选》、《洪深戏剧选》、《铁道游击队》、《三家巷》、《红岩》《苦菜花》、《吕梁英雄传》等 38 个选题。

1964 年 1 月 1 日，国际书店更名为中国国际书店，副名为"中国出版物中心"，一直使用到 1983 年 12 月 1 日，图书进口业务划归单独成立的中国外文书店，隶属国家科委（后更名为中国图书进出口公司）。

1964 年 1 月 23 日，《北京周报》印尼文正式出版。

1964 年 1 月，《中国文学》增出法文版。

1964 年 1 月，《北京周报》的法文版、西班牙文版由过去的双周刊改为周刊。

1964 年 1 月，《人民画报》朝文版（平壤语）正式出版。此事由 1963 年朝鲜民主主义共和国崔庸健委员长访问中国时，向周恩来总理提出，

《人民画报》朝文版所沿用的延边语，朝鲜读者看不懂。因此，应周恩来总理指示，《人民画报》朝文组，采用平壤语出版，1963 年 10 月，人民画报朝文组正式成立。

1964 年 2 月 2 日，国务院外办指示邮电部：可印制大票面邮票，对外是一种很好的宣传品，国际书店可用以吸引读者。自此，国际书店对国外订户寄发纪年刊物开始贴纪念邮票。

1964 年 2 月，国际书店派员访问印尼，筹建印尼文三刊（《人民中国》计划每期 5 万份、《北京周报》计划每期 10 万份、《人民画报》计划每期 5000 份）的非贸易发行机构。印尼是中国书刊在亚洲发行量最大的一个国家。1959 至 1960 年发生排华事件后，除禁止外国出版的印尼文书刊进口外，又下令禁止一切非拉丁文印刷品进口（主要是针对中文出版物）。印尼文书刊不准进口，但不限制使馆赠送，所以印尼文三刊在封面上均印有"中华人民共和国驻印尼大使馆赠"字样。1961 年形势略有好转，中文书进入印尼 70 万册，1963 年增加到 176 万册。

1964 年 3 月，在日本东京、大阪、九州等地展出中国书刊大半年时间，是中国书刊在日本展出规模最大的一次。

1964 年 3 月，外文局制定中国基本知识丛书规划，包括吴晗主编的《中国历史小丛书》、《地理小丛书》，周扬主编的《知识丛书》以及介绍中国园林、建筑、陶瓷、刺绣、菜谱等各类书籍，计划 5 年内出齐。

1964 年 3 月，《中国建设》增出阿拉伯文版。

1964 年 3 月，《人民画报》增出斯瓦希里文版。

1964 年 3 月，《人民中国》日文版连载溥仪的"我的前半生"，一直连载两年多，受到海外读者广泛关注。

1964 年 3 月，刘少奇的《论共产党员的修养》一书用精、平两种版本出版英文修订版。此后陆续出版了法文、俄文、德文、缅甸文等版本。

1964 年 4 月，国际书店派员访问越南，就书价、批发折扣等商谈。

1964 年 4 月，国务院外办同意以新世界出版社名义出版发行新西兰作家路易·艾黎的译作《李白诗 201 首》英文版。

1964 年 4 月，根据国务院外办的指示，外文出版社重新修改 1963 年确定的《文学作品十年出版规划》，修改后的规划是：古典文学作品拟翻译出版《桃花扇》、《西厢记》、《三国演义》、《水浒传》、《西游记》、《红楼梦》等 9 个选题；五四文学作品拟翻译出版《骆驼祥子》、《郭沫若文选》、《洪深戏剧选》等 9 个选题；现代舞文学作品拟翻译出版《铁道游击队》、《三家巷》、《红岩》、《苦菜花》、《吕梁英雄传》等 38 个选题。

1964 年 4 月 11 日，国际书店派出中国书刊贸易代表团访问越南，达成了中国书刊对越南的批发折扣等协议。

1964 年 4 月底 5 月初，《北京周报》、《人民中国》、《中国画报》3 刊印尼文版组成代表团访问印尼，参加在印尼各地举办的读者座谈会，了解读者对三刊的意见。印尼共产党主席艾地、副主席鲁克曼、约多会见并宴请中国代表团。

1964 年 5 月，毛里求斯学生书店经理肖有进来访，他是东非岛国第一家书刊同业，学生书店后来成为中国书刊主要发行力量。

1964 年 5 月，国务院外办召开北京和部分省市参加的全国外文画册出版工作座谈会。制定了外文画册编辑印刷出版计划，共 87 个选题，在一年半内完成。

1964 年 5 月，《中国建设》刊登了宋庆龄访问锡兰（今斯里兰卡）时的演讲稿"团结起来的人民是不可战胜的"一文。

1964 年 5 月，《人民画报》第 6 期刊登经薄一波副总理审定的"大庆精神、大庆人"一文，这是《人民画报》第一次面向海外读者报道大庆。

1964 年 5 月，《毛泽东军事文选》法文版出版。

1964 年 5 月，《中国文学》英文版第 3 期、法文版第 5 期分别发表毛泽东诗词 10 首的英语、法语译文。

1964 年 6 月，国际书店派员访问日本大阪、北海道。

1964 年 6 月，《毛泽东选集》第四卷俄文版出版发行。

1964 年 6 月，根据国务院外办对外宣传工作进行整顿、检查的指示精神，外文出版社将内容浮夸、提法过时的书稿，如《中国农业合作化的道路》、《赶上英国、超过美国》等书稿作了停售或销毁处理。

1974 年 7 月，中共中央发出关于出版毛泽东著作选读本必须要报中央批准的通知。

1964 年 8 月 5 日，外文局向国务院外办总结自 1963 年 3 月至 1964 年 5 月在国外建立出版发行据点和世界发行网的情况：（1）先后在 24 个国家建立 30 个外文出版发行据点，15 个专搞发行，15 个专搞翻译，分布在意大利、比利时、卢森堡、奥地利、瑞士、法国、澳大利亚、缅甸、尼泊尔、锡兰（今斯里兰卡）、印度、黎巴嫩、摩洛哥、加纳、坦桑尼亚、肯尼亚、阿联（叙利亚与科威特的一部分）、智利、波兰、墨西哥、哥伦比亚等 21 个国家和地区；（2）在欧美、拉美、北非建立近 60 家左派代销关系，连接着 369 家资商、102 个代销户，这是发行网的核心力量。包括 14 个苏联东欧等苏新国家已经达到 555 家同业，覆盖世界 81 个国家、地区；

（3）整个发行网分为四层：发行中心、发行据点、一般同业、个人代销户；（4）一年来集中力量开展了征订和邮购服务工作，成为突破帝、修、反限制的一个有力措施，目前已发展 23 万订户，分布在 170 个国家地区。

1964 年 8 月 22 日，中联部批准在海外推广目录上刊登欧美共产党办的书店、机构名址，具体有：澳大利亚现代图书社、奥地利环球书店、比利时世界书店、加拿大人民合作书店、丹麦国土与人民书店、英国中央书店、芬兰甘善书店、荷兰毕加索书店、意大利复兴书店、挪威奥斯陆图书纸张公司、瑞典工人文化出版社、冰岛语言文化出版社、瑞士合作书店、西德布鲁根出版社。

1964 年 8 月 5 日，外文局在第二季度报告中提出，自 1963 年 3 月以来，根据刘少奇的"打出去"指示，要打开新局面，必须有充分的丰富多彩的各类出版物，打出去首选以出版物为主，除出版毛主席著作、反修文件及各类政治书籍外，须增加介绍中国基本情况以及各类文艺书籍。

1964 年 8 月 13 日外文局提出《人民画报》印尼文版的六条措施，9 月 14 日得到国务院外办批准。具体内容是：（1）继续开展对印尼中间上层人士的约稿工作；（2）加强中国社会主义经济建设成就的报道；（3）宣传中国社会主义革命的巨大发展；（4）适当增加中国农村、特别是人民公社的宣传；（5）继续以画页和专文介绍亚、非、拉民族解放运动的发展；（6）开辟"青年"、"妇女、儿童"两个专栏。

1964 年 8 月，人民画报社已经有英文、俄文、日文、印尼文、越南文、印地文、阿拉伯文、德文、法文、西班牙文、瑞典文、意大利文、斯瓦希里文等 13 个国家语文组，1967 年有增设乌尔都文组。

1964 年 8 月，《人民画报》第 8 期刊登经薄一波副总理审定的"机械工业新步伐"一文，介绍中国工业发展状况。

1964 年 9 月，《北京周报》增出德文版。

1964 年 9 月，《人民画报》增出意大利文版。

1964 年 9 月，《毛泽东选集》第一卷英文版、《毛泽东军事文选》俄文版出版发行。

1964 年 10 月 10 日，外文出版社将陶铸的《人民公社在前进》一书，翻译成英文、法文、德文、日文、印尼文、意大利文、越南文、朝鲜文、世界语等 10 种文版，自本月开始陆续出版发行。

1964 年 10 月 16 日，中国成功爆炸了第一颗原子弹。《北京周报》在本期封面上加贴一个印有红字的飘带，其文字是"中国爆炸第一颗原子弹，中国政府声明。1964 年 10 月 16 日"，并把新华社短讯加印专页在目录前，连夜印制，保证了外宣任务的完成。

1964 年 10 月，《中国建设》对外发行工作全部移交国际书店。

1964 年 11 月，世界出版巨头法国阿歇特公司代表访华，这是中法建交后第一家资产阶级书商来访。

1964 年 11 月 3 日，经中央批准，外文局以中共中央《毛泽东选集》筹备委员会名义电邀日本共产党《毛泽东选集》翻译组来华工作。

1964 年 12 月，国际书店参加开罗第二届国际书展，由国际书店驻阿尔及利亚代表照管，这是中华人民共和国首次参加非洲国家举办的书展。

1964 年 12 月，国务院外办批准外文局 1965 年出版计划，出版重点是毛泽东著作以及反修文章和经典著作。

本年，国际书店在 1964 至 1965 年规划中提出六项重点工作：（1）大力发行毛主席著作和外文反修书刊；（2）力争在两年内建立世界性发行网的初步规模，继续加强国外出版发行据点；（3）发行地区既要全面开花，又要抓住亚、非、拉等重点地区；（4）加强对外推广工作；（5）大力加强调查研究，以便因地制宜、因时制宜地做好发行工作；（6）改善经营管理，提高工作效率，注意发行效果。

本年底，经国际书店建立的海外书刊网点达到 32 家：日本有中华书店、极东书店，斯里兰卡有普拉家出版社（后改为黎明出版社）、雅尔书店、维纳斯书店，尼泊尔有费底亚书店、沙迦玛塔书店；印尼有革新社、觉醒文化基金会；黎巴嫩有依本西纳出版社；阿联有环球书店；摩洛哥有豪生斯书店；加纳有人民商店、加纳书刊发行社；坦桑尼亚有革命书店、坦葛尼喀书店；索马里有赛义德书店；智利有斯巴达克出版公司；哥伦比亚有光明书店；乌拉圭有新生书店；墨西哥有里纳书店、美洲书刊发行社；比利时有国际图书发行社；意大利有东方出版社；瑞士城市出版社；奥地利《红旗》杂志社；法国有凤凰书店、中国资料研究中心；澳大利亚有拱廊书店；瑞典有达奈留斯出版社；美国有中国书刊社；加拿大有中艺公司。

本年，外文出版社以英文、法文、西班牙文、俄文、印尼文、日文、越南文、泰国文、缅甸文、印地文、乌尔都文、波斯文、土耳其文、塞尔维亚文、德文、意大利文、葡萄牙文、瑞典文、阿拉伯文、斯瓦希里文、世界语等 21 种文字出版 644 种外文图书。其中，毛泽东著作、反修文件、政治理论书籍共 323 种。

本年，国际书店对外发行外文书籍 266 万册，外文期刊 1227 万份。

# 1964 年对外发行图书目录

## 1964 年英文版书目（70 种）

| 书名 | 作者 | 出版社 | 出版/<br>再版时间 | 装帧/印刷/<br>发行册数 |
|---|---|---|---|---|
| 毛泽东选集（第一卷） | 毛泽东 | 外文 | 1964（再版 4 次） | 羊皮面/漆布<br>面/纸面三种<br>295350 |
| 实践论（第四版） | 毛泽东 | 外文 | 1964（1952 年出版，<br>再版 13 次，<br>总印数 328963 册，<br>本次第 4 版） | |
| 矛盾论（第四版） | 毛泽东 | 外文 | 1964（1952 年出版，<br>再版 13 次，<br>总印数 234060 册，<br>本次第 4 版） | |
| 关于目前党的政策中的几个重<br>要问题 | 毛泽东 | 外文 | 1964（1961 年出版，<br>再版 4 次，<br>总印数 107890 册，<br>本次第 2 版） | 袖珍本 |
| 在中国共产党第七届中央委员<br>会第二次全体会议上的报告 | 毛泽东 | 外文 | 1964（1961 年出版，<br>再版 5 次，总印数<br>355699 册，1973 年停<br>售。本次第再版 2 次） | 袖珍本 |
| 呼吁世界人民联合起来反对美<br>帝国主义的种族歧视、支持美<br>国黑人反对种族歧视的声明 | 毛泽东 | 外文 | 1964（1968 年停售） | 袖珍本<br>25070 |
| 毛泽东主席的谈话——中国人<br>民坚决支持巴拿马人民的爱国<br>正义斗争 | 毛泽东 | 外文 | 1964 | 袖珍本<br>15200 |

续表

| 书名 | 作者 | 出版社 | 出版/再版时间 | 装帧/印刷/发行册数 |
|---|---|---|---|---|
| 毛泽东主席声明、谈话集——全世界人民团结起来，反对美帝国主义的侵略政策和战争政策，保卫世界和平 | 毛泽东 | 外文 | 1964（再版2次） | 袖珍本301650 |
| 澳大利亚马克思列宁主义者宣言（1963年11月11日） | | 外文 | 1964（1971年停售） | 12200 |
| 答赫鲁晓夫——巴西共产党中央委员会决议 | | 外文 | 1964 | 15360 |
| 高举创造性的马克思主义旗帜，引导我们的革命事业走向全胜——1963年3月13日纪念马克思逝世80周年的讲话 | （越）黎笋 | 外文 | 1964（1979年停售） | 15000 |
| 我党国际任务中的若干问题 | （越）黎笋 | 外文 | 1964（1979年停售） | 15000 |
| 印度尼西亚革命和印度尼西亚共产党的迫切任务 | （印尼）迪·努·艾地 | 外文 | 1964（1971年停售） | 8200 |
| 激发雄牛精神，坚决前进，决不后退！——在印度尼西亚共产党七届二中全会（扩大）上的政治报告 | （印尼）迪·努·艾地 | 外文 | 1964（1971年停售） | 15200 |
| 在庆祝古巴革命胜利四周年群众大会上的讲话（1963年1月5日） | （古巴）菲德尔·卡斯特罗 | 外文 | 1964（1966年停售） | 8200 |
| 在美洲妇女代表大会上的讲话——1963年1月15日 | （古巴）菲德尔·卡斯特罗 | 外文 | 1964（1966年停售） | 8200 |
| 古巴统一革命组织工作方法的某些问题 | （古巴）菲德尔·卡斯特罗 | 外文 | 1964（1966年停售） | 6150 |
| 在中国共产党广东省委党校的报告——1964年2月18日 | （新西兰）维·乔·威尔科克斯 | 外文 | 1964 | 12200 |
| 锡兰共产党十名中央委员的声明 | | 外文 | 1964 | 12200 |

| 书名 | 作者 | 出版社 | 出版/再版时间 | 装帧/印刷/发行册数 |
|---|---|---|---|---|
| 中共中央和苏共中央来往的七封信 | | 外文 | 1964（1976 年后应索供应） | 90300 |
| 中国共产党中央委员会对于苏联共产党中央委员会 1964 年 6 月 15 日来信的复信 | | 外文 | 1964（1976 年后应索供应） | 袖珍本90300 |
| 中国共产党中央委员会对于苏联共产党中央委员会 1964 年 7 月 30 日来信的复信 | | 外文 | 1964（1976 年后应索供应） | 精/平80300 |
| 无产阶级专政的历史经验（第四版） | 人民日报编辑部 | 外文 | 1964（1956 年出版，首印 9140 册。1957年出版二论，首印10050 册，1959 年出版合订本，本次为合订本的再版，合订本总印数为 18310 册。4 版累计总印数 37500 册） | 精/平 |
| 列宁主义万岁（第五版） | 人民日报编辑部 | 外文 | 1964（1960 年出版，总印数 39020 册，本次第 5 版） | 精/平 |
| 苏共领导是当代最大的分裂主义者——七评苏共中央的公开信（1964 年 2 月 4 日） | 人民日报、红旗编辑部 | 外文 | 1964（1976 年后应索供应） | 袖珍本90230 |
| 无产阶级革命和赫鲁晓夫修正主义——八评苏共中央公开信（1964 年 3 月 31 日） | 人民日报、红旗编辑部 | 外文 | 1964（1976 年后应索供应） | 袖珍本90230 |
| 关于赫鲁晓夫的假共产主义及其在世界历史上的教训——九评苏共中央公开信（1964 年 7 月 14 日） | 人民日报、红旗编辑部 | 外文 | 1964（1976 年后应索供应） | 袖珍本121420 |
| 赫鲁晓夫是怎样下台的 | 《红旗》1964 年第 21—22 期社论 | 外文 | 1964（1976 年后应索供应） | 80310 |

续表

| 书名 | 作者 | 出版社 | 出版/<br>再版时间 | 装帧/印刷/<br>发行册数 |
|---|---|---|---|---|
| 制止分裂国际共产主义的阴谋活动（1964 年 4 月 19 日） | 朝鲜《劳动新闻》社论 | 外文 | 1964 | 8200 |
| 肯尼迪活动与美帝国主义 | （日本）赤旗报评论 | 外文 | 1964（1966 年停售） | 7250 |
| 百花齐放，百家争鸣（第三版） | 陆定一 | 外文 | 1964（1957 年出版，再版 3 次，总印数 16100 册，本次第 3 版） | |
| 为我国青年革命化而斗争——1964 年 6 月 11 在中国共产主义青年团第九次代表大会上的工作报告 | 胡耀邦 | 外文 | 1964 | 30150 |
| 人民公社在前进 | 陶铸 | 外文 | 1964 | 22150 |
| 中国的社会主义工业化和农业集体化 | 薄一波、廖鲁言 | 外文 | 1964 | 12150 |
| 中阿战斗友谊万岁（中国领导人访问阿尔巴尼亚文件集） | | 外文 | 1964（1979 年停售） | 精/平 7100 |
| 亚非人民反帝大团结万岁（中国领导人访问亚非十三国文件集） | | 外文 | 1964 | 精 15100 |
| 游击战：一种手段 | （古巴）埃内斯托·切格瓦拉 | 外文 | 1964 | 8200 |
| 成长中的中国人民公社（增订本） | （美）安娜·路易斯·斯特朗 | 新世界 | 1964（1959 年出版，总印数 19900 册，本次再版修订） | |
| 安娜·路易斯·斯特朗通讯集 | （美）安娜·路易斯·斯特朗 | 新世界 | 1964（1966 年停售） | 15000 |
| 安娜·路易斯·斯特朗通讯集（第二集） | （美）安娜·路易斯·斯特朗 | 新世界 | 1964（1972 年停售） | 20300 |

**续表**

| 书名 | 作者 | 出版社 | 出版/再版时间 | 装帧/印刷/发行册数 |
|---|---|---|---|---|
| 中国历史概要 | 翦伯赞等 | 外文 | 1964（再版 1 次） | 精 30000 |
| 中国地理概述 | 任育地 | 外文 | 1964 | 20000 |
| 从鸦片战争到解放战争（第二版） | 爱泼斯坦 | 新世界 | 1964（1956 年出版，再版 1 次，总印数 19900 册，本次再版） | 精 |
| 辛亥革命——中国近代史上一次最伟大的革命（第三版） | 吴玉章 | 外文 | 1964（1962 年出版，再版 3 次，总印数 22220 册，本次第再版 3 次） | 精/平 |
| 从皇帝到公民——我的前半生（上册） | 爱新觉罗·溥仪著，詹纳尔译 | 外文 | 1964 | 精 15300 |
| 青春之歌 | 杨沫著，南英译，侯一民插图 | 外文 | 1964（再版 2 次） | 精 58486 |
| 创业史（第一部） | 柳青著，沙博理译，阿老插图 | 外文 | 1964（再版 1 次） | 精 37124 |
| 小兵张嘎 | 徐光耀著，吴文渊插图 | 外文 | 1964（再版 2 次） | 45562 |
| 谁是敌人（艾黎诗选） | （新西兰）路易·艾黎 | 新世界 | 1964 | 4780 |
| 团结就是力量（中国群众歌曲） | 中国音乐家协会 | 外文 | 1964 | 精/平 6500 |
| 孙悟空三打白骨精（连环画） | 王星北改编，赵宏本、钱笑呆绘 | 外文 | 1964（再版 3 次） | 158545 |
| 美丽的牵牛花（连环画） | 路静山文，胡进庆等绘 | 外文 | 1964（再版 1 次） | 42030 |
| 小鸭子和朋友去航海（第二版） | 王拓明涉及，河山等绘 | 外文 | 1964（1963 年出版，本次再版） | |

续表

| 书名 | 作者 | 出版社 | 出版/再版时间 | 装帧/印刷/发行册数 |
|---|---|---|---|---|
| 江山如此多娇（画册） | 上海人民美术出版社 | 上海美术 | 1964 | 精 |
| 新运会火炬永放光芒——中国体育代表团在雅加达（画册） | 人民体育出版社 | 人民体育 | 1964 | 精 |
| 齐白石小品（明信片） | | 外文 | 1964 | 34080 |
| 中国工艺品（明信片） | | 外文 | 1964 | 81650 |
| 盆景（画册） | 中国建设杂志社 | 中国建设杂志 | 1964 | 97000 |
| 北京风景（明信片，中英文对照） | | 北京 | 1964 | 10 张/套；8 张/套 |
| 广州风景之一（美术明信片之一，中英文对照） | | 广东人民 | 1964 | 10 张/套 |
| 广州风景之二（美术明信片之一，中英文对照） | | 广东人民 | 1964 | 10 张/套 |

## 1964 年法文版书目（50 种）

| 书名 | 作者 | 出版社 | 出版/再版时间 | 装帧/印刷/发行册数 |
|---|---|---|---|---|
| 中国的红色政权为什么能够存在? | 毛泽东 | 外文 | 1964（1956 出版，共再版 6 次，总印数 176799 册，本次为再版） | 袖珍本 |
| 星星之火，可以燎原 | 毛泽东 | 外文 | 1964（1956 出版，共再版 8 次，总印数 138877 册，本次为再版） | 袖珍本 |
| 中国革命战争的战略问题 | 毛泽东 | 外文 | 1964（1958 年出版，共再版 8 次，总印数 138882 册，本次为再版） | 袖珍本 |

| 书名 | 作者 | 出版社 | 出版/<br>再版时间 | 装帧/印刷/<br>发行册数 |
|---|---|---|---|---|
| 抗日游击战争的战略问题 | 毛泽东 | 外文 | 1964（1960 年出版，共再版 5 次，总印数 103081 册，本次为再版） | 袖珍本 |
| 论持久战 | 毛泽东 | 外文 | 1964（1960 年出版，共 7 次再版，总印数 145551 册，本次为再版） | 袖珍本 |
| 抗日战争胜利后的时局和我们的方针 | 毛泽东 | 外文 | 1964（1961 年出版，共再版 4 次，总印数 118339 册，本次再版） | 袖珍本 |
| 中国共产党第七届中央委员会第二次全体会议上的报告 | 毛泽东 | 外文 | 1964（1961 年出版，共再版 5 次，总印数 117645 册，本次再版） | 袖珍本 |
| 毛泽东谈话——中国人民坚决支持巴拿马人民的爱国正义斗争 | 毛泽东 | 外文 | 1964（1968 年停售） | 10090 |
| 毛泽东主席的声明、谈话集（全世界人民联合起来，反对美国主义的侵略政策和战争政策，保卫世界和平） | 毛泽东 | 外文 | 1964（1968 年停售） | 15000 |
| 毛泽东军事文选 | 毛泽东 | 外文 | 1964（再版 2 次） | 羊皮/漆皮/纸面 122730 |
| 高举创造性的马克思主义旗帜，引导我们的革命事业走向全胜——1963 年 3 月 13 日纪念马克思逝世 80 周年的讲话 | （越）黎笋 | 外文 | 1964（1979 年停售） | 6090 |
| 在庆祝古巴革命胜利四周年群众大会上的讲话（1963 年 1 月 5 日） | （古巴）菲德尔·卡斯特罗 | 外文 | 1964（1966 年停售） | 6090 |

续表

| 书名 | 作者 | 出版社 | 出版/再版时间 | 装帧/印刷/发行册数 |
|---|---|---|---|---|
| 在美洲妇女代表大会上的讲话——1963年1月15日 | （古巴）菲德尔·卡斯特罗 | 外文 | 1964（1966年停售） | 6090 |
| 古巴统一革命组织工作方法的某些问题 | （古巴）菲德尔·卡斯特罗 | 外文 | 1964（1966年停售） | 5090 |
| 在中国共产党广东省委党校的报告——1964年2月18日 | （新西兰）维·乔·威尔克斯 | 外文 | 1964 | 4100 |
| 锡兰共产党十名中央委员的声明 | | 外文 | 1964 | 4100 |
| 澳大利亚马克思列宁主义者宣言 | | 外文 | 1964（1971年停售） | 4090 |
| 马克思列宁主义者联合起来——比利时共产队布鲁塞尔省委员会声明 | | 外文 | 1964 | 5120 |
| 答赫鲁晓夫——巴西共产党中央委员会决议 | | 外文 | 1964 | 5120 |
| 中共中央和苏共中央来往的七封信 | | 外文 | 1964（1976年后应索供应） | 45250 |
| 中国共产党中央委员会对于苏联共产党中央委员会1964年6月15日来信的复信 | | 外文 | 1964（1976年后应索供应） | 45290 |
| 中国共产党中央委员会对于苏联共产党中央委员会1964年7月30日来信的复信 | | 外文 | 1964（1976年后应索供应） | 35290 |
| 苏共领导是当代最大的分裂主义者——七评苏共中央的公开信（1964年2月4日） | 人民日报、红旗编辑部 | 外文 | 1964（1967年停售，1976年后应索供应） | 50180 |
| 无产阶级革命和赫鲁晓夫修正主义——八评苏共中央公开信（1964年3月31日） | 人民日报、红旗编辑部 | 外文 | 1964（1976年后应索供应） | 45230 |
| 关于赫鲁晓夫的假共产主义及其在世界历史上的教训——九评苏共中央公开信（1964年7月14日） | 人民日报、红旗编辑部 | 外文 | 1964（1976年后应索供应） | 袖珍本50280 |

| 书名 | 作者 | 出版社 | 出版/<br>再版时间 | 装帧/印刷/<br>发行册数 |
|---|---|---|---|---|
| 赫鲁晓夫是怎样下台的 | 《红旗》1964 年<br>第 21—22 期<br>社论 | 外文 | 1964（1976 年<br>后应索供应） | 43305 |
| 更高地举起马克思列宁主义的<br>革命旗帜 | 朝鲜劳动<br>新闻编辑部 | 外文 | 1964 | 6090 |
| 与马来西亚有关的一些国际<br>问题 | 马来西亚箴<br>言月刊评论 | 外文 | 1964 | 10000 |
| 谁将在南方获胜？ | （越南）<br>阮志清 | 外文 | 1964（1978 年停售） | 6120 |
| 和平还是暴力？ | 越南《学习》<br>杂志 1963 年<br>第 9 期 | 外文 | 1964（1978 年停售） | 6120 |
| 哲学、社会科学工作者的战斗任<br>务（1963 年 10 月 26 日在中国科<br>学院社会科学部委员会第四次扩<br>大会议上的讲话） | 周扬 | 外文 | 1964（1972 年停售） | 40190 |
| 人民公社在前进 | 陶铸 | 外文 | 1964 | 17150 |
| 中国的社会主义工业化和农业<br>集体化 | 薄一波、<br>廖鲁言 | 外文 | 1964 | 12100 |
| 中阿战斗友谊万岁（中国领导<br>人访问阿尔巴尼亚文件集） | | 外文 | 1964（1979 年停售） | 精 5080 |
| 伟大的中国 | （马里）马马<br>杜·戈洛戈 | 新世界 | 1964（1969 年停售） | 15080 |
| 安娜·路易斯·斯特朗通讯集 | （美）安娜·路<br>易斯·斯特朗 | 新世界 | 1964（1966 年停售） | 15120 |
| 西非八国漫游记（散文） | 冯之丹 | 外文 | 1964 | 6000 |
| 红旗谱（长篇小说） | 梁斌著，<br>黄润华插图 | 外文 | 1964 | 精 10100 |
| 夏夜（中国短篇小说集） | 周立波等 | 外文 | 1964 | 精 8120 |
| 团结就是力量（中国群众歌<br>曲） | 中国音乐<br>家协会 | 外文 | 1964 | 精/平 5000 |

续表

| 书名 | 作者 | 出版社 | 出版/再版时间 | 装帧/印刷/发行册数 |
|---|---|---|---|---|
| 孙悟空三打白骨精（连环画） | 王星北改编，赵宏本、钱笑呆绘 | 外文 | 1964（再版 3 次） | 46440 |
| 江山如此多娇（画册） | 上海人民美术出版社 | 上海美术 | 1964 | 精 |
| 美丽的牵牛花（连环画） | 路静山文，胡进庆等绘 | 外文 | 1964（1963 年出版，再版 1 次，总印数 26030 册，本次再版） | |
| 新运会火炬永放光芒——中国体育代表团在雅加达（画册） | 人民体育出版社 | 人民体育 | 1964 | 精 |
| 齐白石小品（美术明信片） | | 外文 | 1964 | 26100 |
| 中国工艺品（美术明信片） | | 外文 | 1964 | 25300 |
| 偏微分方程论 | （法）J·阿达玛 | 科学出版社 | 1964 | |

## 1964 年德文版书目（27 种）

| 书名 | 作者 | 出版社 | 出版/再版时间 | 装帧/印刷/发行册数 |
|---|---|---|---|---|
| 星星之火，可以燎原 | 毛泽东 | 外文 | 1964（1956 出版，共再版 8 次，总印数 138877 册，本次为再版） | 袖珍本 |
| 矛盾论 | 毛泽东 | 外文 | 1964（1963 年出版，1971 年前再版 2 次，总印数 47308 册，本次再版） | 袖珍本 |
| 澳大利亚马克思列宁主义者宣言（1963 年 11 页 11 日） | | 外文 | 1964（1971 年起应索供应） | 3750 |
| 马克思列宁主义者联合起来（比利时共产队布鲁塞尔省委员会决议） | | 外文 | 1964（1971 年起应索供应） | 2700 |

续表

| 书名 | 作者 | 出版社 | 出版/再版时间 | 装帧/印刷/发行册数 |
|---|---|---|---|---|
| 答赫鲁晓夫——巴西共产党中央委员会决议 | | 外文 | 1964（1971 年起应索供应） | 2600 |
| 高举创造性的马克思主义旗帜，引导我们的革命事业走向全胜——1963 年 3 月 13 日纪念马克思逝世 80 周年的讲话 | （越）黎笋 | 外文 | 1964（1978 年停售） | 2600 |
| 朝鲜劳动党第四届中央委员会第五次全体公报 | | 外文 | 1964 | 2600 |
| 到人民中去，对垄断资本发动攻势（新西兰共产党全国委员会向全国代表大会的报告，1963 年 4 月 12 日） | （新西兰）维·乔·威尔科克斯 | 外文 | 1964（1971 年起应索供应） | 2600 |
| 中共中央和苏共中央来往的七封信 | | 外文 | 1964（1976 年后应索供应） | 20150 |
| 中国共产党中央委员会对于苏联共产党中央委员会 1964 年 6 月 15 日来信的复信 | | 外文 | 1964（1976 年后应索供应） | 20150 |
| 中国共产党中央委员会对于苏联共产党中央委员会 1964 年 7 月 30 日来信的复信 | | 外文 | 1964（1976 年后应索供应） | 20250 |
| 两种根本对立的和平共处政策——六评苏共中央公开信 | 人民日报、红旗编辑部 | 外文 | 1964 年（再版 1 次，1975 年应索供应） | 袖珍本 40350 |
| 苏共领导是当代最大的分裂主义者——七评苏共中央的公开信（1964 年 2 月 4 日） | 人民日报、红旗编辑部 | 外文 | 1964（1976 年后应索供应） | 袖珍本 30160 |
| 无产阶级革命和赫鲁晓夫修正主义——八评苏共中央公开信（1964 年 3 月 31 日） | 人民日报、红旗编辑部 | 外文 | 1964（1976 年后应索供应） | 袖珍本 23160 |
| 关于赫鲁晓夫的假共产主义及其在世界历史上的教训——九评苏共中央公开信（1964 年 7 月 14 日） | 人民日报、红旗编辑部 | 外文 | 1964（再版 1 次，1976 年后应索供应） | 袖珍本 42385 |

续表

| 书名 | 作者 | 出版社 | 出版/<br>再版时间 | 装帧/印刷/<br>发行册数 |
|---|---|---|---|---|
| 赫鲁晓夫是怎样下台的 | 《红旗》1964 年<br>第 21—22 期<br>社论 | 外文 | 1964（1976 年<br>后应索供应） | 袖珍本<br>20200 |
| 更高地举起马克思列宁主义的<br>革命旗帜 | 朝鲜劳动新<br>闻编辑部 | 外文 | 1964 | 2600 |
| 谁将在南方获胜？ | （越南）<br>阮志清 | 外文 | 1964（1978 年停售） | 2600 |
| 哲学、社会科学工作者的战斗<br>任务（1963 年 10 月 26 日在中<br>国科学院社会科学部委员会第<br>四次扩大会议上的讲话） | 周扬 | 外文 | 1964（1963 年出版，<br>再版 1 次，总印数<br>20150 册，本次再版<br>袖珍本，1972 年停售） | |
| 中国的社会主义工业化和农业<br>集体化 | 薄一波、<br>廖鲁言 | 外文 | 1964 | 3600 |
| 中阿战斗友谊万岁（中国领导<br>人访问阿尔巴尼亚文件集） | | 外文 | 1964（1979 年停售） | 2150 |
| 中国地理概述 | 任育地 | 外文 | 1964 | 4000 |
| 青蛙骑手（中国民间故事选，<br>第二版） | | 外文 | 1964（1958 年出版，<br>书名《中国民间故事<br>选第一集》，总印数<br>1920 册，本次再版） | |
| 水牛斗老虎（中国民间故事<br>选，第二版） | 米谷插图 | 外文 | 1964（1958 年出版，<br>书名《中国民间故事<br>选第二集》，总印数<br>2095 册，本次再版） | |
| 一棵石榴树的国王（中国民间<br>故事选第五集） | 程十发插图 | 外文 | 1964 | |
| 齐白石小品（美术明信片） | | 外文 | 1964（再版 1 次） | 10120 |
| 中国工艺品（美术明信片） | | 外文 | 1964（再版 1 次） | 8120 |

## 1964 年西班牙文版书目 （46 种）

| 书名 | 作者 | 出版社 | 出版/<br>再版时间 | 装帧/印刷/<br>发行册数 |
|---|---|---|---|---|
| 统一战线中的独立自主问题 | 毛泽东 | 外文 | 1964（1959 年出版，再版 5 次，总印数 102160 册，本次为再版袖珍本） | 袖珍木 |
| 目前形势和我们的任务 | 毛泽东 | 外文 | 1964（1962 年出版，共再版 4 次，总印数 87593 册，本次再版袖珍本） | 袖珍本 |
| 将革命进行到底 | 毛泽东 | 外文 | 1964（1962 年出版，共再版 3 次，总印数 118148 册，本次再版袖珍本） | 袖珍本 |
| 中国共产党第七届中央委员会第二次全体会议上的报告 | 毛泽东 | 外文 | 1964（1962 年出版，共再版 5 次，总印数 163449 册，本次再版袖珍本） | 袖珍本 |
| 毛泽东论帝国主义和一切反动派都是纸老虎 | 毛泽东 | 外文 | 1964（1958 年出版，再版 2 次，总印数 57330 册，本次再版袖珍本） | 袖珍本 |
| 毛泽东主席的谈话——中国人民坚决支持巴拿马人民的爱国正义斗争 | 毛泽东 | 外文 | 1964 | 16150 |
| 毛泽东主席声明、谈话集——全世界人民团结起来，反对美帝国主义的侵略政策和战争政策，保卫世界和平 | 毛泽东 | 外文 | 1964（再版 2 次） | 63310 |
| 澳大利亚马克思列宁主义者宣言（1963 年 11 月 11 日） | | 外文 | 1964（1971 年停售） | 6150 |
| 马克思列宁主义者联合起来——比利时共产队布鲁塞尔省委员会声明 | | 外文 | 1964 | 8250 |

续表

| 书名 | 作者 | 出版社 | 出版/再版时间 | 装帧/印刷/发行册数 |
|---|---|---|---|---|
| 马克思主义，还是修正主义？——比利时共产党第十三次代表大会到十四次代表大会 | （比利时）雅克格里巴著，塞尔治柯尔斯等协作 | 外文 | 1964 | 7150 |
| 答赫鲁晓夫——巴西共产党中央委员会决议 | | 外文 | 1964 | 7150 |
| 高举创造性的马克思主义旗帜，引导我们的革命事业走向全胜——1963 年 3 月 13 日纪念马克思逝世 80 周年的讲话 | （越）黎笋 | 外文 | 1964（1978 年停售） | 7150 |
| 印度尼西亚革命和印度尼西亚共产党的迫切任务 | （印尼）迪·努·艾地 | 外文 | 1964（1971 年停售） | 7100 |
| 朝鲜劳动党第四届中央委员会第五次全体公报 | | 外文 | 1964 | 12000 |
| 更高地举起马克思列宁主义的革命旗帜 | 朝鲜劳动新闻编辑部 | 外文 | 1964 | 7150 |
| 在中国共产党广东省委党校的报告——1964 年 2 月 18 日 | （新西兰）维·乔·威尔科克斯 | 外文 | 1964 | 6150 |
| 到人民中去，对垄断资本发动攻势（新西兰共产党全国委员会向全国代表大会的报告，1963 年 4 月 12 日） | （新西兰）维·乔·威尔科克斯 | 外文 | 1964（1971 年应索供应） | 7150 |
| 锡兰共产党十名中央委员的声明 | | 外文 | 1964 | 6150 |
| 中共中央和苏共中央来往的七封信 | | 外文 | 1964（1976 年后应索供应） | 50200 |
| 中国共产党中央委员会对于苏联共产党中央委员会 1964 年 6 月 15 日来信的复信 | | 外文 | 1964（1976 年后应索供应） | 50280 |

| 书名 | 作者 | 出版社 | 出版/再版时间 | 装帧/印刷/发行册数 |
|---|---|---|---|---|
| 中国共产党中央委员会对于苏联共产党中央委员会 1964 年 7 月 30 日来信的复信 |  | 外文 | 1964（1976 年后应索供应） | 40280 |
| 苏共领导是当代最大的分裂主义者——七评苏共中央的公开信（1964 年 2 月 4 日） | 人民日报、红旗编辑部 | 外文 | 1964（1976 年后应索供应） | 75280 |
| 无产阶级革命和赫鲁晓夫修正主义——八评苏共中央公开信（1964 年 3 月 31 日） | 人民日报、红旗编辑部 | 外文 | 1964（1976 年后应索供应） | 55280 |
| 关于赫鲁晓夫的假共产主义及其在世界历史上的教训——九评苏共中央公开信（1964 年 7 月 14 日） | 人民日报、红旗编辑部 | 外文 | 1964（1976 年后应索供应） | 50280 |
| 赫鲁晓夫是怎样下台的 | 《红旗》1964 年第 21—22 期社论 | 外文 | 1964（1976 年后应索供应） | 40250 |
| 自力更生和自主的民族经济建设（1963 年 7 月 12 日） | 朝鲜劳动新闻编辑部 | 外文 | 1964 | 7150 |
| 与马来西亚有关的一些国际问题 | 马来西亚箴言月刊评论 | 外文 | 1964 | 7150 |
| 谁将在南方获胜？ | （越南）阮志清 | 外文 | 1964（1978 年停售） | 7150 |
| 和平还是暴力？ | 越南《学习》杂志 1963 年第 9 期 | 外文 | 1964（1978 年停售） | 7150 |
| 哲学、社会科学工作者的战斗任务（1963 年 10 月 26 日在中国科学院社会科学部委员会第四次扩大会议上的讲话） | 周扬 | 外文 | 1964 | 60250 |
| 为我国青年革命化而斗争——1964 年 6 月 11 在中国共产主义青年团第九次代表大会上的工作报告 | 胡耀邦 | 外文 | 1964 | 15100 |

续表

| 书名 | 作者 | 出版社 | 出版/<br>再版时间 | 装帧/印刷/<br>发行册数 |
|---|---|---|---|---|
| 人民公社在前进 | 陶铸 | 外文 | 1964 | 16100 |
| 中国的社会主义工业化和农业集体化 | 薄一波、<br>廖鲁言 | 外文 | 1964 | 20150 |
| 中国国民经济的社会主义改造 | 薛暮桥等 | 外文 | 1964 | |
| 中阿战斗友谊万岁（中国领导人访问阿尔巴尼亚文件集） | | 外文 | 1964（1979 年停售） | 精/平 7100 |
| 游击战：一种手段 | （古巴）埃内斯托·切格瓦拉 | 外文 | 1964 | 8150 |
| 安娜·路易斯·斯特朗通讯集 | （美）安娜·路易斯·斯特朗 | 新世界 | 1964（1966 年停售） | 10000 |
| 小城春秋（长篇小说） | 高云览 | 外文 | 1964 | 8050 |
| 中国的酱油和对虾（政治讽刺诗） | 袁水拍著，沙博理译，华君武插图 | 新世界 | 1964 | 7150 |
| 我是劳动人民的儿子 | 吴运铎 | 外文 | 1964 | 精 |
| 江山如此多娇（画册） | 上海人民美术出版社 | 上海美术 | 1964 | |
| 新运会火炬永放光芒——中国体育代表团在雅加达（画册） | 人民体育出版社 | 人民体育 | 1964 | |
| 中国摄影作品选集（画册） | 中国摄影编辑部 | 外文 | 1964 | 2170 |
| 齐白石小品（明信片） | | 外文 | 1964 | 15700 |
| 中国工艺品（美术明信片） | | 外文 | 1964 | 15300 |

### 1964 年葡萄牙文版书目（5 种）

| 书名 | 作者 | 出版社 | 出版/再版时间 | 装帧/印刷/发行册数 |
|---|---|---|---|---|
| 苏共领导同我们分歧的由来和发展——评苏共中央公开信（1963 年 9 月 6 日） | 人民日报、红旗编辑部 | 外文 | 1964（1967 年停售，1976 年起应索供应） | 6000 |
| 南斯拉夫是社会主义国家吗？——三评苏共中央公开信（1963 年 9 月 26 日） | 人民日报、红旗编辑部 | 外文 | 1964 年（1971、1976 年应索供应） | 6000 |
| 新殖民主义的辩护士——四评苏共中央公开信（1963 年 10 月 26 日） | 人民日报、红旗编辑部 | 外文 | 1964 年（1977 年应索供应） | 6000 |
| 在战争与和平路线上的两条路线——五评苏共中央公开信（1963 年 11 月 19 日） | 人民日报、红旗编辑部 | 外文 | 1964 年（1977 年应索供应） | 5030 |
| 两种根本对立的和平共处政策——六评苏共中央公开信（1963 年 12 月 12 日） | 人民日报、红旗编辑部 | 外文 | 1964 年（再版 1 次，1976 年应索供应） | 5030 |

### 1964 年塞尔维亚文版书目（9 种）

| 书名 | 作者 | 出版社 | 出版/再版时间 | 装帧/印刷/发行册数 |
|---|---|---|---|---|
| 中共中央和苏共中央来往的七封信 | | 外文 | 1964（1976 年后应索供应） | 650 |
| 中国共产党中央委员会对于苏联共产党中央委员会 1964 年 6 月 15 日来信的复信 | | 外文 | 1964（1976 年后应索供应） | 1050 |
| 中国共产党中央委员会对于苏联共产党中央委员会 1964 年 7 月 30 日来信的复信 | | 外文 | 1964（1976 年后应索供应） | 1050 |
| 在战争与和平路线上的两条路线——五评苏共中央公开信（1963 年 11 月 19 日） | 人民日报、红旗编辑部 | 外文 | 1964（1976 年应索供应） | 1530 |

续表

| 书名 | 作者 | 出版社 | 出版/再版时间 | 装帧/印刷/发行册数 |
|---|---|---|---|---|
| 两种根本对立的和平共处政策——六评苏共中央公开信（1963 年 12 月 12 日） | 人民日报、红旗编辑部 | 外文 | 1964（再版 1 次，1976 年应索供应） | 1530 |
| 苏共领导是当代最大的分裂主义者——七评苏共中央的公开信（1964 年 2 月 4 日） | 人民日报、红旗编辑部 | 外文 | 1964（1967 年停售，1976 年后应索供应） | 1030 |
| 无产阶级革命和赫鲁晓夫修正主义——八评苏共中央公开信（1964 年 3 月 31 日） | 人民日报、红旗编辑部 | 外文 | 1964（1976 年后应索供应） | 1030 |
| 关于赫鲁晓夫的假共产主义及其在世界历史上的教训——九评苏共中央公开信（1964 年 7 月 14 日） | 人民日报、红旗编辑部 | 外文 | 1964（1976 年后应索供应） | 650 |
| 哲学、社会科学工作者的战斗任务（1963 年 10 月 26 日在中国科学院社会科学部委员会第四次扩大会议上的讲话） | 周扬 | 外文 | 1964 | 1030 |

## 1964 年意大利文版书目（7 种）

| 书名 | 作者 | 出版社 | 出版/再版时间 | 装帧/印刷/发行册数 |
|---|---|---|---|---|
| 中共中央和苏共中央来往的七封信 |  | 外文 | 1964（1976 年后应索供应） | 10030 |
| 再论陶里亚蒂同志与我们的分歧——关于列宁主义在当代的若干重大问题 | 《红旗》杂志编辑部 | 外文 | 1964（再版 1 次，1976 年后应索供应） | 12000 |
| 在战争与和平路线上的两条路线——五评苏共中央公开信（1963 年 11 月 19 日） | 人民日报、红旗编辑部 | 外文 | 1964 年（1976 年应索供应） | 10050 |
| 两种根本对立的和平共处政策——六评苏共中央公开信（1963 年 12 月 12 日） | 人民日报、红旗编辑部 | 外文 | 1964 年（再版 1 次，1976 年后应索供应） | 10030 |

续表

| 书名 | 作者 | 出版社 | 出版/<br>再版时间 | 装帧/印刷/<br>发行册数 |
|---|---|---|---|---|
| 苏共领导是当代最大的分裂主义者——七评苏共中央的公开信（1964 年 2 月 4 日） | 人民日报、红旗编辑部 | 外文 | 1964（1967 年停售，1976 年后应索供应） | 13030 |
| 无产阶级革命和赫鲁晓夫修正主义——八评苏共中央公开信（1964 年 3 月 31 日） | 人民日报、红旗编辑部 | 外文 | 1964（1976 年后应索供应） | 11030 |
| 苏共领导联印反华的真相 | 人民日报编辑部 | 外文 | 1964（1971、1976 年应索供应） | 10050 |

## 1964 年世界语版书目（23 种）

| 书名 | 作者 | 出版社 | 出版/<br>再版时间 | 装帧/印刷/<br>发行册数 |
|---|---|---|---|---|
| 矛盾论 | 毛泽东 | 中华全国世界语协会 | 1964 | 精/平<br>10600 |
| 无产阶级专政的历史经验 | 人民日报编辑部 | 外文 | 1964 | 5000 |
| 南斯拉夫是社会主义国家吗？——三评苏共中央公开信（1963 年 9 月 26 日） | 人民日报、红旗编辑部 | 外文 | 1963 年 10 月（1976 年应索供应） | 5400 |
| 新殖民主义的辩护士——四评苏共中央公开信（1963 年 10 月 26 日） | 人民日报、红旗编辑部 | 外文 | 1963 年 10 月（1977 年应索供应） | 8000 |
| 在战争与和平路线上的两条路线——五评苏共中央公开信（1963 年 11 月 19 日） | 人民日报、红旗编辑部 | 外文 | 1963 年 11 月（1976 年应索供应） | 5400 |
| 两种根本对立的和平共处政策——六评苏共中央公开信（1963 年 12 月 12 日） | 人民日报、红旗编辑部 | 外文 | 1963 年 12 月（再版 1 次，1976 年应索供应） | 5400 |
| 苏共领导是当代最大的分裂主义者——七评苏共中央的公开信（1964 年 2 月 4 日） | 人民日报、红旗编辑部 | 外文 | 1964（1976 年后应索供应） | 5400 |

| 书名 | 作者 | 出版社 | 出版/<br>再版时间 | 装帧/印刷/<br>发行册数 |
|---|---|---|---|---|
| 无产阶级革命和赫鲁晓夫修正主义——八评苏共中央公开信（1964 年 3 月 31 日） | 人民日报、红旗编辑部 | 外文 | 1964（1976 年后应索供应） | 5600 |
| 赫鲁晓夫是怎样下台的 | 《红旗》1964 年第 21—22 期社论 | 外文 | 1964（1976 年后应索供应） | 4100 |
| 阿诗玛 | 云南省人民文工团圭山工作组搜集整理，黄永玉插图 | 中华全国世界语协会 | 1964（再版 1 次） | 精 4024 |
| 刘家五兄弟（民间故事） | 王玉泉绘，李世俊译 | 中华全国世界语协会 | 1964（再版 1 次） | 16100 |
| 美丽的牵牛花（连环画） | 路静山文，胡进庆等绘 | 中华全国世界语协会 | 1964（再版 1 次） | 9030 |
| 猴子捞月亮（连环画） | 夏霞编写，万籁鸣绘 | 中华全国世界语协会 | 1964（再版 1 次） | 9030 |
| 孙悟空三打白骨精（连环画） | 王星北改编，赵宏本、钱笑呆绘 | 中华全国世界语协会 | 1964（再版 1 次） | 14405 |
| 金斧头（连环画） | 杨菊编写，李天心绘 | 中华全国世界语协会 | 1964（再版 1 次） | 9090 |
| 骄傲的将军（连环画） | 华君武原著，特伟编绘 | 中华全国世界语协会 | 1964（再版 1 次） | 8600 |
| 狐狸（连环画） | 管桦著，严个凡绘 | 中华全国世界语协会 | 1964（再版 1 次） | 8600 |

续表

| 书名 | 作者 | 出版社 | 出版/<br>再版时间 | 装帧/印刷/<br>发行册数 |
|---|---|---|---|---|
| 召树屯和南诺娜（连环画） | 程十发绘 | 中华全<br>国世界<br>语协会 | 1964 | 7600 |
| 齐白石小品（美术明信片） | | 中华全<br>国世界<br>语协会 | 1964 | 5600 |
| 中国工艺品（美术明信片） | | 中华全<br>国世界<br>语协会 | 1964 | 12 张/套<br>5600 |
| 中国针灸疗法 | 中医研究院<br>针灸研究所 | 中华全<br>国世界<br>语协会 | 1964（再版 1 次） | 2590 |
| 中国地理概述 | 任育地 | 中华全<br>国世界<br>语协会 | 1964 | 8000 |

## 1964 年日文版书目（32 种）

| 书名 | 作者 | 出版社 | 出版/<br>再版时间 | 装帧/印刷/<br>发行册数 |
|---|---|---|---|---|
| 中国共产党、新西兰共产党联<br>合声明 | | 外文 | 1964 | |
| 刘少奇主席和崔庸健委员长联<br>合声明 | | 外文 | 1964 | 6250 |
| 全世界人民团结起来，全面、<br>彻底、干净、坚决地禁止和销<br>毁核武器 | | 外文 | 1964（1968 年停售） | 10100 |
| 澳大利亚马克思列宁主义者宣<br>言（1963 年 11 月 11 日） | | 外文 | 1964（1971 年<br>应索供应） | 5300 |
| 马克思列宁主义者联合起<br>来——比利时共产队布鲁塞尔<br>省委员会声明 | | 外文 | 1964 | 6200 |

续表

| 书名 | 作者 | 出版社 | 出版/再版时间 | 装帧/印刷/发行册数 |
|---|---|---|---|---|
| 答赫鲁晓夫——巴西共产党中央委员会决议 | | 外文 | 1964 | 6200 |
| 朝鲜劳动党第四届中央委员会第五次全体公报 | | 外文 | 1964 | 6200 |
| 古巴统一革命组织工作方法的某些问题 | （古巴）菲德尔·卡斯特罗 | 外文 | 1964（1966年停售） | 4150 |
| 在中国共产党广东省委党校的报告——1964年2月18日 | （新西兰）维·乔·威尔科克斯 | 外文 | 1964 | 5300 |
| 锡兰共产党十名中央委员的声明 | | 外文 | 1964 | 5300 |
| 中共中央和苏共中央来往的七封信 | | 外文 | 1964（1976年后应索供应） | 45300 |
| 中国共产党中央委员会对于苏联共产党中央委员会1964年6月15日来信的复信 | | 外文 | 1964（1976年后应索供应） | 50250 |
| 中国共产党中央委员会对于苏联共产党中央委员会1964年7月30日来信的复信 | | 外文 | 1964（1976年后应索供应） | 50250 |
| 两种根本对立的和平共处政策——六评苏共中央公开信（1963年12月12日） | 人民日报、红旗编辑部 | 外文 | 1964（再版1次，1975年应索供应） | 48300 |
| 苏共领导是当代最大的分裂主义者——七评苏共中央的公开信（1964年2月4日） | 人民日报、红旗编辑部 | 外文 | 1964（1967年停售，1976年后应索供应） | 35250 |
| 无产阶级革命和赫鲁晓夫修正主义——八评苏共中央公开信（1964年3月31日） | 人民日报、红旗编辑部 | 外文 | 1964（1976年后应索供应） | 45300 |
| 关于赫鲁晓夫的假共产主义及其在世界历史上的教训——九评苏共中央公开信（1964年7月14日） | 人民日报、红旗编辑部 | 外文 | 1964（1976年后应索供应） | 46300 |

续表

| 书名 | 作者 | 出版社 | 出版/<br>再版时间 | 装帧/印刷/<br>发行册数 |
|---|---|---|---|---|
| 赫鲁晓夫是怎样下台的 | 《红旗》1964 年<br>第 21—22 期<br>社论 | 外文 | 1964（1976 年<br>后应索供应） | 22300 |
| 自力更生和自主的民族经济建<br>设（1963 年 7 月 12 日） | 朝鲜劳动新<br>闻编辑部 | 外文 | 1964 | 12000 |
| 更高地举起马克思列宁主义的<br>革命旗帜 | 朝鲜劳动新<br>闻编辑部 | 外文 | 1964 | 6200 |
| 与马来西亚有关的一些国际<br>问题 | 马来西亚箴<br>言月刊评论 | 外文 | 1964 | 6200 |
| 谁将在南方获胜？ | （越南）<br>阮志清 | 外文 | 1964（1978 年停售） | |
| 哲学、社会科学工作者的战斗<br>任务（1963 年 10 月 26 日在中<br>国科学院社会科学部委员会第<br>四次扩大会议上的讲话） | 周扬 | 外文 | 1964（再版 2 次） | 45300 |
| 为我国青年革命化而斗争——<br>1964 年 6 月 11 在中国共产主<br>义青年团第九次代表大会上的<br>工作报告 | 胡耀邦 | 外文 | 1964 | 4750 |
| 人民公社在前进 | 陶铸 | 外文 | 1964 | 8250 |
| 中国国民经济的社会主义改造<br>（修订版） | 薛暮桥等 | 外文 | 1964 | |
| 辛亥革命——中国近代史上一<br>次最伟大的革命（第二版） | 吴玉章 | 外文 | 1964（1963 年出版，<br>再版 1 次，总印数<br>6200 册，<br>本次为再版） | |
| 中国红军的故事（第四版） | | 外文 | 1964（1958 年出版，<br>再版 2 次，总印数<br>14445 册，<br>本次第 3 版） | |
| 党的儿子穆汉祥 | 徐景贤 | 外文 | 1964 | |

续表

| 书名 | 作者 | 出版社 | 出版/再版时间 | 装帧/印刷/发行册数 |
|---|---|---|---|---|
| 霓虹灯下的哨兵 | 沈西蒙等 | 外文 | 1964 | 5150 |
| 神笔马良（中国民间故事集） | | 外文 | 1964 | 精 5200 |
| 中国登山运动（摄影） | | 人民体育 | 1964 | |

## 1964 年越南文版书目（30 种）

| 书名 | 作者 | 出版社 | 出版/再版时间 | 装帧/印刷/发行册数 |
|---|---|---|---|---|
| 在战争与和平路线上的两条路线——五评苏共中央公开信（1963 年 11 月 19 日） | 人民日报、红旗编辑部 | 外文 | 1964（1976 年应索供应） | 110500 |
| 两种根本对立的和平共处政策——六评苏共中央公开信（1963 年 12 月 12 日） | 人民日报、红旗编辑部 | 外文 | 1964（再版 1 次，1976 年应索供应） | 114200 |
| 苏共领导是当代最大的分裂主义者——七评苏共中央的公开信（1964 年 2 月 4 日） | 人民日报、红旗编辑部 | 外文 | 1964（1976 年后应索供应） | 130600 |
| 无产阶级革命和赫鲁晓夫修正主义——八评苏共中央公开信（1964 年 3 月 31 日） | 人民日报、红旗编辑部 | 外文 | 1964（再版 1 次，1976 年后应索供应） | 144230 |
| 关于赫鲁晓夫的假共产主义及其在世界历史上的教训——九评苏共中央公开信（1964 年 7 月 14 日） | 人民日报、红旗编辑部 | 外文 | 1964（1976 年后应索供应） | 160500 |
| 赫鲁晓夫是怎样下台的 | 《红旗》1964 年第 21—22 期社论 | 外文 | 1964（再版 1 次，1976 年后应索供应） | 122530 |
| 中共中央和苏共中央来往的七封信 | | 外文 | 1964（1976 年后应索供应） | 63300 |
| 中国共产党中央委员会对于苏联共产党中央委员会 1964 年 6 月 15 日来信的复信 | | 外文 | 1964（1976 年后应索供应） | 67300 |

续表

| 书名 | 作者 | 出版社 | 出版/再版时间 | 装帧/印刷/发行册数 |
|---|---|---|---|---|
| 中国共产党中央委员会对于苏联共产党中央委员会 1964 年 7 月 30 日来信的复信 | | 外文 | 1964（1976 年后应索供应） | 75500 |
| 哲学、社会科学工作者的战斗任务（1963 年 10 月 26 日在中国科学院社会科学部委员会第四次扩大会议上的讲话） | 周扬 | 外文 | 1964 | 50500 |
| 现代修正主义的艺术标本——评格·丘赫莱依的影片及其言论 | 张光年 | 外文 | 1964 | |
| 火种不灭 | | 外文 | 1964 | 6150 |
| 还我河山 | | 外文 | 1964 | 5600 |
| 书记下田头（中、越文对照） | 吴光华绘 | 上海人民美术 | 1964 | |
| 人勤年丰送粮忙（中、越文对照） | 陈强绘 | 上海人民美术 | 1964 | |
| 春暖犊儿肥（中、越文对照） | 范振家绘 | 上海人民美术 | 1964 | |
| 女民兵（中、越文对照） | 陈强绘 | 上海人民美术 | 1964 | |
| 采莲（中、越文对照） | 李慕白、金雪尘绘 | 上海人民美术 | 1964 | |
| 织渔网（中、越文对照） | 柳成行绘 | 上海人民美术 | 1964 | |
| 垦地新主人（中、越文对照） | 姚中玉绘 | 上海人民美术 | 1964 | |
| 敬爱我们的老师（中、越文对照） | 沈家琳绘 | 上海人民美术 | 1964 | |
| 老公公走好（中、越文对照） | 魏瀛洲绘 | 上海人民美术 | 1964 | |

续表

| 书名 | 作者 | 出版社 | 出版/再版时间 | 装帧/印刷/发行册数 |
|------|------|--------|---------------|---------------------|
| 不让它吹倒（中、越文对照） | 邵克萍、吴哲夫绘 | 上海人民美术 | 1964 | |
| 玩好了，我们来放放好（中、越文对照） | 徐寄萍绘 | 上海人民美术 | 1964 | |
| 我们的兵舰下水了（中、越文对照） | 吴哲夫绘 | 上海人民美术 | 1964 | |
| 做了一件小公益（中、越文对照） | 徐寄萍绘 | 上海人民美术 | 1964 | |
| 好好学习，天天向上（中、越文对照） | 黄妙发绘 | 上海人民美术 | 1964 | |
| 宝宝爱清洁（中、越文对照） | 黄妙发绘 | 上海人民美术 | 1964 | |
| 果香瓜甜（中、越文对照） | 张碧梧绘 | 上海人民美术 | 1964 | |
| 咯咯鸡（中、越文对照） | 张大昕绘 | 上海人民美术 | 1964 | |

## 1964 年泰国文版书目（22 种）

| 书名 | 作者 | 出版社 | 出版/再版时间 | 装帧/印刷/发行册数 |
|------|------|--------|---------------|---------------------|
| 湖南农民运动考察报告 | 毛泽东 | 外文 | 1964（再版 2 次） | 12705 |
| 关于纠正党内的错误思想 | 毛泽东 | 外文 | 1964（1956 年出版，再版 5 次，总印数 29139 册，本次再版） | |
| 星星之火，可以燎原 | 毛泽东 | 外文 | 1964（再版 4 次） | 24579 |
| 反对自由主义 | 毛泽东 | 外文 | 1964 | 19124 |
| 中国革命和中国共产党 | 毛泽东 | 外文 | 1964 | 14667 |
| 《农村调查》的序言和跋 | 毛泽东 | 外文 | 1964 | 17767 |
| 中共中央和苏共中央来往的七封信 | | 外文 | 1964（1976 年后应索供应） | 2100 |

续表

| 书名 | 作者 | 出版社 | 出版/再版时间 | 装帧/印刷/发行册数 |
|---|---|---|---|---|
| 中国共产党中央委员会对于苏联共产党中央委员会 1964 年 6 月 15 日来信的复信 | | 外文 | 1964（1976 年后应索供应） | 2100 |
| 中国共产党中央委员会对于苏联共产党中央委员会 1964 年 7 月 30 日来信的复信 | | 外文 | 1964（1976 年后应索供应） | 2100 |
| 无产阶级专政的历史经验 | 人民日报编辑部 | 外文 | 1964（1976 年起应索供应） | 3100 |
| 新殖民主义的辩护士——四评苏共中央公开信（1963 年 10 月 26 日） | 人民日报、红旗编辑部 | 外文 | 1964（1976 年应索供应） | 5000 |
| 在战争与和平路线上的两条路线——五评苏共中央公开信（1963 年 11 月 19 日） | 人民日报、红旗编辑部 | 外文 | 1964 年（1976 年应索供应） | 3060 |
| 两种根本对立的和平共处政策——六评苏共中央公开信（1963 年 12 月 12 日） | 人民日报、红旗编辑部 | 外文 | 1964 年（再版 1 次，1976 年应索供应） | 3100 |
| 苏共领导是当代最大的分裂主义者——七评苏共中央的公开信（1964 年 2 月 4 日） | 人民日报、红旗编辑部 | 外文 | 1964（1976 年后应索供应） | 3100 |
| 无产阶级革命和赫鲁晓夫修正主义——八评苏共中央公开信（1964 年 3 月 31 日） | 人民日报、红旗编辑部 | 外文 | 1964（1976 年后应索供应） | 3300 |
| 关于赫鲁晓夫的假共产主义及其在世界历史上的教训——九评苏共中央公开信（1964 年 7 月 14 日） | 人民日报、红旗编辑部 | 外文 | 1964（1976 年后应索供应） | 3300 |
| 孙悟空三打白骨精（连环画） | 王星北改编，赵宏本、钱笑呆绘 | 外文 | 1964（再版 1 次） | 4025 |
| 金斧头（连环画） | 杨菊编写，李天心绘 | 外文 | 1964 | 1600 |

续表

| 书名 | 作者 | 出版社 | 出版/<br>再版时间 | 装帧/印刷/<br>发行册数 |
|---|---|---|---|---|
| 骄傲的将军（连环画） | 华君武原著，<br>特伟编绘 | 外文 | 1964 | 1580 |
| 小超鲁牧羊（连环画） | 江南编著，<br>韩书彧绘 | 外文 | 1964 | 1600 |
| 毛虫的故事（连环画） | 季华编写，<br>黄均、<br>田世光绘 | 外文 | 1964 | 1580 |
| 鸡毛信（连环画） | 华山原著，<br>刘继卣绘 | 外文 | 1964 | 1250 |

## 1964 年缅甸文版书目（15 种）

| 书名 | 作者 | 出版社 | 出版/<br>再版时间 | 装帧/印刷/<br>发行册数 |
|---|---|---|---|---|
| 关于纠正党内的错误思想 | 毛泽东 | 外文 | 1964（再版 1 次） | 8155 |
| 关心群众生活，注意工作方法 | 毛泽东 | 外文 | 1964（再版 1 次） | 107628 |
| 反对自由主义 | 毛泽东 | 外文 | 1964（再版 1 次） | 106950 |
| 目前抗日统一战线中的策略问题 | 毛泽东 | 外文 | 1964（再版 1 次） | 104018 |
| 在中国共产党全国宣传工作会议上的讲话 | 毛泽东 | 外文 | 1964（再版 1 次） | 袖珍本<br>7165 |
| 人的正确思想是从哪里来的？ | 毛泽东 | 外文 | 1964（再版 1 次） | 袖珍本<br>12605 |
| 中共中央和苏共中央来往的七封信 | | 外文 | 1964（1976 年<br>后应索供应） | 2100 |
| 中国共产党中央委员会对于苏联共产党中央委员会 1964 年 6 月 15 日来信的复信 | | 外文 | 1964（1976 年<br>后应索供应） | 1600 |
| 中国共产党中央委员会对于苏联共产党中央委员会 1964 年 7 月 30 日来信的复信 | | 外文 | 1964（1976 年<br>后应索供应） | 1600 |

续表

| 书名 | 作者 | 出版社 | 出版/再版时间 | 装帧/印刷/发行册数 |
|---|---|---|---|---|
| 两种根本对立的和平共处政策——六评苏共中央公开信（1963 年 12 月 12 日） | 人民日报、红旗编辑部 | 外文 | 1964（1976 年应索供应） | 3100 |
| 苏共领导是当代最大的分裂主义者——七评苏共中央的公开信（1964 年 2 月 4 日） | 人民日报、红旗编辑部 | 外文 | 1964（1976 年后应索供应） | 2100 |
| 无产阶级革命和赫鲁晓夫修正主义——八评苏共中央公开信（1964 年 3 月 31 日） | 人民日报、红旗编辑部 | 外文 | 1964（1976 年后应索供应） | 2100 |
| 关于赫鲁晓夫的假共产主义及其在世界历史上的教训——九评苏共中央公开信（1964 年 7 月 14 日） | 人民日报、红旗编辑部 | 外文 | 1964（1976 年后应索供应） | 2100 |
| 赫鲁晓夫是怎样下台的 | 《红旗》1964 年第 21—22 期社论 | 外文 | 1964（1976 年后应索供应） | 2100 |
| 哲学、社会科学工作者的战斗任务（1963 年 10 月 26 日在中国科学院社会科学部委员会第四次扩大会议上的讲话） | 周扬 | 外文 | 1964 | 3100 |

## 1964 年印尼文版书目（13 种）

| 书名 | 作者 | 出版社 | 出版/再版时间 | 装帧/印刷/发行册数 |
|---|---|---|---|---|
| 学习和时局 | 毛泽东 | 外文 | 1964（再版 1 次） | 6258 |
| 印度尼西亚革命和印度尼西亚共产党的迫切任务 | （印尼）迪·努·艾地 | 外文 | 1964（1971 年停售） | 2250 |
| 中共中央和苏共中央来往的七封信 | | 外文 | 1964（1976 年后应索供应） | 31250 |
| 中国共产党中央委员会对于苏联共产党中央委员会 1964 年 6 月 15 日来信的复信 | | 外文 | 1964（1976 年后应索供应） | 31250 |

续表

| 书名 | 作者 | 出版社 | 出版/再版时间 | 装帧/印刷/发行册数 |
|------|------|--------|--------------|-------------------|
| 在战争与和平路线上的两条路线——五评苏共中央公开信（1963 年 11 月 19 日） | 人民日报、红旗编辑部 | 外文 | 1964（1976 年应索供应） | 35250 |
| 两种根本对立的和平共处政策——六评苏共中央公开信（1963 年 12 月 12 日） | 人民日报、红旗编辑部 | 外文 | 1964（再版 1 次，1976 年应索供应） | 31250 |
| 苏共领导是当代最大的分裂主义者——七评苏共中央的公开信（1964 年 2 月 4 日） | 人民日报、红旗编辑部 | 外文 | 1964（1976 年后应索供应） | 35250 |
| 无产阶级革命和赫鲁晓夫修正主义——八评苏共中央公开信（1964 年 3 月 31 日） | 人民日报、红旗编辑部 | 外文 | 1964（1976 年后应索供应） | 35250 |
| 关于赫鲁晓夫的假共产主义及其在世界历史上的教训——九评苏共中央公开信（1964 年 7 月 14 日） | 人民日报、红旗编辑部 | 外文 | 1964（1976 年后应索供应） | 32250 |
| 赫鲁晓夫是怎样下台的 | 《红旗》1964 年第 21—22 期社论 | 外文 | 1964（1976 年后应索供应） | 12200 |
| 苏共领导联印反华的真相 | 人民日报编辑部 | 外文 | 1964（1976 年应索供应） | 35250 |
| 全世界人民团结起来，全面、彻底、干净、坚决地禁止和销毁核武器 | | 外文 | 1964（1968 年停售） | 25000 |
| 为我国青年革命化而斗争——1964 年 6 月 11 在中国共产主义青年团第九次代表大会上的工作报告 | 胡耀邦 | 外文 | 1964 | 2400 |

### 1964 年印地文版书目（8 种）

| 书名 | 作者 | 出版社 | 出版/再版时间 | 装帧/印刷/发行册数 |
|---|---|---|---|---|
| 毛泽东谈话、声明集（全世界人民联合起来，反对美帝国主义的侵略政策和战争政策，保卫世界和平） | 毛泽东 | 外文 | 1964 | 19798 |
| 苏共领导同我们分歧的由来和发展——评苏共中央公开信（1963 年 9 月 6 日） | 人民日报、红旗编辑部 | 外文 | 1964（1976 年起应索供应） | 袖珍本 5000 |
| 南斯拉夫是社会主义国家吗？——三评苏共中央公开信（1963 年 9 月 26 日） | 人民日报、红旗编辑部 | 外文 | 1964（1976 年起应索供应） | 袖珍本 5000 |
| 新殖民主义的辩护士——四评苏共中央公开信（1963 年 10 月 26 日） | 人民日报、红旗编辑部 | 外文 | 1964（1976 年起应索供应） | 袖珍本 3600 |
| 在战争与和平路线上的两条路线——五评苏共中央公开信（1963 年 11 月 19 日） | 人民日报、红旗编辑部 | 外文 | 1964（1976 年起应索供应） | 袖珍本 3100 |
| 两种根本对立的和平共处政策——六评苏共中央公开信（1963 年 12 月 12 日） | 人民日报、红旗编辑部 | 外文 | 1964（1976 年起应索供应） | 袖珍本 2699 |
| 苏共领导联印反华的真相 | 人民日报编辑部 | 外文 | 1964（1976 年起应索供应） | 袖珍本 5100 |
| 苏共领导是当代最大的分裂主义者——七评苏共中央的公开信（1964 年 2 月 4 日） | 人民日报、红旗编辑部 | 外文 | 1964（1976 年后应索供应） | 袖珍本 3100 |

### 1964 年波斯文版书目（15 种）

| 书名 | 作者 | 出版社 | 出版/再版时间 | 装帧/印刷/发行册数 |
|---|---|---|---|---|
| 星星之火，可以燎原 | 毛泽东 | 外文 | 1964（再版 2 次） | 袖珍本 9258 |
| 论人民民主专政 | 毛泽东 | 外文 | 1964（再版 2 次） | 13329 |

续表

| 书名 | 作者 | 出版社 | 出版/再版时间 | 装帧/印刷/发行册数 |
|---|---|---|---|---|
| 毛泽东谈话、声明集（全世界人民联合起来，反对美帝国主义的侵略政策和战争政策，保卫世界和平） | 毛泽东 | 外文 | 1964 | 2080 |
| 中国共产党中央委员会对于苏联共产党中央委员会 1964 年 7 月 30 日来信的复信 | | 外文 | 1964（1976 年后应索供应） | 袖珍本 4100 |
| 苏共领导同我们分歧的由来和发展——评苏共中央公开信（1963 年 9 月 6 日） | 人民日报、红旗编辑部 | 外文 | 1964（再版 1 次，1976 年起应索供应） | 5570 |
| 新殖民主义的辩护士——四评苏共中央公开信（1963 年 10 月 26 日） | 人民日报、红旗编辑部 | 外文 | 1964（再版 1 次，1976 年应索供应） | 5020 |
| 在战争与和平路线上的两条路线——五评苏共中央公开信（1963 年 11 月 19 日） | 人民日报、红旗编辑部 | 外文 | 1964（再版 2 次，1976 年应索供应） | 5670 |
| 两种根本对立的和平共处政策——六评苏共中央公开信（1963 年 12 月 12 日） | 人民日报、红旗编辑部 | 外文 | 1964（再版 2 次，1976 年应索供应） | 11094 |
| 苏共领导是当代最大的分裂主义者——七评苏共中央的公开信（1964 年 2 月 4 日） | 人民日报、红旗编辑部 | 外文 | 1964（再版 1 次，1976 年后应索供应） | 3580 |
| 无产阶级革命和赫鲁晓夫修正主义——八评苏共中央公开信（1964 年 3 月 31 日） | 人民日报、红旗编辑部 | 外文 | 1964（1976 年后应索供应） | 袖珍本 5100 |
| 关于赫鲁晓夫的假共产主义及其在世界历史上的教训——九评苏共中央公开信（1964 年 7 月 14 日） | 人民日报、红旗编辑部 | 外文 | 1964（1976 年后应索供应） | 4600 |
| 苏共领导联印反华的真相 | 人民日报编辑部 | 外文 | 1964（1976 年应索供应） | 5170 |

续表

| 书名 | 作者 | 出版社 | 出版/再版时间 | 装帧/印刷/发行册数 |
|---|---|---|---|---|
| 赫鲁晓夫是怎样下台的 | 《红旗》1964 年第 21—22 期社论 | 外文 | 1964（1976 年后应索供应） | 袖珍本 4600 |
| 中国工艺品（美术明信片） | | 外文 | 1964 | 3050 |
| 齐白石小品（美术明信片） | | 外文 | 1964 | 2050 |

## 1964 年阿拉伯文版书目（16 种）

| 书名 | 作者 | 出版社 | 出版/再版时间 | 装帧/印刷/发行册数 |
|---|---|---|---|---|
| 目前形势和我们的任务 | 毛泽东 | 外文 | 1964（再版 2 次） | 65238 |
| 关于目前党的政策中的几个问题 | 毛泽东 | 外文 | 1964（再版 1 次） | 51560 |
| 关于健全党委制（含《党委会的工作方法》） | 毛泽东 | 外文 | 1964（再版 3 次） | 108865 |
| 1962 年 11 月 1 日的电视讲话 | （古巴）菲德尔·卡斯特罗 | 外文 | 1964 | |
| 两种根本对立的和平共处政策——六评苏共中央公开信（1963 年 12 月 12 日） | 人民日报、红旗编辑部 | 外文 | 1964（1976 年应索供应） | 10100 |
| 苏共领导是当代最大的分裂主义者——七评苏共中央的公开信（1964 年 2 月 4 日） | 人民日报、红旗编辑部 | 外文 | 1964（1976 年后应索供应） | 10100 |
| 无产阶级革命和赫鲁晓夫修正主义——八评苏共中央公开信（1964 年 3 月 31 日） | 人民日报、红旗编辑部 | 外文 | 1964（1976 年后应索供应） | 8100 |
| 关于赫鲁晓夫的假共产主义及其在世界历史上的教训——九评苏共中央公开信（1964 年 7 月 14 日） | 人民日报、红旗编辑部 | 外文 | 1964（再版 1 次，1976 年后应索供应） | 30350 |
| 赫鲁晓夫是怎样下台的 | 《红旗》1964 年第 21—22 期社论 | 外文 | 1964（1976 年后应索供应） | 6100 |

续表

| 书名 | 作者 | 出版社 | 出版/再版时间 | 装帧/印刷/发行册数 |
|---|---|---|---|---|
| 哲学、社会科学工作者的战斗任务（1963 年 10 月 26 日在中国科学院社会科学部委员会第四次扩大会议上的讲话） | 周扬 | 外文 | 1964（1972 年停售） | 7100 |
| 中非团结万岁！亚非团结万岁！（中国主要领导人访问非洲十国主要文件集） |  | 外文 | 1964 | 精/平 2600 |
| 鲁迅小说选 | 顾炳鑫等插图 | 外文 | 1964 | 8100 |
| 渡江侦察记（连环画） | 沈默君原著，章程改编，顾炳鑫绘 | 外文 | 1964 | 15100 |
| 齐白石小品（美术明信片） |  | 外文 | 1964 | 12 张/套 10080 |
| 中国工艺品（美术明信片） |  | 外文 | 1964 | 12 张/套 10080 |

## 1964 年俄文版书目（18 种）

| 书名 | 作者 | 出版社 | 出版/再版时间 | 装帧/印刷/发行册数 |
|---|---|---|---|---|
| 毛泽东选集（第四卷） | 毛泽东 | 外文 | 1964（再版 3 次） | 羊皮面/漆布面/纸面 32320 |
| 毛泽东军事文选 | 毛泽东 | 外文 | 1964（再版 2 次，1964 年版当年停售） | 羊皮面/漆布面/纸面 41815 |
| 高举创造性的马克思主义旗帜，引导我们的革命事业走向全胜——1963 年 3 月 13 日纪念马克思逝世 80 周年的讲话 | （越）黎笋 | 外文 | 1964（1979 年停售） | 4100 |
| 中共中央和苏共中央来往的七封信 |  | 外文 | 1964（1976 年后应索供应） | 32 开/袖珍本 20250 |

| 书名 | 作者 | 出版社 | 出版/再版时间 | 装帧/印刷/发行册数 |
|---|---|---|---|---|
| 中国共产党中央委员会对于苏联共产党中央委员会 1964 年 6 月 15 日来信的复信 | | 外文 | 1964（1976 年后应索供应） | 32 开/袖珍本 20250 |
| 中国共产党中央委员会对于苏联共产党中央委员会 1964 年 7 月 30 日来信的复信 | | 外文 | 1964（1976 年后应索供应） | 32 开/袖珍本 15250 |
| 苏共领导是当代最大的分裂主义者——七评苏共中央的公开信（1964 年 2 月 4 日） | 人民日报、红旗编辑部 | 外文 | 1964（1976 年后应索供应） | 32 开/袖珍本 25230 |
| 无产阶级革命和赫鲁晓夫修正主义——八评苏共中央公开信（1964 年 3 月 31 日） | 人民日报、红旗编辑部 | 外文 | 1964（1976 年后应索供应） | 32 开/袖珍本 25280 |
| 关于赫鲁晓夫的假共产主义及其在世界历史上的教训——九评苏共中央公开信（1964 年 7 月 14 日） | 人民日报、红旗编辑部 | 外文 | 1964（1976 年后应索供应） | 32 开/袖珍本 25330 |
| 赫鲁晓夫是怎样下台的 | 《红旗》1964 年第 21—22 期社论 | 外文 | 1964（1976 年后应索供应） | 32 开/袖珍本 23220 |
| 谁将在南方获胜？ | （越南）阮志清 | 外文 | 1964（1978 年停售） | 4100 |
| 更高地举起马克思列宁主义的革命旗帜 | 朝鲜劳动新闻编辑部 | 外文 | 1964 | 4100 |
| 哲学、社会科学工作者的战斗任务（1963 年 10 月 26 日在中国科学院社会科学部委员会第四次扩大会议上的讲话） | 周扬 | 外文 | 1964（1972 年停售） | 袖珍本 30200 |
| 中非团结万岁！亚非团结万岁！（中国主要领导人访问非洲十国主要文件集） | | 外文 | 1964 | 2100 |

## 1964 年阿尔巴尼亚文版书目（8 种）

| 书名 | 作者 | 出版社 | 出版/再版时间 | 装帧/印刷/发行册数 |
|---|---|---|---|---|
| 欢欣鼓舞迎新春（中、阿尔巴尼亚文对照） | 张乐平绘 | 人民美术 | 1964 | |
| 人寿年丰（中、阿尔巴尼亚文对照） | 江南春绘 | 人民美术 | 1964 | |
| 画中游（中、阿尔巴尼亚文对照） | 黄润华绘 | 人民美术 | 1964 | |
| 小小画家（中、阿尔巴尼亚文对照） | 李慕白绘 | 人民美术 | 1964 | |
| 绣红花（中、阿尔巴尼亚文对照） | 李慕白绘 | 人民美术 | 1964 | |
| 孔雀（中、阿尔巴尼亚文对照） | 田世光绘 | 人民美术 | 1964 | |
| 养鸡（中、阿尔巴尼亚文对照） | 张碧梧绘 | 人民美术 | 1964 | |
| 养鸡模范（中、阿尔巴尼亚文对照） | 金培庚绘 | 天津美术 | 1964 | |

## 1964 年乌尔都文版书目（8 种）

| 书名 | 作者 | 出版社 | 出版/再版时间 | 装帧/印刷/发行册数 |
|---|---|---|---|---|
| 关于国际共产主义运动总路线的建议 | | 外文 | 1964（1976 年后应索供应） | 4100 |
| 苏共领导同我们分歧的由来和发展——评苏共中央公开信（1963 年 9 月 6 日） | 人民日报、红旗编辑部 | 外文 | 1964（1967 年停售，1976 年应索供应） | 4000 |
| 评美国共产党声明（1963 年 3 月 8 日） | 人民日报社论 | 外文 | 1964（1976 年起应索供应） | 2000 |
| 刘家五兄弟（连环画） | 王玉泉绘 | 外文 | 1964 | 5060 |
| 美丽的牵牛花（连环画） | 陆静山文，胡进庆绘 | 外文 | 1964 | 3000 |

续表

| 书名 | 作者 | 出版社 | 出版/<br>再版时间 | 装帧/印刷/<br>发行册数 |
|---|---|---|---|---|
| 小鲤鱼跳龙门（连环画） | 金近编文，<br>杨善子、<br>丁榕临绘 | 外文 | 1964 | 6070 |
| 齐白石小品（美术明信片） | | 外文 | 1964 | 2050 |
| 中国工艺品（美术明信片） | | 外文 | 1964 | 2050 |

## 1964 年斯瓦希里文版书目（10 种）

| 书名 | 作者 | 出版社 | 出版/<br>再版时间 | 装帧/印刷/<br>发行册数 |
|---|---|---|---|---|
| 毛泽东主席同亚洲、非洲、拉丁美洲人士的几次重要谈话 | 毛泽东 | 外文 | 1964（再版 1 次） | 20312 |
| 关于国际共产主义运动总路线的建议 | | 外文 | 1964（再版 1 次，<br>1976 年后应索供应） | 11070 |
| 新殖民主义的辩护士——四评苏共中央公开信（1963 年 10 月 26 日） | 人民日报、<br>红旗编辑部 | 外文 | 1964（1977 年<br>应索供应） | 10060 |
| 杨司令的少先队（连环画） | 郭墟著，<br>范一心绘 | 外文 | 1964 | 10050 |
| 我要读书（连环画） | 王绪阳、<br>贲余庆绘 | 外文 | 1964 | 10050 |
| 马头琴（连环画） | 吉志西改编，<br>颜梅华绘 | 外文 | 1964 | 10050 |
| 狐狸（连环画） | 管桦著，<br>严个凡绘 | 外文 | 1964 | 25080 |
| 骄傲的将军（连环画） | 华君武原著，<br>特伟编绘 | 外文 | 1964 | 10030 |
| 中国工艺品（美术明信片） | | 外文 | 1964 | 5050 |
| 齐白石小品（美术明信片） | | 外文 | 1964 | 5050 |

### 1964 年多语种对照版书目（7 种）

| 书名 | 作者 | 出版社 | 出版/再版时间 | 装帧/印刷/发行册数 |
|---|---|---|---|---|
| 羊城新八景（中、英、法文对照） | | 广东人民 | 1964 | 每套 8 张 |
| 庐山（中、英、法文对照） | | 上海人民美术 | 1964 | 每套 14 张 |
| 中国体育（彩色摄影明信片，一） | | 人民体育 | 1964 | 50 开/套 10 张 |
| 中国体育（彩色摄影明信片，二） | | 人民体育 | 1964 | 50 开/套 8 张 |
| 荔枝（中、英、法文对照） | 齐白石绘 | 人民美术 | 1964 | |
| 牡丹鸽子（中、英、法文对照） | 于非闇绘 | 人民美术 | 1964 | |
| 玩具（中、英、法文对照） | | 人民美术 | 1964 | |

# 1965 年图书（期刊）对外翻译出版发行活动

本年，《人民画报》受印刷能力的限制，将国内订的部队、企业、大中小学校和县以下的基层单位的订户压缩，从而满足日益增长的国外订户的需要；

本年，印度尼西亚发生带有排华性质的"9 月 30 日政变"，《北京周报》印尼文版停刊；

本年《中国建设》增出俄文版；

本年，国际书店与法国报刊发行社签订独家代销法文版《人民画报》协议，半年后协议执行受阻；本年国际书店撤销古巴办事处；

本年，爱新觉罗·溥仪的自传《从皇帝到公民》（中文书名"我的前半生"）英文版出版，获得海外反响；

本年，外文局香山外语训练班开学。首批学员为 250 名，全部是部队的复员军人，具有高中文化程度，第二批学员 230 人，于同年 9 月 23 日入学，是从当年的高中生中挑选出来的。各班制均为两年时间。但到了 1966 年 10 月，因"文化大革命"中断，培训学员被分配到局属各单位工作。

1965 年 1 月 2 日，国际书店新建法国办事处，柏林办事处（自 1961 年开始设立）的负责人靳钟琳调任驻法国代表处工作，同年 2 月新派陈伟祥赴法国协助靳钟琳工作。

1965 年 1 月 6 日，中宣部、国务院外办联合发文指示邮电总局，文称："《人民画报》是一种主要对国外进行宣传的刊物。随着我国国际影响力的扩大，国外订户日益增加，但目前的画报印刷能力不可能相应地提高。为了解决这一矛盾，同时考虑《人民画报》主要是对外发行，内容对国内读者不完全适合。经与有关部门研究，决定从 1965 年第二季度起，将国内订户加以压缩。压缩的范围是部队、企业、大中小学校和县以下的基层单位，请按此办理退订手续。"

1965 年 1 月 14 日，国务院外办开会讨论《中国文学》编辑方针，并于1月28日发出《讨论中国文学问题会议纪要》，根据会议精神，《中国文学》杂志自1965年1月起，停发五四时期的文学作品。

1965年1月16日，国务院外办通知外文局，日共中央《毛泽东选集》翻译委员会派浅川谦三、桥本幸男来京，协助中国从事《毛泽东选集》第一、二、三卷日文版的翻译工作。并成立毛泽东选集日文版定稿委员会和日文编译室，作为一个临时机构设在外文局。

1965年1月21日，外文局成立马列主义经典著作出版领导小组。

1965年3月，国际书店新任加纳代表，原代表王庸声回国升任非洲处副处长。

1965年3月，外文局制定1965年工作要点，提出："根据外办指示，结合我局两年规划精神，1965年以阶级斗争为纲，以书刊翻译、出版、发行工作为中心，采取巩固、充实、提高的方针，认真提高工作质量"。

1965年3月，《关于国际共产主义运动总路线的建议》一书，外文出版社翻译成英文、俄文、德文、法文、西班牙文、日文、越南文、阿拉伯文等多种文版出版发行。

1965年4月至7月，国际书店访问阿尔及利亚、埃及、叙利亚、法国、巴基斯坦等亚非拉五国，市场调研同时发展新的代销关系。具体成果是：支持叙利亚大马士革出版社开办营业门市，与法国报刊发行公司签订法文版《人民画报》5000份、《中国建设》3000份独家代销协议。

1965年4月，国际书店代缅甸定制5000张昂山和奈温的丝织像，这是国际书店出口的第一笔丝织伟人像交易。

1965年4月，外文局香山外语训练班开学。首批学员为250名，全部是部队的复员军人，具有高中文化程度，第二批学员230人，于同年9月23日入学，是从当年的高中生中挑选出来的。各班制均为二年时间。但到了1966年10月，因"文化大革命"中断，培训学员被分配到局属各单位工作。

1965年5月8日，日中友协副理事长大森真一郎率领第10次访华团访问外文局，就日文版《人民中国》、《北京周报》的推广发行以及刊物内容交换意见。

1965年5月18日，根据中国驻苏联大使馆的建议，外交部、外文局联合上报国务院外办，建议增出《中国建设》俄文版，该建议于当年6月13日得到批准。

1965年5月，国际书店按照"统一归口，地区对外"的原则设立亚洲、非洲、拉丁美洲、欧洲四个地区处，以及综合业务、期刊管理、图书业务、办公室、政治处。

1965 年 5 月，反映越南抗美救国战争的摄影画册《越南人民必胜！美国侵略者必败！》英文版第一集由外文出版社编辑出版，共五集，20 个文版，每集印刷数量超过 30 万册。

1965 年 5 月，罗瑞卿撰写的《纪念战胜德国法西斯，把反对帝国主义的斗争进行到底》一书，由外文出版社翻译成英文、法文、西班牙文、俄文、德文、日文、阿拉伯文、越南文、世界语、印尼文、缅甸文、泰国文、印地文、葡萄牙文、意大利文、塞尔维亚文等 16 种文字出版发行。同年，罗瑞卿的《人民战胜了法西斯，人民也一定能够战胜美帝国主义》一书也以英文、法文、西班牙文、俄文、德文、日文、越南文等 7 种文字出版发行。

1965 年 6 月至 8 月，国际书店访问非洲五国，坦桑尼亚、马里、塞内加尔、刚果（布）、尼日利亚，协助使馆建立斯瓦希里文、豪萨文出版网点。

1965 年 6 月，派员赴瑞士，建立第五个办事处。

1965 年 6 月，古巴致函中国大使馆，要求撤销 1965 年贸易议定书中进口中国书刊一项内容，这是古巴开始限制中国书刊的先声。

1965 年 6 月，《毛泽东选集》印尼文版第一至第四卷翻译工作，由国务院外办统一领导，组织干部力量，成立《毛泽东选集》印尼文版翻译室。

1965 年 7 月，彭真的《在印度尼西亚阿西里亚哈姆社会科学院的讲话》，外文出版社用英文、法文、西班牙文、德文、俄文、日文、阿拉伯文、越南文、世界语、缅甸、泰国、印地文、波斯等 13 种文字翻译出版发行。

1965 年 8 月 17 日，《人民中国》印尼文版第 8 期，为印尼"八一七"革命和建国 20 周年出专刊，刘少奇与印尼总统苏加诺分别为专号题词。

1965 年 8 月，爱新觉罗·溥仪的自传《从皇帝到公民》（中文书名"我的前半生"）英文版出版。之后，德文、阿拉伯文和乌尔都文也陆续出版。

1965 年 8 月，贺龙撰写的《中国人民解放军的民主传统》一书，由外文出版社用英文、法文、西班牙、俄文、德文、日文、越南文、印尼文语种翻译出版发行。

1965 年 9 月 27 日，中国与日本共产党合作翻译出版的《毛泽东选集》日文版第一卷在日本出版发行。

1965 年 9 月，《毛泽东选集》英文版第三卷出版。

1965 年 10 月，因印尼发生"9 月 30 日政变"，国际书店停发全部印尼书刊。损失 24 万订户。《北京周报》印尼文版本月停刊，该文版干部均加入《毛泽东选集》印尼文版的翻译出版工作。

1965 年 12 月，法国报刊发行社（NMPP）独家经销中国法文版《人民画报》、《中国建设》不足半年，此时以每期只销售 40% 为由，要求减少批发量。

1965 年 12 月，古巴当局对中国书刊发行采取限制态度，国际书店驻古巴办事处工作难以开展，因此古巴办事处撤销。

1965 年 12 月，国际书店新任香港和平书店负责人。至 1965 年，国际书店海外办事处共有中国香港、阿尔及利亚、加纳、古巴、法国、瑞士等 6 家。

1965 年 12 月，《毛泽东选集》英文版第二卷出版，至此，《毛泽东选集》英文版第一至第四卷全部出齐。

1965 年 12 月，为祝贺美国作家安娜·路易斯·斯特朗 80 寿辰，经国务院外办批准，以新世界出版社名义重新出版她的《千千万万中国人民》（1928 年在美国出版）、《人类的五分之一》、《中国人征服中国》（1949 年在美国出版）、《成长中的人民公社》（1959 年第一版、1964 年第二版）、《西藏农奴站起来》（1960 年第一版、1965 年第二版）、《中国通信——斯特朗通讯集》（1963、1964 年出版第一、第二集，1965 年出版第三集）等 6 本英文著作。

本年，英国科列茨书店经理罗素来访、墨西哥里纳书店经理哈依梅·比拉来访、新西兰合作书店经理来访、日本大安书房经理来访。

本年，外文局全面参加中国对外友协以及各分支友协，中苏、中阿、中保、中匈、中越、中德、中朝、中波、中罗、中古、中非、中拉、中缅、中国印尼、中国印度、中巴、中尼、中国阿联酋、中国伊拉克、中国柬埔寨、中国锡兰、中日等 23 个。

本年，外文出版社用英文、法文、西班牙文、俄文、印尼文、日文、朝鲜文、越南文、泰国文、缅甸文、印地、乌尔都文、波斯文、塞尔维亚文、德文、意大利文、葡萄牙文、瑞典文、阿拉伯文、斯瓦希里文、世界语、中文等 22 种文字出版图书 491 种。其中《毛泽东选集》第二、第三卷英文版、《毛泽东论文艺》法文版、《共产党宣言》、《关于国际共产主义总路线的建议》、《从皇帝到公民》（下），以及画册《越南人民必胜，美国侵略者必败》（1、2、3、4 集）等。

本年，国际书店对国外发行图书 284 万册，外文期刊 1427 万份。

# 1965 年对外发行图书目录

### 1965 年英文版书目（132 种）

| 书名 | 作者 | 出版社 | 出版/<br>再版时间 | 装帧/印刷/<br>发行册数 | 定价(元) |
|---|---|---|---|---|---|
| 共产党宣言 | 马克思、<br>恩格斯 | 外文 | 1965（再版 6 次） | 精/平 317437 | |
| 工资、价格、利润 | 马克思 | 外文 | 1965（再版 4 次） | 精/平 183589 | |
| 社会民主党在民主革<br>命中的两种策略 | 列宁 | 外文 | 1965（再版 2 次） | 精/平 110574 | |
| 帝国主义是资本主义<br>的最高阶段 | 列宁 | 外文 | 1965（再版 4 次） | 215639 | |
| 国家与革命 | 列宁 | 外文 | 1965（再版 4 次） | 精/平 235329 | |
| 无产阶级革命和叛徒<br>考茨基 | 列宁 | 外文 | 1965（再版 3 次） | 精/平 122289 | |
| 论国家 | 列宁 | 外文 | 1965（再版 3 次） | 精/平 157534 | |
| 共产主义运动中的<br>"左派"幼稚病 | 列宁 | 外文 | 1965（再版 3 次） | 142229 | |
| 论列宁主义基础 | 斯大林 | 外文 | 1965（再版 4 次） | 精/平 263322 | |
| 中国共产党章程（中<br>国共产党第八次全国<br>代表大会通过） | | 外文 | 1965 | 20200 | |
| 中国共产党中央委员<br>会关于发展农业生产<br>合作社的决议（第三<br>版） | | 外文 | 1965 | | |
| 毛泽东选集（第二卷） | 毛泽东 | 外文 | 1965（再版 3 次） | 羊皮面/漆面/<br>纸面 261187 | |
| 毛泽东选集（第三卷） | 毛泽东 | 外文 | 1965（再版 4 次） | 羊皮面/漆面/<br>纸面 236778 | |

续表

| 书名 | 作者 | 出版社 | 出版/再版时间 | 装帧/印刷/发行册数 | 定价（元） |
|---|---|---|---|---|---|
| 毛泽东选集（第一卷） | 毛泽东 | 外文 | 1965（1964年出版，再版4次，总印数295320册，本次第2版） | 羊皮面/漆面/纸面 | |
| 毛泽东选集（第四卷） | 毛泽东 | 外文 | 1965（1961年出版，再版3次，总印数70000册，本次第2版） | 羊皮面/漆面/纸面 | |
| 中国社会各阶级的分析 | 毛泽东 | 外文 | 1965（1956年2月第1版；1960年第2版，1962年第3版；1965年第4版） | 精/平袖珍本 | （1956年32开0.20元；1960年32开0.22元） |
| 湖南农民运动考察报告 | 毛泽东 | 外文 | 1965（1953年9月出版，1965年第2版译文修订本，1967年第3版） | | 袖珍本0.32（1953年精装0.84元，平装0.40元；1966年0.26元） |
| 关于纠正党内的错误思想（第二版） | 毛泽东 | 外文 | 1965（1953年9月第1版，再版1次，1965为译文修订第2版） | 32开精/平 | |
| 关心群众生活，注意工作方法（第二版） | 毛泽东 | 外文 | 1965（1953年6月出版，1965第2版、1966年第3版） | | 32开精/平（1966年32开0.14元） |
| 论反对日本帝国主义的策略（第三版） | 毛泽东 | 外文 | 1965（1953年9月出版，1960第2版、1965年第3版并出版袖珍本） | 袖珍本 | |
| 中国共产党在抗日时期的任务（第三版） | 毛泽东 | 外文 | 1965（1956年3月出版，1960年第2版，1965年译文修订第3版） | | 32开精/平精0.57元，平0.22元 |
| 实践论 | 毛泽东 | 外文 | 1965（1952年出版，再版13次，总印数328968册，本次再版） | 袖珍本 | |

续表

| 书名 | 作者 | 出版社 | 出版/再版时间 | 装帧/印刷/发行册数 | 定价(元) |
|---|---|---|---|---|---|
| 实践论(中英文对照) | 毛泽东 | 商务 | 1965 | | 32 开 0.22 |
| 矛盾论 | 毛泽东 | 外文 | 1965(1952 年出版,再版 13 次,总印数 234060 册,本次再版) | 袖珍本 | |
| 反对自由主义(第三版) | 毛泽东 | 外文 | 1965(1954 年出版,再版 7 次,总印数 146015 册,本次第 3 版) | 精/平 | |
| 青年运动的方向(第二版) | 毛泽东 | 外文 | 1965(1960 年出版,再版 5 次,总印数 286225 册,本次第 2 版) | 精/平 | |
| 中国革命和中国共产党(第四版) | 毛泽东 | 外文 | 1965(1954 年出版,共再版 3 次,总印数 68265 册,本次第 4 版) | 精/平 | |
| 在陕甘宁边区参议会上的演说(第二版) | 毛泽东 | 外文 | 1965(1960 年出版,共再版 5 次,总印数 257315 册,本次第 2 版) | 精/平 | |
| 在延安文艺座谈会上的讲话(第四版) | 毛泽东 | 外文 | 1965(1956 年出版,1960、1962、1965、1967 年,再版 5 次,总印数 209007 册,本次第 4 版) | 精/平 | |
| 关于领导方法的若干问题(第四版) | 毛泽东 | 外文 | 1965(1955 年出版,1960、1962、1965 年再版 3 次,总印数 135150 册,本次第 4 版) | 精/平 | |
| 组织起来 | 毛泽东 | 外文 | 1965(再版 2 次) | 277125 | 0.14 |
| 必须学会经济工作 | 毛泽东 | 外文 | 1965(再版 1 次) | 63815 | 0.15 |
| 论联合政府(第三版) | 毛泽东 | 外文 | 1965(1955 年出版,1960 年第 2 版,1965 年根据 1955 年译文重修第 3 版,1966 年第 4 版) | | (1955 年精装 1.80 元,平装 0.80 元) |

续表

| 书名 | 作者 | 出版社 | 出版/再版时间 | 装帧/印刷/发行册数 | 定价（元） |
|---|---|---|---|---|---|
| 愚公移山 | 毛泽东 | 外文 | 1965（1966 年再版 1 次） | 56 开/袖珍本 110215 | 0.04（1966 年 0.09 元） |
| 愚公移山（中英文对照） | 毛泽东 | 商务 | 1965 | | 32 开 0.08 |
| 人民战争胜利万岁（纪念中国人民抗日战争胜利二十周年） | 林彪 | 外文 | 1965（再版 3 次，1972 年停售） | 439533 | |
| 日共中央给苏共中央的复信 | | 外文 | 1965（1966 年停售） | 10200 | |
| 必须制止导致分裂的各国党的会议 | | 外文 | 1965 | 8200 | |
| 现代修正主义者的"理论"和实践——在中共中央高级党校的报告 | （比利时）雅克格里巴 | 外文 | 1965 | 10200 | |
| 以辩证唯物主义和历史唯物主义的武器赢得印度尼西亚革命的胜利——1964 年在阿里亚哈姆社会科学院的讲话 | （印度尼西亚）约多 | 外文 | 1965（1971 年停售） | 9250 | |
| 新西兰共产党政治委员会关于莫斯科三月会议的声明——1965 年 3 月 24 日 | | 外文 | 1965（1971 年停售） | 7200 | |
| 世界共产主义运动的分歧——新西兰共产党的坚定立场 | （新西兰）维·乔·威尔科克斯 | 外文 | 1965（1971 年应索供应） | 8650 | |
| 关于国际共产主义运动总路线的论战 | | 外文 | 1965（1976 年起应索供应） | 精/平 11300 | |

| 书名 | 作者 | 出版社 | 出版/<br>再版时间 | 装帧/印刷/<br>发行册数 | 定价(元) |
|---|---|---|---|---|---|
| 评莫斯科三月会议——1965 年 3 月 23 日 | 人民日报编辑部、红旗杂志编辑部 | 外文 | 1965(1976 年起应索供应) | 32 开/袖珍本 95600 | |
| 把反对赫鲁晓夫修正主义的斗争进行到底——纪念《国际共产主义运动总路线的建议》发表两周年 | 人民日报编辑部、红旗杂志编辑部 | 外文 | 1965(1976 年起应索供应) | 32 开/袖珍本 35300 | |
| 驳苏共新领导的所谓"联合行动"——1965 年 11 月 11 日 | 人民日报编辑部、红旗杂志编辑部 | 外文 | 1965(1976 年起应索供应) | 32 开/袖珍本 57450 | |
| 苏共领导是宣言与声明的背叛者——1965 年 12 月 30 日 | 人民日报编辑部、红旗杂志编辑部 | 外文 | 1965(1976 年起应索供应) | 32 开/袖珍本 62515 | |
| 在印度尼西亚阿里亚哈姆社会科学院的讲话——1965 年 5 月 25 日 | 彭真 | 外文 | 1965 | 32 开/袖珍本 78300 | |
| 列宁主义的伟大胜利——纪念列宁诞生九十五周年 | 红旗杂志社论 | 外文 | 1965 | 32 开/袖珍本 78300 | |
| 列宁反对修正主义、机会主义的斗争 | 郑言实 | 外文 | 1965(1976 年停售) | 精/平 16200 | |
| 在对待美帝国主义问题上两条路线的斗争 | 范秀珠 | 外文 | 1965(1976 年停售) | 35250 | |
| 论赫鲁晓夫的"和平共处"路线的本质 | 日共《赤旗报》评论员文章 | 外文 | 1965(1966 年停售) | 5200 | |

续表

| 书名 | 作者 | 出版社 | 出版/再版时间 | 装帧/印刷/发行册数 | 定价(元) |
|---|---|---|---|---|---|
| 评苏共领导从三月一日起在莫斯科召开的会议 | 日共《赤旗报》评论员文章 | 外文 | 1965（1966年停售） | 7250 | |
| 关于苏共领导及其领导下的机关团体对于我国民主运动和我们党的干涉和破坏活动 | 日共《赤旗报》评论员文章 | 外文 | 1965（1966年停售） | 6716 | 32开 0.30元 |
| 马来西亚人民的经历驳斥了修正主义的谬论——纪念马来西亚人民武装斗争十六周年 | 马来西亚箴言月刊 | 外文 | 1965（1973年起应索供应） | 7200 | |
| 中国人民解放军的民主传统——1965年8月1日 | 贺龙 | 外文 | 1965 | 35250 | |
| 反对法西斯战争的历史经验 | 人民日报编辑部 | 外文 | 1965 | | |
| 纪念战胜德国法西斯，把反对美帝国主义的斗争进行到底 | 罗瑞卿 | 外文 | 1965 | 32开/袖珍本82350 | |
| 人民战胜了法西斯，人民也一定能够战胜美帝国主义 | 罗瑞卿 | 外文 | 1965 | 63250 | |
| 坚决进行反对美帝国主义和新殖民主义的斗争，实现亚非人民的经济解放 | 南汉宸 | 外文 | 1965 | 25300 | |
| 打破核垄断，消灭核武器 | | 外文 | 1965 | 22250 | |
| 三千万越南人民的庄严宣言 | （越）阮文孝 | 外文 | 1965（1967年停售） | 54400 | |

续表

| 书名 | 作者 | 出版社 | 出版/<br>再版时间 | 装帧/印刷/<br>发行册数 | 定价(元) |
|---|---|---|---|---|---|
| "特种战争"——新殖民主义的产物 | （越）阮文孝 | 外文 | 1965（1978 年停售） | 8150 | |
| 支援越南人民，打败美国侵略者（画册，第一集） | | 外文 | 1965（1966 年停售） | 44400 | |
| 支援越南人民，打败美国侵略者（画册，第二集） | | 外文 | 1965（1978 年停售） | 54400 | |
| 支援越南人民，打败美国侵略者（画册，第三集） | | 外文 | 1965（1978 年停售） | 49300 | |
| 支援越南人民，打败美国侵略者（画册，第四集） | | 外文 | 1965（1978 年停售） | 37200 | |
| 支持刚果（利）人民反对美国侵略 | | 外文 | 1965（1966 年停售） | 18200 | |
| 支持多米尼加人民反对美国武装侵略 | | 外文 | 1965（1966 年停售） | 18200 | |
| 中华人民共和国第三次全国人民代表大会第一次会议主要文件 | | 外文 | 1965 | 20150 | |
| 培养革命接班人是党的一项战略任务 | | 外文 | 1965 | 20200 | |
| 文化战线上的一次大革命 | 彭真等 | 外文 | 1965 | 32000 | |
| 中印边界问题（2） | | 外文 | 1965 | 15150 | |
| 安娜·路易斯·斯特朗通讯集（第三集） | （美）安娜·路易斯·斯特朗 | 新世界 | 1965 | 39630 | |
| 千千万万中国人民 | （美）安娜·路易斯·斯特朗 | 新世界 | 1965 | 精/平 39950 | |

续表

| 书名 | 作者 | 出版社 | 出版/<br>再版时间 | 装帧/印刷/<br>发行册数 | 定价（元） |
|---|---|---|---|---|---|
| 西藏农奴站起来（第二版） | （美）安娜·路易斯·斯特朗 | 新世界 | 1965（1960 年出版，再版 1 次，总印数 11530 册，本次第 2 版） | 精/平 | |
| 伟大的中国 | （马里）马马杜·戈洛戈 | 新世界 | 1965（1969 年停售） | 20200 | |
| 中国历史简编（远古—1840） | 董集明 | 外文 | 1965 | 30200 | |
| 中国历史简编 1840—1919（第二版） | 林峰 | 外文 | 1965（1963 年出版，再版 1 次，总印数 35480 册，本次第 2 版） | | |
| 中国的文字改革（第二版） | 吴玉章 | 外文 | 1965（1958 年出版，再版 1 次，总印数 7530 册，本次第 2 版） | | |
| 现代修正主义者的艺术标本 | 张光年 | 外文 | 1965 | 12000 | |
| 红色风暴（话剧） | 金山著，班以安译 | 外文 | 1965 | 精 8200 | |
| 野牛寨（中国短篇小说） | 艾芜等 | 外文 | 1965 | 10200 | |
| 从皇帝到公民（我的前半生，下册） | 爱新觉罗·溥仪著，詹娜尔译 | 外文 | 1965 | 精/平 15300 | |
| 七姊妹（中国民间故事选，第六集） | | 外文 | 1965 | 25200 | |
| 神笔（连环画） | 红汛涛编文，万籁鸣绘 | 外文 | 1965（1963 年出版，总印数 40100 册，本次再版） | | |
| 秘密快报（连环画） | 高沙编文，华三川绘 | 外文 | 1965 | 40100 | |

| 书名 | 作者 | 出版社 | 出版/再版时间 | 装帧/印刷/发行册数 | 定价(元) |
|------|------|--------|----------------|--------------------|----------|
| 愚公移山(连环画) | 音匀编文，杨永青绘 | 中国少年儿童 | 1965 | 50100 | |
| 跟爷爷去打猎(连环画) | 赵复兴编文，杨永青绘 | 中国少年儿童 | 1965 | 80100 | |
| 萝卜联欢会(连环画) | 金近编文，孙雪泥、俞理绘 | 中国少年儿童 | 1965 | 25100 | |
| 椰子树下的故事(连环画) | 叶子丹编文，林琬崔绘 | 中国少年儿童 | 1965 | 40100 | |
| 小医生(连环画) | 张茂秋编文，杨文秀绘 | 中国少年儿童 | 1965 | 40100 | |
| 冷和热的地方(连环画) | 谢其规编文，乐小英绘 | 中国少年儿童 | 1965 | 50100 | |
| 铁道游击队(连环画) | 知侠原著，董子畏改编，韩和平、丁斌曾绘 | 外文 | 1965 | 30050 | |
| 越南人民必胜，美国侵略者必败(画册,第一集) | | 外文 | 1965(1966 年停售) | 30050 | |
| 越南人民必胜，美国侵略者必败(画册,第二集) | | 外文 | 1965(1973 年应索供应) | 76450 | |
| 中国登山运动(画册) | | 人民体育 | 1965 | | |
| 中国现代木刻 | | 外文 | 1965 | 4600 | |
| 天津市艺术博物馆馆藏玉器(彩色中国历代工艺美术明信片,中、英文对照) | 天津艺术博物馆 | 文物 | 1965 | 每套/8 张 | |

续表

| 书名 | 作者 | 出版社 | 出版/再版时间 | 装帧/印刷/发行册数 | 定价（元） |
|---|---|---|---|---|---|
| 故宫博物院院藏玉雕与石雕（彩色中国历代工艺美术明信片，中英文对照） | | 文物出版社 | 文物 | 1965 | 每套/8 张 | |
| 哈尔滨（彩色摄影明信片，中英文对照） | | 黑龙江美术 | 1965 | 每套/10 张 | |
| 香山（彩色摄影明信片，中英文对照） | | 文物出版社 | 文物 | 1965 | 每套/8 张 | |
| 克雷布施－郭尔丹系数表 | 中国科学院原子能研究所 | 科学 | 1965 | 精 | |
| 可剖形在欧式空间中的实现问题 | 吴文俊 | 科学 | 1965 | 精 | |

## 1965 年法文版书目（78 种）

| 书名 | 作者 | 出版社 | 出版/再版时间 | 装帧/印刷/发行册数 | 定价（元） |
|---|---|---|---|---|---|
| 中国社会各阶级的分析（第四版） | 毛泽东 | 外文 | 1965（1960 年 3 月出版，当年 9 月重印，1965、1968 年共再版 5 次重印，总印数 127678 册，本次第 4 版） | 精/平 | （1960 年 3 月 32 开，0.22 元；1960 年 9 月重印，0.22 元） |
| 湖南农民运动考察报告（第四版） | 毛泽东 | 外文 | 1965（1960 年 4 月出版，当年 11 月、1965、1968 年共再版 6 次重印，总印数 165611 册，本次第 4 版） | 精/平 | |
| 关于纠正党内的错误思想（第二版） | 毛泽东 | 外文 | 1965（1961 年出版，总印数 12610 册，本次第 2 版） | 精/平 | |

| 书名 | 作者 | 出版社 | 出版/<br>再版时间 | 装帧/印刷/<br>发行册数 | 定价(元) |
|---|---|---|---|---|---|
| 关心群众生活,注意工作方法(第四版) | 毛泽东 | 外文 | 1965(1960 年 5 月出版,1961 年 2 月、1965 年 4 月再版 2 次,总印数 19720 册,本次第 4 版) | 精/平 | |
| 论反对日本帝国主义的策略(第四版) | 毛泽东 | 外文 | 1965(1957 年出版,1961 年 2 月、1965、1968 年分别再版重印 8 次,总印数 156927 册,本次第 4 版) | 精/平 | (1961 年 32 开 0.44 元;1968 年袖珍本 0.15 元) |
| 中国共产党在抗日时期的任务(第四版) | 毛泽东 | 外文 | 1965(1956 年 5 月出版,1960 年 11 月、1965、1968 年再版重印 6 次,总印数 160959 册,本次第 4 版) | 精/平 | |
| 在延安文艺座谈会上的讲话(第二版) | 毛泽东 | 外文 | 1965(1962 年 5 月出版,1965、1967 年共再版重印 5 次,总印数 209007 册,本次第 2 版) | 精/平 | (1967 年 64 开塑套装 0.3 元) |
| 统一战线中的独立自主问题(第四版) | 毛泽东 | 外文 | 1965(1954 年 6 月出版,1960 年 9 月、1961 年 2 月、1965 年分别再版重印共 7 次,总印数 106996 册,本次第 4 版) | 精/平 | (1954 年 32 开 0.20 元;1960 年 32 开 0.17 元) |
| 改造我们的学习(第二版) | 毛泽东 | 外文 | 1965(1961 年 6 月出版,总印数 66601 册,本次第 2 版) | 精/平 | |

续表

| 书名 | 作者 | 出版社 | 出版/再版时间 | 装帧/印刷/发行册数 | 定价(元) |
|---|---|---|---|---|---|
| 反对党八股 | 毛泽东 | 外文 | 1965 | 精/平 | |
| 毛泽东论文学和艺术 | 毛泽东 | 外文 | 1965 | 精/平 30120 | |
| 论共产党员的修养 | 刘少奇 | 外文 | 1965 | 精/平 25150 | |
| 人民战争胜利万岁——纪念中国人民抗日战争胜利二十周年 | 林彪 | 外文 | 1965（再版2次） | 127222 | |
| 日共中央给苏共中央的复信 | | 外文 | 1965（1966年停售） | 6200 | |
| 现代修正主义者的"理论"和实践——在中共中央高级党校的报告 | （比利时）雅克格里巴 | 外文 | 1965 | 5150 | |
| 印度尼西亚革命和印度尼西亚共产党的迫切任务 | （印尼）迪·努·艾地 | 外文 | 1965（1971年停售） | 4700 | |
| 到人民中去,对垄断资本发动攻势（新西兰共产党全国委员会向全国代表大会的报告,1963年4月12日） | （新西兰）维·乔·威尔科克斯 | 外文 | 1964（1971年应索供应） | 3650 | |
| 世界共产主义运动的分歧——新西兰共产党的坚定立场 | （新西兰）维·乔·威尔科克斯 | 外文 | 1965（1971年应索供应） | 4200 | |
| 关于国际共产主义运动总路线的论战 | | 外文 | 1965（1976年起应索供应） | 精/平 7200 | |
| 评莫斯科三月会议——1965年3月23日 | 人民日报编辑部、红旗杂志编辑部 | 外文 | 1965（1976年起应索供应） | 55500 | |

续表

| 书名 | 作者 | 出版社 | 出版/<br>再版时间 | 装帧/印刷/<br>发行册数 | 定价（元） |
|---|---|---|---|---|---|
| 把反对赫鲁晓夫修正主义的斗争进行到底——纪念《国际共产主义运动总路线的建议》发表两周年 | 人民日报编辑部、红旗杂志编辑部 | 外文 | 1965（1976 年起应索供应） | 40100 | |
| 驳苏共新领导的所谓"联合行动"——1965 年 11 月 11 日 | 人民日报编辑部、红旗杂志编辑部 | 外文 | 1965（1976 年起应索供应） | 26500 | |
| 苏共领导是宣言与声明的背叛者——1965 年 12 月 30 日 | 人民日报编辑部、红旗杂志编辑部 | 外文 | 1965（再版 2 次，1976 年起应索供应） | 27424 | |
| 在印度尼西亚阿里亚哈姆社会科学院的讲话——1965 年 5 月 25 日 | 彭真 | 外文 | 1965 | 29250 | |
| 列宁主义的伟大胜利——纪念列宁诞生九十五周年 | 红旗杂志社论 | 外文 | 1965 | 31250 | |
| 在对待美帝国主义问题上两条路线的斗争 | 范秀珠 | 外文 | 1965（1976 年停售） | 21250 | |
| 必须制止导致分裂的各国党的会议 | 朝鲜《劳动新闻》社论 | 外文 | 1965 | 4150 | |
| 马来西亚人民的经历驳斥了修正主义的谬论——纪念马来西亚人民武装斗争十六周年 | 马来西亚箴言月刊 | 外文 | 1965（1973 年起应索供应） | | |

续表

| 书名 | 作者 | 出版社 | 出版/再版时间 | 装帧/印刷/发行册数 | 定价(元) |
|---|---|---|---|---|---|
| 中国人民解放军的民主传统——1965 年 8 月 1 日 | 贺龙 | 外文 | 1965 | 20250 | |
| 反对法西斯战争的历史经验 | 人民日报编辑部 | 外文 | 1965 | | |
| 纪念战胜德国法西斯,把反对美帝国主义的斗争进行到底 | 罗瑞卿 | 外文 | 1965 | 31250 | |
| 人民战胜了法西斯,人民也一定能够战胜美帝国主义 | 罗瑞卿 | 外文 | 1965 | 25300 | |
| 坚决进行反对美帝国主义和新殖民主义的斗争,实现亚非人民的经济解放 | 南汉宸 | 外文 | 1965 | 15200 | |
| 中印边界问题(2) | | 外文 | 1965 | 10200 | |
| 打破核垄断,消灭核武器 | | 外文 | 1965 | 13250 | |
| 三千万越南人民的庄严宣言 | (越)阮文孝 | 外文 | 1965(1968 年停售) | 27800 | |
| "特种战争"——新殖民主义的产物 | (越)阮文孝 | 外文 | 1965(1978 年停售) | 12200 | |
| 支援越南人民,打败美国侵略者(画册,第一集) | | 外文 | 1965(1966 年停售) | 27800 | |
| 支援越南人民,打败美国侵略者(画册,第二集) | | 外文 | 1965(1978 年停售) | 27800 | |
| 支援越南人民,打败美国侵略者(画册,第三集) | | 外文 | 1965(1978 年停售) | 28300 | |

| 书名 | 作者 | 出版社 | 出版/再版时间 | 装帧/印刷/发行册数 | 定价(元) |
|---|---|---|---|---|---|
| 支援越南人民，打败美国侵略者(画册,第四集) | | 外文 | 1965(1978 年停售) | 24200 | |
| 支持刚果（利）人民反对美国侵略 | | 外文 | 1965(1966 年停售) | 12150 | |
| 支持多米尼加人民反对美国武装侵略 | | 外文 | 1965(1966 年停售) | 9250 | |
| 中华人民共和国第三次全国人民代表大会第一次会议主要文件 | | 外文 | 1965 | | |
| 培养革命接班人是党的一项战略任务——1964 年 6 月 11 日在中国共产主义青年团第九次全国代表大会上的工作报告 | 胡耀邦 | 外文 | 1965 | 15150 | |
| 文化战线上的一次大革命 | 彭真等 | 外文 | 1965 | 20150 | |
| 亚非人民反帝大团结万岁——中国领导人访问亚非十三国文件集 | | 外文 | 1965 | 13120 | |
| 中阿战斗友谊万岁(中国领导人访问阿尔巴尼亚文件集) | | 外文 | 1964(1979 年停售) | | |
| 安娜·路易斯·斯特朗通讯集(第二集) | (美)安娜·路易斯·斯特朗 | 新世界 | 1965(1972 年停售) | | |
| 中国地理概述 | 任育地 | 外文 | 1965 | 20150 | |
| 小矿工及其他故事(新中国短篇小说选第五集) | 大群等 | 外文 | 1965 | 精 12150 | |

续表

| 书名 | 作者 | 出版社 | 出版/再版时间 | 装帧/印刷/发行册数 | 定价（元） |
|---|---|---|---|---|---|
| 越南人民必胜，美国侵略者必败（画册，第一集） | | 外文 | 1965（1966 年停售） | 20400 | |
| 越南人民必胜，美国侵略者必败（画册，第二集） | | 外文 | 1965（1973 年应索供应） | 40150 | |
| 中国登山运动（画册） | | 人民体育 | 1965 | | |
| 中国现代木刻 | | 外文 | 1965（1967 年停售） | 2700 | |
| 铁道游击队（连环画） | 知侠原著，董子畏改编，韩和平、丁斌曾绘 | 外文 | 1965 | 6070 | |
| 微山湖上 | 邱勋著，毛震耀、刘文颉插图 | 外文 | 1965 | | |
| 神笔（连环画） | 红汛涛编文，万籁鸣绘 | 外文 | 1965（1963 年出版，总印数 35100 册，本次再版） | | |
| 秘密快报（连环画） | 高沙编文，华三川绘 | 外文 | 1965 | 30100 | |
| 愚公移山（连环画） | 音匀编文，杨永青绘 | 中国少年儿童 | 1965 | 40100 | |
| 跟爷爷去打猎（连环画） | 赵复兴编文，杨永青绘 | 中国少年儿童 | 1965 | 35100 | |
| 萝卜联欢会（连环画） | 金近编文，孙雪泥、俞理绘 | 中国少年儿童 | 1965 | 15100 | |
| 椰子树下的故事（连环画） | 叶子丹编文，林琬崔绘 | 中国少年儿童 | 1965 | 30100 | |

续表

| 书名 | 作者 | 出版社 | 出版/再版时间 | 装帧/印刷/发行册数 | 定价(元) |
|---|---|---|---|---|---|
| 小医生(连环画) | 张茂秋编文，杨文秀绘 | 中国少年儿童 | 1965 | 30100 | |
| 冷和热的地方(连环画) | 谢其规编文，乐小英绘 | 中国少年儿童 | 1965 | 30100 | |

## 1965 年德文版书目(56 种)

| 书名 | 作者 | 出版社 | 出版/再版时间 | 装帧/印刷/发行册数 | 定价(元) |
|---|---|---|---|---|---|
| 共产党宣言 | 马克思、恩格斯 | 外文 | 1965(再版重印 4 次) | 94439 | |
| 论列宁主义基础 | 斯大林 | 外文 | 1965(再版重印 2 次) | 精/平 74440 | |
| 中国的红色政权为什么能够存在？ | 毛泽东 | 外文 | 1965(1963 年出版，再版重印 3 次，总印数 27020 册，本次第 2 版，本版 1966 年停售) | 56 开/袖珍本 | (1963 年 32 开精装 0.63 元) |
| 反对本本主义 | 毛泽东 | 外文 | 1965(1966、1972 年共再版 3 次) | 56 开/袖珍本 41873 | 0.1 元(1966 年 0.10 元，1972 年 0.08 元) |
| 关心群众生活，注意工作方法 | 毛泽东 | 外文 | 1965(再版重印 2 次) | 56 开/袖珍本 26068 | 0.12 元 |
| 被敌人反对是好事而不是坏事 | 毛泽东 | 外文 | 1965(再版重印 2 次) | 56 开/袖珍本 30320 | 0.08 元 |
| 目前统一战线中的策略问题 | 毛泽东 | 外文 | 1965(1954 年出版，1960、1965 年共再版重印 5 次，总印数 23659 册，本次再版) | 56 开/袖珍本 | |

续表

| 书名 | 作者 | 出版社 | 出版/再版时间 | 装帧/印刷/发行册数 | 定价（元） |
|---|---|---|---|---|---|
| 《农村调查》的序言和跋 | 毛泽东 | 外文 | 1965（再版2次，1966年停售） | 56开/袖珍本20051 | |
| 改造我们的学习 | 毛泽东 | 外文 | 1965（再版3次） | 56开/袖珍本42945 | 0.11元（1967年0.08元） |
| 整顿党的作风 | 毛泽东 | 外文 | 1965（1963年出版，再版2次，总印数23530册，本次再版） | 56开/袖珍本 | 0.21元 |
| 反对党八股 | 毛泽东 | 外文 | 1965（1967年再版共2次，总印数26865册） | 56开/袖珍本 | 0.15元（1967年0.12元） |
| 关于领导方法的若干问题 | 毛泽东 | 外文 | 1965（再版重印2次） | 56开/袖珍本24618 | |
| 为人民服务（含纪念白求恩） | 毛泽东 | 外文 | 1965（再版2次） | 56开/袖珍本12310 | 0.1元 |
| 愚公移山 | 毛泽东 | 外文 | 1965（1966年再版1次） | 56开/袖珍本75224 | 0.04元（1966年0.09元） |
| 愚公移山（中、英文对照） | 毛泽东 | 商务 | 1965 | | 0.08元 |
| 关于重庆谈判 | 毛泽东 | 外文 | 1965（1961年出版，1965、1966、1969年再版3次重印，总印数33065册，本次再版） | 56开/袖珍本 | （1969年36开0.12元） |
| 在中国共产党全国宣传工作会议上的讲话 | 毛泽东 | 外文 | 1965（再版重印2次） | 56开/袖珍本37018 | 0.22元 |
| 人的正确思想是从哪里来？ | 毛泽东 | 外文 | （再版重印3次） | 56开/袖珍本42176 | （1972年64开0.05元） |

续表

| 书名 | 作者 | 出版社 | 出版/再版时间 | 装帧/印刷/发行册数 | 定价(元) |
|------|------|--------|--------------|-------------------|---------|
| 毛泽东的四篇哲学论文 | 毛泽东 | 外文 | 1965（再版重印 3 次，1966 年停售） | 精/平 80708 | |
| 论共产党员的修养 | 刘少奇 | 外文 | 1965 | 精/平 6100 | |
| 人民战争胜利万岁（纪念中国人民抗日战争胜利二十周年） | 林彪 | 外文 | 1965（再版 1 次，1972 年停售） | 49458 | |
| 日共中央给苏共中央的复信 | | 外文 | 1965（1966 年停售） | 1700 | |
| 关于国际共产主义运动总路线的论战 | | 外文 | 1965（1976 年起应索供应） | 3700 | |
| 评莫斯科三月会议——1965 年 3 月 23 日 | 人民日报编辑部、红旗杂志编辑部 | 外文 | 1965（1976 年起应索供应） | 28230 | |
| 把反对赫鲁晓夫修正主义的斗争进行到底——纪念《国际共产主义运动总路线的建议》发表两周年 | 人民日报编辑部、红旗杂志编辑部 | 外文 | 1965（1976 年起应索供应） | 17200 | |
| 驳苏共新领导的所谓"联合行动"——1965 年 11 月 11 日 | 人民日报编辑部、红旗杂志编辑部 | 外文 | 1965（1976 年起应索供应） | 16300 | |
| 在印度尼西亚阿里亚哈姆社会科学院的讲话——1965 年 5 月 25 日 | 彭真 | 外文 | 1965 | 14150 | |
| 列宁主义的伟大胜利——纪念列宁诞生九十五周年 | 红旗杂志社论 | 外文 | 1965 | 20200 | |

续表

| 书名 | 作者 | 出版社 | 出版/再版时间 | 装帧/印刷/发行册数 | 定价（元） |
|------|------|--------|---------------|---------------------|-----------|
| 在对待美帝国主义问题上两条路线的斗争 | 范秀珠 | 外文 | 1965（1976 年停售） | 8150 | |
| 中国人民解放军的民主传统——1965 年 8 月 1 日 | 贺龙 | 外文 | 1965 | 3200 | |
| 反对法西斯战争的历史经验 | 人民日报编辑部 | 外文 | 1965 | | |
| 纪念战胜德国法西斯，把反对美帝国主义的斗争进行到底 | 罗瑞卿 | 外文 | 1965 | 20150 | |
| 人民战胜了法西斯，人民也一定能够战胜美帝国主义 | 罗瑞卿 | 外文 | 1965 | 12700 | |
| 战略上以一当十，战术上以十当一 | 李作鹏 | 外文 | 1965（1972 年停售） | 3150 | |
| 打破核垄断，消灭核武器 | | 外文 | 1965 | 5700 | |
| 支援越南人民，打败美国侵略者（第一集） | | 外文 | 1965（1966 年停售） | 9650 | |
| 支援越南人民，打败美国侵略者（第二集） | | 外文 | 1965（1978 年停售） | 9750 | |
| 支援越南人民，打败美国侵略者（第三集） | | 外文 | 1965（1978 年停售） | 10250 | |
| 支援越南人民，打败美国侵略者（第四集） | | 外文 | 1965（1978 年停售） | 6950 | |

续表

| 书名 | 作者 | 出版社 | 出版/再版时间 | 装帧/印刷/发行册数 | 定价(元) |
|---|---|---|---|---|---|
| 支持多米尼加人民反对美国武装侵略 | | 外文 | 1965(1966 年停售) | 2200 | |
| 人民公社在前进——规定人民公社五年经验的基本总结 | 陶铸 | 外文 | 1965 | 3000 | |
| 安娜·路易斯·斯特朗通讯集(第一集) | (美)安娜·路易斯·斯特朗 | 新世界 | 1965(1972 年停售) | 4250 | |
| 安娜·路易斯·斯特朗通讯集(第二集) | (美)安娜·路易斯·斯特朗 | 新世界 | 1965(1972 年停售) | 4250 | |
| 红岩 | 罗广斌、杨益言 | 外文 | 1965 | 精 7475 | |
| 从皇帝到公民(我的前半生)(上册) | 爱新觉罗·溥仪 | 外文 | 1965 | 4150 | |
| 从皇帝到公民(我的前半生)(下册) | 爱新觉罗·溥仪 | 外文 | 1965(1966 年停售) | 4262 | |
| 越南人民必胜,美国侵略者必败(画册,第一集) | | 外文 | 1965(1966 年停售) | 7750 | |
| 越南人民必胜,美国侵略者必败(画册,第二集) | | 外文 | 1965(1973 年应索供应) | 8150 | |
| 愚公移山(连环画) | 音匀编文,杨永青绘 | 中国少年儿童 | 1965 | 8100 | |
| 跟爷爷去打猎(连环画) | 赵复兴编文,杨永青绘 | 中国少年儿童 | 1965 | 6100 | |
| 萝卜联欢会(连环画) | 金近编文,孙雪泥、俞理绘 | 中国少年儿童 | 1965 | 3100 | |

续表

| 书名 | 作者 | 出版社 | 出版/再版时间 | 装帧/印刷/发行册数 | 定价（元） |
|------|------|--------|---------------|---------------------|-----------|
| 小医生（连环画） | 张茂秋编文，杨文秀绘 | 中国少年儿童 | 1965 | 4100 | |
| 冷和热的地方（连环画） | 谢其规编文，乐小英绘 | 中国少年儿童 | 1965 | 4450 | |

## 1965 年西班牙文版书目（67 种）

| 书名 | 作者 | 出版社 | 出版/再版时间 | 装帧/印刷/发行册数 |
|------|------|--------|---------------|---------------------|
| 共产党宣言（第三版） | 马克思、恩格斯 | 外文 | 1965（1963 年出版，再版 4 次重印，总印数 87089 册，本次第 3 版） | 精/平 |
| 中国的红色政权为什么能够存在？（第四版） | 毛泽东 | 外文 | 1965（1959 年出版，1960、1961、1965、1966 年再版重印共 6 次，本次第 4 版） | 精/平 |
| 星星之火，可以燎原（第五版） | 毛泽东 | 外文 | 1965（1959 年出版，1960、1961、1965、1968 年分别 32 开、64 开再版重印 9 次。总印数 2115233 册，本次第 5 版） | 精/平 |
| 反对日本进攻的方针、办法和前途 | 毛泽东 | 外文 | 1965（再版 2 次） | 精/平 60827 |
| 为动员一切力量争取抗战胜利而斗争 | 毛泽东 | 外文 | 1965（再版 1 次） | 精/平 54155 |
| 战争和战略问题（第五版） | 毛泽东 | 外文 | 1965（1959 年出版，1960、1961、1965 年共再版 6 次重印，总印数 110010 册，本次第 5 版） | 精/平 |

续表

| 书名 | 作者 | 出版社 | 出版/再版时间 | 装帧/印刷/发行册数 |
|---|---|---|---|---|
| 青年运动的方向 | 毛泽东 | 外文 | 1965（再版 1 次） | 精/平 61810 |
| 被敌人反对是好事而不是坏事 | 毛泽东 | 外文 | 1965（再版 1 次，0.08 元） | 袖珍本 53300 |
| 新民主主义宪政 | 毛泽东 | 外文 | 1965（再版 1 次） | 精/平 48910 |
| 在陕甘宁边区参议会上的演说 | 毛泽东 | 外文 | 1965 | 精/平 |
| 在延安文艺座谈会上的讲话 | 毛泽东 | 外文 | 1965（再版 2 次） | 130420 |
| 人的正确思想是从哪里来的？ | 毛泽东 | 外文 | 1965（再版 1 次） | 袖珍本 50212 |
| 毛泽东同志论帝国主义和一切反动派都是纸老虎（第四版） | 毛泽东 | 外文 | 1965（1958 年出版，再版 4 次，总印数 57330 册，本次第 4 版） | 精/平 |
| 人民战争胜利万岁（纪念中国人民抗日战争胜利二十周年） | 林彪 | 外文 | 1965（再版 3 次，1972 年停售） | 190328 |
| 日共中央给苏共中央的复信 | | 外文 | 1965（1966 年停售） | 5900 |
| 现代修正主义者的"理论"和实践——在中共中央高级党校的报告 | （比利时）雅克格里巴 | 外文 | 1965 | 5150 |
| 世界共产主义运动的分歧——新西兰共产党的坚定立场 | （新西兰）维·乔·威尔科克斯 | 外文 | 1965（1971 年应索供应） | 6850 |
| 关于国际共产主义运动总路线的论战 | | 外文 | 1965（1976 年起应索供应） | 精/平 3300 |
| 评莫斯科三月会议——1965 年 3 月 23 日 | 人民日报编辑部、红旗杂志编辑部 | 外文 | 1965（1976 年起应索供应） | 32 开/袖珍本 37300 |
| 把反对赫鲁晓夫修正主义的斗争进行到底——纪念《国际共产主义运动总路线的建议》发表两周年 | 人民日报编辑部、红旗杂志编辑部 | 外文 | 1965（1976 年起应索供应） | 32 开/袖珍本 27400 |

续表

| 书名 | 作者 | 出版社 | 出版/再版时间 | 装帧/印刷/发行册数 |
|---|---|---|---|---|
| 驳苏共新领导的所谓"联合行动"——1965年11月11日 | 人民日报编辑部、红旗杂志编辑部 | 外文 | 1965（1976年起应索供应） | 32开/袖珍本18355 |
| 苏共领导是宣言与声明的背叛者——1965年12月30日 | 人民日报编辑部、红旗杂志编辑部 | 外文 | 1965（1976年起应索供应） | 32开/袖珍本31424 |
| 在印度尼西亚阿里亚哈姆社会科学院的讲话——1965年5月25日 | 彭真 | 外文 | 1965 | 32开/袖珍本23750 |
| 列宁主义的伟大胜利——纪念列宁诞生九十五周年 | 红旗杂志社论 | 外文 | 1965 | 32开/袖珍本25200 |
| 在对待美帝国主义问题上两条路线的斗争 | 范秀珠 | 外文 | 1965（1976年停售） | 22200 |
| 必须制止导致分裂的各国党的会议 | 朝鲜《劳动新闻》社论 | 外文 | 1965 | 4150 |
| 马来西亚人民的经历驳斥了修正主义的谬论——纪念马来西亚人民武装斗争十六周年 | 马来西亚箴言月刊 | 外文 | 1965（1973年起应索供应） | 6150 |
| 中国人民解放军的民主传统——1965年8月1日 | 贺龙 | 外文 | 1965 | 15200 |
| 反对法西斯战争的历史经验 | 人民日报编辑部 | 外文 | 1965 | |
| 纪念战胜德国法西斯，把反对美帝国主义的斗争进行到底 | 罗瑞卿 | 外文 | 1965 | 25200 |
| 人民战胜了法西斯，人民也一定能够战胜美帝国主义 | 罗瑞卿 | 外文 | 1965 | 23200 |
| 打破核垄断，消灭核武器 | | 外文 | 1965 | 12200 |
| 三千万越南人民的庄严宣言 | （越）阮文孝 | 外文 | 1965（1968年停售） | 20150 |

| 书名 | 作者 | 出版社 | 出版/再版时间 | 装帧/印刷/发行册数 |
|---|---|---|---|---|
| 支援越南人民，打败美国侵略者（第一集） | | 外文 | 1965（1966 年停售） | 20200 |
| 支援越南人民，打败美国侵略者（第二集） | | 外文 | 1965（1978 年停售） | 20200 |
| 支援越南人民，打败美国侵略者（第三集） | | 外文 | 1965（1978 年停售） | 25700 |
| 支援越南人民，打败美国侵略者（第四集） | | 外文 | 1965（1978 年停售） | 26150 |
| 支持多米尼加人民反对美国武装侵略 | | 外文 | 1965（1966 年停售） | 10150 |
| 坚决进行反对美帝国主义和新殖民主义的斗争，实现亚非人民的经济解放 | 南汉宸 | 外文 | 1965 | 8200 |
| 中华人民共和国第三次全国人民代表大会第一次会议主要文件 | | 外文 | 1965 | 4610 |
| 文化战线上的一次大革命 | 彭真等 | 外文 | 1965 | 10150 |
| 越南人民必胜，美国侵略者必败（画册，第一集） | | 外文 | 1965（1966 年停售） | 10400 |
| 越南人民必胜，美国侵略者必败（画册，第二集） | | 外文 | 1965（1973 年应索供应） | 32400 |
| 中国登山运动（画册） | | 人民体育 | 1965 | |
| 中国现代木刻 | | 外文 | 1965 | 2100 |
| 团结就是力量（中国群众歌曲） | 中国音乐协会 | | 1965 | 精/平 5000 |
| 大灰狼（儿童文学） | 张天翼著，杨永青插图 | 外文 | 1965 | |
| 神笔（连环画） | 红汛涛编文，万籁鸣绘 | 外文 | 1965（1963 年出版，总印数 40100 册，本次再版） | 26100 |
| 秘密快报（连环画） | 高沙编文，华三川绘 | 外文 | 1965 | 27100 |

续表

| 书名 | 作者 | 出版社 | 出版/再版时间 | 装帧/印刷/发行册数 |
|---|---|---|---|---|
| 愚公移山（连环画） | 音匀编文，杨永青绘 | 中国少年儿童 | 1965 | |
| 跟爷爷去打猎（连环画） | 赵复兴编文，杨永青绘 | 中国少年儿童 | 1965 | 25199 |
| 萝卜联欢会（连环画） | 金近编文，孙雪泥、俞理绘 | 中国少年儿童 | 1965 | 15100 |
| 椰子树下的故事（连环画） | 叶子丹编文，林琬崔绘 | 中国少年儿童 | 1965 | 27100 |
| 小医生（连环画） | 张茂秋编文，杨文秀绘 | 中国少年儿童 | 1965 | 27100 |
| 冷和热的地方（连环画） | 谢其规编文，乐小英绘 | 中国少年儿童 | 1965 | 15100 |

## 1965 年葡萄牙文版书目（13 种）

| 书名 | 作者 | 出版社 | 出版/再版时间 | 装帧/印刷/发行册数 | 定价（元） |
|---|---|---|---|---|---|
| 中国的红色政权为什么能够存在？ | 毛泽东 | 外文 | 1965（再版重印 4 次） | 袖珍本 7177 | |
| 星星之火，可以燎原 | 毛泽东 | 外文 | 1965（再版重印 4 次） | 袖珍本 7266 | |
| 战争和战略问题 | 毛泽东 | 外文 | 1965（再版重印 3 次） | 袖珍本 11568 | |
| 毛泽东同志论帝国主义和一切反动派都是纸老虎 | 毛泽东 | 外文 | 1965（再版重印 1 次） | 56 开/5310 | 0.22 |
| 人民战争胜利万岁（纪念中国人民抗日战争胜利二十周年） | 林彪 | 外文 | 1965（再版 1 次，1972 年停售） | 袖珍本 11758 | |

| 书名 | 作者 | 出版社 | 出版/<br>再版时间 | 装帧/印刷/<br>发行册数 | 定价<br>（元） |
|---|---|---|---|---|---|
| 评莫斯科三月会议——1965年3月23日 | 人民日报编辑部、红旗杂志编辑部 | 外文 | 1965（1976年起应索供应） | 2050 | |
| 把反对赫鲁晓夫修正主义的斗争进行到底——纪念《国际共产主义运动总路线的建议》发表两周年 | 人民日报编辑部、红旗杂志编辑部 | 外文 | 1965（1976年起应索供应） | 1250 | |
| 驳苏共新领导的所谓"联合行动"——1965年11月11日 | 人民日报编辑部、红旗杂志编辑部 | 外文 | 1965（1976年起应索供应） | 2112 | |
| 反对法西斯战争的历史经验 | 人民日报编辑部 | 外文 | 1965 | | |
| 纪念战胜德国法西斯,把反对美帝国主义的斗争进行到底 | 罗瑞卿 | 外文 | 1965 | 1250 | |
| 越南人民必胜,美国侵略者必败（画册,第一集） | | 外文 | 1965（1966年停售） | 1100 | |
| 越南人民必胜,美国侵略者必败（画册,第二集） | | 外文 | 1965（1973年应索供应） | 1050 | |
| 中国社会主义工业化和农业集体化 | 薄一波、廖鲁言 | 外文 | 1965 | 1100 | |

## 1965 年意大利文版书目（9 种）

| 书名 | 作者 | 出版社 | 出版/再版时间 | 装帧/印刷/发行册数 |
|---|---|---|---|---|
| 中国共产党中央委员会对于苏联共产党中央委员会 1964 年 6 月 15 日来信的复信 | | 外文 | 1965（1976 年后应索供应） | 8530 |
| 中国共产党中央委员会对于苏联共产党中央委员会 1964 年 7 月 30 日来信的复信 | | 外文 | 1965（1976 年后应索供应） | 9030 |
| 关于赫鲁晓夫的假共产主义及其在世界历史上的教训——九评苏共中央公开信(1964 年 7 月 14 日) | 人民日报、红旗编辑部 | 外文 | 1965（再版 1 次，1976 年后应索供应） | 9572 |
| 赫鲁晓夫是怎样下台的 | 《红旗》1964 年第 21—22 期社论 | 外文 | 1965（1976 年后应索供应） | 8550 |
| 评莫斯科三月会议——1965 年 3 月 23 日 | 人民日报辑部、红旗杂志编辑部 | 外文 | 1965（1976 年起应索供应） | 8030 |
| 把反对赫鲁晓夫修正主义的斗争进行到底——纪念《国际共产主义运动总路线的建议》发表两周年 | 人民日报编辑部、红旗杂志编辑部 | 外文 | 1965（1976 年起应索供应） | 8030 |
| 培养革命接班人是党的一项战略任务——1964 年 6 月 11 日在中国共产主义青年团第九次全国代表大会上的工作报告 | 胡耀邦 | 外文 | 1965 | 2020 |
| 纪念战胜德国法西斯，把反对美帝国主义的斗争进行到底 | 罗瑞卿 | 外文 | 1965 | 8030 |
| 中国登山运动（画册） | | 人民体育 | 1965 | |

## 1965 年塞尔维亚文版书目（7 种）

| 书名 | 作者 | 出版社 | 出版/再版时间 | 装帧/印刷/发行册数 |
|---|---|---|---|---|
| 赫鲁晓夫是怎样下台的 | 《红旗》1964 年第 21—22 期社论 | 外文 | 1965（1976 年后应索供应） | 2360 |
| 评莫斯科三月会议——1965 年 3 月 23 日 | 人民日报编辑部、红旗杂志编辑部 | 外文 | 1965（1976 年起应索供应） | 530 |
| 把反对赫鲁晓夫修正主义的斗争进行到底——纪念《国际共产主义运动总路线的建议》发表两周年 | 人民日报编辑部、红旗杂志编辑部 | 外文 | 1965（1976 年起应索供应） | 530 |
| 列宁主义的伟大胜利——纪念列宁诞生九十五周年 | 红旗杂志社论 | 外文 | 1965 | 530 |
| 反对法西斯战争的历史经验 | 人民日报编辑部 | 外文 | 1965 | |
| 纪念战胜德国法西斯,把反对美帝国主义的斗争进行到底 | 罗瑞卿 | 外文 | 1965 | 530 |
| 中阿战斗友谊万岁（中国领导人访问阿尔巴尼亚文件集） | | 外文 | 1965（1979 年停售） | 1303 |

## 1965 年世界语版书目（22 种）

| 书名 | 作者 | 出版社 | 出版/再版时间 | 装帧/印刷/发行册数 | 定价（元） |
|---|---|---|---|---|---|
| 中国革命和中国共产党 | 毛泽东 | 中华全国世界语协会 | 1965 | 56 开/袖珍本 6500 | 0.20 |
| 抗日战争胜利后的时局和我们的方针 | 毛泽东 | 外文 | 1965 | 袖珍本 6500 | |
| 目前形势和我们的任务 | 毛泽东 | 外文 | 1965（1962 年出版,再版 1 次,总印数 5560 册,本次再版） | 袖珍本 | |

续表

| 书名 | 作者 | 出版社 | 出版/再版时间 | 装帧/印刷/发行册数 | 定价（元） |
|---|---|---|---|---|---|
| 人民战争胜利万岁——纪念中国人民抗日战争胜利二十周年 | 林彪 | 外文 | 1965（1972 年停售） | 袖珍本2515 | |
| 全世界无产阶级联合起来反对我们的共同敌人 | 人民日报编辑部 | 外文 | 1965（1976 年起应索供应） | 3100 | |
| 关于赫鲁晓夫的假共产主义及其在世界历史上的教训——九评苏共中央公开信（1964 年 7 月 14 日） | 人民日报、红旗编辑部 | 外文 | 1965（1976 年后应索供应） | 4000 | |
| 评莫斯科三月会议——1965 年 3 月 23 日 | 人民日报编辑部、红旗杂志编辑部 | 外文 | 1965（1976 年起应索供应） | 袖珍本9000 | |
| 把反对赫鲁晓夫修正主义的斗争进行到底——纪念《国际共产主义运动总路线的建议》发表两周年 | 人民日报编辑部、红旗杂志编辑部 | 外文 | 1965（1976 年起应索供应） | 袖珍本8200 | |
| 在印度尼西亚阿里亚哈姆社会科学院的讲话——1965 年 5 月 25 日 | 彭真 | 外文 | 1965 | 袖珍本3600 | |
| 列宁主义的伟大胜利——纪念列宁诞生九十五周年 | 红旗杂志社论 | 外文 | 1965 | 袖珍本4600 | |
| 反对法西斯战争的历史经验 | 人民日报编辑部 | 外文 | 1965 | 袖珍本 | |
| 纪念战胜德国法西斯，把反对美帝国主义的斗争进行到底 | 罗瑞卿 | 外文 | 1965 | 袖珍本3600 | |

续表

| 书名 | 作者 | 出版社 | 出版/再版时间 | 装帧/印刷/发行册数 | 定价（元） |
|---|---|---|---|---|---|
| 人民公社在前进 | 陶铸 | 外文 | 1965 | 3000 | |
| 中国的社会主义工业化和农业集体化 | 薄一波、廖鲁言 | 外文 | 1965 | 3500 | |
| 安娜·路易斯·斯特朗通讯集 | （美）安娜·路易斯·斯特朗 | 新世界 | 1965（1966 年停售） | | |
| 越南人民必胜，美国侵略者必败（画册，第一集） | | 外文 | 1965（1966 年停售） | 12300 | |
| 越南人民必胜，美国侵略者必败（画册，第二集） | | 外文 | 1965（1973 年应索供应） | 10600 | |
| 中国现代木刻 | | 中华全国世界语协会 | 1965 | | |
| 神笔（连环画） | 红汛涛编文，万籁鸣绘 | 外文 | 1965 | 8400 | |
| 秘密快报（连环画） | 高沙编文，华三川绘 | 外文 | 1965 | 7000 | |
| 愚公移山（连环画） | 音匀编文，杨永青绘 | 中国少年儿童 | 1965（1975 年停售） | 10600 | |
| 跟爷爷去打猎（连环画） | 赵复兴编文，杨永青绘 | 中国少年儿童 | 1965 | 7500 | |

## 1965 年俄文版书目（19 种）

| 书名 | 作者 | 出版社 | 出版/再版时间 | 装帧/印刷/发行册数 |
|---|---|---|---|---|
| 论共产党员的修养 | 刘少奇 | 外文 | 1965 | 精/平 25150 |
| 人民战争胜利万岁——纪念中国人民抗日战争胜利二十周年 | 林彪 | 外文 | 1965（1972 年停售） | 77208 |

**续表**

| 书名 | 作者 | 出版社 | 出版/再版时间 | 装帧/印刷/发行册数 |
|---|---|---|---|---|
| 日共中央给苏共中央的复信 | | 外文 | 1965（1966年停售） | 1862 |
| 关于国际共产主义运动总路线的论战 | | 外文 | 1965（1976年起应索供应） | 精/平 4700 |
| 评莫斯科三月会议——1965年3月23日 | 人民日报编辑部、红旗杂志编辑部 | 外文 | 1965（1976年起应索供应） | 32开/袖珍本 38220 |
| 把反对赫鲁晓夫修正主义的斗争进行到底——纪念《国际共产主义运动总路线的建议》发表两周年 | 人民日报编辑部、红旗杂志编辑部 | 外文 | 1965（1976年起应索供应） | 袖珍本 20120 |
| 驳苏共新领导的所谓"联合行动"——1965年11月I1日 | 人民日报编辑部、红旗杂志编辑部 | 外文 | 1965（1976年起应索供应） | 袖珍本 18050 |
| 苏共领导是宣言与声明的背叛者——1965年12月30日 | 人民日报编辑部、红旗杂志编辑部 | 外文 | 1965（1976年起应索供应） | 袖珍本 13212 |
| 在印度尼西亚阿里亚哈姆社会科学院的讲话——1965年5月25日 | 彭真 | 外文 | 1965 | 18120 |
| 列宁主义的伟大胜利——纪念列宁诞生九十五周年 | 红旗杂志社论 | 外文 | 1965 | 29700 |
| 中国人民解放军的民主传统——1965年8月1日 | 贺龙 | 外文 | 1965 | 9200 |
| 反对法西斯战争的历史经验 | 人民日报编辑部 | 外文 | 1965 | |
| 纪念战胜德国法西斯，把反对美帝国主义的斗争进行到底 | 罗瑞卿 | 外文 | 1965 | 30200 |

续表

| 书名 | 作者 | 出版社 | 出版/再版时间 | 装帧/印刷/发行册数 |
|---|---|---|---|---|
| 人民战胜了法西斯,人民也一定能够战胜美帝国主义 | 罗瑞卿 | 外文 | 1965 | 20250 |
| 支援越南人民,打败美国侵略者 | | 外文 | 1965（1966 年停售） | 17250 |
| 越南人民必胜,美国侵略者必败（画册,第一集） | | 外文 | 1965（1966 年停售） | 10350 |
| 越南人民必胜,美国侵略者必败（画册,第二集） | | 外文 | 1965（1973 年应索供应） | 9100 |

## 1965 年日文版书目(37 种)

| 书名 | 作者 | 出版社 | 出版/再版时间 | 装帧/印刷/发行册数 |
|---|---|---|---|---|
| 人民战争胜利万岁——纪念中国人民抗日战争胜利二十周年 | 林彪 | 外文 | 1965（再版 1 次,1972 年停售） | 137508 |
| 必须制止导致分裂的各国党的会议 | 朝鲜《劳动新闻》社论 | 外文 | 1965（1971 年起内部发行） | 7251 |
| 现代修正主义者的"理论"和实践——在中共中央高级党校的报告 | （比利时）雅克格里巴 | 外文 | 1965 | 7950 |
| 以辩证唯物主义和历史唯物主义的武器赢得印度尼西亚革命的胜利——1964 年在阿里亚哈姆社会科学院的讲话 | （印度尼西亚）约多 | 外文 | 1965（1971 年停售） | 6750 |
| 世界共产主义运动的分歧——新西兰共产党的坚定立场 | （新西兰）维·乔·威尔科克斯 | 外文 | 1965（1971 年应索供应） | 6250 |
| 关于国际共产主义运动总路线的论战 | | 外文 | 1965（1976 年起应索供应） | 7250 |

续表

| 书名 | 作者 | 出版社 | 出版/再版时间 | 装帧/印刷/发行册数 |
|---|---|---|---|---|
| 评莫斯科三月会议——1965 年 3 月 23 日 | 人民日报编辑部、红旗杂志编辑部 | 外文 | 1965（1976 年起应索供应） | 65300 |
| 把反对赫鲁晓夫修正主义的斗争进行到底——纪念《国际共产主义运动总路线的建议》发表两周年 | 人民日报编辑部、红旗杂志编辑部 | 外文 | 1965（1976 年起应索供应） | 46300 |
| 驳苏共新领导的所谓"联合行动"——1965 年 11 月 11 日 | 人民日报编辑部、红旗杂志编辑部 | 外文 | 1965（1976 年起应索供应） | 44321 |
| 苏共领导是宣言与声明的背叛者——1965 年 12 月 30 日 | 人民日报编辑部、红旗杂志编辑部 | 外文 | 1965（1976 年起应索供应） | 35312 |
| 在印度尼西亚阿里亚哈姆社会科学院的讲话——1965 年 5 月 25 日 | 彭真 | 外文 | 1965 | 46250 |
| 列宁主义的伟大胜利——纪念列宁诞生九十五周年 | 红旗杂志社论 | 外文 | 1965 | 47250 |
| 在对待美帝国主义问题上两条路线的斗争 | 范秀珠 | 外文 | 1965（1976 年停售） | 14800 |
| 马来西亚人民的经历驳斥了修正主义的谬论——纪念马来西亚人民武装斗争十六周年 | 马来西亚箴言月刊 | 外文 | 1965（1973 年起应索供应） | 6250 |
| 中国人民解放军的民主传统——1965 年 8 月 1 日 | 贺龙 | 外文 | 1965 | 8800 |
| 反对法西斯战争的历史经验 | 人民日报编辑部 | 外文 | 1965 | |
| 纪念战胜德国法西斯,把反对美帝国主义的斗争进行到底 | 罗瑞卿 | 外文 | 1965 | 47250 |

| 书名 | 作者 | 出版社 | 出版/再版时间 | 装帧/印刷/<br>发行册数 |
|---|---|---|---|---|
| 人民战胜了法西斯，人民也一定能够战胜美帝国主义 | 罗瑞卿 | 外文 | 1965 | 16300 |
| 战略上以一当十，战术上以十当一 | 李作鹏 | 外文 | 1965（1972 年停售） | 8800 |
| 打破核垄断，消灭核武器 | | 外文 | 1965 | 11300 |
| 三千万越南人民的庄严宣言 | （越）阮文孝 | 外文 | 1965（1967 年停售） | 22250 |
| 支援越南人民，打败美国侵略者（第一集） | | 外文 | 1965（1966 年停售） | 22250 |
| 支援越南人民，打败美国侵略者（第二集） | | 外文 | 1965（1978 年停售） | 22250 |
| 支援越南人民，打败美国侵略者（第三集） | | 外文 | 1965（1978 年停售） | 23250 |
| 支援越南人民，打败美国侵略者（第四集） | | 外文 | 1965（1978 年停售） | 14300 |
| 支持多米尼加人民反对美国武装侵略 | | 外文 | 1965（1966 年停售） | 8500 |
| 中华人民共和国第三次全国人民代表大会第一次会议主要文件 | | 外文 | 1965 | 9250 |
| 中国的社会主义工业化和农业集体化 | 薄一波、廖鲁言 | 外文 | 1965 | 8250 |
| 中国革命中的农民问题 | 肖述等 | 外文 | 1965 | 8800 |
| 政治工作是一切工作的生命线 | 红旗杂志社 | 外文 | 1965 | 8800 |
| 培养革命接班人是党的一项战略任务——1964 年 6 月 11 日在中国共产主义青年团第九次全国代表大会上的工作报告 | 胡耀邦 | 外文 | 1965 | 8750 |
| 文化战线上的一次大革命 | 彭真等 | 外文 | 1965 | 8250 |

续表

| 书名 | 作者 | 出版社 | 出版/再版时间 | 装帧/印刷/发行册数 |
|------|------|--------|--------------|------------------|
| 战斗的里程（中国短篇小说选集） | 周立波等 | 外文 | 1965 | 13000 |
| 我和祖国 | | 外文 | 1965（1966 年停售） | 10300 |
| 红色的女工（中国报告文学集） | 黄宗英等 | 外文 | 1965 | |
| 越南人民必胜，美国侵略者必败（画册，第一集） | | 外文 | 1965（1966 年停售） | 6850 |
| 越南人民必胜，美国侵略者必败（画册，第二集） | | 外文 | 1965（1973 年应索供应） | 50250 |

## 1965 年越南文版书目（45 种）

| 书名 | 作者 | 出版社 | 出版/再版时间 | 装帧/印刷/发行册数 |
|------|------|--------|--------------|------------------|
| 人民战争胜利万岁——纪念中国人民抗日战争胜利二十周年 | 林彪 | 外文 | 1965（再版 2 次，1972 年停售） | 380320 |
| 日共中央给苏共中央的复信 | | 外文 | 1965（1966 年停售） | 14200 |
| 世界共产主义运动的分歧——新西兰共产党的坚定立场 | （新西兰）维·乔·威尔科克斯 | 外文 | 1965（1971 年应索供应） | 14700 |
| 现代修正主义者的"理论"和实践——在中共中央高级党校的报告 | （比利时）雅克格里巴 | 外文 | 1965（1971 年停售） | 20100 |
| 以辩证唯物主义和历史唯物主义的武器赢得印度尼西亚革命的胜利——1964 年在阿里亚哈姆社会科学院的讲话 | （印度尼西亚）约多 | 外文 | 1965（1971 年停售） | 14200 |

续表

| 书名 | 作者 | 出版社 | 出版/再版时间 | 装帧/印刷/发行册数 |
|---|---|---|---|---|
| 关于国际共产主义运动总路线的论战 | | 外文 | 1965（1976 年起应索供应） | 5200 |
| 评莫斯科三月会议——1965 年 3 月 23 日 | 人民日报编辑部、红旗杂志编辑部 | 外文 | 1965（1976 年起应索供应） | 150200 |
| 把反对赫鲁晓夫修正主义的斗争进行到底——纪念《国际共产主义运动总路线的建议》发表两周年 | 人民日报编辑部、红旗杂志编辑部 | 外文 | 1965（1976 年起应索供应） | 袖珍本74200 |
| 驳苏共新领导的所谓"联合行动"——1965 年 11 月 11 日 | 人民日报编辑部、红旗杂志编辑部 | 外文 | 1965（1976 年起应索供应） | 袖珍本79762 |
| 在印度尼西亚阿里亚哈姆社会科学院的讲话——1965 年 5 月 25 日 | 彭真 | 外文 | 1965 | 袖珍本73700 |
| 列宁主义的伟大胜利——纪念列宁诞生九十五周年 | 红旗杂志社论 | 外文 | 1965 | 66200 |
| 马来西亚人民的经历驳斥了修正主义的谬论——纪念马来西亚人民武装斗争十六周年 | 马来西亚箴言月刊 | 外文 | 1965（1973 年起应索供应） | 74700 |
| 中国人民解放军的民主传统——1965 年 8 月 1 日 | 贺龙 | 外文 | 1965 | 17200 |
| 纪念战胜德国法西斯，把反对美帝国主义的斗争进行到底（包含"反法西斯战争的历史经验"） | 罗瑞卿 | 外文 | 1965 | 76974 |
| 人民战胜了法西斯，人民也一定能够战胜美帝国主义 | 罗瑞卿 | 外文 | 1965 | 38200 |
| 支援越南人民，打败美国侵略者 | | 外文 | 1965（1966 年停售） | 50200 |

续表

| 书名 | 作者 | 出版社 | 出版/再版时间 | 装帧/印刷/发行册数 |
|---|---|---|---|---|
| 中华人民共和国第三次全国人民代表大会第一次会议主要文件 | | 外文 | 1965 | 10700 |
| 中国的社会主义工业化和农业集体化 | 薄一波、廖鲁言 | 外文 | 1965 | 12700 |
| 培养革命接班人是党的一项战略任务——1964年6月11日在中国共产主义青年团第九次全国代表大会上的工作报告 | 胡耀邦 | 外文 | 1965 | 20100 |
| 文化战线上的一次大革命 | 彭真等 | 外文 | 1965 | 13200 |
| 人民公社在前进 | 陶铸 | 外文 | 1965 | 7600 |
| 水手长的故事（中国短篇小说） | 巴金等 | 外文 | 1965 | 5800 |
| 越南人民必胜，美国侵略者必败（画册，第一集） | | 外文 | 1965（1966年停售） | 10750 |
| 越南人民必胜，美国侵略者必败（画册，第二集） | | 外文 | 1965（1973年应索供应） | 25800 |
| 铁道游击队（连环画） | 知侠原著，董子畏改编，韩和平、丁斌曾绘 | 外文 | 1965 | 21400 |
| 微山湖上 | 邱勋著，毛震耀、刘文颉插图 | 外文 | 1965 | |
| 萝卜联欢会（儿童画册） | 金近文，孙雪泥、俞理绘 | 外文 | 28开 1965 | 22100 |
| 神笔（连环画） | 红汛涛编文，万籁鸣绘 | 外文 | 1965 | 22100 |
| 秘密快报（连环画） | 高沙编文，华三川绘 | 外文 | 1965 | 22600 |

| 书名 | 作者 | 出版社 | 出版/再版时间 | 装帧/印刷/发行册数 |
|---|---|---|---|---|
| 庆祝越南人民反美斗争的伟大胜利(画片) | 何孔德绘 | 人民美术 | 1965 | |
| 越南人民必胜(中越文对照)(画片) | | 人民美术 | 1965 | |
| 反对美国侵犯越南民主共和国(中、越文对照)(画片) | | 人民美术 | 1965 | |
| 美帝国主义从越南滚出去(画片) | 牛文绘 | 人民美术 | 1965 | |
| 中越团结万岁(中、越文对照)(画片) | | 人民美术 | 1965 | |
| 越南少女儿童画(中、越文对照)(画片) | | 人民美术 | 1965 | |
| 决战决胜,打击美国侵略者(画片) | 郑通校绘 | 上海人民美术 | 1965 | |
| 越南军民打得好(画片) | 张碧梧绘 | 上海人民美术 | 1965 | |
| 机耕队(画片) | 张碧梧绘 | 上海人民美术 | 1965 | |
| 颗粒归仓,不浪费一粒粮食(画片) | 金梅生绘 | 上海人民美术 | 1965 | |
| 读好书,学好样(画片) | 江风绘 | 上海人民美术 | 1965 | |
| 我们热爱劳动(画片) | 吴蓝烟绘 | 上海人民美术 | 1965 | |
| 助人为乐(画片) | 徐寄萍绘 | 上海人民美术 | 1965 | |
| 做渔船模型(画片) | 忻礼良绘 | 上海人民美术 | 1965 | |
| 做荷包(画片) | 范振家绘 | 天津美术 | 1965 | |
| 愚公移山(儿童画册) | 音勾编文,杨永青绘 | 中国少年儿童 | 1965 | 26900 |

### 1965 年泰国文版书目（19 种）

| 书名 | 作者 | 出版社 | 出版/再版时间 | 装帧/印刷/发行册数 |
|---|---|---|---|---|
| 关心群众生活，注意工作方法 | 毛泽东 | 外文 | 1965 | |
| 全世界人民团结起来打败美国侵略者及其一切走狗（关于支持美国黑人、越南南方人民、巴拿马人民、日本人民、刚果人民和多米尼加人民反对美帝国主义的正义斗争的声明和谈话） | 毛泽东 | 外文 | 1965（再版 1 次） | 16212 |
| 赫鲁晓夫是怎样下台的 | 《红旗》1964 年第 21—22 期社论 | 外文 | 1964（1976 年后应索供应） | 3100 |
| 评莫斯科三月会议——1965 年 3 月 23 日 | 人民日报编辑部、红旗杂志编辑部 | 外文 | 1965（1976 年起应索供应） | 2100 |
| 把反对赫鲁晓夫修正主义的斗争进行到底——纪念《国际共产主义运动总路线的建议》发表两周年 | 人民日报编辑部、红旗杂志编辑部 | 外文 | 1965（1976 年起应索供应） | 1800 |
| 在印度尼西亚阿里亚哈姆社会科学院的讲话——1965 年 5 月 25 日 | 彭真 | 外文 | 1965 | 1800 |
| 列宁主义的伟大胜利——纪念列宁诞生九十五周年 | 红旗杂志社论 | 外文 | 1965 | 1800 |
| 反对法西斯战争的历史经验 | 人民日报编辑部 | 外文 | 1965 | |
| 纪念战胜德国法西斯，把反对美帝国主义的斗争进行到底 | 罗瑞卿 | 外文 | 1965 | 1800 |
| 支援越南人民，打败美国侵略者 | | 外文 | 1965（1966 年停售） | 2100 |

**续表**

| 书名 | 作者 | 出版社 | 出版/再版时间 | 装帧/印刷/发行册数 |
|---|---|---|---|---|
| 越南人民必胜,美国侵略者必败（画册,第一集） | | 外文 | 1965（1966 年停售） | 1600 |
| 越南人民必胜,美国侵略者必败（画册,第二集） | | 外文 | 1965（1973 年应索供应） | 1100 |
| 铁道游击队（连环画） | 知侠原著,董子畏改编,韩和平、丁斌曾绘 | 外文 | 1965 | 1600 |
| 杨根思（连环画） | 望昊苏原著,一帆改编,贺友直绘 | 外文 | 1965 | 1500 |
| 姑娘和八哥鸟（连环画） | 程十发绘 | 外文 | 1965 | 1580 |
| 我要读书（连环画） | 王绪阳、贲余庆绘 | 外文 | 1965 | 1600 |
| 杨司令的少先队（连环画） | 郭墟著,范一辛绘 | 外文 | 1965 | 1580 |
| 狐狸（连环画） | 管桦著,严个凡绘 | 外文 | 1965 | 1580 |
| 牧童和毒龙（连环画） | 史阳著,李天心绘 | 外文 | 1965 | 1580 |

## 1965 年缅甸文版书目（20 种）

| 书名 | 作者 | 出版社 | 出版/再版时间 | 装帧/印刷/发行册数 |
|---|---|---|---|---|
| 中国的红色政权为什么能够存在? | 毛泽东 | 外文 | 1965（再版 1 次） | 8155 |
| 反对本本主义 | 毛泽东 | 外文 | 1965（再版 1 次） | 袖珍本 8155 |
| 实践论 | 毛泽东 | 外文 | 1965（再版 1 次） | 107508 |
| 矛盾论 | 毛泽东 | 外文 | 1965（再版 1 次） | 106960 |
| 论持久战 | 毛泽东 | 外文 | 1965（再版 1 次） | 105560 |

续表

| 书名 | 作者 | 出版社 | 出版/再版时间 | 装帧/印刷/发行册数 |
|---|---|---|---|---|
| 被敌人反对是好事而不是坏事 | 毛泽东 | 外文 | 1965（再版2次） | 袖珍本 16615 |
| 论人民民主专政 | 毛泽东 | 外文 | 1965（再版1次） | 106208 |
| 关于正确处理人民内部矛盾的问题 | 毛泽东 | 外文 | 1965（再版1次） | 7155 |
| 论共产党员的修养 | 刘少奇 | 外文 | 1965 | 精550 |
| 人民战争胜利万岁——纪念中国人民抗日战争胜利二十周年 | 林彪 | 外文 | 1965（再版1次，1972年停售） | |
| 评莫斯科三月会议——1965年3月23日 | 人民日报编辑部、红旗杂志编辑部 | 外文 | 1965（1976年起应索供应） | |
| 把反对赫鲁晓夫修正主义的斗争进行到底——纪念《国际共产主义运动总路线的建议》发表两周年 | 人民日报编辑部、红旗杂志编辑部 | 外文 | 1965（1976年起应索供应） | 1400 |
| 在印度尼西亚阿里亚哈姆社会科学院的讲话——1965年5月25日 | 彭真 | 外文 | 1965 | 1400 |
| 列宁主义的伟大胜利——纪念列宁诞生九十五周年 | 红旗杂志社论 | 外文 | 1965 | |
| 反对法西斯战争的历史经验 | 人民日报编辑部 | 外文 | 1965 | |
| 纪念战胜德国法西斯，把反对美帝国主义的斗争进行到底 | 罗瑞卿 | 外文 | 1965 | |
| 支援越南人民，打败美国侵略者 | | 外文 | 1965 | 1600 |
| 越南人民必胜，美国侵略者必败（画册，第一集） | | 外文 | 1965（1966年停售） | 1100 |
| 越南人民必胜，美国侵略者必败（画册，第二集） | | 外文 | 1965（1973年应索供应） | 1100 |
| 中华人民共和国土地改革法及其他文件 | | 外文 | 1965 | 1100 |

## 1965 年印地文版书目（21 种）

| 书名 | 作者 | 出版社 | 出版/再版时间 | 装帧/印刷/发行册数 |
|---|---|---|---|---|
| 中共中央和苏共中央来往的七封信 | | 外文 | 1965（1976 年后应索供应） | 袖珍本 2100 |
| 中国共产党中央委员会对于苏联共产党中央委员会 1964 年 6 月 15 日来信的复信 | | 外文 | 1965（1976 年后应索供应） | 袖珍本 1600 |
| 中国共产党中央委员会对于苏联共产党中央委员会 1964 年 7 月 30 日来信的复信 | | 外文 | 1965（1976 年后应索供应） | 袖珍本 2050 |
| 中国社会各阶级的分析 | 毛泽东 | 外文 | 1965（再版 2 次） | 袖珍本 39018 |
| 青年运动的方向 | 毛泽东 | 外文 | 1965（1960 年出版，再版 3 次，总印数 19550 册） | 袖珍本 |
| 无产阶级革命和赫鲁晓夫修正主义——八评苏共中央公开信（1964 年 3 月 31 日） | 人民日报、红旗编辑部 | 外文 | 1965（1976 年后应索供应） | 袖珍本 3100 |
| 关于赫鲁晓夫的假共产主义及其在世界历史上的教训——九评苏共中央公开信（1964 年 7 月 14 日） | 人民日报、红旗编辑部 | 外文 | 1965（1976 年后应索供应） | 袖珍本 3050 |
| 赫鲁晓夫是怎样下台的 | 《红旗》1964 年第 21—22 期社论 | 外文 | 1965（1976 年后应索供应） | 袖珍本 3100 |
| 评莫斯科三月会议——1965 年 3 月 23 日 | 人民日报编辑部、红旗杂志编辑部 | 外文 | 1965（1976 年起应索供应） | 袖珍本 2600 |
| 把反对赫鲁晓夫修正主义的斗争进行到底——纪念《国际共产主义运动总路线的建议》发表两周年 | 人民日报编辑部、红旗杂志编辑部 | 外文 | 1965（1976 年起应索供应） | 袖珍本 2600 |

续表

| 书名 | 作者 | 出版社 | 出版/再版时间 | 装帧/印刷/发行册数 |
|---|---|---|---|---|
| 在印度尼西亚阿里亚哈姆社会科学院的讲话——1965 年 5 月 25 日 | 彭真 | 外文 | 1965 | 2600 |
| 列宁主义的伟大胜利——纪念列宁诞生九十五周年 | 红旗杂志社论 | 外文 | 1965 | 袖珍本 2100 |
| 哲学、社会科学工作者的战斗任务（1963 年 10 月 26 日在中国科学院社会科学部委员会第四次扩大会议上的讲话） | 周扬 | 外文 | 1965（1972 年停售） | 袖珍本 2600 |
| 为我国青年革命化而斗争——1964 年 6 月 11 在中国共产主义青年团第九次代表大会上的工作报告 | 胡耀邦 | 外文 | 1965 | 2600 |
| 反对法西斯战争的历史经验 | 人民日报编辑部 | 外文 | 1965 | 袖珍本 |
| 纪念战胜德国法西斯，把反对美帝国主义的斗争进行到底 | 罗瑞卿 | 外文 | 1965 | 袖珍本 2400 |
| 支援越南人民，打败美国侵略者 | | 外文 | 1965（1966 年停售） | 2600 |
| 越南人民必胜，美国侵略者必败（画册，第一集） | | 外文 | 1965（1966 年停售） | 2100 |
| 越南人民必胜，美国侵略者必败（画册，第二集） | | 外文 | 1965（再版 1 次，1973 年应索供应） | 6650 |
| 中国登山运动（画册） | | 人民体育 | 1965 | |
| 冷和热的地方（连环画） | 谢其规编文，乐小英绘 | 中国少年儿童 | 1965 | 2720 |

## 1965 年印尼文版书目(8 种)

| 书名 | 作者 | 出版社 | 出版/再版时间 | 装帧/印刷/发行册数 |
|---|---|---|---|---|
| 中国共产党中央委员会对于苏联共产党中央委员会 1964 年 7 月 30 日来信的复信 | | 外文 | 1965(1976 年后应索供应) | 13200 |
| 评莫斯科三月会议——1965 年 3 月 23 日 | 人民日报编辑部、红旗杂志编辑部 | 外文 | 1965(1976 年起应索供应) | 34200 |
| 把反对赫鲁晓夫修正主义的斗争进行到底——纪念《国际共产主义运动总路线的建议》发表两周年 | 人民日报编辑部、红旗杂志编辑部 | 外文 | 1965(1976 年起应索供应) | 37150 |
| 列宁主义的伟大胜利——纪念列宁诞生九十五周年 | 红旗杂志社论 | 外文 | 1965 | 36300 |
| 中国人民解放军的民主传统——1965 年 8 月 1 日 | 贺龙 | 外文 | 1965 | 2100 |
| 反对法西斯战争的历史经验 | 人民日报编辑部 | 外文 | 1965 | |
| 纪念战胜德国法西斯,把反对美帝国主义的斗争进行到底 | 罗瑞卿 | 外文 | 1965 | 36300 |
| 越南人民必胜,美国侵略者必败(画册) | | 外文 | 1965(1966 年停售) | 8350 |

## 1965 年波斯文版书目(20 种)

| 书名 | 作者 | 出版社 | 出版/再版时间 | 装帧/印刷/发行册数 |
|---|---|---|---|---|
| 中共中央和苏共中央来往的七封信 | | 外文 | 1965(1976 年后应索供应) | 袖珍本 |
| 中国社会各阶级的分析 | 毛泽东 | 外文 | 1965(再版 4 次) | 袖珍本 24234 |
| 中国的红色政权为什么能够存在? | 毛泽东 | 外文 | 1965(再版 2 次) | 袖珍本 12809 |

**续表**

| 书名 | 作者 | 出版社 | 出版/再版时间 | 装帧/印刷/发行册数 |
|---|---|---|---|---|
| 实践论 | 毛泽东 | 外文 | 1965 | 袖珍本 1600 |
| 发对自由主义 | 毛泽东 | 外文 | 1965（再版1次） | 袖珍本 4310 |
| 青年运动的方向 | 毛泽东 | 外文 | 1965（再版2次） | 袖珍本 20259 |
| 《共产党人》发刊词 | 毛泽东 | 外文 | 1965（再版2次） | 袖珍本 8255 |
| 中国革命和中国共产党 | 毛泽东 | 外文 | 1965（再版2次） | 袖珍本 18454 |
| 改造我们的学习 | 毛泽东 | 外文 | 1965（再版2次） | 袖珍本 14329 |
| 整顿党的作风 | 毛泽东 | 外文 | 1965（再版1次） | 袖珍本 7755 |
| 为人民服务（含"纪念白求恩"） | 毛泽东 | 外文 | 1965 | 袖珍本 1600 |
| 和美国记者安娜·路易斯·斯特朗的谈话（含"关于目前形势的几点估计"） | 毛泽东 | 外文 | 1965（再版2次） | 袖珍本 6455 |
| 人的正确思想是从哪里来的？ | 毛泽东 | 外文 | 1965（再版1次） | 袖珍本 7217 |
| 人民战争胜利万岁——纪念中国人民抗日战争胜利二十周年 | 林彪 | 外文 | 1965（再版1次，1972年停售） | 7108 |
| 评莫斯科三月会议——1965年3月23日 | 人民日报编辑部、红旗杂志编辑部 | 外文 | 1965（1976年起应索供应） | 袖珍本 3700 |
| 把反对赫鲁晓夫修正主义的斗争进行到底——纪念《国际共产主义运动总路线的建议》发表两周年 | 人民日报编辑部、红旗杂志编辑部 | 外文 | 1965（1976年起应索供应） | 袖珍本 1600 |

**续表**

| 书名 | 作者 | 出版社 | 出版/再版时间 | 装帧/印刷/发行册数 |
|---|---|---|---|---|
| 在印度尼西亚阿里亚哈姆社会科学院的讲话——1965 年 5 月 25 日 | 彭真 | 外文 | 1965 | 袖珍本 1600 |
| 列宁主义的伟大胜利——纪念列宁诞生九十五周年 | 红旗杂志社论 | 外文 | 1965（1976 年起应索供应） | 袖珍本 1600 |
| 反对法西斯战争的历史经验 | 人民日报编辑部 | 外文 | 1965 | 袖珍本 |
| 金斧头（连环画） | 杨菊编文，李天心绘 | 外文 | 1965 | 3030 |

## 1965 年阿拉伯文版书目(21 种)

| 书名 | 作者 | 出版社 | 出版/再版时间 | 装帧/印刷/发行册数 |
|---|---|---|---|---|
| 关于重庆谈判 | 毛泽东 | 外文 | 1965（再版 2 次） | 60458 |
| 在晋绥干部会议上的讲话 | 毛泽东 | 外文 | 1965（再版 3 次） | 66310 |
| 在中国共产党第七届中央委员会第二次全体会议上的报告 | 毛泽东 | 外文 | 1965（再版 3 次，1973 年停售） | 112976 |
| 评白皮书 | 毛泽东 | 外文 | 1965（再版 1 次） | 61908 |
| 人民战争胜利万岁——纪念中国人民抗日战争胜利二十周年 | 林彪 | 外文 | 1965（再版 1 次，1972 年停售） | 107708 |
| 关于国际共产主义运动总路线的论战 | | 外文 | 1965（1976 年起应索供应） | 4100 |
| 评莫斯科三月会议——1965 年 3 月 23 日 | 人民日报编辑部、红旗杂志编辑部 | 外文 | 1965（1976 年起应索供应） | 5100 |
| 把反对赫鲁晓夫修正主义的斗争进行到底——纪念《国际共产主义运动总路线的建议》发表两周年 | 人民日报编辑部、红旗杂志编辑部 | 外文 | 1965（1976 年起应索供应） | 4100 |

续表

| 书名 | 作者 | 出版社 | 出版/再版时间 | 装帧/印刷/发行册数 |
|---|---|---|---|---|
| 驳苏共新领导的所谓"联合行动"——1965 年 11 月 11 日 | 人民日报编辑部、红旗杂志编辑部 | 外文 | 1965（1976 年起应索供应） | 4100 |
| 在印度尼西亚阿里亚哈姆社会科学院的讲话——1965 年 5 月 25 日 | 彭真 | 外文 | 1965 | 4100 |
| 中华人民共和国第三次全国人民代表大会第一次会议主要文件 | | 外文 | 1965 | 2600 |
| 列宁主义的伟大胜利——纪念列宁诞生九十五周年 | 红旗杂志社论 | 外文 | 1965 | 5100 |
| 反对法西斯战争的历史经验 | 人民日报编辑部 | 外文 | 1965 | 5100 |
| 纪念战胜德国法西斯,把反对美帝国主义的斗争进行到底 | 罗瑞卿 | 外文 | 1965 | 5100 |
| 支援越南人民,打败美国侵略者 | | 外文 | 1965（1966 年停售） | 6700 |
| 中国历史简编 1840—1919 | 林峰 | 外文 | 1965 | 13100 |
| 安娜·路易斯·斯特朗通讯集 | （美）安娜·路易斯·斯特朗 | 新世界 | 1965（1972 年停售） | 10100 |
| 越南人民必胜,美国侵略者必败（画册） | | 外文 | 1965（1966 年停售） | 17600 |
| 越南人民必胜,美国侵略者必败（画册,第二集） | | 外文 | 1965（1973 年应索供应） | 6850 |
| 冷和热的地方（连环画） | 谢其规编文,乐小英绘 | 外文 | 1965 | 10350 |
| 铁道游击队（连环画） | 知侠原著,董子畏改编,韩和平、丁斌曾绘 | 外文 | 1965 | 10000 |

## 1965 年斯瓦希里文版书目（14 种）

| 书名 | 作者 | 出版社 | 出版/再版时间 | 装帧/印刷/发行册数 |
|---|---|---|---|---|
| 中国社会各阶级的分析 | 毛泽东 | 外文 | 1965（再版 2 次） | 60270 |
| 毛泽东同志论帝国主义和一切反动派都是纸老虎 | 毛泽东 | 外文 | 1965（当年停售） | 10112 |
| 全世界人民团结起来打败美国侵略者及其一切走狗（关于支持美国黑人、越南南方人民、巴拿马人民、日本人民、刚果人民和多米尼加人民反对美帝国主义的正义斗争的声明和谈话） | 毛泽东 | 外文 | 1965（再版 2 次） | 68320 |
| 中国地理概述 | 任育地 | 外文 | 1965 | 6050 |
| 董存瑞的故事 | 左林 | 外文 | 1965 | 10050 |
| 懒姑娘的幻想（连环画） | 沈荣根编文，韩伍绘 | 外文 | 1965 | 30050 |
| 姑娘和八哥鸟（连环画） | 程十发绘 | 外文 | 1965 | 20050 |
| 跟爷爷去打猎（连环画） | 赵复兴编文，杨永青绘 | 中国少年儿童 | 1965 | 10100 |
| 椰子树下的故事（连环画） | 叶子丹编文，林琬崔绘 | 中国少年儿童 | 1965 | 15100 |
| 老乡的马（连环画） | 鲁兵编文，刘熊绘 | 外文 | 1965 | 20030 |
| 刘家五兄弟（连环画） | 王玉泉绘 | 外文 | 1965 | 10050 |
| 问东海（连环画） | 鲍维湘著，赵白山绘 | 外文 | 1965 | |
| 在暑假里（连环画） | 吴华编文，赵白山绘 | 外文 | 1965 | 30050 |
| 小鸭子和朋友们去航海（连环画） | 王拓明设计，河山等绘 | 外文 | 1965 | 20050 |

## 1965 年乌尔都文版书目(11 种)

| 书名 | 作者 | 出版社 | 出版/<br>再版时间 | 装帧/印刷/<br>发行册数 | 定价<br>（元） |
|---|---|---|---|---|---|
| 和美国记者安娜·路易斯·斯特朗的谈话 | 毛泽东 | 外文 | 1965<br>（再版 3 次） | 31818 | |
| 全世界人民团结起来打败美国侵略者及其一切走狗（关于支持美国黑人、越南南方人民、巴拿马人民、日本人民、刚果人民和多米尼加人民反对美帝国主义的正义斗争的声明和谈话） | 毛泽东 | 外文 | 1965<br>（再版 2 次） | 36468 | |
| 赫鲁晓夫是怎样下台的 | 《红旗》1964 年第 21—22 期社论 | 外文 | 1964（1976 年后应索供应） | 2580 | |
| 评莫斯科三月会议——1965 年 3 月 23 日 | 人民日报编辑部、红旗杂志编辑部 | 外文 | 1965（1976 年起应索供应） | 700 | |
| 越南人民必胜，美国侵略者必败（画册） | | 外文 | 1965（1966 年停售） | 1100 | |
| 越南人民必胜，美国侵略者必败（画册，第二集） | | 外文 | 1965（1973 年应索供应） | | |
| 椰子树下的故事（连环画） | 叶子丹编文，林琬崔绘 | 中国少年儿童 | 1965 | 3100 | |
| 小医生（连环画） | 张茂秋编文，杨文秀绘 | 中国少年儿童 | 1965 | 6060 | |
| 狐狸（连环画） | 管桦著，严个凡绘 | 外文 | 1965 | 6150 | |
| 愚公移山（连环画） | 音勺文，杨永青绘 | 外文 | 1965 | 20 开 | 0.29 |
| 懒姑娘的幻想（连环画） | 沈荣根编文，韩伍绘 | 外文 | 1965 | 3060 | |

### 1965 年朝鲜文版书目（2 种）

| 书名 | 作者 | 出版社 | 出版/再版时间 | 装帧/印刷/发行册数 |
|---|---|---|---|---|
| 中国历史简编 1840—1919（第二版） | 林峰 | 外文 | 1965 | 2050 |
| 雷锋的故事 | 陈广生 | 外文 | 1965（1975 年停售） | 2600 |

### 1965 年瑞典文版书目（2 种）

| 书名 | 作者 | 出版社 | 出版/再版时间 | 装帧/印刷/发行册数 |
|---|---|---|---|---|
| 越南人民必胜，美国侵略者必败（画册） | | 外文 | 1965 | 5600 |
| 越南人民必胜，美国侵略者必败（画册，第二集） | | 外文 | 1965（1973 年应索供应） | 5550 |

### 1965 年多语种对照版书目（10 种）

| 书名 | 作者 | 出版社 | 出版/再版时间 | 装帧/印刷/发行册数 |
|---|---|---|---|---|
| 全世界劳动人民大团结万岁（中、英、法、西班牙文对照）（画片） | 冯健亲、冯芷绘 | 上海人民美术 | 1965 | |
| 支援全世界人民的反帝斗争（中、英、法、西班牙文对照）（画片） | 游龙姑绘 | 上海人民美术 | 1965 | |
| 坚决支持亚洲、非洲、拉丁美洲人民的反帝斗争（英、法、西班牙文对照）（画片） | 周瑞庄绘 | 上海人民美术 | 1965 | |
| 美帝国主义从越南南方滚出去（英、法、西班牙文对照）（画片） | 哈琼文绘 | 上海人民美术 | 1965 | |
| 美帝国主义从非洲滚出去（英、法、西班牙文对照）（画片） | 吴敏绘 | 上海人民美术 | 1965 | |
| 上海（彩色摄影明信片，中、英、法、西班牙文对照，每套 12 张） | | 上海人民美术 | 1965 | |

续表

| 书名 | 作者 | 出版社 | 出版/再版时间 | 装帧/印刷/发行册数 |
|---|---|---|---|---|
| 少年宫（彩色摄影明信片，中、英、法、西班牙文对照，每套 8 张） | | 上海人民美术 | 1965 | |
| 菊花（彩色摄影明信片，中、英、法、西班牙文对照，每套 10 张） | | 上海人民美术 | 1965 | |
| 伟大的国际主义战士白求恩同志（中、英、法、德文对照） | 陈省绘 | 上海人民美术 | 1965 | |
| 井冈山（中、俄、英、法文对照，彩色摄影明信片，每套 12 张） | 漆荒诗等摄影 | 江西人民美术 | 1965 | |